CB137331

DIREITO CIVIL
Obrigações e Responsabilidade Civil

Grupo Editorial Nacional

O GEN | Grupo Editorial Nacional – maior plataforma editorial brasileira no segmento científico, técnico e profissional – publica conteúdos nas áreas de concursos, ciências jurídicas, humanas, exatas, da saúde e sociais aplicadas, além de prover serviços direcionados à educação continuada.

As editoras que integram o GEN, das mais respeitadas no mercado editorial, construíram catálogos inigualáveis, com obras decisivas para a formação acadêmica e o aperfeiçoamento de várias gerações de profissionais e estudantes, tendo se tornado sinônimo de qualidade e seriedade.

A missão do GEN e dos núcleos de conteúdo que o compõem é prover a melhor informação científica e distribuí-la de maneira flexível e conveniente, a preços justos, gerando benefícios e servindo a autores, docentes, livreiros, funcionários, colaboradores e acionistas.

Nosso comportamento ético incondicional e nossa responsabilidade social e ambiental são reforçados pela natureza educacional de nossa atividade e dão sustentabilidade ao crescimento contínuo e à rentabilidade do grupo.

gen | atlas

2

DIREITO CIVIL
Obrigações e Responsabilidade Civil

SÍLVIO DE SALVO **VENOSA**

26ª edição
revista e atualizada

- O autor deste livro e a editora empenharam seus melhores esforços para assegurar que as informações e os procedimentos apresentados no texto estejam em acordo com os padrões aceitos à época da publicação, *e todos os dados foram atualizados pelo autor até a data de fechamento do livro*. Entretanto, tendo em conta a evolução das ciências, as atualizações legislativas, as mudanças regulamentares governamentais e o constante fluxo de novas informações sobre os temas que constam do livro, recomendamos enfaticamente que os leitores consultem sempre outras fontes fidedignas, de modo a se certificarem de que as informações contidas no texto estão corretas e de que não houve alterações nas recomendações ou na legislação regulamentadora.

- Fechamento desta edição: *21.10.2025*

- O autor e a editora se empenharam para citar adequadamente e dar o devido crédito a todos os detentores de direitos autorais de qualquer material utilizado neste livro, dispondo-se a possíveis acertos posteriores caso, inadvertida e involuntariamente, a identificação de algum deles tenha sido omitida.

- **Atendimento ao cliente: (11) 5080-0751 | faleconosco@grupogen.com.br**

- Direitos exclusivos para a língua portuguesa
Copyright © 2026 *by* **Editora Atlas Ltda.**
Uma editora integrante do GEN | Grupo Editorial Nacional
Travessa do Ouvidor, 11
Rio de Janeiro – RJ – 20040-040
www.grupogen.com.br

- Reservados todos os direitos. É proibida a duplicação ou reprodução deste volume, no todo ou em parte, em quaisquer formas ou por quaisquer meios (eletrônico, mecânico, gravação, fotocópia, distribuição pela Internet ou outros), sem permissão, por escrito, da **Editora Atlas Ltda.**

- Capa: Danilo Oliveira

- **CIP – BRASIL. CATALOGAÇÃO NA PUBLICAÇÃO.**
SINDICATO NACIONAL DOS EDITORES DE LIVROS, RJ.

V575d
26. ed.

Venosa, Silvio de Salvo, 1945-
Direito civil: obrigações e responsabilidade civil / Silvio de Salvo Venosa. – 26. ed., rev. e atual. – Barueri [SP]: Atlas, 2026.
(Direito civil ; 2)

Inclui bibliografia e índice
ISBN 978-65-5977-792-1

1. Direito civil - Brasil. 2. Obrigações (Direito) – Brasil. 3. Responsabilidade (Direito) – Brasil. I. Título.

25-100857.0 CDU: 347(81)

Carla Rosa Martins Gonçalves – Bibliotecária – CRB-7/4782

Respeite o direito autoral

A Sílvio Luís e Dênis,
meus filhos.

Para Anna Elisa
(in memoriam)*,*
minha mãe.

SOBRE O AUTOR

Foi juiz no Estado de São Paulo por 25 anos. Aposentou-se como membro do extinto Primeiro Tribunal de Alçada Civil, passando a integrar o corpo de profissionais do grande escritório jurídico brasileiro Demarest Advogados, onde atualmente exerce a função de sócio-consultor. Atua como árbitro em entidades nacionais e estrangeiras. Redige pareceres em todos os campos do direito privado. Foi professor em várias faculdades de Direito no Estado de São Paulo. É professor convidado e palestrante em instituições docentes e profissionais em todo o País. Membro da Academia Paulista de Magistrados. Autor de diversas obras jurídicas.

SUMÁRIO

1

INTRODUÇÃO AO DIREITO DAS OBRIGAÇÕES

1.1 POSIÇÃO DA OBRIGAÇÃO NO CAMPO JURÍDICO

O Direito situa-se no mundo da cultura, isto é, dentro da realidade das realizações humanas. Antepõe-se ao mundo da cultura, que é o universo do "dever-ser", um mundo do ideal, ao mundo do "ser", que é o mundo da natureza, das equações matemáticas (Venosa, *Direito civil*: parte geral, Cap. 1; a respeito da visão tripartida da realidade: mundo da natureza, mundo dos valores e mundo da cultura). Por outro lado, o mundo da cultura vale-se de outra dimensão da realidade que nos cerca, que é o mundo dos valores: por meio da valoração de cada conduta humana, atingimos o campo do Direito.

Direito é o ordenamento das relações sociais. Só existe Direito porque há sociedade (*ubi societas, ibi ius*). Assim, em princípio, para um único ser humano isolado em uma ilha, existirá o Direito, porém, no momento em que esse ser receba a visita de um semelhante. Isso porque, não mais estando o indivíduo só, irá *relacionar-se* com outra pessoa, e essa relação é jurídica. Essa exemplificação histórica hoje já não pode ser peremptória, pois mesmo o indivíduo solitário em uma ilha, sabendo que existem outros indivíduos no universo, deve preservar os valores e recursos ambientais. Desse modo, em sociedade, nos múltiplos contatos dos seres humanos entre si, relacionam-se, pois uns dependem dos outros para sobreviver.

Pois bem, dentro da sociedade (e até mesmo fora dela, embora não seja esse o enfoque que aqui se queira dar), o ser humano atribui valor a tudo o que o circunda. A pessoa que tem sede dará valor maior à água; o homem que não tem teto dará valor maior à morada; o abastado, a quem essas necessidades básicas não afligem, dará valor maior quiçá ao lazer, ao esporte, aos contatos profissionais etc. Ora, tais valores, isoladamente considerados, ainda se apresentam de forma estática; contudo, servem de estímulo para que o ser humano sedento procure água; para que aquele sem teto procure abrigo; para que o abastado procure algo mais dentro de sua escala de valores.

A relação jurídica estabelece-se justamente em função da escala de valores do ser humano na sociedade. A todo momento, em nossa existência, somos estimulados a praticar esta ou aquela ação em razão dos valores que outorgamos às necessidades da vida: trabalhamos, compramos, vendemos, alugamos, contraímos matrimônio etc.

Em palavras singelas, eis aí descrita a relação jurídica: o liame que nos une a nosso semelhante, ou a uma pessoa jurídica ou ao Estado e que pode tomar múltiplas facetas.

A *obrigação*, no sentido que ora se examina, consiste numa relação jurídica. Ninguém, em sociedade, prescinde desse instituto. A todo instante em nossa vida, por mais simples que seja a atividade do indivíduo, compramos ou vendemos, alugamos ou emprestamos, doamos ou recebemos doação. Existe, portanto, um *estímulo*, gerado por um valor, para que seja por nós contraída uma obrigação. Há um impulso que faz com que nos comprometamos a fazer algo em prol de alguém, recebendo, na maioria das vezes, algo em troca.

Ao mesmo tempo que esse estímulo nos impulsiona a obter algo, como no caso de passarmos diante de uma vitrina e sermos levados a adquirir a mercadoria aí exposta, o fato de partirmos para a relação jurídica objetivada faz também com que exista limitação a nossa própria liberdade. Isto porque, no caso descrito, se adquirirmos a mercadoria que nos atrai, teremos de despender certa quantia, a qual, certamente, poderia ser destinada a outras atividades, talvez até mais necessárias.

Do sopesamento do estímulo e da limitação psíquica que sofremos nasce a noção essencial de obrigação. E o estímulo e a limitação psíquica é que traçarão o perfil do homem equilibrado, pois, exacerbando-se um ou outro elemento, sociologicamente falando, o indivíduo desequilibra-se e, consequentemente, também seu patrimônio.

Dentro desse contexto, podem ser tratadas da mesma forma as obrigações de cunho não jurídico, como as obrigações morais, religiosas, ou de cortesia. Sobre esse tema discorremos em nossa obra *Introdução ao estudo do direito: primeiras linhas*, por esta mesma editora.

Todavia, o que diz respeito a nosso exame é a obrigação jurídica, aquela protegida pelo Estado, que lhe dá a garantia da coerção no cumprimento, que depende de uma norma, uma lei, ou um contrato ou negócio jurídico, enfim.

Destarte, por trás do estímulo e da limitação, na atividade do agente, existe um ordenamento total subjacente.

Em toda obrigação, portanto, existe a submissão a uma regra de conduta. A relação obrigacional recebe desse modo a proteção do Direito.

Sob esses aspectos, a teoria geral das obrigações representa ponto fundamental que desdobra o campo do Direito Civil e espraia-se pelos diversos caminhos do Direito. É no direito obrigacional que posicionamos um problema fundamental: de um lado, a liberdade do indivíduo, sua autonomia em relação aos demais membros da sociedade e, de outro lado, a exigência dessa mesma sociedade ao entrelaçamento de relações, que devem coexistir harmonicamente.

A sociedade não pode subsistir sem o sentido de cooperação entre seus membros, pois, no corpo social, uns suprem o que aos outros falta. Essa necessidade de cooperação faz nascer a imperiosa *necessidade de contratar*, negociar. Os membros da sociedade *vinculam-se* entre si. Esse vínculo, percebido nos primórdios do Direito Romano, tinha cunho eminentemente pessoal, incidia diretamente sobre a pessoa do devedor, a tal ponto que este podia ser convertido em escravo, caso não cumprisse o prometido. Tal serve para demonstrar claramente que, se hoje o vínculo obrigacional é psicológico, já houve tempo na História em que o vínculo foi material.

A economia de massa cria o contrato dirigido ao consumidor, um negócio jurídico geralmente com cláusulas predispostas, única forma de viabilizar a nova realidade de consumo, em que não é dado ao contratante discutir livremente as cláusulas. Entre nós, o Código de Defesa do Consumidor (Lei nº 8.078, de 11-9-1990) instituiu um microssistema jurídico dirigido a essas relações jurídicas de consumo que hoje dominam as relações negociais.

Não é, porém, unicamente o estímulo criativo do ser humano que faz nascer a obrigação. Como examinaremos no Capítulo 5, há obrigações que surgem de situações jurídicas de desequilíbrio patrimonial injustificado, em que a vontade desempenha papel secundário: o enriquecimento sem causa em geral. Por vezes, dentro desse círculo maior do injusto enriquecimento, ocorre um pagamento indevido, que gera a obrigação de restituir.

Por vezes, a vontade não atua no sentido precípuo de criar uma obrigação, mas no de ocasionar intencionalmente um dano, com consequente prejuízo. Nasce a obrigação de reparar o dano, de pagar indenização. Também pode ocorrer que a vontade não atue diretamente a fim de criar um dever de indenizar, mas a conduta do agente, decorrente de negligência, imprudência ou imperícia, culpa no sentido estrito, ocasiona um dano indenizável no patrimônio alheio.

Não bastasse esse quadro, perfeitamente caracterizado no direito privado, o indivíduo, inserido no ordenamento do Estado, tem obrigações para com ele. O Estado, para a consecução de seus fins, impõe que determinados fatos originem obrigação de solver tributos, possibilitando meios financeiros à Administração. A obrigação tributária decorre do poder impositivo do Estado, embora subjacentemente sempre haja uma vontade ou atividade inicial do contribuinte, direta ou indireta, que a impulsiona.

Aqui, nesta introdução, não pretendemos uma compreensão estritamente técnica do fenômeno obrigacional. Procuramos, por ora, tão só uma posição de conhecimento prévio que permita doravante o exame da obrigação e suas vicissitudes.

Como se nota, nosso estudo ocupar-se-á com as obrigações jurídicas, não com todas dessa natureza, mas tão só com as que dizem respeito ao título particular e consagrado de "Direito das Obrigações". A todo direito corresponde uma obrigação, um dever. Em nosso estudo neste livro, porém, não nos ocuparemos das obrigações decorrentes do Direito de Família e de seus respectivos deveres. A palavra *obrigação*, como vem tratada no título desta obra, recebeu um conteúdo técnico e restrito, de modo que sua acepção estrita dá perfeitamente o conhecimento de seu alcance. É nesse sentido estritamente técnico, como um conjunto de normas reguladoras de determinadas relações jurídicas, que a dicção aparece no Livro I da Parte Especial do Código Civil de 1916, ocupando os arts. 863 ss: *Do Direito das Obrigações*. Com o mesmo significado, o atual Código mantém a expressão (arts. 233 ss).

Sob o prisma didático, o Direito das Obrigações ocupa destaque fundamental no estudo do Direito, porque seus lineamentos fundamentam não só o Direito Civil, mas também todo o aspecto estrutural de nossa ciência. Como sintetiza magnificamente Fernando Noronha,

> *"o Direito das Obrigações disciplina essencialmente três coisas: as relações de intercâmbio de bens entre as pessoas e de prestação de serviços (obrigações negociais), a reparação de danos que umas pessoas causem a outras (responsabilidade civil em geral, ou em sentido estrito) e, no caso de benefícios indevidamente auferidos com o aproveitamento de bens ou direitos de outras pessoas, a sua devolução ao respectivo titular (enriquecimento sem causa)"* (2003:8).

1.2 DEFINIÇÃO

É absolutamente clássica a definição das *Institutas* de Justiniano: *obligatio est juris vinculum, quo necessitate adstringimur alicujus solvendae rei, secudum nostrae civitatis jura* (Liv. 3º, Tít. XIII) (a obrigação é um vínculo jurídico que nos obriga a pagar alguma coisa, ou seja, a fazer ou deixar de fazer alguma coisa).

Embora brilhantemente concisa e elegante a definição, é de notar que ela se presta a todo tipo de obrigação jurídica e não apenas no sentido restrito do Direito das Obrigações. As obrigações são, no geral, apreciáveis em dinheiro. Ademais, a definição clássica ressalta em muito a figura do devedor, o lado passivo da obrigação, não se referindo ao lado ativo, credor.

Nosso Código Civil não apresenta definição de obrigação, no que andou bem, pois o conceito é intuitivo e não cabe, como regra geral, ao legislador definir.

Clóvis Beviláqua (1977:14) assim a define:

> *"obrigação é a relação transitória de direito, que nos constrange a dar, fazer ou não fazer alguma coisa, em regra economicamente apreciável, em proveito de alguém que, por ato nosso ou de alguém conosco juridicamente relacionado, ou em virtude da lei, adquiriu o direito de exigir de nós essa ação ou omissão".*

Sem dúvida, qualquer definição se apresentará passível de críticas, pois se trata de tarefa bastante difícil.

Washington de Barros Monteiro (1979, v. 4:8) entende lacunosa a definição de Beviláqua por não aludir ao elemento *responsabilidade*, aduzindo que esse fator entra em jogo no caso de descumprimento da obrigação e apresenta a seguinte definição:

> *"obrigação é a relação jurídica, de caráter transitório, estabelecida entre devedor e credor e cujo objeto consiste numa prestação pessoal econômica, positiva ou negativa, devida pelo primeiro ao segundo, garantindo-lhe o adimplemento através de seu patrimônio".*

Mais sinteticamente, podemos conceituar obrigação *como uma relação jurídica transitória de cunho pecuniário, unindo duas (ou mais) pessoas, devendo uma (o devedor) realizar uma prestação à outra (o credor).* A responsabilidade que aflora no descumprimento, materializando-se no patrimônio do devedor, quer-nos parecer que não integra o âmago do conceito do instituto, embora seja fator de vital importância.

Qualquer definição que tentemos apresentará elementos constantes, mais ou menos realçados, ainda que implicitamente.

Assim, a obrigação é *relação jurídica.* O Direito Romano já realçava o vínculo que, nos tempos de antanho, incidia pessoalmente sobre o devedor. Já se acentua essa relação que une duas ou mais pessoas. Qualificando como *jurídica* a relação, afastam-se todas as demais relações estranhas ao Direito, tais como as obrigações morais e religiosas, que são desprovidas de sanção, escapando ao manto da lei, embora sejam reconhecidos pelo Direito alguns relacionamentos de índole acentuadamente moral. Washington de Barros Monteiro (1979, v. 4:8) recorda a ingratidão do donatário que pode ocasionar a revogação da doação (arts. 555 ss).

A obrigação possui caráter *transitório*, porque essa relação jurídica nasce com a finalidade ínsita e precípua de extinguir-se. A obrigação visa a um escopo, mais ou menos próximo no tempo, mas que, uma vez alcançado, extingue-a. Aqui, já se antevê uma das distinções do Direito obrigacional, do Direito real, porque este tem caráter de permanência regido e dominado que é pelo conceito de propriedade. Uma vez satisfeito o credor, quer amigável, quer judicialmente, a obrigação deixa de existir. Atinge-se a *solução* da obrigação e o vínculo desaparece. Não pode existir obrigação perene. Por mais longas que sejam as obrigações, um dia elas se extinguirão. A obrigação é, portanto, efêmera, embora possa ser bastante dilatada no tempo.

Essa relação jurídica, esse vínculo, une duas ou mais pessoas. Credor e devedor são os dois lados da obrigação, do ponto de vista ativo e passivo. Ressaltamos aqui a pessoalidade do vínculo. Antepomos esse direito pessoal aos direitos reais, que são oponíveis contra todos (*erga omnes*). Como já lembramos, na antiga Roma esse vínculo surgiu com tamanha intensidade que incidia diretamente sobre a pessoa do devedor, que, no descumprimento da obrigação, poderia tornar-se escravo.

O objeto da obrigação se traduz numa *atividade* do devedor, em prol do credor. Essa atividade é a *prestação*. Pode ser um ato ou um conjunto de atos, uma conduta, enfim, de aspecto positivo ou negativo, uma vez que a prestação poderá ser simples abstenção. Destarte, a obrigação poderá ser não só positiva, como numa compra e venda, em que o vendedor entregará a coisa e o comprador pagará com dinheiro, como também negativa, como no caso de dois vizinhos limítrofes comprometerem-se a não levantar muro entre seus dois imóveis.

Observe, no entanto, que é o patrimônio do devedor que responde, em última análise, pelo adimplemento. Passada a fase da Antiguidade na qual o vínculo era estritamente pessoal, é sobre o patrimônio que vai recair a satisfação do credor. Mesmo quando a obrigação é personalíssima, como, por exemplo, a contratação de artista para pintar um retrato, não podemos obrigá-lo a cumprir o contratado, por atentar contra a dignidade humana. A questão se resolverá em perdas e danos porque, em razão da contratação de matiz exclusivamente pessoal, o credor não aceitará nenhum outro artista para realizar a prestação.

Cumpre realçar, primordialmente, o *cunho pecuniário* da obrigação. O objeto da obrigação resume-se sempre a um valor econômico. A obrigação que não tenha essa coloração poderá, é verdade, ser jurídica, mas não se insere no contexto do Direito das Obrigações que ora estudamos. A propósito, no Direito de Família encontraremos obrigações sem conteúdo econômico. O Direito das Obrigações é, portanto, essencialmente patrimonial.

O vocábulo *obrigação* ainda pode ganhar duas outras conotações separadas do sentido próprio que estamos tratando, mas com ele correlatas. Há um sentido mais geral, quando o termo designa tudo o que a lei ou mesmo a moral determina a uma pessoa, sem que haja propriamente um credor: é, por exemplo, a *obrigação* de servir às Forças Armadas; a obrigação de o proprietário respeitar os regulamentos administrativos em relação a seu imóvel etc. Num sentido mais restrito, nos meios financeiros, a palavra *obrigação* designa um *título negociável*, nominativo ou ao portador, representando para seu titular um crédito. É de emissão de uma instituição particular ou órgão público, como as Obrigações do Tesouro.

1.3 DISTINÇÃO ENTRE DIREITOS REAIS E DIREITOS PESSOAIS

Já foi dito que o direito obrigacional é um direito pessoal, pois sua ínsita relação jurídica vincula somente duas (ou mais) pessoas. Os direitos reais, que têm sua maior expressão no direito de propriedade, incidem diretamente sobre a coisa. Como se nota, ambos os campos enfocados possuem um conteúdo patrimonial.

Importa apresentar, ainda que sucintamente, por que o direito real não é objeto desta obra, as principais distinções entre os direitos obrigacionais, direitos pessoais (*jus ad rem*) e os direitos reais (*ius in re*):

1. O direito real é exercido e recai diretamente sobre a coisa, sobre um objeto fundamentalmente corpóreo (embora ocorra também titularidade sobre bens imateriais), enquanto o direito obrigacional tem em mira relações humanas. Sob tal aspecto, o direito real é um direito absoluto, exclusivo, oponível perante todos (*erga omnes*), enquanto o direito obrigacional é relativo, uma vez que a prestação, que é seu objeto, só pode ser exigida ao devedor.

2. Portanto, como consequência, o direito real não comporta mais do que *um* titular (não se confunda, contudo, com a noção de condomínio, em que a propriedade sob esse aspecto continua a ser exclusiva, mas de vários titulares). Esse titular exerce seu poder sobre a coisa objeto de seu direito de forma direta e imediata. O direito obrigacional comporta, como já exposto, *um sujeito ativo*, o credor, *um sujeito passivo*, o devedor, e *a prestação*, o objeto da relação jurídica. Nesse sentido, pode ser afirmado que o direito real é *atributivo*, enquanto o direito obrigacional é *cooperativo*.
3. O direito real é aquele que concede o gozo e a fruição de bens. O direito obrigacional concede direito a uma ou mais prestações efetuadas por uma pessoa.
4. O direito obrigacional, como já visto, tem caráter essencialmente transitório. O direito real tem sentido de inconsumibilidade, de permanência.
5. O direito real, como corolário de seu caráter absoluto, possui o chamado *direito de sequela*: seu titular pode perseguir o exercício de seu poder perante quaisquer mãos nas quais se encontre a coisa. O direito pessoal não possui essa faceta. O credor, quando recorre à execução forçada, tem apenas uma garantia geral do patrimônio do devedor, não podendo escolher determinados bens para recair a satisfação de seu crédito.
6. Os direitos reais não são numerosos, são *numerus clausus*, número fechado, isto é, são só aqueles assim considerados expressamente pela lei. São facilmente enunciáveis, embora mais recentemente tenhamos tido alguns acréscimos legais. Já os direitos obrigacionais apresentam-se com um número indeterminado. As relações obrigacionais são infinitas, as mais variadas, e as necessidades sociais estão, sempre e sempre, criando novas fórmulas para atendê-las.

Outras diferenças, não tão palpáveis, poderiam ser enunciadas, porém é importante acentuar que é no Direito das Obrigações, baluarte do Direito privado, que se encontra a maior amplitude da autonomia da vontade.

Em que pesem as diferenças, não há antagonismo nas duas categorias. As duas classificações não se distanciam a ponto de não se tocarem. São muitos os pontos de contato entre os direitos obrigacionais e os direitos reais, que se entrelaçam e se cruzam frequentemente. Muitas vezes, a obrigação tem por escopo justamente adquirir a propriedade ou qualquer outro direito real. É exatamente essa a finalidade do contrato de compra e venda. Não se trata, pois, de dois compartimentos estanques. Há mesmo, como em tudo no Direito, uma zona intermediária em que a distinção será difícil.

Por vezes, os direitos reais utilizam-se como verdadeiros acessórios de direitos obrigacionais. É o que sucede nas garantias reais (penhor e hipoteca), que surgem em razão de uma obrigação contraída pelo devedor, o qual, em caso de insolvência, estará com seu bem onerado para garantia do credor.

Doutro lado, o direito obrigacional, por vezes, pode estar vinculado a um direito real, como é o caso das obrigações *propter rem* ou reipersecutórias, das quais nos ocuparemos mais adiante. Aqui, a linha divisória entre os dois direitos é bastante tênue.

1.4 IMPORTÂNCIA DO DIREITO DAS OBRIGAÇÕES

O estudo do Direito das Obrigações, seguindo inclusive a estrutura de nosso Código Civil, compreende parte de conceitos gerais e parte de particularizações. Na Parte Geral das obrigações, que é objeto agora de nosso estudo, fixam-se os princípios a que estão subordinadas todas as obrigações. São estudados o nascimento, as espécies, o cumprimento, a transmissão e a extinção das obrigações. Na Parte Especial, são vistas as obrigações em espécie, pontificando os contratos, sujeitando-se cada uma delas a disciplina específica, mas sob o manto da parte geral. Nesta primeira parte de nosso estudo, nos ocuparemos desses princípios gerais de conhecimento indispensável, porque aplicáveis a todas as espécies de obrigações, mesmo porque muitas relações obrigacionais surgem sem estar especificamente disciplinadas na lei. São, por exemplo, os *contratos atípicos*, que se subordinam, fundamentalmente, aos princípios gerais. As relações típicas são reguladas pela parte especial, em geral como normas supletivas.

A importância das obrigações revela-se por ser projeção da autonomia privada no Direito. Ao contrário dos direitos reais, as relações obrigacionais são infinitas, podendo ser criadas de acordo com as necessidades individuais e sociais. Estão presentes desde a atividade mais simples até a atividade mais complexa da sociedade. São reguladas pelo direito obrigacional tanto a mais comezinha compra e venda, quanto a mais complexa negociação.

O Direito das Obrigações dá o suporte econômico da sociedade, porque é por meio dele que circulam os bens e as riquezas e escoa-se a produção. Segundo Orlando Gomes (1978:10), cada vez mais, no mundo contemporâneo, avulta a importância dos patrimônios constituídos quase exclusivamente de títulos de crédito, que são obrigações.

Na sociedade de consumo, há tendência crescente de pulverização das relações obrigacionais, hoje banhada pela informática, cada vez mais sofisticada. A todo momento, a publicidade e a propaganda estão incentivando o consumo. Da necessidade mais premente ao fator mais supérfluo, o sujeito está sempre consumindo e, para isso, estará se valendo do Direito das Obrigações. Em todas as atividades, da produção à distribuição de bens e serviços, imiscui-se o direito obrigacional.

Nossa legislação de proteção ao consumidor, embora tenha instituído um microssistema jurídico, não pode deixar de ter como substrato fundamental os conceitos tradicionais do direito obrigacional.

1.5 EVOLUÇÃO DA TEORIA DAS OBRIGAÇÕES

Autores dos séculos passados tinham tendência de considerar a teoria geral das obrigações como imutável, tal como o Direito natural (cf. Weill e Terré, 1975:9). Repetia-se, com ênfase, que as obrigações representavam a parte imutável do Direito, parecendo que suas regras principais eram verdades universais e eternas, como as regras da geometria e da matemática (cf. Planiol e Ripert, 1937:60).

Sem dúvida, há elementos na teoria que podem ser considerados como de Direito natural, de acordo com a base de sua filosofia, ligados às necessidades essenciais do homem e a princípios de moral. A efetivação, porém, desses princípios varia e evolui, conforme os fatores tempo e espaço.

Embora a parte das obrigações seja a que nos foi legada do Direito Romano de forma mais estável, pois o direito de família e das sucessões, assim também de certa forma o direito das coisas, ficaram presos a velhas instituições, é preciso acentuar que houve profunda evolução dentro das várias fases do Direito que nos serviu de base. No Direito Romano, portanto, a teoria das obrigações sofreu profunda evolução.

O antigo *ius civile* conhecia apenas os contratos reais ou formais. O simples pacto convencional não provia ação na justiça. O formalismo e os parcos limites desse sistema foram atenuados pelo direito pretoriano e constituições imperiais. Foi criada uma teoria para os contratos inominados e para os simples pactos, mas jamais foi admitido completamente que os contratos pudessem ser puramente consensuais.

Como já se acenou, no tocante à execução das obrigações, como o vínculo incidia sobre a pessoa do devedor, a substituição para fazer recair a execução sobre os bens parece ter sido lenta e ditada pelas necessidades da evolução da própria sociedade romana. A princípio, a sanção do nexum, velho contrato do direito quiritário, aplicável apenas aos cidadãos romanos, era a manus iniectio, que, pela falta de adimplemento, outorgava ao tradens o direito de lançar mão do devedor. A lei Poetelia Papiria do século IV a.C. suprimiu essa forma de execução, a qual, tudo indica, já estava em desuso na época. A teoria das obrigações que imperou na Europa, na Idade Média, derivava de costumes germânicos. A autonomia da vontade era reduzida e os contratos eram bastante formais. A responsabilidade pelo descumprimento confunde-se com a vingança privada e com a responsabilidade penal (cf. Weill e Terré, 1975:10).

Com o renascimento dos estudos romanísticos nos séculos X e XI, volta à luz a legislação romana, que se mostrava superior aos direitos locais, então empregados como direito positivo. Não nos esqueçamos, também, da influência da Igreja, que pesou decisivamente para que princípios de ordem moral fossem acolhidos no Direito. Passa a ter influência o princípio da palavra dada nos contratos, preparando terreno para que, no século XVI, surja a regra da força obrigatória dos contratos, inserida na codificação napoleônica, fruto de toda uma escola jurídica, denominada exegética. Veja o que falamos a respeito dessa particularidade em nossa obra *Introdução ao estudo do direito: primeiras linhas.*

Recebemos essa influência da legislação francesa, inspirada no liberalismo. O Código Civil de 1916, criado no século XIX e preso às inspirações filosóficas de seu tempo, apresenta princípios que hoje são postos em choque perante o constante intervencionismo do Estado e a publicização e socialização do Direito privado, requerendo muita argúcia do aplicador da lei, que deve acompanhar a evolução de sua época. Não resta dúvida de que o Código Civil revogado era de inspiração liberal, aplicando-se modernamente em sociedade que sofre por demais o intervencionismo do Estado. Como é no Direito das Obrigações que reside o grande baluarte da autonomia da vontade, cabe aos julgadores não esquecer esse aspecto, como razão da própria existência do Direito privado. Há que se encontrar um meio-termo, o que procurou fazer o Projeto de 1975, que redundou no Código de 2002, entre o espírito liberal do Código, que dá confiança ao indivíduo e sua vontade, e a corrente social que, sob o manto da justiça social e das necessidades modernas de produção, procura inserir o indivíduo numa disciplina coletiva.

1.6 POSIÇÃO DO DIREITO DAS OBRIGAÇÕES NO CÓDIGO CIVIL E EM SEU ESTUDO

O Direito das Obrigações trata de direitos de índole patrimonial e constitui a matéria do Livro I da Parte Especial do Código Civil. Em outras legislações, como na alemã, por exemplo, as obrigações são tratadas logo após a parte geral do Código, pois seu conhecimento e técnica influem em todos os campos do direito, não prescindindo o direito das coisas, de família e das sucessões de seus princípios. Tal ocorre porque, como já visto, o Direito obrigacional é ilustrado pela autonomia da vontade, sendo a parte mais teórica, racional e abstrata da legislação civil.

Por outro lado, em virtude de as obrigações evoluírem muito rapidamente em razão das necessidades contemporâneas, a estrutura de seu Direito, ainda que tradicional e clássica, deve adaptar-se, pelo trabalho dos tribunais, às enormes mudanças sociais.

Uma vez conhecidos os princípios gerais, mormente atinentes ao negócio jurídico, à personalidade e à prescrição, tais princípios vão orientar toda a *parte especial*, assim tratada no Código. É o Direito das Obrigações, justamente pelos característicos apontados, que possui mais estreita relação com os conceitos fundamentais do Direito Civil. Os outros campos do Direito Civil dependem desses conceitos obrigacionais. A propósito, assim se manifesta Orlando Gomes (1978:11):

> *"A principal razão dessa prioridade é de ordem lógica. O estudo de vários institutos dos outros departamentos do Direito Civil depende do conhecimento de conceitos e construções teóricos do* Direito das Obrigações, *tanto mais quanto ele encerra, em sua parte geral, preceitos que transcendem sua órbita e se aplicam a outras seções do Direito Privado. Natural, pois, que sejam apreendidos primeiro que quaisquer outros. Mais fácil se torna, assim, a exposição metódica".*

Há, contudo, posição dos que entendem que a prioridade deva ser dada primeiramente ao Direito de Família, seguindo a ordem do Código passado, que trata da matéria logo depois da *parte geral*; levam em conta a estreita vinculação da família com os conceitos da personalidade. Outros, como Clóvis Beviláqua, entendem que os direitos reais devem ter precedência no estudo, por ser a noção de propriedade intuitiva. Não resta dúvida, porém, de que o Direito das Obrigações, guardando os princípios de abstração e generalidade, independe dos outros ramos da *parte especial* e, principalmente tendo em vista o aspecto didático, seu exame deve suceder imediatamente ao estudo da *parte geral*. Não obstante isso, a localização da matéria no Código Civil é irrelevante, porque esse posicionamento não impede a harmonização do conjunto, embora seja de conveniência lógica que a matéria ora tratada venha em seguida à *parte geral*.

Seguindo essa tendência, o Código Civil de 2002 já insere o Direito das Obrigações logo após a *Parte Geral*, no Livro I da Parte Especial, a partir do art. 233.

Por outro lado, não há razão ontológica para diferenciação no direito ora tratado entre obrigações civis e obrigações comerciais. A dicotomia do sistema do Código antigo reflete-se principalmente em razão das épocas distintas de elaboração legislativa nos dois campos. O Código Civil deste século revoga expressamente a parte primeira do Código Comercial (art. 2.045). Tanto no Direito Civil, como no Direito Comercial, a estrutura básica é a mesma, a que nos chegou do Direito Romano. É nesse campo que se realiza mais facilmente a unificação do Direito Civil e do Direito Comercial, tendo diversos países elaborado uma legislação única sobre a matéria, como é o caso da Suíça, que apresenta um Código de Obrigações destacado do Código Civil. Houve tentativas em nosso país para que isso ocorresse, mas optou-se por inserir a matéria no bojo do corrente Código Civil.

Também no campo internacional, a matéria das obrigações apresenta-se como terreno favorável à unificação. Após a Primeira Guerra Mundial, elaborou-se um projeto de Código de Obrigações comum para a França e para a Itália. O projeto foi apresentado em 1928, mantendo-se fiel à tradição jurídica comum dos dois países. Não foi, no entanto, adotado por qualquer dessas nações, embora muitas de suas disposições tenham sido adotadas pelo Código Civil italiano, revisto em 1942. Não há dúvida, contudo, de que a unificação internacional do Direito obrigacional se mostrará útil para servir à segurança do comércio que hoje cada vez mais se internacionaliza, surgindo daí necessidade de princípios uniformes.

A criação de organismos supranacionais, como a união europeia, por exemplo, faz surgir diretivas a serem aplicadas por todos os Estados-membros, numa preparação de um futuro código civil internacional.

De qualquer modo, o caráter universal e abstrato do Direito das Obrigações fez com que se mantivesse a estrutura romanística até o presente. Não obstante esse perfil, superou-se a ideia do aspecto personalíssimo e intransferível da obrigação romana, permitindo-se a transferência das obrigações e, com a socialização do Direito privado, muitos institutos clássicos foram modificados e, hoje, surgem sob novas roupagens. É esse o fantástico universo cujo estudo enfrentamos neste volume.

2

ESTRUTURA DA RELAÇÃO OBRIGACIONAL

2.1 INTRODUÇÃO

Pelo que se percebe da definição de *obrigação*, estrutura-se ela pelo vínculo entre dois sujeitos, para que um deles satisfaça, em proveito do outro, determinada prestação.

Destarte, o sujeito ativo, o credor, tem uma *pretensão* com relação ao devedor. Na obrigação, não existe um poder imediato sobre a coisa. Preliminarmente, o interesse do credor é que o devedor, sujeito passivo, satisfaça, voluntária ou coativamente, a prestação. A sujeição do patrimônio do devedor só vai aparecer em uma segunda fase, na execução coativa, com a intervenção do poder do Estado.

A existência de pelo menos dois sujeitos é essencial ao conceito de obrigação. A possibilidade de existir o chamado *contrato consigo mesmo* não desnatura a bipolaridade do conceito de obrigação, pois continuam a existir no instituto dois sujeitos na estrutura da obrigação. Oportunamente, voltaremos a esse assunto.

O objeto da relação obrigacional é a *prestação* que, em sentido amplo, constitui-se numa atividade, numa conduta do devedor. Nesse diapasão, importa não confundir a prestação, ou seja, a atividade do devedor, em prol do credor, que se constitui no *objeto imediato* da obrigação. Em um contrato de mandato, por exemplo, o objeto imediato da prestação é a execução de serviços, atos ou atividades do mandatário em nome do mandante.

Há, outrossim, também, um *objeto mediato* na prestação, que é nada mais nada menos que o objeto material ou imaterial sobre o qual incide a prestação. No contrato de mandato, no exemplo apresentado, o objeto mediato da prestação são os próprios serviços ou a própria atividade material desempenhada pelo mandatário, como a assinatura de uma escritura, a quitação dada etc. Orlando Gomes (1978:23) prende-se ao exemplo do comodato:

> *"O objeto da obrigação específica de um comodatário é o ato de restituição da coisa ao comodante. O objeto dessa prestação é a coisa emprestada, seja um livro, uma joia, ou um relógio. Costuma-se confundir o objeto da obrigação com o objeto da prestação, fazendo-se referência a este quando se quer designar aquele, mas isso só se permite para* abreviar a frase. *Tecnicamente, são coisas distintas".*

Há, portanto, uma distinção entre objeto mediato e imediato na obrigação, distinção que não possui maior utilidade prática.

Assim, uma vez conhecida a noção de obrigação, é importante analisar a estrutura da relação obrigacional, isto é, decompô-la em seus elementos constitutivos, saber como se articulam entre si e, finalmente, como funciona todo sistema obrigacional.

Embora exista discrepância entre os autores, a obrigação decompõe-se, fundamentalmente, em três elementos: *sujeitos, objeto* e *vínculo jurídico*. Passemos a focalizar cada um deles.

2.2 SUJEITOS DA RELAÇÃO OBRIGACIONAL

A polaridade da relação obrigacional apresenta, de um lado, o sujeito ativo (credor) e, de outro, o sujeito passivo (devedor). Poderão ser múltiplos os sujeitos ativos e passivos. O sujeito ativo tem *interesse* em que a prestação seja cumprida. Para que a tutela de seu direito protegido tenha eficácia, o credor pode dispor de vários meios que a ordem jurídica lhe concede. Assim, pode o credor exigir o cumprimento da obrigação (art. 331) ou a execução, que é sua realização coativa. Pode também dispor de seu crédito, remitindo (perdoando, explicando mais vulgarmente) a dívida no todo ou em parte (art. 385). Pode igualmente dispor de seu direito de crédito por meio da *cessão* (art. 286) etc.

Devedor é a pessoa que deve praticar certa conduta, determinada atividade, em prol do credor, ou de quem este determinar. Trata-se, enfim, da pessoa sobre a qual recai o dever de efetuar a prestação.

Os sujeitos da obrigação devem ser ao menos *determináveis*, embora possam não ser, no nascedouro da obrigação, determinados. Não é necessário que desde a origem da obrigação haja individuação precisa do credor e do devedor. De qualquer modo, a indeterminação do sujeito na obrigação deve ser transitória, porque no momento do cumprimento os sujeitos devem ser conhecidos. Se a indeterminação perdurar no momento da efetivação da prestação, a lei faculta ao devedor um meio liberatório que é a consignação em pagamento. Deposita-se o objeto da prestação em juízo, para que o juiz decida quem terá o direito de levantá-la.

Pode ocorrer indeterminação do credor quando houver ofertas ao público, ou a número mais ou menos amplo de pessoas, como é o da promessa de recompensa (arts. 854 ss). Nesse caso, o devedor é certo, mas o credor indeterminado no nascimento da obrigação, embora obrigação exista desde logo. Quem preencher os requisitos da promessa se intitulará, a princípio, credor. Outra situação semelhante ocorre nos títulos ao portador ou à ordem. No primeiro caso, o devedor deve pagar a quem quer que se apresente com o título; no segundo caso, o sujeito ativo é originalmente determinado, mas pode ser substituído por qualquer indivíduo que receber validamente a cártula, por meio do endosso.

Como lembra Caio Mário da Silva Pereira (1972, v. 2:19), a indeterminação do devedor é mais rara, mas também pode ocorrer, decorrendo em geral de direitos reais que acompanham a coisa em poder de quem seja seu titular. É, por exemplo, a situação do adquirente de imóvel hipotecado que responde com ele pela solução da dívida, embora não tenha sido o devedor originário, nem tenha contraído a obrigação. O credor, nessa hipótese, poderá receber de quem quer que assuma a titularidade da coisa gravada.

Fixe-se, contudo, que, determinados ou determináveis os sujeitos, apenas a pessoa natural ou jurídica poderá ficar nos polos da obrigação. Nada impede, porém, que em cada polo da relação obrigacional se coloquem mais de um credor ou mais de um devedor.

É importante também lembrar que a fusão numa só pessoa das qualidades de credor e devedor ocasiona a extinção da obrigação, fenômeno que se denomina *confusão* (art. 381).

Ocorre com frequência que os sujeitos da obrigação sejam *representados*. Os representantes agem em nome e no interesse de qualquer dos sujeitos da obrigação e sua declaração de vontade vincula os representados. Sobre essa matéria discorremos em *Direito civil: parte geral*, no Capítulo 19. Aí também fizemos a distinção dos representantes dos *núncios* ou *mensageiros*, simples porta-vozes, que também podem participar da relação obrigacional.

2.3 OBJETO DA RELAÇÃO OBRIGACIONAL

Trata-se do ponto material sobre o qual incide a obrigação. Cuida-se da prestação, em última análise. Essa prestação, que se mostra como atividade positiva ou negativa do devedor, consiste, fundamentalmente, em dar, fazer ou não fazer algo. Constitui-se de um ato, ou conjunto de atos, praticados por uma pessoa: a realização de uma obra, a entrega de um objeto ou, sob a forma negativa, a abstenção de um comerciante de se estabelecer nas proximidades de outro, por exemplo. Não se esqueça, porém, da distinção que fizemos na abertura deste capítulo, acerca do objeto imediato e do objeto mediato da prestação. A *prestação*, ou seja, a atividade culminada pelo devedor, constitui-se no objeto imediato. O bem material que se insere na prestação constitui-se no objeto mediato. Trata-se de objeto material da obrigação em sentido estrito.

Como corolário da noção de negócio jurídico, a prestação deve ser *possível, lícita* e *determinável*.

Note que os requisitos da prestação são os mesmos do objeto material sobre o qual ela incide.

A prestação deve ser física ou juridicamente possível, nos termos do art. 166, II, valendo o que foi dito a respeito dos atos jurídicos em geral, em *Direito civil: parte geral*. Os conceitos de impossibilidade física ou jurídica são os mesmos aí expostos. Quando a prestação for inteiramente impossível, será nula a obrigação. Já se a prestação for tão só parcialmente impossível, não se invalidará a obrigação, de acordo com o art. 106, uma vez que o cumprimento da parcela possível poderá ser útil ao credor. Ademais, uma prestação impossível ao nascer, que se torne possível quando do momento do cumprimento, é perfeitamente válida e deve, portanto, ser cumprida.

A prestação poderá ser *possível*, isto é, materialmente realizável, mas poderá haver um obstáculo de ordem legal em seu cumprimento. O ordenamento pode repudiar a prestação. Trata-se de aplicação particular da teoria geral dos atos jurídicos. É o caso, por exemplo, de se contratar importação de artigos proibidos por lei. Quanto à impossibilidade física do cumprimento da prestação, remetemos o leitor ao que foi dito em *Direito civil: parte geral* a respeito das condições impossíveis.[1]

---

[1] "Obrigação de fazer cumulada com indenização por danos materiais. Prestação de serviços. Desmonetização de conta em rede social (Facebook). Abusividade da medida restritiva. Ausência de notificação prévia. Violação ao Marco Civil da Internet (art. 20, Lei nº 12.965/2014). A ré não comprovou as alegadas violações de 'conteúdo não original' e 'engajamento inautêntico'. Falta de especificação do conteúdo que supostamente violou os termos de uso. Exercício abusivo de direito (art. 187, CC). Lucros cessantes comprovados. Possibilidade de utilização da média aritmética dos rendimentos anteriores como estimativa dos lucros cessantes. Danos materiais evidenciados. Recurso negado. **Obrigação impossível**. Impossibilidade do desbloqueio da conta da autora por ter efetuado a desmonetização da conta de forma definitiva. Pedido de conversão da obrigação de fazer em perdas e danos. Matéria não deduzida em primeiro grau. Inovação recursal. Descabimento do pedido na fase de conhecimento. Eventual impossibilidade de cumprimento da obrigação de fazer (monetização da conta) deverá ser alegada e comprovada em sede de cumprimento de sentença, sob o crivo do contraditório, podendo ser convertida em perdas e danos (art. 499 do CPC), se o caso. Recurso negado" (*TJSP* – Ap 1130412-90.2023.8.26.0100, 18-7-2025, Rel. Francisco Giaquinto).

"Ação de obrigação de fazer – Rede social – Conta mantida pela autora no Instagram que foi desativada pela ré – Afirmado pela ré que a desativação do perfil se deu 'em decorrência de infração contratual, atinente a direitos

Ainda, a prestação deve mostrar *licitude*. Deve atender aos ditames da moral, dos bons costumes e da ordem pública, sob pena de nulidade, como em qualquer ato jurídico (art. 166). Destarte, é ilícito contratar assassinato, elaborar contrato para a manutenção de relações sexuais, contratar casamento em troca de vantagens pecuniárias, por exemplo.

Por fim, a prestação, se não for *determinada*, deve ser ao menos *determinável*. Será determinada a prestação quando perfeitamente individualizado o objeto: compro um automóvel marca X, com número de chassi e de licença declinados. Será determinável a prestação quando a identificação é relegada para o momento do cumprimento, existindo critérios fixados na lei ou na convenção para a identificação. É o que sucede nas denominadas obrigações genéricas (art. 243), cujo objeto é fungível, indicado pelo gênero e pela quantidade, o que será objeto de nosso estudo neste volume. No momento do cumprimento da prestação, no entanto, devemos *determinar* a prestação, num ato que se denomina *concentração* da prestação, ora por parte do devedor, ora por parte do credor, conforme o caso, como veremos adiante.

---

resguardados de terceiro, ao veicular conteúdo que violava propriedade intelectual' – Descabimento – Ausência de demonstração, por parte da ré, de que a autora tivesse efetivamente descumprido qualquer regra de utilização do Instagram – Desativação da conta da autora que se deu de maneira arbitrária, sem qualquer notificação prévia ou direito à defesa – Determinação para que a ré proceda à reativação da conta da autora no Instagram que se mostrou legítima. Responsabilidade civil – Dano moral – Evidenciados os danos morais suportados pela autora em virtude da desativação de sua conta no Instagram por parte da ré – Autora, empresa de pequeno porte no ramo de móveis, que se utilizava do perfil @ateliemoveissucesso no Instagram para divulgar os seus produtos e realizar vendas para todo o país – Caso em que se encontravam armazenadas na referida conta diversas informações – Desativação imotivada da conta da autora no Instagram que lhe causou sérios transtornos – Ré que deve responder pelos danos morais ocasionados à autora. Dano moral – 'Quantum' – Valor da indenização que deve ser estabelecido com base em critério de prudência e razoabilidade, levando-se em conta a sua natureza penal e compensatória, assim como as peculiaridades do caso concreto – Fixado na sentença o valor de R$ 10.000,00 – Pretendida pela ré a redução do valor da indenização – Descabimento – Montante indenizatório que se afigurou justo, diante das peculiaridades do caso concreto – 'Ação de obrigação de fazer' – Multa cominatória – Penalidade que foi imposta com o objetivo de compelir a ré a cumprir a obrigação de fazer consistente na reativação da conta @ateliemoveissucesso no Instagram – Informado pela ré que a reativação da conta é impossível de ser efetivada, visto que ela 'foi desativada e permanentemente deletada' – Multa diária que se tornou inócua, já que não tem caráter de sanção – Multa cominatória afastada – Precedentes do STJ – Sentença modificada nesse ponto – 'Ação de obrigação de fazer' – **Obrigação impossível** – Necessidade de conversão da obrigação de fazer em indenização por perdas e danos, ante a informação de que a reativação da conta da autora se tornou impossível de ser efetuada – Art. 499 do atual CPC – Apuração das perdas e danos que deve ser realizada em regular liquidação de sentença por arbitramento, nos termos do art. 510 do atual CPC – Apelo da ré provido em parte" (*TJSP* – Ap 1094476-38.2022.8.26.010015-2-2024, Rel. José Marcos Marrone).

"Ação de obrigação de fazer. Outorga de escritura. Sentença de procedência. Preliminar de carência da ação afastada. Insurgência da parte ré sob a alegação de que se trata de **obrigação impossível** de se cumprir em razão da ausência de regularização, por falta de averbação e individualização das matrículas. Contrato firmado no ano de 1992. Quitação no ano de 2011. Ausência de regularização por inércia da parte ré que não se desincumbiu de fazer prova dos entraves encontrados para a devida regularização. Princípio da causalidade que justifica a responsabilidade da ré pela sucumbência. Sentença mantida. Recurso não provido". (*TJSP* – Ap 1013085-55.2022.8.26.0005, 21-8-2023, Rel. Benedito Antonio Okuno).

"Cumprimento de sentença visando a reativação de contas do 'Instagram'. Dados deletados de forma permanente antes dos 06 meses fixados no art. 15, *caput*, do Marco Civil da Internet. Impossibilidade de restabelecimento da conta comprovada. **Obrigação impossível.** Conversão da obrigação em perdas e danos autorizada. Indenização reduzida a R$5.000,00 para cada conta desativada. Recurso provido" (*TJSP* – Ap 142792-74.2022.8.26.0000, 25-8-2022, Rel. Pedro Baccarat).

"Processo civil – Agravo de instrumento – Agressão ao direito de propriedade – Fato cometido por terceiros – **Obrigação impossível da requerida** – Irresponsabilidade – Desprovimento do recurso – Constatado que o direito de propriedade ofendido não fora decorrente da conduta da requerida, mas sim de terceiros, tem-se que impor o cumprimento da obrigação a aquela configura obrigação impossível, consoante interpretação análoga do art. 248 do CC, momento que a mesma deve ser elidida" (*TJMG* – AI-Cv 1.0000.17.076899-8/001, 5-6-2019, Rel. Antônio Bispo).

2.3.1 Patrimonialidade da Prestação

No sentido técnico, descrever é sempre admitido, como faz a doutrina tradicional, que a obrigação deve conter uma prestação de conteúdo direta ou indiretamente patrimonial. O Direito não pode agir sobre realidades puramente abstratas. Uma obrigação que não possa resumir-se, em síntese, em apreciação pecuniária, ainda que sob o prisma da execução forçada, ficará no campo da Moral, não será jurídica.

Sob esse aspecto, vale lembrar que, embora a maioria das obrigações possua conteúdo imediatamente patrimonial, como comprar e vender, alugar, doar etc., há prestações em que esse conteúdo não é facilmente perceptível ou mesmo não existe. Não se confunde, porém, a obrigação, no sentido essencialmente técnico, com certos deveres que escapam a tal conceito, como a obrigação de servir às Forças Armadas, por exemplo. Aqui a sanção não será pecuniária, pois não se está no campo do Direito obrigacional ora examinado.

Se obrigação no sentido estrito, porém, apresentar tão só conteúdo de ordem moral, se a efetivação da prestação for coercível (e aí a obrigação jurídica distingue-se das demais), não resta dúvida de que nessa coercibilidade residirá o caráter patrimonial do instituto, ainda que de forma indireta.

Desse modo, a prestação deve ser *suscetível de ser avaliada em dinheiro*. Nosso Código Civil não dispõe expressamente sobre a matéria. O Código italiano de 1942 toma posição sobre o problema no art. 1.174:

> *"a prestação que constitui objeto da obrigação deve ser suscetível de avaliação econômica e deve corresponder a um interesse, ainda que não patrimonial, do credor".*

Já o Código japonês, numa disposição lembrada por Alberto Brenes Cordoba (1977:19), atendendo à doutrina alemã, dispõe: *"o objeto de uma obrigação pode ser algo não suscetível de ser apreciado em dinheiro"*. Ora, não resta dúvida de que a questão é tormentosa.

Entende-se, outrossim, que nas obrigações em que se ressalta o conteúdo moral seu descumprimento também é passível de coerção, doutro modo não seria jurídico. Se o cumprimento da obrigação for impossível ou inconveniente, no campo do descumprimento da obrigação, e como em todas as situações, o denominador comum será indenização por perdas e danos. Apenas nesta última fase, surgirá um conteúdo patrimonial, mas já num momento em que a obrigação deixou de ser regularmente cumprida. A indenização, aí como nas outras situações, não equivale à obrigação, mas trata-se de um *substitutivo* do cumprimento, ou seja, a tentativa mais perfeita e completa que o Direito tem para reequilibrar uma relação jurídica.

Como bem lembra o saudoso Antunes Varella (1977, v. 1:91), a *"razão pela qual muitos autores insistem na necessidade do caráter patrimonial da prestação é uma pura consideração de ordem prática"*. E, como explanamos, não resta dúvida de que é certa a afirmação do mestre lusitano. É na execução, como vimos, que ressaltará o aspecto pecuniário e patrimonial da prestação, quando inexiste no bojo do cumprimento espontâneo da obrigação.

O mesmo autor recorda a aplicação prática do problema da patrimonialidade ora versada, falando das doações com encargos, e cita o exemplo do proprietário de um jardim que faz doação, mas com o encargo de o donatário o manter franqueado ao público. Situação semelhante, que podemos lembrar, é de alguém que doa imóvel a uma Municipalidade, para aí instalar um parque público, com o encargo de que referido parque receba o nome do doador. Fora do aspecto do encargo, nos atos de liberalidade, podem ser lembrados outros exemplos: numa obrigação negativa em que um vizinho se comprometa a não ligar aparelhos de som em determinado horário; ou alguém que se comprometa a divulgar uma retratação a uma ofensa à honra etc. Nesses casos, o objeto imediato da prestação é de cunho essencialmente moral. Quer haja uma cláusula penal nas respectivas avenças, quer não, o aspecto patrimonial só vai surgir quando do descumprimento, na fase executória.

Não resta dúvida, no entanto, de que algumas prestações de caráter preponderantemente moral, tendo em vista certas circunstâncias, podem ficar com menor garantia do que as obrigações de caráter primário patrimonial. Isso não deve ser de molde a repeli-las do campo jurídico. Todavia, em todo o caso, deve existir sempre o interesse do credor no cumprimento da prestação, ainda que esse interesse seja de ordem ideal, afetiva ou moral, merecendo, então, a proteção jurídica. Não se deve esquecer do que retratava o art. 76 do Código Civil de 1916, que protege o legítimo interesse moral para o exercício do direito de ação. É intuitivo, porém, que o conceito de juridicidade da obrigação moral não pode ser alargado de molde a incluir-se nele *"uma série de obrigações que, posto que contraindo-se todos os dias na vida social, nunca ninguém pensou em fazer valer mercê da coação judicial"*, conforme ensina Roberto de Ruggiero (1973, v. 3:13).

Dessas premissas, conclui-se que o objeto da prestação poderá ser patrimonial ou não. Nas palavras de Pontes de Miranda (1971, v. 22:41):

> *"Qualquer interesse pode ser protegido, desde que lícito, e todo interesse protegível pode ser objeto de prestação, como a obrigação de enterrar o morto segundo o que ele, em vida, estabelecera, ou estipularam os descendentes ou amigos ou pessoas caridosas".*

Em qualquer caso, é imperioso avaliar *um interesse apreciável* por parte do credor em que a obrigação seja adimplida. Como se nota, não existe controvérsia quanto à necessidade de interesse patrimonial do credor. A controvérsia restringe-se à patrimonialidade ou não da prestação (Noronha, 2003:24).

O sentido técnico de obrigação ao qual nos prendemos não se confunde, também, com obrigações derivadas do Direito de Família. Essas relações pessoais entre os vários membros da família ou aquelas que se podem denominar como relações quase familiares (tutela, curatela) geram deveres de outra índole. Suas consequências poderão ter até mesmo caráter patrimonial, como a obrigação de alimentos, mas pertencem a outro compartimento do Direito, que não ao decantado Direito obrigacional. Tal é devido, primordialmente, ao fato de que essas obrigações não derivam da autonomia da vontade, mas de normas cogentes, impostas pelo Estado para estruturar a família como instituição. Doutro modo, as sanções pelo descumprimento de uma obrigação no sentido estrito resumem-se sempre numa indenização, enquanto as sanções pelo descumprimento de uma obrigação familiar são de natureza variada, esbarrando, muitas vezes, numa tipicidade penal. É o que ocorre, por exemplo, nas infrações aos deveres do dever paternal ou aos deveres conjugais. Ainda não divisamos na obrigação familiar um caráter oneroso, mesmo que possa haver conteúdo patrimonial, como é o caso do dever de administração de bens do pupilo, que tem o tutor ou curador.

Destarte, é no *interesse apreciável* do credor que vai residir o âmago da patrimonialidade da obrigação ora tratada, patrimonialidade essa que deve ser entendida dentro das moderações aqui expostas.

2.4 VÍNCULO JURÍDICO DA RELAÇÃO OBRIGACIONAL

O vínculo jurídico que ligava o devedor ao credor nos primórdios de Roma, como já exposto, tinha caráter estritamente pessoal, notando-se um direito do credor sobre a pessoa do devedor, como num estágio tendente à escravidão deste último. Posteriormente, o vínculo atenua-se paulatinamente, torna-se mais humano, mais conforme aos princípios da liberdade e autonomia da vontade. Modernamente, podemos dizer que o vínculo tem caráter pessoal, porém diverso da rudeza antiga, porque se tem em mira um dever do devedor em relação ao credor. Esse caráter legitima uma expectativa do credor de que o devedor pratique uma conduta esperada pelo primeiro. Como vimos, nesse caráter obrigacional há uma executividade eminentemente patrimonial, tendo em vista os meios que o ordenamento coloca à disposição do credor para a satisfação de seu crédito.

Nessas noções preliminares e introdutórias até aqui vistas, já acenamos que, normalmente, na obrigação, existem um elemento pessoal e um elemento patrimonial. O primeiro é relativo à decantada *atividade* do devedor, ou mais exatamente a um *comportamento* deste, uma vez que a obrigação pode ser negativa; comportamento esse que se liga à vontade do credor. O segundo elemento, o patrimonial, é passivo com relação ao devedor, pois se refere à disposição de seu patrimônio para a satisfação do credor. O devedor deve suportar a situação de servir seu patrimônio de adimplemento da obrigação.

Nitidamente, pois, divisam-se os dois elementos da obrigação: o *débito* (*debitum, Schuld*, em alemão) e a *responsabilidade* (*obligatio, Haftung*).

Embora o primeiro aspecto que surge na obrigação seja o débito, ele não pode ser visto isoladamente, sem a responsabilidade, já que esta garante aquele. Toda obrigação, como expresso, dá lugar a uma diminuição da liberdade do sujeito passivo e a constrição que pode advir a seu patrimônio é o espelho dessa diminuição. A responsabilidade, por seu lado, revela a *garantia* de execução das obrigações, pelo lado do credor, que muitos consideram como elemento autônomo. A *garantia*, no entanto, deve ser vista como o aspecto extrínseco do elemento vínculo.

Essa garantia se manifesta no ordenamento das mais variadas formas processuais para propiciar a obtenção da satisfação do interesse do credor (por exemplo, art. 786 do CPC, arts. 806 ss do mesmo diploma que regula a execução para a entrega de coisa certa etc.).

Assim, o cerne ou núcleo da relação obrigacional é o *vínculo*. Esse vínculo, portanto, biparte-se no *débito* e na *responsabilidade*. Cria-se, dessa forma, uma relação de subordinação jurídica, devendo o devedor praticar ou deixar de praticar algo em favor do credor. Em contrário, existe o poder atribuído ao credor de exigir a prestação. Não conseguida espontaneamente a prática da prestação, o credor possui meios coercíveis, postos pelo Estado, para consegui-la, ressaltando-se aí a *responsabilidade*. O credor é titular de uma tutela jurídica, portanto. Em princípio, só o credor pode tomar a iniciativa de interpelar o devedor; a ele cabe colocar em marcha o processo contra o devedor faltoso. Em muitos contratos, há deveres recíprocos de prestação de ambas as partes, regulados por princípios que oportunamente examinaremos.

O direito à prestação que possui o credor tem como correspondente, do outro lado da relação obrigacional, o *dever de prestar* do devedor. Trata-se de dever e não de ônus. É instrumento que serve para satisfazer a um interesse alheio. Caso não atenda ao dever de prestar, o devedor ficará sujeito às sanções atinentes à mora e ao inadimplemento (arts. 394 ss e arts. 402 ss).

Por outro lado, a bipartição do vínculo em *débito* e *responsabilidade*, existente na relação obrigacional, fica bem clara nos casos de exceção à regra geral: há situações em que, excepcionalmente, ora falta um, ora falta outro elemento. Nas obrigações naturais, que estudaremos a seguir, existe o débito, mas o credor não está legitimado a exigir seu cumprimento. Aqui, *há débito, mas não há responsabilidade*. No contrato de fiança, ao contrário, alguém, o fiador, responsabiliza-se pelo débito de terceiro. Nesse caso, *há responsabilidade, mas não há débito*.

Portanto, nessas exceções, nas quais o débito e a responsabilidade não estão juntos, observam-se claramente os dois elementos do vínculo.

De qualquer forma, a exceção vem confirmar a regra: na relação obrigacional, débito (*Schuld*) e responsabilidade (*Haftung*) vêm sempre juntos, como fenômenos inseparáveis. Na realidade, como já pudemos perceber, são duas faces do mesmo fenômeno da relação obrigacional. Não podemos dar preponderância quer a um, quer a outro elemento, embora, à primeira vista, ressalte o elemento débito.

2.5 CAUSA NAS OBRIGAÇÕES

O tema tem dado origem a vivas discussões.

O Código Civil pátrio não apresenta a causa como pressuposto essencial dos negócios jurídicos. A ela já nos referimos em *Direito civil: parte geral*, quando tratamos dos requisitos do negócio jurídico e nos referimos ao art. 140, que menciona "falso motivo" e não mais "falsa causa", como fazia o Código anterior (art. 90).

Deve ser entendido como "causa" do ato o fundamento, a razão jurídica da obrigação.

No campo jurídico, quando uma pessoa se obriga, ela o faz por um fundamento juridicamente relevante. Não se confunde, sob o prisma jurídico, o motivo com a causa. Podemos dizer que *a causa é o motivo juridicamente relevante*. Em razão das dificuldades que apresenta, entre nós a causa é substituída pelo objeto, entre os requisitos essenciais dos negócios jurídicos (art. 104). Não obstante isso, como por vezes o ordenamento civil faz referência à causa, é importante que a ela se faça referência.

Um exemplo prático poderá ilustrar a matéria. Não se confunde a causa, ou fim imediato e essencial em que se baseia a obrigação, com o motivo, ou seja, o fim mediato, particular ou pessoal da mesma obrigação. Apenas a causa terá relevância para o Direito, os motivos não. Assim, suponhamos um comerciante que, tendo em mira evitar a concorrência que lhe faz outro da mesma localidade, compra o estabelecimento deste último. O fim pessoal, mediato, particular do negócio é a eliminação da concorrência, porém esse motivo não apresenta relevância jurídica. O fim imediato da obrigação, a causa, o que determinou o contraimento da obrigação, juridicamente falando, é o que se avençou no adquirente em pagar o preço e no alienante de transferir a propriedade do estabelecimento. O ordenamento não toma conhecimento dos motivos pessoais e particulares.

Enquanto os motivos apresentam-se sob forma interna, subjetiva, a causa é externa e objetiva, rígida e inalterável em todos os atos jurídicos da mesma natureza, como podemos perceber no exemplo de compra e venda exposto.

Não cumpre, aqui, adentrar em divagações filosóficas que mais importam às legislações que trazem a causa como requisito essencial do negócio jurídico. Cabe-nos apenas dar noção sobre o tema. O Código Civil francês estatui que toda obrigação convencional deve ter uma causa, indispensável a sua validade, devendo ser lícita (art. 1.108). É claro, para nós, que o *objeto lícito* substitui essa noção.

Nosso Código, a exemplo dos Códigos suíço e alemão, não considera, como vimos, a causa como requisito essencial da obrigação. Como assevera Washington de Barros Monteiro (1979, v. 3:29), "*a causa constitui o próprio contrato, ou o seu objeto. Quando se diz assim que a causa ilícita vicia o ato jurídico é porque seu objeto vem a ser ilícito*". E continua esse autor advertindo que de modo indireto a lei refere-se à causa, no art. 140 atual, como também ao tratar do pagamento indevido, no art. 876, que diz: "*todo aquele que recebeu o que lhe não era devido fica obrigado a restituir*". Desse modo, o ordenamento requer justa causa para o enriquecimento; se não existe esse requisito, deve haver a repetição do indevidamente pago.

No art. 373 também há referência à causa:

> *"A diferença de causa nas dívidas não impede a compensação, exceto:*
>
> *I – se provier de esbulho, furto ou roubo;*
>
> *II – se uma se originar de comodato, depósito ou alimentos;*
>
> *III – se uma for de coisa não suscetível de penhora".*

Ao que tudo indica, portanto, a lei civil admite implicitamente a causa nas obrigações, embora o legislador não faça dela um elemento autônomo, identificando-o com o próprio contrato ou com o objeto. Assim, no exemplo citado de compra e venda de estabelecimento comercial, a noção de causa desliga-se totalmente da noção de motivo, sendo, portanto, a causa na compra e venda a mesma em todos os contratos da mesma natureza. Enfatizamos, pois, que a causa é objetiva e inalterável em todos os negócios semelhantes.

Ademais, quando o objeto do negócio é ilícito, tal se confunde com a própria causa: se alguém se propõe a adquirir mercadorias em contrabando, por exemplo, o fim que leva o agente a contratar caracteriza-se pela ilicitude, decorrendo daí a nulidade do ato, de acordo com o art. 166, II.

Para determinadas relações jurídicas, ainda, existe abstração da causa, como ocorre com a grande maioria dos títulos de crédito. A força vinculatória emerge do próprio documento, da cártula. Crédito abstrato é o que existe independentemente da causa. Pode ter havido causa, mas com o título cartular esta deixa de ser relevante.

É oportuno concluir, como faz Washington de Barros Monteiro (1979, v. 4:30), que,

> *"perante o direito positivo pátrio, não se justifica a inclusão da causa entre os elementos componentes da relação obrigacional. Pela nossa lei, a noção de causa torna-se supérflua à constituição da obrigação, porque ela se dispersa entre os demais extremos da relação".*

3

OBRIGAÇÕES NATURAIS

3.1 INTRODUÇÃO

Ao estudarmos a estrutura da obrigação, vimos que ela se apresenta sob dois aspectos: débito e responsabilidade. Esse vínculo bipartido deve estar presente na maioria esmagadora das obrigações. Assim, sublimado o débito, deixando a obrigação de ser cumprida, ressalta-se a responsabilidade, isto é, surgirá a garantia do patrimônio para o cumprimento, como consequência da exigibilidade. Destarte, a obrigação já traz em si a possibilidade de o credor, coercitivamente, usar dos meios necessários para que seja cumprida por meio dos instrumentos postos a sua disposição pelo Estado. Se a obrigação for cumprida espontaneamente, e para isto foi criada, a responsabilidade funciona apenas espiritualmente, como pressão psíquica sobre o devedor. Não cumprida desse modo, *a pressão psíquica materializa-se na execução.*

Essas obrigações, que possuem todos os seus elementos constitutivos, são ditas *perfeitas* ou *obrigações civis*, para se contrapor às obrigações naturais, que aqui passamos a focalizar.

As obrigações naturais são obrigações incompletas. Apresentam como características essenciais as particularidades de não serem judicialmente exigíveis, mas, se forem cumpridas espontaneamente, será tido por válido o pagamento, que não poderá ser repetido. Há a retenção do pagamento, *soluti retentio.*

O tema é dos mais ricos e discutidos na ciência jurídica, e é daqueles que os autores longe estão de conclusão unânime. Também as várias soluções legislativas, no Direito comparado, contribuem para muitas dificuldades.

Embora inspirada na Moral, a obrigação natural não se reduz a uma obrigação moral. A obrigação moral é mero dever de consciência, o Direito não lhe reconhece qualquer prerrogativa.

Cumpre-se a obrigação moral apenas com a impulsão de um estímulo psíquico, interno do agente, embora, por vezes, pressionado por injunções da sociedade. O cumprimento de uma obrigação moral constitui, sob o prisma jurídico, uma simples questão de princípios, sem qualquer juridicidade. A reprimenda, pelo descumprimento de obrigação desse teor, será somente social, como no caso de nos recusarmos a retribuir um cumprimento, de não tirarmos o chapéu ao entrarmos em templo religioso, de não fazermos oferenda aos pobres etc. Mas não devemos entender que a obrigação natural seja mera obrigação social. A obrigação natural possui juridicidade limitada, mas situa-se no campo do Direito.

Embora o dever moral não constitua um vínculo jurídico, é evidente que os princípios da Moral, em grande maioria, inspiram e instruem as normas jurídicas. Desse modo, é inegável que não podemos deixar de divisar nas obrigações naturais relações jurídicas que, com liberdade de expressão, se situam a meio caminho entre o Direito e a Moral. É como se o legislador titubeasse, perante determinadas situações, preferindo não outorgar a elas as prerrogativas absolutas de Direito, não quisesse deixar essas mesmas relações ao total desamparo da lei. A situação mostra-se bastante clara nas dívidas de jogo ou aposta, nas quais o legislador eleva-as à categoria de contrato (arts. 814 a 817), mas impõe-lhes o estado de obrigações naturais. Embora não seja essa uma tentativa de fixar-lhes a natureza jurídica, ela fixa, sem dúvida, um rumo para melhor compreensão da matéria, tanto aqui como nos demais temas versados; tendo em vista o objetivo desta obra, evitamos desfilar toda uma série de opiniões doutrinárias a esse respeito.

A opinião ora exposta coincide com a do douto Serpa Lopes (1966, v. 2:46):

> *"A obrigação natural, tenha ela uma causa lícita ou ilícita, baseia-se nas exigências de regra moral. Apesar de o direito positivo ter legitimado uma determinada situação em benefício do devedor, este pode, a despeito disso, encontrar-se em conflito com a sua própria consciência, e nada obsta a que, desprezando a mercê recebida da lei, realize a prestação a que se sente moralmente obrigado. Assim acontece, por exemplo, se o indivíduo é liberado do débito pela prescrição do respectivo título creditório, ou se é beneficiado com a fulminação de nulidade do negócio jurídico de que seria devedor, se válido fosse. Além disso, a realização de uma obrigação natural constitui um ato intimamente ligado à vontade do devedor. É movimento partido do seu próprio 'eu', livre manifestação de sua consciência, embora exigindo igualmente a vontade menos necessária do* accipiens."[1]

---

[1] "Recurso de apelação. Ação de cobrança c.c. perdas e danos. Alegação de contrato de mútuo com retorno financeiro. Não configuração. Conjunto probatório que indica que a transação se refere a jogo de aposta. Aposta digital realizada em plataforma internacional. **Dívida de jogo**. **Inexigibilidade**. Aplicação do art. 814 do Código Civil. Sentença mantida. Recurso desprovido" (*TJSP* – Ap 1000673-25.2023.8.26.0695, 26-5-2025, Rel. Ana Luiza Villa Nova).

"Apelação – ação monitória – justiça gratuita – Se a gratuidade já havia sido concedida em primeiro grau, sem notícia de revogação ou interposição de recurso pela parte contrária, não há razão para revogação do benefício em razão da interposição de apelação, se não há nenhum indício de que a parte recuperou sua capacidade financeira – **dívida de jogo** – **inexigibilidade** – Tratando-se de valores entregues para, sabidamente, realizar apostas esportivas, ainda que sob a denominação de "investimento", a cobrança não tem cabimento, por força do que dispõe o artigo 814 do Código Civil – Precedentes – Demanda que deve ser julgada improcedente – Recurso provido" (*TJSP* – Ap 1109983-44.2019.8.26.0100, 29-9-2022, Rel. Hugo Crepaldi).

"Civil e processual civil. Apelação cível. Ação monitória. Preliminar de nulidade da sentença não acolhida. Notas promissórias. Dívida decorrente da prática de jogo de azar. Fato incontroverso. Inexigibilidade. Litigância de má-fé não verificada. 1. A parte foi intimada para se manifestar quanto às provas que pretendia produzir, mas requereu o julgamento antecipado da lide. Assim, não há que se acolher a arguição de nulidade da sentença por cerceamento de defesa. 2. A ausência de impugnação pela parte autora aos fatos extintivos, impeditivos e modificativos alegados pela parte demandada nos embargos à monitória, gera a presunção de confissão. 3. A ausência de impugnação específica por parte da autora e a fragilidade dos seus argumentos, põem em dúvida a licitude do negócio que originou a emissão das notas promissórias e pressupõem a veracidade das alegações do réu de que são originárias de dívidas de jogo. 4. As notas promissórias emitidas para pagamento de dívida de jogo são inexigíveis, nos termos do art. 814 do Código Civil. 5. A condenação por litigância de má-fé exige a demonstração de intuito ilegítimo do litigante, atitude maliciosa ou caráter protelatório do recurso. 6. Apelação conhecida, mas não provida. Pedido de aplicação de multa por litigância de má-fé indeferido. Unânime" (*TJDFT* – ApCív 07278603320188070001, 27-5-2020, Rel. Fátima Rafael – *DJe* 16-6-2020).

"Apelação cível – Embargos devedor – Cheque – Preliminares – Nulidade depoimento pessoal – Comparecimento espontâneo – Impossibilidade de alegação de nulidade a que deu causa – Art. 276 do CPC/2015 – Garantia do juízo – Avaliação do bem – Fazenda Pública Estadual – Pagamento dívida de jogo ilegal – Confissão do credor – Inexigibilidade da dívida – Art. 814 do Código Civil – Litigância de má-fé – Configuração. Nos termos do art. 276 do CPC/2015, a parte não pode suscitar uma suposta nulidade a que ela própria deu causa. Considerando que o bem imóvel dado em garantia foi avaliado pela Fazenda Pública em valor superior à dívida cobrada, resta cumprido

A distinção da obrigação natural, em relação à obrigação civil, reside no aspecto de que, embora desprovida de poder coativo, se o devedor espontaneamente a cumpre, o pagamento considera-se legal e, por essa razão, não se concede ação no caso de se pretender recobrar o que foi pago. Por isso, dizemos que se trata de uma *obrigação imperfeita*.

3.2 DIREITO ROMANO

A questão da obrigação natural no Direito Romano permanece confusa. O que sabemos, com certeza, é que, existindo a obrigação, assim como todos os direitos relativos ao direito de ação, a obrigação natural não era protegida pela *actio*.

As obrigações naturais, que não eram simples deveres morais, eram fundadas na equidade. Existe um vínculo entre devedor e credor, mas um vínculo para o qual o Direito civil não concedia sanção para obrigar o pagamento. Era o chamado *vinculum aequitas* e não um vínculo de Direito (cf. Petit, s.d.:658).

Se as obrigações naturais, porém, não oferecem ação para o credor, produzem certos efeitos. Na verdade, os textos não especificam quais os efeitos das obrigações naturais. Note

---

o requisito do art. 919, § 1º, do CPC/2015, para a concessão do efeito suspensivo aos embargos à execução. Nos termos do art. 814 do Código Civil, as dívidas de jogo não obrigam o pagamento. Tendo o credor confessado que os cheques foram dados em pagamento de dívida de jogo ilegal, a obrigação reclamada na execução é inexigível. Provado que o credor deduziu pretensão contra texto expresso de lei, impõe-se sua condenação por litigância de má-fé" (*TJMG* – ApCív 1.0452.18.001330-5/001, 20-8-2019, Sérgio André da Fonseca Xavier).

"Apelação Cível – Direito Civil e empresarial – Embargos à execução – Cheque sustado – Ordem de pagamento à vista – *Causa debendi* – Atributo da abstração – **Dívida de jogos de azar** – Inexigibilidade do título – Discussão – Impossibilidade – Pagamento espontâneo da obrigação – Irrepetibilidade – Coação – Não demonstrada – Embargos rejeitados – Sentença mantida – Litigância de má-fé – Pedido em contrarrazões – Inocorrência – 1- O cheque representa título de crédito, disciplinado pela Lei 7.357/1985, revestindo-se dos atributos da literalidade, cartularidade, autonomia e abstração, motivo pelo qual, quanto à última característica, não se exige, em regra, para a sua execução, a demonstração da *causa debendi*, cabendo, todavia, a relativização do atributo somente no caso de comprovação de inoponibilidade pessoal e desde que não tenha circulado. 2- Adimplida a obrigação por meio de cheque, ordem de pagamento à vista, cabível a ação de execução para pagamento do título não compensado, sendo despicienda, nessa fase, qualquer discussão a respeito da suposta inexigibilidade da dívida oriunda de jogo de azar, a qual, uma vez adimplida espontaneamente, mostra-se irrepetível, máxime quando não comprovada coação na emissão do título, consoante prevê o artigo 814 do Código Civil. 3- Para a incidência das sanções por litigância de má-fé, é necessária a prova inconteste de que a parte praticou quaisquer das condutas descritas no artigo 80 do Código de Processo Civil, bem como elementos atinentes à existência de ato doloso e de prejuízo. Presente a percepção de que a hipótese reflete apenas o exercício dialético do direito de ação/defesa mediante o confronto de teses e argumentos, evidencia-se a não ocorrência dos referidos pressupostos, o que conduz ao não cabimento da pleiteada condenação por litigância de má-fé. 4- Apelação conhecida e não provida" (*TJDFT* – Proc. 07158179820178070001 (1184906), 23-7-2019, Relª Simone Lucindo).

"Direito Civil – **Dívida de jogo** – Inexigibilidade – Como as dívidas de jogo não obrigam a pagamento (artigo 814 do Código Civil), deve ser extinta a execução de cheque que, comprovadamente, foi emitido para a sua quitação. V. Inexistindo prova robusta de que o cheque emitido seja originário de dívida de jogo, não há como obstar a pretensão executória do exequente que se funda em título líquido, certo e exigível" (*TJMG* – AC 1.0452.14.004656-9/003, 23-2-2018, Rel. Rogério Medeiros).

"Agravo de instrumento – Embargos à execução – Exclusão do nome da parte dos cadastros negativadores – **Cheques supostamente provenientes de dívida de jogo** – Elementos que evidenciam a probabilidade do direito e o perigo da demora – Tutela de urgência concedida – Conforme dispõe o art. 300, do novo CPC, são dois os requisitos, não cumulativos, para a concessão da tutela de urgência, quais sejam, quando houver elementos nos autos que evidenciem a probabilidade do direito reclamado (*fumus boni iuris*) e/ou houver perigo de dano ou risco ao resultado útil do processo (*periculum in mora*) – Presentes os elementos que evidenciam a probabilidade do direito da parte, deve ser concedido o pedido de tutela de urgência para exclusão de seu nome dos cadastros de restrição ao crédito" (*TJMG* – AI-Cv 1.0024.14.290333-5/002, 4-8-2017, Rel. Valdez Leite Machado).

"**Cobrança de dívida de jogo de azar** – Inexigibilidade – Ausência de danos morais – Litigância de má-fé" (*JESP* – RIn 1007286-08.2014.8.26.0362, 26-2-2016, Rel. Rafael Imbrunito Flores).

que, a princípio, o Direito Romano apenas conheceu obrigações civis: por influência de ideias filosóficas é que se atenuou o rigor do vínculo, chegando-se à noção de obrigação natural.

Desde as origens até o presente, a obrigação natural liga-se à noção de execução voluntária, ou seja, essa obrigação pode ser objeto de um pagamento válido. O devedor não pode, porém, ser forçado a pagar.

Acentue-se, também, que a obrigação natural tinha o mesmo fundamento da obrigação civil. Idênticos fatos davam nascimento ora à obrigação natural, ora à obrigação civil e, em muitos casos, uma obrigação civil degenerava em obrigação natural, desde que para ela faltasse a ação. Distinguiam-se, então, duas classes de obrigações naturais: as que nunca tiveram o direito de ação e as que perderam a ação que detinham anteriormente (cf. Cuq, 1928:369).

Entre os fatos que impediam o nascimento do direito de ação, colocava-se *a incapacidade do devedor*. O filho da família de escravo geralmente contraía obrigações naturais. Ocorria o mesmo se entre devedor e credor houvesse uma relação de pátrio poder: nenhuma ação era possível entre uma pessoa que estivesse sob o poder de outra, que estivessem ambas sob o poder do mesmo *pater familias*.

Para as pessoas atingidas pela *capitis diminutio* (tema já estudado em *Direito civil: parte geral*), as obrigações perdiam a *actio*, tornando-se obrigações naturais.

O fato é que a categoria de obrigações naturais conseguiu atravessar os séculos e chegar, até nossos dias, à grande maioria das legislações modernas, com seu principal efeito, que é a retenção do pagamento (*soluti retentio*).

3.3 OBRIGAÇÕES NATURAIS NO DIREITO BRASILEIRO

Nossa lei não apresenta, como fazem outras legislações, disciplina particular das obrigações naturais. A legislação é quase inteiramente omissa quanto ao regime dessa classe de obrigação, o que transporta para a doutrina a missão de fixar seus parâmetros.

Primeira dúvida que poderia assomar a nosso espírito é se a irrepetibilidade da prestação só opera quando o *solvens* tenha pago *sem erro* sobre tal incoercibilidade, ou se, por outro lado, o princípio da obrigação natural só é aplicado quando o devedor cumpre *espontaneamente* a obrigação. Em outras palavras, poderia o *solvens* repetir o que pagou se o fez não sabendo que estava pagando uma obrigação natural? A resposta era fornecida pelo art. 970, do Código de 1916, inserido na disciplina do *pagamento indevido*, que peremptoriamente repelia repetição, disciplinando a situação diferentemente do que faz o mesmo ordenamento jurídico no que toca ao pagamento indevido em geral. O atual Código substitui a terminologia *obrigação natural* por *"obrigação judicialmente inexigível"* (art. 882).

A discussão, vinda desde o Direito Romano, de saber se a dívida prescrita é dívida natural, fez com que o legislador a equiparasse expressamente no citado art. 882: *"não se pode repetir o que se pagou para solver dívida prescrita ou cumprir obrigação judicialmente inexigível"*.[2] Note

---

[2] "Apelação. Compra e venda de imóvel. Cumprimento de sentença. Sentença de extinção. Inconformismo da parte exequente. Prosseguimento da execução quanto ao valor incontroverso (devolução pela executada dos valores pagos pelos exequentes ante a rescisão do contrato). Não pode o executado exigir a compensação de valores desde o ano de 1999, uma vez que se trata de dívida prescrita junto a Municipalidade de Ribeirão Pires, nos termos do que dispõe o **artigo 882 do Código Civil**. Suspensão, de ofício, da cobrança de valores em aberto junto a Municipalidade de Ribeirão Pires a título de IPTU, com observação da prescrição quinquenal e até adesão ao Refis. Recurso a que se dá parcial provimento" (*TJSP* – Ap 0001519-13.2024.8.26.0505, 29-4-2025, Rel. José Rubens Queiroz Gomes).

"Apelação cível. Alienação fiduciária. Ação declaratória e indenizatória. Prescrição. 1. Uma vez indicadas as razões de fato e os fundamentos jurídicos pelos quais a autora postula a reforma da sentença recorrida, na forma do

que o art. 970 do antigo diploma referia-se expressamente à *obrigação natural*, enquanto o atual substitui essa expressão por "obrigação judicialmente inexigível". Sem dúvida alguma, todas as características da dívida prescrita são de uma obrigação natural. E, assim, dentro da conceituação do presente diploma, entende-se que a obrigação natural é juridicamente inexigível.

Como a lei não minudencia os casos de obrigação natural, pinçam-se alguns casos na própria lei e outros que a doutrina descreve.

Estatui o art. 883: "*não terá direito à repetição aquele que deu alguma coisa para obter fim ilícito, imoral ou proibido por lei*". Trata-se da aplicação do princípio de que ninguém pode valer-se da própria torpeza (*nemo propriam turpitudinem allegans*). É forma de sanção para os que violam a ordem pública e os bons costumes, com todos os requisitos da obrigação natural.

A hipótese mais marcantemente lembrada é de dívida de jogo, a qual não obriga o pagamento, mas, uma vez efetuado, não pode o *solvens* recobrar o que voluntariamente foi pago, a não ser, por exceção, no caso de dolo, ou se o prejudicado for menor ou interdito. Neste sentido, o art. 814 do CC:

> *"As dívidas de jogo ou aposta não obrigam o pagamento; mas não se pode recobrar a quantia, que voluntariamente se pagou, salvo se foi ganha por dolo, ou se o perdente é menor ou interdito".*[3]

---

artigo 1.010, inciso II, do Código de Processo Civil, impõe-se a rejeição da preliminar de não conhecimento da apelação, suscitada pela requerida em contrarrazões. 2. Incumbe à instituição financeira promover o cancelamento da restrição instituída sobre veículo objeto de contrato de financiamento com cláusula de garantia de alienação fiduciária, por meio do SNG – Sistema Nacional de Gravames, no prazo máximo de 10 (dez) dias após a quitação do pacto, conforme dispõe o artigo 9º da Resolução n. 689/2017 – CONTRAN. Hipótese em que, todavia, não houve a quitação do débito pela mutuária, tendo sido reconhecida, na origem, tão somente a prescrição da dívida. 3. Nos termos do artigo 189 do Código Civil, a prescrição extingue a pretensão de cobrança, subsistindo hígido, porém, o débito, ainda que inexigível coercitivamente, como obrigação natural, à luz do disposto no **artigo 882 do mesmo Código**. 4. Inexistindo agir ilícito por parte da credora fiduciária ao manter o gravame de alienação fiduciária em relação ao veículo financiado, ao menos até a declaração da prescrição da dívida, não há falar em dano moral indenizável. 5. Subsistindo o decaimento recíproco dos litigantes, mostra-se impositiva a manutenção da distribuição dos ônus sucumbenciais realizada na origem, restando, contudo, suspensa a sua exigibilidade em relação à parte autora, tendo em vista o deferimento, na origem, do benefício da gratuidade da justiça em seu favor. Apelação parcialmente provida" (*TJRS* – Ap 50067707720228210070, 19-4-2024, Rel. Mário Crespo Brum).

"Declaratória – Inexigibilidade de débito – Inclusão do nome da autora junto a cadastro de negociação de dívidas 'Serasa Limpa Nome' como 'conta atrasa' – Pretensão de declaração de prescrição de débito – Falta de interesse de agir – Artigo 17 do CPC – Questão de ordem pública – Possibilidade de conhecimento pelo juiz em qualquer fase processual (artigo 485, VI, e § 3º, do CPC) – Reconhecimento – Ausência de demonstração de cobrança judicial do débito – Extinção parcial da ação, ex offício – Artigo 485, VI do CPC – Possibilidade de cobrança da dívida – Obrigação natural – **Artigo 882 do Código Civil** – Reconhecimento – Pretensão de inexigibilidade da dívida afastada – Inclusão do nome da autora junto a cadastro de negociação de dívidas – Portal 'Serasa Limpa Nome' que apenas informa ao usuário previamente cadastrado a existência de débitos, sem implicar restrição desabonadora – Ambiente digital destinado apenas à facilitação de negociação e quitação de dívidas – Ausência de prova de divulgação a terceiros ou da alteração no sistema de pontuação de créditos (score) – Pretensão afastada – Ação extinta sem resolução do mérito quanto ao pedido declaratório de prescrição, e improcedente quanto ao mais – Sucumbência exclusiva carreada à autora, observada a gratuidade concedida. Recurso provido" (*TJSP* – Ap 1007703-38.2022.8.26.0278, 6-9-2023, Rel. Henrique Rodriguero Clavisio).

3 "Apelação – Ação monitória – Justiça gratuita – **Dívida de jogo** – inexigibilidade – Tratando-se de valores entregues para, sabidamente, realizar apostas esportivas, ainda que sob a denominação de 'investimento', a cobrança não tem cabimento, por força do que dispõe o artigo 814 do Código Civil – Precedentes – Demanda que deve ser julgada improcedente – Recurso provido" (*TJSP* – Ap 1039029-86.2019.8.26.0224, 23-11-2023, Rel. Hugo Crepaldi).

"Monitória – Cheque – Emissão em decorrência confessada de **dívida de jogo (pôquer)** – Impossibilidade de sua exigência, nas circunstâncias – Exegese do disposto no art. 814, caput e § 1º, do Código Civil – Pendência que não obriga ao pagamento – Sentença mantida – Recurso desprovido" (*TJSP* – Ap 0002867-71.2021.8.26.0408, 12-4-2022, Rel. Vicentini Barroso).

"Embargos à execução – Depoimento pessoal – Nulidade inexistente – Garantia do juízo – Inadmissibilidade dos embargos – Afastamento – Suspeição de testemunha – Ausência de prova da contradita – Autonomia, literalidade,

O jogo e a aposta são contratos aleatórios e a lei não lhes confere exigibilidade em razão de serem, em princípio, moralmente condenáveis. Ambos os contratos têm a mesma natureza. O jogo é o pacto pelo qual duas ou mais pessoas se comprometem a pagar determinada quantia àquela que for vencedora na prática de determinado ato. A aposta é o pacto entre duas ou mais pessoas, com diferente opinião sobre um assunto, que concordam em perder certa importância em favor daquela cuja opinião se mostrar verdadeira.

O jogo pode ser considerado lícito ou ilícito. O jogo ilícito é o proibido, no qual o ganho ou perda dependem exclusivamente da sorte (Lei das Contravenções Penais, art. 50, § 3º, "a"). Os jogos lícitos são aqueles em que entram a destreza ou a habilidade física, como os esportes, ou o intelecto, como o xadrez.

Para os fins de se constituir em obrigação natural, pouco importa que o jogo seja lícito ou ilícito, nos termos do art. 814. No entanto, temos de fazer importante ressalva: há jogos que são *regulamentados* ou *autorizados* pelo próprio Estado, como as loterias oficiais, o jogo semanal da loto e da loteria esportiva, as apostas de turfe, nos locais apropriados. Assim, distinguimos jogos proibidos, tolerados e autorizados. Estes últimos, que sofrem a regulamentação oficial, não se encontram sob a égide do art. 814: se o próprio Estado regula a atividade, cria uma obrigação civil, com toda a exigibilidade. Assim, é exercitável o direito de ação para cobrar dívida desse nível. Por isso, já se decidiu que dívida oriunda de aposta realizada em hipódromo regular é juridicamente exigível (*RT* 488/126). Atendendo a essa distinção, como afirmado nas edições anteriores deste nosso trabalho, o presente Código é expresso a esse respeito. Após especificar no art. 814 que as dívidas de jogo ou de aposta não obrigam o § 2º, veio traduzir o que a doutrina sempre afirmara:

> *"O preceito contido neste artigo tem aplicação, ainda que se trate de jogo não proibido, só se excetuando os jogos e apostas legalmente permitidos".*

Ainda, a nova disposição acerca da irrepetibilidade das dívidas de jogo se aplica às obrigações indiretas dele resultantes, pois o § 1º do art. 814 enfatiza que as dívidas de jogo ou aposta não obrigam o pagamento, mesmo que se trate de *"contrato que encubra ou envolva*

---

abstração dos cheques – Relativização – **Dívida proveniente de jogo e aposta** – Comprovação – Inexigibilidade do crédito – Art. 814, do Código Civil – Não se cogita de nulidade na tomada de depoimento pessoal, se a parte comparece espontaneamente na audiência de instrução e julgamento. Não é causa de inadmissibilidade dos embargos à execução a ausência de garantia do juízo. Inexistindo prova a arrimar a contradita de testemunha, não há falar-se em ser ouvida como informante. Os predicados da autonomia, abstração e literalidade do cheque, enquanto título de crédito circulável, não são absolutos e podem ser relativizados no caso concreto. A dívida comprovadamente proveniente de jogos ou apostas (art. 814, do CC) e garantida por cheques é inexigível" (*TJMG* – AC 1.0452.17.004373-4/001, 29-7-2019, Relª Valéria Rodrigues Queiroz).

"Recurso especial. **Civil. Dívida de jogo**. Casa de bingos. Funcionamento com amparo em liminares. Pagamento mediante cheque. Distinção entre jogo proibido, legalmente permitido e tolerado. Exigibilidade apenas no caso de jogo legalmente permitido, conforme previsto no art. 815, § 2º, do Código Civil. 1. Controvérsia acerca da exigibilidade de vultosa dívida de jogo contraída em Casa de Bingo mediante a emissão de cheques por pessoa diagnosticada com estado patológico de jogadora compulsiva. 2. Incidência do óbice da Súmula 284/STF no que tange à alegação de abstração da causa do título de crédito, tendo em vista a ausência de indicação do dispositivo de lei federal violado ou objeto de divergência jurisprudencial. 3. 'As dívidas de jogo ou de aposta não obrigam a pagamento' (art. 814, *caput*), sendo que 'o preceito contido neste artigo tem aplicação, ainda que se trate de jogo não proibido, só se excetuando os jogos e apostas legalmente permitidos' (art. 814, § 2º, do Código Civil). 4. Distinção entre jogo proibido, tolerado e legalmente permitido, somente sendo exigíveis as dívidas de jogo nessa última hipótese. Doutrina sobre o tema. 5. Caráter precário da liminar que autorizou o funcionamento da casa de bingos, não se equiparando aos jogos legalmente autorizados. 6. Inexigibilidade da obrigação, na espécie, tratando-se de mera obrigação natural. 7. recurso especial desprovido" (*STJ* – REsp 1.406.487-SP (2013/0318934-0), 13-8-2015, Rel. Min. Paulo de Tarso Sanseverino).

reconhecimento, novação ou fiança de dívida de jogo; mas a nulidade resultante não pode ser oposta ao terceiro de boa-fé". Portanto, uma vez desvendada a real finalidade do negócio, se for com fulcro em jogo ou aposta, sua conceituação será também de obrigação natural.

O § 3º desse dispositivo do vigente Código excetua o preceito da irrepetibilidade quanto a prêmios oferecidos ou prometidos para o vencedor em competição esportiva, intelectual ou artística. Da matéria referente ao contrato de jogo ou aposta nos ocupamos mais detidamente no capítulo respectivo, ao tratarmos dos contratos em espécie.

O reembolso do empréstimo feito para o jogo ou aposta, no ato de apostar, também não é exigível (art. 815).[4] A expressão contida na lei *"no ato de apostar"* restringe bastante o alcance do dispositivo. O exame de cada caso concreto, no entanto, dará a verdadeira orientação. O ato de apostar deve ser entendido como aquele praticado no calor ou no ânimo do jogo ou da aposta, quando os freios psicológicos se mostram mais distendidos.

No mesmo regime, encontrava-se o disposto no art. 1.263 do Código de 1916, no tocante ao pagamento de juros não estipulados: *"o mutuário, que pagar juros não estipulados, não os poderá reaver, nem imputar no capital"*. Igualmente, o Código Comercial, no art. 251, assim estatuía: *"o devedor que paga juros não estipulados não pode repeti-los, salvo excedendo a taxa da lei; e neste caso só pode repetir o excesso, ou imputá-lo no capital"*. Em ambas as situações, a obrigação de pagar juros não convencionada era inexigível, mas, se fosse cumprida, tal pagamento poderia ser validamente retido. O atual Código, buscando evitar o enriquecimento injustificado, alterou essa óptica dispondo diferentemente: *"Destinando-se o mútuo a fins econômicos, presumem-se devidos os juros. Parágrafo único. Se a taxa de juros não for pactuada, aplica-se a taxa legal prevista no art. 406 deste Código"* (art. 591). Destarte, apenas nos empréstimos sem fins econômicos o pagamento voluntário de juros não convencionados constituirá obrigação natural. Voltaremos ao assunto ao estudar o mútuo.

Da mesma forma, não se permitirá a repetição em mútuo feito a pessoa menor que não tenha autorização de seu responsável (art. 588).

---

[4] "Apelação Cível – Direito privado não especificado – Embargos à execução – Cerceamento de defesa – Inocorrência – Partes intimadas para manifestar interesse na produção de provas, quedando-se inertes. Mérito. Nota promissória. Pretensão de anulação do título. Descabimento. Suposta origem ilícita do débito (**dívida de jogo**) não evidenciada. Ônus do embargante desatendido. Sentença de improcedência confirmada. Recurso improvido. Unânime" (*TJRS* – AC 70072053838, 8-3-2018, Rel. Jerson Moacir Gubert).

"Monitória – Instrumento particular de confissão de dívida – Quitação não comprovada – Réu que não se desincumbiu do seu ônus probatório – **Alegação de origem da dívida em jogo de azar não evidenciada** – Montante objeto do contrato utilizado para o empreendimento do réu no ramo de panificação – Procedência mantida – Recurso improvido" (*TJSP* – Ap 0032257-71.2012.8.26.0224, 13-6-2016, Rel. Correia Lima).

"Ação monitória. Cheques prescritos. **Dívida de jogo**. Negócio subjacente. Alegação de que os cheques foram emitidos para pagamento de dívida decorrente de jogo de bingo. Atividade de bingo que era permitida e lícita à época da emissão dos títulos. Matéria já decidida em acórdão anteriormente proferido nestes autos, que afastou a impossibilidade jurídica do pedido. Preclusão. Impossibilidade de nova discussão a respeito desta matéria. Arts. 471 e 473 do CPC. Cheques que perderam a eficácia executiva, mas podem embasar a ação monitória, com fulcro no art. 1.102-A do CPC. Súmula 299 do STJ. O cheque representa confissão de dívida, cabendo ao seu emitente o ônus de provar qualquer fato impeditivo, modificativo ou extintivo do direito do autor. Art. 333, inc. II, do CPC. Sentença de improcedência dos embargos monitórios mantida. Recurso improvido" (*TJSP* – Ap 0106895-09.2005.8.26.0002, 13-5-2015, Rel. Plinio Novaes de Andrade Júnior).

"**Inexigibilidade de título** – Cheques – Dívida de jogo – Bingo – A apelante reconhece a emissão dos títulos transferidos por endosso. Impossibilidade de decretação de inexigibilidade. Atividade que não era proibida à época pela Lei 9.615/98. Protesto após a prescrição do título. Possibilidade enquanto disponível a cobrança por outros meios. Súmula 17 deste Tribunal de Justiça. Não elidida a presunção de boa-fé do endossatário do título. Pagamento parcial não comprovado. Decisão bem fundamentada. Ratificação nos termos do artigo 252, do Regimento Interno. Sentença mantida. Recurso desprovido" (*TJSP* – Ap 0176024-30.2007.8.26.0100, 25-4-2013, Rel. Afonso Bráz).

Essa regra guarda as exceções do artigo subsequente no diploma de 1916, que dispunha:

> *"Art. 1.260. Cessa a disposição do artigo antecedente: (...)*
>
> *III – se a pessoa de cuja autorização necessitava o mutuário, para contrair o empréstimo, o ratificar posteriormente;*
>
> *IV – se o menor, estando ausente essa pessoa, se viu obrigado a contrair o empréstimo para os seus alimentos habituais;*
>
> *V – se o menor tiver bens da classe indicada no art. 391, II. Mas, em tal caso, a execução do credor não lhes poderá ultrapassar as forças."*

O presente Código, além de alterar a redação do inciso III, acrescenta outros dois ao art. 589, que assim dispõe:

> *"III – se o menor tiver bens ganhos com o seu trabalho. Mas, em tal caso, a execução do credor não lhes poderá ultrapassar as forças;*
>
> *IV – se o empréstimo reverteu em benefício do menor;*
>
> *V – se o menor obteve empréstimo maliciosamente".*

Em todas essas disposições, mormente nessas acrescidas pelo presente diploma, demonstra-se a preocupação de se evitar o injusto enriquecimento.

Como são essas as situações de obrigação natural expostas na lei, é importante fixar se o conceito e suas consequências jurídicas podem ser estendidos para casos não expressamente descritos pelo ordenamento, constituindo-se, então, uma figura de caráter geral.

Antunes Varella (1977, v. 1:286) entende que a melhor orientação é a que amplia as situações de dívida natural, com fundamento na redação do art. 4º da atual Lei de Introdução às Normas do Direito Brasileiro, Lei nº 12.376, de 30-12-2010, que reconhece a *analogia* como fonte integradora das lacunas do sistema. E conclui, sob o fundamento da natureza idêntica de cunho moral das dívidas de jogo, prescritas e as demais já enunciadas, que existem deveres de natureza semelhante, e cita a título exemplificado: "*a prescrição de alimentos à concubina; o pagamento da parte residual do crédito, após a celebração da concordata*", entre outros.

É possível completar o pensamento do autor, afirmando que são obrigações naturais não apenas as dispostas na lei, mas todas as obrigações em que, por motivos de equidade, não se permita a repetição do que foi pago. Assim, a lógica jurídica pode estender a situação a casos semelhantes.

Seguindo essa ordem de pensamento, Maria Helena Diniz (1983, v. 2:66) lembra de dois casos interessantes: gorjetas a empregados de restaurantes, hotéis etc. e a concessão de comissão amigável a intermediários ocasionais, em negócios imobiliários. Neste último caso, não sendo os beneficiários corretores profissionais, não há nada que obrigue a remuneração por sua mediação. Em ambas as situações, se o pagamento, porém, foi feito, não há direito à repetição. Entende a autora que tais casos de obrigação natural foram criados pelos *costumes*, outra fonte de Direito, no que tem razão.

Não se pode esquecer, no entanto, que a regra geral é a existência de obrigações civis; as obrigações naturais devem ser vistas como exceção ao sistema, sob pena de generalizar-se um instituto que tem, na realidade, pequeno alcance nos casos concretos.

3.4 NATUREZA JURÍDICA DAS OBRIGAÇÕES NATURAIS

A noção de obrigação natural permanece obscura e pouco precisa, justamente porque ela não está situada inteiramente no campo jurídico, mas em grande parte coloca-se no domínio moral (cf. Ripert, 1949:363). A obrigação natural é, em princípio, um dever moral, mas que ganha proteção jurídica, ainda que incompleta. É exatamente aí que deve residir sua definição jurídica.

É claro que a compreensão romana de obrigação natural, modernamente, mostra-se insuficiente. Como já foi visto, para os romanos a obrigação natural era fundamentalmente uma obrigação civil que não tinha o direito de ação. Como nosso Código Civil de 1916, porém, afirmava que *"a todo o direito corresponde uma ação, que o assegura"* (art. 75), a noção histórica, simplesmente, não satisfaz.

Também não pode o instituto ser caracterizado como obrigação exclusivamente moral, eis que o Direito lhe outorga efeitos.

Assim, tudo nos leva a concluir por um meio caminho entre a obrigação jurídica e a obrigação moral.

Note, no entanto, que a juridicidade da obrigação natural só surge no momento de seu cumprimento. Antes do cumprimento, a obrigação natural encontra-se dormente, como mero dever moral. No momento de ápice, que é o cumprimento, é que se ressalta a face jurídica da obrigação.

Portanto, paradoxalmente, é no momento da *extinção* da obrigação que desponta seu caráter jurídico. Reside aí, justamente, a maior dificuldade para a explicação da natureza dessa singular forma de obrigação.

A propósito, e seguindo esse raciocínio, Antunes Varella (1977, v. 1:293) qualifica as obrigações naturais como *"deveres morais ou sociais juridicamente relevantes"*.

A celeuma em torno da obrigação natural deve-se, em parte, à lacunosa disciplina legislativa. Como vimos, são poucos os dispositivos no direito brasileiro que a ela se referem. O Projeto do Código Civil de 1975, na redação originária, que equivale ao atual art. 882, mencionava: *"Não se pode repetir o que se pagou para solver dívida prescrita, ou cumprir obrigação natural"*. De certa forma, esse dispositivo, ao ressaltar a falta de ação para a obrigação natural, alargava seu alcance, pois obrigações que até aqui se mostravam duvidosas em sua conceituação poderiam ser tidas como naturais, tais como as decorrentes de contratos nulos. Na redação reformulada do Código de 2002, com a matéria redigida no art. 882, o legislador preferiu substituir, no texto, *"obrigação natural"* por *"obrigação juridicamente inexigível"*, ficando mais uma vez em aberto o tema para a doutrina e jurisprudência. Melhor andou o Código Civil português, que no art. 402 define a obrigação natural:

> *"a obrigação diz-se natural, quando se funda num mero dever de ordem moral ou social, cujo cumprimento não é judicialmente exigível, mas corresponde a um dever de justiça"*.

O atual Código lusitano coloca a obrigação natural como uma categoria geral, pondo paradeiro à controvérsia a respeito do direito anterior, que, a exemplo de nosso direito vigente, dava margem à discussão se as obrigações naturais tinham essa amplitude, ou só eram admitidas em determinados casos (cf. Telles, 1982:41).

Como se percebe, a legislação lusa coloca a conceituação da obrigação natural como um dever moral ou social, mas com efeitos jurídicos. Há de ser considerada tal postura como a mais aceitável, de tantas que até hoje foram feitas.

Nessa linha de raciocínio, como já enfatizamos, pela lógica do sistema, temos de admitir também entre nós a obrigação natural como uma *figura geral*, presente onde quer que o dever moral se *materialize juridicamente* sob a forma do cumprimento. Cabe ao magistrado, na análise do caso concreto, determinar o contorno jurídico da obrigação natural.

3.5 EFEITOS DA OBRIGAÇÃO NATURAL

O devedor natural não pode ser compelido a executar a obrigação, mas, se a realiza espontaneamente, seu ato é irretratável e opera pagamento válido. O pagamento aí não se trata de mera liberalidade, é pagamento real, feito para extinguir obrigação, e não doação.

Destarte, dois são os efeitos fundamentais da obrigação natural, sobre os quais não existem dúvidas: não podemos pedir a restituição da prestação (*soluti retentio*), e a prestação efetuada vale como verdadeiro cumprimento; por outro lado, não existe ação para compelir o devedor a efetuar o cumprimento.

Todos os demais efeitos enunciados pelos autores comportam crítica e são decorrência desses efeitos principais.

A lei civil estatui, no art. 814, ao tratar do jogo e da aposta, que, para haver irrevogabilidade do pagamento, é necessário que a prestação espontânea seja efetuada sem qualquer coação e que tenha sido feita por pessoa capaz. Esse preceito pode ser aplicado a qualquer obrigação natural.

Doutro lado, tendo havido pagamento parcial da obrigação natural, tal fato não a torna exigível pelo saldo: o pagamento parcial não tem o condão de transformar em civil a obrigação natural.

Quanto à novação, há autores que a admitem na obrigação natural. Propendemos por admiti-la, uma vez que a novação é forma de extinção de obrigação e, sendo espontânea, nada impede que outra obrigação seja criada, substituindo a obrigação natural. A falta de exigibilidade da obrigação natural não é obstáculo para a novação. Já foi dito que a obrigação natural ganha seu substrato jurídico no momento de seu cumprimento. Ora, os contratos estão no âmbito da autonomia da vontade. Se as partes concordam em novar uma dívida natural por outra civil, não há por que obstar seu desejo *pacta sunt servanda*. Nossa opinião, porém, é discutível. Voltaremos ao assunto ao tratarmos da novação no Capítulo 10.

Por outro lado, sem praticamente dissensões, entendemos que a obrigação natural não pode ser objeto de *compensação*, porque o instituto requer que as dívidas compensadas sejam vencidas e exigíveis (art. 369). Não comportam *fiança*, já que esta exige um débito principal que seja obrigação civil, sendo também contrato acessório, que deve seguir o destino do contrato principal. Da mesma forma, não podemos constituir penhor, ou outro direito real sobre a dívida natural, pois essas garantias pressupõem possibilidade de exercitar a execução para a cobrança, que não existe no instituto ora tratado (cf. Monteiro, 1979, v. 4:223).

Cumpre encerrar este capítulo com a judiciosa observação de Washington de Barros Monteiro (1979, v. 4:226) acerca da pouca frequência com que hoje se aplica a teoria da obrigação natural e da consequente diminuta repercussão jurisprudencial, tão raras são as decisões sobre a matéria.

> "*Não é difícil identificar a causa dessa raridade*", aduz o autor. "*Numa época em que a noção do prazo tende a desaparecer, substituída pelo espírito da moratória e pela esperança da revisão; em que o devedor conhece a arte de não pagar as dívidas e em que aquele que paga com exatidão no dia devido não passa de um ingênuo, que não tem*

> *direito a nada; em que as leis se enchem de piedade pelos devedores e em que as vias judiciárias se mostram imprescindíveis como injunção ao devedor civil, aparece como verdadeiro anacronismo a obrigação natural, suscetível de pagamento voluntário, apesar de desprovida de ação."*

Embora estas palavras do saudoso mestre tenham sido redigidas há algum tempo, nunca se mostraram tão atuais.

4

OBRIGAÇÕES REAIS (*PROPTER REM*) E FIGURAS AFINS

4.1 OBRIGAÇÕES REAIS (*PROPTER REM*)

Quando fizemos a distinção entre direitos reais e direitos obrigacionais, referimo-nos ao fato de que não se trata de compartimentos estanques, pois o universo jurídico é um só, e de que, constantemente, essas duas categorias jurídicas relacionam-se.

Nesse diapasão, existem situações nas quais o proprietário é por vezes sujeito de obrigações apenas porque é proprietário ou possuidor, e qualquer pessoa que o suceda na posição de proprietário ou possuidor assumirá tal obrigação. Contudo, o proprietário poderá liberar-se da obrigação se se despir da condição de proprietário ou possuidor, abandonando a coisa que lhe pertence, renunciando à propriedade ou abrindo mão da posse. Em primeiro e apressado enfoque, aí está delineada a obrigação real ou *propter rem*.

Embora não seja explicação totalmente técnica, para uma compreensão inicial pode-se afirmar que a obrigação real fica a meio caminho entre o direito real e o direito obrigacional. Assim, as obrigações reais ou *propter rem*, também conhecidas como *ob rem*, são as que estão a cargo de um sujeito, à medida que este é proprietário de uma coisa, ou titular de um direito real de uso e gozo dela.

Desse modo, a pessoa do devedor, nesse tipo de obrigação, poderá variar, de acordo com a relação de propriedade ou de posse existente entre o sujeito e determinada coisa.

A terminologia bem explica o conteúdo dessa obrigação: *propter*, como preposição, quer dizer "*em razão de*", "*em vista de*". A preposição *ob* significa "*diante de*", "*por causa de*". Trata-se, pois, de uma obrigação relacionada com a coisa.

Tendo em vista que a obrigação *propter rem* apresenta-se sempre vinculada a um direito real, como acessório, sua natureza pode ser considerada *mista*. Nessa espécie deveras singular de obrigação, a pessoa do devedor pode variar, na dependência da relação da propriedade ou da posse que venha a existir entre o sujeito e determinada coisa. Daí a definição de Paulo Carneiro Maia (1980, v. 55:360):

> "*tipo de obrigação ambulatória, a cargo de uma pessoa, em função e na medida de proprietário de uma coisa ou titular de um direito real de uso e gozo sobre a mesma*".

Essas obrigações são encontráveis com bastante frequência. Podem ser citadas como exemplo: a obrigação do condômino em concorrer, na proporção de sua parte, para as despesas de conservação ou divisão da coisa (art. 1.315); a obrigação de o proprietário confinante proceder, com o proprietário limítrofe, à demarcação entre os dois prédios, aviventar rumos apagados e renovar marcos destruídos ou arruinados, repartindo-se proporcionalmente entre os interessados as respectivas despesas (art. 1.297, *caput*); a obrigação de cunho negativo de proibição, na servidão, do dono do prédio serviente em embaraçar o uso legítimo da servidão (art. 1.383). Como acentua Antônio Chaves (1973, v. 1:223), as obrigações *propter rem* podem decorrer da comunhão ou copropriedade, do direito de vizinhança, do usufruto, da servidão e da posse.

Em todos os exemplos, algumas consequências são constantes, como lembra Sílvio Rodrigues (1981*a*, v. 2:107): o devedor está ligado ao vínculo não em razão de sua vontade, mas em decorrência de sua particular situação em relação a um bem, do qual é proprietário ou possuidor, bem como o abandono da coisa, por parte do devedor, libera a dívida, porque nesta hipótese o devedor despe-se da condição de proprietário ou possuidor. Outra característica importante é que a obrigação *propter rem* contraria a categoria regular de obrigações. Nestas, os sucessores a título particular não substituem o sucedido em seu passivo. Nas obrigações aqui tratadas, por exceção, o sucessor a título singular assume automaticamente as obrigações do sucedido, *ainda que não saiba de sua existência*.

Assim, quem adquire um apartamento, por exemplo, ficará responsável pelas despesas de condomínio do antigo proprietário. Não resta dúvida de que caberá ação regressiva do novo adquirente contra o antigo proprietário, mas, perante o condomínio, responderá sempre o atual proprietário. A obrigação, nesses casos, acompanha a coisa, vinculando o dono, seja ele quem for.[1]

---

[1] "Apelação. Embargos à execução. Sentença de improcedência. Embargante proprietária do imóvel em condomínio. **Obrigação *propter rem*** a ser paga pelo titular do direito real. Alegação de ausência de título executivo. Descabimento. Título executivo que preenche os requisitos legais e dotado de certeza, liquidez e exigibilidade. Art. 784, X, do CPC, e art. 1.336, I, do CC. Sentença mantida. Recurso não provido" (*TJSP* – Ap 1017084-70.2024.8.26.0320, 19-8-2025, Rel. Rodolfo Cesar Milano).

"Apelação. Ação de cobrança. Pretensão procedente em primeiro grau. Corréus condenados ao pagamento das cotas vencidas e vincendas. Inconformismo da CDHU. Débitos condominiais. O débito condominial constitui **obrigação *propter rem*** e, portanto, em regra, deve ser suportado pelo proprietário. Havendo compromisso de compra e venda ou contrato de cessão, ainda que não levado a registro, a responsabilidade pelas despesas condominiais pode recair tanto sobre o promitente vendedor ou cedente, quanto sobre o promissário comprador ou cessionário. Caso haja imissão na posse e ciência inequívoca do condomínio a respeito da transação, a responsabilidade pelo pagamento cabe exclusivamente ao adquirente ou cessionário. Orientação firmada pelo E. STJ no Recurso Especial Repetitivo nº 1.345.331/RS (Tema 886). No caso, os direitos relativos ao contrato foram formalmente cedidos à corré SARA em 2003, pela própria CDHU, ou seja, há mais de 20 anos. Instado a emendar a inicial, o autor incluiu a possuidora no polo passivo, o que revela sua ciência acerca de quem seria a ocupante e responsável pela dívida. Em réplica, não negou que sabia quem era a possuidora, limitando-se a defender tese contrária ao entendimento estabelecido pelo C. STJ. Pretensão improcedente em relação à apelante. Repartição dos ônus sucumbenciais entre o autor e a possuidora. Recurso provido" (*TJSP* – Ap 1012964-89.2023.8.26.03619-9-2024, Relª Rosangela Telles).

"Agravo de instrumento. Ação de cobrança. Rateio condominial. Fase de cumprimento de Sentença. DECISÃO que rejeitou a arguição de impenhorabilidade do bem de família. INCONFORMISMO da devedora deduzido no Recurso. EXAME: Obrigação 'propter rem'. Crédito garantido pela própria unidade condominial. Arguição de impenhorabilidade que não é oponível à obrigação decorrente de rateio de despesas incidentes sobre a unidade condominial geradora da dívida cobrada. Exceção prevista no artigo 3º, IV, da Lei nº 8.009/90, que dispõe sobre a impenhorabilidade do 'bem de família'. Decisão mantida. Recurso não provido" (*TJSP* – AgIn 2174970-47.2020.8.26.0000, 30-9-2020, Daise Fajardo Nogueira Jacot).

"Ação declaratória de inexistência de débito c/c indenização – Cerceamento de defesa – Taxas condominiais – Obrigação dos condôminos – Emissão de boletos bancários – Validade dos títulos de cobrança – Obrigação *propter rem* – Protesto válido – Dano moral – Não configuração. Contendo os autos o processo acervo probatório necessário, e tendo sido oportunizada a produção de provas, não enseja cerceamento de defesa o indeferimento do pedido de prova. O Condomínio tem legitimidade para exigir dos condôminos a contribuição avençada para o

Por tudo isso, a conclusão é de que, realmente, a obrigação *propter rem* é um misto de direito real e direito pessoal. Destarte, o nome que a consagra, *obrigação real*, é em si mesmo uma contradição, sendo mais apropriada a denominação latina, que lhe dá a verdadeira compreensão.

É necessário ter cautela, no entanto, com a afirmação genérica de que todas as obrigações dessa natureza admitem o abandono liberatório, isto é, liberam o devedor com o abandono da coisa. Não é com todas as obrigações *propter rem* que isso acontece, como no caso já citado das despesas de condomínio, em que mesmo o abandono por parte do proprietário não o libera da dívida.

Em todas as situações em que ocorrem obrigações reais, encontra-se, na verdade, um modo de solução de um conflito de direitos reais. No condomínio, na vizinhança, no usufruto, na servidão e, eventualmente, em situações de posse, quando surge uma obrigação *propter rem*, ela estará colocando o credor e o devedor nos polos da relação jurídica, mas ambos como titulares de direitos reais. Quando dois proprietários vizinhos têm que concorrer com as despesas de manutenção do muro limítrofe, a obrigação nada mais faz do que harmonizar dois direitos de propriedade. Por aqui, se nota que o direito real, que geralmente impõe uma atitude passiva a todos de respeitar, em síntese, a propriedade, em razão do caráter *erga omnes*, com relação à

---

custeio das despesas comuns e extraordinárias, nos termos convencionados na convenção averbada na matrícula do imóvel. Configura exercício regular do direito, o protesto de título de dívida *propter rem*, quando ausente a prova da quitação da obrigação. Não configura dano moral a cobrança de dívida inadimplida, por meio de protesto válido" (*TJMG* – ApCív 1.0000.18.139170-7/001, 12-8-2020, Pedro Bernardes).

"Direito civil e processual civil – Apelação cível – Ação de cobrança de taxas condominiais – Associação equiparada a condomínio – Obrigação *propter rem* – Rateio das despesas comuns. 1. As dívidas de condomínio têm natureza *propter rem*, sendo legítimo o rateio das despesas que a todos os condôminos beneficiam. 3. As deliberações tomadas em assembleia de condôminos são soberanas e a todos obrigam, ficando os interesses individuais subordinados aos coletivos, de modo que, enquanto não anuladas em ação adequada, são plenamente válidas. 2. Todo possuidor de imóvel integrante do condomínio está obrigado a contribuir com todas as taxas condominiais, ainda que vencidas antes do advento da Lei n. 13.465/17, mormente quando evidenciado que no momento da aquisição do imóvel o condomínio já estava constituído e o adquirente tinha ciência da necessidade de pagar as taxas regularmente instituídas. 3. Apelação conhecida e provida. Unânime" (*TJDFT* – ApCív 07056469020198070008, 16-9-2020, Fátima Rafael).

"Adjudicação – **Obrigação *propter rem*** – Cancelamento de penhora – Impossibilidade – Os débitos condominiais qualificam-se como obrigações 'propter rem', ou seja, acompanham o bem imóvel. Desse modo, se o direito de que se origina é transmitido, a obrigação o segue, seja qual for o título translativo. Por conseguinte, a adjudicação pretendida pelo exequente não implica no cancelamento das penhoras efetivadas em execuções condominiais" (*TRF-3ª R.* – AP 0011197-13.2017.5.03.0174, 19-6-2019, Relª Conv. Ana Maria Espi Cavalcanti).

"Apelação – Ação de cobrança de cotas condominiais – **Obrigação *propter rem*** – Cabe ao proprietário arcar com o pagamento das despesas condominiais, nos termos dos arts. 12 da Lei 4.591/61 e 1.336, do Código Civil. Não comprovado o pagamento do débito na data de seu vencimento deve ser mantida a condenação. Pretensão de pagamento das cotas em atraso sem os acréscimos decorrentes do inadimplemento que não pode prosperar. Havendo o atraso no pagamento, são devidos os consectários legais (correção monetária, juros e multa). Recurso não provido" (*TJRJ* – AC 0014260-13.2015.8.19.0209, 4-6-2018, Rel. Cláudio Luiz Braga Dell'orto).

"Agravo interno no Recurso Especial – Direito civil e processual civil – **Despesas Condominiais** – Promissário comprador – Ação de cobrança promovida contra promitente vendedor – Execução que atingiu o imóvel gerador da dívida, afetando patrimônio do promitente comprador – inadmissibilidade – princípios da ampla defesa e do contraditório – 1 – Aplicabilidade do novo Código de Processo Civil, devendo ser exigidos os requisitos de admissibilidade recursal na forma nele prevista, nos termos do Enunciado Administrativo nº 3 aprovado pelo Plenário do STJ na sessão de 9/3/2016: Aos recursos interpostos com fundamento no CPC/2015 (relativos a decisões publicadas a partir de 18 de março de 2016) serão exigidos os requisitos de admissibilidade recursal na forma do novo CPC. 2 – A penhora da unidade habitacional que deu origem ao débito condominial não pode ser autorizada em prejuízo de quem não tenha sido parte na ação de cobrança em que formado o título executivo. 3 – A natureza *propter rem* da dívida não autoriza superar a necessária vinculação entre o polo passivo da ação de conhecimento e o polo passivo da ação de execução. 4 – Agravo interno não provido, com imposição de multa e majoração da verba honorária" (*STJ* – AGInt-REsp 1.368.254 – (2013/0018764-0), 17-4-2017, Rel. Min. Moura Ribeiro).

obrigação *ob rem* impõe, ao contrário, prestações positivas (embora existam obrigações reais negativas) ao titular rival de um direito real.

Para o nascimento de uma obrigação *propter rem*, há necessidade, portanto, de dois direitos reais em conflito, quer esse conflito resulte da vizinhança, ou do que se pode chamar de *superposição de direitos reais*, como ocorre, por exemplo, no usufruto. Neste último caso, no usufruto, tanto o nu-proprietário como o usufrutuário têm obrigações um para com o outro, e o objeto do direito real é um só.[2]

Ao divisar a obrigação *propter rem*, tendo em vista que ela decorre de um direito real, a primeira ideia é que essa espécie deflui unicamente da lei ou, ao menos, da situação fática que une dois titulares de um direito real. Nada impede, porém, que a obrigação nasça de convenção entre as partes. Por exemplo: dois proprietários limítrofes podem convencionar a respeito do uso e gozo comum de determinada área dos imóveis. Se essa convenção constar do registro, será transmissível aos futuros proprietários e possuidores.

---

2 "Execução. Taxas de manutenção. Associação. Penhora. Decisão que rejeitou a impugnação do executado e retificou a penhora para constar que deverá recair apenas sobre a nua-propriedade dos imóveis, e não sobre o usufruto. Insurgência do executado que alega impenhorabilidade dos imóveis, por se tratar de bem de família. Não cabimento. **Natureza propter rem** da obrigação reconhecida quando do julgamento do IRDR nº 2239790-12.2019.8.26.0000, julgado em julho de 2021 pela Turma Especial de Direito Privado I desta Corte. Não demonstrado que o imóvel onde executado reside é seu único bem. Imóveis penhorados que possuem numeração e matrículas distintas. Decisão mantida. Recurso não provido" (*TJSP* – AI 2079182-35.2022.8.26.0000, 1-7-2022, Rel. Fernanda Gomes Camacho).

"Apelação – Despesas condominiais – Embargos à penhora – **Obrigação 'propter rem'** – Constrição da unidade geradora do débito – Possibilidade – Tratando-se de dívida proveniente de despesas condominiais, que constituem obrigações 'propter rem', a execução de débitos oriundos do imóvel alcança o próprio bem, admitindo-se a constrição. Os valores apresentados pelo exequente estão de acordo com o que foi determinado em juízo. Não há que se falar, pois, excesso de execução. Pedido de substituição do bem penhorado, por outro de valor inferior. Indeferimento. Ausência de anuência do credor e de prova de que a medida não acarretará prejuízo a este. Sistemática processual que determina a avaliação do bem posteriormente ao ato de constrição – CPC, art. 870 e ss. Recurso desprovido" (*TJSP* – AC 1001348-08.2017.8.26.0045, 29-4-2019, Rel. Antonio Nascimento).

"Penhora – Débitos condominiais – Execução – Obrigação condominial – ***Propter rem*** – Proprietária – Possibilidade – Processual civil. Agravo interno no recurso especial. Débitos condominiais. Execução. Obrigação condominial. *Propter rem*. Penhora do bem. Proprietária. Possibilidade. Recurso não provido. 1. Nos termos da jurisprudência do STJ, a responsabilidade pelo pagamento de cotas condominiais em atraso pode recair sobre o novo adquirente do imóvel, como ocorreu na hipótese. Precedentes. 2. Agravo interno a que se nega provimento" (*STJ* – Ag Int-REsp 1.575.549 – (2015/0323027-9), 25-5-2018, Rel. Min. Lázaro Guimarães).

"Recurso Especial – Processual Civil – Aplicação do CPC/73 – Ação de cobrança – Cumprimento de sentença – Despesas Condominiais – **Natureza *propter rem*** – Constrição – Imóvel gerador da dívida – Possibilidade – 1 – recurso especial interposto em 15/10/2015 – Autos conclusos a esta relatora em 02/09/2016 – Julgamento sob a égide do CPC/73 - 2 – A obrigação *propter rem*, em razão de decorrer da titularidade de um direito real, ostenta os atributos da sequela e da ambulatoriedade. 3 – O débito condominial, de natureza *propter rem*, é indispensável para a subsistência do condomínio, cuja saúde financeira não pode ficar ao arbítrio de mudanças na titularidade dominial. 4 – A finalidade da obrigação *propter rem* é garantir a conservação do bem ao qual ela é ínsita. 5- A obrigação de pagamento dos débitos condominiais alcança os novos titulares do imóvel que não participaram da fase de conhecimento da ação de cobrança, em razão da natureza *propter rem* da dívida. 6 – Em caso de alienação de objeto litigioso, a sentença proferida entre as partes originárias, estende seus efeitos ao adquirente ou ao cessionário. 7 – Recurso especial conhecido e provido" (*STJ* – REsp 1.653.143 – (2015/0323858-9), 22-5-2017, Relª Minª Nancy Andrighi).

"Agravo de instrumento. Interposição contra decisão que acolheu em parte a impugnação apresentada. Cumprimento de sentença. Necessidade de intimação do devedor para cumprimento de sentença/acórdão, na pessoa de seu patrono. A multa de 10% sobre o valor da condenação só deve incidir nos casos em que não houver pagamento dentro do prazo de quinze dias, cuja contagem se inicia após a intimação do devedor para pagamento. Ilegitimidade passiva afastada. Agravante que se mantém como titular do domínio. Unidades arrematadas em processo de execução fiscal. Caráter ***propter rem*** da obrigação. Adquirente que deve responder pela totalidade do débito condominial (débitos não só posteriores à arrematação, mas também anteriores e pendentes de pagamento). Decisão parcialmente reformada" (*TJSP* – AI 2112759-48.2015.8.26.0000, 27-8-2015, Rel. Mario A. Silveira).

Sustenta-se que a íntima relação da obrigação *propter rem* com os direitos reais significa um elemento a mais à própria noção de direito real. Nos direitos reais em geral, existe a oponibilidade desse direito contra todos *erga omnes*. O direito real deve ser conhecido e respeitado por todos. A obrigação *propter rem* é particularização desse princípio; determinada pessoa, em face de certo direito real, está "obrigada", juridicamente falando, mas *essa obrigação materializa-se* e mostra-se diferente daquela chamada "obrigação passiva universal", de todo direito real, porque diz respeito a um único sujeito, apresentando todos os característicos de uma obrigação. A propriedade, como tal, deve ser respeitada por todos, daí a chamada obrigação passiva universal. O vizinho, porém, em face do muro limítrofe, não apenas deve respeitar a propriedade confinante, como também concorrer para as despesas de conservação desse muro.

Em todo caso, contudo, deve ser afastada a ideia no sentido de que o fenômeno ora em estudo seja um direito real. Trata-se, sem dúvida, de uma "obrigação", mas com os caracteres especialíssimos aqui examinados. Suas particularidades derivam, portanto, das considerações aqui feitas:

1. Trata-se de relação obrigacional que se caracteriza por sua vinculação à coisa. Não pode existir, por conseguinte, fora das relações de direito real (aqui reside diferença fundamental com outras figuras afins, que serão estudadas).
2. O nascimento, transmissão e extinção da obrigação *propter rem* seguem o direito real, com uma vinculação de acessoriedade.
3. A obrigação dita real forma, de certo modo, parte do conteúdo do direito real, e sua eficácia perante os sucessores singulares do devedor confere estabilidade ao conteúdo do direito.

Tendo em vista a repisada relação íntima entre os direitos reais e as obrigações *propter rem*, é conveniente que as últimas sejam examinadas juntamente com os respectivos direitos reais sobre os quais incidem, já que o conhecimento destes é imprescindível para a exata compreensão dessa modalidade obrigacional. É o que fazemos na obra destinada aos direitos reais.

4.2 ÔNUS REAIS

Ônus, na linguagem vulgar, significa algo que sobrecarrega, um peso que incide sobre uma pessoa ou coisa, ou simplesmente um dever ou um gravame. O sentido jurídico não foge dessa compreensão semântica. O ônus real, em apertada síntese, é um gravame que recai sobre uma coisa, restringindo o direito do titular de um direito real. Nesse diapasão, o ônus distingue-se do dever, porque neste, que é próprio da obrigação, há o característico da coercibilidade, enquanto tal não existe no ônus. A parte onerosa pode não praticar o que determina o ônus, sujeitando-se a determinadas consequências. Quem tem um dever pode ser obrigado a cumpri-lo.

Assim, o ônus tem algo de poder, porque ao sujeito é garantido determinado resultado jurídico favorável, desde que observada certa conduta. A palavra *ônus* é empregada no direito em várias acepções, inclusive como encargo, estudado em *Direito civil*: *parte geral* (seção 27.4).

Aponta Martinho Garcez Neto que no conceito de ônus está presente a ligação entre o exercício de um direito e seu resultado; o titular somente poderá exercer o direito se suportar o ônus (2000:163).

4.2.1 Ônus Reais e Obrigações Reais

É bastante controvertido o critério de distinção entre os dois institutos.

Um aspecto específico da diferença, sempre apontado, é o fato de que a responsabilidade pelo ônus real é limitada ao bem onerado, ao valor deste, enquanto na obrigação *propter rem* o obrigado responde com seu patrimônio, sem limite. Ainda, o ônus desaparece, desaparecendo o objeto, enquanto os efeitos da obrigação real podem permanecer, ainda que desaparecida a coisa. Pode ser apontado ainda o fato de que o ônus implica sempre uma prestação positiva; já a obrigação *propter rem* pode surgir com uma prestação negativa.

Ademais, os ônus reais representam deveres que limitam o gozo da coisa e o poder de dispor, prevalecendo *erga omnes*, constituindo-se verdadeiros direitos reais. Há, no entanto, opiniões contrárias (cf. Garcez Neto, s. d., v. 35:184).

Nosso direito positivo não se refere expressamente aos ônus reais. Emprega o termo em várias oportunidades, no título relativo aos *direitos reais sobre coisas alheias*: arts. 1.385, § 2º, 1.386, 1.405, 1.408 e 1.409. Não é, porém, a acepção técnica que nos interessa.

4.2.2 Conceito

O Código alemão fixou a noção de ônus real, descrevendo, no art. 1.105, que *"um prédio pode ser onerado de modo que, àquele em favor do qual a oneração tem lugar, sejam os ônus satisfeitos à custa do prédio"*. Trata-se de prestações periódicas (cf. Garcez Neto, s. d., v. 35:185).

O que lhe caracteriza a natureza real é sua vinculação sobre um bem imóvel. Constitui-se de direito sobre coisa alheia, porque onera o imóvel de outrem.

Os arts. 803 a 813 do Código Civil disciplinam a *"constituição de renda"*, no título que trata das várias espécies de contratos, mas o art. 1.431 transformava no CC de 1916 a avença em direito real, referindo-se aos arts. 749 a 754. Cuidava-se de exemplo típico de ônus real, no qual o proprietário do imóvel obrigava-se a pagar prestações periódicas de soma determinada e, como todo direito real tem direito de sequela (art. 754), os sucessores continuariam a suportar o encargo. Cuidaremos do instituto, aliás em desuso, no local oportuno, inclusive os novos aspectos do mais recente diploma.

4.3 OBRIGAÇÕES COM EFICÁCIA REAL

Certas relações oriundas de contratos, por força de disposição legal, alcançam latitude de direito real. Na revogada Lei do Inquilinato (nº 6.649/79), o art. 25 estampava que, quando houvesse venda, promessa de venda, ou cessão de direitos do imóvel locado, poderia o locatário,[3] depositando o preço e demais despesas do ato de transferência, haver para si o imóvel locado, se requeresse no prazo de seis meses a contar da transcrição ou inscrição do ato competente no Cartório do Registro de Imóveis. Essa preferência do inquilino na aquisição do prédio

---

3 Súmula 614 do STJ: O locatário não possui legitimidade ativa para discutir a relação jurídico-tributária de IPTU e de taxas referentes ao imóvel alugado nem para repetir indébito desses tributos.

Jurisprudência em Teses STJ – Direito Civil – Edição n. 53: Locação de Imóveis Urbanos nº 21) O contrato de locação com cláusula de vigência, ainda que não averbado junto ao registro de imóveis, não pode ser denunciado pelo adquirente do bem, caso dele tenha tido ciência inequívoca antes da aquisição. Acórdãos: AgRg nos EDcl no REsp 1322238/DF, Rel. Min. Paulo de Tarso Sanseverino, Terceira Turma, julgado em 23-6-2015, *DJE* 26-6-2015; AgRg no AREsp 592939/SP, Rel. Min. Marco Aurélio Bellizze, Terceira Turma, julgado em 3-2-2015, *DJE* 11-2-2015; REsp 1269476/SP, Relª Minª Nancy Andrighi, Terceira Turma, julgado em 5-2-2013, *DJE* 19-2-2013.

locado, para quando o locador pretender alienar, já se tornou tradicional em nossa legislação de inquilinato, introduzida que foi pela primeira vez pela Lei nº 3.912, de 3-7-1961.

O art. 27 da lei inquilinária (Lei nº 8.245, de 18-10-1991) disciplina essa preferência, ampliando o direito do inquilino para a dação em pagamento (ver nosso estudo sobre o instituto em *Lei do inquilinato comentada*, 2003:117).

No entanto, para o que por ora nos interessa, o art. 33 dessa lei dispõe:

> *"O locatário preterido no seu direito de preferência poderá reclamar do alienante as perdas e danos ou, depositando o preço e demais despesas do ato de transferência, haver para si o imóvel locado, se o requerer no prazo de seis meses, a contar do registro do ato no Cartório de Imóveis, desde que o contrato de locação esteja averbado pelo menos trinta dias antes da alienação junto à matrícula do imóvel. Parágrafo único. A averbação far-se-á à vista de qualquer das vias do contrato de locação, desde que subscrito também por duas testemunhas".*

Com essa redação, mais técnica do que a lei anterior, ficam bem claros quais os direitos que podem emergir de um direito de preferência preterido: existirá um direito real para o inquilino se tiver registrado devidamente o contrato, o qual lhe permitirá haver o imóvel, ou então, exclusivamente, um direito pessoal estampado em um pedido de perdas e danos. O contrato de locação, com o registro imobiliário, permite que o locatário oponha seu direito de preferência *erga omnes*, isto é, perante qualquer pessoa que venha a adquirir a coisa locada. O contrato, portanto, nas condições descritas na lei, alcança eficácia real.[4]

---

4 "Apelação cível. Ação indenizatória. Locação de imóvel. Alegação de danos em virtude de não observância do **direito de preferência** de aquisição de imóvel pelo locatário. Ausência de registro do contrato de locação no cartório de Registro de Imóveis que afasta o direito real de preferência do inquilino à aquisição do imóvel locado, remanescendo, todavia, o direito de pleitear por perdas e danos. Art. 33 da Lei nº 8.245/91. Ônus da demonstração da existência de prejuízos materiais não superado pelo autor. Dano moral que não foi objeto do pedido inicial, não admitindo conhecimento, por força do axioma *tantum devolutum quantum apellatum*. Não caracterização da litigância de má-fé do apelante, ante a não configuração das situações elencadas no art. 80 do Código de Processo Civil. Recurso conhecido em parte e, nesta, desprovido" (*TJSP* – Ap 1002608-14.2024.8.26.0001, 01-8-2025, Rel. Dimas Rubens Fonseca).

"Agravo de instrumento. Tutela de urgência deferida para obstar a demolição de imóvel. Locatário que se diz preterido em seu **direito de preferência** na aquisição do imóvel. Hipótese em que, a despeito dos alegados vícios na notificação dos locatários na forma do art. 27 da Lei nº 8.245/91, já houve o registro da alienação do imóvel. Direito à aquisição pelo autor que somente se configuraria se atendidos os requisitos do art. 33 da Lei nº 8.245/91, o que não se verifica na hipótese. Eventual direito do agravado que se resolverá em perdas e danos. Teórico direito de retenção por benfeitorias que esbarra no desconto concedido pelo locador para a reforma do imóvel somada à renúncia contratual pelo locatário à indenização ou retenção pelas benfeitorias realizadas. Aplicação da Súmula nº 335 do C. STJ. Razões recursais elisivas da probabilidade do direito do autor. Recurso provido". (*TJSP* – AI 2167665-41.2022.8.26.0000, 4-4-2023, Rel. Rômolo Russo).

"Apelação cível – Ação de adjudicação compulsória – Preliminar de não conhecimento do recurso – Deserção – Inocorrência – Compra e venda de imóvel – Preterição do direito de preferência do locatário – Inexistência de prévia averbação do contrato junto à matrícula do imóvel – Perdas e danos – Ausência de comprovação – Improcedência do pedido. Não se há de falar em deserção do recurso de apelação interposto pelos substitutos processuais do autor (seus herdeiros), se o benefício da gratuidade judiciária anteriormente deferido ao mesmo autor lhes foi estendido na sentença apelada. Nos termos do art. 33 da Lei nº 8.245/91, constitui condição *sine qua non* para o exercício da pretensão do locatário de, depositando o preço, adquirir o imóvel locado, a averbação do contrato de locação no Cartório de Registro de Imóveis competente. Inexistente tal averbação, não é possível o acolhimento do pedido de anulação do negócio jurídico e consequente adjudicação do bem imóvel. A ausência de prova robusta acerca da possibilidade de o locatário adquirir o imóvel nas mesmas condições que o terceiro o fez, afasta qualquer direito do mesmo locatário à indenização por perdas e danos, mesmo que tenha sido preterido em seu direito de preferência" (*TJMG* – ApCív 1.0352.11.001973-9/002, 21-5-2020, José de Carvalho Barbosa).

Outro exemplo de obrigação desse tipo também se refere à locação e está localizado no art. 576 do Código Civil:

> *"Se, durante a locação, for alienada a coisa, não ficará o adquirente obrigado a respeitar o contrato, se nele não for consignada a cláusula da sua vigência no caso de alienação, e constar de registro público".*

O Registro Público aí referido é o imobiliário.

Essa disposição é explicitada pelo art. 8º da Lei do Inquilinato em vigor:

> *"Se o imóvel for alienado durante a locação, o adquirente poderá denunciar o contrato, com o prazo de noventa dias para a desocupação, salvo se a locação for por tempo determinado e o contrato contiver cláusula de vigência em caso de alienação e estiver averbado junto à matrícula do imóvel.".*

Desse modo, as obrigações do locador, contrariando a regra geral da relatividade das convenções (pela qual o contrato só vincula as partes contratantes), podem ser transmitidas ao novo titular do domínio, que deve respeitar o contrato de locação, do qual não fez parte. Existe, portanto, uma obrigação que emite uma *eficácia real.*

Outra situação semelhante é a do compromisso de compra e venda, em que, uma vez inscrito no Registro Imobiliário, o compromissário passará a gozar de direito real, oponível a terceiros, conforme estudaremos em *Direito civil: direitos reais.*

Resumindo, *"as obrigações gozam de* eficácia real *quando, sem perderem o caráter essencial de direitos a uma prestação,* se transmitem, *ou* são oponíveis a terceiros, *que adquiram direito sobre determinada coisa*", conforme ensina Antunes Varella (1977, v. 1:51).

"Apelação cível – Ação de anulação de contrato de compra e venda c/c preferência e pedido de adjudicação compulsória – **Direito de preferência** – Ausentes prévia averbação do contrato de locação no RGI e depósito do preço – Sentença mantida – 1- Para exercer seu direito de preferência, o locatário, a teor do art. 33 da Lei nº 8.245/91, deverá promover a averbação do contrato de locação assinado por duas testemunhas na matrícula do bem no cartório de registro de imóveis, pelo menos trinta dias antes de referida alienação. 2- Exige-se também do locatário, quanto à pretensão adjudicatória, que deposite o preço do bem e das demais despesas de transferência de propriedade do imóvel. 3- Desatendidas essas duas condições, impõe-se o julgamento improcedente das pretensões formuladas, que objetivaram anular o contrato de compra e venda firmado entre o recorrido e um terceiro, bem assim a adjudicação do imóvel objeto da lide. 4- Apelação a que se nega provimento. Votação unânime. Apelação cível – Ação de anulação de contrato de compra e venda c/c preferência e pedido de adjudicação compulsória – Direito de preferência – Ausentes prévia averbação do contrato de locação no RGI e depósito do preço – Sentença mantida – 1- Para exercer seu direito de preferência, o locatário, a teor do art. 33 da Lei nº 8.245/91, deverá promover a averbação do contrato de locação assinado por duas testemunhas na matrícula do bem no cartório de registro de imóveis, pelo menos trinta dias antes de referida alienação. 2- Exige-se também do locatário, quanto à pretensão adjudicatória, que deposite o preço do bem e das demais despesas de transferência de propriedade do imóvel. 3- Desatendidas essas duas condições, impõe-se o julgamento improcedente das pretensões formuladas, que objetivaram anular o contrato de compra e venda firmado entre o recorrido e um terceiro, bem assim a adjudicação do imóvel objeto da lide. 4- Apelação a que se nega provimento. Votação unânime" (*TJPE* – Ap 0002534-69.2014.8.17.0100, 10-6-2019, Rel. Eurico de Barros Correia Filho).

5

FONTES DAS OBRIGAÇÕES

5.1 INTRODUÇÃO

O direito nasce sempre de um fato: *ex facto ius oritur*.

No Capítulo 2 de *Direito civil: parte geral* foram estudadas as "fontes do Direito".

Ali enfatizamos que a expressão *fontes* é vista sob o aspecto das diferentes maneiras de realização do Direito. Há um paralelismo no conceito ora estudado, quando se trata das fontes das obrigações. As obrigações derivam de certos atos, que dão margem à criação, ao nascimento das obrigações. Portanto, quando falamos de fontes das obrigações, estamos nos referindo ao nascedouro, a todos os atos que fazem brotar obrigações.

Assim, estudar as fontes significa investigar como nascem e se formam, de onde surgem e por que determinada pessoa passa a ter o dever de efetuar certa prestação para outra.

A matéria é essencialmente doutrinária, embora certas legislações arrisquem a enumerar as fontes. Tal enumeração não é fácil, tanto que não existe concordância entre os vários autores.

Destarte, diz-se que a produção tem como fonte um contrato, quando deriva de uma compra e venda, de um empréstimo, de uma locação etc.; ou que tem como fonte um ato ilícito quando decorre de incêndio criminoso, de agressão, de difamação etc.

A importância do estudo das fontes das obrigações é eminentemente histórica, porque, no passado, do enquadramento das obrigações derivavam determinadas consequências jurídicas. Atualmente, as obrigações não mais se caracterizam pela decorrência de certos fatos, mas pela própria estrutura que as define, deixando de ter a classificação das fontes maior importância prática.

5.2 FONTES DAS OBRIGAÇÕES NO DIREITO ROMANO

A clássica e mais antiga classificação das fontes no Direito Romano provém das *Institutas* de Gaio: *omnis obligatio vel ex contractu nascitur, vel ex delicto* (as obrigações nascem dos contratos e dos delitos). Consideravam-se aí "contrato" não apenas as convenções, mas todo ato jurídico lícito que fizesse nascer uma obrigação, como a gestão de negócios e o pagamento indevido.

Ocorre que, num tópico de *Res Cotinianae* do mesmo Gaio, foi acrescentada uma terceira categoria de fontes: *ex variis causarum figuris* (várias outras causas de obrigações). Ao que parece, percebeu-se o alargamento do campo das obrigações, parecendo que as *res cotinianae* já expunham um direito mais moderno, mais ao tempo do próprio Gaio. As várias figuras são as fontes que não se enquadram nem nos delitos, nem nos contratos, incluindo-se aí a gestão de negócios, pela qual alguém administra, sem procuração, bens e interesses alheios, surgindo obrigações entre o titular do negócio e o gestor.

As várias causas de obrigações, que não se consideram nem contratos, nem delitos, foram classificadas sob o título *quase contratos*, isto é, situações assemelhadas a contratos. Nesses casos, como não existe o consenso de vontades, característica básica dos contratos, nem existe a violação da lei, os romanos "assemelhavam" as situações aos contratos.

Na época bizantina, faz-se menção a uma quarta fonte: os *quase delitos*. O termo *delictum* ficou reservado unicamente para os atos dolosos. O quase delito aproxima-se do delito. O delito traz sempre a noção de dolo, intenção de praticar uma ofensa, enquanto o quase delito, embora não tenha sido essa noção claramente exposta no Direito Romano, inspira-se na noção de *culpa*.

Os critérios de distinção resumem-se na existência ou não de vontade. A vontade caracteriza o contrato, enquanto toda atividade lícita, sem consenso prévio, implica o surgimento de um quase contrato. Já o dano intencionalmente causado é um delito, enquanto o dano involuntariamente provocado constitui-se num quase delito.

Essa mais recente concepção, presente na obra justinianeia, encontra-se reproduzida hoje em muitas legislações: *obligaciones aut ex contractu aut quasi ex contractu aut ex maleficio aut quasi ex maleficio* (as obrigações derivam ou do contrato ou do quase contrato, ou do delito ou do quase delito). O Código de Napoleão adotou-a, mas, mesmo na França, tal divisão sempre sofreu críticas. Tal forma de encarar as obrigações não é abrangente, deixando de lado vários fenômenos, como, por exemplo, as obrigações que resultam de declaração unilateral de vontade. Ademais, a figura do quase contrato é de difícil explicação. O Código francês, por influência de Pothier, acrescenta mais uma fonte à classificação quadripartida: *a lei*. A lei seria fonte de obrigação nos casos em que não há interferência da vontade, como na obrigação alimentar e nas obrigações derivadas de direito de vizinhança. Modernamente, essa classificação está abandonada.

5.3 VISÃO MODERNA DAS FONTES DAS OBRIGAÇÕES

São muitas as construções doutrinárias e as soluções legislativas a respeito do assunto.

Procurou-se ver na *lei* a fonte primeira das obrigações. É fato que toda obrigação deve ser chancelada pelo ordenamento jurídico, pela lei, em última análise. Seria contradição falar em obrigação "ilegal".

Sílvio Rodrigues (1981*a*, v. 2:11) entende que as obrigações

> *"sempre têm por fonte a* lei, *sendo que nalguns casos, embora esta apareça como fonte mediata, outros elementos despontam como causadores imediatos do vínculo. Assim, a* vontade humana *ou o* ato ilícito".

Seguindo esse ponto de vista, o autor classifica as obrigações em três categorias: (a) as que têm por fonte imediata a vontade humana; (b) as que têm por fonte imediata o ato ilícito; e (c) as que têm por fonte imediata a lei.

São obrigações que derivam diretamente da vontade tanto os contratos, nos quais existem duas vontades, como as manifestações unilaterais, tal como na promessa de recompensa.

O ato ilícito, por sua vez, constitui fonte de obrigações aquelas situações que provêm de ação ou omissão culposa ou dolosa do agente que causa dano à vítima, estando sua definição no art. 186, complementado pelo art. 927: *"Aquele que, por ato ilícito (arts. 186 e 187), causar dano a outrem, fica obrigado a repará-lo"*.

Por outro lado, Sílvio Rodrigues entende que há obrigações decorrentes imediatamente da lei, como no caso de obrigação de prestar alimentos ou obrigação de reparar o dano, nos casos de responsabilidade decorrente da teoria do risco. Conclui o autor, porém, que, em todos os casos analisados, a lei é sempre fonte remota da obrigação, pois, em última análise, só há obrigação se o ordenamento jurídico o admitir.

Em verdade, a dificuldade para uma classificação das fontes das obrigações faz com que sejamos levados a tratar das "várias outras figuras" expostas pelos romanos, que desde então sentiram o problema.

Caio Mário da Silva Pereira (1972, v. 2:28) menciona que há obrigações que decorrem exclusivamente da lei e lembra os deveres políticos (ser eleitor) e a obrigação alimentar. Lembra, porém, esse autor que tais institutos não se constituem verdadeiras obrigações no sentido técnico e são apenas *deveres jurídicos*. Sua conclusão é pela existência de duas fontes obrigacionais, levando em conta a preponderância de um ou outro fator: uma em que a força geratriz é a vontade; outra, em que é a lei. Para o autor, todas as obrigações emanam dessas duas fontes e foi assim que estipulou em seu Anteprojeto de Código de Obrigações.

Citamos a opinião de dois dos mais importantes autores de nossas letras jurídicas para demonstrar que a doutrina traça os mais variados caminhos para apontar as fontes das obrigações.

Quer-nos parecer, contudo, sem que ocorra total discrepância com o que já foi dito, que a *lei* será sempre fonte imediata de obrigações. Não pode existir obrigação sem que a lei, ou, em síntese, o ordenamento jurídico, a ampare. Todas as demais "várias figuras" que podem dar nascimento a uma obrigação são fontes mediatas. São, na realidade, fatos, atos e negócios jurídicos que dão margem ao surgimento de obrigações. É assim, em linhas gerais, que se posiciona Orlando Gomes (1978:40). Esse mestre reporta-se à classificação do Código italiano, o qual estatui as duas grandes fontes (o contrato e o ato ilícito) e refere-se, após, *"a todo outro ato ou fato idôneo a produzi-la (a obrigação) de acordo com o ordenamento jurídico"* (art. 1.173 do estatuto peninsular). Nesta última dicção legal, estão compreendidas várias figuras, a exemplo do que já fixava o Direito Romano. Como acrescenta Orlando Gomes, não se trata de solução científica, mas não pode ser considerada artificial a classificação. Assim, nessas várias figuras podem ser incluídos *a declaração unilateral de vontade, os atos coletivos, o pagamento indevido e o enriquecimento sem causa, o abuso de direito e algumas situações de fato*. Estas últimas são aquelas a que a lei atribui efeito para gerar obrigações. Orlando Gomes (1978:45) repele a denominação *obrigações legais* às situações de fato. Como vimos, a lei é sempre fonte imediata para o nascimento da obrigação. Essas situações de fato, como, por exemplo, as obrigações alimentares e as já por nós estudadas obrigações *propter rem*, exigem que esteja configurada a *situação de fato*, que é, assim, *o fato condicionante* e, portanto, *a fonte*. A rigor, por conseguinte, não há obrigações *ex lege*.

Assim, surge a obrigação *propter rem*, por exemplo, pela existência de dois prédios vizinhos; surge a obrigação alimentar, no Direito de Família, pelo fato de duas ou mais pessoas estarem ligadas pelo liame do parentesco.

Todas essas situações de fato aqui nomeadas serão estudadas à medida que formos aprofundando-nos na matéria.

Temos, ainda, que fazer referência à *sentença*, que por alguns vem sendo entendida como fonte de obrigações. Na verdade, não se trata de fonte, pois a decisão judicial apenas reconhece uma situação jurídica, uma obrigação.

Os efeitos da sucumbência (juros, custas, correção monetária, honorários de advogado) são acessórios de ordem processual à situação jurídica preestabelecida.

5.4 FONTES DAS OBRIGAÇÕES NO CÓDIGO CIVIL DE 1916 E NO ATUAL CÓDIGO

O Código Civil de 1916, ao contrário de outras legislações, não continha dispositivo específico a respeito das fontes das obrigações, assim como o diploma resultante do Projeto de 1975.

No entanto, afastando-se a lei como fonte autônoma, pelo que já expusemos, nosso Código reconhecia, expressamente, três fontes de obrigações: o contrato, a declaração unilateral da vontade e o ato ilícito. O presente Código, mantendo a mesma orientação, menciona os contratos, os atos unilaterais e o ato ilícito. Deve ser lembrado, também, que esse diploma traz disposições expressas a respeito do enriquecimento sem causa (arts. 884 a 886) e do abuso de direito (art. 187), equiparando-o ao ato ilícito.

Como vemos, a falta de dispositivo específico, como existente no Código italiano, na prática não apresenta dificuldades, pois o trabalho doutrinário encarrega-se de fixar as fontes. Destarte, a par do contrato e do ato ilícito, categorias universalmente aceitas, mesmo em face de nosso direito positivo, não podemos afastar-nos das *várias outras figuras*, provenientes de fatos, atos e negócios jurídicos, conforme o exposto, reconhecidas pelo ordenamento e presentes constantemente nas relações sociais.

6

CLASSIFICAÇÃO DAS OBRIGAÇÕES

6.1 ESPÉCIES DE OBRIGAÇÕES

Após conhecida a estrutura das obrigações e de algumas modalidades especialíssimas, as obrigações naturais e as obrigações *propter rem*, examinam-se as várias espécies de obrigações, ou modalidades.

Doravante, serão estudadas com maior profundidade essas espécies. Cumpre aqui, num primeiro contato, verificar as modalidades mais usuais.

Ao estudarmos, no Capítulo 27 de *Direito civil: parte geral*, os elementos acidentais dos negócios jurídicos, passamos em revista os três tipos de elementos tratados pelo Código: condição, termo e encargo. Como, em geral, os atos e os negócios jurídicos admitem a aposição desses elementos, as obrigações também podem ser *obrigações condicionais, obrigações a termo e obrigações com encargo*. O que se falou, portanto, sobre tais elementos aplica-se a essas modalidades de obrigações.

Por outro lado, ao iniciarmos o tratamento das obrigações, foram destacadas as principais diferenças entre direitos reais e direitos obrigacionais. É importante notar que, enquanto o Código Civil e a legislação complementar conseguem descrever e limitar os direitos reais, que se apresentam em número fechado e restrito, as obrigações podem tomar múltiplas facetas, o que dificulta o trabalho do legislador e do doutrinador, na tentativa de classificá-las. Por essa razão, não existe uma única classificação sobre a matéria, porque cada jurista procura dar seu enfoque próprio. Procuraremos, porém, apresentar as classificações mais usuais.

Há, todavia, nas obrigações, caracteres próprios que as distinguem dos demais atos jurídicos. Daí por que o Código Civil de 1916 preocupava-se, ao iniciar o Título I do Livro das Obrigações, com as modalidades das obrigações, ocorrendo o mesmo com o atual Código.

Classificar uma obrigação numa ou noutra categoria é importante na prática, porque, de acordo com a classificação, decorrerão efeitos próprios, afetos tão só a determinadas relações jurídicas.

O Direito Romano tomou por base o objeto da obrigação para a classificação. O objeto da obrigação, como já vimos, é a *prestação*. Para os romanos, a prestação podia consistir num *dare, facere* ou *praestare*.

A obrigação de *dar* (*dare*) indica o dever de transferir ao credor alguma coisa ou alguma quantia, como no caso da compra e venda. Na obrigação de dar, havia a noção de transmitir um direito real. Entretanto, a obrigação de dar, e seu cumprimento, por si só não gerava o direito real, pois havia necessidade da tradição, da entrega da coisa.

A obrigação de *fazer* (*facere*) é aquela na qual o devedor deve praticar ou não determinado ato em favor do credor. Abrange, portanto, também, o *não fazer* (*non facere*). São exemplos dessa modalidade a locação de serviços, na qual o credor exige do devedor determinada atividade, e o mandato, no qual o devedor compromete-se a praticar determinados atos jurídicos em proveito e em nome do credor. O *fazer* é entendido no sentido mais amplo, para designar tal atividade de qualquer natureza.

A obrigação de *prestar* (*praestare*) deu margem a sérias divergências. Para Correia e Sciascia (1953, v. 1:229), *praestare* é termo geral que abrange qualquer objeto da obrigação, de dar ou fazer. Daí decorre o termo *prestação*. Mas, em princípio, *praestare* importa num conceito de garantia (*praes stare*, isto é, ser garante) e, em sentido estrito, indica uma prestação acessória e derivada. Para outros autores, a obrigação de prestar referia-se às situações que não se amoldavam ao *dare*, nem ao *facere*.

Ambos os Códigos civis brasileiros ativeram-se, sem dúvida, a essa classificação romana, tendo distribuído as obrigações igualmente em três categorias: obrigações de dar (coisa certa ou coisa incerta), obrigações de fazer e obrigações de não fazer. Assim, afastou-se o Código somente das obrigações de "prestar", termo que era ambíguo. Essa estrutura é mantida integralmente no presente Código.

Com sua costumeira acuidade, Washington de Barros Monteiro (1979, v. 4:48) tacha de ambígua essa classificação, porque sua tripartição não se apresenta como compartimentos estanques. Lembra o citado mestre que:

> *"rigorosamente, toda obrigação de dar mistura-se e complica-se com uma obrigação de fazer, ou de não fazer. Muitas vezes elas andam juntas. Assim, na compra e venda, o vendedor tem obrigação de entregar a coisa vendida (dar) e de responder pela evicção e vícios redibitórios (fazer)".*

Também as obrigações de fazer e não fazer podem baralhar-se, bem como a obrigação de dar. Daí por que legislações mais modernas abandonaram essa divisão, o que deveria ter feito o vigente Código, que, no entanto, preferiu não alterar a estrutura original arquitetada por Clóvis Beviláqua.

As obrigações de dar e fazer são denominadas obrigações *positivas*. As obrigações de não fazer, que implicam abstenção por parte do devedor, são as obrigações *negativas*.

Embora essa divisão tripartida sofra com a crítica apontada, é inelutável que toda relação obrigacional implicará um dar, fazer ou não fazer, isolada ou conjuntamente. Em seu estudo respectivo, seguiremos a ordem do Código.

Também quanto ao objeto, as obrigações poderão ser *simples* e *conjuntas*. Serão simples quando a prestação importar em um único ato ou numa só coisa, singular ou coletiva (art. 89). Será, portanto, simples a obrigação de dar uma casa, por exemplo. As obrigações conjuntas serão aquelas cuja prestação comporta mais de um ato ou mais de uma coisa, devendo todos ser cumpridos. É o caso, por exemplo, da empreitada pela qual o empreiteiro compromete-se a construir o prédio e a fornecer materiais.

Existem obrigações que se exaurem num só ato. São as obrigações *instantâneas*: obrigo-me a entregar um objeto. Há, no entanto, obrigações que, por questão de lógica, por sua própria natureza, só podem ser cumpridas dentro de espaço de tempo mais ou menos longo: determinados contratos têm essa natureza, como a locação, por exemplo. Essas são obrigações *periódicas*.

Quanto ao sujeito, note que podem coexistir vários credores ou vários devedores, tendo em vista um só credor, um só devedor, ou mais de um credor e mais de um devedor. Havendo um só credor e um só devedor, a obrigação é *única*. Será *múltipla* se houver mais de um credor, ou mais de um devedor.

De acordo com as várias hipóteses, as obrigações múltiplas ou plúrimas podem ser conjuntas e solidárias.

São *conjuntas* aquelas *"em que cada titular só responde, ou só tem direito à respectiva quota-parte na prestação"* (Monteiro, 1979, v. 4:52). Já nas obrigações solidárias, cada credor pode exigir a dívida por inteiro, enquanto cada devedor pode ser obrigado a efetuar o pagamento por inteiro. Examinaremos em breve com profundidade essa modalidade de obrigação.

Ao lado das obrigações solidárias, serão também vistas as obrigações *divisíveis* e *indivisíveis*. A divisibilidade ou indivisibilidade aqui é observada sob o ponto de vista do objeto da prestação: se o objeto permite o parcelamento, a obrigação é divisível. Assim, se devo 100 quilos de milho a cinco credores, cada um poderá receber 20 quilos. As obrigações indivisíveis são aquelas cujo objeto não permite divisão: se devo pagar, por exemplo, um cavalo a dois credores, não há possibilidade de divisão e devem ser operadas regras próprias para essa modalidade de obrigação, como veremos mais à frente.

Observe, já em primeiro enfoque, que na solidariedade existe sempre indivisibilidade, quer o objeto seja, quer não seja, divisível, uma vez que, como veremos, a solidariedade decorre da vontade das partes, ou da imposição ou vontade da lei.

Quanto ao modo de execução, as obrigações podem ser *simples, conjuntivas, alternativas* e *facultativas*. Serão simples quando aparecem sem qualquer cláusula restritiva. Serão conjuntivas quando ligadas pela aditiva *e*: pagarei um cavalo *e* um boi, devendo, portanto, o devedor atender com o cumprimento dos dois objetos. Serão alternativas as obrigações quando ligadas pela partícula *ou*: pagarei um boi, *ou* um cavalo. O devedor cumprirá a obrigação, entregando ou um ou outro dos objetos. Estudaremos no local próprio a quem cabe a respectiva escolha nessa modalidade.

As obrigações facultativas são aquelas em que o objeto da prestação é um só: pagarei a entrega de um cavalo. Todavia, faculta-se ao devedor cumprir a obrigação, substituindo o objeto, podendo entregar um boi, em vez do cavalo.

Muitas outras divisões são apresentadas pelos autores, mas aqui serão elencadas as modalidades mais usuais e aquelas que serão estudadas nesta parte deste livro.

6.1.1 Obrigações de Meio e Obrigações de Resultado

Essa distinção, obrigações de meio e obrigações de resultado, relaciona-se com a aferição do descumprimento das obrigações. Para algumas obrigações, basta ao credor provar que houve inexecução da obrigação, sem ter que se provar culpa do devedor. Para outras obrigações, no entanto, cumpre ao credor provar que o devedor não se comportou bem no cumprimento da obrigação, não se houve como *um bom pai de família*. Em várias passagens de nosso Código, encontramos disposições a esse respeito, como entre as obrigações do locatário de:

> *"servir-se da coisa alugada para os usos convencionados ou presumidos, conforme a natureza dela e as circunstâncias, bem como tratá-la com o mesmo cuidado como se sua fosse"* (art. 569, I, semelhante ao art. 23, II, da atual Lei do Inquilinato).

Na primeira modalidade, obrigações de resultado, o que importa é a aferição se o resultado colimado foi alcançado. Só assim a obrigação será tida como cumprida. Na segunda hipótese, obrigações de meio, deve ser aferido se o devedor empregou boa diligência no cumprimento da obrigação.[1]

---

[1] "Ação de indenização por danos materiais e morais. Contrato de rastreamento e bloqueio de veículo. Cobrança de indenização pelo furto do veículo. Alegada má prestação de serviços pelo descumprimento e abusividade das cláusulas contratuais. Ação julgada parcialmente procedente. Insurgência da ré. Acolhimento. Nulidade da sentença sob o argumento de carência de fundamentação que deve ser afastada. Contrato que gera **obrigação de meio** e não de resultado, não se tratando de seguro. Contratação que obrigava a ré à compra de documentação somente em caso de roubo. Autor que foi vítima de furto. Cláusulas contratuais claras e de fácil entendimento, que contêm, inclusive, esclarecimentos sobre a distinção entre roubo e furto. Recurso do autor que pretendia a majoração dos danos morais que resta prejudicado. Sentença reformada para julgar improcedente a ação. Recurso da requerida provido, recurso do autor prejudicado" (*TJSP* – Ap 1013145-60.2024.8.26.0004, 22-8-2025, Rel. Marcus Vinicius Rios Gonçalves).

"Prestação de serviços odontológicos – Rescisão contratual c/c indenizatória – Laudo pericial que apontou nexo causal e responsabilidade subjetiva da ré – Meios empregados pela ré que não estavam aptos a dar por cumprida mesmo a **obrigação de meio** – Perícia elaborada cerca de dez anos após o tratamento que não sofreu prejuízo para essa constatação – Inexistência de culpa do autor para a eclosão do resultado. 2. Vistoria judicial que apurou serviços que não foram realizados ou que foram mal realizados de acordo com o plano de tratamento pago pelo autor – Faltas do autor que não foram decisivas para o insucesso dos serviços prestados pela ré – Descumprimento da maior parte do serviço contratado que justifica a devolução e a indenização moral pleiteadas. 3. Ressalva quanto aos serviços de implantes, que foram bem realizados e atingiam a finalidade pretendida – Dedução da quantia equivalente aos implantes em 6 dentes conforme orçamento de fls. 19 determinada. 4. Dano moral – Configuração, ante o prejuízo estético e da função mastigatória – Demora no ajuizamento da ação que não desmerece esses danos – Redução, de acordo com as circunstâncias do fato, do autor e da ré. 5. Litigância de má-fé não reconhecida – Provimento parcial" (*TJSP* – Ap 1040875-98.2014.8.26.0100, 24-8-2023, Rel. Vianna Cotrim).

"Responsabilidade civil do estado. Pretensão à indenização por danos morais em razão de suposto erro de médico. Apendicectomia. Autora que, no pós-cirúrgico, apresentou secreção purulenta pela incisão. Exame de ultrassonografia do abdômen que detectou a presença de fecalito na região de musculatura. Paciente submetida à nova intervenção, três meses após, para retirada deste sob anestesia local e alta médica no dia posterior. Aplicação do art. 37, §6°, CF. Natureza subjetiva da responsabilidade civil do Estado perante a ocorrência de erro médico. **Obrigação de meio**. Distinguishing entre erro médico e resultado incontrolável. Observância das técnicas médicas adequadas (state of the art). Inadequação do procedimento não evidenciada. São pressupostos da responsabilidade civil subjetiva, a conduta culposa do agente, o nexo causal e o dano, e a ausência de quaisquer destes elementos afasta o dever de indenizar. Inexistência de prova a concluir pela imprudência, negligência e imperícia. Nexo causal entre o dano e o atendimento médico não demonstrado. Sentença mantida. Recurso conhecido e não provido" (*TJSP* – Ap 1064070-20.2018.8.26.0053, 27-9-2022, Rel. Vera Angrisani).

"Apelação cível. Indenização por danos material e moral. Responsabilidade civil do advogado. Ausência de interposição de recurso e de informação quanto às vantagens do pagamento espontâneo do débito. Teoria da perda de uma chance. Danos material e moral configurados. 1. A prestação de serviços advocatícios configura obrigação de meio, razão pela qual o dever de indenizar não decorre do insucesso da demanda, mas sim da ausência de adoção, pelo profissional contratado, de condutas jurídicas favoráveis aos interesses da contratante. 2. Reconhece-se a responsabilidade pelos danos materiais suportados pela outorgante quando a perda de uma chance for atribuída exclusivamente à atuação do advogado da causa que não interpôs recurso com séria chance de ser provido e que não a informou sobre as vantagens do pagamento espontâneo do débito. 3. Gera dano moral a desídia dos advogados, em razão da qual a outorgante/vencida desembolsou, a título de verba honorária, valor que supera em mais de 40 vezes o que é normalmente fixado em ações com idêntica causa de pedir. No caso, R$ 10.000,00 (dez mil reais). 4. Negou-se provimento aos apelos dos réus" (*TJDFT* – ApCív 00468245720148070001, 29-7-2020, Sérgio Rocha).

"Contrato empresarial de prestação de serviços – Com cláusula de melhores esforços – **Obrigação de meio** – Empenho do Réu na captação de parceiros comerciais para Autora, para publicidade de marcas e produtos, e exploração comercial de espaço – Inadimplência do Réu – Falta de prestação de serviços não autoriza cobrança de comissões – Obrigação acessória exige uma cláusula acessória onde as partes estabelecem uma garantia para o cumprimento do contrato. Recurso do réu não provido" (*TJSP* – AC 0158325-21.2010.8.26.0100, 26-3-2019, Relª Berenice Marcondes Cesar).

"Direito civil e consumidor – Contrato de prestação de serviços advocatícios – Regra – Obrigação de meio – Exceção – Obrigação de resultado – I – Embora a obrigação assumida pelo profissional liberal constitua, em regra, **obrigação de meio**, acaso o contratado se comprometa expressamente com o alcance do resultado almejado pelo contratante, criando expectativa indevida, é possível ser responsabilizado como aquele que assume uma

A ideia fundamental reside na noção de saber e de examinar o que o devedor prometeu e o que o credor pode razoavelmente esperar (cf. Weill e Terré, 1975:428).

Ora o devedor compromete-se, por exemplo, a entregar determinada mercadoria (há um resultado pretendido); ora o devedor compromete-se somente a empregar os meios apropriados de seu mister, para determinada atividade, o que permitirá ao credor "esperar" um resultado satisfatório, podendo ocorrer que esse bom resultado não seja alcançado. É o que sucede, por exemplo, com o advogado e o médico. Nem o advogado pode garantir o ganho de causa ao cliente, nem o médico pode assegurar a cura do paciente.[2] Devem esses

---

obrigação de resultado. II – Negou-se provimento ao recurso" (*TJDFT* – Proc. 20160110381555APC – (1088367), 17-4-2018, Rel. José Divino).

"Honorários advocatícios contratuais – Arbitramento – Anulação da decisão dos embargos de declaração e da sentença recorrida – Descabimento – Fundamentação sucinta e objetiva, porém existente – Cerceamento de defesa – Inocorrência – Prova documental preexistente que deve ser acostada tão logo haja manifestação nos autos – Valoração da prova que diz com o mérito. 2 – Contratação dos serviços pela mandatária que não afasta a responsabilidade do réu, beneficiário dos serviços – Matéria já decidida em grau recursal. 3 – Impugnação ao laudo – Apuração do resultado de cada feito em que atuou a causídica – Descabimento – **Obrigação de meio** – Contratação *ad exitum* – Não comprovação – Alegação de incúria e desídia não deduzida no tempo e modo cabíveis – Ausência, ademais, de comprovação – Laudo que atestou a adoção das medias cabíveis pela procuradora. 4 – Condenação que não envolve a honorária sucumbencial das ações em que a autora atuou – Autora que não persegue reembolso de despesas – Prestação de contas – Descabimento – Exercício do direito recursal – Litigância de má-fé – Inocorrência – Improvimento" (*TJSP* – Ap 0069903-80.2004.8.26.0100, 4-8-2017, Rel. Vianna Cotrim).

2 "Responsabilidade civil. Erro médico. Paciente submetida a laqueadura tubária. Gravidez indesejada constatada após a realização do procedimento. Ausência de falha nos serviços prestados. Prova pericial nesse sentido. Riscos de insucesso do procedimento devidamente informados. **Obrigação de meio e não de resultado**. Culpa não reconhecida. Ação improcedente. Recurso improvido" (*TJSP* – Ap 1038977-09.2021.8.26.0002, 20-2-2024, Rel. Augusto Rezende).

"Indenizatória. Falha na prestação de serviços médicos. Tratamento para engravidar. I- Ausência do cumprimento do dever de informação. Reclamo recursal que não integrou a causa de pedir. Risco cirúrgico, no entanto, que é ínsito ao ato e de conhecimento de qualquer pessoa maior e capaz, dispensando prévia e completa explanação médica. Afastamento. II- Apelante portadora de endometriose, que se apresenta como causa de infertilidade feminina. Tratamento medicamentoso prescrito que, segundo o laudo pericial, era ineficaz para fins da fecundidade da paciente. Inocuidade, na espécie, que frustrou a expectativa de gravidez, importando em desânimo na paciente. Dano moral configurado. Indenização fixada em R$-20.000,00 (vinte mil reais). Dano material. Valores dispendidos com medicamentos pela apelante. Inadequação do tratamento medicamentoso. Quantias desembolsadas com a medicação listada às fls. 2/3, que deve ser reembolsada à apelante. Princípio da reparação integral do dano causado. III- Fertilização in vitro. Adequação ao caso da apelante. Insucesso, no entanto, que não derivou da conduta dos apelados. **Obrigação de meio e não de resultado**. Precedentes deste Tribunal. Descabimento de indenização pelo insucesso da fertilização in vitro. Apelo parcialmente provido". (*TJSP* – Ap 1027525-73.2018.8.26.0562, 9-8-2023, Rel. Donegá Morandini).

"Recursos de apelação – ação de reparação de danos materiais e morais – contrato de prestação de serviços advocatícios – Nulidade de citação – Inocorrência – Disposição do art. 248, § 4º, do CPC – A responsabilidade profissional do advogado apenas se verifica quando comprovado dolo ou culpa na execução do serviço – Na hipótese, as provas produzidas indicam que o réu não atuou com a diligência esperada – danos morais – Caracterizados – **Obrigação de meio e não de resultado** que, contudo, impõe a observância de atuação com diligência, lealdade e de acordo com a boa-fé – Clara ofensa a direitos da personalidade da vítima – quantum" da indenização – Montante arbitrado que se mostra adequado e proporcional ao caso em tela – Negado provimento aos recursos". (*TJSP* – Ap 1004117-91.2020.8.26.0268, 4-4-2022, Rel. Hugo Crepaldi).

"Administrativo. Apelações cíveis. Ação de compensação por danos morais. Internação em UTI com suporte coronariano. Ausência de disponibilização pelo ente federativo. Óbito da genitoria da autora. Ausência de nexo causal. Acolhimento em hospital da rede pública. Aplicação da técnica médica. Obrigação de meio. Morte decorrente de comorbidades prévias e do próprio quadro de saúde. Responsabilidade subjetiva. Nexo de causalidade não demonstrado. Apelação da autora desprovida. Fixação de honorários sucumbenciais na origem com base em apreciação equitativa. Não aplicação do art. 85, § 8º, do CPC à hipótese. Necessidade de adoção do valor da causa como base de cálculo, nos termos do art. 85, § 2º, do CPC. Apelação da ré provida. Sentença parcialmente reformada. 1. A teoria do risco administrativo constitui fundamento do regramento inserto no art. 37, § 6º, da Constituição Federal – reforçado pelos art. 43, 186 e 927 do Código Civil –, que disciplina a responsabilidade civil objetiva do Poder Público pelos danos que seus agentes, nessa qualidade, causarem a terceiros, ressalvado o

profissionais, isto sim, empregar toda sua técnica e diligência no sentido de que tais objetivos sejam alcançados. Quando se apura o descumprimento da obrigação, torna-se importante e fundamental, portanto, verificar se estamos perante uma obrigação de meio ou obrigação de resultado. É essa distinção que, embora inexistente expressamente em nossa lei, mas presente na natureza dos vários contratos, dá coerência ao sistema contratual.

Nas obrigações de resultado (como no contrato de transporte, no contrato de reparação de defeitos em equipamentos, por exemplo), a inexecução implica falta contratual, dizendo-se que existe, em linhas gerais, presunção de culpa, ou melhor, a culpa é irrelevante na presença do descumprimento contratual. É o que, em síntese, entre nós, está exposto no art. 389. Nas obrigações de meio, por outro lado, o descumprimento deve ser examinado na *conduta* do devedor, de modo que a culpa não pode ser presumida, incumbindo ao credor prová-la cabalmente.

Na grande maioria dos casos, o que caracteriza a obrigação de meio é o fato de o credor insatisfeito ter de provar não apenas que a obrigação não foi executada, mas também, tomando por base um modelo de referência para o comportamento (de um bom pai de família, noção transplantada para os mais diversos contratos técnicos da atualidade, o profissional médio), que o devedor não se conduziu como devia. A matéria probatória avulta de importância, aqui.

6.1.2 Obrigações de Garantia

A classificação das obrigações deve ser completada com as denominadas obrigações de garantia. O conteúdo dessa modalidade *"é eliminar um risco que pesa sobre o credor"* (Comparato In: *Enciclopédia Saraiva de direito*, 1977, v. 55:429). A simples assunção do risco pelo devedor da garantia representa, por si só, o adimplemento da prestação. A compreensão da obrigação de garantia deve partir da noção de obrigação de meio, podendo ser considerada subespécie desta, em muitas ocasiões. Veja-se, por exemplo, a hipótese de um contrato de segurança, feito hoje por várias empresas especializadas, para proteger o patrimônio e a incolumidade pessoal.

---

direito de regresso contra os causadores do dano, se houver, por parte destes, culpa ou dolo. 2. No tocante aos eventos danosos decorrentes de uma possível atividade faltosa do Poder Público, em razão de omissão específica do seu preposto ou decorrente de falta ou falha anônima do serviço, inclusive a demora a despeito da dissonância doutrinária sobre o tema, inclusive no âmbito das Cortes Superiores pátrias, a responsabilidade civil é subjetiva, pelo que exige dolo ou culpa. 3. A par dessas nuances, independentemente de qual seja a teoria da responsabilidade do Estado adotada para a hipótese, seja ela de cunho subjetivo (exige a comprovação de culpa/dolo) ou objetivo (do risco), faz-se sempre necessária a demonstração da conduta tida por irregular e do nexo causal dessa atuação com o prejuízo experimentado pelo administrado, para fins de reparação de danos. 4. No caso, restou demonstrado com fundamento em laudo médico pericial que a ausência de transferência da paciente para leito de UTI com suporte coronariano não teria o condão de alterar o resultado verificado, qual seja o óbito da genitora da autora, à qual foram dispensados os cuidados médicos exigidos pelo seu quadro clínico e cujo falecimento foi atribuído às comorbidades prévias e a gravidade do estado de saúde, não restando, portanto, demonstrado o nexo causal entre a conduta estatal e o evento que teria gerado o dano moral pleiteado. 5. A reparação pela perda de uma chance, responsabilidade civil calcada na oportunidade de obter determinada vantagem ou, então, de evitar um prejuízo, demanda que se verifique ser a chance ou oportunidade perdida real, relevante e concreta, o que, de acordo com a prova médico-pericial, não aconteceu no caso dos autos. 6. Nos termos do art. 85, § 2º, do CPC, os honorários advocatícios devem ser fixados com base no valor da condenação, do proveito econômico obtido ou, não sendo possível mensurá-lo, no valor atualizado da causa. 6.1. Tendo sido julgado improcedente o pedido, não houve condenação ou proveito econômico obtido pelo autor, devendo ser tomado como parâmetro para estabelecimento da verba advocatícia o valor dado à causa, conforme gradação estipulada pelo art. 85, § 2º, do CPC. 6.2. A fixação de honorários advocatícios com base em apreciação equitativa está autorizada nas causas em que for inestimável ou irrisório o proveito econômico ou quando o valor da causa for muito baixo, o que não ocorreu na hipótese. Apelo do réu provido para fixar os honorários sucumbenciais em 10% (dez por cento) do valor atualizado da causa. 7. Ante o provimento do apelo do réu, deixo de majorar a verba honorária em âmbito recursal, seguindo a orientação adotada pelo STJ por ocasião do julgamento do AgInt nos EAResp nº 762.075 Rel. Min. Herman Benjamin, Corte Especial, julgado em 19/12/2018 (*DJe* 07/03/2019). 8. Apelação da autora desprovida. Apelo do réu provido" (*TJDFT* – ApCív 07011906720198070018, 15-8-2020, Alfeu Machado).

A avença não assegura que o patrimônio e as pessoas sejam sempre preservados, mas o devedor compromete-se (a empresa de segurança) a usar de todos os *meios* necessários para que isso ocorra. O inadimplemento deve ser verificado, quer o efeito indesejado tenha ocorrido, quer não, tomando-se por base um "padrão" de serviços para a espécie.

Levando-se em conta tais situações, pode-se afirmar que há obrigações tipicamente de garantia, como a dos contratos de seguro e de fiança, e outras obrigações de garantia, como a situação enfocada, em que ela surge combinada com uma obrigação de meio.

Nessa modalidade de obrigações, mormente nas obrigações de garantia pura, nem mesmo a ocorrência de caso fortuito ou de força maior isenta o devedor de sua prestação, uma vez que a finalidade precípua da obrigação é a eliminação de um risco, o que traz em si a noção do fortuito. Nesse raciocínio, a companhia seguradora deve indenizar, ainda que o sinistro tenha sido provocado dolosamente por terceiro.

Deve-se atentar, contudo, para o fato de que o dever de segurança é ínsito a algumas obrigações de resultado. O contrato de transporte é exemplo típico. O transportador obriga-se a transportar, sãs e salvas, mercadorias e pessoas. O dever de segurança é elementar ao contrato, não devendo a espécie ser confundida com as obrigações de segurança típica e aquelas derivadas de obrigações de meio.

6.2 OBRIGAÇÕES DE DAR: COISA CERTA E COISA INCERTA

6.2.1 Obrigações de Dar

A obrigação de dar possui como conteúdo a entrega de uma coisa, em linhas gerais.

Segundo o Código Civil de 1916, em categorias já abandonadas pela maioria das legislações, o importante era a referência ao objeto da prestação, seu conteúdo; isto é, os três modos da conduta humana que podem constituir objeto da prestação: *dar, fazer* e *não fazer*.

Pelo nosso sistema, a obrigação de dar não se constitui especificamente "na entrega" efetiva da coisa, mas num *compromisso de entrega* da coisa. Nosso Direito ateve-se à tradição romana pela qual a obrigação de dar gera apenas um crédito e não um direito real: "*traditionibus et usucapionibus dominia rerum, non nudis pactis transferuntur*". A obrigação de dar gera apenas um direito à coisa e não exatamente um direito real. A propriedade dos imóveis, entre nós, ocorre, precipuamente quando derivada de uma obrigação, pela transcrição do título no Registro de Imóvel; os móveis adquirem-se pela tradição, isto é, com a entrega da coisa. O sistema processual atual, contudo, ao permitir todo um conjunto de medidas constritivas para o adimplemento coercitivo de obrigações, com medidas cautelares, antecipações de tutela, multas diárias ou periódicas, aproxima muito os efeitos de direito obrigacional aos efeitos de direito real.

Assim, em princípio, pelo nosso sistema, o vínculo obrigacional por si só não tem o condão de fazer adquirir a propriedade. É o sistema que adota também o Código alemão.

Pelo sistema diverso, da unidade formal, adotado pelo Código francês, seguido pelo italiano e vários outros, a obrigação de dar e a transferência da coisa estão incluídas em um só ato. A obrigação de dar cria, por si só, um direito real.

Por essas razões, não é exatamente apropriada a afirmação com que abrimos o capítulo de que a obrigação de dar tem como conteúdo a entrega de uma coisa.

A obrigação de dar é aquela em que o devedor se compromete a entregar uma coisa móvel ou imóvel ao credor, quer para constituir novo direito, quer para restituir a mesma coisa a seu titular.

Inclui-se na definição a obrigação de restituir, pois ela é modalidade da obrigação de dar, disciplinada nos arts. 238 ss.

Observe, mais uma vez, que nem sempre as obrigações se apresentarão de forma pura: dar, fazer ou não fazer. Por vezes, as três modalidades interpenetram-se e completam-se. O dar pode estar ligado a um fazer, por exemplo.

6.2.2 Obrigações de Dar Coisa Certa

O verbo *dar* deve ser compreendido mais amplamente como ato de *entregar*. Certa será a coisa determinada, perfeitamente caracterizada e individuada, diferente de todas as demais da mesma espécie.

O que foi objeto da obrigação, a coisa certa, servirá para o adimplemento da obrigação. Tanto que o Código de 1916 falava no art. 863 que *"o credor de coisa certa não pode ser obrigado a receber outra, ainda que mais valiosa"*. Ou na dicção do art. 313 do atual Código, que se reporta à prestação: *"O credor não é obrigado a receber prestação diversa da que lhe é devida, ainda que mais valiosa."* Sempre se teve esse princípio como básico para a obrigação de dar coisa certa, conforme antiga regra do Direito Romano: *aliud pro alio, invito creditore, solvi non potest* (*Digesto* 12, 1, 2, 1) (ideia de que o credor não pode ser obrigado a receber uma coisa por outra). Assim, da mesma forma que o credor não pode ser obrigado a receber prestação diversa do avençado, ainda que mais valiosa, não pode este mesmo credor exigir outra prestação, ainda que menos valiosa. É corolário dessa regra o princípio pelo qual os contratos devem ser cumpridos tal qual foram ajustados (*pacta sunt servanda*).[3]

---

3 "Ação de rescisão contratual. Realização de exposição comercial. Cancelamento devido à pandemia de Covid-19. Pretensão de rescisão contratual com devolução de 90% dos valores pagos. Sentença de parcial procedência autorizando de retenção de 25% do valor pago pela contratante. Recurso da ré. Adiamento da data de realização do evento para data muito posterior daquela inicialmente prevista que afeta a própria base objetiva do contrato. **Credor que não é obrigado a aceitar prestação diversa daquela devida.** Inteligência do artigo 313 do Código Civil. Força obrigatória dos contratos que não obsta a aplicação do artigo 413 do Código Civil com a redução da cláusula penal pelo julgador para garantir o equilíbrio entre as partes. Vedação ao enriquecimento sem causa. Distribuição dos prejuízos. Retenção de 25% adequada ao caso concreto. Precedentes. Juros de mora que devem incidir desde a citação. Aplicação do artigo 405 do Código Civil. Recurso não provido" (*TJSP* – Ap 1007179-73.2021.8.26.0020, 31-8-2023, Rel. Celina Dietrich Trigueiros).

"Agravo de instrumento – Cumprimento de sentença – Obrigação de fazer – Dação em pagamento – Imóvel rural – Acordo homologado em juízo – Georreferenciamento com área inferior à acordada – Documento necessário para o registro – Descumprimento da obrigação – Má-fé da parte executada – Configuração – Multa – Manutenção. Se as provas dos autos apontam para o descumprimento do acordo homologado em juízo, consistente em dar como pagamento área rural de 288 ha, correta a decisão recorrida que rejeitou a impugnação apresentada, mormente diante da negativa dos executados em fornecer os documentos compatíveis com a obrigação assumida. Resta caracterizada a litigância de má-fé, na medida em que se verifica a subsunção do caso à hipótese prevista no art. 80, do CPC, o que autoriza a manutenção da penalidade aplicada" (*TJMG* – AgIn 1.0596.17.001504-1/001, 12-8-2020, Adriano de Mesquita Carneiro).

"Apelação cível – Processual civil – Dação em pagamento – Bem móvel com restrição judicial – Impossibilidade da via transversa – Necessidade de comprovação da boa-fé do adquirente nos autos que ensejaram a restrição sobre o bem. 1. A transferência da propriedade de bens móveis ocorre pela tradição (artigos 1.226 e 1.267 do Código Civil), porém, só há lugar para esta quando o bem em questão está na esfera de disponibilidade do dono. 2. A ausência de resistência do réu/apelado não impõe a homologação de acordo de dação em pagamento, se este pode prejudicar seus outros credores, os quais conseguiram obter restrição sobre o bem em litígio, antes da efetiva comprovação da tradição. 3. No caso concreto, acolher o pedido do autor/apelante é uma via transversa para a solução do litígio sobre o bem, o qual envolve terceiros que não participaram do processo, e isso importaria em indevida violação ao contraditório e ampla defesa. Neste caso, resta ao adquirente comprovar a sua boa-fé perante os terceiros que litigam com o alienante, e que conseguiram, na via judicial, a restrição do bem. 4. Apelação conhecida e não provida" (*TJDFT* – ApCív 07086763920198070007, 9-9-2020, Arquibaldo Carneiro Portela).

Desse modo, ainda que estivesse ausente o texto na lei, o princípio seria plenamente aplicável conforme as regras gerais. O presente Código coloca a regra no capítulo do pagamento.

Na *dação em pagamento* (arts. 356 a 359), um dos meios de extinção das obrigações, uma coisa é dada por outra, porém com o consentimento do credor, consentimento esse que é essencial ao instituto.

Destarte, o credor pode aquiescer em receber outra coisa, nessa modalidade ora estudada, mas não pode ser obrigado a aceitar essa outra.

Não pode também o devedor adimplir a obrigação, substituindo a coisa que é seu objeto por dinheiro, pois estaria transformando arbitrária e unilateralmente uma obrigação simples em obrigação alternativa.

Da mesma forma, o pagamento parcelado só é possível se expressamente convencionado. Temos o preceito do art. 431 do velho Código Comercial que atinge esse princípio.

O efeito da obrigação de *restituir* é análogo, mas deve ser levado em conta que nesse tipo o agente deve receber em retorno aquilo que lhe já pertence.

O princípio da acessoriedade aplica-se à obrigação de dar coisa certa (art. 233). Trata-se de aplicação do princípio geral do art. 92, por nós examinado em *Direito civil: parte geral* (seção 16.8). Ressalta, porém, o art. 233 que o princípio geral da acessoriedade pode não vingar *se o contrário resultar do título, ou das circunstâncias do caso.* É exemplo o caso de locação de imóvel que necessariamente não abrange também a cessão de linha de informática, salvo se expressamente exposto no contrato.

"**Ação de dação em pagamento** – Oferecimento de ações preferenciais do BESC como forma de extinção das dívidas oriundas de contratos bancários. Credor não pode ser compelido a receber prestação diversa. Art. 252, Regimento Interno. Sentença mantida. Recurso desprovido" (*TJSP* – AC 1003155-40.2016.8.26.0452, 24-4-2019, Rel. Luis Carlos de Barros).

"Apelação – **Ação de dação em pagamento** – Pretensão de compelir o credor a receber prestação diversa da que lhe é devida – Faculdade do credor – Hipótese de carência de ação por falta de interesse processual – Recurso improvido, com observaçao – No caso, a parte autora (devedora) objetiva, com a presente 'ação de dação em pagamento', compelir a parte requerida (credora) a receber prestação diversa da que lhe é devida, ofertando em pagamento bens objeto de contratos de financiamentos entre as partes com garantia de alienação fiduciária. Todavia, não se pode olvidar que o credor não está obrigado a receber prestação diversa da que lhe é devida, ainda que mais valiosa (art. 313 do CC), a menos que ele consinta em recebê-la (art. 356 do CC). Logo, evidentemente, falta interesse processual à parte autora, ora apelante, porque desnecessária e inadequada a via eleita. Observa-se, portanto, que, embora por fundamento diverso da sentença, era de rigor o indeferimento da petição inicial e a extinção do processo sem resolução do mérito" (*TJSP* – Ap 1065159-68.2017.8.26.0100, 4-4-2018, Rel. Adilson de Araujo).

"Alienação fiduciária de imóvel – Ação declaratória de nulidade de consolidação da propriedade fiduciária, com pedido liminar de suspensão do procedimento extrajudicial e de emenda da mora mediante incorporação das parcelas inadimplidas no saldo devedor. Conquanto o devedor possa emendar a mora até a arrematação, fato é que a forma pela qual pretende quitar o débito em aberto não tem previsão legal. **Impossibilidade de obrigar o credor a receber prestação diversa da que lhe é devida** (art. 313, CC). Decurso do prazo do art. 27 da lei 9.514/97 que beneficia o devedor, e não pode ser sustentada como fundamento de nulidade em prejuízo do credor. Recurso improvido" (*TJSP* – AI 2052220-48.2017.8.26.0000, 13-6-2017, Rel. Gomes Varjão).

"Agravo de instrumento – Revisional de contrato bancário – Depósito do valor incontroverso – Possibilidade – Ausência de prejuízo ao credor – Código Civil em vigor que prevê, em seu art. 313, que de fato o **credor não é obrigado a receber prestação diversa** da que lhe é devida, ainda que mais valiosa. Entretanto, no caso em estudo já existe um processo revisional em andamento, ajuizado pelo devedor, que manifestou expressamente sua intenção de pagar. E a finalidade do processo nada mais é senão a de satisfazer o direito material pretendido, sendo descabido que o processo seja um fim em si mesmo ou pior, um meio de postergar o direito material, o que configuraria verdadeira situação surreal, afinal, o próprio credor está postergando a satisfação de sua pretensão. Ausência de prejuízo para o credor na autorização do depósito dos valores incontroversos nos autos, ao menos até decisão definitiva. Recurso improvido" (*TJSP* – AI 2022930-22.2016.8.26.0000, 26-4-2016, Relª Maria Lúcia Pizzotti).

O art. 233 tem que ser entendido em consonância com o 237. Por esse dispositivo,

> *"até à tradição, pertence ao devedor a coisa com os seus melhoramentos e acrescidos pelos quais poderá exigir aumento no preço; se o credor não anuir poderá o devedor resolver a obrigação".*

A contradição é apenas aparente. O devedor deve entregar os acessórios (art. 233), mas, se houver acréscimos na forma do art. 237, os chamados *cômodos, pode o devedor cobrar por eles a respectiva importância.*

Note que os acessórios de que fala a lei são tanto aqueles de natureza corpórea, como os de natureza incorpórea. É o exemplo citado por Washington de Barros Monteiro: ao se efetuar a entrega da coisa alienada, o alienante, por força de lei, assume a obrigação de responder pela evicção, de acordo com o art. 447. Podem, no entanto, as partes abrir mão dessa garantia. A exclusão, contudo, deve vir de forma expressa.

O projeto de reforma do Código Civil sugere a inclusão do art. 242-A: "Aquele que se obriga pessoalmente a dar coisa certa, sabendo não ser titular ao tempo do negócio, fica obrigado a adquirir a coisa para transferi-la". A inserção é oportuna, contudo, sempre que a obrigação não puder ser cumprida, a responsabilidade pelos danos é de quem se obrigou, mediante indenização.

Há outras tentativas pontuais de alteração de dispositivos nessa matéria.

6.2.2.1 Responsabilidade pela Perda ou Deterioração da Coisa na Obrigação de Dar Coisa Certa

Quanto à perda ou deterioração da coisa nessa modalidade de obrigação, a diretriz tomada por nosso Código é separar o momento anterior e o momento posterior à tradição da coisa.

Perda, na técnica de nossa ciência, é o desaparecimento completo da coisa para fins jurídicos. Assim, se a coisa é destruída por incêndio ou é furtada, no sentido ora tratado, temos que ocorre perda, desaparecimento total do objeto para fins patrimoniais. Quando, por outro lado, a coisa sofre danos, sem que desapareça, como, por exemplo, um acidente que a danifique parcialmente, refere a lei à deterioração da coisa, porque aqui a lei quer exprimir a perda parcial. Com isso, há diminuição de seu valor, tendo em vista perda de parte de suas faculdades, de sua substância ou capacidade de utilização.[4]

---

[4] "Apelação cível. Ação de cobrança. Nota promissória. Contrato de compra e venda de equinos. Sentença que julgou improcedentes os pedidos da inicial e os apresentados em reconvenção. Obrigação de dar coisa certa. Morte de um dos cavalos antes da transmissão da posse. Coisa que pereceu para o vendedor (***res perit domino***). Art. 234 do cc. obrigação resolvida em parte. Ausência de registro do segundo cavalo na ABCCC (associação brasileira de criadores de cavalos crioulos). Impossibilidade do autor de cumprir integralmente com a sua obrigação contratual, de modo que não pode exigir da parte ré o pagamento do preço dos bens. Teoria da exceção do contrato não cumprido. art. 476 do Código Civil. Provas nos autos que permitem presumir que o contrato foi rescindido pelas partes, por meio verbal. sentença mantida. Recurso conhecido e desprovido" (*TJPR* – Ap 0008578-75.2020.8.16.0083, 17-7-2023, Rel. Francisco Beltrão).

"Instalação de churrasqueiras em empreendimento imobiliário – Hipótese de empreitada global – Responsabilidade do empreiteiro pelos materiais até a entrega da obra – ***Res perit domino*** – Inteligência do artigo 611 do Código Civil – Honorários advocatícios – Redução – Cabimento – Recurso parcialmente provido – Quando o empreiteiro executa a obra e fornece os materiais, correm por sua conta os riscos até o momento da conclusão (art. 611 do CC)" (*TJSP* – AC 1004748-98.2017.8.26.0281, 7-3-2019, Rel. Renato Sartorelli).

"Ação redibitória c/c indenização por danos morais – Contrato de compra e venda de veículo – Agravo retido da segunda ré reiterado nas razões do apelo. Conhecimento que é de rigor (art. 523 do CPC/73). Ilegitimidade passiva. Vício do produto. Responsabilidade solidária do vendedor com a montadora (art. 18 do CDC). Decadência. Bem durável. Vício oculto. Prazo decadencial de 90 dias após a descoberta do vício. Prazo que é obstado pela reclamação

Como observa Álvaro Villaça Azevedo (2001:81), seriam de melhor entendimento as expressões *perda total* e *perda parcial* da coisa, mas os vocábulos *perda* e *deterioração* acham-se consagrados no uso jurídico.

Verdadeiro divisor de águas quanto à responsabilidade na perda ou deterioração é a existência ou não de culpa por parte do devedor. *Sempre que houver culpa, isto é fundamental, haverá direito a indenização por perdas e danos.*

O Código distingue a perda da coisa antes e depois da tradição.

Na forma do art. 234, se a coisa se perder *"sem culpa do devedor, antes da tradição, ou pendente condição suspensiva, fica resolvida a obrigação para ambas as partes"*. Assim, se o devedor se obrigou a entregar um cavalo e este vem a falecer por ter sido atingido por um raio, no pasto, desaparece a obrigação, sem ônus para as partes, devendo ambas voltar ao estado anterior. Isto é, se o cavalo já fora pago pelo comprador, evidentemente deve ser devolvido o preço, com atualização da moeda. Contudo, como não houve culpa, não se deve falar em perdas e danos. O fato de não ter havido culpa do devedor não pode significar um meio de injusto enriquecimento de sua parte, ou, do outro lado da moeda, injusto empobrecimento do comprador, matéria que estudaremos mais adiante.

Continua o art. 234, em sua segunda parte: *"se a perda resultar de culpa do devedor, responderá este pelo equivalente e mais as* perdas e danos". Conforme o art. 402, *"as perdas e danos devidas ao credor abrangem, além do que ele efetivamente perdeu, o que razoavelmente deixou de lucrar"*. No novel Código: *"A indenização mede-se pela extensão do dano"* (art. 944). Ocupar-nos-emos das perdas adiante. Todavia, apenas para uma primeira compreensão, no exemplo apresentado, se o devedor se obrigou a entregar um cavalo e este vem a falecer porque não foi devidamente alimentado, entra em operação o art. 234, segunda parte. Deve o devedor culpado pagar o valor do animal mais o que for apurado em razão de o credor não ter recebido o bem, como, por exemplo, indenização referente ao fato de o cavalo não ter participado de competição turfística já contratada pelo comprador, ou seu valor de revenda a que este comprador já se obrigara.

O art. 235 ocupa-se da deterioração da coisa (*perda parcial*): *"deteriorada a coisa, não sendo o devedor culpado, poderá o credor resolver a obrigação ou aceitar, abatido ao seu preço o valor*

---

da consumidora/autora até a resposta negativa (art. 26 do CDC). Autora que reclamou o vício de imediato. Ausência de negativa das rés. Decadência obstada. Agravo retido desprovido. Mérito: autora que pretende a redibição do contrato e a devolução do valor pago. Veículo que foi furtado no curso do processo. Impossibilidade de retorno ao estado anterior (*status quo ante*) e, de consequência, de redibição do contrato. Coisa que perece para o dono (***res perit domino*** – art. 234 do CCB). Perda superveniente de objeto. Danos morais. Ocorrência. Veículo zero km que, de pronto, apresenta problemas no sistema de câmbio. Diversas idas à concessionária na tentativa de solucionar o problema. Veículo que, em uma dessas oportunidades, ficou parado por mais de 50 dias. *Quantum* indenizatório. Valor fixado na sentença que equivale a quase um terço do valor do automóvel quando da compra. Redução que é de rigor. Sentença proferida já sob vigência do CPC/15. Honorários advocatícios majorados (art. 85, § 11, do CPC/15). Apelos 1 e 2 parcialmente providos. Apelação adesiva desprovida" (*TJPR* – AC 1711045-1, 6-6-2018, Rel. Des. Fernando Paulino da Silva Wolff Filho).

"Direito civil e consumidor. Apelação. Veículo financiado. Garantia fiduciária. Furto/roubo. Seguro. Contratação obrigatória. Omissão da devedora. ***Res perit domino*** (arts. 233 a 236, Código Civil). Inviabilidade. Sentença mantida. 1. Cumpre ao devedor fiduciante comprovar a contratação de seguro do veículo cuja propriedade resolúvel pertence à instituição financeira, se expressamente previsto no contrato de financiamento, sob pena de suportar o ônus decorrente da perda do bem furtado ou roubado em seu poder. 2. A aplicação do brocardo *res perit domino* somente teria espaço, se não houvesse previsão contratual impondo ao devedor fiduciante a obrigação de segurar o veículo financiado. 3. Nesta esteira, quando o bem é furtado/roubado em poder da devedora, sem a devida segurança, não há que se falar em perecimento em prejuízo do proprietário resolúvel. 4. O retorno das partes ao *status quo ante* pressupõe a devolução do carro ou a quitação das parcelas do financiamento. 5. Recurso conhecido e desprovido" (*TJDFT* – Proc. 20130111393388 – (841117), 20-1-2015, Relª Desª Leila Arlanch).

que perdeu". A deterioração da coisa acarreta sempre uma depreciação. Não sendo o devedor culpado, abrem-se duas alternativas ao credor: resolver a obrigação, recebendo a restituição do preço, se já tiver pago; ou então aceitar a coisa, no estado em que ficou, abatendo-se em seu preço o valor da depreciação. Essa disposição é consequência do disposto no art. 313, uma vez que o credor não pode ser obrigado a receber outra coisa, que não a efetivamente contratada. Com a deterioração, a coisa já não é a mesma e, portanto, não pode o credor ser obrigado a recebê-la. Daí por que a solução alternativa do Código.

Assim, se o credor adquire um cavalo para corrida e o animal vem a contrair moléstia que o impede de competir, servindo apenas para reprodução, o comprador poderá dar por resolvida a obrigação, se não mais pretender a coisa, ou receber o semovente, abatendo-se o preço respectivo, levando-se em conta o valor de um animal para reprodução e não mais para competições.

O art. 236 ocupa-se da deterioração da coisa com culpa do devedor:

> *"sendo culpado o devedor, poderá o credor exigir o equivalente, ou aceitar a coisa no estado em que se acha, com direito a reclamar, em um ou em outro caso, indenização das perdas e danos".*

Como enfatizamos, sempre que houver culpa, haverá possibilidade de indenização por perdas e danos. Aqui, o credor terá a alternativa de receber ou enjeitar a coisa, mas sempre com direito de haver perdas e danos. O valor da indenização será apurado, geralmente, por intermédio de perícia, dependendo da complexidade da avaliação.

Em todas essas situações, a orientação do presente Código é exatamente a mesma do estatuto anterior.

Pelo que se descreveu, até a tradição da coisa, cabe ao devedor a obrigação geral de diligência e prudência em sua manutenção, devendo velar por sua conservação e defendê-la contra o ataque de terceiros, valendo-se, também, se for necessário, dos meios judiciais para atingir tal proteção. É exatamente no exame da diligência do devedor que se vai apurar se houve culpa sua na perda ou deterioração da coisa, para a aplicação dos dispositivos ora examinados.

A *tradição* da coisa faz cessar a responsabilidade do devedor. Se a coisa perece após a entrega, o risco é suportado pelo comprador. Não se trata aqui, porém, de analisar os vícios redibitórios, cujo exame faz por concluir por outra solução, como expusemos em nossa obra de *contratos*. É claro que, mesmo após a entrega, se houve fraude ou negligência do devedor, este deve ser responsabilizado. Por outro lado, o credor pode ser colocado em mora, quando a coisa for posta a sua disposição no tempo, lugar e modo ajustados, correndo por conta dele os riscos (art. 492, § 2º).

Portanto, antes da entrega da coisa, tem aplicação o princípio *res perit domino* (a coisa perece com o dono), descrito nos arts. 234 e 235. Na obrigação de restituir, a seguir estudada, veremos que, embora o mecanismo seja diverso, o princípio é idêntico nos arts. 238 e 240. Havendo perda ou deterioração da coisa, sem culpa do devedor, nas obrigações de entregar ou restituir, é sempre o dono que arca com o prejuízo.

6.2.2.2 Melhoramentos, Acréscimos e Frutos na Obrigação de Dar Coisa Certa

Assim como a coisa pode perder-se, ou seu valor ser diminuído, pode ocorrer que, no tempo compreendido entre a constituição da obrigação e a tradição da coisa, esta venha a receber melhoramentos ou acrescidos. São os *cômodos* na obrigação. É o caso, por exemplo, da compra de um animal que fique prenhe quando se der a tradição.

Esse fenômeno, sem dúvida, altera a situação jurídica da obrigação.

Enquanto não ocorrer a tradição, a efetiva entrega da coisa, esta pertence ao devedor e, por consequência, os melhoramentos e acrescidos pertencerão a ele. O princípio legal está no art. 237:

> *"até à tradição, pertence ao devedor a coisa, com os seus melhoramentos e acrescidos, pelos quais poderá exigir aumento no preço. Se o credor não anuir, poderá o devedor resolver a obrigação".*

Assim como o devedor perde quando a coisa desaparece ou diminui de valor, deve ganhar quando ocorre o oposto, quando há aumento no valor da coisa. Deve ser lembrado, no entanto, que essa regra geral poderá comportar exceções: se o devedor promoveu o acréscimo ou melhoramento com evidente má-fé, para tumultuar o negócio, ou dele obteve maior proveito, é claro que o princípio, pela lógica, não poderá prevalecer.

Por esse princípio, contudo, fica bem clara a distinção feita em nossa lei para o momento em que nasce o direito real: enquanto não ocorrer a tradição, para os móveis, e a transcrição para os imóveis, não há direito real. Até esses fenômenos só existe direito obrigacional, pessoal; caso contrário, as regras aqui expostas dos riscos e dos cômodos (melhoramentos e acrescidos) da obrigação não se aplicariam.

O citado art. 237, parágrafo único, trata dos frutos dizendo: *"os frutos percebidos são do devedor, cabendo ao credor os pendentes".*

Em *Direito civil: parte geral*, ao falarmos dos bens, tratamos dos frutos (seção 16.8.1). Como vimos, frutos são riquezas ou bens normalmente produzidos pelo objeto, podendo tanto ser uma safra, como os rendimentos de um capital. No tocante às obrigações de dar coisa certa, o Código atém-se aos frutos naturais. Os pendentes são do credor e os percebidos são do devedor. Os frutos pendentes são acessórios e acompanham o destino da coisa. Os percebidos já foram separados e já estarão com o possuidor.

6.2.2.3 *Obrigações de Restituir*

A obrigação de restituir, abrangida pela lei dentro das obrigações de dar coisa certa, é aquela que tem por objeto a *devolução* de coisa certa, por parte do devedor, coisa essa que, por qualquer título, encontra-se em poder do devedor, como ocorre, por exemplo, no comodato (empréstimo de coisas infungíveis), na locação e no depósito.

Na obrigação de restituir coisa certa, a prestação consiste na devolução da coisa ao credor, que já era seu proprietário ou titular de outro direito real, em época anterior à criação da obrigação.

Há diferença fundamental entre a obrigação de dar coisa certa e a obrigação de restituir. Na obrigação de dar, a coisa pertence ao devedor até o momento da tradição, recebendo o credor o que, até então, não lhe pertencia. Na obrigação de restituir, pelo contrário, a coisa já pertencia ao credor, que a recebe de volta, em devolução.

Em se tratando, portanto, de espécies diferentes, as regras no que concerne aos riscos, melhoramentos, acréscimos e frutos são também diversas da obrigação de dar coisa certa.

6.2.2.4 *Responsabilidade pela Perda ou Deterioração da Coisa na Obrigação de Restituir*

A hipótese de perda está disciplinada no art. 238:

> *"Se a obrigação for de restituir coisa certa, e esta, sem culpa do devedor, se perder antes da tradição, sofrerá o credor a perda, e a obrigação se resolverá, ressalvados os seus direitos até o dia da perda."*

Vigora aí o mesmo princípio referido: "*res perit domino*". Resolve-se a obrigação porque desapareceu seu objeto. Ressalva, contudo, a lei os direitos do credor até o dia da perda, tais como aluguéis, seguro etc.

Se, no entanto, a coisa se perder por culpa do devedor, vigorará o disposto no art. 239. O atual Código preferiu ser mais explícito nesse artigo: "*Se a coisa se perder por culpa do devedor, responderá este pelo equivalente, mais perdas e danos.*" O devedor, que tem coisa alheia sob sua guarda, deve zelar por ela. Caso, por desídia ou dolo, a coisa se perca, deve repor o equivalente, com perdas e danos. Não devemos esquecer o que se afirmou, com ênfase, anteriormente, que sempre haverá direito a perdas e danos quando ocorrer culpa.

Exemplo esclarecedor é o do comodato. O comodatário tem obrigação de restituir a coisa emprestada e responderá pelo dano ocorrido, ainda que derivado de caso fortuito ou força maior, se antepuser a salvação de seus próprios bens, abandonando os bens emprestados (art. 583).

No caso de deterioração da coisa restituível, sem culpa do devedor, o credor deverá recebê-la, tal qual se ache, sem direito à indenização (art. 240). Nesse caso, não há razão sustentável para que ocorra qualquer indenização. Por outro lado, se a deterioração ocorreu por culpa do devedor, a solução é a do art. 239. Responderá o devedor pelo equivalente, mais perdas e danos: o credor pode exigir o equivalente ou aceitar a devolução da coisa tal como se encontra, com direito a reclamar, em qualquer das duas hipóteses, indenização das perdas e danos.

6.2.2.5 Melhoramentos, Acréscimos e Frutos na Obrigação de Restituir

Dispõe o art. 241: "*Se no caso do art. 238, sobrevier melhoramento ou acréscimo à coisa, sem despesas ou trabalho do devedor, lucrará o credor, desobrigado de indenização*".

Como a coisa pertence já ao credor, antes mesmo do nascimento da relação obrigacional, aumentado de valor, lucrará o credor, uma vez que para o acréscimo não concorreu o devedor. É o caso, por exemplo, do empréstimo de um objeto de ouro. Se durante o empréstimo o ouro sofrer grande valorização, a vantagem é do credor.

Por outro lado, se a coisa sofre melhoramento ou aumento em decorrência de trabalho ou dispêndio do devedor, o regime será o das benfeitorias (art. 242). Tratamos perfunctoriamente das benfeitorias em *Direito civil: parte geral* (seção 16.8.2). Vimos que sua divisão é tripartida, de acordo com o art. 96 do Código. Vimos que as consequências da classificação em uma das três categorias são grandes, na forma dos arts. 1.219 ss. Importa saber se o melhoramento ou acréscimo decorreu de boa ou má-fé do devedor. Estando de boa-fé, tem o devedor direito aos aumentos ou melhoramentos necessários e úteis. No que tocar aos voluptuários, se não for pago o respectivo valor, poderá o devedor levantá-los, desde que não haja detrimento para a coisa.

De acordo com os princípios que regem as benfeitorias, o devedor de boa-fé tem *direito de retenção*. O direito de retenção é uma faculdade negativa. O que detém a coisa, legitimamente, pode manter essa retenção até que seja indenizado das despesas e dos acréscimos que fez. São seus pressupostos, em primeiro lugar, a legítima detenção da coisa sobre a qual se pretende exercer o direito; em segundo lugar, que exista um crédito por parte do retentor e, em terceiro lugar, que exista um acréscimo do retentor. Ao estudarmos as garantias de execução das obrigações neste volume, voltaremos ao assunto. Todavia, neste primeiro enfoque, tendo em vista o tópico agora estudado, é importante que a noção já seja fixada. Processualmente, o retentor pode opor *embargos à execução*, na forma do art. 917, IV do CPC. É facultado ao exequente requerer a compensação de seu valor com o dos frutos ou danos considerados devidos pelo executado. Existindo controvérsia quanto a apuração dos valores a serem compensados, pode-se valer o juízo do trabalho de perito. Pela nova dicção legal persiste, o direito de retenção como meio de defesa que se manifesta antes de qualquer medida judicial, por interesse e iniciativa do detentor.

Por aplicação do art. 242, quando o melhoramento ou acréscimo decorreu de atividade do devedor, para sabermos se ele tem direito de retenção, cumpre, portanto, examinar se agiu com boa ou má-fé. Se, como vimos, o devedor de boa-fé é tratado com benevolência, o devedor de má-fé só terá direito à indenização pelos acréscimos necessários, não devendo ser ressarcido pelos melhoramentos úteis, nem podendo levantar os acréscimos voluptuários (art. 1.220).

Conforme o princípio do art. 1.221, o melhoramento ou acréscimo são compensados com eventual dano e só haverá direito de ressarcimento se, no momento do pagamento, ainda existirem.

O art. 1.222, também aplicável, por força do art. 242, dispõe que o credor, ao indenizar as benfeitorias (no caso, trata-se de melhoramentos ou acréscimos), tem direito de optar entre seu valor atual e seu custo. Mesmo levando em conta que devemos corrigir os valores monetariamente, pode ocorrer diferença entre os dois parâmetros facultados pela lei. O que a lei quer impedir é o enriquecimento injustificado, tanto de uma, como de outra parte.

O parágrafo único do art. 242 dispõe que, quanto aos frutos percebidos, observar-se-á o disposto acerca do possuidor de boa-fé ou de má-fé: "*Quanto aos frutos percebidos, observar-se-á, do mesmo modo, o disposto neste Código, acerca do possuidor de boa-fé ou de má-fé*".

Sobre frutos demos primeira noção em *Direito civil: parte geral* (seção 16.8.1). O devedor de boa-fé tem direito, enquanto a boa-fé durar, aos frutos percebidos (art. 1.214). "*Os frutos pendentes ao tempo em que cessar a boa-fé devem ser restituídos depois de deduzidas as despesas de produção e custeio*" (art. 1.214, parágrafo único). A lei manda deduzir tais despesas para impedir o injusto enriquecimento. É do mesmo dispositivo o princípio de que os frutos colhidos com antecipação devem também ser restituídos.

Reprimindo o dolo e a má-fé, o art. 1.216 estipula que o devedor de má-fé responde:

> "*por todos os frutos colhidos e percebidos, bem como pelos que, por culpa sua, deixou de perceber, desde o momento em que se constituiu de má-fé; tem direito, porém, às despesas de produção e custeio*".

Em todos esses casos, não se deve esquecer de que se trata de obrigação de restituir, quando a coisa já pertencia, antes mesmo do nascimento da obrigação, ao credor.

6.2.2.6 Execução da Obrigação de Dar Coisa Certa

Questão importante é saber se o devedor, recusando-se a entregar a coisa na obrigação de dar coisa certa, pode ser obrigado a fazê-lo.

Na obrigação de restituir, o problema não se põe, porque a coisa pertence ao próprio credor e, desaparecendo a razão de permanência dela em poder do devedor, o credor tem meios processuais para reavê-la. No caso de comodato, por exemplo, após a constituição em mora do devedor, o credor poderá ingressar com ação de reintegração de posse. Não é, porém, solução processual para todas as situações. No caso de cessão de imóvel para moradia em razão de relação de emprego, uma vez terminada a relação de emprego, a ação para reaver o imóvel é a ação de despejo, por força do art. 47, II, da atual Lei do Inquilinato.

De qualquer forma, a obrigação de restituir é aquela que mais facilmente permite a execução em espécie.

Nas obrigações de dar coisa certa, porém, como antes da tradição dos móveis, e do registro dos imóveis, ainda não houve transmissão da propriedade, é importante a dúvida quanto a se restará ao credor, contra o devedor recalcitrante, tão só o pedido de indenização por perdas e danos, ou se há meio de obrigar o devedor a entregar a coisa. Em qualquer hipótese, o Direito não pode tolerar a injusta recusa. É claro que a execução *in natura* é impossibilitada se a coisa não mais existe, por qualquer razão. Todavia, se a coisa está na posse e no patrimônio do devedor, razão não há para a recalcitrância e deve a lei munir o credor de instrumentos para havê-la.

A execução específica ou *in natura* só deve ser banida, substituindo-se por perdas e danos, *"quando a execução direta for impossível ou dela resultar constrangimento físico à pessoa do devedor"* (Rodrigues, 1981, v. 2:28).

Note que a ação, não versando sobre o domínio, uma vez que este ainda inexiste, é pessoal e não real, reclamando o cumprimento de uma obrigação. Daí por que o CPC, nos arts. 806 ss, trata da execução para *entrega de coisa certa*, permitindo e obrigando, sempre que possível, a execução *in natura*.

6.2.3 Obrigações Pecuniárias

Obrigação pecuniária é a que tem como objeto certa quantia em dinheiro. Diz-se "pecuniária", pois etimologicamente o vocábulo refere-se a *pecus* (gado), porque na Antiguidade os animais desempenhavam papel das trocas, dada sua fácil mobilidade.

A obrigação de pagar dívida em dinheiro é obrigação de dar. O Código Civil de 1916 não se ocupou especificamente dela, ocorrendo o mesmo com o recém-chegado Código, ao menos no capítulo ora estudado.

Na redação original do art. 431 do Código Comercial de 1850, era possível às partes estipular qualquer pagamento em dinheiro mediante certa e determinada espécie de moeda, nacional ou estrangeira. Era lícita, portanto, a convenção da chamada cláusula ouro, ou o pagamento em moeda estrangeira.

Em 27-11-1933, pelo Decreto nº 23.501, proibiu-se qualquer estipulação em ouro, ou qualquer outra moeda que não a nacional, cominando a pena de nulidade. Posteriormente, abriram-se exceções para as obrigações contraídas no exterior, bem como outros casos assemelhados, em que entram fatores relacionados com países estrangeiros.

Dessa forma, a regra do *nominalismo* regula todas as obrigações que tenham por objeto o pagamento em dinheiro.

Premidos pela problemática da desenfreada inflação que nos afligiu e sempre está latente, alguns autores arquitetaram a distinção entre as chamadas *dívidas de valor* e *dívidas de dinheiro*. Nesse diapasão, a obrigação pecuniária constitui-se em uma dívida de dinheiro, a princípio de valor certo e imutável. É o que ocorreria, por exemplo, nos títulos de crédito, em que o devedor se compromete a pagar quantia certa, no vencimento. Para distingui-la dessa modalidade, falou-se das *dívidas de valor*: *"em que o débito não é de certo número de unidades monetárias, mas do pagamento de uma soma correspondente a certo valor"* (Wald, 1979:32). Nesse caso, a moeda não representaria exatamente o conteúdo da dívida, mas uma simples medida de valor. O que se levaria em conta, quando do adimplemento, seria o montante exato e necessário para satisfazer ao credor, independentemente de uma cifra determinada e criada *ab initio*.

Incluíam-se entre as dívidas de valor aquelas derivadas de obrigações alimentícias e as decorrentes de indenização por responsabilidade extracontratual.

O fato é que com a generalização da correção monetária, admitida legislativamente para os débitos ajuizados pela Lei nº 6.899/81, temos que a distinção, de certa forma artificial, deixou de ter a importância de que já gozou. Não resta dúvida, porém, de que a teoria engendrada das dívidas de valor cumpriu efetivamente sua missão, em época na qual os juristas se mostravam perplexos perante as iniquidades que ocorriam, com a desvalorização da moeda e a ferrenha defesa do princípio do nominalismo, de nossos tribunais, com raras e honrosas exceções, é verdade. Felizmente, embora com muito atraso, a citada Lei nº 6.899/81 determinou a correção dos débitos ajuizados, pondo fim à situação vexatória que tornava o Poder Judiciário uma arma de moratória e do enriquecimento ilícito dos maus pagadores. Se o fenômeno da correção da moeda é bom ou mau, não cabe ao jurista averiguar. Ocorre que, no afã de "dar a cada um aquilo que é seu", ou corrigimos todas as dívidas, quer aquelas entre particulares, quer aquelas que tenham como parte o Estado, ou não corrigimos nenhuma. Os tecnocratas deste país devem achar a solução.

Destarte, pouco a pouco a obrigação que era exclusivamente pecuniária achou denominador comum na dívida de valor. Foram e permanecem sendo vários os índices de revalorização dos débitos em face da diminuição do poder aquisitivo da moeda de curso forçado. Sempre se admitiu, contudo, não sem certa resistência, que contratualmente as partes avençassem essa revalorização. A partir de 1975, porém, foram tomadas medidas legislativas para tolher a liberdade de escolha do índice de reajustamento pelas partes. A Lei nº 6.205/75 proibiu que se fizesse a correção monetária de acordo com as variações do salário-mínimo, abrindo exceção para os contratos de trabalho. A Lei nº 6.423/77 determinou que o índice a ser observado fosse aquele das extintas Obrigações Reajustáveis do Tesouro Nacional (ORTN), com exceções referentes aos reajustamentos salariais, às operações financeiras e aos contratos de fornecimento futuro de bens ou serviços.

É patente que os índices oficiais nunca refletem, por uma série de razões, a exata desvalorização da moeda. A imposição estatal, no caso, não afasta a possibilidade do injusto enriquecimento. Trata-se de mais uma batalha que o Direito perde para a Economia, ou para os economistas oficiais, como queira encarar o leitor. Contudo, resta a consolação de saber que o problema não é só nosso, mas atinge até mesmo as mais sólidas economias do mundo.

Assim, as denominadas cláusulas de *escala móvel* permitem estabelecer previamente possibilidade de revisão no valor dos pagamentos pecuniários a serem efetuados, tomando-se por base os valores de certos bens ou serviços no momento do adimplemento, servindo para amparar o credor em face da inflação. Não deixam de ser uma espécie de escala móvel, embora com características próprias, as cláusulas específicas de correção monetária, porque os índices de inflação decorrem do exame da flutuação dos valores de certos bens e serviços.[5]

A excessiva inflação, porém, pode fazer transbordar o mecanismo de defesa que é a correção monetária, à semelhança do remédio que, dado em excesso ao paciente, pode matá-lo.

---

[5] "**Agravo de instrumento** – Ação de rescisão contratual cumulada com pedido de tutela antecipada – Compromisso de compra e venda de imóvel – Pedido de rescisão do contrato pelo agravante – Imóvel em construção – Possibilidade estipulada de escala percentual móvel de devolução de valores em rescisão – Código de Defesa do Consumidor que prevê a rescisão do instrumento como hipótese ao consumidor – Vendedor que não possibilitou a discussão da rescisão do contrato, por outro lado, consumidor que pretende a rescisão do mesmo, com suspensão dos pagamentos, sobrestando a mora. Cabimento *in casu* – Julgado desta corte – Evidente risco para a parte autora – Recurso conhecido e provido" (*TJPR* – AI 1468513-1, 28-7-2016, Rel. Juiz Subst. Fabian Schweitzer).

"**Monitória**. Compromisso de compra e venda. Imóvel em construção. Parcelas atrasadas relativas a compra e venda de apartamento e vaga de garagem. Cobrança. Embargos. Exercício da resistência com fundamentação inconsistente e incapaz de desconstituir o título. Contrato celebrado em moeda estrangeira. Conversão em moeda nacional no momento do pagamento. Admissibilidade. Correção monetária. Prevalência da **cláusula de escala móvel** pactuada no contrato até o momento do ajuizamento da ação. Transmutação para os índices da Tabela Prática após a instauração da lide. Recurso provido em parte" (*TJSP* – Ap 990.10.320786-6, 29-9-2012, Rel. Miguel Brandi).

Não resta dúvida de que, atualmente, há sempre necessidade de revisão do sistema, cabendo aos legisladores e juristas encontrar soluções para os novos fatos sociais.[6]

O Código Civil disciplina as obrigações pecuniárias quando cuida do objeto do pagamento e sua prova (arts. 313 ss). Assim, o art. 315 dispõe a regra geral: as dívidas em dinheiro deverão ser pagas no vencimento, em moeda corrente e pelo valor nominal. O dispositivo ressalva, porém, exceções dos artigos seguintes.

O art. 316 estabelece ser lícito convencionar o aumento progressivo de prestações sucessivas. Nunca houve dúvidas de que as partes pudessem fixar os pagamentos nos valores que acordassem. As prestações sucessivas majoradas podem, contudo, embutir juros e outros acréscimos, cuja validade deve ser estudada no caso concreto.

---

[6] "Direito processual civil. Agravo de instrumento. Execução. Parcial provimento. I. Caso em Exame 1. Agravo de instrumento interposto contra decisão que determinou a penhora e transferência de valores ao inventário, alegando cálculos incorretos e impenhorabilidade de valores bloqueados. II. Questão em Discussão 2. A questão em discussão consiste em (i) verificar a correção dos cálculos apresentados pelos agravados, (ii) determinar se há saldo credor ou devedor em favor da agravante, e (iii) avaliar a alegação de impenhorabilidade dos valores bloqueados. III. Razões de Decidir 3. Os cálculos dos agravados seguiram a Tabela Prática do TJSP, sem **anatocismo**, apenas atualização monetária e juros moratórios. 4. A alegação de impenhorabilidade não se sustenta, pois a constrição recaiu sobre crédito de ação previdenciária, não sobre verba alimentar. IV. Dispositivo e Tese 5. Recurso parcialmente provido para que a constrição recaia sobre o valor de R$ 20.295,00 atualizado. Tese de julgamento: 1. A cumulação de correção monetária com juros moratórios não configura anatocismo. 2. Créditos de ação previdenciária não são impenhoráveis quando não comprometem verba alimentar" (*TJSP* – AI 2310904-35.2024.8.26.0000, 20-8-2025, Rel. Alexandre Lazzarini).

"Apelação cível – Ação de repetição de indébito – Cobrança indevida – Não comprovação – Tabela *price* – Amortização do saldo devedor – Legalidade – Capitalização de juros – Possibilidade. – A utilização da Tabela *Price* para amortização do saldo devedor não é ilegal e, em princípio, não acarreta capitalização de juros sobre juros vencidos e não pagos (anatocismo) (TJMG, apelação cível 1.0188.12.012311-5/004). – A cobrança de juros capitalizados em contratos que envolvam instituições financeiras após março de 2000, em virtude do disposto na MP 1.963-17/2000, é permitida, desde que a capitalização seja pactuada de forma expressa (STJ, Súmula nº 539). – Se cabe ao autor a prova do fato constitutivo do seu direito (CPC, art. 373, inciso I), a ausência dessa prova implica na improcedência do seu pedido" (*TJMG* – ApCív 1.0000.20.469256-0/001, 26-8-2020, Ramom Tácio).

"Recurso – Apelação – Requisitos de admissibilidade – **Anatocismo** – O recurso não é de ser reconhecido na parte que aborda matéria que não foi objeto de discussão na lide. Apelo não conhecido nesta parte. Ação revisional – Contrato de empréstimo – Juros remuneratórios. Segundo a Orientação nº 1 do Superior Tribunal de Justiça, decorrente de julgamento de processo repetitivo, as instituições financeiras não estão sujeitas a limitação de juros remuneratórios, mas não podem proceder à cobrança abusiva, que suplante a taxa média de juros divulgada pelo BACEN. Ação parcialmente procedente. Recurso conhecido em parte e não provido" (*TJSP* – Ap 1005110-79.2018.8.26.0309, 6-2-2019, Rel. Itamar Gaino).

"Apelação – Arrendamento mercantil (*leasing*) – Ação revisional de contrato – **Anatocismo** – Na modalidade de contrato objeto desta ação, não ocorre capitalização, pois os valores dos juros são calculados e pagos mensalmente na sua totalidade. Portanto, não sobram juros para serem acumulados ao saldo devedor, para em período seguinte, serem novamente calculados juros sobre o total da dívida. Todavia, ainda que assim não fosse, a capitalização de juros é admissível – Contrato celebrado após a edição da MP 2.170-36 – Previsão contratual da capitalização – Para estar validamente contratada a capitalização, basta que o cálculo dos juros mensais seja menor que o valor anual – *In casu*, a previsão no contrato bancário de taxa de juros anual é superior ao duodécuplo da mensal – Precedentes Jurisprudenciais, do C. STJ – Onerosidade excessiva e abusividade de juros – Inexistência – Inteligência da Súmula 596 e da Súmula Vinculante nº 7, ambas do STF – Comissão de permanência, TAC e taxa de notificação extrajudicial – À míngua de previsão contratual e ausência de prova de que valores foram cobrados a este título, não há que se falar em nulidade a ser declarada – Recurso desprovido, sentença mantida" (*TJSP* – Ap 0030622-50.2012.8.26.0161, 13-6-2018, Rel. Neto Barbosa Ferreira).

"Agravo interno no agravo em recurso especial – Embargos do devedor – Contratos de confissão e composição de dívida – Controvérsia sobre incidência abusiva de juros e prática de **anatocismo**. Possibilidade de utilização dos embargos do devedor para deduzir pleito revisional. Falta de exibição dos contratos bancários. Inversão do ônus da prova em favor do consumidor. Retorno dos autos ao tribunal de origem para que, reconhecida a possibilidade de revisão de cláusulas contratuais nos embargos do devedor, prossiga no julgamento da apelação. Decisão mantida. Recurso desprovido" (*STJ* – AGInt-AG-REsp 16.047 – (2011/0131247-3), 29-8-2017, Rel. Min. Raul Araújo).

O art. 317 instrumentaliza o juiz de molde a que possa ele conceder a correção do poder aquisitivo da moeda no caso concreto:

> *"Quando, por motivos imprevisíveis, sobrevier desproporção manifesta entre o valor da prestação devida e o do momento de sua execução, poderá o juiz corrigi-lo, a pedido da parte, de modo que assegure, quanto possível, o valor real da prestação".*

Trata-se, sem dúvida, de modalidade de intervenção judicial na vontade privada; aplicação específica dos princípios da excessiva onerosidade que buscam evitar o enriquecimento injusto. A imprevisibilidade nos contratos de trato sucessivo é a pedra de toque para o reconhecimento da excessiva onerosidade. Esse artigo representa, sem dúvida, um risco para a estabilidade das convenções e para a economia e outorga poder amplo ao julgador. Todavia, os julgados têm aplicado corretamente nessa direção. De qualquer forma, essa modalidade introduzida de revalorização da obrigação somente pode operar no momento da execução, como expressa a lei. A época de pandemia em que vivemos procurou analisar e aplicar o dispositivo em algumas situações.

O Código atual, no art. 318, reitera o princípio acerca da nulidade da chamada cláusula-ouro ou da convenção do pagamento em moeda estrangeira:

> *"São nulas as convenções de pagamento em ouro ou em moeda estrangeira, bem como para compensar a diferença entre o valor desta e a moeda nacional, excetuados os casos previstos na legislação especial".*

Desse modo, não há como se cobrar diferença de câmbio se lei especial não autorizar. As normas que regem o mercado financeiro autorizam a contratação em moeda estrangeira nos contratos internacionais e assemelhados. A disposição do art. 318 entrosa-se com a política financeira do país e deve ser vista sempre em consonância com as leis que regem esse mercado.

Voltaremos a esse tema ainda neste capítulo (seção 6.8).

6.2.4 Obrigações de Dar Coisa Incerta

A obrigação de dar coisa incerta tem por objeto a entrega de uma quantidade de certo gênero e não uma coisa especificada. Daí dizer o art. 243: *"A coisa incerta será indicada, ao menos, pelo gênero e quantidade"*.

A incerteza não significa propriamente uma indeterminação, mas uma determinação genericamente feita. São obrigações de dar coisa incerta: entregar uma tonelada de trigo, um milhão de reais ou cem grosas de lápis. A coisa é indicada tão somente pelos caracteres gerais, por seu gênero. O que a lei pretende dizer ao referir-se à coisa incerta é fazer referência a coisa indeterminada, mas suscetível de oportuna determinação. O termo *gênero* desse dispositivo sempre foi criticado por não expressar exatamente a compreensão buscada pela norma. O Projeto de Lei nº 6.960/2002 propõe, nesse artigo, como se sugeria, sua substituição pela palavra *espécie*. Assim, por exemplo, será obrigação de dar coisa incerta a de entregar café tipo Santos, automóveis de determinada cilindrada, livros jurídicos.

Na obrigação de dar coisa certa, já vista, libera-se o devedor, entregando a *coisa determinada* que se obrigou, uma vez que esta está perfeitamente caracterizada na avença. Na obrigação de dar coisa incerta, há um momento precedente à entrega da coisa que é o ato de escolher o que vai ser entregue. Uma vez feita a escolha, de acordo com o contratado, ou conforme estabelece a lei (trata-se do que a lei denomina *concentração*), a obrigação passa a ser regida pelos princípios da obrigação de dar coisa certa.

A obrigação de dar coisa incerta constitui uma obrigação *genérica*, enquanto a obrigação de dar coisa certa é específica.

A posição do devedor na obrigação ora tratada é mais favorável porque se desvencilha do vínculo com a entrega de uma das coisas ou de um conjunto de coisas compreendidas no gênero indicado. No entanto, sua responsabilidade pelos riscos será maior: vimos que na obrigação de dar coisa certa, se esta se perder sem culpa do devedor, fica resolvida a obrigação. Já na obrigação genérica, como o gênero nunca perece, antes da escolha *"não poderá o devedor alegar perda ou deterioração da coisa, ainda que por força maior ou caso fortuito"* (art. 246).

Como vimos, a obrigação de dar coisa incerta tem objeto que vem a ser determinado por meio de um ato de escolha, quando do adimplemento. Nesse sentido, disciplina o atual Código no art. 245: *"Cientificado o credor da escolha, vigorará o disposto na Seção antecedente."* Ou seja, após a escolha, os princípios aplicáveis são os da obrigação de dar coisa certa. Assim, se sou credor de 100 cabeças de gado de corte, uma vez escolhido o gado e apontadas as cabeças, cuida-se da obrigação como de coisa certa.

Essa escolha, porém, não configura mero arbítrio do devedor, a quem, no silêncio do contrato, cabe tal direito (art. 244). A lei estabelece que, na falta de disposição contratual, o devedor não poderá dar a coisa pior, nem ser obrigado a dar a melhor (parte final do art. 244). Na obrigação de dar coisa certa, não há que falar em escolha, porque o objeto da obrigação já se encontra plenamente determinado desde o nascimento da avença.[7]

---

[7] "Agravo de instrumento. Adjudicação compulsória. Vaga de garagem em local indefinido. Decisão que determina a emenda da inicial a fim de que haja a indicação precisa da vaga. Reforma que se impõe. Considerando apenas o que afirmado na inicial, prescindindo de análise exauriente do mérito, aprioristicamente, é o caso, de se aplicar ao caso **art. 244, do Código Civil**, in verbis: Nas coisas determinadas pelo gênero e pela quantidade, a escolha pertence ao devedor, se o contrário não resultar do título da obrigação; mas não poderá dar a coisa pior, nem será obrigado a prestar a melhor. Recurso provido, para afastar a determinação de emenda à inicial" (*TJSP* – AI 2194379-38.2022.8.26.0000, 7-3-2023, Rel. Piva Rodrigues).

"Processo civil. Agravo de instrumento. Cumprimento de sentença. Cumprimento pretendido pelo devedor que desborda do título judicial. Rejeição da impugnação. 1. Embora o acordo homologado judicialmente não tenha estipulado que a escolha caberia à requerida, por certo é que, em se tratando de móveis, é natural a sua prévia aquiescência, em especial porque não é dado ao devedor oferecer o pior que houver no mercado, sendo o meio termo o padrão legal, à míngua de especificação contratual (art. 244, CC). 2. Demonstrado, pois, o pagamento da quantia de R$ 3.600,00 pela aquisição dos móveis por parte da credora e o ressarcimento tão somente da quantia de R$ 1.263,49 por parte do devedor, a pretendida complementação é medida que encontra correspondência no título executivo judicial. 3. Recurso improvido" (*TJSP* – AI 2148789-38.2022.8.26.0000, 26-7-2022, Rel. Ademir Modesto de Souza).

"Apelação cível – Exceção pré-executividade – Cédula de produto rural – Liquidação financeira – Requisitos do artigo 4º-A Lei 8.929/94 – Não cumprimento – Obrigação de entregar sacas de café – Cobrança mediante execução para entrega de coisa incerta – Ajuizamento de execução por quantia certa – Inadequação – Extinção do feito sem resolução de mérito – Manutenção – Honorários de sucumbência – Apreciação equitativa – Possibilidade. – Tratando-se o caso em análise de CPR sem liquidação financeira, a conclusão do negócio ocorre mediante a entrega do objeto pactuado, de acordo com a quantidade e qualidade avençadas, observando-se os prazos, local e condições de entrega e a sua cobrança ocorre mediante execução para entrega de coisa incerta, nos termos do artigo 15 da legislação aplicável à espécie (Lei nº 8.929/94). – Diante do elevado valor da causa, os honorários de sucumbência devem ser fixados de forma equitativa, nos termos do parágrafo 8º do artigo 85 do CPC, para que o valor arbitrado atenda o objetivo do ordenamento jurídico, qual seja, remunerar de forma justa o nobre trabalho dos advogados, levando em conta parâmetros objetivos tais como o grau de complexidade da causa, a duração do processo e o trabalho dos procuradores, sem ensejar enriquecimento sem causa" (*TJMG* – ApCív 1.0481.12.000745-7/001, j. 19-5-2020, Roberto Apolinário de Castro).

"**Execução para entrega de coisa incerta** – Cédula de produto rural – Contratação que previa a entrega de 210 sacas de cafés diluídas em três parcelas. Decisão que indeferiu parcialmente a inicial para decotar a exigência da cobrança da última parcela inerente ao contrato, por considerar que tal hipótese se constituía em obrigação impossível, uma vez ainda não escoado o prazo para a colheita dos grãos a ela referentes. Reforma. Possibilidade de processamento da execução em sua integralidade. Contrato que consiste em obrigação única e que ainda ostenta cláusula de vencimento antecipado, ancorada no artigo 14 da Lei 8.929/94. Eventual impossibilidade de cumpri-

Devem as partes estabelecer a quem cabe a escolha. Se as partes nada estabelecerem, a escolha ou *concentração* caberá ao devedor, de acordo com o art. 244, que também determina que ele deverá estabelecer o meio-termo, não entregando nem o pior nem sendo obrigado a entregar o melhor. Nada impede que a escolha seja cometida a um terceiro, que desempenhará as funções semelhantes às de um árbitro.

Processualmente, a entrega de coisa incerta vem regulada pelos arts. 811 a 813 do CPC. O devedor será citado para entregar as coisas individualizadas, se lhe couber a escolha, mas se a escolha couber ao credor, este a indicará na petição inicial (art. 811 do CPC). O art. 812 do estatuto processual faculta às partes, em 15 dias, impugnar a escolha feita pela outra, podendo o juiz decidir de plano, ou mediante a nomeação de perito. Dúvidas podem surgir no tocante à escolha do *meio-termo*, disciplinado no art. 244. Aí só restará ao juiz a nomeação de perito. Quanto à execução específica para a entrega de coisa incerta, o CPC manda que sejam aplicadas as regras para entrega de coisa certa (art. 813). É lógica a determinação, porque, uma vez feita a concentração, isto é, cientificado da escolha o credor, a obrigação converte-se em dar coisa certa, como também fala o art. 245 do Código Civil.[8]

Como já nos referimos, o art. 246 diz: *"Antes da escolha, não poderá o devedor alegar perda ou deterioração da coisa, ainda que por força maior ou por caso fortuito"*. Sob esse aspecto, portanto, a responsabilidade do devedor é maior. O dispositivo é aplicação do princípio *genus nunquam perit* (o gênero nunca perece). Se alguém se obriga a entregar mil sacas de farinha de trigo, continuará obrigado a tal, ainda que em seu poder não possua referidas sacas, ou que parte ou o total delas se tenha perdido. Já se o devedor se tivesse obrigado a entregar uma tela de pintor famoso, a perda da coisa, sem sua culpa, resolveria a obrigação. Já vimos que existem coisas genéricas de existência restrita, como, por exemplo, um vinho raro, um veículo que saiu de linha de fabricação. Para essas situações que por vezes causam certa perplexidade no caso concreto, o Projeto de Lei nº 6.960/2002 tentou acrescer uma segunda parte à redação do

---

mento da obrigação que poderá ser objeto de conversão da execução de coisa incerta para execução de coisa certa. Observe-se que, no caso concreto, o contrato entabulado entre as partes tinha por obrigação principal a entrega de 210 sacas de café de 60 kg, sendo acordado entre as partes que a entrega do produto seria realizada em três parcelas. Todavia, necessário atentar que o referido contrato foi firmado com cláusula de vencimento antecipado, para o caso de descumprimento de qualquer das obrigações assumidas pelo emitente, cláusula essa que deve ser respeitada, uma vez que tal hipótese também encontra amparo no artigo 14 da Lei 8.929/94, a qual instituiu e regulamentou a Cédula de Produto Rural. Por essa vertente, a pretensão da entrega das pretendias sacas de café, ainda que, ao tempo da propositura da ação, não se tenha escoado o período para colheita do produto relacionado à última parcela convencionada, está escorada em cláusula contratual que autoriza o vencimento antecipado da cédula, permitindo que a execução se dê pela exigência da entrega do total dos produtos estipulados no contrato, com o acréscimo dos consectários lá estabelecidos. Agravo provido" (*TJSP* – AI 2030412-50.2018.8.26.0000, 18-2-2019, Relª Sandra Galhardo Esteves).

8 "**Execução para entrega de coisa incerta** – Entrega de grãos de soja – Determinação de arresto em face das empresas que adquiriram os grãos de soja dos executados. Produto não encontrado nos armazéns das empresas. Aditamento que determina o depósito do valor equivalente nos autos da execução. Inconformismo. Embargos de terceiro. Acolhimento. Suspensão das medidas constritivas. Opostos embargos de declaração que foram acolhidos para reconhecer que, inexistindo os grãos, incabível a determinação de indisponibilidade do produto. Decisão reformada. Grãos de soja. Produto fungível que pode ser substituído por outro da mesma espécie, qualidade e quantidade, 1.211.900 quilos de soja em grãos, equivalentes a 20.198 sacas de 60 quilos ou depositado à ordem do Juízo o valor em dinheiro, R$ 1.1615.866,66. Recurso provido" (*TJSP* – AI 2215038-10.2018.8.26.0000, 28-1-2019, Rel. Gomes Varjão).

"Agravo de instrumento – **Execução para entrega de coisa incerta** (algodão em pluma), com direitos e obrigações definidos em cédula de produtor rural. Embargos do devedor. Pleito para agregar carga suspensiva. Recurso de executados, embargantes. Sentença de improcedência nos embargos. Recurso, aqui, prejudicado" (*TJSP* – AI 2244158-35.2017.8.26.0000, 17-4-2018, Rel. Carlos Russo).

"**Execução para entrega de coisa incerta**. Conversão para execução por quantia certa. Possibilidade. Artigo 627 do CPC. Não tendo sido encontrado o bem objeto da execução, tem o credor a seu favor a opção de transformar a execução de coisa incerta em execução por quantia certa, consoante prescreve o artigo 627 do CPC" (*TJMG* – AI-Cv 1.0694.10.002142-7/001, 20-2-2015, Relª Aparecida Grossi).

mencionado art. 246: "*salvo se se tratar de dívida genérica limitada e se extinguir toda a espécie dentro da qual a prestação está compreendida*". No caso do vinho exemplificado, desaparecida a coisa nessa situação, poderá o devedor alegar perda ou deterioração. Cuida-se da hipótese de coisas fungíveis de existência limitada, como estudamos na parte geral.

Note que a obrigação de pagar, obrigação pecuniária, é regida pelos princípios da obrigação de dar coisa incerta.

Como lembra Washington de Barros Monteiro (1979, v. 4:82), porém, "*o princípio segundo o qual nunca perece o gênero é falível e comporta temperamentos*". É fato, o gênero pode ser limitado, isto é, não existir com abundância suficiente. É o caso, por exemplo, da obrigação de entregar garrafas de vinho de determinada marca que não mais é produzido e que vai rareando com o passar do tempo. Ou o caso da obrigação de entregar certo material químico que não existe em grandes quantidades, ou cuja produção é controlada. Nesses casos, se o gênero é limitado, a inviabilidade do atendimento da obrigação, examinável em cada caso concreto, acarretará a extinção da obrigação.

Pelo que podemos perceber até aqui, são objeto das obrigações ditas genéricas as coisas fungíveis que se podem determinar pelo peso, número e medida. Por outro lado, as obrigações específicas, ou de dar coisa certa, têm por objeto, quase sempre, coisas não fungíveis que são individualizadas no comércio jurídico, como coisas determinadas e os objetos insubstituíveis (cf. Von Tuhr, 1934:41).

Por outro lado, se o gênero se reduz a número muito restrito de unidades, a obrigação deixará de ser genérica, para se tornar alternativa. Vejamos a hipótese de alguém se obrigar a entregar cavalos de determinada linhagem e quando se dá o adimplemento só existem dois ou três (cf. Von Tuhr, 1934:45). Aliás, existem muitos pontos de contato entre as obrigações genéricas e as obrigações alternativas, como veremos adiante.

A respeito do art. 246, quando o Código fala em *antes da escolha*, Washington de Barros Monteiro critica a dicção legal. Diz que os vocábulos pecam por ambiguidade, no que tem razão. Não basta que o devedor separe o objeto da obrigação para entregá-lo ao credor. Deve o devedor colocar a coisa à disposição do credor: só assim, conforme está no artigo, o devedor exonera-se da obrigação, caso haja perda da coisa, como diz Monteiro (1979, v. 4:83), com toda propriedade,

> "*o devedor não poderá subtrair-se à prestação, dizendo, por exemplo: 'já tinha escolhido tal saca de café, que se perdeu', ou ainda, 'queria dar tal rês, que se extraviou, ou pereceu'*".

Enquanto a coisa não é efetivamente entregue, ou, pelo menos, posta à disposição do credor, impossível a desoneração do devedor, que terá sempre diante de si a parêmia *genus nunquam perit*. O atual Código nada alterou a respeito no art. 246 anterior, embora houvesse redação anterior do Projeto que inserira nesse artigo a expressão *salvo se se tratar de dívida genérica restrita*. Nessa hipótese, a perda da coisa deve reger-se pelos princípios da obrigação específica, como é de toda justiça. Imagine-se, por exemplo, a hipótese de perda de vinho de uma safra restrita. De qualquer forma, presente essa premissa no caso concreto, essa deverá ser a solução. Melhor será que se qualifique o gênero restrito como coisa infungível.

6.3 OBRIGAÇÕES DE FAZER E DE NÃO FAZER

6.3.1 Obrigação de Fazer

A obrigação de fazer, por se estampar numa atividade do devedor, é a que traz maiores transtornos ao credor, quando se defronta com inadimplemento. O conteúdo da obrigação de fazer constitui uma "atividade" ou conduta do devedor, no sentido mais amplo: tanto pode ser a prestação de uma atividade física ou material (como, por exemplo, fazer um reparo em máquina, pintar casa, levantar muro), como uma atividade intelectual, artística ou científica (como, por exemplo, escrever obra literária, partitura musical, ou realizar experiência científica). Ademais, o conteúdo da atividade do devedor, na obrigação de fazer, que denominamos, ainda que impropriamente, "atividade" do devedor, no sentido o mais amplo possível, pode constituir-se numa atividade que pouco aparece externamente, mas cujo conteúdo é essencialmente jurídico, como a obrigação de locar ou emprestar imóvel, de realizar outro contrato etc.[9]

A obrigação de fazer, que, ao lado da obrigação de dar, pertence à classe das obrigações positivas, pode ser contraída, tendo em vista a figura do devedor. O credor pode escolher determinado devedor para prestar a obrigação, não admitindo substituição. Isto em razão de o devedor ser um técnico especializado, um artista ou porque simplesmente o credor veja no obrigado qualidades essenciais para cumprir a obrigação.[10] É o caso do exemplo clássico

---

9 "**Ação de obrigação de fazer e não fazer** c.c. indenização por danos morais – Determinação de não mais efetuar ligações ou enviar mensagens de texto ao número de telefone do requerente, inclusive por meio de eventuais empresas terceirizadas ou parceiras, com o objetivo de cobrar dívida em nome de terceiros, sob pena de multa a ser arbitrada por descumprimento, mediante inequívoca demonstração pelo autor – Responsabilidade civil – Dano moral – Ligações insistentes e reiteradas efetuadas para o autor, em busca de terceiro chamado "Virginian" com finalidade de cobrança de dívida – Dano extrapatrimonial configurado – Indenização fixada no montante de R$3.000,00 – Sentença ratificada com amparo no art. 252 do Regimento Interno desta Corte – Recursos não providos" (*TJSP* – Ap 1004190-35.2021.8.26.0266, 31-8-2022, Rel. Régis Rodrigues Bonvicino).

"Apelação cível – Ação de obrigação de fazer e não fazer – Marca – Direito de uso exclusivo – Inexistência – Nome de domínio na internet – Registro – Informação inverídica de conversão de um site em outro em seu favor – Ilicitude – Obrigação de não fazer. I – O titular da marca, devidamente registrada perante o Instituto Nacional da Propriedade Industrial (INPI), tem direito ao seu uso exclusivo em todo o território nacional, sendo que o nome de domínio igual ao da marca pode ser considerado uma forma de uso da marca, especialmente quando o nome de domínio designa um sítio de internet elaborado em torno dos produtos que a marca designa. II – Se os autores não têm direito exclusivo sobre a marca 'balcão', não podem exigir que a ré se abstenha de 'realizar qualquer tipo de publicidade, propaganda ou publicação de informação em qualquer tipo de mídia', utilizando tal marca, conforme requerido inicialmente. III – Em que pese não ser possível reconhecer o direito dos autores ao uso exclusivo da marca, não há como deixar de reconhecer que a ré não poderia ter feito qualquer tipo de publicidade, propaganda ou publicação de informação, em qualquer tipo de mídia, capaz de induzir os consumidores a acreditar que os sites registrados pelos autores tenham se transformado no seu site ou qualquer outro de sua titularidade, sabendo que nunca foi a titular dos domínios de internet registrado pelos autores, e que não tinha mais o direito ao uso exclusivo da marca indicada nos referidos domínios" (*TJMG* – ApCív 1.0024.13.395578-1/003, 7-7-2020, João Cancio).

"**Obrigação de fazer e não fazer** – Remoção de vídeos e identificação do responsável pelas postagens – Procedência parcial do pedido – Inconformismo da autora – Acolhimento em parte – Impossibilidade de remoção dos vídeos – Necessidade de discussão do conteúdo em ação autônoma em face do respectivo usuário, garantido o contraditório – Discussão complexa que envolve preceitos religiosos internos e acusações que demandam contraditório – Cabimento do pedido de abstenção de comunicação do usuário identificado a fim de preservar provas – Sentença reformada em parte para determinar ao réu que se abstenha de informar o usuário identificado sobre o objeto da presente ação e modificar os ônus sucumbenciais – Recurso parcialmente provido" (*TJSP* – AC 1112345-87.2017.8.26.0100, 15-3-2019, Rel. J. L. Mônaco da Silva).

"Administração de condomínio. **Obrigação de fazer**. Demanda que busca o restabelecimento da unidade condominial do réu, aos padrões de segurança do edifício e normas do corpo de bombeiros. Decreto de procedência. Prova pericial conclusiva, no sentido de constatar que as obras realizadas pelo demandado encontram-se em desacordo com projeto aprovado pela municipalidade, alterando as características físicas da saída de ventilação da escada de emergência (causando riscos aos moradores), além de utilização de área comum. Correta a determinação de readequação das obras. Mantida a improcedência da reconvenção (já que as obras ali elencadas não são de responsabilidade do condomínio, mas do reconvinte que deve adequar seu imóvel). Aplicação, na hipótese, do art. 252 do Regimento Interno deste e. Tribunal de Justiça. Ausência de fato novo. Desnecessária repetição dos adequados fundamentos expendidos pela r. sentença recorrida. Precedentes. Sentença mantida. Recurso improvido" (*TJSP* – Ap 0091733-27.2012.8.26.0002, 7-7-2015, Rel. Salles Rossi).

10 "**Obrigação de fazer** – Informação prévia do valor de parcela vincenda de mútuo atrelado ao FINAME para possibilitar depósito suficiente – Pedido cumulado de consignação incidental de valores – Contestação fundada na assertiva de que os encargos do contrato são prefixados e a parcela é de cálculo simples pelo próprio devedor, apontando

da contratação de um pintor para executar um retrato, de um cantor para uma apresentação etc. Desse modo, como estava exposto no art. 878 do velho Código, *"na obrigação de fazer, o credor não é obrigado a aceitar de terceiro a prestação, quando for convencionado que o devedor a faça pessoalmente"*.

O Código atual preferiu definir imediatamente, na abertura do capítulo, a obrigação de indenizar nas obrigações de fazer no art. 247: *"Incorre na obrigação de indenizar perdas e danos o devedor que recusar a prestação a ele só imposta, ou por ele exequível."* Cuida-se, aqui, portanto, das chamadas *obrigações de fazer de natureza infungível, intuitu personae*, quando a pessoa do devedor não admite substituição. É de notar, contudo, que a infungibilidade que ora tratamos pode decorrer, quer da própria natureza da obrigação (como é o caso da pintura de retrato, ou da exibição de orquestra, ou de corpo de baile, por exemplo), quer do contrato, isto é, embora existam muitas pessoas tecnicamente capacitadas para cumprir a obrigação, o

---

carência de ação – Pretensão julgada antecipadamente e procedente em primeiro grau de jurisdição porque em ação anterior foi deferida a imputação e compensação de valores, não sendo possível ao devedor, nem ao credor, por enquanto, estimar o valor das parcelas vincendas até a liquidação do outro julgado – Irresignação recursal da instituição financeira insistindo que há carência de ação e violação ao princípio da pacta sunt servanda – Obrigação de fazer – Exame das cláusulas do financiamento que indicam que as parcelas do mútuo são compostas pelo valor da obrigação principal dividida em 72 vezes, acrescidas de juros capitalizados no período de carência (6 meses), exigíveis mensalmente e com cálculo *pro rata* em dias de feriado, ficando ajustado que a financiadora emitirá Aviso de Cobrança com antecedência para possibilitar sua liquidação – Situação em que o cálculo das parcelas não é simples como afirmado pelo réu, sendo estabelecida sua obrigação de informar o valor correto, sob pena dele violar o princípio da *pacta sunt servanda* – Consignação – Admissibilidade da consignação de valores em favor de credor que embaraça o devedor de exonerar-se da obrigação – Impossibilidade de cálculo das prestações vencidas e vincendas antes da liquidação de sentença de outro processo no qual determinada a compensação de valores – Pretensão distinta de revisão de cláusula contratual a qual não foi objeto do pedido – Aplicação dos artigos 308 e 335, inciso V, do Código Civil – Sentença mantida – Apelação não provida" (*TJSP* – Ap 1000013-57.2017.8.26.0625, 21-1-2019, Rel. Jacob Valente).

"Apelação – **Obrigação de fazer** – Obra erigida à margem de rodovia estadual sem aprovação do projeto pelo órgão competente. Clandestinidade. Exigência de regularização. Procedência na origem. Cerceamento de defesa verificado. Ausência de comprovação robusta de qualquer vício. Necessidade de realização de prova técnica. Medida adotada com base no art. 370 do CPC/2015. Sentença cassada. Retorno dos autos à origem. Recurso conhecido e provido" (*TJSC* – AC 000214-33.2012.8.24.0167, 8-5-2018, Rel. Des. Ricardo Roesler).

"Agravo de instrumento – Plano de saúde Ação de obrigação de fazer cumulada com indenização por danos morais. Fase de execução. Insurgência da exequente contra decisão interlocutória que não considerou exigível o reembolso de honorários médicos e determinou à contadoria o recálculo dos honorários advocatícios desconsiderando o reembolso afastado. Não acolhimento. Título judicial que condenou a ré a reembolsar nos termos contratuais, os quais excluem de forma expressa honorários médicos pagos a profissionais não credenciados. Inexigibilidade patente do débito executado. Decisão preservada. Negado provimento ao recurso" (*TJSP* – AI 2052067-15.2017.8.26.0000, 29-6-2017, Relª Viviani Nicolau).

"Administrativo – Ambiental – Processual civil – Agravo regimental no recurso especial – Ação Civil Pública – Pretensão de **obrigação de fazer** – Indústria de comercialização de bebidas alcoólicas – Uso de embalagens plásticas – Realização de estudo prévio de impacto ambiental – Impossibilidade de atuação do poder judiciário – Competência de órgãos administrativos do poder executivo – Violação a normativos federais – Carência de prequestionamento – Súmula 211/STJ – Fundamentação legal inatacada – Súmula 283/STF – 1– Não cumpre o requisito do prequestionamento o recurso especial para salvaguardar a higidez de norma de direito federal não examinada pela origem, que tampouco, a título de prequestionamento implícito, confrontou as respectivas teses jurídicas. Óbice da Súmula 211/STJ. 2– A ausência de impugnação de fundamento autônomo apto, por si só, para manter o acórdão recorrido atrai o disposto na Súmula 283/STF. 3– Agravo regimental não provido" (*STJ* – AgRg-REsp 1.567.602 – (2015/0270833-2), 8-3-2016, Rel. Min. Mauro Campbell Marques).

"Prestação de serviços. Rescisão contratual. Inexigibilidade de débito. Perdas e danos. Dano moral. Veiculação de imagem da empresa autora em programa de palhaços Patati & Patatá e comparecimento da dupla de palhaços em eventos a serem realizados nas cidades de Limeira e Americana nas lojas da autora. Ausência dos artistas no evento de Americana. Descumprimento parcial da avença pelas rés. Rescisão decretada. Inexigibilidade das parcelas vencidas após o evento descumprido. Dano moral configurado. Verba devida. Fixação em R$ 20.000,00. Obrigação de fazer consistente em veicularem as rés retratação ao público. Imposição de obrigação que não importa em *bis in idem*. Juros de mora de 1% ao mês, a incidir da sentença, nos termos da Súmula 362 do STJ. Recurso parcialmente provido" (*TJSP* – Ap 0003359-18.2011.8.26.0019, 17-7-2015, Rel. Claudio Hamilton).

credor não admite a substituição (como é o caso, por exemplo, da contratação de advogado para fazer defesa no Tribunal do Júri, ou de engenheiro para acompanhar a realização de uma construção). Aqui, surge um aspecto que deve ser analisado: por vezes, as partes não estipulam expressamente a infungibilidade da obrigação de fazer, mas esta decorre das *circunstâncias* de cada caso. Isso é importante para as consequências do inadimplemento. Tanto que o presente Código Civil não mais repete a dicção do antigo art. 878. Assim, dependerá, na nova lei, do exame de cada caso concreto verificar se a figura do devedor pode ser substituída ou não, tendo em vista a natureza e as circunstâncias da obrigação, mercê do disposto anteriormente no art. 880, repetido no art. 247 do novel diploma.

> **Caso 1 – Obrigação de fazer**
>
> A obrigação de fazer, por se estampar numa atividade do devedor, é a que traz maiores transtornos ao credor, quando se defronta com inadimplemento. O conteúdo da obrigação de fazer constitui uma "atividade" ou conduta do devedor, no sentido mais amplo: tanto pode ser a prestação de uma atividade física ou material (como, por exemplo, fazer um reparo em máquina, pintar casa, levantar muro), como uma atividade intelectual, artística ou científica (como, por exemplo, escrever obra literária, partitura musical, ou realizar experiência científica).

6.3.2 Obrigação de Dar e de Fazer

Nem sempre, e esta é a crítica costumeiramente feita, existe distinção entre as obrigações de dar e de fazer. Ambas as espécies se constituem nas *obrigações positivas*, em contraposição às obrigações negativas, que são as obrigações de não fazer.

Na compra e venda, por exemplo, o vendedor contrai a obrigação de entregar a coisa (um *dar*, portanto), bem como de responder pela evicção e vícios redibitórios (um *fazer*). Na empreitada, o empreiteiro contrai a obrigação de fornecer a "mão de obra" (fazer) e de entregar os materiais necessários (dar). Preocupam-se, daí, os doutrinadores em estabelecer critérios diferenciadores das duas espécies de obrigações.

Washington de Barros Monteiro (1979, v. 4:87), com a habitual propriedade, esclarece que o ponto crucial da diferenciação está em verificar:

> *"se o* dar *ou* entregar *é ou não consequência do* fazer. *Assim, se o devedor tem de dar ou de entregar alguma coisa, não tendo, porém, de fazê-la previamente, a obrigação é de dar; todavia, se, primeiramente, tem ele de confeccionar a coisa para depois entregá-la, tendo de realizar algum ato, do qual será mero corolário o de dar, tecnicamente a obrigação é de fazer".*

Maria Helena Diniz (1983, v. 2:87) ainda acrescenta que, na obrigação de dar, a *tradição* é imprescindível, o que não ocorre na obrigação de fazer. Ademais, na grande maioria das obrigações de fazer, é costume enfatizar que a pessoa do devedor é preponderante no cumprimento da obrigação, o que não ocorre nas obrigações de dar.

Acentuamos, no entanto, que vezes haverá nas quais inelutavelmente, numa mesma avença, coexistirão as duas espécies. A importância maior ocorrerá no momento da execução. As obrigações de dar autorizam, em geral, a execução coativa. As obrigações de fazer possuem apenas meios indiretos de execução coativa, por não permitirem a intervenção direta na esfera de atuação da pessoa do devedor, como examinaremos.

6.3.3 Obrigações de Fazer Fungíveis e Não Fungíveis

Vejam esses exemplos de obrigação de fazer: contrato pintor para restaurar a pintura de uma residência; contrato pintor para recuperar um famoso quadro do Renascimento; contrato pedreiro para levantar um muro; contrato equipe esportiva para realizar uma exibição. Vemos, de plano, que, embora todas essas obrigações sejam de fazer, há uma diferença na natureza delas: há obrigações de fazer para as quais existe um número indeterminado de pessoas hábeis a completá-las; há outras obrigações de fazer que são contraídas exclusivamente pela fama ou habilidades próprias da pessoa do obrigado.

Pois bem, quando a pessoa do devedor é facilmente substituível, como é o caso do pintor de paredes ou do pedreiro, dizemos que a obrigação é *fungível*. Quando a obrigação é contraída tendo em mira exclusivamente a pessoa do devedor, como é o caso do artista contratado para restaurar uma obra de arte ou da equipe esportiva contratada para uma exibição, a obrigação é *intuitu personae*, porque levamos em conta as qualidades pessoais do obrigado.

Tendo em mira essa situação, o atual Código traz solução no art. 249:

> *"Se o fato puder ser executado por terceiro, será livre ao credor mandá-lo executar à custa do devedor, havendo recusa ou mora deste, sem prejuízo da indenização cabível.*
>
> *Parágrafo único. Em caso de urgência, pode o credor, independentemente de autorização judicial, executar ou mandar executar o fato, sendo depois ressarcido."*[11]

É interessante notar que, no parágrafo, a novel lei introduz a possibilidade de procedimento de justiça de mão própria, no que andou muito bem. Imagine-se a hipótese da contratação de empresa para fazer a laje de concreto de um prédio, procedimento que requer tempo e época

---

[11] "Apelação. Ação de rescisão de contrato cumulada com pedidos indenizatórios. Prestação de serviços. Sentença de improcedência. Inconformismo da parte autora. Autor que alega o inadimplemento contratual da ré, que deixou de concluir os móveis residenciais planejados no prazo pactuado. Acervo probatório que comprova a mora da ré diante da ausência de provas de que o autor obstou o cumprimento da obrigação. Falha na prestação dos serviços reconhecida. Danos materiais emergentes. Ressarcimento da quantia paga a terceiro para a conclusão dos serviços inadimplidos pela ré. Condenação imposta. Regra do **artigo 249 do Código Civil**. Restituição do montante pago pela limpeza de manchas de tintas no piso provocadas pela falha dos serviços. Ré que deve ressarcir os gastos com o restabelecimento do piso danificado. Devolução de valores pagos a maior pelo autor à ré. Rejeição. Inexistência de provas do excesso pago. Sentença reformada. Recurso provido em parte" (*TJSP* – Ap 1103097-87.2023.8.26.0100, 24-6-2025, Rel. Rogério Murillo Pereira Cimino).

"Agravo de instrumento – Cumprimento de Sentença – Obrigação de fazer consistente no reparo de vícios construtivos apurados no condomínio edilício – Inércia da devedora na execução dos serviços sob sua responsabilidade – Obrigação que será cumprida por terceiro, a mando do credor e às custas da devedora, conforme autorização expressamente deferida no título executivo judicial – **Art. 249 do Código Civil** – Ao credor assiste o direito de mandar executar a medida, incumbindo à devedora arcar com custos informados – É pertinente contudo, desde que a agravante pague os honorários, que o Perito do Juízo acompanhe a execução dos serviços para que se observe o que foi determinado no Acórdão, conforme a apuração pericial e os agravamentos diante do tempo decorrido em razão da inércia da agravante – Recurso desprovido com observação" (*TJSP* – AI 2007186-06.2024.8.26.0000, 14-3-2024, Rel. Alcides Leopoldo).

"Agravo interno no recurso especial – Ação de obrigação de fazer – Cumprimento de sentença – Multa – Intimação pessoal – Necessidade – Aplicação da Súmula 410 /STJ – Reexame de fatos e provas – Súmula 7/STJ – 1- Ação de obrigação de fazer. 2- Conforme a orientação prevalecente nesta Corte, ressalvado o entendimento pessoal desta Relatora, 'é necessária a prévia intimação pessoal do devedor para a cobrança de multa pelo descumprimento de obrigação de fazer ou não fazer antes e após a edição das Leis nº 11.232/2005 e 11.382/2006, nos termos da Súmula 410 do STJ, cujo teor permanece hígido também após a entrada em vigor do novo Código de Processo Civil' (EREsp 1.360.577/MG, Corte Especial, *DJe* de 07/03/2019). 3- O reexame de fatos e provas não é permitido nesta via especial. 4- Agravo interno não provido" (*STJ* – AGInt-REsp 1726058/PR, 2-8-2019, Relª Minª Nancy Andrighi).

precisos. Caracterizadas a recusa e a mora bem como a urgência, aguardar uma decisão judicial, ainda que liminar, no caso concreto, poderá causar prejuízo de difícil reparação.

Poderá então o credor contratar terceiro para a tarefa, sem qualquer ingerência judicial, requerendo posteriormente a devida indenização. Para a caracterização da recusa ou mora do devedor, sob pena de frustrar-se o posterior pedido de indenização, deverá o credor resguardar-se com a documentação necessária possível, tais como notificações, constatação do fato por testemunhas, fotografias etc. Nada impede, porém, antes se aconselha, que, se houver tempo razoável, seja obtida a autorização judicial, nos moldes do que comentamos no tópico seguinte.

Essa solução, como é evidente, não poderá ocorrer quando se tratar de obrigação infungível (quando, por exemplo, contrato um artista plástico ou um ator para um trabalho específico).

Nada impede, porém, como antes afirmamos, que uma obrigação de fazer, ordinariamente fungível, torne-se infungível por vontade do credor, ou pelas próprias circunstâncias do caso concreto.

6.3.4 Descumprimento das Obrigações de Fazer

Pacta sunt servanda: as obrigações devem ser cumpridas. Contudo, por três classes de razões, as obrigações de fazer podem ser descumpridas, sob o prisma da teoria tradicional: porque a prestação tornou-se impossível por culpa do devedor ou sem culpa do devedor; ou então porque o devedor manifestamente se recusa ao cumprimento delas.

O enfoque comparativamente com as obrigações de dar é diverso, porque neste último tipo de obrigação (dar) o devedor pode ser coagido a entregar a coisa, ou, sob outro aspecto, a coisa poderá chegar coercitivamente às mãos do credor, embora nem sempre isso seja possível, resumindo-se, aí, a obrigação em perdas e danos.

No entanto, o aspecto é outro nas obrigações de fazer, porque não é possível, tendo em vista a liberdade individual, exigir coercitivamente a prestação de fazer do devedor. Imaginemos, sendo desnecessário qualquer outro comentário, que a sentença determine que um artista faça uma escultura ou uma pintura, ou que determinado pugilista adentre um ringue, se essas pessoas manifestamente demonstraram seu desejo de não o fazer.

Logo, é importante examinar cada uma das hipóteses de descumprimento da obrigação de fazer.

Na sistemática do CPC de 1939, havia a ação cominatória prescrita no art. 302. O autor, credor de uma obrigação de fazer, pedia a citação do réu para prestar o fato, sob pena de pagar a multa contratual, ou aquela pedida pelo autor, se nenhuma cláusula penal tivesse sido avençada. A função da cominação da multa era constranger o devedor a cumprir a obrigação, quer em espécie, quer em seu substitutivo, ou seja, um pagamento em dinheiro.

O CPC de 1939 aboliu esse procedimento da ação cominatória, talvez porque na sistemática anterior, na prática, a ação não tenha surtido bons efeitos.

O cumprimento coativo das obrigações de fazer e de não fazer está disciplinado nos arts. 815 ss do CPC. A execução das obrigações de fazer possui instrumentos processuais efetivos, inclusive com tutelas antecipatórias. A redação original do estatuto processual anterior não era suficientemente clara a respeito desse processo, o que dava margem a dificuldades na prática, pois os dispositivos dos artigos citados deveriam ser adaptados ao processo de conhecimento. Os atuais arts. 497 e 498 do CPC, para os quais remetemos o leitor, aclaram a situação, com os contornos ora modernizados da antiga ação cominatória. Outorga-se amplo poder discricionário ao juiz no sentido de que a obrigação seja efetivamente adimplida. O juiz poderá, de ofício ou a requerimento das partes, para obter o resultado específico, determinar a imposição de multa, busca e apreensão, remoção de pessoas e coisas etc. Essa redação presente no CPC é aproximada reprodução do que já consta do Código de Defesa do Consumidor (art. 84). Desse modo, uma disposição inicialmente voltada para as relações de consumo passou a regular de forma ampla a tutela das obrigações específicas.

É na esfera das obrigações de fazer (e nas de não fazer) que se encontra campo para as denominadas *astreintes*, multa cominatória diária, de índole pecuniária, por dia de atraso no cumprimento da obrigação.[12] A orientação do artigo 497 do CPC é permitir a imposição

---

12 "Agravo de instrumento – Ação de obrigação de fazer – Tutela antecipada – Medida deferida para determinar ao réu providenciar os meios necessários para o autor reativar a sua conta, sob pena de multa diária de R$ 1.000,00 – Inconformismo – Insurgência apenas contra a multa cominatória – Cabimento da fixação das '**astreintes**' – Inteligência dos arts. 497, 536 e 537, todos do CPC – Valor e incidência – Excessividade e desproporcionalidade não verificadas – Penalidade cuja aplicação depende apenas do próprio agravante, que não se insurge contra a determinação judicial – Decisão mantida – Recurso não provido" (*TJSP* – AI 2043654-66.2024.8.26.0000, 14-8-2024, Rel. Irineu Fava).

"**Astreintes** e exigência de valor – Natureza da lide (empréstimos consignados) – Tutela jurisdicional assecuratória de obrigação de fazer – Artigo 497 do CPC – Dever do Juízo quando da sua cominação e fixação de valor, observar os princípios constitucionais da moralidade e da razoabilidade e regra de adequação – Artigo 537, § 1º e I e II, do CPC – Fixação de astreinte e valor exigido a esse título que não integra a lide (expressão de poder de jurisdição e do império do Estado) e não é alcançada pela preclusão ou coisa julgada – Meio coativo para o cumprimento da obrigação com limitação de imposição tão só em caso de descumprimento – Vedação da imposição sem causa justa – Prova relativa aos fatos da causa e observância da regra de adequação – Ausência – Desconto de parcela que ocorre de forma mensal e torna descabida a imposição da multa na forma diária – Obrigação de 'suspensão de descontos' (que possui periodicidade mensal) – Incompatibilidade da periodicidade diária em eventual descumprimento da medida e, por decorrência, do valor exigido – Violação do princípio da motivação das decisões judiciais – Artigo 93, IX da CF/88 e artigo 537, § 1º e I e II, do CPC – Imposição de multa (astreinte) afastada por ausente justa causa e desvio de adequação. Recurso provido" (*TJSP* – AI 2144455-24.2023.8.26.0000, 22-8-2023, Rel. Henrique Rodriguero Clavisio).

"Agravo de instrumento. Plano de Saúde. Tutela Antecipada. Deferimento da medida para determinar à operadora que se abstenha de cobrar a multa contratual pela rescisão do contrato antes do período mínimo de vigência e, também, de apontar o nome da beneficiária nos órgãos de proteção ao crédito. Cumprimento imediato. Possibilidade por se tratar de obrigação de abstenção. **Astreintes**. As astreintes devem ser em valor necessário a induzir seu destinatário ao cumprimento da obrigação de fazer ou não fazer. Valor bem fixado. Cumprimento da tutela de urgência e a desnecessidade e inadequação das astreintes são questões que devem primeiramente ser apreciadas pelo Juízo de origem. Decisão recorrida que atende aos requisitos do art. 300 do CPC/2015. Decisão mantida. Recurso desprovido" (*TJSP* – AI 2212625-82.2022.8.26.0000, 30-9-2022, Rel. Coelho Mendes).

"Agravo de instrumento – Ação civil pública – Fase de cumprimento de sentença – *Astreintes* – Impugnação – Intimação pelo diário de justiça eletrônico – Fazenda pública, validade – Decisão que rejeitou a impugnação– Irresignação da Fazenda Pública do Estado de São Paulo. 1. Sistema informatizado desta Egrégia Corte de Justiça ainda não concluído para operar todas as funcionalidades previstas no Estatuto Adjetivo Civil, em segundo grau. Fase de transição que autoriza a intimação da Fazenda Pública pelo Diário Oficial Eletrônico. Comunicados Conjuntos nº 681/2019 e 418/2020 que regulamentam a obrigatoriedade da utilização do portal eletrônico, exclusivamente, para os processos em trâmite no primeiro grau. Nulidade não configurada. 2. *Astreintes* fixadas em valor módico, que não comportam revisão ou exclusão. Multa que não reverte em favor do menor, mas sim em benefício do Fundo Municipal dos Direitos da Criança e do Adolescente (FUMCAD), gerido pelo Conselho dos Direitos da Criança e do Adolescente (CMDCA). Inteligência do artigo 214, *caput*, do Estatuto da Criança e do Adolescente 3. Exigibilidade da multa diária, ante o prolongado e injustificado inadimplemento da obrigação principal. Dificuldade financeira ou restrição orçamentária que não pode se sobrepor ao direito fundamental à saúde, que se insere no âmbito do mínimo existencial. 4. Recurso improvido" (*TJSP* – AgIn 3001012-03.2020.8.26.0000, 30-9-2020, Daniela Maria Cilento Morsello).

"***Astreintes*** – Multa diária fixada em R$ 200,00 por descumprimento de decisão que determina transferência de valores bloqueados ao banco executado com limite de R$ 20.000,00 – Montante que não se revela desproporcional ou não razoável diante da condição econômica do obrigado – Inexistência de demonstração do cumprimento da obrigação – Prazo suficiente – Afirmação de desnecessidade da medida que não se verifica, posto que, em vigorando ordem judicial, deve ser prontamente cumprida e serve a multa para inibir posterior descumprimento – Sanção pecuniária que só incide diante da recalcitrância – Decisão mantida – Agravo de instrumento desprovido" (*TJSP* – AI 2262712-81.2018.8.26.0000, 22-1-2019, Rel. Mendes Pereira).

dessa multa tanto na tutela liminar, como na sentença, independentemente de requerimento da parte. No entanto, seu valor reverterá sempre para o autor. O princípio consta do art. 814 do CPC, quando se trata de execução de obrigações de fazer e de não fazer. A multa deve ser de montante tal que constranja o devedor a cumprir a obrigação. Nada impede que as partes, contratualmente, já estipulem a multa e seu valor, mas caberá sempre ao juiz colocá-la em seus devidos parâmetros. Essa multa deverá ter um limite temporal, embora a lei não o diga, sob pena de transformar-se em obrigação perpétua. Decorrido o prazo mínimo de imposição diária, essa constrição perderá seu sentido, devendo a situação resolver-se em perdas e danos para se colocar um fim à demanda.

> **Caso 2 - *Astreintes***
>
> É na esfera das obrigações de fazer (e nas de não fazer) que se encontra campo para as denominadas *astreintes*, multa cominatória diária, de índole pecuniária, por dia de atraso no cumprimento da obrigação.

Lembremo-nos, também, de que o campo de maior atuação da multa diária ou periódica é o das obrigações infungíveis. Nas obrigações fungíveis, embora não seja excluída a imposição diária, o credor pode obter seu cumprimento por meio de terceiro (art. 817 do CPC).[13]

"Administrativo e processual civil – Agravo interno no agravo em recurso especial – Fase de cumprimento de sentença – **Obrigação de fazer** – Desnecessidade de intimação pessoal do devedor para implementação da multa cominatória – Precedentes – *Astreintes* – Valor – Revisão – Impossibilidade – Súmula 7/STJ – 1 – 'Segundo entendimento do STJ, após a vigência da Lei nº 11.232/2005, é desnecessária a intimação pessoal do executado para cumprimento da obrigação de fazer imposta em sentença, para fins de aplicação das *astreintes'* (AgRg no REsp 1441939/RJ, Rel. Ministro Mauro Campbell Marques, Segunda Turma, *DJe* 19/5/2014). 2 – Em regra, na via especial, não é cabível a revisão do valor fixado pelas instâncias ordinárias a título de multa diária por descumprimento da obrigação de fazer, ante a impossibilidade de análise de fatos e provas, conforme a Súmula 7/STJ. Contudo, a jurisprudência desta Corte admite, em caráter excepcional, que o *quantum* arbitrado a título de *astreintes* seja alterado, caso se mostre irrisório ou exorbitante, em clara afronta aos princípios da razoabilidade e da proporcionalidade, o que não se verifica na espécie. 3 – Agravo interno desprovido" (*STJ* – AGInt-AG-REsp 893.554 – (2016/0081825-1), 20-3-2017, Rel. Min. Sérgio Kukina).

13 "Agravo de instrumento. Fase de cumprimento de sentença. Redirecionamento do cumprimento da obrigação de fazer. 1. Trata-se de agravo de instrumento interposto pelo Município da Estância Balneária de Ubatuba em face da respeitável decisão proferida em cumprimento de sentença, por meio da qual o DD. Magistrado a quo rejeitou os embargos de declaração opostos pela recorrente, em face da decisão que determinou a demolição do imóvel da parte executada. 2. Cumprimento da obrigação por terceiro. Possibilidade. Exegese do **art. 817 do CPC**. Encargo do Poder Público de garantir a tutela do meio ambiente, nos termos do art. 225, § 1º, da CF. Decisão agravada mantida. Recurso desprovido" (*TJSP* – AI 2242455-25.2024.8.26.0000, 27-2-2025, Rel. Nogueira Diefenthaler).

"***Astreintes*** – Minoração do valor – Descabimento. A *astreinte* constitui meio coercitivo de compelir o réu a cumprir decisão judicial (CPC, arts. 297 e 536, § 1º). Sem cunho punitivo, deve ser arbitrada em quantia adequada, no propósito de desencorajar o descumprimento da determinação judicial, sem implicar enriquecimento à parte a quem beneficia" (*TJSC* – AI 4000157-95.2019.8.24.0000, 20-2-2019, Rel. Des. Luiz Cézar Medeiros). "Processual civil – Ação de obrigação de fazer – Cumprimento de sentença – ***Astreintes*** – Patamar máximo alcançado em função da inércia da executada em cumprir a obrigação de fazer da sentença. Conversão da obrigação de fazer em perdas e danos. Quantia arbitrada. Preclusão. Não se conformando a parte com a decisão interlocutória proferida pelo juiz, cabe-lhe o direito de recurso através do agravo de instrumento. Mas se não interpõe o recurso no prazo legal, ou se é ele rejeitado pelo tribunal, opera-se a preclusão, não sendo mais lícito à parte reabrir discussão, no mesmo processo, sobre a questão. Decisão que fixou as perdas e danos que restou irrecorrida. Valor das *astreintes*. Redução. Impossibilidade. Reiterado descumprimento da sentença que perdura até a presente data. Excesso de execução não comprovado. Possibilidade da cobrança simultânea das *astreintes* e perdas e danos. Manutenção da decisão recorrida. Desprovimento do recurso" (*TJRJ* – AI 0011653-67.2018.8.19.0000, 16-4-2018, Relª Marília de Castro Neves Vieira).

"Administrativo e processual civil – *Astreintes* – Modificação do valor – Possibilidade – Art. 461, § 6º, do CPC/73 – Revisão, no caso concreto – Impossibilidade – Súmula 7 /STJ – 1 – Conforme autorizado pelo art. 461, § 6º, do

Interessante relembrar que entre nós o contrato tradicionalmente não tem o condão de transferir a propriedade. A sentença, por si só, não a transfere. No entanto, tendo em vista a extensão do art. 497 do CPC, os efeitos dessa ação obrigacional podem atingir extensão que permite concluir pela transferência da coisa, mormente do bem móvel, fazendo desaparecer a tênue fronteira entre os direitos reais e os direitos pessoais.

A propósito, deve ser lembrada a ação de *obrigação de prestar declaração de vontade.* Ocorre quando existe um contrato preliminar e o devedor compromete-se a outorgar contrato definitivo. Nesse caso, existe uma obrigação de fazer que possui como conteúdo uma declaração de vontade (art. 501 do CPC).

Lembremo-nos, no entanto, de que, como por nosso sistema o contrato simplesmente não tem o condão de transferir a propriedade, a sentença, consequentemente, nessas premissas, também, por si só, não a transfere. Não se confunde, destarte, a ação que visa aos efeitos de emissão de vontade com a ação de adjudicação compulsória, emergente do art. 22 do Decreto-lei nº 58/37, cujos efeitos são mais amplos, no caso de procedência, pois adjudicará o imóvel ao compromissário, *valendo como título para a transcrição* (§ 2º do art. 16 do Decreto-lei nº 58/37, com redação dada pela Lei nº 6.014, de 27-12-1973).

A sentença procedente no pedido de declaração de vontade não representa nem maior nem menor garantia no tocante à possibilidade de transferir o domínio:

> *"Registro de Imóveis – Título judicial – Impossibilidade de registro – Violação ao princípio da continuidade – Sentença obtida em execução de obrigação de fazer – Sujeição ao princípio do Direito Registrário – Dúvida procedente.*
>
> *A sentença obtida na execução de obrigação de fazer equivale tal qual uma escritura pública, a um título (art. 221 da Lei nº 6.015/73), que se sujeita, como qualquer outro, à observância dos princípios básicos que regem o Direito Registrário, entre os quais o da continuidade, consubstanciado no art. 195 da Lei nº 6.015/73" (Julgado do Tribunal de Justiça de São Paulo, RT* 582/89).

As disposições processuais acerca da obrigação de fazer são complemento do que dispõem os arts. 247 a 249.

Notemos, ainda, que no caso de o cumprimento da obrigação ser impossibilitado, se não houver culpa do devedor, resolve-se a obrigação; se houver culpa do devedor, só restará o recurso a perdas e danos. Tal situação será verdadeira sempre que o cumprimento da obrigação de fazer não for mais útil para o credor. Assim, por exemplo, contratada uma orquestra para um evento e não se apresentando na data designada, de nada adianta essa orquestra comprometer-se a comparecer em outra data, pois o dano é irreversível.

A solução de pedir perdas e danos também é a única quando de antemão já se sabe que o devedor não deseja, ou não pode cumprir a obrigação (art. 247). Sempre, porém, que houver

---

CPC/73, o magistrado pode, de ofício, modificar o valor ou a periodicidade da multa, caso verifique que se tornou insuficiente ou excessiva. 2 – No caso concreto, o Tribunal *a quo*, com base no contexto probatório delineado nos autos, reduziu o montante das *astreintes*, ao entendimento de que a multa se tornou excessiva. Assim, a revisão das conclusões do Tribunal de origem esbarra no óbice da Súmula 7 /STJ. 3 – Agravo interno desprovido" (*STJ* – AGInt-AG-REsp 1.001.621 – (2016/0274923-2), 25-8-2017, Rel. Min. Sérgio Kukina).

"Prestação de serviços de telefonia – Obrigação de fazer – Multa imposta para a hipótese de descumprimento da ordem judicial – Legalidade – Recurso provido – A pena cominatória, a título de *astreintes*, não tem por finalidade, indenização pelo inadimplemento da obrigação de fazer ou não fazer. É utilizada como meio coativo de cumprimento da decisão" (*TJSP* – Ap 0021571-18.2012.8.26.0451, 2-5-2016, Rel. Renato Sartorelli).

dúvida acerca da recusa por parte do devedor e ainda houver possibilidade de a prestação ser útil para o credor, deve ser aplicado o princípio da execução específica dos arts. 497 e 536 do CPC.

Um aspecto que não pode ser descurado e deve preocupar o credor é o fato de que o devedor obrigado a cumprir a obrigação dentro de um processo judicial pode, em razão disso, cumpri-la deficientemente. Cabe ao juiz, em qualquer caso, decidir se a obrigação deve ser considerada cumprida ou não. Os princípios presentes nos dispositivos processuais da obrigação de fazer devem ser aplicados. Para tal, existe a dicção do art. 819 do CPC:

> *"Se o terceiro contratado não realizar a prestação no prazo ou se o fizer de modo incompleto ou defeituoso, poderá o exequente requerer ao juiz, no prazo de 15 (quinze) dias, que o autoriza a concluí-la ou a repará-la à custa do contratante".*
>
> *Parágrafo único. "Ouvido o contratante no prazo de 15 (quinze) dias, o juiz mandará avaliar o custo das despesas necessárias e o condenará a pagá-lo".*

6.3.5 Obrigações de Não Fazer

As obrigações de *dar* e *fazer* são as obrigações *positivas*. As obrigações de *não fazer* são as obrigações *negativas*.

Enquanto nas obrigações de dar e fazer o devedor compromete-se a realizar algo, nas obrigações de não fazer o devedor compromete-se a uma abstenção. Assim, por exemplo, são obrigações de não fazer a obrigação do locador de não perturbar o locatário na utilização da coisa locada; a obrigação contraída pelo locatário de não sublocar a coisa; a obrigação do artista de não atuar senão para determinado empresário, ou para determinada empresa; a obrigação do alienante de estabelecimento comercial em não se estabelecer no mesmo ramo dentro de determinada região etc.

A imposição de uma obrigação negativa determina ao devedor uma abstenção que pode ou não ser limitada no tempo. A obrigação de não fazer ora se apresenta como pura e simples abstenção, como no caso do alienante de estabelecimento comercial que se compromete a não se estabelecer num mesmo ramo de negócios, em determinada zona de influência, ora como um dever de abstenção ligado a uma obrigação positiva, como é o caso do artista que se compromete a exibir-se só para determinada empresa. Também a obrigação de não fazer pode surgir como simples dever de tolerância, como o não realizar atos que possam obstar ou perturbar o direito de uma das partes ou de terceiros, como é o caso do locador que se compromete a não obstar o uso pleno da coisa locada.

Na realidade, nessa espécie de obrigação, o devedor compromete-se a não realizar algo que normalmente, estando ausente a proibição, poderia fazer. O cumprimento ou adimplemento dessa obrigação dá-se de forma toda especial, ou seja, pela abstenção mais ou menos prolongada de um fato ou de um ato jurídico. Por tais razões, nem todas as regras de cumprimento das demais obrigações podem ser carreadas às obrigações de não fazer.

Toda obrigação deve se revestir de objeto lícito, negócio jurídico que é. Na obrigação de não fazer, tal licitude reveste-se de um especial aspecto, pois:

> *"será lícita sempre que não envolva restrição sensível à liberdade individual. Assim, é ilícita a obrigação de não casar, ou a de não trabalhar, ou a de não cultuar determinada religião, porque o Estado repugna prestigiar um vínculo obrigatório que tem por escopo alcançar resultado que colide com os fins da sociedade. Daí por serem imorais ou antissociais tais tipos de obrigação, o Direito não lhes empresta a forma coercitiva"* (Rodrigues, 1981a, v. 2:44).

De qualquer forma, é o caso concreto que trará a solução ao juiz: se, por exemplo, a obrigação de não casar em geral é inválida, não será, no entanto, a obrigação de não casar com determinada pessoa, se houver justificativa para tal.

Pelo que vemos, o objeto das obrigações de não fazer caracteriza-se por uma *omissão* autônoma, ou ligada a outra obrigação positiva.

6.3.6 Modo de Cumprir e Execução Forçada da Obrigação de Não Fazer

A obrigação negativa cumpre-se pela abstenção, isto é, o devedor cumpre a obrigação todas as vezes em que poderia praticar o ato e deixa de fazê-lo. Há uma continuidade ou sucessividade em seu cumprimento. A abstenção pode ser limitada ou ilimitada no tempo, sempre se levando em conta a licitude, no campo da moral e dos bons costumes.

Como dispõe o art. 250 do Código Civil, *"extingue-se a obrigação de não fazer, desde que, sem culpa do devedor, se lhe torne impossível abster-se do fato, que se obrigou a não praticar"*. Embora possa parecer estranho à primeira vista, às vezes a abstenção prometida pelo devedor torna-se impossível ou extremamente gravosa. O exemplo clássico é do devedor que se compromete a não levantar muro, para não tolher a visão do vizinho, e vem a ser intimado pelo Poder Público a fazê-lo. Na dicção do Código, extingue-se a obrigação. A imposição da municipalidade tem o condão de fazer desaparecer a obrigação de *non facere*. Se a impossibilidade de se abster, porém, ocorreu por culpa do devedor, deve ele indenizar o credor.

Se, por outro lado, o devedor pratica o ato sobre o qual se abstivera, fora da hipótese do art. 250, diz o art. 251 que o credor pode exigir dele que o desfaça, sob pena de se desfazer a sua custa, ressarcindo o culpado das perdas e danos.

O art. 497 do CPC cuida também da tutela específica das obrigações de não fazer. Da mesma forma, é possível a antecipação de tutela, bem como a imposição de multa diária quando viável o desfazimento. Quando impossível voltar-se ao estado anterior, a obrigação converter-se-á em perdas e danos (§ 1º). No tocante à execução dessas obrigações negativas, em mandamento similar ao do processo de conhecimento, o estatuto processual, no art. 822, dispõe que o juiz assinará prazo ao devedor para desfazer o ato. Completa o art. 823:

> *"havendo recusa ou mora do executado, o exequente requererá ao juiz que mande desfazer o ato à custa daquele, que responderá por perdas e danos. Parágrafo único. Não sendo possível desfazer-se o ato, a obrigação resolve-se em perdas e danos".*[14]

---

[14] "Franquia – **Ação de obrigação de fazer e não fazer** – Decisão que relega a apreciação do pedido de antecipação de tutela a momento posterior à formação do contraditório – Inconformismo – Acolhimento – Contrato distratado – Demonstrada de forma suficiente a violação à cláusula de barreira após o distrato – Presença de risco de dano de difícil reparação – Decisão reformada para conceder a antecipação de tutela, obrigando os franqueados ao cumprimento da cláusula, sob pena de multa diária – Recurso provido" (*TJSP* – AI 2133733-67.2019.8.26.0000, 24-7-2019, Rel. Grava Brazil).
"Condomínio – **Ação de obrigação de não fazer** – A pretendida revogação da liminar concedida na origem, que determinou à ré que se abstenha de retirar o muro que divide as áreas comuns dos empreendimentos Royal Thermas Resort e Royal Star Thermas Resort, permitiria o imediato ingresso no condomínio de pessoas estranhas a ele, provimento que pode causar prejuízos potencialmente irreversíveis. Ademais, é relevante o fundamento declinado pelos requerentes, relacionados à aparente inobservância do quórum mínimo previsto na convenção condominial para aprovação do compartilhamento em assembleia. Nessa medida, impõe-se a manutenção da r. decisão agravada, ao menos por ora, a fim de assegurar a eficácia do provimento jurisdicional colimado. Recurso improvido" (*TJSP* – AI 2077894-91.2018.8.26.0000, 22-8-2018, Rel. Gomes Varjão).

"Agravo de instrumento – **Ação de obrigação de não fazer** e indenizatória – Direito autoral e propriedade industrial – Decisão agravada que determinou a suspensão do feito, por conta da propositura de demanda cujo pedido é a nulidade da patente. Recurso da autora. Acolhimento. Prejudicialidade externa não caracterizada. Ação anulatória proposta posteriormente ao ajuizamento da demanda. Ausência de concessão de liminar de suspensão na ação

As hipóteses de impossibilidade de desfazimento do ato em geral são bastante nítidas: por exemplo, alguém se compromete a não revelar um segredo industrial e o faz; não há outra forma de reparar a situação senão por indenização de perdas e danos.

Em determinadas circunstâncias, porém, o cumprimento forçado da obrigação de não fazer implica violência intolerável à pessoa do devedor, ou um dano ainda maior. Imagine-se, por exemplo, a obrigação de não edificar. O devedor descumpre o *non facere* e ergue custosa construção plenamente utilizável. É de toda conveniência, em face da repercussão social, que a obra não seja desfeita, resumindo-se o descumprimento em perdas e danos. Outro exemplo é o de ator que se comprometeu a apresentar-se com exclusividade para uma empresa. Se descumpre esse dever de abstenção, obrigá-lo a não fazer pode representar uma violência contra sua liberdade individual e o direito de exercer profissão. A indenização poderá ser o desaguadouro desse descumprimento.

6.4 OBRIGAÇÕES ALTERNATIVAS E FACULTATIVAS

6.4.1 Obrigações Cumulativas e Alternativas

As obrigações podem ter um objeto *singular*: vende-se um automóvel, um imóvel, um cavalo. Podem, porém, ter um objeto *composto* ou *plural*, isto é, a prestação pode constituir-se de mais de um objeto.

O objeto composto pode ser ligado pela partícula *e*: devemos um cavalo e um automóvel. Trata-se aqui de uma obrigação *conjuntiva* ou *cumulativa*. Mais de uma prestação é devida conjuntamente, tendo o credor o direito de exigir todas elas do devedor. As obrigações de objeto conjunto não possuem regime legal peculiar, estando regidas pelos princípios gerais aplicáveis às obrigações de dar.

O objeto da obrigação é *disjuntivo* ou *alternativo* quando ligado pela partícula *ou*: pagaremos um cavalo ou um automóvel. Nesse caso, o devedor apenas está obrigado a entregar uma das coisas objeto da obrigação. Essa espécie de obrigação, ao contrário, tem um regime especial disciplinado pelos arts. 252 a 256. O brocardo romano resumia esta obrigação numa frase: nas obrigações alternativas *plures sunt in obligatione, una autem in solutione*, ou seja, a obrigação concerne a várias prestações, mas uma só delas é que será realizada.

6.4.2 Obrigação Alternativa

Denomina-se, portanto, obrigação alternativa a que fica cumprida com a execução de qualquer das prestações que formam seu objeto. Questão importante é saber, uma vez que o objeto é múltiplo, a quem cabe a *escolha* da prestação que vai ser executada. De acordo com o

---

anulatória. Registro de propriedade industrial válido até ulterior declaração de nulidade. Decisão reformada. Recurso provido" (*TJSP* – AI 2237926-41.2016.8.26.0000, 14-3-2017, Relª Viviani Nicolau).

"**Obrigação de não fazer** – Uso indevido de marca – 1 – É defeso inovar a demanda em apelação. 2 – O apelo interposto contra sentença que antecipou a tutela deve ser recebido, em relação a esse capítulo, apenas no efeito devolutivo. 3 – Comprovada que o réu faz uso indevido da marca de propriedade da autora, impõe-se a procedência da demanda condenatória à abstenção de continuidade da prática ilegal" (*TJDFT* – Proc. 20130110677000APC – (947532), 16-6-2016, Rel. Fernando Antonio Habibe Pereira).

"**Abstenção e uso de marca.** Ação ordinária de obrigação de não utilizar a expressão '61' em produto produzido e comercializado pela ré. Alegação de concorrência desleal. Sentença de improcedência. Reforma que se impõe. Similitude das marcas que evidencia o risco de confusão. Decisão da justiça federal que concluiu pela nulidade do registro da marca '61'. Aplicação, ademais, do princípio da anterioridade da marca de renome '51'. Danos materiais consistentes em perdas e danos que devem ser apurados em sede de liquidação. Ação procedente. Apelo provido" (*TJSP* – Ap 0112846-73.2008.8.26.0100, 13-3-2015, Rel. Ramon Mateo Júnior).

art. 252, a escolha cabe ao devedor, se outra coisa não se estipulou. A lei, no silêncio das partes, prefere o devedor na escolha porque é a parte onerada na obrigação e deve possuir melhores condições de escolher os bens de seu patrimônio (ou de terceiro, se for o caso) para a entrega.

No entanto, as partes podem convencionar que a escolha (tecnicamente denominada *concentração*) caiba ao credor ou mesmo a um terceiro.

Enquanto não for efetivada a concentração, o credor não terá qualquer direito sobre os objetos, no sentido de que não poderá exigir a entrega desta ou daquela coisa. Somente quando é feita a escolha, a concentração, é que o credor pode exigir o pagamento.

Desse modo, as obrigações alternativas possuem as seguintes características (cf. Borda, s. d.: 222): (a) seu objeto é plural ou composto; (b) as prestações são independentes entre si; (c) concedem um direito de opção que pode estar a cargo do devedor, do credor ou de um terceiro e enquanto este direito não for exercido pesa sobre a obrigação uma incerteza acerca de seu objeto; e (d) feita a escolha, a obrigação concentra-se na prestação escolhida.

Do fato de os objetos da prestação serem independentes entre si resulta que o devedor não pode obrigar o credor a receber parte em uma prestação e parte em outra (art. 252, § 1º). Também, se uma das prestações se tornar inexequível (ou for impossível), subsistirá o débito quanto à outra (art. 253). Da mesma forma, se a escolha couber ao credor, este não poderá pedir o pagamento parte de um e parte de outro dos objetos.

Como lembra o saudoso Antônio Chaves (1984, v. 2:96), pode haver uma pluralidade de credores ou devedores. Nesse caso, há necessidade de que os vários credores ou devedores se acertem sobre a escolha. Nessa situação, parece-nos que deveria prevalecer a vontade da maioria, por analogia à situação do condomínio. Não é essa a nova solução legal. Se os credores não chegarem a um acordo, devem valer-se de uma decisão judicial. Não havendo acordo unânime entre os interessados, o atual Código defere a solução ao juiz, após este ter concedido um prazo para deliberação (art. 252, § 3º).

Quando a escolha cabe ao devedor, basta uma simples declaração unilateral de sua vontade, seguindo-se a oferta real, tornando-se definitiva a execução da prestação. Tal escolha deverá realizar-se no prazo estabelecido no pacto e, caso não tenha havido fixação de prazo, o devedor deverá ser notificado, ficando constituído em mora. O CPC, no art. 800, diz:

> *"Nas obrigações alternativas, quando a escolha couber ao devedor, este será citado para exercer a opção e a realizar a prestação dentro de dez dias, se outro prazo não lhe for determinado em lei ou em contrato:*
>
> *§ 1º Devolver-se-á ao credor a opção, se o devedor não a exercer no prazo marcado".*[15]

Se a escolha couber ao credor, este indicará sua opção na inicial (art. 800, § 2º, do CPC).

Algo que deve ser observado é que estes dispositivos processuais estão inseridos na parte atinente à execução do CPC. Porém, na maioria das vezes, não há possibilidade de que o credor

---

15 "**Apelação cível** – Ação de obrigação de dar coisa incerta cumulada com indenização por danos morais – Sentença de parcial procedência – Inconformismo da ré – Empresa prestadora de serviços educacionais que veiculou propaganda oferecendo a entrega de 'netbook' ou 'tablet' aos alunos que aderirem ao FIES – Ré compelida à entrega do bem – Obrigação composta com multiplicidade de objetos. Obrigação que se exaure com a entrega de um dos objetos que a compõem. Nas obrigações alternativas, a escolha da prestação cabe ao devedor, se outra coisa não se estipulou. Inteligência do artigo 252, do Código Civil – Sentença reformada para o fim de reconhecer o direito de escolha da prestação à devedora/apelante – Recurso provido" (*TJSP* – Ap 1017412-25.2017.8.26.0003, 17-8-2018, Relª Daniela Menegatti Milano).

ingresse diretamente com o pedido executório. Há necessidade do processo de conhecimento para alcançarmos o título executório. Daí, no tocante à alternatividade da obrigação, deve ser levada em conta a possibilidade que o estatuto processual abre para o pedido alternativo (art. 325):

> *"O pedido será alternativo, quando, pela natureza da obrigação, o devedor puder cumprir a prestação de mais de um modo.*
>
> *Parágrafo único. Quando, pela lei ou pelo contrato, a escolha couber ao devedor, o juiz lhe assegurará o direito de cumprir a prestação de um ou de outro modo, ainda que o autor não tenha formulado pedido alternativo".*

No entanto, sustenta-se, em se tratando de escolha cabente ao devedor, o autor deve mencionar, mesmo fazendo pedido determinado, a existência da alternatividade, para não decair do pedido, porque o juiz não pode dar prestação jurisdicional diversa daquela pedida na inicial.

É fundamental lembrar mais uma vez que, feita a escolha, a obrigação concentra-se na prestação eleita. Esse princípio da concentração explica muitos dos efeitos desta classe de obrigações. As consequências jurídicas, a partir daí, passam a ser de uma obrigação simples. Esse é o efeito fundamental da concentração, ou seja, converter uma obrigação alternativa em obrigação de coisa certa; há uma concentração dos deveres do devedor sobre esse objeto. Ainda, a concentração é irrevogável. Uma vez operada, sobre um dos objetos, os demais objetos que compunham a prestação possível deixam de estar sujeitos às pretensões do credor, o que é consequência natural da conversão da obrigação alternativa em obrigação de coisa certa.

Como se percebe, a grande utilidade da obrigação alternativa é aumentar a possibilidade de adimplemento por parte do devedor, aumentando as garantias do credor.

A obrigação alternativa permite combinar as obrigações de dar, fazer e não fazer. Pode incluir os mais variados objetos na prestação, pode representar abstenções. Assim sendo, pode ser estipulada, por exemplo, a obrigação alternativa de não se estabelecer comercialmente em determinada área, ou pagar quantia mensal, caso ocorra tal estabelecimento.

Nada impede que a obrigação alternativa tenha mais do que dois objetos, tornando-se múltipla. Pode ocorrer, também, sem que haja solidariedade, que a obrigação seja subjetivamente alternativa, isto é, que o devedor se libere da obrigação pagando a um ou a outro credor.

6.4.3 Concentração e Cumprimento da Obrigação Alternativa

Discute-se se na obrigação alternativa há uma única obrigação ou tantas quantos sejam os objetos, isto é, se há um único ou vários vínculos obrigacionais. Entende Washington de Barros Monteiro (1979, v. 4:110), amparado em boa doutrina, que existe uma única obrigação:

> *"as prestações são múltiplas, mas efetuada a escolha, quer pelo devedor, quer pelo credor, individualiza-se a prestação e as demais ficam liberadas, como se, desde o início, fosse a única objetivada na obrigação".*

Como regra geral, o direito de escolha cabe ao devedor (art. 252), mas nada impede que o credor reserve no contrato tal faculdade para si. Se surgir dúvida no contrato acerca de a quem cabe a escolha, o ponto obscuro deve resolver-se a favor do devedor, seguindo a regra de que, na dúvida, as convenções são interpretadas a favor do devedor.

Qualquer que seja a natureza das prestações ajustadas, o devedor não pode desincumbir-se da obrigação dando parte de uma e parte de outra (art. 252, § 1º). Da mesma forma, o credor a quem cabe fazer a escolha deve limitar seu pedido a um dos objetos da dívida, ainda que, no caso concreto, tenha havido danos a ambos os objetos, salvando-se parte de um e parte de outro. O credor pede o cumprimento de um dos objetos, com a complementação de uma indenização.

O Código acrescenta que, quando a obrigação for em prestações periódicas anuais, haverá direito de o devedor exercer a cada ano sua opção, se do contrário não resultar a avença (art. 252, § 2º). O contemporâneo Código, no dispositivo correspondente (art. 252, § 2º), estatui, aliás acertadamente, em "prestações periódicas", não se referindo apenas às prestações anuais.

O art. 252, § 3º, que enfoca a situação de existir uma pluralidade de optantes, estatui que "*não havendo acordo unânime entre eles, decidirá o juiz, findo o prazo por este assinado para a deliberação*". Mesmo na ausência dessa norma expressa, essa poderia ser sempre a melhor solução. Já, inicialmente, alvitramos a solução a ser dada pelo magistrado: deve prevalecer a vontade da maioria, qualificada pelo valor das respectivas quotas-partes. Melhor seria que essa solução preconizada constasse da lei. Talvez o legislador da vigente lei civil tenha entendido que deferindo a solução ao juiz, para cada caso concreto, estariam satisfeitas certas peculiaridades típicas de obrigações que não podem ganhar uma solução geral ideal.

O Código dispõe ainda acerca da hipótese de opção deferida a terceiro (art. 252, § 4º). Nesse caso, segundo a atual lei, quando este não quiser ou não puder exercer a escolha, ela será deferida ao juiz. Desse modo, no caso de recusa ou impossibilidade de atuação do terceiro, pelo vigente ordenamento, não haverá nulidade da obrigação.

Como acertadamente anota Washington de Barros Monteiro (1979, v. 4:113), quando cabe a escolha a terceiro, ela constitui uma *condição*, tornando-se, portanto, essencial ao ato jurídico que se agrega. No atual Código, a não atuação do terceiro na eleição faz com que não ocorra o implemento da condição, que não completará a obrigação, por falta de um de seus elementos essenciais. Decorreria daí a nulidade. Contudo, o novel diploma permite que o juiz defina e conclua a condição, mantendo hígida a relação jurídica.

Interessante notar a posição jurídica desse terceiro, que não é sujeito da obrigação. Ao que tudo indica, substituindo ele a vontade dos interessados, coloca-se numa posição de mandatário dos sujeitos da obrigação. "*Sua opção equivale à efetuada pelos próprios interessados, de que é representante, sendo por isso obrigatória, coercitiva*" (Monteiro, 1979, v. 4:113).

Nada impede, também, que as partes optem pelo sorteio para o cumprimento da obrigação alternativa.

O optante, ao efetuar a escolha, faz uma declaração unilateral de vontade.

Caso pereça ou não possa ser executada alguma das prestações, sem que tenha havido culpa do obrigado, o direito do credor fica circunscrito às coisas restantes. E, no caso de restar apenas uma das prestações, o devedor deverá entregá-la, uma vez que a obrigação se converte em pura e simples, não sendo ao devedor permitido descartar-se da dívida oferecendo dinheiro em substituição à coisa que se perdeu ou se tornou de impossível entrega ou cumprimento. A esse propósito, diz o art. 253: "*Se uma das duas prestações não puder ser objeto de obrigação, ou se tornar inexequível, subsistirá o débito quanto à outra*". O Código menciona duas prestações, mas vimos que ela pode ser múltipla. Acrescenta o art. 254:

> "*Se, por culpa do devedor, não se puder cumprir nenhuma das prestações, não competindo ao credor a escolha, ficará aquele obrigado a pagar o valor da que por último se impossibilitou, mais as perdas e danos que o caso determinar*".

Chega-se, portanto, à conclusão de que, se ambas, ou todas, as prestações perecerem sem culpa do devedor e antes de qualquer constituição em mora, extingue-se a obrigação.

No caso de remanescer apenas uma das prestações, não importando o fator culpa e cabendo a escolha do devedor, a obrigação resume-se na remanescente, porque é como se tivesse ocorrido uma concentração por parte do devedor. Assim sendo, não se pode fugir à obrigação, quer seja intencional, quer seja involuntária a inexequibilidade. O devedor continuará obrigado à prestação remanescente.

Vários exemplos poderiam ser figurados: o devedor compromete-se a vender um imóvel ou a pagar quantia em dinheiro: vende o imóvel a terceiro (impossibilidade voluntária) ou o imóvel sofre desapropriação (impossibilidade não voluntária); continuará o devedor obrigado a pagar a quantia em dinheiro à qual se obrigou. Destarte, a impossibilidade de oferecer uma das prestações pode ser de natureza jurídica ou de natureza física, o que não altera a solução legal. Se há diminuição do valor de uma das coisas em obrigação, não pode o devedor oferecê-la ofertando uma complementação em dinheiro: nesse caso, estaria obrigando o credor a receber algo diverso do contratado, contrariando o disposto no ordenamento (ainda que mais valiosa a prestação, como se refere o atual Código). Se o credor aceitar sob tais premissas, o fará por mera liberalidade.

No caso de perecimento de todas as prestações, sem a ocorrência de culpa, como já visto, há extinção da obrigação, por falta de objeto. É o que está exposto no art. 256: "*Se todas as prestações se tornarem impossíveis, sem culpa do devedor, extinguir-se-á a obrigação*". Essa disposição segue o mesmo princípio do já examinado art. 234. É regra geral de direito, sempre, que não havendo culpa, ainda que presumida, não há indenização.

Se há culpa do devedor, por outro lado, na perda ou impossibilidade de todas as obrigações, sendo ele o encarregado da escolha, a solução exposta no art. 254, já transcrito, é de obrigá-lo a pagar a que por último se impossibilitou, mais perdas e danos. Sempre que houver culpa, haverá perdas e danos. A solução legal subentende que, tendo perecido a primeira prestação por culpa do devedor, ele, automaticamente, fez a concentração na última que se impossibilitou. Impossibilitada esta, abre-se ao credor a possibilidade de cobrá-la, com perdas e danos. Trata-se, sem dúvida, de uma concentração ficta, que se opera, ao contrário do que ocorreria normalmente, antes da época do pagamento.

Embora não seja o mais comum, pode a escolha pertencer ao credor. Assim, no caso de perecimento das prestações, abre-se um leque de situações.

Em primeiro lugar, se a escolha couber ao credor e o perecimento for de ambas as prestações, por culpa do devedor, terá o credor o direito de reclamar qualquer das duas, além da indenização pelas perdas e danos (art. 254, segunda parte).

Em segundo lugar, se uma das prestações se tornar impossível por culpa do devedor, o credor terá o direito de exigir a prestação subsistente ou o valor da outra com perdas e danos (art. 254, 1ª parte). Nesses dois casos, tolheu-se o direito de escolha cabente ao credor.

Em terceiro lugar, há a hipótese não enfocada pelo Código: pode ocorrer, embora não seja fácil na prática, que o perecimento das prestações ocorra *por culpa do credor*. Nossos Códigos não imaginaram a hipótese em que haja o perecimento de uma das prestações ou de todas, na obrigação alternativa, decorrente de fato culposo do credor, não totalmente impossível de ocorrer.

Quando o perecimento é de uma só das prestações e a escolha não cabe ao credor, o Código Civil italiano, no art. 1.280, libera o devedor da obrigação quando este não preferir executar a outra prestação e pedir perdas e danos (Lopes, 1966, v. 2:95). Esta se mostra a solução mais segura na hipótese. No caso de a escolha caber ao próprio credor, a mesma solução pode ser aplicada ao devedor, uma vez que dispõe o art. 1.289 do Código italiano, servindo-nos, aqui, de orientação:

> *"Quando a escolha pertence ao credor, o devedor se libera da obrigação, se uma das duas prestações se torna impossível por culpa do credor, salvo se este preferir exigir a outra prestação e ressarcir o dano".*

O devedor é liberado da obrigação, salvo se o credor preferir exigir a outra prestação, com perdas e danos.

Se ocorre a perda de todas as prestações por culpa do credor, a obrigação desaparece, mas o credor deve indenizar o devedor, evidentemente, já que não tinha o direito de exigir as prestações.

Serpa Lopes (1966, v. 2:96) lembra, ainda, de outras situações que podem ocorrer: *uma das prestações perece primeiramente por caso fortuito e a segunda, posteriormente, por culpa do devedor, ou vice-versa.* Nessa hipótese, com o desaparecimento fortuito da primeira prestação, a obrigação concentrou-se na remanescente, transformando-se em obrigação simples, e como tal devem ser as consequências.

Pode ocorrer, também, *primeiramente o desaparecimento de uma das prestações por caso fortuito, perecendo a outra por culpa do credor, ou vice-versa.* Com a perda de uma das prestações fortuitamente, a obrigação concentra-se na restante, tornando-se simples. Perecendo a outra por culpa do credor, logicamente a obrigação do devedor desaparece, como se a tivesse cumprido.

Numa última situação, lembrada pelo autor citado, *uma das prestações perece primeiramente por culpa do devedor e a outra, posteriormente, por culpa do credor; ou ao contrário, a primeira desaparece por culpa do credor e a outra por culpa do devedor.* Quando ocorre o perecimento de uma das prestações por culpa do devedor, cabendo a ele o direito de escolha, a obrigação alternativa torna-se simples, como se tivesse feito a concentração. Se perecer a prestação remanescente, por culpa do credor, este nada poderá exigir, pois o objeto da prestação, já concentrado, desapareceu por sua própria culpa. Deve ser sempre lembrado, que, em havendo culpa, haverá penalização para o culpado. Quando se trata de culpa do credor, essa culpa não atua sobre a obrigação alternativa da mesma forma que o faz para o devedor, gerando, em princípio, direito de indenização deste para com o credor, mas sempre tendo-se em mira as hipóteses versadas.

Por último, cumpre acentuar que o ato de escolha, a concentração, não se reveste de forma especial. Pode ser expresso pelo devedor até o pagamento e pelo credor até o momento da propositura da ação.

6.4.3.1 Retratabilidade da Concentração

O devedor que, ignorando ser a obrigação alternativa, havendo, portanto, direito de escolha, efetuar o pagamento, supondo-se obrigado a uma única prestação, qual seria a solução? A pergunta que aqui se faz é a seguinte: pode ele retratar-se, para exercer posteriormente o direito de escolha, isto é, pode repetir o pagamento para fazer outro?

No Direito Romano, havia divergência entre os sabinianos e os proculeanos, os primeiros admitindo a retratação e a repetição e os últimos, não. No Antigo Direito venceu a posição dos sabinianos. E essa opinião é vitoriosa até hoje. Porém, a repetição só pode ser admitida se a obrigação for cumprida com erro do declarante, porque *a regra geral é a irretratabilidade da escolha* e não poderia ser de outro modo.

Por outro lado, se o devedor ajuíza ação para repetir o pagamento, não poderá mais escolher a prestação primitiva que efetuou por erro, uma vez que aí já fez a escolha. Em se tratando, nesta ação, de anulação de negócio por erro, não deve ser esquecido o que dissemos a respeito do "interesse negativo" (ver *Teoria geral*, v. 1, Capítulo 22, seção 22.13).

6.4.4 Acréscimos Sofridos pelas Coisas na Obrigação Alternativa

O Código também não se ocupou desse fenômeno. A coisa, ou as coisas, objeto das prestações na obrigação alternativa, podem sofrer acréscimos (cômodos) e aumentar de valor, após a avença.

Por aplicação dos princípios gerais, podem ser admitidos os seguintes aspectos para os cômodos (acréscimos) na obrigação alternativa:

a) se todas as coisas sofreram acréscimo, o credor deve pagar o maior volume daquela que ele ou o devedor escolher; se não se chegar a esta solução, o devedor pode dar como extinta a obrigação;

b) se alguma das coisas aumentou de valor e a escolha couber ao devedor, poderá ele cumprir a obrigação entregando a de menor valor; se a escolha couber ao credor, deverá ele contentar-se com a escolha da que não sofreu melhoramentos, ou, então, se escolher a coisa de maior valor, pagar a diferença.

6.4.5 Obrigações Facultativas

Nosso ordenamento não regulou essa categoria de obrigações, como a maioria das legislações. O anterior Código Civil argentino assim disciplinava o fenômeno: "*obrigação facultativa é aquela que não tendo por objeto senão que uma única prestação dá ao devedor a faculdade de substituir essa prestação por outra*" (art. 643). O atual artigo 786 da referida legislação promulgada em 2014 conceitua assim o fenômeno: uma obrigação voluntária tem uma prestação principal e outra acessória. O credor só pode exigir a principal, mas o devedor pode liberar-se cumprindo a obrigação acessória. O devedor pode exercer o direito de escolha se paga a principal ou a acessória até a data do pagamento. Nesse diapasão, a legislação argentina pode servir-nos de parâmetro. O art. 786 do novo Código Civil argentino mantém a mesma postura.

De fato, obrigação dita facultativa é aquela que, tendo por objeto apenas uma obrigação principal, confere ao devedor a possibilidade de liberar-se mediante o pagamento de outra prestação prevista na avença, com caráter subsidiário. Por exemplo: o vendedor compromete-se a entregar 100 sacas de café, mas o contrato admite a possibilidade de liberar-se dessa obrigação entregando a cotação do café em ouro. Outro exemplo: o contrato estipula o pagamento de um preço, entretanto o comprador reserva-se o direito de liberar-se da obrigação dando coisa determinada.

Nessas obrigações, há uma prestação principal, que constitui o verdadeiro objeto da obrigação, e uma acessória ou subsidiária. Essa segunda prestação constitui um meio de liberação que o contrato reconhece ao devedor.[16]

Não se confunde, como à primeira vista poderia parecer nos exemplos dados, a obrigação facultativa com a *dação em pagamento*. Nesta é imprescindível a concordância do credor (art. 356), bem como a existência de uma obrigação a ser extinta, enquanto na facultativa a

---

16 "**Consórcio** – Contrato de adesão – Inexistência de cláusula de entrega exclusiva de veículos de um determinado fabricante – Avença contratual que estabeleceu obrigação facultativa – Escolha do consorciado de veículo de outro fabricante, através de notificação – Validade – Interpretação favorável ao aderente, com a eventual indenização por perdas e danos a ser apurada em liquidação – Ação declaratória de validade de cláusula contratual procedente" (*1º TACSP* – Processo 545241-4/00 – Ap. Cível – 5ª Câmara – Rel. Sílvio Venosa – 19-4-95 – v. u.).

faculdade é do próprio devedor e só dele. Ademais, na dação em pagamento, a substituição do objeto do pagamento ocorre posteriormente ao nascimento da obrigação, enquanto na facultativa a possibilidade de substituição participa da raiz do contrato.

Contudo, na verdade, a maior semelhança aparente desta classe de obrigação é com as *obrigações alternativas*. Na realidade, porém, as duas categorias não se confundem. Na obrigação facultativa há uma prestação principal e outra acessória. É a prestação principal que determina a natureza do contrato: "*a natureza de obrigação facultativa se determina unicamente pela prestação principal que forma seu objeto*" (art. 644 do Código Civil argentino). Aí está uma diferença fundamental das obrigações alternativas. Se a obrigação principal é nula, fica sem efeito a obrigação acessória; mas a nulidade da prestação acessória não tem qualquer influência sobre a principal (art. 645 do Código Civil argentino). Trata-se de aplicação do princípio de que o acessório segue o principal. Já nas obrigações alternativas, as duas ou mais prestações aventadas estão no mesmo nível e já vimos que o desaparecimento de uma não faz por extinguir a obrigação. Destarte, como vemos, na obrigação alternativa há pluralidade de objetos, enquanto na obrigação facultativa existe unidade de objeto ao ser contraída a obrigação. Na obrigação alternativa, todos os objetos se acham *in obligatione* e na obrigação facultativa apenas um objeto é devido, podendo ser substituído por outro *in facultate solutionis*.

Anteriormente, foi visto que na obrigação alternativa a escolha pode competir ao devedor ou ao credor; enquanto na obrigação facultativa a faculdade de escolha é exclusiva do devedor, porque isso é inerente a esta classe de obrigação.

Ao demandar a obrigação facultativa, o credor só pode exigir a obrigação principal. Na obrigação alternativa, o credor fará pedido alternativo, se a escolha couber ao devedor; se a escolha couber a ele, credor, poderá exigir uma ou outra das prestações.

No entanto, a linha divisória entre ambas não é das mais nítidas e, na dúvida, entre a existência de uma obrigação alternativa ou de uma obrigação facultativa, concluímos pela obrigação facultativa, que é menos onerosa para o devedor, embora aponte Washington de Barros Monteiro (1979, v. 4:128) que tal questão não é pacífica.

Guillermo A. Borda (s.d.: 228) elenca as seguintes características das obrigações facultativas:

a) são obrigações de objeto plural ou composto;
b) as obrigações têm uma relação de dependência correspondente ao conceito de *principal* e *acessório*; e
c) possuem um *direito de opção* em benefício do devedor.

São fontes de obrigações facultativas, em primeiro lugar, a vontade das partes ou então a lei. Na obrigação facultativa não existe propriamente uma concentração (escolha) da obrigação, mas o exercício de uma opção. E o devedor pode optar pela prestação subsidiária até o efetivo cumprimento. Ao contrário das obrigações alternativas, no caso de erro, não pode haver retratação se o devedor cumpre a obrigação principal, pois esta é que dá a natureza da obrigação. Já se o devedor cumpre, por erro, a subsidiária, poderá repetir, pela mesma razão pela qual pode repetir nas obrigações alternativas.

6.4.5.1 Efeitos da Obrigação Facultativa

A perda da coisa principal, sem culpa do devedor, extingue a obrigação. Se a perda ou a impossibilidade de cumprir ocorreu depois da constituição em mora, o credor poderá reclamar perdas e danos, mas não o pagamento da prestação subsidiária.

Se a perda ou impossibilidade ocorreu por fato imputável ao devedor, o credor pode pedir o preço da coisa que pereceu mais perdas e danos. Se houve perecimento, nesse caso, da coisa principal, é justo que possa o credor exigir o pagamento da coisa acessória, como permite a lei argentina (art. 648), se não quiser pedir a indenização. Contudo, essa solução, entre nós, poderá encontrar óbice se se examinar a natureza da obrigação facultativa, o que faria surgir tão só um direito de indenização para o credor, e, na prática, isso poderia ser inconveniente. Foi por essa razão, sem dúvida, que a legislação argentina afastou-se da natureza mesma da obrigação facultativa.

Ainda, a nulidade da obrigação principal extingue também a acessória. Já a perda ou deterioração do objeto da prestação acessória, com ou sem culpa do devedor, em nada influencia a obrigação principal, que se mantém incólume.

Pelo que se examinou, é adequada a crítica de Washington de Barros Monteiro (1979, v. 4:123) acerca da impropriedade de denominação *obrigação facultativa*, pois o que é obrigatório não pode ser facultativo. Melhor seria denominá-las *obrigações com faculdade de substituição de objeto*.

Na verdade, obrigação facultativa é uma obrigação comum, que tem por objeto uma só prestação, com uma faculdade atribuída ao devedor. Em nossa lei, sua disciplina básica deve ser vista à luz das obrigações singelas.

6.5 OBRIGAÇÕES DIVISÍVEIS E INDIVISÍVEIS

6.5.1 Conceito

A obrigação mais singela é aquela que tem um único devedor e um único credor e apenas um objeto na prestação.

Por outro lado, as chamadas obrigações complexas possuem pluralidade de credores ou devedores, ou pluralidade de objetos na prestação.

Já estudamos que, se múltiplo for o objeto da prestação, estaremos perante uma obrigação conjuntiva, alternativa ou facultativa.

Quando, porém, o sujeito ativo ou o sujeito passivo, ou ambos, forem múltiplos, o fenômeno da obrigação denomina-se divisibilidade ou solidariedade. Da solidariedade nos ocuparemos mais adiante.

A classificação das obrigações em divisíveis e indivisíveis não tem em mira o objeto, pois seu interesse reside e se manifesta quando ocorre *pluralidade de sujeitos*.

Em linhas gerais, afirma-se que *divisíveis*[17] são as obrigações possíveis de cumprimento fracionado e *indivisíveis* são aquelas que só podem cumprir em sua integralidade.

---

[17] "Apelação cível. Ação de cobrança. Honorários advocatícios. Sociedade de fato entre advogados. Contrato de honorários. Partilha equitativa. Saída física do escritório não implica renúncia. Observação do princípio do pacta sunt servanda e da boa-fé contratual. Ônus da prova. Desatendimento. Art. 257 do Código Civil. Sentença mantida. Recurso desprovido. Configurada a sociedade de fato entre advogados, ainda que não formalizada, com comprovação documental de procurações e contratos de honorários, há direito à partilha dos honorários advocatícios obtidos na demanda, na proporção da contribuição de cada sócio. A mera saída física do escritório não implica renúncia ao direito aos honorários sobre processos iniciados em conjunto, sobretudo quando demonstrada a continuidade da atuação e o vínculo contratual. O princípio do pacta sunt servanda impõe o respeito aos contratos livremente firmados, sendo imprescindível sua observância para garantir segurança jurídica às partes. O princípio da boa-fé contratual norteia a interpretação do contrato, exigindo lealdade, transparência e cooperação, afastando interpretações arbitrárias que prejudiquem a justa divisão dos valores. O artigo 257 do Código Civil prescreve a divisão equitativa das **obrigações divisíveis** entre credores, aplicável à partilha dos honorários entre

Para afastarmos qualquer mal-entendido, deve ficar compreendido que é o divisível ou indivisível é a prestação. Desse modo, havendo mais de um credor, ou mais de um devedor, devemos observar a prestação: se ela for suscetível de cumprimento fracionado, a obrigação é divisível; caso contrário, estaremos perante uma obrigação indivisível.

Sob o ponto de vista material, tudo pode ser fracionado. Contudo, evidentemente, não é esse o aspecto ora examinado. Algo é divisível quando as partes divididas mantêm as mesmas propriedades do todo. Sob esse aspecto é que deve ser vista a prestação.

A indivisibilidade pode decorrer da própria natureza do objeto da prestação: se várias pessoas se comprometem a entregar um cavalo, a obrigação é indivisível. Trata-se, então, de *indivisibilidade material.*

Ademais, a indivisibilidade pode ser *jurídica*. Normalmente, todo imóvel pode ser dividido, mas, por restrições de zoneamento, a lei pode proibir que um imóvel seja fracionado abaixo de determinada área. Está aí, portanto, a indivisibilidade por força de lei. Ainda, pode ser o objeto da prestação perfeitamente divisível, como, por exemplo, a obrigação de entregar uma tonelada de trigo, mas podem as partes ter convencionado que a obrigação só poderá ser cumprida por inteiro. É o que afirma, aliás, o art. 314: "*Ainda que a obrigação tenha por objeto prestação divisível, não pode o credor ser obrigado a receber, nem o devedor a pagar, por partes, se assim não se ajustou*".

Trata-se de corolário do princípio geral segundo o qual não se pode obrigar o credor a receber algo diverso do contratado. O atual Código acrescentou uma definição:

> "*A obrigação é indivisível quando a prestação tem por objeto uma coisa ou um fato não suscetíveis de divisão, por sua natureza, por motivo de ordem econômica, ou dada a razão determinante do negócio jurídico*" (art. 258).

Importa sempre examinar o objeto do negócio e a vontade das partes quanto à possibilidade de divisão da obrigação ou, mais propriamente, da prestação.

O fato é que a matéria não apresenta a dificuldade vista pelos juristas de antanho, principalmente os franceses, que estabeleceram distinções artificiais e inexistentes na matéria (cf. Pereira, 1972, v. 2:49).

---

sócios de fato. Incumbe ao réu o ônus da prova quanto à existência de fato impeditivo do direito, ônus que não foi cumprido. Sentença que reconheceu a sociedade de fato, aplicou o artigo 257 do Código Civil e assegurou a divisão proporcional dos honorários advocatícios, mantida. Recurso conhecido e desprovido" (*TJSP* – Ap 1014928-51.2023.8.26.0577, 16-6-2025, Rel. Marcello do Amaral Perino).

"Apelação. Divisão de honorários advocatícios. Omissão no contrato. **Obrigação divisível**. Art. 257 do Código Civil. Diante da omissão no contrato de prestação de serviços e provas em sentido contrário, deve-se aplicar a regra do art. 257 do Código Civil, que estabelece a divisão em proporção igual a cada devedor da prestação divisível. Recurso do réu provido. Recurso do autor desprovido" (*TJSP* – Ap 1006298-36.2020.8.26.0019, 16-4-2024, Rel. João Baptista Galhardo Júnior).

"Agravo de instrumento – Acordo firmado e homologado exclusivamente entre a parte autora e um dos corréus – **Obrigação divisível** – Efeitos que não se estendem à agravante corré – Expressa observação nos termos do acordo acerca do prosseguimento da ação em relação à recorrente – Recurso desprovido" (*TJSP* – AI 2159138-42.2018.8.26.0000, 1-2-2019, Rel. Alcides Leopoldo).

"Agravo de instrumento – Ação de alimentos avoengos – Inclusão dos avós maternos no polo passivo da ação – Descabimento – Inexistência de litisconsórcio passivo necessário – **Obrigação divisível e não solidária** – A obrigação alimentar avoenga é subsidiária ou complementar à prestação alimentar devida pelos genitores aos filhos, facultado ao alimentando ajuizar a demanda contra um ou mais de um devedor. Trata-se de litisconsórcio facultativo e não obrigatório. Art. 1.696 do Código Civil. Caso dos autos em que a obrigação alimentar foi postulada ao genitor e aos avós paternos, não havendo possibilidade de a avó materna ser incluída no polo passivo. Agravo de instrumento provido" (*TJRS* – AI 70076656552, 30-5-2018, Rel. Des. Jorge Luís Dall'agnol).

Destarte, embora tenhamos agora uma definição de obrigação indivisível, o critério sempre seguro para uma conceituação de obrigação divisível e indivisível é aquele ministrado pelos arts. 87 e 88 do Código Civil, pelo qual as coisas divisíveis são as que podemos dividir em porções ideais e distintas, formando cada qual um todo perfeito, e indivisíveis são as que não podemos partir sem alteração em sua substância ou as que, embora naturalmente divisíveis, são consideradas indivisíveis, por lei ou vontade das partes (art. 88) (cf. *Direito civil: parte geral*, seção 16.6). Sintetizando, poderíamos dizer que o conceito de divisibilidade se situa na possibilidade ou impossibilidade de fracionamento do objeto da prestação, seja ele coisa ou fato. A referência à indivisibilidade liga-se ao objeto da prestação, mas sempre que houver uma *pluralidade de sujeitos*, caso contrário não aflorará juridicamente o problema.

Sob o ponto de vista objetivo, as obrigações de dar podem ter por objeto prestação divisível ou indivisível. Consistem elas na entrega da coisa. Será divisível quando cada uma das parcelas separadas guardar as características do todo. Por outro lado, se o objeto da prestação é corpo certo e determinado, móvel (como um automóvel, um animal) ou imóvel (um apartamento, uma residência), não precisamos falar em divisibilidade, ainda que materialmente as coisas permitam fracionamento.

Deve-se sempre ter em mente que indivíduo é aquilo que não pode ser dividido, sem deixar de ser o que é, como diria a lógica.

A indivisibilidade, portanto, deve ser vista também quando o fracionamento faz com que as retiradas do todo percam parte considerável de seu valor econômico.

A obrigação de restituir é, como regra geral, indivisível, uma vez que o credor não pode ser obrigado a receber a coisa, em devolução, por partes, a não ser que a avença disponha diferentemente.

A obrigação de fazer pode ser divisível ou indivisível. Um trabalho a ser realizado pode ser cumprido por partes ou não, dependendo de sua natureza ou do que foi acertado entre os interessados. Quem se compromete a pintar um retrato, por exemplo, deve entregá-lo perfeito e acabado, não sendo admissível o contrário.

A obrigação de não fazer, aquela que importa numa abstenção, numa atitude negativa do devedor, é geralmente indivisível. A abstenção, em geral, é una e indivisível, não sendo possível o parcelamento. Quando, porém, se trata de um conjunto de obrigações negativas, cada uma deve ser vista individualmente.

6.5.2 Pluralidade de Credores e de Devedores

Dispõe o art. 257:

> *"Havendo mais de um devedor ou mais de um credor em obrigação divisível, esta presume-se dividida em tantas obrigações, iguais e distintas, quantos os credores, ou devedores."*[18]

[18] "Apelação cível. Contrato de seguro. Ação de conhecimento. Condenação solidária entre seguradora e solidária. Cumprimento de sentença manejado apenas em face da seguradora. Ação de regresso. Metade do valor pago no cumprimento de sentença. Impossibilidade. Dever da seguradora. Arcar com o prejuízo até o limite do capital segurado. Recurso conhecido e não provido. Sentença mantida. 1. Nos termos do **art. 257 do Código Civil**, havendo mais de um devedor ou mais de um credor em obrigação divisível, esta presume-se dividida em tantas obrigações, iguais e distintas, quantos os credores ou devedores. Portanto, pela regra geral do Código Civil, em caso de omissão da Sentença quanto à proporção da responsabilidade, cada devedor deveria arcar com cotas iguais do valor da condenação. 2. Para a relação estabelecida entre a seguradora e o segurado, vale a regra específica, própria à natureza do contrato. Nesse caso, a empresa é responsável pela cobertura do dano, até o limite do capital segurado pela apólice. É justamente essa obrigação que determina a pactuação entre as partes. 3. Caso a seguradora ressarça dano em valor inferior ao limite do capital segurado na apólice, não subsiste direito de regresso em face

Como acentuado, o interesse na classificação ora em estudo surge quando há pluralidade de sujeitos.

Quando existe mais de um credor ou mais de um devedor, a obrigação "divide-se" em tantas quantos sejam os sujeitos ativos e passivos. O presente Código, como vimos, acrescentou o art. 258 para conceituar a indivisibilidade, o que não fez o estatuto de 1916.

Há negócios jurídicos que têm como essência a prestação una e indivisível.

Destarte, quando há um só devedor e um só credor, a prestação é realizada por completo, a não ser que tenha havido convenção em contrário. Na pluralidade de sujeitos, a obrigação divide-se; haverá obrigações distintas, recebendo cada credor de devedor comum ou pagando cada devedor ao credor comum sua quota na prestação.

---

do segurado, ressalvado o direito da empresa ao recebimento do valor da franquia. 4. Recurso conhecido e não provido" (*TJDFT* – Ap 07281281420238070001, 20-8-2024, Rel. Eustáquio de Castro).

"Ação declaratória de existência e validade de negócio jurídico – cessão de quotas de sociedade limitada. Decisão que indeferiu chamamento ao processo. Agravo de instrumento. Solidariedade não contratada, nem se deduz das circunstâncias. Inteligência do art. 265 do Código Civil. Obrigações 'in solidum' que constituem exceção à regra do **art. 257** do mesmo 'Codex', segundo a qual, havendo mais de um credor ou devedor, presume-se a obrigação indivisível fracionada em tantas obrigações, iguais e distintas, quantos os credores ou devedores. 'Concursu partes fiunt'. Manutenção da decisão agravada. Agravo de instrumento a que se nega provimento" (*TJSP* – AI 2128279-67.2023.8.26.0000, 24-7-2023, Rel. Cesar Ciampolini).

"Civil e processual civil. Ação civil pública. Cumprimento de sentença individual. Liquidação de sentença provisória. Cédula de crédito rural. Diferença de expurgo inflacionário. Litisconsórcio facultativo. Banco do brasil S.A sociedade de economia mista. Incompetência da justiça federal. Competência da justiça comum distrital. Súmulas 42 do STJ, 508 e 556 do STF. Chamamento dos codevedores ao feito. Não cabimento. Prosseguimento regular do processo. Decisão reformada. 1. Liquidação individual, cuja **obrigação é divisível por natureza**, nos termos do art. 257 do Código Civil, por se consubstanciar em restituição de quantia recebida a maior por força da aplicação indevida de índice de correção monetária em saldo devedor de mútuo (INPC 84,32%), com imposição de atualização por índice diverso que melhor refletiu a inflação em março de 1990 (BTN 41.28%). 2. A existência de solidariedade permite ao credor escolher contra qual ou quais dos devedores solidários pretende demandar, consoante o art. 275 do Código Civil, ficando assegurado ao devedor executado o direito de regresso contra os devedores solidários. 4. As demandas envolvendo o Banco do Brasil S.A., constituído como sociedade de economia mista, não estão afetas à competência da Justiça Federal, por não se amoldar à previsão do art. 109, caput e inc. I, da Constituição Federal. Entendimento das súmulas 42 do STJ e 508 e 556 do STF. 5. Evidenciada a competência da justiça comum distrital para o processamento da liquidação individual de sentença coletiva, na medida em que ausente qualquer causa atrativa da competência da Justiça Federal. 6. Inexistência de qualquer impedimento para o regular prosseguimento do processo. 7. Agravo de instrumento conhecido e provido" (*TJDFT* – Ap 07326080920218070000, 2-2-2022, Rel. Carmen Bittencourt).

"Embargos à execução. Despesas condominiais. Sentença de improcedência. Insurgência da embargante acerca da sua responsabilidade pelo pagamento integral da dívida executada. Não acolhimento. Hipótese de obrigação *propter rem*, de natureza indivisível, em razão da função econômica da obrigação (artigo 258 do Código Civil), resultando disso, a solidariedade passiva. Inconformismo acerca da fixação da verba honorária acolhido. Considerando que o valor da causa não é inexpressivo, tampouco irrisório, a fixação dos honorários deve se dar pela ótica do § 2º do artigo 85, do CPC, observados os parâmetros legais dos seus incisos. Sentença parcialmente alterada para ajustar apenas a verba honorária. Litigância de má-fé não identificada nas circunstâncias. Recurso parcialmente provido" (*TJSP* – ApCív 1010822-49.2019.8.26.0007, 10-9-2020, Airton Pinheiro de Castro).

"Despesas de condomínio – Execução – Embargos à execução – Ação movida pelo condomínio que prosseguiu somente em face de um dos coproprietários – **Obrigação de natureza indivisível** – **Responsabilidade solidária** – Valores correspondentes aos encargos definidos em regular assembleia legalidade – Juros e correção monetária – Incidência a partir de cada vencimento – *Dies a quo* – Aplicação do art. 397 do Código Civil – Bem de família – Lei nº 8.009/90 – Imóvel gerador das despesas cobradas – Penhorabilidade – Recurso não provido – I – Tratando-se de obrigação *propter rem*, qualquer um dos coproprietários, cuja responsabilidade é solidária, pode ser demandado para pagar o débito existente de forma integral, não havendo que se falar em litisconsórcio necessário; II – As despesas condominiais têm presunção *juris tantum* de regularidade de sua constituição, incumbindo a parte contrária o ônus da demonstração de sua ilegitimidade; III – Os juros de mora e a correção monetária são devidos a partir do inadimplemento de cada parcela, nos termos do art. 397, do CC. Tratando-se de obrigação positiva e líquida, a mora decorre de pleno direito, servindo a correção monetária para simples atualização do valor que não foi quitado na data correta; IV – A impenhorabilidade de que trata a Lei nº 8.009/90 não alcança as execuções por contribuições oriundas do próprio bem, por força do seu art. 3º, IV" (*TJSP* – Ap 1009757-75.2017.8.26.0011, 4-4-2018, Rel. Paulo Ayrosa).

A dificuldade a ser transposta surge quando, na pluralidade de partes, a prestação for indivisível. Aí surgirá a necessidade de conceituação de divisibilidade e indivisibilidade.

A hipótese mais simples está, pois, disciplinada no citado art. 257.

Em se tratando de prestação indivisível, dispõe o art. 259:

> *"Se, havendo dois ou mais devedores, a prestação não for divisível, cada um será obrigado pela dívida toda.*
>
> *Parágrafo único. O devedor, que paga a dívida, sub-roga-se no direito do credor em relação aos outros coobrigados".*

E completa o art. 260:

> *"Se a pluralidade for dos credores, poderá cada um destes exigir a dívida inteira. Mas o devedor ou devedores se desobrigarão, pagando: I – a todos conjuntamente; II – a um, dando este caução de ratificação dos outros credores".*

Portanto, não tem qualquer devedor a faculdade de solver parcialmente a obrigação, em havendo outros sujeitos passivos. O devedor, nesta hipótese, estará obrigado pela dívida toda. Assim, se dois devedores se obrigaram a entregar um cavalo, o semovente poderá ser entregue por qualquer um deles, ficando este com direito de cobrar o que for devido do outro devedor, nos termos do parágrafo único do art. 259, que fala em sub-rogação, matéria tratada adiante nesta obra.

Desse modo, o credor pode e deve acionar todos os devedores para o cumprimento de obrigação, mas ainda que coativamente (pela penhora e leilão, por exemplo) um só dos devedores poderá cumprir a obrigação, ocorrendo a sub-rogação ora examinada.

Os devedores podem ser responsáveis pela prestação em partes iguais ou em proporção fixada no negócio jurídico, que merece um exame em cada caso concreto. Assim também no tocante aos credores.

Figure-se o exemplo de dois proprietários de um mesmo cavalo, um sendo detentor de 30% de seu valor e outro detentor de 70%. Comprometeram-se eles a entregar o animal. Sendo o minoritário que entrega e recebe o preço, deve dar, depois, 70% do valor recebido ao outro vendedor. Mas o devedor, não pagando aos dois credores, na forma do art. 260, II, deverá exigir caução do que recebe, para garantir que o pagamento seja bem-feito. Na falta de caução, não deve o devedor pagar a um só dos credores.

Sendo a obrigação indivisível, cada um dos devedores responde pela dívida toda, como ocorre na solidariedade.[19] Na verdade, aqui, pela pluralidade de credores de prestação indivisível, estes

---

19 "Agravo de Instrumento – cobrança despesa loteamento – penhora – bem indivisível – constrição da integralidade do bem – admissibilidade – ainda que eventual detentor de fração ideal da unidade condominial não tenha figurado no polo passivo da demanda – **obrigação de natureza solidária** e *propter rem* (CC/02, art. 259) – litisconsórcio facultativo – Meação preservada, em atenção do art. 843, do CPC – Recurso provido" (*TJSP* – AI 2061994-29.2022.8.26.0000, 12-5-2022, Rel. Moreira Viegas).

"Agravo de instrumento – Civil e processual civil – Ação de cobrança – Taxas condominiais – **Obrigação solidária, indivisível e de natureza *propter rem*** – Litisconsórcio passivo facultativo – Recurso conhecido e desprovido – 1- Como sabido, em ação de cobrança, as taxas condominiais podem ser exigidas de todos os coproprietários ou de algum deles, bem como de eventual possuidor, não exsurgindo necessária a formação de litisconsórcio passivo necessário (art. 275 do Código Civil), pois se trata de obrigação solidária, indivisível e de natureza *propter rem*. 2- Em ação de cobrança de débitos condominiais ajuizada em desfavor de todos os coproprietários do imóvel, se realizada apenas a citação de um deles e o Juízo de origem intima o autor para que esclareça se tem interesse no prosseguimento do feito quanto aos demais, revela-se hígida a r. decisão que homologa o pedido de desistência parcial formulado pelo condomínio. 3- Recurso conhecido e desprovido" (*TJDFT* – Proc. 07092447620198070000 (1190932), 14-8-2019, Relª Sandra Reves).

devem ser considerados credores solidários, enquanto persistir a indivisibilidade. As consequências práticas são, de fato, de dívida solidária (cf. Monteiro, 1979, v. 4:138). Contudo, solidariedade e indivisibilidade, embora com muitos pontos de contato, não se confundem, como veremos a seguir.

Consoante afirma o art. 261: *"Se um só dos credores receber a prestação por inteiro, a cada um dos outros assistirá o direito de exigir dele em dinheiro a parte que lhe caiba no total"*. Deve sempre ser examinado o negócio jurídico para se verificar qual a parcela de cada um na obrigação. Se nada dispuser o negócio, presume-se idêntico o direito de cada credor. Da mesma forma, deve ser vista a responsabilidade de cada devedor, na pluralidade de partes no lado passivo.

Na hipótese de remissão da dívida por parte de um dos credores, dispõe o art. 262: *"Se um dos credores remitir a dívida, a obrigação não ficará extinta para com os outros; mas estes só a poderão exigir, descontada a quota do credor remitente"*. O credor que remite a dívida abre mão de seu cumprimento, a perdoa. Em se tratando de prestação indivisível, porém, os demais credores não podem ser prejudicados: a dívida deve ser paga aos credores não remitentes, mas estes, ao exigi-la, devem descontar a quota remitida. Assim, existem três credores de um apartamento. Um dos credores remite a dívida. Os dois credores remanescentes ainda podem exigir a coisa, mas devem descontar 33,33%, indenizando este valor ao titular do apartamento, já que esta é a parte correspondente ao credor remitente. Esse desconto ou reembolso deve ser feito em dinheiro. Anote-se que o Projeto nº 6.960/2002 substitui a dicção final do artigo, dizendo *"reembolsando o devedor pela quota do credor remitente"*. A ideia de fundo do dispositivo continua a mesma.

O parágrafo único do art. 262 aplica o mesmo princípio à transação, novação, compensação ou confusão, modalidades de extinção de obrigações, institutos para os quais remetemos o leitor, nos capítulos seguintes.

Finalmente, quando uma obrigação se resumir em perdas e danos, perderá o caráter de indivisível (art. 263). A indenização é feita em dinheiro, que é bem divisível por excelência. Se a culpa que motivou a indenização for de todos os devedores, responderão todos por partes iguais (§ 1º). Se a culpa for de um só, apenas este responderá por perdas e danos (§ 2º), mas pelo valor da prestação, evidentemente, responderão todos.

Em matéria de prescrição, esta aproveita a todos os devedores, mesmo que seja reconhecida a apenas um deles, assim como sua suspensão ou interrupção aproveita ou prejudica a todos.

Da mesma forma, a nulidade da obrigação declarada com relação a um dos devedores estende-se a todos. Um ato defeituoso com relação a uma das partes danifica o ato com relação aos demais partícipes do negócio.

Por outro lado, a insolvência de um dos devedores não prejudicará o credor, que estará intitulado a exigir o cumprimento da obrigação dos demais, integralmente.

"Ação de cobrança – Despesas condominiais – Menor, nu-proprietária da unidade autônoma devedora, que figura no polo passivo da lide juntamente com outro nu-proprietário e corréus usufrutuários do imóvel, todos maiores e capazes. Falta de intervenção do Ministério Público e citação da menor por carta recebida por terceiro. Hipótese, porém, em que foi assegurado aos demais corréus o direito ao contraditório e à ampla defesa. **Obrigação solidária e indivisível** pelo pagamento das despesas condominiais que legitima a cobrança de um, alguns ou todos os titulares do domínio, ensejando uma só decisão judicial com efeitos para todos, a qual não seria alterada pela eventual apresentação de defesa pela menor. Ausência de qualquer prejuízo a esta que afasta a arguição de nulidade processual (*pas de nulitté sans grief*), sobretudo pela aplicação ao caso dos princípios da economia e celeridade processuais. Recurso desprovido" (*TJSP* – Ap 1055243-78.2015.8.26.0100, 6-3-2017, Rel. Dimas Rubens Fonseca).

"Agravo regimental no agravo em recurso especial. Cumprimento de sentença. **Responsabilidade solidária**. Adimplemento parcial. Incidência de multa. 1. Em caso de solidariedade passiva, o pagamento parcial não exime os demais obrigados solidários quanto ao restante da obrigação, inclusive com a incidência da multa prevista no art. 475-J do Código de Processo Civil. 2. Agravo regimental não provido" (*STJ* – AgRg-AG-REsp 165.205 – (2012/0073279-8), 1-9-2015, Rel. Min. Ricardo Villas Bôas Cueva).

6.5.3 Indivisibilidade e Solidariedade

Embora esteja a seção da solidariedade colocada a seguir, tendo em vista os vários pontos análogos entre a solidariedade e a indivisibilidade, é importante que seja feito um paralelo entre ambos os institutos.

São as seguintes as diferenças, entre outras, que podem ser apontadas.

A causa da solidariedade reside no próprio título, no vínculo jurídico, enquanto a indivisibilidade, geralmente, resulta da natureza da prestação (há, como vimos, indivisibilidade que decorre da vontade das partes, convencional). Assim sendo, na solidariedade, o credor pode exigir de qualquer devedor solidário o pagamento integral da prestação, porque qualquer um deles é devedor de toda a dívida. Na indivisibilidade, o credor pode exigir o cumprimento integral de qualquer dos devedores, não porque o demandado seja devedor do total (já que só deve uma parte), e sim porque a natureza da prestação não permite o cumprimento fracionado.

Destarte, na solidariedade cada devedor paga por inteiro porque deve por inteiro, enquanto na indivisibilidade o devedor paga por inteiro porque outra solução material não é possível.

Afirma-se que a solidariedade é subjetiva, enquanto, geralmente, a indivisibilidade é objetiva, isto é, decorre da natureza da prestação. A solidariedade é artifício jurídico criado para reforçar o vínculo e facilitar a solução da dívida. A solidariedade reside nas próprias pessoas envolvidas, decorre da lei ou do título constitutivo (art. 265). Por isso, podemos dizer que a solidariedade é de *origem técnica*, decorre da técnica jurídica, enquanto a indivisibilidade é de *origem material*.

Quando a obrigação solidária se converter em perdas e danos, os atributos da solidariedade permanecem (art. 271). Quando a obrigação indivisível se converter em perdas e danos, como vimos, desaparece a primitiva indivisibilidade (art. 263). Neste último caso, a transformação da obrigação em dever de indenizar a transforma em obrigação pecuniária.

Embora existam nítidas diferenças, assim como pontos de contato, nada impede que se reúnam na obrigação as qualidades de indivisíveis e solidárias ao mesmo tempo.

6.6 OBRIGAÇÕES SOLIDÁRIAS

6.6.1 Conceito

A solidariedade na obrigação é um artifício técnico utilizado para reforçar o vínculo, facilitando o cumprimento ou a solução da dívida.

A obrigação será solidária quando a totalidade de seu objeto puder ser reclamada por qualquer dos credores ou qualquer dos devedores. Como vemos, pode ocorrer a solidariedade de credores (ativa) e a solidariedade de devedores (passiva), esta última a mais útil e mais comum. Como afirma Guillermo A. Borda (s.d.:241), o efeito fundamental é o mesmo das obrigações indivisíveis, mas nesse caso a possibilidade de reclamar a totalidade não deriva da natureza da prestação, mas da vontade das partes ou da lei. De fato, a solidariedade não se presume, resultando da lei ou da vontade das partes (art. 265): "*Há solidariedade quando na mesma obrigação concorre mais de um credor, ou mais de um devedor, cada um com direito, ou obrigado à dívida toda*" (art. 264).[20]

---

[20] "Prestação de serviços. Serviços educacionais. Ação de reparação de danos morais. Negativação indevida. Autor que pretende a baixa de apontamento de débito referente à prestação de serviços educacionais e indenização por danos materiais e morais. Sentença de improcedência. Apelo do autor. Demonstrada a existência de contrato de

Assim, a solidariedade é modalidade especial de obrigação que possui dois ou mais sujeitos, ativos ou passivos, e, embora possa ser divisível, pode cada credor demandar e cada devedor é obrigado a satisfazer à totalidade, com a particularidade de que o pagamento feito por um devedor a um credor extingue a obrigação quanto aos outros coobrigados.

> **Caso 3 – Obrigações solidárias**
>
> A solidariedade na obrigação é um artifício técnico utilizado para reforçar o vínculo, facilitando o cumprimento ou a solução da dívida. A obrigação será solidária quando a totalidade de seu objeto puder ser reclamada por qualquer dos credores ou qualquer dos devedores.

6.6.2 Antecedentes Históricos

A noção fundamental da obrigação solidária é no sentido de que o codevedor que paga extingue a dívida, tanto em relação a si quanto em relação aos demais devedores. Do lado ativo, cada credor tem a faculdade de exigir a totalidade da coisa devida do devedor.

A explicação do mecanismo dessa modalidade de obrigação não apresenta dificuldade. Difícil se torna explicarmos o porquê do fenômeno, pois seus antecedentes históricos não são muito claros.

A ideia da solidariedade teve origem no Direito Romano. Quando os credores ou devedores desejavam evitar os inconvenientes da divisão da dívida, ligavam-se por um vínculo particular, por meio do qual um dos credores podia cobrar de cada um dos devedores. Como

---

prestação de serviços educacionais e comprovada a inadimplência quanto às mensalidades e ao material escolar, legítima é a inscrição do nome do devedor em cadastro de proteção ao crédito, inexistindo ato ilícito passível de reparação. Ônus probatório que incumbia ao autor (art. 373, I, do CPC) não se desincumbindo de comprovar a quitação integral do débito, sendo insuficientes os comprovantes apresentados. Solidariedade entre os cônjuges devidamente configurada, nos termos do **art. 264 do Código Civil**, legitimando a cobrança contra ambos até a satisfação da obrigação. Litigância de má-fé configurada. Alteração da verdade dos fatos e utilização indevida do processo, ensejando a aplicação da multa prevista no art. 81 do CPC. Sentença mantida. Recurso não provido" (*TJSP* – Ap 1012479-52.2024.8.26.0071, 22-4-2025, Rel. Mary Grün).

"Locação. Fiança. Hipótese em que os fiadores se vincularam por todas as obrigações e responsabilidades da locatária, além de terem renunciado ao benefício de ordem. Solidariedade bem caracterizada. Inteligência do **art. 264 do CC**. Sentença que, após os declaratórios, bem esclareceu esse quadro, irrelevante a ausência de nova redação do seu dispositivo. Julgamento extra petita que não se identifica na espécie, como se infere do expresso pedido deduzido e da planilha de cálculo coligida, ambos a abranger as penalidades contratuais. Recurso desprovido" (*TJSP* – Ap 1001201-05.2019.8.26.0144, 30-8-2023, Rel. Ferreira da Cruz).

"Embargos de declaração. Os embargos de declaração, ainda que opostos com a finalidade de prequestionamento da matéria, devem se limitar às hipóteses do artigo 1.022 do Código de Processo Civil. Omissão. **Solidariedade**. Havendo mais de um responsável pela eclosão do dano, todos responderão solidariamente pela sua reparação. Artigos 7º e 25, § 1º, do CDC. Os devedores solidários são responsáveis pela totalidade da obrigação. Art. 264 do Código Civil. Embargos de declaração acolhidos, sem efeitos modificativos" (*TJSP* – ED 2005616-19.2023.8.26.0000, 18-4-2023, Rel. J.B. Paula Lima).

"Apelação – Ação de cobrança – Prestação de serviços de limpeza – Subcontratantes que deixaram de realizar o pagamento – Reconhecimento da ilegitimidade passiva da beneficiária do serviço – Subcontratantes que realizaram o pagamento do débito – Pleito de responsabilização solidária da beneficiária do serviço – Impossibilidade – Mero inadimplemento contratual – **Solidariedade** que decorre da lei ou do contrato nos termos do art. 264 e 265 do CC – Documentos coligidos aos autos que demonstram a inexistência de vínculo contratual entre a apelante e a apelada – Contratação realizada pelas outras requeridas que reconheceram o pedido – Impossibilidade de ampliação dos efeitos do negócio jurídico a terceiros – Precedentes jurisprudenciais – Pedidos improcedentes – Legitimidade ad causam que deve ser cotejada in status assertionis – Recurso improvido" (*TJSP* – Ap 1015869-34.2020.8.26.0309, 14-9-2022, Rel. Claudia Grieco Tabosa Pessoa).

lembra Caio Mário da Silva Pereira (1972, v. 2:59), nessa matéria o recurso às fontes é difícil, tendo em vista a existência de interpolações. Sem grande utilidade prática, foi feita a distinção entre *solidariedade perfeita* ou *correalidade* e *solidariedade propriamente dita* ou *imperfeita*. A solidariedade perfeita produziria todos os efeitos atuais da solidariedade e tinha sua origem na vontade das partes, enquanto a imperfeita (ou obrigações *in solidum*) produziria apenas os efeitos principais, e não os secundários, tais como as situações dos arts. 279 e 280 do Código Civil a serem examinadas, tendo estas últimas origem na lei. Isso foi sustentado por alguns romanistas alemães.

Na verdade, o Direito Romano não conheceu essa distinção. Para nós, a solidariedade tem uma só natureza, com idênticas consequências.

6.6.3 Obrigações *in Solidum*

Acentuamos no tópico anterior que, de acordo com nosso ordenamento, não havemos de fazer distinção, sendo a solidariedade uma só. No entanto, é inafastável o fato de existirem situações em que vários agentes aparecem devendo a totalidade, sem serem solidários.

Alguns exemplos podem aclarar o que pretendemos expor.

Um motorista particular atropela e fere um pedestre, agindo com culpa. No evento, surge dupla responsabilidade: a do condutor do veículo e a de seu proprietário, que responde por culpa indireta. Ambos estarão obrigados pela totalidade da indenização. Assim também no caso dos coobrigados em um título de crédito. Todos respondem pela totalidade do crédito. O credor tem o direito de acionar qualquer obrigado indistintamente.

Bem apropriado é o exemplo ministrado por Guillermo A. Borda (s.d.:242). Suponhamos um caso de incêndio de uma propriedade segurada, causada por culpa de um terceiro. Tanto a seguradora como o autor do incêndio devem à vítima a indenização pelo prejuízo; a seguradora no limite do contrato, e o agente, pela totalidade. A vítima pode reclamar a indenização de qualquer um deles, indistintamente, e o pagamento efetuado por um libera o outro devedor. Contudo, *não existe solidariedade entre os devedores porque não existe uma causa comum, uma origem comum na obrigação*.

No caso do acidente de veículo, a responsabilidade do motorista funda-se em sua culpa; a responsabilidade do dono do automóvel resulta exatamente de sua condição de proprietário, independentemente da perquirição de culpa.

No caso do incêndio, a responsabilidade da companhia seguradora tem como fonte um contrato, enquanto a responsabilidade do incendiário decorre dos princípios do art. 186 do Código Civil: o ato ilícito.

Desse modo, temos as obrigações *in solidum*, nas quais os liames que unem os devedores ao credor são totalmente independentes, embora ligados pelo mesmo fato. Assim sendo, como consequência, a prescrição referente aos devedores é independente; a interpelação feita a um dos devedores não constitui em mora os outros; a remissão da dívida feita em favor de um dos credores não beneficia os outros.

Todavia, como acenamos anteriormente, deve ser lembrado que, enquanto a dívida solidária é suportada por igual por todos os devedores, pode ocorrer nas obrigações *in solidum* que os devedores não sejam responsáveis, todos, pelo mesmo valor. No caso da companhia seguradora, por exemplo, o valor segurado pode ser inferior aos danos. O incendiário será responsável pelo valor integral do dano, mas a seguradora responde até o limite fixado no contrato.

6.6.4 Características e Fundamento da Solidariedade

Como está atualmente estabelecido pela doutrina quase unânime, a obrigação solidária constitui relação obrigatória unitária, compreensiva do credor e de todos os devedores solidários, que encerra uma pluralidade de créditos, do credor contra cada um dos devedores solidários (ou com maior razão, quando a solidariedade for ativa) (cf. Larenz, 1958*b*, v. 1:504). Cada uma das relações entre o lado ativo e o lado passivo pode desenvolver-se até certo grau, com certa independência com as demais. No entanto, todas essas relações obrigatórias permanecem unidas entre si por meio da *unidade finalística da prestação*, cuja realização alcança sua finalidade de conformidade com a avença, incluindo-se, assim, todas as relações obrigatórias singulares.

Portanto, ressaltam-se, de plano, duas importantes características: *a unidade da prestação* (qualquer que seja o número de credores ou devedores, o débito é sempre único) e a *pluralidade e independência do vínculo*.[21] Sobre este último aspecto, enfatize-se, mais uma vez, que a unidade

[21] "Agravo interno no recurso especial – **Ação de indenização por danos morais cumulada com obrigação de fazer** – Internet – Conteúdo ofensivo – Remoção – Responsabilidade civil do provedor – Caracterização – Culpa – Redução do valor – Revisão – Impossibilidade – Reexame do conjunto fático-probatório dos autos – Sumula nº 7/STJ – 1- Recurso especial interposto contra acórdão publicado na vigência do Código de Processo Civil de 1973 (Enunciados Administrativos nºs 2 e 3/STJ). 2- A jurisprudência do Superior Tribunal de Justiça define que (a) para fatos anteriores à publicação do Marco Civil da Internet, basta a ciência inequívoca do conteúdo ofensivo pelo provedor, sem sua retirada em prazo razoável, para que este se torne responsável e, (b) após a entrada em vigor da Lei nº 12.965/2014, o termo inicial da responsabilidade solidária do provedor é o momento da notificação judicial que ordena a retirada do conteúdo da internet. 3- Na hipótese, rever as conclusões firmadas pelas instâncias ordinárias, para excluir a culpa do provedor de internet pelos danos ocasionados à parte recorrida, demandaria a análise de fatos e provas dos autos, providência vedada no recurso especial em virtude do óbice da Súmula nº 7/ STJ. 4- Somente comporta a excepcional revisão por esta Corte a indenização irrisória ou exorbitante, características não verificadas na hipótese dos autos, em que o valor foi arbitrado em R$ 40.000,00 (quarenta mil reais). 5- Agravo interno não provido" (*STJ* – AGInt-REsp 1591179/CE, 14-8-2019, Rel. Min. Ricardo Villas Bôas Cueva).

"Apelação Cível – Ação de obrigação de fazer – Cobrança – Sucessão empresarial – **Responsabilidade solidária** – Pedido de obrigação de fazer, consubstanciada no pagamento de montante apontado nas notas fiscais objeto da cobrança, a título de indenização por danos materiais, corrigido monetariamente e acrescido de juros moratórios. Sentença de parcial procedência. Declaração de sucessão empresarial. Condenação da primeira ré, na pessoa de sua sucessora empresarial, ao adimplemento das obrigações. Irresignação. Com efeito, as provas dos autos indicam a sucessão empresarial. Presença dos elementos que definem a sucessão, na modalidade de trespasse, quais sejam: a continuidade da atividade empresarial e a transferência de uma unidade produtiva acrescida de todos os elementos que compõem o chamado fundo de comércio, para mãos diversas daquelas que, até então, a titularizavam. Emissão de cupom fiscal com endereço do estabelecimento da apelante, no qual consta o nome e CNPJ da sucessora. Utilização da máquina impressora de cupom fiscal, objeto integrante do ativo imobilizado de sua antecessora. Demandas judiciais em curso em face dos sócios da sucessora e da sucedida. Relação entre os sócios. Pedido de responsabilização solidária entre sucessora e sucedida. Reconhecimento, em abstrato, da responsabilidade solidária da empresa sucedida pelo magistrado sentenciante. Impossibilidade de condenação da empresa sucedida nestes autos, uma vez que a mesma não foi citada, não tendo integrado a lide. Eventual pleito ressarcitório decorrente das regras de solidariedade deverá ser formulado pela empresa sucessora em ação própria. Sentença que merece ser mantida integralmente, por seus próprios fundamentos. Recurso a que se nega provimento" (*TJRJ* – Ap 0076831-04.2011.8.19.0001, 13-4-2018, Relª Sandra Santarém Cardinali).

"Civil – Apelação Cível – Ação de ressarcimento – Terracap – **Obrigações solidárias** – Solidariedade passiva decorrente de provimento judicial definitivo – Sentença transitada em julgado – Condenação nas custas processuais e honorários advocatícios – Satisfação da integralidade da dívida – Comprovação nos autos – Reivindicação da quota-parte do codevedor – Art. 283 do CC – Pleito procedente – Honorários recursais fixados – Sentença mantida – 1 – Segundo o Enunciado Administrativo nº 3 do STJ, aos recursos interpostos com fundamento no CPC/2015 (relativos a decisões publicadas a partir de 18 de março de 2016), como é o caso dos autos, devem ser exigidos os requisitos de admissibilidade recursal na forma do novo CPC. 2 – Dita o art. 283 do Código Civil que, em se tratando de solidariedade passiva, o devedor que satisfez a dívida por inteiro junto ao credor tem direito a exigir de cada um dos codevedores a sua quota-parte. 3 – Evidenciada a regularidade na constituição da solidariedade passiva em face da obrigação, e comprovada a satisfação da integralidade do débito junto ao credor por um dos codevedores, bem como ausente qualquer elemento fático ou jurídico pertinente capaz de exonerar o devedor inadimplente em face do caráter solidário da obrigação, faz jus o coobrigado que adimpliu a dívida ao ressarcimento quanto à quota-parte que não lhe incumbia. 4 – Na hipótese, restou demonstrado que o requerido participou, juntamente com o autor, do polo passivo em processo que culminou em provimento judicial condenatório, mediante solidariedade passiva, consubstanciado no pagamento dos ônus sucumbenciais da demanda já transitada em julgado, e, ademais, houve comprovação de

de prestação não impede que o vínculo que une credores e devedores seja distinto e independente, como já afirmamos. Tal independência no vínculo dá margem a algumas consequências:

a) a obrigação pode ser pura e simples para algum dos devedores e pode estar sujeita à condição, ao prazo ou ao encargo para outros (art. 266);
b) se uma obrigação é nula porque um dos credores é incapaz, por exemplo, conserva sua validade quanto aos demais;
c) um dos devedores pode ser exonerado de sua parte da dívida, permanecendo a obrigação para com os demais. *Contudo, não devemos ver uma independência total de vínculos*, caso em que haveria somente uma obrigação composta ou mancomunada, e nunca solidariedade.

Pontuamos também que a obrigação solidária tem uma *unidade de causa*, pois caso contrário encontrar-nos-íamos perante uma obrigação *in solidum* e não uma obrigação solidária, como examinamos anteriormente.

Como consequência dessas características, elementarmente, portanto, as obrigações solidárias têm uma *pluralidade de credores ou de devedores* e uma *corresponsabilidade entre os interessados*. Como consequência desta última característica, por conseguinte, o que solve a dívida pode reaver dos demais a quota-parte de cada um na obrigação. Do lado da solidariedade ativa, da mesma forma, o recebimento por parte de um dos credores extingue o direito dos demais. Todavia, o que recebe deve entregar aos demais credores o que cada um tem direito.

O que deve ficar bem claro, desde o princípio, mormente na solidariedade passiva, é que as relações internas do vínculo entre os vários devedores são absolutamente irrelevantes para o credor. Após um dos devedores ter solvido a dívida é que ele vai se entender com os demais companheiros do lado passivo. Assim é que um dos devedores solidários pode ter-se obrigado por mera liberalidade, em razão de um negócio de sociedade, porque tinha direitos para com

que o autor da presente ação de ressarcimento satisfez integralmente a dívida junto ao credor em sede de cumprimento de sentença naquele feito originário da obrigação. 4.1. Ademais, não restou evidenciado qualquer elemento pertinente capaz de afastar sua responsabilidade solidária junto ao débito satisfeito, devendo, outrossim, ser mantida a sentença que julgou procedente o pedido de ressarcimento do autor, ora apelado, junto ao requerido/recorrente, no tocante quota-parte que a este incumbia na dívida por aquele integralmente satisfeita. 5 – Honorários recursais fixados, majorando a verba sucumbencial ao patamar de 15% (quinze por cento) do valor atualizado da causa (art. 85, §§ 2º e 11 do CPC/15). 6 – Recurso conhecido e desprovido. Sentença mantida. Honorários recursais fixados" (*TJDFT* – Proc. 20160110165437APC – (995014), 7-3-2017, Rel. Alfeu Machado).

"Bem Móvel – Aquisição de refrigerador – Defeito do produto – **Responsabilidade solidária** da fornecedora e da fabricante – Problema não solucionado – Restituição do valor pago – Inteligência do artigo 18, § 1º, inciso II, do código de defesa do consumidor – danos morais configurados – sentença mantida – preliminar rejeitada e recurso improvido – O fornecedor que disponibiliza o produto no mercado está obrigado a manter assistência técnica e peças de reposição, viabilizando a prestação dos serviços de reparo em prazo aceitável, além da eficiência no atendimento aos clientes" (*TJSP* – Ap 0003310-98.2013.8.26.0344, 2-5-2016, Rel. Renato Sartorelli).

"Agravo de instrumento. Ação de obrigação de fazer c.c Indenização por danos morais. Instrumento Particular de compromisso de compra e venda de imóvel. Decisão que determinou a retificação do polo passivo da contenda com a exclusão da instituição financeira ré, sob o fundamento de que ela não é parte do contrato objeto da discussão perpetrada nos autos. Alegação de que o banco agravado é parte legítima para compor o polo passivo desta ação, uma vez que é credor dos agravantes, bem como concorreu culposamente com o atraso das obras. Cabimento. Legitimidade do banco réu que decorre da sua condição de agente financiador do empreendimento imobiliário *sub judice*, sendo que os autores buscam a sua responsabilização solidária pelos prejuízos materiais que alegam ter sofrido, bem como em razão de pedido expresso de compensação dos valores indenizatórios que venham a ser reconhecidos com o saldo devedor do negócio, devido ao Banco Réu, na condição de credor hipotecário, o que certamente pode afetar seu patrimônio e justifica sua participação na contenda. Pertinência subjetiva da instituição financeira ré que é questão de mérito que não se confunde com a prejudicial em comento. Recurso provido para determinar a manutenção do réu Banco Bradesco na lide" (*TJSP* – AI 2139825-03.2015.8.26.0000, 27-8-2015, Rel. José Aparício Coelho Prado Neto).

o credor etc. Todas essas relações são irrelevantes para o credor. Portanto, *sob o aspecto externo, todos os devedores e todos os credores* solidários estão em pé de igualdade.

Do que já foi exposto, percebemos claramente que a finalidade da solidariedade passiva, a mais comum, tem em mira assegurar a solvência, reforçar o vínculo. O credor goza de uma situação de maior garantia, pelo simples fato de poder exigir de qualquer devedor o cumprimento de toda a obrigação. Ainda, facilita a cobrança por parte do credor, que no caso de inadimplemento não fica obrigado a mover uma ação contra todos os devedores (o que não poderia ocorrer se a obrigação fosse simplesmente mancomunada).

Do lado da solidariedade ativa, embora sua utilização seja restrita, os credores têm a vantagem de que qualquer um deles pode atuar no recebimento do crédito, demandando o pagamento integral. Há um poder recíproco que facilita o recebimento.

6.6.5 Fontes da Solidariedade

Dispõe o art. 265: *"A solidariedade não se presume; resulta da lei ou da vontade das partes"*.[22]

Essa regra é fundamental. Manteve-se nosso ordenamento fiel à doutrina tradicional. A obrigação solidária *possui um verdadeiro caráter de exceção dentro do sistema*, não se admitindo

---

[22] "Embargos à execução. Cerceamento de defesa. Não ocorrência. Contexto probatório suficiente para o deslinde da causa. Mérito. Solidariedade. Não configuração. Solidariedade não se presume, deve resultar da lei ou da vontade das partes. Inteligência do **artigo 265, do Código Civil**. Contrato executado claro ao dispor sobre a cota parte devida por cada um dos devedores, a afastar a solidariedade pretendida pelo credor. Sentença mantida. Apelação não provida" (*TJSP* – Ap 1020878-02.2023.8.26.0008, 14-8-2024, Rel. Jairo Brazil).

"Apelação cível. Ação declaratória de nulidade e inexigibilidade de título. Alegação de que a ré cedeu a expectativa de crédito e recebeu o respectivo valor não possuindo legitimidade para exigir quaisquer valores sendo nulo o título emitido por ela. Sentença de improcedência. Preliminar. Falta de fundamentação legal ou descumprimento do disposto no artigo 489 do CPC. Não ocorrência. Pontos relevantes analisados e dirimidos para o deslinde da matéria. Sentença que descreveu adequadamente o caminho lógico percorrido pelo Juiz para a conclusão a que chegou. Preliminar de mérito. Prescrição. Afastamento. Prazo prescricional quinquenal (art. 206, §5º, I do CC), interrompido pelo envio da notificação extrajudicial (CC, 202, V) pela ré. Mérito. Termo de Aditamento ao Contrato de Cessão de Créditos que não impõe obrigação solidária para o autor. **Solidariedade não se presume, resultando apenas da lei ou da vontade das partes.** Interpretação do artigo 265 do Código Civil. Créditos da ré foram devidamente cedidos a terceiro, constando apenas ele como cessionário. Autor que não possui legitimidade para responder pelos créditos da ré. Princípio da literalidade dos títulos de crédito deve ser observado. Responsabilidade não pode ser imposta ao autor. Sentença mantida. Honorários recursais. Aplicação do disposto no artigo 85, §11 do Código de Processo Civil. Majoração da verba honorária devida pela ré para 20% do valor da causa, observada a concessão da justiça gratuita. Resultado. Recurso não provido" (*TJSP* – Ap 1007467-38.2022.8.26.0100, 9-8-2023, Rel. Edson Luiz de Queiróz).

"Apelação. Ação de Cobrança. Prestação de Serviços Escolares. Sentença de procedência. Necessidade de reforma em relação à corré apelante. Ilegitimidade passiva configurada. Possibilidade de conhecimento de tal temática. Efeito translativo dos recursos. Contrato de prestação de serviços educacionais assinado, apenas, pelo genitor da aluna. Apenas o devedor que figura no contrato que é parte legítima para figurar no polo passivo da relação jurídica processual. **Solidariedade que não se presume**. Inteligência do artigo 265 do Código Civil. Processo que deve ser extinto, sem resolução do mérito, com fulcro no artigo 485, inciso VI, do Código de Processo Civil, em relação à corré apelante. Sentença parcialmente reformada. Recurso provido" (*TJSP* – Ap 1007067-69.2021.8.26.0161, 23-8-2022, Rel. Ana Lucia Romanhole Martucci).

"Agravo de instrumento – Exceção de pré-executividade – Ilegitimidade passiva – Grupo econômico – **Solidariedade que não se presume** – Recurso provido – Nos termos da jurisprudência do Superior Tribunal de Justiça, 'o mero fato de pessoas jurídicas pertencerem ao mesmo grupo econômico não enseja, por si só, a responsabilidade solidária dessas entidades' (Agrg no Aresp 549850/RS). Ilegitimidade passiva reconhecida. Recurso provido" (*TJMG* – AI-Cv 1.0024.07.472862-7/004, 8-4-2019, Rel. Amorim Siqueira).

"Ação de cobrança – Preliminar de ilegitimidade passiva que se confunde com o mérito – Prescrição – Inocorrência – Prazo quinquenal nos termos do artigo 206, § 5º, inciso I – Acordo de investimentos – Alegação de que o contrato firmado entre as partes era irrevogável e irretratável – Distrato firmado entre as partes que estabelece a restituição dos valores anteriormente pagos – Devolução devida – **Solidariedade que não se presume**, mas que resulta das manifestações de vontade das partes – Honorários advocatícios corretamente fixados – Sentença mantida – Recursos desprovidos" (*TJSP* – Ap 1023901-49.2015.8.26.0100, 1-2-2018, Rel. Maurício Pessoa).

responsabilidade solidária fora da lei ou do contrato. Assim sendo, não havendo expressa menção no título constitutivo e não havendo previsão legal, prevalece a presunção contrária à solidariedade. Não estando presente o instituto, a obrigação divide-se, cada devedor sendo obrigado apenas a uma quota-parte, ou cada credor tendo direito a apenas uma parte. Na dúvida, interpreta-se a favor dos devedores, isto é, pela inexistência de solidariedade. No entanto, uma vez fixada a solidariedade, não se ampliam as obrigações.

A solidariedade, portanto, não pode decorrer da sentença, como à primeira vista em alguns casos pode parecer. É fato que o Código Civil argentino antigo, no art. 700, dizia expressamente que a solidariedade pode também ser constituída, por decisão judicial, com força de coisa julgada. Contudo, essa disposição sofreu críticas pelos juristas platinos.

O juiz, na verdade, não faz senão por *declarar* o direito das partes e não pode condenar solidariamente os réus se a solidariedade já não preexiste num contrato ou na lei. Contudo, não é sem frequência que surge, na sentença, uma obrigação *in solidum*, já vista anteriormente. No exemplo do incêndio, que mencionamos, se o autor move a ação contra a companhia seguradora e contra o autor do dano, surgirá essa modalidade de condenação.

Há necessidade, então, de que a solidariedade seja expressa. Não há necessidade, contudo, de palavras sacramentais, bastando que fique clara a vontade de se obrigar solidariamente. Notemos que isso não ocorre em todas as obrigações as legislações, pois no Código alemão (art. 427), em caso de dúvida, a solidariedade é presumida. No entanto, a solução alemã não é a melhor. A ideia de que a solidariedade não se presume se fundamenta na aplicação do princípio de que na dúvida prefere-se a solução menos onerosa para o devedor. Na prática, no entanto, para apresentar melhores garantias para o credor, são criadas as obrigações solidárias, com muito maior frequência.

Como não existe presunção, quem a alega solidariedade deve provar. Provindo a solidariedade da lei, não há necessidade de prova.

Não há dúvida, no entanto, de que a solidariedade podia ser provada por testemunhas, quando o valor do contrato o permitisse (art. 227 do Código Civil). Esse texto harmonizava-se com o art. 401 do CPC de 1973. Revogado em boa hora, pois, nem sempre atendia às finalidades sociais, como também desaparecido do CPC de 2015. A prova testemunhal sempre será admitida como adminículo no conjunto probatório. Meras presunções e indícios podem reforçar a prova da solidariedade, mas não a induzem.

Washington de Barros Monteiro (1979, v. 4:160) apanha alguns exemplos em pretérita jurisprudência: não induz solidariedade parentesco próximo dos coobrigados:[23] não se pode

---

[23] "Ação de cobrança – Contrato de empreitada – Prestação de serviços de terraplanagem – Contrato verbal – Ônus da prova – Autor que não se desincumbiu do ônus de provar o valor do contrato – Responsabilidade solidária do réu – Inexistente – Réu que não participou do contrato – 1- A alegação de fato (valor do contrato seria de R$ 36.950,00) feita pelo autor não é amparada pelas provas constantes dos autos. As testemunhas não presenciaram a contratação. As provas documentais decerto não dão suporte para a tese defendida pelo autor. Diante disso, inevitável aplicar a sanção prevista para os casos em que o autor não se desincumbe do ônus de provar as alegações de fatos constitutivos de seu direito (CPC, art. 373, I): o desacolhimento de sua tese; 2- **A solidariedade não se presume** (CC, art. 265), não sendo possível estender a responsabilidade pelo inadimplemento parcial do pagamento ao apelado que sequer participou da celebração do contrato. Recurso improvido" (*TJSP* – AC 1005181-56.2017.8.26.0361, 11-3-2019, Relª Maria Lúcia Pizzotti).

"Alienação fiduciária de veículo – Danos morais – Requeridos efetuaram duas cobranças indevidas (uma cada qual) contra a Autora referente a contrato de financiamento com garantia de alienação fiduciária de veículo – Caracterizado o dano moral – Sentença de parcial procedência, para declarar a inexistência dos débitos relativos ao contrato número 860001016960 e para condenar os Requeridos (solidariamente) ao pagamento de indenização por danos morais no valor de R$ 10.000,00 (com correção monetária desde a sentença – 10 de novembro de 2016 – e juros moratórios de 1% ao mês desde a citação- 09 de agosto de 2016) – **Responsabilidade solidária**

admitir solidariedade por indícios e conjecturas, mais ou menos verossímeis; em se tratando de obrigação assumida por sócios ou condôminos, a presunção é de que cada qual contrai obrigação proporcional ao seu quinhão (art. 1.317); não se infere solidariedade pelo simples fato de ter sido a obrigação assumida na mesma oportunidade.[24] Como acentua esse autor com a costumeira acuidade: *"em todos esses casos, há meras afinidades de interesses, que não legitimam o reconhecimento da solidariedade"*.

6.6.6 Solidariedade Ativa

Como afirmado de antemão, a solidariedade ativa é a que contém mais de um credor, todos podendo cobrar a dívida por inteiro. Sua importância prática é escassa, pois não tem outra utilidade a não ser servir como mandato para recebimento de um crédito comum, efeito que se pode obter com o mandato típico. Nossa lei não contém em princípio exemplos claros de solidariedade ativa. O direito italiano, em seu Código Civil, possui duas hipóteses, que tradicionalmente nos servem de exemplos: a conta corrente bancária em nome de duas ou mais pessoas, com a faculdade de operarem separadamente (art. 1.854) e o aluguel de cofres de segurança (art. 1.839). Devemos lembrar que entre nós, portanto, esses exemplos de solidariedade ativa devem decorrer da manifestação de vontade, do contrato. Não se confunde, também, a conta conjunta bancária, quando duas ou mais pessoas podem movimentar livremente, conjunta ou separadamente, a importância ou os valores depositados, com a conta conjunta que exige a presença de duas assinaturas.[25]

---

não se presume, pois decorre da lei ou do contrato (artigo 265 do Código Civil) – Inexiste a previsão legal e tampouco a disposição contratual acerca da solidariedade – recurso dos requeridos parcialmente provido, para condenar o Requerido Banco ao pagamento de indenização por danos morais no valor de R$ 5.000,00 (com correção monetária desde 10 de novembro de 2016 e juros moratórios de 1% ao mês desde 09 de agosto de 2016), e para condenar a Requerida Atlântico ao pagamento de valor idêntico – R$ 5.000,00 (com correção monetária desde 10 de novembro de 2016 e juros moratórios de 1% ao mês desde 09 de agosto de 2016)" (*TJSP* – Ap 1008336-85.2016.8.26.0625, 5-7-2017, Rel. Flavio Abramovici).

"Execução. Cheques. Ilegitimidade passiva *ad causam*. Extinção do feito sem resolução de mérito. Prestígio. Responsabilidade do emitente perante o credor. **Solidariedade do cônjuge que não se presume**. Sentença inalterada. Hipótese do artigo 252 do Regimento Interno do Tribunal de Justiça. Recurso desprovido" (*TJSP* – Ap 9000002-08.1999.8.26.0176, 10-6-2015, Rel. Sérgio Rui).

[24] "**Ação monitória** – Cheque – Títulos sacados contra conta corrente conjunta – Responsabilidade do subscritor da cártula – Solidariedade em conta conjunta limitada ao saldo credor. Pretensão de exclusão da cotitular da conta que não subscreveu os cheques. Acolhimento. Ilegitimidade passiva reconhecida. Sentença reformada, em parte. Apelação provida" (*TJSP* – AC 1000582-88.2016.8.26.0400, 13-5-2019, Rel. José Tarciso Beraldo).

"Apelação – Embargos de terceiro – Penhora realizada em conta conjunta da embargante com o executado – Solidariedade quanto à dívida executada – Inexistência – Ausência de prova da titularidade exclusiva do numerário bloqueado – Desbloqueio de metade da quantia – Medida que se impõe – Precedentes do STJ e deste TJMG – Recurso desprovido – A **solidariedade passiva** entre os titulares de conta corrente conjunta somente se aplica a obrigações por ele contraídas com o Banco mantenedor da conta, não atingindo as dívidas contraídas por um deles perante terceiros. – No caso inexistem provas de que o valor bloqueado no saldo da conta corrente conjunta pertencia exclusivamente à embargada, pois não se demonstrou a origem da quantia – Desse modo, nos termos da jurisprudência do c. STJ e deste eg. Tribunal de Justiça presume-se que os correntistas conjuntos detêm metade dos valores depositados na conta corrente, impondo-se o desbloqueio de 50% (cinquenta por cento) do numerário bloqueado – Verificada, portanto, a conformidade da r. sentença de primeiro grau com o entendimento acima, nega-se provimento ao recurso" (*TJMG* – AC 1.0518.14.018548-0/002, 7-8-2018, Rel. Wander Marotta).

[25] "Embargos de Declaração. Apelação Cível. Ação de obrigação de não fazer com pedido de indenização por danos morais. Sentença de improcedência. Inconformismo. Autora que mantinha **conta conjunta solidária** com o companheiro, e, após o falecimento dele, passou a ser cobrada por empréstimos e débitos de cheque especial vinculados à conta, que afirma desconhecer. Solidariedade em conta corrente conjunta que se limita, no caso concreto, à solidariedade ativa, e não passiva. Impossibilidade de cobrar a autora, inexistindo prova de que a contratação de empréstimo foi feita por ela e não pelo falecido companheiro. Repetição do indébito atualizada da data de cada

O contrato de cofres de segurança terá a solidariedade ativa desde que se permita sua utilização e abertura, indiferentemente, por qualquer dos titulares.

Portanto, entre nós, a origem da solidariedade ativa é a vontade das partes, seja um contrato, seja um testamento.

A matéria vem regulada em nosso Código Civil nos arts. 267 a 274.

O art. 274, modificado pela Lei 13.105/2015, aduz que:

> *"Art. 274. O julgamento contrário a um dos credores solidários não atinge os demais, mas o julgamento favorável aproveita-lhes, sem prejuízo de exceção pessoal que o devedor tenha direito de invocar em relação a qualquer deles" (Redação dada pela Lei nº 13.105, de 2015).*

Como vimos, a vantagem dessa modalidade é a de que qualquer credor pode exigir a totalidade de dívida, sem depender da aquiescência dos demais credores (art. 267) e cada devedor (ou o devedor, se for um só) poderá liberar-se da obrigação pagando a prestação a qualquer um dos credores (art. 269).

O grande inconveniente da solidariedade ativa, o que certamente é causa de seu desuso, é o fato de que qualquer credor, recebendo a dívida toda, exonera o devedor, tendo então os demais credores que se entenderem com o credor que deu quitação.

6.6.6.1 Efeitos da Solidariedade Ativa

1. Cada credor pode reclamar de qualquer dos devedores (ou do devedor) a dívida por inteiro (art. 267), não podendo, assim, o devedor pretender pagar parcialmente, sob a alegação de que há outros credores.

2. O pagamento feito a um dos credores, a compensação, a novação e a remissão da dívida feita por um dos credores a qualquer dos devedores extingue também a obrigação (art. 269). No entanto, o direito livre de pagar dos devedores sofre uma limitação de ordem processual: se um dos credores já acionou o devedor, este só poderá pagar àquele em juízo ou em razão dele. Complementando o art. 269, parágrafo único, diz o art. 272: "*O credor que tiver remitido a dívida ou recebido o pagamento responderá aos outros pela parte que lhes caiba*". Assim, pode

---

desconto, com juros de mora da citação. Omissão. Inocorrência. Mero inconformismo. Embargos rejeitados, nos termos da fundamentação" (*TJSP* – ED 1003360-30.2022.8.26.0106, 27-3-2024, Rel. Hélio Nogueira).

"Civil e processual civil – Embargos de terceiro – **Conta conjunta solidária** – Desconstituição da penhora sobre metade dos valores constritos – Saldo exclusivo do cotitular – Ausência de provas – Divisão equânime – Embargos de terceiro parcialmente acolhidos – Sentença confirmada – 1- Na conta-corrente conjunta solidária, existe solidariedade ativa e passiva entre os correntistas apenas em relação à instituição financeira mantenedora da conta-corrente, de forma que os atos praticados por qualquer dos titulares não afeta os demais correntistas em suas relações com terceiros. Assim, aos titulares da conta-corrente conjunta é permitida a comprovação dos valores que integram o patrimônio de cada um, sendo certo que, na ausência de provas nesse sentido, presume-se a divisão do saldo em partes iguais (REsp 1510310/RS, Rel. Ministra Nancy Andrighi, Terceira Turma, julgado em 3-10-2017, *DJe* 13-10-2017). 2- À mingua de provas da exclusiva titularidade dos valores depositados, confirma-se a Sentença que acolheu parcialmente os Embargos de Terceiro para desconstituir a penhora sobre metade dos valores constritos. 3- Apelação improvida. Sentença mantida" (*TJDFT* – Proc. 07171842620188070001 (1184354), 16-7-2019, Rel. Getúlio de Moraes Oliveira).

"**Apelação Cível** – Responsabilidade civil – Emissão cheque sem provisão de fundos por um dos correntistas – Negativação indevida do nome do outro cotitular – Danos morais configurados – Celebrado contrato de abertura de conta corrente conjunta, no qual um dos cotitulares da conta emitiu cheque sem provisão de fundos, é indevida a inscrição do nome daquele que não emitiu o cheque, em cadastro de proteção ao crédito – A indevida negativação configura, por si só, dano moral puro, que deve ser objeto de reparação" (*TJMG* – AC 1.0145.15.033236-2/001, 9-3-2018, Rel. Marco Aurelio Ferenzini).

o credor remitir, isto é, abrir mão da cobrança da dívida, perdoá-la, mas não poderá, com essa atitude, prejudicar os demais credores, devendo pagar-lhes a parte devida.

3. A constituição em mora feita por um dos cocredores favorece a todos os demais.

4. A *interrupção da prescrição* por um dos credores beneficia os demais (art. 204, § 1º). Já a *suspensão da prescrição* em favor de um dos credores solidários só aproveitará aos outros se o objeto da obrigação for indivisível (art. 201). A *renúncia da prescrição* em face de um dos credores aproveitará aos demais.

5. Qualquer credor poderá propor ação para a cobrança de crédito. Outro credor poderá ingressar na ação na condição de assistente (art. 124 do CPC).

6. A incapacidade de um dos credores não obsta que a obrigação mantenha seu caráter solidário a respeito dos demais. O Código argentino possui regra específica nesse caso (art. 703).

7. Enquanto não for cobrada a dívida por algum credor, o devedor pode pagar a qualquer um dos credores (art. 268). Havendo demanda, como já vimos, haverá prevenção judicial e o devedor só poderá pagar em juízo.

8. A constituição em mora do credor solidário, pela oferta de pagamento feita pelo devedor comum, prejudicará a todos os demais, que passarão a responder, todos, pelos juros, riscos e deteriorações da coisa.

9. Na forma do art. 270:

> *"Se falecer um dos credores solidários, deixando herdeiros, cada um destes só terá direito a exigir e receber a quota do crédito que corresponder ao seu quinhão hereditário, salvo se a obrigação for indivisível".*

Assim, nessa hipótese, desaparece a solidariedade para os herdeiros. Os demais credores continuarão solidários.[26]

---

[26] "Apelação cível – Ação monitória – Cédula de crédito bancária – **Devedor solidário** – Não prospera o pedido de limitação da responsabilidade do devedor solidário. Isso porque o instrumento executado não deixa qualquer dúvida ao estabelecer que os devedores solidários, declaram-se corresponsáveis por todas as obrigações assumidas pelo cliente e assinam esta cédula concordando com os seus termos. Com efeito, o devedor solidário responde pela totalidade das obrigações assumidas pelo devedor principal, o que inclui, por conseguinte, as obrigações decorrentes das renovações de crédito previstas no contrato. Ocorrendo o falecimento de um dos devedores solidários poderá o credor opor seu crédito contra os herdeiros deste. Essa possibilidade corrobora a finalidade a qual se destina o instituto da solidariedade, qual seja, reforçar o vínculo obrigacional de forma a oferecer ao credor uma maior segurança quanto à percepção dos créditos a que tem direito. Entretanto, mesmo sendo os herdeiros do devedor solidário falecido obrigados para com a dívida deixada, é assegurado a estes o direito de que tal dívida jamais poderá onerar parte de seus respectivos patrimônios pessoais, ainda que indivisível seja a obrigação. Por fim, não existe embasamento legal ao requerimento de limitação dos valores quer em função do óbito, quer em razão da renovação automática, uma vez que a garantia prestada implica na responsabilização de forma integral do débito. Apelação desprovida" (*TJRS* – AC 70074237470, 29-8-2017, Rel. Alex Gonzalez Custodio).

"'Recursos de apelações cíveis – Ação Declaratória – Alegação de redução do pedido – Impossibilidade – Falecimento de um dos credores – **Bem Divisível** – Fracionamento – Quantia depositada em CDB (certificado de depósito bancário) – Encerramento da aplicação – Possibilidade – Recursos desprovidos – 1 – Em homenagem à estabilização objetiva da demanda 'a alteração do pedido ou da causa de pedir em nenhuma hipótese será permitida após o saneamento do processo' (CPC, art. 264, parágrafo único), razão pela qual a manifestação dos autores em alegações finais não é suficiente para reduzir o objeto da demanda. Assim, a apreciação do apelo se baseará no pedido da petição inicial e não à sua razão de 2/3 (dois terços). 2 – 'A conta conjunta é modalidade de conta de depósito à vista, com a peculiaridade de ter mais de um titular. Nela, como é próprio desse tipo de conta, o dinheiro dos depositantes fica à disposição deles para ser sacado a qualquer momento. Nesse passo, os titulares da conta são credores solidários da instituição financeira em relação aos

10. A conversão da prestação em perdas e danos não faz desaparecer a solidariedade, correndo em proveito de todos os credores os juros de mora (art. 271).

11. Como vimos, a relação interna, a natureza do débito e a quota de cada credor no débito é irrelevante para o devedor (trata-se de relação interna entre os credores), e o credor que receber deve prestar contas aos demais, pela parte que lhes caiba (art. 272). Os demais credores terão *ação regressiva* contra os *accipiens*, de acordo com o título de cada um. É claro que, se a solidariedade ativa foi estabelecida apenas para outorgar um poder a outros para receber, haverá um único interessado no negócio, que terá direito à totalidade do crédito.

6.6.6.2 *Extinção da Solidariedade Ativa*

A solidariedade ativa não termina apenas pelo pagamento a qualquer dos credores. Vimos que pode ocorrer por *novação* (conversão de uma dívida em outra, extinguindo-se a primeira; arts. 360 a 367); *compensação* (que é um encontro de dívidas, uma extinção recíproca de obrigações – arts. 368 a 380) e *remissão* (em última análise, o perdão da dívida, arts. 385 a 388).

O *pagamento por consignação* (arts. 334 a 345) também libera o devedor, mesmo quando efetuado a apenas um dos credores. Igualmente, a *confusão* que se configura por ocorrer na mesma pessoa as qualidades de credor e devedor (arts. 381 a 384); e a *transação* que se caracteriza pela extinção do débito mediante concessões recíprocas (arts. 840 a 850) extinguem os débitos. Quando há confusão, os credores que dela participam não podem prejudicar os credores estranhos a essa forma de extinção, devendo receber suas quotas-partes, assim como na transação, por aplicação do princípio do art. 272.

6.6.7 Solidariedade Passiva

Solidariedade passiva é, como acenado, aquela que obriga todos os devedores ao pagamento total da dívida. Sua importância é enorme na vida negocial porque, como já acentuado, se trata de meio muito eficiente de garantia, de reforço do vínculo, facilitando o adimplemento. Para que o credor fique insatisfeito é necessário que todos os devedores fiquem insolventes, uma vez que pode acionar qualquer um deles pela dívida toda. Como vimos, desde que presente a solidariedade, fica facilitada a conduta do credor. Sua aplicação, portanto, é infinitamente maior do que a solidariedade ativa.

Lembre, mais uma vez, que externamente todos os devedores são coobrigados na solidariedade passiva. Internamente, cada devedor poderá ser responsável por valores desiguais na obrigação ou, até mesmo, ter unicamente a responsabilidade, sem que haja débito, como é o caso da fiança com equiparação solidária.

---

valores depositados. Trata-se, assim, de solidariedade ativa no que respeita à movimentação dos valores em conta.' (REsp 669.914/DF, Rel. Ministro Raul Araújo, Quarta Turma, julgado em 25-03-2014, *DJe* 04-04-2014). 3 – Nos termos do artigo 270 do Código Civil: 'Se um dos credores solidários falecer deixando herdeiros, cada um destes só terá direito a exigir e receber a quota do crédito que corresponder ao seu quinhão hereditário, salvo se a obrigação for indivisível.' 4 – Em razão da maior parte da quantia estar aplicada em CDB (Certificado de Depósito Bancário), será necessário encerrar esta aplicação antes da divisão da verba, o que deverá acontecer após o trânsito em julgado, sendo possível ao Estado-Juiz determinar esta providência, sob pena de restar inviável a concretização do comando sentencial. 5 – Recursos desprovidos" (*TJES* – Ap 0001094-19.2008.8.08.002919-1-2015, Relª Desª Substª Elisabeth Lordes).

6.6.7.1 *Principais Efeitos da Obrigação Solidária*

1. *Direito individual de persecução.* Cada credor (se for mais de um) tem direito de reclamar de qualquer dos devedores a totalidade da dívida (art. 275).[27] Não é aconselhável, no entanto, que o credor demande a mais de um devedor em processos diversos, concomitantemente, pois processualmente é inconveniente. Poderão ocorrer decisões contraditórias e não é isso que busca o sistema. Deverão, portanto, ser reunidas as ações para um julgamento conjunto. Com essa tônica é que devia ser visto o art. 910. Nesse mesmo diapasão, o presente Código aponta no parágrafo único do art. 275 uma das regras fundamentais da solidariedade: *"Não importará renúncia da solidariedade a propositura de ação pelo credor contra um ou alguns dos devedores"*.

O pagamento parcial também pode ser efetuado, assim como a remissão. Segundo o art. 277:

> *"O pagamento parcial feito por um dos devedores e a remissão por ele obtida não aproveitam aos outros devedores, senão até à concorrência da quantia paga, ou relevada".*

2. A morte de um dos devedores solidários não extingue a solidariedade. Dispõe o art. 276:

> *"Se um dos devedores solidários falecer deixando herdeiros, nenhum destes será obrigado a pagar senão a quota que corresponder ao seu quinhão hereditário, salvo se a obrigação for indivisível; mas todos reunidos serão considerados como um devedor solidário em relação aos demais devedores".*

---

[27] "Direito civil. Agravo de instrumento. Adjudicação compulsória. Recurso desprovido. I. Caso em Exame 1. Agravo de instrumento interposto contra decisão que rejeitou impugnação ao cumprimento de sentença em ação de adjudicação compulsória. O agravante alega que a exequente incluiu indevidamente valores referentes às custas processuais no valor da condenação, que deveriam ser recolhidas apenas ao final do processo. Afirma que os honorários devidos pelo banco executado totalizam R$ 19.934,46. II. Questão em Discussão 2. A questão em discussão consiste em (i) se as custas processuais podem ser executadas em conjunto com os honorários sucumbenciais (ii) se há excesso de execução devido à condenação solidária. III. Razões de Decidir 3. Conforme o art. 82, § 2º, do CPC, a sentença condena o vencido a pagar as despesas antecipadas, incluindo a taxa judiciária. Assim, a inclusão das custas processuais nos cálculos da execução está correta e não configura excesso de execução. 4. A condenação solidária permite ao credor exigir o pagamento total ou parcial de qualquer devedor, conforme **art. 275 do Código Civil**. IV. Dispositivo e Tese 5. Recurso improvido. Tese de julgamento: 1. As custas processuais podem ser incluídas na condenação. 2. A solidariedade permite a cobrança integral de qualquer devedor. Legislação Citada: CPC, art. 82, § 2º; Lei Estadual nº 11.608/2003, art. 4º, inc. I; Código Civil, arts. 264, 275, 283. Jurisprudência Citada: TJSP, AI 2221884-14.2016.8.26.0000, Rel. Des. Alberto Gosson, j. 09/02/2017" (*TJSP* – AI 2247970-07.2025.8.26.0000, 22-8-2025, Rel. Moreira Viegas).

"Agravo de Instrumento contra decisão que rejeitou impugnação ao cumprimento de sentença – Impugnação que não se presta a rediscutir matérias já decididas no título executivo judicial – Tendo o título determinado a legitimidade passiva da parte e a solidariedade da condenação, não é possível a revisão do entendimento no cumprimento da decisão – Solidariedade em que o credor pode exigir o cumprimento total da obrigação de qualquer dos devedores, nos termos do **art. 275 do Código Civil**, não sendo necessária prévia estipulação de quotas da obrigação entre os devedores – Divisão proporcional das obrigações que somente interessam aos devedores na ação de regresso, não afetando o direito de cobrança do credor – Honorários advocatícios que podem ser cobrados em cumprimento provisório de sentença, por expressa previsão do art. 520, § 2º do CPC – Agravo improvido" (*TJSP* – AI 2222144-13.2024.8.26.0000, 22-8-2024, Relª Tania Ahualli).

"Declaratória c.c. repetição de indébito e indenização por danos morais. Cumprimento de sentença. Extinção com fulcro no art. 924, II, do CPC/2015. Inconformismo de um dos executados. Excesso não verificado. Condenação solidária dos réus permite à credora exigir a totalidade da dívida comum de um dos devedores. Pagamento voluntário do apelante de parte débito não o desobriga de adimplir o restante (art. 275 do CC). Correto o bloqueio judicial da parcela remanescente e o deferimento do levantamento pela apelada, ressalvado o direito de regresso do recorrente contra o codevedor solidário. Sentença mantida. Recurso desprovido" (*TJSP* – Ap 0002801-25.2022.8.26.0451, 24-7-2023, Rel. Paulo Alcides).

Essa disposição sofreu melhora de redação no vigente Código, sem alteração de sentido.

Tal se deve pelo fato de que os herdeiros respondem pelos débitos do *de cujus*, desde que não ultrapassem as forças de herança (princípio do *benefício do inventário*). Cada herdeiro fica responsável por sua quota na parte do falecido, a menos que a obrigação seja indivisível, caso em que se mantém a solidariedade por impossibilidade material. Existe uma relação íntima do art. 276, ora em estudo, com o art. 270, que diz respeito à solidariedade ativa.

3. De acordo com o art. 278:

> *"Qualquer cláusula, condição, ou obrigação adicional, estipulada entre um dos devedores solidários e o credor, não poderá agravar a posição dos outros, sem consentimento destes".*

O princípio geral é que ninguém pode ser obrigado a mais do que desejou, a não ser que concorde expressamente. Os atos descritos nesse artigo alteram a relação obrigacional, prejudicando os devedores solidários. Poderão apenas obrigar o devedor que estipulou tais cláusulas, sem aquiescência dos demais.

4. *Culpa*. Se a obrigação se extinguir *sem culpa* dos devedores, o princípio geral já estudado é que extinguirá a dívida para todos. Porém, pode ocorrer que haja culpa de algum dos devedores.

> *"Art. 908 (antigo). Impossibilitando-se a prestação por culpa de um dos devedores solidários, subsiste para todos o encargo de pagar o equivalente: mas pelas perdas e danos só responde o culpado."*

O art. 279 do atual Código mantém a ideia incólume, modernizando a redação:

> *"Tornando-se inexequível a prestação por culpa de um dos devedores solidários, subsiste para todos o encargo de pagar o equivalente; mas pelas perdas e danos só responde o culpado".*

Portanto, a apenação de perdas e danos só será carreada ao culpado. Igual solução ocorrerá se a impossibilidade da prestação se deu quando o devedor já estava em mora. Este responderá pelos riscos, mesmo que tenha havido caso fortuito ou força maior (ver art. 399). A tal propósito acrescenta o art. 280:

> *"Todos os devedores respondem pelos juros de mora ainda que a ação tenha sido proposta somente contra um; mas o culpado responde aos outros pela obrigação acrescida".*

5. *Exceções pessoais e exceções gerais*. Esse aspecto deve ser examinado com maior detalhe, dirigido principalmente ao iniciante da ciência do direito.

O art. 281: *"O devedor demandado pode opor ao credor as exceções que lhe forem pessoais e as comuns a todos; não lhe aproveitando, porém, as pessoais a outro codevedor."*

Fixe-se, de plano, que o termo *exceção* significa forma e meio de defesa. Para melhorar o entendimento, uma vez que se procura modernamente simplificar a terminologia, o Projeto nº 6.960/2002 sugeriu justamente que se utilizasse o termo *defesas*, substituindo *exceções*, nesse dispositivo.

Na obrigação solidária, embora exista uma única prestação devida, há multiplicidade de vínculos motivada pela existência de mais de uma pessoa no polo passivo ou no polo ativo. De acordo com o dispositivo estudado, tudo que disser respeito à própria obrigação pode ser alegado por qualquer devedor demandado. Situações tais como inexistência da obrigação, quitação, ilicitude da obrigação, ausência de forma prescrita, prescrição, extinção da obrigação, tudo isso fere diretamente a obrigação, ficando qualquer devedor intitulado para sua alegação, pois esses fenômenos colhem a obrigação em si, e não os diversos vínculos. Essas exceções, por isso, são denominadas *comuns* ou *reais*, e que nós preferimos denominar *gerais*, porque possibilitam a qualquer coobrigado alegá-las.

Porém, como essa obrigação é subjetivamente complexa, podem existir meios de defesa, exceções, particulares e próprias só a um (ou alguns) dos devedores. Aí, então, só o devedor exclusivamente atingido por tal exceção é que poderá alegá-la. São as exceções *pessoais*, que não atingem nem contaminam o vínculo dos demais devedores. Assim, um devedor que se tenha obrigado por erro, só poderá alegar este vício de vontade em sua defesa. Os outros devedores, que se obrigaram sem qualquer vício, não podem alegar em sua defesa a anulabilidade da obrigação, porque o outro coobrigado laborou em erro. Destarte, cada devedor pode opor em sua defesa, nas obrigações solidárias, as exceções gerais (todos coobrigados podem fazê-lo), bem como as exceções que lhe são próprias, as assim ditas pessoais. Desse modo, não pode o coobrigado, que se comprometeu livre e espontaneamente, tentar invalidar a obrigação porque outro devedor entrou na solidariedade sob coação.

Em apertada síntese, pode-se afirmar que as exceções pessoais são meios de defesa que podem ser opostos por um ou vários dos codevedores; exceções gerais são os meios de defesa que podem ser opostos por todos os codevedores da obrigação solidária. Como vemos da dicção do art. 278, um devedor solidário, individualmente, pode obter até mesmo a remissão da dívida, podendo, pois, atingir benefícios próprios e, na forma do artigo, qualquer cláusula, condição ou obrigação adicional não poderá agravar a situação dos demais, sem seu consentimento.

6.6.7.2 *Aspectos Processuais da Solidariedade. A Coisa Julgada*

Pelo fato de o credor poder acionar quer um, quer alguns, quer todos os devedores, nos termos do art. 275, parágrafo único, há reflexos no processo que merecem ser vistos.

Questão interessante vinha inserida no art. 27 da Lei de Falências (Decreto-lei nº 7.661, de 21-6-1945), já substituída:

> *"O credor de obrigação solidária concorrerá pela totalidade do seu crédito às massas dos respectivos coobrigados falidos, até ser integralmente pago.*
>
> *§ 1º Os rateios distribuídos serão anotados no respectivo título pelos síndicos das massas e o credor comunicará às outras o que de alguma recebeu.*
>
> *§ 2º O credor que, indevida e maliciosamente, receber alguma quantia dos coobrigados solventes ou das massas dos coobrigados falidos, fica obrigado a restituir em dobro, além de pagar perdas e danos".*

Com o mesmo sentido, posiciona-se a Lei nº 11.101/2005: "*O credor de coobrigados solidários cujas falências sejam decretadas tem o direito de concorrer, em cada uma delas, pela totalidade do seu crédito, até recebê-la por inteiro quando então comunicará ao juízo*" (art. 127, *caput*).

A mesma solução das quebras, na esfera mercantil, deve ocorrer nos casos de insolvência civil. O princípio é sempre o mesmo. Qualquer pagamento parcial deve ser anotado no título. Ninguém deve receber mais do que tiver direito. Ocorrendo recebimento a mais, havendo culpa (porque eventualmente a culpa poderá inexistir), haverá possibilidade de indenização por perdas e danos.

Quando um devedor solidário é acionado, os demais podem intervir no processo como assistentes, na figura de assistente qualificado (art. 124 do CPC). Notemos, porém, que, se a defesa do acionado é por exceção pessoal, a assistência será simples.

Em relação à eficácia da coisa julgada, quando da ação não participam todos os devedores solidários, a questão deve ser vista pelo prisma processual. Muito discutiu a doutrina sobre o problema, mas o fato é que para existirem os efeitos da coisa julgada deve haver a tríplice identidade (de objeto, de causa de pedir e de pessoas). Assim sendo, a moderna doutrina inclina-se em ver efeitos da coisa julgada apenas para os partícipes da ação. O julgado restringe-se às partes e só elas são atingidas por ele.

No entanto, é evidente que o Poder Judiciário, como poder estatal, é uno. Devem os julgados, sempre que possível, evitar decisões contraditórias, ou conflitantes, que confundem os que dele se valem, causam instabilidade social e prejudicam a figura do magistrado. Desse modo, embora não haja comunicação de coisa julgada, os tribunais devem procurar sempre proferir decisões homogêneas. Tomando conhecimento de uma decisão, ou de um processo, em que se discute a mesma obrigação, como é o caso da solidariedade, o julgador deve buscar uma decisão única, reunindo-se os processos, para decisão conjunta, sempre que for viável. Quando já existe uma decisão, deve procurar o julgador decisão que seja homogênea àquela, sem violentar seu convencimento.

6.6.7.3 Pagamento Parcial

Diz o art. 277:

> *"O pagamento parcial feito por um dos devedores e a remissão por ele obtida não aproveitam aos outros devedores, senão até à concorrência da quantia paga, ou relevada".*

Entenda-se a razão da regra. Se o credor já recebeu parcialmente a dívida, não poderá exigir dos demais codevedores a totalidade, mas apenas abater o que já recebeu.

O credor pode exigir parcialmente a dívida apenas se desejar, porque a obrigação não é essa. No entanto, se já foi paga parcialmente, por iniciativa de um dos devedores e com a concordância do credor, os demais devedores podem pagar o saldo, não sendo mais obrigados pela dívida toda (cf. Monteiro, 1979, v. 4:188; Lopes, 196, v. 2:162; e Wald, 1979:41, entre outros).

Da mesma forma opera-se com a remissão parcial. Ocorre o contrário do que sucede na solidariedade ativa (art. 269). Quando o credor perdoa a dívida em relação a um dos devedores solidários, isso não faz com que a dívida desapareça com relação aos demais devedores, que permanecem vinculados à solução da dívida, com abatimento daquela parte que foi dispensada pelo credor. Se, contudo, a remissão ocorrer totalmente e sem ressalvas, atinge toda a dívida e todos os devedores.[28]

---

[28] "Processual Civil – Embargos à execução – Título executivo extrajudicial – Ex-sócio que figura como avalista do contrato – **Responsabilidade solidária** – Legitimidade passiva do avalista – Apelação desprovida – 1- Apelação Cível interposta pela parte Embargante em face da sentença que julgou improcedentes os embargos à execução, nos termos do art. 487, I do CPC/2015, em virtude da legitimidade passiva do avalista para figurar no polo passivo da execução. 2- O Apelante figurou nos negócios jurídicos sob execução não apenas como representante da empresa devedora, mas também como avalista/codevedor, de forma que responde solidariamente pelo débito. 3- De acordo com o artigo 264 do Código Civil/02 há solidariedade, quando na mesma obrigação concorre mais

6.6.8 Extinção da Solidariedade

A solidariedade ativa ou passiva pode desaparecer, deixando de existir, portanto, a faculdade ínsita a essa modalidade de obrigação, que é a de o credor exigir a dívida por inteiro de qualquer coobrigado ou de qualquer credor; na solidariedade ativa, pode exigir também a dívida toda do devedor.

Na solidariedade ativa, os credores poderão abrir mão dela, da mesma forma que a criaram, isto é, convencionalmente: a partir de então, cada credor só poderá exigir sua quota-parte no crédito. O devedor só deverá pagar a quota respectiva a cada credor.

Há uma hipótese legal, contudo, na qual o vínculo da solidariedade, embora não desapareça, fica irregular. É a hipótese do art. 270 do Código Civil:

> *"Se um dos credores solidários falecer deixando herdeiros, cada um destes só terá direito a exigir e receber a quota do crédito que corresponder ao seu quinhão hereditário, salvo se a obrigação for indivisível".*

Nesse caso, a solidariedade só desaparece para os herdeiros do falecido credor, persistindo essa espécie de vínculo para os credores solidários sobrevivos. Notemos, no entanto, que os herdeiros em questão, em conjunto, são tratados como o credor falecido; podem todos eles, em conjunto, exigir a dívida toda.

Como assume a lei, no caso de obrigação indivisível, os herdeiros do credor falecido podem, qualquer um deles, exigir a dívida por inteiro. Tal decorre da natureza material da prestação e não do vínculo jurídico. Existe impossibilidade do cumprimento parcelado da obrigação.

No caso de solidariedade passiva, as situações de extinção são mais frequentes.

Na hipótese de morte de um dos devedores solidários, deixando herdeiros,

> *"nenhum destes não será obrigado a pagar senão a quota que corresponder ao seu quinhão hereditário, salvo se a obrigação for indivisível; mas todos reunidos serão considerados como um devedor solidário em relação aos demais devedores"* (art. 276).

---

de um credor, ou mais de um devedor, cada um com direito, ou obrigado, à dívida toda. 4- O artigo 275 do mesmo diploma legal, que trata da solidariedade dos devedores, estabelece que o credor tem direito a exigir e receber de um ou de alguns dos devedores, parcial ou totalmente, a dívida comum. 5- Desta forma, embora o Apelante tenha, posteriormente, deixado de fazer parte do quadro societário da empresa devedora, subsiste sua obrigação solidária como garantidor da dívida, visto que figura como avalista dos contratos, sendo, portanto, parte legítima para figurar no polo passivo da execução. 6- Apelação desprovida" (*TRF-2ª R.* – AC 0500177-50.2015.4.02.5120, 11-3-2019, Rel. Reis Friede).

"Agravo de instrumento – Condenação – Solidariedade – Não presunção – Obrigação cumprida – Prosseguimento da execução apenas quanto ao outro requerido – 1 – A solidariedade não se presume, resultando da lei ou da vontade das partes, nos termos do artigo 265 do Código Civil. 2 – Não tendo havido condenação solidária entre os réus e, cumprida a obrigação que cabia ao banco, a execução deve prosseguir apenas quanto ao outro réu. 3 – Decisão mantida. Agravo de instrumento. CDC – Solidariedade – Direito de exigir toda a obrigação – Constatação – Caracteriza-se como solidária a responsabilidade das devedoras em decorrência de dano causado ao consumidor, conforme previsto no art. 7º, parágrafo único do CDC. A solidariedade passiva permite ao credor a exigência de uma ou de algumas das devedoras o pagamento parcial ou total da dívida, momento que restará a quem suportou o montante cobrado a mais o exercício do direito regressivo frente aos demais devedores, na proporção da responsabilidade de cada um destes" (*TJMG* – AI-Cv 1.0024.09.736975-5/001, 22-8-2018, Rel. Antônio Bispo).

"Agravo de instrumento – Ação declaratória c.c – Indenização – Decisão que rejeitou a impugnação ao cumprimento de sentença – Inconformismo – Alegação do corréu de que a sua obrigação se limita a 30% do valor da condenação – Descabimento – Existência de solidariedade entre os réus, que podem ser executados ao pagamento integral ou parcial da dívida – Inteligência dos arts. 275 do CC e 942 do CPC – Possibilidade de ajuizar ação de regresso para cobrança do valor que exceder a sua cota parte – Recurso desprovido" (*TJSP* – AI 2229939-51.2016.8.26.0000, 24-5-2017, Rel. José Aparício Coelho Prado Neto).

Os herdeiros, portanto, serão responsáveis apenas por sua quota na dívida. Em conjunto, são considerados um único devedor. Enquanto não houver partilha, o crédito pode ser exigido do monte-mor. Após a partilha, o credor só poderá pedir a quota de cada herdeiro na dívida, não podendo os coerdeiros ser compelidos a saldar a dívida toda.

Nos termos do art. 282, também a renúncia pode extinguir a solidariedade:

> *"O credor pode renunciar à solidariedade em favor de um, de alguns ou de todos os devedores.*
>
> *Parágrafo único. Se o credor exonerar da solidariedade um ou mais devedores, subsistirá a dos demais".*

Entretanto, se houver rateio entre os codevedores, para reembolso do devedor que solveu a obrigação, todos contribuirão, mesmo aqueles que tiveram a renúncia à solidariedade (art. 284). Isso porque, se é dado ao credor abrir mão de seu direito, tal não interfere no relacionamento entre os vários devedores, porque nesse caso específico haveria agravamento da situação dos devedores em benefício de um (ou mais de um) deles.

Renunciar é abrir mão, dispensar, despojar-se de direitos. Todos aqueles plenamente capazes podem fazê-lo. Deve a renúncia ser cabal. Pode ser expressa, quando o credor declara que não deseja mais receber o crédito, ou que, no caso, abre mão da solidariedade. Pode ser tácita, quando na falta de declaração expressa a atitude do credor é incompatível com a continuidade da solidariedade. É o caso, por exemplo, de o credor receber parcialmente de um devedor e dar-lhe quitação. Aí o credor demonstra desinteresse em receber a integridade da dívida. O mesmo ocorre quando o credor demanda judicialmente apenas parte do crédito a um devedor, ou recebe, reiteradamente, pagamentos parciais, sem qualquer reserva.

Na prática, são muitos os casos em que pode ocorrer extinção da solidariedade, ainda que não descritos em lei.

6.7 OUTRAS MODALIDADES DE OBRIGAÇÕES

6.7.1 Obrigações Principais e Acessórias

A noção de acessório e principal já nos foi dada pelo art. 92: *"Principal é a coisa que existe sobre si, abstrata ou concretamente. Acessória, aquela cuja existência supõe a da principal"*. Completava ainda o art. 59 do Código de 1916: *"Salvo disposição especial em contrário, a coisa acessória segue a principal"*.

Transporta-se o princípio para as obrigações. Há obrigações que nascem e existem por si mesmas, independentes. Há outras que surgem unicamente para se agregar a outras, isto é, são obrigações acessórias. Sua existência está na razão de ser da obrigação principal e em torno dela gravitam.[29]

---

[29] "Ação de obrigação de fazer. Sentença de parcial procedência. Irresignação do réu. Preliminar de falta de interesse de agir afastada. Partilha de honorários de advogado contratado para representar o réu em reclamação trabalhista que não decorre do acordo de partilha firmado pelas partes, expressa ou implicitamente. Inteligência do art. 843 do CC. Juros incidentes sobre o crédito trabalhista partilhável que devem ser divididos com a autora, conforme o princípio geral de que o **acessório segue o principal**. Insurgência do réu contra o pagamento das custas, despesas processuais e honorários advocatícios contrária aos princípios da causalidade e sucumbência. Sentença mantida. Recurso desprovido" (*TJSP* – Ap 1000020-14.2023.8.26.0019, 11-6-2024, Rel. Alexandre Marcondes).

O caráter de acessório e principal pode emanar da vontade das partes ou da lei. Pode a obrigação acessória surgir concomitantemente com a principal ou posteriormente. Podem estar presentes no mesmo instrumento ou em instrumento diverso.

Quando estabelecido convencionalmente pelas partes, os sujeitos ajustam uma obrigação a par da obrigação principal. São comuns os direitos de garantia, como a fiança, garantia pessoal, e o penhor e a hipoteca, garantias reais. A fiança, o penhor e a hipoteca (e a anticrese) constituem obrigações acessórias a uma obrigação principal. Não se deve esquecer que mesmo os direitos reais de garantia aqui referidos surgem originalmente como uma obrigação. E são acessórios. Não têm razão de ser sem a existência da obrigação principal. Constituem, na verdade, um reforço para o adimplemento da obrigação principal.

Por vezes, a acessoriedade decorre da própria lei. Como é o caso da evicção, pela qual o vendedor, além da obrigação inerente à compra e venda, de entregar a coisa vendida, é obrigado a resguardar o comprador contra os riscos (art. 447).

Os juros também configuram uma obrigação acessória, porque sua existência depende da obrigação principal, como estava dito no art. 60 do Código de 1916, pois os juros são *frutos civis*.

A principal consequência da distinção é que a obrigação acessória segue a sorte da principal. Desaparecendo a principal, desaparece a acessória. Porém, a recíproca não é verdadeira. Destarte, pode o contrato principal ser perfeito, sendo nula a fiança, por incapacidade do agente, por exemplo. No entanto, nulo o contrato principal, não havemos de falar em fiança, porque desapareceu a eficácia da obrigação principal, não tendo mais a fiança o que garantir.

Quando se transfere a obrigação principal, com ela seguem os acessórios. Esta observação deve ser vista com reserva, contudo, pois na fiança, por exemplo, o fiador garante um primitivo devedor e só com sua anuência garantirá outro, pois a fiança não admite interpretação extensiva, sendo baseada na confiança.

"Agravo de instrumento. Cumprimento de sentença. Ação de obrigação de fazer. Fornecimento de medicamentos. Óbito da autora. Execução das astreintes pelo espólio. Inviabilidade. a multa tem caráter coercitivo e personalíssimo, sendo, pois, intransmissível. Logo, extinta a obrigação de fornecimento de medicamentos pelo óbito, extingue-se também a sua imposição, porquanto o **acessório segue o principal**. Decisão reformada. Recurso provido" (*TJSP* – AI 2041308-16.2022.8.26.0000, 1-4-2022, Rel. Osvaldo de Oliveira).

"Agravo de instrumento – Ação monitória em fase de cumprimento de sentença – Promessa de compra e venda inadimplida – Decisão determinou lavratura de termo penhora sobre direitos incidentes sobre o terreno. Negativa (implícita) de menção no termo de penhora às acessões existentes sobre o lote, por estarem incorporadas ao imóvel. As acessões incorporam-se ao imóvel. Aplicação da regra do artigo 1.248, inciso V, do Código Civil. **O acessório segue o principal**, circunstância que resulta na conclusão de que a penhora sobre direitos dos executados sobre o terreno, implica na constrição também sobre a construção nele inserida. Determinação para que do termo de penhora conste que esta incide sobre direitos incidentes sobre o imóvel e sobre a acessão introduzida, visando evitar conflitos e dúvidas futuras. Recurso não provido, com determinação" (*TJSP* – AI 2266192-67.2018.8.26.0000, 20-5-2019, Rel. Edson Luiz de Queiroz).

"Constitucional e processual civil – Fornecimento de medicamentos e insumos – Cumprimento de sentença – Execução de obrigação de fazer – Admissibilidade – Sentença que condenou o Município ao fornecimento de medicamentos e insumos. Controvérsia sobre a inclusão de pilhas palito dentre os insumos no título judicial e a possibilidade de sua execução. Natureza acessória das pilhas, que são necessárias para o funcionamento das bombas de insulina concedidas na sentença. Aplicação da regra segundo a qual o **acessório segue o principal**. Recurso provido" (*TJSP* – AI 2158968-07.2017.8.26.0000, 19-2-2018, Rel. Décio Notarangeli).

"Apelação – Compra e venda – alienação fiduciária – Bem Móvel – Rescisão contratual C.C – Indenização por danos morais e devolução das quantias pagas. Entrega de veículo diverso, sem o CRV. Relação de consumo. Responsabilidade solidária. Devolução das quantias comprovadamente pagas. Danos morais. Ocorrência. Indenização arbitrada em R$ 5.000,00. Sentença de parcial procedência. Contratos coligados. De fornecimento. Atuação conjunta. **Negócio acessório que segue o principal**. Negativação. Dano *in re ipsa*. Situação excepcional. Entrega de bem diverso. Majoração da indenização para R$ 8.000,00. Danos materiais não comprovados. Recurso do autor parcialmente provido e da ré, improvido" (*TJSP* – Ap 0012239-16.2012.8.26.0002, 31-5-2017, Rel. Bonilha Filho).

Caio Mário da Silva Pereira (1972, v. 2:83) lembra a distinção de *cláusula acessória* de *obrigação acessória*. Na cláusula acessória há apenas uma cláusula a mais no contrato, sem a criação de uma obrigação diversa. É o caso da cláusula de irretratabilidade num compromisso de compra e venda. É cláusula do contrato. Diferentemente ocorre quando as partes estipulam uma garantia extra para o cumprimento do contrato.

Como consequência do princípio geral, se prescrita a obrigação principal, estará também prescrita a acessória.

Pelo princípio geral, portanto, desaparece a acessoriedade com o desaparecimento do principal. Lembre-se, no entanto, de que os juros são obrigação acessória, mas podem ser demandados autonomamente. É que, nessa hipótese, o juro ganha foros de obrigação autônoma, mas nem por isso perde seu caráter de acessório.

6.7.2 Obrigações Líquidas e Ilíquidas

A distinção é importante, tendo em vista as consequências de uma e de outra.

Dispunha o art. 1.533 do Código de 1916: "*Considera-se líquida a obrigação certa, quanto à sua existência, e determinada, quanto ao seu objeto*". Assim, as obrigações de pagar R$ 1.000,00, 100 sacas de cereal ou de entregar um automóvel especificado são obrigações líquidas. Nelas acham-se presentes os requisitos que permitem a imediata identificação do objeto da obrigação, sua qualidade, quantidade e natureza.

A obrigação é ilíquida quando depende de prévia apuração para a verificação de seu exato objeto ou montante. Se se trata de apuração em dinheiro, é seu exato valor que deve ser apurado. No entanto, a apuração poderá ser de outro objeto que não dinheiro. A obrigação ilíquida tenderá sempre a se tornar líquida, para possibilitar, se for o caso, a execução forçada. A conversão ocorrerá em juízo (é claro, contudo, que sempre será permitida a transação) por meio das regras do processo de liquidação (arts. 475-A a 475-H – redação da Lei 11.232/2005). Quando a sentença condenar de forma ilíquida, esse será o procedimento. Nada impede, porém, tenham as partes avençado uma obrigação ilíquida e a liquidem judicialmente.

A sentença deve procurar sempre uma condenação líquida. A fase de liquidação de sentença poderá procrastinar desnecessariamente o deslinde da causa. Somente quando o juiz ou árbitro não tiver efetivamente elementos para proferir uma sentença líquida é que deverá deixar a apuração para a fase de liquidação, a qual, na verdade, se embute no processo de execução.

O estatuto processual erigiu tradicionalmente três formas de liquidação de sentença: por cálculo do contador, por arbitramento e por artigos.

A liquidação mais singela é aquela realizada por simples cálculo aritmético, ocasião em que o próprio credor cuidará de fazer a memória discriminada dos valores atualizados. Prescinde-se, inclusive, do contador, ante a simplicidade dos cálculos (art. 509, § 2º, do CPC).

A liquidação por arbitramento é aquela que depende de conhecimento técnico para sua apuração, referindo o CPC no art. 510 a esse aspecto, quando então se nomeará perito. A liquidação por arbitramento pode decorrer também de determinação da sentença ou de convenção das partes. A sentença que condena o réu a pagar o valor de uma máquina que se perdeu, por exemplo, requer arbitramento. O art. 509 especifica que se fará a liquidação por arbitramento quando determinado na sentença ou assim convencionado pelas partes e quando a natureza do objeto exigir essa modalidade.

A liquidação por artigos ocorre *quando, para determinar o valor de condenação, houver necessidade de alegar e provar fato novo*. Seguir-se-á o procedimento comum (art. 509, II, CPC). Não é possível fugir ao pedido da petição inicial na liquidação da sentença. Em fase de liquidação, não se pode discutir de novo a lide ou modificar a sentença que a julgou (art. 509, § 4º). No entanto, por vezes, não poderá o autor estipular na peça vestibular um pedido líquido. É o caso, por exemplo, da fixação do prejuízo pela produção de um produto falsificado pelo réu. A apuração do prejuízo dependerá de novos fatos a serem provados, uma vez que o montante do prejuízo não foi fixado na sentença. Pode ocorrer, também, a necessidade de perícia na liquidação por artigos.

Há procedimentos inovadores a respeito da liquidação que devem ser estudados no processo civil.

Existe certa analogia entre as obrigações ilíquidas e as obrigações de dar coisa incerta. A princípio, o objeto da prestação é desconhecido. Sempre é permitida a transação ou o simples acordo entre as partes para se atingir a liquidação. Contudo, nas obrigações de dar coisa incerta, a incerteza da obrigação surge com a própria obrigação, enquanto nas obrigações ilíquidas "*a imprecisão não é originária, decorrendo, ao contrário, da natureza da relação obrigacional*" (cf. Monteiro, 1979, v. 4:232).

O grande efeito da distinção é que o inadimplemento de obrigação positiva e líquida, em seu termo, constitui de pleno direito o devedor em mora. É a mora da própria coisa, do próprio objeto (*ex re*). Na obrigação ilíquida, há necessidade da prévia liquidação para a constituição em mora. No tocante aos juros, diz o art. 407:

> "*Ainda que não se alegue prejuízo, é obrigado o devedor aos juros da mora, que se contarão assim às dívidas em dinheiro, como às prestações de outra natureza, uma vez que lhes esteja fixado o valor pecuniário por sentença judicial, arbitramento ou acordo entre as partes*".

Nas obrigações ilíquidas, os juros de mora são contados desde a citação inicial. Os juros de mora serão sempre uma decorrência da sentença, quer a dívida seja líquida, quer ilíquida, independendo do pedido. Precisamos examinar o aspecto dos juros sob o prisma da mora, o que veremos mais adiante.

Em matéria de compensação, a questão da liquidez da dívida é relevante, para o que nos reportamos à seção 6.8, assim como o é a imputação de pagamento (seção 10.3) e a consignação em pagamento (seção 10.1).

Recorde-se, para finalizar, que quando o devedor comerciante não paga no vencimento obrigação líquida, constante de título que autorize a ação executiva, considera-se falido, de acordo com o sistema falencial.

6.7.3 Obrigações Condicionais

Nosso código, ao contrário de outras legislações, com a máxima propriedade, tratou das condições, assim como do termo e do encargo, na parte geral, porque podem elas ser apostas, com poucas exceções, em todos os negócios jurídicos, e não apenas em obrigações. No Direito de Família vamos encontrar a maioria dos direitos puros, isto é, aqueles que não admitem condições, como, por exemplo, o casamento, o reconhecimento de filiação.

É, portanto, no campo patrimonial que encontramos espaço para as condições. O direito de obrigações é patrimonial por excelência. Remetemos o leitor ao que foi exposto a respeito de condições em *Direito civil: parte geral*. Aqui apenas aviventamos algumas particularidades referentes às obrigações. Lembremos tudo que foi dito a respeito de condições potestativas, resolutivas, suspensivas, impossíveis etc. e apliquemos o conceito e o conteúdo de obrigações.

Note que sempre a condição subordina a obrigação a evento futuro e incerto. Não havendo futuridade, tendo já ocorrido o evento, não há condição e a obrigação é exigível desde logo. Assim sendo, se subordinamos um pagamento a um resultado de uma competição esportiva que ocorreu ontem, da qual apenas não sabemos o resultado, não há futuridade, não há condição, não se trata de obrigação condicional, embora sua aparência o seja.

Sem dúvida, a divisão mais importante nessa matéria é a de condições *suspensivas* e *resolutivas*.

A questão que se levanta é sobre a situação jurídica da obrigação que está sob *condição suspensiva* antes do implemento. O credor possui um direito eventual (ver *Direito civil: parte geral*, Capítulo 18). Não existe a obrigação, não podendo o credor exigir seu cumprimento, enquanto não ocorrer o implemento. Frustrada a condição, por outro lado, a obrigação deixa de existir. Aqui reside a maior distinção com as obrigações a termo, nas quais o direito existe desde logo.

Destarte, não tendo ocorrido o evento e tendo o devedor cumprido a obrigação, assiste-lhe o direito de repetição, porque se trata de pagamento indevido (art. 876).

Ainda, não corre prazo prescricional na obrigação pendente de condição suspensiva (art. 199, I).

Como está disposto no art. 126,

> *"Se alguém dispuser de uma coisa sob condição suspensiva, e, pendente esta, fizer quanto àquela novas disposições, estas não terão valor, realizada a condição, se com ela forem incompatíveis".*

O Código estipula que não vale disposição posterior ao estabelecimento da condição suspensiva, se essa disposição é incompatível com a condição.

O direito eventual tem como característica principal o fato de seu titular poder exercer os meios assecuratórios para conservá-lo (art. 130). Assim, se alguém promete entregar coisa sob condição suspensiva e, pendente ela, enquanto não ocorre o evento, abandona a coisa, sujeitando-a à deterioração, pode o credor, por exemplo, pedir caução ou pleitear para si o depósito da coisa.

A morte do credor ou do devedor, antes de ocorrido o evento suspensivo, em nada modifica a situação jurídica criada pelo negócio condicional, a menos que se trate de fato personalíssimo da parte falecida, porque o cumprimento se torna impossível. Não se esqueça, porém, de que sempre que a parte impede que o fato se realize, a condição se tem por cumprida e se torna exigível a obrigação (art. 129). Da mesma forma, o mesmo artigo considera não verificada a condição maliciosamente levada a efeito por aquele a quem aproveita seu implemento.

O alienante de coisa fixada sob condição suspensiva conserva a propriedade e gozo da coisa enquanto não ocorrer o implemento. Daí concluímos que a coisa continua consigo por sua conta e risco; se a coisa perece (*res perit domino*), perece para ele, não tendo, pois, o alienante direito de exigir o cumprimento da obrigação da outra parte, já que não há objeto. Por conseguinte, se o adquirente já houvera pago em parte o preço, com o perecimento da coisa pode pedir a devolução ao alienante, com perdas e danos caso tenha havido culpa por parte deste último.

Ocorrendo o implemento da condição, imediatamente é exigível a obrigação (art. 332). Cabe ao credor provar que o devedor teve ciência do evento.

No tocante às *condições resolutivas*, como o direito se adquire de plano, tal aquisição não se diferencia das obrigações puras e simples. Como consequência, tendo o adquirente a posse da coisa objeto da obrigação, tem ele o poder de disposição e o gozo, se diverso não resultar do negócio. Se a coisa perece, o possuidor suporta a perda, nada podendo exigir da outra parte na relação obrigacional.

A condição resolutória não proíbe a disposição da coisa para terceiro e, tendo isso ocorrido, e não sendo possível ir buscar a coisa com quem se encontre, só resta a resolução em perdas e danos. Na verdade, na condição resolutiva, o vínculo alcança terceiros, que adquirem uma propriedade resolúvel. O implemento da condição resolutiva, na realidade, invalida o vínculo. Se se tratar de imóveis, deve a resolução constar de registro, para que os terceiros não possam alegar ignorância.

Com o implemento da condição resolutiva, deve o possuidor entregar a coisa com seus acréscimos naturais. A questão das benfeitorias, se não constar da avença, rege-se por seus princípios legais (ver *Direito civil: parte geral*, Capítulo 16).

As diminuições ocorridas com a coisa, quando da entrega, no fenômeno ora estudado, deverão ser indenizadas pelo possuidor apenas se agiu com culpa.

Aqui, na condição resolutiva, quando se frustra o implemento, a condição que já era tratada como pura e simples assim permanecerá.

Não esqueçamos que nos contratos bilaterais sempre existe a cláusula resolutória implícita, para o caso de descumprimento da avença de uma das partes.

6.7.4 Obrigações Modais

O modo ou encargo é outro elemento acidental que pode ser agregado ao negócio jurídico; dele nos ocupamos no Capítulo 27 de *Direito civil: parte geral.* Ali, já fizemos a distinção do encargo e da condição. Basilarmente, o encargo é coercitivo, o que não ocorre com a condição, porque ninguém pode ser obrigado a cumpri-la.

À distinção já acenada com a condição, acrescentemos que a condição é sempre um acontecimento *futuro e incerto*, do qual depende a existência ou a extinção do direito; o encargo é uma obrigação imposta ao beneficiário de um direito.

Vezes haverá em que persistirá a dúvida se a disposição é de condição ou encargo. A lógica manda, como faz a doutrina, concluirmos pela existência do encargo, que é a solução menos severa para o beneficiário, solução, aliás, colocada na lei argentina (art. 588, *in fine*, do Código Civil).

O Código de 1916, na Parte Geral, só trazia a regra do art. 128. O atual estatuto dispõe a esse respeito em dois artigos (136 e 137). Enquanto a condição, se for suspensiva, suspende a aquisição do direito, tal não ocorre com o encargo, a não ser que assim seja expressamente disposto pelo declarante.

O encargo fica restrito aos negócios gratuitos. A definição de Guillermo A. Borda (s.d.: 282) é que *"o modo ou encargo é uma obrigação acessória que se impõe àquele que recebe uma liberalidade"*. É fato que não se pode admitir o instituto fora dos atos de liberalidade. Serpa Lopes (1966, v. 2:103) acrescenta que:

> *"as obrigações modais são as que se encontram oneradas com um encargo, que impõe ao onerado o dever de empregar todos ou parte dos bens recebidos pela maneira e com a finalidade indicada pelo instituidor, ou de dar, fazer ou não fazer alguma coisa, de tal sorte*

que, se não existisse essa cláusula acessória, o onerado não estaria vinculado a qualquer prestação, em razão da natureza gratuita do ato".

Assim, são encargos, por exemplo, a doação de bens, com o ônus de pagamento periódico a uma instituição filantrópica; a cessão de direitos autorais, com a obrigação de o editor reservar um número de exemplares gratuitos ao cedente ou a terceiro; o pagamento de débito, ficando o beneficiário onerado com a regularização de documentação perante as repartições públicas.

O modo, agregado a uma obrigação, pode objetivar uma ação ou omissão em favor do próprio disponente, de um terceiro ou do próprio beneficiário. Observa Serpa Lopes (1966, v. 2:103) que neste último caso o encargo se torna uma espécie de conselho, desprovido de sanção, porque não podemos ter na mesma pessoa a figura de credor e devedor.

Quanto ao inadimplemento da obrigação modal, já nos referimos na parte geral (doação com encargo). Ali, expusemos que aos demais casos de encargo (poucos, é verdade), por analogia, há de se aplicarem os mesmos princípios. Enfatizemos que, enquanto aos instituidores e seus herdeiros cabe ação para revogar liberalidade, aos terceiros beneficiados e ao Ministério Público só caberá ação para fazer executar o encargo, porque seu interesse situa tão só na exigência dessa execução. Como ali afirmamos, o instituidor pode optar entre a revogação e a execução.

O Código de 1916 nada dizia acerca de encargos impossíveis, ilícitos ou imorais. Por analogia, a boa razão mandava que se aplicassem os princípios legais relativos às condições, arts. 115 e 116, a cujos comentários remetemos o leitor. Já o vigente Código traz a regra: "*Considera-se não escrito o encargo ilícito ou impossível, salvo se constituir o motivo determinante da liberalidade, caso em que se invalida o negócio jurídico*" (art. 137). A solução da lei mais recente é boa, ao contrário, por exemplo, da lei argentina, que considera simplesmente nulo o negócio se o encargo imposto é impossível, ilícito ou imoral (art. 564 do Código Civil argentino). A questão maior passa a ser, no caso concreto, definir se o encargo é o motivo determinante da liberalidade. A solução do Código de 1916 remetia à aplicação do art. 116: o encargo fisicamente impossível, bem como os de não fazer coisa impossível, têm-se por inexistentes; os encargos juridicamente impossíveis invalidam todo o ato. O art. 137 do corrente Código não distingue as formas de impossibilidade.

6.7.5 Obrigações a Termo

Ocupamo-nos do termo e do prazo em *Direito civil: parte geral*, para o qual remetemos o leitor.

Quase todos os negócios jurídicos admitem a fixação de um lapso temporal para o cumprimento, salvo exceções principalmente sediadas no Direito de Família (casamento, reconhecimento de filiação etc.).

Já observamos a diferença entre termo e condição: na condição há um evento futuro e incerto. O evento é falível. O implemento pode não ocorrer. A condição, daí, se frustra. O termo, que depende do tempo, é inexorável. No termo, o direito é futuro, mas deferido, já que não impede a aquisição do direito, cuja eficácia fica apenas em suspenso.

Nas obrigações de direito privado estamos tratando do chamado *termo convencional*, fixado pelas partes. Nas obrigações de direito público há o termo legal, fixado pela lei, como aquele para pagamento de um tributo. No processo há o termo judicial, aquele fixado pelo juiz.

O termo, uma vez aposto à obrigação, indica o momento em que sua exigibilidade se inicia ou se extingue. O *termo inicial*, portanto, indica o momento do início, e o *termo final* indica o momento em que deve cessar o exercício do direito.

O art. 131 diz que *"o termo inicial suspende o exercício, mas não a aquisição do direito"*. Portanto, pendente o termo, pode o beneficiário usar de todos os meios acautelatórios para a preservação de seus direitos.

Dada a semelhança entre os fenômenos, o art. 135 determina que, ao termo inicial, apliquemos o disposto à condição suspensiva, e ao termo final, o disposto à condição resolutiva.

Já falamos que prazo é o lapso de tempo que decorre da declaração de vontade à superveniência do termo e também o tempo que medeia entre o termo inicial e o termo final (seção 27.3.1 de *Direito civil: parte geral*). Os termos estão, pois, nas extremidades dos prazos. Destarte, pelo termo diferem-se direitos (termo suspensivo), ou limitam-se em um prazo (termo resolutivo).

O art. 133 diz que os prazos, nos contratos, presumem-se em proveito do devedor, salvo *"se do teor do instrumento, ou das circunstâncias, resultar que se estabeleceu a benefício do credor, ou de ambos os contratantes"*. Existe aí uma presunção *juris tantum*. A questão é importante porque se a lei presumisse sempre o prazo em favor do devedor (que é geralmente quem está em desvantagem na obrigação), este poderia cumprir sempre a obrigação antes do advento do termo. Pode ocorrer, todavia, que o cumprimento antecipado, pelas circunstâncias da avença, seja inconveniente para o credor. Imagine, por exemplo, a situação do credor que encomendou maquinário pesado para sua indústria, cujo prédio para abrigá-lo só ficará pronto pouco antes da data da entrega da encomenda. O cumprimento antecipado para o devedor será muito gravoso para o credor. Essa é a intenção da lei. O que se pode dizer é que, geralmente, o cumprimento de obrigações em dinheiro, antecipadamente, é possível, pois não terá o credor interesse jurídico em recusá-lo. Entretanto, a existência de juros e correção pode demonstrar o contrário.

Por outro lado, não poderia o termo ser fixado, em tese, em benefício do credor, pois, nesse caso, poderia ele exigir a qualquer momento o cumprimento da obrigação. O termo é sempre inexorável. O prazo é que pode ser *certo* ou *incerto*, com uma data exata ou prontamente fixável no calendário. O termo é certo, e somente será incerto quando não soubermos a data em que se cumprirá a obrigação.

O termo certo (ou determinado) constitui o devedor, de pleno direito, em mora, enquanto no termo incerto (ou indeterminado) é necessária a interpelação do devedor (art. 397), o que será estudado em breve.[30]

Como faz Guillermo A. Borda (s.d.: 279), é importante destacar a distinção entre a incerteza do termo e a incerteza que é própria da condição.

[30] "**Agravo de instrumento**. Ação de reintegração de posse. Contrato de arrendamento mercantil (*leasing*). Notificação extrajudicial. Providência realizada pelo competente cartório de títulos e documentos, para constituição em mora do devedor. Requisito para a propositura da presente demanda observado. Mora configurada pela inadimplência e comprovada mediante notificação extrajudicial dos devedores. Exegese do disposto nos artigos 394 e 397 do Código Civil. Ajuizamento de ação revisional que não descaracteriza a mora. Ausência de depósitos dos valores incontroversos. Recurso provido para cassar a decisão e deferir a liminar. Reza o art. 394 do Código Civil vigente que 'considera-se em mora o devedor que não efetuar o pagamento e o credor que não quiser recebê-lo no tempo, lugar e forma que a lei ou a convenção estabelecer', e o *caput* do seu art. 397 complementa que 'o inadimplemento da obrigação positiva e líquida, no seu termo, constitui de pleno direito em mora o devedor'. 'Para a comprovação da mora, ensejadora de reintegração de posse decorrente de contrato de arrendamento mercantil, é imprescindível a prévia notificação do devedor, mediante carta expedida pelo Cartório de Títulos e Documentos, com a comprovação do recebimento, ou por regular protesto do título, sem o que inviabilizada a reintegração de posse frente à carência da ação'. (Apelação Cível nº 1999.014662-6, de Papanduva, rel. o signatário, j. em 30-8-2007). O entendimento da Súmula 380 STJ é que 'a simples propositura da ação de revisão de contrato não inibe a caracterização da mora do autor'" (*TJSC* – Acórdão Agravo de Instrumento 2010.029693-2, 3-2-2012, Rel. Des. Paulo Roberto Camargo Costa).

Na condição, a incerteza reside no fato de que não sabemos se o evento ocorrerá ou não. Na incerteza do termo, sabemos que este ocorrerá, o que não sabemos é apenas *quando* ocorrerá. Aquele que solveu dívida antecipadamente não tem direito à repetição. Na verdade, pagou dívida sua e existente. A regra é expressa no Código argentino (art. 571, com a redação atual, já que a dicção anterior dizia exatamente o oposto).

Depois do vencimento, é óbvio, a obrigação converte-se em pura e simples, tornando-se exigível judicialmente.

A regra geral de que, antes do termo, uma obrigação não pode ser exigida sofre algumas exceções. O art. 333 diz que:

> *"ao credor assistirá o direito de cobrar a dívida antes de vencido o prazo estipulado no contrato ou marcado neste Código:*
>
> *I – se, executado o devedor, se abrir concurso creditório;*
>
> *II – se os bens, hipotecados, empenhados, ou dados em anticrese, forem penhorados em execução por outro credor;*
>
> *III – se cessarem, ou se tornarem insuficientes as garantias do débito, fidejussórias, ou reais, e o devedor, intimado, se negar a reforçá-las".*

O dispositivo refere-se corretamente, no inciso I, à falência do devedor juntamente com o concurso de credores. A matéria ainda voltará a ser examinada.

6.8 OBRIGAÇÕES DE JUROS. OBRIGAÇÕES PECUNIÁRIAS

6.8.1 Obrigações de Juros

O conceito de juros não se apresenta na lei. Juros são a remuneração que o credor pode exigir do devedor por se privar de uma quantia em dinheiro. Os juros são precipuamente em dinheiro e em retribuição de uma quantia em dinheiro, embora nada impeça a entrega de juros em espécie nas obrigações fungíveis que tenham por objeto outras coisas que não dinheiro (cf. Von Thur, 1934, v. 1:46). Os juros retribuem o capital paulatinamente, dependendo do prazo de duração da obrigação.

Representam os chamados frutos civis do capital e são, portanto, acessórios (art. 92). Os juros (ou interesses) são, pois, uma obrigação acessória da dívida principal. Seguem a sorte desta. Deve ser lembrado que a relação de dependência dos juros surge quando do *nascimento* da dívida. Isso porque, excepcionalmente, após o surgimento da dívida os juros podem-se autonomizar. É possível acontecer que a obrigação de juros destaque-se da obrigação principal e tenha vida autônoma, mas seu nascimento é sempre acessório e assim será sua natureza. Tanto que se presumem pagos, quando na quitação de capital a eles não se faz ressalva (art. 323).

Ordinariamente, os juros são fixados em porcentagem. É da tradição. Podem, porém, ser fixados em outra proporção.

A noção de juros remonta à Antiguidade. A Igreja cristã sempre, a princípio, tentou combater os juros, mas acabou por revitalizar o instituto que veio a instalar-se na legislação civil (cf. Costa, 1984:508).

6.8.1.1 Espécies de Juros

Podem os juros ser *convencionais* ou *legais*. Os primeiros são pactuados; os segundos provêm da lei. Podem, também, ser *moratórios* ou *compensatórios*.

A ideia que deu origem aos juros moratórios é a de uma pena imposta ao devedor pelo atraso no cumprimento da obrigação. Entende-se por compensatórios os juros que se pagam como *compensação pelo fato de o credor estar privado da disponibilidade de um capital.*

Geralmente, a noção de juros de mora vem ligada à de juros legais, mas não existe perfeita coincidência, porque os juros de mora podem, perfeitamente, ser fixados, *contratados* pelas partes. Existem, por outro lado, juros compensatórios que derivam da lei. No entanto, os juros compensatórios geralmente decorrem da vontade das partes. A jurisprudência das desapropriações criou juros compensatórios devidos pelo poder expropriante desde quando este se imite na posse do imóvel.

O que se deve ter em mira é que os juros compensatórios surgem afastados de qualquer noção de culpa ou descumprimento da obrigação. Já os juros de mora surgem pelo atraso no cumprimento.

A questão da fixação da porcentagem de juros é mais moral e ética, antes de ser jurídica. Os juros excessivos podem entravar o desenvolvimento econômico. Os juros por demais baixos desestimulam a atividade financeira.

O fato é que a taxa de juros não pode ficar ao sabor dos ventos da lei da oferta e da procura, por mais que defendamos a livre iniciativa e a não intervenção na vontade das partes.

Inicialmente, nosso Código Civil de 1916 permitiu o ajuste a qualquer taxa. Já em 1933, porém, o governo, sentindo os problemas advindos da liberdade percentual, promulgou o Decreto nº 22.626/33, a chamada *lei de usura*. Essa lei tentou limitar os juros a 12% ao ano, o que foi confirmado posteriormente pelo Decreto-lei nº 182, de 5-1-1938. O art. 4º do primeiro decreto proibiu o anatocismo, a contagem de juros sobre juros, o que já fazia o art. 253 do Código Comercial. Essa lei erigiu em crime sua infração, substituída que foi, nessa parte, pela Lei dos Crimes contra a Economia Popular, nº 1.521/51.

A história econômica recente deste país faz com que nos abstenhamos de tecer comentários sobre a aplicação das leis de usura, conhecidas por nós, quiçá com nosso próprio sacrifício.

O fato é que poucos países ditos democráticos sofrem tanta intervenção que afeta diretamente a economia privada. Mormente de 1964 para cá, desde a reforma financeira imposta pelo movimento daquele ano até o malfadado *plano cruzado e planos subsequentes*, a instabilidade e a incerteza sempre pairaram sobre o cidadão comum. É patente que, com a inflação desmedida, o país tornou-se um grande cassino financeiro, esperando-se que o período de relativa estabilidade alcançada nos últimos anos seja mantido. De qualquer modo, não é uma obra de Direito privado o local para maiores digressões de natureza econômica.

Tornou-se evidente que, com a permissão da cobrança pelas instituições bancárias da *taxa de permanência, juros remuneratórios* nas operações financeiras, permissão essa concedida pela Circular nº 82, de 15-3-1967, e posteriormente por resoluções complementares para os títulos não liquidados no vencimento, caiu por terra o pouco de eficácia que restava da lei de usura. O próprio Supremo Tribunal Federal passou a entender que o Decreto nº 22.626/33 não se aplica às instituições financeiras, de acordo com a Súmula 596.[31] *Quid juris*? Pune-se o

---

[31] "Apelação. Ação revisional de cláusulas contratuais c.c. indenização por danos morais julgada improcedente. Juros remuneratórios inexistência de limitação. Lei nº 4.595/64 que afastou a incidência do Decreto-Lei nº 22.626/33

particular que cobra juros acima da taxa; autoriza-se o banco a cobrá-la? Na verdade, a matéria deve ser examinada sob o prisma da correção monetária, que trataremos a seguir. A Constituição de 1988 pretendeu dar outros rumos à matéria, estabelecendo o limite anual de 12% para os juros (art. 192, § 3º). Essa disposição é polêmica e o mais alto Tribunal do país a entende não autoaplicável. De fato, é mais do que evidente que o estabelecimento da taxa de juros não pode depender exclusivamente da lei. Ora e vez, no entanto, pontilham no país tentativas de ser aplicado esse teto constitucional para os juros.

A experiência da *ciranda financeira* do país demonstrou que qualquer prefixação de taxa de juros é incoerente. Só resta a solução de deixar a norma em branco para que os luminares da economia fixem os juros de acordo com os ventos da conjuntura. É o que faz, como princípio, o Código Civil no art. 406, com redação mais recente. Quando os juros moratórios não forem convencionados, ou o forem sem taxa estipulada, ou quando provierem de determinação de lei, serão fixados segundo a taxa legal, embora o novo texto desse artigo especifique melhor o que se entende por taxa legal.

---

de todos os contratos celebrados com instituições integrantes do Sistema Financeiro Nacional. **Súmula 596 do STF.** Precedente do STJ julgado em regime de processo repetitivo. Aplicação de juros em percentual não superior a 1,5 vezes a taxa média do Bacen. Juros que não podem ser considerados abusivos. Sentença mantida recurso desprovido" (TJSP – Ap 1006517-07.2024.8.26.0020, 22-8-2025, Rel. Castro Figliolia).

"Apelação. Ação de revisão contratual. Juros remuneratórios. Instituições financeiras que podem cobrar juros remuneratórios livremente, não se submetendo aos limites do Decreto 22.626/33. **Súmula 596 do STF.** Sentença de improcedência da ação mantida. Recurso da autora desprovido" (*TJSP* – Ap 1032199-73.2023.8.26.0577, 9-9-2024, Rel. Paulo Sergio Mangerona).

"Apelação – Ação de revisão contratual c/c restituição de valores – Contrato de empréstimo pessoal – Crédito via adiantamento de parcela do '13º salário' – Contrato que, diferentemente do alegado, não tem natureza de empréstimo consignado – Abusividade da taxa de juros remuneratórios – Inocorrência – Taxa de juros remuneratórios devidamente informada ao contratante e estipulada em patamar compatível com a taxa média do mercado para a mesma modalidade contratual e período, divulgada pelo BACEN – Extrapolação da referida taxa média de juros que, ademais, não induz, por si só, à conclusão de cobrança abusiva – Precedentes do C. Superior Tribunal de Justiça nesse sentido – Instituições financeiras que não se submetem aos limites do Decreto nº 22.626 – **Incidência da Súmula 596 do STF** – D. juízo de primeira instância categórico em reconhecer a legalidade da cobrança objetada – Precedentes desta C. 38ª Câmara de Direto Privado – Sentença de improcedência mantida – Recurso não provido" (*TJSP* – Ap 1004899-21.2022.8.26.0077, 31-8-2023, Rel. Lavínio Donizetti Paschoalão).

"Compra e venda de imóvel – **Juros compensatórios** – Pedido de restituição em dobro dos valores pagos a título de 'juros no pé' – Sentença de improcedência – Inconformismo – A Segunda Seção do STJ pacificou o entendimento de que 'não se considera abusiva cláusula contratual que preveja a cobrança de juros antes da entrega das chaves, que, ademais, confere maior transparência ao contrato e vem ao encontro do direito à informação do consumidor (art. 6 º, III, do CDC), abrindo a possibilidade de correção de eventuais abusos' (EREsp nº 670.117/PB, Relator Ministro Sidnei Beneti, Relator para o Acórdão Ministro Antonio Carlos Ferreira, Segunda Seção, julgado em 13/6/2012, *DJe* 26/11/2012) – Existência de clara cláusula contratual, prevendo a cobrança de juros compensatórios a partir da assinatura do contrato – Não existência de atraso na entrega da obra – Nulidade da cláusula não verificada – Restituição indevida – Sentença mantida – Recurso desprovido" (*TJSP* – Ap 0020707-44.2004.8.26.0003, 7-2-2019, Relª Maria Salete Corrêa Dias).

"Apelação cível – Desapropriação – Valor da indenização – Avaliação do imóvel realizada de forma pormenorizada pelo perito judicial, tendo sido observados os critérios técnicos adequados para a elaboração do laudo pericial, o *quantum* indenizatório deve ser fixado no valor encontrado pelo *expert*, que assegura ao expropriado a justa indenização (art. 5º, XXIV, CF). **Juros compensatórios** – Cálculo à base de 12% ao ano sobre a diferença entre 80% do valor levantado e a expressão atualizada do valor atribuído ao imóvel, a partir da imissão na posse até o efetivo pagamento. Súmula 618 do STF. Recurso improvido" (*TJSP* – Ap 0043003-60.2011.8.26.0053, 16-4-2018, Rel. Bandeira Lins).

"Negócios jurídicos bancários – Apelação Cível – Empréstimo Pessoal – Ação Revisional – Taxa de **juros compensatórios** – Os juros compensatórios devem ser limitados pela taxa média de mercado divulgada pelo BACEN, vigente no mês da contratação, pois contratados bem acima do percentual admitido. Repetição de indébito. Após feita a compensação de valores cobrados indevidamente, cabível a devolução do que foi pago a mais, a ser feita de forma simples, pois não demonstrada má-fé por parte do credor (art. 42, parágrafo único, do CDC e Súmula nº 286 do STJ). Apelação provida" (*TJRS* – AC 70075423046, 22-2-2018, Rel. Des. Voltaire de Lima Moraes).

Como ressalta à primeira vista, essa disposição legal esbarra nos interesses econômicos do país, e dificilmente o Poder Executivo deixará que os juros sejam estipulados livremente. Da mesma forma, tudo é no sentido de que as autoridades monetárias não se conformarão com a flutuação dos juros entre particulares com as mesmas taxas oficiais.

Ainda, para os impostos devidos à Fazenda Nacional, as taxas de mora incluem fatores que não se restringem unicamente a juros. Ainda não temos uma linha segura a ser seguida para a interpretação do art. 406. A Fazenda pratica a denominada taxa SELIC – Sistema Especial de Liquidação e de Custódia –, prevista no art. 39, § 4º, da Lei nº 9.250/95. Como essa taxa embute uma série de elementos, inclusive correção monetária, é problemática sua atuação como taxa de juros.

Pelo art. 1.062 do Código de 1916, os juros de mora foram fixados em 6% ao ano, quer sejam moratórios quer sejam compensatórios, sendo os primeiros devidos independentemente da prova de prejuízo do credor. Os juros convencionados podem ser de até 12%.

O início da fluência dos juros é matéria não pacífica e encontra discussão na doutrina e jurisprudência. Não há clareza nas disposições do Código Civil.

Realmente, havemos de concordar com aqueles que não formulam uma regra uniforme.

Serpa Lopes (1964, v. 3:76), com a acuidade de sempre, descreve as várias situações:

Para a obrigação líquida e certa, os juros serão certamente devidos desde o advento do termo, quando tem início a mora do devedor.

Para a obrigação líquida e certa, mas sem prazo, a mora só poderá iniciar-se a partir da interpelação ou notificação de que trata o art. 397, segunda parte.

Para a obrigação negativa, serão devidos os juros desde o momento em que o obrigado praticou o ato do qual deveria abster-se. É a partir desse momento que o devedor se encontra em mora (art. 390).

Para as obrigações decorrentes de ato ilícito, o art. 398 diz: "*Nas obrigações provenientes de ato ilícito, considera-se o devedor em mora desde que o perpetrou*". Aqui, a lei quer que, mesmo em se tratando de valor ilíquido, os juros fluam a contar da perpetração do delito. Na lei de 1916, a palavra *delito* era usada como sinônimo de crime.

Para as obrigações que originariamente não eram em dinheiro, mas que nele se transformam, só é possível a contagem de juros quando fixado o valor, por sentença ou acordo. Nas obrigações ilíquidas, a contagem é a partir da citação inicial.

A aplicação legal desta última hipótese é a do art. 405, uma vez que não é possível cobrar o ônus da mora a quem ignora seu débito.

6.8.1.2 Anatocismo

O anatocismo é, na realidade, um problema dentro de outro problema que são os juros. Constitui-se na contagem de juros sobre juros (*ana* = repetição, *tokos* = juros).

O Decreto nº 22.626/33 não permite sua cobrança. Tal lei, no entanto, não proíbe o fenômeno derivado da lei, como o do citado art. 1.544. Não são, porém, todas as legislações que proíbem, como acontece com o Código português, no art. 560, que não só regulamenta, mas também diz, no § 3º, que nem mesmo as restrições legais operam quando "*forem contrárias a regras ou usos particulares do comércio*". Há exceções no ordenamento que permitem o fenômeno entre nós.[32]

[32] "Agravo de instrumento. Cumprimento de sentença coletiva. Excesso de execução. Taxa SELIC. Valor consolidado. EC 113/21. **Anatocismo**. Inexistente. 1. O Plenário do Conselho Nacional de Justiça – CNJ aprovou, por

unanimidade, a Resolução n. 482 de 19/12/2022 que, por sua vez, alterou a Resolução CNJ n. 303/2019, para determinar que, a partir de dezembro de 2021, deverá haver a consolidação do débito referente a novembro de 2021, na qual se incluirão os juros e correção, e a partir da data da consolidação desta dívida incidirá somente a taxa SELIC. 2. Inexiste o alegado anatocismo, já que a taxa SELIC será o único índice aplicável para a atualização do débito sem incidência cumulativa, no mesmo período, de outros índices de atualização monetária e juros de mora. 3. Negou-se provimento ao agravo de instrumento" (*TJDFT* – Ap 07159613120248070000, 24-7-2024, Rel. Fabrício Fontoura Bezerra).

"Ação monitória. Contrato de abertura de crédito. Sentença que rejeitou os embargos e constituiu, de pleno direito, o título executivo no valor de R$22.573,37. Pretensão dos embargantes de reforma. Prescrição. Não ocorrência. Não há evidência de negligência por parte do apelado que justifique a declaração de prescrição, uma vez que a pretensão não foi alcançada por motivos alheios ao controle do interessado. Ocorrência da interrupção do prazo prescricional pelo despacho que ordenou a citação dos réus, de forma que, com a citação válida, retroagiu à data da propositura da ação (artigo 240, § 1º do CPC). Ilegitimidade ativa. Não ocorrência. O processo de liquidação da pessoa jurídica não se confunde com sua extinção. Se a parte permanece operante e mantém sua existência jurídica, então sua legitimidade para a ação é válida. Juros capitalizados. Pretensão dos apelantes de afastamento. Inadmissibilidade. Com a observação da aplicação de juros lineares, a alegação de juros capitalizados carece de substância. A celebração de um contrato de empréstimo que estipula a liquidação por meio de parcelas mensais de valores fixos descredencia a alegação de **anatocismo**. Juros remuneratórios. Alegação de abusividade. Inadmissibilidade. Taxa que não revela onerosidade excessiva. Limitação. Inaplicabilidade às operações firmadas com instituições financeiras (Decreto 22.626/33). Ademais, questão pacificada pelo enunciado da Súmula nº 596 do Supremo Tribunal Federal. Comissão de permanência e abusividade dos demais embargos. Não ocorrência. Alegações genéricas que não foram capazes de alterar o entendimento deste juízo. Recurso desprovido" (*TJSP* – Ap 0253107-25.2007.8.26.0100, 25-8-2023, Rel. Israel Góes dos Anjos).

"Cumprimento de sentença – Funcionalismo público estadual – Execução de título judicial no qual reconhecido direito à restituição de contribuições diversas – Controvérsia a respeito da forma de incidência dos juros moratórios – Cômputo do encargo de forma capitalizada (juros sobre juros) – Inadmissibilidade – Vedação da prática do **anatocismo** no ordenamento jurídico pátrio – Inteligência do art. 4º do Decreto nº 22.626/33 (Lei da Usura) – Súmula nº 121 do E. Supremo Tribunal Federal – Decisão reformada – Recurso provido em parte, com determinação" (*TJSP* – AI 3004376-12.2022.8.26.0000, 17-8-2022, Rel. Souza Meirelles).

"Administrativo – Código de Defesa do Consumidor – **Anatocismo** – Abusividade no contrato – 1- Cuida-se de apelação interposta pelo Depósito Capuaba Ltda., nos autos da ação ordinária, ajuizada contra a Caixa Econômica Federal, objetivando a reforma da sentença, alegando que a instituição financeira deixou de exibir uma cópia do contrato de financiamento, sendo prova substancial que motivou a lide, provocando o cerceamento de defesa, bem como afirmando que a apresentação de demonstrativo de evolução contratual não traduz o conteúdo do contrato de financiamento e clareza da existência do anatocismo, aduzindo a necessidade de análise de todas as cláusulas inseridas no contrato. 2- O Código de Defesa do Consumidor, neste caso, é aplicável, pois se trata de uma relação jurídica entre a instituição bancária e o cidadão em um contrato de empréstimo pessoal, assim é tido como produto o dinheiro, objeto do termo contratual. Outro fato a justificar esta aparente tutela da pessoa física é a disparidade econômica entre os sujeitos do relacionamento jurídico, desfazendo a hipotética horizontalidade entre partes nos contratos de direito privado. 3- Entretanto, conforme relatado na sentença, é inaplicável o CDC, pois os contratos de mútuo bancário para aquisição de capital para pessoa jurídica, como é a hipótese dos autos, não se aplicam os dispositivos do CDC, pois a tomadora do empréstimo não é destinatária final do produto, na medida em que os empréstimos são obtidos com a finalidade de fomento e consecução dos objetivos da pessoa jurídica. A sociedade empresária contratou com a CEF um empréstimo, com o objetivo de incrementar suas atividades empresariais, reinserindo na cadeia produtiva o produto (crédito) adquirido. 4- Quanto ao cerceamento de defesa, verifica-se que apesar de a CEF não ter apresentado a cópia do contrato, não traz problemas ao feito, pois foi colacionado o demonstrativo da evolução contratual de fls. 1869/1874. Analisando a documentação, observa-se que não ocorreu o anatocismo, pois os valores pagos foram suficientes para o pagamento do principal e dos juros dentro do mês, conforme fundamentado na sentença. 5- Assim, como não foram apresentadas provas da cobrança abusiva e não foram apresentadas planilhas que divergissem dos valores do débito, não há nos autos qualquer. 6- Apelação improvida, majorando-se os honorários advocatícios de R$ 9.500,00 (nove mil e quinhentos reais) para R$ 11.300,00 (onze mil e trezentos reais), nos termos do artigo 85, § 11, do CPC de 2015" (*TRF-2ª* R. – AC 0008215-43.2016.4.02.5001, 16-1-2019, Rel. Des. Fed. Alcides Martins).

"Apelação Cível – Direito do consumidor – Ação revisional – Alegação de **anatocismo** – Anatocismo que não se configura ilegal – Aplicabilidade das Súmulas nº 539 e 541, do STJ – Entendimento consolidado pelo STJ em julgamento proferido sob a sistemática de recursos repetitivos (REsp. nº 973.827/RS) no sentido de que é lícita a capitalização de juros em intervalo inferior a um ano em contratos firmados após a medida provisória 2.170-36/2001, desde que expressamente pactuada. Súmula nº 596 do STF. Laudo pericial que atesta a cobrança de juros acima da média de mercado. Redução que se impõe. Redução dos juros em observância à média praticada pelo

O anatocismo é uma das formas de usura, certamente a mais perigosa, ficando o devedor sujeito à cupidez do credor. Há mais recente orientação jurisprudencial permitindo a cobrança de juros sobre juros dentro do sistema financeiro.

6.8.2 Obrigações Pecuniárias

A obrigação pecuniária é modalidade da obrigação de dar, que tem por objeto o dinheiro, denominador comum da economia. Trata-se de uma obrigação *genérica*, de coisas fungíveis, portanto. Só será pecuniária a obrigação que tenha por objeto moeda corrente. Um pagamento a ser feito em moedas raras, ou fora de circulação, para colecionadores, por exemplo, não tem essa característica. Serão elas obrigações específicas ou de dar coisa certa.

Supondo que vivêssemos em uma economia absolutamente estável, sem que houvesse qualquer alteração de preços e serviços (o que não ocorre na prática, nem mesmo nas mais adiantadas economias), o que se levaria em conta na obrigação aqui estudada seria tão só o valor da pecúnia, ou seja, do dinheiro. Ou, ainda, o valor estampado na moeda corrente. Esse é o *valor nominal*, impresso nas cédulas ou moedas.

Ora, na essência mais pura, esse é o conteúdo da obrigação pecuniária, o *nominalismo* na moeda. Para efeitos jurídicos, portanto, o que importa é o valor do dinheiro. Assim, a obrigação pecuniária é uma obrigação *de* dinheiro.

O art. 947 do Código Civil de 1916 estipulava que *"o pagamento em dinheiro, sem determinação da espécie, far-se-á em moeda corrente no lugar do cumprimento da obrigação"*. O Código de 1916 não proibia a contratação em moeda estrangeira. Pelo Decreto nº 23.501, de 27-11-1933, estatui-se o curso forçado da moeda nacional, cominando-se de nulidade qualquer estipulação de pagamento em ouro ou em determinada espécie de moeda. Lei posterior (nº 28, de 15-2-1935) abriu exceções a situações particulares, referentes a contratos de importação e às obrigações contraídas no exterior, para serem executadas no Brasil.

A legislação econômica brasileira é um verdadeiro emaranhado, recheado de portarias e regulamentos, nestas últimas décadas. O aviltamento da moeda e o chamado "plano cruzado", que instituiu o "cruzado", como moeda corrente, após seu fracasso, jogou por terra definitivamente qualquer esperança de mantença de obrigações puramente nominalistas no Direito brasileiro.

Assim é que o valor nominal de uma dívida, hoje, em nosso país, podemos assegurar, é meramente enunciativo, embora a inflação tenha estado sob controle nos últimos anos. Existe uma flutuação do valor do dinheiro para a extinção da obrigação, sempre para mais, é claro, com base em diversos índices, oficiais, oficiosos e todos os mais que a inventividade própria das dificuldades pode imaginar. Há índices para pagamento de salários, de construção civil, de previdência etc. Hoje, já há necessidade de uma especialização em siglas neste país.

A correção monetária é capítulo à parte na economia brasileira e continua a desafiar juristas e economistas.

---

mercado à época da contratação. Recurso a que se dá parcial provimento" (*TJRJ* – AC 0031401-58.2013.8.19.0001, 21-5-2018, Rel. Antonio Carlos dos Santos Bitencourt).

"Agravo interno no agravo em recurso especial – Embargos do devedor – Contratos de confissão e composição de dívida – Controvérsia sobre incidência abusiva de juros e prática de **anatocismo**. Possibilidade de utilização dos embargos do devedor para deduzir pleito revisional. Falta de exibição dos contratos bancários. Inversão do ônus da prova em favor do consumidor. Retorno dos autos ao tribunal de origem para que, reconhecida a possibilidade de revisão de cláusulas contratuais nos embargos do devedor, prossiga no julgamento da apelação. Decisão mantida. Recurso desprovido" (*STJ* – AGInt-AG-REsp 16.047 – (2011/0131247-3), 29-8-2017, Rel. Min. Raul Araújo).

Nesse diapasão e no atual estágio de nossa triste história econômica, a já clássica distinção entre *dívidas de valor* e *dívidas de dinheiro* adquire também uma mera conotação histórica, como vimos. A doutrina diz que a dívida de dinheiro é a autenticamente pecuniária, expressa numa quantia numérica, imutável. Já a dívida de valor não expressa, enunciativamente, uma quantia numérica, mas uma *"prestação diversa, intervindo o dinheiro apenas como meio de determinação do seu quantitativo ou da respectiva liquidação"* (Costa, 1984:500). Exemplo clássico de obrigação em dinheiro: a quantia estampada em um título de crédito. Exemplo tradicional de dívida de valor: prestação de alimentos.

Ora, não podemos mais, no presente, admitir, para fins práticos, a distinção. Não podemos dizer que a dívida do credor de uma nota promissória possa sofrer deságio. Não podemos mais sustentar que as dívidas de alimentos são diversas, por exemplo, das demais. Ou o credor de nota promissória também não necessita do valor de seu crédito para a subsistência?

O fato é que a criação da teoria das dívidas de valor serviu para alterar e minorar as iniquidades que ocorriam, entre nós, quando os preços se aviltavam e os tribunais mostravam-se excessivamente tímidos para generalizar, ainda que por via pretoriana, a correção monetária. O que vimos, antes do advento da Lei nº 6.899/81, que abrangeu com a correção monetária os débitos ajuizados, foi uma escandalosa transformação do Poder Judiciário em instrumento de moratória de oportunistas e maus pagadores. Na verdade, ou se corrigem todas as dívidas, ou não se corrige dívida alguma. Para o jurista, a situação nunca pôde fugir daí. Não cabe ao jurista e muito menos ao julgador corrigir os erros e desmandos do Estado à custa, geralmente, do hipossuficiente. O que ocorreu no passado, com dívidas ajuizadas e pagas após anos de seu vencimento, só com juros legais, foi brutal enriquecimento indevido. Isso porque os poderosos sempre tiveram a seu dispor, com o beneplácito legal, meios para defender-se e locupletar-se da inflação. Se hoje a situação é diversa e os vários índices de correção aviltam a economia, não cabe ao jurista resolver, mas apenas estudar o fenômeno.

No entanto, longe estamos de imaginar que o problema seja só nosso. Guillermo Borda (s.d.:204) da mesma forma analisa a situação na Argentina. Demorou muito para que, também lá, se impusesse na jurisprudência a generalização da correção monetária. Diz ele ao enfocar a insuficiência dos conceitos de dívida de valor e dívida de dinheiro:

> *"Era evidente que liberar o devedor moroso de sua obrigaçao com somente o pagamento da soma originalmente devida, estimulava a má-fé do devedor. Quanto maior fosse a inflação e maior a demora em cumprir a obrigação, maior era o benefício que obtinha o mau pagador, como consequência de seu descumprimento. Pois lançando mão de recursos de lei ruim, deixando-se demandar e utilizando chicanas, o devedor logrará pagar ao cabo de vários anos, uma soma que nenhuma relação real terá com a que devia originalmente. E terminou por se impor na jurisprudência que qualquer dívida, seja de valor ou de dinheiro, devia ser paga atualizada. Hoje, repetimos, esta solução está imposta definitivamente".*

De qualquer modo, sob a justificação eminentemente jurídica

> *"entre os prejuízos não cobertos pelos juros moratórios, mas sofridos, também, pelo credor, em virtude da tardança do devedor no cumprir sua obrigação, não podem deixar de figurar os representados pela depreciação ou pela perda de poder aquisitivo da moeda, ocorrida entre o momento de constituição da obrigação e o da sua execução pelo devedor. E se esses prejuízos não tiverem sido levados em conta pelo primeiro, no ato de contratar, ou estipular, ninguém, ao que nos parece, poderá duvidar da justiça de serem eles suportados pelo devedor em mora"* (cf. Campos Filho, 1971:14).

Recordemos ainda, que nosso Código Civil de 1916 não era totalmente alheio à revisão da moeda. De fato, determinava o art. 948 que *"nas indenizações por fato ilícito prevalecerá o valor mais favorável ao lesado"*, numa clara referência ao valor da moeda.

Fora do âmbito litigioso, difundiu-se plenamente a chamada *indexação da economia*, nos contratos privados e públicos, a denominada *cláusula móvel.*

A redação definitiva do recém-chegado Código, fruto de situação econômica diversa no país, alterou o dispositivo originário e preferiu excluir referência direta à correção monetária. O art. 315 dispôs:

> *"As dívidas em dinheiro deverão ser pagas no vencimento, em moeda corrente e pelo valor nominal, salvo o disposto nos artigos subsequentes".*

No entanto, o art. 317 acrescenta:

> *"Quando, por motivos imprevisíveis, sobrevier desproporção manifesta entre o valor da prestação devida e o do momento de sua execução, poderá o juiz corrigi-lo, a pedido da parte, de modo que assegure, quanto possível, o valor real da prestação".*

Introduz-se, portanto, a possibilidade real e efetiva de intervenção judicial nos contratos, aplicando-se claramente a teoria da imprevisão ou da excessiva onerosidade, sob o ponto de vista objetivo, quando do pagamento, ou propriamente da execução (veja o Capítulo 8 do volume 3). Por via transversa, pela nova norma, caberá aos tribunais no caso concreto definir quando e sob quais condições deverão ser alterados os valores nominais firmados pelas partes por motivo de inflação, desvalorização cambial, alterações de condições de mercado etc. Como nos ensina o passado, dificilmente esse dispositivo passará incólume pelo Poder Executivo, que sempre entendeu ser inconveniente para o Judiciário imiscuir-se em política econômica de forma direta. Cabe ao jurista estar sempre atento às mudanças sociais e econômicas e sugerir as melhores soluções de justiça e equidade.

7

TRANSMISSÃO DAS OBRIGAÇÕES

7.1 CESSÃO DE CRÉDITO

7.1.1 Introdução. A Transmissibilidade das Obrigações

Examinamos, nos capítulos anteriores, os meios de extinção de obrigações, o pagamento e os diferentes ou diversos do pagamento. No presente patamar de nosso trabalho, iremos agora nos ocupar da transferência das obrigações.

Nosso Código de 1916 tratou de uma de suas modalidades, ou seja, da cessão de crédito, nos arts. 1.065 a 1.078, no final da parte geral das obrigações, antes de disciplinar os contratos. O Código de 2002 cuida da matéria após as modalidades das obrigações, em título dedicado à "transmissão das obrigações", disciplinando a cessão de crédito nos arts. 286 a 298 e a assunção de dívida nos arts. 299 a 303.

A cessão de crédito enfoca a substituição, por ato entre vivos, da figura do credor. O Código revogado não disciplinou a substituição do devedor, a assunção de dívida, o que já fora feito pelo projeto de 1975. A cessão de posição contratual não foi contemplada por qualquer dos dois diplomas civis, ficando por conta da doutrina e dos princípios gerais. O projeto de reforma do Código Civil em curso traz finalmente um capítulo sobre a cessão de posição contratual (arts. 303-A e seguintes).

A transmissão de direitos e obrigações pode verificar-se tanto por causa de morte, quanto por ato entre vivos. A transmissão *causa mortis* deve ser estudada e disciplinada pelo direito das sucessões. O que examinaremos neste tópico são as possibilidades de substituições subjetivas das obrigações pela vontade das partes, principalmente. Examinar-se-á a possibilidade de o credor transferir seu crédito a terceiro, bem como o devedor sua dívida. Na cessão de contrato, ou cessão de posição contratual, estudaremos a possibilidade de ser transferido a um terceiro todo um complexo contratual, o contrato como um todo, ou mesmo uma coligação ou conjunto de contratos.

O crédito, contido na obrigação, constitui um valor no patrimônio do credor, um valor ativo. Se encarado pelo lado do devedor, o débito é um valor passivo. Se examinado um contrato, verificar-se-á que possui um valor no comércio jurídico. Ora, aqui não tratamos de meros valores axiológicos, que também estão presentes, é verdade, mas de valores materiais, de bens, os quais, estando no comércio, podem ser objeto de negócios jurídicos de transmissão ou, mais apropriadamente, cessão. É o exame dessas situações que passamos a fazer, doravante, iniciando com a *cessão de crédito*.

7.1.2 Conceito de Cessão de Crédito. Afinidades

O crédito, como integrante de um patrimônio, possui um valor de comércio. Trata-se, sem dúvida, de uma alienação. Quando, no direito, a alienação tem por fim bens imateriais, toma o nome de cessão.

Na cessão de crédito, o *cedente* é aquele que aliena o direito; o *cessionário*, o que adquire. O *cedido* é o devedor, a quem incumbe cumprir a obrigação. Como veremos, a cessão de crédito não é totalmente alheia ao cedido.

A cessão de crédito é, pois, um negócio jurídico pelo qual o credor transfere a um terceiro seu direito. O negócio jurídico tem feição nitidamente contratual.

Nesse negócio, o crédito é transferido íntegro, intacto, tal como contraído; é mantido o mesmo objeto da obrigação. Há apenas uma modificação do sujeito ativo, um outro credor assume a posição negocial.

A lei permite a cessão de crédito, de maneira geral. Por exceção, não podem ser cedidos créditos inalienáveis por natureza, por lei, ou por convenção com o devedor (art. 286). Houve sugestão importante para acréscimo nesse dispositivo no Projeto de Lei nº 6.960/2002. Incluir-se-ia no texto desse artigo que também o crédito compensável fiscal ou parafiscal poderia ser cedido, reportando-se ao problemático e revogado art. 374, examinado quando do exame da compensação. Com essa alteração, a possibilidade expressa de cessão de crédito fiscal ou parafiscal passaria a ser um elemento dinamizador importante no universo negocial, mas sua transformação em lei está longe de ser acolhida.

O contrato pode proibir a cessão de crédito, mas, para que esse pacto impeditivo possa ser eficaz com relação a terceiro de boa-fé, deve constar do instrumento da obrigação. Essa regra lógica, admitida pela doutrina, é doravante enfatizada no atual diploma, na segunda parte do art. 286: *"a cláusula proibitiva da cessão não poderá ser oposta ao cessionário de boa-fé, se não constar do instrumento da obrigação"*. O terceiro poderá ter tomado conhecimento da proibição de outra forma, o que lhe suprime a boa-fé, aspecto que deverá ser examinado no caso concreto. Em qualquer situação, há que se verificar se o terceiro teve ciência da proibição de cessão. Se não o teve, mesmo perante a proibição, a cessão será válida, tendo-se por ineficaz a cláusula proibitiva.

Como apontamos, o importante é estabelecer o conhecimento da proibição por parte do cessionário, o que fará desaparecer sua boa-fé, ainda que essa ciência se dê por outros meios, antes de efetivada a cessão, quando ausente a cláusula proibitiva no próprio instrumento.

Os acessórios acompanham o crédito na cessão, salvo se as partes convencionem em contrário (art. 287). Embora não diga a lei, nada impede que haja cessão parcial do crédito, como permite a lei portuguesa (art. 577 do Código Civil português). Nesse caso, o devedor deve ser claramente informado da cisão e essa multiplicidade de credores no mesmo crédito não lhe deve causar maiores gastos, isto é, sua situação não poderá ser agravada sem sua concordância.

A cessão pode ocorrer a título gratuito ou oneroso; não há distinção na lei. Os respectivos efeitos não se alteram.

O Direito Romano, preservando o individualismo que lhe é intrínseco, não admitia a cessão. Recorriam os romanos à novação subjetiva, a qual extinguia a obrigação primitiva e criava uma nova. Era indispensável o consentimento do credor. Posteriormente, o direito comum criou a procuração em causa própria, para evitar o problema do consentimento do devedor. Nomeava-se um mandatário, que agia em causa própria na cobrança da dívida, dava quitação e agia em seu próprio interesse.

No direito moderno, prescinde-se, na cessão de crédito, do consentimento do devedor.[1] Deve este somente ter ciência de quem é o credor, a fim de poder efetuar o pagamento; o devedor

---

[1] "Ação declaratória de inexigibilidade de débito com pedido de indenização por danos morais e repetição do indébito. Empréstimo consignado com desconto em folha previdenciária. Improcedência. Pretensão da autora de reforma. Com a apresentação pelo banco réu do contrato de empréstimo consignado, assinado digitalmente pela autora, que não foi impugnado, e termo de **cessão de crédito** regular e válido, que prescinde de anuência ou consentimento do devedor, não se sustentam as alegações de nulidade do referido negócio e respectiva dívida, mostrando-se legítimo o negócio entabulado entre as partes, sendo de rigor a manutenção dos respectivos termos do contrato de empréstimo em questão, o que afasta, por via de consequência, a indenização por dano moral e a repetição de indébito. Recurso desprovido" (*TJSP* – Ap 1009378-71.2024.8.26.0664, 5-8-2025, Rel. Walter Fonseca).

"Ação de cobrança – Contrato de consórcio – **Cessão de crédito** à autora de cota cancelada por consorciada desistente – Sentença de procedência. Chamamento ao processo – Descabimento – Ausência de solidariedade entre o requerido e o consorciado desistente (cedente das cotas) – Não preenchimento das hipóteses previstas no art. 130 do CPC para o chamamento ao processo – Preliminar rejeitada. Ilegitimidade ativa – Descabimento – Prova documental demonstrando a efetiva cessão à autora de cota cancelada pela consorciada desistente (cedente da cota) – Pertinência subjetiva da autora para propositura de ação de cobrança visando a condenação do administrador do consórcio réu ao pagamento de valor relativo à cota de consórcio cedida – Preliminar rejeitada. Cobrança – Cessão de crédito à autora de cota cancelada por consorciada desistente – Alegação de inexigibilidade do crédito perseguido por falta de prévia anuência da cessão de direitos do administrador de consórcio réu – Inadmissibilidade – Possibilidade da cessão de crédito com base no art. 286 do CC – Cessão de cota cancelada acarreta transferência apenas de direitos, não de obrigações, sendo dispensada a anuência do administrador do consórcio requerido – Entendimento sobre o tema consolidado no Enunciado nº 16 da Seção de Direito Privado do TJSP – Abusividade da cláusula contratual que veda a cessão do crédito, por representar desvantagem exagerada ao consumidor consorciado – Pagamento equivocado da cota de consórcio diretamente à cedente, mesmo após notificado o administrador do consórcio da cessão, não isenta o réu da obrigação de pagar o valor da cota cancelada à autora cessionária (art. 292 do CC), ressalvado eventual direito de regresso em face da cedente do crédito – Obrigação de pagar o valor da cota cancelada cedida à cessionária autora – Precedentes do STJ e do TJSP – Recurso negado" (*TJSP* – Ap 1005616-82.2023.8.26.0405, 7-8-2024, Rel. Francisco Giaquinto).

"Ação de obrigação de fazer – Consórcio – Instrumento particular de cessão e transferência de direitos creditórios sobre cota de consórcio cancelada – Pretensão de que o banco réu anote no seu sistema a informação de que é cessionária do crédito da cota de consórcio cancelada objeto da cessão, com o objetivo de resguardar o seu crédito e evitar o pagamento indevido ao cedente do crédito – Sentença de improcedência – Pretensão de reforma. Cabimento: Hipótese em que a **cessão do crédito** não dependia da anuência da administradora do consórcio. Ausência de prejuízo ao grupo ou à administradora que possa advir da cessão da cota de consórcio já cancelada. Direito da autora, uma vez que houve notificação da cessão, de ser informada acerca da disponibilização dos recursos referentes ao ressarcimento relativo à cota do consórcio cedida. Arts. 286 e 290 do Código Civil. Não há que se falar em ausência de interesse de agir da parte autora, considerando que sua solicitação via notificação extrajudicial não foi atendida. Precedentes do STJ e desta Colenda Corte. Sentença reformada. Recurso provido" (*TJSP* – Ap 1005785-06.2022.8.26.0405, 25-8-2023, Rel. Israel Góes dos Anjos).

"Ação declaratória de inexistência de débito c.c. indenização por danos morais – Alegação de negativação indevida – **Cessão de créditos** – Sentença de improcedência – Recurso do autor – Cessão de crédito independe de consentimento do devedor, cuja notificação, prevista no art. 290 do CC, tem por finalidade comunicá-lo sobre a pessoa a quem deve efetuar o pagamento, mas a ausência de tal notificação não tem o condão de invalidar o negócio jurídico – Sentença mantida – recurso não provido" (*TJSP* – Ap 1007131-34.2022.8.26.0100, 28-9-2022, Rel. Spencer Almeida Ferreira).

"**Cessão de crédito** – Ação declaratória de inexistência de débito cumulada com indenização por danos morais. Alegação de restrição cadastral indevida. Consideração de que o fundo cessionário do crédito comprovou a existência de relação jurídica entre o autor e a instituição financeira cedente. Falta de prova do pagamento. Inscrição do nome do autor em cadastro de inadimplentes pelo fundo de investimento que materializou exercício regular de direito. Danos morais não configurados, a tornar inócua qualquer consideração acerca da aplicação ou não ao caso da Súmula nº 385, do Superior Tribunal de Justiça. Redução da multa por litigância de má-fé para montante equivalente a um salário mínimo. Pedido inicial julgado improcedente. Sentença parcialmente reformada. Recurso provido, em parte. Dispositivo: deram parcial provimento ao recurso" (*TJSP* – AC 1001696-67.2018.8.26.0602, 23-4-2019, Rel. João Camillo de Almeida Prado Costa).

é estranho ao negócio. Isso em linhas gerais, uma vez que há particularidades que afetam a posição do devedor, como veremos.

A cessão possui pontos de contato com a *compra e venda*, tanto que o código francês cuida do instituto no mesmo capítulo. No entanto, na compra e venda existe apenas um comprador e um vendedor. Na cessão de crédito, há necessariamente as três figuras já apontadas. A compra e venda objetiva sempre um bem material, como já vimos. A cessão objetiva sempre *direitos*, assim entendidos bens imateriais. Na cessão, pois, não vamos encontrar a possibilidade de a avença servir de veículo para a aquisição da propriedade.

Da *novação* tratamos neste volume. Vimos que, preservada a tradição romana, nela existe uma forma de extinção de obrigações. Na cessão, pelo oposto, o crédito preserva-se.

Já os pontos de contato da cessão de crédito com a *sub-rogação* são maiores. Tanto que o art. 349 diz que quando o credor recebe o pagamento de terceiro e expressamente lhe transfere todos os seus direitos (art. 348), vigorará o disposto acerca da cessão de crédito. Essa situação é de equiparação de uma das hipóteses de sub-rogação à cessão de crédito, mas isso não quer dizer que há identidade. Dois institutos ou dois fenômenos jurídicos, porque equiparados, são diversos; caso contrário, não haveria necessidade de equipará-los. Assim é que, na cessão, seu efeito só ocorre a partir do momento em que se notifica o devedor da cessão, o que não ocorre na sub-rogação. Existe sub-rogação por força de lei, enquanto a cessão é ato voluntário. O art. 350 da sub-rogação limita o direito do sub-rogado até a soma que desembolsou para desobrigar o devedor. Na cessão, não existe essa limitação; a cessão pode ter sempre caráter especulativo.

Doutro lado, não há que se confundir a cessão de crédito com o "*endosso*", que é peculiar forma de transferência dos títulos de crédito, partindo de outros postulados, embora se refira também à transferência de um crédito.

➤ Caso 4 – Cessão de crédito

O crédito, como integrante de um patrimônio, possui um valor de comércio. Trata-se, sem dúvida, de uma alienação. Quando, no direito, a alienação tem por fim bens imateriais, toma o nome de cessão. Na cessão de crédito, o *cedente* é aquele que aliena o direito; o *cessionário*, o que adquire. O *cedido* é o devedor, a quem incumbe cumprir a obrigação. Como veremos, a cessão de crédito não é totalmente alheia ao cedido. A cessão de crédito é, pois, um negócio jurídico pelo qual o credor transfere a um terceiro seu direito. O negócio jurídico tem feição nitidamente contratual. Nesse negócio, o crédito é transferido íntegro, intacto, tal como contraído; mantém-se o mesmo objeto da obrigação. Há apenas uma modificação do sujeito ativo, um outro credor assume a posição negocial.

"**Cessão de crédito** – Alegação de inexistência de relação jurídica e de restrição cadastral indevida. Prescindibilidade no caso da notificação da cessão de crédito ao devedor, que não efetuou pagamento a terceiro e, tomando conhecimento da cessão, ajuizou ação contra a cessionária. Consideração de que a cessionária do crédito comprovou a existência da relação jurídica com a instituição financeira cedente, fato não contestado pelo autor, que não produziu prova do adimplemento de sua obrigação. Consideração de que a notificação a que alude o artigo 43, § 3º, do Código de Defesa do Consumidor, incumbe ao órgão de proteção ao crédito e não ao credor. Inadmissibilidade do pleito de declaração de inexigibilidade do débito e de condenação da ré ao pagamento de indenização por danos morais. Pedido inicial julgado improcedente. Sentença mantida. Recurso improvido. Dispositivo: negaram provimento ao recurso" (*TJSP* – Ap 1018930-60.2017.8.26.0032, 16-3-2018, Rel. João Camillo de Almeida Prado Costa).

7.1.3 Posição do Devedor

Como exposto, o devedor cedido não é parte no negócio da cessão. É claro que ele deve tomar conhecimento do ato para efetuar o pagamento. Enquanto não for notificado, pagando ao credor primitivo, estará pagando bem. Para ele, a lei atual, repetindo noção do Código de 1916, dispõe no art. 290:

> *"A cessão de crédito não tem eficácia em relação ao devedor, senão quando a este notificada; mas por notificado se tem o devedor que, em escrito público ou particular, se declarou ciente da cessão feita".*[2]

Da mesma forma, e com maior razão, se o devedor tiver anuído no próprio instrumento da cessão. Essa notificação deve ser idônea. Pode ser promovida pelo cedente ou cessionário; é indiferente. A lei não o diz, mas é conveniente que seja por escrito. Aliás, não sendo por escrito, não valerá com relação a terceiros, pois, para tal, assim exige o art. 288. O vigente diploma,

---

[2] "Declaratória de inexigibilidade de débito c/c indenização por danos morais. Sentença de improcedência. Apelação da autora. Origem da dívida e **cessão de crédito** suficientemente provadas. Regularidade da cobrança demonstrada pelo apelado. Ausência de notificação sobre a cessão de crédito que não anula a cessão. Notificação que se destina a informar o devedor a quem deve efetuar o pagamento. Arts. 290, 292 e 294 do CC. Sentença mantida. Recurso desprovido" (*TJSP* – Ap 1007101-28.2024.8.26.01006, 9-2024, Rel. José Wilson Gonçalves).

"Embargos à execução. Sentença de procedência. Apelação provida. **Cessão de crédito**. Fomento mercantil. Notificação regular da devedora. Pagamento indevido realizado após ciência da cessão de crédito. Ausência de quitação. Alteração do índice de correção monetária. Cuida-se de embargos à execução promovidos pela executada em face da exequente, sob o argumento de invalidade da cessão de crédito que fundamentou a ação de execução de título executivo extrajudicial. Sentença de procedência. Recurso da embargada. Reconhece-se a exigibilidade do débito cobrado pela exequente. Houve regular notificação da devedora acerca da cessão de crédito, o que lhe conferiu eficácia, nos termos do artigo 290 do CC. Cabia à devedora se opor à cessão de crédito, a partir da ciência. Pagamento realizado à credora primitiva sem efeitos de quitação. Em razão da inexistência de previsão contratual do índice de correção monetária a ser aplicado na hipótese de atraso (fl. 53), adequada a alteração do índice para Tabela Prática do Tribunal de Justiça do Estado de São Paulo. Embargos à execução julgados improcedentes em segundo grau, com determinação. Sentença reformada. Recurso provido, com determinação" (*TJSP* – Ap 1017420-60.2021.8.26.0003, 4-9-2023, Rel. Alexandre David Malfatti).

"Agravo de instrumento – Ação de busca e apreensão – **Cessão de crédito** – Pedido de substituição do polo ativo pelo cessionário de crédito. Indeferimento pelo Juízo *a quo*. A anuência do devedor não é requisito de eficácia da cessão, nos termos dos artigos 290 e 293, CC. Desnecessidade, tampouco, de anuência do réu, no caso, para autorizar a modificação do polo ativo, tendo em vista que o réu ainda não foi citado. Recurso provido" (*TJSP* – AI 2030072-72.2019.8.26.0000, 13-3-2019, Rel. Neto Barbosa Ferreira).

"Embargos de declaração no agravo interno no agravo em recurso especial – Protesto legítimo – **Anuência do devedor com a cessão do crédito** – Prequestionamento – Ausência – Contradição – Não ocorrência – Embargos rejeitados – 1 – Os embargos de declaração têm como objetivo sanar eventual existência de obscuridade, contradição, omissão ou erro material (CPC/2015, art. 1.022). É inadmissível a sua oposição para rediscutir questões tratadas e devidamente fundamentadas na decisão embargada, já que não são cabíveis para provocar novo julgamento da lide. 2 – A contradição que autoriza a oposição de embargos declaratórios é a interna, ou seja, entre as proposições do próprio julgado, e não entre a sua conclusão e o que fora discutido nos autos. 3 – Embargos de declaração rejeitados" (*STJ* – EDcl-AGInt-AG-REsp 1.221.979 – (2017/0323296-7), 22-8-2018, Rel. Min. Lázaro Guimarães).

"Civil e processual civil – **Cessão de crédito** – Ausência de notificação ao devedor – Consequências – Inscrição em serviço de proteção ao crédito – Irregularidade – Ausência – A cessão de crédito não vale em relação ao devedor, senão quando a este notificada. Isso não significa, porém, que a dívida não possa ser exigida quando faltar a notificação – A jurisprudentes deste Superior Tribunal de Justiça afirma que a ausência de notificação do devedor acerca da cessão do crédito (art. 290 do CC/2002) não torna a dívida inexigível, tampouco impede o novo credor de praticar os atos necessários à preservação dos direitos cedidos. Precedentes – Na hipótese dos autos, não havendo irregularidade na inscrição da recorrida em banco de dados de serviço de proteção ao crédito, não há a configuração de dano moral – Recurso especial conhecido e provido" (*STJ* – REsp 1.603.683 – (2016/0146174-3), 23-2-2017, Relª Minª Nancy Andrighi).

nesse caso, se refere, corretamente, à "ineficácia" em relação a terceiros. Esses terceiros, citados pela lei, devem ter interesse no patrimônio das partes. Não são quaisquer terceiros,

> *"são os que não intervêm no contrato, mas que, possuindo direitos anteriores à cessão, podem vê-los prejudicados em consequência dela: os credores do cedente e do cessionário, e os do devedor"* (cf. Chaves, 1973:358).

O art. 289 do presente estatuto permite que o cessionário de crédito hipotecário possa averbar a cessão no registro do imóvel. A matéria, que deve ser autorizada pela lei, visa gerar efeitos *erga omnes* com relação à cessão.

Não se esqueça de que a cessão de crédito pode ser instrumento para tipificar fraude contra credores ou simulação.

Se o devedor já estiver em mora, a citação supre validamente a notificação. O art. 1.071 do Código de 1916 era igualmente expresso no sentido de dar validade ao pagamento feito pelo devedor ao credor originário, se não tinha conhecimento da cessão. O equivalente no mais recente diploma é o art. 292, que acrescenta ao texto: *"Quando o crédito constar de escritura pública, prevalecerá a prioridade da notificação"*.[3] Há que se verificar em que momento a notificação foi efetuada.

Nesse caso, a obrigação para o devedor extingue-se. A questão passa ao âmbito entre cedente e cessionário. A mesma disposição trata das cessões múltiplas: no caso de mais de uma cessão notificada, deve o cedido pagar ao cessionário que se apresenta com o título da cessão. Se tiver fundadas dúvidas a quem pagar, como já estudado, deve recorrer à consignação em pagamento.

Complementa o art. 291 dizendo que, *"ocorrendo várias cessões do mesmo crédito, prevalece a que se completar com a tradição do título cedido"*. Não fica, portanto, o devedor obrigado a pesquisar qual é o último cessionário; tal seria um ônus muito grande para ele. Se houver danos aos demais cessionários, a questão resolve-se entre eles.

---

[3] "Apelação cível – Ação declaratória de inexistência de débito c/c indenização por danos morais – Litispendência – Inexistência – Relação jurídica – Inexistência – **Cessão de crédito** – Notificação do devedor – Não comprovação – Inscrição em órgãos de proteção ao crédito – Dano moral – Configuração – Indenização – Valor – Verifica-se a litispendência quando se reproduz ação anteriormente ajuizada (CPC, art. 373, § 1º) – Uma ação não é idêntica à outra, se a causa de pedir de cada uma delas é diversa – A responsabilidade dos fornecedores, segundo o CDC (art. 14), é objetiva. Portanto, independentemente da culpa dos fornecedores, eles respondem pelos danos causados aos consumidores, em razão de defeitos nos serviços que prestam – Se a parte autora diz que não reconhece o débito a ela atribuído, cabe à parte ré, sob pena de responsabilidade indenizatória, provar a regularidade da negativação do nome da parte autora nos cadastros de proteção ao crédito – A cessão do crédito não tem eficácia em relação ao devedor, senão quando a este notificada; mas por notificado se tem o devedor que, em escrito público ou particular, se declarou ciente da cessão feita (CC, art. 290) – Fica desobrigado o devedor que, antes de ter conhecimento da cessão, paga ao credor primitivo, ou que, no caso de mais de uma cessão notificada, paga ao cessionário que lhe apresenta, com o título de cessão, o da obrigação cedida; quando o crédito constar de escritura pública, prevalecerá a prioridade da notificação (CC, art. 292) – O dano moral, pela inscrição ou manutenção indevida do nome do consumidor em cadastro de devedores inadimplentes, segundo jurisprudência dominante, é presumido (*in re ipsa*) – A fixação do *quantum* do dano moral deve se ater: (1) à capacidade/possibilidade daquele que vai indenizar, já que não pode ser levado à ruína; (2) suficiência àquele que é indenizado, pela satisfação da compensação pelos danos sofridos" (*TJMG* – AC 1.0363.14.004891-1/001, 5-7-2019, Rel. Ramom Tácio).

"Agravo de instrumento. **Cessão de crédito** de precatório e revogação de mandato. Insurgência contra decisão que indeferiu a reserva de honorários contratuais ao antigo patrono. Termo de Revogação de Mandato e Instrumento Público de Procuração, firmados pela cedente, que ressalvam da cessão a sucumbência ao causídico que atuou até aquele momento. Decisão reformada. Recurso provido" (*TJSP* – AI 2087672-90.2015.8.26.0000, 21-8-2015, Rel. Marcos Pimentel Tamassia).

Para o devedor, não obstante, não se rompem todos os vínculos que mantinha com o credor primitivo, sendo de capital importância o art. 1.072 do diploma de 1916:

> *"o devedor pode opor tanto ao cessionário como ao cedente as exceções que lhe competirem no momento em que tiver conhecimento da cessão; mas não pode opor ao cessionário de boa-fé a simulação do cedente".*

No Código de 2002, apresenta-se o art. 294:

> *"O devedor pode opor ao cessionário as exceções que lhe competirem, bem como as que, no momento em que veio a ter conhecimento da cessão, tinha contra o cedente".*[4]

Assim, se o devedor podia alegar erro ou dolo, por exemplo, contra o cedente, poderá fazê-lo contra o cessionário. Isso porque o crédito se transfere com as mesmas características, caso contrário estaria aberto um grande caminho para a fraude. Sobre as exceções já falamos ao tratar da solidariedade. Exceção aí é empregada como um meio substancial de defesa, como já anotamos. O Projeto nº 6.960/2002 propugnou pela substituição do termo no dispositivo, utilizando a palavra *defesas*, para melhorar o entendimento, uma vez que os termos clássicos do Direito cada vez mais caem no esquecimento das novas gerações. O devedor deve, no entanto, tão logo notificado, alertar o cessionário que tem exceções a opor, sob pena de perder o direito. A lei não fixa prazo; *"o momento em que tem conhecimento"* da cessão deve ser examinado, com prudente arbítrio do juiz, em cada caso. A lei de 1916 ressalvava, com propriedade, o cessionário de boa-fé, no tocante à simulação. O cedido não pode alegar contra ele a simulação, isto

---

4 "Ação declaratória e indenizatória. Duplicata mercantil. Cessão de crédito. Demanda ajuizada pela sacada contra a cedente e o fundo de investimento cessionário do crédito. Admissibilidade de oposição ao cessionário de eventuais exceções pessoais que a sacada tinha contra a cedente (**CC, art. 294**). Falta de demonstração da higidez do negócio subjacente. Cessionário que não se cercou das cautelas necessárias ao adquirir os títulos. Inexigibilidade das duplicatas declarada. Protesto indevido. Dano moral in re ipsa. Pessoa jurídica que é suscetível de sofrer dano moral, consoante entendimento firmado na Súmula n. 227, do C. Superior Tribunal de Justiça. Indenização fixada com adequação em R$ 15.000,00 e que se preserva. Pedido inicial julgado procedente. Sentença mantida. Recurso desprovido. Dispositivo: negaram provimento ao recurso" (*TJSP* – Ap 1005987-78.2023.8.26.0362, 9-9-2024, Rel. João Camillo de Almeida Prado Costa).

"Ação monitória – Sentença de acolhimento dos embargos – apelação da autora – Inadmissibilidade do pedido de reforma – Hipótese em que operada **cessão de crédito**, admitindo exceções pessoais por parte da devedora – Inteligência do art. 294, do CC – Duplicatas mercantis sem aceite – Entrega de mercadorias não demonstrada – Ônus de prova a cargo da embargada – Inteligência do art. 15, inciso II, alínea 'b', da Lei n. 5.474/68 – Prova que deveria ter sido produzida quando do ajuizamento da lide (art. 434, NCPC). Sentença mantida – Recurso desprovido" (*TJSP* – Ap 1105887-83.2019.8.26.0100, 26-9-2022, Rel. Fábio Podestá).

"Duplicatas – **Cessão de crédito** – Ação declaratória de inexistência de obrigação cambial e de indenização por danos morais. Improcedência. Devedora notificada da cessão de crédito. Artigos 290 e 293 do Código Civil. Desnecessidade de anuência da devedora. Observância ao princípio do enriquecimento sem causa. Admissão da existência de compra e venda de telefones celulares como causa subjacente da relação de direito cambial. Ausência de comprovação pela sacada de defeito da mercadoria objeto de compra e venda. Hipótese em que se infere a higidez da dívida exigida. Sentença mantida. Recurso não provido" (*TJSP* – AC 1066655-35.2017.8.26.0100, 15-3-2019, Rel. Sebastião Flávio).

"Agravo interno no agravo em recurso especial – Ação de cobrança – **Cessão de crédito** – Anuência do devedor – Notificação – Concretização – Ausência de prova de pagamento ao devedor primitivo – Súmula 7 do STJ – Agravo interno não provido – 1 – A jurisprudência do STJ é no sentido de que a ausência de notificação do devedor sobre a transferência do crédito não tem o condão de isentá-lo da obrigação, mas tão somente de desobrigar o devedor que tenha prestado a obrigação ao cedente de fazê-la novamente ao cessionário. 2 – Inexistindo nos autos prova concreta de quitação do débito ao credor primitivo, bem como a inequívoca ciência da cessão de crédito através da notificação, não há como acolher a tese recursal de ineficácia da cessão realizada. Rever os fundamentos do acórdão estadual demandaria reexame de provas, o que faz atrair o óbice da Súmula 7 do STJ. 3 – Agravo interno não provido" (*STJ* – AGInt-AG-REsp 1.233.425 – (2018/0009924-2), 15-5-2018, Rel. Min. Luis Felipe Salomão).

é, contra o cessionário que não participou, não tinha conhecimento da simulação. A presente redação suprime a referência à simulação, pois esta passa a ser causa de nulidade do negócio jurídico no presente ordenamento e não mais de anulabilidade.

7.1.4 Natureza Jurídica

A natureza contratual do negócio é patente. Trata-se de um negócio jurídico bilateral, um contrato simplesmente consensual, mas por vezes a necessidade obrigará o escrito particular ou a forma pública. Há créditos incorporados a documentos, e sem eles torna-se impossível sua respectiva transferência. É, contudo, um contrato todo peculiar, tanto que fez bem o código em colocá-lo na parte geral das obrigações, pois se trata de forma genérica de alienação.

A cessão pode ser gratuita, assemelhando-se a uma doação; ou onerosa, a qual é mais comum, assemelhando-se à compra e venda. Gratuita ou onerosa, suas consequências admitirão a interpretação peculiar desses atos.

7.1.5 Requisitos. Objeto. Capacidade e Legitimação

Em primeiro lugar, deve estar presente a *possibilidade jurídica* para a transmissão do crédito. Tal pode ser obstado pela *natureza da obrigação*, pela *lei* ou pela *convenção das partes*. A regra geral é no sentido de que os créditos em geral podem ser cedidos. As exceções enunciadas no art. 286 devem ser examinadas em cada caso concreto. Há créditos que por sua natureza não admitem cessão, como ocorre com o direito de *alimentos*. Outros a lei proíbe expressamente, como é o caso dos direitos previdenciários.

Por outro lado, os créditos impenhoráveis, por si só, não impedem a transferência. Ocorre que geralmente o que é impenhorável é inalienável, e daí decorre a impossibilidade da cessão (cf. Varella, 1977:313).

De outro modo, como transitamos no campo do direito disponível das partes, podem elas avençar a intransferibilidade do crédito. Também, lembre-se que as obrigações *personalíssimas*, por sua natureza, não admitem cessão. É nula a cessão de um crédito que contrarie as exceções legais. Não havendo estipulação em contrário, a cessão abrange os acessórios, por exemplo, direitos de garantia, juros, taxas de correção monetária, cláusula penal etc.

Como a cessão de crédito constitui ato de disposição, requer por isso plena capacidade do cedente e poderes específicos na representação, se for o caso. Como certas pessoas não podem adquirir certos créditos, porque a lei subjetivamente as impede, há questões de legitimação na cessão a serem observadas: o tutor, por exemplo, não pode adquirir bens do pupilo; não pode, portanto, adquirir-lhe um crédito.

É evidente que, *a priori*, só pode ceder um crédito seu titular. Todavia, os créditos futuros também podem ser cedidos, desde que venham a existir. Mesmo os direitos litigiosos podem ser cedidos, assumindo o cessionário o risco.

7.1.6 Responsabilidade

A responsabilidade do cedido é pagar a dívida. O cedente, ainda que não se responsabilize pela solvência do cedido, nem subsidiariamente pelo pagamento, é responsável pela *existência do crédito ao tempo de cessão*, se esta se operou a título oneroso (art. 295).[5] Caso não houvesse

[5] "Apelação. Ação de indenização por danos materiais. Autora que demanda reparação por danos materiais oriundos da desocupação do imóvel locado. Locação comercial celebrada originalmente por ex-cônjuge que eximiu o então

objeto no negócio, haveria burla e enriquecimento injusto. Por outro lado, na cessão gratuita de crédito, por se tratar de uma liberalidade, não existe tal responsabilidade. O cedente só responde pela solvência do devedor se assim o fizer expressamente (art. 296).[6] Responderá somente no caso de dolo. No silêncio da avença, o risco da solvência do cedido corre por conta do cessionário. O art. 297 completa a noção, limitando nesse caso a responsabilidade do cedente àquilo que efetivamente foi por ele recebido e juros e despesas da cessão. Já quando se tratava de transferência de crédito por força de lei, o cedente não respondia pela realidade ou materialidade da dívida, nem pela solvência do devedor (art. 1.076 do Código de 1916). A vontade do cedente não existiu nessa situação; não poderia ele aí ser responsabilizado. Esse dispositivo estava deslocado e não mais se encontra no atual Código.

O crédito penhorado não pode mais ser cedido (art. 1.077), mas se o devedor não tiver tomado conhecimento da penhora, pagará validamente ao cessionário. Assim repete a mesma dicção o art. 298 do atual estatuto:

> *"O crédito, uma vez penhorado, não pode mais ser transferido pelo credor que tiver conhecimento da penhora; mas o devedor que o pagar, não tendo notificação dela, fica exonerado, subsistindo somente contra o credor os direitos de terceiro."*

---

locatário de realizar reformas. Cessão do imóvel e do correspondente contrato de locação em formal de partilha homologado judicialmente. Pretensão de cobrança do ex locatário por danos materiais encontrados no imóvel. Sentença de improcedência. Apelação da autora, alegando que a cessão lhe outorgou o direito de exigir a reparação pelos danos materiais experimentados. Exame: Desacolhimento. Cessão do imóvel e do respectivo contrato de locação em formal de partilha homologado em 29/08/2018. Oitiva do locador originário que confirmou a dispensa da reforma do imóvel ao réu. Remissão feita pelo locador originário antes da cessão de direitos. Validade de declaração de vontade que não depende de forma especial, senão quando a lei expressamente a exigir. Inteligência do art. 107 do Código Civil. Direito de crédito relativo à reparação do imóvel locado que não mais subsistia ao tempo da cessão em relação ao réu locatário. Cedente que é o responsável pela existência do crédito ao tempo em que foi cedido. Inteligência do art. 295 do Código Civil. Autora apelante que não se cercou das cautelas necessárias ao figurar como cessionária dos direitos relativos ao contrato de locação em análise. Sentença mantida. Recurso improvido" (*TJSP* – Ap 1006523-06.2019.8.26.0047, 29-5-2023, Rel. Celina Dietrich Trigueiros).

"**Cessão de crédito** – Transmissão de parte dos créditos que seriam pagos por meio de precatório – Hipótese em que foi reconhecida a invalidade da cessão de crédito realizada, pois a importância cedida excedia o valor global disponível para quitação do precatório – Reconhecimento da inexistência do objeto da cessão que importa responsabilidade da cedente – Inteligência do art. 295, do Código Civil – Ressarcimento que deve ocorrer pelo valor do crédito objeto da cessão, não se limitando ao valor efetivamente pago pela cessionária – Atualização da verba que deve seguir os parâmetros aplicáveis aos precatórios, dada a natureza do suposto crédito cedido cuja existência se garantiu – Incidência a partir da data da citação, por se tratar de relação jurídica contratual, nos termos do art. 397, parágrafo único, do Código Civil – Recurso parcialmente provido" (*TJSP* – AC 1131194-44.2016.8.26.0100, 20-5-2019, Rel. Renato Rangel Desinano).

6 "Exceção de pré-executividade. Decisão que a rejeita. Insurgência dos executados. Desacolhimento. Rejeição da alegação de ilegitimidade passiva. Garantidores que assumiram responsabilidade solidária no contrato. Inaplicabilidade do CDC. Relação de insumo. Cessão de crédito pro solvendo. Cláusula de recompra válida e expressa. **Responsabilidade contratual dos coobrigados nos termos do art. 296 do CC**. Atualização e juros pactuados. Os arts. 389 e 406 do CC ressalvam a possibilidade de o índice de correção monetária e de os juros serem convencionados. Decisão mantida. Recurso desprovido" (*TJSP* – AI 2145878-48.2025.8.26.0000, 27-5-2025, Rel. José Wilson Gonçalves).

"Embargos à execução – Sentença de improcedência – apelação do autor/embargante – Inadmissibilidade do pedido de reforma – Preliminares de inépcia da inicial executiva e cerceamento de defesa rejeitadas – Atuação do exequente como fundo de investimento em direitos creditórios, que não se confunde com fomento mercantil (factoring) – Precedente do C. STJ (REsp 1726161/SP) – Nota promissória emitida como garantia à recompra dos títulos de crédito objeto de cessão, que consubstancia dívida certa, líquida e exigível, apta a fundamentar a ação de execução – **Validade da cláusula contratual fixando a responsabilidade do cedente pela solvência do devedor** – Inteligência do art. 296, do CC – Precedentes deste E. Tribunal de Justiça – Excesso de execução não verificado – Argumentação genérica e desacompanhada de qualquer demonstrativo discriminado e atualizado de cálculo, sem observância ao disposto no art. 917, §§ 3º e 4º, do CPC – Sentença mantida – Recurso desprovido" (*TJSP* – Ap 1123949-06.2021.8.26.0100, 31-1-2023, Rel. Fábio Podestá).

7.1.7 Espécies

Já vimos que a cessão pode ocorrer a título gratuito ou oneroso. Cuida-se da forma *convencional*.

Distingue-se, ademais, a cessão de crédito *pro soluto*,[7] quando com a transferência o cedente deixa de ter qualquer responsabilidade pelo crédito, afora sua existência real, e *pro solvendo*, quando o cedente continua responsável pelo pagamento do crédito, caso o cedido não o faça.

Pode ocorrer cessão de crédito *judicial*, operada por força de decisão do juiz. É o que ocorre nas partilhas, quando um crédito do *de cujus* é atribuído a um herdeiro. Também quando numa execução existe penhora de um crédito que é adjudicado ao credor exequente ou arrematado por terceiro.

Há outras situações nas quais a *lei* determina a cessão. O Código determina que nesses casos o cedente fica isento de qualquer responsabilidade. Seu alcance prático é pequeno. Serpa Lopes (1966, v. 2:471) enumera os seguintes casos: os direitos acessórios do crédito; a cessão que o reivindicante deve fazer ao possuidor de boa-fé que pagou o valor da coisa existente em poder de terceiro; a cessão que o locador deve fazer ao locatário em relação à coisa locada quando, não podendo restituir a coisa, lhe prestou perdas e danos; a cessão que o possuidor de boa-fé de bens hereditários deve fazer de todas as ações ao herdeiro, quando não estiver com todos os bens, entre outros. Os efeitos da cessão legal produzem efeitos quase iguais aos da sub-rogação, mas dela se distinguem, uma vez que a cessão legal só existe quando prevista em lei.

---

7 "Apelação – Embargos à execução – Sentença de procedência – Execução extinta por incerteza do título. Execução originária fundada em contrato de cessão de crédito celebrado entre as partes e duplicatas inadimplidas pelo sacado/devedor originário – Pretensão da cedente à responsabilização patrimonial do cessionário pela dívida – Cessão celebrada na modalidade pro soluto, com pretensão da exequente/embargada ao reconhecimento da má-fé da cessionária embargante quando da celebração da avença – Inteligência do **artigo 295, do CC** – Necessidade de comprovação da má-fé e de demais elementos acidentais que retira a certeza do título executivo, culminando na extinção da execução. Sentença mantida – Recurso desprovido" (*TJSP* – Ap 1093836-98.2023.8.26.0100, 13-8-2024, Rel. Sergio Gomes).

"Apelação cível – Embargos à execução – **Cessão de crédito onerosa – *Pro soluto*** – Art. 295 do Código Civil – *Factoring* – Empresa de fomento mercantil não é instituição financeira – Aplicabilidade do Decreto-Lei nº 22.626/1933 – Limitação da taxa de juros – 12% ao ano – Recurso conhecido e provido – 1- Na cessão de crédito *pro soluto* onerosa, o cedente responde apenas pela existência do título, não pela solvência. 2- Faz parte do risco do negócio de fomento mercantil, ou também chamado, *factoring*, a solvência dos títulos adquiridos. 3- Nos termos do Decreto-Lei nº 22.626/1933, quando não forem estipuladas a taxa de juros entender-se-á que as partes acordaram nos juros de 6% ao ano, a contar da data da propositura da respectiva ação ou do protesto cambial, entretanto, caso haja previsão contratual a taxa de juros não poderá ser superior a 12% ao ano, conforme deflui do art. 1º, § 3º cumulado com os arts. 2º e 5º, todos do mesmo diploma legal. 4- Recurso conhecido e provido" (*TJAM* – AC 0623120-42.2017.8.04.0001, 22-5-2019, Relª Maria do Perpétuo Socorro Guedes Moura).

"Ação declaratória de nulidade de cláusula contratual e inexigibilidade de título de crédito, fundada em contrato de cessão de títulos de crédito e de nota promissória emitida como garantia – Embora a apelante se identifique como fundo de investimentos e o contrato firmado entre as partes se denomine 'contrato de cessão', verifica-se a presença de características do fomento mercantil, modalidade contratual atípica, uma vez que apresenta como objeto a aquisição de duplicatas por meio de cessão, mediante o pagamento de deságio. Manutenção da r. sentença que declarou a nulidade da cláusula que estabelece a responsabilidade solidária do cedente dos títulos de crédito em caso de inadimplência do devedor, pois esse risco configura essência do contrato de fomento mercantil, portanto, os títulos são adquiridos em caráter pro soluto. A cessão dos títulos mediante a obrigação de recompra em caso de insolvência do devedor do crédito cedido trata de característica do mútuo, operação que somente pode ser desempenhada por instituição financeira. Precedentes deste e. Tribunal de Justiça e do c. Superior Tribunal de Justiça. Recurso improvido" (*TJSP* – Ap 1038170-62.2016.8.26.0002, 23-6-2017, Rel. Alberto Gosson).

Ainda, a cessão de crédito, como todo negócio jurídico ordinário, admite condição e sujeita-se às vicissitudes de nulidade e anulabilidade dos atos jurídicos em geral.

7.1.8 Efeitos

Nos tópicos anteriores, os efeitos já foram delineados. O cessionário recebe o crédito, tal como se encontra, substituindo o cedente na relação obrigacional. O crédito é transferido com todos os direitos e obrigações, virtudes e defeitos.

Como vimos, na cessão de crédito onerosa, o cedente garante, ao menos, a existência do crédito. Trata-se de direito muito semelhante à garantia da evicção. Nas cessões gratuitas, o cedente só responde pela existência do crédito se agiu com má-fé. Sempre é conveniente recordar que a má-fé não se presume e deve ser cabalmente provada.

Já estudamos que a cessão pode ocorrer *pro soluto* ou *pro solvendo*, variando os efeitos. Na cessão *pro soluto*, o cessionário dá plena quitação, exonerando o cedente; na cessão *pro solvendo*, se o cedido não pagar, ainda restará direito do cessionário de cobrar do cedente.

Orlando Gomes (1978:257) acrescenta ainda outras obrigações inerentes à posição do cedente: a de prestar informações para o exercício do direito de crédito, quando solicitadas pelo cessionário, a de entregar os documentos indispensáveis para que o cessionário possa cobrar o crédito e a de fornecer documento comprobatório da cessão, se necessário. O cedente não pode dificultar a atividade do cessionário, omitindo, por exemplo, a existência de bens penhoráveis do devedor, de que tem conhecimento, sob pena de responder por perdas e danos.

A partir do momento da cessão, independentemente de seu conhecimento pelo devedor, como já se trata de um valor que integra o patrimônio do cessionário, pode ele tomar qualquer medida conservatória de seu crédito. Tal disposição, aceita pela doutrina, vem expressa no atual Código, art. 293.

No caso de cessão parcial, o crédito biparte-se, não havendo nenhuma preferência de recebimento por um ou por outro credor. O devedor deve pagar a parte de ambos, na forma devida.

O art. 1.078 do Código de 1916 determinava que se aplicassem a outras cessões, isto é, cessões de outros direitos, as disposições da cessão de crédito, quando não houver disciplina legal. O Código de 1916 não tratou da assunção de dívida e da cessão de posição contratual, que examinaremos a seguir. Portanto, no que couber, mesmo hodiernamente, devem ser aplicados os princípios da cessão de crédito, princípio básico de analogia que se mantém, se estiverem presentes seus pressupostos. Destarte, também a muito utilizada cessão de direitos hereditários, agora tratada expressamente no vigente Código, encaixava-se no dispositivo, assim como a cessão de direitos sobre imóveis e de direitos de autor. O atual Código não repetiu a exortação do art. 1.078, talvez porque já trate de outras formas de cessão. Contudo, a regra analógica continuará válida, pois a novel lei não cuida, por exemplo, da cessão de posição contratual. Há outras modalidades de cessão no universo jurídico que serão examinadas em nossas obras.

7.2 ASSUNÇÃO DE DÍVIDA

7.2.1 Conceito

Como acabamos de ver na seção anterior, o credor pode alienar seu crédito a um cessionário, que substitui a parte ativa da obrigação. Não surpreende essa noção, pois o crédito é um valor do patrimônio ativo da pessoa. No entanto, pode haver substituição da parte passiva da obrigação, com outro devedor assumindo-a. Não é um fenômeno muito comum, mas nem por isso deixa de ter interesse prático.

Na chamada assunção de dívida (denominada *cessão de débito* por alguns, denominação que realça uma forma de alienação, não muito clara do fenômeno), a primeira noção a ser enfocada é que ela *não pode ocorrer sem a concordância do credor*. Isso faz a diferença básica para o início de seu estudo. O credor possui como garantia de adimplemento da obrigação (se não tiver privilégio, for meramente quirografário) o patrimônio do devedor. Portanto, a pessoa do devedor é importante para o credor. Assim como o credor não é obrigado a receber coisa diversa do objeto da obrigação, ainda que mais valiosa, não está o credor obrigado a aceitar outro devedor, ainda que mais abastado. A questão é básica. Basta dizer que o devedor mais afortunado patrimonialmente que assume a dívida de um terceiro pode não ter a mesma disponibilidade moral para pagar a dívida.

O conceito vem delineado no Código de 2002, art. 299:

> *"É facultado a terceiro assumir a obrigação do devedor, com o consentimento expresso do credor, ficando exonerado o devedor primitivo, salvo se aquele, ao tempo da assunção, era insolvente e o credor o ignorava.*
>
> *Parágrafo único. Qualquer das partes pode assinar prazo ao credor para que consinta na assunção da dívida, interpretando-se o seu silêncio como recusa."*[8]

A redação apresenta-se na mesma esteira do código alemão.

A assunção de dívida também é um negócio jurídico na acepção por nós exposta em *Direito civil: parte geral*. Essa noção nunca foi admitida no Direito Romano, salvo os casos

---

[8] "Manutenção de posse de bem móvel c/c obrigação de fazer c/c dano moral. Sentença que condenou o vendedor a pagar as parcelas de financiamento, nos termos de ajuste firmado com o polo ativo. Acordo eficaz apenas entre as partes contratantes e que é inoponível à casa bancária. Credora fiduciária que sequer anuiu à assunção de dívida. Dicção do **art. 299 do CC**. Precedentes desta Corte. Descumprimento da obrigação pelo réu que atrairá, tão só, o exercício do direito de regresso pelo autor, sem suspensão da exigibilidade das parcelas do financiamento. Recurso provido" (*TJSP* – Ap 1008618-71.2024.8.26.0099, 22-8-2025, Rel. Ferreira da Cruz).

"Contrato bancário – Ação de obrigação de fazer – Alegada recusa injustificada do banco réu de transferir para o nome da autora o contrato de financiamento imobiliário firmado por Jaqueline de Souza Teixeira, a qual efetuou a venda do imóvel tanto para acionante quanto para outra pessoa e perigo iminente de o imóvel adquirido pela autora seja alvo de constrições em execuções promovidas pelos credores da mutuária alienante – Alienação do imóvel pela mutuária à autora sem aquiescência do banco réu, agente financeiro – A pretensão de transferência do financiamento importa em assunção de dívida pela autora – Necessidade de anuência do credor, o qual expressa discordância – Inteligência do **art. 299 do Código Civil** – Impossibilidade de obrigar o banco réu a transferir para o nome da autora o financiamento contraído pela mutuária alienante – Precedentes deste E. Sodalício – 'Contrato de gaveta' firmado pela autora com a mutuária que não gera qualquer efeito jurídico junto ao agente financeiro – Improcedência mantida – Recurso improvido" (*TJSP* – Ap 1007882-59.2022.8.26.0152, 28-2-2024, Rel. Correia Lima).

"Ação de cobrança, decorrente de contrato de trespasse, ajuizada por alienantes originários (credores) contra devedor primitivo, após ter havido assunção da dívida por terceiros, adquirentes em novo contrato de trespasse e de cessão de quotas de sociedade limitada. Ação julgada procedente. Apelação do devedor primitivo. Apelados que anuíram com a **assunção de dívida**, posteriormente inadimplida. Apelante que, segundo o conjunto probatório dos autos, já sabia da patente insolvência dos novos devedores, inadimplentes também com o pagamento dos demais valores devidos. Exceção prevista no art. 299 do Código Civil. Doutrina de HAMID BDINE: "O consentimento expresso do credor é essencial, e ocorrerá a exoneração do devedor primitivo sempre que o devedor substituto não for insolvente, ou, sendo, o fato for do conhecimento do credor. Havendo consentimento expresso e não sendo o credor insolvente, desaparece a responsabilidade patrimonial do devedor primitivo. Outro requisito da assunção consiste em que ela seja fundada em contrato que exista e que não seja inválido. Nos casos em que o novo devedor for insolvente, o dispositivo em exame só admite a exoneração do antigo devedor se o credor tiver conhecimento dessa circunstância". Não exoneração da obrigação do apelante. Manutenção da sentença recorrida. Recurso de apelação desprovido" (*TJSP* – Ap 1040370-34.2019.8.26.0100, 10-4-2023, Rel. Cesar Ciampolini).

incontornáveis de transmissão global de patrimônio, como a sucessão *causa mortis* e a venda ou cessão de todos os bens (*bonorum venditio* e *bonorum cessio*). Conseguiam os romanos atingir a finalidade da cessão, com a novação subjetiva passiva. No entanto, como exposto, na novação existe a extinção da dívida primitiva, o que não acontece nem na cessão, nem na assunção de débito. A transferência de dívidas pelo lado passivo é colocação dos códigos mais modernos, como o alemão, o suíço e o italiano atual. Como se trata de transferência de valor patrimonial negativo, ao contrário da cessão de crédito, há necessidade de manifestação de concordância expressa pelo credor. Os interessados podem obter de plano ou concomitantemente com o negócio essa concordância, ou assinar prazo para que o credor se manifeste. Nessa hipótese,

---

"Recurso – Apelação – Interposição contra sentença que julgou improcedentes os embargos à execução – Recurso já distribuído – Caso em que o apelo não tem efeito suspensivo automático – Necessidade de formulação do requerimento em peça apartada dirigida ao Relator – Inadequação da via eleita – Art. 1.012, § 3º, II, do CPC. Embargos à execução – Financiamento de veículo – Alienação do veículo financiado a terceiro que teria se comprometido a assumir a dívida – Ausência de comunicação do credor acerca da **assunção de dívida** – Violação do art. 299 do CC – Necessidade de anuência do credor – Contrato de compra e venda do veículo alienado fiduciariamente realizado entre a embargante e terceiro que não produz efeitos face do credor fiduciário – Devedora que permanece obrigada aos termos do contrato exequendo. Recurso não provido" (*TJSP* – Ap 1000908-98.2022.8.26.0477, 1-10-2022, Rel. Heraldo de Oliveira).

"Apelação cível – Ação monitória – Assunção de dívida – Necessidade de anuência expressa do credor – Requisito legal – Ausência – Inteligência do art. 299, do Código Civil – Ação fundada em documento escrito – Legalidade – Possibilidade – Recurso não provido – Sentença mantida. 1. A transmissão da obrigação, nos termos do art. 299 do Código Civil, chamada de assunção de dívida, depende de anuência expressa do credor. Não sendo suficiente ao preenchimento de tal requisito o contrato de compra e venda que garante responsabilidade do terceiro comprador pela coisa objeto da lide. 2. É viável que o credor, possuidor de título executivo, escolha a ação monitória para receber seu crédito, desde que fundada em documento escrito, sem eficácia de título executivo, para que possa requerer em juízo o seu pagamento" (*TJMG* – ApCív 1.0000.20.469170-3/001, 19-8-2020, Pedro Aleixo).

"Embargos à execução – Cédula de crédito bancário – **Assunção de dívida por terceiro** – Elementos a indicar que isso não se verificou – Ausência de expressa anuência do credor – Exegese do artigo 299 do Código Civil – Impossibilidade de limitação de taxa de juros – Improcedência dos embargos – Sentença reformada – Recurso provido" (*TJSP* – AC 1058952-19.2018.8.26.0100, 8-3-2019, Rel. Vicentini Barroso).

"Apelação – Bem Móvel – Embargos de terceiro – **Prestação de fiança sem anuência do cônjuge** – Inexistência – Cônjuge da embargante que pactuou assunção de dívida – Inexistência de benefício à entidade familiar na celebração da assunção – Presunção de benefício não elidida por qualquer prova – Excesso de penhora – Não comprovação. A leitura do instrumento que veiculou a transação demonstra que o cônjuge da embargante não prestou uma garantia e, sim, que pactuou uma assunção de dívida, obrigando-se solidariamente com a devedora originária pelo cumprimento da obrigação. Não há no ordenamento jurídico vedação a esse tipo transmissão da obrigação, prevendo expressamente a regra expressa no artigo 299 do Código Civil que 'é facultado a terceiro assumir a obrigação do devedor, com o consentimento expresso do credor'. No tocante ao disposto na regra do artigo 1.647 do Código Civil, há de destacar-se que a limitação ao poder de administração dos cônjuges está circunscrita aos casos expressamente ali contemplados, pois, como assevera Milton Paulo de Carvalho Filho, 'o rol de vedações é taxativo, não comportando interpretação extensiva, uma vez que representam limitações ao direito dos consortes' (*Código Civil Comentado*: Doutrina e Jurisprudência, coordenador: Cezar Peluso, 7ª ed., São Paulo: Manole, 2013, pág. 1.849). Carlos Roberto Gonçalves também adota o mesmo entendimento de que 'em regra, presume-se que os negócios feitos pelo cônjuge sejam em benefício da família, daí por que compete à mulher elidir tal presunção' (*Direito Civil Brasileiro*, vol. 6, 7ª ed., São Paulo: Saraiva, 2010, pág. 439). O digno Juízo de origem relegou a apreciação do eventual excesso de penhora para depois da avaliação dos bens penhorados (fl. 808 dos autos da execução), no que observou determinação legal (CPC/1973, art. 685, I; CPC/2015, art. 874, I). Apelação desprovida" (*TJSP* – Ap 1130612-44.2016.8.26.0100, 29-5-2018, Rel. Lino Machado).

"Contratos bancários – Ação de cobrança – **Assunção da dívida** e inadimplemento, incontroversos – As rés são inadimplentes confessas, pois reconheceram a existência do débito e a ausência do pagamento. Dificuldades financeiras não justificam o inadimplemento de obrigação validamente contraída. Abusividade contratual. Matéria não deduzida na fase postulatória. Inovação dos limites objetivos da lide, em sede recursal. Inadmissibilidade. Em sua peça de defesa, as rés arguiram a seu favor apenas a dificuldade financeira por que vêm passando. Nada foi dito a respeito da validade da avença entabulada entre as partes, nem dos cálculos apresentados pelo autor. Em suas razões recursais, elas pretendem distender os limites objetivos da lide, trazendo questões que não foram deduzidas no Juízo de origem, em nítida violação às garantias constitucionais ao contraditório, à ampla defesa e ao duplo grau de jurisdição. Apelação, na parte conhecida, não provida" (*TJSP* – Ap 1001693-29.2016.8.26.0620, 14-2-2018, Relª Sandra Galhardo Esteves).

como adverte o texto legal no parágrafo, para evitar outra interpretação, seu silêncio representará pura e simplesmente sua negativa em admitir um novo devedor para sua obrigação. Nunca se deve esquecer que o patrimônio e a pessoa do devedor interessam diretamente ao credor e não lhe pode ser imposto novo devedor.

Entre nós, embora a assunção conste apenas no atual diploma, nada impedia sua aplicação antes de sua vigência, pois o campo obrigacional é o dispositivo por excelência do direito privado. Ademais, lembramos que o art. 1.078 do Código de 1916 determinava que se aplicassem os dispositivos da cessão de crédito à cessão de outros direitos; no que couber, é evidente. Há sempre regras gerais de lógica jurídica das quais não se pode fugir. Se o credor e o devedor estão de acordo com a substituição, nada obsta a substituição do devedor primitivo. E mais, pode até mesmo tão só o devedor conseguir um novo credor para sua dívida, embora esta seja uma afirmação que requererá meditações.

A assunção pode liberar o devedor primitivo, ou mantê-lo atado ainda à obrigação; trata-se de opção das partes, uma escolha do credor. Também, e pelas mesmas razões, o contrato pode proibir a assunção de dívida, hipótese em que o interessado poderá opor-se a ela.

As necessidades do comércio mostram a utilidade da assunção: alguém, por exemplo, adquire um estabelecimento comercial, mas deseja-o isento de dívidas. O devedor apresenta um terceiro, estranho ao negócio, que assume as dívidas do estabelecimento. Em todo o caso, o que é peculiar a esse negócio é o fato de um terceiro assumir uma dívida que originalmente não foi contraída por ele. O terceiro (*assuntor*) obriga-se pela dívida. A obrigação, como na cessão, mantém-se inalterada. No entanto, o atual Código, no art. 300, diz: "*Salvo assentimento expresso do devedor primitivo, consideram-se extintas, a partir da assunção da dívida, as garantias especiais por ele originariamente dadas ao credor*".[9]

---

9 "Direito Civil – Apelações cíveis – Cobrança – Prestação de serviços gráficos – Alegação de assunção de dívida pelo partido – Irregularidade do instrumento – Assinatura do instrumento apenas pelo secretário de finanças – *Venire contra factum proprium* – Solidariedade sobre o débito – Regularidade – Inépcia da inicial – Inocorrência – Desnecessidade de produção de outras provas – Origem da dívida não discutida – Valor pago por terceiro – Abatimento – 1- Conhece-se dos três recursos interpostos, posto que presentes os requisitos intrínsecos e extrínsecos, passando a análise em conjunto dos mesmos, considerando que todas as alegações recursais tem como ponto central a validade ou não do termo de assunção de dívida formalizado entre o partido social brasileiro e a empresa recorrida. 2- As supostas ilegitimidades passivas suscitadas estão intimamente ligadas à alegação de ausência de responsabilidade do partido recorrente para com a dívida cobrada, motivo pelo qual analiso referida matéria em conjunto. 3- Com efeito, o Código Civil, disciplinando a matéria, assim dispõe: art. 299. É facultado a terceiro assumir a obrigação do devedor, com o consentimento expresso do credor, ficando exonerado o devedor primitivo, salvo se aquele, ao tempo da assunção, era insolvente e o credor o ignorava. Art. 300: Salvo assentimento expresso do devedor primitivo, consideram-se extintas, a partir da assunção da dívida, as garantias especiais por ele originariamente dadas ao credor. 4- Em regra, sendo os agentes capazes, o objeto lícito e não havendo forma prescrita em lei, o termo de assunção de dívida tem sua eficácia garantida, devendo o seu conteúdo ser obrigatoriamente observado, em respeito ao princípio do *pacta sunt servanda*. Entretanto, no presente caso, algumas ponderações devem ser feitas, sobretudo diante do instrumento de constituição de uma das partes envolvidas e da legislação aplicável à espécie, já que se trata de uma pessoa jurídica, cuja constituição é um instrumento estatutário. 5- A validade de quaisquer negócios jurídicos formalizado pelo partido recorrido está condicionada à atribuição da pessoa física ocupante do cargo a quem o estatuto conferiu este ônus, podendo inclusive esta incumbência ser ato composto, ou seja, depender da manifestação de vontade de duas ou mais pessoas. E nesse contexto, destaca-se o artigo 28, alínea 'd' e artigo 33, alínea 'a', ambos do estatuto do PSB, *verbis*: art. 28 – Compete aos presidentes das comissões executivas distritais, zonais, municipais, estaduais e nacional, no âmbito de sua jurisdição: d) autorizar, com o secretário de finanças, as despesas, assinar cheques e demais documentos que envolverem obrigações financeiras; art. 33 – Compete ao primeiro secretário de finanças: a) assinar com o presidente, cheques, títulos ou outros documentos que impliquem responsabilidade financeira do partido; 6. Compulsando de forma detida os documentos anexados à inicial desta ação de cobrança, observa – Se que no termo de assunção de dívida consta assinatura apenas do secretário de finanças do partido social brasileiro, Sr. Francisco Josué Freitas da Silva. Em sendo assim, em uma primeira vista, não há regularidade do contrato assumido pelo partido recorrido, faltando-lhe, pois, um dos requisitos para sua validade, por que não pode, em tese, aludido secretário, sozinho, formalizar referido instrumento. 7- Contudo, restou demons-

O aspecto é diverso da cessão. A razão é visível. Se não for feita a ressalva, a hipoteca dada por terceiro deve desaparecer. No mesmo diapasão, o fiador não é obrigado a garantir um devedor que não conhece, não confia. Ademais, a fiança não admite interpretação extensiva (art. 819). Cuida-se de contrato acessório. Deve o fiador concordar expressamente com a substituição. A ideia, portanto, é no sentido de que as garantias ditas especiais não subsistirão com a assunção se não houver menção expressa a esse respeito. No entanto, devem permanecer as garantias dadas pelo devedor primitivo e ligadas a sua pessoa. Como esse artigo não foi suficientemente claro a esse respeito, o Projeto nº 6.960 sugeria nova redação:

> *"Com a assunção da dívida transmitem-se ao novo credor todas as garantias e acessórios do débito, com exceção das garantias especiais originariamente dadas ao credor pelo primitivo devedor e inseparáveis da pessoa deste. Parágrafo único. As garantias do crédito que tiverem sido prestadas por terceiro só subsistirão com o assentimento deste".*

---

trado ao longo do arcabouço processual que o partido, além de assumir a dívida, já efetuou vários pagamentos. Nesse contexto, cumpre destacar que quanto à responsabilidade do PSB, não há qualquer reforma a ser feita na decisão atacada, sob pena de configurar o instituto indicado pelo brocardo *nemo potest venire contra factum proprium*, desdobramento da boa-fé objetiva, prevista no art. 422 do Código Civil, o qual sustenta a impossibilidade de comportamento contraditório nas relações. Tal postulado proíbe que qualquer das partes adote na linha do tempo comportamentos contraditórios entre si, ou seja, que a parte formalize um contrato e, posteriormente, alegue que o mesmo é nulo por que não foi regularmente assumido por si próprio. 8- Conclui-se que os argumentos esposados pelo recorrente não possuem fundamento, devendo, desta forma, a sentença mantida por não se admitir posicionamentos contraditórios das partes, em observância ao princípio da boa-fé objetiva. 9- Ademais, no que toca a necessidade de decisão do órgão nacional de direção partidária para viabilizar a regularidade do termo de assunção de dívida, esclareça-se que a exigência insculpida no § 3º do artigo 29 da Lei nº 9.504/1997 é requisito para a prestação de contas perante a justiça eleitoral, de forma que essa formalidade não macula a cobrança ora ajuizada. 10. Em sendo assim, deve ser mantida a solidariedade dos recorrentes para com a dívida cobrada, inclusive porque o termo assinado pelo partido apelante não tem o condão de extinguir a obrigação primitiva, nem muito menos desobrigar os devedores originais, permanecendo, assim, a responsabilidade dos três sucumbentes. 11. Precedentes. 12. Cumpre, ainda, destacar que é desnecessária a realização de fase instrutória, com o objetivo de oitivar testemunha para se atestar a assunção da dívida cobrada, como alegam as recorrentes Eliane Novaes Eleutério Teixeira e Geovana Maria Cartaxo de Arruda Freire, sobretudo porque a prova é meramente documental e o arcabouço apresentado é suficiente para a formação do convencimento motivado, sendo desnecessária a produção de outras. 13. Com efeito, o artigo 355, inciso I, do Código de Processo Civil assim dispõe: art. 355. O juiz julgará antecipadamente o pedido, proferindo sentença com resolução de mérito, quando: I- Não houver necessidade de produção de outras provas. 14. Em sendo assim, não há qualquer nulidade de cerceamento do direito de defesa a ser reconhecida, motivo pelo qual, neste ponto, as apelações apresentadas não merecem acolhimento. 15. Quanto ao pedido de reconhecimento da inépcia da inicial, não se vislumbra razão, na medida em que é possível a propositura do pedido de cobrança contra dois devedores, especialmente quando o débito tem a mesma origem, como é o caso dos presentes autos, onde está sendo cobrada dívida de material da campanha da chapa que continha as recorrentes acima nominadas. 16. No mais, insta esclarecer que ao longo de toda a tramitação processual não houve discussão quanto à origem da dívida, o que acarreta o instituto da preclusão. Além disso, os documentos apresentados comprovam o direito da empresa recorrida, pois esta manteve vínculo negocial com as apelantes, prestando-lhes serviço gráfico para feitura de material de campanha política, sem que tenha havido o seu adimplemento, ainda que parcial, tendo em vista que parte da dívida foi paga pelo partido socialista brasileiro. 17. Dessa maneira, comprovada a prestação do serviço, as apelantes devem pagar a contraprestação correspondente, sob pena de enriquecimento ilícito. 18. Por fim, cumpre destacar que o Código de Processo Civil de 2015 determina que os honorários 'serão fixados entre o mínimo de dez por cento (10%) e o máximo de vinte por cento (20%) sobre o valor da condenação', senão, veja-se: art. 85, § 2º os honorários serão fixados entre o mínimo de dez e o máximo de vinte por cento sobre o valor da condenação, do proveito econômico obtido ou, não sendo possível mensurá-lo, sobre o valor atualizado da causa, atendidos: 19. Considerando que referida verba sucumbencial foi fixada em seu patamar mínimo e ainda levando-se em conta a complexidade da causa e o trabalho despendido pelo causídico, deve ser mantida a sentença nesse jaez, posto que em consonância com os princípios da razoabilidade e da proporcionalidade. 20. Diante do exposto, conheço dos recursos interpostos, para negar provimento ao apelo interposto pelo partido socialista brasileiro – PSB/CE e por Geovana Maria Cartaxo de Arruda Freire e dar parcial provimento ao recurso de Eliane Novaes Eleutério Teixeira, tão somente para abater da condenação os valores adimplidos pelo partido recorrente, a ser apurado em sede de liquidação de sentença, mantendo inalterados os demais termos da decisão atacada" (*TJCE* – Ap 0168325-34.2016.8.06.0001, 26-3-2019, Rel. Carlos Alberto Mendes Forte).

Desse modo, transferida a dívida, salvo manifestação expressa dos garantidores primitivos, exoneram-se o fiador e o terceiro hipotecante.

Lembre-se de que a legislação portuguesa, por exemplo, permite a assunção sem declaração expressa do credor. Todavia, nesse caso, o novo devedor passa a responder *"solidariamente com o novo obrigado"* (art. 595 do Código português). Não se pode falar aqui em uma assunção típica de dívida, mas em um reforço, ou garantia da obrigação existente. No direito brasileiro, na ausência dessa disposição nos dispositivos respectivos, a relação do novo devedor seria de garantia. Trata-se de uma *adesão* à dívida, de um reforço (cf. Gomes, 1978:264). Não se trata de fiança, porque esta é uma garantia de dívida *alheia*, o que não ocorre neste fenômeno.

7.2.2 Características

Também a assunção possui natureza contratual; é negócio bilateral, quer se faça somente entre credor e terceiro, quer se faça com a intervenção expressa do devedor primitivo.

No tocante à forma, vale o que dissemos a respeito da cessão: se o negócio exigir forma especial, assim deverá ser feito, caso contrário a forma é livre. Como na cessão, podem dela ser objeto dívidas presentes e futuras. Admitem também condição. Os vícios possíveis são os dos negócios jurídicos em geral. Como qualquer negócio jurídico de disposição, há que se examinar a capacidade das partes e a legitimação, no caso concreto. Trata-se, ao mesmo tempo, de ato de aquisição e disposição.

7.2.3 Espécies

Por dois modos pode ocorrer a assunção: por acordo entre o terceiro e o credor, e por acordo entre o terceiro e o devedor. Na falta de uma disposição legal, tomamos emprestado a nomenclatura da doutrina estrangeira. A chamada *expromissão* do Código italiano é a forma típica de assunção de dívida. Por ela um terceiro (expromitente) contrai perante o credor a obrigação de liquidar o débito. A ideia é de o terceiro assumir espontaneamente o débito de outra. A avença é entre o terceiro e o credor. No entanto, há que se dizer que o devedor pode ter interesse moral em pagar a dívida. Já dissemos isso na remissão. Pode, da mesma forma, valer-se da consignação em pagamento.[10]

---

[10] "Ação monitória ajuizada com o objetivo de obter do réu pagamento correspondente à alienação de quotas em sociedade limitada. Sentença que julgou parcialmente procedente o pedido. Apelação do réu. Alegação de ilegitimidade "ad causam", pleito de denunciação da lide e pedido de decretação de nulidade de sentença, em razão de julgamento antecipado sem produção probatória e análise de teses defensivas. Competência excepcional desta Câmara Empresarial, dada prevenção com ação de dissolução de sociedade por ela julgada. Não configuração de nulidade da sentença, que enfrentou adequadamente os argumentos do réu. Provas documentais suficientes para boa apreciação da lide. Preliminar de ilegitimidade "ad causam" rejeitada. Instrumento de assunção de dívida firmado pelo réu, por **expromissão** cumulativa, isto é, "situação em que terceira pessoa assume espontaneamente o débito da outra, sendo que o devedor originário não toma parte nessa operação...". Diz-se cumulativa, posto que "o expromitente entra na relação como novo devedor, ao lado do devedor primitivo" (FLÁVIO TARTUCE). Assunção que não tem o condão de liberar a devedora original. Esta e o réu são codevedores, cada um responsável por metade da dívida, na forma do art. 257 do Código Civil, inexistente dispositivo legal, ou contrato, a impor solidariedade. Sentença reformada em parte. Ação julgada parcialmente procedente, reconhecida a responsabilidade do réu apenas por metade da dívida. Apelação parcialmente provida" (*TJSP* – Ap 1003217-07.2021.8.26.0161, 30-8-2022, Rel. Cesar Ciampolini).

"Direito civil – Apelação – Declaratória de inexistência de relação obrigacional – **Assunção e confissão de dívida** – Credor – Anuência – Falta – Inocorrência de expromissão liberatória – Recurso desprovido – 10- Não há como acolher a tese de que o ex-cônjuge assumiu e confessou o débito objeto dos autos à falta de regular expromissão liberatória, *ex vi* do art. 299, do Código Civil. 11- Julgados do TJRS: (a) 'A assunção de dívida transfere a terceiro a posição do devedor na relação obrigacional, todavia exige a expressa anuência do credor, sob pena de ineficácia do negócio em relação a este último. Na hipótese dos autos, não restou demonstrado o consentimento do credor hipotecário. Desse modo, inocorrente a quitação, permanece o executado como devedor hipotecário (...) (Apelação Cível nº 70076031798, Décima Nona Câmara Cível, Tribunal de Justiça do RS, Relator: Marco Antonio Angelo, Julgado em 29/03/2018)'; e (b) 'Não é possível que o contrato de gaveta entabulado entre a mutuária original e o autor da declaratória e dos embargos de terceiro seja suficiente para que se reconheça a existência de 'cessão' entre as partes. Não tendo o contrato, firmado por instrumento particular entre as partes, envolvido, também, a dívida mutuária assumida pela promitente-compradora e garantida por hipoteca no negócio, tampouco noticiado, em tempo, ao agente financia dor a existência do pacto entre as partes para sua anuência, não há falar em transferência do polo passivo da execução manejada pela financiadora, quiçá do contrato entretido pela mutuária mediante escritura pública (...) (Apelação Cível nº 70069062024, Décima Segunda Câmara Cível, Tribunal de Justiça do RS, Relator: Guinther Spode, Julgado em 16/03/2017)'. 12- Recurso desprovido" (*TJAC* – Ap 0707788-95.2015.8.01.0001 (19.924), 8-1-2019, Relª Desª Eva Evangelista).

"Civil e processual civil – Apelação – Preliminar de ausência de interesse de agir – Rejeição – Ação Monitória – Assunção da dívida – Concordância expressa do credor para a liberação do devedor originário – Notas fiscais e canhotos de recebimento assinados – Prova idônea da entrega das mercadorias – Apelo desprovido – 1 – Preliminar de ausência de interesse de agir: a Apelada tem indubitável interesse processual na propositura da ação monitória, haja vista que as referidas notas fiscais não detém eficácia executiva, mas representam uma obrigação de pagamento de determinada quantia pelo fornecimento de mercadorias ao devedor originário, sendo adequada a via eleita para a satisfação da pretensão externada. 2 – No caso, houve a chamada **expromissão liberatória**, na medida em que a empresa Apelada concordou, expressamente, que a imobiliária assumisse a posição do devedor primitivo na relação jurídica. Somente seria afastada a pretensão monitória em face da Apelada se o credor não externasse o seu consentimento, pois na assunção de dívida a anuência expressa do credor é requisito indispensável à validade do negócio jurídico. 3 – A prova documental evidencia que os produtos foram, de fato, entregues à referida empresa de construção (devedor primário), haja vista que, nos referidos documentos, constam a assinatura e a data de entrega, elementos suficientes para validar a prova documental. 4 – A empresa Apelada instruiu a inicial com a prova da existência do débito, que comprovam a entrega dos produtos à Construtora BS, como indicam os canhotos de recebimento (devidamente assinados). Desse modo, apesar das afirmações da Apelante, era seu o ônus de comprovar que os referidos documentos seriam viciados, obrigação da qual claramente não se desincumbiu. 5 – Apelo desprovido" (*TJAC* – Ap 0003636-50.2012.8.01.0001 – (18.387), 19-12-2017, Relª Desª Cezarinete Angelim).

"Apelação Cível – Ação ordinária de cobrança c/c pedido de danos materiais, morais e lucros cessantes. O autor assumiu o débito junto ao banco Dibens s/a de um veículo tipo caminhão, veículo vendido anteriormente para a segunda requerida. Como vinha pagando as parcelas sempre com atraso, resolveu fazer com o banco Dibens, um termo de acordo no valor de R$ 35.000,00 (trinta e cinco mil reais), em três parcelas, ao atrasar a última parcela, veio a ser surpreendido com a apreensão do veículo pelo Banco Dibens, que posteriormente veio a entregar o mesmo a segunda ré, mediante o pagamento da parcela atrasada no valor de R$ 12.000,00 (doze mil reais), em prejuízo do autor. Sentença julgando parcialmente procedente a ação. Houve a substituição do devedor primitivo em vista do acordo estabelecido entre o credor e terceiro, no caso o autor da demanda, sem intervenção da devedora originária, resvalando na hipótese de **assunção da dívida por expromissão**, cujo efeito é de liberar o primitivo devedor (segunda ré). Observa-se que o autor/apelado sofreu inúmeros transtornos a partir da devolução do veículo pelo banco a segunda requerida, que não mais poderia ter a posse do bem eis que seu vínculo obrigacional estava extinto, estando assim, fora da relação contratual entre o autor e o Banco Dibens, que ainda foi omisso ao não dar baixa no processo de busca e apreensão contra Marineide Duarte, e graças a isso o banco conseguiu reaver o bem. Danos materiais e morais caracterizados. Danos morais reduzidos para R$ 5.000,00 (cinco mil reais). Recurso conhecido e parcialmente provido" (*TJPA* – Ap 00324523120088140301 – (172479), 30-3-2017, Relª Gleide Pereira de Moura).

"Apelação cível – Ação regressiva de cobrança – Assunção de dívida – Negócio jurídico firmado entre seguradoras, expromissão liberatória – Exoneração do devedor primitivo – Recurso desprovido – 1 – Tendo a seguradora dos causadores do acidente de trânsito assumido contratualmente a dívida com a seguradora que arcou com os reparos do veículo segurado, pagando inclusive duas prestações do pactuado, exsurge aplicável a assunção de dívida, fincado os devedores primitivos exonerados do pagamento, a teor do que dispõe o art. 299 do Código Civil. 2 – Segundo definição doutrinária, a expromissão liberatória é modalidade é uma modalidade de assunção de dívida segundo o qual o credor e o terceiro celebram negócio jurídico sem a participação ou a anuência do devedor prevendo a integral sucessão no débito. 3 – Não havendo indícios de que o terceiro que assumiu a dívida era, ao tempo do ato, insolvente, fica o devedor exonerado do pagamento da dívida. 4- Recurso desprovido" (*TJES* – Ap 0003064-21.2013.8.08.0048, 12-2-2016, Rel. Des. Subst. Fabio Brasil Nery).

"Cobrança. Associação de moradores em loteamento. Fato superveniente. Associação que firmou termo de confissão de dívida com novo proprietário, englobando os débitos descritos em inicial. Assunção de dívida (CC, art. 299). **Expromissão**. Eficácia liberatória com a anuência da credora. Réus exonerados da obrigação. Improcedência do pedido de cobrança (CPC, art. 269, I). Denunciação da lide incabível. Ausência de direito de regresso. Verbas sucumbenciais. Compromisso de compra e venda não averbado no respectivo Registro de Imóvel, tampouco informado à associação autora. Réus que deram causa ao ajuizamento da ação de cobrança, em razão da pendência de dívida. Aplicação do princípio da causalidade. Recurso parcialmente provido" (*TJSP* – Ap 1011045-23.2013.8.26.0068, 25-6-2015, Rel. Hamid Bdine).

Essa expromissão pode ocorrer com a liberação do devedor (caso típico de assunção), ou mantendo-se o devedor cumulativamente responsável pela obrigação. É a situação de reforço assinalada anteriormente, que nós poderíamos denominar *assunção de débito imperfeita*, em contrapartida à assunção perfeita que exclui totalmente o primitivo devedor. A solidariedade, entre nós, só vai existir pela lei ou vontade das partes (art. 265), porque a solidariedade não se presume. Em face do interesse moral do devedor em desejar pagar a dívida e não havendo disposição legal, cremos poder ele validamente se opor à assunção com terceiro, em relação da qual não participou. Apenas que, como se trata de um benefício para ele, não há necessidade de seu consentimento expresso, o qual pode ser tácito. É o que se infere, inclusive, da dicção do art. 299 do mais recente estatuto, já transcrito. Parece que nossos doutrinadores, que cuidaram da matéria, entusiasmados com o instituto no direito estrangeiro, não se aperceberam dessa particularidade.

Na hipótese de contrato entre o terceiro e o devedor, há uma modalidade de *delegação*. Não há que se confundir com a forma de delegação que ocorre na novação, na qual a primitiva dívida é extinta. Não há que se confundir com a delegação regulada no código italiano (arts. 1.269 a 1.271), que não possuímos em nosso direito. Na falta de disposição expressa, as regras a serem seguidas são as das obrigações em geral.

De qualquer modo, entendamos aí a *delegação* que ocorre quando o devedor transfere a terceiro sua posição de devedor, com a concordância do credor. Mesmo aqui pode, se desejarem as partes, continuar o devedor primitivo responsável pela dívida, ocorrendo também uma assunção imperfeita ou *de reforço*. Trata-se, como vimos, da figura de um garante. A solidariedade só se existirá, também, na manifestação expressa. Sempre, contudo, há um elemento inafastável na assunção, sob qualquer modalidade: a concordância do credor. Na ausência de sua aquiescência, o negócio jurídico será outro, *res inter alios*, irrelevante para o credor.

O antigo Projeto nº 6.960/2002, que muito prematuramente já pretendera alterar o atual Código Civil, tentou reformular o conceito de assunção de dívida expresso no art. 299, para deixar mais claras as situações de expromissão e delegação, aproximando nossa assunção do estatuto italiano, bem como definindo as possibilidades de exoneração do devedor primitivo. Oportuno, porque elucidativo, examinar este texto proposto:

> *"É facultado a terceiro assumir a obrigação do devedor, podendo a assunção verificar-se:*
>
> *I – Por contrato com o credor, independentemente do assentimento do devedor;*
>
> *II – Por contrato com o devedor, com consentimento expresso do credor;*
>
> *§ 1º Em qualquer das hipóteses referidas neste artigo, a assunção só exonera o devedor primitivo se houver declaração expressa do credor. Do contrário, o novo devedor responderá solidariamente com o antigo;*
>
> *§ 2º Mesmo havendo declaração expressa do credor, tem-se como insubsistente a exoneração do primitivo devedor sempre que o novo devedor, ao tempo da assunção, era insolvente e o credor o ignorava, salvo previsão em contrário no instrumento contratual;*
>
> *§ 3º Qualquer das partes pode assinar prazo ao credor para que consinta na assunção da dívida, interpretando-se o seu silêncio como recusa;*
>
> *§ 4º Enquanto não for ratificado pelo credor, podem as partes livremente distratar o contrato a que se refere o inciso II deste artigo".*

A razão dessa proposição reside no fato de o artigo ora vigente não ter disposto sobre as modalidades de assunção, parecendo, à primeira vista, referir-se tão só à forma delegatória. Na forma expromissória, como se expôs, não há necessidade de consentimento do devedor, pois é o credor que realiza o negócio com terceiro que vai assumir a posição do antigo devedor. Com esse negócio, o devedor é excluído da relação obrigacional.

7.2.4 Efeitos

A assunção pressupõe, é óbvio, a existência de uma dívida, uma relação obrigacional já existente. Na falta de estipulação expressa, as exceções oponíveis pelo primitivo devedor transferem-se ao assuntor, salvo as exceções pessoais (cf. Pereira, 1972, v. 2:260). É o que dispõe o vigente art. 302: *"O novo devedor não pode opor ao credor as exceções pessoais que competiam ao devedor primitivo"*. Não pode alegar compensação do devedor pretérito, por exemplo. A lei propõe ainda que,

> *"se a substituição do devedor vier a ser anulada, restaura-se o débito, com todas as suas garantias. Não se restauram, porém, as garantias prestadas por terceiros, exceto se este conhecia o vício que inquinava a obrigação"* (art. 301).

No estágio de vigência do Código de 1916, perante a ausência de disposição nesse sentido, não podíamos falar, em princípio, em renascimento ou ressurgimento da obrigação do devedor originário com as respectivas garantias, salvo disposição expressa nesse sentido.

O saudoso Antônio Chaves (1973:368) aponta como os casos mais frequentes de assunção de dívida os de venda de estabelecimento comercial ou de fusão de duas ou mais pessoas jurídicas, bem como os de dissolução de sociedades, quando um ou alguns dos sócios assumem dívidas da pessoa jurídica no próprio nome.

Ademais, não nos esqueçamos de que o negócio só pode gerar efeitos entre as partes, não podendo prejudicar terceiros.

Na verdade, o grande efeito da assunção é a substituição do devedor na mesma relação obrigacional. A liberação do devedor originário pode ou não ocorrer, como examinamos.

Por fim, o art. 303 apresenta sensível importância.

> *"O adquirente de imóvel hipotecado pode tomar a seu cargo o pagamento do crédito garantido; se o credor notificado não impugnar em trinta dias a transferência do débito, entender-se-á dado o assentimento"*.[11]

O texto está bem colocado e traduz algo que ocorre com muita frequência. Como regra quase geral, quem adquire imóvel hipotecado absorve no preço o valor da hipoteca e se compromete a liquidar o débito junto ao credor. Se este é notificado da aquisição e da assunção da dívida e não impugnar em 30 dias, seu silêncio, nesse caso particular, implicará concordância com a modificação subjetiva. A situação é bem diversa daquela descrita no art. 299, porque aqui a obrigação está garantida por bem hipotecado e assim permanecerá até a extinção da

---

[11] "**Apelação cível** – Ação de cobrança – Crédito representado por cheque prescrito. Preliminar de cerceamento de defesa pelo julgamento antecipado da lide – Inocorrência – Princípio do livre convencimento motivado – Inteligência dos arts. 130 e 330, I, do CPC. Assunção de dívida. Caracterização. Inteligência do art. 299 do Código Civil. **Inoponibilidade de exceções pessoais que competiam ao devedor primitivo**. Observância do artigo 302 do cc. Inadimplemento configurado. Condenação ao pagamento do valor das cártulas emitidas. Desconto do valor comprovadamente pago. Manutenção integral da r. sentença. Recurso conhecido e desprovido" (*TJPR* – AC 0737197-9, 13-4-2012, Rel. Des. Celso Jair Mainardi).

obrigação. No entanto, há que se lembrar que ao credor pode não interessar a substituição do devedor se, por exemplo, o valor do bem hipotecado for inferior à dívida. Nesse caso, quanto ao crédito que sobejar à garantia real, o devedor continuará respondendo com seu patrimônio geral, como credor quirografário. Nessa premissa, poderá não agradar ao credor o patrimônio do adquirente do bem hipotecado por ser insuficiente, situação em que deverá impugnar a transferência de crédito nos 30 dias de sua ciência, para manutenção de seu devedor primitivo na relação obrigacional. Contudo, como é óbvio, se a alienação do bem hipotecado não for comunicada ao credor, nem a possibilidade de assunção, a posição do devedor primitivo não se altera.

7.3 CESSÃO DE POSIÇÃO CONTRATUAL (CESSÃO DE CONTRATO)

7.3.1 Introdução

O contrato, como instituto pleno de direitos e obrigações, constitui um bem jurídico. Como tal, assim como o crédito isoladamente considerado, possui um valor, tanto na acepção filosófica quanto na acepção material do termo.

Os contratos, mormente aqueles nos quais as partes têm plena autonomia de vontade em suas tratativas, são frutos, na maioria das vezes, de ingentes esforços, de tratativas longas, de minutas, viagens, estudos preliminares, marchas e contramarchas, desgaste psicológico das partes, contratação de terceiros especialistas que opinam sobre a matéria. Enfim, o contrato, o acordo de vontades para gerar efeitos jurídicos, como ora se enfoca, adquire um valor que extravasa pura e simplesmente seu objeto. Exemplifica-se: se vou adquirir um imóvel, forma-se primeiramente em meu psiquismo a necessidade dessa compra, um impulso que me leva a contrair a obrigação; cogito sobre minha possibilidade financeira de pagá-lo, bem como o prazo de pagamento a que estarei adstrito. Passada essa fase, passo a preocupar-me com a outra parte, o vendedor; sua posição financeira; seu conceito no comércio; sua vida financeira pregressa, daí por que necessito saber se não é insolvente; se o negócio a ser realizado, em tese, não pode vir a prejudicar terceiros; enfim, se há idoneidade na proposta de venda. Tudo isso aliado a um desgaste psicológico de ambas as partes que, no mundo atual, se veem mais e mais premidas pela pressão social de serem proprietários de algo, como forma de estabilidade de vida, por meio de um bem obtido por um contrato.

Realizado o negócio, muito mais do objeto em si do contrato idealizado, conseguiram as partes uma posição de privilégio em relação às outras pessoas da sociedade: lograram a posição de *contratantes*. E isso, na vida contemporânea, muito mais que em tempos pretéritos, passa a outorgar uma posição de preeminência. Afinal, dependendo da profundidade do negócio, não é a qualquer pessoa que é dado figurar como *contratante*; as fichas cadastrais bancárias e os famigerados serviços de proteção ao crédito que o digam.

Desse modo, a posição de parte em um contrato de execução continuada ou diferida, em princípio, passa a ter um valor de mercado. Não se trata pura e simplesmente de conceituar uma dívida, ou um conjunto de dívidas, ou um crédito, ou um conjunto de créditos; a posição contratual é tudo isso e muito mais. No contrato, há uma complexidade de direitos, daí por que os institutos da cessão de crédito e assunção de dívida não são suficientes e satisfatórios para escalar a conceituação da transferência de uma posição contratual. O Código Civil português trata da matéria sob o título de *cessão de posição contratual* (art. 424). Alguns autores italianos também assim se referem. A expressão *cessão de contratos* figura no código italiano (art. 1.406). Não é de grande importância a pequena diferença de compreensão entre os dois vocábulos. Nada impede que se utilizem indiferentemente as duas expressões. Preferimos falar em *cessão de posição contratual*, porque não é o contrato que é cedido, mas os direitos e deveres emergentes da posição de contratante (cf. Antônio da Silva Cabral, 1987:66 ss). Quem transfere sua posição contratual a um terceiro não transfere unicamente o bem de vida almejado em referido contrato, mas transfere também (e talvez o que é mais valioso que o próprio objeto imediato do contrato) toda aquela gama de esforços iniciais, as marchas e contramarchas das primeiras tratativas e, por vezes, um verdadeiro *know-how* que aquele contrato custou. Por isso, vemos na transferência da posição contratual um *plus* em relação ao próprio objeto do contrato, um valor agregado; quiçá, certo privilégio pelo acesso a determinado bem, que só a posição de contratante, em determinada situação, pode conferir.

Destarte, sem adentrar na celeuma da possibilidade de um direito sobre outro direito, o que de plano queremos enfatizar é o conjunto de relações jurídicas que não se esgotam unicamente em créditos e débitos existentes no contrato.

O projeto de reforma do Código Civil trata desse instituto da cessão de posição contratual nos arts. 303-A a 303-E.

Assim, aqui se examinará a mudança ou substituição de titularidade jurídica contratual, sem alteração do conteúdo jurídico da avença, do pacto; ou seja, a substituição subjetiva no contrato. A matéria não vem tratada por nosso direito positivo, tendo sido olvidada também pelo Código de 2002. Tratando-se, porém, de direito eminentemente dispositivo, não se diga que, como regra geral, exista qualquer proibição, mesmo porque existia a previsão legal do já citado art. 1.078 do Código anterior, aplicando-se, no que couber, os princípios da cessão de crédito, para outros direitos para os quais não haja modo especial de transferência. No mais, ainda que assim não fosse, aplica-se o art. 4º da atual Lei de Introdução às Normas do Direito Brasileiro, Lei nº 12.376 de 30-12-2010, com a aplicação da analogia, dos costumes e dos princípios gerais de direito. O projeto de reforma do Código Civil em curso abre, como apontamos, um capítulo para a cessão de posição contratual.

7.3.2 Transmissão das Obrigações em Geral

No Direito Romano, como já visto, a princípio havia verdadeira escravidão do devedor à obrigação. O vínculo obrigacional era estritamente pessoal; portanto, não havia noção de transmissibilidade de obrigações. Expusemos que o subterfúgio era o recurso ao meio indireto da novação, fazendo-se com que o devedor prometesse a outrem o pagamento da dívida, por intermédio da *stipulatio*. No entanto, a *stipulatio* era por demais trabalhosa e formal. Ao analisarmos a cessão de crédito, expusemos que os romanos encetaram um meio mais fácil de transferência de obrigação, chegando ao mandato em causa própria (*procuratio in rem suam*). Por esse meio, o credor continuava vinculado, mas o procurador agia em seu próprio nome; cobrava a dívida, sem ter que prestar contas ao mandante. A transferência de obrigação seguia, então, caminho tortuoso.

Apenas com o surgimento das relações mercantis das repúblicas do Mediterrâneo, na Idade Média, foi que se firmou a ideia da transmissão do crédito (cf. Varella, 1977:302).

Nosso Código Civil de 1916 abordou de maneira dispersa a matéria referente à transmissão das obrigações, tratando da *sub-rogação* no capítulo referente aos efeitos das obrigações (arts. 346 ss) e com o capítulo autônomo para a *cessão de crédito* (arts. 286 ss). Não devemos nos ocupar das formas cambiais de transferências de créditos, por meio do endosso, forma dinâmica, que pertence a outro compartimento do direito.

A transmissão das obrigações no campo do Direito Civil, embora tenha um caráter prático menor que no direito cambiário e mercantil, não deixa de ser importante, principalmente levando-se em consideração a multiplicidade fática que nos cerca a vida moderna. Não bastasse isso, cumpre lembrar que os arts. 121 e 428 do Código Comercial colocavam o Código Civil como aplicável subsidiariamente nas transmissões das obrigações. Assim, o conhecimento das formas civis de transmissão de obrigações extrapola o campo do Direito Civil, sendo aplicável também no campo do contrato administrativo, naquilo que não impedirem as normas de direito público.

Como destacamos de início, o direito de crédito não se esgota no poder que tem o credor de exigir o cumprimento da obrigação pelo devedor. Temos de enfocar o aspecto do crédito em si, como objeto do direito, como um bem, como um valor, ele mesmo podendo servir de causa para uma obrigação.

A disponibilidade do crédito quer de seu lado ativo quer de seu lado passivo, integra o *patrimônio*. Entre os *bens* do devedor incluem-se seus créditos, tanto que podem eles ser objeto de penhora (art. 855 do CPC). Como vimos, pois, o crédito pode ser objeto de um negócio jurídico.

7.3.3 Cessão de Posição Contratual. Conceito

É indiscutível que a cessão de posição contratual é negócio jurídico e tem também características de contrato. Nesse negócio, vamos encontrar que uma das partes (*cedente*), com o consentimento do outro contratante (*cedido*), transfere sua posição no contrato a um terceiro (*cessionário*). Para que não ocorra dubiedade de terminologia, devemos denominar o contrato cuja posição é cedida de *contrato-base*. Por conseguinte, por intermédio desse negócio jurídico, há o ingresso de um terceiro no contrato-base, em toda titularidade do complexo de relações que envolvia a posição do cedente no citado contrato. É imprescindível para a atuação desse negócio o consentimento do outro contratante, ou seja, do cedido. Isso porque quem contrata tem em mira não apenas a pessoa do contrato, mas também outros fatores, sendo o principal deles a situação patrimonial da parte. Assim, a exemplo do que ocorre na assunção de dívida, o consentimento do cedido é inafastável. Vemos, então, que para o instituto há necessariamente o concurso de três vontades, salvo exceções expressamente autorizadas no contrato ou na lei. O contrato pode aprioristicamente autorizar de plano a substituição das partes, transformando-se em contrato "à ordem", o que é perfeitamente válido.

As legislações que primeiramente abordaram o tema, a italiana e a portuguesa, devem servir de parâmetro. O primeiro estatuto a tratar do assunto foi o Código Civil italiano de 1942, no art. 1.406, dizendo que qualquer parte pode substituir-se por um terceiro nas relações derivadas de um contrato com prestações correspectivas, se elas não foram ainda executadas, desde que a outra parte o consinta. O Código português atual diz:

> *"No contrato com prestações recíprocas, qualquer das partes tem a faculdade de transmitir a terceiro a sua posição contratual, desde que o outro contratante, antes ou depois da celebração do contrato, consinta na transmissão."*

Tais dispositivos devem servir-nos de base de estudo desse negócio atípico, entre nós. Acentua Messineo (1948:419) que a cessão de contrato, antes que tivesse sua consagração prática, já existia no antigo código italiano, na *cessão de locação*.

Num e noutro estatuto estudados fica patente a noção, com nuanças que mencionaremos, de que a cessão da posição contratual torna possível a circulação do contrato em sua inteireza complexa, com a substituição de uma das partes da relação jurídica e a permanência do conteúdo objetivo dessa mesma relação.

A cessão de crédito substitui uma das partes na *obrigação* apenas do lado ativo e em um único aspecto da relação jurídica, o mesmo ocorrendo pelo lado passivo na assunção de dívida. Todavia, ao transferir uma posição contratual, há um complexo de relações que se transfere: débitos, créditos, acessórios, prestações em favor de terceiros, deveres de abstenção etc. Na transferência da posição contratual, portanto, há cessões de crédito (ou pode haver) e assunções de dívida, não como parte fulcral do negócio, mas como elemento integrante do próprio negócio.

A transferência da posição contratual possui, pois, a precípua finalidade de servir a uma função prática, análoga a um contrato de promessa de compra e venda de imóvel, obviando o longo caminho a ser percorrido por uma sucessão de contratos.

Importante também é fixar que as citadas leis estrangeiras falam em *cessão de contratos* e *cessão de posição contratual*, ambas para fixar um instituto que é mais amplo do que o rótulo faz imaginar, razão pela qual preferimos caracterizá-lo como transferência de posição contratual, embora, por amor à simplicidade, usemos, neste texto, indiferentemente, a nomenclatura dos legisladores alienígenas.

O contrato, como objeto do tráfico jurídico, assume caráter específico por não prescindir do consentimento do cedido, aquele afetado diretamente pelo pacto. Exige-se, portanto, a exemplo da assunção de dívida, uma operação triangular, na qual o consentimento do cedido, ainda que *a priori*, é imprescindível, com as exceções já referidas.

O campo de ação é vasto, difícil de ser delimitado. Há transferência de posição contratual com frequência no campo da venda em geral, no contrato de fornecimento, locação, transporte, empreitada, seguro, sociedade, financiamento para construção (aliás, as disposições do sistema financeiro habitacional, entre nós, preveem especificamente tal transferência).

7.3.4 Natureza Jurídica

O fato de não terem as legislações em geral disciplinado o instituto criou, na doutrina, a obrigação de que a transferência da posição contratual era nada mais nada menos do que um conjunto de cessões de créditos e assunções de dívidas. Configurava-se, então, a chamada *teoria atomística*, ou da decomposição, defendida originalmente por escritores tedescos, pois seu ordenamento também não descrevia o instituto. Consoante essa corrente, haveria negócios translativos que exauririam o conteúdo da transferência da posição contratual.

Como lembra Mota Pinto (1980:198 ss), os seguidores da chamada teoria atomística apresentam matizes próprios, mas todos eles, de um modo ou de outro, decompondo o instituto em vários negócios autônomos, com maior ou menor profundidade. A teoria atomística é toda aquela que decompõe a cessão do contrato em tantas relações jurídicas quantas forem àquelas constantes do negócio (cf. Cabral, 1987:173).

Alguns autores encontram ainda, dentro da posição atomística, explicação do fenômeno, com certa mitigação ao entendimento extremo, colocando-se em posição intermediária, na *teoria da complexidade negocial*. Por essa corrente, tida como intermediária, há uma interligação negocial entre as várias cessões e assunções, mas não chegam a dar autonomia unitária ao instituto (cf. Miranda, 1971, v. 28:405; e Pinto, 1980:206).

Essas teorias têm, no entanto, o ponto comum de ver a figura sob enfoque como uma coligação ou combinação de cessões e assunções. Tal não é de ser aceito, tanto que as legislações portuguesa e italiana em vigor notaram a autonomia do instituto.

Com seu linguajar peculiar, bem critica Pontes de Miranda (1971, v. 28:405) essa posição dogmática, dizendo que "*tal teoria debulha a espiga de milho, mas não se adverte que não pode debulhá-la toda*".

Destarte, deve ser entendido o instituto dentro da *teoria unitária*, na qual aparece com seus caracteres definitivos. Os limites da cessão de crédito e assunção de dívida são bastante restritos. A transferência de posição contratual, que eventualmente pode conter esses institutos em seu bojo, extravasa os lindes acanhados de um negócio jurídico singelo ou um simples conjunto de negócios.

A cessão de posição contratual, de fato, possui como objeto (e é no objeto que devemos procurar a distinção) a substituição de uma das partes no contrato, o qual objetivamente permanecerá o mesmo. Há uma posição jurídica global que é transferida. Isso nos faz lembrar o que pode conter uma relação contratual: complexo de direitos, de deveres, débitos, créditos, bem como outras situações progressivamente desenvolvidas *que formam um todo unitário*. Pode ser dito, sem a intenção de confundir, que a transferência de posição contratual insere o cessionário na confusão ordenada do conteúdo contratual, nem sempre perceptível no primeiro impacto da cessão, de vez que, por vezes, emergirão direitos e obrigações para a nova posição assumida, nem sequer imaginados no objeto original da cessão. Nenhum intérprete, por mais arguto que seja, pode predeterminar até onde irão as consequências de um contrato, ainda não exaurido. Os direitos potestativos, emergentes do contrato-base, por consequência, também se transferem. Assim, a cessão de todos os créditos e de todas as pretensões presentes e futuras e a assunção de todas as dívidas não esgotam o conteúdo jurídico do tema em estudo. Ou seja, o negócio jurídico básico (uma compra e venda, uma locação, por exemplo) ultrapassa o somatório dos direitos transferidos. O que se transfere é uma relação jurídica fundamental, e não a soma de créditos e débitos.

Modernamente, portanto, os autores propendem com clamorosa maioria para a teoria unitária, como Pontes de Miranda, Mota Pinto, Messineo, Barbero, Antunes Varella, Sílvio Rodrigues e Antônio da Silva Cabral.

Quando, por exemplo, se transfere a posição na locação, não se transfere apenas o direito de uso e gozo perante o locador, enquanto o cessionário assume a obrigação, concomitante, de pagar o aluguel. Para este acorrem também todos os direitos emergentes do contrato cedido, ainda que direitos laterais, que não digam respeito, especificamente, à locação, mas também os direitos e deveres potestativos, como até as meras expectativas. Neste exemplo, o novo locatário assume totalmente essa posição de possuidor direto e, como tal, parte legítima para as ações de defesa da posse. Ainda é importante lembrar que a decomposição da cessão de posição contratual em operações distintas não corresponde à real intenção das partes, cedente e cessionário. Ao efetuar a transmissão, eles visam obter uma transmissão global, *unitária*, da posição jurídica do primeiro para o segundo. Daí que a legislação italiana, ao definir o negócio como *"cessão de contrato"*, disse menos do que pretendeu, conforme os princípios definidos no art. 1.046, o que foi corrigido pelo código português, ao denominar corretamente a *"cessão da posição contratual"* (arts. 424 ss).

7.3.5 Figuras Afins

Em nosso direito positivo, como reiterado, não temos ainda a disciplina da cessão de posição contratual como figura típica. Vimos que a doutrina, a princípio, definia a cessão de posição contratual como decomposição de várias cessões de crédito e assunções de dívida. O texto programado pelo projeto nos parece suficiente. Aguardemos sua eventual aprovação.

1. Na verdade, a *cessão de crédito* e sua disciplina jurídica são importantes para a interpretação de uma transferência de posição contratual, pois dela faz parte integrante. Já a estudamos anteriormente. É o negócio jurídico pelo qual o credor transfere a terceiro sua posição no tocante a determinada relação obrigacional. Sua natureza é, sem dúvida, contratual, e vem disciplinada em nossos Código Civis. Deve ser tratada como um fragmento da cessão de posição contratual. De qualquer modo, suas disposições servem para a interpretação subsidiária da cessão de posição contratual, nos termos do art. 1.078 do antigo diploma civil.

É importante notar que a proibição de cessão de certos créditos estende-se também e atinge a cessão de posição contratual, porém, com a mitigação necessária que requer um instituto diferente.

2. Na cessão de posição contratual, geralmente vai ser encontrada uma sucessão passiva nas dívidas, denominada na doutrina, na falta de melhor nomenclatura, *assunção de dívida*. Trata-se de negócio jurídico por meio do qual um terceiro assume a dívida contraída por um devedor originário, com liberação ou não do antigo devedor. Já estudamos que não dispomos de disciplina jurídica do fenômeno. Como dissemos na seção 7.2.1, a figura do devedor é importante para o credor, sendo imprescindível sua concordância na assunção. O negócio tem também natureza contratual.

3. A cessão de contrato poderia desavisadamente ser confundida com a *novação subjetiva*. Entretanto, na cessão de posição contratual não haverá novação. É da essência desse instituto, forma de extinção de obrigação, a constituição de uma nova obrigação e o *animus novandi*. Na novação subjetiva, o novo devedor sucede o antigo (ou o novo credor), criando-se uma nova relação obrigacional. Aqui, também há as figuras da *expromissão* e da *delegação*, mencionadas nos capítulos da novação e da assunção de dívida. Na expromissão, o devedor contrai espontaneamente a obrigação que substitui a anterior. Na delegação, a nova obrigação é contraída por ordem do devedor. Deve ser observado que tais espécies se referem especificamente à novação, constituição de nova dívida, e não aos fenômenos de igual nome na assunção de dívida.

4. Também não se confunde a cessão de posição contratual com o chamado *contrato derivado* ou *subcontrato*. Aqui, nesta hipótese, existe outro contrato que deriva de um contrato anterior, que Messineo (1948:427) denomina *contrato-pai* ou *contrato-base*. Trata-se de contrato que alguém celebra com terceiro, utilizando-se da posição que lhe foi conferida no contrato-base. Exemplo típico e corriqueiro é o contrato de sublocação de imóveis, como também a subempreitada, o subcomodato, o refinanciamento etc.

Há distinções fundamentais com a cessão de posição contratual. Nesta, o contrato básico persiste em sua integridade, mas com um novo titular, o cessionário. No contrato derivado, surge uma segunda relação contratual, sem alteração da primeira, havendo apenas um dos sujeitos que é titular de ambos os contratos.

A atual Lei do Inquilinato (Lei nº 8.245/91) colocou em termos categóricos a diferença entre os dois fenômenos, dizendo, no art. 13, que tanto a cessão da locação, como a sublocação dependem de consentimento prévio, por escrito do locador, como fazia a lei anterior. Importa ressaltar que, quanto maior for o âmbito do contrato derivado, menor será a possibilidade de participação do subcontratante duplo no contrato-base; e quanto maior for o âmbito da sublocação, menor será o gozo do sublocador na coisa locada com relação ao contrato com o locador.

No âmbito processual, o subcontratante final poderá ser parte legítima para defender o direito do subcontratante duplo, na inércia ou ineficiência deste, utilizando-se do instituto da assistência (arts. 119 ss), podendo, inclusive, agir autonomamente, quando então será considerado gestor de negócios (art. 121, parágrafo único do CPC).

Em que pese ser fácil a diferença em tese dos dois institutos, aponta Messineo (1948:430-431) que, na prática, nem sempre a exata caracterização do negócio será indene de dúvidas, e sugere que, ocorrendo problema, devem ser examinados o caso concreto e a vontade das partes, concluindo que, na dúvida do intérprete, deve-se propender pelo subcontrato, porque pode este ser livremente em regra estipulado, sem a intervenção triangular do cedido, e porque sua estrutura é mais simples e mais fácil de ser examinada. Incumbe a quem alega a cessão de posição contratual prová-la. De qualquer modo, no subcontrato há um negócio jurídico separado, em que se prescinde da figura do terceiro, salvo estipulação em contrário.

5. Antunes Varella (1977:381) lembra também a proximidade da cessão de posição contratual com a *sub-rogação legal no contrato*. Figura ele a hipótese do locador-proprietário, que no curso do contrato de locação por prazo determinado aliena o imóvel. O novo adquirente é obrigado a respeitar o contrato de locação. A atual Lei do Inquilinato subordina essa situação aos requisitos de o contrato ser por prazo determinado, existir cláusula especial de vigência no caso de alienação e estar o contrato registrado no Cartório do Registro de Imóveis (art. 8º). O novo proprietário, nessas condições, adquire os direitos e as obrigações emergentes do contrato de locação em curso. Tal sub-rogação nasce da lei e tem fonte diversa da cessão de posição contratual. Aqui, não há necessidade de o contratante-cedido manifestar sua anuência, como há na cessão do contrato.

6. Não se confunde, do mesmo modo, cessão de posição contratual com a chamada *adesão ao contrato*. Aqui, há um terceiro que assume a mesma posição jurídica de um contratante, mas não o substituindo e sim coadjuvando-o. Ocorrendo isso, com a anuência do contratante originário do contrato-base, o aderente torna-se corresponsável perante esse contratante. Forma-se uma solidariedade. A figura não se confunde com a cessão de contrato, porém, a distinção é sutil e dependerá também de exame da vontade das partes. Entendemos que, na dúvida, deve ser tida a relação jurídica como cessão de contrato, pois a solidariedade, entre nós, não se presume (art. 265).

7.3.6 Campo de Atuação do Instituto

O decantado art. 1.406 do Código Civil italiano subordina o que chama de *cessão de contrato* ao acordo de vontades que possua prestações correspectivas que não tenham sido ainda executadas, além do consentimento do cedido. Segundo a letra dessa lei, parece restrita a aplicação da transferência de posição contratual. Parte da doutrina italiana concorda com a restrição, tendo como possível a cessão tão só nos contratos de execução continuada ou diferida, desde que a natureza do contrato, a lei ou as partes não vedem a transferência.

Barbero (1967:301) entende arbitrária a restrição do alcance do instituto imposta pela lei. Entende o autor não ser devida a exigência de prestações correspectivas, pois não haveria razão de permitir-se a cessão de posição no contrato de compra e venda, fornecimento ou locação e proibir-se a mesma cessão em um mandato, depósito ou mútuo. A questão seria apenas referente aos meios práticos a serem utilizados e ao interesse prático da cessão.

Desse modo, não temos de limitar a cessão dos contratos com prestações ainda não executadas. Um contrato pode ter sido executado, mas não totalmente exaurido, e haverá, em tese, interesse de terceiro assumir a posição no contrato de que ainda defluam consequências jurídicas.

Assim, temos que o campo do instituto se situa basicamente nas relações a prazo, duradouras, mas não se limita apenas a elas. Não podemos dizer que não possa existir necessidade econômica na transferência de um contrato de trato não duradouro. Nada impede que em compra e venda uma das partes pretenda substituir outra, mesmo que a coisa já tenha sido entregue, não querendo optar por nova operação de compra e venda. As relações contratuais de cunho instantâneo não se exaurem, obrigatoriamente, no momento da conclusão do contrato, como bem lembra Mota Pinto (1980:436). Podem permanecer na relação jurídica, por cumprir, ou por suceder, efeitos secundários e direitos potestativos. Nem por isso se estará fugindo à natureza unitária do instituto.

Mota Pinto (1980:440) refuta também que o contrato passível de cessão deva ser com prestações recíprocas, como inclusive fala do art. 424 do Código português. Nos contratos bilaterais imperfeitos, como no mandato, não há dúvida quanto à possibilidade de cessão. Todavia, mesmo nos contratos unilaterais e nos tornados unilaterais pelo cumprimento de obrigações de uma das partes, pode existir a cessão, pois não resta neles apenas um direito de crédito, mas subsistem direitos potestativos ligados à relação contratual.

Destarte, há que se concluir que, enquanto um contrato não estiver completamente exaurido, o que não se confunde com contrato cumprido, haverá possibilidade de cessão de posição contratual, dependendo sempre da necessidade econômica das partes. O caso concreto é que mostrará tal necessidade. Na mesma posição coloca-se Rodrigues Bastos (1977, v. 1:89).

7.3.7 Modos de Formação

Como reiteramos, a concordância do terceiro-cedido, como regra geral, é imprescindível para a formação da cessão de posição contratual. Tal requisito decorre aliás da letra da lei lusitana (art. 424) e da lei italiana (art. 407). Essa concordância pode ser contemporânea ao negócio jurídico, prévia ou posterior. O importante é que não falte.

Haverá concordância contemporânea ou simultânea quando uma das partes endereça a proposta de cessão diretamente às outras duas. Existirá aí uma trilateralidade, entre cedente, cessionário e cedido. Se, porém, a aquiescência do cedido ocorrer após o acerto da cessão entre cedente e cessionário, haverá concordância posterior. Como também já é possível no contrato-base estipular a possibilidade de cessão, com maior ou menor limitação, tornando o contrato por assim dizer previamente *transferível*. Quando já o contrato estipula preventivamente a possibilidade de cessão, prescinde-se do concurso de vontade do cedido quando da transferência, porém terá ele de ser notificado, pois deve saber a quem deve cumprir obrigações.

A falta de consentimento do cedido impede o aperfeiçoamento da cessão e o relacionamento entre cedente e cessionário fica no campo da responsabilidade pré-contratual.

Se for um contrato inominado, sua forma obedecerá, geralmente, à do contrato cedido.

7.3.8 Efeitos

Como todo contrato, a cessão de posição contratual, na forma de um trato trilateral, desencadeia entre os participantes uma série de consequências jurídicas, constituindo o conteúdo do próprio contrato. Muito dependerá da vontade das partes, bem como das disposições legais. Como não temos disposições legais, são importantes as manifestações dos interessados.

O efeito característico da cessão, caracterizador da função econômica do contrato, é a substituição de uma das partes do contrato-base, permanecendo este íntegro em suas disposições.

Todo complexo contratual, direitos e obrigações provenientes do contrato transferem-se ao cessionário. Surgem relações jurídicas entre os partícipes, variando conforme haja exoneração do cedente ou não.

7.3.8.1 Efeitos entre Cedente e Cessionário

É da essência do negócio o subingresso do cessionário na posição contratual do cedente, isto é, no complexo negocial que gira em torno do antigo contratante.

Surgem interessantes questões a esse respeito. Por exemplo, se referida posição contratual presumivelmente cedida não existe, é inválido o contrato ou foi efetivado com pessoa diversa que não o cedente. Vigora o princípio segundo o qual ninguém pode transferir mais direitos que possui. Aliás, como no direito brasileiro, por força analógica e ainda com base no art. 1.078 do Código Civil de 1916, podíamos aplicar, no que coubesse, para esse negócio, as disposições da cessão de crédito. E o art. 295 diz que o cedente, na cessão de crédito onerosa, mesmo não se responsabilizando pelo crédito, fica responsável ao cessionário pela existência do crédito à época da cessão. *Mutatis mutandis*, na cessão de posição contratual, o cedente é responsável pela existência do contrato, por sua validade e pela posição que está cedendo. Caso não ocorram tais circunstâncias, a solução será uma indenização por perdas e danos, com ressarcimento da quantia acordada para a transferência da posição contratual. Deve, pois, o cedente garantir ao cessionário a existência da posição contratual. Ainda que o negócio seja gratuito, poderá gerar direito à indenização, sob determinadas situações, como, por exemplo, no caso de dolo por parte do cedente. Essa, aliás, a disposição do art. 426 do Código português. A garantia decorrente da cessão onerosa independe de convenção, podendo, evidentemente, as partes ampliá-la, restringi-la ou extingui-la. Nos mesmos moldes é a disposição do art. 1.410 do Código italiano, se bem que este fala apenas em garantia da *validade do contrato*, que é disposição genérica.

Na hipótese de inexistir o contrato cedido, ou de não existir, de forma que não permita a eficácia da cessão, há, na verdade, uma impossibilidade do negócio por inexistência de objeto. Entramos, aí, então, como já acenamos, no campo da responsabilidade civil. Em se tratando de cessão onerosa, em face dos termos do citado art. 295 de nossa lei, entendemos que a responsabilização independe de culpa. A culpa funcionará, aí, talvez, como um reforço para o *quantum* indenizatório, embora a lei isto não autorize. A responsabilidade do cedente será então pré-contratual, pois não existe o objeto do contrato ou esse objeto é de tal modo viciado que equivale à inexistência. Nada impede, contudo, que as partes, cedente e cessionário, expressamente, abram mão da garantia de existência do objeto do contrato, mesma do contrato-base, podendo inclusive fazer um negócio aleatório. O princípio é o mesmo da evicção. Mesmo assim, porém, não podemos permitir abuso de direito.

Doutro lado, em geral, o cedente não se responsabiliza pelo adimplemento do contrato. Como há substituição absoluta na posição contratual, as questões sobre o adimplemento passam a reger-se entre cessionário e cedido. Pode ocorrer, no entanto, que o cedente assuma perante o cessionário uma garantia, maior ou menor, dependendo das cláusulas do negócio, pelo adimplemento das obrigações contratuais do cedido. Diz o art. 1.410 do Código italiano que, nesse caso, o cedente é um garante das obrigações do contratante cedido. Já o Código português redige na segunda parte do art. 426 que *"a garantia do cumprimento das obrigações só existe se for convencionada nos termos gerais"*.

Pelo estatuto italiano, a lei expressamente torna o cedente solidariamente responsável pelo adimplemento juntamente com o cedido, quando se assume a garantia. O direito português não especifica o tipo de garantia. Entende Mota Pinto (1980:471) que no caso existe uma *fiança*, se não tiverem as partes o cuidado de descrever detalhadamente o tipo de garantia. De outro modo, não podemos entender que assumir a garantia pela execução do contrato-base equivalha a responder pela solvência do devedor (art. 296) porque o sentido é diverso e a cessão de posição contratual tem diferente campo de atuação. Portanto, para o direito brasileiro, como estamos no campo do contrato atípico, havemos de entender que, se não houver expressa menção do tipo de garantia, existirá uma caução fidejussória, nada impedindo, no entanto, que as partes coloquem a responsabilidade solidária total ou parcial, restrita a determinado valor, ou mesmo restrita a uma só assunção de dívida do contrato-base.

Na transferência de posição contratual, devem as partes identificar claramente o objeto do negócio, sempre que possível fazendo dar ciência o cedente ao cessionário de todas as cláusulas do contrato cedido. É de suma conveniência que no mesmo instrumento, ou instrumento à parte, por cópia fiel, conste o contrato-base. Assim, estará o cessionário plenamente ciente da situação contratual que está assumindo. Deve, outrossim, o cedente dar todas as informações necessárias ao cessionário, para que tenha ele condições de cumprir sua nova avença, pois a falta delas, por vezes, dificultará sua movimentação como contratante; por exemplo: informar sobre a existência de determinado documento em certo local, dar esclarecimentos acerca de terceiros eventualmente interessados em interferir no negócio, informar acerca da freguesia, fornecedores etc. Aliás, o dever de informação é essencial na esfera de direitos do consumidor e não refoge ao que ocorre nos contratos em geral. A questão é a mesma da cessão de crédito por nós explanada. O acordo preparatório entre cedente e cessionário não produz qualquer efeito quanto ao cedido, sem sua anuência, ainda que posterior.

7.3.8.2 Efeitos entre Cedente e Cedido

Com a transferência de sua posição contratual, ausenta-se o cedente da relação jurídica. Todavia, a legislação italiana (art. 1.408) prevê a cessão de posição contratual, sem liberação do cedente. No negócio trilateral podem, então, as partes estipular que há uma cessão de posição contratual, mas que o cedido pode agir contra o cedente em caso de inadimplemento do cessionário. É inelutável que essa possibilidade também existe entre nós, como também no direito português, no qual não há preceito expresso nesse tópico. No entanto, as partes devem manifestar-se expressamente nesse sentido, caso contrário haverá total liberação do cedente. O caso aí será também, segundo nosso entendimento, de responsabilidade subsidiária do cedente, pois solidariedade não se presume. Impõe-se clareza entre os contratantes. Nesse caso, quando o cedente não se desonera completamente do adimplemento contratual, nem por isso deixa de existir a cessão de posição contratual. Há um negócio jurídico todo singular, assumindo o cedente uma nova posição jurídica. Há contrato trilateral. Sendo subsidiária a responsabilidade do cedente, devem ser aplicados os princípios da fiança.

7.3.8.3 Efeitos entre Cessionário e Cedido

Ambos passam a ser as partes no contrato-base. O cessionário toma o lugar do cedente nos direitos e obrigações. O cedido só se liberará de suas obrigações contratuais com pagamento ao cessionário após tomar conhecimento e anuir na cessão. O contrato pode ser cedido *em trânsito*, isto é, parcialmente cumprido. Só se transferem as relações jurídicas ainda existentes. Já vimos que, desde que não exaurida, a posição contratual pode ser cedida. Transfere-se a posição contratual no estado em que se encontra para o cedente. Salvo ressalva expressa, portanto, não se transferem as obrigações já vencidas, como é lógico e de justiça. Há que se entender assim no tocante aos contratos de duração. Já nos contratos de execução instantânea, temos de verificar a intenção das partes, pois esta poderá ser precipuamente de transmitir uma obrigação já vencida, pois não há expectativa de surgimento de novas obrigações, se já houve cumprimento. Todos os acessórios dos direitos conferidos pelo contrato também se transmitem ao cessionário, inclusive sua posição subjetiva de parte processual. As garantias para o contrato, fiança, hipoteca, penhor, prestadas por terceiro, necessitam do consentimento deste para permanecerem íntegras.

As relações do contrato em si podem ser opostas pelo cedido ao cessionário. Não pode, no entanto, o cedido valer-se da contingência desse negócio, para opor ao cessionário exceções derivadas de outras relações jurídicas, estranhas ao contrato-base, salvo consentimento expresso.

Essa é a regra do direito português, no art. 427 de seu Código, igualmente no art. 1.409, com redação idêntica, no Código italiano.

A doutrina divide-se acerca da transmissibilidade do cessionário dos poderes de anulação do contrato-base. Mota Pinto (1980:496), confessando ser minoritário, entende que a resposta deve ser negativa, porque o cessionário já recebe o contrato em sua fase executória, ou *funcionária*, para usar sua própria terminologia. Como os poderes de anulação estão ligados à fase do nascedouro do contrato, o cessionário, ao se inserir na relação, abre mão, por assim dizer, de apontar qualquer vício inquinador do contrato. As partes poderiam convencionar uma cláusula que abrisse válvula nesse sentido, o que seria possível, mas pouco provável. Assim, para exemplificar, se o cessionário recebesse sua posição contratual de um cedente menor, incapaz, não poderia alegar tal vício para anular o contrato-base. Haveria como que uma ratificação da relação jurídica anulável. Nesse sentido entendemos que deva ser compreendida a posição do monografista português. De outro modo, o cedente pode anular o negócio jurídico de transmissão de posição contratual para com o cessionário, surgindo aí eventual responsabilidade sua. Todavia, a situação é de suma complexidade e abrange a problemática das anulabilidades. É indubitável também que o cedido pode opor ao cessionário a invalidade do contrato de cessão, se houver algum vício. Tal anulação terá o condão de repor as partes no estado anterior. Não se pode negar ao cedido tal direito, nem tal legitimidade. Contudo, devemos ter sempre em mente o fato de que só poderá alegar anulabilidade se tirar proveito dela, ou, processualmente falando, se tiver legítimo interesse para a anulação.

O Código italiano admite a cessão com assentimento prévio do cedido, por meio da cláusula *a ordem* ou equivalente (art. 1.407), estipulando que o mero endosso do documento equivale à transmissão. Nosso projeto de reforma do Código Civil enfoca essa possibilidade, mas exige a notificação do interessado, pois no estatuto peninsular o cedente não tem nem mesmo o dever de comunicar o ato ao cedido, bastando a transferência do documento. No entender de Pontes de Miranda (1971, v. 28:417),

> *"tal confusão com a figura do endosso tem inconvenientes graves. Quem fala de endosso alude à transferência por simples assinatura, formalmente, e à obrigação do endossante pelo inadimplemento da prestação da parte do responsável originário, ou de quem o endossante houve o que endossou".*

Tal regra seria, portanto, inaplicável em nosso direito. Não podemos confundir, portanto, o consentimento prévio do cedido, apriorístico, com o endosso, figura permitida canhestramente no direito italiano.

7.3.9 Cessão de Posição Contratual no Direito Brasileiro

A falta de texto expresso não inibe o negócio de cessão de posição contratual entre nós. Assim como o Código de 1916, nossa atual lei civil não proíbe a assunção de dívida e ambos nossos diplomas civis disciplinam a cessão de crédito. A cessão de posição contratual entra para o campo dos contratos atípicos, embora nominados, e situa-se no direito dispositivo das partes. Lembre-se de que o vigente estatuto faz referência expressa a essa possibilidade: *"É lícito às partes estipular contratos atípicos, observadas as normas gerais fixadas neste Código"* (art. 425). Devem servir de orientação ao intérprete os princípios da cessão de crédito e os direitos estrangeiros apontados.

Na prática, entre nós, é muito grande a aplicação da cessão de posição contratual: nos contratos de cessão de locação, residencial e não residencial. Como é entre os contratos de duração que encontramos maior possibilidade de cessão de posição, é também frequente o negócio nos contratos de fornecimento, empreitada e financiamento, entre outros. Afaste-se, no entanto, como dissemos, qualquer confusão com o contrato derivado e os outros negócios afins, já estudados.

Ao contrário do que aponta Sílvio Rodrigues (1981*a*, v. 2:324), calcado na monografia pioneira de Dimas de Oliveira César, na transferência do compromisso de compra e venda de imóveis, colocada no Decreto-lei nº 58/37, tal não se constitui uma verdadeira cessão de posição contratual. Isto porque a lei permite o trespasse do compromisso, independentemente do consentimento do cedido, o compromissário-vendedor. É o que deflui do art. 13 dessa lei. Até mesmo contra a vontade do cedido pode ocorrer a transferência. Há, aí, sub-rogação legal na relação contratual, terminologia mais adequada do que denominar a hipótese *cessão imprópria de contrato* (cf. Azevedo Jr., 1979:121 ss). E tal situação se aplica tanto aos compromissos relativos aos imóveis loteados, como aos não loteados. Não havendo necessidade de anuência do contratante cedido, não há cessão de posição contratual, na pureza do instituto. Note, ainda, no que toca ao Decreto-lei nº 58/37, art. 13, na hipótese de falta de consentimento do cedido, não há impedimento à transferência contratual, *"mas torna os adquirentes e os alienantes solidários nos direitos e obrigações contratuais"* (§ 1º). Existirá aí uma *adesão ao contrato* e não uma cessão do contrato.

Não obstante, mesmo nos casos em que não existe a figura em estudo, na forma pura, temos de perceber que nosso legislador conhece o negócio jurídico e, em determinadas situações, previu-o expressamente, tamanha sua utilidade e necessidade prática.

Quando se transfere um estabelecimento comercial, em geral, efetua-se um contrato único, tendo como consequência o trespasse da universidade toda de que se compõe o estabelecimento. Nesse caso, não existe cessão de posição contratual típica. Ocorre, porém, que por vezes há contratos em curso com o estabelecimento que obrigam a anuência do cedido. Nessas hipóteses, à margem da transferência do estabelecimento comercial em sua totalidade, devem as partes valer-se do negócio de cessão de posição contratual para que haja uma total exclusão do cedente das relações jurídicas referentes ao estabelecimento cedido (cf. Barreto Filho, 1969:207 ss).

O presente Código, como vimos, não trata da matéria, embora devesse fazê-lo, como faz com a assunção de dívida. A questão da cessão de posição contratual estava mesmo a merecer solução legislativa, como faz o projeto em trâmite.

8

PAGAMENTO

8.1 EXTINÇÃO NORMAL DAS OBRIGAÇÕES

Dissemos com ênfase que a obrigação já nasce com a finalidade de se extinguir. Essa é uma das diferenças das obrigações e do direito pessoal em relação aos direitos reais. Estes últimos possuem caráter de permanência. A obrigação tem caráter de efemeridade. A obrigação cumpre seu papel de fazer circular a riqueza e, uma vez cumprida, exaure-se, ainda que outra obrigação idêntica venha a surgir posteriormente, entre as mesmas partes.

Quando nada existe de anormal, de patológico, no cumprimento da obrigação, extingue-se pelo *pagamento*. O pagamento é, portanto, o meio normal ou ordinário de extinção das obrigações.

Vulgarmente, quando nos assoma a noção de *pagamento*, logo temos em mente o cumprimento de uma obrigação em dinheiro. Isto é, corriqueiramente, até entre nós mesmos, técnicos do direito. Imperceptivelmente ligamos o pagamento a uma transferência em dinheiro. Nada impede que continuemos a raciocinar assim. Contudo, o termo *pagamento*, no sentido estritamente técnico e tal como está nos arts. 304 ss do Código, é toda forma de cumprimento da obrigação. Trata-se das *solutio*, solução do velho direito. A obrigação, a dívida, solve-se, resolve-se, paga-se. Tendemos a ver o termo *solução da obrigação* como o gênero, do qual o pagamento (em dinheiro, portanto) seria a espécie. O sentido comum, vulgar, tem grande importância.

Destarte, embora o pagamento tenha sentido de cumprimento normal ou ordinário da obrigação, contrapondo-se ao pagamento coativo, não deve ser considerada impropriedade técnica restringi-lo tão só aos cumprimentos de obrigações em dinheiro. O termo *solução* fica reservado para qualquer outra modalidade de cumprimento da obrigação. Não se estranhe, contudo, se utilizarmos as expressões *uma por outra, ora e vez* para acostumar o leitor.

Enfocamos aqui, outrossim, o "*pagamento como forma de liberação do devedor, mediante a prestação do obrigado, conceito que reúne as preferências dos escritores mais modernos*", segundo ensina Caio Mário da Silva Pereira (1972, v. 2:111).

Assim, o pagamento deve ser visto nas obrigações de dar, fazer e não fazer. Paga-se, na compra e venda, quando se entrega a coisa vendida. Paga-se, na obrigação de fazer, quando se termina a obra ou atividade encomendada. Paga-se, na obrigação de não fazer, quando o devedor se abstém de praticar o fato ou ato a que se comprometeu negativamente, por um tempo mais ou menos longo. O credor pode ou não concorrer para o pagamento. Nos contratos bilaterais, há obrigações recíprocas. Portanto, há "pagamento", no sentido ora tratado, para ambas as partes: na compra e venda, o comprador deve pagar "dinheiro", o vendedor deve pagar a "coisa", entregando-a ou colocando-a à disposição do comprador.

Quando a obrigação se extingue com a intervenção judicial, a forma de extinção será anormal. Há também formas especiais de pagamento, tratadas especificamente pelas legislações, nas quais o pagamento sofre perturbações, o que não lhe tira, no entanto, sua característica básica, como é o caso da consignação em pagamento, dação em pagamento, novação etc.

Pode ocorrer, também, que, na impossibilidade de cumprimento da obrigação, não haja possibilidade de pagamento. Quando essa impossibilidade se der sem culpa do devedor, a obrigação extingue-se. Quando houver culpa, abre-se à parte lesada a possibilidade de pedir perdas e danos. A indenização pela inexecução culposa não é pagamento. Substitui o pagamento, mas com ele não se confunde.

Mantenhamos, também, a ideia de que o termo *adimplemento* substitui a expressão *cumprimento da obrigação*. Devedor inadimplente é o que deixou de cumprir a obrigação no tempo, na forma e no lugar devido.

8.2 NATUREZA JURÍDICA DO PAGAMENTO

A doutrina expressa a dificuldade de se fixar a natureza jurídica do pagamento. Tal fato reside na particularidade de que, como vimos, o pagamento pode constituir-se na transferência de um numerário, na entrega de uma coisa, na elaboração de uma obra, na apresentação de uma atividade e até mesmo numa abstenção.

Desse modo, impossível compreender o pagamento como sendo de natureza una. Desnecessário, pois, perscrutar as várias doutrinas que tentaram unificar sua teoria.

Ora o pagamento é um fato jurídico: o pintor conclui o retrato encomendado. Esse fato jurídico se transforma em ato jurídico quando o pintor comunica o término do trabalho ao encomendante e o coloca a sua disposição. Ora o pagamento é por vezes negócio jurídico, uma vez que as partes fazem dele um meio de verdadeiramente extinguir a obrigação, inserindo-se no conceito do art. 81 do Código de 1916, como um recibo de sinal ou arras, por exemplo.

Como, às vezes e apenas por vezes, o pagamento toma a forma de um negócio jurídico, pode-se assemelhar a um contrato, se bilateral. O pagamento, todavia, em geral, nem sempre é bilateral. Pode ocorrer sem o concurso da vontade do *accipiens* (o que recebe o pagamento), na atividade de cumprimento da obrigação por parte do *solvens* (o que efetua o pagamento).

De tudo isso, nesse diapasão, como faz o sempre lembrado Antunes Varella (1977, v. 2:24), o que importa no pagamento *é a realização real da prestação*. Isso deve ser visto em cada caso concreto.

Fato, ou negócio jurídico, a questão é que, embora em muitas oportunidades o pagamento seja bilateral, isto é, dependa do concurso do *accipiens*, ocorre que nem sempre tal concurso será necessário, como visto. O pagamento poderá ser um ato *unilateral* do *solvens*, até mesmo sem o conhecimento do credor. Veja-se, *ad exemplum*, apenas a situação mais gritante das obrigações negativas.

Em sentido amplo, contudo, o pagamento será sempre um fato jurídico, que é gênero do ato e do negócio jurídico (cf. *Direito civil: parte geral*, Cap. 17).

A questão não é meramente doutrinária. Na prática, se o pagamento constitui negócio jurídico, seus requisitos de validade e eficácia devem ser observados. Será, portanto, nulo se efetuado por agente incapaz; anulável se ocorrerem vícios de consentimento. Contudo, se o pagamento se constituir em simples *fato*, a conotação não será essa, o rigor não será esse (cf. Gomes, 1978:115). A efetivação do pagamento deve ser *causal*, isto é, deve ter relação com a obrigação avençada.[1] Desviando-se da obrigação, o pagamento estará malfeito, ou descumprirá a obrigação, pura e simplesmente, total ou parcialmente; um pagamento sem causa dará direito à repetição do indébito (art. 964).

8.3 DE QUEM DEVE PAGAR. O *SOLVENS*

Normalmente será o próprio devedor obrigado a pagar ou quem efetivamente paga. Pode ocorrer, no entanto, que terceiros o façam.

O pagamento feito pelo devedor não constitui apenas uma manifestação de obrigação, trata-se de um *direito* seu. Não é do interesse do devedor que a dívida se prolongue além do estipulado. É evidente que isso lhe trará maiores encargos, juros, correção monetária, multa. Assim, o bom pagador desejará pagar na forma contratada. Tanto que a lei lhe confere meios coercitivos para jungir o credor a receber.

Não deve ser deixada de lado, também, a ideia do núncio e da representação, pois, afora os casos de obrigação personalíssima, o pagamento pode ser feito não só pelo devedor, mas também por terceiros que o representem. O representante ou o núncio efetuam tão só o ato material de pagar.

---

1 "Prestação de contas – Segunda fase – Mandato – Prestação de serviços advocatícios – Apurado saldo em favor das autoras – Réu que não demonstrou **quitação, o que se faz mediante recibo** – Honorários advocatícios devidos – Sentença mantida – Recurso desprovido" (*TJSP* – AC 0003024-74.2007.8.26.0104, 27-8-2019, Rel. Milton Carvalho).

"Agravo de instrumento – Execução Fiscal – Pleito de reconhecimento da quitação do débito – Apresentação de comprovante de pagamento da guia de arrecadação do tributo. **Comprovação de quitação do débito que se faz com recibo de pagamento**. Ausência de impugnação da validade do documento pela exequente. Reforma da decisão tão somente para que o documento seja considerado pelo MM. Juízo *a quo*. Recurso provido em parte" (*TJSP* – AI 2067202-33.2018.8.26.0000, 29-8-2018, Rel. Jarbas Gomes).

"Ação de cobrança – Contrato de empreitada – Alegação de inadimplência do contratante – **Ausência de comprovação de pagamento da dívida** – Recibos que não atenderam os requisitos do artigo 320 do Código Civil – Inexistência de outros elementos que demonstrem o cumprimento da obrigação – Recurso Provido – Pagamento se demonstra através de quitação regular, mediante recibo que atenda aos requisitos do artigo 320 do Código Civil, como prova inconteste da sua satisfação para que mais tarde não venha a ser contestada a sua existência e tenha de pagar novamente" (*TJSP* – Ap 1005620-38.2015.8.26.0361, 27-4-2017, Rel. Renato Sartorelli).

"Locação – Ação de despejo cumulada com cobrança – **Quitação regular** passada pela credora – Necessidade – Recurso improvido – Pagamento se demonstra através de quitação regular, incumbindo ao locatário munir-se do recibo passado pelo locador, contendo a discriminação do valor do débito e dos meses correspondentes, como prova inconteste da sua satisfação para que mais tarde não venha a ser contestada a sua existência e tenha de pagar novamente" (*TJSP* – Ap 0024782-70.2011.8.26.0007, 18-1-2016, Rel. Renato Sartorelli).

"**Prova de pagamento** faz-se com a exibição do recibo de quitação assinado pelo credor. A tanto não corresponde o espelho de informação do sistema megadata, mero e insuficiente indício. 2. Dando-se, o acidente de trânsito e a morte do pai dos autores, na vigência da Lei 11.482/2007, a indenização do seguro obrigatório desvincula-se do salário mínimo e importa em treze mil e quinhentos reais. 3. Correção monetária incide desde a vigência da Medida Provisória 340, de 29 de dezembro de 2006, e juros incidem desde a citação" (*TJSP* – Ap 0003345-42.2013.8.26.0220, 5-2-2015, Rel. Celso Pimentel).

"**Apelação**. Cobrança prestação de serviços. Cobrança de valores por empresa em recuperação judicial. Alegação de pagamento direto aos funcionários. Não plausibilidade do pagamento em detrimento dos demais trabalhadores. Inexistência também de compensação de dívidas porque a dívida não se mostra líquida. Inexistência de cerceamento de defesa, pois houve a prolação da sentença de forma regular, em atendimento ao disposto no artigo 330, I do CPC. Preliminar afastada. Recurso desprovido" (*TJSP* – Ap 0001436-15.2010.8.26.0108, 11-3-2014, Rel. Mario Chiuvite Junior).

Como o pagamento é efetuado em benefício do credor, deve ele aceitá-lo. Exceção ocorre quando se trata de obrigação em que a figura do devedor é importante no desempenho da obrigação e assim foi convencionado (art. 878 do Código de 1916), como nas obrigações personalíssimas em geral, por exemplo, a apresentação de um artista. Ou naquelas em que a confiança desempenha papel primordial, como no caso de mandato.

No entanto, tais exemplos são exceções para confirmar a regra. O credor deve aceitar o pagamento, ainda que proveniente de terceiro. O pagamento, mormente aquele feito em dinheiro, não tem cor nem bandeira.

> *"Qualquer interessado na extinção da dívida pode pagá-la, usando, se o credor se opuser, dos meios conducentes à exoneração do devedor"* (art. 304).

O *interessado* na extinção da dívida de que a lei fala é aquele que tem interesse jurídico, o que lhe legitima a ação de consignação. Assim, sob esse prisma, o fiador tem interesse em quitar a dívida do afiançado.[2]

Temos assim três categorias de pessoas aptas a figurar como *solvens*, isto é, aquele que paga. Em primeiro lugar, como já visto, o próprio devedor, por si ou por representante.

Pode também pagar o terceiro, interessado ou não interessado, distinção que a lei faz nos arts. 304 e 305 para distinguir os efeitos.

O terceiro interessado na dívida, como o citado fiador, utiliza-se do art. 304, *caput*, e o credor não poderá recusar o pagamento.

O parágrafo único do art. 304 acrescenta que o terceiro *não interessado* tem o mesmo direito de pagar, *"se o fizer em nome e por conta do devedor"*. Citemos, por exemplo, o caso de um pai que paga a dívida de um filho. Seu interesse não é jurídico. Faz o pagamento com interesse altruístico, moral ou familiar. Contudo, fá-lo em nome e por conta do filho devedor. Não há representação, nem mesmo autorização ou quiçá ciência do devedor. O pagamento, porém, deve ser aceito. E o *solvens*, aqui, tem a mesma legitimidade de consignar, se houver resistência.

Se o terceiro não interessado pagar em seu próprio nome, tem direito a reembolsar-se do que pagar, mas não se sub-roga nos direitos do credor. Há direito a uma ação de cobrança singela do que foi pago.

Quando é o interessado que paga, sub-roga-se em todos os direitos do crédito (art. 346).

---

2 "Ação declaratória de inexigibilidade de débito c.c – Pedido de indenização por danos morais – Sentença de improcedência – Apelação – Cerceamento de defesa – Inocorrência – Documentos que comprovam a existência da dívida – **Prova da quitação que é exclusivamente documental** – Inteligência do art. 320 do CC – Ausência de quitação comprovada – Negativação que decorre de exercício regular de direito – Adulteração da verdade dos fatos – Litigância de má-fé mantida – Sentença mantida – Recurso desprovido" (*TJSP* – AC 1009611-30.2018.8.26.0001, São Paulo, 21ª CDPriv., Rel. Virgilio de Oliveira Junior, *DJe* 11.4.2019).

"Locação de imóvel – Ação de despejo c.c – Cobrança – Pagamento – Prova – **Pagamento se prova mediante juntada de recibo de quitação** – Recurso não provido" (*TJSP* – Ap 1000185-12.2017.8.26.0168, 21-2-2018, Rel. Cesar Lacerda).

"Apelação – Embargos à execução – Cheque – **Quitação da dívida** – Cerceamento de defesa – Reconhecido que a apelante protestou pela produção de provas, a fim de comprovar suas alegações – Julgamento antecipado da lide que implica em cerceamento de defesa – Sentença anulada – Preliminar acolhida – Apelo provido" (*TJSP* – Ap 1007138-72.2013.8.26.0704, 20-1-2017, Rel. Salles Vieira).

"Locação – Despejo por falta de pagamento c/c cobrança – **Prova de quitação do débito** – Recibo – Necessidade – Cerceamento de defesa – Inocorrência – Fiança – Prorrogação do contrato por prazo indeterminado – Subsistência da garantia até a entrega das chaves – Recursos improvidos" (*TJSP* – Ap 0001420-30.2013.8.26.0246, 2-5-2016, Rel. Vianna Cotrim).

Por outro lado, se é o terceiro não interessado que paga em nome do devedor, como o caso do pai que paga dívida do filho:

> "*o faz por simples liberalidade, ou por mero espírito de filantropia, nada pode reaver; se o faz, contudo, como gestor de negócios, terá então ação contra o devedor para reembolsar-se do que pagou*" (cf. Monteiro, 1979, v. 4:249).

A questão de saber se o pagamento ocorreu por mera filantropia ou não desloca-se para as circunstâncias do caso. Entendemos que sempre haverá possibilidade de ação de enriquecimento sem causa, no caso de pagamento desinteressado, a não ser que o terceiro expressamente abra mão deste último remédio. A ação de enriquecimento sem causa, como veremos no Capítulo 9, é uma aplicação de regra de equidade.

Contudo, no caso do terceiro não interessado que paga em seu próprio nome, a ação de reembolso será singela e não de sub-rogação, porque tal pagamento pode ter sido efetuado com intuito especulativo, e inclusive agravar a situação do devedor, ou até mesmo para colocá-lo numa posição moralmente vexatória. Imaginemos o exemplo de um devedor conhecido na comunidade que tem sua dívida paga pelo inimigo. Após o fato, o *solvens* alardeia que Fulano não consegue nem mesmo pagar suas dívidas e mostra à sociedade a prova do pagamento efetuado. A situação poderá até mesmo se deslocar para a esfera criminal. Desse modo, a lei não defere a esse terceiro a sub-rogação. O mesmo se diga quanto à intenção da lei, no tocante a pagamento antecipado da dívida: "*se pagar antes de vencida a dívida, só terá direito ao reembolso no vencimento*" (art. 305, parágrafo único).

Pode ocorrer, no entanto, que o devedor tenha justo motivo para não pagar a dívida e se surpreende ao ver que terceiro se adiantou no pagamento. É o caso, por exemplo, de a dívida não ser exigível por inteiro, de estar no todo ou em parte prescrita, de promanar de negócio anulável, de existir a possibilidade de *exceptio non adimpleti contractus* (exceção de contrato não cumprido) etc. Para tal situação, estatuía o art. 932 do Código de 1916:

> "*opondo-se o devedor, com justo motivo, ao pagamento de sua dívida por outrem, se ele, não obstante, se efetuar, não será o devedor obrigado a reembolsá-lo, senão até à importância em que lhe ele aproveite*".

O atual Código nos concede uma redação diversa a respeito do fenômeno, no art. 306:

> "*O pagamento feito por terceiro, com desconhecimento ou oposição do devedor, não obriga a reembolsar aquele que pagou, se o devedor tinha meios para ilidir a ação*".[3]

[3] "Recurso de apelação. Ação de cobrança. Pagamento de dívida por terceiro. Autor que pretende a restituição do valor pago a título de ITCMD em favor da ré. Sentença de procedência que determinou a restituição dos valores. Insurgência da ré. O resultado da causa depende da diligência ou interesse da parte em se desincumbir do ônus da prova na forma preconizada no art. 373 do CPC. Autor que não se desincumbiu de demonstrar os fatos constitutivos de seu direito, nos termos do art. 373, I, do CPC, assumindo posição desvantajosa para obter o ganho da causa. Embora incontroverso o pagamento do tributo pelo autor, nada há nos autos que comprove a anuência da ré quanto ao valor recolhido a maior. **Art. 306 do Código Civil**. Ausência do dever da ré de indenizar. Afastado o pedido de aplicação do art. 940 do Código Civil. Má-fé não configurada. Sentença reformada. Recurso provido em parte" (*TJSP* – Ap 1020996-36.2023.8.26.0506, 6-5-2025, Rel. Ana Luiza Villa Nova).

"Embargos de declaração. Apelação cível. Ação de cobrança proposta pelo ex-marido em face da ex-esposa para reaver valores dispendidos no pagamento de dívida contraída pela ex-consorte. Acórdão que classificou o ex-marido, embargado, como terceiro não interessado e aplicou a regra do art. 305 do código civil, que impõe ao devedor primitivo a obrigação de reembolsar o terceiro. 1 – Alegação de que o acórdão é contraditório ao classificar o embargado como terceiro não interessado, uma vez que o mesmo era coproprietário do imóvel que deu origem a dívida contraída pela ex-esposa. Pleito para aplicação da regra do **art. 306 do Código Civil**, que não impõe a

O motivo da oposição deve ser justo. O terceiro *solvens* deve ter, evidentemente, conhecimento da oposição pelo devedor, antes de pagar. Pagará, nessa hipótese, assumindo um risco. Questão importante pode ocorrer no caso de o terceiro pagar sem que o devedor tome conhecimento, e este tinha motivo justo para não o fazer, isto é, para se opor ao pagamento. Essa hipótese é enfocada pelo atual dispositivo. Se o terceiro pagou mal, só poderá reembolsar-se até o total que aproveitou ao devedor. Aquele que pagou mal deverá repetir do credor que, em tese, recebeu mais do que lhe competia. Complete-se que, como afirma Caio Mário da Silva Pereira (1972, v. 2:115),

> *"em qualquer caso, o pagamento feito por terceiro,* ***invito vel prohibente debitore****, não pode piorar a situação do devedor. É um limite que não há de ser transposto nunca".*

O texto do art. 306 do Código de 2002 procurou ser mais claro: o dispositivo, contudo, não é muito compreensível, dando margem a dúvidas, e mereceria melhor redação. O que se deve entender é que, se o devedor tinha meios para se opor ao pagamento, esse pagamento feito contra sua vontade ou sem o seu conhecimento não o obriga a reembolsar, pois não lhe terá sido útil. Da mesma forma na hipótese de desconhecimento por parte do devedor: impõe-se que o *solvens* informe o devedor que vai pagar, sob pena de pagar mal. Em qualquer situação, o montante do pagamento que tenha sido útil para o devedor deve ser reembolsado, em que

---

obrigação do devedor primitivo reembolsar o terceiro interessado que pagou a dívida. Impossibilidade. Art. 306 do Código Civil que impõe a obrigação do devedor primitivo provar que tinha meios para ilidir a ação do credor. Inexistência de provas nesse sentido no caso concreto. Contradição não constatada. 2 – Alegação de omissão no tocante ao pedido subsidiário de limitação da conceção a 50% do valor pleiteado. Inocorrência. Acórdão que enfrenta expressamente a tese arguida pela embargante no recurso de apelação, rejeitando-a. Omissão não constatada. Embargos de declaração conhecidos e rejeitados" (*TJPR* – Ap 0046172-13.2023.8.16.0021, 8-4-2024, Rel. Substituta Ana Paula Kaled Accioly Rodrigues da Costa).

"Apelação. Locadora de automóveis. Contrato de locação e de seguro com cobertura completa. Acidente de Trânsito envolvendo o veículo alugado, conduzido pelo apelado, e motocicleta conduzida por terceiro. Acordo extrajudicial entre o apelado e o terceiro para pagamento do valor da motocicleta, do valor de celular que teria sido subtraído por transeuntes, e do valor dispendido com medicamentos. Pedido de reembolso administrativo, tendo em vista o contrato de seguro com cobertura completa. Negativa da locadora que, inclusive, exigiu do apelado o valor concernente aos danos causados no veículo alugado. Ajuizamento de ação de inexigibilidade de dívida c.c. Indenização por danos materiais e morais, pelo apelado, que foi julgada procedente no primeiro grau. Inconformismo da locadora. Relação jurídica entre as partes. Evidenciada a relação de consumo entre as partes. Inexigibilidade de dívida. A despeito da cobrança extrajudicial dos danos havidos no veículo locado, a qual foi declara por sentença ser descabida, a matéria não foi devolvida por meio do recurso interposto pela locadora. Negativa de cobertura. **Pagamento efetuado a terceiro**, pelo apelado. Não obstante a existência de cláusula contratual vedando pagamento sem a anuência da locadora, o pagamento realizado pelo apelado ao terceiro foi útil à apelante, que poderia ter sido acionada pelo motociclista exigindo a indenização. A rapidez do pagamento efetuado também livrou a apelante de eventual pleito indenizatório por lucros cessantes. Apelado pagou na condição de terceiro interessado, porque poderia ter sido acionado em litisconsórcio com a apelante. Inteligência dos artigos 304 e 306 CC. Reembolso devido do valor da motocicleta, segundo Tabela FIPE e dos medicamentos. Indevido o reembolso do valor do aparelho celular, uma vez não comprovada a preexistência, tampouco a subtração por transeuntes. Danos morais. Incidência da Teoria do Desvio Produtivo ou Perda do Tempo Livre. Consumidor que encontrou resistência no reembolso, bem como fora cobrado indevidamente, tendo dispensado tempo em inúmeras trocas de mensagens eletrônicas e telefonemas. Indenização estabelecida em R$ 5.000,00, quantia que se revela suficiente e proporcional ao fim que se destina. Valor adequadamente fixado. Litigância de má-fe. Apelante que teria requerido audiência de conciliação e, posteriormente desistido. Incidente que não causou atraso exacerbado da marcha processual a justificar sua penalização. Inocorrência de dolo processual. Recurso parcialmente provido" (*TJSP* – Ap 1007398-25.2021.8.26.0008, 10-5-2022, Rel. Rosangela Telles).

"O '**pagamento feito por terceiro, com desconhecimento ou oposição do devedor**, não obriga a reembolsar, se o devedor tinha meios para ilidir a ação' – Como, no caso, a exigência do tributo sobre o veículo se encontrava prescrita quando do pagamento, afasta-se a condenação ao respectivo reembolso" (*TJSP* – Ap 1001609-33.2017.8.26.0510, 21-2-2018, Rel. Celso Pimentel).

pese a nova redação, sob pena de ocorrer injusto enriquecimento. A óptica se transplanta, no caso concreto, para o âmbito da prova.

O extinto Projeto nº 6.960, atendendo a nossa crítica, complementava a redação do art. 306: "*... se o devedor tinha meios para ilidir a ação do credor na cobrança do débito*". Aqui a ideia já fica mais clara, todavia, há que se entender que mesmo antes da propositura da ação, dependendo da situação, já pode o devedor antecipar-se e comunicar sua resistência em pagar ao terceiro.

Questão não erigida na lei é aquela na qual tanto o devedor como o credor se opõem ao pagamento por terceiro. Suponhamos a hipótese em que há dúvida se a obrigação é personalíssima ou não. O credor diz que não aceita a *solutio* por terceiro. O devedor informa ao terceiro que não deve pagar. Aí não se pode negar a impossibilidade do pagamento, pois o terceiro passa a ser absolutamente inconveniente numa relação jurídica que não lhe pertence.

O art. 307 trata de pagamento que importe em transmissão de domínio. Obrigação de dar, portanto. Aplica-se o princípio fundamental segundo o qual ninguém pode transferir mais direitos do que tem. Para a transmissão do domínio deverão estar presentes todos os requisitos do negócio jurídico. A alienação *a non domino*, por quem não seja o dono da coisa, é ineficaz. Um pagamento nessa situação abre à vítima a possibilidade de indenização. Se, porém, se tratar de coisa fungível (parágrafo único), já consumida, de boa-fé, pelo credor, não se pode mais reclamar a coisa deste. Não havendo mais a coisa a ser reivindicada, a situação é do substitutivo indenizatório. Do credor, contudo, não se pode reclamar. A questão resolver-se-á entre o terceiro que pagou e o devedor. Para a exceção do parágrafo tratado, há necessidade de três condições: que o pagamento seja de coisa fungível, que tenha havido boa-fé por parte do *accipiens* e que tenha sido consumida a coisa. Enquanto não consumida, haverá direito à repetição, no todo ou em parte, da coisa.

8.4 A QUEM SE DEVE PAGAR. O *ACCIPIENS*

A regra geral em matéria da pessoa que recebe, o *accipiens*, é a do art. 308, em sua parte inicial. O pagamento deve ser feito ao credor. No entanto, podem ocorrer exceções. Tanto o credor poderá estar inibido de receber, como o devedor poderá, em certas situações especiais, pagar validamente a quem não seja credor.

Assim, o preço deve ser entregue ao vendedor; a coisa, ao comprador.

Pode suceder que, no momento de ser efetuado o pagamento, o credor originário já tenha sido substituído. Tal substituição pode ter sido tanto efetivada por ato entre vivos, como a cessão de crédito, como por ato de morte, quando o herdeiro ou legatário estará na posição de *accipiens*. Se forem vários os credores, como na obrigação solidária, qualquer um deles pode receber o pagamento.

Também, na hipótese de obrigação indivisível, o pagamento a um só dos credores será válido, com as regras próprias do instituto (art. 259). Se a obrigação for divisível e não solidária, cada credor deve receber sua parte no crédito.

O mesmo art. 308 dá como válido o pagamento feito ao representante do credor.[4] Quanto à representação, reportamo-nos ao explanado anteriormente (cf. *Direito civil: parte geral*).

---

4 "Alienação fiduciária de coisa móvel (veículo) – Ação de busca e apreensão – Procedência da ação principal e consolidação de domínio e posse nas mãos da autora – Improcedência da reconvenção – Apelo do réu visando a descaracterização da mora – Alegação de que o pagamento das parcelas em atraso foram feitas com base em 'boleto falso' a terceiro fraudador por culpa da autora – Ausência de prova da participação ou de culpa da autora quanto ao vazamento e utilização fraudulenta dos dados do contrato – Evidências de que o demandado não tomou

Lá dissemos que o representante atua em nome do representado, *no lugar* do representado. Acrescente-se, por vezes, que a representação pode decorrer de via judicial, isto é, de nomeação pelo juiz. É o caso do síndico da falência, de um administrador judicial de bens penhorados etc. Denomina-se o fenômeno, impropriamente, representação judicial. Tais pessoas estarão, também, autorizadas a receber.

Quando do nascimento da obrigação, os contraentes podem estipular que o *accipiens* seja um terceiro. Assim, esse terceiro pode não ter nenhuma relação material com a dívida, mas estar intitulado a recebê-la.

Portanto, se o pagamento não for efetuado ao credor ou seu representante, será ineficaz. Vale lembrar o brocardo genuíno, disseminado pelo povo, *quem paga mal paga duas vezes.*

O pagamento, porém, pode ser feito a pessoa não intitulada e mesmo assim valer, se houver ratificação do credor ou do representante. É a regra do mesmo art. 308.

Notemos que nem sempre a pessoa intitulada ou qualificada a receber apresenta-se com um mandato formalmente completo. Não se pode esquecer que a *autorização* singela para receber, fornecida e concedida pelo credor, equivale à situação do representante mencionado na lei. Assim é a situação, por exemplo, de quem se apresenta munido da quitação emitida pelo credor (art. 311).[5]

---

as devidas precauções na negociação, nem no pagamento, o que o levou a ser vítima do 'golpe do boleto falso' – Ausência de responsabilidade do credor pela ocorrência, já que o réu deixou de seguir a orientação sobre como efetuar o pagamento contida na notificação extrajudicial, aceitando negociação por aplicativo de mensagem com telefone diverso daqueles indicados na carta de notificação – **Pagamento não validado nos termos do artigo 308 do Código Civil** – Sentença mantida – Apelo improvido" (*TJSP* – Ap 1001785-31.2023.8.26.0274, 30-8-2024, Rel. Mário Daccache).

"Monitória – Nota promissória – Parte ré embargante apelante não produziu prova documental de pagamento mediante quitação regular, que deve designar o valor e a espécie da dívida quitada, o nome do devedor, ou quem por este pagou, o tempo e o lugar do pagamento, com a assinatura do credor, ou de seu representante, consoante expressamente previsto no art. 940, do CC/1916, correspondente ao art. 320, do CC/2002, aplicável à espécie – **Declaração firmada por terceiro não prova pagamento do débito, porque não demonstrado que tinha poderes para dar quitação ou de representação da parte autora credora, nos termos do art. 308, do CC** – Eventuais pagamentos realizados ao ex-companheiro da parte credora apelada são ineficazes com relação à ela, uma vez que não demonstrada a intervenção do ex-companheiro no negócio subjacente, nem ele representava a parte credora – Mantida a r. sentença, que julgou procedente a ação monitória, para constituir, de "pleno direito, o título executivo judicial, no valor de R$ 7.293,60 (para: dezembro/2017), a ser atualizado, consoante a tabela prática do Egrégio Tribunal de Justiça desde o ajuizamento da ação e acrescido de juros moratórios de 1% ao mês desde a citação". Recurso desprovido" (*TJSP* – Ap 1034689-78.2017.8.26.0577, 2-6-2022, Rel. Rebello Pinho).

"Agravo de instrumento – Cumprimento de sentença – Impugnação – **Pagamento feito a terceiro sem representação do credor** – Nos termos do art. 308 do CC, o pagamento deve ser feito ao credor ou a quem o represente. O pagamento efetuado a terceira pessoa, e não ao credor, não desonera o devedor da obrigação" (*TJRO* – AI 0800496-46.2019.8.22.0000, 7-6-2019, Rel. Des. Kiyochi Mori).

5 "Apelação – Ação declaratória de inexigibilidade de débito c.c. ação de indenização por dano moral. Efeito suspensivo – Análise prejudicada pelo julgamento da demanda alcançado pela análise meritória da causa – Preliminar rejeitada. Ilegitimidade passiva ad causam – Insurgência do réu Banco Bradesco pleiteando o reconhecimento de sua ilegitimidade para figurar no polo passivo da demanda – Acolhimento – Ausência de responsabilidade solidária evidenciado nos autos – Discussão dos autos não diz respeito a falha na prestação de serviços bancários – Caso em testilha demanda a verificação de falha na relação jurídica estabelecida entre a autora e a corré Sanilar – Preliminar acolhida. Responsabilidade civil – Protesto indevido – Ocorrência – Boleto emitido pela representante comercial da corré – Empresa requerida que deve ser responsabilizada pelos atos praticados pelos seus representantes e em seu nome – Inteligência do art. 932, III, do CC – Validade do pagamento de boa-fé para aquele que demonstrava ser o credor – Teor do art. 309, do CC – Eventuais prejuízos sofridos pela requerida Sanilar deverão ser buscados perante a pessoa 'portadora da quitação', seja aquela que encaminhou, em nome da requerida, o título para pagamento pela autora – Aplicação do **art. 311, do CC** – Dano moral – Ocorrência – Indenização – Cabimento – Nome da autora que restou maculado pelo protesto indevido – Valor fixado em R$ 10.000,00 (dez mil reais) – Observância dos princípios da proporcionalidade, razoabilidade e adequação – Sentença de parcial procedência dos pedidos reformada – Recurso do banco réu provido – Recurso da autora provido em parte" (*TJSP* – Ap 1047629-57.2023.8.26.0224, 5-7-2024, Rel. Lavinio Donizetti Paschoalão).

Para a estabilidade das relações negociais, o direito gravita em torno de aparências. As circunstâncias externas, não denotando que o portador da quitação seja um impostor, tornam o pagamento válido: "*considera-se autorizado a receber o pagamento o portador da quitação, exceto se as circunstâncias contrariarem a presunção daí resultante*" (art. 311). As circunstâncias ditadas pela lei dependerão de exame pelo juiz, em cada caso concreto. A regra geral é ter em vista o padrão do homem médio. De qualquer modo, a presunção é a de que quem se apresenta com um recibo firmado por terceiro possui mandato específico para receber. É portador da quitação, enfim.

8.4.1 Credor Putativo

Já dissemos que o direito não pode prescindir da aparência. Quando chegamos ao caixa de um banco e efetuamos um pagamento, não temos necessidade de averiguar se a pessoa que recebe é funcionária da instituição financeira. Na verdade, a aparência é uma forma de equilíbrio de toda vida social.

Pode ocorrer o pagamento a pessoa que tenha a mera aparência de credor ou de pessoa autorizada. Trata-se do credor putativo. O exemplo mais marcante é a situação do credor aparente. Contudo, muitas hipóteses podem ocorrer. Suponhamos o caso de alguém que, ao chegar a um estabelecimento comercial, paga a um assaltante, que naquele momento se instalou no guichê de recebimentos, ou a situação de um administrador de negócio que não tenha poderes para receber, mas aparece aos olhos de todos como um efetivo gerente. Não se trata apenas de situações em que o credor se apresenta falsamente com o título ou com a situação, mas de todas aquelas situações em que se *reputa* o *accipiens* como credor. Dispõe o Código: "*o pagamento feito de boa-fé ao credor putativo é válido, ainda provando-se depois que não era credor*" (art. 309).[6] O extinto Projeto nº 6.960/2002 objetivou substituir o termo *válido* por *eficaz*, que melhor se amolda ao efeito desse negócio jurídico.

"Apelação – Ilegitimidade passiva – Preliminar suscitada pelo recorrente – Rejeição – Hipótese em que o banco réu possui legitimidade para figurar no polo passivo da relação processual, pois a ele é atribuída a prática de ato ilícito – Preliminar rejeitada – Apelação – Fraude bancária – Emissão de boleto falso – Responsabilidade objetiva – Danos materiais – Pretensão de reforma da r. sentença de procedência – Descabimento – Hipótese em que a emissão do boleto fraudulento foi realizada mediante utilização do sistema disponibilizado pelo banco réu – Ausência de culpa concorrente das autoras, diante da aparência de regularidade do boleto – Pagamento a credor putativo – Responsabilidade objetiva do banco pelo risco da atividade (CC, art. 927, parágrafo único; Súmula nº 479 do STJ) – Ressarcimento que se mostra devido – RECURSO DESPROVIDO" (*TJSP* – ApCív 1021807-06.2019.8.26.0451 – 13ª Câmara de Direito Privado – j. 25-9-2020 – rel. Des. Ana de Lourdes Coutinho Silva da Fonseca).

"Declaratória de inexistência de débito c.c – Dano moral – **Credor putativo** – Cobrança de valores pagos – Pagamento efetuado diretamente no escritório da requerida, aos cuidados de sua funcionária – Ausência de repasses ao caixa da empresa que não pode ser imputada ao pagador de boa-fé – Dano moral – Não caracterização – Recursos desprovidos" (*TJSP* – AC 1000758-63.2016.8.26.0660, 5-7-2019, Rel. Alcides Leopoldo).

"Apelação – Ação de execução de despesas de condomínio – Embargos do devedor – **Pagamento a credor putativo** – Reconhecimento – Os elementos dos autos indicam que os embargantes quitaram boleto que, na verdade, teve como beneficiário terceiro, alheio à relação condominial. Validade do pagamento feito de boa-fé (não elidida pelas provas do processo) ao credor putativo, nos termos do art. 309 do Cód. Civil. Recurso desprovido" (*TJSP* – Ap 1047474-48.2017.8.26.0100, 27-8-2018, Rel. Antonio Nascimento).

6 "Prestação de serviços de manutenção e reparação elétrica. Cobrança. Monitória. Embargos ao mandado. Sentença de improcedência (rectius, acolhimento dos embargos). Dados bancários fornecidos pela autora-embargada à ré-embargante com erro no número da conta-corrente. Contratante induzida a equívoco pela própria contratada no momento do pagamento. Desvio dos recursos que não pode ser atribuído a qualquer negligência da ré-embargante. Pagamento a credor putativo que se tem por hígido, exonerando a devedora da obrigação. Inteligência do **art. 309 do Código Civil**. Sentença de extinção do processo monitório confirmada. Apelação da autora-embargada desprovida" (*TJSP* – Ap 1003323-68.2023.8.26.0073, 22-8-2025, Rel. Fabio Tabosa).

"Apelação – Plano de saúde – Sentença que julgou procedentes os pedidos de inexigibilidade de débito e de restabelecimento do plano de saúde – Irresignação da ré – Não acolhimento – Golpe do boleto falso – Autor que

A lei condiciona a validade do pagamento ao fato de o *accipiens* ter a aparência de credor e estar o *solvens* de boa-fé. Restará ao verdadeiro credor haver o pagamento do falso *accipiens*.

8.4.2 Quando o Pagamento Feito a Terceiro Desqualificado Será Válido

O devedor pode se exonerar mesmo pagando a terceiro não intitulado, em três situações:

1. na hipótese de ratificação, pelo credor, do pagamento recebido, como já visto (art. 308).[7] Tal ratificação equivale a um mandato. Pago ao filho de credor e este posteriormente confirma o recebimento, por exemplo;

---

pagou boleto cujo pagamento não foi reconhecido pela operadora de plano de saúde – Boleto falso que apresenta semelhanças com boletos autênticos, inclusive com a forma e com as informações contratuais – Indícios de violação de dados sigilosos – Cenário de aparente legitimidade, com base no qual a quitação de boa-fé foi realizada – **Aplicação do artigo 309 do CC** – Pagamento válido, porque feito a credor putativo – Falha, ademais, no dever de segurança da operadora de plano de saúde – Fortuito interno evidenciado – Culpa exclusiva que se afasta pela hipervulnerabilidade do consumidor idoso – Inexigibilidade de débito devida – Restabelecimento do plano de saúde de rigor, pois o cancelamento foi fundado em inadimplemento imputável à própria operadora de saúde, pela falha na prestação de seus serviços – Sentença mantida – Recurso desprovido" (*TJSP* – Ap 1028838-48.2023.8.26.0577, 31-8-2024, Rel. Domingos de Siqueira Frascino).

"Apelação. Cumprimento de sentença. Execução de honorários de sucumbência. Sentença que declarou extinta a execução. Hipótese em que há a legitimidade concorrente para a execução de honorários de sucumbência, a qual também é passível de ser promovida pela própria parte, tal como havido na hipótese dos autos. Executado que pagou os honorários sucumbenciais diretamente à parte vencedora. **Pagamento ao credor putativo** que está dotado de eficácia liberatória (art. 309 do Código Civil). Sentença mantida. Recurso desprovido". (*TJSP* – Ap 0039024-31.2020.8.26.0100, 18-7-2023, Rel. Rômolo Russo).

"Compra e venda – ação de restituição de valores – pagamento a credor putativo – reconhecimento. Os elementos dos autos indicam que a autora quitou boleto que, na verdade, teve como beneficiário terceiro, alheio à relação negocial. Validade do pagamento feito de boa-fé (não elidida pelas provas do processo) ao **credor putativo**, nos termos do art. 309 do Cód. Civil. Recurso desprovido" (*TJSP* – Ap 1010158-28.2020.8.26.0348, 22-2-2022, Rel. Antonio Nascimento).

"Civil e processo civil – Fornecimento de uniformes – Pagamento por boleto de cobrança – Dados equivocados – **Credor putativo** – Pagamento válido – Protesto indevido – Dano moral configurado – Decisão mantida – I- O pagamento feito de boa-fé a credor putativo é válido, ainda provado depois que não era credor. II- Constitui ilícito indenizável o protesto de título de cobrança efetivamente pago por devedor de boa-fé àquele que se apresenta como legítimo credor. III- A fraude perpetrada por terceiros que, maliciosamente, adulteram os dados constantes no boleto de cobrança para beneficiarem-se indevidamente deve ser interpretada como risco do empreendimento. IV- Prevalecendo o dever de indenizar, o valor do dano moral deverá observar os critérios de razoabilidade e proporcionalidade para que a medida não represente enriquecimento ilícito e seja capaz de coibir a prática reiterada da conduta lesiva pelo seu causador" (*TJMG* – AC 1.0000.18.103768-0/001, 1-3-2019, Rel. Luiz Artur Hilário).

[7] "Apelação – Compra e venda de imóvel – Ação declaratória de inexigibilidade de débito c.c – Indenização por danos morais – Parcial procedência para reconhecer a inexigibilidade do débito – Recurso da promitente vendedora – **Pagamento a credor putativo** – Validade – Aplicação do preceptivo do artigo 309 do Código Civil – Compradores que realizaram pagamento à funcionária da ré, em seu estabelecimento comercial, nos termos que autoriza o contrato celebrado entre as partes. Ré que não se desincumbiu do ônus que lhe é imposto pelo art. 373, inciso II, do CPC, de demonstrar qualquer causa extintiva, modificativa ou impeditiva do direito do autor de receber a quitação pelo pagamento efetuado. Inexigibilidade do débito bem reconhecida. Apelo desprovido – Recurso dos promitentes compradores – Danos morais – Necessidade de comprovação de dano, ato ilícito e nexo causal. Inexistência. Ausência de malferição à honra ou à personalidade da contratante. Improcedência mantida. Apelo desprovido" (*TJSP* – AC 1000452-94.2016.8.26.0660, 1-10-2019, Rel. Rodolfo Pellizari).

"Direito processual civil – Direito Civil – Apelação – Despejo – Contrato de locação – Nulidade da sentença – Não Acolhimento – Pagamento de aluguel para pessoa diversa – Art. 308 do Código Civil – **Credor Putativo** – Ausência de requisitos – Sentença Mantida – 1 – Apelação em face da sentença proferida nos autos da ação de conhecimento, (despejo por falta de pagamento c/c cobrança de aluguéis), que julgou procedente o pedido para condenar a ré ao pagamento dos aluguéis vencidos. Na oportunidade, deixou de decretar o despejo em razão da desocupação voluntária, deferindo-se o levantamento da caução, mediante alvará. 2 – Não há se falar em ausência de fundamentação da sentença quando as questões trazidas pelas partes foram devidamente enfrentadas pelo Juízo de origem, ainda que de forma sucinta. 3 – É válido o pagamento realizado de boa-fé a terceiro, mas, para tanto, não é suficiente que o credor putativo se apresente como tal. É necessária a existência de elementos suficientes para induzir e convencer o devedor diligente de que o recebente é o verdadeiro credor, o que não restou comprovado

2. na hipótese em que o pagamento reverte em benefício do credor (art. 308), a prova será ônus do *solvens*. Por exemplo, pago à mulher do credor, provo que o pagamento reverteu em seu benefício. Tudo, aqui, também dependerá das circunstâncias. Lembre-se, porém, de que o pagamento só valerá até o montante do benefício: a dívida é de 1.000. Paguei o total à mulher do credor; aquela, no entanto, só entregou 500 a ele. Só até esse montante valerá o pagamento, doutro modo, ocorreria locupletamento indevido (cf. Diniz, 1983, v. 2:193). O mesmo se diga a respeito do pagamento feito ao inibido de receber, por incapacidade. O devedor deve provar que o pagamento reverteu em benefício do incapaz (art. 310);
3. a última situação refere-se ao credor putativo descrito no tópico anterior.

8.4.3 Pagamento Feito ao Inibido de Receber

Certas pessoas, embora figurem na posição de credoras, estão inibidas de receber, e quem paga a elas arrisca-se a pagar mal.

O já citado art. 310 refere-se ao pagamento efetuado ao incapaz de quitar.[8] Ora, a incapacidade inibe o agente para os atos da vida civil. No entanto, há uma aplicação especial dessa incapacidade quanto ao pagamento. Dispõe o artigo:

> *"não vale, porém, o pagamento cientemente feito ao credor incapaz de quitar, se o devedor não provar que em benefício dele efetivamente reverteu".*

Note que a lei usa do termo *cientemente*, isto é, são situações nas quais o *solvens* tem pleno conhecimento da incapacidade do *accipiens*. O representante legal do credor terá legitimidade para impugnar o pagamento. Cabe ao *solvens* provar que o resultado do pagamento reverteu no benefício do incapaz. Nem sempre será prova fácil. Imaginemos, por exemplo, o caso de pagamento efetuado a um pródigo. A lei também não distingue a incapacidade relativa ou absoluta. Valerá o pagamento, todavia, se o que paga não tinha conhecimento dessa incapacidade. Lembre-se do art. 180, que reforça essa ideia. É a situação do menor, relativamente incapaz, que dolosamente oculta sua condição em um negócio jurídico.

Outra situação que inibe o credor de receber é a do art. 312:

> *"se o devedor pagar ao credor, apesar de intimado da penhora feita sobre o crédito, ou da impugnação a ele oposta por terceiros, o pagamento não valerá contra estes, que poderão constranger o devedor a pagar de novo, ficando-lhe, entretanto, salvo o regresso contra o credor".*[9]

---

nos autos. 4 – De acordo com o art. 308 do Código Civil, o pagamento deve ser feito ao credor ou a quem de direito o represente, sob pena de só valer depois de por ele ratificado, ou tanto quanto reverter em seu proveito. 5 – Recurso conhecido e desprovido" (*TJDFT* – Proc. 20160510050873APC – (1019461), 29-5-2017, Rel. Sandoval Oliveira).

[8] "Arbitramento de aluguel – Arrematante de parcela de imóvel alugado – Interesse de agir – **Pagamento cientemente feito em favor de quem não era credor** – 1- Prescreve o art. 310 do Código Civil que não vale o pagamento cientemente feito ao credor incapaz de quitar se o devedor não provar que em benefício dele efetivamente reverteu, sendo que a incapacidade, nesse caso, deve ser compreendida em sentido genérico, isto é, falta de autorização ou mesmo incapacidade daquele que recebeu (arts. 3º e 4º do CC); 2- Devedor que tinha plena ciência de que deveria depositar nos autos o valor equivalente a 90% do valor do aluguel relativo ao imóvel arrematado, mas ainda assim depositou a integralidade da quantia, pretendendo se isentar, em demanda posterior, do pagamento devido em favor do outro arrematante, credor de 10% dos locativos. Recurso improvido" (*TJSP* – Ap 0004999-04.2014.8.26.0358, 18-7-2019, Relª Maria Lúcia Pizzotti).

[9] "Agravo de instrumento. Compra e venda de bem móvel. Anulação. Recurso interposto pela credora HEANLU indústria de confecções Ltda., contra a decisão proferida (fls. 411/412 e 424 dos autos originários) que, em extrema

Essa situação também é de ineficácia do pagamento e não propriamente de validade. É requisito, porém, que o *solvens* tenha tomado ciência da penhora ou da oposição de terceiro. Se pagar ao credor, assumirá o risco. Trata-se de modalidade de aplicação das garantias dos direitos de crédito. A lei equipara, para os efeitos, tanto a ciência da penhora, quanto a ciência por notificação ou interpelação feita por terceiro. Ao terceiro, nesse caso, cabe depositar em juízo, ou nos autos em que foi efetivada a penhora, ou consignar em pagamento, se tiver dúvidas quanto à validade do pagamento que efetuaria a terceiro. Na hipótese desse terceiro ter agido de forma abusiva, impedindo ou retardando o recebimento do crédito pelo credor, responderá pelo abuso ou má-fé.

Também estará inibido de receber e quitar o devedor falido, desde o momento da abertura da falência, dentro do âmbito de seus atos de comércio. Como é tradicional em nossa lei falencial, o falido fica afastado de suas funções na empresa, em prol dos credores.

8.5 OBJETO DO PAGAMENTO E SUA PROVA

O pagamento deve compreender, como objeto, aquilo que foi acordado. Nem mais, nem menos. Recebendo o credor o objeto da prestação, seu pagamento, estará a obrigação extinta. Já vimos que o credor não pode ser obrigado a receber outra coisa, ainda que mais valiosa (art. 313).[10] E ainda que a prestação seja divisível, não pode ser o credor obrigado a receber por partes ou em parcelas, se assim não foi convencionado.

---

síntese, chamando o feito à ordem, reconheceu que "há confusão de processo e de procedimentos, bem como de partes", que "a prestação jurisdicional se encerrou com o trânsito em julgado", que "não cabe ingresso de terceira interessada em feito de conhecimento transitado em julgado", que "a terceira não é a autora, tampouco credora nestes autos, sendo inadmissível que possa aqui requerer bloqueio judicial contra a ré" e, por fim, remeteu as partes às vias ordinárias. Existência de anotação de penhora no rosto dos autos em favor da agravante, com correspondente intimação das partes. Agravada AYMORÉ que, ciente da existência de penhora nos autos, optou por celebrar acordo com a autora/agravada VANILDE (devedora da penhora) e realizar o pagamento direto a ela. Devedora que pagou diretamente à credora, apesar de intimada da penhora sobre o crédito. Hipótese que não caracteriza nulidade do acordo, mas ineficácia do acordo em relação à credora da penhora. **Inteligência do artigo 312/CC.** Penhora no rosto dos autos que deve ser garantida até o limite da condenação e transferida ao Juízo que solicitou a penhora. Penhora, aliás, que deve ser satisfeita até o valor da condenação (e não o valor do acordo celebrado). Recurso provido, com observação". (*TJSP* – AI 2130802-52.2023.8.26.0000, 4-9-2023, Rel. Ana Maria Baldy).

"Ação de prestação de contas – **Penhora de crédito** – Dúvidas a respeito de quanto o terceiro pagou indevidamente, em desrespeito ao ofício judicial – Instrumento processual que se mostra adequado e necessário à parte (no caso, ao Banco BTG), que tem o direito de exigir a prestação de contas, independentemente de haver ou não relação negocial (art. 914, I, CPC de 1973). Se a ré (Petrobras), ao contestar a ação, já apresentou os documentos pretendidos pela parte autora, não há razão para se instaurar a segunda fase da ação de prestação de contas. É hipótese, portanto, de finalizar, desde logo, toda a etapa cognitiva da ação de prestação de contas, seja em homenagem à efetividade da jurisdição, seja por força do princípio da razoável duração do processo (art. 915, § 1º, CPC de 1973; art. 550, § 2º, CPC/2015). Na penhora de crédito, considera-se realizado o ato pela intimação ao terceiro devedor para que não pague ao credor (art. 671, I, CPC de 1973; art. 855, I, CPC/2015) – Na hipótese em debate, mesmo diante da dúvida a quem pagar, a ré Petrobras, em desrespeito à ordem judicial, pagou a sua dívida, ora diretamente à sua credora Câmera, ora a terceiro, cessionário da cedente Câmera (Fundo de Investimento em Direitos Creditórios Empírica Sifra Star) – Pagamentos que devem ser considerados ineficazes perante o credor exequente (Banco BTG). Se o devedor pagar ao credor, apesar de intimado da penhora feita sobre o crédito, o pagamento não valerá contra estes, que poderão constranger o devedor a pagar de novo (art. 312, Código Civil) – Na cessão de crédito, se a cedente foi intimada para não praticar ato de disposição do crédito, e desobedeceu tal ordem, tal conduta encerra ato contrário à lei, o que retira a eficácia do negócio perante o credor. Recurso do autor provido. Recurso da ré desprovido" (*TJSP* – Ap 1021329-23.2015.8.26.0100, 11-9-2019, Rel. Sebastião Flávio).

10 "Agravo de instrumento. Ação de cobrança. Despesas condominiais. Cumprimento de sentença. Penhora de imóvel. Pedido de parcelamento da dívida. Indeferimento. Manutenção. Credor que não pode ser compelido a receber prestação diversa da devida. Exegese do **art. 313 do CC.** Crédito reconhecido em título executivo judicial, sentença com trânsito em julgado. Alegação de excesso de execução, em razão da diferença entre os valores da dívida e do

O art. 916 do CPC, contudo, dispõe:

> *"No prazo para embargos, reconhecendo o crédito do exequente e comprovando o depósito de trinta por cento do valor em execução, inclusive custas e honorários de advogado, o executado poderá requerer lhe seja admitido a pagar o restante em até 6 (seis) parcelas mensais, acrescidas de correção monetária e juros de um por cento ao mês.*
>
> *§ 1º O exequente será intimado para manifestar-se sobre o preenchimento dos pressupostos do* caput, *e o juiz decidirá o requerimento em 5 (cinco) dias.*
>
> *§ 2º Enquanto não apreciado o requerimento, o executado terá de depositar as parcelas vincendas, facultado ao exequente seu levantamento.*
>
> *§ 3º Deferida a proposta, o exequente levantará a quantia depositada, e serão suspensos os atos executivos.*
>
> *§ 4º Indeferida a proposta, seguir-se-ão os atos executivos, mantido o depósito, que será convertido em penhora.*
>
> *§ 5º O não pagamento de qualquer das prestações acarretará cumulativamente:*
>
> *I – o vencimento das prestações subsequentes e o prosseguimento do processo, com imediato reinício dos atos executivos;*
>
> *II – a imposição ao executado de multa de dez por cento sobre o valor das prestações não pagas.*

---

imóvel. Inocorrência. Decisão mantida. Recurso improvido" (*TJSP* – AI 2229143-45.2025.8.26.0000, 22-8-2025, Rel. Gomes Varjão).

"Apelação. Plano de saúde. Rescisão. Sentença que, na origem, julgou procedentes os pedidos para determinar a manutenção do plano de saúde, nas mesmas condições. Acolhimento. Inequívoca inadimplência da recorrida, que pretendeu compelir a credora ao recebimento dos valores em atraso apenas na forma que se lhe era mais conveniente, rejeitando as propostas da Operadora. Nos termos do **art. 313, CC**, não se pode compelir o credor ao recebimento de pagamento de forma diversa, especialmente ante o inadimplemento da obrigação na forma do contrato. Ausência de abusividade na rescisão por inadimplência. Sentença reformada. Recurso provido" (*TJSP* – Ap 1013253-73.2023.8.26.0344, 20-8-2024, Rel. Donegá Morandini).

"Apelação – Consignação em pagamento – Recusa do credor – Incidência de juros – Honorários advocatícios excessivos – 1- O art. 313, do Código Civil, prevê que o **credor não é obrigado a receber prestação diversa da que lhe é devida**, podendo, portanto, recursar o depósito efetuado; 2- Com o inadimplemento do pagamento das quotas condominiais, por força do art. 1.336, § 1º, do Código Civil , o devedor está sujeito a pagar a dívida acrescida de juros probatórios de 1% ao mês, multa de 2% e correção monetária; 3- Cediço que os honorários advocatícios fixados em convenção condominial aplicam-se apenas à hipótese de cobrança extrajudicial, sob pena de verdadeiro *bis in idem*. Recurso provido em parte" (*TJSP* – AC 1021241-49.2018.8.26.0562, 20-8-2019, Relª Maria Lúcia Pizzotti).

"Agravo de instrumento – Recurso da parte ré – Decisão liminar para abstenção das requeridas para efetuar cobrança por descumprimento contratual. Impossibilidade. Violação a disposições constitucionais. Artigo 5º, inciso XXXV da CF. Agravo provido. 1- Agravo de instrumento. Ação declaratória. Decisão agravada que deferiu liminar para obstar a inscrição do nome do autor nos cadastros de inadimplentes e impedir a execução do crédito amparado em duas cédulas bancárias. Ação declaratória visando obrigar o credor a compensar a sua dívida com créditos decorrentes de títulos mobiliários. Art. 273 do CPC. Compensação ou dação em pagamento. **Credor que não é obrigado a receber prestação diversa da que lhe é devida**. Art. 313, CC. Ofensa ao direito constitucional de ação. Precedentes do TJPR. Recurso provido. Não é possível conceder tutela de urgência para impedir que o credor promova a inscrição do nome do devedor em cadastro restritivo de crédito e ação judicial visando a cobrança da dívida reconhecida e amparada em cédula de crédito bancário, obrigando-o a aceitar sob a forma de dação em pagamento títulos mobiliários emitidos por outra instituição financeira (*TJPR* – 17ª C.Cível – AI – 1364264-5 Barracão – Rel.: Lauri Caetano da Silva – Unânime – J. 19.08.2015). 3 – Recurso conhecido e provido" (*TJPR* – AI 1673161-4, 20-8-2018, Rel. Juiz Subst. Luciano Carrasco Falavinha Souza).

§ 6º A opção pelo parcelamento de que trata este artigo importa renúncia ao direito de opor embargos.

§ 7º O disposto neste artigo não se aplica ao cumprimento da sentença".

Esse dispositivo do CPC de 2015 esmiúça o que já possibilitava o art. 745-A do estatuto anterior, com maior rigor requisitos estritos para cumprimento pelo devedor.

Já há quem defenda que com esse texto, deixa de ser aplicado o paradigma do art. 313, permitindo-se, assim, que o valor do débito seja pago parceladamente. Não pensamos assim. O juiz "pode" deferir pedido nesse sentido, com a concordância do credor. A norma é de processo e há de se atender ao contraditório. O credor deve necessariamente se manifestar e aquiescer. O credor teria, ademais, outros meios mais eficazes de obter seu crédito, como a penhora *on-line*.

Como se nota, a novidade processual foi emitida em benefício exclusivo do devedor e, a nosso ver, não toca nos princípios basilares obrigacionais do Código Civil. Há que se dar homogeneidade e interpretação lógica, portanto, a essa antinomia entre o artigo transcrito do CPC de 2015 e arts. 313 e 314 do Código Civil. Há que se dispensar, para isso, o critério cronológico, pois esse art. 916 (antigo 745-A) é, sem dúvida, posterior ao Código Civil. A preponderância deve ser segundo o critério da especialidade, pois os arts. 313 e 314 regulam as obrigações em geral, enquanto a norma inserida no CPC é procedimental, sediada na fase de execução.[11] As normas de direito das obrigações do Código Civil devem ser entendidas como normas especiais de direito material em relação ao CPC, mero instrumento. Fora da execução e das condições do art. 916, o parcelamento não pode ser concedido, isso é isento de dúvida de qualquer modo. A questão continua em aberto, mas nossa conclusão é no sentido que, sem manifestação favorável do credor, não se aplica a faculdade do art. 916.

Só existirá solução da dívida, como regra geral, com a entrega do objeto da prestação. Se a prestação é complexa, constante de vários itens, não se cumprirá a obrigação enquanto não atendidos todos.

A nova dicção do diploma consumerista, trazida pela Lei nº 12.039, de 1º de outubro de 2009, acresce o art. 42-A a fim de determinar que constem em todos os documentos de cobrança de dívidas a serem apresentados ao consumidor, o nome, o endereço e o número de inscrição no Cadastro de Pessoas Físicas ou no Cadastro Nacional de Pessoa Jurídica do fornecedor do produto ou serviço correspondente, visando com isso maior transparência nas relações comerciais.

---

11 "Apelação cível – Condomínio – Ação de execução de título extrajudicial – Cotas condominiais inadimplidas – Embargos à execução – **Parcelamento da dívida – Impossibilidade sem anuência do credor** – Manutenção da sentença – I- O parcelamento da dívida não é cabível quando ausente anuência do credor, conforme prevê o artigo 313 do Código Civil. Precedentes desta Corte. II- Os honorários advocatícios devidos aos procuradores do embargado serão majorados, com fulcro no art. 85, § 11, do NCPC. Negaram provimento ao apelo. Unânime" (*TJRS* – AC 70080575285, 27-2-2019, Rel. Des. Dilso Domingos Pereira).

"Agravo de instrumento – Locação Comercial – Ação de cobrança – Fase de cumprimento de sentença – Proposta de parcelamento do débito rejeitada pelo exequente – Impossibilidade de impor ao credor o recebimento parcelado – Art. 314 do Código Civil – Parcelamento da dívida sem o consentimento do credor que está reservado à execução de título extrajudicial, nos termos do art. 745-A do CPC. Recurso desprovido" (*TJSP* – AI 2024816-56.2016.8.26.0000, 23-3-2016, Rel. Pedro Baccarat).

"**Alienação fiduciária.** Consignação em pagamento. Pretendido depósito do montante que o devedor entende devido. Inadmissibilidade. Não há mora do credor que se recusa a receber prestação diversa da contratada. Ausência de abusividade no contrato. Recurso desprovido" (*TJSP* – Ap 0025481-91.2012.8.26.0309, 20-8-2015, Rel. Pedro Baccarat).

As perdas e os danos, no caso de inadimplemento, são substituição de pagamento, e não pagamento. Também não são pagamento os outros meios válidos de extinguir a obrigação, como a transação, dação, sub-rogação etc.

Nessa questão deve ser lembrado o que foi dito acerca das obrigações de dar coisa certa e de dar coisa incerta. Nas obrigações de dar coisa certa, uma vez deteriorada ou perdida a coisa, as regras são aquelas dos já estudados arts. 235 e 236, distinguindo-se se houve ou não culpa do devedor. Nas obrigações genéricas, reportemo-nos ao art. 246, antes da escolha, e ao art. 245, para as situações de perda após a escolha.

O art. 947 do Código de 1916 reportava-se do pagamento em dinheiro. Vimos que atualmente tal pagamento, como regra geral, só pode ser feito em moeda corrente no país, proibida a moeda estrangeira. A Lei nº 10.192/2001, na mesma senda da legislação anterior, estabeleceu expressamente no art. 1º que todas as estipulações pecuniárias devem ser em Real, moeda corrente no País. Os negócios em moeda estrangeira somente são permitidos, por exceção, nos contratos de importação e exportação; nos contratos de compra e venda de câmbio e nos contratos celebrados com pessoa residente e domiciliada no exterior. O art. 318 do Código expressa-se no mesmo sentido, proibindo as convenções de pagamento em ouro ou em moeda estrangeira, excetuados os casos da legislação especial, ora mencionada.

É importante lembrar também do citado art. 317, que, como acentuado, permite que o juiz corrija o valor do pagamento, a pedido da parte, quando ocorrerem fatos imprevisíveis que proporcionem defasagem manifesta entre o valor original da prestação devida e o valor do momento da execução da prestação. Cuida-se de aplicação específica da *teoria da imprevisão*, matéria estudada no volume 3, e que traz exceção ao tema quanto ao objeto do pagamento.

Nas obrigações de fazer o pagamento se dá pela atividade exatamente contratada. Assim também na obrigação de não fazer. A abstenção é a do fato prometido. Vimos, no entanto, que na obrigação de fazer pode o credor ser satisfeito pela atividade de terceiro, quando o caráter da obrigação assim o permitir, de acordo com o art. 249 havendo recusa ou mora do devedor, à custa deste. Ou pode o credor optar diretamente pelo pedido de indenização.

Nos capítulos anteriores, vimos que a obrigação pode ter mais de um objeto, como é o caso das obrigações alternativas e facultativas.

Os pagamentos contratados em medida ou peso devem obedecer aos costumes do lugar. Os termos *arrobas*, *braças*, *alqueires* podem variar de acordo com as regiões em que as obrigações houverem de ser cumpridas (art. 326).

O art. 948 do Código de 1916 estatuía que *"nas indenizações por fato ilícito prevalecerá o valor mais favorável ao lesado"*. Como já mencionamos no capítulo anterior, tratava-se de disposição que buscava dar a indenização mais completa possível no caso de culpa. Incluía-se a noção da correção monetária, hoje generalizada em sua aplicação. No entanto, suponhamos o exemplo de um furto de ações com cotação em bolsa. Quando a vítima vem a recuperar o direito às ações, deve ser indenizada pelo valor mais alto da cotação, no período em que se viu privada de alienar os valores mobiliários.

É oportuno lembrar que o corrente Código procurou atualizar o conceito de pagamento em dinheiro. Assim, no art. 315, estatui que as dívidas em dinheiro deverão ser pagas no vencimento em moeda corrente e pelo valor nominal, como regra geral. Afastam-se, em princípio, as modalidades de cláusula móvel e correção monetária, que eram expressamente admitidas na redação anterior. Por outro lado, nesse mesmo capítulo, como já mencionamos, a lei mais recente admite a intervenção judicial com correção do valor no pagamento do preço, quando, *"por motivos imprevisíveis, sobrevier desproporção manifesta entre o valor da prestação devida e o do momento de sua execução"* (art. 317).[12] Nessa situação, como exposto, poderá o juiz corrigir o preço a pedido da parte interessada para assegurar, *"quanto possível"*, o valor real da prestação. É difícil prever o alcance dessa norma, que sempre balouçará aos ventos da economia. De qualquer forma, atribui-se ao Judiciário, de forma expressa, o poder de revisão dos preços, dentro da teoria da imprevisão ou excessiva onerosidade. Não há que se falar, contudo, nesta e em outras disposições do mesmo alcance, em discricionariedade exclusiva do Judiciário, pois os advogados e a sociedade desempenham papel importante nessas chamadas cláusulas abertas do atual código.

O citado art. 318 do presente estatuto civil estipula que serão nulas as convenções de pagamento em ouro ou em moeda estrangeira, bem como de eventual diferença cambial, salvo as exceções da legislação.[13] A proibição da chamada cláusula-ouro vem de longa data em nossa legislação.

---

12 "Compromisso de compra e venda. Ação revisional, cumulada com repetição do indébito e indenização moral. Sentença de improcedência. Apelo da autora. Parcial provimento. Ré que não é instituição financeira, estando sujeita à Lei de Usura. Caso concreto, porém, em que não foram combinados juros remuneratórios superiores aos permitidos pela referida lei, senão juros de 1% ao mês somados com a atualização monetária. Ausência de excesso ou abusividade. Capitalização mensal de juros não evidenciada. Tabela Price. Inexistência de capitalização mensal. Reajuste das parcelas do preço pelo IGP-M da FGV. Pretendida substituição pelo IPCA. Variação desproporcional em relação aos demais índices de correção monetária. Artigo 317 do Código Civil. **Teoria da imprevisão**. Incidência. Possibilidade de revisão dos contratos. Desequilíbrio contratual configurado. Recurso ao qual se dá parcial provimento apenas para modificar o índice de reajuste, determinando o recálculo das prestações desde o início da relação jurídica, levando em conta os pagamentos realizados" (*TJSP* – Ap 1008535-71.2022.8.26.0084, 16-7-2025, Rel. Mário Daccache).

"Compra e venda de bem móvel (veículo) – Rescisão de contrato com pedidos indenizatórios – Procedência da ação – Inconformismo do réu – Alegação de que seria aplicável à hipótese a **teoria da imprevisão** (art. 317 do Código Civil) – Inadmissibilidade – Infortúnios relatados pelo recorrente (problemas de saúde e dificuldade financeira) que não causaram alteração na base econômica do contrato, mas sim nas condições pessoais do devedor – Sentença mantida – Recurso não provido" (*TJSP* – Ap 1013629-19.2021.8.26.0477, 30-4-2024, Rel. Mário Daccache).

"Ação de obrigação de fazer – Contrato bancário de financiamento de veículo – Pedido fundamentado na paralisação da atividade econômica em decorrência da pandemia do vírus corona (Covid-19) – Aplicação da **Teoria da Imprevisão** – Incidência do art. 317 do CC – Suspensão do pagamento das parcelas contratuais mantida – Recurso não provido" (*TJSP* – Ap 1003745-73.2021.8.26.0506, 2-8-2022, Rel. Miguel Petroni Neto).

"Ação revisional de contrato bancário – **Teoria da imprevisão** – Cláusula 'rebus sic stantibus' – Fato previsível – Inaplicabilidade – Pedido improcedente – Sentença mantida. A revisão contratual por onerosidade excessiva – Teoria da imprevisão – Pressupõe alteração desproporcional nas obrigações assumidas em razão de fato superveniente e imprevisível ocorrido após o ajuste inicial de vontades. A oscilação do preço do óleo diesel é fato previsível e ordinário, inerente ao próprio contrato de transporte (frete), incluído nos riscos próprios da contratação" (*TJMG* – AC 1.0024.13.167746-0/004, 2-4-2019, Rel. Pedro Bernardes).

"Compra e venda de safra de cana-de-açúcar e parceria agrícola – Ação revisional de contratos – Julgamento antecipado da lide – Cerceamento de defesa – Inocorrência – Alegação de forte estiagem que assolou o estado de São Paulo causando prejuízo à produção sucroalcooleira. **Aplicação da teoria da imprevisão**. Impossibilidade. Acontecimento imprevisível ou extraordinário não caracterizado. Sentença mantida. Recurso desprovido" (*TJSP* – Ap 1007094-63.2014.8.26.0269, 27-8-2018, Rel. Gilberto Leme).

13 "Revisão – **Contrato de empréstimo em moeda estrangeira** – Ajuste que não feriu as disposições do Decreto-Lei 857/69 – Operação que está inserida em uma das exceções previstas nos incisos do art. 2º do citado Decreto-lei, mais precisamente, no inciso. IV- Caso em que, conquanto tivesse sido pactuado que o pagamento em dólares norte-americanos seria realizado mediante crédito na conta corrente do banco estrangeiro, a efetivação desse pagamento pela autora dar-se-ia em moeda nacional – Ausência de determinação no Decreto-lei 857/69 para que a conversão seja realizada na data da celebração do contrato – Utilização do câmbio da data do pagamento que se faz necessária, porquanto o pagamento do empréstimo tem de ser efetuado em moeda estrangeira na conta-corrente de titularidade do banco estrangeiro. Revisão – Contrato de empréstimo em moeda estrangeira – Inviável a aplicação da teoria da imprevisão ao caso em tela – Risco que é inerente à espécie de contrato entabulado – Instabilidade da economia brasileira que não pode ser considerada evento imprevisto – Hipótese em que essa modalidade de contrato traz risco para ambas as partes – Caso em que, do mesmo modo que a moeda norte-americana valorizou-se, ela poderia ter desvalorizado, arcando com o prejuízo, nesse caso, o banco réu

Discutível, porém, a conveniência da presença dessa norma de natureza econômica em um Código Civil, pois todas as exceções a essa regra, e não são poucas, pertencem à legislação especial de natureza financeira.

Sobre esse tema, acrescente-se ainda que o art. 316 permitiu que *"é lícito convencionar o aumento progressivo de prestações sucessivas"*, algo que diz respeito a índices de correção monetária, portanto cláusula móvel das prestações, além de abrir válvula à inclusão de juros compostos nas prestações, algo que, sem dúvida, converte-se em terreno pedregoso para os interessados e dependerá dos ventos da jurisprudência. Há, portanto, todo um embasamento peculiar no pagamento quando este é estabelecido em dinheiro. Tudo se deve, sem dúvida, às experiências inflacionárias que tivemos em passado não muito distante.

8.5.1 Prova do Pagamento

Prova é a demonstração material, palpável de um fato, ato ou negócio jurídico. É manifestação externa de um acontecimento. É uma evidência, como fala o Direito anglo-saxão.

Quem paga tem direito a se munir de prova desse pagamento, da *quitação*.

> *"O devedor, que paga, tem direito a quitação regular, e pode reter o pagamento, enquanto lhe não for dada"* (art. 319). *"A quitação, que sempre poderá ser dada por instrumento particular, designará o valor e a espécie da dívida quitada, o nome do devedor, ou quem*

– Cláusula sexta do contrato em questão que não padece de nulidade – Sentença reformada – Ação revisional improcedente – Apelo do banco réu provido" (*TJSP* – Ap 1015885-68.2016.8.26.0554, 22-1-2019, Rel. José Marcos Marrone).

"**Compra e venda de imóvel com dispositivos sobre preço e pagamento em moeda estrangeira** – Entraves na liberação das libras enviadas pelo comprador, o que fez com que o vendedor percorresse um longo e demorado trajeto em busca da liberação do dinheiro (o que ocorreu mais de um ano depois do negócio concluído), enquanto o comprador obteve, de imediato, a posse e o domínio. O contrato previa prestação de contas em 15 dias para aferir a adequação do dinheiro enviado pelo Banco do Brasil. O comprador não exerceu esse direito em quinze dias e não está mais autorizado a fazê-lo. Diferença entre definição de preço e pagamento, porque quando do pagamento, que se deu em fase subsequente, não existia cláusula permitindo prestação de contas. Necessidade de controle sobre riscos de circunstâncias perturbadoras da funcionalidade do contrato. Contexto que permite concluir que não há mais nada a discutir sobre preço e pagamento, inclusive prestação de contas. Rejeição da providência que deve prevalecer. Não provimento" (*TJSP* – Ap 1014123-89.2014.8.26.0100, 7-5-2015, Rel. Enio Zuliani).

"Ação Declaratória – Instrumentos de confissão de dívidas constituídos em valor equivalente a peso de ouro _ Impossibilidade – **São nulas as convenções de pagamento em ouro ou moeda estrangeira,** salvo os contratos internacionais (art. 318 do CC) – Sentença mantida – Recurso do corréu não provido. Ação Declaratória – Nota Promissória – Havendo verossimilhança na alegação de que a origem do título de crédito executado é a cobrança de juros acima do patamar legal, decorrente de agiotagem, compete ao credor o ônus de demonstrar a origem lícita de seu crédito (art. 3º, MP 2.172-32) – Ônus da prova invertido em Primeiro Grau nos termos da r. decisão de fls. 107, que restou irrecorrida – Não indicando, o credor, a causa de emissão do título, deixando de comprovar a licitude de sua origem, por ser de rigor, declara-se inexigível a nota promissória juntada às fls. 10 dos autos da execução em apenso – Sentença reformada – Recurso da autora provido para tal fim. Recurso da autora provido. Recurso do corréu não provido" (*TJSP* – Ap 0031192-52.2012.8.26.0576, 24-6-2015, Rel. Roberto Mac Cracken).

"Ação de cobrança – Contrato de transporte marítimo – Sobre-estadia de contêineres – Natureza jurídica de indenização pré-fixada e não de cláusula penal – Previsão expressa dos valores exigidos na hipótese de entrega tardia dos 'cofres' – Comprovação da devolução extemporânea – Ausência de prova de fato impeditivo, modificativo ou extintivo do direito da autora (CPC, art. 333, II) – Pagamento de sobre-estadias devidos – Conversão da moeda estrangeira ao tempo do efetivo pagamento – Sentença reformada – Apelação provida" (*TJSP* – Ap 0027152-69.2012.8.26.0562, 26-2-2016, Rel. Maurício Pessoa).

"Ação de cobrança. Sobre-estadia de *container*. Sentença de procedência. Obrigação constituída em moeda estrangeira. R. sentença que condenou a ré ao pagamento do devido em moeda local. Conversão em moeda a ser feita na data do efetivo pagamento. Precedente desta mesma C. 15ª Câmara de Direito Privado. Precedentes do STJ. Alteração, de ofício, do termo inicial da correção monetária. Verba honorária mantida. Recurso parcialmente provido, com determinação" (*TJSP* – Ap 0041774-56.2012.8.26.0562, 20-8-2015, Rel. Achile Alesina).

por este pagou, o tempo e o lugar do pagamento, com a assinatura do credor, ou do seu representante" (art. 320).

Aí estão os requisitos do recibo, instrumento da quitação. Trata-se de prova cabal de pagamento, ainda porque em juízo a prova exclusivamente testemunhal para provar o pagamento será tida como subsidiária ou complementar (parágrafo único do revogado art. 227 do Código Civil). O art. 444 do estatuto processual admite prova testemunhal, quando houver começo de prova por escrito, em documento emanado da parte contra quem se quer fazer valer o documento e nos casos em que o credor, moral ou materialmente, não tinha condições de obter a quitação.

Recibo é o documento idôneo para comprovar o pagamento das obrigações de dar e fazer. Nas obrigações de não fazer, o ônus da prova é do credor, que deve evidenciar se foi praticado o ato ou os atos.

A quitação, contendo os requisitos do art. 320, não necessita ter a mesma forma do contrato. Um escrito particular pode, por exemplo, valer como quitação para uma obrigação contraída por instrumento público. O art. 1.093 do Código de 1916, ao tratar do distrato, dizia que a quitação vale, qualquer que seja sua forma.[14] Nesse diapasão, o atual Código acrescentou no art. 320 que a quitação pode ser dada sempre por instrumento particular. Nada impede, porém, que seja dada por instrumento público e, se fornecida por instrumento particular, não

---

14 "Apelação. Contrato de prestação de serviços de marketing. Ação de cobrança julgada improcedente. Recurso do autor. Obrigação entre as partes pactuada em parte verbalmente, mas também por escrito e incontroversa, logo após o autor se desligar da condição de empregado e passar a prestar serviços como autônomo, em meio período de trabalho. Edição de vídeos publicitários para publicação no Youtube contratados à parte, inclusive porque não eram feitos pelo autor enquanto empregado. Depoimento do autor convicto e verossimilhante. Depoimento pessoal do representante legal da ré evasivo e claudicante, em parte reconhecendo que o serviço de edição era terceirizado. Planilhas juntadas com a inicial não impugnadas. Eventual **pagamento que se comprova mediante exibição da quitação por escrito**, nos termos do art. 319 e 320 do CC, ônus do qual as rés não se desincumbiram (art. 374, II, CPC). Inexistência de recibos por escrito ou de comprovantes de depósitos bancários. Defesa genérica, que não impugnou a contento os fatos e documentos. Necessidade de observação do que ordinariamente ocorre. Art. 375 do CPC, em harmonia com o conjunto probatório. Sentença reformada. Ação de cobrança julgada procedente. Recurso provido" (*TJSP* – Ap 1005116-37.2023.8.26.0010, 31-3-2025, Rel. Carlos Eduardo Borges Fantacini).

"Locação de imóvel – Ação de despejo por falta de pagamento – Cerceamento de defesa – Inocorrência – Desnecessidade de produção de prova oral – Pagamento dos aluguéis – **Comprovação por meio de recibo ou documento equivalente** – Ausência – Aplicação do art. 320 do CC – Recurso desprovido" (*TJSP* – AC 1001038-73.2018.8.26.0010, 16-5-2019, Rel. Gilberto Leme).

"Locação de imóvel comercial – Ação de despejo c.c. cobrança – **A prova do pagamento é a quitação, que se dá por meio de recibo** – Dicção do art. 320 do Código Civil – Ausência que implica em obrigação de pagamento – Responsabilidade da locatária que persiste até a efetiva devolução das chaves. Recurso desprovido" (*TJSP* – Ap 1008721-30.2014.8.26.0002, 24-4-2018, Rel. Dimas Rubens Fonseca).

"Ação de cobrança – Contrato de empreitada – Alegação de inadimplência do contratante – Ausência de comprovação de pagamento da dívida – **Recibos que não atenderam os requisitos do artigo 320 do Código Civil** – Inexistência de outros elementos que demonstrem o cumprimento da obrigação – Recurso Provido – Pagamento se demonstra através de quitação regular, mediante recibo que atenda aos requisitos do artigo 320 do Código Civil, como prova inconteste da sua satisfação para que mais tarde não venha a ser contestada a sua existência e tenha de pagar novamente" (*TJSP* – Ap 1005620-38.2015.8.26.0361, 27-4-2017, Rel. Renato Sartorelli).

"Agravo. Alienação fiduciária. Ação de busca e apreensão. Interposição da decisão que restabeleceu a liminar. Alegação de quitação integral do contrato não comprovada. Decisão mantida. Recurso improvido. O agravante não instruiu o recurso com prova dos pagamentos alegados e respectiva quitação dos contratos de financiamento, observando-se que a planilha e recibos fornecidos pela associação à qual pertence não se prestam a tal finalidade. Ademais, mostra-se inócua discussão sobre eventual baixa (ou inexistência) do gravame no registro dos veículos, tendo em vista que tal circunstância, por si só, não vale como prova da quitação integral dos contratos, especialmente porque esta deve observar os requisitos previstos no art. 320 do CC, ao qual não se amolda a hipótese aqui tratada. Nesse contexto, não se vislumbram elementos suficientes para autorizar a suspensão do cumprimento da liminar deferida" (*TJSP* – AI 2133872-58.2015.8.26.0000, 5-8-2015, Rel. Adilson de Araujo).

exigirá palavras sacramentais, basta que se refira claramente ao pagamento da obrigação, o qual, aliás, pode ser parcial. Se ressalva alguma for feita no instrumento, entende-se que a quitação se refere a todo débito. Nesse diapasão, o parágrafo único do atual art. 320 acrescenta:

> *"Ainda sem os requisitos estabelecidos neste artigo, valerá a quitação, se de seus termos ou circunstâncias resultar haver sido paga a dívida".*

O termo *quitação* vem do latim *quietare*, que significa acalmar, aquietar. É uma forma de deixar tranquilo o devedor. É um direito dele. É dever do credor dar a quitação, uma vez recebido o pagamento. A Lei do Inquilinato, Lei nº 8.245/91, erige como crime (art. 44, I) a recusa do fornecimento de recibo de aluguel nas habitações coletivas multifamiliares.

Dispõe o art. 319 do atual Código, repetindo a dicção do velho art. 939, que *"o devedor que paga tem direito a quitação regular, e pode reter o pagamento, enquanto não lhe seja dada"*. Esse direito de negar o pagamento, como se vê, é aplicação específica da *exceptio non adimpleti contractus.*

Se o credor se recusar a conceder a quitação ou não a der na devida forma, pode o devedor acioná-lo, e a sentença substituirá a regular quitação (art. 941). Trata-se de ação para obrigar o réu a uma manifestação de vontade. A sentença substituirá essa vontade renitente.

Há débitos literais, isto é, representados por um título. Em tais casos, diz o art. 321:

> *"nos débitos, cuja quitação consista na devolução do título, perdido este, poderá o devedor exigir, retendo o pagamento, declaração do credor, que inutilize o título desaparecido".*

A posse do título pelo credor é presunção de que o título não foi pago. Daí a necessidade da declaração.[15]

---

[15] "Preliminares – Cerceamento de defesa – Inocorrência – Arts. 139, inciso II, e 370, parágrafo único, do CPC – Nulidade da r. sentença por ausência de fundamentação – Descabimento – Preliminares rejeitadas. Ação monitória – Cheques prescritos – Exigência apenas de apresentação do documento ao qual se deseja conferir a executividade – Existência de prova quanto a fato constitutivo do direito da autora, capaz de operar a exigibilidade do título – Inteligência do art. 373, inciso I, do Código de Processo Civil – Posse do título, pela credora, gera a presunção de que não foram pagos pelos devedores – **Quitação do débito não comprovada pelos réus** – Arts. 319 e 321 do Código Civil – Sentença mantida – Majoração da verba honorária de sucumbência, com fundamento no art. 85, § 11, do CPC – Recurso improvido" (*TJSP* – Ap 1009850-62.2022.8.26.0011, 27-3-2024, Relª Lígia Araújo Bisogni).

"Obrigação de fazer – Compromisso de compra e venda – Quitação do financiamento – Notificação extrajudicial da ré, objetivando a entrega do **Termo de Quitação**, para dar baixa na hipoteca. Diferença entre ação de exibição de contrato e de obrigação de fazer. Na hipótese trata-se de ação de obrigação de fazer, pela qual se objetiva seja a ré compelida a apresentar o termo de quitação de financiamento. Recusa injustificada. Obrigação de fazer, sob pena de multa diária de R$ 1.000,00. Razoabilidade e proporcionalidade. Sentença mantida. Apelo desprovido" (*TJSP* – AC 1000167-69.2019.8.26.0572, 26-7-2019, Rel. Ramon Mateo Júnior).

"Indenizatória e declaratória – Contrato de financiamento de veículo – Quitação – Recusa do banco em emitir o **termo de quitação** – Notificação dirigida ao autor para quitar a última parcela do bem, sob pena de negativação e de busca e apreensão. Tutela de urgência antecipada concedida. Probabilidade de existência do direito e possibilidade de se causar dano irreparável ou de difícil reparação ao agravado. Aplicação do disposto no artigo 300, *caput*, do CPC. Decisão mantida. Recurso improvido. Obrigação de fazer. Multa diária. Pretensão ao afastamento. Penalidade prevista para a eventualidade de desobediência ao comando judicial contido na decisão fustigada. Inteligência do artigo 461, *caput* e parágrafo 4º, do CPC. Recurso improvido. Multa. Inconformismo com o valor unitário de R$ 100,00, limitado a R$ 10.000,00. Manutenção. Valor reputado razoável, considerada sua finalidade. Recurso improvido" (*TJSP* – AI 2238249-12.2017.8.26.0000, 15-3-2018, Rel. Sérgio Rui).

"Alienação fiduciária – '**Termo de quitação**' – Recusa do oficial de registro em proceder ao cancelamento do gravame sem referido documento se configura legítima. Exigência legal, que suplanta a presunção de pagamento contida nos arts. 322 e 324 do CC. Ademais, não demonstrada a impossibilidade absoluta de obtenção do referido termo. Recurso desprovido" (*TJSP* – Ap 1001152-98.2015.8.26.0565, 23-8-2017, Rel. Paulo Alcides).

A partir do art. 322, o Código passa a tratar de presunções de pagamento.

São presunções relativas, as quais, portanto, admitem prova em contrário. Esse artigo diz que:

> *"quando o pagamento for em quotas periódicas, a quitação da última estabelece, até prova em contrário, a presunção de estarem solvidas as anteriores".*[16]

O mais lógico é entender que o credor não receberia a última prestação, se a anterior não tivesse sido paga. Admite-se, no entanto, prova em contrário. Daí é costume, por exemplo, nas contas de fornecimento de energia elétrica ou de outros serviços essenciais ou semelhantes, periódicos, inserir a declaração de que a quitação da última conta não faz presumir a quitação de débitos anteriores. Não cabe, contudo, ao credor, segundo alguns, em se tratando de prestações sucessivas recusar-se ao recebimento da última, se não recebeu alguma anterior: deve receber com ressalva, a fim de evitar a presunção legal (cf. Lopes, 1966, v. 2:206). É defensável também a posição de que o credor pode opor-se ao recebimento nessa situação, tendo em vista que o devedor já está em mora.

O art. 323 presume que na quitação dada ao capital, sem reservas de juros, estes se presumem pagos.[17] Esse artigo deve ser examinado em consonância com o art. 354 da imputação do pagamento, o que será tratado a seguir.

---

16 "Embargos de Declaração. Gestão de negócios. Ação de rescisão contratual c.c. restituição de valores e indenização por danos morais. Omissões verificadas no acórdão que julgou a apelação. O conjunto probatório demonstrou que o requerido recebeu as duas parcelas contratuais devidas pelo autor. Além de ambos os pagamentos terem sido efetuados por meio de cheques da mesma empresa, da qual a mãe do autor é sócia, a quitação da segunda - e última - parcela gera a presunção de estar solvida a anterior, por força do **art. 322 do CC**. Inexistência de prova em contrário. Réu que não formalizou no prazo pactuado todos os contratos definitivos necessários para regular a operação avençada entre as partes. E, ante a ausência de impugnação específica na contestação, é incontroverso que ele não repassou ao autor os lucros prometidos no contrato. Obrigação positiva, líquida e com termo certo de vencimento. A citação válida supriu a ausência de notificação extrajudicial. Art. 397 do CC. Devidamente citado, o réu não comprovou o cumprimento da obrigação de fazer pactuada, deixando de providenciar a regularização dos contratos definitivos. Sanadas as omissões, dá-se provimento parcial ao apelo do autor, para: a) declarar a rescisão do contrato firmado entre as partes; b) condenar o réu a devolver ao autor o valor de R$ 300.000,00, atualizado pelo INPC desde o desembolso, e acrescido de juros de mora pela Taxa Selic a partir da citação, descontada a variação do INPC no período e desconsiderados eventuais juros mensais negativos; e c) condenar o réu a pagar ao autor a multa contratual de 10% sobre o valor atualizado do investimento a ser devolvido. Embargos acolhidos com efeitos infringentes" (*TJSP* – ED 1033398-72.2024.8.26.0100, 19-8-2025, Rel. Morais Pucci).

"Apelação – Ação monitória – Fase de cumprimento de sentença – Extinção – **Presunção de quitação da obrigação** – Descabimento – Ausência de manifestação da apelante quanto ao seu interesse em assumir o encargo de depositária do bem localizado pelo sistema Renajud – Decisão que não pode subsistir – Ato do qual não constou expressamente a grave consequência jurídica de que o silêncio da apelante configuraria no reconhecimento de quitação da obrigação – Recurso provido para o fim de ser afastada a extinção do processo, com o prosseguimento da ação" (*TJSP* – AC 0019038-62.2017.8.26.0564, 18-6-2019, Rel. Castro Figliolia).

"Cobrança – Acordo – Homologação – Extinção da lide com fundamento no artigo 924, inciso II, do CPC – Afastamento – **Presunção de Quitação** – Impossibilidade – Necessidade de intimação pessoal do credor para se manifestar sobre o adimplemento da obrigação. Sentença cassada. Recurso provido" (*TJSP* – Ap 0002630-60.2008.8.26.0483, 2-7-2018, Rel. Sérgio Rui).

17 "Civil – Processual civil – Apelação – Monitória – Título de crédito em poder do credor – Comprovação do débito – Art. 322 do Código Civil – **Presunção de pagamento** – Afastada – 1- A presunção de pagamento das prestações anteriores, conforme previsto no art. 322 do CC, é relativa, podendo ser afastada pela comprovação do débito. 2- O credor, nos termos do art. 373, I, do CPC, fez prova do fato constitutivo do seu direito, pois apresentou para cobrança os títulos originários do crédito perseguido. 3- Como a posse do título de crédito faz presumir sua quitação pelo devedor (art. 324 do CC), sua detenção pelo credor firma a presunção de não pagamento. 4- Nos termos do inciso II do art. 373 do CPC, é ônus do devedor provar a quitação da última quota/prestação para ver incidir a presunção de pagamento das anteriores. Precedentes. 5- Não havendo a prova da quitação da última parcela, não há como

Quando o título representa a obrigação, *"a entrega do título ao devedor firma a presunção do pagamento"* (art. 324). A presunção é relativa porque o título pode ter sido obtido com violência; a remessa do título pode ter sido efetuada por engano, por exemplo.[18]

O parágrafo único do art. 324 do vigente Código, repetindo a mesma regra anterior, reza que essa quitação ficará sem efeito se o credor provar, em 60 dias, a falta do pagamento. Como se nota, esse prazo é decadencial. O mais recente Código suprimiu regra que constava do dispositivo e vedava essa prova se a quitação fora dada por escritura pública.

Qualquer que seja o meio, o instrumento de quitação, nesse prazo decadencial, pode o credor provar a falta de pagamento.

As despesas com o pagamento e a quitação correm por conta do devedor, salvo estipulação em contrário (art. 325). *"Se, porém, o credor mudar de domicílio ou morrer, deixando herdeiros em lugares diferentes, correrá por conta do credor a despesa acrescida."* O atual Código

---

prevalecer a presunção de pagamento das anteriores, razão pela qual a apelante deverá arcar com a dívida cobrada. 6- Apelação desprovida" (*TJDFT* – Proc. 07106123120178070020 (1176888), 12-6-2019, Rel. Alfeu Machado).

"Apelação – Ação de execução de título executivo extrajudicial – Exceção de pré-executividade – Instrumento de distrato – Valores reconhecidos no pacto – Emissão de notas promissórias – Sentença de procedência – Recurso – Notas promissórias em poder do devedor – **Presunção do pagamento** – Artigo 324 do Código Civil – Quitação reconhecida – Posse Duvidosa – Ônus da prova – Artigo 373 inciso II do CPC – Sentença mantida – Recurso desprovido, majorada a verba honorária" (*TJSP* – Ap 1002270-92.2015.8.26.0506, 20-8-2018, Rel. Carlos Abrão).

18 "Ação de cobrança – empreitada – Autor que foi contratado pela ré para construção de um imóvel residencial – Alegação de inadimplemento de parte do preço ajustado – Pedido de recebimento da remuneração prevista em contrato (R$ 28.000,00) e de aplicação da cláusula penal de 50% do valor da prestação pecuniária – Sentença de parcial procedência, reconhecendo a pretensão de cobrança de R$ 10.000,00 e indeferindo o pedido de aplicação de multa contratual – Recurso de ambas as partes – Comprovação de inadimplemento das parcelas do preço desde dezembro de 2014, por meio de protesto extrajudicial no Tabelionato de Protestos – Prova oral que atesta a entrega da edificação até o estágio em que ocorreu a suspensão do pagamento pela dona da obra – Configuração da exceção do contrato não cumprido pelo empreiteiro, a tornar lícita a recusa em finalizar a construção diante da ausência da contraprestação pecuniária – Alegação da ré de defeitos na construção durante a execução contratual que não encontra respaldo na prova dos autos – Instrumento de distrato unilateralmente produzido, sem assinatura ou ciência do autor, que não comprova o estado da obra – Cabimento da pretensão autoral à cobrança do preço faltante – Pagamento de R$ 25.000,00 do preço acordado evidenciado pela devolução dos títulos de crédito por parte do empreiteiro, a fazer incidir a presunção do art. 324 do Código Civil, ressaltando-se que não houve irresignação recursal nesse ponto – Aplicação da cláusula penal sobre os R$ 10.000,00 faltantes, como consequência do descumprimento imputável à ré – Sentença reformada para reconhecer a exigibilidade da pena contratual – Honorários recursais devidos pela ré – recurso da ré desprovido e recurso do autor parcialmente provido" (*TJSP* – Ap 1058284-28.2017.8.26.0506, 31-8-2022, Rel. Angela Lopes).

"Ação de cobrança – Pagamento garantido por nota promissória – **Resgate do título pelo devedor** – Quitação comprovada – Constitui prova robusta da quitação da dívida o fato de possuir o apelado a nota promissória emitida para garantir o pagamento ajustado, considerando-se que referidas cártulas, por natureza, permanecem na posse do credor até a liquidação do crédito nela representado e, apenas após tal liquidação, são devolvidas ao devedor" (*TJMG* – AC 1.0657.15.002201-7/001, 10-4-2019, Rel. Maurílio Gabriel).

"Apelação cível – Ação de execução de alimentos – Validade da intimação encaminhada ao endereço declinado na exordial (art. 238, § único CPC/73) – Extinção da execução em razão da satisfação da obrigação – Impossibilidade de presunção – Recurso conhecido e provido – Apesar de válido o ato processual que ensejou na intimação da parte (art. 283, § único do CPC/73), o silêncio em si não pode ser admitido como quitação do débito, apto a extinguir a execução (art. 794, I, do CPC/73). É que a presunção nesse caso somente é possível quando verificada uma das circunstâncias previstas nos arts. 322 (pagamento de cotas periódicas), 323 (quitação do capital sem reserva dos juros) e 324 (**entrega do título ao devedor**), todos do Código Civil. Precedente do STJ" (*TJMS* – Ap 0001196-68.2011.8.12.0047, 16-5-2017, Rel. Des. Sideni Soncini Pimentel).

"Ação declaratória de inexistência de título cumulada com cancelamento de protesto e indenização por danos morais. Alegação de pagamento. A **posse do título** (nota promissória) firma presunção de pagamento. Presunção *juris tantum*. Art. 324 do Código Civil. Prova no sentido de que o credor não recebeu de volta os títulos assinados, nem o valor da mercadoria vendida. Pagamento que se prova por regular quitação. Art. 319 do Código Civil. Prova do pagamento não produzida. Prejuízo moral que não restou demonstrado. Mero aborrecimento. Dano moral não configurado. Ação julgada parcialmente procedente. Sentença mantida. Recurso improvido" (*TJSP* – Ap 0000857-21.2009.8.26.0264, 28-5-2015, Rel. Coutinho de Arruda).

moderniza esta regra, estabelecendo uma forma geral mais justa: "*Se ocorrer aumento por fato do credor, suportará este a despesa acrescida*". Portanto, qualquer fato imputável ao credor que gere acréscimo de despesas deverá ser a ele imputado. A regra geral, agora desprendida dos fatos típicos narrados no dispositivo anterior, é que não é justo que o devedor arque com despesas por fatos supervenientes para os quais não concorreu.

O art. 326 do Código repete regra anterior: "*Se o pagamento se houver de fazer por medida, ou peso, entender-se-á, no silêncio das partes, que aceitaram os do lugar da execução*". Assim, se as partes pactuaram o pagamento de terra em alqueires em Goiás, entende-se que a medida é a daquela região, se não houver ressalva expressa.

8.6 LUGAR DO PAGAMENTO. DÍVIDAS *QUÉRABLES* E *PORTABLES*

No silêncio da avença, o pagamento será efetuado no domicílio do devedor. É a regra geral do art. 327. Em geral, portanto, a dívida é *quérable*. Cabe ao credor procurar o devedor para a cobrança.[19]

---

[19] "Execução por título extrajudicial – Confissão de dívida – Assinatura de testemunhas instrumentárias posteriormente – **Obrigação quesível** (*querable*) ou portável (*portable*) – Mora – Inovação – Excesso – Prova – 1- Consta do acordo que não eram necessárias assinaturas de testemunhas. Isso não significa que a credora tenha renunciado à assinatura de testemunhas no documento, mas somente que o acordo seria válido, mesmo sem essa firma. 2- Não é obrigatório que as testemunhas instrumentárias assinem o documento no mesmo momento em que o faz o devedor. É possível formação do título executivo, mesmo que as assinaturas das testemunhas seja posterior. 3- É irrelevante se a obrigação é quesível ou portável para o deslinde deste feito. O fato de o credor supostamente não ter enviado boletos não torna extinta a obrigação, mormente porque reconhecida em confissão de dívida assinada pela parte. O teor da confissão não foi sequer impugnado. 4- A verdade formal colhida não permite acolhimento da tese de excesso, porque não há prova de nenhum pagamento das parcelas do acordo. 5- Não cabe afastamento da mora, em razão de envio de boletos com atraso, porque tal pedido não constou dos embargos. A parte não pode inovar em sede de recurso. 6- O acordo diz respeito a serviços já prestados e não pagos. Ou seja, ainda que a faculdade não tenha permitido a rematrícula do aluno, as aulas já inadimplidas precisam ser pagas. E a verdade formal impede reconhecimento de culpa da faculdade quanto ao direito de rematrícula, porque não houve prova de pagamento, mesmo que intempestivo, e o aluno jamais a exigiu. Não há que se falar, então, em exceção do contrato não cumprido. 7- Recurso não provido" (*TJSP* – AC 1117307-22.2018.8.26.0100, 7-8-2019, Rel. Melo Colombi).

"Plano de saúde – Cancelamento do contrato por falta de pagamento – Notificação extrajudicial para purgação da mora – Emissão de boleto por parte da operadora de plano de saúde para data posterior à indicada na notificação – **Dívida *quérable*** – Mora por parte da credora verificada – Impossibilidade, ademais, de comportamento contraditório – Expectativa legítima da beneficiária de manutenção do plano – Indenização por danos morais – Questão não impugnada especificamente nas razões de apelação – *Tantum devolutum quantum appellatum* – Pedido procedente em parte – Restabelecimento do plano determinado – Sentença reformada – Sucumbência recíproca – Recurso provido" (*TJSP* – Ap 1037277-50.2017.8.26.0224, 22-6-2018, Rel. Luiz Antonio de Godoy).

"Apelação – Despejo por falta de pagamento – Inadimplemento contratual comprovado – Ausência de contratação de seguro fiança – **Ônus da locadora previsto contratualmente –** Sendo certo que os recibos acostados ao processo, demonstram que os pagamentos além de serem insuficientes, eram intempestivos, não há como reconhecer a suficiência dos depósitos realizados para o fim de afastar a mora – Tratando-se de **obrigação *quérable***, ou seja, a qual deveria ter o seu cumprimento requerido pela locadora oportunamente e, à míngua de prova de que esta firmou o contrato de seguro fiança e que o valor respectivo fora cobrado do locatário, tal como previsto no instrumento que ampara a demanda, impõe-se o afastamento da exigibilidade da multa pelo descumprimento do contrato (ausência de celebração do seguro fiança). Recurso provido em parte" (*TJSP* – Ap 1043595-72.2013.8.26.0100, 1-2-2017, Relª Maria Lúcia Pizzotti).

"Apelação cível – Ação de consignação em pagamento – Pedido de assistência judiciária – Recolhimento das custas recursais – Incompatibilidade – Preclusão lógica – Ausência de data de vencimento para pagamento da dívida – **Dívida Quérable** – Pagamento no domicílio do devedor – O pagamento de custas recursais consiste em ato incompatível com o pedido de assistência judiciária, acarretando a preclusão lógica do ato cuja pretensão almeja a concessão do referido benefício – Considerando que não foi fixada contratualmente a data do vencimento das prestações a serem pagas pelo devedor, razões não há em considerar os depósitos judicialmente realizados em atraso – Tendo em vista que os depósitos não estão em atraso, não há que se falar que estes estão sendo efetuados em quantia inferior à devida, uma vez inadequada a incidência de juros de mora e correção monetária – Para

Em caso de disposição contratual em contrário, muito comum aliás, quando o devedor deve procurar o credor em seu domicílio, ou no local por ele indicado, a dívida é *portable*.[20]

---

que se configure o inadimplemento da obrigação do apelante, é necessário que o cumprimento desta tenha sido requerido pelos credores, no local previsto no contrato ou na lei, conforme dispõe o artigo 327 do Código Civil" (*TJMG* – AC 1.0701.13.007228-6/001, 5-4-2016, Rel. Pedro Bernardes).

"Arrendamento mercantil. Ação de rescisão contratual. Sentença que determinou o local para a devolução do veículo e o prazo para a arrendadora proceder à venda extrajudicial do bem. Apelo do banco réu. Contrato que não estabelece o local da entrega do bem em caso de rescisão do contrato. Lugar do pagamento que é, em regra, no domicílio do devedor. **Obrigação quérable**. Alteração do prazo para a arrendadora proceder à venda extrajudicial do bem. Necessidade. Recurso parcialmente provido" (*TJSP* – Ap 0028034-08.2012.8.26.0602, 11-6-2015, Rel. Morais Pucci).

"Processo civil. Direito civil. Violação do art. 535 do CPC não configurada. Juros moratórios. Incidência. *Mora solvendi* e *mora creditoris*. **Dívida quesível** e dívida portável. Art. 397 do CC. 1. Não se verifica ofensa ao art. 535 do Código de Processo Civil quando o Tribunal de origem se manifesta de forma motivada para a solução da lide, declinando os fundamentos jurídicos que embasaram sua decisão, não configurando omissão o pronunciamento judicial contrário à pretensão do recorrente. 2. A obrigação quesível (quérable) é aquela em que o pagamento deve ser feito no domicílio do devedor, ficando o credor, portanto, obrigado a buscar a quitação. Na obrigação portável (*portable*), a dívida deverá ser satisfeita no domicílio do credor, incidindo o devedor em mora se não efetuar o pagamento no tempo e lugar prefixados (art. 394 do Código Civil). Relevante notar que a demarcação do local de pagamento tem sua *ratio* na aferição de quem deve tomar a iniciativa do adimplemento. 3. A distinção é importante no caso em julgamento, haja vista que, podendo decorrer o atraso na execução da obrigação de fato imputável ao devedor. Pelo não pagamento – ou ao credor –, pelo não recebimento, no lugar e forma convencionados (art. 394 do CC de 2002 e art. 955 do CC de 1916), saber a quem caberia tal ônus é fator decisivo para a definição do encargo da mora. 4. A caracterização da *mora solvendi* pelo mero inadimplemento da obrigação positiva e líquida na data de vencimento (art. 397 do Código Civil) só ocorre em relação às obrigações portáveis, em que o devedor tem que ir ao encontro do credor para efetuar o pagamento. Em outras palavras, a mora *ex re* só tem lugar quando cabe ao devedor a providência para o pagamento, mesmo quando haja termo prefixado no contrato. 5. No caso, quer por haver cláusula expressa no termo de transação – cuja apreciação em sede de recurso especial é vedada pela Súmula 7 do STJ –, quer em razão do silêncio desse negócio jurídico sobre o ponto, o fato é que o Tribunal a *quo* concluiu se tratar de dívida quesível, reforçada a sua convicção com a constatação de que o ora recorrente, embora notificado pelo devedor em 22-11-1996, permaneceu em mora ao não se apresentar para o recebimento injustificadamente. 6. Ademais, para que a constituição em mora se dê de pleno direito tão só com o não pagamento da dívida, na data de vencimento, faz-se mister que ela seja líquida e certa, nos exatos termos do art. 397 do Código Civil, sendo certo que a mora *ex re* não se configura nas hipóteses em que a obrigação, embora subordinada a termo, tenha sua execução vinculada à prática de determinados atos por parte do devedor, quando então se faz mister a interpelação. 7. Recurso especial não provido" (*STJ* – REsp 1.427.936-MG (2013/0422376-7), 3-2-2015, Rel. Min. Luis Felipe Salomão).

20 "Consignação em pagamento – Despesas condominiais – **Dívida de natureza *portable*** – Irrelevância de o condômino não ter eventualmente recebido os boletos de despesas condominiais em seu endereço residencial; portável a dívida, devendo o devedor procurar o credor para quitação de sua quota parte das despesas condominiais aprovadas. Encargos devidos pelo atraso no pagamento. Improcedência mantida. Apelo improvido" (*TJSP* – AC 1008480-88.2017.8.26.0604, 5-4-2019, Rel. Soares Levada).

"Apelação Cível – Alienação fiduciária – Ação indenizatória – Registro em cadastros restritivos de crédito – 1 – Não envio do boleto bancário para o devedor. Negativação ocorrente. Tese nuclear repelida; A não remessa do carnê de prestações ao endereço do consumidor não arreda a sua obrigação contratual de buscar o credor para satisfazer a obrigação, cuidando-se de **dívida *portable***. Ato ilícito inocorrente; Danos morais inexistentes. 2 – Não se configura dano moral quando preexiste legítima inscrição. Aplicação da Súmula 385 do STJ. Apelo desprovido" (*TJRS* – AC 70076233980, 29-3-2018, Rel. Des. Roberto Sbravati).

"Condomínio – Cobrança de despesas condominiais – Dispensa-se a apresentação de documentos que tenham o condão de demonstrar a formação do crédito e o respectivo inadimplemento. Não são necessários balancetes, prestação de contas e atas de assembleias, especialmente porque a higidez dos valores cobrados é presumida considerando que a simples existência da propriedade condominial gera despesas que devem ser suportadas pelos condôminos. Não emissão de boletos para pagamento do rateio condominial. Desnecessidade. **Dívida *portable*.** Ré, ademais, tinha ciência que deveria pagar as despesas condominiais. Recurso não provido" (*TJSP* – Ap 0107288-81.2012.8.26.0100, 19-5-2017, Rel. Gilson Delgado Miranda).

"Apelação cível – Cobrança de cotas condominiais e imposição de multa por violação de normas regimentais. Ofensa aos princípios do contraditório e da ampla defesa na esfera administrativa. Inocorrência. Recusa no recebimento da notificação e dos respectivos boletos devidamente demonstrada. Mora caracterizada. Dívida 'portable'. Efetivação do pagamento ao encargo do devedor. Imposição de penalidade ratificada em assembleia geral. Sentença mantida. Recurso desprovido" (*TJPR* – AC 1446316-8, 4-4-2016, Relª Desª Vilma Régia Ramos de Rezende).

Sempre será o acordo das partes que prevalecerá. A matéria é dispositiva, de acordo com o art. 78. Há obrigações que, por força de circunstâncias ou de sua natureza, mormente de costumes, devem ser executadas ora no domicílio do credor, ora no domicílio do devedor. A lei também pode fixar o lugar do pagamento. Tudo isso está no art. 327. Suas regras, como foi dito, são supletivas da vontade das partes.

O parágrafo único do art. 327 acresce que, se forem designados dois ou mais lugares, caberá ao credor a escolha. O credor deve, no entanto, manifestar sua escolha ao devedor, em tempo hábil, para que este possa efetuar o pagamento.

Problema surge quando o devedor muda de domicílio. O credor não pode ficar preso ao capricho do devedor. Embora haja divergência na doutrina, e sendo a lei omissa, o mais lógico é que o credor opte por manter o mesmo local originalmente fixado. Se isso não for possível e o pagamento tiver que ser necessariamente feito em outro local, no novo domicílio do devedor, arcará este com as despesas acarretadas ao credor, tais como taxas de remessa bancária, viagens etc.

Embora o contrato possa fixar a dívida como *quérable*, se continuamente o devedor procura o credor para pagar, há *animus* de mudança de local de pagamento. Ou vice-versa. A habitualidade há de ser vista como intenção de mudar o lugar de pagamento, salvo se as partes fizerem ressalva que a inversão do que consta no contrato é mera liberalidade. A grande importância na exata fixação do lugar do pagamento reside na ocorrência da mora. Quem paga em lugar errado, paga mal, na grande maioria das vezes.

O art. 328 trata de pagamento consistente na *tradição de um imóvel*, dizendo que far-se-á no lugar onde este se acha. O corrente Código melhora a redação e se refere ao *"lugar onde situado o bem"*. Washington de Barros Monteiro (1979, v. 4:259) criticava, com razão, essa redação mais antiga, pois dava ideia de que o imóvel pode *movimentar-se*. Esse artigo não guarda interesse prático de monta. As prestações relativas a imóveis, ditas na lei, não significam aluguéis, mas são referentes a serviços só realizáveis no local do imóvel, como reparações de cerca, retificações de curso de córregos, mudança de servidão etc. No entanto, sempre que a natureza da obrigação o permitir, as partes poderão dispor diferentemente.

Em matéria referente ao lugar do pagamento, o vigente Código traz duas disposições novas. O art. 329 dispõe:

> *"Ocorrendo motivo grave para que se não efetue o pagamento no lugar determinado, poderá o devedor fazê-lo em outro, sem prejuízo para o credor".*

A regra ratifica o brocardo segundo o qual nada se pode fazer perante uma impossibilidade. Imagine-se que o local do pagamento esteja isolado ou em estado de calamidade pública: o devedor poderá efetuar o pagamento em outro local, o mais cômodo possível para o credor. A expressão *"sem prejuízo para o credor"* deverá ser entendida com reservas. O simples fato de o pagamento efetuar-se em outro local já acena com o descumprimento de uma obrigação. Se o credor deve ou não ser ressarcido dos incômodos de receber em local diverso do combinado é matéria para ser examinada no caso concreto. Lembre-se de que, como regra, o caso fortuito e a força maior não autorizam indenização.

"Despesas condominiais. Obrigação de fazer. **Dívida *portable***. Ausência de motivos a compelir, judicialmente, o condomínio, a encaminhar os boletos que o autor alega não ter recebido. Ação improcedente. Sentença mantida. Apelação improvida" (*TJSP* – Ap 4002973-16.2013.8.26.0320, 20-2-2014, Rel. Nestor Duarte).

Outra regra importante é trazida pelo contemporâneo estatuto no art. 330:

> *"O pagamento reiteradamente feito em outro local faz presumir renúncia do credor relativamente ao previsto no contrato".*

Essa presunção é relativa, pois pode o contrato ter assinalado que o recebimento do pagamento em local diverso do indicado, ainda que reiterado, é feito por mera liberalidade, sem prejuízo de o credor exigi-lo no local apontado. Não se deve esquecer que neste caso, como em qualquer situação contratual, o juiz deve examinar a conduta dos contratantes sob o prisma da boa-fé objetiva e dos costumes do local.

8.7 TEMPO DO PAGAMENTO

A época, o momento em que a obrigação deve ser cumprida, é de suma importância, principalmente para estabelecer o inadimplemento total e a mora (inadimplemento parcial). Quando existe uma data para o pagamento, um termo, o simples advento dessa data já constitui em mora o devedor (art. 397), regra clássica que desenvolveremos mais adiante (*dies interpellat pro homine*, o simples dia do vencimento é uma interpelação).[21] Quando não existe data para o cumprimento da obrigação, deve ser notificado o devedor para ser constituído em mora. Voltaremos a esse tema.

---

21 "Direito civil e processual civil. Ação monitória. Contrato de cartão de crédito. Embargos. Sentença de improcedência. Insurgência do réu embargante. Recurso conhecido e não provido.1. Alegação de inépcia da inicial da monitória. Não acolhimento. Documentos juntados pela autora da monitória a instruir a cobrança bastantes a demonstrar a evolução da dívida. Requisitos do art. 700, § 2º, do CPC atendidos. 2. Afirmação de carência da ação por ausência de constituição em mora. Notificação desnecessária. Obrigação positiva, líquida e com termo ajustado. ***Dies interpellat pro homine***. Mora *ex re*. Inteligência do art. 397, *caput*, do CC. Cita precedentes. 3. Financiamento automático do valor da fatura inadimplida. Abusividade não constatada. Ciência do réu por meio de comunicado acompanhando a fatura. Prática prevista em contrato e autorizada, em prol da devedora, na Resolução n. 4.549/2017 do Conselho Monetário Nacional. 4. Juros remuneratórios. Alegada abusividade. Pretensão de anulação da sentença para a realização de perícia contábil. Não cabimento. Análise da tese de excesso de cobrança não autorizada, diante da não apresentação do valor entendido como correto e do respectivo demonstrativo discriminado e atualizado. Desatenção ao exigido no at. 702, § 2º e § 3º, do CPC. Precedentes da 14ª Câmara Cível. 5. Honorários recursais. Majoração. CPC, 85, § 11" (*TJPR* – Ap 0026482-44.2022.8.16.0017, 8-4-2025, Rel. Iraja Pigatto Ribeiro).

"Consumidor. Prestação de serviços educacionais. Cobrança de mensalidades. O inadimplemento de obrigação positiva e líquida no seu termo constitui de pleno direito em mora o devedor. Hipótese de mora ex re, a atrair o adágio ***dies interpellat pro homine***. Art. 397 do CC. Juros de mora que devem ser contados do vencimento de cada mensalidade. Precedentes do STJ, da Corte e desta Câmara. Recurso desprovido" (*TJSP* – Ap 1005304-46.2017.8.26.0008, 25-6-2024, Rel. Ferreira da Cruz).

"Ação de cobrança. Prestação de serviços educacionais. Juros de mora que devem incidir a partir de cada vencimento e até o efetivo pagamento, por se tratar de obrigação positiva e líquida. Aplicação do ***princípio dies interpellat pro homine***, consagrado no artigo 397 do Código Civil. Recurso provido" (*TJSP* – Ap 0040353-55.2012.8.26.0554, 27-6-2023, Rel. Dimas Rubens Fonseca).

"Ação de cobrança – Contrato de empréstimo – Ação julgada procedente – Recurso exclusivo do autor insurgindo-se quanto ao termo inicial da incidência dos juros de mora – Os juros de mora são devidos a partir do vencimento da obrigação – Tratando-se de obrigação líquida e exigível, aplica-se o princípio **dies interpellat pro homine** – Inteligência do art. 397 do CC – Jurisprudência do STJ – Justos de mora devem incidir do vencimento da obrigação não da citação – Recurso provido" (*TJSP* – Ap 1044421-57.2020.8.26.0002, 14-9-2022, Rel. Francisco Giaquinto).

"Apelação – Ação de despejo c.c – Cobrança de alugueres em atraso – Condições da ação bem evidenciadas nos autos – Notificação premonitória desnecessária – Aplicação da regra ***dies interpellat pro homine*** – O contrato e o débito locatício estão incontroversos nos autos. Tratando-se de dívida em dinheiro, somente a prova de quitação regular elide a pretensão do autor. Rescisão contratual e despejo de rigor. Pedido de compensação de valores com a indenização por benfeitorias negado, nos termos do art. 35 da Lei Federal 8.245/91. Preliminar afastada. Recurso desprovido" (*TJSP* – AC 1003749-65.2018.8.26.0361, 8-3-2019, Rel. Antonio Nascimento).

Diz o Código, no art. 331, que, *"não tendo sido ajustada época para o pagamento, o credor pode exigi-lo imediatamente"*. Tal assertiva deve ser vista com a reserva necessária. Há obrigações que, por sua própria natureza, não podem ser exigidas de plano, como no caso do empréstimo, da locação, do depósito.

Quando as partes ou a lei não estipulam um prazo para o pagamento, a prestação pode ser exigida a qualquer momento: são as *obrigações puras*. As obrigações com prazo fixado são as *obrigações a termo*.

Quando existe um prazo, a obrigação só pode ser exigida pelo credor com o advento do termo desse prazo. Entre nós o prazo presume-se estipulado em benefício do devedor (art. 133). Sendo um favor seu, nada impede que cumpra antecipadamente a obrigação. O credor não pode exigir seu cumprimento, mas a obrigação, nesses moldes, é cumprível pelo devedor desde sua constituição.

Não é muito comum, mas a obrigação pode ter um prazo fixado em benefício do credor. Nesse caso, não pode ser o credor obrigado a receber antecipadamente. Suponhamos, por exemplo, o comprador de uma mercadoria que fixa um prazo de 90 dias para recebê-la, porque nesse período estará construindo um armazém para guardá-la. O prazo foi instituído a seu favor, porque o recebimento antecipado lhe seria sumamente gravoso.

Se a obrigação consistir em obrigações periódicas, cada pagamento deve ser examinado de per si. Cada prestação periódica deve ser estudada isoladamente.

A obrigação, se por um lado pode ser cumprida antecipadamente, salvo os casos examinados, não pode ser cumprida além do prazo marcado. Isto é, se ainda for útil para o credor, a obrigação em retardo pode ser cumprida, mas já com os encargos de mora. Se, de um lado, o devedor pode antecipar o cumprimento, inclusive com medida judicial, não pode pedir dilação de prazo ao juiz, ressalvadas as situações de caso fortuito ou de força maior.

O credor não pode exigir o pagamento antes do vencimento, sob pena de ficar obrigado a esperar o tempo que faltava para o vencimento, a descontar os juros correspondentes, embora estipulados, e a pagar as custas em dobro (art. 939). A jurisprudência tem entendido que essa pena do final do artigo só é impingida nos casos de dolo do agente.

O devedor que se antecipa e paga antes do termo, o faz por sua conta e risco. Destarte, não pode repetir a prestação, não lhe trazendo qualquer vantagem a solução antes do tempo, tais como redução de juros ou de taxas, a não ser que convencionado. O direito argentino tem princípio expresso a respeito (art. 791, I, do Código Civil argentino, atual art. 872 do Código Civil Argentino de 2014). O texto do Código de 2016 menciona apenas a possibilidade de pagamento antecipado e estampa que feito dessa forma, a antecipação não dá direito a descontos (art. 872).

Quando a obrigação não possui termo certo, o credor pode interpelar o devedor para que cumpra a obrigação num prazo razoável, que poderá ser fixado pelo juiz.

No dia, na data do pagamento, termo final, portanto, há que se entender que ele pode ser feito até a expiração das 24 horas do dia. Não é assim, no entanto, quando se trata de pagamento que dependa de horário de atividade do comércio, horário bancário ou forense. Terminado o expediente, cujo horário é fixado por norma administrativa, frustra-se a possibilidade de se efetuar o pagamento naquela data. Lembremos que modernamente é possível o pagamento por via informatizada, permitindo que o acesso às contas bancárias seja feito nas 24 horas. Há, sem dúvida, que se estabelecer regras mais flexíveis que possibilitem o pagamento a qualquer tempo até o decurso do último dia da data de vencimento.

O tempo na obrigação pode ser estipulado concomitantemente, em benefício tanto do credor, quanto do devedor. Aí não se admite, também, antecipação do cumprimento.

As obrigações condicionais são tratadas pela regra do art. 332. Para seu cumprimento, dependem do implemento da condição. O credor deve provar a ciência desse implemento pelo devedor.

O credor, como vimos, não pode exigir o pagamento antes do vencimento, sob as penas do art. 939, já citado. No entanto, o art. 333 faculta ao credor cobrar a dívida antes de vencido o prazo, em três situações:

> *"I – no caso de falência do devedor, ou de concurso de credores;*
>
> *II – se os bens, hipotecados ou empenhados, forem penhorados em execução por outro credor;*
>
> *III – se cessarem, ou se se tornarem insuficientes, as garantias do débito, fidejussórias, ou reais, e o devedor, intimado, se negar a reforçá-las.*
>
> *Parágrafo único. Nos casos deste artigo, se houver, no débito, solidariedade passiva, não se reputará vencido quanto aos outros devedores solventes".*

O atual Código manteve a redação anterior, acrescentando, porém, no inciso I, a hipótese de falência.

Nas três situações, a do devedor executado permite um prognóstico de não cumprimento da obrigação. O concurso creditório é caracterizado pela insolvência civil, o equivalente à falência do devedor comerciante. Ocorre a insolvência quando o passivo do devedor supera o ativo e ele não tem condições de alterar a situação.

No segundo caso, quando há garantia real, representada por hipoteca e penhor (a anticrese não mais existe na prática), os bens dados em garantia sofrem penhora por outro credor. A presunção é de que, se esse outro credor não encontrou outros bens livres e desembaraçados, é porque a situação do devedor é ruim.

Na terceira hipótese desse artigo, há uma diminuição na garantia pessoal ou real, ou mesmo sua perda. É o caso, por exemplo, da morte do fiador, ou desaparecimento da coisa caucionada. O devedor deve ser intimado para reforçar a garantia, em prazo razoável. Se não o fizer, aqui, como nos demais casos, como passa a periclitar o adimplemento da obrigação, a lei autoriza a cobrança antes do vencimento da dívida. Os casos são taxativos. Não há outros dentro do ordenamento civil codificado.

9

ENRIQUECIMENTO SEM CAUSA E PAGAMENTO INDEVIDO

9.1 INTRODUÇÃO

Contrapõe-se a dualidade de matérias no título deste capítulo por serem, o enriquecimento sem causa e o pagamento indevido, troncos da mesma cepa, ou melhor, o pagamento indevido pertence ao grande manancial de obrigações que surge sob a égide do enriquecimento ilícito. O pagamento indevido constitui modalidade de enriquecimento sem causa.

A maior dificuldade no trato conjunto dos temas é que, entre nós, ao contrário de outras legislações, não existia norma genérica para albergar a teoria do enriquecimento indevido, ilícito ou injustificado, no sistema de 1916. O pagamento indevido, inelutavelmente uma das formas de enriquecimento sem causa, vinha entre nós disciplinado nos arts. 964 a 971 do Código Civil de 1916, tratado no título *Dos Efeitos das Obrigações*, juntamente com as várias espécies e formas de pagamento, que acabamos de examinar.

O Código de 2002 disciplina o pagamento indevido (arts. 876 a 883) e o enriquecimento sem causa (arts. 884 a 886) entre os atos obrigacionais unilaterais, após disciplinar a promessa de recompensa e gestão de negócios. A novel legislação reconhece, portanto, ambos os fenômenos como fontes unilaterais de obrigações. Mantemos o seu estudo nesta posição de nossa obra, para facilitação didática. O projeto de reforma do Código Civil em curso traz ampliação dos textos sobre a matéria. Aguardemos o trabalho legislativo.

A melhor doutrina, porém, encara os dois institutos como fonte autônoma de obrigações e, dado seu relacionamento, temos por oportuno seu estudo conjunto e contraposto.

Pelo fato de o assunto não vir sistematizado no Direito Romano e em razão de se divisar a causa nas obrigações de maneira diversa, as codificações mais antigas foram levadas a tratar os institutos de forma diferente. Daí por que encontramos legislações, no caudal do BGB, código alemão, regulando especificamente o enriquecimento ilícito, se bem que na forma genérica que permite o instituto; enquanto outras legislações, como a nossa, preocupam-se tão só com o pagamento indevido.

Fixemos, de plano, que mesmo nas legislações como a nossa, nunca foram negados os princípios do enriquecimento injustificado, quer pelo que se denota em artigos e disposições esparsas, quer pelo trabalho jurisprudencial.

9.2 ENRIQUECIMENTO SEM CAUSA. CONTEÚDO

É frequente que uma parte se enriqueça, isto é, sofra um aumento patrimonial, em detrimento de outra. Aliás, no campo dos contratos unilaterais é isso que precisamente ocorre.

Contudo, na maioria das vezes, esse aumento patrimonial, esse enriquecimento, provém de uma justa causa, de um ato ou negócio jurídico válido, tal como uma doação, um legado.

Todavia, pode ocorrer que esse enriquecimento, ora decantado, opere-se sem fundamento, sem causa jurídica, desprovido de conteúdo jurígeno, ou, para se aplicar a terminologia do direito tributário, sem fato gerador. Alguém efetua um pagamento de dívida inexistente, ou paga dívida a quem não é seu credor, ou constrói sobre o terreno de outrem.[1] Tais situações (e

---

1 "Apelação – **Ação de enriquecimento indevido** cumulada com pedido de danos morais – Prestação de serviços de intermediação em venda por meio de cartão de crédito (pag-seguro). Operação contestada. Valores correspondentes ao pagamento que foram devolvidos à operadora do cartão de crédito mediante solicitação/contestação do titular (*chargeback*). Risco do negócio que não pode ser imputado exclusivamente à vendedora (autora). Hipótese dos autos em que a operação foi realizada mediante prévia aprovação da ré. Mercadorias vendidas e entregues ao destinatário. Valores devidos. Danos morais configurados. Indenização moderadamente arbitrada em R$ 5.000,00. Sentença confirmada por seus fundamentos. Recurso desprovido" (*TJSP* – AC 1015412-98.2017.8.26.0602, 17-9-2019, Rel. Edgard Rosa).

"Ação de restituição de valores com fundamento em **enriquecimento indevido** – Transferências, por parte de administradora, de valores da conta do Condomínio autor para a do réu. Imputação de culpa da administradora. Sentença de procedência. Cerceamento de defesa não ocorrido. Perícia desnecessária. Prova eminentemente documental. Incontroversas as transferências para a conta do réu sem causa jurídica. Golpe perpetrado por administradora que não exclui o direito à restituição. Ausência de prova de que o numerário foi repassado. Enriquecimento sem causa vedado. Ação de prestação de contas em face da administradora na qual estão anotadas as transferências tem objetivo diverso e eventual acertamento se resolve por meio de provas, em segunda fase. Recurso desprovido, com determinação. As transferências feitas da conta do Condomínio autor para a do réu não possuem causa jurídica e a alegação de golpe perpetrado por administradora não exime o réu da devolução. O direito de regresso tem fundamento no princípio que veda o enriquecimento sem causa. Ademais, sequer há prova de que o numerário não veio em benefício próprio, que cabia ao réu, por meio de documentos bancários contemporâneos, não servindo para tal finalidade os extratos posteriores. Tampouco é necessária perícia diante da prova ser eminentemente documental. A ação de prestação de contas movida em face de ex-síndica e da administradora realmente refere todas as transferências em questão, mas o objetivo desta demanda é diverso, de cunho condenatório, não sendo invocado o numerário como crédito na ação de prestação de contas. Ademais, eventual ressarcimento se resolve em segunda fase, por meio de provas. Nestes moldes, restará vedado o recebimento em duplicidade, inclusive sendo determinada expedição de ofício ao d. Juízo, como medida de efetividade" (*TJSP* – Ap 1024010-84.2016.8.26.0114, 5-2-2018, Rel. Kioitsi Chicuta).

"Agravo Interno – Recurso Especial – Processo Civil – Execução de alimentos – Fixação em sentença – Dever de pagar em espécie – Compensação – Prestação in natura – **Enriquecimento Indevido** – 1 – Esta Corte tem manifestado que a obrigação de o devedor de alimentos cumpri-la em conformidade com o fixado em sentença, sem possibilidade de compensar alimentos arbitrado em espécie com parcelas pagas in natura, pode ser flexibilizada para afastar o enriquecimento indevido de uma das partes. Precedentes. 2 – Agravo interno não provido" (*STJ* – AGInt-REsp 1.560.205 – (2015/0252711-0), 22-5-2017, Rel. Min. Luis Felipe Salomão).

"Agravo. Contrato de prestação de serviços funerários. Ação de repetição de indébito c/c danos morais. Prescrição. Inocorrência. Observância do art. 205 do Código Civil. Prazo decenal. Hipótese de pagamento indevido, diversa do enriquecimento sem causa. Recurso provido" (*TJSP* – AI 2088604-78.2015.8.26.0000, 21-7-2015, Rel. Neto Barbosa Ferreira).

"**Contrato de compromisso de compra e venda de imóvel** – Pleito de rescisão contratual cumulado com indenização por danos materiais e morais, sob o fundamento de que no imóvel existia uma árvore centenária, que impedia o ingresso de automóveis nas vagas de garagem, bem como ocupava grande parte do jardim. Apresentação de reconvenção, sob o argumento de que a culpa pela rescisão contratual é dos autores, que se negam a receber as chaves do imóvel. Sentença de parcial procedência, ratificando a rescisão do contrato e reconhecendo a culpa da ré pelo desfazimento do negócio. Determinação de devolução integral dos valores pagos pelos compradores. Afastamento do pedido de indenização por danos materiais e acolhimento do pleito de indenização por danos morais. Inconformismo de ambas as partes. 1 – Apelo dos autores. Insistência no pedido de condenação da ré ao pagamento de indenização por danos materiais decorrentes de despesas de contrato de comodato de imóvel e de locação de imóvel destinada à moradia dos compradores. Rescisão do

como vemos, abrangendo o pagamento indevido) configuram um enriquecimento sem causa, injusto, imoral e, invariavelmente, contrário ao direito, ainda que somente sob aspecto da equidade ou dos princípios gerais de direito.

Nas situações sob enfoque, é curial que ocorra um desequilíbrio patrimonial. Um patrimônio aumentou em detrimento de outro, sem base jurídica. A função primordial do direito é justamente manter o equilíbrio social, como fenômeno de adequação social.

9.3 ENRIQUECIMENTO SEM CAUSA E PAGAMENTO INDEVIDO COMO FONTE DE OBRIGAÇÕES

Para a existência da obrigação, há um mínimo necessário: um devedor, um credor, um vínculo adstringindo o primeiro ao segundo, por meio de um liame psicológico e jurídico. O objeto da obrigação é a prestação, que se transmuta em variadas formas.

Para o nascimento desse liame, de cunho específico da matéria tratada (pois obrigações existirão em outros campos do Direito Civil), entre duas partes, há necessidade da existência de um fato, ato ou negócio jurídico. É nesse sentido, pois, que devemos entender as fontes das obrigações.

A classificação das fontes já foi por nós estudada. Vamos encontrar a classificação clássica de Justiniano, adotada pelo Código Civil francês: as obrigações nascem dos contratos, quase contratos, delitos e quase delitos, tendo Pothier acrescentado a lei como outra fonte de obrigações.

Por outro lado Gaio, vendo a dificuldade de uma classificação abrangedora, dizia que as obrigações provinham dos contratos, dos delitos e *ex variis causarum figuris* (*Digesto* 44, 7, 1).

Para nosso Código de 1916, havia três fontes das obrigações: o contrato, a declaração unilateral de vontade e o ato ilícito.

Não nos incumbe aqui repisar o já exposto, nem tentar uma classificação definitiva, tantos foram os mestres que o fizeram, sem chegar à conclusão comum.

Apliquemos, no entanto, a crítica de que a lei, em qualquer hipótese, será sempre fonte imediata das obrigações, pois não haverá obrigação que não seja albergada pela lei.

O que se pretende enfatizar é que há obrigações que nascem de fatos ou atos que não se amoldam às fontes clássicas dos vários sistemas jurídicos. Entre tais obrigações incluem-se o pagamento indevido e o enriquecimento sem causa, o primeiro como parte integrante do segundo.

---

contrato, porém, que enseja o retorno das partes ao '*status quo ante*'. Devolução integral dos valores pagos pelos autores que já é suficiente para a recomposição patrimonial decorrente do desfazimento do negócio. Indenização de aluguéis que resultaria em **enriquecimento indevido**. 2 – Apelo da ré. Atribuição de culpa pela rescisão do contrato aos autores. Provas coligidas nos autos, notadamente, a perícia técnica, que revelam a culpa da ré pela rescisão contratual. Imóvel que não correspondia àquele descrito no contrato firmado pelas partes. Existência de árvore que, efetivamente, impedia o regular uso do imóvel. Retirada da árvore que não induz o reconhecimento da possibilidade de manutenção do contrato, tendo em vista que apurou-se, na perícia realizada, a existência de desnível entre a via pública e o lote de terreno que dificultam o acesso às vagas de garagem do imóvel. 'Defeito' do imóvel que não foi esclarecido aos adquirentes quando da assinatura do contrato. Impossibilidade, outrossim, de se afastar a condenação da ré ao pagamento de indenização por danos morais. Provas constantes dos autos que revelam o extravasamento do mero aborrecimento sustentado pela ré. *Quantum* fixado na sentença a título de indenização por danos morais (R$ 21.226,66) adequado e suficiente para as peculiaridades do caso concreto. Ônus sucumbenciais, ademais, que não devem ser modificados. 3 – Manutenção da sentença por seus próprios fundamentos, nos termos do artigo 252 do Regimento Interno deste E. Tribunal de Justiça. 4 – Negado provimento aos recursos" (v. 15467) (*TJSP* – Ap 0120365-41.2009.8.26.0011, 15-5-2014, Rel. Viviani Nicolau).

O Código Civil alemão inclui o enriquecimento sem causa e o pagamento indevido como fonte das obrigações, assim como o código suíço das obrigações, o projeto do código ítalo-francês e o código mexicano.

Essa também é a conclusão a que podemos chegar em nossa lei, porque, apesar de o pagamento ser forma de extinção de obrigações, o pagamento indevido produz exatamente o inverso, isto é, titulariza o *solvens* para a ação de repetição, *criando* uma nova obrigação. Da mesma forma, como vemos pelo direito comparado, e pelas noções introdutórias expostas, o enriquecimento indevido é fórmula mais genérica.

Interessante é a maneira como posicionou o problema Julio Cesar Bonazzola (1955:55), que vê não propriamente no enriquecimento, mas no *empobrecimento sem causa*, a nova fonte de obrigações. Esse autor constrói a teoria sob enfoque, exclusivamente sob a mira da parte empobrecida, chegando a afirmar que pode haver empobrecimento de uma parte, sem o equivalente enriquecimento da outra.

O nosso Código Civil, derivado do Projeto de 1975, como vimos, coloca o pagamento indevido e as disposições gerais do enriquecimento sem causa entre os atos unilaterais geradores de obrigações.

O vigente Código português, do século passado, incluiu no art. 473 o enriquecimento sem causa como fonte autônoma de obrigações, o que mereceu encômios de Jacinto Fernandes Rodrigues Bastos (1972, v. 2:13):

> *"Parece incontestável a justiça desta consagração. A obrigação de restituir aquilo que se adquiriu sem causa, apresenta-se não só como uma necessidade moral, cujo reconhecimento valoriza o direito, como uma necessidade social no que significa de restabelecimento do equilíbrio injustamente quebrado entre patrimônios e que de outro modo não poderia obter-se."*

9.4 TRATAMENTO DA MATÉRIA NO DIREITO ROMANO

Em Roma, como consequência lógica de seu sistema obrigacional, e do rigor dos princípios de aplicação no tocante aos atos patrimoniais, sentiu-se logo necessidade de se encontrar soluções de equidade, para corrigir desequilíbrios patrimoniais imprevistos e injustos.

Contudo, não lograram os romanos erigir uma teoria para o enriquecimento sem causa. Sentiram efetivamente o problema. Tanto que seu sistema de ações concedia o remédio necessário. Eram as denominadas *condictiones*, dirigidas a cada caso particular, que proviam as necessidades práticas, sem criar uma posição dogmática do instituto.

A finalidade, porém, nas *condictiones*, era combater situações injustas, não amparadas por lei, entre elas o enriquecimento indevido. Dessas várias ações, infere-se, sem dúvida, o pensamento dominante no direito da época.

De regra, o contrato romano era abstrato. Para exigir seu cumprimento, o credor estava apenas jungido a provar que o contrato obedecera às inúmeras formalidades. Para a transferência da propriedade, bastava verificar se a intenção das partes fora realmente aquela.

Para diminuir os rigores desse abstratismo geral dos contratos, por necessidades práticas, das quais os romanos nunca se descuraram, aparecem formas técnicas para evitar o enriquecimento sem causa. Vinha o direito pretoriano em socorro à parte menos favorecida: quando o caso particular merecia proteção, o pretor concedia a *condictio*, a forma adequada.

Daí deduzir-se nos textos do Digesto várias passagens com a aplicação das denominadas *condictiones*, que tinham em mira evitar o enriquecimento ilícito (*Digesto* 30, 13, 5, 6).

René Foignet (1934:116) destaca que a obrigação de restituir o indevido, para se evitar o enriquecimento ilícito, é, no Direito Romano, a mais antiga aplicação de uma teoria geral definitivamente estabelecida na época clássica, ou seja, a teoria do enriquecimento injusto.

As *Institutas* de Justiniano (III, 27, 6) enquadravam entre os quase contratos a *indebiti solutio*, o pagamento indevido, uma das formas de enriquecimento sob estudo. Outras situações, no entanto, de enriquecimento sem causa foram reconhecidas em Roma, basicamente, na obrigação de restituir o que foi recebido sem justa causa, ou sem causa jurídica.

Tais situações eram amparadas, sem sistema, sob a forma das *condictiones*, ações abstratas e de direito estrito.

Moreira Alves (1972, v. 2:226), ao analisar a evolução do enriquecimento sem causa no Direito Romano, destaca duas correntes de opinião. A primeira, defendida por Pernice e Girard, segundo a qual os contratos reais sempre foram garantidos por uma dessas ações. Pela segunda corrente, defendida por Perozzi, Monier e Iglesias, houve longa evolução no instituto, que a princípio inexistia, não sendo atacado por qualquer ação no período pré-clássico; em somente algumas hipóteses na época clássica e somente no tempo de Justiniano é que teriam surgido diversas *condictiones*, podendo-se então falar em um princípio genérico.

Segundo a exposição de Alexandre Correia e Gaetano Sciascia (1953, v. 1:282-283), conforme a descrição de Gaio, a princípio a *condictio* pressupunha unicamente a existência de um pagamento e que proviesse de um *indebitum*. Defendem então que, segundo as fontes, pode-se perceber que no direito justinianeu surgem possibilidades de se proporem ações fundadas no princípio geral do enriquecimento indevido (*Digesto* 50, 17, 206); e, por influência da moral cristã, passam a ser admitidas outras *condictiones sine causa*.

9.4.1 A *Condictio Indebiti*

Era a principal e mais antiga condição. A *indebiti solutio* era colocada na lista dos "quase contratos", motivando crítica de Gaio (*Inst.*, 91) sobre a velha classificação quadripartida das obrigações.

Tal *condictio* sancionava a obrigação do pagamento indevido, como hoje o conhecemos. Ocorria quando alguém pagava por erro, sempre, contudo, no intuito de liberar-se de uma obrigação.

Para que se configurasse a *condictio indebiti*, era preciso que houvesse uma *solutio*, ou seja, o cumprimento de uma suposta obrigação, e que essa *solutio* fosse indevida (quer porque o credor fosse outro, quer porque a obrigação na realidade não existisse). E mais, o elemento *erro escusável* deveria estar presente na *solutio* (ver, a respeito, nosso Código Civil, art. 877, que exige a prova de erro por parte do *solvens*).

Apontamos, ainda, para o fato de que o credor deveria estar de boa-fé, pois, se estivesse de má-fé, a ação seria outra (*condictio furtiva*).

Como decorrência da exigência de boa-fé por parte do *accipiens*, só responde ele pelo que efetivamente se enriqueceu com o pagamento indevido. Nem sempre o empobrecimento do *solvens* é igual ao enriquecimento do *accipiens*. O enriquecimento por parte do *accipiens* pode ser superior ao empobrecimento; por exemplo, quando a coisa produz frutos, o *accipiens* deverá restituir não apenas a coisa, mas também seus frutos. Por outro lado, o enriquecimento pode ser inferior ao empobrecimento, como, por exemplo, o *accipiens* vende a coisa obtida por preço inferior a seu valor. Nesse caso, o *accipiens* não terá de devolver mais do que o verdadeiro *enriquecimento*. Essa noção é absolutamente válida para a doutrina hodierna, na qual, afora uma forma diversa de tratamento legislativo, muito pouco se criou.

9.4.2 Outras *Condictiones*

A par da *condictio indebiti* destacamos:

1. A *condictio causa data non secuta* que tinha por objeto a restituição de coisa dada em troca de outra que não o foi ou em troca de serviço não executado (a esse respeito há uma disposição no código português, art. 473, segunda parte).

   Seu campo de ação era o dos contratos inominados, mas podia também ser utilizada em situações que resultassem mero enriquecimento sem causa, como no caso de recebimento de dote, quando o casamento não se realiza (cf. Moreira Alves, 1972, v. 2:228). Arangio-Ruiz (1973:403) cita o exemplo de alguém que entrega a outrem objetos preciosos, ante o temor de uma morte iminente (*doatio* mortis causa) e, posteriormente, sobrevive ao donatário.
2. A *condictio ob injustam causam*, que visava à restituição daquilo concedido por causa contrária ao direito, como, por exemplo, juros além da taxa legal, ou a restituição de uma soma recebida com violência.
3. A *condictio ob turpem causam*, existente quando alguém tivesse obtido uma prestação com final imoral, como, por exemplo, uma pessoa que recebe quantia em dinheiro para cometer um sacrilégio (cf. Foignet, 1934:120). Tal *condictio* era concedida mesmo que o *accipiens* tivesse executado a prestação imoral (em nosso direito atual não existe essa possibilidade de repetição: art. 883; antigo, art. 971 do Código Civil).

9.4.3 Síntese do Pensamento Romano

Do estudo da matéria histórica, com os escassos pormenores que o âmbito dessa exposição permite, importa sintetizar o tratamento do instituto em Roma.

Valle Ferreira (s.d.:21) resume com felicidade o que tentamos esclarecer: (1º) O preceito que condena o enriquecimento sem causa encontra-se disperso nos textos romanos. O fato de a jurisprudência ter de invocar diferentes regras para condenar o enriquecimento dificultou os desenvolvimentos doutrinários, de tal modo que não foi devidamente fixada a estrutura daquele instituto, não se firmando a teoria geral.

As soluções jurisprudenciais sempre se apresentaram como corretivos de equidade, para resolver casos não previstos pela legislação vigente; (2º) A *datio* que importasse em transferência da propriedade constituía requisito comum das *condictiones*, de tal sorte que, por direito romano, excluía-se a *condictio* quando coubesse a *vindicatio* (reivindicação da coisa).

De qualquer modo, é inafastável que o princípio do injusto enriquecimento sempre foi de noção romana, pelo que se infere de duas passagens do *Digesto*, que em tradução livre tinham em mira a ninguém permitir que se locupletasse à custa alheia, em detrimento alheio.

É inegável, também, que muitas das ideias romanas expressas nos textos são hoje direito positivo em várias legislações, como, por exemplo, a irrepetibilidade das obrigações naturais, ou daquelas constituídas para fins imorais.

Todavia, os direitos positivos atuais divergiram no tratamento legislativo da matéria referente ao enriquecimento sem causa e ao pagamento indevido, ora disciplinando normas gerais e esparsas no tocante ao enriquecimento, ora especificando tal direito, mas sempre reconhecendo seus princípios norteadores, com respaldo da jurisprudência.

9.5 DIREITO MODERNO, SISTEMA ALEMÃO E SISTEMA FRANCÊS

O problema do enriquecimento sem causa, se bem que tenha sempre sensibilizado os aplicadores da lei, encontrou tratamento dicotômico nas legislações que nos são próximas.

Tal diferença de enfoque, colocando a regra geral do injusto enriquecimento na lei ou não, deve-se primordialmente à forma como é encarada a natureza dos contratos.

Nas legislações do tipo causalista, cujo paradigma é o direito francês, não há princípio expresso de enriquecimento, afora as situações de pagamento indevido, ao contrário do que ocorre nas legislações nas quais o contrato é abstrato, cujo paradigma é o direito germânico.

A técnica das *condictiones* que viemos expor teve maior influência na Alemanha, mais do que na França e na própria Itália.

Se, por um lado, a chamada teoria do enriquecimento sem causa esteve bem viva antes da codificação, na França, a evolução histórica foi diversa, justamente pela integração do elemento *causa* nos contratos, sendo a causa elemento essencial ao negócio jurídico (cf. Lopes, 1966, v. 2:73). Essa a razão pela qual a noção de enriquecimento sem causa, no direito francês, teve sempre um caráter geral, nunca negado pelos tribunais, com embasamento na equidade e nos princípios gerais.

Destarte, o BGB lidera as legislações que dão contorno legislativo ao enriquecimento sem causa.

O direito alemão criou, na matéria, uma teoria de conjunto, substituindo a enumeração das várias *condictiones* romanas. Objetivou-se um princípio geral, o que não impede que o outro sistema (o nosso) alcance os mesmos resultados, a saber:

> *"Todo aquele que, por uma prestação feita a outra pessoa, ou de qualquer outro modo, fizer, à custa alheia, uma aquisição, conseguir um aumento patrimonial, sem causa jurídica, ficará obrigado à restituição".*

É a noção dada pelo art. 812 do Código Civil alemão. Tal disposição é, de fato, corolário do sistema abstrato obrigacional alemão, cujos atos produzem efeito automaticamente, independente da perquirição da causa.

Assim, sendo o contrato alemão desalentador do princípio da causa, deveria o direito positivo engendrar uma forma pela qual os resultados de aquisições, embora permitidos pelo direito, não propiciassem o desequilíbrio nas relações jurídicas proporcionado pelo enriquecimento sem causa.

> *"Na impossibilidade de anular o ato por defeito de causa, procura o sistema alemão suprimir-lhe os resultados"*, conforme ensina Valle Ferreira (s.d.:74).

Tal princípio foi sempre imanente no pensamento jurídico germânico, nunca negado no período anterior à codificação moderna, tanto que o primeiro projeto do código civil alemão procurou reproduzir integralmente as *condictiones* romanas, sofrendo críticas pelo evidente casuísmo. Como o contrato alemão, além de gerar obrigações, tem o condão de alienar a propriedade, o princípio que combate o enriquecimento sem causa sofre um alargamento maior que, à primeira vista e desavisadamente, possa parecer ao jurista brasileiro.

O contrato, no direito alemão, é, por essência, um ato abstrato. Daí por que a ação de enriquecimento ilícito não tem, no sistema germânico puro, o caráter de subsidiariedade, que vamos encontrar nas outras legislações (em nosso vigente Código Civil, art. 886; no Código italiano, art. 2.042; no Código Civil português, art. 474). Isso significa que, entre nós, *só sobrevirá a ação de enriquecimento ilícito não havendo outro remédio no ordenamento* processual, como, por exemplo, a ação de nulidade do negócio jurídico.

O BGB anuncia, portanto, no art. 812, o princípio geral do enriquecimento sem causa, e nos artigos subsequentes (813 a 822), trata de alguns casos particulares, inclusive o pagamento indevido. Contudo, não estão ali todas as hipóteses de enriquecimento sem causa, outras havendo espalhadas pelo estatuto. No entanto, as regras gerais serão sempre, ou quase sempre, aplicáveis.

Do princípio geral do art. 812 citado defluem três elementos: um *enriquecimento* feito por alguém, à causa de outrem, e, portanto, um *empobrecimento* deste último, fenômeno esse produzido *sem causa jurídica*.

A ausência de causa jurídica, ou, mais modernamente, de fato jurígeno ou gerador, é o elemento mais importante a ser analisado.

Na esteira do código alemão está o código suíço das obrigações. O código suíço circunscreve o campo de ação do injusto enriquecimento àquele que, sem causa legítima, se enriquece à custa de outrem e, pois, deve restituir. A restituição é devida, particularmente, tanto do que recebeu sem causa jurídica como daquele que recebeu em razão de uma causa que não se realizou ou de uma causa que deixou de existir (art. 62). Por exemplo, um pai paga pensão alimentícia a um filho, que já faleceu, mas quem recebeu foi a mãe, então representante legal e administradora dos bens do filho. Essa regra está consagrada em nosso vigente estatuto civil:

> *"A restituição é devida, não só quando tenha havido causa que justifique o enriquecimento, mas também se esta deixou de existir"* (art. 885).

São aplicações das *condictiones*. O tratamento recebido pelo enriquecimento sem causa no direito suíço é autônomo, como fonte de obrigações. A noção de causa, todavia, nesse sistema obrigacional, é importante para a compreensão da posição legislativa.

Na França, sempre se admitiu o princípio do injusto enriquecimento, como fonte não contratual de obrigações. Apesar de não possuir o direito positivo uma regra geral, Colin e Capitant (1934, v. 2:228) consideram em vigor a ação *in rem verso*, em razão de a jurisprudência sempre a ter admitido. E, como no Código brasileiro, se não há texto expresso, há importantes aplicações do princípio, a par do específico pagamento indevido (arts. 1.376 a 1.381 do Código de Napoleão). Sempre houve, portanto, na França, a noção de que se deve restituir o que se recebeu indevidamente, seja em razão de nulidade do ato, seja em razão de benfeitorias executadas de boa-fé ou de despesas necessárias feitas em coisa alheia.

A doutrina francesa tentou explicar o princípio do enriquecimento sem causa nos fundamentos da gestão de negócios imperfeita ou na teoria da responsabilidade civil fundada no risco. São teorias do século passado.

Colin e Capitant (1934, v. 2:229) concluem por enquadrar a regra do enriquecimento ilícito como forma de aplicação da equidade de origem costumeira. E, ao mencionar os costumes, dizem referir-se à jurisprudência.

Alex Weill e François Terré (1975:882), após rebaterem as vetustas teorias referentes à gestão de negócios e da responsabilidade civil, dizem que o princípio do enriquecimento sem causa deve possuir uma teoria própria, uma construção jurídica autônoma, e concluem:

> *"trata-se de uma criação jurisprudencial elaborada graças à generalização de soluções legais particulares, e repousando sobre o poder do juiz de preencher as lacunas do direito".*

A simples noção de equidade para a aplicação do princípio já se mostra insuficiente para a doutrina e jurisprudência francesas. A formulação de uma teoria própria, portanto, agiganta-se.

O atual Código Civil italiano coloca o pagamento indevido e o enriquecimento sem causa como fontes de obrigações. O código anterior, de 1865, seguia o modelo do vigente código francês. No direito italiano, hodiernamente, o enriquecimento sem causa é tido como forma subsidiária de fonte de obrigações (arts. 2.041 e 2.042), enquanto o pagamento indevido (arts. 2.033 a 2.040) tem quase os mesmos princípios de nosso direito. No dizer de Pietro Rescigno (1957:1:224), a aplicação dos princípios do pagamento indevido pela jurisprudência, no Código revogado, abriu caminho para seu regulamento legislativo no Código atual. O mesmo se pode dizer de nosso legislador do corrente Código, que definiu o instituto: *"Aquele que, sem justa causa, se enriquecer à custa de outrem, será obrigado a restituir o indevidamente auferido, feita a atualização dos valores monetários"* (art. 884).

O Código português de 1867 não continha regulamentação geral e sistemática do enriquecimento sem causa, a exemplo de nosso atual. Tratava-se do pagamento indevido e, esparsamente, havia aplicações do princípio geral, como focaliza Cunha Gonçalves (1951, v. 2:560). A jurisprudência, porém, lá, como aqui, manifestou-se no sentido de ser reconhecida uma ação geral para coibir o enriquecimento sem causa, seguindo as legislações mais modernas.

O atual Código português, de 1966, consagra, no art. 473, o princípio geral do enriquecimento sem causa, como fonte autônoma de obrigações. Rodrigues Bastos (1972, v. 2:13) aplaude a inovação, mas, ao mesmo tempo, faz um alerta para que:

> *"os tribunais tenham presentes os verdadeiros fins do instituto e os limites em que ele se contém, seria bem perigosa a sua aplicação fora dos casos para que foi admitido, o que poderia traduzir-se em lesão efetiva do direito, que todos têm, de procurar vantagens econômicas, à custa de outros, com a celebração de negócios válidos e o normal exercício de atividades lícitas".*

Na verdade, também em Portugal a ação de enriquecimento é subsidiária (art. 474), o que consagra o princípio já exposto de que só operará na ausência de outro remédio jurídico, não havendo por que a jurisprudência dar alargamento demasiado ao princípio geral, como veremos.

9.6 APLICAÇÃO DA TEORIA DO ENRIQUECIMENTO SEM CAUSA NO DIREITO BRASILEIRO

Clóvis Beviláqua (1977:111), quando da elaboração de seu projeto, tinha diante de si o modelo alemão e o francês. Ao tratar do pagamento indevido, discorre sobre as *condictiones*, concluindo que os romanos não conseguiram uma classificação satisfatória da matéria, embora tivessem noção genérica do instituto. Entendeu que o Código francês adotara a solução romana do pagamento indevido, colocando-o entre os quase contratos, expressão que hoje quase nada significa. Prossegue afirmando que o Código francês serviu de modelo para muitas legislações, tanto que a matéria em questão foi reproduzida no código italiano revogado, no código espanhol, chileno e boliviano, entre outros.

Outras legislações que não aceitaram a classificação dos quase contratos colocaram o pagamento indevido como forma de solver uma obrigação, um pagamento que se efetuou por erro, citando o mesmo autor, o Código argentino, o português (antigo) e o austríaco.

Analisando o tratamento dado à matéria pelos códigos da França e da Alemanha, ao elaborar nosso ordenamento, Clóvis (1977:116) se pergunta: qual seria a melhor opção a ser seguida? Aduz que a sistematização do enriquecimento sem causa é difícil, pois uma fórmula geral não conseguiria reunir todos os fenômenos. E conclui, como fazem os franceses, que a equidade sempre ditará o princípio geral melhor deixando à doutrina que elocubre os princípios do instituto.

Como se nota, mesmo o autor do Projeto do Código de 1916 já admitia o princípio geral, que à época já era seguido, se bem que com fundamentação diversa, pela jurisprudência francesa. E o próprio Clóvis (1977:116) argumentava que a ação de enriquecimento deveria ser subsidiária, emergindo apenas na ausência de outra tutela jurisdicional. Assim, foi plenamente intencional a omissão de um princípio geral em nosso código. Omissão essa, aliás, suprida no atual Código.

Concluímos, portanto, que nosso sistema não se afasta do direito francês, hoje admitido o enriquecimento sem causa como fonte autônoma de obrigação, como ato unilateral.

A causa, por outro lado, em nosso sistema, se não é francamente um elemento essencial dos negócios jurídicos, é substituída pela noção de *objeto*, daí por que não sentirmos falta de sua presença.

A conclusão é que o legislador pátrio desejou eliminar a causa como elemento dos contratos, sem, porém, fazê-lo, porque a causa integra a própria noção de negócio jurídico. O direito brasileiro é, portanto, causalista, não cabendo aqui entrar na disputa atinente aos que defendem posição diversa.

Nosso ordenamento vinha regulando situações francamente de enriquecimento sem causa, como, por exemplo: a posição dos possuidores de boa ou má-fé com relação às benfeitorias (arts. 1.214 ss), a indenização devida ao marido pelas benfeitorias necessárias e úteis, segundo seu valor ao tempo da restituição do dote (art. 307 do Código de 1916), o direito do locatário em compelir o locador a indenizar as benfeitorias (art. 578), a restauração da obrigação extinta, se o credor for evicto da coisa recebida em pagamento, ficando sem efeito a quitação dada (art. 359) (típica *condictio* romana), a situação do herdeiro excluído ou do herdeiro aparente que deve ser indenizado das despesas na conservação da coisa (art. 1.817, parágrafo único).

Cada uma dessas hipóteses, que certamente não são as únicas, vem imbuída do propósito de impedir o locupletamento sem causa. Donde resulta que, segundo o princípio geral, sempre que houver prejuízo econômico sem causa jurídica, haverá direito à ação de enriquecimento. Observemos, de plano, que o princípio não se confunde com indenização por perdas e danos. Não se está no campo da responsabilidade civil. A noção de culpa é irrelevante para o princípio geral.

9.6.1 Requisitos do Enriquecimento sem Causa

Das noções já expostas, concluímos que existe enriquecimento injusto sempre que houver uma vantagem de cunho econômico, sem justa causa, em detrimento de outrem.[2] Esse é o sen-

[2] "Direito civil. Ação de cobrança. Transferência bancária indevida. **Enriquecimento sem causa**. Dever de restituição. Recurso não provido. I. Caso em exame 1. Apelação contra sentença que julgou procedente ação de cobrança ajuizada por instituição financeira, condenando o réu à restituição de valor creditado indevidamente em sua conta corrente, proveniente de transferência realizada por cliente do banco autor. II. Questão em discussão 2. A questão em discussão consiste em saber se o recebimento e utilização de valores creditados por erro, sem causa jurídica, configura enriquecimento ilícito, impondo ao beneficiário o dever de devolução. III. Razões de decidir 3. Preliminar de cerceamento de defesa afastada, por inexistência de necessidade de dilação probatória, diante da suficiência do conjunto documental. 4. Provas constantes dos autos, especialmente extratos bancários, comprovam que a quantia de R$ 2.999,00 foi creditada indevidamente na conta do réu, identificando-se a titularidade, agência e

tido do art. 884 do atual Código: "*Aquele que, sem justa causa, se enriquecer à custa de outrem, será obrigado a restituir o indevidamente auferido, feita a atualização dos valores monetários*".

O enriquecimento pode ter como objeto coisas corpóreas ou incorpóreas.

Assim, dispõe o parágrafo único desse dispositivo: "*Se o enriquecimento tiver por objeto coisa determinada, quem a recebeu é obrigado a restituí-la, e, se a coisa não mais subsistir, a restituição se fará pelo valor do bem na época em que foi exigido*". A lei se refere ao valor da época em que o negócio foi formalizado e o bem saiu do patrimônio do interessado.

Independe, também, o enriquecimento, de um ato positivo do *accipiens*, ou até do *solvens*. Pode promanar de uma omissão.

A ação de *in rem verso* objetiva tão só reequilibrar dois patrimônios, desequilibrados sem fundamento jurídico. Não diz respeito à noção de perdas e danos, de indenização de ato ilícito e, nem sempre, de contratos.

À noção de enriquecimento antepõe-se a noção de empobrecimento da outra parte. São termos que se usam em sentido eminentemente técnico e não vulgar, é óbvio.

A relação de imediatidade, o liame entre o enriquecimento e o empobrecimento, fechará o círculo dos requisitos para a ação específica.

Da vantagem de um patrimônio deverá resultar a desvantagem de outro.

---

origem da operação. 5. Aplicação do art. 884 do Código Civil: quem se enriquece sem causa, à custa de outrem, deve restituir o indevidamente auferido. 6. Fixação de honorários recursais. IV. Dispositivo e tese 7. Recurso não provido. Tese de julgamento: 'O recebimento de valor indevido em conta bancária, independentemente de prova de má-fé, configura enriquecimento sem causa e impõe ao beneficiário o dever de restituição ao legítimo titular'. Dispositivos relevantes citados: CC, arts. 876 e 884; CPC, art. 373, I e II. Jurisprudência relevante citada: TJSP, Apelação Cível nº 1025039-66.2023.8.26.0554, Rel. Des. Rodolfo Pellizari, j. 06.08.2025" (*TJSP* – Ap 1015034-58.2023.8.26.0562, 19-8-2025, Rel. Achile Alesina).

"Apelação. Ação de restituição de valores, decorrente de apropriação indevida. Sentença de procedência para condenar os Corréus de forma solidária a restituírem os valores pagos pelo Autor que foram apropriados de forma indevida. Recurso da Corré que não comporta acolhimento. Prova documental acostada aos autos, consistente de extratos bancários, que demonstra de forma inequívoca que a Apelante foi beneficiária dos valores transferidos pelo Autor. Autor que transferiu valores por indicação de um dos Corréus, como forma de efetuar pagamento de produtos eletrônicos que não foram entregues, observando-se que todos os envolvidos constam dos extratos bancários da Apelante. **Enriquecimento sem causa configurado**. Art. 884 do Código Civil. Sentença mantida. Honorários majorados. Recurso desprovido" (*TJSP* – Ap 1001200-37.2022.8.26.0072, 31-8-2024, Rel. L. G. Costa Wagner).

"Apelações. Prestação de serviço bancário. Ação declaratória de inexistência de débito c.c. repetição de indébito e indenização por dano moral. Necessária restituição dos valores descontados dos benefícios da autora, na forma simples, diante da ausência de ofensa à boa-fé objetiva. Autorizada a compensação de valores para evitar o **enriquecimento sem causa** daquele que recebeu quantia indevida (art. 884, CC). Ausência de circunstância que configure violação anormal de direito de personalidade. Dano moral afastado. Inaplicável a majoração dos honorários devidos pelo réu em razão do provimento do seu recurso. Majoração da verba honorária devida pela autora. Aplicação do § 11 do artigo 85 do CPC de 2015. Sentença de parcial procedência reformada em parte. Recurso do réu provido e da autora desprovido" (*TJSP* – Ap 1005632-61.2022.8.26.0602, 1-9-2023, Rel. Pedro Kodama).

"Apelação – Ação declaratória cumulada com pedido indenizatório – Relação de consumo – Responsabilidade solidária e objetiva dos réus – Artigos 7º e 14, da Lei nº 8078/90 – Fraude na emissão de boleto bancário – Obrigação das instituições financeiras de zelarem pela segurança e idoneidade de suas atividades, adotando as cautelas necessárias para evitar a perpetração de fraudes – Não o fazendo, tem-se que os réus concorreram para o evento e assumiram os riscos inerentes às atividades – Ausência de culpa exclusiva da vítima – Uma vez efetuado o pagamento, se afigura, de rigor, a condenação, solidária, dos réus à sua repetição, na forma simples, a fim de se evitar o indevido **enriquecimento sem causa**, que é coibido pelo ordenamento jurídico (artigo 884, do Código Civil) – Ademais, cientes as instituições financeiras sobre a autoria da fraude, nada impede que estas busquem, em ação própria, o ressarcimento dos prejuízos – Dano moral evidenciado – Recurso a que se dá provimento" (*TJSP* – Ap 1009078-38.2021.8.26.0269, 3-10-2022, Rel. Mauro Conti Machado).

Deve ser entendido como *sem causa* o ato jurídico desprovido de razão albergada pela ordem jurídica. A causa poderá existir, mas, sendo injusta, estará configurado o locupletamento indevido.

O enriquecimento pode emanar tanto de ato jurídico, como de negócio jurídico, e também como de ato de terceiro.

Como exemplo esclarecedor do enriquecimento injusto, lembramos mais uma vez a situação do herdeiro aparente: conduzindo-se como herdeiro, com boa-fé, seus atos deverão ser tidos como válidos até o momento em que se torne conhecido o verdadeiro herdeiro. Este não pode deixar de indenizar o herdeiro aparente das benfeitorias feitas no patrimônio.

9.6.2 Aplicação do Instituto. A Jurisprudência Brasileira

Não são muitas as situações de enriquecimento indevido levadas a nossos tribunais, o que mostra e confirma o já exposto: o sistema de nulidade dos atos jurídicos preenche as necessidades, confluindo para a noção de causa em nosso direito. Com a presença de dispositivo expresso no vigente Código Civil, a situação deverá alterar-se.

É no campo dos títulos de crédito, em maior escala, que surgiu entre nós a aplicação da ação *in rem verso*.

Sempre foi admitida a ação de locupletamento indevido quando da obrigatoriedade do registro de títulos de crédito, de acordo com o revogado Decreto-lei nº 427, de 22-1-69. Tal norma cominava pena de nulidade às notas promissórias e letras de câmbio não registradas na repartição competente, no prazo de 15 dias da emissão. O Decreto-lei nº 64.156, que regulamentou a lei absurda, que afrontava a doutrina tradicional do direito cambiário, estendeu a necessidade do *registro* a qualquer endosso aposto nos títulos. Pois bem, levado ao pé da letra do citado decreto-lei, o título de crédito que não fosse registrado seria "nulo", *ex lege*, não podendo ser cobrado de forma nenhuma.

Em que pesem alguns julgados em contrário em nossa jurisprudência, na qual se sentiu a falta de um dispositivo genérico sobre o enriquecimento indevido, a corrente majoritária, mormente em São Paulo, passou a admitir a ação de rito ordinário de enriquecimento, entre os principais coobrigados do título nessa situação (*RT* 443/214, 446/265, 441/134, 440/164, 442/265, 452/129, 468/223, 474/198, 475/197). Evidente que, sob tal premissa, vedar a ação *in rem verso* é contrariar o princípio de equidade que rege o enriquecimento sem causa. É curial que a ação se desvincule dos princípios cambiários, regendo-se pelos requisitos do enriquecimento sem causa. Há que se provar os requisitos expostos.

Aliás, em matéria cambial, existe referência expressa, no direito positivo, à ação de enriquecimento indevido no art. 48 da Lei nº 2.044, de 1908. Nele permite-se a ação de rito ordinário contra o sacador ou aceitante de título de crédito que se tenha enriquecido indevidamente. Trata-se de ação subsidiária e tem como requisitos: a existência prévia de uma letra de câmbio (ou outro título de crédito), a desoneração da responsabilidade cambial por qualquer razão (falta de protesto obrigatório, falta de apresentação para aceite, prescrição) e que o prejuízo sofrido pelo portador do título corresponda a um efetivo enriquecimento por parte do aceitante ou sacador. Típica situação de enriquecimento indevido.

Importante salientar que essa ação de locupletamento, como denomina a lei cambial, é sempre subsidiária, e, como afirma João Eunápio Borges (1971:132),

> *"não se confunde com a ação causal baseada nas relações fundamentais que deram origem ao título: compra e venda, mútuo etc., relações que desapareceram com a criação do título,*

e que podem fundamentar a ação que lhes é própria. E, enquanto, embora perdida, por qualquer motivo, a ação cambial contra todos os coobrigados, ainda dispuser o portador daquela ação causal, não poderá (nem lhe interessará) propor a ação de locupletamento. Este é o recurso extremo que a lei lhe concede, à falta da ação cambial para ressarcir-se do prejuízo que sofreu e com o qual se houver locupletado o sacador ou o aceitante".[3]

Como vemos, é grande a ênfase que se dá à subsidiariedade da ação *in rem verso*, cotejando-a sempre com a causa do negócio jurídico.

Não se restringe, porém, a ação de enriquecimento a limites tão estreitos. Seu campo de ação é amplo, imiscuindo-se inclusive no direito público.

Apesar da pobreza numérica de decisões sobre a matéria, consequência direta da decantada subsidiariedade, nossos tribunais, seguindo a doutrina, sempre admitiram o remédio jurídico.

Exemplifica o exposto a interpretação do art. 619 do Código Civil. Trata o dispositivo de matéria atinente ao reajuste do preço, nos contratos de empreitada. O justo entendimento é o de se permitir o reajuste por via judicial, com o temperamento necessário para que não haja injusto enriquecimento de uma das partes: *"O entendimento do art. 1.246 do Código Civil há de ser temperado pelo bom senso, a fim de que ele não se transforme em fonte de enriquecimento*

---

[3] "Apelação. **Ação de locupletamento ilícito**. Sentença de procedência. Inconformismo dos requeridos. Emissão de cheques, não compensados por divergência na assinatura. Cerceamento de defesa não configurado. Perito que atuou nos termos da lei e das determinações judiciais. Hipótese de deficiência técnica não verificada. Desnecessidade esclarecimentos da perícia em audiência. Perícia grafotécnica concluiu que a assinatura lançada nos cheques partiu do punho do requerido/apelante, apesar da tentativa de autofalsificação. Manutenção da obrigação de pagamento. Sentença mantida. Recurso desprovido" (*TJSP* – Ap 1043013-79.2017.8.26.0602, 10-9-2024, Rel. Regis Rodrigues Bonvicino).

"Agravo de instrumento – **Ação ordinária de locupletamento ilícito** – Decisão agravada que indeferiu o pleito de justiça gratuita. Declaração de hipossuficiência. Presunção relativa de veracidade. Certidão positiva de bens móveis e negativa de bens imóveis. Renda insuficiente para arcar com o pagamento das despesas processuais. Necessidade do benefício demonstrada. Reforma da decisão agravada para deferir a gratuidade da justiça à agravante. Recurso conhecido e provido" (*TJSC* – AI 4034569-86.2018.8.24.0000, 21-3-2019, Relª Desª Soraya Nunes Lins).

"Apelação – **Locupletamento ilícito** – Pedido julgado procedente para condenar o réu ao pagamento do débito – Pleito de reforma – Impossibilidade – Cheques – Emissões incontroversas – Adimplemento, ademais, não comprovado – Inexistência de vínculo entre os títulos e o contrato de compra e venda celebrado entre as partes – Suposta renegociação e pagamento parcial não demonstrados – Desnecessidade de verificação do negócio jurídico subjacente, cabendo ao réu comprovar a inexigibilidade do débito – Sentença mantida – Recurso não provido" (*TJSP* – Ap 1026239-62.2016.8.26.0196, 5-3-2018, Relª Cláudia Grieco Tabosa Pessoa).

"Apelação – Ação revisional de contrato c.c – **Locupletamento Ilícito** – Contrato de financiamento – Tarifa de cadastro – Legalidade – I – Determinação de novo julgamento da apelação, em razão de tese fixada em sede de Recurso Repetitivo pelo STJ, consolidando o seguinte, para efeitos do art. 543-C do CPC: 'Permanece válida a tarifa de cadastro expressamente tipificada em ato normativo padronizador da autoridade monetária, a qual somente pode ser cobrada no início do relacionamento entre o consumidor e a instituição financeira' – Cobrança de Tarifa de Cadastro, autorizada por ato normativo emanado pelo Banco Central do Brasil, que é lícita, conforme tese exarada pelo colendo STJ, em sede de recurso repetitivo – Hipótese em que não restou demonstrada, pela instituição financeira ré, em face da inversão do ônus da prova, que a cobrança da referida tarifa não se deu de forma abusiva – Contrato de financiamento que não foi juntado aos autos – Por esta razão, possível a cobrança da tarifa de cadastro com base na taxa média de mercado, salvo se o valor efetivamente cobrado for mais benéfico ao consumidor – II – Acórdão proferido por esta 24ª Câmara de Direito Privado que, equivocadamente, declarou nula a cláusula referente à cobrança de tarifa de cadastro – III – Hipótese de acolhimento parcial da impugnação apenas para reconhecer a legalidade na cobrança da tarifa de cadastro, devendo ser observada eventual abusividade nesta cobrança – Apelo parcialmente provido" (*TJSP* – Ap 0005056-62.2009.8.26.0272, 9-6-2017, Rel. Salles Vieira).

"Ação de cobrança – Pretensão de rescisão de contratos administrativos e recebimento de créditos decorrentes de prestação de serviços à Municipalidade. Prova do descumprimento de obrigações por parte da Administração Pública que ensejou atraso e paralisação das obras. Rescisão reconhecida. Obrigatoriedade de pagamento pelos serviços prestados, sob pena de **locupletamento ilícito**. Sentença de procedência parcial mantida. Aplicação da Lei nº 11960/2009. Recurso não provido, com observação" (*TJSP* – Ap 0002701-14.2010.8.26.0444, 19-2-2016, Rel. Antonio Celso Aguilar Cortez).

ilícito" (TACSP, ap. 124.839). E o que é o *bom senso* mencionado no acórdão, senão a aplicação da equidade, da qual está embebida a teoria do enriquecimento sem causa?

Mesmo no período de exceção constitucional por nós suportado, vozes se levantaram no Supremo Tribunal Federal para, agindo com o bom senso essencial ao jurista, tolher pretensões fundadas em leis excepcionais. Quando se tratou do confisco de bens obtidos ilegitimamente, firmou-se corrente no Pretório Excelso de que:

> "*o confisco de bens, como sanção que é do enriquecimento ilícito, não deve excedê-lo, pelo que é de se devolverem os bens confiscados em valor superior ao do locupletamento*" (*Rev. Forense*, 236/84, voto vencido).

É de se observar que, nesse julgado, a maioria concluiu ser insuscetível de revisão judicial o ato que determina o confisco de bens com fundamento na legislação excepcional. Tempos negros, similares à época da teoria abandonada há mais de um século no tocante à responsabilidade do Estado: "*The King can do no wrong!*"

No campo do direito administrativo, particularmente em sede de contratos administrativos, o privilégio da Administração e o princípio da prevalência do interesse público também não podem servir de óbice à aplicação da teoria de enriquecimento indevido. Mesmo o ato administrativo nulo, provados os requisitos, pode obrigar o Estado a reembolsar o particular. Mesmo nulo, o contrato pode gerar efeitos patrimoniais (assim também no direito privado), e o reembolso é uma exigência da equidade, do contrário seria imoral e injurídico (nesse sentido, Ap. nº 174.384 do TJSP).

Como vemos, a aplicação da teoria do enriquecimento injustificado pertence à teoria geral do Direito, extravasando os limites do campo civilístico ou privatístico, devendo ser observada como um critério de equidade e de princípios gerais de direito, nas mais diferentes fronteiras de nossa ciência.

9.6.3 Objeto da Restituição

A restituição deve ficar entre dois parâmetros. De um lado, não pode ultrapassar o enriquecimento efetivo recebido pelo agente em detrimento do devedor. De outro, não pode ultrapassar o empobrecimento do outro agente, isto é, o montante em que o patrimônio sofreu diminuição.

Outro aspecto importante a recordar é que o montante será calculado na data em que a restituição é efetivada. Se a coisa obtida mediante enriquecimento valia 10.000, mas por qualquer circunstância enriqueceu o patrimônio do beneficiado em apenas 5.000, será neste valor o montante objeto da restituição.

Como vimos ressaltando, o efeito do enriquecimento sem causa difere do efeito de nulidade ou de resolução do negócio jurídico.

A nulidade implica o desfazimento *ex tunc* das relações jurídicas derivadas. As partes devem devolver reciprocamente tudo que receberam, em espécie ou em valor. É o princípio do art. 182 de nosso código. Já a situação do enriquecimento sem causa diverge.

Gerota (1923:228) traz à colação o art. 818 do código alemão, concluindo que a ação de enriquecimento sem causa não é uma ação de indenização. Sua finalidade é restabelecer um equilíbrio de patrimônios por uma justa compensação (*Rechter Ausgeleich*).

Não se trata, pois, de se fixar indenização, mas de uma reparação na medida do enriquecimento alcançado contra alguém. Importante lembrar que, uma vez constituído em mora, o devedor do ilícito passa a responder pelas consequências dela e a ser tratado como devedor moroso.

A obrigação de restituir estende-se aos benefícios alcançados, inclusive os frutos. Gerota (1923:228) lembra que a situação é análoga à do possuidor de boa-fé, de uma herança, exemplo já por nós lembrado.

9.7 AÇÃO DE *IN REM VERSO*

A jurisprudência francesa sintetiza as seguintes condições para a ação de *in rem verso* (Weill e Terré, 1975:883):

1. Enriquecimento

É o elemento fundamental, pela própria definição. O enriquecimento pode resultar da aquisição ou do implemento de um direito. A vantagem poderá também ser imaterial, ou seja, intelectual e moral. Aquele que pagou para custear os estudos de outrem; se tal fato não ocorreu, poderá haver enriquecimento por parte do *accipiens*.

É necessário, também, que o enriquecimento exista quando a ação é exercitada. Se, nesse momento, o enriquecimento já se esvaiu, o autor dela será carecedor. A questão, contudo, é matéria de arguto exame pelo julgador em cada caso concreto, já que nos posicionamos no campo da equidade ao encarar tal problema.

Como observa Agostinho Alvim (*RT* 259/19), "*o enriquecimento tem o mais amplo sentido, compreendendo qualquer aumento do patrimônio, ou diminuição evitada, até vantagens não patrimoniais, desde que estimáveis em dinheiro*". Poderá consistir, como ocorre geralmente, na deslocação de um valor de um patrimônio para outro,[4] numa remissão de dívida não desejada

---

[4] "**Repetição do indébito** – Insurgência do autor afirmando que teria lhe sido cobrado valor superior ao crédito que tomou – Descabimento – Contrato firmado entre as partes que descreve de forma clara o montante liberado ao contratante – Juntada de documento que demonstra como o recorrente distribuiu o pagamento do montante total descrito da Cédula de Crédito Bancário – Negócio jurídico que se apresenta de forma válida – Dano moral – Ausência – Multa arbitrada que deve ser mantida – Inteligência do artigo 81, *caput*, do CPC – Sentença mantida – Recurso desprovido" (*TJSP* – AC 1012342-50.2018.8.26.0566, 13-8-2019, Rel. Lavínio Donizetti Paschoalão).

"Apelação Cível – Família – Ação de cobrança – ***Actio in rem verso*** – Indenização por morte do genitor em acidente de trabalho – Valores recebidos pela viúva, sem o repasse dos quinhões dos herdeiros. Igualdade de rateio não observada. Restituição devida. Fase de cumprimento de sentença. Acordo homologado judicialmente. Descabimento do recurso de apelação. Necessidade de ajuizamento de açao própria. Arts. 486 do CPC/73 e 966, § 4º, do NCPC. Apelação não conhecida" (*TJRS* – AC 70076799584, 25-4-2018, Relª Desª Sandra Brisolara Medeiros).

"Civil e processual civil – Apelação Cível – **Ação *in rem verso*** – Sentença de procedência – Recurso do réu – 1 – Preclusão *pro judicato* – Sentença que teria julgado a distribuição do ônus processual diferente do despacho saneador. Autora que restou incumbida de provar o pagamento a maior em favor da ré. Satisfação pela requerente. Ré que admite o recebimento deveria justificar o motivo. Inteligência do inc. II, art. 373 do CPC. Ausência de julgamento dúplice quanto à distribuição do ônus probatório. 2 – Prova pericial contábil que acusa crédito perseguido pela autora e se baseia em documentos que não se revestem de legalidade contábil. Admissão pela ré da idoneidade dos documentos corroborada pela oitiva de sua testemunha. Ausência de deficiência documental a fragilizar a conclusão da prova pericial que acusou perfeição matemática quanto ao pagamento a maior. 3 – Pleito de minoração dos honorários apelação cível nº 1.583.246-3 fl. 2 advocatícios. Verba arbitrada que atende aos requisitos legais, devidamente ponderadas as peculiaridades do caso. Valor que remunera condignamente o profissional. Manutenção dos ônus sucumbenciais. Recurso conhecido e não provido" (*TJPR* – AC 1583246-3, 25-4-2017, Relª Desª Ivanise Maria Tratz Martins).

"Apelação. **Ação de repetição de indébito**. Compra e venda de imóvel. Pleito de devolução, em dobro, de verbas de intermediação. Sentença de procedência. Inconformismo da ré. Preliminares de prescrição, ilegitimidade passiva, cerceamento de defesa e denunciação da lide afastadas. Verbas de intermediação que devem ser restituídas. Precedentes desta Câmara e deste Tribunal. Não aplicação do parágrafo único do artigo 42 do Código de Defesa do Consumidor ao caso em tela, haja vista a falta de demonstração de má-fé das corrés. Litigância de má-fé da autora também não reconhecida. Recurso parcialmente provido" (v.18167) (*TJSP* – Ap 0027467-18.2013.8.26.0577, 29-1-2015, Relª Viviani Nicolau).

"Arrendamento mercantil. **Repetição de indébito** cumulada com revisional. Antecipação de tutela. Inadmissibilidade. Recurso improvido. Não há lugar para se invalidar antecipadamente cláusulas contratuais, o que só

ou não procurada, na transmissão errônea da posse, enfim, na incorporação ao patrimônio de um elemento material ou imaterial.[5]

2. Empobrecimento correlativo

É necessário que exista uma pessoa que sofra o empobrecimento, o autor da demanda. A natureza do empobrecimento não importa, apenas se exige que a perda seja apreciável economicamente. Há, evidentemente, necessidade de um nexo de causalidade entre o enriquecimento e o empobrecimento, isto é, uma correlação na passagem de um valor de uma pessoa a outra. Também

---

pode ocorrer se ficar demonstrado, de forma clara e irretorquível, a ilicitude na cobrança dos valores, acarretando excessiva onerosidade para a arrendatária e vantagem desmedida para a arrendadora, desvirtuando o ajuste de *leasing* de sorte a legitimar a revisão judicial de suas cláusulas" (*TJSP* – AI 0018796-88.2013.8.26.0000, 18-3-2013, Rel. Renato Sartorelli).

5 "**Ação de enriquecimento sem causa** – Hipótese em que a sentença reconheceu a ocorrência da prescrição e julgou extinto o processo, com fundamento no artigo 487, II, do CPC, assentando, ainda, o descabimento do emprego pelo autor na espécie da ação prevista no artigo 884, do Código Civil. Acerto da solução dada ao caso em primeiro grau, porque seria imprescindível que estivessem reunidos os requisitos legais pertinentes, dentre os quais a inexistência de contrato ou de previsão legal para a cobrança dos valores nela perseguidos, resultando na inexistência de causa jurídica para a propositura de ação específica, dado o caráter meramente subsidiário da ação de enriquecimento sem causa. Consideração de que celebraram as partes contrato de mútuo e que o banco não ajuizou ação de cobrança no tempo próprio. Sentença de improcedência mantida. Recurso improvido. Dispositivo: negaram provimento ao recurso" (*TJSP* – AC 1135351-89.2018.8.26.0100, 2-7-2019, Rel. João Camillo de Almeida Prado Costa).

"Processual Civil – *Astreinte* – Princípios da razoabilidade e vedação ao **enriquecimento sem causa** – Limitação – Possibilidade. 1. A *astreinte* constitui meio coercitivo de compelir o réu a cumprir decisão judicial (CPC/1973, art. 461; CPC, art. 537, *caput*). Sem cunho punitivo, deve ser arbitrada em quantia adequada, no propósito de desencorajar o descumprimento da determinação judicial, sem implicar enriquecimento à parte a quem beneficia. 2. À luz do preconizado pelo § 1º do art. 537 do Código de Processo Civil, é possível a alteração da multa, ou sua limitação em montante fixo global, até mesmo *ex officio*, a qualquer tempo, caso se verifique que se tornou, ou pode se tornar, insuficiente ou excessiva" (*TJSC* – AI 0019110-83.2016.8.24.0000, 7-2-2018, Rel. Des. Luiz Cézar Medeiros).

"Impugnação ao valor da causa – **Ação de locupletamento ilícito** – Pedido declaratório de quitação de dívida – Em se tratando de pretensão de natureza eminentemente declaratória é o caso de acolhimento da tese defendida pelos recorrentes, para o fim de prevalecer o valor estimativo atribuído à causa, na petição inicial, nos termos do art. 258 do CPC – Recurso provido por maioria de votos" (*TJSP* – AI 2271090-31.2015.8.26.0000, 6-4-2016, Rel. Luis Carlos de Barros).

"Apelação. Compromisso de compra e venda de imóvel. Ação de reparação de danos cumulada com indenizatória e repetição do indébito. Sentença de parcial procedência. Inconformismo bilateral. 1. Legitimidade de parte da vendedora. Configurada a legitimidade da ré, uma vez que tem responsabilidade por todos os pagamentos efetuados pelos adquirentes. 2. Atraso na entrega da obra. Não configurada hipótese de caso fortuito externo ocorrido dentro do prazo inicial previsto para a entrega da unidade. Justificativa que encerra *res inter alios acta* em relação ao compromissário adquirente. Aplicação do Enunciado 38-1 desta Câmara. Cláusula que estipula prazo indeterminado para a entrega da obra, na hipótese de financiamento bancário e impõe extrema desvantagem ao consumidor. Precedente desta Câmara em caso análogo. 3. Aplicação de multa contratual. Multa contratual estabelecida para o caso de mora dos compradores e que não pode ser estendida para o caso de mora das vendedoras. Aplicação do Enunciado 38-6 desta Câmara. 4. Verbas de assessoria imobiliária. Inadmissibilidade da cobrança de comissão de corretagem. Os adquirentes que se dirigem ao estande de vendas para a aquisição do imóvel não respondem pelo pagamento das verbas de assessoria imobiliária (corretagem e taxa Sati). Aplicação do Enunciado 38-3 desta Câmara. 5. Lucros cessantes. Descumprido o prazo para a entrega do imóvel objeto do compromisso de venda e compra, é cabível a condenação da vendedora por lucros cessantes, havendo a presunção de prejuízo dos adquirentes, ainda que não demonstrada a finalidade negocial da transação. Aplicação do Enunciado 38-5 desta Câmara. Precedentes do STJ. Ausência de impugnação específica quanto ao valor fixado pela r. sentença. 6. Dano moral. Devida indenização pelos danos morais sofridos, diante das peculiaridades do caso concreto. Valor arbitrado em R$ 10.000,00, que se harmoniza com o entendimento que vem prevalecendo nesta Câmara. 7. Litigância de má-fé. Não caracterização. A condenação às penas de litigância de má-fé somente pode ser imposta em hipóteses em que reste inequívoca a intenção de uma das partes de praticar atos desprovidos de boa-fé. Conduta dos autores que não demonstram deslealdade, mas equívoco. 8. Ônus da sucumbência. Ré deverá arcar com os honorários advocatícios fixados em 10% do valor da causa e 2/3 das custas e despesas processuais, considerando-se a sucumbência recíproca. Sentença reformada para acolher o pedido de indenização por danos morais e afastar a condenação às penalidades em razão da litigância de má-fé. Recurso dos autores parcialmente provido e negado provimento ao recurso da ré" (*TJSP* – Ap 1015155-21.2013.8.26.0309, 5-8-2015, Relª Viviani Nicolau).

não é necessário que o enriquecimento tenha sido direto, isto é, proveniente de uma relação jurídica direta entre enriquecido e empobrecido. A transmissão de valores de um agente a outro pode ser feita por intermédio de um terceiro. Basta que o nexo causal, o liame (não confundir com a causa que pertence ao título do instituto), entre o enriquecimento e o empobrecimento, exista. Nexo causal é o fato originário do direito de reembolso: fato jurígeno ou fato gerador.

Há empobrecimento para quem pagou indevidamente (caso de pagamento indevido, que é espécie de enriquecimento sem causa), assim como por serviços prestados e não pagos (aqui não existe propriamente uma diminuição patrimonial). Podemos ver que o *empobrecimento*, estritamente, pode até vir a faltar, porque o termo foge ao conceito exclusivamente patrimonial. Nem sempre a questão do empobrecimento será nítida. A noção que sobreleva é a do enriquecimento.

3. Ausência de causa jurídica

Também é da essência e da própria denominação a ausência de causa. Quanto à noção de causa nos negócios jurídicos, já a ela nos reportamos. Esse requisito dá margem a infindáveis discussões.

Há que se entender que a palavra *causa*, aqui, é tomada em seu sentido tradicional, ou seja, como o ato jurídico que explica, que justifica a aquisição de um direito.

Tal noção é de fácil apreensão quando o enriquecimento ocorre diretamente entre enriquecido e empobrecido. Um caso típico é o do pagamento indevido, no qual o *accipiens* deve devolver, porque o pagamento que recebe não pode subsistir pela inexistência de *causa*.

Todavia, quando o enriquecimento ocorre por meio de um terceiro, nem sempre será simples identificar a causa injusta. A dúvida repousa em saber em que medida um ato praticado entre o empobrecido e um terceiro pode afetar o enriquecido. A tendência inevitável da jurisprudência é de considerar o ato *res inter alios acta*, isto é, irrelevante para as partes envolvidas. Figure-se o exemplo de um empreiteiro que executa, por conta do locatário, um melhoramento no prédio locado. Posteriormente, sem receber o pagamento, com o serviço efetuado, o locatário abandona o prédio e desaparece. Não sobra dúvida de que houve um enriquecimento por parte do proprietário do imóvel e um empobrecimento por parte do empreiteiro. Pergunta-se: haveria aqui possibilidade da ação *in rem verso*? Não temos dúvida da resposta afirmativa. Não se está em sede de responsabilidade contratual, mas no campo de uma diversa fonte de obrigações. Não podendo se voltar contra o contratante, o empreiteiro se volta contra aquele que obteve o enriquecimento, devendo ser considerado parte legítima para a ação.

Há texto proposto pelo projeto de reforma do Código Civil. No art. 884, lembra em seu § 1º que a obrigação de restituir se justifica quando a causa do enriquecimento deixar de existir, for ilícita ou não se verificar. Aguardamos a aprovação, pois o texto é útil.

4. Ausência de interesse pessoal do empobrecido

O empobrecimento não pode derivar de um relacionamento contratual com o enriquecido, ou de alguma regra legal que os unisse. Não pode haver noção de interesse pessoal, ainda que potencial, referente à pessoa do empobrecido.

As obrigações decorrentes do enriquecimento sem causa nascem independentemente da vontade dos agentes. Não se discute também a capacidade do credor e do devedor, pois as regras que dizem respeito à incapacidade têm por finalidade proteger a vontade, que não é elemento necessário para que ocorra o enriquecimento. Contudo, a avaliação do enriquecimento poderá variar, se alguma das partes for incapaz.

9.7.1 A Subsidiariedade da Ação

Em várias passagens deste capítulo temos apontado o caráter subsidiário da ação de *in rem verso*. Pouco nos resta acrescentar agora quanto à noção, que acreditamos, já está clara, mormente porque doravante temos princípio legal expresso: *"Não caberá a restituição por enriquecimento, se a lei conferir ao lesado outros meios para se ressarcir do prejuízo sofrido"* (art. 886 do atual Código).

A ação é a última *ratio* de que se pode valer a parte, na inexistência de qualquer outra no sistema jurídico, isto é, na impossibilidade de uma ação derivada de um contrato, ou de um ato ilícito, ou simplesmente da ação de anulação ou nulidade de um negócio jurídico.

Como deflui do que já vimos, os efeitos da ação de enriquecimento serão sempre menores do que os da ação derivada de um contrato ou da responsabilidade aquiliana. Na primeira, apenas o efetivo enriquecimento poderá ser concedido; nas outras, pode-se falar em indenização equivalente a prestações não cumpridas, cláusula penal e perdas e danos.

A preocupação, tanto na doutrina, quanto na jurisprudência, como na legislação, é evitar tornar a ação de enriquecimento uma panaceia para todos os males, ou, no dizer de Ferreira (1950:166), *"uma espécie de* ***action passe-partout****, atropelando as regras do direito positivo"*. E lembra ainda, com propriedade, que o caráter subsidiário da ação resulta de circunstâncias de fato, pois, enquanto não esgota o prejudicado todos os meios normais de ressarcimento, não há que se falar em empobrecimento. Daí concluir-se que a inexistência de qualquer outro remédio para o agente é um fator a mais a concluir pela existência de um injusto enriquecimento, numa verdadeira condição de procedibilidade.

Assim, ao contrário de diminuir-lhe a importância, a subsidiariedade ressalta ainda mais a validade desse remédio, como a última possibilidade, e definitiva, de o prejudicado se ver ressarcido de seu empobrecimento. Contudo, segundo Ferreira (1950:169),

> *"a ação de enriquecimento não deve ser concedida para atender aos casos de impossibilidade de execução de contratos por falta de prova, ou por motivo de prescrição (afora, entre nós, a situação dos títulos de crédito, permitida pela lei), nem para remediar certos enriquecimentos devidos à inércia do empobrecido"*.

No direito alemão, a ação *in rem verso* não é subsidiária, apesar de, na Alemanha, também existir divergência doutrinária; não só porque não existe dispositivo específico na lei a respeito da subsidiariedade, mas também como decorrência abstrata do negócio jurídico. Mesmo assim, observa Gerota (1923:220), os tribunais são inclinados a negar subsidiariedade em duas situações: quando houver possibilidade de ação reivindicatória, a justo título, pois, nesse caso, o autor só perdeu a posse, restando-lhe ainda o domínio, e quando houver possibilidade de uma ação contratual.

Na verdade, os novos códigos resolveram expressamente a controvérsia: o italiano, no art. 2.042, o português, no art. 474, nosso atual diploma no art. 886.

Nossa doutrina sempre foi mais favorável ao subsidiarismo, e como conclui Lopes (1966, v. 2:89),

> *"para nós, a ação de enriquecimento sem causa não pode, de um modo geral, ser franqueada a todos os casos concomitantemente com ações próprias ao direito disputado. Deve-se evitar que tão alto remédio se converta em panaceia. Mas seu caráter subsidiário, longe de lhe diminuir o valor, ao contrário, aumenta-o. A despeito do caráter autônomo do conceito moderno de actio, ainda continua princípio verdadeiro o constante no art. 75 do Código Civil* (antigo), *consoante o qual a todo direito corresponde uma ação que o assegura"*.

9.8 SÍNTESE CONCLUSIVA DO ENRIQUECIMENTO SEM CAUSA. PRESCRIÇÃO

Antes de adentrarmos no estudo do pagamento indevido em nosso Código Civil, impõem-se algumas ilações.

Sempre estivemos em torno da noção de que a ninguém é lícito aumentar seu patrimônio sem causa jurídica, à custa de outrem. O pagamento indevido nada mais é do que a aplicação desse princípio. Como exaustivamente examinado, porém, tal noção transcende a medida acanhada do pagamento indevido posta em nossa legislação e nas que nos são assemelhadas, para se espraiar por todo o sistema.

Pouco importando, agora, quais tenham sido as cogitações de Clóvis, ao elaborar o projeto do Código de 1916, sobre o alcance do instituto, nossa doutrina e o direito comparado já o solidificaram, colocando sua aplicação nas fronteiras devidas, como forma de integração do sistema legal (cf. Rodrigues, 1981*a*, v. 2:163).

A própria lei, como vimos, regula situações particulares típicas do enriquecimento indevido.

Claro restou que não se confunde o que se concede a título de ressarcimento injustificado, com a indenização decorrente de responsabilidade contratual ou aquiliana.

O enriquecimento pode ter origem tanto de um negócio, como de um ato jurídico. Daí a conclusão de Antunes Varella (1977:194), de que a noção de aumento patrimonial e diminuição patrimonial abrange:

> *"todas as situações por virtude das quais uma pessoa obtém certa vantagem de natureza patrimonial a expensas de outra, independentemente da natureza do ato donde elas procedem".*

A verdadeira medida do enriquecimento e do empobrecimento nos dará o caso concreto. O equilíbrio das situações, para que, por intermédio de uma ação *in rem verso*, não se produza um novo enriquecimento, será dado pelos tribunais. Avulta aí a importância do trabalho pretoriano. O novo estatuto procurou traçar contornos à medida, estipulando a *atualização dos valores monetários*, na restituição (art. 884), e dispondo que, em caso de restituição de coisa determinada, quem a recebeu indevidamente, na falta dela, deve restituir o valor atualizado (parágrafo único, art. 884), *na época em que foi exigido*. Essa deve ser, também hoje, a tendência de nossos tribunais.

Ao finalizar, cumpre lembrar que o atual Código estabeleceu o prazo prescricional de três anos para a pretensão de ressarcimento de enriquecimento sem causa (art. 206, § 3º, IV). Esse prazo deve ser contado a partir do fato do enriquecimento, quando se abriu margem à propositura da ação. Trata-se, como se nota, de prazo exíguo, demonstrando que o legislador não desejou ampliar em demasia a utilização dessa ação. Não nos parece que tenha sido a melhor solução. A proposta do projeto de reforma do Código Civil busca alongar esse prazo prescricional, a nosso ver com razão, para cinco anos (art. 205).

9.9 PAGAMENTO INDEVIDO

Por ser o pagamento indevido uma modalidade de enriquecimento ilícito, optamos para o estudo conjunto de ambos os fenômenos. No pagamento indevido, a ideia é também de reequilíbrio patrimonial.

Ao lado do silêncio de nosso Código de 1916, no que tange ao princípio geral do enriquecimento, o pagamento indevido era disciplinado nos arts. 964 a 971 dentro do capítulo *pagamento geral*, no título *Efeitos das Obrigações*. Como apontamos, o atual diploma rege a matéria entre os atos unilaterais.

Em que pesem serem aplicáveis ao instituto muitos dos princípios do enriquecimento, há disposições específicas e de caráter próprio.

9.9.1 Pagamento em Geral. Conteúdo

De plano deve ser dito que, enquanto no pagamento indevido pressupõe-se sempre um *pagamento*, isto é, por *fas* ou *nefas*, a extinção de uma obrigação que poderia não existir, no enriquecimento ilícito, que pode englobar a maioria das situações de pagamento indevido, a situação é geral e não há que se ter em mente a extinção pura e simples de uma obrigação.

Como já estudamos, o *pagamento* é o fim natural e normal de uma obrigação; o fim *mais normal*, diríamos. Nada mais do que a execução voluntária da prestação. Já vimos que o termo não se prende exclusivamente à expressão mais corriqueira de se ligar o pagamento à execução de uma obrigação, em dinheiro. Pagamento é, na realidade, o adimplemento voluntário de qualquer obrigação, por meio do cumprimento do objeto da prestação, seja a obrigação de dar, seja a de fazer e não fazer, com todas as nuanças.

Para a existência de um pagamento, pressupõe-se a existência de uma obrigação, a intenção de pagar, a possibilidade do cumprimento dessa obrigação, a existência de quem paga (o *solvens*) e a existência de quem recebe (o *accipiens*).

O art. 876 estabelece a obrigação de restituir a "*todo aquele que recebeu o que lhe não era devido*" e "*àquele que recebe dívida condicional antes de cumprida a condição*".

A origem do dispositivo está nas *condictiones* do Direito Romano, já por nós referidas.

O direito de repetir o que se pagou emerge do fato de *não existir débito a ser pago*, ou, havendo débito a ser pago, deveria o pagamento ser dirigido a outra pessoa, o que, em síntese, vem a dar na primeira hipótese. No pagamento indevido é ínsita a noção de intenção de cumprir uma obrigação que não existe, em consequência de erro. Desse modo, se o *solvens* paga, sabendo que não deve, mas, conscientemente, porque quer fazê-lo, não tem direito à repetição:

> "*improcede o pedido de repetição de pagamento efetuado voluntariamente, embora convencida, a parte, de sua inexigibilidade ao tempo em que, por peculiar motivo de conveniência, consentiu em pagar*" (Rec. extraordinário nº 100.733, *RTJ* 112/373).

Assim define Lopes (1966, v. 2:102): "*é o pagamento efetuado com a intenção de cumprir* (*animo solvendi*) *uma obrigação inexistente* (*indebitum*), *em consequência de erro*". Surge, portanto, uma obrigação imposta ao *accipiens* por lei e que se extingue com a restituição do indevido. Daí sua peculiaridade, pois a causa geradora de tal obrigação é um pagamento, justamente um fenômeno que deve ocorrer para extinguir uma dívida e não para criar outra.

9.9.2 Posição da Matéria na Lei. Fonte Autônoma de Obrigações

Como vimos, o Código de 1916 preferiu apenas disciplinar sistematicamente o pagamento indevido, tendo aplicado a teoria geral do enriquecimento em regras esparsas.

Sendo o pagamento indevido uma espécie de enriquecimento sem causa, é forçoso concluir que também esse instituto é fonte autônoma de obrigações, a despeito de sua localização no direito positivo do Código de 1916. A localização feita pelo Código de 2002 é a mais técnica.

Orlando Gomes (1978:45) classifica o pagamento indevido como uma das *situações de fato* a que a lei atribui o efeito de suscitarem obrigações, ao lado da gestão de negócios, uma vez que é de se repelir a classificação dos quase contratos. E acrescenta que, por sua crescente importância no direito moderno, a teoria do enriquecimento sem causa merece uma exposição à parte.

A maioria da doutrina atual considera o pagamento indevido como modalidade do enriquecimento sem causa, apesar de sua individualidade própria. A nova lei atende aos reclamos mais atuais ao considerar o pagamento indevido e o enriquecimento sem causa como fontes de obrigações derivadas de atos unilaterais.

9.9.3 Pressupostos do Pagamento Indevido

Entendendo-se o pagamento indevido como modalidade do enriquecimento sem causa, desnecessária a repetição dos pressupostos gerais já expostos.

O art. 876 dá os contornos gerais do instituto: todo aquele que recebeu o que não era devido fica obrigado a restituir.

Trata-se de aplicação da *condictio indebiti*, a aplicação da mais ampla *condictio sine causa*, como afirma Lacerda de Almeida (1934:180).

O pagamento indevido pode ser encarado sob dois aspectos: objetivo e subjetivo.

Pelo critério objetivo, haverá pagamento indevido pelo simples fato de um pagamento sem causa. Pelo critério subjetivo, exige-se como requisito o *erro do solvens* (art. 877 do atual Código; no mesmo sentido do Código de 1916, art. 965). No Direito Romano, prevalecia o critério subjetivo.

O vigente código italiano menciona ambas as formas nos arts. 2.033 e 2.036, relativos ao indébito objetivo e subjetivo, respectivamente. Adotou, pois, o estatuto peninsular uma atitude eclética: para certas situações, toma por base o caráter meramente objetivo, enquanto, para outras, exige o elemento subjetivo.

Comumente se denomina o indébito subjetivo de *ex persona* e o indébito objetivo de *ex re*.

No critério subjetivo, o erro do *solvens* é essencial para a repetição. Essa é a solução de nosso direito positivo, no art. 877, como veremos.

Destarte, para que ocorra o pagamento indevido é necessário, primeiramente, o pagamento, o *animus solvendi*; em segundo lugar, a inexistência do débito ou o pagamento dirigido a pessoa que não o credor.

Há inexistência de débito tanto quando há uma dívida real, mas carente de requisitos indispensáveis para justificar o pagamento; como quando uma pessoa paga dívida que existia efetivamente, mas da qual deixou de ser devedora, ou apenas devedora em parte; como também quando o devedor dá em pagamento coisa diversa daquela que constituía o objeto da obrigação. Nesses três casos, estamos diante de indébito *ex re*. Haverá também pagamento indevido quando uma pessoa recebe o que era devido a outra (indébito *ex persona*) (cf. Lopes, 1966, v. 2:108).

Quando a obrigação é condicional (art. 876), antes do implemento da condição, o vínculo não se estabelece, não havendo que se falar de obrigação completa. Como a condição pode não se realizar, o pagamento seria indevido.

Já no pagamento feito antes do termo, trata-se apenas de adimplemento antecipado. A obrigação existe, daí por que o pagamento não pode ser repetido.

9.9.4 Erro do *Solvens*

Dispõe o art. 877 que *"ao que voluntariamente pagou o indevido incumbe a prova de tê-lo feito por erro"*.

Aduz Clóvis (1977) que o Código, aqui, manteve-se fiel à doutrina romana, subjetiva, mas adverte que a ausência desse fator não significa que não possa haver enriquecimento injusto. O que o Código adota é a teoria subjetiva apenas no tocante ao pagamento indevido e não quanto ao enriquecimento sem causa, em geral. Esse ressalte é importante, pois, do contrário, estender-se-ia a teoria do erro a toda a teoria do enriquecimento sem causa, o que traria soluções iníquas.

No dizer de Lopes (1966, v. 2:111),

> *"a função do erro, nesse setor, é considerada, modernamente, como esporádica e subsidiária, de modo a espancar o particularismo da repetição do indevido em face do enriquecimento sem causa".*

De qualquer modo, o erro é elemento do pagamento voluntário. Quem pagou à força, coativamente, não deve provar erro, é evidente. Não só quando houver coação, no sentido estrito, mas também quando o *solvens* for colocado em uma situação na qual não tinha outra saída, como o caso de pagamento de tributos não devidos. Neste caso, o não pagamento acarretaria uma série de consequências nefastas para o contribuinte, e não seria justo, do mesmo modo, recusar a repetição do indébito ao *solvens*.

Entende-se, outrossim, que, por vezes, a prova do erro do *solvens* lhe será extremamente gravosa. O princípio deve ser entendido com a mitigação necessária. O erro não é uma condição *sine qua non* para a ação de repetição, ao contrário do que pensa parte da doutrina. O que o autor deve provar na ação de repetição é o pagamento não devido. A prova do erro, aí, excluiria qualquer outro elemento probatório.

Importa notar que não se fala em pagamento voluntário. Já vimos no acórdão do Supremo Tribunal Federal citado que quem paga voluntariamente, por mera liberalidade, mesmo sabendo não dever, ou tendo dúvidas acerca da dívida, não pode repetir.

Da redação do art. 877 defluem os dois requisitos para que haja a repetição: a não existência da dívida e o erro de quem voluntariamente pagou.[6] Ou, em outras palavras, a involuntariedade

---

6 "Revisional – Financiamento de veículo automotor – Alegação de cobrança de cumulada de encargos moratórios, além da incidência de tarifas/despesas estranhas ao mútuo, bem como seguro de proteção financeira de adesão compulsória – Pretensão julgada antecipada e parcialmente procedente em primeiro grau de jurisdição apenas para afastar a cobrança do seguro prestamista, considerado como venda casada – Irresignação recursal apenas da instituição financeira ré, sustento que a adesão ao seguro foi livre e sem vícios de vontade, pedindo o afastamento da repetição do valor porque cabe ao mutuário a prova do erro do pagamento – Seguro de proteção financeira – Modalidade 'prestamista' – Contrato acessório 'facultativo' de natureza híbrida que visa a garantia do cumprimento da obrigação principal em caso de sinistro que inviabilize o adimplemento dos encargos mensais, cuja contratação é comum no mercado de financiamentos – Situação em que era ônus da instituição financeira demonstrar, cabalmente, que deu opção ao segurado de indicar seguradora da sua preferência, não bastando a simples adesão por mero 'check' no item específico ou a menção dessa possibilidade dentro de texto mais abrangente de difícil compreensão ao consumidor 'médio' – Caracterização de venda casada – repetição – Manutenção – Cláusulas de difícil interpretação e/ou ausência de esclarecimento ao consumidor sobre a característica de adesão facultativa que é suficiente para a presunção do erro no pagamento, segundo preceito do a**rtigo 877 do Código Civil** – Sentença mantida – Apelação não provida" (*TJSP* – Ap 1082081-17.2022.8.26.0002, 31-7-2023, Rel. Jacob Valente).

"Apelação cível. Ação de Obrigação de Fazer c/c repetição de indébito (Cartão de Crédito Consignado). Insurgência da Autora quanto à eventual saldo credor, diante do cancelamento do Cartão de Crédito. Descabimento.

do adimplemento. O direito brasileiro não presume o erro e cabe ao *solvens* o ônus da prova. Se não provar, em tese, não pode repetir.

Por outro lado, o conceito de *voluntariedade* do Código é restrito. Cinge-se a todo adimplemento que poderia, sem prejuízo para o devedor, deixar de ser feito. Daí por que, sempre que o devedor, em não pagando, sujeita-se a penalidades ou à constrição de seu patrimônio, não será o caso de se afirmar tenha sido *voluntário* o pagamento, para a vontade da lei.

Como bem observa Pontes de Miranda (1971, v. 26:172), não se aplica o artigo em tela quando o pagamento ocorreu por constrição na pessoa ou no patrimônio do *solvens*, por exemplo, quem paga prestação alimentícia que não deve, para não ser preso, ou quem paga dívida inexistente para não ver sua falência decretada, em determinados casos em que não pôde defender-se. No caso, o erro é irrelevante, bastando que o Estado tenha fixado uma imposição de pagamento, por um tributo, por uma multa, por exemplo, além das situações mencionadas. Quando tais imposições resultam ilegais, deve ser admitida a *condictio*, sem se exigir o erro, nem mesmo a dúvida em pagar, pois há um pagamento constrangido. Não se trata, em resumo, de pagamento *voluntário*, pois voluntário não é o pagamento determinado pelo Poder Judiciário.

Inteligência do artigo 877 do Código Civil. Devolução em dobro. Não acolhimento. Inteligência do artigo 42 do Código de Defesa do Consumidor. Sentença mantida. Recurso não provido" (*TJSP* – Ap 1000442-35.2022.8.26.0597, 11-8-2022, Rel. Penna Machado).

"**Contrato Bancário** – Relação contratual entre as partes está subordinada ao CDC. Contrato Bancário – Inconsistente a alegação de nulidade do negócio jurídico por vício de consentimento, em razão do erro na contratação – A parte autora sequer especificou fato concreto determinado revelador que o contrato ajustado entre as partes está eivado de vício de consentimento, consistente em erro substancial – Válido o contrato bancário ajustado, por instrumento particular, por analfabeto, que não seja incapaz absoluta ou relativamente, na forma dos arts. 3º e 4º, do CC, subscrito por duas testemunhas, como acontece no caso dos autos – O contrato de mútuo não é um contrato solene, mas sim de forma livre, visto que não há previsão legal de forma especial para sua celebração, sendo a sua pactuação, por escrito, recomendável apenas para fim probatório – Com a renegociação da dívida e quitação voluntária do primeiro contrato e o pagamento de 06 das 12 prestações do segundo contrato firmado, restou caracterizada ratificação tácita, nos termos do art. 174, do CC/2002, dos contratos bancários objeto da ação em questão em todos os seus termos. Juros remuneratórios – Não se reconhece a existência de cobrança abusiva de juros remuneratórios, no que concerne à taxa exigida, no contrato objeto da ação, porquanto não há discrepância substancial entre a taxa exigida pela instituição financeira em relação àquelas praticadas pelo mercado, na mesma praça e época da contratação, nos termos da orientação supra adotada, circunstância esta que afasta a aplicação do instituto da lesão. Indébito e danos morais – Ausente a cobrança abusiva por ilicitude de encargos exigidos, de rigor, a rejeição do pedido de condenação da parte ré à repetição de indébito, em dobro ou de forma simples, uma vez que inexistente pagamento indevido, bem como rejeição do pedido de condenação ao pagamento de indenização por danos morais, visto que não existe obrigação de indenizar, uma vez que a instituição financeira não praticou ato ilícito. Recurso da parte autora desprovido e recurso da parte ré provido" (*TJSP* – AC 1000022-62.2019.8.26.0103, 26-6-2019, Rel. Rebello Pinho).

"Apelação Cível – **Ação de repetição de indébito** – Pagamento indevido – Pagamento de título bancário por meio do sistema informatizado do banco réu. Digitação dos dados do título de forma errônea, pelo Autor, impedindo o repasse do valor ao credor cedente. Demora na solução do problema pelo banco Réu. Realização de novo pagamento pelo Autor. Pretensão de restituição do valor pago indevidamente e indenização por danos morais. Banco réu, fez o repasse do valor pago pelo título, após constatar a incorreção na digitação levada a efeito pela Parte Autora, enviando o valor ao banco cedente, como restou comprovado pelo CAC – comunicado de acertos de cobrança. Restituição incabível de valor erroneamente pago pela parte Autora, por que o Banco réu não reteve qualquer valor indevidamente, ao contrário, o repassou pagando o título ao banco cedente, Banco do Brasil. Dano moral não configurado. Para a configuração do dano moral suportado por pessoa jurídica é necessário que haja prova de que ela sofreu, verdadeiramente, um prejuízo extrapatrimonial, não sendo caracterizado pelo cometimento do ato ilícito pelo ofensor. Precedente do STJ (REsp 1.497.313). Desprovimento do segundo recurso e provimento do primeiro" (*TJRJ* – AC 0005661-52.2015.8.19.0026, 6-9-2018, Rel. Carlos Eduardo Moreira da Silva).

Já em sede de direito privado, o elemento *erro* é indispensável, pois, se há pagamento consciente da inexistência de causa jurídica, é de se divisar um *animus donandi* e não um *animus solvendi* específico e direto.

Não se distingue também entre erro grosseiro e erro leve, ainda que haja divergência a respeito. Também não se trata de se estreitar a dicotomia entre erro escusável e não escusável, conforme expusemos no primeiro volume. A matéria é eminentemente fática. Existindo, porém, simples dúvida, não adere a conduta do *solvens* ao princípio do antigo art. 965: quem duvida se deve, ou a quem deve, tem que se utilizar da ação de consignação em pagamento, sob pena de, pagando, assumir o risco de pagar mal.

O atual Código Civil português, no art. 476, terceira alínea, assim como no art. 477, primeira alínea, fala em *erro desculpável*, como condição para a repetição do indevido, da mesma forma que o art. 2.036 do Código italiano. Nossa mais recente lei civil repete a dicção no art. 877. Dessa forma, é possível concluir que a legislação pátria não distingue a natureza do erro para possibilitar a repetição. Os legisladores tinham outros exemplos se desejassem segui-los.

A noção de *erro* sob enfoque, portanto, afasta-se do conteúdo desse vício de vontade na teoria geral dos negócios jurídicos. Nos negócios, em geral, e nos contratos, em particular, o erro necessita de requisitos mais estritos. Sua liquidação, uma vez apurada, é em perdas e danos. No pagamento indevido, o erro situa-se no plano da execução de uma prestação, em que, ao lado do erro do *solvens*, deve ser examinada a posição do *accipiens*, que, beneficiado pelo erro do primeiro, torna-se responsável por uma repetição com perdas e danos, se for o caso.

Ainda, como já discorremos, como o contrato, entre nós, é fundamentalmente causal, o erro nele dá margem à ação de anulação, prescritível em quatro anos, a contar da data da realização do contrato, de acordo com o art. 178, § 9º, V, *b*, do Código Civil de 1916, enquanto a ação de repetição prescrevia no prazo geral do art. 177, em 20 anos, pois se trata de ação pessoal. O presente Código é expresso em limitar o exercício da ação de enriquecimento sem causa a três anos (art. 206, § 3º, IV). Não tendo a nova lei se referido expressamente ao pagamento indevido, entende-se que o prazo extintivo para a ação dele derivada seja o geral, de 10 anos (art. 205).

É de se admitir, também, que o erro de que fala o dispositivo em tela pode ser tanto de fato, como de direito. Isso é, em parte, verdadeiro para a teoria do erro em geral (veja o capítulo a respeito do erro, em nosso primeiro volume). Aqui, contudo, nunca devemos esquecer que o pagamento pertence à teoria mais ampla e geral do enriquecimento sem causa, na qual tal diferença é irrelevante.

O erro pode ser atinente à existência da própria obrigação, isto é, àquele que paga dívida inexistente, no chamado indébito absoluto (cf. Pereira, 1972, v. 2:249). É a situação do indébito objetivo. É também indébito objetivo aquele que se engana no tocante à prestação, solvendo-a erroneamente, dando uma coisa por outra. O direito à repetição também aqui surgirá, só que, com a devolução do objeto da prestação, não se extingue o vínculo, cuja obrigação não foi solvida. A restituição mantém, neste último caso, íntegro o vínculo da obrigação.

Logicamente, também é cabível a restituição quando se paga mais do que se deve. A restituição restringe-se ao excesso, com os requisitos da situação ora estudada. Trata-se de erro quantitativo.

9.9.5 Pagamento de Dívida Condicional

O pagamento de dívida condicional, antes do implemento do evento incerto, é caso especial de pagamento indevido, de acordo com o art. 876, segunda parte. Subordinando-se o ato à condição suspensiva, enquanto esta não se realiza, não se adquire o direito visado. Enquanto meramente condicional, o credor de dívida tal não tem mais do que direito eventual. Aquele que paga dívida antes de realizada a condição posiciona-se de forma idêntica à de quem paga por erro, pois o débito poderá vir a concretizar-se ou não. Donde então a mesma consequência, pois quem recebe dívida condicional, nessa premissa, fica obrigado a restituir.

Tal enquadramento é, como acentua Lacerda de Almeida (1934:182), nada mais do que aplicação da *condictio sine causa*. E acrescenta que essa alínea do art. 876 deixa bem clara a existência de uma causa em todas as relações jurídicas.

Já a solução não é a mesma no tocante ao prazo, pois aquele que paga dívida antes do prazo solve obrigação existente e *"supõe-se que renunciou ao benefício do prazo"* (cf. Beviláqua, 1934, v. 4:127).

9.10 CASOS EM QUE AQUELE QUE RECEBEU NÃO É OBRIGADO A RESTITUIR

Ao tratar do pagamento indevido, em três situações, não obstante a existência de um pagamento sem substrato jurídico, a lei exclui o direito à repetição: no tocante ao pagamento de dívida já prescrita (art. 882), ao pagamento de obrigação natural. Nesse artigo, o vigente Código, fiel à nomenclatura que adota, menciona *"dívida judicialmente inexigível"* e na situação em que se deu alguma coisa para obter fim ilícito, imoral ou proibido por lei (art. 883; antigo, art. 971).

Além dos casos enumerados nesse tópico, há outras situações no Código em que não se repete o que se pagou indevidamente, como o empréstimo para jogo ou aposta, feito no ato de apostar (art. 815), o mútuo, feito a pessoa menor (art. 588), e o pagamento de juros não estipulados (1.263 do Código de 1916). No vigente Código, os juros no mútuo com fins econômicos presumem-se devidos (art. 591).

9.10.1 Dívida Prescrita e Obrigação Natural

A dívida prescrita pertence à mesma classe das obrigações naturais. Apenas o Código teve de mencioná-las expressamente, devendo ser reconhecida de ofício pelo juiz mormente quando não se tratar de direitos patrimoniais. O pagamento de dívida prescrita é verdadeira renúncia do favor da prescrição. Não há direito de repetição. Ademais, quem recebe dívida prescrita não se locupleta indevidamente, pois, conforme a distinção tradicional na doutrina, a prescrição extingue a ação, mas não o direito. Mesmo prescrita, a obrigação existe.

Mesmo prescrita a dívida, de qualquer modo, persiste a obrigação moral do devedor.

Do mesmo modo que as dívidas prescritas, as denominadas obrigações naturais, judicialmente inexigíveis (já estudadas neste volume), da mesma natureza, não conferem ação, direito de exigir seu cumprimento. Como observamos, a obrigação natural entre nós é tomada na concepção mais ampla, abrangendo tanto aquelas obrigações de causa tolerada (como, por exemplo, a que resulta de ato nulo por inobservância de formalidades externas), como as de causa reprovada, cujo mais saliente exemplo é o da dívida de jogo (arts. 814 a 817). Nas primeiras, há possibilidade de ratificação e retificação do ato, convertendo-se a obrigação em civil, por novação, reconhecimento de dívida pelo devedor etc. Quanto às segundas, seu único efeito é impedir a repetição do que foi pago, nada mais. Nestas, o vínculo é quase que exclusivamente moral e, juridicamente, só se reconhece o débito, e não a responsabilidade.

9.10.2 Pagamento para Fim Ilícito, Imoral ou Proibido por Lei

Diz o art. 883 que *"não terá direito à repetição aquele que deu alguma coisa para obter fim ilícito, imoral, ou proibido por lei"*.

Aqui, o direito de repetição é impedido pela aplicação do adágio *in pari turpitudinis causa cessat repetitio*, juntamente com outro, *nemo auditur propriam turpitudinem allegans*. Em síntese, não há direito à repetição quando as duas partes se associam em causa torpe e a ninguém é dado alegar a própria torpeza.

É de se notar que tolhido estará o direito de repetir se a torpeza, segundo se depreende do dispositivo legal, foi do *solvens*. Assim, será irrelevante a torpeza do enriquecido. Como encara Lopes (1966, v. 2:94):

> *"o que se nos afigura indubitável é a necessidade de se não cercear a ação de* in rem verso *por uma aplicação desmedida da máxima* nemo auditur propriam turpitudinem allegans, *cuja interferência deve ser limitada ao caso em que o autor haja participado cientemente da conclusão de um contrato imoral e tenha pretendido enriquecer-se por tal meio. Ao contrário, o afastamento da regra se impõe todas as vezes em que da parte do interessado não houver existido essa intenção de se enriquecer à custa de um contrato daquela espécie"*.

Portanto, havendo torpeza do *solvens*, não haverá direito à repetição, sendo despiciendo indagar da torpeza do *accipiens*. Assim, não era na aplicação das *condictiones ob turpem vel injustan causam* do Direito Romano, quando havendo a imoralidade de parte a parte, surgia a possibilidade de repetição. Essa também é a posição do código alemão. Já o nosso estatuto não socorre o empobrecido, não lhe sendo concedido o direito de repetir, mesmo havendo torpeza bilateral. Prefere, portanto, punir o *solvens*, embora, à primeira vista, possa haver vantagem para o *accipiens*. É discutível tal solução, sendo de perguntar, na hipótese, se seria de se considerar uma compensação de culpas. O atual Código manda que se reverta em favor de estabelecimento de beneficência (art. 883, parágrafo único), em dispositivo de difícil aplicação, pois há necessidade de que se atribua ao Ministério Público a legitimidade para a ação. O atual Código, como vimos, substitui a referência à obrigação natural por *"obrigação judicialmente inexigível"*.

9.10.3 Outra Hipótese de Não Repetição. O Art. 880

Como a situação estatuída nesse dispositivo não se amolda teleologicamente às mesmas razões de impedimento de repetição dos casos vistos, merece um tratamento à parte.

Quem recebe de boa-fé, referentemente a uma dívida verdadeira, não tem razão alguma para manter em seu poder o título ou as garantias de seu crédito. Para o *accipiens*, aí, trata-se de dívida extinta.[7] Plenamente justo, portanto, que a lei o proteja, por sua atitude natural e compreensível após o pagamento.

---

[7] "Apelação Cível – **Pagamento indevido** – Auxílio alimentação – Ausência de má-fé – Ressarcimento ao erário – Não cabimento – Sentença reformada – 1 – A boa-fé desobriga o servidor de devolver valores recebidos indevidamente por erro da administração, sobretudo em razão da impossibilidade de devolução dos valores alimentares recebidos, conforme Jurisprudência predominante deste Egrégio Tribunal de Justiça. 2 – Recurso conhecido e provido" (*TJDFT* – Proc. 00384052620168070018 – (1118607), 23-8-2018, Rel. Eustáquio de Castro).

"Apelação – Ação declaratória de inexistência de relação jurídica c.c. **Repetição de indébito** – ICMS – Energia Elétrica – Pretensão à exclusão da base de cálculo do ICMS das tarifas de transmissão de uso de rede de transmissão e distribuição (TUST e TUSD) – Cabimento – Precedentes – Repetição do indébito devida – Correção monetária

Assim, quem recebe pagamento por conta de dívida verdadeira, ou inutiliza o título, ou deixa prescrever a ação cabível, ou abre mão das garantias do crédito, para ele resolvido, não é obrigado a restituir.

No entanto, o *solvens* não perde de todo sua possibilidade de ressarcimento, ficando-lhe resguardada a via regressiva contra o verdadeiro devedor e seu fiador, na forma do art. 880, *in fine*.

A impossibilidade de repetição em questão, alcançando as três hipóteses, é mais ampla do que no direito comparado. O código francês só se refere à "*supressão do título em consequência do pagamento*" (art. 1.377, segunda parte).

No preceito, há que se atentar aos requisitos para sua aplicação: a inutilização do título ou a perda das garantias ou a prescrição da ação e a boa-fé do credor *accipiens*.

Se o credor não inutilizar o título, persiste o direito à ação de *in rem verso*, pois a representação do crédito mantém-se íntegra, do mesmo modo se persistirem as garantias ou a possibilidade da ação, sem tê-la alcançado a prescrição. Na verdade, as três situações que entre nós estão equiparadas no mesmo dispositivo o estão bem apropriadas, pois se equivalem.

A finalidade do artigo não refoge ao princípio geral de garantia e segurança das relações sociais, pois o credor que recebe dívida, crendo-a verdadeira, não tem nenhuma razão para manter o título e suas garantias. Nem se poderia exigir tal conduta do mais diligente dos homens.

9.11 PAGAMENTO INDEVIDO QUE TEVE POR OBJETO UM IMÓVEL

O fato de o pagamento indevido referir-se a um imóvel não altera a incidência dos arts. 876 e 877. Desta sorte, aquele que transferiu um imóvel em pagamento indevido pode tê-lo de retorno, provando que incidiu em erro; volta-se ao estado anterior.

Quando, no negócio, ambas as partes procederam sem má-fé, o *accipiens* é tratado como possuidor de boa-fé, com direito aos frutos percebidos e indenização por benfeitorias úteis e necessárias, podendo levantar as voluptuárias, assegurado o direito de retenção (art. 878).

O antigo art. 968, não obstante, configura a hipótese de alienação do bem imóvel, desdobrando as várias hipóteses de boa ou má-fé das partes e do terceiro adquirente, em redação confusa, já criticada pela doutrina (cf. Almeida, 1934:189). O Código contemporâneo, no art. 879, reformula a redação anterior mantendo idêntica orientação:

> *"Se aquele que indevidamente recebeu um imóvel o tiver alienado em boa-fé, por título oneroso, responde somente pela quantia recebida; mas, se agiu de má-fé, além do valor do imóvel, responde por perdas e danos.*
>
> *Parágrafo único. Se o imóvel foi alienado por título gratuito, ou se, alienado por título oneroso, o terceiro adquirente agiu de má-fé, cabe ao que pagou por erro o direito de reivindicação".*

São quatro as hipóteses a serem consideradas quando da alienação do imóvel indevidamente recebido em pagamento.

---

que deve ocorrer pela Tabela Prática deste E. Tribunal de Justiça desde os pagamentos indevidos – Aplicação de juros de mora, com base na taxa SELIC, com incidência a partir do trânsito em julgado da decisão (Súmula nº 188 do STJ) – Inaplicabilidade da Lei nº 11.960/09 – Prequestionamento anotado – Honorários recursais ora fixados – Recurso improvido" (*TJSP* – Ap 1024061-30.2016.8.26.0071, 15-9-2017, Rel. Rebouças de Carvalho).

9.11.1 *Accipiens Aliena* de Boa-fé por Título Oneroso

Nesse caso, verificando-se que o pagamento foi indevido, fica o *accipiens* obrigado a entregar ao proprietário, isto é, o *solvens*, o preço que recebeu do adquirente.

Na verdade, o *accipiens* alienou coisa que não era sua, *a non domino*. Por consequência, ao se obedecer a regra geral do direito de sequela, o *solvens* teria direito de reivindicar o bem do terceiro adquirente. Agindo também o terceiro com boa-fé, resguarda a lei, mais uma vez, a *aparência* no direito, considerando válida a alienação, já que o terceiro em nada colaborou para o erro do *solvens*, não tendo ocorrido, igualmente, má-fé do *accipiens*. Trata-se de mais um dispositivo em que o legislador visa proteger e dar estabilidade às relações jurídicas, dando valor à aparência.

9.11.2 *Accipiens Aliena* de Boa-fé por Título Gratuito

A hipótese é diversa, bem como o tratamento. Sendo a alienação gratuita, o *solvens* procura evitar um prejuízo, enquanto ao terceiro só resta a perspectiva de um lucro. Nessa circunstância, como em vários outros casos semelhantes do Código, em se tratando de liberalidade, de mero negócio unilateral, a lei protege o que teve empobrecimento indevido de seu patrimônio, permitindo-lhe reivindicar o bem imóvel, ainda que o adquirente a título gratuito esteja de boa-fé.

9.11.3 *Accipiens Aliena* a Terceiro de Má-fé

Nessa conjectura, também a reivindicação é autorizada. Se o terceiro adquirente é sabedor do pagamento indevido, tem ciência de que adquire *a non domino*. É indiferente, aí, se a alienação foi gratuita ou onerosa, conforme o parágrafo único do art. 879. Não tem validade aqui o princípio da boa-fé, tendo plena aplicabilidade os princípios do domínio.

9.11.4 Má-fé dos *Accipiens*

Nessa situação, a solução dependerá do ânimo do terceiro. Se o terceiro estiver de má-fé, a solução é a do tópico anterior, uma vez que não há razão para proteger-se a má-fé. Porém, se o *accipiens* estava de má-fé e o terceiro de boa-fé, em respeito, ainda, à aparência, mantém-se o negócio e, incontestavelmente, terá o *accipiens* que reembolsar o *solvens*, com indenização por perdas e danos, em razão de sua malícia.

9.11.5 Síntese

Clóvis Beviláqua (1934, v. 4:130) resume esse dispositivo de maneira lapidar:

> *"o solvente só tem direito de reivindicar o imóvel, se ainda se acha em poder do* accipiens; *se este o alienou gratuitamente; ou se, o tendo alienado a título oneroso, o terceiro adquirente estava de má-fé".*

Finalmente, Washington de Barros Monteiro lembra que a doutrina diverge se o art. 879 aplica-se exclusivamente ao pagamento indevido, ou se deve ser estendido a todas as aquisições *a non domino*, concluindo pela primeira hipótese. Concluímos que, apesar de a matéria refugir ao tema, sempre que houver aparência de direito, os terceiros de boa-fé devem ser respeitados, não ficando o problema exclusivamente restrito à situação desse dispositivo legal.

Merece ser recordado, ademais, o art. 967 do Código de 1916, que determinava que aquele que recebeu o imóvel indevidamente e o alienou deve assistir o proprietário na retificação do registro. O artigo estava mal colocado, antes do art. 968, pois o completava. A hipótese da retificação mencionada na lei restringe-se aos casos em que é possível a reivindicação pelo *solvens*, uma vez que só assim o domínio da coisa indevidamente alienada poderá voltar a suas mãos.

9.12 CONCLUSÃO

É na equidade e nos princípios gerais de direito que encontramos o nascedouro dos princípios do enriquecimento sem causa e do pagamento indevido. É na aplicação do direito natural que encontramos o fundamento do *dar a cada um aquilo que é seu; a ninguém prejudicar e viver honestamente.*

O pagamento indevido, tal como posto em nossa lei, é, sem dúvida, espécie do enriquecimento sem causa, porém com disposições próprias.

1. A teoria do enriquecimento é vasta. Abrange todos os campos do direito. Não deve, no entanto, ser aplicada sem cuidados, de molde que riscasse do ordenamento os outros institutos jurídicos, fontes de obrigações, modos de pagamento, extinção de obrigações etc.

O cuidado na aplicação da teoria do enriquecimento injusto, no entanto, não pode ser tal a torná-lo inoperante ou até inexistente. Talvez por falta de norma específica, ou quiçá por falta de intrepidez daqueles que vão a nossos tribunais, há poucos exemplos de enriquecimento em nossa jurisprudência.

Outrossim, é inegável que a cada momento nos defrontamos com situações de injusto enriquecimento, merecedoras de um reparo jurídico. A própria correção monetária, sua lenta evolução no campo doutrinário e legislativo, é aplicação do princípio.

E se nos posicionarmos no direito público, veremos que o poder estatal hoje adotou várias filigranas jurídicas que causam evidente empobrecimento sem causa aos administrados. A intervenção do Estado brasileiro na vida do cidadão tem sido desastrosa.

Os exemplos podem multiplicar-se. Enfim, situações de desequilíbrio patrimonial evidente, sem causa jurídica, provenientes de leis que não resistem aos mais comezinhos princípios de direito. Importa conscientizar os aplicadores da lei que não são eles escravos do ordenamento positivo. Sempre que os valores mais altos da justiça forem esquecidos, cumpre ao jurista colocá-los no devido lugar, com temperança, mas com destemor. Talvez resida aí a verdadeira crise de nosso direito.

10

FORMAS ESPECIAIS DE PAGAMENTO E EXTINÇÃO DE OBRIGAÇÕES

10.1 PAGAMENTO POR CONSIGNAÇÃO

10.1.1 Interesse do Devedor em Extinguir a Obrigação

O devedor, e não apenas o credor, também possui interesse no sentido de que a obrigação seja extinta. Não pagando o devedor no tempo, local e forma devidos, sujeitar-se-á aos ônus da mora.

Ainda, se sua obrigação consistir na entrega de coisa, enquanto não houver a tradição, o devedor é responsável pela guarda, respondendo por sua perda ou deterioração.

Se o credor não tomar a iniciativa de receber, ou pretender receber de forma diversa do contratado, ou quando não for conhecido o paradeiro do credor, como exemplos, o devedor possui meio coativo de extinguir sua obrigação: a consignação em pagamento.

A consignação, tendo muito de procedimento, é instituto pertinente tanto ao direito material quanto ao direito processual. Trata-se, em regra, do depósito judicial de uma coisa. A decisão judicial vai definir se o pagamento feito desse modo em juízo terá o condão de extinguir a obrigação. O objeto da consignação é um pagamento, mas, com frequência, tais processos inserem questões prejudiciais mais amplas: quando alguém pretende consignar um aluguel porque o réu recusa-se a receber, por negar a relação locatícia, embora a finalidade da ação seja a extinção de uma dívida, na procedência estar-se-á reconhecendo a existência de uma locação. A sistemática, introduzida no CPC anterior pela Lei nº 8.951/94, o art. 890, § 1º, permitiu que, em se tratando de obrigação em dinheiro, o devedor ou terceiro possa optar pelo depósito em estabelecimento bancário, cientificando o credor por carta com AR (Aviso de Recebimento), assinado o prazo de 10 dias para eventual recusa. O CPC de 2015 manteve o mesmo procedimento (art. 539), que deu bons resultados.

A consignação em pagamento tem a ver com a imputação da mora ao credor. No entanto, não é obrigatório ao devedor recorrer à ação de consignação para conseguir esse efeito. A mora do credor pode ser reconhecida na ação que este move contra o devedor: se o devedor é cobrado judicialmente e alega que não paga porque o credor não cumpriu sua parte na avença, aplicação da *exceptio non adimpleti contractus* (art. 476), reconhecida essa situação, reconhecida estará a mora do credor.

Destarte, nota-se que a consignação constitui uma *faculdade* às mãos do devedor. Não tem ele a obrigação de consignar; sua obrigação é de cumprir a obrigação. A consignação é apenas uma forma de cumprimento colocada à sua disposição. Na maioria das vezes, razões de ordem prática e de absoluta conveniência instam o devedor a mover a ação consignatória. Quando, por exemplo, o locador procura frustrar o recebimento do aluguel, a fim de propiciar fundamento para a propositura de ação de despejo, deve o locatário consignar, para que impute a mora *creditoris*. Portanto, a consignação é considerada uma forma de pagamento, extinguindo a obrigação com *"o depósito judicial da coisa devida, nos casos e forma legais"* (art. 334).

> **➤ Caso 5 – Consignação em pagamento**
>
> O devedor, e não apenas o credor, também possui interesse no sentido de que a obrigação seja extinta. Não pagando o devedor no tempo, local e forma devidos, sujeitar-se-á aos ônus da mora.
>
> Ainda, se sua obrigação consistir na entrega de coisa, enquanto não houver a tradição, o devedor é responsável pela guarda, respondendo por sua perda ou deterioração.
>
> Se o credor não tomar a iniciativa de receber, ou pretender receber de forma diversa do contratado, ou quando não for conhecido o paradeiro do credor, como exemplos, o devedor possui meio coativo de extinguir sua obrigação: a consignação em pagamento.

10.1.2 Objeto da Consignação

Não é só dinheiro, como à primeira vista possa parecer, o objeto da consignação. Qualquer coisa que seja objeto da obrigação pode ser consignada. Se a coisa for corpo certo, dispõe o art. 341 que deve *"ser entregue no mesmo lugar onde está, poderá o devedor citar o credor para vir ou mandar recebê-la, sob pena de ser depositada"*. Com as modificações processuais introduzidas pela Lei nº 8.951/94, foi suprimida a audiência prévia de oblação no processo de consignação, que na grande maioria das vezes era infrutífera. De acordo com o art. 540 do CPC, o autor requererá a consignação imediata, cessando a partir do depósito os riscos e os juros para o devedor, salvo se julgado improcedente o pedido.

Quando a obrigação for de coisas fungíveis, ou em sendo a obrigação alternativa, cabendo ao devedor a escolha, ele ofertará a coisa. No entanto, se a escolha competir ao credor, como podem dispor as partes,

> *"será ele citado para este fim, sob cominação de perder o direito e de ser depositada a coisa que o devedor escolher; feita a escolha pelo devedor, proceder-se-á como no artigo antecedente"* (art. 342).

Esse dispositivo tem que ser visto em consonância com o que examinamos a respeito das obrigações alternativas (arts. 252 a 256) e com as obrigações de dar coisa incerta (arts. 243 a 246). O estatuto processual traça outras normas a respeito, como veremos.

A consignação constitui uma modalidade de pagamento. Como tal, seu objeto deve ser certo. Obrigações ilíquidas não podem ser objeto de consignação, enquanto não se tornarem líquidas. Há forte tendência das partes em tentar alargar o âmbito da ação de consignação, tentando substituir a ação cabível pela consignação. Não pode pretender o consignante, por exemplo, tentar depositar o valor de um sinal de um contrato, se não houver qualquer contrato entre as partes. Um exemplo: um corretor plantonista de imóveis recebe um sinal, mediante um recibo de proposta de compra de um bem. Geralmente, existe uma proposta impressa; o interessado dá um sinal, propõe a forma de pagamento e a empresa corretora reserva-se o direito de aprovar ou não a proposta (há uma série de requisitos, como se sabe, para a figura do comprador, mormente se há financiamento). Se a corretora se recusa a firmar o contrato e coloca o sinal à disposição do comprador, não pode este consignar o valor estampado no *recibo-proposta*, porque o sinal foi dado sob condição suspensiva. Não pode o interessado comprador obrigar o réu a firmar o contrato, pelo qual não se comprometeu (*RT* 522/215).

Da mesma forma, uma vez acolhido o pedido de consignação, automaticamente não estará validado um contrato. O que é validado é o pagamento. Cada caso concreto merece exame acurado. O que não se pode fazer é utilizar a consignação *"com a finalidade de antecipar ou desviar ação própria, a decisão sobre dúvida ou divergência entre as partes"* (*RT* 480/126).

Por seu lado, as obrigações puramente de *fazer ou não fazer*, por sua natureza, não permitem a consignação. A obrigação de não fazer será sempre incompatível com a medida. Na obrigação de fazer, se esta estiver aderida a uma obrigação de *entregar*, em princípio pode haver consignação da coisa.

Ainda, o imóvel pode ser consignado. O depósito das chaves simboliza o depósito da coisa consignada. No entanto, também o imóvel não edificado pode ser objeto da consignação. Aliás, o Decreto-lei nº 58, de 1937, que trata dos compromissos de compra e venda, em seu art. 17, admite-a expressamente, em favor do compromitente vendedor, que já recebeu todo o preço.

10.1.3 Hipóteses de Consignação

O art. 973 de 1916 descrevia seis incisos sobre hipóteses de consignação. O vigente Código reduz as hipóteses para cinco no art. 335:

> *"I – se o credor, sem justa causa, recusar receber o pagamento, ou dar quitação na devida forma"* (redação de 1916).

O Código menciona:

> *"Se o credor não puder, ou, sem justa causa, recusar receber o pagamento, ou dar quitação na devida forma."*

Trata-se da situação mais corriqueira. As motivações do credor em não receber podem ser várias. Só era considerada, contudo, no antigo diploma, a falta de justa causa. Acrescente-se, como já admitia a jurisprudência, as situações nas quais, por qualquer motivo, o credor não pode ou não tem condições de receber. Se o credor não recebe, por exemplo, porque quer mais do que é devido, ou simplesmente porque quer forçar uma rescisão contratual, há ausência de justa causa. A quitação é um direito do devedor. Não está o devedor obrigado a pagar sem a devida quitação, como já vimos. A recusa do credor, sem justa causa, coloca-o em mora. Como lembra Serpa Lopes (1966, v. 2:216), a expressão *recusar receber* deve ser entendida em sentido lato, abrangendo a simples falta de aceitação do pagamento, como já consta do presente Código. Pode o *accipiens* recusar o recebimento por entender que não é credor. Se no processo se entender que está na posição de receber, a situação se insere no dispositivo em exame.[1] Como enfoca a redação do mais recente Código, abre-se a possibilidade da consignação não somente quando o credor se recusar sem justa causa a receber ou dar quitação, como também quando, por qualquer razão, não puder fazê-lo. Os

---

1 "Apelação. **Ação de consignação em pagamento**. Locação em shopping center. Alegação de recusa injustificada da parte ré em receber o pagamento do aluguel com desconto de 25% previsto no contrato. Hipótese de consignação prevista no art. 335, I, do Código Civil (CC). Debate sobre manutenção da referida cláusula com o julgamento de procedência da ação renovatória. Pedido procedente. Razões recursais que não foram capazes de abalar os fundamentos do julgamento em primeiro grau. Sentença mantida. Apelação desprovida. Constatada a recusa injustificada do credor em receber o pagamento, possível o acolhimento do pedido de consignação em pagamento fundado no art. 335, I, do CC. Houve expressa menção na sentença que as demais cláusulas contratuais estão mantidas, bem como o desconto concedido nos meses anteriores e até posteriores. Dessa fora, a tese recursal de que não se respeitou o valor apurado pelo perito em ação renovatória, gerará incerteza a eventuais julgamentos de tais ações visto que a parte poderá descumprir cláusulas contratuais sob pretexto de liberalidade da disposição, assim também como não houve a devida comprovação do alegado. Consequentemente, deve ser mantido o entendimento de que injusta a recusa da locadora, restando hígida a sentença" (*TJSP* – Ap 1009892-54.2022.8.26.0224, 13-8-2024, Rel. Adilson de Araujo).

"**Consignação em pagamento**. Parcial procedência. Quitação em parte da obrigação prevista no contrato e reconhecimento da existência de saldo residual. Inconformismo da autora. Pretensão de abatimento do preço na última parcela de aquisição do imóvel objeto da ação por conta de contrato de locação assinado entre o vendedor (locador) e o usufrutuário da compradora (locatário). Recusa ao recebimento do pagamento final justificada, pois diverso do que foi ajustado pelas partes. Inteligência do artigo 335, I, do Código Civil. Obrigações decorrentes do instrumento de venda e compra e de locação são independentes e autônomas, e não estão vinculadas e condicionadas aos pagamentos convencionados em cada um dos contratos. Sentença mantida. Recurso desprovido" (*TJSP* – Ap 1029709-80.2021.8.26.0114, 10-7-2023, Rel. Paulo Alcides).

"**Ação de consignação em pagamento.** Procedência da ação. Apelo do autor. Recusa injustificada do credor. Contexto probatório a demonstrar que o devedor se encontrava em mora e pretendia depositar o valor que entendia devido. Inadmissibilidade. Aplicabilidade do disposto no artigo 335, I, do Código Civil. Ausência de comprovação de recusa injusta ao recebimento do pagamento. Apelante que deixou de demonstrar fato constitutivo de seu direito, nos termos do artigo 373, I, do Código de Processo Civil. Sentença reformada. Ação improcedente. Recurso provido" (*TJSP* – Ap 1106661-16.2019.8.26.0100, 20-9-2022, Rel. Jairo Brazil).

"Direito civil e processual civil – Apelação – Ação de consignação em pagamento fundada no artigo 335, inciso I, do Código Civil – Reconvenção – Cotas de contribuição para despesas comuns do condomínio – Prazo prescricional – Cinco anos contados a partir do dia seguinte ao vencimento – Depósitos judiciais devidamente acrescidos dos consectários cabíveis – Réu – Ônus da prova quanto à insuficiência dos valores consignados – Pedido procedente, em parte – Sentença mantida – Recurso desprovido. 1. A ação de consignação em pagamento tem a finalidade única de promover a desobrigação do devedor, nas hipóteses em que não se afigura possível, por qualquer motivo, adimplir perfeitamente a obrigação, na forma do artigo 335 do Código Civil. 2. Pedido abstratamente fundado no inciso I do artigo 335 do Código Civil, vale dizer: '[...] se o credor não puder, ou, sem justa causa, recusar receber o pagamento, ou dar quitação na devida forma;' escudando-se o Autor da ação no injusto condicionamento, posteriormente comprovado, do pagamento das cotas de contribuição mais recentes à quitação de outras, mais antigas, cuja pretensão correlata de cobrança já se encontraria prescrita. 3. A prescrição da pretensão de cobrança de cotas de contribuição de despesas condominiais é de cinco anos, conforme pacificado pelo STJ segundo a sistemática repetitiva, no julgamento do REsp 1.483.930/DF, a contar do dia seguinte ao vencimento da prestação, incidente artigo o 206, § 5º, I, do CC/02. 4. Conforme Tema Repetitivo nº 967 do STJ, o depósito consignatório considerado não integral conduz à improcedência do pedido da ação de consignação, permitindo-se, todavia a extinção parcial da obrigação até o limite do que foi consignado, por razões de economia processual. 5. Se os depósitos consignatórios pelo autor, no período, foram devidamente acrescidos de juros de mora, multa (2%) e correção monetária cabível no caso, sendo que, de outro lado, não se comprova a majoração nominal das parcelas, capaz de induzir à insuficiência da consignação, procede o pedido, nessa parte" (*TJMG* – ApCív 1.0024.14.239728-0/001, 7-8-2020, Aparecida Grossi).

"Apelação cível – Direito privado não especificado – **Ação de consignação em pagamento** – O art. 539 do CPC/15 autoriza, nos casos legalmente elencados, ao devedor ou terceiro requerer, com efeito de pagamento, a consignação da quantia devida. Caso em que as circunstâncias dos autos, bem como as legislações aplicáveis (Lei nº 9.514/97 e Decreto-Lei 70/1966) denotam ter sido injustificada a recusa do credor em receber o pagamento das parcelas atrasadas para purgação da mora. O fato de não ter sido comprovada a consignação de algumas parcelas vincendas após o lançamento da sentença não implica a improcedência dos pedidos da inicial, porque referida sentença apenas autorizou do depósito judicial das parcelas vincendas e eventual não pagamento deve ser discutido pelo credor em momento próprio. Pagamento dos impostos municipais e emolumentos de cartório relativos ao procedimento de consolidação da propriedade, que é de responsabilidade do credor. Apelação desprovida" (*TJRS* – AC 70080752645, 16-5-2019, Rel. Des. Heleno Tregnago Saraiva).

tribunais têm entendido que a simples desistência da ação de consignação não autoriza o autor a levantar o depósito.

> "*II - se o credor não for, nem mandar receber a coisa no lugar, tempo e condições devidos* (art. 335, II)."

A hipótese trata da situação em que cabe ao credor receber a coisa, caso de dívida *quérable*. A primeira situação já vista é caso de dívida *portable*. Aqui, a iniciativa deve ser do credor. Se este se mantém inerte, abre a possibilidade da consignação ao devedor. Como já vimos, porém, não tem o devedor de ingressar com a consignação para caracterizar a mora *creditoris*. O conteúdo da consignação, contudo, como sempre, deve ser o de toda a obrigação. Essa situação pressupõe a hipótese em que a obrigação deve ser cumprida fora do domicílio do credor e este se mantém inerte.

> "*III - se o credor for desconhecido, estiver declarado ausente, ou residir em lugar incerto, ou de acesso perigoso ou difícil* (redação de 1916)."

"Apelação cível - Locação - **Ação de consignação em pagamento - Recusa injustificada** - Eventual reparo junto ao imóvel locado, por si só, não é motivo para a negativa de recebimento das chaves. A finalidade da ação de consignação de chaves é a transmissão da posse e o depósito do bem para cessar apenas a obrigação do locatário referente ao pagamento dos locativos e demais encargos, permanecendo a obrigação, pela locatária, de arcar com eventuais reparos em razão do uso do bem imóvel ao longo do contrato de locação. Sucumbência invertida. Apelação provida em parte" (*TJRS* - AC 70081282741, 29-5-2019, Relª Desª Ana Beatriz Iser).

"Contratos Bancários - **Ação de consignação em pagamento** - Procedência - Recusa injustificada comprovada - Negativa de emissão de boleto para pagamento de financiamento em razão de outros financiamentos existentes com débito em conta - Negativa à imputação ao pagamento exercida pelo devedor - Descumprimento ao art. 352 do Código Civil - Sentença mantida por seus próprios fundamentos nos termos do RITJSP, artigo 252 - Negado provimento ao recurso" (*TJSP* - Ap 1059992-10.2016.8.26.0002, 2-3-2018, Rel. José Wagner de Oliveira Melatto Peixoto).

"Agravo interno no agravo em recurso especial - **Ação de consignação em pagamento** - Art. 335 do Código Civil - Hipóteses não configuradas - Ausência de recusa do recebimento do valor - Rever a conclusão do acórdão - Impossibilidade - Óbice da Súmula 7/STJ - Agravo interno improvido - 1 - O Tribunal de origem asseverou que não houve suficiente comprovação de que tenha havido a recusa de recebimento do pagamento do valor nominal acrescido de juros de 1% ao mês. Por esta perspectiva, concluiu não ter sido evidenciada, no caso, nenhuma das hipóteses autorizadoras da consignação em pagamento previstas no art. 335 do Código Civil, não conferindo, assim, o efeito liberatório do débito à ora agravante. 2 - Dessa forma, deve ser confirmada a incidência da Súmula nº 7 do STJ à hipótese, tendo em vista que qualquer alteração nesse quadro demandaria o inevitável revolvimento do conteúdo fático-probatório, procedimento vedado no âmbito do recurso especial. 3 - Não merece acolhida o pedido formulado pela ora agravada, na impugnação, de arbitramento de honorários advocatícios recursais, em razão da interposição do presente agravo interno. Com efeito, a Terceira Turma, no julgamento dos EDcl no AgInt no REsp 1.573.573/RJ, firmou orientação no sentido de que não cabe a fixação de honorários advocatícios recursais, nos termos do art. 85, § 11, do CPC de 2015, no julgamento de agravo interno oferecido pela parte que teve seu recurso não conhecido ou improvido, bem como quando o recurso especial houver sido interposto contra acórdão publicado antes da vigência do atual CPC (Enunciado 7 do Plenário do STJ). 4 - Agravo interno improvido" (*STJ* - AGInt-AG-REsp 1.095.827 - (2017/0101591-4), 31-8-2017, Rel. Min. Marco Aurélio Bellizze).

"Ação de consignação em pagamento - Duplicatas mercantis protestadas - **Recusa injustificada** - Hipótese em que a primeira corré, sacadora das duplicatas, é revel, e o banco endossatário, ora apelante, em momento algum, questionou a suficiência do depósito realizado - Recusa injustificada, pelos credores, do recebimento de valores - Consignação em pagamento acolhida, vez que configurada a hipótese do art. 335, I, do NCCB - Declarada extinta a obrigação, com o cancelamento definitivo dos protestos - Sentença suficientemente motivada, mantida nos termos do art. 252 do Regimento Interno do TJSP - Apelo improvido" "Discussão sobre valores - Inovação recursal - Honorários Advocatícios - Apreciação Equitativa - I- Reconhecido que a matéria arguida pelo apelante, no sentido de que a discussão envolve valores diversos, não foi suscitada em momento algum, durante a instrução processual - Inovação recursal que é vedada pelo ordenamento jurídico - II- Honorários advocatícios corretamente fixados por apreciação equitativa, nos termos do art. 20, § 4º, do CPC - Compensação dos créditos autorizada pelo magistrado 'a quo', que não tem força obrigatória - Decisão mantida - Apelo improvido" (*TJSP* - Ap 0005806-17.2012.8.26.0286, 3-3-2016, Rel. Salles Vieira).

No Código de 2002:

> "*Se o credor for incapaz de receber, for desconhecido, declarado ausente, ou residir em lugar incerto ou de acesso perigoso ou difícil* (art. 335, III)."[2]

Não existe, em princípio, credor desconhecido. Todavia, situações várias podem torná-lo tal. É o caso, por exemplo, de credor falecido, quando não se conhecem os herdeiros.[3] No processo, há

---

[2] "Consignação em pagamento – Alegação do autor de impossibilidade de localização da credora para pagamento – Extinção do processo, sem resolução do mérito, por falta de interesse processual, sob o fundamento de que o devedor estava em mora – Em caso de recusa de recebimento pelo credor, ou quando este for desconhecido, a ação cabível é a consignação em pagamento, não obstante a mora do devedor – Ação consignatória adequada – Precedentes do TJ-SP – **Artigo 335, III, do novo Código Civil** – Presença do binômio necessidade-adequação – Interesse processual configurado – Recurso provido para afastar a extinção do processo, sem resolução do mérito, retornando os autos ao Juízo de origem, para prosseguimento do feito. Recurso provido". (*TJSP* – Ap 1002044-64.2020.8.26.0554, 17-2-2023, Rel. Plinio Novaes de Andrade Júnior).

"Ação de consignação em pagamento – interesse de agir – Decreto de extinção do processo, sem resolução do mérito, por falta de interesse de agir – Demanda fundada no desconhecimento do paradeiro do credor – Cabimento – **Art. 335, III, do Código Civil** – Interesse de agir evidenciado – Precedentes do TJ-SP – Sentença anulada para prosseguimento do feito – Recurso provido". (*TJSP* – Ap 1005235-93.2013.8.26.0609, 31-5-2022, Rel. Plinio Novaes de Andrade Júnior).

"Ação de consignação em pagamento – **Credor em local desconhecido** – Sucumbência – Princípio da causalidade – 1- Anos após emissão de cheque, o autor visou seu pagamento, mas, desconhecendo paradeiro de seu credor, ajuizou ação de consignação em pagamento. 2- O credor não havia saído de seu comércio local, não se tratando de pessoa de difícil localização. Tanto que, sem maiores diligências, houve facilidade para sua citação. 3- Tendo o autor dado causa ao ajuizamento do feito, por não ter mantido fundos para compensação do cheque, deve responder pelos ônus da sucumbência. É que o credor não desapareceu do local e diligências simples poderiam tê-lo localizado. 4- Recurso provido" (*TJSP* – AC 1003702-03.2018.8.26.0358, 16-9-2019, Rel. Melo Colombi).

"Apelação cível – Ação de consignação em pagamento – Causa de pedir – Art. 335, III, do CCB/2002 – Sentença cassada – Há interesse processual para a propositura de Ação de Consignação em pagamento quando fundada no fato de o **credor se situar em local desconhecido** (art. 335, III, do Código Civil)" (*TJMG* – AC 1.0352.16.007134-1/001, 9-7-2019, Rel. Roberto Vasconcellos).

"Apelação Cível – **Ação de consignação em pagamento** – Credor desconhecido – Interesse de agir configurado – Sentença cassada – Encontra-se configurado o interesse de agir da parte autora para o ajuizamento da ação de consignação em pagamento quando comprovado nos autos que o credor do valor a ser consignado for desconhecido" (*TJMG* – AC 1.0123.17.003548-9/001, 6-4-2018, Relª Claret de Moraes).

"Apelação – Ação de consignação em pagamento – **Credor desconhecido** – Art. 335, III do CC – Indeferimento da inicial por ausência de indicação do endereço do réu – Impossibilidade – Recurso conhecido e provido – 1 – Tratando-se de ação de consignação em pagamento ajuizada em face de credor desconhecido (art. 335, III do CC), o indeferimento da petição inicial em razão da ausência de indicação do endereço do réu não se afigura cabível. 2 – Em tais casos não se afigura possível exigir da parte requerente a indicação de endereço para citação do réu, afigurando-se cabível a citação por edital, ante a expressa previsão inserta no art. 231, I, do CPC/73, reproduzido no art. 256, I, do CPC/15. 3 – Recurso conhecido e provido" (*TJES* – Ap 0014635-86.2013.8.08.0048, 15-8-2017, Relª Desª Janete Vargas Simões).

[3] "Apelação – **Ação de consignação em pagamento** – Ausência de recusa do credor – Anuência tácita – Procedência do pedido inicial – 1- Discute-se no presente recurso se houve, ou não, recusa legítima do credor quanto ao depósito realizado pelo autor na presente Ação de Consignação em Pagamento, para efeito de considerá-lo como suficiente e idôneo ao pagamento pretendido. 2- Como é exigência do art. 319, inc. VI, do CPC-15, que o autor indique 'as provas com que o autor pretende demonstrar a verdade dos fatos alegados', na ausência desta indicação, de forma expressa, na inicial, pelo menos das provas que já se antevia serem necessárias para provar a tese exposta na inicial, não se pode chegar a outra conclusão, se não a de que o autor não pretendia produzir provas na fase instrutória, ficando ao crivo do Juiz, conforme seu prudente arbítrio, permitir eventual dilação probatória. Preliminar rejeitada. 3- O art. 539, do CPC/15, prevê que nos casos previstos em lei, poderá o devedor ou terceiro requerer, com efeito de pagamento, a consignação da quantia ou da coisa devida. 4- Ainda, segundo o art. 335, do CC/02, a consignação tem lugar: a) se o credor não puder, ou, sem justa causa, recusar receber o pagamento, ou dar quitação na devida forma (inc. I); b) se o credor não for, nem mandar receber a coisa no lugar, tempo e condição devidos (inc. II); c) se o credor for incapaz de receber, for desconhecido, declarado ausente, ou residir em lugar incerto ou de acesso perigoso ou difícil (inc. III); d) se ocorrer dúvida sobre quem deva legitimamente receber o objeto do pagamento (inc. IV); e) se pender litígio sobre o objeto do pagamento (inc. V). 5- Na hipótese dos autos, o credor-apelado, em

sempre que constar a parte passiva. Ao menos o espólio deve figurar no polo passivo do processo. Aqui, a citação será, fatalmente, editalícia, para ciência de todos os interessados. A ausência é situação jurídica definida: é ausente quem declarado tal judicialmente. Para a consignação, no entanto, o ausente equipara-se àquele que está em local ignorado, ou de acesso perigoso ou difícil. Não será obrigado, por exemplo, o devedor, a dirigir-se ao domicílio do credor para entregar a *res* devida se o local foi declarado em calamidade pública, em face de uma epidemia ou de uma inundação. É claro que, nessas situações, nem mesmo a ação poderá ser proposta no domicílio do credor. A questão do foro para a ação deve ser vista com o necessário temperamento. Nessas situações, o devedor não está obrigado a aguardar indefinidamente para liberar-se da obrigação, muitas vezes consubstanciada na entrega de uma coisa que está sob sua guarda e risco. Na situação da ausência, juridicamente falando, deve haver um curador nomeado para o ausente. Nesse caso, o curador poderá receber validamente. Não há necessidade da consignação. A questão fica restrita ao ausente que deixou procurador, mas sem poderes de dar quitação (ver art. 22) (cf. Lopes, 1966, v. 2:217).

O diploma civil inseriu a hipótese de incapacidade de receber nesse inciso, suprimindo o inciso VI do Código antigo. Como o incapaz não pode dar quitação, não havendo quem por ele o faça, caberá a consignação.

"IV – se ocorrer dúvida sobre quem deva legitimamente receber o objeto do pagamento."

Já dissemos, e repete o povo, que quem paga mal pagará duas vezes. São muitas as situações em que, na prática, veremos o devedor em dúvida quanto a quem pagar. O credor originário faleceu e apresentam-se vários sucessores para receber, por exemplo. Tal não pode servir de empecilho a que o devedor obtenha a quitação por via do pagamento. O art. 548 do CPC contempla o procedimento da hipótese, para o caso em que não compareça nenhum dos demandados (quando então o processo converte-se em arrecadação de coisas vagas; quando comparece apenas um (então o juiz julgará de plano e não necessariamente será quitada a dívida com relação ao réu que compareceu); e quando comparece mais de um pretendente (o juiz julgará efetuado o depósito, extinta a dívida e o processo; pelo rito ordinário, prosseguirá entre os postulantes, declarando afinal a quem pertence o depósito. Contudo, o consignante fica, então, fora do procedimento). A dúvida do consignante deve fundar-se em motivos relevantes. Deve o juiz ter a cautela de obstar o devedor que se serve da ação apenas com finalidade

---

sua resposta, afirmou que não houve recusa de sua parte, e tampouco este escudou sua defesa em outra possível justa causa para eventual recusa, o que, inevitavelmente, permite concluir que a instituição financeira anuiu, ainda que tacitamente, com o pagamento realizado pelos autores-apelantes, tanto que, inclusive quanto ao valor depositado, não opôs contrariedade alguma. 6- De fato, conforme observou a sentença, no contrato constou cláusula resolutiva expressa, na qual se previu o vencimento antecipado das parcelas vincendas, na hipótese de atraso no pagamento das prestações. Contudo, consoante os termos contratados, essa cláusula poderia ser exercida como uma faculdade da instituição financeira, não se tratando de um efeito automático, tanto que essa cláusula sequer foi invocada na resposta do réu. 7- Apelação conhecida e provida" (*TJMS* – AC 0801256-90.2018.8.12.0005, 1-4-2019, Rel. Des. Paulo Alberto de Oliveira).

"**Direito civil e direito processual civil** – Consignação em pagamento – **Credor desconhecido** – Admissibilidade do processo – Citação por edital – Possibilidade – É possível o ajuizamento de ação de consignação em pagamento para o devedor se liberar de obrigação, uma vez que o réu, credor, é desconhecido ou se encontra em lugar incerto, dificultando o pagamento do título de crédito (ART. 335, III, DO CÓDIGO CIVIL C/C ART. 890 DO CPC). Não pode o devedor, cujo credor não se consegue localizar, e que de forma espontânea se dispõe a pagar uma dívida, ficar eternamente vinculado a ela, se a própria lei prevê a possibilidade de se valer da ação de consignação em pagamento, a qual tem efeito liberatório. Uma das hipóteses de citação válida é aquela realizada por edital, a qual poderá ser deferida nos casos de o réu ser desconhecido ou incerto, ou se encontrar em local ignorado, incerto ou inacessível, nos exatos termos do art. 231, inciso II, do CPC. Apelo conhecido e provido" (*TJDFT* – Proc. 20120111127105 – (745394), 7-1-2014, Rel. Des. Ana Cantarino).

emulatória, isto é, para retardar o pagamento, forjando situação de dúvida que não existe. A questão fica para o caso concreto.[4]

> *"V – se pender litígio sobre o objeto do pagamento."*

O litígio aí mencionado é entre o credor e terceiro. O devedor deve entregar coisa ao credor, coisa essa que está sendo reivindicada por terceiro. Deve o devedor exonerar-se com a consignação. O credor e o terceiro resolverão, entre eles, a pendência. A questão estava, inclusive, melhor especificada no antigo art. 983, do Código revogado:

> *"O devedor de obrigação litigiosa exonerar-se-á mediante consignação, mas, se pagar a qualquer dos pretendidos credores, tendo conhecimento do litígio, assumirá o risco do pagamento".*

Esse inciso sob exame tem íntima ligação com o inciso anterior, pois às vezes se confundirão as dúvidas objetiva e subjetiva acerca da dívida.[5]

---

4 "**Ação de consignação em pagamento**. Contrato de locação. Falecimento da locadora. Autora pretende a consignação de valores locatícios sob a alegação de haver dúvida sobre quem legitimamente deveria receber tais pagamentos, tendo em vista o falecimento da locadora. Sentença extintiva por ausência de interesse jurídico. Apelo da autora. Controvérsia quanto à subsistência ou não do mandato conferido à administradora do imóvel após o falecimento da locadora. Art. 682, II, do Código Civil que dispõe expressamente a cessação do mandato pela morte ou interdição de uma das partes. Relação que é, por natureza, personalíssima, fundada na confiança entre as partes. Cessação do mandato anteriormente conferido à administradora do imóvel que enseja efetiva 'dúvida sobre quem deva legitimamente receber o objeto do pagamento' para qual a consignação tem lugar, nos termos do art. 335, IV, do Código Civil. Dúvida, outrossim, evidenciada a partir de elementos probatórios contidos nos autos. Desconhecimento quanto à existência de pessoa física ou jurídica com poderes legais para receber os valores locatícios. Sentença anulada, com determinação de retorno dos autos à origem para prosseguimento da ação de conhecimento. Recurso provido" (*TJSP* – Ap 1002358-41.2023.8.26.0348, 18-8-2025, Rel. Mary Grün).

"**Consignação em pagamento** cumulada com obrigação de fazer – Ausência de controvérsia sobre o valor da dívida – Discussão que se restringe à obrigação da Ré, prestadora de serviços de monitoramento, de entregar 'back-ups' do rastreamento dos veículos. Inexistência de previsão contratual sobre esta obrigação. Recurso provido" (*TJSP* – AC 1045897-62.2017.8.26.0576, 19-7-2019, Rel. Pedro Baccarat).

"Agravo interno no recurso especial – Ação de consignação em pagamento – **Controvérsia acerca de quem deve receber o valor consignado** – Fundamentos do acórdão inatacados – Súmula 283/STF – Agravo não provido – 1 – Cuidam os autos de ação consignatória ajuizada pelo autor com objetivo de esclarecer quem deve efetuar o pagamento de quantia decorrente de contrato de arrendamento, tendo em vista a existência de disputa judicial entre agravante e agravado sobre quem seria o legítimo possuidor da área arrendada. 2 – A Corte de origem consignou que a discussão sobre a quem pertence o valor aqui consignado foi analisada na ação possessória, sendo que, naquele feito, já consta condenação dos agravados ao pagamento de indenização à parte agravante pela posse irregular da terra arrendada, indenização esta que incluiria os valores aqui discutidos, de modo que a liberação do valor consignado em favor da agravante configuraria dupla condenação. 3 – Contudo, a parte recorrente deixou de impugnar, nas razões do recurso especial, tal motivação, autônoma e suficiente à manutenção do acórdão recorrido, que, portanto, permaneceu incólume, sendo inafastável, na hipótese, o óbice da Súmula 283 do STF segundo o qual: 'É inadmissível o recurso extraordinário, quando a decisão recorrida assenta em mais de um fundamento suficiente e o recurso não abrange todos eles.' 4 – Agravo interno a que se nega provimento" (*STJ* – AGInt-REsp 1.203.125 – (2010/0125464-5), 14-8-2017, Rel. Min. Raul Araújo).

"Civil e processual civil – **ação de consignação em pagamento** julgada improcedente por ausência de dúvidas quanto a quem pagar – Mudança de entendimento que necessita de exame do arcabouço fático-probatório – Incidência da Súmula nº 7 desta Corte – Recurso não provido – 1 – Tanto a sentença quanto o acórdão prolatado na apelação afirmaram, com base nas peculiaridades do caso concreto, a improcedência da ação de consignação em pagamento por ausência da mais mínima dúvida quanto a quem se deveria pagar os lucros e dividendos decorrentes da retirada de sócio da sociedade. 2 – Alterar esse entendimento demandaria revolvimento do quadro fático-probatório, o que esbarraria no óbice da Súmula nº 7 do STJ. 3 – Agravo regimental não provido" (*STJ* – AgRg-AG-REsp. 575.881 – (2014/0225832-1), 28-3-2016, Rel. Min. Moura Ribeiro).

5 "**Ação de consignação em pagamento** ajuizada por sócias participantes contra sócia ostensiva de sociedades em conta de participação. Sentença de procedência. Apelação da ré. Aplicabilidade da hipótese do art. 335, V, do

O Código de 1916 ainda trazia o inciso VI:

> *"Se houver concurso de preferência aberto contra o credor, ou se este for incapaz de receber o pagamento".*

A referência ao concurso de credores foi suprimida no Código deste século. A menção à incapacidade do credor está no inciso III do art. 335.

O credor pode sofrer um processo de interdição. Pode existir fundada dúvida sobre sua capacidade de praticar o negócio jurídico da quitação. Se já há interdição decretada, o curador

---

Código Civil ("A consignação tem lugar: (...) se pender litígio sobre o objeto do pagamento"). As autoras, de fato, demandam, por outra ação, prestação de contas pela ré previamente à realização de novos aportes de capital nas sociedades em conta de participação. Autoriza-se, assim, o depósito em Juízo dos aportes até que encerrada esta outra ação, momento em que se confirmará, ou não, sua exigibilidade. Sentença mantida por seus próprios fundamentos (art. 252 do RITJSP). Apelação desprovida". (*TJSP* – Ap 1020514-84.2019.8.26.0100, 6-4-2022, Rel. Cesar Ciampolini).

"**Consignação em pagamento** – Sentença que julgou extinta a ação, sem resolução de mérito por ausência de interesse de agir – Recurso da autora – Alegação de que haveria dúvida sobre quem deva receber o pagamento e pendência de litígio sobre o objeto do pagamento – Descabimento – Autor que reconhece, em sua exordial, que em contato com a requerida, esta afirmou que o boleto é legítimo e esta afirmou ser dona da conta a ser creditado o pagamento – Boleto em que consta expressamente a requerida/apelada como cedente e sacador/avalista – Autor que não trouxe aos autos elemento de prova de efetiva pendência de litígio entre as partes, já tendo a sentença a que se refere a autora/apelante, transitado em julgado, não subsistindo qualquer controvérsia – Sentença mantida – Recurso desprovido" (*TJSP* – AC 1012560-54.2018.8.26.0477, 23-4-2019, Rel. Miguel Brandi).

"Agravo de instrumento. **Ação de consignação em pagamento**. Preliminar de carência de ação. Rejeição. Alegação de litígio quanto ao objeto do pagamento e dúvida quanto ao credor. Art. 335, IV e V, CC. Consignação mensal autorizada. Art. 273, CPC. Presença dos requisitos. Recurso desprovido. 1. Analisando a pretensão autoral sob o enfoque da teoria da asserção depreende-se que o interesse processual restou configurado na medida em que a parte autora sustenta a configuração das hipóteses previstas no art. 335, incisos IV e V, do Código Civil, justificando, assim, a necessidade de obtenção de provimento jurisdicional autorizativo da consignação judicial dos valores devidos a título de comissão de corretagem. Além disso, os argumentos vertidos pelos agravantes a título de preliminar confundem-se com o próprio mérito da causa, que será analisado no momento adequado. Preliminar rejeitada. 2. Ao menos em trato inicial depreende-se que se afigura verossímil a alegação autoral de que estariam configuradas as hipóteses previstas no art. 335, incisos IV e V, do Código Civil. 3. A citação da primeira agravada nos autos da ação de cobrança, aliada à análise superficial dos documentos apresentados pelos autores da referida demanda, afigura-se suficiente para demonstrar a existência de litígio envolvendo o recebimento da comissão de corretagem, a ensejar fundada dúvida quanto ao legítimo credor do pagamento. 4. O objeto do presente recurso deve se limitar à análise da tutela de urgência deferida na decisão atacada, não se prestando a exaurir o mérito da demanda, sob pena de desvirtuamento do instrumento recursal e da ocorrência de indevida supressão de instância. 5. Recurso conhecido e desprovido" (*TJES* – AI 0006648-67.2015.8.08.0035, 17-8-2015, Relª Janete Vargas Simões).

"**Agravo regimental**. Decisão que nega seguimento a agravo de instrumento. Pretensão manifestamente improcedente. Artigos 527, I, e 557, do CPC. Ação revisional de contrato bancário. Consignação em pagamento de valores inferiores aos pactuados. Ausência dos requisitos legais. Inadmissibilidade. Tutela antecipada para que seja determinada a não inclusão de restrição nos cadastros de proteção ao crédito e a manutenção da posse do veículo. Impossibilidade. Ausência dos requisitos exigidos pelo art. 273, do CPC. 1 – Nos termos dos artigos 527, I, e 557, ambos do CPC, é correta a decisão monocrática que nega seguimento ao agravo de instrumento manifestamente improcedente, e fundado em argumentos que vão de encontro ao entendimento jurisprudencial firmado por este egrégio tribunal de justiça. 2 – Nos termos do art. 335 do Código Civil, e artigo 896 do Código de Processo Civil, para que o devedor pretenda consignar em juízo o pagamento da dívida, deve haver recusa injustificada por parte do credor em receber o valor devido, **haver dúvida sobre quem deva receber o pagamento**, ou pender litígio entre pretensos credores da dívida, requisitos não presentes na hipótese, em que não há resistência por parte do credor em receber os pagamentos acordados, o valor oferecido em depósito é inferior ao pactuado, e se refere, em parte, a prestações já vencidas. 3 – Não se verifica a presença dos requisitos exigidos pelo art. 273 do CPC para concessão de tutela antecipada, quando a pretensão revisional é fundada na ilegitimidade de encargos que não afrontam o ordenamento jurídico, e por ter a parte agravante assumido livremente a obrigação de pagar as parcelas, no valor que foi efetivamente contratado, não tendo apresentado nenhum motivo que lhe impossibilite de adimplir com o pagamento. 4 – Agravo regimental conhecido e desprovido" (*TJDFT* – AgRg 20130020065902 – (668108), 15-4-2013, Rel. Des. Alfeu Machado).

está legitimado a receber. No concurso de preferência, haverá vários credores do credor intitulados ao crédito. O devedor consignante não pode arriscar-se a pagar mal. Na verdade, aí, o crédito já é um bem que *pertence* a terceiros e não mais ao credor da dívida. O crédito integra o patrimônio do devedor.

A enumeração ora vista não esgota todas as possibilidades de consignação. O próprio código traz outras situações (art. 535, parágrafo único). Leis extravagantes também trazem a consignação, como é o caso do Decreto-lei nº 58/37, art. 17, parágrafo único.

10.1.4 Procedimento da Consignação

Não é obrigatório ao devedor, como vimos, recorrer à consignação. No entanto, se optar pelo procedimento, seguirá os ditames do estatuto processual. Por essa razão, as questões materiais da consignação estão intimamente ligadas a seu processo (arts. 539 ss. do CPC).

O art. 336 do Código Civil já aponta que a consignação nada mais é que modalidade de pagamento, com todos os seus requisitos efetuados por via do processo. Excepcionalmente, o legislador permitiu que o valor de obrigação em dinheiro seja depositado inicialmente em estabelecimento bancário oficial situado no local do pagamento (art. 539, § 1º, do CPC). Trata-se de inovação mais recente da lei processual que teve em mira aliviar a pletora de feitos do judiciário.

O art. 539 do CPC admite a consignação "*nos casos previstos em lei*", isto é, todos os do Código Civil e os demais previstos em outras leis.

A pretensão de consignar nasce no momento do vencimento da obrigação. Na maioria dos casos, ocorre o vencimento e a ulterior recusa de recebimento por parte do credor. Em outras situações, como as examinadas anteriormente, não existirá o momento ulterior da recusa, como ocorre na dúvida a quem pagar.

Antes de vencida a dívida, não existe a pretensão de consignar. Não pode o credor ser obrigado a receber antes do vencimento, se assim não se estipulou. Nem sempre a caracterização do vencimento será fácil, principalmente em se tratando de mora *ex persona*. A lei não estabelece até quando, após o vencimento, pode ser utilizada a consignação. O fato é que se ainda não está caracterizada a mora do devedor, não pode ser proposta substancialmente a consignação. A sentença decidirá se a consignação foi oportuna e, consequentemente, eficaz o depósito, ou não.

A questão muito versada é a da consignatória de aluguéis. Mesmo a propositura da ação de despejo não inibe a consignatória. É de toda cautela, no entanto, que noticiem as partes ao juiz a existência das duas ações, para que obtenham julgamento conjunto, evitando-se decisões conflitantes. Pela prevenção, as duas ações devem correr pelo juízo que recebeu o primeiro processo. Evidentemente, o acolhimento da pretensão de consignação, imputando mora ao credor, fará desacolher o despejo por falta de pagamento, e vice-versa. A vigente Lei do Inquilinato (nº 8.245/91) disciplinou a ação de consignação em pagamento decorrente da relação locatícia em seu art. 67. Nessa lei, já era suprimida a audiência de oblação antes que a modificação constasse do CPC. (Ver, a respeito, nosso livro *Lei do inquilinato comentada*.)

Vemos, portanto, que a *mora debitoris* por si só não inibe a consignação. Com a contestação, a ação segue o rito ordinário, o que permite o ajuizamento de reconvenção quando seu fundamento for conexo com o que se discute na consignação (*RT* 548/161, 597/155, 605/139).

Ademais, o débito consignado deve sofrer correção monetária, sob pena de ocorrer injusto enriquecimento. Deve ser tido como insuficiente o depósito efetuado sem a devida correção (*RT* 613/119). Trata-se de mera aplicação, *a contrario sensu*, da Lei nº 6.899/81. Se o depósito for insuficiente, permite-se ao autor que o complemente em 10 dias (art. 545 do CPC). O parágrafo primeiro desse dispositivo foi acrescido para permitir que, uma vez alegada a insuficiência do depósito, o réu possa levantar desde logo a quantia ou coisa incontroversa, prosseguindo-se o processo quanto à parte controvertida. A sentença que concluir pela insuficiência do depósito determinará, sempre que possível, o montante devido e valerá, nesse caso, como título executivo, podendo a execução ocorrer nos mesmos autos (art. 899, § 2º).

Como se apontou, nos depósitos em dinheiro, somente nestes, o consignante pode, se assim entender oportuno e conveniente, optar por depositar a quantia devida em banco oficial no lugar do pagamento, em conta com correção monetária, cientificando o credor por carta com aviso de recepção, assinado o prazo de 10 dias para manifestação de recusa. Se não houver banco oficial no local, nada impede que o depósito seja efetivado em estabelecimento privado. Se, nesse prazo, não houver manifestação do credor, reputar-se-á liberado o devedor da obrigação, ficando à disposição do credor a quantia depositada (art. 890, § 2º). Entende-se, nesse caso, que o pagamento é perfeito e eficaz. Ocorre presunção de quitação. É claro que se trata de presunção relativa, pois pode não ter ocorrido a devida ciência ao credor ou pode esta ter-se processado de forma irregular.

Se houver recusa, manifestada por escrito ao estabelecimento bancário, o devedor ou o terceiro poderá propor, dentro de um mês, a ação de consignação em pagamento, instruindo a inicial com a prova do depósito e da recusa (art. 539, § 3º). Note-se que a recusa é formulada ao estabelecimento bancário e não ao consignante. Se não for proposta a consignação nesse prazo, o depósito ficará sem efeito, podendo levantá-lo o depositante (art. 539, § 4º). Seguindo o exemplo de outras legislações, o estatuto processual institui uma modalidade de consignação extrajudicial que substitui com vantagens a extinta audiência prévia de oblação em juízo. A referência da lei à conta com correção monetária deve ser entendida no sentido de não sofrer o depósito a correção da inflação, ainda que a conta seja remunerada nominalmente de outra forma.

O art. 540 do CPC é denso embora compacto:

> *"requerer-se-á a consignação no lugar do pagamento, cessando para o devedor, à data do depósito, os juros e os riscos, salvo se for julgada improcedente.*
>
> *Parágrafo único. Quando a coisa devida for corpo que deve ser entregue no lugar em que está, poderá o devedor requerer a consignação no foro em que ela se encontra".*

Em menor escala, a matéria está tratada no art. 337 do Código Civil.[6]

---

[6] "Apelação. Ação de cobrança e **ações de consignação em pagamento**. Julgamento conjunto. Débitos condominiais. Procedência da ação de cobrança e extinção terminativa dos processos relativos às ações de consignação em pagamento. Inconformismo dos condôminos exclusivamente quanto aos valores devidos, pugnando pela consideração dos depósitos efetuados e pelo afastamento dos efeitos de sua mora. Incorreção dos cálculos. Em havendo pagamentos parciais no curso do feito, a solução que se apresenta é a atualização do montante devido até a data de cada um deles para sua respectiva dedução, em valor nominal, do total do débito. Necessária a apresentação de nova planilha de cálculos na fase de cumprimento de sentença para a apuração da dívida. Mora. Inafastabilidade da multa, da correção monetária e dos juros moratórios. Pagamentos efetuados a destempo. Efeitos previstos no art. 337 do Código Civil não aplicáveis em razão da extinção das demandas consignatórias. Honorários advocatícios. Constatação de dupla incidência da verba. Necessária readequação dos cálculos. Sentença reformada em parte. Recurso parcialmente provido" (*TJSP* – Ap 1022055-43.2019.8.26.0007, 6-5-2024, Relª Rosangela Telles).

"**Ação de consignação em pagamento** – Depósito autorizado – Sentença de procedência – Obrigação declarada extinta – Apelo do réu – Alegação de ausência de recusa, de depósito não efetuado no lugar do pagamento e montante não integral. Depósitos realizados nos autos. Saldo devedor não indicado pelo réu. Autos remetidos à d. Contadoria deste TJSP. Saldo devedor declarado em R$ 126.482,91, para 06/2017. Sentença reformada. Recurso provido" (*TJSP* – AC 0056128-97.2011.8.26.0602, 10-5-2019, Rel. Virgilio de Oliveira Junior).

Feito o depósito, a sentença procedente retroage seus efeitos a ele. A partir de então, isto é, *ex tunc*, o depósito é subsistente. A responsabilidade do devedor termina nesse momento. A mora do credor, contudo, retroage à data da citação. Se a ação for julgada improcedente, ou se o processo for extinto sem julgamento do mérito, o depósito será ineficaz, como se não tivesse ocorrido.

O artigo em questão versa também sobre questões do foro. A consignação deve ser proposta no foro do lugar do pagamento. Importa verificar se a dívida é *quérable* ou *portable*. O estatuto processual, neste tópico, traz uma regra de competência, em simetria ao art. 53, IV, *d*. Destarte, o ajuizamento da ação em foro diverso enseja a oposição de exceção de incompetência, porque se trata de incompetência relativa. Prorrogar-se-á competência, se a medida não for oportunamente proposta. Não haverá reflexos de ordem material (Fabrício, 1980, v. 8:93).

Também o parágrafo único do art. 891 do CPC anterior retratava regra de foro que ultrapassava os limites estabelecidos no art. 341 do Código Civil. Quando se trata de consignar coisa, corpo certo, a ação será proposta no foro em que ela se encontra. O CPC de 2015 não repete a regra. O foro de eleição poderá dispor diversamente, no entanto. Nem sempre a coisa poderá ser depositada materialmente, nem sempre é bem deslocável. O depósito poderá ser simbólico, com nomeação de depositário. O importante é que se estabeleça data e local, no foro competente, para o depósito, a fim de que seja possível às partes comparecer, por si ou por seus representantes. O parágrafo único estatui uma faculdade ao devedor. Ele *poderá* optar pelo foro onde a coisa se encontra. Se assim não preferir, serão seguidas as regras gerais de foro.

Pela dicção do art. 540 do CPC, com o depósito cessam as obrigações de juros e riscos com a coisa. Como os depósitos bancários judiciais devem ser sempre feitos com correção monetária, a partir de então a responsabilidade pelos acréscimos de juros e correção será da instituição financeira autorizada a receber tais valores. As despesas com a guarda e a conservação da coisa, a partir do depósito, levando-se em conta a procedência do pedido, correm por conta do credor. Por vezes, a recusa do credor em receber é justamente no tocante a esses acréscimos.

No interregno entre a citação e o depósito, contudo, as responsabilidades persistem com o devedor. Daí por que é insustentável não dever ele pagar correção monetária até o depósito. Em se tratando de prestações periódicas, nos termos do art. 541 do CPC, o devedor pode continuar a consignar, no mesmo processo, sem mais formalidades, as que se forem vencendo, desde que os depósitos sejam efetuados até cinco dias, contados da data do vencimento.

Como notamos, não é obrigatório que o devedor deposite as parcelas sucessivas no processo; trata-se de uma faculdade. A regra é de economia processual, pois se não houvesse a permissão, haveria necessidade de um processo para cada parcela, com possibilidade de decisões conflitantes ou contraditórias. No entanto, as prestações devem ser da mesma natureza e pertencer ao mesmo título, do contrário fugir-se-ia à *causa petendi*, que no caso é uma só. Presentes os pressupostos para a continuidade dos depósitos, é mister que pelo menos a primeira consignação tenha ocorrido. Não há necessidade de menção ou requerimento específico na inicial.

A lei discorre que os depósitos sucessivos devem ocorrer até cinco dias após o vencimento. É prazo estatuído para superar os entraves burocráticos. Não ocorrendo o depósito nesse prazo,

---

"Agravo de instrumento. Ação revisional de contrato com **consignação em pagamento**. Decisão agravada que indeferiu a tutela provisória de urgência. Pleito autoral de depósito em juízo de valores inferiores ao que fora pactuado no compromisso de compra e venda de imóvel com pacto de alienação fiduciária – Ausência de probabilidade do direito, inexistência de caráter incontroverso das prestações – Recurso conhecido e desprovido" (*TJSE* – AI 201700721922 – (8532/2018), 25-4-2018, Rel. Des. Osório de Araújo Ramos Filho).

tal não inibe que em outra ação venha a ocorrer. Depósito feito a destempo nessa hipótese não inibe a procedência da ação de consignação (*RT* 546/147, 560/142, 563/149). O que está em julgamento, nessa situação, é o depósito inicial. Após a sentença de primeiro grau, não deve mais ser admitido qualquer depósito, em virtude das dificuldades procedimentais que adviriam. No entanto, se após o trânsito em julgado persistirem as recusas pelo mesmo motivo, a questão é de ser examinada em execução de sentença ou em novo processo.

Não existindo mais a audiência prévia de oblação do passado, o autor, na petição inicial, requererá o depósito da quantia ou da coisa a ser efetivado em cinco dias contados do deferimento e a citação do réu para levantar o depósito ou oferecer resposta (art. 542 do CPC). Se o réu receber e der quitação, a obrigação será julgada extinta, ficando ele condenado em custas e honorários de advogado. Trata-se da mesma situação para a revelia (art. 546 do CPC). Sempre que o pedido consignatório for procedente, é conveniente que o depósito, ou parte dele, permaneça nos autos para atender aos consectários da sucumbência. Permitindo-se que o réu levante o depósito integral antes de liquidar custas e honorários, dificultará a execução, com todos os entraves da penhora.

O art. 544 do CPC procura limitar o âmbito da discussão na ação consignatória, atendendo a sua natureza no direito material. O réu poderá alegar que:

> *"I – não houve recusa ou mora em receber a quantia ou coisa devida;*
>
> *II – foi justa a recusa;*
>
> *III – o depósito não se efetuou no prazo ou no lugar do pagamento;*
>
> *IV – o depósito não é integral".*

Nesta última hipótese, o parágrafo único anota que a alegação de depósito insuficiente somente será admissível *"se o réu indicar o montante que entende devido"*. De nada adiantará alegação vazia, com cunho procrastinatório ou que visa confundir o juiz e a parte adversa.

Convém não esquecermos que a resposta do réu, além da contestação, engloba também a reconvenção e a exceção, que não estão obstadas na consignação.

A intenção do legislador sempre foi delimitar o alcance da discussão no âmbito da consignatória. Mesmo assim, na prática, é muito difícil, por vezes, cercear a discussão do âmbito de direito material. Notemos, porém, que as situações do art. 896 referem-se basicamente à discussão sobre recusa no recebimento e qualidade ou quantidade da coisa depositada. O art. 335, já examinado, contempla outras hipóteses que certamente ampliam a matéria da contestação, como, por exemplo, se se trata de depósito de coisa litigiosa. A contestação pode aduzir que não há litígio (inciso V), assim também com base nos incisos II, IV e VI desse dispositivo.

O art. 543 do CPC explicita o art. 342 do Código Civil e diz respeito às obrigações genéricas ou alternativas. Em cinco dias, quando a escolha couber ao credor, após a citação, se outro prazo não constar de lei ou contrato, deverá exercer o direito de escolha, sob pena de, não o fazendo, a escolha passar ao devedor. O juiz deve fixar lugar, dia e hora para o depósito. Aplica-se tudo que foi dito acerca das obrigações para dar coisa incerta e das obrigações alternativas. A citação do réu é única: para que escolha e para que se submeta ao processo de acordo com o capítulo da consignação. A questão não tem aplicação, é evidente, nas obrigações facultativas, porque, nessa situação, a escolha, pela natureza da obrigação, é sempre do devedor.

O art. 548 do CPC cuida da consignação na hipótese de dúvida sobre quem deva legitimamente receber, conforme já examinamos.

Do que foi dito concluímos que, acolhido o pedido na ação de consignação, feito estará o pagamento e extinta a obrigação. Na maioria das hipóteses, se houver compatibilidade com as situações do art. 335, estará caracterizada a *mora creditoris*. Em razão da mora do credor, por conseguinte, cessa para o depositante a obrigação de pagar juros; a obrigação pelos riscos com a guarda da coisa, riscos esses transferidos para o credor. Liberam-se também os fiadores da obrigação, naquilo que se extinguiu. Caberá ao réu pagar custas e honorários de advogado, bem como despesas atinentes à entrega da coisa em juízo (art. 343).

Na hipótese de se frustrar a consignação pela improcedência ou pela carência, permanece o devedor na mesma posição anterior e, por força das regras de processo, arcará com o ônus da sucumbência.

10.2 PAGAMENTO COM SUB-ROGAÇÃO

10.2.1 Conceito

O termo *sub-rogação* significa, mormente em nossa ciência, substituição. A sub-rogação não extingue propriamente a obrigação. O instituto contemplado nos arts. 346 ss do Código faz substituir o sujeito da obrigação. O termo pode também ser empregado para a sub-rogação *real*, quando um bem de um patrimônio é substituído por outro. É o que ocorre se forem substituídos os vínculos restritivos de inalienabilidade, impenhorabilidade e incomunicabilidade de um imóvel a outro (art. 1.848, § 2º).

No pagamento com sub-rogação, um terceiro, e não o primitivo devedor, efetua o pagamento. Esse terceiro *substitui* o credor originário da obrigação, de forma que passa a dispor de todos os direitos, ações e garantias que tinha o primeiro. Ressalta evidente que, quando alguém paga o débito de outrem, fica com o direito de reclamar do verdadeiro devedor o que foi pago e que esse crédito goze das mesmas garantias originárias. Não há prejuízo algum para o devedor, que em vez de pagar o que deve a um, deve pagar o devido a outro.[7]

---

[7] "Apelação. Ação de ressarcimento de danos por sub-rogação, Seguro de transporte internacional. Sentença de extinção sem resolução do mérito, com fulcro no art. 485, VI, do CPC. Prescrição ânua a contar do pagamento da indenização, se fosse reconhecida a existência de contrato de seguro. Precedente do C. STJ. A apólice apresentada, porém, indica vigência posterior à data da constatação dos danos, o que afasta a cobertura securitária. Ausência de comprovação da existência de alteração contratual ou de contrato anterior. **Sub-rogação** por força do contrato de seguro que não pode ser reconhecida. Não comprovação de preenchimento dos requisitos do art. 346 do Código Civil para a sub-rogação legal, o que demanda, em razão do pagamento, a comprovação da cessão de crédito ou de direito de que o beneficiário era titular, na forma do art. 347 do Código Civil. Sentença mantida. Recurso desprovido" (*TJSP* – Ap 1009122-11.2023.8.26.0100, 17-7-2025, Rel. José Marcelo Tossi Silva).

"Prestação de serviços – Energia elétrica – Ação de regresso – Sub-rogação da seguradora nos direitos da segurada – Pretensão ao ressarcimento dos prejuízos sofridos em indenização concedida em razão de danos elétricos – Sentença de procedência – Inconformismo da ré – Preliminar de cerceamento de defesa não configurado – Ausência de prévia comunicação administrativa para apuração dos danos elétricos – Irrelevância – Inexiste obrigação de exaurimento ou solicitação administrativa do procedimento constante do artigo 204 da Resolução 414/2010 da ANEEL, sob pena de ofensa ao princípio da inafastabilidade do controle jurisdicional, consagrado no artigo 5º, inciso XXXV, da Constituição Federal – Danificação de equipamentos por oscilação de energia – Queda de raios (descarga atmosférica) que não afasta a responsabilidade da apelante, porquanto não configura caso fortuito ou força maior – Responsabilidade objetiva da concessionária prestadora de serviço público pelos danos causados, nos termos do artigo 37, § 6º, da Constituição Federal, sendo suficiente a comprovação da relação de causalidade entre o fato e o dano – Ressarcimento no valor total desembolsado pelo apelado, cujo pleito está abrangido pelo princípio constitucional da ampla reparação – Sentença mantida – Recurso não provido" (*TJSP* – ApCív1025880-70.2020.8.26.0100, 1-10-2020, Helio Faria).

"Ação regressiva – **Sub-rogação de seguradora** – Queda de muro em supermercado, com danos a diversos veículos – Pagamento e sub-rogação legal e convencional – Prova pericial atestando a precariedade da construção

O fato é que a dívida se conserva, não se extinguindo. Trata-se de um instrumento jurídico muito utilizado na prática. Permite que, muitas vezes, um devedor pressionado por credor mais poderoso tenha sua dívida paga por outrem, que passa a ser seu credor, de forma mais acessível e com melhores condições de pagamento.

10.2.2 Origem Histórica

Apontam-se dois institutos romanos como as formas embrionárias da moderna sub-rogação (cf. Weill e Terré, 1975:1.045): o *beneficium cedentarum actionum* (benefício de cessão de ações) e a *sucessio in locum creditoris* (sucessão no lugar do credor).

Na primeira hipótese, protegia-se aquele que pagava dívida do terceiro, impedindo o enriquecimento injusto. Transferiam-se-lhe o direito das ações do primitivo credor; mantendo-se ao novo credor também as hipotecas do crédito primitivo, operando-se, destarte, a sucessão *in colum creditoris*. Três categorias de pessoas poderiam usufruir dessa vantagem: os credores hipotecários posteriores que pagavam o primeiro credor, a pessoa que emprestava uma importância em dinheiro para liberar o devedor de credores hipotecários e, por último, o comprador de um bem hipotecado que liquidava o débito hipotecário. Localiza-se aí o embrião de nossa sub-rogação legal, nas hipóteses do art. 346. O Direito Intermédio fundiu ambos os institutos

---

que desabou – Responsabilidade da ré evidenciada – Questões preliminares afastadas: Inexistência de direito de regresso da ré contra a empresa concessionária do estacionamento – Redução da indenização deferida na sentença ao valor pago pela seguradora à sua segurada, com readequação da incidência de juros moratórios e dos encargos sucumbenciais – Recurso provido, parcialmente" (*TJSP* – AC 1007801-69.2014.8.26.0127, 22-5-2019, Rel. Caio Marcelo Mendes de Oliveira).

"Acidente automobilístico – Ação regressiva de indenização securitária – Culpa do preposto da ré bem revelada – Pagamento da indenização com consequente sub-rogação da seguradora comprovado. Procedência da ação autorizada. Recurso improvido" (*TJSP* – Ap 1057006-85.2013.8.26.0100, 28-3-2017, Rel. Arantes Theodoro).

"Porto – Mercadoria – Avaria – Indenização – Pagamento pela seguradora – Ação de regresso – Prescrição – Prazo Trimestral – Inaplicabilidade ao operador portuário – "Agravo regimental no agravo em recurso especial. Responsabilidade civil. Desembarque e transporte de mercadoria em porto. Avaria. Indenização. Pagamento pela seguradora. Sub-rogação. Ação de regresso. Prescrição. Prazo trimestral. Inaplicabilidade ao operador portuário. Limitação a empresa de armazém-geral. Princípio da especialidade. 1. A seguradora, após arcar com a indenização securitária, sub-roga-se nos direitos do segurado, inclusive no que tange ao prazo prescricional, para poder buscar o ressarcimento do que despendeu. 2. Ante o princípio da especialidade, o prazo prescricional de três meses previsto no art. 11 do Decreto nº 1.102/1903 aplica-se somente às pretensões indenizatórias dirigidas contra empresas de armazéns-gerais ou contra armazéns-gerais alfandegados (art. 53 da Lei nº 5.025/1966). 3. O prazo de prescrição trimestral do art. 11 do Decreto nº 1.102/1903 não pode ser estendido para as ações de indenização ajuizadas contra o operador portuário, visto que as regras jurídicas sobre prescrição devem ser interpretadas estritamente, repelindo-se a exegese extensiva ou analógica. 4. A figura do armazém-geral não se confunde com a do operador portuário, apesar de este também possuir a função de depositário, dentre outras. Com efeito, operador portuário é a pessoa jurídica pré-qualificada para exercer as atividades de movimentação de passageiros ou movimentação e armazenagem de mercadorias, destinadas ou provenientes de transporte aquaviário, dentro da área do porto organizado, possuindo legislação e tratamento jurídico particulares (Lei nº 8.630/1993, vigente à época dos fatos, atualmente Lei nº 12.815/2013). 5. Agravo regimental não provido" (*STJ* – AgRg-AREsp 121.152/SP, 15-12-2016, Rel. Min. Ricardo Villas Bôas Cueva).

"Agravo de instrumento. Execução contra devedores solventes. Pluralidade de penhoras. Acordo homologado. Pagamento feito por terceiro. Sub-rogação. Interesse do terceiro de adjudicar imóvel matrícula 6.012 cuja hipoteca está em nome do Banco do Brasil. Adjudicação deferida. Recurso. Efeito suspensivo. Indevido tumulto processual. Necessidade de avaliação. Prévia instauração de concurso de efetiva exibição do lanço. O silêncio da casa bancária não implica na violação do direito real de garantia cuja marcação do concurso é de rigor com a sanação de falhas e irregularidades. Recurso provido com observação" (*TJSP* – AI 2041292-09.2015.8.26.0000, 24-4-2015, Rel. Carlos Abrão).

"**Cobrança** – Contatos de mútuo – Crédito pessoal e capital de giro – Pagamento pelo avalista – sub-rogação nos direitos do credor – Código Civil, art. 346, inciso III, c.c. art. 349. Julgamento antecipado. Cerceamento de defesa não configurado. Recurso improvido" (*TJSP* – Ap 0004596-19.2010.8.26.0538, 25-2-2014, Rel. Matheus).

para criar a sub-rogação atual, por influência do Direito Canônico. O Direito Romano não chegou a empregar o vocábulo *sub rogare*.

10.2.3 Natureza Jurídica e Institutos Afins

A sub-rogação possui muitos pontos de contato com a cessão de crédito, muitos encontrando aí sua natureza jurídica. Não se confunde, porém, o instituto em exame com a cessão de crédito. Sustentam alguns juristas que a sub-rogação é uma cessão de crédito operada por lei. A opinião não deixa de ter algum apoio, uma vez que a própria lei (art. 348) remete aos dispositivos da cessão de crédito uma das situações de sub-rogação convencional (quando o credor recebe o pagamento de terceiro e expressamente lhe transfere todos os seus direitos) (art. 347, I).[8]

---

[8] "Prestação de serviços (energia elétrica). Ação regressiva de indenização. Acolhimento de exceção de incompetência, para encaminhamento do processo ao foro da sede da ré. Cassação. **Sub-rogação** da seguradora nos direitos do segurado que lhe confere, também, a prerrogativa de ajuizar a ação no foro de seu domicílio. Precedentes desta Câmara. Ao realizar o pagamento da indenização securitária prevista na apólice, a seguradora se sub-rogou nos direitos de seu segurado. Por força desse fenômeno jurídico, lhe são transmitidos todos os direitos do segurado. A lei não distingue, dentre tais direitos, aqueles de ordem material dos de ordem processual. Por isso, é despiciendo perquirir a respeito de eventual hipossuficiência técnica da seguradora em relação à concessionária. Uma vez que o vínculo jurídico de direito material que regia a relação entre a concessionária e o segurado se submetia à legislação consumerista, todos os direitos que lhe eram assegurados foram transmitidos à seguradora sub-rogada, inclusive o de ajuizar a ação regressiva no foro de sua escolha. Se a sub-rogação não tem o condão de ampliar o direito que assistia o titular originário, tampouco é possível falar em sua limitação. Afinal, na sub-rogação convencional o credor recebe o pagamento de terceiro e expressamente lhe transfere todos os seus direitos (CC, art. 347, inc. I). Agravo provido" (*TJSP* – AI 2089390-10.2024.8.26.0000, 27-5-2024, Relª Sandra Galhardo Esteves).

"Prestação de serviços (energia elétrica). Ação regressiva de indenização. Decisão agravada que determina à autora a indicação do foro para o qual a ação deverá ser redistribuída, sob pena de seu encaminhamento ao foro do local dos fatos. Cassação. Sub-rogação da seguradora nos direitos do segurado que lhe confere, também, a prerrogativa de ajuizar a ação no foro de seu domicílio. Precedentes desta Câmara. Ao realizar o pagamento da indenização securitária prevista na apólice, a seguradora se sub-rogou nos direitos de seu segurado. Por força desse fenômeno jurídico, lhe são transmitidos todos os direitos do segurado. A lei não distingue, dentre tais direitos, aqueles de ordem material dos de ordem processual. Por isso, é despiciendo perquirir a respeito de eventual hipossuficiência técnica da seguradora em relação à concessionária. Uma vez que o vínculo jurídico de direito material que regia a relação entre a concessionária e o segurado se submetia à legislação consumerista, todos os direitos que lhe eram assegurados foram transmitidos à seguradora sub-rogada, inclusive o de ajuizar a ação regressiva no foro de sua escolha. Se a sub-rogação não tem o condão de ampliar o direito que assistia o titular originário, tampouco é possível falar em sua limitação. Afinal, na **sub-rogação convencional** o credor recebe o pagamento de terceiro e expressamente lhe transfere todos os seus direitos (CC, art. 347, inc. I). Agravo provido" (*TJSP* – AI 2229546-82.2023.8.26.0000, 6-9-2023, Rel. Sandra Galhardo Esteves).

"Ação regressiva – Transporte de mercadorias – Ocorrência de avarias nos produtos transportados – Ausência de prescrição – Hipótese de **sub-rogação legal** – Responsabilidade civil da transportadora em reembolsar os valores pagos pela seguradora diretamente à empresa importadora dos produtos. Recurso provido" (*TJSP* – AC 1033576-65.2017.8.26.0100, 28-8-2019, Rel. Luis Carlos de Barros).

"Agravo de instrumento – Execução de título extrajudicial – Decisão agravada que indeferiu pedido de substituição no polo ativo, vez que não se trataria de sub-rogação, mas sim de cessão de crédito; Entendendo, ainda, que o cessionário somente poderia exigir, do cedido, a quantia que pagou ao cedente pelo crédito, não podendo executar nada além desta monta. Inconformismo do banco credor. Pretensão de reforma de decisão. Com razão. Pagamento que se deu mediante sub-rogação convencional, assistindo ao sub-rogado os mesmos direitos do credor originário, ainda que tenha desembolsado valor menor (art. 347, I, do CC). Decisão reformada. Recurso provido" (*TJSP* – AI 2224257-18.2016.8.26.0000, 10-7-2017, Rel. Roberto Maia).

"Agravo regimental no agravo em recurso especial – Direito securitário – Transporte aéreo – Extravio de mercadoria – Violação ao art. 535 do CPC – Inexistência – Pagamento a segurado – Sub-rogação legal – Súmula 188/STF – Indenização Tarifada – Código brasileiro da aeronáutica – Convenção de Varsóvia – Inaplicabilidade – Agravo desprovido – 1– Não prospera a alegada ofensa ao art. 535, II, do Código de Processo Civil, tendo em vista que o v. acórdão recorrido adotou fundamentação clara e suficiente, decidindo integralmente a controvérsia. 2– O acórdão recorrido está em consonância com o entendimento desta Corte de que a seguradora sub-roga-se no direito de sua

Contudo, ambas as figuras não coincidem. A sub-rogação contém como essência o pagamento de uma dívida por terceiro e fica adstrita aos termos dessa mesma dívida. Por outro lado, a cessão de crédito pode ter efeito especulativo, podendo ser efetivada por valor diverso da dívida originária. Na cessão de crédito, há necessidade de que o devedor seja notificado para ser eficaz com relação a ele (art. 290), o que não ocorre na sub-rogação. A cessão de crédito é uma alienação de um direito, aproximando-se à compra e venda. Não existe esse caráter de *alienação* na sub-rogação. Na cessão, a operação é sempre do credor, enquanto a sub-rogação pode operar mesmo sem anuência do credor e até mesmo contra sua vontade.

Para alguns, com a sub-rogação, haveria extinção do crédito primitivo, com o nascimento de outra obrigação.

Na verdade, a sub-rogação é instituto autônomo. Não pode ser tratada simplesmente como um meio de *extinção* de obrigações. Se quem cumpre a obrigação é um terceiro, como vimos, a obrigação subsiste na pessoa desse terceiro. Uma razão de equidade apoia a existência da sub-rogação. Em vez de se extinguir o crédito, este se transfere ao terceiro por vontade das partes ou por força de lei. A própria relação jurídica sobrevive com a mudança do sujeito ativo. Tratando-se de uma forma de facilitar o adimplemento, é incentivada pela lei.

10.2.4 Sub-rogação Legal

O art. 346 traz três situações em que a sub-rogação opera *de pleno direito, em favor*:

> *"I - do credor que paga a dívida do devedor comum;"*

A situação pressupõe a existência de mais de um credor do mesmo devedor. Pode ocorrer que esse credor tenha interesse em afastar o outro que tenha prioridade no crédito, preferindo ficar sozinho na posição de credor, aguardando momento mais oportuno para cobrar a dívida. Alguém, por exemplo, é credor quirografário juntamente com um credor trabalhista, o qual tem, portanto, preferência. Afastando o débito trabalhista, pode aguardar com maior tranquilidade o momento oportuno de, por exemplo, levar bem penhorado à praça e se ressarcir de toda a dívida, a sua e a dívida trabalhista que pagou e nela se sub-rogou.

> *"II - do adquirente do imóvel hipotecado, que paga a credor hipotecário, bem como do terceiro que efetiva o pagamento para não ser privado de direito sobre imóvel;"*

O imóvel, mesmo hipotecado, pode ser alienado. O adquirente desse bem tem o maior interesse em extinguir a hipoteca. Na prática, é muito raro que a hipótese ocorra. Geralmente, o adquirente deseja que o bem alcance-lhe as mãos já livre e desembaraçado, excluindo-se a hipoteca, *a priori*. Em determinadas situações fáticas, porém, alguém poderia ser levado a adquirir o bem hipotecado. Não ocorre a hipótese da lei se é o próprio vendedor quem recebe o dinheiro do adquirente e paga a hipoteca. A hipótese vale, também, no entanto, quando incide mais de uma hipoteca sobre o bem. O adquirente pode ter maior interesse em livrar-se ao menos da primeira hipoteca.

---

segurada, nos termos da Súmula 188/STF, *in verbis*: 'O segurador tem ação regressiva contra o causador do dano, pelo que efetivamente pagou, até ao limite previsto no contrato de seguro'. 3– Afigura-se inaplicável a indenização tarifada prevista no Código Brasileiro de Aeronáutica e na Convenção de Varsóvia, em caso de responsabilidade do transportador aéreo por extravio de carga. Precedentes. 4– Agravo regimental não provido" (*STJ* – AgRg-AG-REsp. 782.548 – (2015/0236559-9), 13-4-2016, Rel. Min. Raul Araújo).

O Código em vigor introduziu importante acréscimo nesse dispositivo declarando a sub-rogação de pleno direito também para o *terceiro que efetiva o pagamento para não ser privado de direito sobre imóvel*. A situação trazida é de justiça. A hipótese se aplica, por exemplo, ao promissário adquirente de imóvel que paga dívida sobre o imóvel contraída e não paga pelo transmitente do direito, para que não se veja privado dos direitos sobre o bem.

> *"III – do terceiro interessado, que paga a dívida pela qual era ou podia ser obrigado, no todo ou em parte."*

Trata-se da questão mais comum e útil na prática. O fiador paga a dívida do afiançado e sub-roga-se nos direitos do credor. Da mesma forma, é o que ocorre quando um dos devedores solidários paga toda a dívida. Reportamo-nos ao que foi dito acerca da solidariedade. Sua sub-rogação, de acordo com a forma pela qual foi contraída a solidariedade, é parcial ou total da dívida. A finalidade primordial do inciso é colocar o devedor que paga a cobro de uma situação difícil e embaraçosa. O fiador pode ter, por exemplo, o máximo interesse em não ver o afiançado acionado. Notemos que a lei se reporta a terceiro *interessado* que paga. Se for terceiro não interessado, não haverá sub-rogação, como já estudamos no capítulo reservado ao pagamento. O terceiro não interessado que paga a dívida em seu próprio nome não se sub-roga nos direitos do credor (art. 305). Só terá este direito ao reembolso, por uma questão de equidade, para evitar-se o enriquecimento sem causa.[9]

---

[9] "Apelação cível. Rescisão. Contrato de compra e venda de fração ideal de imóvel. Sentença de parcial procedência, reconhecendo a obrigação da requerida em pagar alugueres pela utilização do imóvel. Ilegitimidade da segunda apelante, genitora do comprador, verificada no caso dos autos. Parte que não participou do contrato que se pretende rescindir. Alegada sub-rogação não verificada. Inexistência de expressa transferência de direitos e que tenha sido contemporânea aos pagamentos. Caracterização, *in casu*, de **mero pagamento efetuado por terceiro não interessado (art. 305 do CC)**. Impossibilidade, ademais, de aplicação da exceção do contrato não cumprido na hipótese. Art. 476 do Código Civil. Não verificação de que a compradora tenha inadimplido alguma de suas obrigações. Situação dos autos que, a princípio, se revela como mero arrependimento do negócio jurídico firmado, após o término do relacionamento afetivo mantido entre os contratantes. Pleitos de ressarcimento e dano moral prejudicados. Ato judicial mantido. Honorários recursais devidos. Recurso não provido" (*TJPR* – Ap 0009309-89.2021.8.16.0001, 20-8-2023, Rel. Vania Maria da Silva Kramer).

"Responsabilidade civil – Ação regressiva – Sub-rogação – Dano elétrico – Oscilação no fornecimento de energia – A seguradora, ao pagar o valor do dano sofrido pelo segurado, passa a ocupar a posição de nova credora, com base em sub-rogação legal (arts. 346, III, e 349 do CC). A responsabilidade da distribuidora de energia elétrica não depende da demonstração de culpa. A presença de defeito na prestação do serviço induz à reparação do dano causado à consumidora. O nexo de causalidade entre o defeito do serviço e o prejuízo deve estar presente. No caso em julgamento, os elementos de prova indicam que o dano teve origem na falha do serviço. Danos materiais devidamente comprovados. Apelo provido" (*TJRS* – AC 70080101124, 21-2-2019, Rel. Des. Marcelo Cezar Müller).

"Ação de cobrança – **Sub-rogação** – Compra de imóvel com pendência de penhora resultante de ação trabalhista. Pagamento em parcelas. Necessidade de quitação do débito trabalhista, pelo autor, para excluir a constrição do imóvel, ensejando a propositura desta ação. Alegação dos réus da existência de acordo entre as partes, para que o autor quitasse a dívida trabalhista com parte do valor destinado ao pagamento do imóvel. Determinação de comprovação do pagamento do débito trabalhista e do imóvel desatendida pelo autor. Sentença de improcedência. Apela o autor, pugnando pela concessão da gratuidade e alegando cerceamento de defesa; Favorecimento pessoal dos réus; O débito trabalhista sempre foi responsabilidade dos réus; eventual cobrança de débito relativo à compra do imóvel já estaria prescrita; a sentença não fez menção à alegação de falsidade apresentada na réplica. Cabimento. Gratuidade. Ausência de elementos probantes da insuficiência de recursos do postulante, essenciais ao deferimento do benefício, inviabilizando sua concessão. Concessão da gratuidade apenas em relação ao recurso de apelação. Inteligência do art. 98, § 5º, CPC. Cerceamento de defesa. Caracterizado. Ausência de prova documental e oral devidamente requerida pelo autor. Necessidade de realização de prova, a fim de comprovar os pagamentos. Recurso provido, para afastar a sentença de f. 285/289 e autorizar a possibilidade de fazer prova dos pagamentos e da ausência de culpa" (*TJSP* – Ap 1003423-48.2016.8.26.0047, 13-4-2018, Rel. James Siano).

"Apelação – **Ação de regresso** – A Apelada indenizou seus segurados em decorrência de danos que estes experimentaram, causados por falha no serviço de distribuição de energia elétrica prestado pela Apelada. A sub-

Em todos esses casos, a obrigação continua a existir para o devedor, mas terá ocorrido substituição de credor.

A lei pode descrever outros casos de sub-rogação, mas o fenômeno só existirá se o ordenamento autorizar, quando for expressa a norma, não comportando aplicação analógica, como ensina Washington de Barros Monteiro (1979, v. 4:282). Esse autor lembra de duas outras situações do Direito Mercantil: a do interveniente voluntário que paga a letra de câmbio (art. 40, parágrafo único, do Decreto nº 2.044) e a do segurador, que paga o dano ocorrido à coisa segurada (art. 720 do Código Comercial, já revogado).

10.2.5 Sub-rogação Convencional

O art. 347 admite duas formas de sub-rogação convencional:

> *"I – quando o credor recebe o pagamento de terceiro e expressamente lhe transfere todos os seus direitos;*
>
> *II – quando terceira pessoa empresta ao devedor a quantia precisa para solver a dívida, sob a condição expressa de ficar o mutuante sub-rogado nos direitos do credor satisfeito".*

Nessas hipóteses, há um acordo de vontades entre o credor e o terceiro. Não se exigem palavras sacramentais.

No primeiro caso, ocorre iniciativa do credor, que recebe a importância de terceiro. O devedor não necessita aquiescer; o fenômeno pode ocorrer com ou sem seu conhecimento.[10]

-rogação operada dá à Apelada o direito à aplicação do Código de Proteção e Defesa do Consumidor ao caso em concreto. Cabia à Apelante comprovar – Mediante prova documental, a aportar com a resposta – Que não houve oscilação ou excesso de tensão em sua rede elétrica que pudesse danificar os aparelhos elétricos dos segurados da Apelada, ônus de que, vê-se, não se desincumbiu. A Apelante presta serviço público e que, portanto, responde objetivamente pelos danos causados, isto é, independentemente de culpa (em sentido amplo), conforme art. 37, § 6º, da Constituição Federal. Os documentos juntados às fls. 66/109 são suficientes para demonstrar que os aparelhos dos segurados da Apelada foram, de fato, danificados em decorrência de problemas (sobrecarga) na rede elétrica, além do valor desses danos e do pagamento das indenizações, de sorte que é de rigor a procedência do pedido inicial. Cumpre acrescer aos fundamentos da sentença que a ocorrência de descarga elétrica caracteriza-se como fortuito interno e não afasta a responsabilidade da Apelante. Ademais, o pedido administrativo previsto na Resolução nº 414/2010, da ANEEL é totalmente prescindível, já que não é possível sobrepor-se ao direito de ação tanto do consumidor quanto de sua seguradora, na qualidade de sub-rogada. Precedentes desta Câmara -. Art. 252, do regimento interno do Tribunal de Justiça de São Paulo – Em consonância com o princípio constitucional da razoável duração do processo, previsto no art. 5º, inc. LXXVIII, da Carta da República, é de rigor a ratificação dos fundamentos da sentença recorrida. Precedentes deste Tribunal de Justiça e do Superior Tribunal de Justiça – Sentença mantida – recurso improvido" (*TJSP* – Ap 1043041-35.2016.8.26.0100, 11-8-2017, Rel. Eduardo Siqueira).

10 "Apelação. Execução de título extrajudicial. Legitimidade ativa. Sub-rogação. Extinção do feito sem resolução de mérito. Recurso provido com determinação. I. O caso em exame versa sobre a execução de cotas condominiais não pagas, amparada por contrato de sub-rogação, aprovado em assembleia condominial. II. A questão em discussão consiste em verificar se a administradora, na qualidade de garante das cotas condominiais, possui legitimidade ativa para propor a execução, com base na sub-rogação convencional prevista no contrato III. Razões de Decidir: A sub-rogação convencional é permitida, conforme **art. 347, I, do Código Civil**, que confere legitimidade à Exequente para promover a execução, uma vez que o contrato foi aprovado em assembleia condominial. O art. 778, caput e § 1º, IV, do CPC, permite que o sub-rogado promova a execução forçada, confirmando a legitimidade ativa da exequente. IV. Tese de julgamento: 1. A sub-rogação convencional confere legitimidade ativa para execução de cotas condominiais. 2. A aprovação em assembleia condominial confere validade à sub-rogação, bem como legitimidade ativa *ad causam* à Exequente. Recurso provido com determinação" (*TJSP* – Ap 1009472-05.2024.8.26.0604, 20-5-2025, Rel. L. G. Costa Wagner).

"Civil – Consumidor – Processual civil – Apelação – Ação indenizatória – Danos materiais e morais – Cobranças da CAESB – Obrigação pessoal – Ausência de solidariedade entre atual consumidor e o anterior – Dano moral

No segundo caso, ocorre iniciativa do devedor, que consegue alguém que lhe empreste o numerário para pagar a dívida e passa a dever, com todos os direitos originários, ao mutuante.

Ambas as figuras são úteis. Na primeira, o credor vê-se satisfeito, numa situação de adimplemento duvidoso. No segundo caso, o devedor consegue talvez se afastar de um credor poderoso, mais insistente, e poderá pagar, depois, a quem lhe emprestou, quiçá em situação mais favorável. Ambas as situações favorecem o adimplemento da dívida.

Difere da cessão de crédito, como vimos, pois nesta há necessidade de ciência do devedor (art. 290).

A segunda hipótese ocorre com muita frequência nos financiamentos dos bancos ditos sociais. A Caixa Econômica, por exemplo, costuma liquidar os débitos de devedores com instituições privadas, fornecendo financiamentos em condições mais favoráveis. Essa situação também pode ocorrer entre bancos concorrentes.

10.2.6 Efeitos da Sub-rogação

No pagamento com sub-rogação, fica satisfeito o primitivo credor. No entanto, a obrigação persiste:

> *"a sub-rogação transfere ao novo credor todos os direitos, ações, privilégios e garantias do primitivo, em relação à dívida, contra o devedor principal e os fiadores"* (art. 349).[11]

– Teoria do desvio produtivo do consumidor – Ônus da prova não superado – Afastar condenação por danos morais – Recurso da CAESB parcialmente provido – Sentença reformada – 1- A prestação de serviços de água tratada e esgoto qualifica-se como serviço público. Tendo o Estado concedido o citado serviço para a CAESB e sendo o autor destinatário final dos referidos serviços (art. 2º do CDC), a relação jurídica firmada é de consumo, determinando sua sujeição ao regrado pelo Código de Defesa do Consumidor. 2- A solidariedade é legal e não pode ser presumida: 'A solidariedade não se presume; Resulta da lei ou da vontade das partes' (art. 265 do Código Civil). 3- O pagamento de débitos de contas de água do consumidor anterior não importa em cessão de crédito ou em sub-rogação convencional ('quando o credor recebe o pagamento de terceiro e expressamente lhe transfere todos os seus direitos', nos termos do inciso I do art. 347 do Código Civil), nem obrigação solidária, por ausência de lei em sentido estrito que impute tal forma de relação. 4- Inexiste voluntariedade do consumidor em assumir a dívida e não há respaldo jurídico para se apontar novação subjetiva, com mudança do credor. 5- Quanto ao dano moral, o Superior Tribunal de Justiça consagra a teoria do desvio produtivo do consumidor ou da perda do tempo livre ou da perda do tempo útil em situações extremadas: quando a busca por solução de problema, não provocado pelo consumidor, aparente verdadeiro calvário; ou quando os procedimentos para solução destes problemas privem tempo relevante do consumidor. Precedentes do STJ. 6- O tempo produtivo do consumidor deve ser preenchido por atividades que melhor lhe aprouver e não direcionado para solução de problemas por ele não causados, cujo desvio provocado pelo fornecedor pode significar desgaste e injustiça. 7- O ônus da prova do efetivo dano moral é do consumidor que alegue que para solução do problema foi privado de tempo relevante de sua rotina diária (art. 373, I, do CPC). No caso, dano moral inexistente. 8- Recurso da CAESB conhecido e parcialmente provido. Apelo adesivo prejudicado" (*TJDFT* – Proc. 07001253720198070018 (1183216), 10-7-2019, Rel. Alfeu Machado).

11 "Direito civil. Apelação. Ação regressiva. Sentença de parcial procedência. Irresignação do corréu. I. Caso em Exame 1. Apelação interposta contra sentença que julgou parcialmente procedentes os pedidos de ação regressiva, condenando exclusivamente um dos Réus ao pagamento de valor referente à sub-rogação dos Autores. A sentença excluiu os demais corréus do polo passivo. Os Autores haviam quitado integralmente um débito trabalhista para evitar a perda de imóvel adquirido, sub-rogando-se nos direitos do credor originário. II. Questão em Discussão 2. A questão em discussão consiste em determinar se a exclusão dos demais corréus do polo passivo foi correta, considerando a sub-rogação dos Autores nos direitos do credor originário. III. Razões de Decidir 3. A sub-rogação transfere ao sub-rogado todos os direitos do credor primitivo, sem modificar a natureza da obrigação, conforme o art. 349 do Código Civil. 4. A obrigação de pagamento era imputada a todos os integrantes do polo passivo da demanda trabalhista, devido à desconsideração da personalidade jurídica, não se limitando ao patrimônio do sócio titular da fração constrita. V. Dispositivo e Tese 5. Recurso a que se dá provimento para manter todos os corréus no polo passivo. Tese de julgamento: 1. A sub-rogação permite ao sub-rogado exigir a obrigação de todos

Esse artigo descreve a essência do instituto. Tais princípios aplicam-se tanto à sub-rogação legal, quanto à sub-rogação convencional. O sub-rogado não recebe mais do que receberia o credor originário. Não pode haver, em princípio, finalidade especulativa na sub-rogação.

Da mesma forma, o sub-rogado não tem ação contra o sub-rogante no caso de o devedor ser insolvente. Agora, se a obrigação for nula ou não existir, pelo princípio do enriquecimento sem causa, o que pagou tem direito ao reembolso.

Nada impede, porém, que as partes expressem sua vontade no sentido de alterar os valores da sub-rogação, o que não ocorre na sub-rogação legal:

> "*Na sub-rogação legal o sub-rogado não poderá exercer os direitos e as ações do credor, senão até à soma, que tiver desembolsado para desobrigar o devedor*" (art. 350).[12]

---

os devedores. 2. A exclusão dos demais corréus do polo passivo é inviável, devendo a condenação ser estendida a todos. Legislação Citada: Código Civil, art. 346, II e III; art. 349. Jurisprudência Citada: TJSP, Apelação Cível 1001350-28.2022.8.26.0586, Rel. Carlos Eduardo Borges Fantacini, 35ª Câmara de Direito Privado, j. 06.08.2025" (TJSP – Ap 1021151-22.2021.8.26.0405, 19-8-2025, Rel. Fatima Cristina Ruppert Mazzo).

"Processual civil – Ação regressiva de ressarcimento de danos materiais – Preliminar de incompetência do Juízo – Demanda ajuizada no foro do domicílio da seguradora acionante – Alteração de entendimento da Relatoria para, em consonância com o C. STJ, admitir que a **sub-rogação** da seguradora se dê apenas nos direitos materiais dos segurados (arts. 349 e 786 do Código Civil) e não no tocante as normas de direito processual, dentre as quais se incluem as regras de competência, notadamente a do art. 101, inc. I, do Código de Defesa do Consumidor – Prerrogativa processual personalíssima do consumidor da concessionária de energia elétrica de escolher o foro para o ajuizamento da ação de regresso intransferível à seguradora – Incidência das regras gerais de competência previstas no CPC (art. 53, inc. IV, 'a', do CPC) – Precedentes deste E. Tribunal Bandeirante – Nulidade do julgado reconhecido – Recurso provido com determinação de redistribuição à Comarca de Araranguá-SC" (*TJSP* – Ap 1131794-55.2022.8.26.0100, 1-8-2024, Rel. Correia Lima).

"Ação regressiva de cobrança – Dívida decorrente de contrato de empréstimo tomado pelas requeridas – Autora que efetuou o pagamento da dívida, na condição de interveniente garantidora, comprovado pelos recibos de pagamentos e termo de quitação da dívida emitido pelo credor originário – **Sub-rogação** nos direitos do credor – Arts. 346, III, e 349 do Código Civil – Sentença mantida – Majorada a honorária de sucumbência – Recurso improvido" (*TJSP* – Ap 1036067-79.2016.8.26.0100, 30-9-2022, Rel. Lígia Araújo Bisogni).

"Apelação Cível – Seguro facultativo de veículo – Ação regressiva ajuizada por oficina mecânica dita sub-rogada nos direitos de terceira envolvida em colisão com segurada da demandada – Pretensão voltada à percepção da diferença entre o orçado/realizado e o desembolsado pela acionada – Desfecho, na origem, de improcedência – Inconformismo da autora – **Alegada sub-rogação convencional** – Inconsistência – Pagamento pela oficina mecânica, como requisito do artigo 347, inciso I, do Código Civil, não demonstrado – Termo de cessão de crédito – Invalidade – Ausência de notificação – Exegese do artigo 290, 'caput', do Código Civil – Verba honorária acertadamente arbitrada – Manejo de equidade – Inteligência do art. 85, § 8º, do CPC – Resultado preservado – Recurso improvido, com majoração dos honorários advocatícios, nos termos do parágrafo 11º, do artigo 85, do Código de Processo Civil" (*TJSP* – AC 1004075-32.2018.8.26.0100, 13-9-2019, Rel. Tercio Pires).

"Acidente de veículos – **Sub-rogação** – Seguradora que paga por danos causados a veículo segurado. Veículo segurado que foi atingido pelo caminhão da ré, que perdeu o controle e invadiu a pista contrária. Alegação de que a segurada da autora teria realizado ultrapassagem proibida não comprovada. Ônus de demonstrar os fatos extintivos, modificativos e extintivos do direito do autor, do qual a ré não se desincumbiu. Litigância de má-fé não verificada. Sentença mantida. Majoração dos honorários recursais. Apelo da ré improvido" (*TJSP* – Ap 0006093-83.2009.8.26.0609, 19-2-2018, Rel. Ruy Coppola).

12 "Responsabilidade civil – Ação regressiva – **Sub-rogação** – Dano elétrico – Descarga de energia – A seguradora, ao pagar o valor do dano sofrido pelo segurado, passa a ocupar a posição de nova credora, com base em sub-rogação legal (arts. 346, III, e 349 do CC). A responsabilidade da distribuidora de energia elétrica não depende da demonstração de culpa. A presença de defeito na prestação do serviço induz à reparação do dano causado à consumidora. O nexo de causalidade entre o defeito do serviço e o prejuízo deve estar presente. No caso em julgamento, os elementos de prova indicam que o dano teve origem na falha do serviço. Danos materiais devidamente comprovados. Apelo provido" (*TJRS* – AC 70080214794, 28-3-2019, Rel. Des. Marcelo Cezar Müller).

"Apelação – Ação de execução – Sub-rogação legal – Prosseguimento da execução contra o réu coobrigado – Possibilidade – Podem também promover a execução, ou nela prosseguir o sub-rogado, nos casos de sub-rogação legal ou convencional (art. 778, § 1º do CPC). Na espécie, o executado apelante, ao realizar o pagamento de

Portanto, na sub-rogação convencional as partes podem dispor diferentemente. Mas, se não houver pacto expresso, tem plena aplicação o disposto no art. 350.

O art. 351 refere-se ao pagamento parcial ao credor originário:

> *"O credor originário, só em parte reembolsado, terá preferência ao sub-rogado, na cobrança da dívida restante, se os bens do devedor não chegarem para saldar inteiramente o que a um e outro dever."*

Suponhamos que a dívida seja de 1.000. Um terceiro paga 500 e sub-roga-se nos direitos dessa importância. O devedor fica então a dever 500 ao credor originário e 500 ao sub-rogado. Quando da cobrança de seus 500, o credor originário não encontra bens suficientes para seu crédito de 500. Terá ele preferência, recebendo, no que tiver, antes do sub-rogado, que ficará irressarcido. Alguns veem injustiça na solução, acreditando melhor na solução italiana que manda fazer um rateio entre sub-rogante e sub-rogado, que suportariam igualmente a insolvência do devedor. No entanto, quem se sub-roga na forma atualmente prescrita assume o risco da insolvência do devedor. Disso já tem ciência pelos termos expressos no artigo mencionado.

10.3 IMPUTAÇÃO DE PAGAMENTO

10.3.1 Conceito

Imaginemos uma situação esquemática na qual um devedor contraiu várias obrigações com um mesmo credor. Deve parcela vencida de um empréstimo; deve aluguel referente à locação mensal de um imóvel e deve valor representado por nota promissória. Para que o exemplo fique de fácil compreensão, tomemos em conta que as três dívidas, vencidas, são, cada uma, no valor de 1.000. O devedor, nesse nosso exemplo, remete ao credor a importância de 1.000. Perguntamos, na falta de especificação do devedor, qual das três obrigações estará ele adimplindo, com o pagamento da importância de 1.000? A resposta implicará saber a qual obrigação estará o devedor direcionando seu numerário, *imputando* seu pagamento.

---

parte da condenação, sub-roga-se no direito do exequente, prosseguindo-se execução contra o réu coobrigado" (*TJMG* – AC 1.0024.13.352854-7/001, 6-7-2018, Rel. Alberto Henrique).

"Agravo de instrumento – Contrato de abertura de crédito rural – Ação de execução ajuizada pelos fiadores – Cabimento – Pagamento do débito pelos fiadores, sub-rogando-se nos direitos do credor da relação obrigacional – **Sub-rogação** que transfere todos os direitos e garantias e dá ao sub-rogado o direito de cobrar o devedor – Alegação de ausência de título executivo que não se sustenta – Inteligência dos arts. 346, III e 349 do Código Civil – Decisão reformada – Recurso provido" (*TJSP* – AI 2003918-85.2017.8.26.0000, 1-3-2017, Rel. Maurício Pessoa).

"Apelação – Ação Monitória – Prestação de serviços pelo sindicato ao filiado – Carência de ação não configurada – Documentos hábeis à comprovação do débito – irrelevante ausência da planilha de cálculo – fatos impeditivos, modificativos ou extintivos do direito do credor. Ausência de comprovação pelo réu. Apelo improvido. Majoração dos honorários advocatícios. Parcial provimento, ao adesivo. I. Assiste ao sindicato autor o direito de ação, na medida em que a sub-rogação opera-se, de pleno direito, em favor do terceiro interessado, que paga a dívida pela qual era ou podia ser obrigado, no todo ou em parte. Art. 364, III, Código Civil. II. Prova escrita necessária ao ajuizamento da ação monitória é todo e qualquer documento que autorize o juiz entender pela existência de direito à cobrança de determinada dívida, mostrando-se irrelevante a não apresentação da planilha de cálculo quando presentes outros documentos essenciais ao deferimento do pleito. III. Em obediência ao Enunciado no art. 333, II, CPC, o ônus da prova incumbe ao réu, quanto à existência de fato impeditivo, modificativo ou extintivo do direito do autor, sob pena de ver concedida a pretensão autoral. IV. Recurso adesivo parcialmente provido para majorar a verba honorária, em atenção ao § 4º do art. 20, CPC, e aos princípios da proporcionalidade e da razoabilidade. V. Apelo desprovido e recurso adesivo provido em parte" (*TJGO* – AC 201392007941, 28-3-2016, Relª Desª Beatriz Figueiredo Franco).

A *imputação de pagamento* tem esse sentido no direito obrigacional. É forma de se quitar um ou mais débitos, quando há vários, do mesmo devedor, em relação ao mesmo credor. Trata-se da aplicação de um pagamento a determinada dívida (ou mais de uma), entre outras que se têm com o mesmo credor, desde que sejam todas da mesma natureza, líquidas e vencidas (art. 352).

Geralmente, a doutrina não dá muita importância ao tema. Entretanto, não é ele destituído de aplicação prática. Basta recordarmos os vários débitos autorizados pelo correntista de um banco, em sua conta corrente. Modernamente, é costume que uma infinidade de obrigações seja debitada automaticamente, em conta, mediante singela autorização do cliente. Se o correntista não tiver numerário depositado em volume suficiente para débitos que vençam na mesma data, por exemplo, devem ser aplicados os princípios da imputação de pagamento. É frequente o abuso das instituições financeiras a esse respeito.[13]

---

13 "Consignação em pagamento – Diante dos termos em que proposta a demanda, com observação de que a aferição do interesse processual e da legitimidade das partes é feita com base na relação substancial, tal como apresentada pela parte autora na inicial, consistente em pretensão de quitar débito relativo às prestações vencidas de contrato de financiamento imobiliário nº 031.912.489, firmado com a parte ré, e as que se vencerem no curso da ação, além da revisão da cláusula contratual que impõe o pagamento por meio de débito em conta corrente, e não se confunde com o julgamento do mérito, conforme orientação que se adota, de rigor, o reconhecimento que está presente (a) o interesse de agir, ante a adequação da via eleita para as pretensões deduzidas; e (b) a legitimidade das partes, uma vez que a parte ré indicada na inicial, credora do título objeto da ação, é titular do interesse que se opõe ao da parte autora. CONTRATO BANCÁRIO – Relação contratual entre as partes está subordinada ao CDC. CONSIGNAÇÃO EM PAGAMENTO – Como, no caso dos autos, (a) restaram satisfeitos os requisitos para a **imputação do pagamento**, pela parte apelante mutuária, previstos no art. 352, do CC, relativamente ao débito que pretendia quitar, sem abuso de direito, relativamente ao contrato objeto da ação, com depósito das prestações efetivadas nos autos, e (b) admissível a revisão, na ação de consignação em pagamento, da cláusula contratual, que prevê o débito de prestação de financiamento, em conta corrente, como meio de forçar o pagamento de débitos de outros contratos bancários, como os quais o cliente não concorda ou não tem condições econômico-financeiras de satisfazer, é passível de ser revista em ação de consignação em pagamento, por se mostrar abusiva, uma vez que infringe o princípio da boa-fé contratual (CC/2002, art. 422), quando impede o exercício, pelo devedor, do direito assegurado no art. 352, do CC, de escolha da dívida que pretende quitar, de rigor, (c) o reconhecimento de que restou configurada a mora do credor, a parte apelada instituição financeira em anuir à imputação do pagamento realizada pela parte devedora, na forma do art. 335, I, do CC, (d) impondo-se, em consequência, a manutenção da r. sentença, que julgou procedente a ação de consignação em pagamento, para. 'RECONHECER e DECLARAR a quitação da parcela vencida no mês de janeiro de 2021, mediante a realização do depósito judicial de pgs. 63/65'. Recurso desprovido". (*TJSP* – Ap 1000582-91.2021.8.26.0019, 12-4-2023, Rel. Rebello Pinho).

"Agravo de instrumento. Múltiplas execuções de alimentos. **Imputação do pagamento** que é direito do devedor, assegurado pelo art. 352, do Código Civil. Valores pagos que devem ser aproveitados na execução indicada e não na mais antiga. Recurso a que se nega provimento" (*TJSP* – AI 2292678-84.2021.8.26.0000, 5-7-2022, Rel. Maurício Campos da Silva Velho).

"Apelação cível – Ação de execução – Dívida condominial – Embargos à execução – **Imputação ao pagamento** – Cabimento – Tratando-se de dívida em dinheiro, somente a prova de quitação regular elide a pretensão do autor. Imputação ao pagamento. Cabimento. Inclusão de parcelas vincendas. Obrigação de trato sucessivo. Possibilidade. Para o processo de execução o legislador previu a aplicação subsidiária das disposições do Livro I da Parte Especial (arts. 318, § único, e 771, § único do CPC), exatamente onde situada a regra da inclusão das dívidas de trato sucessivo, a que alude o art. 323 do CPC. Multa do art. 940 do Cód. Civil. Descabimento. Ausência de prova da cobrança de má-fé. Recurso desprovido" (*TJSP* – Ap 1015085-65.2017.8.26.0405, 27-8-2018, Rel. Antonio Nascimento).

"Processo civil. Servidor público. Reajuste de vencimentos. Execução. Juros moratórios. **Imputação do pagamento**. Art. 354 do CC. Fazenda Pública. Inaplicabilidade. Honorários advocatícios. Fixação. Execução e embargos do devedor. Caráter autônomo e provisório. Compensação. Possibilidade. Violação aos arts. 458 e 535 do CPC. Não ocorrência. 1. As matérias pertinentes aos artigos 467 e 474 do CPC, 394 e 406 do CC não foram apreciadas pela instância judicante de origem, tampouco foram objeto dos embargos declaratórios opostos pelo recorrente, carecendo do necessário prequestionamento (Súmula 282/STF). 2. Verifica-se não ter ocorrido ofensa aos arts. 458 e 535 do CPC, na medida em que o Tribunal de origem dirimiu, fundamentadamente, as questões que lhe foram submetidas, apreciando integralmente a controvérsia posta nos presentes autos. 3. No que diz com os juros de mora, 'o STJ pacificou a orientação de que a regra de imputação de pagamentos estabelecida no art. 354 do Código Civil é inaplicável às dívidas da Fazenda Pública' (AgRg no AREsp 347.550/RS, Rel. Min. Herman Benjamin, 2ª Turma, julgado em 3-10-2013, *DJe* 11-10-2013). 4. Segundo a firme compreensão do Superior Tribunal de Justiça, os honorários advocatícios devem ser fixados de forma independente na execução e nos embargos de devedor,

A preferência na escolha da dívida a ser adimplida é do devedor. O art. 352 é claro a esse respeito: cabe à pessoa obrigada, ou quem lhe faz as vezes, fazer a imputação. Se for cabal a escolha pelo devedor, não pode ser recusada pelo credor. Se o devedor se mantiver silente e não se manifestar oportunamente, o direito de escolha passa ao credor (art. 353), a menos que ele aja com violência ou dolo. Se nenhuma das partes se manifestar oportunamente, a lei dá os parâmetros para fixar qual dos débitos foi pago (art. 355).[14] Trata-se, no último caso, da imputação legal.

---

tendo em vista a autonomia das referidas ações. 5. Ainda na linha de nossa jurisprudência, essa autonomia não é absoluta, pois 'o sucesso dos embargos do devedor importa a desconstituição do título exequendo e, consequentemente, interfere na respectiva verba honorária. Logo, apesar de a condenação ao pagamento de honorários na execução não estar condicionada à oposição dos embargos, a sorte desses influencia no resultado daqueles, de modo que a fixação inicial dessa quantia tem caráter provisório' (AgRg no AgRg no REsp 1.216.219/RS, Rel. Min. Castro Meira, 2ª Turma, julgado em 14-8-2012, *DJe* 24-8-2012). 6. Admite-se a compensação e o arbitramento em valor único das duas condenações, ainda que a parte seja beneficiária da assistência judiciária gratuita. 7. Agravo regimental a que se nega provimento" (*STJ* – AgRg-AG-REsp. 627.313 (2014/0297616-0), 12-6-2015, Rel. Min. Sérgio Kukina).

14 "Apelação cível. Locação. Ação de despejo c.c. cobrança. O contrato e o débito locatício (alugueres e encargos contratuais) estão incontroversos nos autos. Tratando-se de dívida em dinheiro, somente a prova de quitação regular elide a pretensão do autor. Cobrança dos encargos locatícios. Expressa previsão contratual. Princípio pacta sunt servanda. Imputação ao pagamento. Incidência da regra legal (C. Civil, art. 355). Necessidade de apuração das verbas efetivamente pagas. Despejo prejudicado, haja vista a desocupação voluntária do bem. Justiça gratuita. Deferimento. Sentença parcialmente reformada. Recurso parcialmente provido" (TJSP – Ap 1002390-10.2023.8.26.0360, 25-3-2025, Rel. Antonio Nascimento).

"Embargos à execução. Cerceamento de defesa não configurado. Perícia desnecessária. Cédula de crédito bancário. Título líquido, certo e exigível, dotado de eficácia executiva na forma do art. 28, da Lei nº 10.931/2004. Matéria objeto do Recurso Repetitivo nº 1.291.575-PR. Inicial instruída com memória de cálculo pormenorizada do saldo devedor. Cumprimento do disposto no art. 798, I, 'b' do Código de Processo Civil. Imputação do pagamento. Descabida a pretensão da apelante de que os valores bloqueados sejam utilizados para pagamento de outra cédula de crédito bancário, que não é objeto da presente execução. A imputação do pagamento é ato de vontade do devedor que deve ser praticado antes da propositura da demanda executiva e da realização da constrição forçada. Não realizada a imputação no tempo e modo devidos, o devedor perde a faculdade de fazê-la. Considerando que os débitos da presente execução são mais antigos e não houve **imputação de pagamento, aplica-se a regra do art. 355 do Código Civil**, no sentido de que esta se fará nas dívidas líquidas e vencidas em primeiro lugar. Recurso desprovido" (*TJSP* – Ap 1032667-13.2023.8.26.0100, 22-5-2024, Rel. Afonso Bráz).

"Processual civil – Agravo interno no Recurso Especial – **Regra de imputação do pagamento** – Artigo 354 do CC/2002 – Ausência de disposição diversa – Aplicabilidade – Decisão mantida – 1- 'A imputação do pagamento primeiramente nos juros é instituto que, via de regra, alcança os contratos em que o pagamento é diferido em parcelas. Objetiva diminuir a oneração do devedor. Ao impedir que os juros sejam integrados ao capital para, só depois dessa integração, ser abatido o valor das prestações, evita que sobre eles (juros) incida novo cômputo de juros. É admitida a utilização do instituto quando o contrato não disponha expressamente em contrário' (AgInt no REsp 1.735.450/PR, Rel. Ministra Maria Isabel Gallotti, Quarta Turma, julgado em 2/4/2019, *DJe* 8/4/2019). 2- Agravo interno a que se nega provimento" (*STJ* – AGInt-REsp 1642949/MT, 15-5-2019, Rel. Min. Antonio Carlos Ferreira).

"Embargos à execução – Direito privado não especificado – Cédula de produto rural – Título executivo – Requisitos – **Imputação de pagamento** – 1- Conforme dispõe o art. 4º da Lei nº 8.929/1994, a Cédula de Produto Rural representa título 'líquido e certo, exigível pela quantidade e qualidade de produto nela previsto', não havendo a necessidade de ajuizamento de processo de conhecimento para a comprovação da dívida. 2- Caso concreto em que a embargante não comprovou as entregas de soja referidas na petição inicial e tampouco demonstrou que os supostos pagamentos seriam destinados ao abatimento do título executivo. 3- Revela-se inviável o pedido para que o produto obtido pela apelada, nos autos dos embargos de terceiro, seja utilizado para o pagamento do título exequendo, uma vez que tais valores já foram destinados à quitação parcial de outros contratos, no âmbito das respectivas ações cautelares de arresto. Recurso de apelação desprovido" (*TJRS* – AC 70076639541, 15-3-2018, Rel. Des. Umberto Guaspari Sudbrack).

"Apelação – Ação Revisional – Conta Corrente – Cheque Especial – Primeira sentença anulada – Contrato não apresentado pelo banco – Sentença de parcial procedência – Recurso – Modulação dos juros remuneratórios – Cheque Especial – **Teoria da imputação de pagamento** – Não Incidência – Ônus dinâmico da prova – Equilíbrio contratual – Lesividade – Recurso não provido" (*TJSP* – Ap 0010722-13.2010.8.26.0077, 29-5-2017, Rel. Carlos Abrão).

10.3.2 Requisitos

Vamos encontrar os requisitos dessa forma de pagamento no próprio art. 352:

> *"A pessoa obrigada, por dois ou mais débitos da mesma natureza, a um só credor, tem o direito de indicar a qual deles oferece pagamento, se todos forem líquidos e vencidos".*

Portanto, somente surgirá o fenômeno se houver *pluralidade de débitos*: mais de um débito, porém independentes entre si. Não se constituem débitos diversos, por exemplo, os pagamentos mensais da mesma obrigação, contraída para pagamentos a prazo. Em um só débito, como já vimos, não pode o credor ser obrigado a receber parcialmente.

Para a imputação devem concorrer também as pessoas de *um só credor e um só devedor*. Ou, melhor dizendo, uma parte ativa e uma parte passiva da obrigação. Tal situação é da essência do instituto. Não se confunda com o fenômeno da solidariedade, que pode, no entanto, integrar a problemática da imputação.

Os *débitos devem ser da mesma natureza*, isto é, deve existir compatibilidade no objeto do pagamento. Pagamentos de dívidas em dinheiro são sempre compatíveis. Não são compatíveis obrigações de dar com obrigações de fazer e não fazer. Se um débito se refere a um pagamento em dinheiro e outro à feitura de uma obra, não há compatibilidade. Se uma obrigação deve ser paga em dinheiro e outra em cereais, também não há compatibilidade.

As dívidas também devem ser *líquidas*. De acordo com o art. 1.533 do Código de 1916, *"considera-se líquida a obrigação certa, quanto à sua existência, e determinada, quanto ao seu objeto"*. A definição é definitiva. Uma dívida que dependa de apuração, quer judicial, quer extrajudicial, não é líquida. Não só não é líquida, como também não é certa.

O pagamento ofertado pelo devedor deve ser suficiente para quitar ao menos uma das dívidas. Uma vez que o credor não está obrigado a receber parcialmente, este princípio é consequência da regra geral. O pagamento pode ser suficiente para uma (no mínimo) ou mais de uma dívida. E se a quantia ofertada for superior ao débito de menor valor, mas não atingir o débito de maior valor? Entende-se sem dúvida, afora acordo entre as partes, que o pagamento se refere à dívida de menor valor. O excedente não deverá necessariamente ser aceito pelo credor para amortizar a dívida de maior valor, porque se trataria de pagamento parcial.

Por fim, *a dívida deve ser vencida*. Presume-se que o credor não queira receber, nem o devedor pagar, antes de a dívida vencer e tornar-se exigível. Contudo, no caso, afirmava o Código de 1916, só se faria a imputação a uma dívida ilíquida ou não vencida com o consentimento do credor (art. 991, segunda parte). A ausência desse dispositivo no Código, que não tinha maior alcance, não altera a regra, que deriva dos princípios gerais do pagamento. Não é dado ao devedor impor o pagamento nessas condições. O credor recebe dívida não vencida; qualquer que seja, se desejar.

Por igual modo, se o devedor oferece regularmente o pagamento a uma das dívidas, não pode o credor recusá-lo, sob pena de incidir em *mora creditoris*. Pode, nesse caso, o devedor valer-se da consignação.

10.3.3 Imputação de Pagamento Feita pelo Devedor

Se não houver avença em contrário, porque o campo é de direito dispositivo, a escolha na imputação é do devedor. Este, sempre que possível, é tratado de forma mais benigna pelo Código. Facilita a lei sua posição de onerado. A tradição dessa posição já vem das fontes romanas (cf. Lopes, 1966, v. 2:243).

Deve o devedor declarar oportunamente qual débito deseja quitar.

Tal direito, porém, sofre mitigação; não é absoluto. Se houver capital e juros, o pagamento imputar-se-á primeiro nos juros vencidos (art. 354).[15] Pode haver, no entanto, estipulação em contrário e pode o credor, se desejar, concordar em quitar parte do capital. Todavia, não tem o devedor direito de imputar por sua exclusiva vontade o pagamento no capital.

---

15 "Embargos à execução. Cédula de crédito bancário. Confissão e renegociação de dívida. Sentença de parcial procedência. Apelo do Banco embargado. Renegociação que integrou quatro operações de crédito. Deferida a revisão dos contratos anteriores e não apresentados pelo embargado, foi realizada perícia judicial somente em relação ao débito da conta corrente (cheque especial). Insurgência do apelante ao laudo pericial. Acolhimento. **Incidência do art. 354 do CC.** Inexistindo contrato para verificar a respeito de estipulação diversa, a regra é de imputação do pagamento primeiro nos juros vencidos e, depois, no capital. Necessário sejam refeitos os cálculos quanto a esse ponto. Demais contratos. A ausência de apresentação dos contratos anteriores não retira a liquidez, certeza e exigibilidade do título executivo, de modo que sua cobrança segue hígida. Revisão da cédula de crédito bancário. Juros remuneratórios. Taxa contratada superior ao dobro da média divulgada pelo Bacen. Abusividade configurada. Adequação, entretanto, à taxa pretendida pelas embargantes, a fim de se evitar a caracterização de julgamento ultra petita. Restituição ou compensação na forma simples, conforme constou na r. sentença. Encargos moratórios. Ausente abusividade. Multa de 2%, acrescida de juros moratórios de 1% ao mês e dos juros remuneratórios. Admissibilidade. Súmulas 296 e 379 do STJ. Sentença parcialmente reformada para determinar sejam refeitos os cálculos periciais e, mantida a higidez da cédula de crédito bancário, readequar a taxa de juros remuneratórios. Honorários advocatícios não majorados (Tema 1059 do STJ). Recurso provido em parte" (*TJSP* – Ap 1010028-64.2021.8.26.0037, 19-8-2024, Rel. Marcelo Ielo Amaro).

"Agravo interno – Recurso Especial – Bancário – Revisão de contrato – Abertura de conta-corrente e abertura de crédito em conta-corrente (cheque especial) – **Imputação do pagamento** – Reexame de provas – Prestação jurisdicional deficiente – Não ocorrência – 1- O Tribunal de origem dirimiu de modo fundamentado e claro a controvérsia. O acórdão recorrido não é omisso, obscuro ou contraditório, nem contém erro material. Rejeita-se a alegação de ofensa aos artigos 489 e 1.022 do Código de Processo Civil/2015. 2- A imputação do pagamento primeiramente nos juros é instituto que, via de regra, alcança os contratos em que o pagamento é diferido em parcelas. Objetiva diminuir a oneração do devedor. Ao impedir que os juros sejam integrados ao capital para, só depois dessa integração, ser abatido o valor das prestações, evita que sobre eles (juros) incida novo cômputo de juros. É admitida a utilização do instituto quando o contrato não disponha expressamente em contrário. Precedentes. 3- Não cabe, em recurso especial, reexaminar matéria fático-probatória (Súmula nº 7/STJ). 4- Agravo interno a que se nega provimento" (*STJ* – AGInt-REsp 1735450/PR, 8-4-2019, Relª Minª Maria Isabel Gallotti).

"Agravo de instrumento – Direito privado não especificado – Contrato de participação financeira – Amortização dos depósitos – **Imputação ao pagamento** – Artigo 354 do CCB – Aplicabilidade – Aplicável a regra constante da parte inicial do art. 354 do NCCB no sentido de que havendo capital e juros, o pagamento imputar-se-á primeiro nos juros vencidos, e depois no capital. Desprovido o recurso de agravo de instrumento" (*TJRS* – AI 70077608834, 26-6-2018, Rel. Des. Jorge Maraschin dos Santos).

"Apelação – Ação Ordinária – Financiamento – **Pagamento imputado** a parcelas distintas em relação as quais o consumidor pretendia pagar – Pedidos improcedentes – Pleito de reforma da r. decisão – Possibilidade em parte – Autor que imputou o erro ao sistema de leitura do serviço de autoatendimento oferecido pelo banco – Fato não impugnado – Dever da instituição financeira quanto à demonstração de escorreita impressão do código de barra – Erro de digitação irrelevante quanto à pretendida exclusão da responsabilidade da instituição bancária – Hipótese não comprovada – Instituição bancária que, a despeito da ausência de prejuízo quanto à correta imputação do pagamento, não a procedeu – Dever de cooperação e boa-fé que devem ser observados por ambas as partes para o cumprimento regular do contrato – Inexistência de culpa exclusiva – Pedido acolhido para considerar quitadas as parcelas impugnadas nos autos – Pleito indenizatório – Restrição creditícia não materializada – Dano moral não verificado – Autor que pagou uma única vez as parcelas impugnadas – Ausência de dano material – Recurso parcialmente provido" (*TJSP* – Ap 1012560-69.2015.8.26.0506, 15-9-2017, Relª Cláudia Grieco Tabosa Pessoa).

"Ação revisional. Contrato de abertura de crédito em conta corrente. Capitalização dos juros inferior a um ano. 1. A capitalização dos juros é permitida em contrato firmado sob a égide da Medida Provisória nº 1963-17/2000, de 31 de março de 2000, e que contenha cláusula a permitir essa prática. Ausente prova de existência de cláusula nesse sentido, é de se reconhecer como indevida essa prática. 2. A regra de imputação do pagamento primeiramente aos juros, com incidência sobre o capital no que sobejar, decorre de imposição legal (art. 354 do Código Civil), somente podendo ser obstada se houver estipulação em contrário ou se o credor passar a quitação por conta do capital. Preliminar de nulidade da sentença repelida. Ação parcialmente procedente. Recurso parcialmente provido" (*TJSP* – Ap 1112228-04.2014.8.26.0100, 21-7-2015, Rel. Itamar Gaino).

Ademais, como já vimos, não pode haver pagamento parcial de uma das dívidas, salvo concordância do credor. Também, tal não pode ocorrer caso o devedor deseje pagar dívida ainda não vencida.

Afora isso, o devedor escolhe a dívida que paga e não pode o credor opor-se. É claro que, se puder pagar a dívida mais onerosa, assim o fará. Entre uma dívida com juros superiores e multa, e outra com juros menores e sem multa, é claro que, *a priori*, o devedor escolherá por pagar a primeira. E não pode o credor esquivar-se.

10.3.4 Imputação de Pagamento Feita pelo Credor

Se ofertar o pagamento a uma ou mais dívidas e o devedor não disser qual sua imputação, o credor dará quitação naquela que lhe aprouver. Se aceitar tal quitação, não poderá mais o devedor reclamar dessa imputação feita pelo credor (art. 353).[16] Assim, no exemplo que demos na abertura deste capítulo, se há os chamados débitos automáticos em conta de um cliente de banco e o correntista, não tendo saldo para quitar todos os débitos, não notifica a instituição financeira acerca de qual ou quais débitos deseja o pagamento, cabe ao banco escolher as dívidas a serem quitadas. Destarte, é fato que optará o credor, nesse caso, pela solução que lhe é mais favorável. Dará, por exemplo, quitação de um débito quirografário, mantendo inadimplente um débito garantido por hipoteca. É ônus decorrente da desídia do devedor.

O art. 353 diz que tal imputação pelo credor só não terá valor se cometida por violência (coação) ou dolo. A prova incumbe ao devedor. A lei não menciona o erro, que não é elemento para anular a imputação. Como a lei menciona dois vícios de vontade (violência e dolo), evidentemente não desejou que se aplicassem os três vícios de vontade da parte geral (erro, dolo e coação).

---

16 "Execução de alimentos – rito da expropriação de bens – Decisão que rejeitou a impugnação apresentada, determinando a intimação do devedor para pagamento do saldo remanescente – Diante das obrigações de pagamento de alimentos e aluguel, que não se confundem, o executado efetuou depósitos bancários aleatórios, em datas diversas, sem discriminar a natureza dos débitos pagos – agravante que não logrou elucidar a destinação dos depósitos efetuados – Não tendo o recorrente declarado em qual das dívidas líquidas e vencidas quer imputar o pagamento, se aceitar a quitação de uma delas, não terá direito a reclamar contra a **imputação** feita pela agravada, salvo provando haver ele cometido violência ou dolo – Inteligência do art. 353 do CC – decisão mantida – Recurso desprovido" (*TJSP* – AI 2075580-36.2022.8.26.0000, 10-8-2022, Rel. Theodureto Camargo).

"Locação – Embargos à execução – Sentença de improcedência dos embargos – **Imputação ao pagamento** – Art. 352 e art. 355 do Código Civil – Aplicação, no caso – Tendo o devedor mais de uma dívida da mesma natureza perante o mesmo credor, todas líquidas e vencidas, poderá indicar qual débito deseja quitar (art. 352 do CC). Não havendo a indicação, a imputação legal levará em consideração, em primeiro lugar, as dívidas líquidas e vencidas, nos termos do art. 355, do Código Civil. Não se conhece em grau de recurso de matéria não deduzida na petição inicial, tampouco apreciada na sentença. Inteligência do art. 1.014, do CPC. Recurso não conhecido em parte e, na parte conhecida, não provido" (*TJSP* – AC 1005711-66.2017.8.26.0068, 30-9-2019, Relª Carmen Lucia da Silva).

"Apelação – Contrato de abertura de crédito em conta-corrente (cheque especial) – Ação Revisional – Sentença de acolhimento parcial dos pedidos – Parcial reforma, apenas para determinar a aplicação da taxa média de mercados juros remuneratórios para operações da mesma espécie, salvo se superiores às taxas efetivamente praticadas, hipótese em que prevalecerão estas. 1 – **Imputação em pagamento** – Apelação não merecendo ser conhecida nessa passagem, por inovar indevidamente, trazendo alegação de ordem fática não abordada em contestação (CPC de 1973, arts. 300 e 517; CPC de 2015, arts. 336 e 1.014) – Alegação, de todo modo, inconsistente, à vista do decidido no REsp. 1.518.005/PR, em que pronunciada pelo STJ a independência dos institutos da imputação ao pagamento e da capitalização dos juros. 2 – Capitalização mensal de juros remuneratórios – Prática inadmissível na espécie, à falta de cláusula contratual que a autorize (Súmula 539 do STJ) – Capitalização anual, do mesmo modo, inadmissível, segundo a recente orientação firmada em procedimento de recursos especiais repetitivos de que é paradigma o REsp. 1.388.972/SC. 3 – Taxa de juros remuneratórios – Ausência de fixação em contrato – Situação impondo a aplicação da taxa média de mercado – Entendimento firmado em procedimento de recursos especiais repetitivos de que é paradigma o julgado proferido em REsp. nº 1.112.879-PR e reafirmado pela Súmula 530 do STJ – Sentença reformada nessa passagem. Dispositivo: Conheceram apenas em parte da apelação e, nessa parte, lhe deram parcial provimento" (*TJSP* – Ap 0005475-45.2010.8.26.0564, 29-6-2017, Rel. Ricardo Pessoa de Mello Belli).

Pelo que vemos da dicção do art. 353, a imputação pelo credor deve ocorrer no momento do pagamento, quando da quitação. Isso porque, se as duas partes forem omissas, os princípios serão da imputação legal. O devedor perde seu direito quando aceita a quitação.

10.3.5 Imputação de Pagamento Feita pela Lei

Se restarem inertes ambas as partes da obrigação e surgir posteriormente a problemática, a lei diz como se fará a imputação:

> *"se o devedor não fizer a indicação do art. 352, e a quitação for omissa quanto à imputação, esta se fará nas dívidas líquidas e vencidas em primeiro lugar. Se as dívidas forem todas líquidas e vencidas ao mesmo tempo, a imputação far-se-á na mais onerosa"* (art. 355).

A lei procura facilitar a situação do devedor.

Preferir-se-ão as dívidas vencidas em primeiro lugar porque parece lógico o fator temporal. O devedor, em tese, pagaria primeiramente a dívida com vencimento mais antigo. Presume-se, embora não de forma absoluta, que a dívida vencida em primeiro lugar possua maiores acréscimos de juros, cláusula penal e correção monetária. Mesmo que assim não fosse, no silêncio das partes, essa é a vontade da lei.

É claro que não surgirá o problema de imputação se houver dívidas ilíquidas e não vencidas. Estas não entram na imputação legal. Já se todas forem líquidas e vencidas ao mesmo tempo, a lei diz que a imputação far-se-á na *mais onerosa*. Cabe ao juiz o exame da dívida mais onerosa, embora a doutrina possa traçar os pilares da vontade da lei. Como a questão é de privilegiar, no caso, o devedor, haverá preferência de imputação na dívida com garantia real ou fiança à dívida exclusivamente quirografária. Preferir-se-á a dívida com juros de 12% ao ano àquela com juros de 6%; preferir-se-á o débito com multa maior etc.

Se as dívidas forem iguais, costuma a doutrina dizer que se preferirá a mais antiga. Dúvida surge se a obrigação contraída em primeiro lugar é mais antiga ou se aquela que primeiro se venceu. A melhor solução é de se imputar àquela que primeiro se venceu porque tornou-se exigível em primeiro lugar.

Se os débitos são rigorosamente iguais, mesmo valor, mesma data de nascimento e mesma data de vencimento, Serpa Lopes (1966, v. 2:244) entende, com base em fontes romanas, que a imputação se deve fazer proporcionalmente, em relação a todos os débitos iguais. Na verdade, difícil seria qualquer outra solução. É o que manda fazer o Código francês (art. 223).

Como vemos, não existe nada de muito especial ou excepcional nas regras de imputação de pagamento. Seu efeito é de extinguir uma ou mais dívidas; seus efeitos são os do pagamento em geral.

Na compensação (art. 379), aplicar-se-ão as regras da imputação de pagamento, quando a mesma pessoa for obrigada por várias dívidas compensáveis. A compensação, como se verá, é forma especial de pagamento.

10.4 DAÇÃO EM PAGAMENTO

10.4.1 Conceito

Se o credor consentir, a obrigação pode ser resolvida substituindo-se seu objeto. *Dá-se* algo em pagamento, que não estava originalmente na obrigação. Esse é o sentido da *datio in solutum*. Só pode ocorrer com o consentimento do credor, pois ele não está obrigado a receber nem mesmo coisa mais valiosa (art. 313).

O art. 356 fala da substituição da prestação: "*o credor pode consentir em receber prestação diversa da que lhe é devida*". A dação em pagamento, como se nota, não se restringe, como a princípio demonstrava a lei de 1916, à substituição de dinheiro por coisa. Basta que se substitua, quando do cumprimento da obrigação, o objeto original dela. Trata-se de um acordo liberatório que só pode ocorrer após o nascimento da obrigação. Pode consistir na substituição de dinheiro por coisa (*rem pro pecunia*), como também de uma coisa por outra (*rem pro re*), assim como a substituição de uma coisa por uma obrigação de fazer.[17]

---

[17] "Ação declaratória de quitação de contrato de financiamento. Impugnação à justiça gratuita afastada. No mérito, pretensão de dação em pagamento de ações do Banco de Santa Catarina (BESC) em quitação de contrato financiamento. Improcedência. Apelo. Não acolhimento. A dação em pagamento constitui meio de extinção da obrigação, que depende da concordância do credor (art. 356 do CPC), o que não ocorreu. Inviabilidade de acolhimento do pedido. Precedentes. Sentença mantida. Recurso desprovido" (TJSP – Ap 0005308-57.2023.8.26.0019, 21-7-2025, Rel. Paulo Alcides).

"Contratos bancários. **Ação de dação em pagamento**. Pretensão de quitação de empréstimo tomado ao réu mediante dação em pagamento de ações do extinto Banco do Estado de Santa Catarina. Requerimento de tutela de urgência, consistente na suspensão da exigibilidade das parcelas do empréstimo. Indeferimento. Manutenção. Probabilidade do direito invocado não evidenciada de plano. Não se vislumbra, ictu oculi, a probabilidade do direito invocado. A uma, porque, a aceitação da dação em pagamento decorre de mera liberalidade do credor (CC, art. 356), pressupondo, portanto, o seu consentimento. O réu não pode, a princípio e em tese, ser coagido a aceitar os bens oferecidos, se assim não desejar. A duas, porque as ações do extinto Banco do Estado de Santa Catarina, incorporado pelo Banco do Brasil S/A, são de duvidosa liquidez e valor de mercado. Se as ações possuem mesmo liquidez imediata e podem ser resgatadas e convertidas em espécie a qualquer tempo, nada obsta a que a autora providencie o resgate imediato e quite sua dívida. Se assim não faz é porque o resgate desses títulos não se mostra tão simples como sustentado. Agravo não provido" (*TJSP* – AI 2184996-65.2024.8.26.0000, 28-8-2024, Relª Sandra Galhardo Esteves).

"Apelação cível. Ação monitória. Inadimplemento de cheque. Rejeição dos embargos monitórios e da reconvenção. Irresignação do embargante. Conexão. Não configuração. Reputam-se conexas ações quando lhes for comum o pedido ou a causa de pedir. Inteligência do Art. 55, do CPC. Caso em que esta monitória e a de nº 1000763-38.2021.8.26.0619 não discutem as mesmas cártulas, quiçá tramitam entre as mesmas partes. Cerceamento de defesa. Inocorrência. Prova pericial para avaliação do bem objeto de dação em pagamento impossível de ser realizada. Máquina injetora que não se encontra mais em poder de qualquer das partes, tampouco no estado em que realizada a dação. Magistrado que possibilitou às partes comprovarem o valor do bem por outros meios de prova em direito admitidas (Art. 369, CPC). Princípio do convencimento motivado ou da persuasão racional (art. 371, do CPC). Mérito. Réu que, mediante prova documental e testemunhal, comprovou fato modificativo do direito do autor, nos moldes que lhe competia (Art. 373, II, CPC). Caso em que o credor aceitou ter a quitação da cártula no valor de R$ 3.118,30 por meio de dação em pagamento de uma máquina injetora, a qual alienou por R$ 10.000,00. Extinção da dívida, nos termos do Art. 356, do Código Civil. Reconvenção, entretanto, adequadamente rejeitada. Devedor que não tem direito ao ressarcimento da diferença entre o valor de mercado da máquina e o valor transacionado. Pretensão que não restou acordada entre as partes. Embargos monitórios acolhidos para declarar extinta a dívida. Recurso parcialmente provido" (*TJSP* – Ap 1000764-23.2021.8.26.0619, 15-6-2023, Rel. Rodolfo Pellizari).

"Agravo de instrumento – cumprimento de sentença – dação em pagamento – Pretensão do executado de extinguir o cumprimento de sentença originário, por meio de **dação em pagamento** do crédito em dinheiro existente em ação de desapropriação envolvendo as mesmas partes – Não acolhimento – Recusa do credor – Art. 356 do Código Civil – Ademais, o aludido 'crédito' não ostenta liquidez e certeza, por consubstanciar objeto de penhoras decorrentes de outros credores, além de que a ação desapropriatória ainda está em grau recursal – Decisão mantida – Recurso improvido" (*TJSP* – AI 2257815-05.2021.8.26.0000, 11-2-2022, Rel. Rubens Rihl).

"Adjudicação compulsória – **Dação em pagamento** – Sentença que extinguiu o processo, nos termos do art. 267, VI do CPC/73, por carência de ação. Irresignação. Embora regularmente reservada ao compromissário comprador (ou ao cessionário de seus direitos), a jurisprudência desta Corte tem admitido o ajuizamento de ações de adjudicação compulsória fundadas em instrumentos de dação em pagamento. Sendo determinado o preço da coisa dada em pagamento, a relação das partes é regulada pelas normas do contrato de compra e venda (art. 357 do CC). Condições da ação preenchidas. Extinção afastada. Julgamento imediato do mérito (art. 515, § 3º do CPC/73). Imóvel que foi prometido à empresa na qual o autor trabalhava, em dação em pagamento de contrato de prestação de serviços de demolição. Empresa que, em seguida, cedeu os direitos referentes ao imóvel ao autor, fazendo-o para saldar débito de natureza trabalhista. Cumprimento do primeiro contrato que não está apenas evidenciado pelos elementos dos autos, mas também foi reconhecido pela ré. Falta de anuência da ré com a cessão de direitos que não impede a adjudicação do imóvel, especialmente diante da

Quando existir entrega de uma coisa, em substituição, haverá alienação, daí por que sua analogia com a compra e venda, decantada pelo art. 357. O vigente Código atualiza a compreensão da definição de dação em pagamento, conforme nossa observação. Assim, quando se substitui, com aquiescência do credor, o objeto da prestação, ocorre a dação.

É de se notar que se a obrigação for alternativa, ou mesmo facultativa, só haverá a *datio in solutum* se nenhuma das prestações originalmente avençadas for cumprida, e sim uma prestação totalmente estranha ao pacto original. Sua utilidade é grande no comércio jurídico, mormente quando há falta de numerário por parte do devedor ou escassez de mercadoria originalmente prometida. É mais conveniente para o credor, em princípio, receber coisa diversa do que nada receber ou receber com atraso.

> **Caso 6 – Dação em pagamento**
>
> Se o credor consentir, a obrigação pode ser resolvida substituindo-se seu objeto. Dá-se algo em pagamento, que não estava originalmente na obrigação. Esse é o sentido da *datio in solutum*. Só pode ocorrer com o consentimento do credor, pois ele não está obrigado a receber nem mesmo coisa mais valiosa (art. 313).

10.4.2 Requisitos e Natureza Jurídica

Para que ocorra a dação, há necessidade de (a) uma obrigação previamente criada, (b) um acordo posterior, em que o credor concorda em aceitar coisa diversa e, por fim, (c) a entrega da coisa diversa com a finalidade de extinguir a obrigação. Trata-se, pois, de negócio jurídico bilateral, oneroso e real, pois implica a entrega de uma coisa (salvo se a prestação substituída seja de fazer ou não fazer, pura e simples). Sua finalidade é extinguir a dívida. Se a coisa entregue for imóvel, seguir-se-ão todas as regras aplicadas às alienações de imóveis: necessidade de escritura pública se superior ao valor legal, outorga conjugal etc.

Na dação em pagamento, não há necessidade de equivalência de valor na substituição. Não há nem mesmo necessidade de que as partes expressem um valor. Tão só que manifestem sua intenção de extinguir a dívida com a entrega. Pode a dação ser parcial: apenas parte do conteúdo da obrigação é substituído. O devedor, por exemplo, não tendo dinheiro suficiente, dá parte em dinheiro e parte em espécie. Pode também o credor concordar em receber parcialmente *in solutum* remanescendo parte da dívida na obrigação originária. Nesta hipótese, há necessidade de se explicitar o valor que fica em aberto.

Não existe dação no pagamento com títulos de crédito, porque, no caso, haverá cessão de crédito (art. 358) (cf. Pereira, 1972, v. 2:151). O pagamento com cheque é pagamento e não

---

ausência de prejuízos. Precedentes. Pretensa discussão acerca da relação entre o autor e sua empregadora que escapa ao objeto da ação de adjudicação compulsória. Ação julgada procedente, adjudicando o imóvel ao autor, que ficará responsável pelas despesas de transferência (impostos, emolumentos etc.). Sentença reformada, invertidos os ônus da sucumbência. Recurso provido" (*TJSP* – AC 1013430-11.2014.8.26.0002, 21-5-2019, Rel. Alexandre Marcondes).

"**Dação em pagamento** – Alegação de ajuizamento de ação almejando o direito ao pagamento de débitos tributários por meio de bens imóveis e móveis. Rejeição. O consentimento do credor é requisito essencial do instituto da dação. Art. 313, do Código Civil. A proposição, ademais, não suspende a exigibilidade do crédito tributário, nos termos do art. 151 do CTN. Decisão mantida. Recurso não provido" (*TJSP* – AI 2048828-66.2018.8.26.0000, 23-4-2018, Rel. Coimbra Schmidt).

dação; assim também o pagamento feito por cartão de crédito. Se houver substituição de título de crédito, o problema transfere-se para o instituto da novação, como veremos.[18]

A aceitação da dação em pagamento depende de plena capacidade do credor. Se o credor for incapaz, sem autorização judicial não poderá fazê-lo, pois possibilitará acarretar prejuízo. O representante necessita de poderes especiais para dar esse tipo de quitação, que foge ao

---

18 "Apelação cível – **Dação em pagamento** – Esmeraldas – Recusa do credor – A dação em pagamento pressupõe a anuência do credor, sendo incabível ao Judiciário, ante a recusa, impor lhe que aceite prestação distinta da que foi contratada, ainda que mais valiosa" (*TJDFT* – Proc. 07404048720178070001 (1196356), 6-9-2019, Rel. Fernando Habibe).

"Direito de preferência – **Dação em pagamento** – Ação de anulação e adjudicação compulsória – Caso em que a autora tomou conhecimento do negócio jurídico ainda no prazo estabelecido para resposta à notificação para exercício do direito de preferência – Depósito prévio não autorizado pelo Juízo – Decadência não consumada – Condomínio *pro indiviso* – Prova dos autos a revelar que a alienação ocorreu antes da oferta à condômina – Afronta ao disposto no art. 504 do Código Civil – Adjudicação compulsória deferida, mas condicionada ao depósito judicial do valor pelo qual se deu a alienação anulada, corrigido monetariamente – Ação julgada procedente – Recurso da autora provido" (*TJSP* – Ap 1006849-78.2015.8.26.0152, 23-1-2018, Rel. Augusto Rezende).

"Apelação Cível – Adjudicação Compulsória – Compromisso de compra e venda – Quitação do preço – Diante do pagamento integral do preço, o promitente-vendedor deve providenciar a escritura pública de compra e venda do imóvel objeto do contrato, viabilizando a transferência da propriedade ao promitente-comprador. **Dação em pagamento**. O pagamento de parte do preço mediante dação em pagamento de imóvel livre e desembaraçado é válida como quitação, ainda que tenha ocorrido penhora posterior deste bem, se a constrição não seja atribuível ao promitente-comprador de boa-fé. Caso concreto. No caso concreto, inobstante o pagamento integral do preço, o promitente-vendedor descumpriu a obrigação de providenciar a escritura pública conforme expressamente pactuado. Por isso, procede a pretensão de adjudicação compulsória dos imóveis descritos na promessa de compra e venda celebrada entre as partes. Indenização por dano moral. Simples transtornos ou meros dissabores nas relações econômicas e sociais não têm relevância suficiente para caracterizar dano moral. No caso concreto, tratando-se mero transtorno e dissabor, o descumprimento contratual não configura dano moral indenizável. Apelações desprovidas" (*TJRS* – AC 70067781088, 9-3-2017, Rel. Des. Marco Antônio Angelo).

"Apelação cível – Direito civil e processual civil – Ação de extinção de comodato verbal – Bem Móvel – Veículo – Alegação de dação em pagamento de serviços prestados em contrato verbal – Ônus da prova – Art. 333, I e II do Código de Processo Civil/1973 – Fato constitutivo do direito – Demonstração – Alegação de propriedade em razão da tradição – Insuficiência – Negócio jurídico translativo de propriedade – ausência de prova – sentença mantida – 1 – O ônus da prova incumbe ao autor quanto ao fato constitutivo do seu direito e ao réu quanto à existência de fato impeditivo, modificativo ou extintivo do direito da parte autora, conforme a regra expressa do art. 333, incisos I e II, do Código de Processo Civil/1973 (art. 373, incisos I e II, do Código de Processo Civil/2015). 2 – Se a prova produzida nos autos aponta que a parte autora é a proprietária do veículo, o qual foi cedido em comodato ao réu, tem-se por satisfeito o ônus que lhe é imposto de demonstrar os fatos constitutivos do direito alegado na inicial. Sobretudo quando o réu apoia o seu direito na mera alegação de que houve a tradição do veículo, sem, contudo, confirmá-la com a demonstração da existência de um negócio jurídico translativo de propriedade havido com a parte contrária. 3 – O fato de o réu deter a posse do veículo não implica dizer que houve a tradição do bem, eis que para tanto essencial a existência e validade de um negócio jurídico subjacente com intenção de transmissão de propriedade. 4 – Consoante o escólio de Caio Mário da Silva Pereira, 'não basta que o *tradens* entregue a coisa ao *aciipiens*, mas é mister que o faça a título de transferência' (*Instituições de Direito Civil*, 18ª ed. Rio de Janeiro, Forense, vol. IV, p. 179). 5 – Recurso conhecido e não provido" (*TJDFT* – Proc. 20140710314442APC – (950165), 29-6-2016, Relª Simone Costa Lucindo Ferreira).

"Apelação. Instrumento particular de compromisso de compra e venda. Ação ordinária de rescisão contratual cumulada com danos morais. Sentença de improcedência. Inconformismo do autor. Não acolhimento. Manutenção da improcedência, porém ancorada em fundamentos diversos dos exarados na r. sentença. **Dação em pagamento** de veículo de comprador. Transferência da propriedade do veículo com a tradição. Ausência de regularização perante ao Departamento de Trânsito. Documento juntado aos autos que não demonstra que o veículo estava em termos de transferência junto ao órgão de trânsito. Acolhimento, todavia, da teoria do adimplemento substancial. Precedentes. Rescisão contratual incabível diante do pagamento integral do valor ajustado. Descumprimento somente quanto à formalidade relativa à dação em pagamento. Cabe ao autor procurar os meios cabíveis para compelir o réu a transferência do veículo junto ao departamento de trânsito. Indenização incabível. Sentença mantida. Negado provimento ao recurso" (v.19619) (*TJSP* – Ap 4002332-68.2013.8.26.0048, 12-6-2015, Relª Viviani Nicolau).

exato cumprimento da obrigação. O mandatário com poderes gerais não poderá aceitá-la (cf. Borda, s.d.:356).

10.4.3 Equiparação da *Datio in Solutum* à Compra e Venda

Dispõe o art. 357: *"Determinado o preço da coisa dada em pagamento, as relações entre as partes regular-se-ão pelas normas do contrato de compra e venda"*.

A contrario sensu, portanto, *se não foi determinado o preço da coisa* que substitui a obrigação, não havemos de chamar à baila os dispositivos da compra e venda. A questão tem importância na dação de imóvel porque deve constar um valor, ao menos para fins fiscais. Daí por que a equiparação ora tratada tem maior aplicação quando da entrega de imóvel, em que as partes estipulam valor no negócio. Lembre-se de que *equiparação* não é identidade. O que é equiparado não é igual. Tratando-se de negócio jurídico oneroso, aplicam-se todas as regras atinentes ao negócio, suas questões de nulidade e anulabilidade. Com frequência, pode ocorrer fraude contra credores e simulação na dação em pagamento. Há que se analisar os pressupostos desses institutos, da parte geral do Código.

O art. 357 incide tanto se o bem objeto da dação for móvel quanto se for imóvel. No caso de perda da coisa pela evicção, repristina-se a obrigação originária. Essa é a opção de nosso legislador: *"se o credor for evicto da coisa recebida em pagamento, restabelecer-se-á a obrigação primitiva, ficando sem efeito a quitação dada"*. O art. 359 do vigente diploma, que repete a redação do antigo art. 998, acrescenta, porém, ao final: *"ressalvados os direitos de terceiros"*. Remetemos o leitor para o estudo da evicção que fazemos no volume 3. A evicção aflige a dação em pagamento tal qual na compra e venda.

Trata-se de efeito semelhante à condição resolutiva. Os terceiros, no caso concreto, não podem ser prejudicados pela ineficácia da dação em pagamento, sob pena de instabilidade nas relações negociais. O terceiro protegido, no caso, é o de boa-fé.

O mesmo não deve ocorrer no tocante a vício redibitório na coisa entregue. O legislador a ele não se referiu. Vigoram aí os princípios dos vícios redibitórios. Já no caso de perda pela evicção, total ou parcial, a situação é como se não tivesse havido quitação; a obrigação mantém-se tal como contraída originalmente. Não são todas as legislações que adotam essa solução. Notemos, contudo, que a fiança não se restabelece por disposição expressa de lei: o fiador ficará desobrigado,

> *"se o credor, em pagamento da dívida, aceitar amigavelmente do devedor objeto diverso do que este era obrigado a lhe dar, ainda que depois venha a perdê-lo por evicção"* (art. 838, III).

As garantias reais, no entanto, permanecem. Contudo, como é expresso o atual estatuto civil de 2002, em benefício da aparência no Direito, devem ser protegidos os terceiros de boa-fé, adquirentes, por exemplo, de imóvel que já se liberara da hipoteca pela dação em pagamento da dívida. Se a evicção ocorre quando já estava liberado o imóvel no registro de imóveis, não podem ser prejudicados os terceiros de boa-fé.

Se o objeto não for pecuniário e houver substituição por outra coisa, a analogia será com a troca (art. 533) e não com a compra e venda.[19]

---

[19] "Direito civil e processual civil – Contrato de compra e venda de quotas societárias – Trespasse – **Dação em pagamento** – Imóvel – Existência de despesas condominiais – Omissão – Vício do negócio jurídico – Inovação recursal – Resolução do contrato por inexecução culposa – Impossibilidade – I- A matéria não submetida ao Juízo

Na aplicação dos princípios da compra e venda, a jurisprudência vinha mais recentemente entendendo que é nula a dação de todos os bens do devedor quando não houver consentimento de todos os descendentes; também será nula quando feita pelo ascendente ao descendente (art. 1.132 do Código de 1916), bem como a dação realizada no período suspeito da falência e em fraude contra credores. O art. 496 do Código, que substitui o antigo art. 1.132, determina que essa venda descendente é anulável, finalizando polêmica, conforme veremos ao estudar o contrato de compra e venda.

10.5 NOVAÇÃO

10.5.1 Conceito e Espécies

A novação constitui na operação jurídica por meio da qual uma obrigação nova substitui a obrigação originária. O credor e o devedor, ou apenas o credor, dão por extinta a obrigação e criam outra. A existência dessa nova obrigação é condição de extinção da anterior.

Alguém deve um valor representado por cheque; o devedor entrega duplicata de seu comércio e extingue-se o débito representado pelo cheque. Passa a existir apenas a obrigação representada pela duplicata. Um fornecedor deveria entregar 1.000 pães a um mercado; na falta dos pães, convencionam as partes que entregará o fornecedor 100 sacas de café. Extingue-se a obrigação representada pelos pães; nasce outra.

A novação pode referir-se ao objeto da prestação, como nos exemplos citados. Trata-se da *novação objetiva*. Vem ela descrita no art. 360, I, do Código Civil: *"dá-se a novação quando o devedor contrai com o credor nova dívida, para extinguir e substituir a anterior"*. Os incisos II e III desse artigo tratam da *novação subjetiva*, quando se substituem o devedor (exonerando-se o devedor primitivo) ou o credor (liberando-se o devedor em face do antigo credor). Ocuparemo-nos dessas modalidades a seguir.

Modernamente, não tem a novação a importância que lhe atribuía o direito romano. Como no velho direito as obrigações não podiam ser transmitidas, a novação preencheu essa necessidade. O Direito Romano servia-se da novação para substituir a figura do credor e do devedor, pela assunção de um novo débito. Modernamente, com a possibilidade da cessão de crédito, cessão de posição contratual, assunção de dívida e sub-rogação, a importância da novação diminuiu consideravelmente. Seu declínio tanto é notado, que o código alemão dela não mais se ocupa.

---

da causa não pode ser analisada em grau recursal, sob pena de supressão de instância e violação ao duplo grau de jurisdição. II- Adquirido o imóvel por dação em pagamento, a ausência de recebimento do bem por preço certo e determinado afasta a incidência do art. 357 do Código Civil ao aludido negócio jurídico. III- O adimplemento da obrigação contratual, ainda que substancialmente, obsta a pretensão de resolução do contrato por inexecução culposa. VI- Negou-se provimento ao recurso" (*TJDFT* – Proc. 07254157620178070001 – (1164656), 16-4-2019, Rel. José Divino).

"Ação de obrigação de fazer cumulada com reparação de danos morais – Sucessão empresarial – Não ocorrência – **Dação em pagamento** – Transferência de quotas sociais para quitação de dívida – Recurso não provido – 1 – As disposições concernentes à sucessão empresarial não são aplicáveis quando demonstrado que o verdadeiro negócio jurídico firmado entre as partes consistiu em uma dação em pagamento. Como consequência, não é possível imputar ao adquirente o passivo contabilizado da empresa sucedida. 2 – A análise da prova oral e dos contratos firmados entre as partes revela que a intenção de ambas era a de que a transferência das quotas sociais da empresa pertencente aos autores fosse dada como quitação de parte da dívida que eles possuíam perante a parte ré. 3 – Recurso não provido" (*TJDFT* – AC 20130110555567APC – (937738), 4-5-2016, Rel. J. J. Costa Carvalho).

Interessante notar que na novação não existe a *satisfação* do crédito. Débito e crédito persistem, mas sob as vestes de uma *nova* obrigação, daí a terminologia. Inova-se a obrigação. É meio extintivo, porque a obrigação pretérita desaparece. Como o *animus*, a vontade dos interessados é essencial ao instituto; não existe novação automática, por força de lei.[20]

---

[20] "Apelação cível. Ação de Cobrança de Aluguéis. Apelantes que aduzem ter havido novação demonstrada pela emissão de cheques. Inocorrência. Instituto da novação que pressupõe a expressa, ou tácita, mas sempre inequívoca, vontade das partes em novar a obrigação primitiva, substituindo-a por uma nova (art. 361 do CC). A novação se dá "quando o devedor contrai com o credor nova dívida para extinguir e substituir a anterior" (art. 360, I, do CC). Autora que embasa sua pretensão no descumprimento contratual, cujo acordo pretendia o pagamento de alugueres vencidos frustrado com a devolução dos cheques pela instituição financeira. Não se trata de nova dívida, mas de negociação de valores devidos. Fiança mantida inalterada, garantindo o contrato até a devolução das chaves e quitação dos débitos pendentes. Fiadores que anuíram livre, espontânea e expressamente com as cláusulas contratuais. Sentença mantida. Recurso não provido" (*TJSP* – Ap 1002020-93.2021.8.26.0168, 3-7-2023, Rel. Deborah Ciocci).

"Apelação – Embargos à execução – Contrato de confissão de dívida – Embargantes que argumentaram ilegitimidade ante ausência de assinatura no título executado – Sentença que acolheu os embargos e extinguiu a ação executória em face dos embargantes, ante a ilegitimidade – Recurso da embargada – Argumenta que não houve novação, tendo os embargantes assumido a obrigação como garantidores no contrato originário – não cabimento – Ação de execução fundada no título de Confissão de Dívida – Tal instrumento figura em verdadeira novação, à luz do **art. 360, I do CC** – Título de Confissão de Dívida não assinado pelos embargados – Sentença mantida – Honorários majorados de ofício, conforme § 11º do art. 85 do CPC – Recurso não provido" (*TJSP* – Ap 1012866-40.2021.8.26.0114, 3-10-2022, Rel. Achile Alesina).

"Execução de título extrajudicial - Acordo firmado entre as partes, com pedido expresso de extinção da execução e de homologação para formação de título executivo judicial - Teor da avença que não deixa dúvidas acerca da intenção das partes de que, em caso de eventual inadimplemento das parcelas, o débito confessado seja perseguido por meio de cumprimento de sentença lastreado no acordo homologado, o que configura espécie de **novação** (CC, art. 360) - Necessidade de extinção da presente execução - recurso provido" (*TJSP* - AI 2110387-82.2022.8.26.0000, 8-9-22, Rel. Renato Rangel Desinano).

"Agravo de instrumento - Ação ordinária - Financiamento veicular - **Novação** - Extinção dos acessórios e garantias da dívida novada, diante da ausência de estipulação em sentido contrário - Baixa do gravame de alienação fiduciária - Tutela de urgência - Probabilidade do direito invocado e 'periculum in mora' - Verificação - Deferimento. I - Nos termos do art. 364 do CC, quando não houver estipulação em contrário, a novação extingue os acessórios e garantias da dívida, a exemplo da alienação fiduciária; II - Segundo o art. 300, 'caput', do CPC, são requisitos gerais para a concessão de tutela provisória de urgência a probabilidade do direito e o perigo de dano ou o risco ao resultado útil do processo; III - Se os elementos até então constantes dos autos evidenciam a probabilidade do direito invocado e o 'periculum in mora', deve ser deferido o requerimento de tutela de urgência atinente à determinação à instituição financeira de baixa, junto aos dados do veículo, do gravame de sua alienação fiduciária em financiamento objeto de novação sem estipulação mantenedora de tal garantia" (*TJMG* - AgIn 1.0000.20.462122-1/001, 11-8-2020, João Cancio).

"Execução título extrajudicial - **Instrumento particular de novação de dívida** - Obrigação alternativa de pagamento da importância equivalente ao valor do terreno objeto do contrato original - Débito ilíquido - Constituição dos devedores em mora após notificação extrajudicial - Expressa previsão contratual - Correção monetária e juros de mora a partir do decurso do prazo assinalado na notificação para adimplemento - Agravo provido em parte" (*TJSP* - AI 2026729-68.2019.8.26.0000, 6-5-2019, Rel. Jovino de Sylos).

"Apelação cível - Embargos à execução - Cédula de crédito bancário - **Novação da dívida** - Revisão da extensão da contratualidade - Possibilidade - Sentença desconstituída - É de se desconstituir o julgado a fim de que outra sentença seja proferida, com observação dos exatos termos presentes no pedido inicial da parte embargante, a fim de que seja dada, ao caso, a correta prestação jurisdicional. *In casu*, considerando que a parte embargante faz referência acerca da abusividade dos encargos em contratos anteriores, que motivaram a cédula de crédito objeto de execução extrajudicial, é de ser desconstituída a sentença proferida, com a exata análise dos pedidos da inicial, após determinada a juntada de tais avenças. Resta prejudicada a análise dos demais argumentos da parte apelante, inclusive não se trata de causa madura, quando ausentes os contratos objeto de novação. Deram provimento ao apelo" (*TJRS* - AC 70077493484, 21-6-2018, Rel. Des. Eduardo João Lima Costa).

"Embargos à execução - Empresa executada em regime de recuperação judicial - Plano respectivo homologado - Sujeição do crédito aos efeitos da recuperação - **Novação da dívida** - Extinção da execução - Admissibilidade - Sentença Mantida - Preliminar rejeitada, recurso improvido - O art. 49 da Lei nº 11.101/2005 é explícito no sentido de que estão sujeitos à recuperação judicial todos os créditos existentes na data do pedido, ainda que não vencidos, ao passo que o art. 59 do mesmo diploma legal estabelece que o plano de recuperação implica novação desses créditos, obrigando o devedor e todos os credores a ele sujeitos. Daí se extrai que, uma vez operada

Enquanto o Direito Romano utilizava-se da novação para fugir à problemática da intransmissibilidade das obrigações, fazendo com que, em síntese, persistisse a mesma obrigação, a moderna novação permite que uma obrigação absolutamente nova surja: alguém deve 1.000 em razão de um aluguel; as partes resolvem extinguir a dívida e essa mesma pessoa passa a dever 1.000 em razão de empréstimo. Como bem lembra Orlando Gomes (1978:166), "*no direito moderno, admite-se* a novação causal, *isto é, a que se realiza pela mudança da* causa debendi, *não permitida no direito romano*". Vale aqui falar da *novação objetiva*, aquela referida no inciso I do art. 360. Não apenas o objeto da obrigação pode ser outro, como também a própria causa do débito, conforme o exemplo ora citado: o devedor deveria um aluguel; passou a dever um empréstimo. Mera substituição do *objeto* da obrigação é o caso do exemplo da substituição do fornecimento de pães por café, citado na abertura desta exposição. Na novação objetiva, pode ser alterada também a natureza do débito: acrescenta-se, por exemplo, uma condição ou um termo na obrigação nova, quando esses elementos acidentais primitivamente não existiam.[21]

É de maior importância ressaltar, contudo, que alteração de prazo ou condição não importam em novação. É muito comum aos devedores alegar novação em embargos à execução de título extrajudicial. Dificilmente a provam, porém. O fato de o credor, por exemplo, receber parcelas com atraso não implica novação. Isso pode tão só *modificar* a obrigação, mas não nová-la. Da mesma forma, não implicam novação a mudança de lugar do cumprimento;

---

a novação da dívida, não há mais possibilidade de execução da obrigação original, que foi substituída por outra e será paga nos termos do plano de recuperação, o que exige a extinção das execuções individuais" (*TJSP* – Ap 1002474-30.2014.8.26.0100, 14-2-2017, Rel. Renato Sartorelli).

[21] "Apelação – Busca e apreensão convertida em execução – Embargos do devedor – Acordo celebrado pelas partes para cumprimento voluntário – **Novação** – Requisitos – *Animus novandi* não constatado – Apelo provido – 1- Para que ocorra novação, imprescindível a existência dos requisitos consubstanciados nos arts. 360 e 361 do Código Civil (existência de uma primeira obrigação; uma nova obrigação; e a intenção de novar *animus novandi*). 2- Não há se falar em novação quando ausente o *animus novandi*. 3- O *animus novandi* deve restar inequívoco, porquanto não passível de presunção. 4- Em sede de execução, o acordo celebrado pelas partes para o cumprimento voluntário da obrigação não caracteriza novação, sobretudo considerando que as partes expressamente pactuaram neste sentido. 5- Apelação conhecida e provida" (*TJDFT* – Proc. 07028740320188070005 (1174797), 7-6-2019, Rel. Carlos Rodrigues).

"Condomínio – Ação declaratória de inexistência de débito – Confissão de dívida firmada pelo ex-marido da autora – **Novação** – Inexistência de alteração substancial da dívida – Imóvel que, após a partilha do divórcio do casal passou a integrar o patrimônio exclusivo da autora – Natureza *propter rem* da obrigação – Encargos vinculados à coisa imóvel que são de responsabilidade do proprietário com relação ao credor – Sentença mantida. Recurso não provido" (*TJSP* – Ap 1023954-62.2017.8.26.0002, 6-4-2018, Rel. Sá Moreira de Oliveira).

"Apelação – Embargos à execução – Instrumento particular de confissão de dívida – **Novação** – Inexigibilidade de título – Excesso de execução – Ausência de mora – I – Instrumento Particular de Confissão de Dívida que é título executivo certo, líquido e exigível – Pagamentos mensais efetivados pelas apelantes que não retira do documento essas características – II – Pagamentos parcelados que, por afrontarem a determinação específica de que o pagamento se daria à vista, não tem o condão de afastar a mora – Inexistência de novação – III – Excesso de execução reconhecido nos termos apontados por perícia técnica, fixando o valor da dívida em aberto em R$849.232,63, para março de 2016 – Precedentes deste E. TJSP – Sentença mantida nos termos do art. 252 do Regimento Interno do TJSP – Apelo improvido". "Honorários advocatícios – Redução – I – Honorários bem fixados em 10% sobre o valor do débito – Quantia que remunerará de forma justa e digna o competente profissional, levando-se em conta o grau de zelo e complexidade da causa – Sentença mantida nos termos do art. 252 do Regimento Interno do TJSP – II – Em razão do trabalho adicional realizado em grau de recurso, majora-se os honorários advocatícios para 15% sobre o valor da condenação – Recurso improvido" (*TJSP* – Ap 1010796-15.2014.8.26.0011, 29-3-2017, Rel. Salles Vieira).

"Agravo de instrumento – Direito privado não especificado – Órgãos de restrição ao crédito – Antecipação de tutela – Ausentes elementos que evidenciem a probabilidade do direito alegado, impõe-se a manutenção da decisão que indeferiu a antecipação de tutela. Inteligência do art. 300 do CPC/2015. Hipótese em que os agravantes não demonstraram que a dívida ensejadora do registro negativo é a mesma que foi objeto de novação. Agravo de instrumento desprovido. Unânime" (*TJRS* – AI 70066187774, 30-3-2016, Rel. Des. Antônio Maria Rodrigues de Freitas Iserhard).

a modificação pura e simples do valor da dívida; o aumento ou a diminuição de garantias; a substituição de um título representativo da dívida (o que vulgarmente ocorre com a substituição de cheques que mascara empréstimos), mesmo que o novo título passe a ter força executiva, quando antes não tinha, e vice-versa (cf. Borda, s.d.:360). Ademais, nunca se pode esquecer que, embora não se exijam palavras sacramentais, a vontade de novar das partes deve ser expressa, clara e indubitável.

Há alguma aproximação da novação objetiva com a dação em pagamento. Todavia, é da essência da dação em pagamento que se extinga a dívida, com a entrega de outro objeto. Na novação, cria-se uma nova obrigação.

A *novação subjetiva* pode ocorrer por mudança do credor ou do devedor. A novação subjetiva passiva pode ocorrer de dois modos. O devedor pode ser substituído pela delegação e pela expromissão.[22]

Na *delegação*, existe consentimento do devedor originário (art. 360, II). O devedor indica um novo sujeito passivo. A legislação francesa e outras regulam o instituto da delegação autônoma juntamente com a novação. No entanto, pode haver delegação com novação e sem ela. Existe novação por delegação quando um terceiro (delegado) consente em tornar-se devedor perante o credor (delegatório), extinguindo-se a dívida primitiva. Existe apenas delegação quando o credor aceita o novo devedor, sem renunciar, sem abrir mão de seus direitos contra o primitivo devedor. Não se inova. Não há aqui novação. É o que se chama de *delegação imperfeita* (cf. Diniz, 1983, v. 2:250).

Só haverá novação na delegação quando o primitivo devedor é excluído. Há liberação do devedor primeiramente constituído. Não basta que o credor concorde com a assunção do novo devedor. Deve expressamente excluir o outro. Há que se investigar se houve *animus novandi*.

A *expromissão* é a outra modalidade de novação subjetiva passiva. É uma forma que se pode dizer de *expulsão* do devedor originário. É essa mesma a noção da origem latina do vocábulo. Um terceiro assume a dívida do devedor originário, com o que concorda o credor. Não há necessidade de concordância do primeiro devedor: *"a novação por substituição do devedor pode ser efetuada independentemente de consentimento deste"* (art. 362). A situação vem, evidentemente, em benefício do credor, que aceitará um devedor em melhores condições de

[22] "Legitimidade 'ad causam' – Legitimidade passiva – Ação monitória para cobrança de débito decorrente de contrato de prestação de serviços educacionais – Contratante que expressamente assumiu a responsabilidade pelo pagamento no instrumento contratual – Previsão de renovação automática a cada matrícula – Regularidade – Negociação e emissão de cheques pelo aluno que não afastam a responsabilidade do contratante – Novação subjetiva – Inocorrência – Alegação de carência de ação afastada. Contrato – Prestação de serviços educacionais – Contrato regularmente assinado acompanhado de cheques não quitados – Apresentação de histórico escolar com frequência do aluno – Débito regular – Sentença mantida – Apelação improvida" (*TJSP* – AC 1005219-60.2016.8.26.0084, 16-8-2019, Rel. José Tarciso Beraldo).

"Apelação – Embargos à execução – Locação – Confissão de dívida – Fiador – **Novação** – Inocorrência – Instrumento de confissão de dívida, assinado pelo fiador, que apenas ratifica a sua responsabilidade integral e solidária pelos débitos locatícios – Recurso improvido, com observação" (*TJSP* – Ap 1012062-07.2016.8.26.0451, 31-1-2018, Rel. Luis Fernando Nishi).

"Apelação Cível – Ação de despejo por falta de pagamento c.c – Cobrança – Locação – Sentença de Extinção do Feito, sem resolução do Mérito, em relação ao Pedido Condenatório, pelo reconhecimento da Ilegitimidade passiva *ad causam* – Insurgência que não prospera – Termo de **novação subjetiva** firmado com os Corréus, transferindo a responsabilidade da Dívida a terceiros – Ausência de qualquer vício de vontade que possa inquinar a eficácia do Negócio Jurídico – Inteligência do artigo 104 do CCB – Impossibilidade de opor dívida a Credor de Boa-fé – Contrato de Fiança – Natureza Fidejussória – Caráter personalíssimo do Contrato Acessório que se extingue com a modificação da composição do Polo Passivo do Contrato Original – Inteligência do artigo 316, inciso II do CCB – Ratificação da Decisão, nos termos do artigo 252, do Regimento Interno. Sentença mantida. Recurso não provido" (*TJSP* – Ap 0019798-81.2013.8.26.0004, 5-4-2017, Rel. Penna Machado).

adimplir. As relações entre o primitivo devedor e o novo são irrelevantes para o credor e para o instituto da novação. Da mesma forma que ocorre na delegação, deve existir liberação de responsabilidade do primeiro devedor. Deve existir, em síntese, a intenção de novar. O novo devedor, um amigo do primitivo, chega até o credor e diz que deseja, desde aquela oportunidade, ser o responsável pelo débito; o credor dá quitação ao devedor primitivo e contrai nova obrigação ao amigo que se apresentou.[23]

Do lado ativo, pode haver mudança do credor. É o que dispõe o art. 360, III. Um novo credor substitui o antigo; exclui-se o credor primitivo, mediante acordo, com *animus* de extinguir a primeira obrigação contraída.[24] Por exemplo: tenho um devedor, como também devo a

---

23 "Direito civil e processual civil. Apelação. Ação monitória. Novação subjetiva da dívida. Não verificação. Ausência da intenção de novar (animus novandi). Erros de cálculo. Verificação. Recurso provido em parte. I. Caso em exame 1. Apelação interposta pela ré contra sentença proferida em ação monitória, pela qual foram rejeitados os embargos monitórios e julgado procedente o pedido. II. Questões em discussão 2. Há duas questões em discussão: (i) saber se houve novação subjetiva da dívida, exonerando-se a apelante, devedora original; e (ii) saber se os juros de mora e a correção monetária foram corretamente calculados pela apelada, quanto a seu termo inicial. III. Razões de decidir 3. A apelada, que atua no ramo de transformadores de potência, comercializou produtos à apelante, que deixou de pagar a integralidade da dívida. Em seguida, houve assinatura, por terceira empresa, de instrumento de confissão de dívida, reconhecendo ser devedora da quantia não paga pela apelante. 4. Cogita-se de novação subjetiva passiva por expromissão, ou seja, sem o consentimento do devedor originário (uma vez que a apelante não assinou a confissão de dívida); arts. 360, II, e 362, do Código Civil (CC). 5. Necessária, para a configuração da novação, a presença do requisito do animus novandi (intenção de novar; art. 361 do CC), que, no caso da novação subjetiva por expromissão, se consubstancia na manifestação expressa ou tácita de vontade, pelo credor, de exonerar o devedor original, substituindo-o por novo. 6. No caso, não consta, no instrumento, nenhuma passagem em que se depreenda tal intenção pela credora (ora apelada), de forma expressa ou tácita. 7. Desse modo, correta a compreensão do Juiz de primeiro grau, devendo reconhecer-se que o instrumento em criou novo vínculo obrigacional que se somou ao primeiro, sendo a apelada, agora, credora em duas relações obrigacionais, cada qual com uma parte devedora. 8. De resto, devem ser parcialmente acolhidos os embargos monitórios, apenas para consignar que os juros de mora e a correção monetária devem ser calculados a partir da data de vencimento de cada nota fiscal emitida, e não da data de emissão. IV. Dispositivo e tese 9. Recurso provido em parte. Tese de julgamento: 'Necessária, para a configuração da novação, a presença do requisito do animus novandi (intenção de novar) (art. 361 do Código Civil – CC), que, no caso da novação subjetiva por expromissão, se consubstancia na manifestação expressa ou tácita de vontade, pelo credor, de exonerar o devedor original, substituindo-o por novo'. Dispositivos relevantes citados: CC, arts. 360, II, 361 e 362; CPC, art. 702, § 8º. Jurisprudência relevante citada: TJSP, Apelação Cível nº 1001780-09.2023.8.26.0274, Rel. Des. Corrêa Patiño, 2ª Câmara de Direito Privado, j. 18/02/2025; TJSP, Apelação Cível nº 1003716-47.2019.8.26.0650, Rel. Des. Adilson de Araujo, 31ª Câmara de Direito Privado, j. 09/05/2022" (TJSP – Ap 1162241-89.2023.8.26.0100, 01-7-2025, Rel. Adilson de Araujo).

"Compra e venda – Ação monitória – Termo de confissão de dívida ao qual não anuíram os apelados. Configuração de **novação subjetiva por expromissão**. Ilegitimidade passiva *ad causam* configurada. Revelia do espólio apelado, ante a não regularização da representação processual. Verba honorária afastada. Atuação singela do advogado do apelado que deve ter a fixação da verba honorária na forma prevista no inciso IV do § 2º do art. 85 do Código de Processo Civil de 2015. Proporcionalização da verba que se submete ao princípio da isonomia. Recurso parcialmente provido" (*TJSP* – Ap 1031074-67.2014.8.26.0001, 11-2-2019, Rel. Dimas Rubens Fonseca).

"Apelação cível – **Novação subjetiva passiva por expromissão** – Intenção Inequívoca de extinção da obrigação anterior – Ausência de demonstração – Novação Inexistente – Art. 104 do Código Civil – Aplicabilidade dos requisitos de validade do negócio jurídico à novação – Negócio jurídico celebrado por analfabeto – Ausência de escritura pública ou procurador constituído por instrumento público – nulidade reconhecida – Considera-se inexistente a novação quando ausente a demonstração da intenção inequívoca de novar, extinguindo o vínculo obrigacional anterior – Por consubstanciar negócio jurídico, a novação subjetiva passiva por expromissão deve atender aos requisitos de validade previstos no art. 104 do Código Civil, quais sejam: agente capaz, objeto lícito, possível, determinado ou determinável e forma prescrita ou não defesa em lei – Em negócio jurídico celebrado por analfabeto, há violação do requisito atinente à forma prescrita ou não defesa em lei, a ensejar sua nulidade, caso ausente sua materialização por escritura pública ou a representação do contratante por procurador constituído por meio de instrumento público" (*TJMG* – AC 1.0701.12.030429-3/001, 4-3-2016, Rel. Márcio Idalmo Santos Miranda).

24 "Apelação – Busca e apreensão convertida em execução – Embargos do devedor – Acordo celebrado pelas partes para cumprimento voluntário – **Novação** – Requisitos – *Animus novandi* não constatado – Apelo provido –

um terceiro; acerto com meu devedor para que pague a esse terceiro, que assume a posição de credor. Fico liberado da posição ativa da obrigação. O novo credor deve concordar expressamente, é evidente. Sua utilidade é de pouco alcance uma vez que a cessão de crédito a substitui com vantagem. Nesta, no entanto, é a mesma obrigação que persiste.

A novação é, geralmente, fruto de um acordo ou transação. Frequentemente é fruto da pressão psíquica que o credor exerce sobre o devedor. Requer maior cuidado quando elaborada no âmbito do direito do consumidor. Nessa seara, mais do que em outras esferas, é importante que o intérprete verifique se a novação não atenta contra os direitos do consumidor, se não há abuso, mormente quando vem estampada em um contrato de adesão, hipótese na qual a interpretação deve ser sempre, na dúvida, em benefício do aderente. Nesse sentido devem ser vistos os negócios que as partes, mormente as instituições financeiras, denominam "renegociação", "alongamento" e "securitização" de dívidas, terminologia atécnica, tão ao gosto dos financistas, mas desprovidas ainda de conteúdo jurídico conhecido, a qual procura quase sempre mascarar novações e transações nem sempre imbuídas da melhor boa-fé.[25]

1- Para que ocorra novação, imprescindível a existência dos requisitos consubstanciados nos arts. 360 e 361 do Código Civil (existência de uma primeira obrigação; uma nova obrigação; e a intenção de novar *animus novandi*). 2- Não há se falar em novação quando ausente o *animus novandi*. 3- O *animus novandi* deve restar inequívoco, porquanto não passível de presunção. 4- Em sede de execução, o acordo celebrado pelas partes para o cumprimento voluntário da obrigação não caracteriza novação, sobretudo considerando que as partes expressamente pactuaram neste sentido. 5- Apelação conhecida e provida" (*TJDFT* – Proc. 07028740320188070005 (1174797), 7-6-2019, Rel. Carlos Rodrigues).

"Embargos à execução – Tempestividade – Prazo que teve início com a juntada do mandado de citação – Parte que compareceu aos autos em data anterior para nomeação de bens à penhora – Advogado que não tinha poderes para receber citação – Preliminar rejeitada – Execução – Confissão de dívida – **Novação** não demonstrada – Compensação possível – Presentes os pressupostos dos arts. 368 e 369 do Código Civil, possível, na hipótese, a compensação de valores – Execução extinta – Exame da prova – Decisão acertada – Redução, contudo, do valor dos honorários advocatícios – Incidência, à hipótese, do § 4º do art. 20 do CPC/1973 (vigente à época) – Fixação por equidade, observando-se a natureza da causa, trabalho dos patronos (inclusive em grau recursal), sendo arbitrados em cinquenta mil reais – Recurso parcialmente provido" (*TJSP* – Ap 0065500-87.2012.8.26.0100, 23-1-2018, Rel. Luiz Arcuri).

"Contratos Bancários – Restituição de valores c.c – Indenização – Renegociação de dívidas – **Novação** – Reconhecimento – Observância dos requisitos do artigo 361 do Código Civil – Demonstração do 'animus novandi' – Não aplicação da Súmula 286 do STJ – Impossibilidade de análise dos contratos renegociados e extintos – Liquidez e exigibilidade do crédito – Revisão – Aferição da legalidade dos encargos cobrados – Exigência – Legalidade – Juros – Limitação a 12% ao ano – Descabimento – Art. 192, § 3º da cf revogado pela EC nº 40/03 – Contratação expressa, não se podendo cogitar a irregularidade na sua cobrança – Pretensão afastada – Irregularidade na cobrança não verificada (Lei nº 9.779/99 e pela Resolução nº 3.609/09 do Banco Central do Brasil) – Danos morais e materiais – Não reconhecimento – Ausência de violação de direito – Artigos 186 e 927, do Código Civil. AJG – Deferimento – Artigo 98 do CPC e Lei nº 1.060/50. Recurso não provido, com observação" (*TJSP* – Ap 0011783-97.2011.8.26.0003, 10-7-2017, Rel. Henrique Rodriguero Clavisio).

25 "Apelação cível – Direito civil e processual civil – Execução extrajudicial – Contrato de compromisso de compra e venda – Embargos à execução – Mera renegociação – Prevalência dos encargos moratórios – Ausência de intenção de novar – Embargos parcialmente procedentes – Nos termos do art. 361 do CC/02, exige-se, para que a **novação** produza efeitos (juntamente com a existência de uma obrigação anterior e a existência de uma nova obrigação) o ***animus novandi***, que pode ser tácito ou expresso, sem o qual a segunda obrigação simplesmente confirma a primeira – A mera renegociação da dívida não constitui novação, nos termos do art. 361 do Código Civil" (*TJMG* – AC 1.0395.10.002139-7/002, 12-7-2019, Rel. Mota e Silva).

"Apelação cível – Embargos à execução por quantia certa contra devedor solvente. Escritura pública de abertura de crédito com garantia hipotecária. Vinculação de duplicatas. Inadimplemento. Instrumento particular de confissão de dívida, assegurado por fiador. Ausência de participação da interveniente hipotecário. Nova obrigação verificada. Valor do débito dividido em parcelas para pagamento, representadas por título de crédito distinto do pacto originário. *Animus novandi* caracterizado de forma tácita e inequívoca. Requisitos dos artigos 360 e 361 do Código Civil preenchidos. Ausência de responsabilidade dos proprietários do bem dado em hipoteca. Ilegitimidade de passiva *ad causam*. Reclamo desprovido" (*TJSC* – AC 0002944-92.2012.8.24.0039, 18-5-2017, Rel. Des. Ronaldo Moritz Martins da Silva).

> **Caso 7 – Novação**
> A novação constitui na operação jurídica por meio da qual uma obrigação nova substitui a obrigação originária. O credor e o devedor, ou apenas o credor, dão por extinta a obrigação e criam outra. A existência dessa nova obrigação é condição de extinção da anterior.

10.5.2 Requisitos

Do exame prévio já feito, podemos inferir os requisitos da novação. Há uma *dívida anterior* que se extingue. Cria-se uma *obrigação nova* (*obligatio novanda*).

A esta altura, é oportuno perguntar se as obrigações naturais podem ser objeto de novação. Como persiste o débito na obrigação natural e o pagamento feito é válido e não enseja a repetição, a conclusão é pela possibilidade de novação de obrigação natural. A nova obrigação passa a ser civil, isto é, plena. De outro modo, o art. 367 não admite a novação de obrigações *nulas ou extintas*. O vigente Código manteve o mesmo sentido do diploma anterior, embora com redação um pouco diversa. Não se pode novar algo que já deixou de projetar efeitos no mundo negocial, ou, em outras palavras, não se pode extinguir o que já fora extinto. Não se esqueça de que a novação é modalidade de extinção de obrigações, ainda que tenha o condão de fazer nascer outra. Na forma da dicção do art. 367, as obrigações simplesmente anuláveis permitem novação, pois, enquanto não anuladas, permanecem hígidas e eficazes. Sob esse aspecto, quem inova obrigação sabendo-a anulável está, de certa forma, ratificando-a.

A *validade* da obrigação é também, portanto, requisito para a novação. Contudo, a dívida prescrita, equiparada à obrigação natural, também pode ser objeto da novação, pois a prescrição pode ser renunciada. Nada impede sua novação, ao contrário do que entendeu Clóvis Beviláqua (cf. Lopes, 1966, v. 2:260). Fosse outra a intenção do legislador, ademais, e teria ele feito expressa menção à dívida prescrita no art. 367.

Para ser criada uma nova obrigação, há necessidade de um novo elemento e de caráter essencial. Pode-se então denominar este requisito de *"essencialidade na modificação"*. Já vimos que meras alterações de elementos acidentais das obrigações não operam novação. É o *aliquid novi* que deve existir. Junto com esse requisito, deve estar presente o *animus* de novar. A novação não se presume; deve vir expressa, ainda que não com palavras sacramentais. Rezava o art. 1.000 do diploma anterior que, *"não havendo ânimo de novar, a segunda obrigação confirma simplesmente a primeira"*. Cada caso concreto merece cuidadoso exame. Na dúvida, há que se entender não ter ocorrido novação; ou ter havido confirmação da obrigação, ou se criado uma nova obrigação. Não se presume a intenção de novar.

O Código, originário do Projeto de 1975, é ainda mais enfático ao se referir ao ânimo de novar, no art. 361: *"Não havendo ânimo de novar, expresso ou tácito mas inequívoco, a segunda obrigação confirma simplesmente a primeira"*. Desse modo, no caso concreto, deve ser concluído que houve inequívoca intenção de novar, caso contrário haverá mera confirmação da obrigação sob exame.[26] Na grande maioria das oportunidades nas quais se alega novação, a parte interessada não consegue provar o ânimo de novar. Essa é uma situação que enfrentamos

---

[26] "Consumidor e processual. Prestação de serviços educacionais. Ação de cobrança. Sentença de parcial procedência. Pretensão à reforma da sentença manifestada pela autora. Novação parcial que incluiu apenas a dívida inadimplida. Novação não caracterizada em relação as prestações a vencer na data da assinatura do instrumento particular de confissão de dívida, haja vista a incidência do **artigo 361 do Código Civil**. Recurso provido" (*TJSP* – Ap 1008557-09.2021.8.26.0006, 16-6-2024, Rel. Mourão Neto).

em dezenas e dezenas de processos. Geralmente o devedor busca alegar novação como tábua de salvação no processo de conhecimento para cobrança ou de execução. Poucos conseguem prová-la, pois a novação requer mesmo essa intenção específica que deve ser declinada pelas partes, ainda que não com palavras sacramentais.

Como se cria um novo vínculo, um novo negócio jurídico deve existir para a nova obrigação *capacidade* e *legitimação* para o ato. Reporta-se ao que se disse no primeiro volume desta obra a respeito. Assim, se a obrigação novanda for a do art. 496 na venda de ascendente a descendente, por exemplo, há necessidade de consentimento dos demais descendentes. Do mesmo modo, os incapazes não poderão pura e simplesmente criar o novo vínculo; necessitam de seus representantes legais. Em se tratando de representação voluntária, há necessidade de poderes especiais; há necessidade de transigir. A aplicação é da parte geral do Código.

Se a nova obrigação for inválida, nula ou anulável, renasce a antiga obrigação. Como lembra Antunes Varella (1977, v. 2:220), há legislações estrangeiras que ressalvam a posição de terceiros garantidores da primitiva dívida, de boa-fé. Como nossa lei é omissa, entende o autor, e com razão, que o princípio é o mesmo da dação em pagamento (art. 359). Continuará em vigor a obrigação originária.

10.5.3 Efeitos

Como dissemos, o principal efeito da novação é extinguir a dívida primitiva. Na nova obrigação, ou há novo objeto, ou novo credor, ou novo devedor.

Com a criação da nova obrigação, extinguem-se os acessórios e garantias da dívida "*sempre que não houver estipulação em contrário*" (art. 364). Isso se aplica entre as partes contratantes. Se há garantias ofertadas por terceiros, só com o consentimento deles é que persistirão as garantias (art. 364, segunda parte). Do mesmo modo, dispõe o art. 366 que "*importa exoneração do fiador a novação feita sem seu consenso com o devedor principal*".[27] Não pode o fiador ficar

---

"Apelação cível – Ação de cobrança – Despesas condominiais – **Novação** – Inocorrência – Singelo parcelamento do débito em seara extrajudicial, o que a não exprimir *animus novandi*. Excesso de exação, no entanto, caracterizado. Sentença reformada. Recurso parcialmente provido" (*TJSP* – AC 1005347-74.2017.8.26.0010, 1-4-2019, Rel. Tercio Pires).

"Agravo de instrumento – Cumprimento de sentença – Prazo para impugnação – **Novação** – Carência de prova do *animus novandi* – O prazo para a impugnação é de quinze dias e flui, independentemente de penhora ou de nova intimação, a partir do transcurso do prazo para o cumprimento voluntário da sentença sem a realização do pagamento integral (CPC, art. 525, *caput*)" (*TJMG* – AI-Cv 1.0024.13.202028-0/002, 14-6-2018, Rel. Newton Teixeira Carvalho).

27 "Consórcio. Ação de exoneração de fiança. Sentença de improcedência. Insurgência da autora. Art. 366 do CC. Inexistência de prova da alegada novação. Ônus da autora. Improcedência mantida. Recurso não provido" (TJSP – Ap 1033725-94.2023.8.26.0506, 25-3-2025, Rel. Cristina Di Giaimo Caboclo).

"Civil. Processo civil. Embargos à execução. Citação por edital. Indícios posteriores. Ocultação devedor. Citação por hora certa. Não realizada. Tempestividade. Reconhecida. Novação. Extinção da obrigação anterior. **Nova dívida**. Substituição da dívida anterior. Anuência. Fiador. Ausência. Extinção. Garantia. 1. À míngua de previsão legal, não há como afastar a eficácia da citação por edital e do posterior comparecimento do executado aos autos para fins de considerar intempestividade dos embargos à execução em razão a ocorrência de citação ficta, por hora certa, que não foi de fato realizada à época dos fatos. 2. A novação consiste na assunção de nova dívida e tem por consequência a extinção da anterior, apresentando-se como uma de suas espécies legais a de feição objetiva, que ocorre quando o devedor contrai com o credor uma nova dívida para extinguir e substituir a anterior, cuja intenção de novar (animus novandi) depende de manifestação expressa ou tácita, mas sempre inequívoca quanto à vontade de constituir um novo vínculo obrigacional (artigos 360, inciso I e 361, ambos do Código Civil). 3. Novada a obrigação sem a anuência do fiador, extingue-se a garantia, nos termos do artigo 366 do Código Civil. 4. Recurso conhecido e desprovido" (*TJDFT* – Ap 07128167720238070007, 27-6-2024, Rel. Maria de Lourdes Abreu).

obrigado a uma dívida que não assentiu. No entanto, pode ser a própria fiança a obrigação nova, o que manterá intacta a obrigação principal.

Nas obrigações solidárias, se a novação se opera entre o credor e um dos devedores solidários, os outros ficam exonerados (art. 365).[28] Só persistirá a obrigação para eles se concordarem com a nova avença. Se houver reservas de garantia, só garantirão a dívida os bens do devedor solidário que novou. Em se tratando de solidariedade ativa, uma vez ocorrida a novação, extingue-se a dívida. A novação é meio de cumprimento. Segue-se o princípio geral da solidariedade ativa. Feita a novação por um dos credores solidários, os demais credores que não participaram do ato se entenderão com o credor operante, de acordo com os princípios da extinção da solidariedade ativa. No tocante à obrigação indivisível, questão omissa na lei, entende Orlando Gomes (1978:171) que, se um dos credores novar,

> *"a obrigação não se extingue para os outros; mas estes somente poderão exigi-la, descontada a quota do credor que novou. Se forem vários os devedores e o credor comum fizer novação com um deles, os outros ficam desobrigados".*

O art. 363 trata da insolvência do novo devedor. O credor assume o novo devedor por sua conta e risco; exonera o primitivo devedor. Não terá ação regressiva contra este último no caso de insolvência deste. A lei abre exceção no caso de má-fé. Terá o credor de provar que a novação subjetiva passiva foi obtida justamente com o fito de não ser saldada a nova dívida. O caso não é raro na prática; a prova, sim, é difícil. O devedor primitivo, por exemplo, pode ter ocultado maliciosamente o estado pré-falimentar do novo devedor. Nesse caso, haverá o direito de regresso. Se a própria lei fala em ação regressiva, não se trata de reviver a obrigação anterior, como citam alguns autores (cf. Diniz, 1983, v. 2:254; e Gomes, 1978:172). Caso a obrigação anterior fosse repristinada, ou seja, renascida, não haveria necessidade de a lei falar em ação regressiva. Tal conclusão é importante, uma vez que, não existindo

---

"Apelação cível – Embargos à execução – Cédula de crédito bancário – Sentença de improcedência – Pleito recursal dos embargantes – Alegação de **novação da dívida** – Não ocorrência – Mero acordo para pagamento parcelado do débito reconhecido, que não implica em novação. Ausência de 'animus novandi'. Não havendo ânimo de novar, expresso ou tácito, a segunda obrigação confirma simplesmente a primeira. Inteligência do artigo 361 do Código Civil. Novação afastada. Precedentes deste Egrégio Tribunal Bandeirante. Honorários advocatícios. Majoração, observado o disposto no artigo 98, § 3º do Código de Processo Civil. Sentença mantida. Apelo improvido" (*TJSP* – AC 1074500-84.2018.8.26.0100, 2-9-2019, Rel. Ramon Mateo Júnior).

28 "Locação de imóvel residencial – Ação de despejo c.c – Cobrança – As meras tratativas entre as partes para parcelamento de débito em atraso e redução no valor de alguns aluguéis não corroboram a afirmação do réu de que houve alteração definitiva do contrato. A **novação demanda inequívoco *animus novandi***, que não se verifica no caso vertente. Os aluguéis e demais acessórios da locação constituem obrigações positivas e líquidas, de modo que a correção monetária e os juros de mora incidem desde o vencimento de cada prestação. Exegese do art. 397 do Código Civil. Recurso improvido" (*TJSP* – Ap 1001228-65.2017.8.26.0529, 28-1-2019, Rel. Gomes Varjão).

"Agravo de instrumento – Execução de sentença – Ação civil pública ambiental – Inconformismo contra a decisão que rejeitou nova impugnação ao cumprimento da sentença transitada em julgado e determinou que o Município proceda ao cumprimento da anterior ordem de demolição – Alegação de ocorrência de **novação subjetiva** (fato novo) no curso do cumprimento de sentença – Manutenção do *decisum* – Nova insurgência interposta com o único propósito de procrastinar o cumprimento do título e rediscutir a matéria já amplamente debatida nos autos da Ação Civil Pública e decidida pela r. sentença já transitada em julgado – Decisão mantida – Recurso improvido" (*TJSP* – AI 2077947-72.2018.8.26.0000, 25-7-2018, Rel. Rebouças de Carvalho).

"Apelação cível – Embargos à execução – Instrumento particular de confissão de dívida com garantia imobiliária. Alegada nulidade do título por novação da dívida. Impossibilidade. **Novação subjetiva passiva** que necessita de expressa anuência do credor (expromissão). Prequestionamento. Sentença reformada. Embargos à execução improcedentes. Recurso de apelação conhecido e provido" (*TJPR* – AC 1354271-7, 17-2-2016, Relª Desª Astrid Maranhão de Carvalho Ruthes).

mais a obrigação anterior, mas mero direito de regresso, desaparecem as garantias, como falamos anteriormente.

Como a novação extingue, em síntese, a obrigação, paralisam-se os juros e a correção monetária, cessa o estado de mora, se eventualmente existisse, no tocante à dívida extinta.

10.6 COMPENSAÇÃO

10.6.1 Conceito

Compensar é contrabalançar, contrapesar, equilibrar, estabelecer ou restabelecer um equilíbrio. No direito obrigacional, significa um acerto de débito e crédito entre duas pessoas que têm, ao mesmo tempo, a condição recíproca de credor e devedor, uma conta de chegada, em sentido mais vulgar. Os débitos extinguem-se até onde se compensam, isto é, se contrabalançam, se contrapõem e se reequilibram. É um encontro de contas. Contrapesam-se dois créditos, colocando-se cada um em um dos pratos da balança. Com esse procedimento, podem ambos os créditos deixar de existir, ou pode subsistir parcialmente um deles, caso não exista contrapeso do mesmo valor a ser sopesado. É a noção primeira dada pela lei: *"se duas pessoas forem ao mesmo tempo credor e devedor uma da outra, as duas obrigações extinguem-se, até onde se compensarem"* (art. 368).

Trata-se de uma forma indireta de extinção de obrigações, diferente de pagamento, que verdadeiramente não existe. As obrigações extinguem-se por via oblíqua. Com a compensação evita-se uma dúplice ação; facilita-se, com ela, o adimplemento. Por isso, deve ser incentivada e facilitada pela lei. Interessante mencionar julgado do STJ que admitiu compensação quando uma das dívidas é prescrita após a coexistência das dívidas[29].

10.6.2 Compensação em sua Origem Romana

Os romanos, apegados ao individualismo e à autonomia extrema da vontade, de início não conheciam a compensação. Tinham eles por independentes os débitos recíprocos. Tal situação criava problemas sob o aspecto da equidade. Um devedor pagava ao seu credor; este, por sua vez, deixava de pagar ao devedor recíproco. Expunha-se desnecessariamente o crédito à insolvência.

O remédio sempre admitido foi a compensação convencional, acertada entre as partes. Numa época mais moderna do Direito Romano, no final da República, já se encontram formas de compensação fora do campo da vontade das partes.

Uma das hipóteses mais antigas era a *compensatio argentari* (cf. Giffard e Villers, 1976:315). O banqueiro, que tivesse uma conta corrente com um cliente, era obrigado a compensar o crédito e a não cobrá-lo. Tal necessidade resultava da própria prática dos bancos, cujas contas dos correntistas deviam estar sempre atualizadas. A compensação deveria ter por conteúdo o mesmo objeto, só possível por dívidas vencidas.

Outra forma de compensação romana era a *deductio* do *bonorum emptor*. O *bonorum emptor* era o comprador em bloco de todo um patrimônio, geralmente de pessoa insolvente. Se esse comprador fosse também credor do falido, operava-se a compensação. O magistrado concedia a *bonorum* ao comprador *cum deductione*, isto é, somente na diferença dos seus créditos,

---

29 Prescrição ocorrida após a coexistência de dívidas não impede a compensação, define Terceira Turma. Disponível em: https://www.stj.jus.br/sites/portalp/Paginas/Comunicacao/Noticias/2022/14092022-Prescricao-ocorrida-apos--a-coexistencia-de-dividas-nao-impede-a-compensacao--define-Terceira-Turma.aspx.

extinguindo-se os débitos do alienante porventura existentes. Aqui, o débito compensado poderia ter causa diferente uma vez que todo um patrimônio era alienado.

No Direito Romano, também se conhecia a compensação resultante de ações de boa-fé. Seria contra a honestidade não se compensar dívidas recíprocas. Era realizada de forma facultativa pelo magistrado; daí dizer-se que se tratava de uma compensação judicial (cf. Giffard e Villers, 1976:316).

Era também de conhecimento no Direito Romano a petição recíproca. Quem tivesse um crédito para com seu credor deveria mover contra ele uma *mutua petitio* (reconvençao).

A *deductio* foi ampliada na época de Marco Aurélio, em um seu rescrito, por meio de uma forma de defesa, a exceção de dolo. Admitia-se a compensação mesmo de dívidas provenientes de causas diversas.

No entanto, foi muito demorada a aceitação da ideia de compensação no Direito Romano. O Direito Medieval desconheceu a compensação, incompatível com o sistema feudal. O senhor feudal recebia uma parcela sobre os litígios. O Direito Canônico fez reviver o instituto com sua inspiração originária, ou seja, a equidade.

O fato é que, no Direito Romano, apenas com Justiniano é que se chega a uma generalização do instituto, estendendo-se a compensação a todas as ações desde que o crédito do réu fosse líquido e vencido, operando-se, então, automaticamente.

10.6.3 Natureza Jurídica

De pouco adianta hoje a controvérsia dos autores acerca da natureza jurídica do fenômeno. Já se entendeu a compensação como um *pagamento fictício*. Não existe, contudo, pagamento. Da mesma forma, não se confunde com o instituto da confusão, na qual é necessário que, na mesma pessoa, se identifique o polo ativo e o polo passivo da relação obrigacional. Seu verdadeiro caráter é de meio extintivo de obrigações, como dissemos a princípio.

Pelo sistema legislativo filiado ao Código alemão, a compensação só se opera quando oposta por um dos interessados. Deve haver uma *declaração* de compensação, como está, por exemplo, no Código português (arts. 847 ss). No sistema do Código francês, a compensação opera-se por força de lei. Nosso Código filia-se a esse sistema, o da compensação legal, como está no art. 368. A compensação, entre nós, opera independentemente da iniciativa dos interessados e até mesmo contra a vontade de um deles.

Questão de realce é o fato de a compensação poder ser oposta como meio de defesa, como uma exceção substancial. Pode ser invocada pelo demandado em sua defesa ou em embargos à execução. O credor pede R$ 1.000, o réu diz que deve, mas que só paga R$ 500, porque também é credor do demandante em R$ 500.

Se a alegação do demandado se limitar à defesa, os efeitos devem ficar na paralisação da pretensão do credor até o montante da compensação. Porém, se o demandado tiver um crédito superior ao que lhe é cobrado, deve deduzir pedido em juízo. Deverá fazê-lo por *reconvenção*, se o processo permiti-la. Caso contrário, se tratar-se de uma execução (em que se defende por meio de embargos), deverá deduzir sua pretensão em lide autônoma. A contestação não é meio técnico que permita ao juiz condenar o autor em pedido substancial. A improcedência do pedido apenas paralisará a ação de cobrança. Destarte, tendo em vista os princípios processuais do nosso CPC, perde atualidade a controvérsia acerca de a compensação apenas poder ser oposta por meio de pedido contraposto. A questão resolve-se pelos princípios de processo, e não de direito material. Se o réu não ingressou com reconvenção e tiver crédito superior ao autor, não está inibido de cobrá-lo por ação autônoma, apenas é conveniente, estando a ação em curso, em face da litispendência, que os processos corram paralelamente pelo mesmo Juízo. Cabível, também, a ação simplesmente declaratória para a extinção da dívida.

10.6.4 Modalidades

A compensação *legal* já referida é aquela tratada no art. 368. É a compensação típica e mais importante, na prática. Por ela, a compensação opera por força da lei.

Contudo, a compensação pode ser *voluntária*, quando as partes concordam, podendo até compensar dívidas ilíquidas e não vencidas, por exemplo, pois estamos em sede de atos dispositivos.

A compensação será *judicial* quando decretada em reconvenção, ou numa ação autônoma, como já referimos. Geralmente, a compensação judicial decorre dos princípios da compensação legal, mas pode ocorrer que a dívida venha a tornar-se líquida no processo judicial, unicamente. Aí, é a sentença que vai operar a compensação. O pedido reconvencional, por exemplo, pode depender de liquidação judicial.

Alguns autores referem-se à compensação *facultativa*. Ocorre quando apenas uma das partes pode opor compensação. No caso, por exemplo, de *A* ser credor de alimentos de *B*, e *B* ser credor de uma nota promissória de *A*, *B* não pode alegar compensação (proibição do art. 373, II), no entanto, *A* poderia fazê-lo.

10.6.5 Compensação Legal. Requisitos

É a mais importante de todas, pelos problemas práticos que levanta. Importa examinar seus requisitos, que são de ordem objetiva e subjetiva.

Os requisitos de ordem objetiva dizem respeito às obrigações compensadas em si. Devem ser referidas: a reciprocidade de créditos; a homogeneidade das prestações; a liquidez, certeza e exigibilidade e a existência e validade do crédito compensante.

10.6.5.1 Reciprocidade de Créditos

A compensação só pode extinguir obrigações de uma das partes ante a outra, não se incluindo obrigações de terceiros. O corolário lógico dessa afirmação estava no art. 1.019 do Código anterior: "*Obrigando-se por terceiro uma pessoa, não pode compensar essa dívida com a que o credor dele lhe dever*"; no mesmo sentido é colocado o art. 376 do Código de 2002: "*A pessoa que, por terceiro se obrigou, não pode compensar a dívida com a que o credor lhe dever*". A dívida contraída em nome de terceiro é estranha à compensação, por ser estranha àquele que eventualmente pretendesse compensar. Essa regra deve ser interpretada em consonância com o art. 371: o devedor somente pode compensar com o credor aquilo que este diretamente lhe dever. Não pode compensar dívida de outrem.

O requisito da reciprocidade, pois, está firmado no art. 371. O devedor só pode compensar com o credor o que este lhe dever. No entanto, esse mesmo dispositivo abre uma exceção ao princípio: "*mas o fiador pode compensar sua dívida com a de seu credor ao afiançado*". Na verdade, a lei reconhece a possibilidade de o fiador arguir compensação contra o credor, da mesma forma que o devedor principal poderia fazê-lo (art. 837). Trata-se de uma exceção substancial à mão do fiador. Não nos esqueçamos que a fiança cria obrigação acessória à obrigação principal.

O art. 372 estampa: "*Os prazos de favor, embora consagrados pelo uso geral, não obstam a compensação*". Prazo de favor possui sentido ético. É aquele que o uso generalizou, concedido graciosamente pelo credor. Tem a ver com o chamado "dia de graça", consagrado em alguns setores mercantis, que permite que a dívida seja solvida um dia depois do vencimento. Prazo dessa natureza não obsta a exigibilidade da dívida vencida e, por consequência, nem a compensação, tendo o legislador preferido ser expresso a esse respeito.

No tocante à obrigação solidária, dizia a lei anterior: "*O devedor solidário só pode compensar com o credor o que este deve ao seu coobrigado, até ao equivalente da parte deste na dívida comum*" (art. 1.020). Essa regra aplicava-se, de acordo com os princípios gerais da solidariedade. Em sua ausência no novo estatuto, torna-se discutível sua possibilidade. Quebra-se, de certa forma, a regra geral da solidariedade. Dessa forma, será sustentável opinião no sentido de que a regra não mais prevaleça. Suponha-se que Pedro, Paulo e Antônio sejam devedores solidários de João pela importância de R$ 30.000. Paulo, por sua vez, é credor de João pela importância de R$ 40.000. Nos termos da dicção legal, Pedro ou Antônio podem compensar contra João apenas até o limite de R$ 10.000 cada um, por ser essa a parte de responsabilidade de Paulo na dívida solidária. Trata-se de aplicação antecipada do direito de regresso. No entanto, há situações em que os devedores solidários não têm a mesma responsabilidade dentro da obrigação. Isso deve ser examinado com cautela no caso concreto. O avalista de favor, por exemplo, tem sua situação semelhante à do fiador. A obrigação é toda ela devida pelo obrigado principal; assim, poderá o avalista opor-se por compensação, a todo o crédito, se for o caso.

O art. 377 reporta-se à cessão de crédito. O devedor deve ser notificado da cessão do crédito. Se ele não se opõe à cessão, não poderá posteriormente opor ao cessionário direito de compensação que tinha com o credor originário (cedente). Caso ele não tenha sido notificado da cessão, persistirá com tal direito. A lei não esclarece a forma pela qual deve-se opor à cessão. O devedor deve fazê-lo em tempo hábil, para preservar seu direito de compensação. Deve notificar *incontinenti* o cessionário de que tem direito compensatório na dívida objeto desse negócio jurídico. Se o devedor não for notificado, não pode ser prejudicado em seu direito; por isso, mantém o direito de compensar seu crédito com um terceiro, excepcionalmente, que é o cessionário.

As questões atinentes ao fiador e à cessão de crédito dizem respeito aos *requisitos subjetivos* da compensação. Também é subjetiva a situação examinada no art. 376. Deve ser lembrada também, nesse mesmo diapasão, a situação do mandato. O art. 669 proíbe o mandatário de compensar os prejuízos a que deu causa com os proveitos que tiver obtido para seu constituinte.

Essas situações, embora digam respeito às personagens da compensação, inserem-se na problemática da reciprocidade de créditos.[30]

---

[30] "Direito civil – Apelação – Ação monitória – **Compensação** com títulos do banco do Estado de Santa Catarina – Não cabimento – Ausência dos requisitos do art. 369 do CC – Proposta rejeitada pela parte credora – Art. 313 do CC – Recurso conhecido e não provido – 1- Não há como proceder a compensação requerida, se os requisitos do art. 369 do Código Civil não forem preenchidos, quais sejam: reciprocidade de créditos; Liquidez das dívidas; Exigibilidade das prestações e fungibilidade dos débitos;2. Ademais, nos termos do art. 313 do referido diploma legal, o credor não é obrigado a receber prestação diversa da que lhe é devida, ainda que mais valiosa" (*TJAM* – AC 0615666-74.2018.8.04.0001, 25-6-2019, Relª Joana dos Santos Meirelles).

"Apelação – Embargos do devedor – Honorários de sucumbência – **Compensação** com dívida da parte – Inviabilidade – Ausência de reciprocidade entre obrigações e crédito – Inviável a compensação de honorários de sucumbência com dívida de uma das partes no processo, pela ausência de reciprocidade entre as obrigações e créditos" (*TJMG* – AC 1.0411.05.020898-1/007, 16-5-2018, Rel. Pedro Bernardes).

"Agravo de Instrumento – Cumprimento de Sentença – **Compensação** entre os honorários advocatícios arbitrados em sede de embargos à execução de título judicial e a verba que a Fazenda Estadual deverá pagar, em virtude da condenação fixada na fase de conhecimento – Possiblidade – Reciprocidade, liquidez, exigibilidade e fungibilidade dos créditos envolvidos – Verba que integra o patrimônio da Fazenda Pública, não constituindo direito autônomo do Procurador do Estado – Precedentes do Superior Tribunal de Justiça e também deste Tribunal – Recurso não provido" (*TJSP* – AI 2244579-59.2016.8.26.0000, 16-5-2017, Rel. Osvaldo de Oliveira).

10.6.5.2 Liquidez, Certeza e Exigibilidade

É indispensável que o crédito a ser oposto pelo devedor a seu credor permita exigibilidade imediata. Deve, desse modo, ser certo, líquido e exigível.[31]

Um crédito subordinado à condição não é certo, por exemplo. Um crédito que necessite de apuração de valor não é líquido. Não é exigível um crédito ainda não vencido. Não há necessidade, porém, que os vencimentos sejam simultâneos. A compensação pode ser oposta, mesmo que o crédito tenha vencido posteriormente ao crédito cobrado do devedor. O requisito da certeza encontra-se dentro do conceito de exigibilidade do crédito (cf. Varella, 1977, v. 2:233). Atente-se para o fato de que o extinto Projeto nº 6.960/2002 tentou acrescentar no art. 369 que as dívidas compensáveis podiam ser vencidas *ou vincendas*. Há que se atentar, porém, ainda que algum texto nesse sentido venha a se tornar lei, que enquanto ambas as dívidas não estiverem vencidas, admitindo-se o vencimento no curso da demanda, não havendo exigibilidade, não poderá haver compensação, salvo se assim concordarem as partes.

A obrigação natural não é compensável, porque lhe falta o requisito da exigibilidade. No tocante à obrigação prescrita, se a prescrição operou antes da coexistência das dívidas, não pode a dívida ser compensada, porque há inexigibilidade e porque a prescrição extingue a pretensão. No entanto, se os dois créditos coexistiram antes de se escoar o prazo de prescrição, houve compensação de pleno direito. Cabe ao juiz tão somente declará-la (cf. Pereira, 1972, v. 2:166; Lopes, 1966, v. 2:282).

10.6.5.3 Homogeneidade das Prestações

Deve haver fungibilidade das prestações, de acordo com o art. 369. Coisas compensáveis são aquelas da mesma natureza. Dinheiro compensa-se com dinheiro. Determinada mercadoria compensa-se com mercadoria da mesma espécie. Não se compensam objetos da mesma

---

"Acidente do trabalho – Embargos à execução – Honorários advocatícios fixados em favor do INSS – **Compensação** com verba honorária oriunda da demanda de conhecimento – Crédito de titularidade do causídico – Impossibilidade – Verbas de natureza jurídica distinta – Inexistência de reciprocidade entre credor e devedor – Precedentes do C. STJ – Recurso desprovido" (*TJSP* – Ap 1002765-77.2015.8.26.0073, 5-8-2016, Rel. Nelson Biazzi).

[31] "Agravo de instrumento. Cumprimento de sentença. Decisão que rejeitou a impugnação apresentada pela executada. Inconformismo da executada, alegando que a exequente está inadimplente com o contrato de financiamento e ambas as partes são credoras e devedoras ao mesmo tempo, sendo cabível a compensação parcial dos valores, nos termos do art. 368 e seguintes do CC. Descabimento. Compensação legal que exige que as dívidas sejam líquidas, certas, exigíveis e de coisas fungíveis entre si. Hipótese em que não se vislumbra o preenchimento desses pressupostos previstos no art. 369 do CC. Origem das obrigações em questão que impede a compensação pretendida, pois o crédito executado decorre de condenação por danos materiais e morais em razão de vícios construtivos, enquanto o débito alegado refere-se a prestações do financiamento habitacional, tratando-se, portanto, de relações jurídicas distintas. Causas modificativas ou extintivas da obrigação, como a compensação, que só poderiam ser alegadas se fossem supervenientes à sentença, nos termos do art. 525, § 1º, VII do CPC. Recurso desprovido" (TJSP – AI 2180628-76.2025.8.26.0000, 15-8-2025, Rel. José Aparicio Coelho Prado Neto).

"Agravo de instrumento – Cumprimento de sentença – Decisão interlocutória que rejeitou a impugnação – Insurgência da executada – Desacolhimento – Planilha de cálculos ofertada pelos exequentes nos exatos termos do título judicial – **Pedido de compensação** de créditos havidos em razão de inadimplemento por parte dos agravados – Não cabimento – Art. 368 e 369, CC – Caso em que não verificada a dívida líquida, certa e vencida – Ausência dos pressupostos para a pretendida compensação – Decisão mantida – Recurso não provido" (*TJSP* – AI 2264592-98.2024.8.26.0000, 11-9-2024, Rel. Benedito Antonio Okuno).

"Cumprimento de sentença – Revisão de contrato bancário com condenação na repetição do indébito em favor do cliente – Pedido de **compensação** com o saldo devedor do contrato em aberto – Possibilidade – Perícia que apurou um e outro valores – Preenchimento dos requisitos dos artigos 368 e 369 do CC (identidade de partes, credor e devedor, e que seja líquida e esteja vencida a dívida) demostrados à espécie – Desnecessidade de condenação nesse sentido ou de concordância da parte contrária – Instituto que se opera ipso iure – Precedentes doutrinários e jurisprudenciais – Compensação autorizada – Recurso provido para esse fim" (*TJSP* – Ap 2112531-92.2023.8.26.0000, 25-8-2023, Rel. Maia da Rocha).

natureza, mas de qualidade diversa. Por exemplo, não se compensa gado de raças diferentes; é a regra do art. 370:

> *"Embora sejam do mesmo gênero as coisas fungíveis, objeto das duas prestações, não se compensarão, verificando-se que diferem na qualidade, quando especificada no contrato".*[32]

Na mesma linha, posicionava-se o art. 1.012 do estatuto anterior:

> *"Não são compensáveis as prestações de coisas incertas, quando a escolha pertence aos dois credores, ou a um deles como devedor de uma das obrigações e credor de outra".*

A compensação nessa hipótese tolheria o direito de escolha na obrigação incerta. Só no caso de a escolha competir ao devedor em ambas as obrigações, é que este poderá efetuar a compensação, porque não estará prejudicando o credor. O Código deste século suprime esse dispositivo no capítulo, de difícil aplicação na prática.

Como já se mencionou, os débitos se compensam até o montante em que se encontrarem. Pode sobrar saldo para uma das partes. Também não são compensáveis as obrigações de fazer, porque lhes falta o requisito da homogeneidade. Mesmo nas obrigações de fazer não personalíssimas (pintar uma casa, por exemplo), essa atividade não encontrará uma atividade paralela compensável. Com maior razão, não há que se falar em compensação nas obrigações negativas (de não fazer).

Quando o local de pagamento das duas obrigações é diverso, a lei não obsta a compensação, mas estipula que devem ser deduzidas as despesas "*necessárias à operação*" (art. 378). Não se pode obrigar que o credor se desloque para receber a um local diverso do contratado, sem que seja indenizado. Pode o credor recusar-se validamente à compensação, se não for assim indenizado.

10.6.5.4 Existência e Validade do Crédito Compensante

Se o débito que se pretende compensar não existe ou é nulo, não é possível a compensação. Uma vez estabelecida a nulidade ou inexistência, ou anulado o crédito, restabelece-se a dívida original (a qual, em síntese, não se extinguiu).

---

[32] "**Civil e processual civil** – Apelação cível – Ação monitória e ação declaratória de inexistência de débito c/c compensatória – Ausência de liquidez do crédito a ser compensado – Impossibilidade – Arts. 368 e 369 do CC – Recurso improvido – 1- Extrai-se dos artigos 368 e 369 do Código Civil, que se duas pessoas forem ao mesmo tempo credor e devedor uma da outra, extingue-se as obrigações até onde se compensarem, e, a compensação efetuar-se-á entre dívidas líquidas, vencidas e de coisas fungíveis. 2- Nos termos da jurisprudência do Colendo Superior Tribunal de Justiça, se houver dúvidas sobre a existência da dívida e em quanto se alça o débito, não se pode dizer que o crédito é líquido. 3- Em síntese, os créditos a serem compensados deverão ser exigíveis e incontestáveis, de modo que não restem dúvidas quanto à sua liquidez. 4- *In casu*, não estão presentes os requisitos da reciprocidade das obrigações, liquidez das dívidas, exigibilidade das prestações e fungibilidade dos débitos, considerando que paira sobre o crédito alegado pela apelante uma enorme discussão quanto à sua existência e quanto ao seu valor. 5- Recurso improvido" (*TJES* – Ap 0009905-03.2014.8.08.0014, 8-8-2019, Rel. Des. Manoel Alves Rabelo).

"Apelação – Locação – Despejo por falta de pagamento c.c. – Cobrança de alugueres e encargos locatícios – O contrato e o débito locatício estão incontroversos nos autos. Tratando-se de dívida em dinheiro, somente a prova de quitação regular elide a pretensão do autor. Ausência dos requisitos autorizadores da **compensação legal** (reciprocidade de obrigações, liquidez e exigibilidade das dívidas, e fungibilidade das prestações). Recurso desprovido" (*TJSP* – Ap 1045592-22.2015.8.26.0100, 10-8-2016, Rel. Antonio Nascimento).

10.6.6 Obrigações Não Compensáveis

Dispõe o art. 373:

> *"A diferença de causa nas dívidas não impede a compensação, exceto:*
> *I - se uma provier de esbulho, furto ou roubo;*
> *II - se uma se originar de comodato, depósito ou alimentos;*
> *III - se uma for de coisa não suscetível de penhora".*

A referência à causa, no dispositivo, tem razões históricas, porquanto o Direito Romano só aceitava a compensação em dívidas que tivessem a mesma causa. Hoje, se fosse exigido tal requisito, cairia por terra toda importância da compensação. Portanto, a compensação pode ter por objeto dívidas com diferentes causas: compensam-se, por exemplo, dívidas provenientes de aluguel com aquelas emanadas de um mútuo. No entanto, no art. 373, a lei não permite excepcionalmente que determinadas obrigações sejam compensadas.[33]

No primeiro inciso, *esbulho*, *furto* e *roubo* são delitos. Não pode a lei admitir a oposição de um delito para extinguir uma obrigação válida. Imagina-se o exemplo do devedor que se apoderou furtivamente de dinheiro do credor; admitir a compensação de sua dívida aí seria imoral e contra a equidade e a boa-fé.

O comodato e o depósito obstam a compensação por serem objeto de contratos com corpo certo e determinado que devem ser devolvidos; não existe a fungibilidade necessária à compensação.

Os alimentos, por serem dirigidos à subsistência da pessoa, se compensáveis, esvaziariam seu sentido. Permitir-se sua compensação seria obstar a vida e a subsistência do alimentando. Não pode, pois, o devedor de pensão alimentícia deixar de pagá-la, mesmo que seja simultaneamente credor do necessitado de alimentos.

---

[33] "Direito processual civil. Cumprimento de sentença. Alimentos provisórios. Demora na implementação do desconto em folha de pagamento. Adimplemento de despesas com educação das filhas. Compensação admitida em caráter excepcional. Débito alimentício inexistente. I. Dada a sua natureza jurídica e destinação, o crédito alimentício é insuscetível de **compensação**, nos termos dos artigos 373, Inciso II, e 1.707 do Código Civil. II. O veto legal não incide na hipótese em que, devido à demora na implementação do desconto dos alimentos provisórios em folha de pagamento, o alimentante (pai) paga as despesas escolares das alimentandas (filhas), sob pena de imposição de pagamento em duplicidade. III. Se o alimentante cuidou de adimplir despesas permanentes das alimentandas compatíveis com o valor dos alimentos provisórios durante o período em que não houve o desconto em folha de pagamento, não há o débito alimentício superado pelo mecanismo compensatório. IV. O impedimento legal à compensação não pode favorecer o enriquecimento sem causa do alimentando, máxime quando a conduta do alimentante de pagar despesas de educação de cunho permanente foi imbuída de boa-fé subjetiva e objetiva. V. Agravo de Instrumento provido. Agravo Interno prejudicado" (*TJDFT* – Ap 07475480820238070000, 9-5-2024, Rel. James Eduardo Oliveira).

"Direito processual civil – Cumprimento de sentença – Obrigação alimentícia – Alimentos *in natura* – Compensação – I- O crédito alimentício em princípio é insuscetível de compensação, dada a vedação contida nos artigos 373, Inciso II, e 1.707 do Código Civil. II- A prestação de alimentos *in natura* pode excepcionalmente respaldar a compensação, pois não se pode, a pretexto de proteger o sustento do alimentando, impor ao alimentante pagamento indevido ou em duplicidade. III- O pagamento de despesas condominiais do imóvel em que o alimentando reside com a mãe não pode ser objeto de compensação na hipótese em que tal obrigação foi assumida pelo alimentante no mesmo acordo em que foi convencionada a prestação alimentícia. IV- Devem ser proporcionalmente compensados gastos com empregada doméstica da residência do alimentando realizados pelo alimentante de maneira consensual. V- Recurso conhecido e parcialmente provido" (*TJDFT* – Proc. 07072695320188070000 (1161516), 1-4-2019, Rel. James Eduardo Oliveira).

Por último, o dispositivo sob menção fala da impossibilidade de compensação, se uma das dívidas se relaciona com coisa não suscetível de penhora. O salário é impenhorável, por exemplo. O devedor de salário não pode opor compensação contra ele como regra geral. O art. 824 do CPC enumera os bens impenhoráveis. A relevância dessa enumeração explica por si a inalienabilidade e a consequente incompensabilidade.

Outros casos existem em que a lei obsta a compensação: *"não pode realizar-se a compensação havendo renúncia prévia de um dos devedores"* (art. 1.016 do Código de 1916). O vigente Código é ainda mais abrangente no mesmo artigo, no art. 375, repetindo a regra do antigo art. 1.018: *"Não haverá compensação quando as partes a excluírem por mútuo acordo, ou no caso de renúncia prévia de uma delas"*. Trata-se de direito dispositivo das partes. As partes podem excluir a possibilidade de compensação por acordo (art. 1.018).

As *dívidas fiscais* também estão fora da compensação. Só a lei e o regulamento emanados do poder público podem autorizar a compensação (art. 1.017 do Código de 1916). A lei pode, no entanto, facultar à autoridade a compensação. Mas o agente administrativo está vinculado à autorização legal para aceitar compensação do contribuinte.

Sob esse prisma, o Código de 2002 tentou modernizar o conceito ao estatuir que *"a matéria da compensação, no que concerne às dívidas fiscais, é regida pela legislação especial a esse respeito"* (art. 374). Dizíamos nós em edição inicial desta obra que essa possibilidade relativa à compensação das dívidas fiscais em texto do Código Civil era primordialmente polêmica. Afirmamos que muita discussão ela traria e certamente as autoridades fiscais não se conformariam com esse texto, aliás de extrema justiça para o contribuinte. No entanto, nem sempre a história deste país demonstra justiça para quem paga corretamente seus impostos. Tanto assim é que a Medida Provisória de 2002, renovada a seguir e depois substituída por lei (Lei nº 10.677/2003), à socapa da sociedade, sem maiores justificativas e de forma juridicamente inusitada para dizer o menos, em texto legal que se refere a assuntos fiscais diversos, revogou simplesmente o citado art. 374, antes mesmo da entrada em vigor do Código. Na verdade, esse artigo era por si só polêmico, pois foi introduzido na Câmara dos Deputados, após a vinda do texto do Senado, em situação de discutível validade. De qualquer forma, a dicção do art. 374 já acenava com uma vida muito curta no cenário jurídico nacional, pois, sem dúvida, a cupidez tributária de nossas autoridades não permitiria que ao menos, nesse aspecto, se fizesse justiça fiscal. De qualquer modo, o Código Civil invadira indevidamente a seara dos tributos e seria discutível sua aplicação perante os princípios de direito público.

Também não se admite compensação em *prejuízo de terceiros* (art. 380). Completa o artigo dizendo que o devedor que se torne credor de seu credor, depois de penhorado o crédito deste último, perde o direito de compensar contra o novo exequente.

Como se vê, há casos em que a lei exclui a possibilidade de compensação e outros em que a lei permite que a vontade das partes a exclua.

10.6.7 Efeitos

A compensação é modalidade de extinção de obrigações. Gera os mesmos efeitos do pagamento e a ele se equipara. Há um cancelamento de obrigações pelo encontro de débitos, ficando os credores reciprocamente satisfeitos. Operando de pleno direito, evita muitos entraves do pagamento. Como vimos, a compensação pode ser total ou parcial. A dívida pode ser compensada (portanto extinta) parcialmente.

Operando *ipso iure*, a compensação legal não necessita de sentença. Caso esta advenha por lide entre os interessados, a sentença é de natureza declaratória, tendo, portanto, eficácia retroativa à época em que os créditos (com todos os requisitos estudados) se extinguiram. Já a compensação judicial referida (e negada por alguns) só se opera a partir da sentença que a reconhece, isso quando há necessidade de liquidação em juízo.

A compensação convencional gera efeito a partir da avença plena e acabada entre as partes. A compensação facultativa opera-se quando seu titular renuncia ao direito de alegá-la.

Tendo efeito de pagamento, compensada a obrigação principal, extingue-se a obrigação acessória. Existindo várias dívidas compensáveis entre duas pessoas, serão observadas as regras da imputação de pagamento. Deve, a princípio, o devedor indicar qual a dívida que deseja compensar.

Como consequência da compensação de direito, as dívidas compensadas deixam de ter juros e correção monetária a partir do momento de sua ocorrência. Daí ser importante a fixação do momento da compensação pelo juiz, porque duas dívidas da mesma natureza podem ter taxa de juros e fórmulas de correção diversas.

10.7 TRANSAÇÃO

10.7.1 Conceito. Peculiaridades

Advirta-se, de plano, que o Código Civil de 2002 insere os dispositivos acerca da transação entre os contratos em espécie (arts. 840 a 850). Embora não se negue o caráter essencialmente contratual desse instituto, por maior facilidade didática e pelo fato de o tema ser muito mais amplo do que seu cunho contratual, mantivemos o seu estudo juntamente com as modalidades de pagamento e extinção de obrigações.

Nos meios jurídicos, sempre se diz, vulgarmente, ser melhor um péssimo acordo do que uma excelente demanda. A transação tem justamente a finalidade de impedir que as partes recorram ao Judiciário, ou ponham fim, por decisão conjunta, a uma demanda em curso, já instalada em processo ou não.

O termo *transação* é utilizado com absoluta dubiedade e equivocidade pelos leigos. Mesmo entre juristas costuma-se usar o vocábulo para outros negócios, que nada têm a ver com o sentido técnico da transação. A transação, como forma de extinção de obrigações, ora estudada, está compreendida no sentido do art. 840: *"é lícito aos interessados prevenirem, ou terminarem o litígio mediante concessões recíprocas"*.

Já se advertiu que o texto do presente Código assume decididamente a posição contratualista da transação, ao cuidar do instituto entre as diversas modalidades de contrato.

Destarte, quando se fala em *transação imobiliária*, a expressão nada tem a ver com o sentido técnico. No sentido vulgar, trazido pelo dicionário, entende-se por transação: *combinação, convênio, ajuste ou operação comercial* (Ferreira, 1975:1407). Não há como fugir à força popular do vernáculo. No entanto, empregado no sentido estritamente originário e técnico, compreende a composição que fazem as partes, nos termos expostos pela lei, mediante concessões recíprocas. É transator aquele que participa da transação. Não obstante, na linguagem diária é com frequência que ouvimos dizer que alguém se mostra *intransigente*; é no sentido técnico que a palavra é usada. Pessoa intransigente é aquela que não faz concessões; que não abre mão de suas ideias e de seus direitos, em prol da acomodação de uma situação.

Na transação, cada parte abre mão de parcela de seus direitos para impedir ou pôr fim a uma demanda. Transigir é condescender, fazer concessões de parte a parte. Não existe transação se uma das partes abre mão de todos os seus direitos; o negócio jurídico será outro, podendo ser confissão ou reconhecimento do pedido ou até mesmo remissão. É essencial que as partes cheguem a um acordo com mútuas concessões.

A transação pressupõe a existência já de uma demanda em curso ou a possibilidade de essa demanda vir a existir. Ou, na linguagem de Carnelutti (1958:53 ss), a transação pressupõe a lide ou o mero conflito de interesses. Na lide, já há processo. No conflito de interesses, a possibilidade de que, com sua dedução em juízo, ocorra a lide. Não há necessidade de um conceito objetivo de dúvida ou conflito entre as partes; basta que elas entendam que existe a possibilidade de um conflito, é admissível a transação. É evidente que se trata de instituto que deve ser estimulado. Tanto que o estatuto processual e trabalhista obriga que o juiz faça a proposta de conciliação antes de dar início à audiência.

A transação é útil para as partes que preferem o certo ao duvidoso. *A* cobra 1.000; *B* oferece 500; *A* aceita receber só parte da dívida para não se submeter às vicissitudes de demorada e dúbia demanda judicial, desgastantes para todos e com resultado imprevisível.

Qualquer obrigação que possa trazer dúvida aos obrigados pode ser objeto de transação. Deve ser elástico o conceito de dubiedade. Somente não podem ser objeto de transação, em tese, as obrigações cuja existência, liquidez e valor não são discutidos pelo devedor.

Portanto, temos que para seus *requisitos* há necessidade de (a) um *acordo de vontades*; que as partes façam (b) *concessões mútuas*, ou seja, que cedam parte de suas pretensões em troca de receber o restante em caráter seguro e definitivo e que haja com isso (c) *extinção de obrigações litigiosas ou duvidosas*.

Desde o Direito Romano, a transação sempre apresentou as características de concessões recíprocas (cf. Maluf, 1985:4).

10.7.2 Natureza Contratual da Transação. Características

Muitos defenderam a corrente de que a transação não é um contrato, mas um ato jurídico extintivo (negócio jurídico, melhor dizendo), das obrigações. O mestre Clóvis Beviláqua assim entendeu, tanto que preferiu disciplinar a matéria no Código de 1916 entre os modos de extinção das obrigações.

Todavia, a grande maioria das legislações disciplina o instituto como um contrato, assim como a doutrina atual. Não há como fugir ao caráter contratual da transação, sendo essa a posição adotada pelo Código em vigor, como apontamos. Esse novel diploma aponta que é possível a pena convencional na transação, o que reforça a ideia contratual (art. 847). Contudo, nem por isso se pode dizer que sua posição estava deslocada em nosso Código de 1916, pois, se é contrato, o é com a finalidade precípua de extinguir obrigações, embora possa, por vezes, extravasar esses limites. O Código argentino, em seu art. 833, reforçando a ideia de contrato, aponta que são aplicáveis às transações todas as disposições dos contratos em geral.

Se a essência da transação é a reciprocidade de concessões, existindo ao menos duas vontades no negócio, tal negócio jurídico é bilateral e de natureza contratual. Não perde tal natureza o fato de poder ser realizada no curso da lide, perante o juiz.

Além de *bilateral*, a transação é *indivisível*, de modo que, se uma de suas cláusulas for nula, nulo será todo o negócio (art. 848). É de *interpretação restritiva* (art. 843); na dúvida, não se amplia o que em seu bojo está exposto. É também um contrato *consensual* porque se completa pela simples vontade das partes, não dependendo da tradição de coisas. É *oneroso* pelo simples fato de ambas as partes abrirem mão de suas pretensões.

Nosso ordenamento adotou a teoria do efeito meramente declaratório da transação: "*a transação interpreta-se restritivamente. Por ela não se transmitem, apenas se declaram direitos*" (art. 1.027 do Código de 1916). O art. 843 do Código de 2002, por sua vez, acrescenta que pela transação se declaram ou se *reconhecem* direitos.[34] É a posição clássica, adotada por Clóvis. No entanto, é difícil entender a transação com o caráter tão só e exclusivamente declaratório. Sendo de sua essência a reciprocidade de concessões, "*possui ela caráter constitutivo ou translativo, por inevitável a modificação a que tais concessões conduzem*" (Maluf, 1985:82). Ademais, entendendo-se o instituto como um contrato, difícil defender seu aspecto simplesmente declaratório.

Ressalta o efeito translativo na transação quando esta adquire um caráter complexo, quando outros direitos, que não os exclusivamente litigiosos ou duvidosos, são colocados em

---

[34] "Apelação. Ação declaratória de inexistência de débito. Acordo entre o autor e o corréu. Extensão dos efeitos ao outro corréu para afastar a indenização por dano moral. Inconformismo do autor. Acolhimento parcial. No curso da demanda, houve acordo entre o autor e um dos corréus. Transação que se interpreta restritivamente (art. 843, CC) e, no caso, não contém cláusula de quitação integral. Interpretação do negócio à luz da boa-fé impõe concluir que as partes quiseram limitar os efeitos apenas aos transigentes. Ademais, houve decisão prévia dando a entender que a solidariedade passiva dependeria de declaração judicial. Contexto em que o acordo parcial realizado com o banco não poderia prejudicar o autor com extensão dos seus efeitos ao corréu que não transigiu, em razão da solidariedade passiva declarada só depois, em sentença. A sentença reconheceu, expressamente, a ocorrência de dano moral indenizável, apenas deixou de arbitrar o quantum em razão da extensão dos efeitos da transação. Quantum ora arbitrado globalmente em R$ 5.000,00, em atenção às circunstâncias da causa e aos critérios de razoabilidade e proporcionalidade. Pagamento já realizado pelo banco que deve ser considerado (arts. 275 e 277, CC). Sentença reformada em parte. Deram parcial provimento ao recurso" (TJSP – Ap 1003417-32.2024.8.26.0024, 15-8-2025, Rel. Alexandre Coelho).

"Apelação. Cumprimento de sentença. Partes que celebraram acordo na ação de conhecimento. Sentença de extinção pelo não cumprimento de condição imposta no acordo. Recurso da parte exequente, pugnando pelo prosseguimento do cumprimento de sentença. Controvérsia recursal que envolve a interpretação dos termos do acordo. **Transação que se interpreta restritivamente** (art. 843, CC) e da forma menos onerosa possível. Inexistindo previsão expressa de que a desocupação de apenas um dos imóveis traria o direito à indenização, deve-se interpretar o acordo restritivamente no sentido de que apenas a desocupação de ambos os imóveis antecipadamente geraria o direito à indenização. Não cumpridos os requisitos previstos no acordo, correta a r. sentença de extinção do cumprimento de sentença com base no art. 803, III, do CPC. Sentença mantida. Honorários majorados. Recurso desprovido" (*TJSP* – Ap 0002490-37.2023.8.26.0568, 10-9-2024, Relª Claudia Carneiro Calbucci Renaux).

"**Transação** deve ser interpretada 'restritivamente', diz o art. 843 do CC. Assim e se o acordo das partes modifica a estrutura da obrigação constituída em título judicial, fazendo surgir uma nova dívida com vencimento definido, não é possível entender que o litigante se obrigou a pagar mais do que o conteúdo objeto da transação. Embora na sentença, que perdeu a força vinculativa pela transação posterior que a substituiu (novação objetiva), constante a inclusão das prestações vincendas, na transação nada foi acordado ou peticionado nesse sentido, o que, nos termos do art. 290 do CPC/1973 (aplicável na época do ato) desautoriza incluir nos termos da transação outras prestações não transacionadas. O Juízo indeferiu a pretensão da credora e será mantido. Não provimento". (*TJSP* – AI 2134677-30.2023.8.26.0000, 21-8-2023, Rel. Enio Zuliani).

"Ação de cobrança – cumprimento de sentença (honorários advocatícios sucumbenciais devidos pela parte autora) – rejeição da impugnação – Executada que insiste na extinção da execução, ao argumento de que o acordo celebrado em anterior cumprimento de sentença dirimiu todas as questões envolvendo as partes – Descabimento – Nos termos do art. 843 do CC a **transação** interpreta-se restritivamente – Sentença executada que reconheceu a sucumbência recíproca, condenando ambas as partes ao pagamento de honorários advocatícios para os patronos da parte adversa – Anterior cumprimento de sentença que não versou sobre os honorários advocatícios devidos pela autora (e que são executados neste novo cumprimento de sentença) – Acordo homologado que não versou sobre tal verba, não havendo que se falar em quitação – Decisão mantida nesta parte – Pedido subsidiário para que seja reconhecido o excesso de execução – Exequente que, de fato, cobra montante superior ao fixado pelo título judicial – Excesso de execução reconhecido – Decisão reformada nesta parte – recurso parcialmente provido" (*TJSP* – AI 2063362-73.2022.8.26.0000, 22-8-2022, Rel. Angela Lopes).

"Bem móvel – Cumprimento de sentença – Obrigação de fazer c.c – Perdas e danos – **Transação** – Acordo que envolveu apenas a indenização – Art. 843 do Cód. Civil – **Interpretação restritiva** – Recurso desprovido" (*TJSP* – AI 2116623-55.2019.8.26.0000, 22-7-2019, Rel. Antonio Nascimento).

seu bojo. Não resta dúvida, contudo, de que, se a transação é simples, limitativa aos termos da lei, seu efeito será somente declaratório.

O fato de o legislador dizer que a transação é declaratória decorre de política legislativa. Certamente, teve receio o legislador que o alargamento do alcance do fenômeno o desvirtuasse. Todavia, a prática demonstra que isso não ocorre e que mesmo as transações com largos horizontes não apresentam grandes dificuldades. A conclusão de Serpa Lopes (1966, v. 2:302) é fundamental:

> *"o que se tem de convir é que a transação não pode ser tida, de modo absoluto, como declaratória. Assim o caso em que a contraprestação consiste na atribuição de um direito, isto é, sem um recíproco reconhecimento de um direito litigioso, mas atribuição de um direito novo, não objeto do litígio; assim também o de simulação, quando as partes visam evitar os efeitos fiscais".*

10.7.3 Modalidades. Forma

A transação pode ocorrer dentro ou fora do processo judicial. Com o processo em curso ou antes da propositura da ação. Destarte, a transação pode ser judicial ou extrajudicial.

> *"A transação far-se-á por escritura pública, nas obrigações em que a lei o exige, ou por instrumento particular, nas em que ela o admite; se recair sobre direitos contestados em juízo, será feita por escritura pública, ou por termo nos autos, assinado pelos transigentes e homologado pelo juiz"* (art. 842).

O antigo Código, no art. 1.028, dava a mesma noção, com outra redação:

> *"Se a transação recair sobre direitos contestados em juízo, far-se-á:*
>
> *I – por termo nos autos, assinado pelos transigentes e homologado pelo juiz;*
>
> *II – por escritura pública, nas obrigações em que a lei o exige, ou particular, nas em que ela o admite".*

As partes podem compor-se perante o juiz, na audiência, por exemplo, que é o momento mais oportuno. A transação constará do termo. Pode a transação vir por petição com assinatura conjunta das partes, por seus patronos com poderes especiais. Se houver necessidade de escritura pública, assim se fará. Não é necessário que o escrito particular ou público venha aos autos, já que a lei só fala em homologação do termo dos autos. Essa é a aplicação literal da lei. Não é o que ocorre na prática. Chegando as partes a uma transação, apresentam-na a juízo e requerem a homologação com a extinção do processo. Embora dissesse a lei de 1916 que a transação tinha efeito de coisa julgada (art. 1.030), ficará muito mais sujeita às intempéries de uma anulação, caso não seja homologada em juízo, quando então não produzirá simplesmente *efeito de coisa julgada, **mas será coisa julgada***. Ainda porque, com isso, facilitar-se-á a execução forçada, se necessária.

Na transação extrajudicial, utilizar-se-á o instrumento particular ou a escritura pública, que no caso couber. Não há necessidade de palavras formais para a transação. O que importa é o conteúdo. Não é contrato solene, não exigindo forma sacramental. A transação é resultado sempre de uma conciliação, formal ou informal. Destarte, é fundamental que seja incentivada a formação de juizados de conciliação, que farão com que diminuam os feitos judiciais e melhor ajustarão as dissensões sociais. É evidente que a transação é o principal efeito que pode ser gerado pela conciliação, sem prejuízo de outros, como a confissão e reconhecimento de direitos, mormente aqueles que não permitem transação.

A ausência de homologação não inibe os efeitos da transação entre as partes. Isso quando, evidentemente, é extrajudicial e feita fora dos autos. Trata-se de um contrato. A homologação apenas empresta valor processual à transação. Não homologada, mas absolutamente válida e eficaz, o caminho processual será mais longo. A homologação apenas dota a transação ultimada fora dos autos de caráter executório. A homologação é mera confirmação do ato. Pode ocorrer posteriormente a qualquer momento (*RT* 413/193, 580/187, 550/110, 497/122).

Também não há necessidade de se tomar por termo nos autos a transação apresentada pelas partes, em escrito particular (*RT* 541/181). O juiz pode homologar no próprio despacho da petição que contém a transação ou em despacho posterior à conclusão dos autos. No entanto, de qualquer modo, seus efeitos no processo só se produzem após a juntada aos autos (*RT* 528/152).

Como se trata de contrato, não pode haver desistência unilateral da transação, ainda que não homologada (*RT* 413/193).

10.7.4 Objeto

Dispõe o art. 841 que *"só quanto a direitos patrimoniais de caráter privado se permite a transação"*. Portanto, os direitos indisponíveis, os relativos ao estado e à capacidade das pessoas; os direitos puros de família, os direitos personalíssimos não podem ser objeto de transação. De modo geral, pode haver transação sobre direitos que estão *no comércio jurídico*. Direitos que não admitem transação permitem confissão e reconhecimento. Resta fixar a ideia de o que são direitos patrimoniais e o que são direitos não patrimoniais para a finalidade da lei.

Fixe-se, de plano, que o direito indisponível fica subordinado ao controle, maior ou menor, do Estado. Certos direitos de família, por sua natureza, são indisponíveis, porque a lei veda-lhes a disponibilidade ou então lhes impõe certos limites. Assim, nos termos do art. 841, não podem ser objeto de transação os direitos não patrimoniais e os de natureza pública. O poder público só pode transigir quando expressamente autorizado por lei ou regulamento. Os direitos indisponíveis, direta ou indiretamente, afetam a ordem pública.

A questão de alimentos, no direito de família, é de grande interesse; não admitem renúncia. Pode haver transação a respeito do valor dos alimentos. Os alimentos decidem-se pelas chamadas sentenças integrativas: o *quantum* dos alimentos não transita em julgado. O dever de pagar alimentos faz coisa julgada. Os alimentos devidos reciprocamente entre os cônjuges podem ser renunciados e têm maior amplitude na transação, matéria que será estudada em *Direito civil: direito de família.*

Todavia, os direitos de família puros não admitem transação: assim se faz no tocante à validade do casamento, aos estados de filiação, à paternidade etc. Já no tocante à separação judicial, pela própria natureza, a possibilidade de transação é essencial, mormente no que se refere à partilha de bens entre os cônjuges, e não quanto à conciliação em si, que não se confunde com a transação. A conciliação é ato material do bojo do processo em que pode ocorrer a transação, mas não é imperioso que todo acordo feito em juízo se constitua numa transação. Quem reconhece o pedido do autor ou confessa um direito não está transigindo.

Como em nossa sistemática a jurisdição penal é independente, a transação sobre o mesmo fato delituoso, no cível, não obsta e em nada altera a ação penal pública (art. 846). Quando muito, poderá ser entendida como reparação de dano possível de substituir a pena criminal, de acordo com a Lei n. 13.964/2019.

10.7.5 Capacidade para Transigir. Poder de Transigir

Implicando a transação numa concessão, é de se levar sempre em conta a máxima *transigir é alienar*. Portanto, em se tratando de alienação feita pelo próprio interessado, requer plena capacidade. Não podem transigir os incapazes; para fazê-lo, necessitam da complementação de vontade do representante e autorização judicial. No processo, é imprescindível a presença do Ministério Público, como curador de incapazes.

Examinou-se no primeiro volume desta obra que a *legitimação* é aplicação especial do conceito de capacidade. Sempre que não houver legitimação para determinado ato, também não há legitimação para transigir (ver sempre o exemplo patente do art. 496).

Assim, a própria lei tolhe a legitimação de transigir de certas pessoas (poder de transigir) dada a sua posição jurídica em relação a outros. Não pode transigir o tutor, em relação aos negócios do tutelado (art. 1.748), assim como o curador em relação ao pupilo curatelado (art. 1.774), embora o possam fazê-lo provando a necessidade e mediante autorização judicial. A situação é a mesma do síndico na falência. Também o Ministério Público, em razão de seu *munus*, não pode transigir. Em todas essas situações, a proibição é intuitiva: procura-se proteger interesses de pessoas jurídicas públicas, ou de incapazes, ou de patrimônios suscetíveis à dilapidação, como é o caso da massa falida, contra representantes ou administradores negligentes, mal-intencionados ou incompetentes. Como vimos, a proibição não é peremptória já que, provada a necessidade em juízo, os atos de disposição, por essas pessoas, podem ser autorizados pelo juiz.

Por outro lado, o representante convencional, o mandatário, deve ter poderes específicos de transigir, sob pena de extravasamento do mandato. Poderes gerais de administração não conferem o poder de transigir. A procuração do advogado, judicial, deve conter a menção do poder de transigir (art. 105 do CPC).

10.7.6 Efeitos da Transação

Já se enfatizou anteriormente quanto ao sentido contratual da transação e mencionou-se o problema referente aos efeitos declaratórios do negócio, pretendidos pela lei (art. 843).

Como um contrato, a transação deve ser vista sob os efeitos do direito contratual. Confirma o caráter contratual do instituto a possibilidade, como vimos, de ser inserida a pena convencional, a *cláusula penal* (art. 847). Portanto, a cobrança da multa pode ser um dos efeitos da transação. Lembre-se do que dissemos a respeito; o código fala expressamente da cláusula penal porque não colocou a transação entre os contratos, caso contrário não haveria necessidade de sua menção. É uma cláusula de reforço, que em nada altera o pacto principal da transação.

Tratando-a como contrato, tem plena aplicação o princípio da exceção do contrato não cumprido do art. 476 e toda a parte geral do direito contratual. Como negócio jurídico que é, admite a condição resolutiva ou suspensiva; nada as obsta.

A regra geral da relatividade das convenções no contrato está no art. 844 da transação: *"a transação não aproveita, nem prejudica senão aos que nela intervierem, ainda que diga respeito a coisa indivisível"*. Não só aos contratos, mas o dispositivo também pertine aos efeitos da coisa julgada citados no art. 1.030 do antigo Código. Há possibilidade de estipulação em favor de terceiro. Nada impede que tal negócio seja inserido na transação. A questão, porém, refoge ao fulcro da transação.

O fato de a transação ter *efeitos* de coisa julgada, expressão evitada pelo presente Código, não significa que seja idêntica à coisa julgada. Tudo o que tem necessidade de equiparação não é idêntico, senão nada haveria que se equiparar. O instituto deve ser visto como um contrato.

A transação decorre da vontade das partes, enquanto a coisa julgada emana de um ato do Estado, que é a sentença. Já aí existe uma diferença de raiz. Ademais, a transação pode ser anulada pelos vícios de vontade e pelos vícios sociais em geral, o que não ocorre na sentença. A sentença pode sofrer alteração em parte na via recursal; tal não ocorre na transação por sua indivisibilidade.

Daí se conclui que a equiparação da transação à coisa julgada é uma superfetação do legislador que disse mais do que pretendia. Bastaria a conclusão legal de sua natureza contratual e estaria dito que o contrato faz lei entre as partes.

Doutra parte, ainda que a transação transborde os limites de uma lide, o conteúdo todo dessa lide deve ser colocado na transação. Com isso não se diz que a lide não possa ser parcialmente transigida. As partes podem transigir sobre um dos múltiplos pedidos propostos, ou sobre parte de um único pedido, deixando o restante para ser decidido com a sentença. Com isso não se estará cindindo a transação. A cisão é do decisório e não da transação, que será una, dentro dos termos propostos. Todavia, para extinguir-se o processo pela transação, tudo que está na inicial deve ser objeto da transação. Daí por que na transação, mormente a judicial, deve haver identidade de objeto e de pessoas.

A *evicção* também é mencionada no capítulo legal da transação (art. 845):

> *"Dada a evicção da coisa renunciada por um dos transigentes, ou por ele transferida à outra parte, não revive a obrigação extinta pela transação; mas ao evicto cabe o direito de reclamar perdas e danos. Parágrafo único. Se um dos transigentes adquirir, depois da transação, novo direito sobre a coisa renunciada ou transferida, a transação feita não o inibirá de exercê-lo".*

A perda da coisa objeto da transação pela evicção não faz renascer a dívida; não a repristina. O direito de perdas e danos citado na lei existiria ainda em sua ausência, por ser aplicação lata do conceito de enriquecimento injustificado. O desaparecimento da obrigação, ainda que haja evicção, está em consonância com a posição legislativa de atribuir efeito tão só declaratório ao instituto (cf. Lopes, 1966, v. 2:314). Leva-se em conta, sempre, que o efeito básico é de *extinção de obrigações*. Veja o capítulo referente à evicção no volume 3.

Terceiros participantes da obrigação, mas que não participam da transação, desaparecem do negócio. É o caso do fiador e da solidariedade (§§ do art. 844).

A indivisibilidade traz consequências nos efeitos da transação, pois, *"sendo nula qualquer das cláusulas da transação, nula será esta"* (art. 848; antigo, art. 1.026). Pode, no entanto, a transação versar sobre vários direitos. Nesse caso, ela deve ser vista como uma unidade para cada direito de per si, e não englobadamente. *"Quando a transação versar sobre diversos direitos contestados e não prevalecer em relação a um, fica, não obstante, válida relativamente aos outros"* (parágrafo único do art. 848).

10.7.7 Nulidades da Transação

É nula a transação se um dos transatores não tinha ciência da existência do trânsito em julgado da ação (art. 850). A lei parte do pressuposto que o agente não teria transigido se tivesse conhecimento da sentença judicial. Só o que ignorava a decisão pode alegar o vício. No entanto, embora a lei material não o diga, se a sentença lhe foi desfavorável e a transação só trouxe benefícios a esse que ignorava a sentença, processualmente não terá ele interesse de agir. Falta, no entanto, um dos requisitos de nulidade se a parte, sabendo da sentença, mesmo assim transige.

A segunda parte do art. 850 diz que é nula a transação *"quando por título ulteriormente descoberto, se verificar que nenhum deles* (as partes) *tinha direito sobre o objeto da transação"*.

Acordam, por exemplo, as partes em transigir acerca da posse ou a propriedade de um imóvel. Depois se verifica que a posse ou a propriedade é de um terceiro; falece de objeto a transação efetuada.

Como vimos, a regra geral é não existir nulidade parcial na transação. Como lembra Serpa Lopes (1966, v. 2:244), o princípio da indivisibilidade da transação excepciona a regra geral do art. 184, em que a nulidade parcial de um ato não inquina a parte válida. O legislador prefere essa solução em prol da proteção às recíprocas concessões.

10.7.8 Anulabilidades da Transação

O art. 849 fala da possibilidade de rescisão da transação por dolo, violência ou erro essencial quanto à pessoa ou coisa controversa. Como negócio jurídico que é, inelutável que se apliquem os regimes das anulabilidades na transação. É aplicável tudo o que dissemos a respeito dos vícios de vontade, em *Direito civil: parte geral*, para o qual remetemos o leitor. Nem haveria necessidade de a lei mencionar esses três vícios.

E, ainda, é anulável a transação pelos vícios sociais: a fraude contra credores e a simulação. Simulação colocada como negócio nulo no atual Código. Não é porque a transação possa ser efetuada em juízo que fica imune a esses vícios. O mesmo ocorre para a lesão nos contratos. Os princípios são todos da parte geral.

O parágrafo único do art. 849 do vigente estatuto, porém, adverte que *"a transação não se anula por erro de direito a respeito das questões que foram objeto de controvérsia entre as partes"*. Na hipótese de transação, portanto, ao contrário da regra geral, não se admitirá ignorância ou erro de direito a respeito da matéria objeto do fundo de transação. A questão poderá não ser de fácil deslinde, contudo, no caso concreto, quando o erro de direito mostra-se irrefutavelmente ligado a uma situação de fato.

10.7.9 Interpretação Restritiva da Transação

Essa regra de interpretação está no art. 843. A transação importa sempre renúncia de algum direito, em face das concessões recíprocas, e qualquer renúncia nunca pode ter interpretação ampliativa. A regra é, evidentemente, dirigida ao juiz, que, na dúvida, não pode ampliar o que foi manifestado ou pretendido pelas partes em um negócio de transação.

10.8 COMPROMISSO

10.8.1 Conceito e Utilidade

Pelo compromisso, pessoas plenamente capazes podem atribuir a decisão de suas pendências e controvérsias à decisão de árbitros por elas escolhidos. A Lei nº 9.307, de 23-9-1996, procurou inserir definitivamente ao meio negocial brasileiro o juízo arbitral. A matéria já constava de nossas leis, mas nunca se amoldara ao gosto e às necessidades pátrias. O art. 1º dessa lei define o conceito básico: *as pessoas capazes de contratar poderão valer-se da arbitragem para dirimir litígios relativos a direitos patrimoniais disponíveis.*

Incluímos um estudo sobre nossa lei de arbitragem no volume 3 da coleção, no qual examinamos em maiores detalhes os aspectos processuais e materiais do novo diploma.

O Código Civil de 1916 disciplinava o instituto no Título II, entre os *"efeitos das obrigações"* (arts. 1.037 a 1.048), logo após tratar da transação. O CPC anterior dedicara-lhe os arts. 1.072 a 1.102, entre os procedimentos especiais de jurisdição contenciosa.

O Código de 2002 dedica unicamente três artigos ao compromisso, porque relega a matéria para lei específica. O estatuto admite o *"compromisso, judicial ou extrajudicial, para resolver litígios entre pessoas que podem contratar"* (art. 851). A matéria também é tratada entre os contratos, logo após a transação, dados os pontos de contato. De fato, há um claro e inafastável conteúdo contratual no compromisso. Mantivemos aqui, para maior facilidade de compreensão, a mesma ordem de estudo do antigo Código.

Como se nota, o art. 851 refere-se expressamente à cláusula compromissória nos contratos, para resolver divergências mediante o juízo arbitral, reportando-se à forma estabelecida em lei especial (art. 852). O art. 851, fiel à estrutura básica do instituto, disciplina que o compromisso é vedado para a solução de questões de estado, de direito pessoal de família e de outras que não tenham caráter estritamente patrimonial.

A ligação do compromisso com a transação é considerável. Enquanto na transação as partes previnem ou põem fim a um litígio, no compromisso, *ex radice*, antes mesmo que qualquer litígio surja, ainda que potencial, as partes contratam que eventual pendência será decidida pelo juízo arbitral. A arbitragem destina-se aos litígios sobre direitos disponíveis. Os direitos indisponíveis, tais como os direitos de família puros, direitos públicos, direitos da personalidade, são afetos exclusivamente ao Poder Judiciário.

O juízo arbitral é o conteúdo do compromisso, que a lei denomina convenção de arbitragem. Essa convenção pode ser judicial ou extrajudicial, o que realça seu conteúdo contratual. A lei brasileira procurou conceder ampla autonomia ao juízo e à sentença arbitral. No sistema anterior, a par da inexecutoriedade específica da cláusula compromissória, o liame com o Poder Judiciário era mais intenso em razão da necessidade de sua homologação (arts. 1.045 do Código Civil e 1.098 e seguintes do CPC anterior). A lei atual (nº 9.307, de 23-9-1996) considera a sentença arbitral, juntamente com a sentença homologatória de transação ou conciliação, *títulos executivos judiciais*, por força do art. 41. A decisão arbitral, portanto, a exemplo da maioria das legislações estrangeiras, prescinde doravante de homologação pelo Judiciário, não se sujeitando a recurso. O árbitro é juiz de fato e de direito da causa proposta (art. 18). No entanto, havendo necessidade de atos executórios provenientes de decisão arbitral, são eles privativos do Estado, pois somente este possui poder de coerção. Desse modo, a execução da sentença arbitral far-se-á com a intervenção do Poder Judiciário, uma vez ultrapassada a fase de embargos. O mesmo ocorrerá se no curso da arbitragem houver necessidade de medidas cautelares que impliquem atos coercitivos, matéria que deve ser examinada caso a caso.

O compromisso possui acentuado *conteúdo contratual*. O juízo arbitral que se instala pelo compromisso é exceção aparente à regra geral tradicional, segundo a qual nenhuma causa pode ser suprimida do Poder Judiciário. A situação não se confunde, porém, com um tribunal de exceções, cujo conceito refoge às garantias do pleno direito. Também não há propriamente exceção à regra geral do sistema, porque a arbitragem nada mais é que um negócio jurídico voluntário entre as partes. Ninguém é obrigado a pactuar o juízo arbitral, tanto que somente as pessoas capazes de contratar podem fazê-lo sobre direitos disponíveis. Erram palmarmente aqueles que, desavisadamente, criticaram a nova arbitragem, sob argumento de que há desprestígio do Judiciário com a arbitragem. Essa posição não possui base legal, e nenhum país estrangeiro que possui sistema idêntico, já por várias décadas, ousou levantar essa questão.

O fato é que a arbitragem é negocial e como tal constitui importante instrumento contratual no mundo globalizado.

O sentido da lei é incentivar a adoção da arbitragem, até hoje pobremente utilizada no direito interno, embora de largo espectro e aceitação no campo internacional. Dois eram os principais impedimentos para a não utilização da arbitragem entre nós: a falta de previsibilidade legal para a execução específica da cláusula compromissória e a necessidade de homologação do laudo arbitral pelo Poder Judiciário. Isso eliminava as principais vantagens do instituto: sigilo e celeridade.

A vantagem da arbitragem é inegável em determinadas situações. Com frequência, as partes, geralmente empresas de porte, levam aos tribunais assuntos excessivamente técnicos, com amplas dificuldades para o juiz, que somente pode decidi-los louvando-se em custosas e problemáticas perícias. Valendo-se de especialistas como árbitros, podem as partes obter decisões mais rápidas, justas e técnicas. Por outro lado, o sentido é também aliviar o Poder Judiciário da pletora que o assola, invariavelmente, em todos os graus.

Ainda, como se trata de juízo privado, as partes poderão manter em sigilo suas pendências, suprimindo-as dos alardes do processo, pois nem o segredo de justiça, quando concedido, consegue diminuí-los. A questão do sigilo assume proporções maiores quando a matéria envolve segredos comerciais e industriais. Com a arbitragem, poderão os interessados, em regra, obter decisões mais simples, rápidas e econômicas. Várias entidades no país já se estruturam como tribunais arbitrais.

10.8.2 Natureza Jurídica

A arbitragem possui dois aspectos bem nítidos, um de ordem material e outro de ordem processual. Se analisados os dispositivos revogados, o compromisso tratado no Código Civil de 1916 refere-se a regras de direito material, tendo por objeto o fundamento do compromisso. O estatuto processual traça regras de atuação do juízo arbitral.

Parte da doutrina nega o caráter meramente contratual do compromisso, vendo em sua estrutura apenas uma forma de dirimir questões, não um meio de criar, modificar ou extinguir direitos. No entanto, seu caráter contratual mostra-se evidente. Ademais, tendo em vista os inúmeros pontos de contato, o próprio legislador coloca o compromisso arbitral ao lado da transação, cuja natureza contratual não se nega. Ainda que se repila essa posição, ao menos não se pode negar que o compromisso se avizinha mais do contrato do que de qualquer outro negócio jurídico. O compromisso é ato de vontade privada capaz de gerar novas relações jurídicas, com obrigações para todos os participantes. No Código Civil de 1916, o compromisso foi colocado como uma das formas de extinção de obrigações; essa sua função precípua, sem dúvida.

Recomenda-se, mais uma vez, a leitura do capítulo específico no volume 3 desta coleção, que examina o compromisso e a arbitragem em maior profundidade.

10.8.3 Mediação

É conveniente que se mencione que, na maioria das situações conducentes à arbitragem, há uma fase prévia denominada *mediação*. Antes que as partes se lancem na porfia arbitral, são feitas negociações e tentativas de acordo. Como regra, os tribunais arbitrais possuem mediadores, cuja função precípua é conduzir as partes a um bom termo de negociação, antes que se instale a arbitragem. Com frequência, as próprias partes, no contrato, ao estabelecer o compromisso, também descrevem essa fase prévia de mediação. Essa fase não é disciplinada em lei, mas, sem dúvida alguma, integra o *iter* da arbitragem e possui alta relevância, atendendo ao desiderato de conciliação, instituto importante, inclusive, no estatuto processual. A mediação integra o conceito de conciliação. Desse modo, sobreleva a importância da figura do mediador, escolhido pelas partes ou designado pela corte arbitral, cuja função não é julgar ou decidir, mas convencer as partes dissidentes a chegar a uma solução do litígio sem o desgaste de uma lide, seja ela no Judiciário ou fora dele.

Embora a arbitragem esteja excluída dos chamados direitos indisponíveis, a conciliação, e por consequência a mediação, nunca o está. Seu papel é importante desde os conflitos internacionais até as questões mais íntimas de direito de família. Neste último campo, aliás, é de toda conveniência que se regule a mediação, com utilização de profissionais auxiliares, psicólogos, sociólogos, pedagogos, assistentes sociais, na busca de soluções para os conflitos do casamento e do poder familiar, antes que ingressem na pletora de feitos judiciais, de discutível eficácia nesse campo.

10.9 CONFUSÃO

10.9.1 Conceito e Natureza Jurídica

Na obrigação, é essencial a existência de dois polos, um credor do lado ativo e um devedor do lado passivo. Ninguém pode ser credor ou devedor de si mesmo. Quando, por fatores externos à vontade das partes, as características de credor e devedor se fundem, se *confundem* na mesma pessoa, há impossibilidade lógica de sobrevivência da obrigação.

Portanto, há *confusão* na acepção do direito obrigacional ora em estudo, quando se reúnem na mesma pessoa a qualidade de credor e devedor. *"Extingue-se a obrigação, desde que na mesma pessoa se confundam as qualidades de credor e devedor"* (art. 381).

O Código de 2002 mantém os mesmos textos anteriores sobre a matéria nos arts. 381 a 384.

Confundir significa fundir, misturar, reunir. Há outras formas de confusão no direito. Nos direitos reais, encontra-se a confusão tratada nos arts. 1.272 a 1.274, quando ocorre a mistura de coisas líquidas pertencentes a pessoas diversas. Também é usado o vocábulo quando se reúnem na mesma pessoa parcelas de direitos reais bipartidos, quando, por exemplo, o usufrutuário recebe a nua propriedade, tornando-se proprietário pleno. No entanto, em todas as acepções a ideia de fusão está presente. Assim, Antônio, filho de João, é credor deste último. Com a morte de João, Antônio, seu herdeiro, passa a possuir as qualidades de credor e devedor ao mesmo tempo e o débito se extingue. Já se discutiu se este é realmente um meio de extinção de dívidas ou uma *paralisação* do direito creditório, porque, uma vez cessado o estado de confusão, restabelece-se a obrigação, com todos os seus acessórios (art. 384).[35]

---

[35] "Agravo de instrumento – Ação de cobrança – Decisão que afastou a alegação de ocorrência do instituto da **confusão** previsto no artigo 381 do Código Civil – Inconformismo que não comporta acolhimento – Embora sucessores do falecido pai (suposto devedor) e da avó paterna (suposta credora), eventual quinhão será atribuído aos agravantes, se o caso, somente após o trâmite regular do inventário e, portanto, quitação de eventuais dívidas da falecida e tributos. Agravantes que, portanto, são credores 'em tese' – Não se pode admitir deliberação sobre a partilha, definindo-se o quinhão de cada herdeiro, nos autos da ação de cobrança – Decisão mantida – Recurso desprovido" (*TJSP* – AI 2098684-86.2024.8.26.0000, 22-8-2024, Relª Clara Maria Araújo Xavier).

"Ação de obrigação de fazer – Fornecimento de medicamento – Incabível a condenação da Fazenda em pagamento dos honorários advocatícios quando a outra parte é patrocinada pela Defensoria Pública – **Confusão entre credor e devedor** – Súmula 421 do STJ – Município deve pagar os honorários advocatícios fixados – Princípio da causalidade – Recurso desprovido" (*TJSP* – AC 1000628-42.2018.8.26.0292, 4-9-2019, Rel. Percival Nogueira).

"Processual civil – Obrigação de fazer – Apelação cível – Defensoria pública – Distrito Federal – Honorários – Descabimento – **Confusão entre credor e devedor** – Súmula 421/STJ – 1 – Não pode o Estado se furtar ao fornecimento de exames médicos ao cidadão hipossuficiente, em observância às garantias asseguradas pelos artigos 196 e 198,

Não há, modernamente, como se sustentar que a dívida não se extinga. Os códigos modernos tratam do fenômeno como extinção da obrigação. A possibilidade de a obrigação restabelecer-se não inibe o efeito extintivo, pois o mesmo fenômeno já ocorre na dação em pagamento (art. 359). O princípio que governa a extinção da obrigação não reside num pagamento, mas numa incompatibilidade lógica de persistência do vínculo.

10.9.2 Fontes da Confusão

A confusão pode originar-se de uma *transmissão universal* de patrimônio. Esse fenômeno pode ocorrer *causa mortis*, o que é mais comum. O herdeiro passa a ter ambas as qualidades de credor e devedor com o desaparecimento do autor da herança, e a dívida se confunde. Pode ocorrer por ato *entre vivos* quando, por exemplo, uma empresa, credora de outra, vem a receber, por qualquer razão (um decreto governamental, por exemplo), todo o patrimônio da última. Os débitos confundem-se até onde se compensarem. Não obstante, não se confundem confusão e compensação. Na confusão, há identidade de pessoas, credor e devedor, com relação a um único débito; na compensação, há existência de dois créditos que se eliminam.

Pode o fenômeno derivar de um *título singular*, no caso, por exemplo, de alguém ter uma dívida com outrem que lhe faz legado de crédito, já que o legado importa numa transmissão a título singular e não universal (cf. Borda, s.d.:388). Também pode derivar de cessão de crédito, de sub-rogação. Pode ocorrer, *inter vivos*, por ato gratuito ou oneroso (cf. Chaves, 1973:322).

10.9.3 Espécies

A confusão pode extinguir toda a dívida ou apenas parte dela. Assim, teremos a confusão *total* ou *parcial*. Se no fato *causa mortis* o herdeiro é apenas credor de uma parte de dívida divisível do *de cujus*, a confusão é parcial. No caso de dívida indivisível, a questão resolve-se pelos princípios já vistos da indivisibilidade das obrigações, não deixando de existir, porém, a confusão parcial.

No caso de herança, existindo sempre o benefício de inventário (art. 1.792), temos de ver que enquanto houver separação de patrimônios entre credor e devedor, isto é, enquanto não houver partilha, não se opera a confusão.

Nos títulos ao portador, como eles são circuláveis por natureza, a confusão será meramente transitória, pois a qualquer momento o portador pode transferi-los.

---

inciso II da Constituição da República e pelos artigos 204, I, II e § 2º e 207, XXIV, da Lei Orgânica do Distrito Federal. 2 – A saúde é dever do Estado brasileiro, não eximindo a responsabilidade dos entes federativos de primarem pela consecução de políticas governamentais aptas à manutenção da saúde integral do indivíduo. 3 – Quando a ação for proposta pela Defensoria Pública em desfavor do Distrito Federal, ente que a mantém, nos termos do art. 381 do CC, extingue-se a obrigação de pagar honorários, em face da confusão entre credor e devedor (Súmula 421/STJ). 4 – Recurso provido. Remessa necessária desprovida" (*TJDFT* – Proc. 07063824920178070018 – (1114692), 13-8-2018, Relª Leila Arlanch).

"Apelação – Ação de obrigação de fazer – Morte da autora – Direito à saúde – Intransmissibilidade – Fazenda Pública Estadual – Verba Honorária Sucumbencial – Ação patrocinada pela defensoria pública (assistência à saúde) – Honorários advocatícios indevidos – **Confusão entre credor e devedor** – Entendimento jurisprudencial do STJ, com a edição da Súmula nº 421 – Ocorrência de confusão, na mesma pessoa, das qualidades de credor e devedor (art. 381, do CC, e art. 267, X, do CPC/1973), não havendo que se falar em sucumbência – Municipalidade que possui legitimidade para figurar no polo passivo da demanda, ante a solidariedade das três esferas de governo – No entanto, não pode responder pelos honorários advocatícios, uma vez que não deu causa à propositura da ação – Recurso provido em parte" (*TJSP* – Ap 1009620-23.2015.8.26.0348, 23-1-2017, Rel. Ponte Neto).

O art. 383 trata da confusão na solidariedade:

> *"A confusão operada na pessoa do credor ou devedor solidário só extingue a obrigação até a concorrência da respectiva parte no crédito, ou na dívida, subsistindo quanto ao mais a solidariedade."*

Como percebemos, mesmo no caso de solidariedade os efeitos da confusão são limitados à parcela do crédito ou débito que se confundiram em uma única pessoa. Não se comunica aos demais credores ou devedores solidários.

10.9.4 Efeitos

O efeito primordial é extintivo da obrigação. A questão que se sobreleva nesse diapasão é a colocada no art. 384: o restabelecimento da obrigação, uma vez cessada a confusão. Por exemplo: alguém é devedor de um estabelecimento e vem a adquiri-lo. Operou-se a confusão. Posteriormente, aliena o mesmo estabelecimento. Restabelece-se a obrigação primitiva. O dispositivo é peremptório no sentido de que também revivem todos os acessórios da obrigação. Revigora-se a fiança e a hipoteca que garantiam a dívida, por exemplo.

Há que se proteger, em prol da estabilidade jurídica, os direitos de terceiros. Assim, se *medio tempore* foi dada baixa numa hipoteca, o terceiro adquirente não pode ver repristinada uma hipoteca extinta quando de sua aquisição. A melhor solução, que não contraria a lei, é entender que a hipoteca se revigora, com a diferença que não prejudicará nunca o terceiro adquirente, que adquiriu o bem quando nada existia no registro de imóveis. Assim, para ele, a hipoteca é ineficaz. Se for o caso de várias hipotecas, a hipoteca extinta, quando renasce, não pode ter a mesma graduação primitiva. Irá para a averbação em último lugar, após as hipotecas existentes a esse tempo. Do mesmo modo, nada se poderá fazer contra terceiros se *medio tempore* os imóveis foram alienados como livres e desembaraçados (cf. Chaves, 1973:326).

Se a confusão extingue as obrigações acessórias, a recíproca não ocorre. Se existe confusão na pessoa do credor e do fiador, extingue-se a fiança, que é acessória, mas não a obrigação principal. A questão também é de impossibilidade lógica.

10.9.5 Requisitos

Após o explanado, fica simples a exposição dos requisitos do instituto que não apresenta grandes problemas na prática.

Em primeiro lugar, o fenômeno da confusão exige que numa só pessoa se reúnam as qualidades de credor e devedor. Em segundo lugar, deve ocorrer essa reunião de qualidades em relação a uma mesma obrigação. Em terceiro lugar, como já visto, há necessidade de que não haja separação de patrimônios. Se o diretor de uma empresa, como pessoa física, é credor da pessoa jurídica, há distinção de patrimônios, não ocorrendo a confusão. O mesmo ocorre na herança ainda não atribuída, como falamos.

10.10 REMISSÃO

10.10.1 Conceito. Natureza Jurídica. Afinidades

Ocorre a remissão de uma dívida quando o credor libera o devedor, no todo ou em parte, sem receber pagamento. A remissão é o ato ou efeito de *remitir, perdoar* uma dívida; não se confunde com *remição*, ato ou efeito de *remir, resgatar*, que era instituto de direito processual, antes previstos nos arts. 787 a 790 do CPC de 1973, então revogados pela Lei nº 11.382, de 2006.

A remissão de uma dívida é uma renúncia a um direito que ocorre no campo obrigacional. A renúncia é um conceito mais abrangente, postulado em vários outros campos jurídicos. Quem abandona um direito, com tal declaração de vontade, o renuncia. Em princípio, podem ser renunciados todos os direitos disponíveis, reais, pessoais e intelectuais. Pode-se renunciar à propriedade, à posse, à herança, à patente de invenção, ao direito autoral. Quando a renúncia se dirige especificamente à vontade do credor em não receber o que lhe é devido, estamos perante a remissão. Algumas legislações, como a alemã e a portuguesa, encaram a remissão sob o prisma contratual. Daí a celeuma criada por parte da doutrina, na dificuldade de fixar sua natureza jurídica. Embora seja a remissão uma espécie de renúncia, com ela não se confunde, pois, embora possa ser um ato unilateral, não prescinde da concordância do devedor. O credor pode desejar perdoar a dívida. A motivação desse perdão é irrelevante para o direito; no entanto, o devedor pode ter interesse moral em pagar a dívida ou, melhor, interesse moral em que a dívida não seja perdoada. Pode, pois, valer-se da consignação, no caso de recusa por parte do credor. Não é necessário, por igual lado, que o devedor decline a motivação em não aceitar a remissão: pode não desejar dever favores ao credor; pode ter interesse em que a sociedade saiba que paga suas dívidas etc. Isso também é irrelevante para o campo jurídico.

Destarte, nada impede que a remissão tome a forma bilateral de um contrato, mas não é de sua essência. Essencial é a aquiescência do devedor, ainda que presumida ou tácita.

Também não se confunde com a doação, embora possa haver *animus donandi*. A remissão será sempre um ato sinalagmático (cf. Lopes, 1966, v. 2:346). Não se confunde com doação, porque nem sempre estará presente o intuito de liberalidade. Ademais, para a remissão é irrelevante o intuito com que é feita, o que não ocorre na doação.

O ato de perdoar ou abrir mão de uma dívida é ato de disposição de direitos. Requer não só plena capacidade de renúncia, de alienação, como também legitimação para dispor de referido crédito.

Não podemos confundir, também, a remissão com a desistência da ação proposta para cobrá-la. Tal desistência fica apenas no plano processual. A remissão não admite condição.

10.10.2 Origem Histórica

No antigo Direito Romano, a remissão requeria o ato solene e formal *per aes et libram*. Posteriormente, o Direito Romano conheceu a *acceptilatio*, que era uma declaração do credor de ter recebido a dívida e de nada mais reclamar. Era uma solução fictícia da dívida; extinguia a dívida *ipso iure*, como o pagamento, não só no tocante ao principal, mas também com relação aos acessórios. Era um ato abstrato, independente da causa (cf. Giffard e Villers, 1976:302). Outra forma era o *pacto de non petendo*, quando o credor prometia nada reclamar do devedor no tocante à dívida.

Essas formas, embora sendo raízes da moderna remissão, não se mantiveram no direito atual.

10.10.3 Espécies

A remissão pode ser *total* ou *parcial*. É sempre um ato de disposição do credor. Se ele não é obrigado a receber parcialmente a dívida, pode perdoá-la parcialmente. Persistirá o débito no montante não remitido.

Pode ser também *expressa* ou *tácita*. Será expressa, de forma contratual ou não, quando firmada por escrito, público ou particular, declarando o credor que não deseja receber a dívida. Não há necessidade da palavra *remissão*, mas a intenção deve ser clara. Por se tratar de ato de disposição, não é de admitir interpretação ampliativa. A interpretação do negócio deve ser restritiva.

Os arts. 386 e 387 trazem situações de remissão tácita. Há, em ambos, uma presunção de perdão da dívida. O primeiro dos dispositivos fala da entrega voluntária do título da obrigação, quando por escrito particular. Diz a lei que tal tradição do título *"prova a desoneração do devedor e seus coobrigados, se o credor for capaz de alienar, e o devedor, capaz de adquirir"*. Destarte, incumbe que a entrega do título (particular, não pode ser de escritura pública) seja espontânea, com a intenção de perdoar a dívida. A presunção, de qualquer modo, não é absoluta, pois o ato pode emanar de erro, por exemplo. De qualquer modo, feita a entrega do título, é o credor que deve provar que sua intenção não foi de remitir. Examinamos as disposições do presente Código, as quais alteram a redação, mas não o fundo do instituto, no final deste capítulo.

Nesse caso de remissão tácita ou presumida, embora existam semelhanças com o pagamento presumido, com ele não se confunde. Aqui, na remissão, não há cumprimento da obrigação. O pagamento sempre pressupõe o adimplemento. Não obstante, embora existam opiniões em contrário, o fato de o art. 386 dizer que a entrega do título *prova* a desoneração do devedor, não vemos aí uma presunção absoluta, que pode levar a iniquidades (cf. Lopes, 1966, v. 2:352, contrariamente à nossa opinião).

Quando o título for representado por escritura pública, *a contrario sensu*, é imprescindível a remissão expressa.

A situação do art. 387 diz respeito à entrega da coisa empenhada. Tal entrega implica renúncia à garantia pignoratícia, que se perfaz com a tradição. Prova a renúncia à garantia, mas não a remissão da dívida. O que a tradição prova é o desaparecimento da garantia real. Aqui, a situação é diferente. É dificilmente defensável não ser absoluta essa presunção, a qual, contudo, não atinge a obrigação. A garantia pignoratícia é acessória. Pode desaparecer o acessório, sem desaparecer o principal.

Do mesmo modo, pode o credor abrir mão da fiança ou da hipoteca, sem abrir mão de seu crédito.

O Direito alemão conhece outro fenômeno, qual seja o *reconhecimento negativo da dívida*. As partes contratam declarando expressamente que determinada obrigação não existe, tendo em vista aclarar eventuais dúvidas a respeito. Evitam, assim, a propositura de uma ação declaratória. Tem os mesmos efeitos da remissão e segue suas regras. Pode atingir dívidas diferidas ou eventuais, e direitos aleatórios. As expectativas de direito não são direito e não podem ser renunciadas enquanto não se materializarem em direitos (cf. Chaves, 1973:329, contrariamente à nossa opinião). A remissão expressa pode decorrer também de ato *causa mortis*, de um testamento. A remissão de dívida por testamento é típico ato de última vontade e segue as formalidades do negócio testamentário. Não será válida, se inválido for o testamento.

Apontemos que apenas as obrigações de índole privada podem ser objeto de remissão. O perdão da dívida pública depende de autorização legislativa.

10.10.4 Efeitos

O fato de o credor abrir mão de seu crédito equivale a um pagamento. É a mesma noção do Direito Romano. O direito moderno engloba a *acceptilatio* e o *pacto de non petendo*.

A extinção da dívida principal elimina as obrigações acessórias, mas, como já visto, podem ser eliminadas as obrigações acessórias, persistindo a obrigação principal.

O art. 388 dispõe acerca da remissão feita a um dos devedores, quando existem outros. A remissão só extingue a dívida ao devedor apontado, na parte a ele correspondente. Na solidariedade, o vínculo permanece com relação aos outros coobrigados. De outro modo, se um credor solidário perdoar a dívida, esta estará extinta (art. 900, parágrafo único do Código de 1916). No que toca à obrigação indivisível, *"se um dos credores remitir a dívida, a obrigação não ficará extinta para com os outros; mas estes só poderão exigir, descontada a quota do credor remitente"* (art. 262). Há uma aplicação do princípio da remissão parcial nesse ponto.

Terceiros não podem ser prejudicados com a remissão. É o que está, inclusive, expresso no art. 385 do presente Código. O fato de esse artigo não ter correspondência no Código anterior não significa que no sistema pretérito a solução era diferente. Podem, no entanto, os terceiros ser beneficiados por ela.

10.10.5 Remissão no Código Civil de 2002

O diploma civil preferiu abrir o capítulo da remissão de dívidas, no art. 385, enunciando seu efeito principal: *"A remissão da dívida, aceita pelo devedor, extingue a obrigação sem prejuízo de terceiro"*.[36] Desse modo, a mais recente lei enfatiza que a remissão somente opera

---

[36] "Direito civil. Apelação cível. Ação de despejo por falta de pagamento cumulada com cobrança. Locação residencial. Sentença de procedência mantida. Pedido de remissão da dívida não anuído pela locadora. Juros de mora e correção monetária. Cálculos a partir da entrada em vigor da Lei nº 14.905/2024. Direito intertemporal. Recurso desprovido. I. Caso em exame 1. Apelação interposta pela parte ré contra sentença por meio da qual julgada procedente ação de despejo por falta de pagamento cumulada com cobrança de alugueres e encargos locatícios, condenado o réu à desocupação do imóvel e ao pagamento dos valores vencidos e vincendos até a efetiva desocupação. II. Questão em exame 2. A questão em discussão consiste em analisar o pedido de remissão da dívida, considerada alegação de dificuldade econômica do locatário. III. Razões de decidir 3. A remissão da dívida, nos termos dos arts. 385 e seguintes do Código Civil (CC), exige aceitação expressa do credor, o que não se verifica, tendo sido expressamente rechaçada nas contrarrazões. 4. A condição de vulnerabilidade econômica não exime o devedor do cumprimento das obrigações pactuadas, nos termos do contrato de locação. 5. Aplicáveis as regras do Direito Intertemporal nos cálculos dos juros de mora e correção monetária a partir da vigência da Lei nº 14.905/2024, mantidos os critérios anteriores, conforme precedentes dos tribunais superiores do Brasil. IV. Dispositivo e tese 6. Recurso desprovido, com determinação de aplicação da Lei nº 14.905/2024. Teses de julgamento: '1.A remissão de dívida exige aceitação expressa do credor. 2. A vulnerabilidade econômica do devedor não constitui causa de extinção das obrigações contratuais. 3. Aplicável a Lei nº 14.905/2024, que disciplina novos critérios de cálculos de juros e correção monetária, a partir do início de sua vigência, segundo o Direito intertemporal'. Dispositivos relevantes citados: CC, arts. 385, 389, 406, § 2º; CPC, arts. 85, §§ 2º e 11; Lei nº 8.245/1991, art. 9º, III; Lei nº 14.905/2024, arts. 5º e 6º. Jurisprudência relevante citada: STF, Tema 810 (RE 870.947); STF, Tema 1.170 (RE 1.317.982); STJ, REsp 1.112.746/DF (Tema 176)" (TJSP – Ap 1018315-83.2023.8.26.0477, 3-7-2025, Rel. Adilson de Araujo).

"Prestação de serviços. Cobrança de multa e juros por atrasos nos pagamentos. Sentença de procedência. Inadimplemento no termo. Artigos 394 e 395 do CC. Previsão de encargos da mora. Remissão tácita. Art. 385 CC. Não caracterização pelos elementos de prova. Notificações apresentadas. Impugnação genérica de excesso, sendo correta a base de cálculo. Recurso desprovido, com observação. Previsão legal em relação ao inadimplemento no termo, sendo caso de encargos da mora, conforme artigos 394 e 395 do Código Civil. A alegação de remissão tácita (art. 385, CC) não se infere da conduta da credora, que inclusive providenciou notificações do devedor antes e após a assembleia indicada como sendo demonstrativa do perdão, mas que não contextualizada desistência em relação aos encargos. No que pertine aos encargos, os juros são eles contratuais, bem como a multa aplicada foi reduzida ao percentual de 2% consoante o CDC, sem excesso a ser decotado". (*TJSP* – Ap 1006939-43.2019.8.26.0606, 23-2-2023, Rel. Kioitsi Chicuta).

"Agravo de instrumento – cumprimento de sentença – obrigação solidária – Parte credora que pode escolher se recebe o seu crédito de um ou de todos os devedores solidários. Remissão da dívida a apenas um dos devedores solidários que implica extinção da obrigação deste (CC, art. 385) e, por conseguinte, da correspondente quota-parte (STJ, REsp 1478262), mesmo que tenha sido pago apenas parte da dívida. Respeito ao princípio da isonomia, para não se prejudicar devedor solidário que arcasse com toda a dívida em eventual ação regressiva contra os demais, pois haveria possibilidade de se alegar contra ele justamente extinção da obrigação. No caso, presumindo-se iguais as partes de todos os codevedores (CC, art. 283), a pretensão executiva a ser extinta tem

com a concordância, aceitação do devedor. A sistemática já era essa no direito anterior, ainda que não houvesse disposição expressa equivalente. Como reportamos anteriormente, o devedor pode ter motivos para rejeitar a remissão ofertada pelo credor. A presente lei deixa clara essa noção, consagrada pela doutrina e pelo direito comparado. Também, como dissemos, a remissão pode beneficiar terceiros direta ou indiretamente ligados à dívida, como o fiador, mas não pode prejudicá-los. A questão de eventual prejuízo a terceiro pela remissão deve ser examinada no caso concreto. Ocorrido o prejuízo, essa remissão deve ser tida como ineficaz com relação ao prejudicado. A propósito, lembremos que a remissão de dívida praticada pelo devedor já insolvente, ou por ela reduzido à insolvência, poderá ser anulada como fraude contra credores (art. 158). Portanto, fica claro que não está o credor absolutamente livre para conceder a remissão.

Quanto à forma de remissão tácita mencionada anteriormente, referente à *"entrega voluntária do título da obrigação"*, o art. 386 é mais técnico e de acordo com a realidade ao se referir à *"**devolução** voluntária do título da* obrigação". De fato, se o título foi emitido pelo devedor e entregue ao credor, o termo *devolução* dele ao devedor caracteriza a remissão, mais propriamente do que a simples entrega. No mesmo diapasão posta-se o art. 387: *"A restituição voluntária do objeto empenhado prova a renúncia do credor à garantia real, não a extinção da dívida"*. A atual lei substitui, pela mesma razão, o termo *entrega* pelo termo, mais elucidativo e de melhor compreensão, *restituição*: o credor restitui a coisa que recebera em penhor do devedor. Mantém-se, contudo, o princípio pelo qual essa restituição do bem empenhado extingue somente a garantia real, mantendo-se íntegra a dívida.

Quanto ao art. 1.055 apontado, que se refere à remissão feita a um dos codevedores, a mesma compreensão e extensão do dispositivo são mantidas pelo art. 388 do atual Código, com pequena modificação de texto.

---

de corresponder à integralidade da quota-parte da devedora remitida, que seria 1/3 do total, e não apenas ao valor recebido. Decisão mantida. Agravo de instrumento não provido" (*TJSP* – AI 2261484-66.2021.8.26.0000, 21-1-2022, Rel. Camargo Pereira).

"Apelação cível – Execução fiscal – Pagamento do crédito exequendo – **Extinção do feito pela remissão** – Incorreção – Reforma necessária – Extinção pela satisfação da obrigação – Em consonância com o sistema processual civil pátrio, a satisfação da obrigação objeto do processo de execução enseja a extinção do feito, nos termos do inciso II do art. 924 do CPC. Havendo a extinção da ação executiva com fulcro em remissão de dívida, que não ocorreu no feito e existindo, na realidade, o pagamento do crédito exequendo, impõe-se a reforma da sentença para correção dos fundamentos da extinção determinada" (*TJMG* – AC 1.0628.16.000295-0/001, 19-7-2019, Rel. Leite Praça).

11

CRISE NO CUMPRIMENTO DA OBRIGAÇÃO. INADIMPLEMENTO. MORA

11.1 CUMPRIMENTO DA OBRIGAÇÃO EM CRISE

Pacta sunt servanda. Os pactos devem ser cumpridos. Se a palavra empenhada na sociedade deve ser cumprida sob o prisma moral, a palavra inserida em um negócio jurídico deve ser cumprida sob o prisma da paz social e credibilidade do Estado.

As obrigações surgem para ter existência mais ou menos efêmera, transitória, fugaz. Uma vez cumpridas, exaurem seu papel no campo social, propiciando a circulação de riquezas, a criação de obras, a realização, por que não dizer, de sonhos e ideais.

Na convivência social ideal, todos os homens cumprem suas obrigações sociais, morais e jurídicas. A obrigação cumprida desempenha o papel dos vasos comunicantes. Alguém paga, o que recebe paga a outrem, este outrem ao receber já tem, por sua vez, programada a aplicação do objeto do pagamento recebido etc.

Uma obrigação descumprida ou mal cumprida, ou cumprida com atraso, desempenha o papel de uma célula doente no organismo social; célula essa que pode contaminar vários órgãos do organismo, tornando-o debilitado.

Quando se trata, por exemplo, do descumprimento de uma obrigação moral: deixo de visitar um amigo enfermo; sofro uma reprimenda do organismo social ou de minha consciência. Ninguém pode obrigar-me a visitar meu amigo. Porém, a sociedade poderá reprimir-me, mostrando seu desagrado de várias formas. As regras morais ou de cortesia, embora desempenhem relevante figura social, escapam ao âmbito jurídico. Vejam o que ilustramos a respeito dessa matéria em nossa obra *Introdução ao estudo do direito: primeiras linhas.*

Todavia, se deixo de pagar uma dívida, ou atraso seu pagamento, ou pago em local ou à pessoa errada, o ordenamento legal arma meu credor de meios para fazer com que eu cumpra a obrigação, ou, não sendo isso possível, que minore a situação do credor insatisfeito sob a forma de um pagamento de quantia em dinheiro, uma indenização em perdas e danos. Não conseguiu o Direito encontrar outra forma de substituir o não cumprimento ou o mau cumprimento de uma obrigação, senão com um pagamento em dinheiro, quando, em priscas eras do Direito Romano, o corpo do devedor deixou de responder pela dívida.

No Direito Romano, como tantas vezes apontamos, era, primeiramente, o próprio corpo do devedor que respondia pela dívida. O devedor poderia tornar-se escravo. Contudo, não demoraram muito os antigos a descobrir que essa solução não trazia praticidade e pouco auxiliava o credor.

O fato é que de há muito o patrimônio do devedor responde pelo cumprimento da obrigação. No direito atual o princípio vem expresso no art. 391 do Código Civil: "*Pelo inadimplemento das obrigações respondem todos os bens do devedor.*" O patrimônio do devedor sofrerá a constrição judicial, representada pela penhora e a transformação de bens em dinheiro como última etapa do cumprimento de uma obrigação. O ideal que se busca é muito antes disso a obrigação ser cumprida, tanto quanto possível espontaneamente pelo devedor.

Entretanto, o descumprimento de uma obrigação (e como descumprimento englobamos todas as formas de mau cumprimento ou de ausência de cumprimento, inadimplemento) gera uma verdadeira crise na avença, no contrato, que o direito procura resolver da melhor maneira possível.

Daí então ser necessário que a lei regule os direitos do devedor (assim como do credor) nas situações de crise no cumprimento da obrigação. Cremos que o termo *crise* estampa bem a ideia do que ocorre na patologia da obrigação. Dentre as várias acepções da palavra, encontramos aquelas que refletem bem o estado em que ficam as partes no inadimplemento da obrigação: ora será uma ruptura violenta e repentina de um estado de equilíbrio; ora um estado de dúvidas e incertezas; ora uma situação difícil em razão de fatos ocorridos; ora uma conjuntura embaraçosa. Quem de nós já não passou por tais sensações, como credor, não recebendo o que nos é devido; como devedor, crendo que não poderia cumprir os compromissos assumidos?

Por essa razão, usamos esse título não usual, mas que exprime bem o que a doutrina chama de *inexecução das obrigações, mora e inadimplemento*.

A crise na obrigação, enquanto esta não é exigível, é tão só um estado de espírito. Quando exigível o pagamento e não efetuado, já há um estado jurídico a ser examinado, embora a lei não se descuide das garantias do credor, mesmo antes de exigível a dívida. Há situações em que a lei antecipa o vencimento da dívida, como nas situações elencadas nos arts. 333, I – III, parágrafo único, 1.425, I – V, § 1º e § 2º, por exemplo.

O devedor, segundo a regra do art. 394, está preso a certo comportamento, isto é, comprometeu-se a dar, fazer ou não fazer algo.[1] E o dispositivo legal diz que "*considera-se em mora o devedor que não efetuar o pagamento, e o credor que o não quiser recebê-lo no tempo, lugar e*

---

[1] "Apelação – Ação declaratória de inexistência de débito c/c indenização por danos morais – Contrato de financiamento – Inexigibilidade de débito – Sentença de improcedência – Insurgência da demandante – Violação ao princípio da dialeticidade – Inocorrência – Peça recursal que impugnou de forma analítica os fundamentos da sentença – Preliminar alegada pela parte apelada afastada – Inaplicabilidade do Código de Defesa do Consumidor – Concessão de crédito destinado ao fomento da atividade empresarial desenvolvida por pessoa jurídica – Autora que não efetuou o pagamento no tempo e modo convencionados – Mora configurada – **Inteligência do art. 394 do CC** – Alegada impossibilidade de obtenção dos boletos para pagamento – Inovação recursal – Fundamento não formulado na petição inicial – Ofensa ao princípio do duplo grau de jurisdição – Negativação indevida – Não ocorrência – Ausência de ato ilícito que dê ensejo à indenização – Réu que agiu no exercício regular do seu direito – Sentença de improcedência mantida – Recurso não provido" (*TJSP* – Ap 1003682-40.2022.8.26.0077, 27-3-2024, Rel. Lavinio Donizetti Paschoalão).

"Apelação – Ação monitória – Prestação de serviços educacionais – **Inadimplemento** – Mora 'ex re' – Juros moratórios – Artigos 394 e 397, 'caput', do Código Civil – Fluência a partir do vencimento de cada prestação – Previsão, em contrato, da incidência de multa moratória – Regularidade – Descabimento da pretensão de pagamento do débito de maneira parcelada – Ainda que se admita que o devedor possa apresentar proposta de parcelamento do débito, incumbe esclarecer que para que esta seja efetivada, afigura-se indispensável sua aceitação pelo credor – Tratando-se de verdadeira proposta de acordo, mostra-se necessária a comunhão de vontades das partes,

forma que a lei ou a convenção estabelecer". Como é interesse também do devedor liquidar a obrigação, também existe mora do credor, como já mencionamos ao estudar a consignação em pagamento.

Nenhum estudo que façamos sobre esse tema no país pode prescindir dos ensinamentos de Agostinho Alvim (1972). Foi esse saudoso autor que traçou o perfil do inadimplemento absoluto e do inadimplemento relativo, bem como o conceito de mora.

Quando a prestação corresponde exatamente ao avençado, ao objetivo da obrigação, esta se exaure, desonera o devedor e satisfaz o interesse do credor (cf. Faria, 1981:10). Incumbe agora estudar as situações em que o devedor não paga, ou paga defeituosamente, não satisfazendo o

---

não cabendo ao Judiciário impor sua implementação à revelia da parte exequente – Artigo 314, do Código Civil – Recurso a que se nega provimento". (*TJSP* – Ap 1004654-48.2021.8.26.0011, 2-8-2022, Rel. Mauro Conti Machado).

"Execução – Contrato de fornecimento de bens – **Inadimplemento absoluto** por parte da contratada – Resolução – Devolução de quantia paga e multa contratual – Natureza diversa das condenações – Cumulação admitida – Alegação de que a obrigação de restituir dependeria da prévia quitação de empréstimo avençado pela contratante, ora credora. Descabimento. Comprovação de que os valores resultantes do financiamento foram repassados pela exequente à sociedade empresária afiançada. Recurso não provido" (*TJSP* – AI 2225298-49.2018.8.26.0000, 7-2-2019, Rel. Fernando Sastre Redondo).

"Apelação cível – Compra e venda de lote – **Inadimplemento absoluto** dos compradores – Parcial procedência para declarar a resolução contratual, reconhecido, entretanto, o direito dos réus de retenção e indenização por benfeitorias e acessões. Insurgência dos promitentes vendedores. Preliminar de nulidade da sentença. Cerceamento de defesa. Inocorrência. Prescindibilidade de prova pericial. Princípio do livre convencimento motivado (art. 370, do CPC). Possibilidade de indeferimento de provas quando presente condição suficiente a embasar o deslinde da causa. Indenização aos compradores pela valorização do imóvel. Impossibilidade. Lote de terreno como objeto do contrato, sobre o qual foi edificado barracão comercial. Construção introduzida no imóvel que se qualifica como acessão, e não benfeitoria. Possuidores de má-fé que não têm direito à retenção ou à indenização pela edificação realizada. Dicção do artigo 1.255, *caput*, do Código Civil, c/c artigo 1.220, do mesmo diploma legal, por aplicação analógica. Taxa de ocupação do bem. Alegada base equivocada de fixação e do termo inicial dos juros de mora. Descabimento. Indenização adequadamente fixada sobre o valor do locativo, ao mês de fruição, a partir do inadimplemento. Juros de mora que se contam mesmo a partir da citação. Artigo 405 do Código Civil. Recurso parcialmente provido para (i) reconhecer a impossibilidade de condenação dos autores de indenização aos réus pela acessão representada pelo barracão edificado no lote, excluindo a condenação constante do item 'D' da sentença, qual seja, de pagar aos compradores o valor atual de mercado do imóvel e, (ii) excluir o direito de retenção dos réus, constante do item 'E' da sentença, determinando a expedição incondicionada de mandado de reintegração dos autores na posse do bem" (*TJSP* – Ap 0016179-55.2010.8.26.0229, 8-6-2018, Rel. Rodolfo Pellizari).

"Agravo interno no agravo em recurso especial – Ação de rescisão de contrato de compra e venda – Ocorrência de **inadimplemento contratual injustificado** – Revisão desse entendimento – Súmulas 5 e 7 do STJ – Mora *ex re* – Desnecessidade de interpelação – Súmula 83 do STJ – Recurso não provido – 1 – No presente caso, a convicção a que chegou o acórdão a respeito da ocorrência de inadimplemento contratual injustificado da parte recorrente, decorreu da análise de elementos fáticos-probatórios dos autos e da interpretação de cláusulas contratuais, de modo que o acolhimento da pretensão recursal demandaria o reexame do mencionado suporte, o que obsta a admissibilidade do especial por ambas as alíneas do permissivo constitucional, ante o teor das Súmulas 5 e 7 desta Corte. 2 – A mora *ex re* independe de interpelação, porquanto decorre do próprio inadimplemento de obrigação positiva e líquida. Incidência da Súmula 83 do STJ. 3 – Agravo interno não provido" (*STJ* – AGInt-AG-REsp 1.012.599 – (2016/0294140-6), 28-3-2017, Rel. Min. Luis Felipe Salomão).

"Apelação – Compromisso de compra e venda de bem imóvel – Ação de obrigação de fazer c.c. pedido de tutela antecipada, com pedidos sucessivos. Sentença de procedência do pedido sucessivo de resolução contratual. Inconformismo da ré. Atraso na emissão do 'habite-se' – **Inadimplemento de obrigação contratual** – Dever da construtora de tomar as medidas necessárias à expedição do 'Habite-se', para que a obra possa ser considerada pronta e acabada. Ausência do 'Habite-se' que impede o adquirente de usufruir do imóvel, não obstante tenha ocorrido a entrega das chaves. Ausência de comprovação de que a mora na emissão do 'Habite-se' tenha ocorrido por culpa exclusiva do município. Retorno do adquirente ao *status quo ante*. Indenização pela valorização do imóvel – Impossibilidade de indenizar o autor pelo valor de mercado atual do imóvel. A valorização é álea especulativa que não integrava os objetivos iniciais do contrato rescindido. Valor da indenização que deve ser o valor do contrato, atualizado e acrescido de juros de mora a partir da citação. Sentença parcialmente reformada neste ponto. Manutenção dos ônus da sucumbência com a apelante, que deverá arcar com custas, despesas processuais e honorários advocatícios arbitrados em 15% do valor da condenação. Recurso parcialmente provido" (*TJSP* – Ap 1006581-23.2014.8.26.0196, 1-4-2016, Relª Viviani Nicolau).

credor e, também, quando o credor não aceita, por qualquer razão, o cumprimento por parte do devedor, ou alguém por ele.

11.2 INADIMPLEMENTO ABSOLUTO E INADIMPLEMENTO RELATIVO

Cuida-se, principal e primeiramente, do descumprimento por parte do devedor, que é a situação mais comum.

O inadimplemento da obrigação poderá ser absoluto. A obrigação não foi cumprida em tempo, lugar e forma convencionados e não mais poderá sê-lo. O fato de a obrigação poder ser cumprida, ainda que a destempo (ou no lugar e pela forma não convencionada), é critério que se aferirá em cada caso concreto. Cabe ao julgador, com a consideração de homem ponderado, tendo como orientação o interesse social e a boa-fé objetiva, como veremos, colocar-se na posição do credor: se o cumprimento da obrigação ainda for útil para o credor, o devedor estará em mora. Haverá inadimplemento relativo. O critério da utilidade fará a distinção.

Assim o pagamento de obrigações em dinheiro sempre será útil para o credor, vindo, é claro, acompanhado dos acréscimos devidos pela desvalorização da moeda e outros ônus derivados da mora, como examinaremos. O critério não é subjetivo. Não pode, por exemplo, entender o devedor que o inadimplemento é absoluto, no pagamento em dinheiro, porque tal recebimento estava vinculado a outro negócio por parte do credor, que se frustrou pelo não recebimento do numerário. Não pode o julgador fugir a certo grau de objetividade no exame da utilidade do cumprimento da prestação em atraso.

É de vital importância a distinção entre inadimplemento absoluto e mora, pois diversas serão as respectivas consequências.[2]

---

[2] "Apelação cível – Prestação de serviços – Desenvolvimento de Software e aplicativo de gestão de negócio – Sentença de parcial procedência que determinar a resolução do contrato e restituição parcial dos valores pagos – Recurso da autora – Reconhecimento do **inadimplemento absoluto do contrato**, ante os descumprimentos dos prazos contratuais e a ausência do pleno funcionamento do aplicativo, que não atendeu ao interesse da parte contratante (obrigação de resultado) – Precedente do STJ – Sentença reformada – Recurso provido". (*TJSP* – Ap 1004068-19.2018.8.26.0010, 2-8-2023, Rel. José Augusto Genofre Martins).

"Ação de indenização por danos morais e materiais – Prestação de serviços de *buffet* – Arguição de ilegitimidade passiva – Descabimento – **Inadimplemento absoluto** do contrato – Ausência de impugnação específica – Dano material configurado – Cabimento de indenização – Valor indenizatório fixado a título de danos morais que atende os critérios da proporcionalidade e razoabilidade, bem como o caráter compensatório pelo abalo sofrido e inibitório da reiteração na má prestação de serviços. Manutenção do valor fixado na r. sentença. Recuso não provido" (*TJSP* – AC 1032005-20.2016.8.26.0577, 14-6-2019, Rel. Flávio Cunha da Silva).

"Agravo de instrumento – Agravantes que cederam um terreno para que os agravados edificassem um prédio residencial, composto por seis unidades autônomas, duas das quais lhe seriam entregues como contraprestação pela cessão do terreno. Edificação concluída, havendo atraso na obtenção de habite-se. Pedido de tutela antecipatória para vedar a comercialização pelo agravado dos quatro apartamentos que lhe foram atribuídos por cláusula contratual. Pedido de vedação da venda dos apartamentos que tem por fundamento o pleito de resolução contratual por inadimplemento. Resolução do contrato cabível se configurado o **inadimplemento absoluto** (art. 395, parágrafo único, do Código Civil), o qual se caracteriza pela inutilidade da prestação objetivamente considerada. Peculiaridade dos autos na qual houve a conclusão da edificação do prédio residencial, com expedição de licença pelo corpo de bombeiros, pendendo a expedição de "habite-se". Circunstância que não permite concluir, em cognição sumária, pelo desfazimento do negócio. Pedido de suspensão da eficácia da cláusula sexta do instrumento contratual (permissiva da venda dos apartamentos atribuídos aos agravados) que não está revestido do *fumus boni iuris* necessário à concessão da tutela antecipatória. Agravo desprovido" (*TJSP* – AI 2072258-81.2017.8.26.0000, 22-6-2017, Rel. Rômolo Russo).

"Apelação – Compra e venda de bem imóvel – Rescisão Contratual – Ação de rescisão contratual c.c – Reintegração na posse – Sentença de procedência – Inconformismo dos réus – Nulidade da citação por edital – Inocorrência – Citação por edital que foi determinada após diversas tentativas de localização dos réus, inclusive com a expedição de ofícios à Receita Federal, Instituto de Identificação e DETRAN. Esgotadas as possibilidades de localização dos réus, é válida a citação realizada por meio de edital, nos termos do art. 231, II, do CPC/1973, então vigente. Rescisão

Noutro exemplo extremo, existirá inadimplemento absoluto quando, por exemplo, é contratada uma orquestra para um evento e ela deixa de comparecer. De nada adiantará para o contratante da efeméride (o credor, então) que a orquestra se disponha a se apresentar no dia seguinte, uma vez que todos os convivas já estavam presentes na data agendada.

Não é pelo prisma da possibilidade do cumprimento da obrigação que se distingue mora de inadimplemento, mas sob o aspecto da *utilidade para o credor*, de acordo com o critério a ser aferido em cada caso, de modo quase objetivo.[3] Se existe ainda utilidade para o credor, existe possibilidade de ser cumprida a obrigação; podem ser elididos os efeitos da mora. Pode ser purgada a mora. Não havendo essa possibilidade, restará ao credor recorrer ao pedido de indenização por perdas e danos.

---

contratual – Impossibilidade de decretação da rescisão contratual – Constatada a ocorrência de mora dos réus no pagamento de parcelas do financiamento imobiliário, a qual, contudo, havia sido purgada uma vez que não foram demonstradas parcelas em aberto no momento da propositura da ação. Cláusula resolutiva expressa que depende de interpelação para conversão da mora em inadimplemento absoluto. Ausência de prestações em aberto, igualmente, na ocasião da citação por edital. Impossibilidade de resolução do compromisso de compra e venda somente com base na alegação de inadimplemento de contribuições condominiais e IPTU, uma vez que inexiste previsão desta hipótese no contrato. Sentença reformada. Sucumbência dos autores, que deverão arcar com as custas, despesas processuais e honorários advocatícios do representante dos réus, arbitrados em R$ 1.000,00. Recurso provido" (*TJSP* – Ap 0009006-36.2009.8.26.0642, 27-6-2016, Relª Viviani Nicolau).

[3] "Prestação de serviços educacionais – cobrança de mensalidades em valores superiores à proposta feita à aluna, com inclusão ainda das mensalidades vencidas antes do início do curso – violação do art. 30 do CDC – **inadimplemento absoluto configurado** – crédito declarado inexigível – consumidora ludibriada pelo prestador de serviços – dano moral configurado – indenização fixada em R$ 10.000,00 – ação procedente. Recurso provido" (*TJSP* – Ap 1025401-54.2018.8.26.0001, 28-1-2022, Rel. Andrade Neto).

"Compromisso de compra e venda – **Resolução por inadimplemento do adquirente** – Adquirente que imputa à construtora vendedora mora na outorga da escritura definitiva – Mora da construtora realmente ocorreu, mas cessou no ano de 2012, com a regularização formal do empreendimento e instituição do condomínio edilício, devidamente registrado junto ao Oficial de Registro de Imóveis – Cessada a mora da construtora, a adquirente se encontrava liberada para obter financiamento imobiliário e solver o saldo remanescente do preço – Adquirente, porém, que não obteve o financiamento e nada pagou, embora se encontre de posse direta da unidade – Caso de moras sucessivas, que não se compensam e nem elidem uma à outra – A mora precedente da construtora, uma vez cessada, não afasta o inadimplemento posterior da adquirente – Direito da vendedora de resolver o contrato pelo inadimplemento absoluto da ré – Proposta de pagamento parcial e parcelado da requerida que não pode ser imposta à ré – Sentença de procedência mantida – Recurso improvido" (*TJSP* – Ap 1010963-57.2017.8.26.0292, 1-2-2019, Rel. Francisco Loureiro).

"Contrato – Compra e venda – Rescisão – Reintegração de posse – CDHU – **Inadimplemento absoluto configurado** – Ocupação do imóvel por terceiro sem a anuência da promitente vendedora – Invalidade do contrato de cessão de direitos sobre o imóvel – Contrato originário de caráter personalíssimo – Ação procedente – Sentença mantida – Recurso desprovido" (*TJSP* – Ap 0227638-91.2009.8.26.0007, 24-4-2018, Rel. Luiz Antonio de Godoy).

"Apelação – Compromisso de compra e venda – Pedido de resolução – Demanda de natureza pessoal – Prescindível a participação do cônjuge – **Teoria do adimplemento substancial** – Inaplicabilidade – 1– A demanda não é de natureza real a ensejar a imprescindível participação do cônjuge, nos termos do que determina o art. 10 do Código de Processo Civil em vigor, de modo que o autor tem legitimidade para ajuizá-la, dispensando-se a outorga do cônjuge. Cuida-se aqui de direito pessoal, identificado pelo crédito e efeitos patrimoniais do contrato que o autor persegue contra a ré. 2– Ainda que o contrato tenha sido subscrito por ambos os réus, desnecessária, como condição de procedibilidade da ação de rescisão do contrato, a notificação de ambos os cônjuges. De todo modo, com a citação dos réus para responder ao pedido, restou suprida a necessidade de notificação premonitória do cônjuge contratante, diante do inadimplemento absoluto caracterizado pelo longo tempo da falta de pagamento. 3– É inviável, no caso, a aplicação da Teoria do Adimplemento Substancial, pois ainda que apenas uma prestação tenha sido inadimplida, seu valor correspondia à aproximadamente 1/5 do preço ajustado para aquisição do imóvel. Tal valor não permite a aplicação da teoria da inadimplência mínima ou adimplência substancial, que somente ocorre em casos excepcionais, quando a prestação estiver tão próxima do resultado final que não justifique o rompimento do contrato. Recurso não provido. Sentença mantida" (*TJSP* – Ap 0005391-02.2007.8.26.0127, 28-1-2016, Rel. Carlos Alberto Garbi).

"Apelação cível. Compromisso de compra e venda. **Inadimplemento absoluto**. Resolução contratual e reintegração de posse bem pronunciadas. Retenção de 30% pelo autor, à guisa da ocupação do bem. Razoabilidade. Sentença mantida. Recurso improvido" (*TJSP* – Ap 4036532-58.2013.8.26.0224, 7-4-2015, Rel. José Joaquim dos Santos).

Deve também o julgador perscrutar a intenção da parte. Ao decidir a questão, deve indagar em seu raciocínio se a intenção do devedor é ainda de executar a obrigação ou se essa intenção está ausente. Muito dependerá da sensibilidade do julgador. Como lembra Werter R. Faria (1981:25),

> *"em caso de impossibilidade (no cumprimento da prestação) é imprescindível investigar, cuidadosamente, o obstáculo que se interpôs ao cumprimento. Não raro, o impedimento torna a prestação mais gravosa, difícil e, até, definitivamente irrealizável".*

Essa citada investigação cabe ao juiz ou árbitro, porque a natureza da impossibilidade do cumprimento gerará diversos efeitos. Mesmo a afirmação que fizemos de que as obrigações em dinheiro sempre admitem cumprimento deve ser vista com a devida reserva. Haverá situações fáticas em que isso é impossível. Toda afirmação peremptória em direito é de risco.

11.3 INADIMPLEMENTO RELATIVO. A MORA

A mora constitui o retardamento ou mau cumprimento *culposo* no cumprimento da obrigação, quando se trata de mora do devedor. Na mora *solvendi*, a culpa é essencial. A mora do credor, *accipiendi*, é simples fato ou ato e independe de culpa.

Assim, o simples retardamento no cumprimento da obrigação não tipifica a mora do devedor. Há que existir culpa.

Embora, pela própria compreensão do termo, a maior preocupação com a mora seja o tempo correto para o cumprimento da obrigação, o Código diz que estará também em mora o devedor (e o credor), quando não cumprida a obrigação no *lugar e forma convencionados* (art. 394).

Desse modo, numa obrigação de fazer, por exemplo, se contrato um pintor para um retrato, haverá mora de sua parte se não finalizar a obra no prazo, como também se não realizar a pintura a contento ou se a entregar em local não convencionado.

O art. 396 pontua a necessidade de culpa por parte do devedor, pois *"não havendo fato ou omissão imputável ao devedor, não incorre este em mora"*. O art. 399, já por via indireta, referia-se à necessidade de culpa por parte do devedor. O simples retardamento no cumprimento da obrigação, portanto, não implicará reconhecimento de mora. Nosso direito é expresso no requisito culpa. Não há dúvida quanto a isso.

O devedor moroso responde pelos prejuízos a que a sua mora der causa. O art. 395 do atual Código é mais amplo do que o estatuto anterior:

> *"Responde o devedor pelos prejuízos a que sua mora der causa, mais juros, atualização dos valores monetários e honorários de advogado."*

O requisito da utilidade ou não da prestação para o credor está no parágrafo único desse artigo: *"se a prestação, por causa da mora, se tornar inútil ao credor, este poderá enjeitá-la, e exigir satisfação de perdas e danos"*. Como explanamos no tópico anterior, o enjeitamento do cumprimento da obrigação não pode ser arbitrário. Importa o que já dissemos.

Na mora do credor, em princípio, não há necessidade de culpa.

11.3.1 Mora do Devedor

Para que ocorra a mora *solvendi*, há necessidade, em primeiro lugar, de que a obrigação já seja exigível. Não há mora em dívida não vencida, salvo raríssimas exceções.

Quando a obrigação é líquida e certa, com termo determinado para o cumprimento, o simples advento do *dies ad quem*, do termo final, constitui o devedor em mora. É a mora *ex re*, que decorre da própria coisa, estampada no *caput* do art. 397 do atual Código: "*O inadimplemento da obrigação, positiva e líquida, no seu termo, constitui de pleno direito em mora o devedor.*"[4]

Nas obrigações por prazo indeterminado, há necessidade de constituição em mora, por meio de *interpelação, notificação ou protesto*. O parágrafo único do art. 397 dispõe de forma mais contemporânea: "*Não havendo termo, a mora se constitui mediante interpelação judicial ou extrajudicial.*" Trata-se da denominada mora *ex persona*.

Na aplicação da mora *ex re*, tem aplicação a regra *dies interpellat pro homine*. O simples advento do dia do cumprimento da obrigação já interpela o devedor. Não havendo prazo determinado, haverá necessidade de interpelação para a constituição em mora.

A lei, ou a convenção, poderá exigir a interpelação, mesmo no caso de prazo certo. É o que faz o Decreto-lei nº 58, de 10-12-1937, que criou eficácia real para os compromissos de compra e venda de imóveis loteados. Nesse estatuto, é necessária a constituição em mora, na forma do art. 14, para que possa ser rescindido o contrato por mora do devedor.

A exigibilidade da obrigação é requisito objetivo na mora do devedor.[5]

---

4 "Ação de cobrança. Sentença que julgou procedente o pedido inicial. Ônus sucumbenciais a cargo da requerida. Apelo do demandante. Pretensão exclusiva de alteração do termo inicial dos juros de mora. Cabimento. Caso dos autos em que, tratando de **mora 'ex re'**, os juros moratórios devem incidir a contar do vencimento de cada parcela inadimplida, nos termos do artigo 397 do Código Civil. Precedentes deste E. Tribunal de Justiça e do C. STJ. Sentença reformada. Recurso provido para fixar a data de vencimento de cada mensalidade não paga como termo inicial de incidência dos juros moratórios, nos termos delineados na fundamentação" (*TJSP* – Ap 1056407-08.2020.8.26.0002, 5-9-2023, Rel. Marcos Gozzo).

"Apelação. Ação ordinária de cobrança. Serviços educacionais. Termo inicial dos juros de mora a partir da cada vencimento. **Mora 'ex re'** para o inadimplemento de pagamento de dívidas líquidas no seu termo. Art. 397, CC. Precedentes do C. STJ. Recurso da autora provido". (*TJSP* – Ap 1000657-08.2018.8.26.0126, 30-9-2022, Rel. Berenice Marcondes Cesar).

"Apelação cível – Ação de cobrança – Contrato bancário – Mora 'ex re' – Juros moratórios – Termo Inicial. Tratando-se de mora *ex re*, os juros moratórios devem incidir a partir do inadimplemento do débito (CC/02, art. 397). Recurso providoo" (*TJMG* – ApCív 1.0433.09.302807-7/001, 11-6-2020, Manoel dos Reis Morais).

"Prestação de serviços – Relação contratual – Juros de mora – **Mora *ex re*** – 1- Cuidando-se de dívida com valor líquido e certo e com data de vencimento precisa, o mero atraso configura mora a permitir incidência dos encargos correlatos. Ou seja, desnecessária notificação do devedor a respeito da mora e de suas consequências. Correta, portanto, a incidência de juros a partir do vencimento (mora 'ex re') Recurso não provido" (*TJSP* – AC 1031270-47.2018.8.26.0114, 3-4-2019, Rel. Melo Colombi).

"Mútuo feneratício – Ação Monitória – **Mora *ex re*** – Juros de mora e correção monetária que deveriam incidir a partir de cada vencimento, por se tratar de obrigação positiva e líquida. Aplicação do princípio *dies interpellat pro homine*, consagrado no artigo 397 do Código Civil. Valores trazidos com a inicial que vieram, apenas, corrigidos. Sentença mais benéfica ao apelante, pois fixou o termo inicial dos juros moratórios como sendo a data da distribuição da ação. Recurso desprovido" (*TJSP* – Ap 1001781-32.2017.8.26.0297, 2-2-2018, Rel. Dimas Rubens Fonseca).

5 "Contrato bancário – Confissão de dívida – Desnecessidade de notificação dos avalistas para constituição em mora – **Mora 'ex re'** – Devedores são constituídos em mora após a data de vencimento do contrato de confissão de dívida – Legitimidade 'ad causam' dos avalistas na execução que lhes é movida – Avalistas constam como devedores solidários na confissão de dívida excutida – Cobrança de juros remuneratórios superiores ao efetivamente pactuados – Impossibilidade de manifestação da Turma Julgadora, por ser matéria nova, o que caracteriza inovação recursal – Sentença de improcedência dos embargos à execução confirmada pelos seus próprios fundamentos, inteiramente adotados como razão de decidir, nos termos do art. 252 do Regimento Interno deste Egrégio Tribunal de Justiça – Honorários recursais – Majoração dos honorários advocatícios de 10% para 15% sobre o valor dado à causa, em observância ao disposto no art. 85, § 11, do CPC/2015 – Recurso conhecido em parte e desprovido na parte conhecida" (*TJSP* – AC 1005595-81.2018.8.26.0664, 13-8-2019, Rel. Álvaro Torres Júnior).

"Ação monitória – Prestação de serviços educacionais – **Mora 'ex re'** – Correção monetária e juros de mora que são devidos a partir do vencimento de obrigação assumida no contrato. Aplicação do art. 397, do CC. Precedentes da jurisprudência. Juros moratórios de 1% ao mês que foram fixados no contrato. Inteligência do artigo 406, do CC. Sentença mantida. Recurso desprovido" (*TJSP* – Ap 1026442-56.2017.8.26.0562, 19-4-2018, Rel. Milton Carvalho).

Nas obrigações negativas, a mora ou inadimplemento ocorre para o devedor desde o dia em que praticou o ato de que prometera se abster (art. 390). Trata-se de constituição em mora de pleno direito, também.

Embora as obrigações ilíquidas não sejam exigíveis, enquanto não transformadas em valor certo, o art. 1.536, § 2º, do Código de 1916, dizia que os juros moratórios são contados desde a citação inicial. E o art. 398 diz que *"nas obrigações provenientes de ato ilícito, considera-se o devedor em mora desde que o praticou"*. O vigente Código, como vimos, para aplacar dúvidas quanto à extensão do dispositivo, substituiu a palavra *delito*, do diploma anterior, pois poder--se-ia entender aí apenas o crime da esfera penal, por *ato ilícito*.

Se, por um lado, a exigibilidade da obrigação é requisito objetivo para a mora do devedor, a culpa, como já vimos, é requisito subjetivo. Assim, não responde o devedor pelo ônus da mora se não concorreu para ela. Se, no dia do vencimento da obrigação, por exemplo, houve greve bancária, não pode a instituição financeira cobrar juros e cláusula penal, pelo não cumprimento da obrigação no vencimento.

Escusa-se o devedor da mora, se provar caso fortuito ou força maior. A culpa é essencial para a caracterização da mora, ainda que esta deflua diretamente de fatos objetivos do contrato.

Em terceiro lugar, para que os ônus da mora sejam exigíveis, há de existir a constituição em mora. Na mora *ex re*, a situação é automática, com o decurso do prazo. Na mora *ex persona*, o credor deve tomar a iniciativa de constituir o devedor em mora. Um dos efeitos da citação, no processo, é justamente constituir em mora o devedor (art. 240 do CPC). Nem sempre, no entanto, haverá possibilidade de ingressar imediatamente com a ação judicial, para conseguir-se a constituição em mora do devedor, pela situação. Por vezes, a lei exige uma notificação prévia, como condição de procedibilidade. É o caso do art. 6º da Lei do Inquilinato (Lei nº 8.245/91).

11.3.2 Efeitos da Constituição em Mora do Devedor

O devedor moroso responde pelos prejuízos que a mora der causa. Ele paga, portanto, uma indenização. A indenização não substitui o correto cumprimento da obrigação. Toda indenização serve para minorar os entraves criados ao credor pelos descumprimentos; no caso, cumprimento defeituoso da obrigação. Se houve tão só mora e não inadimplemento absoluto, as perdas e danos indenizáveis devem levar em conta o fato. No pagamento de dívida em dinheiro, por exemplo, os juros e a correção monetária reequilibram o patrimônio do credor. Situações poderão ocorrer, contudo, em que um *plus* poderá ser devido. Cada caso merece a devida análise. Nunca, contudo, a mora do devedor deve servir de veículo de enriquecimento indevido por parte do credor.

"Agravo de instrumento – Decisão interlocutória que deferiu a antecipação de tutela para a suspensão imediata da realização de ligações telefônicas de cobrança de débito de cartão de crédito, sob pena de cominação de multa diária – Ausência de plausibilidade dos argumentos em que se fundou o pedido, diante de inadimplemento voluntário e não justificado de obrigação positiva e líquida em seu termo, arts. 395 e 397 do Código Civil – Consequência retilínea da mora – Inexistência de prova inequívoca da abusividade na conduta da instituição financeira – Recurso provido" (*TJSP* – AI 2030981-22.2016.8.26.0000, 15-4-2016, Rel. César Peixoto).

"Agravo de instrumento. Decisão interlocutória que indeferiu a tutela antecipada para a exclusão de apontamento de informações em órgão de restrição ao crédito. Ausência de plausibilidade dos argumentos em que se fundou o pedido, diante de eventual inadimplemento voluntário e não justificado de **obrigação positiva e líquida em seu termo**, arts. 395 e 397 do Código Civil. Possibilidade da anotação restritiva. Consequência retilínea da mora. Insuficiência do mero ajuizamento. Recurso não provido" (*TJSP* – AI 2137302-18.2015.8.26.0000, 13-8-2015, Rel. César Peixoto).

No caso de total inadimplemento, quando a obrigação é descumprida, a indenização deve ser ampla, por perdas e danos. As perdas e danos, como regra geral, abrangem o que o credor efetivamente perdeu e o que razoavelmente deixou de lucrar (art. 402). É o princípio da *perpetuatio obligationes* que decorre do art. 399:

> *"o devedor em mora responde pela impossibilidade da prestação, embora essa impossibilidade resulte de caso fortuito ou força maior, se estes ocorrerem durante o atraso; salvo se provar isenção de culpa, ou que o dano sobreviria ainda quando a obrigação fosse oportunamente desempenhada".*[6]

Aqui, há um agravamento da situação do devedor. Terá ele o grande ônus de provar, se já estava em atraso, que a situação invencível ocorreria com ou sem mora. Imaginemos o caso

---

6 "Execução – Nota fiscal – Ausência de vencimento e indicação das duplicatas – **Mora 'ex persona'** – 1- Cuidando-se de dívida com valor líquido e certo, mas sem data vencimento precisa, o mero atraso não configura mora a permitir incidência dos encargos correlatos. Ou seja, necessária notificação do devedor a respeito da mora e de suas consequências. Correta, portanto, a incidência de juros a partir da citação (mora 'ex persona'). Recurso provido" (*TJSP* – AC 1008952-72.2018.8.26.0566, 6-6-2019, Rel. Melo Colombi).

"Anulatória – Leilão Extrajudicial – Notificação premonitória não efetivada – Ato Imprescindível – **Mora 'ex persona'** – Constituição regular que viabiliza a purga pelo devedor – Averbação no álbum imobiliário que não possui eficácia supletiva. Posterior purgação da mora por parte do promitente-comprador que inviabiliza a rescisão do negócio jurídico. Sentença mantida. Recurso desprovido" (*TJSP* – Ap 0002377-72.2015.8.26.0145, 27-6-2018, Rel. Rômolo Russo).

"**Ação declaratória de nulidade de negócio jurídico** c/c indenização por danos morais. Agravo retido. Ausência de reiteração. Art. 523 do CPC. Não conhecimento. Análise conjunta da apelação principal e do recurso adesivo. Transporte terrestre. Mudança interestadual. Furto. Extravio de todos os bens pessoais dos autores. Termo de quitação. Valor da indenização equivalente apenas aos danos materiais. Cláusula de quitação integral e irrestrita. Vantagem exagerada e desmotivada para o fornecedor. Invalidade. Cláusula abusiva (art. 51, IV e § 1º, II, do CDC). Dano moral. Furto do caminhão carregado com os pertences dos autores. Enquadramento como caso fortuito ou força maior. Irrelevância. Não exclusão do nexo causal. Rés que estavam em mora quando ocorreu o furto. Contrato de transporte com depósito por determinado período. Descumprimento da prestação contratual de caminhão foi estacionado num posto de combustíveis quando deveria ter sido estacionado no depósito da ré. *Perpetuatio obligationes* (art. 399 do CC). Devedor em mora responde pelos danos advindos de caso fortuito e força maior, se esses fatos ocorrerem durante seu inadimplemento, salvo se comprovado que o dano ocorreria mesmo que a prestação tivesse sido adimplida. Comprovação e configuração do dano moral. Perda de todos os pertences que guarneciam a residência dos autores em Brasília que é incontroversa. Existência de bens de valor sentimental dentre os extraviados. Fotos e vídeos de infância dos filhos, do casamento dos autores, recordações de viagens, entre outros. Extravio que gerou abalo moral e psíquico relevante. Perda de parte da história de vida dos autores, de seu passado, ao menos em relação aos objetos representativos dessas memórias. Regras ordinárias da experiência (art. 335 do CPC). Dano extrapatrimonial que ultrapassa o mero aborrecimento ou dissabor do cotidiano. Valor arbitrado a título de compensação por danos morais. Proporcionalidade entre extensão da lesão e valor da reparação (art. 944 do CC). Necessidade de majoração. Precedentes assemelhados. Correção monetária a partir do arbitramento (Súmula 362 do STJ). Juros de mora. Dano moral contratual. Termo inicial que deve coincidir com a citação das rés. Art. 405 do CC. Entendimento consolidado do STJ. Inutilidade do Tribunal de Justiça Estado do Paraná inversão do ônus da prova no caso concreto. Não conhecimento do pedido. Regra do ônus da prova que somente se aplica nas hipóteses em que não houver comprovação dos fatos dos quais decorre o direito afirmado. Distribuição dos ônus sucumbenciais inalterada. Agravo retido não conhecido. Apelação parcialmente conhecida e, nessa parte, provida. Recurso adesivo desprovido. 1- Não há como se entender válida, em sede de relação de consumo, uma cláusula contratual que estabelece, diante do pagamento de indenização equivalente estritamente aos danos materiais experimentados pelo consumidor, a renúncia deste a seu direito à indenização por danos materiais e morais, ante a desvantagem exagerada e imotivada gerada para o fornecedor e o desequilíbrio contratual ocasionado, nos termos do art. 51, IV e § 1º, II, do CDC. 2- Se já configurada a mora, o devedor responde pelos danos gerados pela perda/impossibilidade da prestação que venha a ocorrer posteriormente – Mesmo que diretamente decorrente de caso fortuito ou força maior –, salvo se comprovado que o dano sobreviria mesmo que tivesse cumprido sua prestação no tempo, modo e lugar devidos, por força do art. 399 do CCB. 3- Do extravio, durante a mudança, de todos os pertences que guarneciam a casa dos autores, neles incluídos aqueles de valor eminentemente sentimental, é natural se concluir pela efetiva ocorrência de danos à esfera extrapatrimonial dos envolvidos, visto que ninguém há de negar que a perda de todos os seus pertences pessoais gera um incômodo, uma situação de impotência e insuportável" (*TJPR* – AC 1359801-5, 18-4-2016, Rel. Des. Fernando Paulino da Silva Wolff Filho).

de alguém que se comprometeu a entregar cabeças de gado. Não entregue no dia aprazado, posteriormente o gado vem a contrair uma epidemia. O devedor responderá perante o credor, salvo se provar que a epidemia ocorreria de qualquer modo, ainda que a tradição tivesse ocorrido no termo.

11.4 MORA DO CREDOR

Já vimos que a mora do credor não está ligada à culpa. O credor que não pode, não consegue ou não quer receber está em mora.

O art. 394 estipula que o credor estará em mora quando não *quiser* receber em tempo, lugar e forma convencionados. O termo, na prática, é entendido de forma mais elástica. Existindo um fato positivo por parte do devedor, ou seja, uma oferta efetiva por parte dele, pode ocorrer que não haja propriamente recusa por parte do credor. Pode ocorrer que, ainda momentaneamente, esteja o credor impossibilitado, por exemplo, de comparecer ao local para o recebimento da prestação. Como a mora do credor é ato ou fato, tal será irrelevante para o devedor que quer pagar e, portanto, deverá usar dos meios coercitivos para a caracterização da mora do credor. Esse é o grande problema da mora *creditoris*: saber se sempre há necessidade da consignação judicial ou não.

Agostinho Alvim (1972*b*:74) sustentou que a mora do credor e seus efeitos começam da simples recusa injustificada. A consignação seria útil, mas não necessária. Sua opinião é absolutamente lógica. Ocorre, todavia, que em certas situações fáticas a consignação por parte do devedor é a única forma que ele possui para desvencilhar-se da obrigação. Na prática, portanto, a utilidade da consignação, nos termos do estatuído na lei, torna-se necessária. Só assim poderá o devedor, por exemplo, desonerar-se dos riscos pela guarda da coisa.

Na dívida *quérable*, não sendo nem mesmo necessária a oferta do devedor, pois deve ele aguardar a presença de cobrança do credor, o princípio é do *dies interpellat pro homine*. A mora caracteriza-se pelo fato de o credor deixar de cobrar a dívida junto ao devedor. Mas isso não anula o que dissemos a respeito da utilidade (ou quase necessidade) da consignação. Não vai pretender o devedor, que quer saldar seu débito, esperar indefinidamente até o prazo de prescrição, aguardando iniciativa do credor para opor exceção substancial, imputando, então, de efetivo, a mora ao credor.

É, pois, importantíssimo o efeito liberatório da consignação judicial. É oportuno acentuar que o devedor não impõe ao credor a aceitação do pagamento. Ele, devedor, é que *tem o direito de liberar-se da obrigação*. Tanto que a consignação é meio idôneo de liberação, quando o credor é desconhecido (art. 335, III).

Só a recusa *justificada* no recebimento isenta o credor de sua mora, independendo de culpa.

A questão de saber se houve efetiva oferta de pagamento por parte do devedor é matéria de prova. Mas a oferta deve ser efetiva. Simples promessa de pagar, sem a intenção de fazê-lo, não é oferta efetiva.

O conteúdo da oferta deve corresponder exatamente ao conteúdo da obrigação. Justa será a recusa do credor se a oferta for incompleta; ocorrer antes de vencida a obrigação (não é o credor obrigado a aceitar), ou ocorrer de forma e lugar diversos do contratado. Por outro lado, não pode o credor recusar-se a receber por querer mais do que foi contratado.

Deve ser entendida como recusa do credor não apenas sua afirmação peremptória, isto é, expressa, como também a forma tácita de recusa: o credor opõe dificuldades e entraves ao pagamento. É o que mais comumente ocorre. A situação é a mesma quando o credor está ausente.

Não pode haver concomitância de moras: a mora de um exclui a mora de outro. Ou seja, existe mora do credor ou mora do devedor. Caberá ao juiz fixar de quem é a mora.

As situações de mora do credor foram tratadas no nosso estudo sobre a consignação em pagamento.

11.4.1 Efeitos da Mora do Credor

Estatui o art. 400:

> *"A mora do credor subtrai o devedor isento de dolo à responsabilidade pela conservação da coisa, obriga o credor a ressarcir as despesas empregadas em conservá-la, e sujeita-o a recebê-la pela estimação mais favorável ao devedor, se o seu valor oscilar entre o dia estabelecido para o pagamento e o da sua efetivação."*

No primeiro caso, constituída a mora do credor, o devedor exonera-se dos ônus pela guarda da coisa. Não, contudo, se tiver agido com dolo. Por exemplo, o devedor deve entregar cabeças de gado; há mora do credor, e a partir daí deixa o devedor de alimentar o gado. Evidente que a lei não poderia acobertar a má intenção do devedor, sua má-fé, seu dolo. Porém, estando o credor em mora, todas as despesas pela conservação da coisa correm às suas expensas. A lei só exclui a responsabilidade do credor no caso de *dolo*, que não se confunde com culpa, nem mesmo a culpa grave (cf. Lopes, 1966, v. 2:391). A segunda consequência do dispositivo, as despesas pela conservação da coisa, é inferência direta da primeira: quem não tem mais responsabilidade pela guarda da coisa não deve arcar com os custos de ter a coisa consigo ou sob sua responsabilidade. Como o devedor não está em mora, nem por isso deve abandonar a coisa, pois estaria sujeito à pecha de agir dolosamente. Se continua com a coisa, mas sob as expensas do credor, deve continuar a mantê-la, com o zelo necessário para que a *res debita* não se deteriore. É o zelo do homem médio que é requerido. Não pode cobrar do credor despesas efetuadas desnecessariamente na guarda e conservação da coisa. O caso concreto e o bom senso do julgador, como sempre, darão a solução, sob a égide da boa-fé.

A terceira consequência do artigo em estudo é a de sujeitar o credor a receber a coisa em sua mais alta estimação, se o seu valor oscilar entre o tempo do contrato e do pagamento. O que a lei quer dizer é que, na mora do credor, havendo oscilação de valores, o devedor pagará com o valor que lhe for mais favorável. Houve um cochilo do legislador no dispositivo. O artigo de 1916 falava em oscilação entre *o tempo do contrato* e o do pagamento. Tal situação agravava por demais a situação do credor e não fora essa a intenção da lei. O lógico é que a oscilação de valor a ser levada em conta é a do *dia estabelecido para o pagamento e o de sua efetivação*, como já corrige o presente Código, em seu art. 400. A interpretação literal desse terceiro dispositivo era extremamente gravosa para o credor e devia ser afastada para uma interpretação teleológica. A redação do atual Código nada mais é do que uma tendência da doutrina e jurisprudência modernas.

Agostinho Alvim (1972*b*:109), com sua verve exemplar, dizia que essa questão relativa à antiga redação vinha gerando *confusões diabólicas*. Contudo, deixando de lado a expressão legal *mais alta estimação* da lei, como conclui o monografista, todos os juristas estão de acordo que, no caso de pagamento de valor variável, *o credor moroso deverá receber a coisa pelo preço mais favorável à outra parte*.

Assim, o devedor deve entregar cem cabeças de gado no dia 30, ao valor de 100. O pagamento é feito no dia 15 seguinte, por mora do credor. Nesse dia, a cotação do gado é 120. Deve o credor pagar a diferença. Paga o gado pela mais alta estimação. Se a oscilação for para menor, isto é, houver uma queda na cotação do gado, o credor moroso pagará o preço avençado, não podendo pagar menos. Daí o sentido pretendido pela lei antiga em falar da mais alta estimação. Todavia, como vimos, não era a melhor redação. O vigente Código se reporta doravante à estimação mais favorável ao devedor, o que deve ser apurado no caso concreto.

O Código nada fala a respeito dos juros na mora do credor. No entanto, é absolutamente lógico que deve cessar a contagem de juros contra o devedor, quando está em mora o credor. Não há, na verdade, necessidade de disposição expressa em lei.

A obrigação pode não estar ainda cumprida, mas a situação do devedor fica mais atenuada. Torna-se um vínculo menos pesado, tendo em vista as consequências do art. 400. Limita-se, assim, a responsabilidade do devedor.

11.5 PURGAÇÃO DA MORA

Purgar a mora é o ato pelo qual a parte que nela incorreu lhe suprime os efeitos. Aplica-se tanto no caso do devedor, como no caso do credor. Diz-se também emendar a mora, ou reparar a mora. Em nosso direito, purgar é o termo mais usual.

Como já falamos, não é possível purgar a mora quando se está perante um inadimplemento absoluto e consumado, isto é, o cumprimento da obrigação não é mais útil para a parte. A questão resolver-se-á em perdas e danos (art. 395, parágrafo único). Apontamos, contudo, acima, que não há discricionariedade do credor em optar pela indenização.

A purgação da mora gera efeitos para o futuro, *ex nunc*. A partir da purgação não fica mais o agente sujeito aos ônus da mora; todavia, continuará a responder pelas cominações pretéritas, tais como juros e correção monetária, até a efetiva purgação. Não se confunde, pois, a purgação da mora com a *cessação*, a qual ocorre para extinguir todos os efeitos da mora, pretéritos e futuros. É o que sucede quando o credor renuncia aos seus efeitos, ou quando existe novação ou remissão da dívida (cf. Lopes, 1966, v. 2:334).

A mora é purgada por parte do devedor quando ele oferece a prestação, mais os prejuízos decorrentes até o dia da oferta (art. 401, I). Como está na lei, não há necessidade do cumprimento, bastando a oferta. Esta, por sua vez, deve conter tudo o que constou na avença, em termos de tempo, lugar e forma convencionados. Deficiências no cumprimento da obrigação em purgação são resolvidas e minoradas com o pagamento dos prejuízos.

É evidente que mora implica quase sempre retardamento no cumprimento da obrigação. Purgam-se os efeitos do destempo no cumprimento com o pagamento com o *plus* da lei e do contrato (cláusula penal, se houver).

Questão que em nosso direito sempre levantou celeuma é saber até quando pode ser purgada a mora. Uma das soluções da doutrina é admitir a purgação até o momento da propositura da ação, como sufraga Orlando Gomes (1978:210), por exemplo. Entendem, não sem razão, os que assim defendem que, se o devedor foi negligente a ponto de permitir que contra si fosse ajuizada uma ação, não tem mais o direito de purgar a mora. O emitente Agostinho Alvim (1972*b*:159) sufraga a possibilidade da purgação até o prazo para a contestação. Isso se não houver cláusula resolutória expressa: nesse caso, o advento do termo já constituiu em mora o devedor. No caso contrário, diz o mestre que a regra geral é a admissibilidade de purgação até a contestação da lide. Sem dúvida, essa interpretação está em consonância com nosso sistema, que se cala a respeito de uma regra geral sobre o problema. No entanto, quando o legislador quer tolher o direito de purgação dentro da ação judicial, o faz expressamente: é o que ocorria na ação de busca e apreensão, decorrente da alienação fiduciária em garantia, em que era possível purgar a mora quando o devedor tivesse pagado ao menos 40% do financiamento.[7] "O Decreto-lei 911/69 foi alterado pela Lei 10.931, de 2004, que não mais prevê expressamente a purgação da mora, mas compreendendo pela nova sistemática a dívida vencida, na forma do art. 3º, § 2º." O Decreto-lei nº 58/37 também estabeleceu um regime especial para a purgação de mora pelo devedor no art. 14: *"a mora só pode ser purgada nos trinta dias de prazo da notificação"*. Entende-se que na ação judicial, não tendo ocorrido a purgação instada pela notificação, não é dado ao réu purgar a mora. Desse modo, quando a lei quer impedir a purgação no curso da ação o faz expressamente; não havendo norma proibitiva é de ser aceita a posição de Agostinho Alvim (1972*b*:163), que é a mais tolerante e a mais justa:

> *"se o devedor, citado para a ação oferece a prestação agravada dos juros, pena convencional e mais prejuízos, inclusive custas e honorários advocatícios, prosseguir no feito seria ato meramente emulativo, sem qualquer interesse social. Deve-se entender purgada a mora".*

---

7 "Processual. Alienação fiduciária. Veículo. Busca e apreensão. Purgação da mora. Determinação de devolução do veículo sob pena de multa diária. Sentença que reconheceu o descumprimento da obrigação. Insistência do autor na necessidade de intimação pessoal, não realizada. Matéria, na verdade, preclusa, objeto de discussão em anterior agravo de instrumento interposto pela mesma parte. Ausência de interesse recursal. Apelação não conhecida, nesse particular. Alienação fiduciária. Veículo. Busca e apreensão. **Purgação da mora**. Suficiência, para o fim do art. 3º, § 2º, do Decreto-lei nº 911/69, com redação dada pela Lei nº 10.931/2004, do depósito judicial referente à totalidade do débito elencado na petição inicial, com parcelas vencidas e vincendas. Desnecessidade de que venha o depósito correspondente acompanhado de custas, despesas processuais ou honorários advocatícios. Sentença que reconheceu a purgação da mora confirmada. Apelação do banco-autor desprovida, na parte conhecida". (*TJSP* – Ap 1003424-46.2021.8.26.0568, 17-8-2023, Rel. Fabio Tabosa).

"Apelação. Direito processual civil. Ação de busca e apreensão. Contrato de alienação fiduciária em garantia apresentado. Documentação suficiente. Comportamento contraditório do credor. Não configurado. **Purgação da mora.** Necessidade de pagamento da integralidade da dívida. Teoria do adimplemento substancial. Inaplicável nos contratos de alienação fiduciária. Recurso não provido. 1. Os documentos considerados indispensáveis à instrução da ação de busca e apreensão são o contrato, com cláusula de alienação fiduciária, e a notificação hábil a comprovar a mora do devedor, como é o caso da carta registrada com aviso de recebimento. 2. O contrato de alienação fiduciária em garantia apresentado pelo apelado, com a notificação (comprovação da mora), é suficiente para a propositura da ação de busca e apreensão: possui as informações do veículo que foi dado em alienação fiduciária e os do contrato de consórcio. Preliminar rejeitada. 3. 'Nos contratos firmados na vigência da Lei n. 10.931/2004, compete ao devedor, no prazo de 5 (cinco) dias após a execução da liminar na ação de busca e apreensão, pagar a integralidade da dívida – entendida esta como os valores apresentados e comprovados pelo credor na inicial –, sob pena de consolidação da propriedade do bem móvel objeto de alienação fiduciária' (tema 722 do STJ). 4. A teoria do adimplemento substancial resguarda o devedor de boa-fé que cumpriu parte essencial da obrigação: '(...) visa a impedir o uso desequilibrado do direito de resolução por parte do credor, preterindo desfazimentos desnecessários em prol da preservação da avença (...)' (Relator: Ministro Luis Felipe Salomão, Quarta Turma, julgado em: 04/08/2011. REsp 1.051.270). Sua aplicação depende, como o próprio nome indica, que haja pagamento substancial do valor devido. 5. No caso, o apelante celebrou contrato de participação em grupo de consórcio, garantido por alienação fiduciária, relativo a veículo financiado em 40 (quarenta) prestações. Conforme o último extrato juntado aos autos, o apelante adimpliu 17 (dezessete) parcelas e possui saldo devedor de R$ 40.858,56 (ID 81460831). 6. Recurso conhecido e não provido" (*TJDFT* – Ap 07001646320218070018, 24-8-2022, Rel. Leonardo Roscoe Bessa).

"Alienação fiduciária – **Purgação da mora** – Decisão que determina o pagamento integral da quantia devida para a purgação da mora. Agravo de instrumento interposto pelo devedor. Alegação de que a purgação da mora não terá o efeito de consolidar a propriedade em seu nome, porque já transferido a terceiro de boa-fé. Ausência de decisão em Primeiro grau sobre a possibilidade fática de purgação da mora, bem como sobre a necessidade de conversão em perdas e danos. Necessário contraditório específico sobre o tema com decisão pelo d. Juízo de Primeiro grau, inclusive para evitar supressão de instância. Decisão parcialmente reformada. Recurso parcialmente provido" (*TJSP* – AI 2145370-15.2019.8.26.0000, 26-8-2019, Rel. Virgilio de Oliveira Junior).

"Alienação fiduciária de bem imóvel – **Purgação da mora** – 1 – O contrato deve ser interpretado de forma a prestigiar a livre e soberana manifestação de vontades celebrada entre as partes, prevalecendo a regra do *pacta sunt servanda*, devendo cada uma das partes envolvidas no litígio arcar com a responsabilidade assumida no acordo.

Extingue-se o processo, aí, com julgamento do mérito (art. 487, III, do CPC). Há várias outras situações em leis especiais surgidas posteriormente nas quais a situação é semelhante.

Por outro lado, o credor purga a mora oferecendo-se para receber o pagamento e sujeitando-se aos efeitos da mora até a mesma data (art. 401, II). Deverá o credor reembolsar o devedor o que sua recusa, sua mora, enfim, ocasionou, como a guarda da coisa, por exemplo. Não há que se falar, no tocante ao credor, em perdas e danos, mas sim em reembolso, porque a lei não tem regra expressa a respeito (cf. Rodrigues, 1981*a*, v. 2:305). Pode também um terceiro, legitimado a receber e dar quitação, purgar a mora do credor.

O credor também pode purgar a mora até a fase de contestação da lide, por paralelismo à mora do devedor. Na ação de consignação em pagamento, há época processual própria para o recebimento pelo credor.

O devedor, renunciando aos efeitos da mora do credor, faz desaparecer a mora deste último.

O terceiro dispositivo do art. 959 do Código de 1916 dizia que se purgaria a mora *"por parte de ambos, renunciando aquele que se julgar por ela prejudicado os direitos que da mesma lhe provierem"*.

Não existe mora de ambos os contratantes, como a princípio queria dizer o velho Código. Estando ambos em mora, elas se anulam, já que as partes se colocam em estado idêntico e uma nada pode imputar à outra. Portanto, o preceito era despiciendo, ao dizer que aquele que se julgar prejudicado pode renunciar aos direitos da mora do outro. O credor pode concordar em receber sem juros e correção monetária; o devedor pode concordar em pagar após a recusa do credor, desonerando-o de ônus. O dispositivo foi suprimido no Código de 2002.

Para finalizar, é bom lembrar que as *leis do inquilinato* sempre trouxeram uma forma especial de purgação de mora para o inquilino. O direito à purgação de mora, aí, é um direito do *locatário*. Na legislação anterior, muito se discutiu se os contínuos pedidos de purgação de mora, em contínuas e sucessivas ações de despejo, não caracterizavam um abuso de direito se o juiz decidisse obstar a purgação. Defendíamos à época essa tese, dependendo do caso concreto. Contudo, a jurisprudência firmara-se em sentido contrário, permitindo sempre a purgação, com pequenas discrepâncias. Não há dúvida, no entanto, que muitos locatários usavam do direito de purgação como verdadeira emulação em relação ao locador. O direito mal utilizado, desviado, constitui-se em abuso. A atual lei das locações tentou coibir o abuso: *"não se admitirá a purgação da mora se o locatário já houver utilizado desta faculdade, por duas vezes, nos doze meses imediatamente anteriores à propositura da ação"* (art. 62, parágrafo único). A solução é melhor do que a lei anterior, que exigia um débito mínimo de dois meses de aluguel. De qualquer modo, como afirmamos em edição anterior desta obra, melhor seria que se atribuísse ao juiz a fixação do abuso de direito na purgação da mora locatícia. Contudo, a redação é infinitamente superior às leis revogadas.

---

2 – Se devidamente constituído em mora o devedor deixa decorrer o prazo sem purgá-la, regular a consolidação da propriedade em nome do credor. Inteligência do art. 26 da Lei 9.514/97. Sentença mantida. Recurso desprovido" (*TJSP* – Ap 1012685-34.2017.8.26.0161, 30-5-2018, Rel. Felipe Ferreira).

"Agravo interno no agravo em recurso especial – Ação de busca e apreensão – Decisão Interlocutória – Autoriza **purgação da mora** – Depósito das parcelas vencidas – Recurso Especial Retido – Receio de dano irreparável ou irreversível não caracterizado – Agravo desprovido" (*STJ* – AGInt-AG-REsp 676.718 – (2015/0057404-6), 23-2-2017, Rel. Min. Paulo de Tarso Sanseverino).

12

FRUSTRAÇÃO NO CUMPRIMENTO DA OBRIGAÇÃO. INEXECUÇÃO. PERDAS E DANOS

12.1 DESCUMPRIMENTO DA OBRIGAÇÃO

Analisou-se no capítulo anterior a fundamental questão da mora. A mora constitui o inadimplemento parcial da obrigação. Se há mora, é porque a obrigação ainda pode ser cumprida com utilidade para a outra parte.

No entanto, quando não há mais possibilidade no cumprimento da obrigação, por variadas razões, a obrigação estará descumprida. Frustra-se a obrigação.

Não é apenas o descumprimento que caracteriza a frustração da obrigação. A avença, por exemplo, pode deixar de ser cumprida pela prescrição ou decadência, pelo não implemento da condição.

Nos termos do art. 1.056, do Código de 1916, em afirmação perene, não cumprindo a obrigação, o devedor responderia por perdas e danos. O art. 389[1] do diploma em curso, atento à possibilidade de desvalorização da moeda e aos acréscimos ordinários, dispõe:

---

[1] "Apelação. Venda e compra de produtos. **Ação de obrigação de fazer cumulada com indenização por danos materiais**, julgada procedente. Recurso da autora. Compra de kit porta pronta com 95 unidades. Entrega dos produtos com defeito em 9 portas. Substituição dos produtos defeituosos somente após a antecipação da tutela. Pretensão da autora à condenação da ré ao pagamento de lucros cessantes. Impossibilidade. Prejuízo ao fluxo de caixa da empresa autora por conta do atraso na substituição dos produtos defeituosos não comprovado. Prova objetiva dos ganhos na data do inadimplemento não comprovada. Lucro hipotético não indenizável. Ressarcimento dos honorários advocatícios contratuais. Não cabimento. Contratação de advogado para a defesa judicial de interesse da parte que não constitui ato ilícito ensejador de dano material (perdas e danos), mas exercício constitucional do direito ao contraditório e da ampla defesa, além de acesso à Justiça. Inteligência dos arts. 389, 395 e 404, todos do Código Civil. Precedentes do C. STJ. Sucumbência. Impugnação. Acolhimento parcial. Redistribuição na medida da derrota de cada parte. Sentença parcialmente modificada. Recurso parcialmente provido". (*TJSP* – Ap 1003988-40.2022.8.26.0196, 26-6-2023, Rel. Sergio Alfieri).

"Apelação cível – Ação de rescisão de contrato de arrendamento rural c/c indenização material e moral – Responsabilidade contratual – Danos materiais a lavouras e ao terreno arrendado – Ausência de comprovação – Contrato desfeito antes do prazo de carência firmado entre as partes – Nenhum pagamento devido pelos arrendatários – Mero inadimplemento contratual – Danos morais não configurados – A responsabilidade contratual encontra-se prevista no artigo 389 do CC/02, de forma que, **não cumprida a obrigação, responde o devedor por perdas e danos.** Neste contexto, incumbe ao pretenso credor comprovar a existência do ilícito contratual, o dano e o nexo de causalidade entre um e outro – O contrato de arrendamento celebrado entre as partes fixou um prazo de carência

> "Não cumprida a obrigação, responde o devedor por perdas e danos, mais juros e atualização monetária e honorários de advogado.
>
> Parágrafo único. Na hipótese de o índice de atualização monetária não ter sido convencionado ou não estar previsto em lei específica, será aplicada a variação do Índice Nacional de Preços ao Consumidor Amplo (IPCA), apurado e divulgado pela Fundação Instituto Brasileiro de Geografia e Estatística (IBGE), ou do índice que vier a substituí-lo."

No entanto, para que haja tal indenização, é essencial a culpa. Ocorrendo o fato invencível, *não responderá o devedor pelos prejuízos resultantes de caso fortuito ou força maior*, na regra geral do art. 393. Por seu lado, a nova lei, a exemplo do Código antigo no art. 1.058, refere-se também à possibilidade de assunção expressa de indenização pela parte, ainda que perante o caso fortuito ou a força maior: "*O devedor não responde pelos prejuízos resultantes de caso fortuito ou força maior, se expressamente não se houver por eles responsabilizado*" (art. 393). Assim como, por vontade das partes, pode ocorrer limitação da responsabilidade; pode haver ampliação, assumindo o contratante o dever de indenizar mesmo perante essas excludentes.

Existe, pois, um dano quando a obrigação é descumprida. Esse dano poderá ser reparável, por uma indenização, ou não, dependendo de suas circunstâncias de ocorrência. O dano é um prejuízo, uma diminuição patrimonial sofrida pelo agente. Pode decorrer de um ato do próprio agente, de terceiro ou simplesmente de um fato natural. Concluem a esse respeito Stolze Gagliano e Pamplona Filho: "*Pagar perdas e danos, afinal de contas, significa isso: indenizar aquele que experimentou um prejuízo, uma lesão em seu patrimônio material ou moral, por força do comportamento ilícito do transgressor da norma*" (2002:309).

Enquanto o art. 389 refere-se à responsabilidade pelo descumprimento do contrato, a chamada responsabilidade contratual, o art. 186 refere-se à responsabilidade extracontratual ou aquiliana. Desta última trataremos oportunamente, embora ontologicamente não haja distinção entre ambas as responsabilidades.

Importa saber, por ora, quando o contratante faltoso deve e quando não deve reparar o prejuízo.

12.2 CULPA DO DEVEDOR

A responsabilidade contratual funda-se na culpa. Não haverá dever de indenizar se não houver culpa.

Dispõe o art. 392 que,

> *"Nos contratos benéficos, responde por simples culpa o contratante, a quem o contrato aproveite, e por dolo aquele a quem não favoreça. Nos contratos onerosos, responde cada uma das partes por culpa, salvo as exceções previstas em lei."*

---

de 03 anos, período em que os arrendatários estariam dispensados do pagamento acordado – Inexistem nos autos provas das condições iniciais do terreno arrendado aos apelados, observando-se, ainda, que a perícia não apontou quaisquer danos causados pelos apelados, sendo certo que a plantação de café que ali existia perdeu-se por fator climático. Além disso, o desfazimento do contrato deu-se antes de transcorrido o período de carência previsto pelas partes, e os apelantes retomaram o imóvel que, segundo a perícia, encontra-se produtivo para pastagem – Diante desse quadro, conclui-se pela ausência de comprovação dos danos materiais alegados na petição inicial, que se restringiram a danos emergentes, sem contemplar lucros cessantes – O dano moral caracteriza-se, em regra, pela violação aos direitos da personalidade, sendo a dor, humilhação, angústia ou sofrimento em si do indivíduo meras consequências da violação a um bem jurídico tutelado – Não configura, por si só, os danos morais o mero inadimplemento contratual sem a efetiva comprovação de abalos extraordinários a direitos da personalidade do indivíduo" (*TJMG* – AC 1.0456.13.007113-1/001, 12-4-2019, Rel. Juiz Conv. Maurício Pinto Ferreira).

No Código de 2002, com modernização de terminologia, é mantida exatamente a mesma ideia do passado. Para aprofundamento dessas conceituações, veja o que falamos quando da classificação dos contratos (volume 3).

A culpa na esfera civil é entendida em sentido amplo. O descumprimento se verifica quer quando o agente simplesmente não deseja cumprir a obrigação, com o intuito precípuo de prejudicar o credor, quer quando se porta com negligência, imprudência ou imperícia, que são circunstâncias da culpa em nosso direito penal (art. 18, II, do Código Penal). Ora, no campo das obrigações, o simples fato de o devedor não pagar no dia do vencimento já caracteriza inadimplemento culposo. Essa é a regra geral.

Como num ou noutro caso, o fato pelo descumprimento da obrigação deve ser imputável ao devedor, é a conduta do agente devedor que deve ser examinada. Fixada a culpa do devedor, tal não influi, em princípio, no montante da indenização. Na esfera civil, o pagamento de perdas e danos é reparação patrimonial e não imposição de pena ao ofensor.

Pela dicção do art. 392, percebe-se que a lei reconhece tanto o dolo como a culpa. No entanto, só nesse artigo é que se faz a distinção entre dolo e culpa: nos contratos unilaterais ou benéficos, embora nem sempre ocorra perfeita identidade entre eles. Quando o peso das obrigações de um contrato está de um só lado, como na doação, só por dolo, isto é, pela intenção de prejudicar, é que responderá o doador. O donatário responde pela culpa civil no sentido lato. Nos contratos bilaterais (ou onerosos), a culpa em sentido amplo é que deve ser examinada.

A intensidade da culpa civil é irrelevante, como regra geral. Há exceção no sistema em sede de responsabilidade extracontratual, que examinaremos oportunamente e que confirma a regra geral. Não são investigadas, entre nós, as minudências da gradação de culpa. Despiciendo, portanto, tentarmos mais uma definição de culpa ou descermos às considerações de sua gradação. No contrato, a culpa se caracteriza pela transgressão da avença. Pelo descumprimento ou inadimplemento. Só se desvencilhará o devedor do dever de indenizar se provar que a transgressão ocorreu por fato alheio a suas forças e não simplesmente à sua vontade.

Da chamada culpa extracontratual ou extranegocial nos ocuparemos ao tratar da responsabilidade civil. Ali, também traçaremos noções sobre eventuais distinções entre elas.

Fixemo-nos, de plano, que, quando há contrato, em seu descumprimento estaremos com a culpa contratual sob exame.

A gradação de culpa, das fontes romanas, *culpa grave, leve e levíssima*, com influência dos glosadores, não foi adotada por nossa legislação com inteligência. Em algumas passagens do Código, há menção de culpa grave, mas como a culpa civil abrange o dolo, a distinção, como regra geral, é irrelevante. O exame da existência de culpa, ou não, caberá ao julgador no caso concreto. E, fatalmente, o juiz chegará à conclusão de que se somente *o homem diligentíssimo* poderia evitar o dano no caso concreto (o caso da culpa levíssima), não haverá culpa. O padrão a ser examinado pelo julgador é do homem médio no caso em exame. O que poderá ser culpa para um técnico num contrato de equipamento de seu mister, certamente não será culpa para um leigo.

Como já explicamos, não há correlação, para nós, ao menos no sistema da lei de 1916, entre a intensidade de culpa e a reparação do dano:

> "*ainda que a inexecução resulte de dolo do devedor, as perdas e danos só incluem os prejuízos efetivos e os lucros cessantes por efeito dela direto e imediato, sem prejuízo no disposto na lei processual*" (art. 403).[2]

---

[2] "Apelação. Ação indenizatória. Contrato de prestação de serviços para desenvolvimento de software a ser empregado para prestação de serviços alimentícios em instituições escolares. Descumprimento do ajuste. Ré citada por edital

Não há importância, inclusive, na distinção entre culpa grave e dolo. A intensidade do dolo ou da culpa não agrava, em síntese e em princípio, a indenização.

Há, no entanto, uma mudança de óptica de vital importância, proporcionada pelo art. 944 e seu parágrafo único na nova lei:

> *"A indenização mede-se pela extensão do dano.*
>
> *Parágrafo único. Se houver excessiva desproporção entre a gravidade da culpa e o dano, poderá o juiz reduzir, equitativamente, a indenização".*

Desse modo, pelo vigente ordenamento, embora a extensão do dano continue a ser o limite da indenização, o juiz ou árbitro pode *reduzir* a indenização se assim entender justo no caso concreto, quando há desproporção entre o prejuízo e o grau de culpa ou dolo; não poderá, no entanto, *majorar* essa indenização perante dolo ou culpa intensos. Não nos parece que essa seja uma solução mais adequada. Se o presente Código busca um sentido social ao direito obrigacional, a majoração de indenização, na hipótese de culpa desproporcional, também será de justiça, mormente levando-se em conta que a indenização, principalmente em sede de danos

---

e defendida por curador especial. Sentença de parcial procedência. Pretensão recursal envolvendo ausência de reconhecimento de pedido para ressarcimento com gastos alegados com manutenção da contratação da empresa que fornecia o serviço de software por ausência de desenvolvimento do produto adquirido. Inadmissibilidade. Caso complexo, que envolve o fato de que tanto as atividades escolares como a da apelante foram afetadas pela pandemia causada pelo vírus da covid-19, conjugado com a admissão de que seria necessário prazo para adaptação do sistema contratado e ainda por suposta ausência de recursos por parte da empresa a tornar pretensão envolvendo o ressarcimento questão incerta e inadmissível nos termos do **art. 403 do Código Civil** (CC). Recurso desprovido. Estabelece o art. 402 do CC que as perdas e danos abrangem o que o credor perdeu (danos emergentes) e o que deixou de lucrar (lucros cessantes). Prescreve a previsão subsequente do referido diploma (art. 403 do CC) que somente se pode reconhecer os prejuízos por efeitos diretos e imediatos. No caso, a pretensão devolvida para exame colegiado envolvendo acolhimento de pedido para ressarcimento de valores gastos com contratação de software para prestação dos serviços envolve múltiplos fatores, como consequências da pandemia causada pelo vírus da COVID-19, admissão de necessidade de adaptação do sistema que seria desenvolvido e impossibilidade de custeio de outro projeto semelhante, trazendo incertezas, e revelando que a tese não ultrapassa presunções nas quais se fundou a autora, que não se confirmaram, razão pela qual fica mantida a sentença" (*TJSP* – Ap 1008486-46.2020.8.26.0554, 23-7-2024, Rel. Adilson de Araujo).

"Ação indenizatória – Danos materiais e morais – Recurso desprovido – 1- A prova produzida nos autos não corrobora a narrativa de que a postura do devedor teria superado a esfera da mera inexecução contratual, ensejando danos imputáveis também a título de responsabilização civil (perdas e danos), sentido em que também concluiu o comando sentencial. 2- Constam no caderno processual documento emitido por contador elencando o fluxo de faturamento diário da pessoa jurídica autora correspondente aos meses de 12/2014 e 01/2015 e cópia de nota fiscal emitida em razão da compra de combustível realizada junto a outro fornecedor, os quais não tem o condão de demonstrar a ocorrência do alegado esvaziamento de estoque e impossibilidade de desempenho da atividade empresarial por dois dias de 02/2015, nem mesmo autorizam concluir que a aquisição de produto por preço superior foi a alternativa encontrada para viabilizar a retomada das vendas, cuja cessação não se demonstrou. 3- Conforme dispõe o artigo 403 do Código Civil, 'ainda que a inexecução resulte de dolo do devedor, as perdas e danos só incluem os prejuízos efetivos e os lucros cessantes por efeito dela direto e imediato, sem prejuízo do disposto na lei processual', norma que coloca em relevo a imprescindibilidade da quantificação mediante prova regularmente produzida para o próprio fim de caracterizar a existência de lesão patrimonial, a qual pode se verificar nas espécies danos emergentes (imediata diminuição do patrimônio da vítima) ou lucros cessantes (frustração da legítima expectativa de lucro). 4- É sabido ser a pessoa jurídica passível de sofrer dano moral, orientação já tornada Súmula pelo Superior Tribunal de Justiça (nº 227). A afetação, em tal caso, se dá sobre sua honra objetiva (reputação social), já que desprovida de honra subjetiva, comprometendo o conceito público que projeta perante clientes, fornecedores e demais agentes com que interage no desempenho do mister negocial. 5- Tal panorama de responsabilização, delineável nos termos dos artigos 186 e 927 do CC, não fora em nenhuma medida demonstrado pela parte interessada, vez que sequer houve comprovação quanto ao alegado comprometimento da atividade empresarial em razão da completa ausência de combustível, restando imperativo concluir ter havido mero descumprimento contratual *in casu*. 6- Recurso conhecido e desprovido" (*TJES* – Ap 0004759-50.2015.8.08.0012 28-6-2019, Rel. Des. Jorge Henrique Valle dos Santos).

morais, tem também um cunho educativo. Como veremos, a indenização por danos morais possui um marcante caráter pedagógico e punitivo, ao contrário da reparação por danos materiais. Esse tem sido o posicionamento dos tribunais, ainda que não declarado ou imperceptível à primeira vista. Veja o que falamos a respeito quando tratamos de responsabilidade aquiliana.

O que se leva em conta na execução do contrato (e na responsabilidade aquiliana, a situação não é diversa) é a medida normal de comportamento, de diligência exigida no cumprimento da obrigação. A *culpa leve* representa, em síntese, a regra geral (cf. Lopes, 1966, v. 2:376).

Às vezes, porém, o Código exige diligência extraordinária, mas o faz expressamente: é o que ocorre, por exemplo, na situação do depositário na guarda e conservação da coisa depositada, quando o art. 629 exige dele *"o cuidado e diligência que costuma com o que lhe pertence"*; ou a situação do credor pignoratício, que também como depositário deve empregar *"a diligência exigida pela natureza da coisa"* (art. 1.435).

Embora a intensidade da culpa não sirva de parâmetro para o montante da indenização, segundo a problemática anteriormente enfocada, o julgador é levado quase imperceptivelmente a ver com maior rigor a culpa grave ou o dolo, mesmo em se tratando de ação civil. A questão é absolutamente sensível e humana. Daí por que, também, há tendência de se abrandar a indenização quando a culpa é leve, atendendo o que o Código em vigor busca.

Reporta-se sempre em culpa do devedor. Já foi visto que a culpa não integra a mora do credor. No entanto, o credor que se recusa a receber também deve repor patrimonialmente os prejuízos. Nesse sentido, é inevitável que falemos ainda que à margem de nossa lei, em *culpa do credor*. Sua *culpa*, em síntese, consiste na omissão das diligências necessárias para receber a prestação. Não havemos de investigar em sua conduta a intenção de prejudicar. Simplesmente, uma atitude passiva ou de negligência. Entram em operação, portanto, os arts. 400 e 401.

12.2.1 Prova da Culpa

Na inexecução do contrato, a única coisa que compete ao credor provar é seu descumprimento. Não está obrigado a provar a culpa do outro contratante. Sua prova é objetiva: tinha que receber e não recebeu no tempo, lugar ou modo devidos. Incumbe ao devedor provar não ter agido com culpa para se eximir da responsabilidade. Assim, incumbe ao credor provar a existência do contrato, seu descumprimento e que esse descumprimento lhe causou dano. Conforme veremos, a cláusula penal é uma prefixação de indenização pelo descumprimento.

Importante também é a distinção já feita entre as obrigações de meio e de resultado. Nas obrigações de meio, a culpa do executor da obrigação residirá na indevida aplicação dos meios empregados, porque ele não se responsabiliza pelos resultados. Nas obrigações de resultado, não atingido o resultado, descumprida estará a obrigação. Todavia, tanto num como noutro caso o ônus da prova para eximir-se de culpa é do devedor (cf. Borda, s.d.:87). O ônus da prova é diverso na responsabilidade extracontratual, quando é a vítima que deve provar a culpa do autor do dano, salvo casos de responsabilidade objetiva e outras exceções legais.

12.3 INEXECUÇÃO DAS OBRIGAÇÕES SEM INDENIZAÇÃO. CASO FORTUITO E FORÇA MAIOR

Dispõe o art. 393 que *"o devedor não responde pelos prejuízos resultantes de caso fortuito, ou força maior, se expressamente não se houver por eles responsabilizado"*.

Quando o devedor está em mora, é atingido pela responsabilização, mesmo com as excludentes do caso fortuito e da força maior.

O parágrafo único do artigo em questão conceitua o caso fortuito e a força maior como o fato necessário, cujos efeitos não são possíveis evitar, ou impedir. A lei equipara, portanto, os dois fenômenos. Para o Código, caso fortuito e força maior são situações invencíveis, que escapam das forças humanas, ou das forças do devedor em geral, impedindo e impossibilitando o cumprimento da obrigação. É o devedor faltoso, o inadimplente que deve provar a ocorrência desses fatos. Há dois elementos a serem provados, um de índole objetiva, que é a inevitabilidade do evento, e outro de índole subjetiva, isto é, ausência de culpa. Deve o devedor provar que o evento surpreendente não poderia ter sido previsto ou evitado. Muito se discutiu em doutrina sobre a distinção entre caso fortuito e força maior.

De todas as distinções feitas, concluímos que entre ambos os fenômenos há apenas uma diferença de grau, com idênticas consequências. Washington de Barros Monteiro (1979, v. 4:331), após enfileirar em síntese as distinções apresentadas na literatura, conclui que a força maior é o fato que resulta de situações independentes da vontade do homem, como um ciclone, um tufão, um tsunami, uma tempestade; o caso fortuito é a situação que decorre de fato alheio à vontade da parte, mas proveniente de fatos humanos, como greve, guerra, incêndio criminoso provocado por terceiros etc. É a posição mais homogênea. No entanto, para fins práticos, pouco importa a distinção.

Nem sempre a excludente de indenização será vista de forma idêntica, objetiva, até mesmo num único contrato. No caso de incêndio criminoso, o agente que provocou o desastre agiu com culpa. Para o terceiro que não participou do evento, mas que deixou de cumprir a obrigação em razão do incêndio, tal evento é o caso fortuito. Se o incêndio ocorreu pela combustão natural, trata-se de força maior.

A doutrina discute se a simples ausência de culpa basta por si só para excluir a responsabilidade, ou deve o agente provar o caso fortuito ou força maior. Não vemos grande interesse na prática porque a ausência de culpa, para nós, equivale ao caso fortuito ou força maior do art. 393. A simples culpa mencionada no art. 392 afasta o fortuito. A questão requer que seja examinado o caso concreto. A força maior, sendo fato externo à vontade do agente, é mais ampla que o caso fortuito. Quando tratarmos de responsabilidade aquiliana baseada no risco, veremos que só a força maior exclui a responsabilidade, na maioria das vezes (cf. Rodrigues, 1981*c*, v. 2:312).

12.3.1 Exoneração da Excludente. A Cláusula de Não Indenizar

Já vimos que quando está o devedor em mora, após esta, ocorrendo caso fortuito, mesmo assim este responderá pelos danos. Outra situação é a do mandatário ter substabelecido poderes contra proibição expressa do mandante. Responde o primeiro pelo caso fortuito e força maior pela má gerência, mesmo com caso fortuito (art. 667, § 1º). Todavia, como estamos no campo essencialmente de direito dispositivo das partes, podem os contratantes convencionar que se exima o faltoso de fazer a reparação. Trata-se da aplicação da *cláusula de não indenizar ou limitativa de indenização*. Da mesma forma que a cláusula penal predetermina a indenização, a cláusula de não indenizar limita o montante de eventual indenização ou simplesmente exclui o dever de indenizar. Há renúncia prévia, convencionada, ao direito de pedir reparação. Importa sabermos se tal ajuste é legítimo. Várias são as situações na prática que podem ser lembradas: o parque de diversões, no ingresso, diz que a utilização dos aparelhos é de conta e risco do usuário e que não responde a administração por danos pessoais ou materiais; o estacionamento de veículos no bilhete de depósito diz que não se responsabiliza por furtos ocorridos no interior dos veículos ou limita os danos por eventuais abalroamentos. Nesses casos, os contratantes querem se eximir dos riscos. Os encargos passam, nessa convenção, a ser suportados pelo próprio lesado.

A princípio, nada impede a convenção de não indenizar. Se, ao contrário, já se permite a prefixação dos danos com a cláusula penal, o oposto pode ser feito, isto é, a nulificação dos danos. No entanto, a possibilidade de ser a cláusula aposta indistintamente deve ser vista com a devida reserva. Para o direito moderno, a isenção de responsabilidade, como regra geral, nunca é vista de maneira positiva, ética e simpática.

Preambularmente, é oportuno lembrar que não se confunde a cláusula de não indenizar, na qual é excluída totalmente a indenização, de qualquer modo, com as cláusulas de *limitação de responsabilidade*. Assim como se pode agravar a situação de um contratante, com a imposição de multa, pode ser minorada sua responsabilidade, respondendo limitadamente pelos danos, isto é, a indenização é paga, nessa hipótese, somente até certo montante.

Nem sempre a cláusula de total irresponsabilidade é bem-vista e aceita na doutrina e na jurisprudência. O código português proíbe a renúncia antecipada à indenização no art. 809. Só depois de adquirido o direito à indenização é que pode ser renunciado (cf. Telles, 1982:338). O mesmo não se afirma a respeito da limitação da responsabilidade. Tal limitação é útil em muitos pactos, quando uma das partes não pretende assumir um risco exagerado em uma situação sujeita a situações perigosas ou arriscadas.

A repulsa maior encontrável nessas cláusulas, tanto nas de limitação como nas de exclusão, surge nos contratos de adesão. Diga-se, também, que a limitação de responsabilidade deve ser vista com muita cautela no âmbito das contratações do consumidor.[3] Nos contratos paritários, nos quais ambos os contratantes têm a possibilidade de discutir e redigir suas cláusulas, a

---

[3] "Apelação cível. Plano de saúde. Ação de obrigação de fazer. Sentença de procedência. Ré operadora de plano de saúde. Recusa de cobertura de tratamento multidisciplinar com base no método ABA. Prescrição médica expressa e fundamentada. Alegação de natureza experimental afastada. Parecer do NAT-JUS não impede a cobertura e confirma eficácia reconhecida. Rol da ANS com natureza exemplificativa condicionada após a Lei nº 14.454/2022. Obrigação de custeio integral diante da ausência de rede credenciada habilitada. **Cláusula contratual limitativa** considerada abusiva à luz do CDC. Sentença mantida. Recurso desprovido" (*TJSP* – Ap 1167067-27.2024.8.26.0100, 23-8-2025, Rel. Pedro de Alcântara da Silva Leme Filho).

"Plano de saúde – Obrigação de fazer – Negativa de fornecimento de materiais – Cláusula contratual de exclusão – Abusividade – Embora vedada a aplicação retroativa da Lei nº 9.656/98 para atingir contratos não adaptados, conforme Tese firmada no Tema 123 pelo STF em sede de repercussão geral, outros fundamentos impõem a manutenção da obrigação da operadora de arcar com os custos de material utilizado em cirurgia – Cláusula restritiva ou limitativa, que impede o consumidor de obter o resultado necessário ao tratamento, é nula – Artigo 51, IV, IX, CDC – Precedentes do STJ – Recurso não provido" (*TJSP* – Ap 1025943-56.2023.8.26.0564, 31-7-2024, Rel. Pedro Ferronato).

"Plano de saúde. Obrigação de fazer. Autor diagnosticado com síndrome e fortes dores, sendo-lhe prescrito tratamento com base em Canabidiol. Negativa de cobertura do tratamento com o medicamento. Abusividade. Tratamento prescrito pelo médico que assiste a parte beneficiária. Aplicação da Súmula nº 102, TJSP. Doença cujo tratamento tem cobertura contratual. Tratamento com altas doses de opioide que causa efeitos colaterais e resistência da dor. **Cláusula limitativa** que viola a função social do contrato. Precedentes do TJSP. Sentença mantida. Honorários majorados. Recurso não provido, com observação" (*TJSP* – Ap 1004949-33.2022.8.26.0114, 26-8-2022, Rel. Fernanda Gomes Camacho).

"Apelação cível – Ação indenizatória – Plano de saúde – Código de Defesa do Consumidor – Aplicabilidade – Recusa em autorizar ressonância magnética – Limitação imposta – Abusividade – Dano moral – Caracterização – Montante – Fixação – Princípios da razoabilidade e proporcionalidade – Sentença reformada. – O plano de saúde está submetido às disposições do Código de Defesa do Consumidor e, portanto, deve seguir os princípios da boa-fé objetiva e da interpretação das cláusulas contratuais em favor do consumidor. – O paciente, por conta de cláusula contratual, não pode ser privado de submeter-se ao método terapêutico necessário a sua melhora, restando abusiva a cláusula limitativa imposta pela operadora de saúde. – A negativa em autorizar o exame prescrito prolongou de maneira desnecessária o sofrimento do consumidor, gerando-lhe sentimento de ansiedade e angústia, caracteriza dano moral indenizável. – A reparação deve ser fixada segundo os princípios da razoabilidade e proporcionalidade,

questão fica em sede de direito disponível das partes, sempre que não esbarrar em normas de ordem pública.

Aflora ao intérprete a noção de que quem se sabe não responsável, *a priori*, inevitavelmente afrouxa seus sentimentos de cautela e vigilância. Só por aí já se vê o inconveniente da cláusula. Mesmo nas situações de responsabilidade limitada, se a limitação se restringir a uma indenização mínima, ridícula em relação aos danos, a situação será idêntica.

Quem entrega seu automóvel a um estacionamento pago está almejando sossego e segurança. Realiza na verdade um negócio jurídico, um contrato de garagem. O contrato de adesão, nessa situação, tendo em vista as situações de estacionamento nas grandes cidades, é equivalente a um verdadeiro contrato coativo. Qualquer cláusula de não indenizar, ainda que simplesmente limitativa, temos para nós, contraria a índole do contrato e deve ser tida como não escrita, nula ou ineficaz. Ao tratarmos dos contratos de adesão, em outra obra, voltaremos ao assunto. Contudo, se o estacionamento é gratuito, a situação inverter-se-á, ao menos em tese, uma vez que o depositante do veículo assume o risco e a cláusula é válida. Não levemos aqui em conta, no entanto, as situações dos estabelecimentos comerciais que oferecem estacionamentos com ou sem manobrista a sua porta. Tal estacionamento não é gratuito e o estacionamento é um *acessório* do contrato principal que o cliente entabula com o estabelecimento. O estacionamento oferecido pelo estabelecimento integra a estrutura comercial oferecida e seus serviços. Nesses casos, a cláusula limitativa ou excludente de adesão não tem valor. Quem recebe o veículo é responsável pela devolução da coisa intacta, nessas hipóteses.

Em nosso direito, não podemos negar que a cláusula de não indenizar é permitida pela dicção do art. 393. Todavia, todas as várias nuanças devem ser examinadas. A cláusula, como superficialmente já vimos, deve ser vista à luz dos princípios de direito contratual.

Pelo que aqui dizemos, aliás um aspecto esquecido em nossa doutrina, são válidas as palavras de Caio Mário da Silva Pereira (1972, v. 2:55):

> *"adjeta a um contrato desta espécie (de adesão), a cláusula não pode ser admitida quando violadora da vontade do aceitante, ou revestindo a forma de uma imposição a ele dirigida. Seria, aliás, injurídico que aqueles que não têm a liberdade de deixar de contratar, por serem constrangidos pelas circunstâncias à aceitação do serviço, fossem tratados como aceitantes de uma convenção contrária aos seus interesses, determinada por uma imposição, a tartufamente interpretada como de* ***livre aceitação****, sob fundamento de que o serviço foi* ***livremente aceito****"*.

De qualquer forma, ainda que livremente convencionada, não opera essa cláusula em caso de dolo do agente. Não é porque o contratante sabe que está isento de indenizar que intencionalmente possa ocasionar o dano. Como, nessa inconveniente cláusula, naturalmente o agente relaxa no cumprimento da obrigação, se sua culpa for de elevado nível (culpa grave), sua conduta se equipara ao dolo. O caso concreto vai elucidar o julgador.

---

de acordo com as peculiaridades do caso, levando-se em conta a extensão do dano. – Recurso provido" (*TJMG* – ApCív 1.0000.20.448379-6/001, 4-8-2020, Amorim Siqueira).

"Tutela provisória – Plano de saúde – Pretendida cobertura de exames e de materiais de que necessitou a autora, para tratamento de sequelas de síndrome de *guillain-barré*. Admissibilidade. **Validade das cláusulas contratuais limitativas** somente quando claras. Solução, em sede de juízo preliminar, que deve ser favorável à parte hipossuficiente. Inteligência da Súmula 102 do órgão especial desta corte. Tutela de urgência concedida. Decisão mantida. Recurso improvido" (*TJSP* – AI 2264582-64.2018.8.26.0000, 1-2-2019, Rel. Vito Guglielmi).

Normalmente a cláusula de não indenizar vem integrada a um contrato, surgindo, então, como estipulação acessória. Nada impede, no entanto, que seja aposta isolada e autonomamente, ou até mesmo como declaração unilateral, aí já dentro da responsabilidade extracontratual (cf. Dias, 1980:40).

Nunca se esqueça que o Código de Defesa do Consumidor (Lei nº 8.078/90) considera nula a cláusula que estabeleça obrigação iníqua, abusiva, que coloque o consumidor em desvantagem exagerada, ou seja, incompatível com a boa-fé ou equidade (art. 51, IV). A cláusula de não indenizar tipifica-se dessa forma nas relações de consumo, sem a menor sombra de dúvida e não pode ser aceita nas mesmas em favor do fornecedor de produtos ou serviços.

12.4 INDENIZAÇÃO. PERDAS E DANOS

Se houver inadimplemento, parcial ou total, surge o dever de indenizar. Indenizar é reparar o dano, o prejuízo. *Indene* é aquele que não sofreu prejuízo, que está incólume. Indenizar é tornar indene. Tanto na responsabilidade contratual, como na extracontratual, para que surja o direito à indenização, há necessidade de um *prejuízo*, isto é, um dano avaliável, uma perda, uma diminuição no patrimônio. Esse prejuízo, afora alguns casos de responsabilidade objetiva, estudados na responsabilidade aquiliana, deve decorrer de *culpa*. Mormente no direito contratual, não havendo culpa, em rigor, não há dever de indenizar. E, por fim, deve existir um *nexo causal*, o liame que liga o prejuízo à conduta do agente. O descumprimento da obrigação é noção que integra o pressuposto do prejuízo.

Para que ocorra a responsabilidade do devedor, não basta que deixe culposamente de cumprir sua obrigação. Deve existir um prejuízo. Em sede de dano exclusivamente moral, a matéria exige digressão maior que será feita no tomo destinado exclusivamente à responsabilidade civil: no dano moral pode ocorrer um cunho quase exclusivamente punitivo na indenização. O montante do prejuízo será examinado no caso concreto. Pode até ocorrer que o devedor se comporte de forma reprovável, contrária ao estabelecido, mas desse comportamento decorram prejuízos. Galvão Telles (1982:291) dá exemplo bem significativo: alguém se compromete a representar outrem em uma assembleia-geral; a assembleia não se instala por falta de *quórum*. Porém, *quórum* não haveria com ou sem a presença do mandatário que efetivamente não compareceu. Não houve prejuízo, embora tenha havido descumprimento do contrato. Por outro lado, como visto, os danos podem ser presumidos pelo simples inadimplemento, como acontece na cláusula penal.

O art. 402, com os matizes agora apresentados, estatui:

> *"Salvo as exceções expressamente previstas em lei, as perdas e danos devidas ao credor abrangem, além do que ele efetivamente perdeu, o que razoavelmente deixou de lucrar".*[4]

---

[4] "Apelação. Ação de obrigação de fazer c/c indenização por danos materiais e morais. Alegação de bloqueio indevido de acesso a plataforma de associados da Amazon. Sentença de parcial procedência na origem. Recursos de ambas as partes. Programa de associados Amazon. Alegação de que houve exclusão do programa e bloqueio de acesso à comissão por vendas realizadas na plataforma. Autor que se desincumbiu do ônus de demonstrar os fatos alegados. Requerido que justifica genericamente a exclusão por supostas violações às disposições contratuais, não provando fato impeditivo, modificativo ou extintivo do direito da parte autora (art. 373, II do CPC). Abusividade da conduta configurada. Determinação de reativação do perfil e liberação dos valores indevidamente retidos bem determinada Lucros cessantes. Necessidade de reparação, eis que, à luz do **art. 402 do Código Civil**, as perdas e danos abrangem, além do que o credor efetivamente perdeu, o que razoavelmente deixou de lucrar. 'Quantum' indenizatório que, no caso dos autos, não prescinde da instauração da fase de liquidação. Sentença reformada, neste ponto. Honorários advocatícios. Base de cálculo fixada no valor da condenação. Percentual fixado na r.

Completa o art. 403:

> *"Ainda que a inexecução resulte de dolo do devedor, as perdas e danos só incluem os prejuízos efetivos e os lucros cessantes por efeito dela direto e imediato, sem prejuízo do disposto na lei processual".*[5]

---

sentença majorado, dada a sucumbência recursal. Recurso do autor provido e apelo adesivo do réu improvido" (*TJSP* – Ap 1151615-11.2023.8.26.0100, 29-7-2025, Rel. Afonso Celso da Silva).

"Ação de manutenção na posse, danos materiais e morais – Abandono do imóvel pelo requerido e posterior ingresso da autora (ex-mulher do réu) no local mediante autorização da vigilância sanitária da Prefeitura, para limpeza e remoção de criadouros de mosquitos transmissores da dengue – Sentença acolheu parcialmente os pedidos inicial e contraposto deduzidos pelas partes – Requerido pretende excluir da condenação o reembolso dos gastos com limpeza da piscina, bem como acolhimento integral dos danos materiais e morais deduzidos no pedido contraposto – **Perdas e danos devem corresponder ao efetivo prejuízo** (art. 402 do CC) – Despesas da autora para limpeza da piscina e do imóvel devidamente comprovados nos autos – Danos materiais decorrentes do extravio da motobomba da piscina e aluguel que deixou o réu por auferir, não demonstrados – Danos morais – Inocorrência – Ingresso da autora no imóvel decorreu de autorização da vigilância sanitária da Prefeitura para limpeza do local abandonado pelo réu – Sentença mantida – Recurso negado" (*TJSP* – Ap 1003057-22.2023.8.26.0319, 9-8-2024, Rel. Francisco Giaquinto).

"Apelação. Ação de indenização por danos materiais, morais e lucros cessantes. Partes que firmaram contrato de locação de veículo. Locatário que após alguns dias de locação se envolveu em um acidente e não arcou com os custos para o seu conserto. Sentença de procedência do pedido de indenização por danos materiais. Improcedência dos pedidos de indenização por danos morais e lucros cessantes. Apelo da autora. Efeitos da revelia que gozam de presunção relativa de veracidade e não implicam o acolhimento automático do pedido. **Lucros cessantes não comprovados**. Impossibilidade de presumir o prejuízo suportado pela autora. Matéria de fato que exige prova cabal, ônus do qual a demandante não se desincumbiu. Dicção do art. 402 do CC. Inexistência dos requisitos da responsabilidade civil. Inteligência dos arts. 186 e 927 do CC. Sentença mantida. Recurso não provido" (*TJSP* – Ap 1003901-97.2022.8.26.0127, 29-8-2023, Rel. Carmen Lucia da Silva).

"Direito civil e do consumidor – Contrato de promessa de compra e venda de unidade imobiliária em regime de multipropriedade – Inadimplemento do vendedor – Rescisão contratual – Comissão de corretagem – Restituição – Cabimento – Lucros cessantes. I – Rescindido o contrato de promessa de compra e venda por culpa exclusiva do promitente vendedor, assiste ao promitente comprador o direito a restituição integral das parcelas pagas, incluindo comissão de corretagem, sendo incabível a retenção de qualquer percentual. II – O atraso injustificado na entrega do imóvel enseja o dever da vendedora em reparar os lucros cessantes consistentes nos aluguéis devidos pelo período de atraso, que, em caso de rescisão contratual, terá como termo final a data da decisão que conceder a tutela de urgência para suspender os pagamentos e disponibilizar o imóvel ao vendedor, se houver, ou, na ausência dessa decisão, a data da prolação da sentença que decretar a rescisão. III – Negou-se provimento ao recurso" (*TJDFT* – ApCív 07041573420188070014, 16-9-2020, José Divino).

"Responsabilidade civil – **Lucros cessantes** – Inexistência de elementos probatórios a demonstrar com clareza a relação jurídica obrigacional entre as partes, existência de violação de acordo, cláusula contratual ou outra forma de relação obrigacional e de inadimplemento de contraprestação devida, a justificar o ressarcimento por dano material decorrente de lucros cessantes – O autor não se desincumbiu de seu ônus probatório, consoante o art. 373, I, do Código de Processo Civil, pois não trouxe aos autos prova dos atos constitutivos de seu direito – Recurso desprovido" (*TJSP* – AC 1007126-41.2016.8.26.0320, 25-2-2019, Relª Maria Salete Corrêa Dias).

5 "Apelação. Ação Indenizatória. Vício apresentado por caminhão adquirido da ré. Cobrança de lucro cessante em razão da paralisação do veículo para conserto. Sentença de improcedência. Pretensão de reforma pela parte autora. Não acolhimento. Cerceamento de defesa não configurado. **Lucros cessantes não comprovados.** Autora não juntou prova documental hábil a demonstrar perda em seu faturamento por efeito direto e imediato da demora nos reparos do caminhão (Artigo 403 do Código Civil). Descumprimento do ônus previsto no artigo 373, inciso I, do Código de Processo Civil. Sentença mantida. Recurso não provido" (*TJSP* – Ap 1025016-95.2020.8.26.0564, 15-9-2022, Rel. Celina Dietrich Trigueiros).

"**Indenização por lucros cessantes** – Caminhão das rés que colidiu contra a parte da frente da residência do autor – Imóvel que era utilizado para locação – Sentença de parcial procedência – Admissibilidade – Lucros cessantes e danos emergentes devidos – Danos morais configurados – *Quantum* indenizatório que deve ser mantido – Razoabilidade e proporcionalidade – Decisão mantida – Apelo desprovido" (*TJSP* – AC 1002492-80.2016.8.26.0003, 19-6-2019, Rel. Claudio Hamilton).

"Responsabilidade civil – Ação de indenização por danos material e moral c. c. Lucros cessantes – **Lucros Cessantes** – Comprovação nos autos de que houve perda no ganho salarial médio do autor, em razão de estar recebendo auxílio previdenciário. Delimitação da forma de cálculo a ser realizada na fase de cumprimento de sentença, mediante a demonstração da média de ganhos líquidos auferidos no período anterior ao acidente e durante o

A atual responsabilidade civil destaca que o credor de uma indenização não pode agravar os prejuízos no caso concreto. Exemplo característico pode ser apontado no contrato de seguro: o segurado que sofre acidente em seu veículo segurado não deve abandoná-lo em via pública sem proteção suficiente, sem forma de minorar o dano. A moderna responsabilidade civil traz muitos exemplos em que o credor de indenização por dano não pode agravá-lo. Nossos tribunais já têm acolhido o tema.

A indenização é representada por valor em dinheiro. A interpretação dos dois artigos mencionados do Código de 1916 deu certa margem a dúvidas, porque o parágrafo único do art. 1.059 do antigo Código não se referia à culpa, mas somente à mora do devedor:

> *"O devedor, porém, que não pagou no tempo e forma devidos, só responde pelos lucros, que foram ou podiam ser previstos na data da obrigação".*

A conclusão a que chegou a doutrina fora que, em caso de mora, a responsabilidade limitar-se-ia à indenização dos prejuízos e dos lucros cessantes previsíveis, enquanto, no inadimplemento absoluto, pelo texto, estarão abrangidos também os lucros imprevisíveis (cf. Agostinho Alvim, 1972*b*:222). Não é, porém, o que na prática ocorria quando um magistrado tinha diante de si um processo de indenização. A distinção será feita porque, havendo mora, ainda existe possibilidade de adimplemento e os prejuízos serão os apurados até o cumprimento da obrigação. No inadimplemento absoluto, a indenização terá a amplitude do *caput* do art. 402.

Perdas e danos, em nossa lei, são expressões sinônimas. Constituem a configuração de uma perda em prejuízos. Lucro cessante constitui a indenização de que a lei fala no que a parte *razoavelmente deixou de lucrar.*[6]

---

recebimento do auxílio previdenciário. Dano moral configurado, cuja indenização se afigura razoável, não sendo o caso de modificação. Recurso parcialmente provido" (*TJSP* – Ap 1000270-41.2016.8.26.0165, 31-7-2018, Rel. Dimas Rubens Fonseca).

"Apelação. Compromisso de venda e compra de bem imóvel. Ação de indenização por danos materiais. Pretensão de inversão de cláusula penal e subsidiariamente, indenização por lucros cessantes. Sentença de procedência. Inconformismo da ré. Acolhimento parcial. Afastamento da multa contratual. Multa contratual estabelecida para o caso de mora dos compradores que não pode ser estendida para o caso de mora das vendedoras. Reforma da r. sentença nesse ponto. Aplicação do Enunciado 38-6 desta Câmara. **Lucros cessantes**. Descumprido o prazo para a entrega do imóvel objeto do compromisso de venda e compra, é cabível a condenação da vendedora por lucros cessantes, havendo a presunção de prejuízo do adquirente, ainda que não demonstrada a finalidade negocial da transação. Aplicação do Enunciado 38-5 desta Câmara. Precedentes do STJ. Devida a indenização por lucros cessantes, fixada em 0,6% sobre o valor atualizado do contrato, por mês de atraso, a partir da mora da vendedora até a data em que o imóvel for entregue. A expedição do habite-se não afasta a mora contratual atribuída à vendedora, subsistindo até a efetiva entrega das chaves da unidade. Autores que decaíram de parcela mínima do pedido. Ônus da sucumbência mantido. Sentença parcialmente reformada. Recurso parcialmente provido" (v.19471) (*TJSP* – Ap 3000459-60.2013.8.26.0562, 8-6-2015, Relª Viviani Nicolau).

6 "Ação de obrigação de fazer c.c. indenização por danos materiais e morais – Alegação de injustificada desativação de conta no Facebook utilizada para divulgar conteúdo digital produzido pelo autor, por suposta violação aos termos de uso da rede social – Sentença de parcial procedência – Recurso de ambas as partes. Apelação da ré Facebook – Desativação de conta no Facebook utilizada para divulgação de conteúdo digital produzido pelo autor, por suposta violação aos termos de uso da rede social – Falha na prestação do serviço evidenciado – Embora direito da ré rescindir o contrato como consectário lógico do princípio da autonomia da vontade, a desativação de conta em rede social (Facebook), utilizada como instrumento de trabalho do autor, deve ser motivada e informada previamente ao usuário por meio de notificação prévia, inocorrente no caso – Requerida não comprovou motivo plausível para a abrupta desativação da conta do autor no Facebook, ônus seu, alegando genericamente desativou a conta do autor por suposta violação aos termos de uso da rede social – Violação aos princípios da boa-fé objetiva e função social do contrato – Conduta abusiva da requerida levando à reativação da conta do autor na rede social – Danos morais evidenciados – Precedentes – Indenização arbitrada em consonância com os princípios da razoabilidade e proporcionalidade, não comportando modificação – Recurso da ré negado. Apelação do autor – **Indenização por lucros cessantes** – Os danos materiais

O *dano emergente* consiste na efetiva diminuição do patrimônio. Ao credor incumbe a prova do montante que perdeu. Nas obrigações em dinheiro, as perdas e danos consistem

devem corresponder ao prejuízo efetivo ou o que razoavelmente deixou de lucrar – Inteligência dos artigos 402 e 944 do CC – Prova dos danos materiais não produzida, ônus do autor – Recurso do autor negado. Recurso da ré e do autor negados" (*TJSP* – Ap 1004224-26.2019.8.26.0348, 15-9-2022, Rel. Francisco Giaquinto).

"Indenizatória – **Danos emergentes – Lucros cessantes** – Licitação – Pretensão de reparação de danos emergentes e lucros cessantes, em razão de anulação de licitação (pregão eletrônico) e, consequentemente, do contrato de prestação de serviços contínuos de transporte escolar de alunos com necessidades especiais. Inadmissibilidade. Autora que não comprovou a entrega de todos os documentos e de ter veículos adaptados em quantidade prevista no edital. Vício insanável. A administração pode anular seus próprios atos, quando eivados de vícios que os tornam ilegais, nos termos da Súmula 473 do STF. Inteligência dos arts. 49 e 59 da Lei 8.666/93. Recurso não provido" (*TJSP* – AC 1022419-08.2018.8.26.0053, 8-3-2019, Rel. Alves Braga Junior).

"Venda e compra de imóvel – Rescisão contratual cumulada com pedidos de indenização por danos materiais e morais – Conclusão da obra após o prazo contratual, considerada a cláusula de tolerância – Mora configurada e incontroversa – Sentença de parcial procedência – Insurgência da requerida – **Lucros cessantes** – Descumprido o prazo para a entrega do imóvel objeto do compromisso de venda e compra, é cabível a condenação da vendedora por lucros cessantes havendo a presunção de prejuízo do adquirente, independentemente da finalidade do negócio – Súmula nº 162 desta Corte Paulista – Indenização devida – Termo final do período no qual é devida a indenização que deve ser definido como a data de ajuizamento desta ação. Recurso parcialmente provido" (*TJSP* – Ap 1120284-89.2015.8.26.0100, 24-1-2018, Rel. Miguel Brandi).

"Recurso Especial – Ação Rescisória – Literalidade da lei – Violação – Contrato Bancário – Ação revisional cumulada com pedido de reparação civil – **Lucros Cessantes** – Postulado da razoabilidade – arts – 402 e 403, do Código Civil – Fundamentação Concreta – Necessidade – Cédula de crédito industrial – Juros – Capitalização – Possibilidade – 1. Ação rescisória visando à rescisão de acórdão proferido em ação revisional de contrato de mútuo cumulada com pedido de indenização por perdas e danos em decorrência do atraso na liberação de algumas parcelas do financiamento. 2. A ação rescisória fundada em erro de fato pressupõe que a decisão tenha admitido um fato inexistente ou tenha considerado inexistente um fato efetivamente ocorrido, mas, em quaisquer dos casos, é indispensável que não tenha havido controvérsia nem pronunciamento judicial sobre ele (art. 966, § 1º, do CPC/2015). 3. A violação de literal disposição de lei que autoriza o ajuizamento de ação rescisória é aquela que enseja flagrante transgressão do 'direito em tese'. 4. A configuração dos lucros cessantes exige mais do que a simples possibilidade de realização do lucro, requer probabilidade objetiva e circunstâncias concretas de que estes teriam se verificado sem a interferência do evento danoso. 5. Reconhecimento dos lucros cessantes fundado em referências genéricas ao laudo pericial, sem a necessária demonstração da relação de interdependência entre os dados colhidos na perícia e o dano supostamente advindo do atraso no repasse dos recursos financeiros. 6. Hipótese em que as respostas do expert, devidamente transcritas no acórdão recorrido, além da imprecisão resultante da reiterada utilização do adjetivo 'provável', servem apenas para a comprovação de que houve atraso no repasse de algumas parcelas do financiamento, fato sobre o qual não há nenhuma controvérsia, valendo, ainda, para sustentar a mera probabilidade de que essa mora tenha contribuído para o atraso na implantação do empreendimento. 7. Não se pode conceber que o reconhecimento da existência de lucros cessantes no importe de R$ 1.919.182,23 (um milhão, novecentos e dezenove mil, cento e oitenta e dois reais e vinte e três centavos), em valores de fevereiro de 2002, não esteja apoiado em fundamentos sólidos, notadamente na hipótese em que o empreendimento ainda estava em fase de implantação, ou seja, ainda não havia iniciado seu estágio produtivo. 8. Não pode subsistir a condenação ao pagamento de lucros cessantes baseada em meras conjecturas e sem fundamentação concreta, dada a flagrante ofensa à literalidade dos arts. 93, IX, da CF/1988, 458, II, do CPC/1973 e 402 e 403 do Código Civil. 9. Desde que não seja considerada abusiva, é válida a capitalização dos juros nas cédulas de crédito industrial, mesmo em se tratando de contrato de adesão submetido às normas do Código de Defesa do Consumidor, nos termos da Súmula nº 93 /STJ. 10. Recurso especial provido" (*STJ* – REsp 1.655.090 – (2017/0035167-2), 10-4-2017, Rel. Min. Ricardo Villas Bôas Cueva).

"Apelação. Responsabilidade civil. **Indenização por danos morais e materiais**. Ação ajuizada por paciente vítima de politraumatismo, decorrente de atropelamento. Alegação de falha médica por não ter sido diagnosticada uma fratura em seu membro inferior esquerdo. Improcedência da ação, carreando ao demandante os ônus da sucumbência. Apelo do autor pugnando pela procedência e redução da verba honorária. Acolhimento parcial. Prontuário médico do autor que, segundo a perícia, não registrou exame físico dos membros inferiores do paciente. Alegação de que o autor sequer fizera relato de dor. Relato presumível diante do quadro de politraumatismo que, por si, reclamava uma investigação mais aprofundada por parte dos médicos, mormente diante das outras lesões sofridas. Fratura constatada dois dias após a alta médica, justamente em função da dor sofrida pelo acidentado. Negligência médica configurada. Danos materiais que não podem ser atribuídos aos réus. Gastos com fisioterapia e lucros cessantes que não decorreram do diagnóstico tardio da fratura, e, sim, do próprio atropelamento. Danos morais configurados. Indenização arbitrada em R$ 15.000,00 em atenção aos parâmetros de razoabilidade/proporcionalidade. Sentença reformada. Ação parcialmente procedente. Sucumbência recíproca. Apelo parcialmente provido" (v.18498) (*TJSP* – Ap 0184937-59.2011.8.26.0100, 31-3-2015, Relª Viviani Nicolau).

nos juros de mora e custas, além da correção monetária cabível, de acordo com o art. 404. Deve também o devedor pagar os ônus processuais da sucumbência (custas e honorários de advogados). A correção monetária também passou a ser devida modernamente, como já estudamos. Trata-se de mera reavaliação pelo que o credor deixou de receber no tempo fixado para o cumprimento. Sem a correção monetária, não haverá plena indenização, sob pena de se premiar o mau pagador. A matéria já foi examinada.

O *lucro cessante* consiste naquilo que o credor razoavelmente deixou de lucrar. O critério do razoável é para ser examinado em cada caso concreto, mediante a prudência do juiz não pode a indenização converter-se em enriquecimento do credor. Devemos notar que, no descumprimento da obrigação, em primeiro lugar verificamos se não é possível o cumprimento coativo, por meio do processo judicial. Já falamos a respeito disso quando tratamos das obrigações de fazer. Se for possível e a natureza da obrigação permitir, pode o devedor ser coativamente obrigado a entregar a coisa objeto da obrigação. Se não for isso possível, se partirá para a indenização em dinheiro, que nunca equivalerá ao cumprimento, mas é um substitutivo. Nem sempre uma indenização repara totalmente o mal causado pelo descumprimento. No mais das vezes, servirá de simples lenitivo para um credor insatisfeito. Por vezes, mesmo que haja o cumprimento da obrigação *in natura*, mas a destempo ou no local e na forma indevidos, haverá também a indenização pelo mau cumprimento da obrigação.[7]

---

[7] "Compromisso de compra e venda de bem imóvel. **Ação de indenização por lucros cessantes** e danos morais. Alegação de atraso na entrega. Sentença de procedência. Atraso na entrega da obra configurado. Aditamento contratual que previu prorrogação do prazo de entrega (além do prazo de tolerância de 180 dias) que é abusivo. Circunstâncias da pandemia de Covid-19 que já eram conhecidas ao tempo de celebração do contrato. Lucros cessantes devidos. Danos morais não configurados. Mero inadimplemento contratual. Sentença parcialmente reformada para afastar a condenação ao pagamento de indenização por dano moral. Recurso parcialmente provido" (*TJSP* – Ap 1014092-05.2024.8.26.0008, 24-6-2025, Rel. Marrone Sampaio).

"Ação rescisória. Pretensão de desconstituição de v. decisão colegiada que confirmou r. decisão de primeiro grau a qual acolheu a impugnação ao cumprimento de sentença apresentada pelo devedor, ora réu, e determinou a exclusão de parcela do crédito concernente aos lucros cessantes da indenização, cujo direito já havia sido reconhecido em favor do autor. (...) Manifesta violação de norma jurídica. Reconhecimento. Infringência ao art. 402 do Código Civil. Perdas e danos que abrangem danos emergentes e lucros cessantes. Em caso de conversão de obrigação de dar em perdas e danos, a inclusão de lucros cessantes no valor da indenização não implica violação ao princípio da congruência. Violação de normas relativas à preclusão. Ampla dilação probatória tendente a apurar o valor dos lucros cessantes. Preclusão pro judicato. Princípio da boa-fé processual que deve ser observado por todos aqueles que participam da relação processual, inclusive pelo Estado-Juiz. Exclusão dos lucros cessantes, após anos de tramitação, que implica violação de justa expectativa. Tutela da confiança. Erro de fato. Exclusão dos lucros cessantes por carência probatória, uma vez que o credor não demonstrara que possuía outro veículo no qual poderia instalar os equipamentos, cuja devolução fora determinada. V. decisão que se embasou em erro de fato que pode ser reconhecido mediante simples análise dos autos. Autor que demonstrou, ab initio, ter adquirido outro veículo para transportar passageiros. Fato não impugnado e desconsiderado na apreciação da questão. Acórdão desconstituído. Juízo rescidendo procedente. Juízo rescisório. Indenização que deve abranger os lucros cessantes. Reparação devida desde a aquisição do veículo até o mês anterior à extinção da licença para realização do transporte de passageiros, ressalvado o período que o credor desempenhou atividade remunerada diversa. Refazimento dos cálculos, considerando os parâmetros adotados pelo autor. Sucumbência. Decaimento da parte ré. Honorários arbitrados em 20% do valor da causa. Pedido rescindendo procedente. Pretensão rescisória procedente em parte" (*TJSP* – Ação Rescisória 2295608-75.2021.8.26.0000, 8-8-2024, Relª Rosangela Telles).

"Apelação – **Ação de indenização por lucros cessantes** – Instrumento Particular de Promessa de Compra e Venda de Imóvel – Pretensão de ressarcimento por lucros cessantes decorrente do atraso na entrega das obras de infraestrutura do empreendimento imobiliário 'sub judice' – Sentença de improcedência – Inconformismo do autor, alegando que restou comprovado o atraso na entrega do empreendimento imobiliário 'sub judice', devendo a ré ser condenada ao pagamento de lucros cessantes – Cabimento – Caso em que a entrega dos lotes aos compromissários compradores, mas sem a conclusão da infraestrutura do condomínio, não é suficiente a caracterizar a entrega do empreendimento imobiliário, que somente ocorre na ocasião em que o adquirente pode dispor de forma livre e irrestrita do bem – Atraso que enseja a condenação por lucros cessantes – Inteligência da Súmula nº 162 do TJSP – Montante indenizatório fixado em 0,5% a ser aplicado sobre o valor contratual do imóvel, no período

A liquidação do dano apresenta menores dificuldades do que a apuração do lucro cessante, isto é, o que o credor razoavelmente deixou de ganhar.

As perdas e os danos são avaliados pelo efetivo prejuízo causado pelo descumprimento. Por uma diminuição econômica no patrimônio do credor. O dano é efetivo e não hipotético.

De outro lado, os lucros cessantes possuem várias sutilezas em sua apuração. Um motorista de táxi, por exemplo, que sofre um abalroamento em seu veículo, será indenizado pelo valor dos reparos do veículo. Contudo, a título de lucros cessantes, deve ser indenizado *de forma razoável, pelos dias em que não pôde trabalhar com seu instrumento de trabalho*. A apuração do *quantum* levará em conta a féria razoável, média comum, ordinária, para os dias não trabalhados. Esse é o sentido da dicção da parte final do art. 402. A cautela do juiz deve ser no sentido de nem proporcionar uma vantagem ao credor, atribuindo-lhe algo além do dano, nem minimizar a indenização a ponto de lhe tornar inócua. Os vários meios de prova, tais como perícias e arbitramento, são muito importantes no caso; mas também é importante a utilização da experiência dos fatos corriqueiros da vida social. A intensidade de culpa ou o dolo são, como dissemos, irrelevantes na responsabilidade civil, de acordo com o art. 403. Assim, deve o julgador refrear o sentido de pretender aumentar inconscientemente a indenização quando há dolo ou culpa grave, porque essa não foi a intenção de nosso legislador, enfatizada agora no ordenamento vigente. Tal orientação, porém, não estampa o mais atual sentido das indenizações por responsabilidade civil. Por isso, chamamos a atenção para o que estudamos neste volume, na parte que trata da responsabilidade civil, quando apontamos um padrão indenizatório

---

compreendido entre maio/2013 a novembro/2017 – Recurso provido" (*TJSP* – AC 1011108-67.2017.8.26.0566, 10-7-2019, Rel. José Aparício Coelho Prado Neto).

"Agravo interno no Recurso Especial – Promessa de compra e venda de imóvel – Atraso na entrega – **Lucros cessantes** – Presunção dos prejuízos sofridos pelo promitente comprador – Acórdão recorrido em confronto com a jurisprudência desta corte superior. Alegação de litigância de má-fé. Pretensão de alteração da premissa de ausência de demonstração de que a recorrida alterou dolosamente a verdade dos fatos. Necessidade de reexame fático-probatório. Inviabilidade. Súmula 7 do STJ. Razões que não infirmam a decisão agravada. Agravo interno desprovido" (*STJ* – AGInt-REsp 1658646/RJ, 3-5-2019, Rel. Min. Paulo de Tarso Sanseverino).

"Ação de cobrança c. c. **Lucros cessantes** – Inconformismo contra decisão que indeferiu o pedido de tutela de urgência. Contrato de compra e venda verbal de veículo firmado entre pessoas físicas. Pleito de bloqueio do veículo. Acervo probatório que, a este tempo, não se mostra suficiente para a formação da convicção, eis que, por ora, não se tem certeza a que título o veículo objeto da demanda foi transferido para o nome do agravado. Não demonstração de elementos que evidenciem a probabilidade do direito e o perigo de dano ou risco ao resultado útil do processo. Ausência dos requisitos do artigo 300 do Código de Processo Civil/2015 que legitima o indeferimento. Recurso desprovido" (*TJSP* – AI 2246469-96.2017.8.26.0000, 7-2-2018, Rel. Dimas Rubens Fonseca).

"Agravo Interno – Agravo em recurso especial – Civil e processual civil – Liquidação de título executivo judicial – **Lucros Cessantes** resultantes de cogitado empreendimento imobiliário frustrado – Danos Hipotéticos – Arts. 402 e 403 do CC/2002 – Embargos Declaratórios – Ausência de caráter protelatório – Multa do art. 538, parágrafo único, do CPC/1973 afastada – 1 – Cumprimento de título executivo judicial que, de forma lacônica, determinou a indenização por perdas e danos em face do descumprimento de contrato de opção de compra, a ser apurada em liquidação de sentença. 2 – Decisão que ordenou a realização de perícia para apurar lucros cessantes com base no melhor empreendimento imobiliário que a parte autora poderia efetuar no imóvel cuja compra foi frustrada pelo descumprimento do pacto, confirmada mediante o entendimento da Corte de origem de que a apuração do prejuízo independe da comprovação de que o empreendimento seria efetivamente implementado ou seu projeto seria aprovado pelos órgãos competentes. 3 – Os artigos 402 e 403 do Código Civil estabelecem que o cálculo dos lucros cessantes deve ser efetuado com razoabilidade, devendo corresponder à perda do lucro que resulte direta e imediatamente da inexecução do pacto. 4 – A jurisprudência do STJ não admite a indenização de lucros cessantes sem comprovação, rejeitando os lucros hipotéticos, remotos ou presumidos, incluídos nessa categoria os lucros que supostamente seriam gerados pela rentabilidade de atividade empresarial que sequer foi iniciada. Precedentes. 5 – Não identificado o caráter protelatório dos embargos de declaração ou o abuso da recorrente pela sua oposição, impõe-se o afastamento da multa processual, nos termos do Enunciado 98 da Súmula do STJ. 6 – Recurso especial provido para reformar o acórdão estadual, a fim de excluir do cálculo da indenização os lucros cessantes decorrentes do aventado empreendimento imobiliário, e para afastar a multa imposta pelo juízo singular nos embargos declaratórios" (*STJ* – AGInt-AG-REsp 964.233 – (2016/0207896-3), 23-5-2017, Rel. Min. Luis Felipe Salomão).

atual, mormente para os danos morais. Há novos aspectos a serem considerados, inclusive a indenização como forma de punição.

Quando aprofundarmos nossos estudos na responsabilidade civil, mais adiante mencionaremos também os danos relativos à *perda de uma chance*, algo que se coloca diretamente no tema relativo às perdas e danos, a meio caminho entre ambos.

Não esqueçamos ainda que as partes podem sempre liquidar os danos sem instaurar procedimento para tal. A questão é estritamente de direito civil, direito dispositivo, portanto.

Para a indenização, sob o prisma do dano emergente e lucro cessante, deve ser visto sempre o nexo de causalidade. A apuração de indenização é a que decorre exclusivamente do fato jurígeno. Assim, se um veículo é abalroado, mas seu proprietário o deixa ao relento, com um agravamento das condições de reparação, não pode o devedor ser obrigado a pagar por um dano para o qual não concorreu.

Na parte desta obra reservado à responsabilidade civil extracontratual voltaremos às formas de indenização, inclusive um novo tema na matéria, que diz respeito à *perda da chance*, como apontamos.

> **Caso 8 – Perdas e danos**
>
> Perdas e danos, em nossa lei, são expressões sinônimas. Constituem a configuração de uma perda em prejuízos. Lucro cessante constitui a indenização de que a lei fala no que a parte *razoavelmente deixou de lucrar.*

12.4.1 Dano Moral ou Dano Não Patrimonial

Esse tema deve ser versado também com mais profundidade na responsabilidade aquiliana. Geralmente, o descumprimento de um contrato não leva a um dano moral. E o dano moral é exatamente isso, um prejuízo que não afeta o patrimônio econômico, mas afeta a mente, a reputação da vítima. Nesse diapasão, havia um descompasso entre a doutrina e a jurisprudência. A doutrina sempre, com poucas restrições, cantava e decantava a reparabilidade do dano moral. A jurisprudência no país era absolutamente cautelosa no assunto.

O Código de 2002 resolveu, em boa hora, ser expresso a respeito, no art. 186, admitindo a indenização por dano exclusivamente moral. A Constituição de 1988 a ele se referiu expressamente e abriu um novo horizonte para as indenizações em nosso país. Esse dano é o que afeta a integridade física, estética, a saúde em geral, a liberdade, a honra, a manifestação do pensamento etc. Trata-se de lesão que atinge valores físicos e espirituais da pessoa e que trazem amargura, privação do bem-estar, padecimento, inquietação mental e perturbação da paz.

Era contraditório dizer, como fez nossa jurisprudência, que só é indenizável o dano moral se apresentasse reflexos patrimoniais. Se há reflexos patrimoniais, o dano é patrimonial. Não é porque o dano exclusivamente moral é difícil de ser avaliado economicamente que deve ser deixado de lado. Como já dissemos a respeito dos danos em geral, no tópico anterior, raramente a indenização substitui exatamente o dano sofrido. Geralmente, é um simples lenitivo para o credor não satisfeito. Também o dano moral ou dano não patrimonial funciona exatamente assim. Qual seria o sentido, então, de se proporcionar a indenização a uma paciente de cirurgia plástica, afetada em sua beleza pela imperícia do cirurgião? É claro que, se essa vítima fosse uma atriz, os danos seriam mais palpáveis. No entanto, o prejuízo estético afeta o psiquismo e a conduta social de qualquer pessoa, uns mais, outros menos. Uma indenização minora esse sofrimento. Nosso próprio Código Civil, do início do século, já dava um parâmetro absolutamente equilibrado para uma indenização moral no art. 1.548. Diz que a mulher agravada em sua honra tem direito de exigir do ofensor "*um dote correspondente à sua própria condição e estado*". Tratava-se de típica indenização por dano exclusivamente moral.

No campo da responsabilidade extranegocial, há regra não escrita que deve ser levada em conta pelo julgador. Qualquer indenização não pode ser tão mínima a ponto de nada reparar, nem tão grande a ponto de levar à penúria o ofensor, criando para o Estado mais um problema social. Isso é mais perfeitamente válido no dano moral. Não pode igualmente a indenização ser instrumento de enriquecimento injustificado para a vítima; nem ser de tal forma insignificante a ponto de ser irrelevante ao ofensor, como meio punitivo e pedagógico, uma vez que a indenização desse jaez tem também essa finalidade.[8]

No dano não patrimonial não há exatamente reparação de prejuízo, porém mais propriamente uma *compensação*, como diz o autor lusitano Galvão Telles (1982:297). A compensação é o lenitivo da dor de que falamos. A reparação é indireta. Não há, porém, que se entender que o dano moral é sempre aquele que acarrete uma dor psíquica. A compreensão de sua amplitude evoluiu para todas aquelas situações nas quais existe um incômodo incomum. Não cabe aqui e agora entrar nas infindáveis teorias e objeções sobre o dano moral, tantos foram os autores que dele se ocuparam. Importa também mencionar que para a configuração do dever de indenizar em sede de dano moral não há necessidade que se comprove intensa dor física: o desconforto anormal, que ocasiona transtornos à vida do indivíduo, por vezes, configura um dano indenizável, por exemplo, o atraso ou cancelamento de um voo ou um título de crédito indevidamente protestado. Mais recentemente a doutrina destaca o caráter punitivo do dano moral, muito mais do que simples compensação. Há também uma visão pedagógica na condenação por dano moral, como comentaremos.

---

[8] "Direito civil e processual civil – Apelação cível – **Ação de indenização por dano material e moral** – Inércia da parte quanto à frustração da intimação de testemunhas por ela arroladas – Cerceamento de defesa não configurado – Ilegitimidade passiva – Reconhecimento na decisão saneadora – Recurso próprio não aviado – Preclusão – Rediscussão – Impossibilidade – Acidente ocorrido em meio a transporte em carroceria de veículo – Fato constitutivo do direito do autor – Culpa do requerido – Comprovação – Ausência – Pedido improcedente – Recurso não provido – Não há que se falar em cerceamento de direito de defesa quando a parte, tendo acesso aos autos por diversas vezes após a frustração da intimação das testemunhas por ela arroladas, permanece inerte, suscitando o vício apenas quando da interposição do apelo. Tendo sido a ilegitimidade passiva reconhecida por ocasião do despacho saneador, sem notícia da interposição do recurso cabível, resta precluso o debate da matéria. Para que se configure o ato ilícito que enseja a reparação é necessário que simultaneamente ocorram as seguintes situações: [a] fato lesivo voluntário, causado pelo agente, por ação ou omissão voluntária, negligência ou imprudência; [b] ocorrência de um dano patrimonial ou moral, cumuláveis as indenizações por dano material ou moral decorrentes do mesmo e [c] nexo de causalidade entre o dano e o comportamento do agente. Não comprovado, nos autos, fato constitutivo do autor, consubstanciado na culpa do réu, de rigor a improcedência do pedido inicial" (*TJMG* – AC 1.0627.10.000541-2/001, 8-2-2019, Rel. Otávio Portes).

"Indenização por danos morais – Banco – **Danos morais** – Consumidor que foi feito refém durante assalto a agência bancária. Má prestação do serviço bancário identificada. Falha de segurança evidenciada pela falta de detector de metal nas portas do estabelecimento. Responsabilidade objetiva reconhecida. Dano moral. Valor fixado que atende aos princípios da proporcionalidade e razoabilidade e à finalidade pedagógica da medida, sem acarretar enriquecimento sem causa do autor. Sentença mantida. Recurso não provido" (*TJSP* – Ap 1000342-83.2017.8.26.0200, 11-7-2018, Rel. Fernando Sastre Redondo).

"Agravo de instrumento – Ação de rescisão contratual, cumulada com indenização por perdas e **danos materiais e morais**. Decisão agravada que indeferiu a gratuidade de justiça. Presunção de veracidade da declaração de pobreza elidida por elementos em contrário trazidos ao processo. Necessidade de recolhimento do preparo recursal, uma vez reconhecido o insucesso da pretensão. Decisão confirmada. Negado provimento ao recurso, com observação" (*TJSP* – AI 2065328-47.2017.8.26.0000, 18-9-2017, Relª Viviani Nicolau).

Em apertada síntese, cumpre dizer que o Código de 1916 não se descurou em vários dispositivos dos danos exclusivamente morais. Já citamos o art. 1.548. Podem ainda ser lembrados, entre outros, os arts. 1.547 (atual, art. 953) (injúria ou calúnia) e o art. 1.543, que falava de valor de *afeição* de objeto desaparecido. Nada obsta, ainda, que se cumule pedido de dano material, com o de dano moral. A uma perda material pode ser acrescido um sentimento profundo, indenizável (cf. Wald, 1979:95). Aqui, o poder do magistrado é amplo. Incumbe a ele colocar a indenização nos devidos termos, coibindo abusos e impedindo demandas oportunistas e infundadas. Nunca, no entanto, deve ser vista a discricionariedade do juiz como um poder arbitrário. Ao julgar, o magistrado está adstrito a um mínimo de princípios legais, a sua consciência e ao crivo de seus pares, que é o Poder Judiciário, enfim, não fosse suficiente o pesado fardo do crivo da sociedade.

A Constituição vigente consagrou definitivamente a indenizabilidade por dano moral, pondo fim à resistência da jurisprudência (art. 5º, V). Definitivamente se manifestou o Superior Tribunal de Justiça na dicção da Súmula 37: *"são cumuláveis as indenizações por dano material e dano moral oriundos do mesmo fato"*. Majoritariamente, também, a jurisprudência já vem admitindo, inclusive, indenização por danos morais à pessoa jurídica.

Sobre danos extrapatrimoniais, em seus vários aspectos, discorremos com maior profundidade no Capítulo 24 deste volume, para a qual remetemos o leitor.

13

CLÁUSULA PENAL

13.1 CONCEITO. NATUREZA JURÍDICA

Cláusula penal é uma obrigação de natureza acessória. Por meio desse instituto insere-se multa na obrigação, para a parte que deixar de dar cumprimento a uma, todas ou várias disposições de um contrato ou apenas o retardar. Aí estão as duas faces da cláusula penal: de um lado, possui a finalidade de indenização prévia de perdas e danos, de outro, a de penalizar, punir o devedor moroso. Trata-se basilarmente, como decorre da própria denominação, de uma modalidade de pena.

Apesar de regida no campo do direito obrigacional, nada impede que seja instituída em outras áreas do Direito, como sua inserção em um testamento, *"a fim de estimular o herdeiro à fiel satisfação do legado"*, como ensina Washington de Barros Monteiro (1979, v. 4:416).

Entre nós, no Código Civil de 1916, a matéria vinha regulada em título referente à modalidade das obrigações. Muitos discutiam a colocação, porque a multa diz mais respeito ao inadimplemento da obrigação. O Código de 2002 a coloca na parte referente ao inadimplemento (arts. 408 a 416).

O Código de 1916 não definiu o instituto. Assim como no Código em vigor, parte-se para a descrição do fenômeno: *"Incorre de pleno direito o devedor na cláusula penal, desde que, culposamente, deixe de cumprir a obrigação, ou se constitua em mora"* (art. 408).[1]

---

[1] "Apelação. Ação de obrigação de fazer. Compra e venda de imóvel. Obrigação de lavratura de escritura definitiva e registro. Alegação de força maior decorrente da pandemia de Covid-19. Impossibilidade absoluta não configurada. Observância dos Provimentos nº 94/2020 e 95/2020, de garantia de continuidade dos serviços cartorários. Exceção do contrato não cumprido inaplicável ao caso. Ônus probatório não cumprido pelos recorrentes, nos termos do artigo 373, II, do CPC. Multa moratória bem aplicada. Observância do **art. 408 do CC**. Cláusula penal devida desde a constituição em mora até o efetivo cumprimento da obrigação. Sentença mantida. Honorários advocatícios majorados. Recurso improvido" (*TJSP* – Ap 1029315-10.2020.8.26.0114, 14-7-2025, Rel. Luis Fernando Cirillo).

"Apelação – Ação monitória – Recurso da autora – Contrato customizado de serviços educacionais – Segmento in company – Prestação nas dependências e em razão do antigo emprego da ré – Exigência de cláusula penal por ruptura antecipada do contrato – Descabimento – Cláusula penal exige inadimplemento culposo – Contrato interrompido por motivos alheios à vontade da ré (demissão do antigo emprego) – Impossibilidade física de seguir frequentando o curso – Exceção de contrato não cumprido – Inexigibilidade da multa – Precedentes – Manutenção da r. Sentença – Recurso não provido. 1 – A exigibilidade de uma cláusula penal compensatória pressupõe ao menos

Destarte, submete-se, *a priori*, a uma pena o devedor que descumprir a obrigação culposamente, ou cumpri-la com atraso, tipificado como mora.

O instituto é utilizado com extrema frequência nos contratos. Raros serão os contratos que não a têm. Num contrato de locação, por exemplo, estipula-se multa, caso o locatário pague o aluguel após um dia do mês fixado. É comum as partes camuflarem a cláusula penal, estipulando-a ao avesso, isto é, no contrato de locação, fixam um *desconto*, caso o devedor pague

---

inadimplemento culposo, conforme redação do **art. 408 do Código Civil**. 2 – No caso, o negócio foi prematuramente interrompido por motivo alheio à vontade da ré, uma vez que o contrato era customizado sob o segmento in company, isto é, prestado nas dependências e em função do antigo emprego da ré. 3 – Considerando que a ré foi desligada da empresa, o contrato foi interrompido por força maior, obstando a incidência da cláusula penal. Precedentes alicerçados na mesma controvérsia. 4 – Por fim, ainda que isso não fosse cogitado, a multa não seria exigível, pois a obrigação da autora (prestar o curso de pós-graduação) se tornou impossível, já que ministrado em local não mais acessível à ré (ex-empregador). Exceção de contrato não cumprido (CC, art. 476). Recurso não provido" (*TJSP* – Ap 1007472-47.2017.8.26.0161, 19-6-2024, Relª. Maria Lúcia Pizzotti).

"Apelação cível. Embargos à Execução. Contrato de Prestação de Serviços. Sentença de parcial procedência. Insurgência do Embargante quanto ao percentual da **cláusula penal**. Pretensão de reforma da r. Sentença para declarar nula a multa contratual constante no Contrato de adesão elaborado unilateralmente pela Apelada. Não acolhimento, pois a inserção de cláusula penal em um Contrato decorre da possibilidade de inexecução culposa da avença, com o escopo, pois, de prevenir os danos daí decorrentes, nos termos do artigo 408 do Código Civil. Redução proporcional da referida multa. Inteligência do artigo 413 do Código Civil. Ausência dos requisitos formais de validade do título executivo. Descabimento. A mera irregularidade formal não resulta na nulidade do título, por não causar prejuízo e, de acordo com o artigo 228, inciso IV, do Código Civil. Apelante não se desincumbiu do ônus da prova que lhe competia provar a existência de fato impeditivo, modificativo ou extintivo do direito da Apelada. Inteligência do artigo 373, inciso II, do Código de Processo Civil. Sentença mantida. Recurso não provido" (*TJSP* – Ap 1000332-58.2022.8.26.0428, 31-8-2023, Rel. Penna Machado).

"Prestação de serviços de implantação, assessoria, locação e manutenção de estacionamento rotativo. Ação de indenização material e moral. Sentença de parcial procedência. Falha na prestação de serviços incontroversa. **Cláusula penal** e outros prejuízos alegados aventados. Distrato firmado sem disposição de renúncia. Interpretação restritiva. Cláusula penal corretamente imposta. Artigos 408 e 416 do Código Civil. Lucros cessantes afastados à míngua de convenção para indenização suplementar. Dano moral não caracterizado. Decaimento maior da autora. Redistribuição da sucumbência. Provimento parcial do recurso. Com relação à falha do serviço, a própria ré reconheceu e notificou a autora, sendo o fato corroborado pela rescisão por meio de distrato entre as partes. Há previsão de cláusula penal no contrato e o distrato deve ser interpretado restritivamente, não havendo qualquer renúncia em relação à multa por inadimplemento, ou seja, a multa é devida (art. 408, CC). Não obstante, em relação aos demais prejuízos, apontados como decorrentes do inadimplemento, não cabe condenação diante da regra do art. 416 do Código Civil, pois não houve ajuste de indenização suplementar, bem como houve contratação simultânea de outra empresa, sendo ainda canceladas as parcelas de remuneração correlatas. Assim, também não cabe desconto de valor cancelado pela ré à título de parcela de remuneração, diante de origem diversa. Não se caracteriza a situação narrada como causadora de dano moral objetivo, eis que se trata de associação. Assim, não se mostra cabível a indenização por danos morais à pessoa jurídica quando não há demonstração de ofensa ao conceito da empresa no segmento em que atua" (*TJSP* – Ap 1005070-40.2020.8.26.0564, 9-6-2022, Rel. Kioitsi Chicuta).

"**Cláusula penal** – Natureza compensatória – Termo final da mora – Averbação do habite-se – Juros de mora – Termo inicial – Recurso desprovido. 1. Hipótese de pretensão exercida com o intuito de obter a condenação de construtora ao pagamento de valor previsto em cláusula penal decorrente do atraso na entrega de unidade imobiliária adquirida por contrato de promessa de compra e venda. 2. A escassez da mão de obra especializada não pode ser considerada como evento fortuito apto a justificar o atraso na entrega de unidade imobiliária. 3. A cláusula penal moratória tem a finalidade de indenizar o adquirente do imóvel pelo adimplemento tardio da obrigação assumida pela construtora. 3.1. Nos contratos de promessa de compra e venda de imóvel ainda na planta, o termo final de entrega da obra coincide com a averbação do 'habite-se' no Cartório de Registro de Imóveis. 4. Os juros de mora começam a fluir a partir da data da citação, de acordo com o art. 405 do Código Civil, no caso de responsabilidade contratual. 5. Apelação conhecida e desprovida" (*TJDFT* – ApCív 00026494720168070020, 16-9-2020, Rel. Alvaro Ciarlini).

"**Cláusula penal** – Acordo em ação de dissolução de sociedade, homologado por sentença, que prevê o pagamento dos haveres do sócio retirante em prestações mensais. Previsão de vencimento antecipado da dívida e multa em caso de atraso superior a dez dias. Atraso no pagamento, em um único mês, em razão da incompatibilidade do CPF do agravante com a titular da conta bancária indicada. Agravada (devedora) que, prontamente, busca resolver a situação. Recorrente, por outro lado, que se nega a informar outra conta para depósito. Culpa concorrente que não justifica a aplicação da cláusula penal. Recurso desprovido" (*TJSP* – AI 2030021-32.2017.8.26.0000, 5-4-2019, Rel. Araldo Telles).

até determinado dia, rezando a avença que o preço do aluguel é outro, mais elevado. Trata-se de verdadeira multa moratória, como veremos.

No mesmo exemplo do contrato de locação, geralmente são encontradas as duas formas tradicionais de cláusula penal: a *moratória*, já acenada, e a *compensatória*, quando se estipula uma multa, no caso de infringência de qualquer das cláusulas do contrato, como, por exemplo, desvio de uso do imóvel ou da coisa em geral, resolução antecipada etc.

Portanto, a cláusula penal é obrigação acessória de um contrato principal. A regra geral é a de que o acessório segue o principal. Dizia o art. 922 do Código Civil de 1916 que *"a nulidade da obrigação importa a da cláusula* penal". A recíproca, evidentemente, não é verdadeira. Nem sempre, porém, essa regra do art. 922 era uma verdade, tanto que o atual diploma preferiu suprimir o dispositivo.

Serpa Lopes (1966, v. 2:172), com sua habitual argúcia, aponta situações nas quais, mesmo perante a nulidade do contrato, sobrevive a cláusula penal. Lembra das situações em que a nulidade seja tal gravidade a dar margem a uma indenização por perdas e danos, como é o caso da venda de coisa, dolosamente, não pertencente ao vendedor. Recorda, ainda, que a cláusula penal pode ter sido pactuada justamente para os casos de ser tida como nula a obrigação principal. Aqui, na realidade, a cláusula penal deixa de ser acessória, para tornar-se obrigação autônoma.

13.2 CLÁUSULA PENAL COMPENSATÓRIA. CLÁUSULA PENAL MORATÓRIA

A cláusula penal pode se dirigir à inexecução completa da obrigação (inadimplemento absoluto), ao descumprimento de uma ou mais cláusulas do contrato ou ao inadimplemento parcial, ou simples mora. A cláusula penal ou multa pode ser estipulada conjuntamente com a obrigação, ou em ato posterior (art. 409).

Quando a multa é aposta para o descumprimento total da obrigação, ou de uma ou algumas de suas cláusulas, será *compensatória*. Como denota a própria rotulação, sua finalidade é compensar a parte inocente pelos entraves e infortúnios decorrentes do descumprimento. Quando se apõe a multa para o cumprimento retardado da obrigação, mas ainda útil para o credor, a cláusula penal será *moratória*. Nesta hipótese, o devedor moroso pagará um *plus* pelo retardamento no cumprimento de sua obrigação. A noção de ambas as espécies estava no art. 917 do diploma de 1916, repetida no moderno art. 409:

> *"A cláusula penal, estipulada conjuntamente com a obrigação, ou em ato posterior, pode referir-se à inexecução completa da obrigação, à alguma cláusula especial ou simplesmente à mora."*

A cláusula penal compensatória constitui prefixação de perdas e danos.[2] Sua maior vantagem reside no fato de que basta ao credor provar o inadimplemento imputável ao devedor, ficando este obrigado ao pagamento da multa estipulada. Não existindo a previsão de multa,

[2] "Embargos de declaração em face do acórdão de recurso representativo de controvérsia – Recurso de caráter meramente infringente – Ausência dos requisitos do art. 1.022 do CPC de 2015 – Embargos de declaração rejeitados – 1- Conforme tese sufragada por este Colegiado, a **cláusula penal moratória tem a finalidade de indenizar pelo adimplemento tardio da obrigação**, e, em regra, estabelecida em valor equivalente ao locativo, afasta-se sua cumulação com lucros cessantes. 2- Frisou-se que o art. 402 do CC estabelece que as perdas e danos devidas ao credor abrangem, além do que ele efetivamente perdeu, o que razoavelmente deixou de lucrar. 3- Salientou-se que o entendimento doutrinário amplamente majoritário aponta a natureza eminentemente reparatória da cláusula penal moratória, ostentando, reflexamente, função dissuasória. 4- Depreende-se do artigo 1.022 do Código de Processo Civil que os embargos de declaração não se prestam ao simples reexame de questões já analisadas,

deve o credor, como regra geral, provar a ocorrência de perdas e danos e seu respectivo montante. Na multa, ocorrendo seus pressupostos de exigibilidade, ela é devida, sem discussão. Pode até mesmo ocorrer que, no caso concreto, o valor da multa seja superior ao efetivo prejuízo sofrido pela parte, mas esse aspecto será, em princípio, irrelevante. Esse tema, contudo, permite variações, como veremos.

Consoante o art. 410, *"quando se estipular a cláusula penal para o caso de total inadimplemento da obrigação, esta reverter-se-á em alternativa a benefício do credor"*, isto é, o credor pode pedir o valor da multa ou o cumprimento da obrigação. Há quem denomine essa categoria como cláusula penal alternativa. Escolhida uma via, não pode o credor exigir também a outra. O devedor, pagando a multa, nada mais deve, porque ali já está fixada antecipadamente uma indenização pelo descumprimento da obrigação.[3]

---

com o intuito de conferir meramente efeito modificativo ao recurso. 5- Embargos de declaração rejeitados" (*STJ* – EDcl-REsp 1498484/DF, 15-10-2019, Rel. Min. Luis Felipe Salomão).

[3] "Embargos de declaração. Ausência de vícios que possam ser extirpados por meio de embargos de declaração. Inexistência de omissão, contradição, obscuridade ou erro material no julgado. Tentativa de se rediscutir a matéria apreciada no Acórdão quanto à validade da **cláusula penal compensatória** (arts. 408 e 410, do CC) e à manutenção da indenização prevista na cláusula 6.3, visto que o Regulamento Nacional de Intermediários não é capaz de invalidar cláusula contratual livremente pactuada. Mero inconformismo. Necessidade de utilização da via recursal adequada para externá-lo. Atribuição de efeito modificativo ou infringente. Impossibilidade. Ausência das hipóteses autorizadoras desta medida excepcional. Recurso rejeitado" (*TJSP* – ED 1064663-68.2019.8.26.0100, 8-4-2025, Rel. Anna Paula Dias da Costa).

"Trespasse – Ação declaratória e indenizatória – Ação e reconvenção julgadas improcedentes – Recursos de ambas as partes – Cerceamento de defesa inocorrente – Pretendida declaração de rescisão do contrato, com restituição de valores pagos e pagamento de multa contratual – Alienação a terceiros do estabelecimento comercial antes alienado ao autor promovida pela ré – Culpa da ré caracterizada, tendo sua conduta dado causa à rescisão do contrato – Restituição dos valores pagos devida – Multa contratual remissiva a uma **cláusula penal estipulada** para a hipótese de inadimplemento absoluto, precificados danos decorrentes do descumprimento da avença por qualquer das partes – Incorrência de 'bis in idem', inexistindo, frente à configuração do pedido na petição inicial e considerada a regra do art. 410 do CC/2002, incompatibilidade e sobreposição com a restituição dos valores pagos – Inviabilidade do pleito reconvencional diante das conclusões extraídas do exame da prova colhida, ocasionada a extinção do contrato por culpa da reconvinte – Ação julgada procedente, improcedente a reconvenção – Apelo do autor provido, desprovido o recurso adesivo da ré" (*TJSP* – Ap 1011394-18.2022.8.26.0292, 27-3-2024, Rel. Fortes Barbosa).

"Ação de cobrança – prestação de serviços de intermediação e administração de negócios – sentença de improcedência – apelação da autora – Irresignação com relação ao despacho saneador – Pretensão de produção de prova oral, pericial e emprestada – Não acolhimento – A prova documental produzida nestes autos é suficiente para o deslinde da controvérsia. – Cerceamento de defesa – Não ocorrência – Os documentos acostados aos autos são suficientes para o deslinde da causa, de maneira que o julgamento antecipado não implica qualquer lesão ao contraditório e à ampla defesa. – Irresignação da autora com relação à sentença que julgou improcedente a ação – Alegação de que faz jus ao recebimento da multa prevista na cláusula sétima do contrato firmado entre as partes – Não acolhimento – **Cláusula penal de natureza compensatória** – Não há possibilidade de exigência de cumprimento da obrigação contratual concomitantemente à cobrança da multa compensatória – Inteligência do art. 410 do CC – Precedente do C. STJ – Caso em que a autora ajuizou outras ações exigindo o cumprimento do contrato – Improcedência da ação que era de rigor – Sentença mantida por seus próprios fundamentos. Recurso não provido". (*TJSP* – Ap 0131285-98.2009.8.26.0100, 13-4-2023, Rel. Marino Neto).

"Cumprimento de sentença – Decisão que estabeleceu os parâmetros para o cálculo do valor devido – Determinação de exclusão da capitalização mensal de juros e da multa compensatória de 20% – Possibilidade – Cobrança da capitalização mensal autorizada apenas às instituições financeiras integrantes do Sistema Financeiro Nacional, desde que expressamente contratada – Hipótese inocorrente no caso concreto – **Cláusula penal compensatória** – Artigo 410, do Código Civil – Impossibilidade de ser exigida juntamente com o cumprimento da obrigação principal – Decisão mantida – Recurso não provido" (*TJSP* – AI 2254762-16.2021.8.26.0000, 11-5-2022, Rel. Mario de Oliveira).

"Apelação cível – Embargos à execução – Sacas de feijão – Soja – Preço – Fixação – Previsão contratual – **Multa moratória** – Cláusula penal – Cumulação – Fatos geradores distintos – Possibilidade – 1- Ante a ausência de entrega integral do produto, caberá à compradora, ora apelante, a fixação do preço das sacas de café, mormente pelo fato de as partes terem acordado neste sentido. 2- Entende-se ser possível a cumulação das multas moratória e compensatória quando tiverem origem em fatos geradores distintos, como ocorre no caso em exame" (*TJMG* – AC 1.0702.07.343311-3/001, 20-9-2019, Rel. Maurílio Gabriel).

Se, por outro lado, a prestação não tiver mais utilidade para o credor, só lhe restará cobrar a multa.

Diferentemente opera a multa pela mora. Aqui, por sua natureza, a prestação sempre será útil para o credor. A multa atua como efeito intimidativo, a fim de que o devedor não atrase o cumprimento de sua avença. Se o fizer, pagará a prestação de forma mais onerosa. É claro, também, que mesmo na multa moratória, existe uma forma de compensação para o credor, em virtude de receber sua prestação tardiamente; no entanto, não é essa a natureza essencial da multa moratória.[4]

A questão principal nesse tema é que, pela própria natureza da cláusula penal moratória, não há que se confundir com a compensatória. Nesta, se o credor optar pela cobrança da multa, não pode, em princípio, cumulá-la com as perdas e danos: *electa una via non datur regressum ad alteram* (escolhida uma via, não se pode optar pela outra).

Na multa compensatória, a opção será do credor. Se ele entender que seus prejuízos pelo inadimplemento foram mais vultosos que o valor da multa, partirá para a via das perdas e danos. Se, por outro lado, entender que a multa lhe cobre os prejuízos, ou, ainda, se não deseja submeter-se a custosa e difícil prova de perdas e danos, optará pela cobrança da multa. Geralmente, a parte inocente no contrato pedirá sua *rescisão*, cumulando tal pedido com a condenação no pagamento da multa.

As responsabilidades processuais da sucumbência, juros, custas, despesas judiciais em geral não se confundem com a multa.

Há que se apontar a redação trazida pelo art. 416:[5]

---

4 "Apelação cível – Ação de rescisão de contrato c/c declaratória de nulidade de cláusula contratual c/c ressarcimento de crédito – Consórcio – Desistência – Cláusula penal – Redução – Possibilidade – Juros de mora. – A cláusula penal compensatória perfaz uma prefixação das perdas e danos, tornando-se devida ao credor independentemente de comprovação de prejuízo sofrido com o inadimplemento do devedor, devendo ser reduzida equitativamente quando excessiva. Podendo a restituição das parcelas pagas ocorrer em até trinta dias do término do consórcio ou da contemplação do consorciado desistente, somente depois de ultrapassado tal prazo sem o cumprimento da obrigação é que se caracteriza a mora, com a consequente incidência dos juros moratórios" (*TJMG* – ApCív. 1.0000.20.059597-3/001, 12-8-2020, Pedro Bernardes).

"Apelação cível – Rescisão contratual – **Cláusula penal compensatória** – Redução – Possibilidade – É possível a cobrança de cláusula penal compensatória, decorrente da rescisão de contrato, quando expressamente prevista no instrumento contratual. Deve ser revista quando configurada sua excessividade e abusividade" (*TJRO* – Ap 7002448-34.2016.8.22.0014, 13-8-2019, Rel. Des. Kiyochi Mori).

"Prestação de serviços – Cobrança – Multa Contratual – **Cláusula penal compensatória** – Reforço do vínculo obrigacional mediante prefixação de perdas e danos e sanção pelo descumprimento. Prejuízo presumido de forma absoluta. Prova desnecessária. Redução decorrente de adequação da condenação aos limites impostos pela própria cláusula. Sucumbência recíproca reconhecida. Recurso provido em parte" (*TJSP* – Ap 1023074-96.2014.8.26.0577, 20-6-2018, Rel. Gilson Delgado Miranda).

"Apelação – Ação de Cobrança – **Cláusula Penal** – 1- Em razão da natureza intimidatória e ressarcitória, a cláusula penal deve ser imposta em valor elevado, a fim compelir, efetivamente, o devedor ao adimplemento da obrigação, mas não pode ultrapassar o valor da obrigação principal, com o qual guarda relação, tampouco ensejar o enriquecimento sem causa da parte a quem favorece. Por tal motivo, o legislador autorizou o magistrado a modificar, de ofício, o valor da cominação, caso verifique que ela se tornou manifestamente excessiva, a teor do que dispõe o artigo 413, do CC. 2- Manutenção do valor estabelecido na sentença, por obediência aos princípios da razoabilidade e da proporcionalidade. 3- Manutenção dos honorários advocatícios, fixados de acordo com as normas estabelecidas no artigo 20, § 3º, do CPC. Recurso não provido" (*TJSP* – Ap 1016085-16.2014.8.26.0564, 4-2-2016, Relª Kenarik Boujikian).

5 "Compromisso de venda e compra. Lotes. Atraso injustificado nas obras de infraestrutura. Responsabilidade do loteador. Indenização cabível. Prazo de quatro anos escoado em 2020. Possibilidade de inversão da cláusula penal estipulada exclusivamente em detrimento do promissário comprador (Tema 971). Inversão que, no caso concreto, acarreta valor manifestamente excessivo. Cláusula penal reduzida, com fundamento no art. 413 do Código Civil, para 0,5% do valor atualizado do contrato. Precedentes desta Câmara. Impossibilidade, porém, de cumulação da

> *"Para exigir a pena convencional, não é necessário que o credor alegue prejuízo.*
>
> *Parágrafo único. Ainda que o prejuízo exceda ao previsto na cláusula penal, não pode o credor exigir indenização suplementar se assim não foi convencionado; se o tiver sido, a pena vale como mínimo da indenização, competindo ao credor provar o prejuízo excedente".*

Se a regra do *caput* estabelece a noção geral da cláusula, repetindo o que constava do art. 927 do estatuto antigo, o texto inserido no parágrafo esclarece definitivamente discussão que ordinariamente é trazida no caso concreto. O valor da multa pode sempre ser exigido na hipótese de inadimplemento. Se o credor entender que seu prejuízo supera seu valor, somente poderá cobrar o excesso se o contrato assim o permitir expressamente e, nesse caso, quanto ao valor que sobejar, deve provar o prejuízo, seguindo, então, neste último aspecto, a regra geral de perdas e danos. Nada impede, também, que as partes tenham estabelecido um limite para esse *plus* indenizatório: impera a autonomia da vontade. Nesses termos, o contrato pode rezar que a multa (cláusula penal) é de 100 e que, mediante prova do prejuízo, as perdas e danos poderão montar a 200. Trata-se, na verdade, de modalidade de limitação de responsabilidade que a doutrina e o ordenamento não repelem, estratégia utilizada com frequência em contratos mais complexos.

Há outra particularidade ao princípio da eleição de uma via judicial na multa compensatória. Pode ocorrer que o credor, utilizando-se da faculdade do art. 410, peça o cumprimento da obrigação. Se, no curso da ação, apura-se que a execução se tornou impossível, ou de nenhum proveito para o credor, abrir-se-á o caminho da cobrança da multa; com eventual acréscimo complementar, se devidamente acordada essa possibilidade.

Não se esqueça, todavia, de que, principalmente na execução de obrigação de fazer, o juiz pode impor uma multa diária (*astreinte*) para a hipótese de não cumprimento da obrigação. Aqui se trata de fixação judicial de multa. Essa multa é de outra natureza e não se confunde com a cláusula penal. Também será a parte processual inocente que a receberá. O juiz deve impor um limite temporal no pagamento da multa diária. Não se trata de multa compensatória.[6]

---

cláusula penal e da pretensão indenizatória pelo atraso. **Artigo 416, parágrafo único, do CC.** Tema 970 do STJ. Danos morais configurados. Condenação a obrigação de fazer. Possibilidade de fixação de multa cominatória por dia de descumprimento. Sentença parcialmente revista. Recursos providos em parte". (*TJSP* – Ap 1012495-67.2021.8.26.0602, 27-2-2023, Rel. Claudio Godoy).

"**Cláusula penal compensatória** – Impossibilidade de incidência – Obrigação satisfeita com atraso – Ausência de previsão de cláusula penal moratória – Apelantes, ademais, que adotaram comportamento abusivo ao sustar o cheque do último pagamento do estabelecimento comercial. Incidência da exceção do contrato não cumprido. Recurso não provido" (*TJSP* – AC 1043306-92.2016.8.26.0114, 4-2019, Rel. Araldo Telles).

"Liquidação por arbitramento – **Cláusula penal compensatória** – Sentença que determina seja realizada por arbitramento – Ausência de violação à coisa julgada pela decisão recorrida. Cálculos aritméticos apresentados, ademais, que já foram impugnados pelos executados, cabendo, agora, ao Juiz de Direito, analisar as alegações e, se for o caso, determinar a realização de perícia. Recurso desprovido" (*TJSP* – AI 2140982-40.2017.8.26.0000, 17-5-2018, Rel. Araldo Telles).

"Civil e Processo Civil – Ação de rescisão de contrato – Descumprimento de cláusula contratual – **Aplicação da pena convencional** – Demonstração do prejuízo da parte contrária – Desnecessidade – Art. 416, *caput*, do Código Civil – Comprovado o descumprimento contratual por uma das partes, a parte inadimplente deve ser condenada na pena convencional, independentemente do prejuízo da parte contrária – Inteligência do art. 416, *caput*, do Código Civil: Para exigir a pena convencional, não é necessário que o credor alegue prejuízo" (*TJMG* – AC 1.0024.08.167015-0/002, 13-5-2017, Rel. Otávio Portes).

6 "Ação de rescisão de contrato particular de compromisso de compra e venda – **Cláusula penal compensatória** – Abusividade – Não configuração – Danos morais – Majoração – A cláusula penal compensatória de perda da quantia paga para o caso de inadimplência não é abusiva, quando adequada para o risco do negócio jurídico realizado e não ultrapassa o valor da obrigação principal. A reparação pecuniária por dano moral fixada de maneira

Cumular a cobrança de multa compensatória com pedido de indenização por perdas e danos não é, em princípio, possível. As partes poderão convencionar, no entanto, que a multa será devida juntamente com a execução coativa da obrigação. Há que se verificar nessa situação o âmbito da atuação dispositiva das partes. Nesse caso, contudo, haverá necessidade de disposição expressa (cf. Lopes, 1966, v. 2:177).

A cláusula penal dita moratória, como afirmamos, é instituída para o inadimplemento parcial da obrigação, ou simples mora propriamente dita, ou a infração de uma ou alguma cláusula contratual, por exemplo, se o locatário incide em multa moratória de 10% sobre o valor do aluguel, se pagar além do dia 10 de cada mês, ou se incide em mora, por não comunicar ao senhorio nenhuma notificação administrativa referente ao imóvel, pagando a multa estipulada de X Reais. Nessas situações, de acordo com o art. 411,

> *"quando se estipular a cláusula penal para o caso de mora, ou em segurança especial de outra cláusula determinada, terá o credor o arbítrio de exigir a satisfação da pena cominada, juntamente com o desempenho da obrigação principal".*

Ora, daí se percebe, pelo que foi explanado, que isso permite a cumulação da multa compensatória com a multa moratória.

O Código de Defesa do Consumidor, Lei nº 8.078/90, em redação dada pela Lei nº 9.248/96, fixou o limite das multas de mora em 2% do valor da prestação, nos contratos que envolvam outorga de crédito ou concessão de financiamento. Esse limite, no entanto, está restrito aos contratos em torno dessas operações de crédito.

13.3 FUNÇÕES DA CLÁUSULA PENAL

Na distinção das duas modalidades do instituto, já nos foi possível inferir suas funções.

Há inafastável efeito intimidativo e coercitivo na cláusula penal. O devedor, sabendo que se sujeitará a um maior valor no pagamento, envidará melhores esforços para cumprir sua obrigação. Trata-se, portanto, de um *reforço* para o cumprimento da obrigação, uma forma de garantia de adimplemento.[7]

---

adequada para o cenário dos fatos não desafia majoração" (*TJMG* – AC 1.0473.11.000861-1/003, 9-7-2019, Rel. Juiz Conv. Octávio de Almeida Neves).

"Apelação – Parceria agrícola – Ação de rescisão contratual c.c Indenização – **Cláusula Penal** – Cumprimento parcial da obrigação pelo réu – Redução da multa – Necessidade – Inteligência do artigo 413 do Código Civil – Alegação de danos materiais posteriores à prolação da sentença. Impossibilidade. Inovação em grau recursal. Honorários contratuais que não podem ser impostos à outra parte, devendo ser suportados por quem contratou os serviços. Recurso do réu parcialmente provido, sendo improvido o do autor, na parte conhecida" (*TJSP* – Ap 1003628-03.2015.8.26.0568, 14-2-2018, Rel. Walter Cesar Exner).

"Agravo de instrumento – Juros remuneratórios e correção monetária – Inclusão no cálculo – Cabimento – Encargos expressamente pactuados – **Cláusula Penal** – Redução – Possibilidade – Inteligência do artigo 413 do Código Civil – Homologação dos cálculos – Descabimento – Necessidade da realização de perícia contábil para apuração do *quantum exequendum* – Recurso parcialmente provido" (*TJSP* – AI 2245400-63.2016.8.26.0000, 13-3-2017, Rel. Carlos Alberto Lopes).

7 "Apelação – Ação indenizatória – Relação empresarial – Cláusula de eleição de foro válida – **Cláusula penal – Redução equitativa da multa** – Valor manifestamente excessivo – 1- A ré adquiria o material didático para incrementar em sua atividade empresarial, que é a de explorar ensino particular regular. Não era destinatária final dos produtos fornecidos pela autora, de modo que não se enquadra na definição do art. 2º do Código de Defesa do Consumidor. Sendo uma relação empresarial, não se vislumbra nenhuma abusividade na cláusula de eleição de foro estabelecida entre as partes; 2- Previsão de cláusula penal em contrato empresarial deve ser, em regra, mantida, tendo em vista a natureza do negócio. Cláusula que está de acordo com o art. 412, do Código Civil. Todavia, aplicável o art. 413, do Código Civil, por

Outra importante e curial utilidade da cláusula é fixar antecipadamente as perdas e danos, evitando que as partes se lancem em um tortuoso processo de apuração de prejuízos. Essa prefixação de perdas e danos está nas origens históricas do instituto, no Direito Romano (cf. Rodrigues, 1981, v. 2:90).

Tanto na forma moratória, como na compensatória, a cláusula penal amplia as possibilidades de cumprimento da obrigação.

13.4 EXIGIBILIDADE DA CLÁUSULA PENAL

Como enfatizamos, não há necessidade de que o credor alegue prejuízo para pedir a multa (art. 408).

Tanto como função punitiva, como de perdas e danos prefixados, sua exigência subordina-se a fato imputável ao devedor (culpa ou dolo).

A propósito, estabelece o art. 415:

> *"Quando a obrigação for divisível, só incorre na pena o devedor, ou herdeiro do devedor, que a infringir, e proporcionalmente à sua parte na obrigação".*

Como a multa possui o caráter punitivo, o ordenamento procura isentar quem não concorreu para a falta, sendo isso possível na obrigação divisível. Quanto à obrigação solidária, veja o que observamos abaixo.

Dispunha o art. 923 do antigo Código: "*resolvida a obrigação, não tendo culpa o devedor, resolve-se a cláusula penal*". A regra é intuitiva e não é repetida no vigente ordenamento.

O art. 408 faz a distinção quanto ao momento da exigibilidade da multa, quer se trate de mora *ex re*, quer se trate de mora *ex persona*. Nas obrigações com prazo certo, o decurso de tempo por si só já torna exigível a multa. Quando não há prazo, a multa será exigível após a constituição em mora. Trata-se de aplicação do art. 397 do Código.

13.5 IMUTABILIDADE, ALTERAÇÃO E LIMITE DA CLÁUSULA PENAL

O art. 927 do Código Civil de 1916, além de dispor que, para exigir a pena convencional, não havia necessidade de o autor alegar prejuízo, em sua segunda parte completava que "*o devedor não pode eximir-se de cumpri-la, a pretexto de ser excessiva*". Assim, a regra geral, em nosso estatuto antigo, era de que a cláusula penal era imutável. A afirmação devia ser recebida com a devida reserva, pois a jurisprudência do passado passou a vê-la com flexibilidade.

---

restar constatado o caráter manifestamente excessivo da pena contratada (precedentes). Multa contratual reduzida para 20% sobre o valor total do faturamento dos últimos 12 meses. Recurso parcialmente provido" (*TJSP* – AC 1043662-61.2018.8.26.0100, 24-5-2019, Relª Maria Lúcia Pizzotti).

"Apelação – Parceria Agrícola – Réu que se obrigou a entregar à autora toda a produção de tomate 'in natura' semeada e percebida em área correspondente a 30 hectares de sua propriedade. Venda de parte da mercadoria a terceiros, incidindo o negócio na quota devida ao parceiro. Quebra da boa-fé objetiva (CC, art. 422). Violação contratual caracterizada. **Cláusula penal** devida. Sentença mantida. Apelo a que se nega provimento" (*TJSP* – Ap 0004924-89.2012.8.26.0210, 7-6-2016, Rel. Pereira Calças).

"Agravo de instrumento. Prestação de serviços educacionais. Descumprimento de acordo homologado judicialmente. Incidência da **cláusula penal** estipulada. Multa. Redução de ofício pelo juiz. Possibilidade (art. 413, CC). Tratando-se de relação de consumo, a multa moratória para o caso de inadimplemento não pode ser superior a 2% (art. 52, § 1º, CDC). Ofensa à coisa julgada não configurada. Recurso desprovido" (*TJSP* – AI 2057617-59.2015.8.26.0000, 19-5-2015, Rel. Jacob Valente).

Existe, no entanto, o limite na lei: *"o valor da cominação imposta na cláusula penal não pode exceder o da obrigação principal"* (art. 412). Portanto, o excesso de valor não pode ser exigido; salvo a hipótese de perdas e danos complementares examinada acima.

Abria-se, ainda, exceção ao princípio geral, permitindo-se ao juiz que reduzisse o valor da imposição, quando ocorresse cumprimento parcial da obrigação (art. 924 do Código de 1916).[8] Aqui se tratava claramente de uma tão só *faculdade* do julgador. O juiz *poderá* reduzir a multa, conforme rezava o dispositivo. O caso concreto é que daria melhor solução ao julgador. Aqui já se divisava uma chamada "cláusula aberta", tão decantada no presente Código. No entanto, sempre se entendeu que essa redução era um direito do devedor que cumprira parte da obrigação, não existindo propriamente uma faculdade do julgador. Imaginemos um contrato de locação com vigência de um ano. O locatário necessita sair do imóvel decorridos seis meses. Nesse caso, jurisprudência firmou-se pela redução proporcional da multa erigida para todo o contrato. Esse inquilino fica então responsável por metade da multa contratual. Diferente é a situação do inquilino que abandona o imóvel em ruínas, quando então deverá responder pela totalidade da cláusula penal.

Sílvio Rodrigues (1981*a*, v. 2:100) entendia que também a multa moratória é passível de redução pelo juiz. Tal é verdadeiro, pois situações existirão em que a cobrança integral da multa, na mora, será excessiva e injusta punição ao devedor. Trata-se de aplicação da equidade.[9]

---

8 "Apelação – Loteamento ninho verde – Compromisso de venda e compra – Rescisão por iniciativa do comprador – Sentença de parcial procedência – Recurso da autora – Contrato firmado na vigência da Lei do Distrato – Cláusula contratual que se encontra de acordo com o artigo 32-A, II, da Lei 13.786/18 – Cabimento de sua aplicação – Incidência da cláusula penal em questão, contudo, que não pode resultar em pagamento pela recorrente de valor superior ao que foi por ela pago, sendo caso de aplicar-se, na hipótese, a regra do **art. 412 do CC**, para o fim de evitar-se enriquecimento sem causa da recorrida. Recurso adesivo – Loteamento ninho verde – Rescisão contratual – Taxa de fruição – Lote sem edificação, que será novamente comercializado – Taxa indevida. Recurso da autora provido em parte e recurso adesivo desprovido" (*TJSP* – Ap 1048694-08.2022.8.26.0100, 5-7-2024, Rel. João Batista Vilhena).

"Rescisão contratual – Compromisso de compra e venda – Atraso na obra – Direito à rescisão reconhecido em Primeiro Grau, com determinação de restituição dos valores – Inversão da **cláusula penal** em favor dos adquirentes – Possibilidade – Entendimento firmado em sede de recurso repetitivo (Recursos Especiais nº 1.614.721/DF e nº 1.631.485/DF) – Manutenção do percentual de 10% sobre o quantum integralizado, conforme previsto no contrato – Decisão que atende ao disposto no **artigo 412 do Código Civil** e preserva o equilíbrio contratual – Recurso improvido" (*TJSP* – Ap 1010441-73.2021.8.26.0006, 13-9-2022, Rel. Souza Lopes).

"Locação de coisa móvel – Resilição unilateral pela locatária – Cláusula penal – Pretensão de redução da multa prevista, de 50% sobre o valor dos aluguéis vincendos, para 10%. Redução admitida, mas com observação do disposto nos artigos 571 e 413 do Código Civil. Multa reduzida equitativa e proporcionalmente, considerando-se o tempo de cumprimento do contrato. Previsão de duração de 36 meses, mas cumprido por 18 meses. Multa reduzida pela metade, ou seja, para 25% do valor dos aluguéis vincendos. Apelo parcialmente procedente" (*TJSP* – Ap 1001994-23.2017.8.26.0302, 14-2-2019, Rel. Soares Levada).

"Locação – Bens móveis – Ação monitória – Extinção prematura do contrato, ante o inadimplemento de aluguéis, com restituição dos bens – Pleito que envolve aluguéis e **multa compensatória** – Alegação de excesso na fixação da multa – Redução determinada pela sentença – Pleito de elevação que se acolhe em parte – Recurso parcialmente provido – 1 – Contratada a locação de bens móveis por prazo determinado, durante o seu transcurso houve inadimplemento por parte da locatária, o que ensejou a iniciativa do desfazimento da avença por parte da locadora. 2 – O objetivo da demanda é obter o pagamento de aluguéis em atraso e da multa compensatória, versando a discussão, tão somente, a respeito do valor da cláusula penal. 3 – A estipulação da cláusula penal é perfeitamente válida e eficaz, mas se sujeita ao controle jurisdicional, na hipótese de se mostrar abusiva a fixação do valor (Código Civil, artigo 413). No caso, reputa-se excessivo o montante correspondente a todos dos aluguéis restantes, fixação que implica desequilíbrio entre as partes, e maior vantagem para a parte locadora. Ao mesmo tempo, não se reputa suficiente a sua redução ao montante de um aluguel, estabelecida pela sentença. Assim, visando atender aos critérios da razoabilidade e proporcionalidade, fixa-se a multa em 50% do valor dos aluguéis restantes" (*TJSP* – Ap 1000547-09.2016.8.26.0084, 30-8-2018, Rel. Antonio Rigolin).

9 "Apelação – **Ação declaratória de rescisão de contrato cumulada com cobrança de cláusula penal compensatória** – Contrato firmado para fornecimento de produtos descartáveis, por valores predefinidos, durante trinta

Por outro lado, não se poderia, nunca, tolher ao juiz a faculdade de redução da multa, em que pesem opiniões em contrário. A faculdade atribuída ao julgador era, inelutavelmente, de ordem pública. Hoje, não se encontrará quem defenda o contrário, sob pena de se colocar o devedor em situação de extrema inferioridade no contrato, mormente nos contratos de adesão. Essa também é a orientação do Código de Defesa do Consumidor.

Esse é o sentido finalmente adotado pelo Código de 2002, no art. 413:

> *"A penalidade **deve** ser reduzida equitativamente pelo juiz se a obrigação principal tiver sido cumprida em parte, ou se o montante da penalidade for manifestamente excessivo, tendo-se em vista a natureza e a finalidade do negócio."*

Notemos que a nova lei usa o verbo *dever*. Nesse caso, a redução passa a ser definitivamente um dever do juiz, e não mais uma faculdade. Cabe ao juiz também, no caso concreto, reduzir a multa se esta for manifestamente excessiva, levando-se em conta a natureza e a finalidade do negócio. O campo é o da equidade. O princípio se coaduna com a finalidade social do contrato que o corrente Código atribui, bem como com a boa-fé objetiva. O projeto de reforma do Código Civil faz algumas inserções nos textos dessa matéria. Não desejo cansar o leitor com algo que talvez não se converta em lei.

A provecta Lei de Usura, Decreto nº 22.626, de 7-4-1933, estabeleceu que, nos contratos de mútuo,

> *"as multas ou cláusulas penais, quando convencionadas, reputam-se estabelecidas para atender a despesas judiciais e honorários de advogado, e não poderão ser exigidas quando não for intentada ação judicial para a cobrança da respectiva obrigação"* (art. 8º).

---

e seis meses. Aquisição apenas por alguns meses. Confissão do inadimplemento. Aplicação de cláusula penal compensatória. Redução prevista no artigo 413 do Código Civil inviável. Contrato que já prevê a diminuição da multa devido ao tempo de cumprimento da obrigação. Ausência de abusividade. Preservação da autonomia da vontade das partes. Artigo 416 do Código Civil. Justamente por se tratar de prefixação de perdas e danos em decorrência do inadimplemento, o credor não precisa alegar, tampouco comprovar o prejuízo. Recurso da autora provido e da ré improvido" (*TJSP* – AC 1000472-53.2018.8.26.0066, 2-5-2019, Rel. Walter Cesar Exner).

"Bem Móvel – Rescisão Contratual – Ação de declaratória c.c Indenizatória – Cerceamento de defesa – Não ocorrência – Inaplicabilidade do CDC – Negócio jurídico envolvendo particulares – Distrato consensual – **Imposição de multa em valor excessivo – Redução** – Pertinência – Art. 413 do CC – Recurso não provido, com observação – I – Estando o processo devidamente instruído, sendo desnecessária a dilação probatória pretendida, pertinente o julgamento antecipado da lide; II – Cuidando-se de ato negocial entre particulares, não se subsumindo qualquer deles na figura do consumidor ou fabricante ou fornecedor, inaplicáveis as normas do CDC; III – Reconhecida a abusividade da cláusula penal, posto dissociada da função social do contrato, e da boa-fé, pertinente a sua redução; IV – Ante o disposto no art. 85, §§ 2º e 11, do CPC, impõe-se a condenação do apelante ao pagamento de honorários, eleitos em 15% sobre o valor atualizado da causa" (*TJSP* – Ap 1007364-76.2017.8.26.0077, 14-6-2018, Rel. Paulo Ayrosa).

"Apelação – **Cláusula Penal** – Multa Compensatória fixada em montante excessivo – Valor que comporta redução equitativa – Inteligência do artigo 413 do Código Civil – Valor arbitrado na sentença, porém, que deve ser majorado para montante razoável e proporcional. Honorários advocatícios – Se cada litigante for em parte vencedor e vencido, serão recíproca e proporcionalmente distribuídos, entre eles, os honorários e as despesas – Sucumbência recíproca mantida – Ausente alteração significativa da sucumbência verificada na sentença – Recurso parcialmente provido" (*TJSP* – Ap 0006773-95.2012.8.26.0566, 26-1-2017, Rel. Luis Fernando Nishi).

"Apelação. Ação indenizatória. Promessa de venda e compra de imóvel. Atraso injustificado da entrega do bem prometido. Mora da incorporadora imobiliária. Incidência da **cláusula penal** contratada. Art. 416, *caput*, do Código Civil. Considerando-se, no entanto, que a r. sentença proferida, ao rechaçar a incidência da pena convencional, acatou o pedido de perdas e danos, que, à luz do parágrafo único do art. 416 do Código Civil, deveriam restar comprovados, afigura-se necessária a redução do montante estipulado em contrato, a fim de evitar o enriquecimento sem causa da parte. Art. 413 do Código Civil. Tendo o autor sucumbido de parte mínima do pedido formulado, deve a parte adversa suportar, integralmente, os ônus sucumbenciais. Recurso a que se dá parcial provimento" (*TJSP* – Ap 4001217-22.2013.8.26.0562, 30-3-2015, Rel. Mauro Conti Machado).

O art. 9º do diploma acrescenta que o limite da cláusula penal, nos casos tratados pela lei, não pode ser superior a 10% do valor da dívida. A princípio se entendeu que a Lei de Usura revogara a matéria pertinente no Código Civil. Não foi a tese vencedora, por fim. Em primeiro lugar, porque a Lei de Usura ficou logo totalmente desmoralizada e perdeu a eficácia na prática. E também porque o Supremo Tribunal Federal se posicionou no sentido de que essa lei só atingia os contratos de mútuo (cf. Sílvio Rodrigues, 1981*a*, v. 2:103). Seria sumamente inconveniente que se tolhessem a liberdade e autonomia das partes na cláusula penal, instrumento útil para reforçar o adimplemento. Mesmo no caso de honorários de advogado, tendo em vista os dispositivos processuais, é perfeitamente defensável que na cobrança de mútuo sejam eles devidos, ou ao menos completados, no máximo de 20% permitido em Lei (art. 85, § 2º, do CPC), deduzindo-se a porcentagem da multa. Ademais, não se pode penalizar a iniciativa privada do país, mais do que já está, tanto que dispõe a Súmula nº 596 do STF:

> *"As disposições do Decreto nº 22.626/33 não se aplicam às taxas de juros e aos outros encargos cobrados nas operações realizadas por instituições públicas ou privadas, que integram o sistema financeiro nacional."*

Assim, restringir o alcance da cláusula penal, como pretendeu inicialmente a lei, é questão obsoleta.

13.6 CLÁUSULA PENAL E INSTITUTOS AFINS

Embora seja possível utilizar o termo *multa* como sinônimo de cláusula penal para efeitos didáticos, *multa* é termo que possui concepção mais ampla. Há quem denomine *multa simples*, para distinguir da cláusula penal, aquelas imposições gerais punitivas para infração de certos deveres, como, por exemplo, o dever de lealdade do empregado no contrato de trabalho e a multa derivada das infrações de regras de trânsito. Essas multas têm o caráter preponderantemente inibitório e coercitivo e não se confundem com a multa contratual ora vista, que busca uma prefixação de indenização.

O art. 410 já visto traduz no seu texto uma multa em *benefício do credor*. Nada impede que o contrato estipule uma *multa em benefício do devedor*, outorgando a este a possibilidade de cumprir o contrato ou pagar a multa, que nesse caso a doutrina denomina por vezes multa penitencial. Essa modalidade estabelece a alternativa para o devedor cumprir o contrato ou pagar a multa, aspecto que afasta essa modalidade da cláusula penal tradicional ou pura. Importa sempre verificar no contrato qual a intenção das partes ao estabelecer a facultatividade em prol de uma ou de outra parte, porque certamente serão diversos os efeitos práticos e processuais.

As arras, ou sinal, princípio de pagamento em um negócio, guardam aparente semelhança com a cláusula penal. Trata-se, porém, de mera aparência. Nas arras, existe um cunho real, há entrega efetiva de algo, enquanto que, para que a cláusula penal funcione, não há necessidade de prestação nenhuma. Quem paga uma multa o faz porque violou um contrato; quem paga um sinal cumpre uma prestação. Quem se arrepende nas arras exerce um direito. Quem paga a multa deixou de cumprir no todo ou em parte uma obrigação.

Também não se confunde a cláusula penal com a obrigação alternativa. O montante da multa não é um dos objetos da obrigação. O pagamento de perdas e danos não constitui alternativa para o devedor, que deve cumprir a obrigação avençada. Vimos que uma das principais funções da cláusula penal é justamente uma prefixação de perdas e danos. Não há direito de escolha na cláusula penal, como existe na obrigação alternativa.

Igualmente não se confunde a cláusula penal com a condição. Se a cláusula penal fosse objeto da obrigação, esta se tornaria alternativa. Ademais, na obrigação condicional, o evento futuro e incerto é apenas uma incerteza posta na obrigação e na cláusula penal. Se a prestação se tornar impossível por caso fortuito ou de força maior, desaparece a exigibilidade da multa, enquanto esse fator simplesmente não toca a obrigação condicional.

13.7 CLÁUSULA PENAL E OBRIGAÇÕES INDIVISÍVEIS

Como vimos, dispõe o art. 414:

> *"sendo indivisível a obrigação, todos os devedores e seus herdeiros, caindo em falta um deles, incorrerão na pena; mas esta só se poderá demandar integralmente do culpado, respondendo cada um dos outros somente pela sua quota.*
>
> *Parágrafo único. Aos não culpados fica reservada a ação regressiva contra o que deu causa à aplicação da pena".*

Lembremos do que já foi dito acerca das obrigações indivisíveis. A regra aqui enunciada está em relação com a do art. 263, pois:

> *"perde a qualidade de indivisível a obrigação que se resolver em perdas e danos"* e, *"se for de um só a culpa, ficarão exonerados os outros, respondendo só esse pelas perdas e danos".*

Desse modo, sendo indivisível a obrigação, basta que um só dos codevedores infrinja-a, para que se torne exigível a multa. Só do culpado é que se pode pedir a multa por inteiro. Dos demais devedores, não culpados, só se pode demandar sua quota respectiva. Estes depois terão ação regressiva contra o culpado, que suportará o total do ônus.

Nas obrigações solidárias, quando um dos devedores incorre em culpa, só este arcará com as perdas e danos (art. 279).

13.8 CLÁUSULA PENAL EM FAVOR DE TERCEIRO E ASSUMIDA POR TERCEIRO

Nada impede que a cláusula penal reverta em favor de terceiro, estranho à relação negocial. Pode-se estipular, pois, que, não cumprindo no prazo ou irregularmente a obrigação, o devedor pagará determinada soma a uma instituição de caridade. Este terceiro estará legitimado para a cobrança.

Questão interessante é lembrada por Guillermo A. Borda (s.d.:130), calcada em disposição do código argentino. O normal é que a cláusula penal seja imposta ao devedor da obrigação. Nada obsta, no entanto, em se tratando de direito dispositivo das partes, que um terceiro assuma a responsabilidade pela multa. Recorda esse autor que importância grande terá a disposição quando o credor não puder exigir do devedor, judicialmente, o cumprimento da obrigação, por se tratar, por exemplo, de uma obrigação natural. A multa poderá ser exigida de terceiro. No entanto, em nosso sistema, à falta de disposição expressa, no caso, teremos uma obrigação de garantia, ficando descaracterizada a cláusula penal típica.

14

SINAL OU ARRAS

14.1 CONCEITO

Na vida negocial, com muita frequência, as partes, ao tratarem um contrato, procuram firmá-lo indelevelmente com uma quantia inicial entregue por uma parte a outra, para confirmar a existência do negócio. São as *arras* ou o *sinal* dados para demonstrar que os contratantes estão com propósitos sérios e definitivos a respeito do contrato, com a verdadeira intenção de contratar e manter o negócio.

Na verdade, ao falarmos de arras, logo pensamos em um sinal em dinheiro, conquanto nada impede que consista noutra coisa, embora isso não seja frequente. Por outro lado, não há obrigatoriedade de um valor predeterminado para esse sinal, desde que não ocorra a integralidade do pagamento. Deve remanescer pagamento a ser feito, pois, doutro modo, haverá cumprimento integral do contrato.

O sinal desempenha duplo papel na relação contratual. Em primeiro lugar, e primordialmente em nossa lei, trata-se de uma garantia que serve para demonstrar a seriedade do ato e possui a característica de significar princípio de pagamento e adiantamento do preço. Em segundo lugar, as arras podem servir de indenização em caso de arrependimento de qualquer dos contratantes, quando isto é colocado e facultado na avença. Neste último caso, se o desistente foi quem deu o sinal, perdê-lo-á em favor da outra parte; se a desistência foi de quem o recebeu, devolvê-lo-á em dobro, segundo dispunha o Código de 1916. Contudo, como a prática demonstra, a maior utilidade do instituto, mas não exclusiva, é servir de garantia do negócio, uma vez que, com maior frequência, os contratantes negam-se à possibilidade de arrependimento. Cuida-se de pacto acessório, que insere uma condição resolutiva no negócio, se houver possibilidade de arrependimento.

Embora seja a compra e venda o grande campo de utilização das arras, pode o sinal estar presente em todos os contratos nos quais ficam obrigações pendentes. Não parece acertada a afirmação de grande parte da doutrina de que o sinal pode ser inserido apenas nos contratos bilaterais. Perfeitamente possível que no mútuo oneroso, contrato unilateral, exista um sinal para firmar o início do contrato. Sustentando esse ponto de vista, Arnoldo Wald (1979:112) lembra que a posição do instituto na sistemática do ordenamento reforça esse entendimento.

Se, como regra geral, é um dos contratantes quem dá o sinal, o instituto não exclui que um sinal possa ser dado por ambos os contraentes. As chamadas *arras recíprocas* não encontram óbice na lei. Nessa hipótese, procura-se reforçar a confirmação do negócio com maior ênfase para ambos os sujeitos, para ambas as partes contratantes (D'Avanzo, verbete *caparra*, in *Novissimo digesto italiano*, 1957), mormente quando se está perante troca de bens fungíveis. Por outro lado, na situação comum de um só prestar as arras, nada há de estabelecido, de antemão, acerca de quem deve fazê-lo. Estamos no âmbito da autonomia da vontade. Não há possibilidade de um terceiro dar o sinal, porque isso desnaturaria o negócio. Esse terceiro, no contrato *inter alios*, não está impedido de fazê-lo, mas sua intervenção será a título de garantia ou caução, e não sob a forma de arras. Estas são exclusivas das partes do contrato.

As *arras confirmatórias* vinham descritas no Código de 1916 no art. 1.094:

> *"O sinal, ou arras, dado por um dos contraentes firma a presunção de acordo final, e torna obrigatório o contrato".*

As denominadas *arras penitenciais* foram tipificadas pelo art. 1.095:

> *"Podem, porém, as partes estipular o direito de se arrepender, não obstante as arras dadas. Em caso tal, se o arrependido for o que as deu, perdê-las-á em proveito do outro; se os que as recebeu, restituí-las-á em dobro".*

O sinal é um elemento acidental dos contratos, que pode estar presente tanto nos contratos definitivos como nos contratos preliminares. As arras devem ser formalizadas no momento da celebração do contrato, ou mesmo em momento posterior, mas sempre antes do cumprimento das prestações do negócio.

Há necessidade de distinção entre as arras dadas para contratos solenes e para os não solenes. Nos contratos não solenes, mormente nos consensuais, a função das arras é marcantemente de ênfase da vontade de contratar. Nestes, o sinal indica claramente a futura realização definitiva do negócio (Lopes, 1964, v. 3:207).

Para os contratos solenes, a situação é outra. Como existe necessidade de uma forma para o contrato subsequente, o sinal sobreleva com a função de prevenir eventual arrependimento, com uma prefixação de perdas e danos. Daí por que o realce da situação penitencial nas arras dadas para compra e venda de imóveis. Quando o contratante, perante mero recibo de sinal, desiste do negócio imobiliário, recusando-se às formalidades de alienação, o enfoque transfere-se exclusivamente para o campo da indenização, aplicando-se o art. 1.088, que remete a hipótese para os artigos das arras.

Há uma modalidade de arras não disciplinada na lei, criada pelos usos, principalmente para a aquisição de imóveis. Com habitualidade, para "assegurar" um negócio, o interessado entrega uma importância, geralmente simbólica, a um proponente, ficando na dependência de o negócio definitivo ser aprovado posteriormente. Em geral, dá-se um cheque, que não será descontado, ou somente o será se confirmado o negócio. Esse tipo de sinal, que pode ser denominado de *arras securatórias ou assecuratórias* (Wald, 1979:114), mais se aproxima das arras confirmatórias, mas com elas não se identifica. Demonstra, é fato, uma intenção efetiva de contratar, mas o contrato fica sob condição suspensiva, não obrigatório, dependendo de eventos futuros. Geralmente, o negócio, na prática, apresenta-se como uma proposta não obrigatória para ambas as partes, as quais, no entanto, demonstram a intenção efetiva de contratar. A não efetivação do contrato implica somente a devolução singela do sinal devolvido, sem direito a indenização. Esse sinal é, pois, dado anteriormente à formação do contrato, na fase das tratativas, diferenciando-se das arras confirmatórias, entregues no ato da conclusão do negócio (Gomes, 1983*a*:109*)*. Nada impede, por outro lado, que se estipule, também aqui, a perda desse sinal em caso de desistência, ou a devolução em dobro, mas isso deve vir expresso, porque o negócio é atípico e não se subordina aos princípios gerais das arras.

14.2 NOÇÃO HISTÓRICA

Arras têm sentido de garantia (do latim *arrha*, com o mesmo sentido nas demais línguas da Antiguidade). Essa ideia de garantia, ao afirmar a existência de um negócio, persiste até hoje. Na origem histórica, não era instituto exclusivo do direito das obrigações. No Baixo Império, era conhecida a *arrha sponsalicia*, que teve sua origem em povos do oriente. Era a entrega de uma coisa feita pelo noivo aos pais ou ao tutor da noiva ou à própria noiva, que tinha por finalidade reforçar a promessa de casamento. Em caso de rompimento da promessa, a mulher incorreria na pena de pagar o quádruplo do valor, a princípio, que foi reduzido ao dobro posteriormente (Cuq, 1928:158). A noção foi incorporada ao direito das obrigações, tendo vivido por muito tempo em ambos os compartimentos do Direito.

Os romanos davam o nome de *arrha* a tudo o que uma parte dava à outra em sinal de conclusão de uma convenção e para assegurar indiretamente a execução (Mayns, 1889, v. 2:422). Esse sinal era geralmente em dinheiro, mas não exclusivamente. Os romanos serviam-se com frequência do gado. Por sua natureza, as arras constituem-se verdadeiro contrato real; só existe com a entrega efetiva da coisa. Se não ocorrer a entrega, existe mera promessa de contratar. A coisa entregue normalmente será móvel e fungível. Nada impede (nosso Código não faz restrição) que o conteúdo do sinal seja infungível ou imóvel, embora seja difícil que na prática assim ocorra. O Código de 2002, a exemplo do Código italiano, fala em *bem móvel* (art. 417).

Como a cláusula penal, instituto que com as arras tem muitos pontos de contato, o sinal supunha a existência de uma obrigação principal, sendo, portanto, um pacto acessório. Esse entendimento tradicional chega a todas as legislações modernas com os mesmos princípios, de forma pura, e poucas alterações. Inicialmente, as arras tinham apenas o sentido confirmatório. Posteriormente, com Justiniano, permitiu-se o arrependimento, a finalidade penitencial.

14.3 ARRAS NO CÓDIGO CIVIL DE 1916. IMPORTANTE NOTÍCIA HISTÓRICA. ARRAS CONFIRMATÓRIAS

É importante que se trace um paralelo com os dispositivos das arras no Código anterior. Suas dimensões básicas, como se verá, não foram alteradas.

O sinal confirmatório significa adiantamento do preço, como garantia de cumprimento de um contrato. As partes devem ser expressas a respeito da revogabilidade do negócio. Nosso Código mais antigo adotou a orientação germânica, considerando as arras como confirmatórias, salvo disposição em contrário.

Quando o negócio era irrevogável, o sinal tinha esse sentido de confirmação e princípio de pagamento. Em nosso sistema, a palavra *sinal*, usada sem qualificativos, tem normalmente o significado de confirmatório, e assim se deve entender, a menos que o contrário resulte claramente do contrato. A primeira regra é que as arras são confirmatórias. Na verdade, o direito de arrependimento, ainda que expresso, se esvai quando já existe início de execução do contrato e se, pela natureza do negócio, não se entende presente o direito de retrato. Por exemplo, a quem encomenda uma roupa a um alfaiate, dando sinal, não há como admitir o arrependimento, salvo termos absolutamente inequívocos, tendo em vista a natureza do negócio e o fato de o objeto da prestação ser personalíssimo (o traje sob medida). Tal posição afinava-se aos termos do art. 1.095, pois as partes podem *"estipular o direito de se arrepender"*, ideia que se mantém no Código em vigor.

Tendo o efeito confirmatório como o principal, nossa legislação de 1916 seguiu a tradição romana. As arras servem para demonstrar que o contrato principal está concluído e as partes estão vinculadas. Nesse caso, não há direito de arrependimento. Se a parte posteriormente se recusar a cumprir o contrato, não usa do direito de retrato, porque esse direito não existe, mas infringe uma convenção, responsabilizando-se pelo inadimplemento.

Como principal efeito do sinal confirmatório, temos, pois, que dar por firmado o negócio. O art. 1.096 do Código anterior afirmava:

> *"Salvo estipulação em contrário, as arras em dinheiro consideram-se princípio de pagamento. Fora esse caso, devem ser restituídas, quando o contrato for concluído, ou ficar desfeito".*

O dispositivo seguia as raízes históricas e não merecia as críticas que ocorreram na doutrina. As arras em dinheiro serão princípio de pagamento. Nada impede que o objeto das arras fosse constituído de bens fungíveis, também objeto do contrato. Pode ocorrer, tanto no sistema revogado como no atual, que o bem dado não seja dinheiro e não guarde identidade com o objeto da prestação: na compra e venda, o comprador pode dar uma quantidade de cereais como sinal, a qual será substituída por dinheiro quando do cumprimento do contrato. Nesse caso, entregue o dinheiro, devemos devolver o sinal em espécie anteriormente transferido ao vendedor. E se o contrato for desfeito, por qualquer razão, há que se devolver o objeto das arras.

Se o negócio se impossibilitasse sem culpa, por mero distrato, ou caso fortuito ou força maior, deveria ocorrer a devolução singela do sinal, voltando as partes ao estado anterior. Essa posição não é obstada pelo sistema atual. O mesmo ocorre se for constatada a culpa de ambos os contratantes. Se o insucesso do contrato ocorresse por culpa de quem deu as arras, perderá ele o sinal em benefício do outro contratante (art. 1.097).

Nada dizia a lei a respeito de culpa por parte de quem recebeu as arras. Lógico que, se houvesse culpa, inelutavelmente haveria direito a perdas e danos. Parte da doutrina entendia que, nesse caso, a devolução deveria ser em dobro, paralelamente com o que ocorreria nas arras penitenciais. No entanto, se as arras fossem de natureza confirmatória, a devolução do sinal pelo culpado é o mínimo que se poderia pretender pelo rompimento injustificado do negócio. As perdas e danos devem seguir a regra geral, indenizando-se o que efetivamente se perdeu e o que razoavelmente se deixou de ganhar. Não há razão para que haja um paralelo com a devolução. A tendência moderna é desvincular as arras como limite das perdas e danos (Pereira, 1986, v. 3:68). Sob esse aspecto, foi expresso o Código de 2002. O pacto entre as partes, porém, pode ter colocado o sinal como montante de eventuais perdas e danos. É importante verificar a intenção das partes. De qualquer forma, não devemos entender as arras como cumuláveis com as perdas e danos, mas como parte integrante destes, sob pena de o negócio proporcionar injusto enriquecimento. Veja o que se diz a esse respeito quanto à lei atual. Em qualquer situação, tanto para aquele que pagou como para aquele que recebeu o sinal, se culpados pelo insucesso do contrato, é injusto somar às arras uma indenização completa.

Nesse sentido posicionou-se expressamente o Código de 2002 no art. 419:

> *"A parte inocente pode pedir indenização suplementar, se provar maior prejuízo, valendo as arras como taxa mínima. Pode, também, a parte inocente exigir a execução do contrato, com as perdas e danos, valendo as arras como o mínimo da indenização."*[1]

---

[1] "Ação de rescisão contratual. Compra e venda de veículo. Autora que adquiriu veículo da ré e propôs ação postulando a desistência do negócio, por não ter condições de pagar o saldo remanescente. Contrato com cláusula prevendo

arras confirmatórias. Reconvenção da ré postulando indenização pelos lucros cessantes, já que o veículo ficou quase seis meses em poder da autora. Sentença que declarou a resolução do contrato, com a restituição do valor pago e a perda das arras e acolheu a reconvenção condenando a autora ao pagamento de lucros cessantes pela utilização do veículo. Irresignação da autora. Parcial acolhimento. **Incidência do art. 419 do CC.** Arras confirmatórias que não podem ser retidas, mas que podem funcionar como valor mínimo de indenização, a ser suplementado, se comprovados danos superiores. Possibilidade de fixação de indenização suplementar, caso o valor dos danos ultrapasse o das arras. Valor das arras que, no entanto, deve ser abatido do valor da indenização fixada. Recurso parcialmente provido" (*TJSP* – Ap 1007700-47.2023.8.26.0020, 17-3-2025, Rel. Marcus Vinicius Rios Gonçalves).

"Apelação. Ação de rescisão contratual c./c. pedido de indenização material. Móveis planejados. Sentença de improcedência. Recurso da autora que não merece prosperar. Ação ajuizada pela empresa autora contra a consumidora pretendendo a cobrança de cláusula penal (10% do valor total do contrato) em razão do pedido de rescisão no dia útil seguinte pela consumidora. Contrato que possibilitava a rescisão imotivada, estipulando multa sobre o valor total do contrato (10%) logo após a sua assinatura. Contrato em que constava valor dado a título de entrada/sinal/arras. Arrependimento lícito manifestado no dia útil seguinte a contratação, somado a inexecução do contrato, pois ausente tempo hábil para qualquer desenvolvimento de projeto. Evidenciada natureza indenizatória das arras descabe a cumulação com cláusula penal (art. 420 do CC), devendo prevalecer as arras. Precedente do STJ. Arras que são suficientes para compensar o tempo dispendido com o atendimento da consumidora. Não comprovado o efetivo prejuízo com pagamento de comissão de vendedor, gerente, custas administrativas, sequer especificamente quantificadas, que impossibilita se cogitar de suplementação nos termos do art. 419 do CC. Confirmada a abusividade da cláusula penal. Sentença mantida. Honorários majorados. Recurso desprovido" (*TJSP* – Ap 1004266-35.2022.8.26.0004, 24-4-2024, Rel. L. G. Costa Wagner).

"Apelações – Compromisso de compra e venda de bem imóvel – Ação de rescisão contratual e restituição de valores pagos – Sentença de parcial procedência – Insurgência de ambas as partes – Percentual de retenção fixado em 20% – Manutenção – Ausência de demonstração de que a proporção seja insuficiente ou exagerada frente ao escopo de indenizar publicidade e despesas administrativas com o contrato – Precedentes desta C. 27ª Câmara de Direito Privado e do E. TJSP – **Arras** oferecidas pelo compromissário comprador quando da formação do contrato – Impossibilidade de cumulação com o percentual fixado a título de retenção – Arras que valem como taxa mínima de reparação de danos, de modo que devem ser incluídas no percentual de retenção e não adicionadas – Inteligência do artigo 419, parte inicial, do Código Civil – Taxa de fruição – Afastamento – Imóvel objeto do contrato que constitui terreno não edificado, cuja efetiva fruição é impossível – Precedentes deste C. Órgão Colegiado – Revogação do benefício de justiça gratuita concedido ao compromissário comprador em razão da condenação que o beneficia – Prematuridade do requerimento – Comprovação da cessação da hipossuficiência econômica que depende de prova concreta, o que, no caso em tela, pressupõe o prévio pagamento da condenação, não sendo suficiente a mera expectativa de recebimento de recursos para justificar a cassação da benesse – Arbitramento de honorários de sucumbência com base na equidade – Não cabimento – Entendimento vinculante fixado pelo C. Superior Tribunal de Justiça no REsp nº 1.906.618, Tema 1.076 dos recursos especiais repetitivos – Majoração dos honorários advocatícios em razão da sucumbência recursal recíproca, porém maior das compromitentes vendedoras – Sentença reformada – Recurso das compromitentes vendedoras DESPROVIDO – Recurso do compromissário comprador parcialmente provido" (*TJSP* – Ap 1001141-38.2021.8.26.0572, 27-4-2023, Rel. Luís Roberto Reuter Torro).

"Ação de rescisão de contrato de trespasse cumulada com pedidos indenizatórios. Sentença de parcial procedência da ação, determinando-se aos réus que devolvam o estabelecimento aos autores, que, por sua vez, devem restituir as parcelas pagas do preço pagas pelos réus. Condenação dos réus, ademais, ao pagamento de multa contratual correspondente a 10% do valor do preço. Apelação dos autores-cedentes. Acordaram as partes o pagamento de arras confirmatórias, que servem como valor mínimo de indenização por perdas e danos a ser paga pela parte que deu causa à rescisão contratual. Verificada culpa dos réus, era, realmente, direito dos autores a retenção do sinal (art. 418 do Código Civil). Retidas as **arras**, porém, "revela-se inadmissível sua cumulação com a cláusula penal compensatória, sob pena de violação do princípio do 'non bis in idem' (proibição de dupla condenação a mesmo título)" (STJ, REsp. 1.617.652, NANCY ANDRIGHI). Ausente demonstração de dano material capaz de ensejar a exigibilidade de indenização suplementar (art. 419 do Código Civil). Danos morais. Inexistência de violação aos direitos da personalidade da autora. Mero inadimplemento contratual não enseja indenização. Jurisprudência desta 1ª Câmara de Direito Empresarial. Parcial reforma da sentença recorrida. Apelação parcialmente provida" (*TJSP* – Ap 1008621-86.2020.8.26.0577, 3-3-2022, Rel. Cesar Ciampolini).

"Promessa de compra e venda – Desistência – **Arras confirmatórias que não se retém** – Fruição – Indenização devida por todo o período da posse da compradora – Sucumbência mínima da parte ré, respondendo a autora integralmente pelos honorários advocatícios – Recurso provido em parte" (*TJSP* – AC 1046015-38.2017.8.26.0576, 17-6-2019, Rel. Alcides Leopoldo).

"Loteamento – Venda de lote por instrumento particular – Inadimplemento dos compradores – Rescisão do contrato – **Arras confirmatórias** – Ausência de cláusula de arrependimento – Perda do valor pelos compradores, diante de seu inadimplemento, pelo desfazimento do negócio – Artigo 418, do CC – Devolução das demais parcelas pagas aos autores – Indenização das acessões feitas de boa-fé, erigidas durante o período em que houve

De qualquer modo, havendo cláusula de arrependimento, as arras são penitenciais (Súmula 412 do Supremo Tribunal Federal).[2]

---

pagamento das parcelas, até a notificação – Artigo 1255, *caput*, do CC – Reintegração de posse condicionada ao pagamento dessa indenização – Não imposição de multa contratual, porquanto não prevista – Sucumbência recíproca mantida – Recurso provido em parte" (*TJSP* – AC 1009400-46.2016.8.26.0071, 30-5-2019, Relª Mônica de Carvalho).

2 "Apelação cível. Direito civil. Contrato de compra e venda de imóvel. Devolução de valores pagos. **Arras penitenciais**. Novação verbal não configurada. Recurso não provido. I. Caso em exame 1. Apelação Cível interposta contra sentença proferida pela Vara Cível do Recanto das Emas que condenou o vendedor a restituir R$ 20.000,00 ao comprador referente ao contrato de compra e venda de imóvel não concretizado em razão da impossibilidade de financiamento. O apelado alegou ter pago R$ 200.000,00 ao apelante e requereu a devolução de R$ 50.000,00. O apelante sustentou que o valor efetivamente pago foi de R$ 190.000,00, dos quais R$ 170.000,00 teriam sido restituídos, retendo-se o sinal de R$ 10.000,00 conforme previsão contratual. O apelante alega novação. II. Questão em discussão 2. (I) definir o valor efetivamente pago pelo comprador; (II) estabelecer o montante efetivamente restituído pelo vendedor, com base nos documentos juntados; e (III) determinar se houve novação contratual por acordo verbal firmado entre as partes. III. Razões de decidir 3. A análise dos documentos comprova que o comprador efetuou pagamento de R$ 200.000,00, conforme comprovante de TED e valor do sinal, divergindo da alegação do apelante de que foram pagos apenas R$ 190.000,00. 4. Os comprovantes de restituição demonstram a devolução de R$ 170.000,00 por meio da entrega de dois veículos e dois depósitos bancários, remanescendo o valor de R$ 30.000,00 sob posse do vendedor. 5. O contrato previa expressamente a perda do sinal em favor do vendedor em caso de desistência pelo comprador. Assim, a dedução do valor de R$ 10.000,00 a título de arras penitenciais é juridicamente válida nos termos do art. 420 do Código Civil, e conforme entendimento da Súmula 412 do STF. 6. A alegação de novação por acordo verbal carece de respaldo probatório. A jurisprudência deste Tribunal exige manifestação clara e inequívoca de *animus novandi*, o que não se verifica no caso dos autos. IV. Dispositivo e tese Recurso não provido. Tese de julgamento: 1. O valor total pago pelo comprador deve ser apurado com base nos comprovantes juntados aos autos, prevalecendo sobre alegações unilaterais do vendedor. 2. A cláusula contratual que prevê a perda do sinal por desistência do comprador é válida, nos termos do art. 420 do Código Civil e da Súmula 412 do STF. 3. A novação contratual exige manifestação clara e inequívoca de vontade das partes e comprovação inequívoca. Dispositivos relevantes citados: CC, artigos 360 e 472. Jurisprudência relevante citada: STF, Súmula 412; TJDFT, Acórdão nº 1948284, 0742214-87.2023.8.07.0001, Rel. Des. Teófilo Caetano, 1ª Turma Cível, j. 21/11/2024, *DJe* 21/01/2025; TJDFT, Acórdão nº 1752136, 0734270-39.2020.8.07.0001, Rel. Des. Fábio Eduardo Marques, 5ª Turma Cível, j. 06/09/2023, *DJe* 15/9/2023" (*TJDFT* – Ap 0709927-32.2023.8.07.0014, 16-7-2025, Rel. Renato Scussel).

"Apelação cível. Civil e processual civil. Contrato de compra e venda de imóvel. Rescisão. Desistência do comprador. **Arras penitenciais**. Retenção. Possibilidade. Exclusão de indenização suplementar. Juros de mora. Termo inicial. Trânsito em julgado. Tema 1.002/STJ. Cálculo das parcelas pagas. Equívoco. Inexistência. 1. Havendo previsão expressa de desistência do negócio e 'perda de 100% (cem por cento) do SINAL ou ARRAS' em favor do vendedor, afigura-se legítima a retenção das arras quando o comprador dá causa ao desfazimento do negócio, excluída indenização suplementar, nos termos do art. 420 do CC/2002 e da Súmula 412/STF. Precedentes do TJDFT. 2. Tendo sido firmado o contrato em 04/06/2018 – antes da vigência da Lei 13.786/2018 (28/12/2018), e a rescisão contratual se dado em razão da desistência do comprador e com o pedido de redução da multa contratual de forma diversa do previsto no contrato pactuado, o termo inicial para incidência de juros de mora deve ser a data do trânsito em julgado da decisão, conforme o Tema 1.002/STJ. 3. Dever ser admitido o valor alegado pela autora quanto ao montante dependido no pagamento das parcelas do contrato, se o extrato de pagamento juntado aos autos demonstra a veracidade do valor e o réu não controverte o documento em sua peça contestatória. 4. Deu-se parcial provimento ao apelo" (*TJDFT* – Ap 07051502520238070007, 20-6-2024, Rel. Sérgio Rocha).

"Compromisso de compra e venda – Rescisão – **Arras penitenciais** – Sentença de improcedência – Inexistência de formalização do instrumento particular de compra e venda, pelo não cumprimento da proposta. Ausência de quitação do sinal pelo autor. Ré que notificou o autor acerca da rescisão da proposta. Ausência de interesse de agir para o pedido de rescisão contratual. Devolução de valores. Quantia paga a título de arras que não comporta devolução ao comprador desistente. Entendimento do Colendo Superior Tribunal de Justiça neste sentido. Proposta que é expressa quanto à natureza indenizatória das arras. Sentença mantida. Negado provimento ao recurso" (*TJSP* – AC 1005504-48.2018.8.26.0451, 14-8-2019, Rel. Nilton Santos Oliveira).

"Embargos de declaração – Omissão Existente – **Arras penitenciais** – Indenizações – Descabimento – 1 – Os embargos de declaração se prestam a sanar os vícios de obscuridade, contradição ou omissão dos julgados e corrigir erro material (CPC/2015 1.022), não podendo ser utilizados para provocar nova apreciação da matéria. 2 – É incabível a cumulação das arras penitenciais com a indenização pelo uso do imóvel (art. 420 CC). 3 – Incabível

Em síntese, podemos dizer que as arras confirmatórias tinham expressamente função *probatória*, pois firmam a presunção de acordo final (art. 1.094); e função de *desconto*, salvo estipulação em contrário, se constituírem início de pagamento (art. 1.096).

14.4 ARRAS PENITENCIAIS. FUNÇÃO SECUNDÁRIA

Pelo sistema do Código francês, a entrega das arras mantém livre o direito de arrependimento, servindo o sinal dado como indenização. Esse sistema não é o mais justo nem o mais seguro, porque coloca os contratantes em estado de incerteza, sob uma sistemática condição resolutiva.

Como vimos, as arras em nosso Código de 1916 só teria essa utilidade se assim as partes dispusessem (art. 1.095). Por isso, entre nós, essa função do sinal é secundária.

Sob essa possibilidade, se qualquer das partes desistir do contrato, se valerá de um direito emanado da autonomia da vontade. As arras, nesse caso, servem de limite de indenização: se quem as deu desiste, perde-as em favor do outro contratante; se quem as recebeu desiste, deve devolvê-las em dobro. O Código deste século ratifica expressamente que nesse caso a função das arras é unicamente indenizatória (art. 420).[3] Deve sempre ser lembrado que em nosso país todos os valores

---

indenização por desvalorização do imóvel, pois além de não haver qualquer comprovação, ela faz parte do risco inerente ao negócio. 4 – Sanada a omissão, sem atribuição de efeitos infringentes, dá-se parcial provimento aos embargos de declaração, para fins de esclarecimentos" (*TJDFT* – Proc. 20150111099949APC – (1085922), 6-4-2018, Rel. Sérgio Rocha).

"Apelação – Compra e venda de imóvel – Pedido de declaração de inadimplemento contratual dos vendedores, abusividade de cláusula e ausência de responsabilidade pela corretagem – Sentença de improcedência – Inconformismo. Impossibilidade de pagamento do preço no prazo em decorrência de financiamento imobiliário não aprovado – Presença do nome do comprador no rol de mal pagadores – Culpa exclusiva reconhecida. **Arras penitenciais** – Expressa previsão – Aplicabilidade – Princípio da força normativa dos contratos – Ausência de demonstração de vícios aptos a afastar a incidência da multa por rescisão. Corretagem – Transferência ao comprador da obrigação de pagar condicionada à informação prévia e explícita – Posicionamento firmado pelo STJ em tese de recurso repetitivo (Tema 938) – Ausência de previsão com destaque do valor no contrato entabulado – Restituição devida. Honorários recursais arbitrados com preceptivo no art. 85, § 11, do CPC/15 Recurso de apelação provido em parte, para determinar somente a restituição da taxa de corretagem" (*TJSP* – Ap 4020681-18.2013.8.26.0114, 13-6-2017, Rel. Rodolfo Pellizari).

"Apelação – Ação de indenização – Compra e venda de imóvel – Inadimplemento da adquirente – Arras que confirmam o negócio entre as partes, mas por ausência de previsão contratual não tem natureza penitencial – Não cabimento de retenção do sinal (arras) – Cobrança de multa contratual de 10% pela desistência do negócio – Cabimento – Afastada responsabilidade da apelante ao pagamento do valor de prejuízos dos autores, referentes a outro contrato que não puderam cumprir em razão do inadimplemento da ré e ora em questão, estando as partes vinculadas às cláusulas contratuais pactuadas – Dano moral não configurado – Recurso provido em parte" (*TJSP* – Ap 0058634-03.2011.8.26.0002, 2-8-2016, Rel. Augusto Rezende).

3 "Compromisso de compra e venda. Rescisão contratual c.c. reintegração de posse. Sentença que não padece de qualquer vício de fundamentação. Promissário comprador inadimplente. Contrato firmado já sob a égide da Lei nº 13.786/18. Permissivo previsto no artigo 32-A da Lei nº 6.766/79 que não pode implicar, na prática, em desvantagem exagerada ao consumidor. Possibilidade de revisão das cláusulas contratuais nulas, abusivas e excessivamente onerosas. Inteligência do art. 51, IV, do Código de Defesa do Consumidor. Valor de retenção previsto em contrato que implicaria na perda dos valores pagos e ainda tornaria o consumidor inadimplente. Inadmissibilidade. Necessidade de mitigar a aplicação da lei. Sentença que determinou a retenção de 20% dos valores pagos. Ausência de razões para se majorar aquele percentual, que deverá incidir também sobre o valor pago a título de sinal, por se tratar de **arras confirmatórias**, posto que foram dadas como garantia da avença e princípio de pagamento, sem previsão do direito de arrependimento previsto no artigo 420 do Código Civil. Retenção de valores a título de taxa de fruição que não se justifica. Contrato que tem por objeto terreno sem edificação, cuja efetiva ocupação não restou demonstrada nos autos. Ausência de potencial para a imediata exploração econômica. Arbitramento da verba honorária que observou os parâmetros do artigo 85 do Código de Processo Civil. Sentença mantida. Recurso improvido" (*TJSP* – Ap 1004759-95.2021.8.26.0602, 28-2-2023, Rel. Ruy Coppola).

"Apelações cíveis. Compra e venda de veículo. Pretensão da vendedora de restituição do valor estampado no cheque dado a título de sinal, posteriormente sustado, em razão da desistência do negócio pelos compradores, sujeitam-se à correção monetária de acordo com a lei, até o momento do efetivo pagamento, sob pena de ocorrer enriquecimento injustificado. Também na contratação de arras penitenciais, se a concretização do contrato deixa de ocorrer sem culpa de qualquer dos contraentes, a devolução do sinal deve ser, evidentemente, com correção monetária, para que voltem as partes ao estado anterior. A situação das arras penitenciais é marcadamente diversa das arras confirmatórias. Na hipótese sob exame, o direito de arrependimento unilateral é estipulado entre as partes. Essa desistência do negócio independe de qualquer inadimplemento da outra parte. O contratante pode escolher entre cumprir ou não cumprir o contrato, existindo já indenização prefixada. Esse arrependimento, no entanto, deve ser manifestado em tempo hábil: havendo já início de cumprimento do contrato, não pode mais ocorrer o retrato. Examina-se a situação no caso concreto. Podem as partes também estipular um prazo para o exercício do direito de arrependimento, findo o qual se terá o contrato como concluído, hipótese em que as arras passam a ser confirmatórias.

Não existe forma sacramental para a parte manifestar seu arrependimento, que pode ser expresso ou tácito. Podem, no entanto, as partes, ou a natureza do negócio, exigir a forma escrita. O arrependimento, de sua parte, deve ser atual e incondicional, não podendo ficar subordinado a eventos futuros e incertos. Se quem se arrepende recebeu o sinal, e se o outro contraente se recusa a receber o dobro em devolução, pode o retratante valer-se da ação de consignação em pagamento.

Cumpre observar que, mesmo no caso de estipulação do direito de arrependimento, quando o contrato é cumprido, a importância entregue serve de início de pagamento, uma amortização do débito, salvo se o contrário resultar da avença.

Em resumo, as arras penitenciais têm a função de permitir o *arrependimento* e substituir uma *cláusula penal*, antes do cumprimento do contrato (art. 420).

14.5 ARRAS E OBRIGAÇÃO ALTERNATIVA

Nas arras penitenciais, existe a alternativa entre a desistência ou o cumprimento do contrato. Nas obrigações alternativas, também existe uma escolha, entre duas ou mais prestações

---

além de indenização por danos materiais e lucros cessantes. Sentença de parcial procedência. Irresignação. Recurso da autora Danos emergentes e lucros cessantes. Ausência de prova de que a demandante deixou de comercializar o veículo a terceiros, bem como de que arcou com despesas de estacionamento. Ônus que lhe competia, a teor do Art. 373, inciso I, do CPC. Impossibilidade, ademais, de cumulação de arras penitenciais com as demais verbas indenizatórias pleiteadas. Sentença mantida neste aspecto. Recurso do corréu José Anntonio Solidariedade passiva. Configuração. Prova oral produzida nos autos que não foi capaz de infirmar a prova documental. Recibo de compra assinado pelo corréu que demonstra ter também participado do negócio jurídico. Restituição do sinal à vendedora. Possibilidade. Estipulação expressa no recibo em caso de o negócio não se concretizar por culpa dos compradores. **Arras penitenciais.** Exegese do art. 420, do Código Civil. Restituição do valor estampado no cheque sustado bem reconhecida, todavia, em valor inferior ao fixado. Montante dado como princípio de pagamento expressamente previsto no recibo. Ausência de previsão de que os demais cheques tenham sido emitidos a título de sinal. Sentença reformada neste ponto para reconhecer o valor de R$ 1.000,00 dado como sinal. Recurso da autora desprovido e provido em parte o do corréu" (*TJSP* – Ap 1119854-06.2016.8.26.0100, 10-8-2022, Rel. Rodolfo Pellizari).

"Civil e processo civil – Contrato de compra e venda – **Arras penitenciais** – Possibilidade de tratamento diverso – Dano moral inexistente – Ausência de ato ilícito – Prequestionamento – Sentença mantida – 1- Não ofende o disposto no art. 418 do CC quando as partes, em pleno gozo de suas capacidades, valendo-se da autonomia da vontade, estabelecem em contrato um tratamento mais brando às arras penitenciais. 2- Diante da ausência de ato ilícito, inexiste dano moral a ser indenizado. 3- Segundo entendimentos do Superior Tribunal de Justiça e também deste Tribunal, não é necessária a menção expressa dos dispositivos legais tratados no julgamento, bastando, para fins de prequestionamento, que a matéria em discussão seja debatida. 4- Recurso conhecido e desprovido" (*TJDFT* – Proc. 00085153620168070020 (1180051), 4-7-2019, Rel. Sebastião Coelho).

(art. 252). No entanto, nessa modalidade de obrigações, o negócio já nasce com mais de uma obrigação e o cumprimento de qualquer delas opera como adimplemento. As arras, seguindo a tradição histórica original, servem de reforço do vínculo obrigacional, que é um só, e ainda fixam antecipadamente as perdas e danos. As ideias de garantia de outra obrigação e indenização prévia distinguem nitidamente o sinal da obrigação alternativa.

14.6 ARRAS E CLÁUSULA PENAL

Com a cláusula penal, as arras têm maiores pontos de afinidade, a começar pelo fato de ambas servirem de garantia para o cumprimento de um contrato. Como já expusemos (ver neste livro Capítulo 13), por meio da cláusula penal insere-se uma multa na obrigação para a parte que deixar de dar cumprimento a um contrato, ou retardá-lo.

A semelhança entre os dois institutos é apenas aparente. Como explicitado aqui, nas arras existe um cunho real. Deve ocorrer a entrega efetiva de algo para firmar o contrato, enquanto para que a cláusula penal opere não existe necessidade de entrega, depósito, ou alguma outra prestação. A cláusula penal decorre de uma violação ou de um retardamento no cumprimento do contrato, ao passo que, nas arras, se estipulado o arrependimento, este é um direito da parte. A cláusula penal é prestação prometida, que pode vir a não se concretizar. Nas arras, já existe uma prestação cumprida, com a entrega da coisa, que é essencial. Lembre-se, ainda, de que a cláusula penal pode ser reduzida pelo juiz (art. 413), o que não ocorre com o sinal.

14.7 ARRAS NO CÓDIGO DE 2002

Esse Código buscou um tratamento mais moderno e adequado à jurisprudência mais recente no que se refere às arras. Realça-se mais uma vez o fato de que apenas excepcionalmente as partes estabelecem o direito de se arrepender.

A Lei nº 14.905/2024 deu contornos mais reais e compreensíveis ao entendimento das arras, com nova redação ao art. 418. A redação desse dispositivo dispõe: "*se, por ocasião da conclusão do contrato, uma parte der à outra, a título de arras, dinheiro ou outro bem móvel, deverão as arras, em caso de execução, ser restituídas ou computadas na prestação devida, se do mesmo gênero da principal*".

A nova redação do art. 418 finalmente define exatamente as funções e qualidades das arras.

O sinal em dinheiro, modalidade mais comum, deve ser computado no pagamento do preço total. Se as arras dadas forem em coisa diversa do objeto do negócio, sobreleva sua função confirmatória e deve ser restituída.

Quando se tratar de arras sem possibilidade de arrependimento, aplica-se o art. 418, com a nova redação:

> *"Na hipótese da inexecução do contrato, se esta se der: I – por parte de quem deu as arras, poderá a outra parte ter o contrato desfeito, retendo-as; II – por parte de quem recebeu as arras, poderá quem as deu haver o contrato por desfeito e exigir a sua devolução mais o equivalente, com atualização monetária, juros honorários de advogado."*

Em regra, desejando a parte inocente a execução do contrato depois do pagamento ou recebimento do sinal, poderá valer-se da execução específica, nos termos da legislação processual.

Poderá o credor, no entanto, como afirma o dispositivo, optar pelo desfazimento do contrato, pois com frequência a execução específica se tornará inviável ou excessivamente gravosa.

Nesse caso, haverá retenção das arras ou a obrigatoriedade de devolvê-las com o equivalente, conforme o caso. A lei não mais se refere à devolução em dobro. O termo *equivalente* se refere a esse aspecto e o novel legislador preferiu utilizá-lo, certamente, para apontar que essa devolução com esse *plus* (que em síntese é o dobro) será acrescida de correção monetária, juros e honorários de advogado. Não nos parece clara a disposição que poderá dar margem a dúvidas. Nem sempre haverá intervenção de advogado no pagamento espontâneo, sem procedimento judicial, o que exclui os honorários, por exemplo.

O art. 419 é inovação no sistema e esclarece dúvida que pontificou no passado, permitindo que seja pedido pela parte inocente indenização suplementar, além do valor do sinal, valendo este como valor mínimo indenizatório e computado como tal em valor maior. Cuida-se das perdas e danos que seguem a regra geral, como apontamos acima. Desse modo, no caso concreto, se o sinal foi de 100, mas o prejuízo comprovado da parte inocente foi de 300, se esta foi aquela que ficou com o sinal, intitular-se-á a receber mais 200. O princípio, por lógica, se aplica também na hipótese de pedido de execução específica do contrato, quando cumulado com perdas e danos:

> *"A parte inocente pode pedir indenização suplementar, se provar maior prejuízo, valendo as arras como taxa mínima, assim como pode exigir a execução do contrato, com as perdas e danos, valendo as arras como o mínimo da indenização"* (art. 419).

Desse modo, com o novel dispositivo, o valor indenizatório pode superar a devolução em dobro das arras previstas para a hipótese de arrependimento (art. 420).

A exemplo do art. 1.095 do Código de 1916, as partes poderão reservar-se o *direito de arrependimento*.[4] Somente haverá esse direito se as partes assim se manifestarem expressamente. A hipótese contemplando o arrependimento perante as arras está descrita no art. 420 do Código:

> *"Se no contrato for estipulado o direito de arrependimento para qualquer das partes, as arras ou sinal terão função unicamente indenizatória, caso em que aquele que as deu as perderá*

---

[4] "Embargos de declaração. Alegação de omissão e contradição do acórdão recorrido. Vícios parcialmente reconhecidos. Devida a apreciação do pedido de retenção de arras. Arras que devem ser restituídas aos autores. Impossibilidade de aplicação concomitante de multa estabelecida em cláusula penal e arras. **Art. 420, do CC**. Ademais, prevista na cláusula de preço apenas entrada, que é puro princípio de pagamento, não tendo natureza de arras. Multa de 10% dos valores pagos que prevalece. Pretensão de majoração do percentual que contraria a cláusula contratual e até mesmo o pedido apresentado em defesa. Demais questões tratadas no v. acórdão. Omissões supridas. Embargos de declaração acolhidos, mantido o resultado do julgamento" (*TJSP* – ED 1065355-26.2021.8.26.0576, 11-7-2025, Rel. Costa Netto).

"Embargos de declaração – Apelação – Omissão, contradição, obscuridade ou erro material – Inexistência – Retenção de arras – Impossibilidade – **Arras confirmatórias** – Antecipação do pagamento – Embargos conhecidos e desprovidos – 1- Os embargos de declaração têm por finalidade eliminar eventual obscuridade, contradição, omissão ou a correção de erro material existente no julgado (artigo 1.022, CPC/2015). 2. Os presentes embargos não apontam omissão, contradição ou obscuridade, mas sim buscam reexame de matéria devidamente analisada e julgada. 3. As arras/sinal, no presente caso, tem caráter estritamente confirmatório, na forma de antecipação do pagamento, nos termos do art. 417 do Código Civil. Desse modo, o acórdão embargado afastou a cláusula contratual que previa o não reembolso da quantia paga a título de arras, pois estas possuem natureza de princípio de pagamento e garantia da execução do contrato. Além disso, o arrependimento do promitente comprador só importa em perda das arras se estas foram expressamente pactuadas como penitenciais (art. 420, Código Civil), o que não é o caso dos autos, visto que o pacto foi celebrado pelas partes em caráter irrevogável e irretratável. 4- Não se identificando no julgado a ocorrência de qualquer violação ao ordenamento jurídico vigente, não deve haver o acolhimento dos embargos opostos. 5- Embargos conhecidos e desprovidos" (*TJDFT* – Proc. 07026600920188070006 (1191506), 22-8-2019, Rel. Robson Barbosa de Azevedo).

em benefício da outra parte; e aquele que as recebeu as devolverá mais o equivalente, não havendo em nenhum dos casos direito à indenização suplementar".

Portanto, fica claro que indenização suplementar, além do valor do sinal, somente se torna possível perante o contrato irretratável. Quando existe possibilidade de retrato, tal como no diploma mais antigo, as arras servem de limite de indenização. Veja o que expusemos anteriormente.

Nessa modalidade de arras penitenciais do art. 420, o legislador também preferiu não utilizar a expressão *devolução em dobro*, mas também se refere ao *equivalente*. Só que nesta hipótese a lei não se reporta à "correção monetária, juros e honorários". Sem dúvida, a ausência de correção monetária nessa devolução do "equivalente" poderá acarretar enriquecimento injusto e como tal pode ser pleiteado.[5] Como enfatizamos, as arras penitenciais têm a função de permitir o arrependimento, substituindo uma cláusula penal.

Não se esqueça, porém, que nesta hipótese, bem como em todas as demais situações analisadas, estamos no campo da autonomia da vontade, podendo as partes dispor diferentemente. Nada impede, por exemplo, que, mesmo perante uma avença irretratável, as partes disponham que quantia alguma será devida além do valor do sinal, vedando-se o acréscimo por perdas e danos. Nesse caso, haveria uma cláusula limitativa de responsabilidade.

---

[5] "**Rescisão contratual** – Compra e venda de imóvel – Procedência da ação, com a condenação da ré à devolução de 90% dos valores pagos – Insurgência da requerida – Recurso não conhecido com relação à comissão de corretagem, pois não houve pedido inicial neste sentido – Pedido de retenção integral do valor das arras – Cabimento – Rescisão contratual que ocorreu por culpa exclusiva do promitente comprador – Pedido de reserva do lote, que integra o negócio e o contrato, em que consta menção expressa às arras serem penitenciais – Perda do sinal pago – Inteligência do art. 418, do Código Civil – Parcial procedência da ação que é medida de rigor – Recurso parcialmente conhecido e provido na parte conhecida" (*TJSP* – AC 1019019-91.2018.8.26.0309, 27-8-2019, Rel. Miguel Brandi).

"Compra e venda imobiliária – Rescisão contratual cumulada com devolução de quantias pagas – **Sinal/Arras** – Contratantes que renunciam expressamente a qualquer direito de arrependimento – Princípio de pagamento que consiste em arras confirmatórias e não meramente penitenciais, de modo que não comporta retenção pela vendedora – Restituição de 90% (noventa por cento) de todos os valores pagos pelo adquirente. Recurso provido" (*TJSP* – Ap 1123235-56.2015.8.26.0100, 7-3-2018, Rel. J. B. Paula Lima).

"Compromisso de compra e venda. Ação de resolução contratual, devolução de quantias pagas e indenização por danos morais. Inadimplemento imputado ao autor, pela falta de pagamento da segunda parcela do preço. Ausência de disposição expressa a respeito de cláusula penitencial ou mesmo de natureza penitencial das arras. Prejuízo da vendedora, entretanto, que é de ser reparado. Indenização arbitrada pela sentença, assim, mediante o decaimento, do autor, de 10% do valor do contrato. Manutenção do *quantum*, à falta de insurgência do interessado. Ocupação indevida do imóvel, ademais, que não foi minimamente demonstrada. Inviabilidade da fixação de indenização também a este título, portanto. Ação parcialmente procedente. Sentença mantida. Recurso improvido" (*TJSP* – Ap 1047551-96.2013.8.26.0100, 10-8-2015, Rel. Vito Guglielmi).

15

RESPONSABILIDADE CIVIL. REAPRESENTAÇÃO DO TEMA. PRINCÍPIOS GERAIS

15.1 INTRODUÇÃO. RESPONSABILIDADE CIVIL: PRINCÍPIOS ORIENTADORES. RESPONSABILIDADES SUBJETIVA E OBJETIVA

No Capítulo 30 de nossa obra *Direito civil: parte geral*, tecemos considerações introdutórias sobre a responsabilidade civil extracontratual ou extranegocial, mercê da colocação do art. 159 do Código de 1916 naquele compartimento do diploma, sob o título *"Dos atos ilícitos"*. Ali traçamos a diferenciação da responsabilidade contratual e extracontratual, para a qual remetemos também o leitor, tema que repisamos aqui. Veja o que dissemos a respeito do *ato ilícito*, da *conduta contratual* e não contratual, da *exclusão ou diminuição da responsabilidade* e do *abuso de direito*. Consta também do primeiro volume o estudo sobre a *responsabilidade civil do Estado*.

Em princípio, toda atividade que acarrete prejuízo gera responsabilidade ou dever de indenizar. Haverá, por vezes, excludentes, que impedem a indenização, como veremos. O termo *responsabilidade* é utilizado em qualquer situação na qual alguma pessoa, natural ou jurídica, deva arcar com as consequências de um ato, fato ou negócio danoso. Sob essa noção, toda atividade humana, portanto, pode acarretar o dever de indenizar. Desse modo, o estudo da responsabilidade civil abrange todo o conjunto de princípios e normas que regem a obrigação de indenizar.

Os princípios da responsabilidade civil buscam restaurar um equilíbrio patrimonial e moral violado. Um prejuízo ou dano não reparado é um fator de inquietação social. Os ordenamentos contemporâneos buscam alargar cada vez mais o dever de indenizar, alcançando novos horizontes, a fim de que cada vez menos restem danos irressarcidos. É claro que esse é um desiderato ideal que a complexidade da vida contemporânea coloca sempre em xeque. Os danos que devem ser reparados são aqueles de índole jurídica, embora possam ter conteúdo também de cunho moral, religioso, social, ético etc., somente merecendo a reparação do dano as transgressões dentro dos princípios obrigacionais. Em nossa obra de introdução ao estudo do Direito – *Primeiras Linhas* – discorremos mais longamente sobre a esfera moral e a responsabilidade daí decorrente. Cada vez mais a necessidade do exame da culpa torna-se desnecessário: a responsabilidade com culpa ou subjetiva ocupa atualmente local secundário, pois existem inúmeras situações legais de responsabilidade objetiva ou sem culpa. O ocaso da culpa mostra-se, portanto, evidente. O passado demonstrou a dificuldade de provar culpa por parte das vítimas, exigindo-se, em muitos casos, uma verdadeira *prova diabólica*.

A responsabilidade civil extracontratual ou extranegocial é, como vimos, fonte de obrigações. Reside no ato ilícito seu centro gravitador. O Código de 1916 conceituou o ato ilícito no art. 159. O Código de 2002 manteve a culpa em sua conceituação feita no art. 186.

Melhor que se denomine, de outro lado, mais apropriadamente de responsabilidade negocial, aquela que tradicionalmente decorre do contrato, a qual também é responsabilidade civil, pois não apenas do contrato emerge essa responsabilidade como também dos atos unilaterais de vontade em geral, negócios jurídicos, como a gestão de negócios, a promessa de recompensa, o enriquecimento sem causa, testamento, entre outros. Para fins didáticos, porém, quando se menciona responsabilidade civil, acorre-nos imediatamente o campo da responsabilidade extranegocial. Contudo, ontologicamente sempre estaremos no âmbito da reparação de danos.

O estudo da responsabilidade civil é parte integrante do direito obrigacional, sendo a reparação dos danos algo sucessivo à transgressão de uma obrigação, dever jurídico ou direito. Sob esse prisma, pode-se divisar um dever jurídico primário ou originário, "*cuja violação acarreta um dever jurídico sucessivo ou secundário, que é o de indenizar o prejuízo*" (Gonçalves, 2003:6).

O legislador do Código Civil de 1916 não tratou da matéria de forma ordenada pois, nos arts. 159 e 160, traçou os fundamentos da responsabilidade contratual e, posteriormente, na Parte Especial, em vários dispositivos, disciplinou novamente o assunto. Sob o pálio do antigo Código, o art. 159 era o repositório legal de amplo espectro na responsabilidade civil. Explica-se o fato porque, no final do século XIX e início do século XX, quando elaborado o diploma, a matéria ainda não havia atingido ainda um estágio de maturidade teórica e jurisprudencial. Acrescente-se que o estudo da responsabilidade civil é especialmente dinâmico, estando a surgir a cada momento novas teorias e linhas de pensamento, bem como fatos indenizáveis, na doutrina e na jurisprudência, fruto não só do pensamento jurídico como também das novas necessidades e das constantes transformações sociais, além das transformações trazidas diuturnamente pela informática. Acrescente-se que o instituto da responsabilidade civil é algo contemporâneo, pois surge pela primeira vez no final do século XVIII, no âmbito do direito revolucionário francês. Sua primeira formulação expressa está no Código Civil francês, espalhando-se daí para todas as codificações posteriores.

O Código Civil em vigor, embora mantendo a mesma estrutura do diploma anterior, trata da responsabilidade civil com mais profundidade, embora sem a amplitude que seria desejável, nos arts. 927 ss. A definição de ato ilícito é fornecida pelo art. 186:

> *"Aquele que, por ação ou omissão voluntária, negligência ou imprudência, violar direito e causar dano a outrem, ainda que exclusivamente moral, comete ato ilícito."*

Vê-se, portanto, que foi acrescentada a possibilidade de indenização pelo dano exclusivamente moral, como fora apontado pela Constituição de 1988, algo de há muito reclamado pela sociedade e pela doutrina e sistematicamente repelido até então pelos tribunais.

Há também uma alteração de redação quanto ao dispositivo do Código anterior (art. 159). O texto revogado usava da alternativa "ou": "... *violar direito OU causar prejuízo a outrem...*". O texto do atual artigo 186 usava da partícula aditiva "e": "... *violar direito E causar dano a outrem...*". Apesar da celeuma que essa modificação causou a princípio, não me parece que exista uma diferente compreensão no texto mais recente. Isto porque, em nosso uso vernacular, "e" por vezes possui o sentido de "ou" e vice-versa. E ainda porque, salvo exceções expressas no ordenamento quanto à simples violação de direito, sem a existência de efetivo prejuízo, ainda que de cunho exclusivamente moral, não haverá indenização.[1] Mas, é evidente, o legislador deve ser claro e nesse texto revogado não o foi.

Rui Stoco apontava o erro da legislação anterior como dando margem a interpretações errôneas:

> *"A disjuntiva* ***ou*** *estava mal posta no texto, dando ensancha a que dele se extraíssem duas consequências absolutamente equívocas. Primeiro, que bastaria um comportamento voluntário, por negligência ou imprudência, violador de direito, para que o agente ficasse obrigado a reparar o dano. Segundo, que bastaria a causação do prejuízo, ainda que não tivesse havido a violação de direito, para que nascesse o dever de reparar. Com essa exegese, nenhuma das proposições estava correta. Pode-se praticar um ato ilícito sem repercussão indenizatória, caso não se verifique, como consequência, a ocorrência de um dano"* (2004:123).

De qualquer modo, durante as décadas de vigência do Código de 1916, essa partícula OU nunca foi obstáculo para a correta compreensão do ato ilícito entre nós.

---

1 "Responsabilidade civil – Instituição bancária – Transação fraudulenta – Dano ao consumidor – **Risco da atividade** – Alegação de fato de terceiro ou de culpa exclusiva do consumidor – Acolhimento – Impossibilidade: – De rigor o reconhecimento da responsabilidade civil da instituição bancária quando demonstrada a ocorrência de transação fraudulenta causadora de dano ao consumidor, por se tratar de risco inerente a sua atividade; A devolução dos valores descontados indevidamente. Dano moral – Fixação que deve servir como repreensão do ato ilícito e reparação ao lesado – Valor suficiente à reparação do dano e a desestimular a reiteração do comportamento lesivo: – A fixação de indenização por danos morais deve servir como repreensão do ato ilícito e reparação ao lesado, devendo ser fixado valor suficiente a reparar o dano e a desestimular a reiteração do comportamento lesivo. Recurso não provido" (*TJSP* – AC 1071533-66.2018.8.26.0100, 4-10-2019, Rel. Nelson Jorge Júnior).

"Indenização – Emissão de talonário de cheques e uso por falsários – Fraude praticada por terceiro – **Aplicação da teoria do risco da atividade** – Responsabilidade inafastável – Dano moral configurado – Recurso provido" (*TJSP* – Ap 1002787-17.2017.8.26.0704, 21-8-2018, Rel. Souza Lopes).

"Responsabilidade Civil – Acidente de trânsito – Atropelamento – Veículo Desgovernado – Vítima que faleceu em decorrência dos ferimentos – Responsabilidade do proprietário do estacionamento – Aplicação da **teoria do risco da atividade** – Dever de guarda dos veículos e de proteção dos usuários – Danos Morais Configurados – *Quantum* bem fixado – Sentença Mantida – Recurso Improvido – Incide a teoria do risco quando o empreendedor exercer atividade que, por sua natureza, implica risco para os direitos de outrem, consoante o disposto no art. 927, parágrafo único, do Código Civil" (*TJSP* – Ap 0003458-13.2011.8.26.0625, 31-3-2017, Rel. Renato Sartorelli).

"Apelação – Ação indenizatória – Responsabilidade civil – Veiculação de matéria jornalística, através de telejornal e sítios eletrônicos, imputando à apelada a prática de crime ambiental cometido por outra empresa. Dano moral. Ocorrência. Apelante que deve assumir o risco da atividade desenvolvida. Repercussão negativa inegável, notadamente no mercado empresarial. Retratação que não tem o condão de neutralizar a responsabilidade pelos danos causados. *Quantum* indenizatório. Valor que atende à dupla finalidade da reparação. Sentença mantida. Recurso não provido" (*TJSP* – Ap 1006546-36.2014.8.26.0011, 15-6-2016, Relª Rosangela Telles).

"**Apelação** – Ação indenização por danos morais – Indevida inscrição do nome da autora nos órgãos de proteção ao crédito. Ato ilícito. Crédito julgado inexigível por sentença transitada em julgado. Dano moral caracterizado. **Teoria do risco da atividade empresarial**. Súmula 385 do STJ que não se aplica ao caso tendo em vista que os apontamentos anteriores foram regularizados mais de três anos antes do apontamento contestado, não restando nenhum por ocasião da negativação. Indenização fixada em R$ 10.000,00 com correção monetária e juros de mora do arbitramento (art. 407 do CC e procedente do STJ), conforme precedentes desta Câmara Sentença parcialmente reformada. Recurso da autora parcialmente provido e da ré improvido" (*TJSP* – Ap 0010251-15.2013.8.26.0037, Araraquara, 20-1-2015, Rel. Silvério da Silva).

"**Apelação**. Ação declaratória de cobrança indevida, cumulada com indenização por danos morais – Inscrição indevida do nome do autor em cadastro de inadimplentes. Inexistência de relação jurídica entre as partes. Sentença de procedência, com condenação da ré ao pagamento de indenização por danos morais em quantia de R$ 10.000,00. Inconformismo da ré. Inconsistência. Fraude perpetrada por terceiro que não elide a responsabilidade da ré, em virtude da aplicação, ao caso em tela, da **Teoria do Risco da Atividade**. Enunciado 24 desta Câmara. Valor da indenização, outrossim, que foi fixado de forma razoável e em consonância com os precedentes desta Câmara. Verba honorária, fixada em 15% sobre o valor da condenação, que bem observou o artigo 20, § 3º, do Código de Processo Civil. Manutenção da sentença por seus próprios fundamentos, nos termos do artigo 252 do Regimento Interno deste E. Tribunal de Justiça. Negado provimento ao recurso" (v. 15851) (*TJSP* – Ap 0170369-09.2009.8.26.0100, 30-5-2014, Relª Viviani Nicolau).

E no texto do Código de 2002, como acena o mesmo insigne Rui Stoco (2004:124), simplesmente substituir OU por E no texto legal trouxe outra compreensão ruim, ou coloquialmente se diria que a emenda ficou pior que o soneto. Nesse texto, afirma-se que só comete ato ilícito quem *viola direito E causa dano*. Ora, o ato ilícito existe com ou sem dano. Em outros termos, não há necessariamente dano no ato ilícito. Embora sendo proibido pisar na grama, por exemplo, não é pelo fato de ter pisado na relva que sempre se danifica o jardim... Não haverá, no entanto, maiores consequências com a escorregadela do legislador, assim como não houve no passado. Ademais, a redação do art. 927, *caput*, que se entrosa diretamente com o art. 186, estatui: "*Aquele que, por ato ilícito, causar dano a outrem, fica obrigado a repará-lo*".

O art. 187 do atual estatuto civil define expressamente o *abuso de direito*, também estudado em nosso primeiro volume, norma ausente de forma expressa no sistema anterior, equiparando--o à responsabilidade civil, para fins práticos.[2]

---

[2] "Processual civil e administrativo – Responsabilidade civil – Ação ordinária objetivando a indenização por danos morais – Publicação de nome na lista de desagravos – **Abuso de direito** – Danos morais configurados – Impossibilidade de revisão – Súmula 7/STJ – Divergência jurisprudencial prejudicada – 1- A Corte de origem concluiu que a elaboração dessa lista, seguida de intensa divulgação, configurou violação à reputação da Autora, tendo a OAB/SP efetivamente incorrido em abuso de direito, relacionado aos limites que deveria observar quanto aos respectivos poderes disciplinar e sancionatório. 2- No contexto apresentado, a hipótese dos autos configura dano moral a ser reparado, e a alteração de tais conclusões, na forma pretendida, demanda incursão no acervo fático-probatório dos autos, o que é vedado no âmbito do Recurso Especial. 3- Fica prejudicada a análise da divergência jurisprudencial quando a tese sustentada já foi afastada no exame do Recurso Especial pela alínea 'a' do permissivo constitucional. 4- Recurso Especial não conhecido" (*STJ* – REsp 1797630/SP, 28-5-2019, Rel. Min. Herman Benjamin).

"Ação declaratória c.c – **Indenização** – **Danos Morais** – Negativação – Embora o banco réu tenha inserido indevidamente o nome do autor nos cadastros de inadimplentes, não se há falar em indenização por danos morais, porquanto já havia restrição anterior em nome da devedora – Aplicação da Súmula 385, do STJ – Reputação e bom nome do autor que já se encontravam atingidos no meio comercial, motivo pelo qual a inscrição realizada pelo réu não poderia lhe causar outros prejuízos. Ação declaratória c.c – indenização – débito indevido – fraude – cobrança indevida – dívidas não reconhecidas pelo consumidor – inexigibilidade dos débitos reconhecida pelo acervo probatório – aplicação da teoria do risco da atividade – Orientação firmada pelo STJ, ao aplicar a "Lei de Recursos Repetitivos" e da Súmula 479 -STJ – Fraude perpetrada que ocasionou perturbação emocional, transtornos e aborrecimentos, passíveis de indenização – Falha na prestação de serviços – Danos morais – Valor da indenização arbitrado em R$ 5.000,00, que não comporta alteração. Recurso desprovido" (*TJSP* – Ap 1000060-82.2016.8.26.0102, 16-7-2018, Rel. Sérgio Shimura).

"Apelação – Ação Indenizatória – Nulidade Rechaçada – Fundamentação Suficiente – Motivação Expressa – Legitimidade passiva *ad causam* – Relação de direito material – Prestação de serviço – Responsabilidade patrimonial – Inexigibilidade – **Danos Morais** – Sentença Irretocável – Fundamentação sem qualquer nulidade ou omissão (art. 93, IX, da Constituição Federal, e CPC) – Decisão que delineou de forma legal e suficiente as razões da procedência, intolerável a preliminar baseada exclusivamente na irresignação da parte contra a sentença que lhe fora desfavorável; – Condições da ação verificadas a partir do alegado na petição inicial – *In statu assertionis*. Legitimidade evidente, relação de direito material, parte responsável pela cobrança indevida que se pretende declarar inexigível, não cogitável qualquer questão atinente ao plano de saúde; – Evidente abuso do exercício do direito de cobrança (art. 187, do Código Civil) – Intolerável cobrança de procedimento autorizado pelo plano de saúde, descabida a responsabilidade da signatária sendo que competia ao hospital realizar o faturamento junto ao plano – Violação do dever de colaboração (art. 6º, do Novo Código de Processo Civil) – Inexigibilidade patente; – Responsabilidade civil que tem o condão de punir condutas ilícitas, especialmente quando reiteradamente adotadas por justificativas econômicas ('lucro ilícito') ou grave desídia. Indenização arbitrada em valor aquém dos paradigmas jurisprudenciais e em valor incompatível com o dano (art. 944, CC) – Vedada a majoração; – Manutenção da decisão por seus próprios e bem lançados fundamentos – Artigo 252 do Regimento Interno do Tribunal de Justiça de São Paulo; Recurso não provido" (*TJSP* – Ap 1012861-89.2014.8.26.0008, 1-2-2017, Relª Maria Lúcia Pizzotti).

"Apelação – Declaratória de inexigibilidade e inexistência de débito c.c. – Indenização por danos morais – Inscrição indevida nos bancos de dados dos serviços de proteção ao crédito. Débito não contraído pela autora. Procedência da ação para declarar a inexigibilidade dos valores cobrados pelo réu, com a condenação do réu a indenização por danos morais no importe de R$ 10.000,00. Inconformismo da ré. Ausência de prova da contratação. Teoria do risco da atividade empresarial. Dano moral 'in re ipsa'. Inscrição indevida que autoriza a condenação em indenização de cunho moral. Indenização que deve ser mantida em R$ 10.000,00. Recurso improvido" (*TJSP* – Ap 1041800-13.2014.8.26.0224, 9-8-2016, Rel. Silvério da Silva).

Cumpre que, a esta altura de nosso estudo, aprofundemos o caminho da responsabilidade civil fora do contrato, ou mais propriamente fora do negócio jurídico. O termo *responsabilidade*, embora com sentidos próximos e semelhantes, é utilizado para designar várias situações no campo jurídico. A responsabilidade, em sentido amplo, encerra a noção pela qual se atribui a um sujeito o dever de assumir as consequências de um evento ou de uma ação. Assim, diz-se, por exemplo, que alguém é responsável por outrem, como o capitão do navio pela tripulação e pelo barco, o pai pelos filhos menores etc. Também a responsabilidade se reporta ao sentido de capacidade: o amental, aquele que não possui pleno discernimento, por exemplo, a princípio não responde por seus atos, porque não possui capacidade, embora o Código de 2002 lhe tenha atribuído uma responsabilidade pessoal mitigada. Em nosso estudo, interessa a responsabilidade de alguém como fato ou ato punível ou moralmente reprovável, como violação de direito na dicção do presente Código, o que acarreta reflexos jurídicos.

Na realidade, o que se avalia geralmente em matéria de responsabilidade é uma conduta do agente, qual seja, um encadeamento ou série de atos ou fatos, o que não impede que um único ato gere por si o dever de indenizar.

No vasto campo da responsabilidade civil, o que interessa saber é identificar aquela conduta que reflete na obrigação de indenizar. Nesse âmbito, uma pessoa é responsável quando suscetível de ser sancionada, independentemente de ter cometido pessoalmente um ato antijurídico. Nesse sentido, a responsabilidade pode ser direta, se diz respeito ao próprio causador do dano, ou indireta, quando se refere a terceiro, o qual, de uma forma ou de outra no ordenamento, está ligado ao ofensor. Se não puder ser identificado o agente que responde pelo dano, este ficará irressarcido; a vítima suportará o prejuízo. O ideal, porém, que se busca no ordenamento, é no sentido de que todos os danos sejam reparados. No século XXI descortina-se uma amplitude para os seguros que deverão, em futuro não distante, dar cobertura a todos os danos sociais, segundo a tendência que se pode divisar.

O Direito Penal apenas considera a responsabilidade direta, isto é, do causador do dano ou da ofensa, do transgressor da norma. O Direito Penal pune somente perante a culpa, em sentido estrito, ou o dolo. No Direito Penal, a noção de punição de terceiro não participante da conduta é, em princípio, completamente afastada no direito moderno, embora doutrinas modernas já acenem com revisão desse conceito, principalmente em crimes ecológicos: a pena não pode transpor a pessoa do agente, no entanto, surgem novos princípios na penalística moderna. Há condutas que transgridem a norma penal e a norma civil concomitantemente, de molde que o agente sofrerá um dúplice processo, pois em nosso sistema as jurisdições são diversas.

No Direito Civil, terceiros somente podem ser chamados a indenizar, e assim se faz de modo cada vez mais extenso, quando a lei expressamente o permitir e assim apontar.

De forma ampla, "*a responsabilidade civil é sempre uma obrigação de reparar danos: danos causados à pessoa ou ao patrimônio de outrem, ou danos causados a interesses coletivos, ou transindividuais, sejam estes difusos, sejam coletivos* ***strictu sensu***" (Noronha, 2003:429).

O art. 159, agora substituído pelo art. 186 do mais recente Código, fundamental em sede de indenização por ato ilícito, estabeleceu a base da responsabilidade extracontratual ou extranegocial no direito brasileiro:

> *"Aquele que, por ação ou omissão voluntária, negligência, ou imprudência, violar direito, ou causar prejuízo a outrem, fica obrigado a reparar o dano.*
>
> *A verificação da culpa e a avaliação da responsabilidade regulam-se pelo disposto neste Código, arts. 1.518 a 1.532 e 1.537 a 1.553".*

Note que o Código de 2002, atendendo a mandamento constitucional, foi expresso a respeito do dano moral ou extrapatrimonial, já fartamente sufragado pela jurisprudência do país nos últimos anos.

A responsabilidade tradicionalmente denominada de contratual, modernamente mais aceita como negocial, cuida do inadimplemento de contratos e outros negócios jurídicos, pertencendo a outro compartimento de estudo, como vimos.

Decantados esses dispositivos e essa matéria, verifica-se que neles estão presentes os requisitos para a configuração do dever de indenizar: *ação ou omissão voluntária, relação de causalidade ou nexo causal, dano* e, finalmente, *culpa*. Ao analisarmos especificamente a culpa, lembremos a tendência jurisprudencial cada vez mais marcante de alargar seu conceito, ou de dispensá-lo como requisito para o dever de indenizar. Surge, destarte, a noção de culpa presumida, sob o prisma do dever genérico de não prejudicar (*Direito civil: parte geral*, seção 29.2). Esse fundamento fez surgir a teoria da responsabilidade objetiva, presente na lei em várias oportunidades, que desconsidera a culpabilidade, ainda que não se confunda a culpa presumida com a responsabilidade objetiva. A insuficiência da fundamentação da teoria da culpabilidade levou à criação da *teoria do risco*, com vários matizes, que sustenta ser o sujeito responsável por riscos ou perigos que sua atuação promove, ainda que coloque toda diligência para evitar o dano.[3] Trata-se da denominada teoria do *risco criado* e do *risco benefício* ou *risco proveito*.

---

[3] "Responsabilidade civil decorrente de ato ilícito – Prestação de serviço público essencial – Energia elétrica – Atividade inerentemente inscrita entre aquelas compreendidas na teoria do risco criado – Responsabilidade a independer do juízo de culpa – Proibição legal expressa da mantença de rede aérea de distribuição de energia na Cidade de São Paulo – Concessionária recalcitrante à regra técnica empresarial de segurança – Morte de consumidor por descarga elétrica e danos corporais gravíssimos em cônjuge sobrevivente, motivados por fenômeno de propagação eletromagnética conhecido por arco voltaico – Causalidade adequada aferida pelo procedimento hipotético de eliminação de Thiren – Cláusula geral de responsabilidade objetiva averbada no **artigo 927, parágrafo único, do Código Civil** – Compensação imperativa de danos extrapatrimoniais e pensão mental vitalícia – Sentença de improcedência renegada" (*TJSP* – Ap 0192682-56.2012.8.26.0100, 8-5-2024, Rel. Souza Meirelles).

"Apelação – Ação declaratória de inexigibilidade e inexistência de débito c/c indenização por danos morais – Procedência – Anotações do nome do autor no cadastro dos órgãos de proteção ao crédito – Existência e legitimidade dos débitos não demonstrada pelo réu – Fraude reconhecida pelo próprio banco, que diz também ter sido vítima – Responsabilidade do banco que é de caráter objetivo, nos termos dos arts. 3º, § 2º, e 14 do CDC – Prova de inexistência de defeito na prestação dos serviços não apresentada, nem produzida pelo banco, que deixou de tomar as cautelas necessárias – Inaplicabilidade de excludente de responsabilidade – Súmula 479 do STJ – Aplicabilidade da Teoria do risco da atividade – Declaração de inexistência de relação jurídica entre as partes e inexistência dos débitos bem reconhecida e que comporta ser mantida – Ocorrência de dano moral configurada – Autor que faz jus à respectiva reparação, nos termos do art. 5º, incisos V e X, da Constituição Federal, do art. 6º, inciso VI, do Código de Defesa do Consumidor e artigo 186 do Código Civil – Irresignação do réu, postulando o afastamento da condenação ou, subsidiariamente, sua redução – Quantum indenizatório – Montante arbitrado pelo douto Magistrado que comporta minorado – Honorários advocatícios mantidos no percentual de 20%, face à redução do montante arbitrado a título de indenização – Observação em relação ao termo inicial de incidência dos juros de mora – Incidência a partir da citação – Matéria de ordem pública – Sentença retocada em parte – Recurso do réu parcialmente provido, com observação" (*TJSP* – Ap 1015057-31.2020.8.26.0005, 10-5-2022, Rel. Thiago de Siqueira).

"**Dano moral** – Bloqueio de linha telefônica sob alegação de suspeita de fraude – Comunicação à consumidora e pronta solução – Inexistência – Serviço defeituoso – Transtornos sofridos pela consumidora que não se amoldam ao mero aborrecimento quotidiano – Indenização – Cabimento: – Constatado o defeito na prestação do serviço de telefonia, ante o bloqueio de linha telefônica, sob alegação de suspeita de fraude, sem comunicação à consumidora e pronta solução por parte da fornecedora, os transtornos sofridos não se amoldam ao mero aborrecimento quotidiano, comportando a fixação de indenização por abalo moral. Dano moral – Fixação que deve servir como repreensão do ato ilícito e reparação ao lesado – Enriquecimento sem causa do ofendido ou valor insuficiente à reparação do dano – Impossibilidade: – A fixação de indenização por danos morais deve servir como repreensão do ato ilícito e reparação ao lesado, sem gerar o enriquecimento sem causa do ofendido. Recurso parcialmente provido" (*TJSP* – AC 1011234-86.2015.8.26.0114, 14-6-2019, Rel. Nelson Jorge Júnior).

"Ação de indenização por **danos morais** – Telefonia – Apontamento indevido em cadastros de maus pagadores – Autora vítima de fraude – Sentença de procedência – Pleito recursal – Teoria do risco profissional – Responsabi-

O sujeito obtém vantagens ou benefícios e, em razão dessa atividade, deve indenizar os danos que ocasiona. Levando-se em conta o rumo que tomou a responsabilidade objetiva, a teoria da responsabilidade civil deixa de ser apoiada unicamente no ato ilícito, mas leva em conta com mais proeminência o ato causador do dano. Busca-se destarte evitar um dano injusto, sem que necessariamente tenha como mote principal o ato ilícito. Nesse sentido, conclui Giselda Maria Fernandes Novaes Hironaka:

> "*Somente os danos absolutamente inevitáveis deixarão de ser reparados, exonerando-se o responsabilizado*" (2002:339).

Em síntese, cuida-se da responsabilidade sem culpa em inúmeras situações nas quais sua comprovação inviabilizaria a indenização para a parte presumivelmente mais vulnerável. A legislação dos acidentes do trabalho imediatamente aflora como exemplo.[4]

---

lidade objetiva da empresa de telefonia ré, nos termos do art. 14 do CDC e 927, do CC. Risco da atividade. Falha na prestação de serviço. Inteligência e aplicação do disposto no artigo 373, II do CPC, do qual não se desincumbiu. Ocorrência de fraude. Responsabilidade da empresa ré de indenizar. Dano Moral. Configurado. Dano *in re ipsa*. *Quantum* arbitrado na monta de R$ 7.500,00, que se mostra adequado e consoante os princípios da razoabilidade e proporcionalidade, não comportando minoração. Honorários advocatícios. Aplicação do disposto no artigo 85, § 11 do Código de Processo Civil, para majorar o valor arbitrado a R$ 2.000,00. Sentença mantida. Apelo desprovido" (*TJSP* – Ap 1018985-94.2017.8.26.0554, 2-7-2018, Rel. Ramon Mateo Júnior).

"**Ação de obrigação de fazer** com pedido de antecipação de tutela – Plano de saúde – Necessidade de cirurgia na coluna – Negativa de cobertura – Sentença de procedência – Aplicação da Lei nº 9.656/98 e do Código de Defesa do Consumidor Nulidade de cláusula contratual abusiva que exclui da cobertura a despesa com órteses e próteses. Jurisprudência do STJ no sentido de que se o material é parte da cirurgia coberta pelo plano não se pode excluir o seu pagamento. Indenização por danos morais que também merece manutenção, diante do evidente abuso por parte da ré. Sentença mantida. Aplicação do art. 252 do Regimento Interno deste Egrégio Tribunal de Justiça. Recurso não provido" (*TJSP* – Ap 1001441-68.2015.8.26.0100, 13-2-2017, Rel. Fábio Quadros).

"**Apelação** – Recurso Conhecido – Preparo Complementado – Restituição de investimento – Perdas e danos – Rescisão do contrato – Risco da atividade empresarial – Bens Móveis Levantados – Benfeitorias – Adesão ao bem – Indenização – Deserção repelida – Custas de preparo complementadas, nos termos do art. 511, do Código de Processo Civil – Cognoscibilidade plena do mérito do recurso de apelação – Inviável a restituição pelo investimento das cancelas e demais bens móveis – Cláusula contratual expressa que refuta a adesão dos equipamentos (cancelas) ao imóvel. Bens levantados, ora em posse da demandante, que repelem o desequilíbrio mencionado no art. 473, parágrafo único, do Código Civil – Legítimo o pedido de restituição dos valores correspondentes às benfeitorias aderidas ao imóvel (estrutura energética, pintura e cabeamento), repelido, no entanto, as despesas com o reparo dos equipamentos (despesas inerentes ao risco empresarial, não evidenciado o liame a justificar a excepcionalidade da reparação, art. 389, do CC) – Inviável a condenação da parte por indenização sem dano (art. 944, do CC). Alegada violação da probidade processual sem comprovado prejuízo a autorizar a hipótese do dever de indenizar; Recurso parcialmente provido" (*TJSP* – Ap 1022942-49.2013.8.26.0100, 26-4-2016, Relª Maria Lúcia Pizzotti).

4 "Responsabilidade civil – Dano moral – **Dano moral *in re ipsa*** – Indenização fixada em montante razoável, nada justificando sua redução – Recurso desprovido" (*TJSP* – AC 1002637-14.2018.8.26.0506, 13-5-2019, Rel. Luiz Antonio de Godoy).

"Apelação cível – Acidente de trânsito – Ação indenizatória por danos materiais – Locação de semirreboque – Responsabilidade solidária entre o proprietário do caminhão e o do equipamento – Súmula nº 492 do e. STF – **Incidência da teoria do risco da atividade** – Art. 927, parágrafo único, CC – Artigo 942, parágrafo único, ambos do Código Civil. Danos materiais comprovados. Reparatória devida. Sentença reformada. Recurso provido" (*TJSP* – Ap 0005978-66.2012.8.26.0218, 21-5-2018, Rel. Tercio Pires).

"**Indenização por Danos Morais** – Autora vítima de abordagem por preposto da requerida, de forma imprudente, sob a suspeita de furto de mercadoria – Estabelecimento demandado que não comprovou que agiu dentro dos limites do exercício regular do direito de fiscalização, negligenciando o ônus probatório que lhe competia – Liminar deferida com fito de preservação das imagens de câmera do dia dos fatos – Imagens com o intuito de comprovar a existência ou não de abuso na conduta do segurança para com a cliente descartada pelo réu – Testemunha ouvida que não pôde ser compromissada por evidente interesse do deslinde – Versão apresentada pelo réu é frágil – Injusta exposição da autora frente aos demais consumidores, motivada por suspeita de furto infundada – Dano moral – Ocorrência – *Quantum* indenizatório – Arbitramento por prudente critério do julgador, levando-se em conta os princípios da razoabilidade e da proporcionalidade, bem como as peculiaridades do caso – Fixação em

Nesse aspecto, há importante inovação no Código em vigor, presente no parágrafo único do art. 927. Por esse dispositivo, a responsabilidade objetiva aplica-se, além dos casos descritos em lei, também "*quando a atividade normalmente desenvolvida pelo autor do dano implicar, por sua natureza, risco para os direitos de outrem*". A esse novo aspecto voltaremos em breve em nosso estudo. Contudo, advirta-se de plano, por esse dispositivo o magistrado poderá definir como objetiva, ou seja, independente de culpa, a responsabilidade do causador do dano no caso concreto.[5] Nesse texto a lei brasileira foi mais além do código italiano, que lhe serviu

---

R$ 5.000,00 (cinco mil reais), que atende aos critérios da razoabilidade e proporcionalidade ao dano sofrido que se mostra razoável e em consonância com a regra do artigo 944 do Código Civil – Descabida a majoração, tampouco a redução – Sentença mantida – Recursos improvidos" (*TJSP* – Ap 1001421-54.2014.8.26.0604, 27-1-2017, Rel. Salles Rossi).

"Agravo de instrumento – **Ação de indenização por danos materiais e morais** – Ação que visa a reparação pelos danos sofridos, ao fundamento de que as rés são responsáveis pelo falecimento da genitora e companheira dos autores, que não recebeu os serviços médicos adequados. Decisão agravada que antecipou os efeitos da tutela a fim de que as rés paguem 1.035 salários mínimos por mês aos autores a título de pensão. Inconformismo do hospital. Não acolhimento. Preenchidos os requisitos do art. 273 do CPC. Verossimilhança do direito dos autores demonstrada pela prova que instrui a petição inicial. Risco de dano irreparável demonstrado. Autores que dependiam economicamente da paciente falecida. Risco de irreversibilidade que não pode ser interpretado ao extremo. Flexibilização que se justifica no caso. Precedente do STJ. Decisão mantida. Negado provimento ao recurso, com observação" (*TJSP* – AI 2134396-55.2015.8.26.0000, 28-3-2016, Relª Viviani Nicolau).

"**Dano moral**. Hipótese de dano *in re ipsa*. Decorrência imediata da indevida negativação. Diretriz consolidada no STJ. Teoria do risco proveito. Responsabilidade exclusiva do banco, que independe de culpa, eficácia *post mortem* dos direitos da personalidade da vítima. Inteligência do art. 12, par. ún., do CC. Doutrina e precedente do STJ. Recurso do réu desprovido. Dano moral. Estimativa Hipótese em que é possível elevar a reparação moral conjunta à R$ 10.000,00, em solidariedade ativa, segundo os critérios regularmente adotados nesta Câmara. Correção monetária a partir de quando o valor reparatório foi primeiramente definido. Súm. 362 do STJ. Mera adequação numérica do decreto condenatório nesta instância. Juros moratórios. Responsabilidade contratual. Termo inicial a partir da citação. Art. 405, do CC. Recursos providos em parte, com observação" (*TJSP* – Ap 0025145-46.2011.8.26.0625, Taubaté, 10-2-2015, Rel. Ferreira da Cruz).

5 "Apelação cível. Ação indenizatória. Compra de veículo usado, com transferência via pix. Golpe do falso intermediário. Sentença de improcedência. Irresignação do autor. Pretensão de responsabilizar as instituições financeiras envolvidas, onde abertas as contas de remessa (Banco do Brasil) e de recebimento da quantia pelo estelionatário (Banco Pan). Falha no sistema de segurança dos réus configurada. Movimentação de valor elevado (R$ 32.100,00) destoante do perfil do cliente e abertura da conta destinatária sem a devida cautela. Cliente que elaborou boletim de ocorrência e comunicou ao banco sobre o golpe no mesmo dia da transferência. Dever elementar dos réus de empreender esforços para a busca eficiente da reversão, em cumprimento às Resoluções do Bacen. Possibilidade prevista pelo MED (Mecanismo Especial de Devolução). Apelados que não comprovaram terem obedecido os protocolos ditados pela Resolução nº 1/2020 do BACEN, notadamente os artigos 38, 38-A, 39 e 39-B (bloqueio cautelar e rejeição do pagamento em caso de suspeita de fraude) e 41-D, § 3º, inc. II (tentativas de bloqueios/devoluções parciais por 90 dias, contados da data da transação original). Ausência de culpa exclusiva da vítima ou de terceiros. Fortuito interno. Atividade de risco. Responsabilidade objetiva da instituição bancária. **Art. 927, parágrafo único, do Código Civil** e art. 14, *caput*, do CDC. Incidência da Súmula 479 do STJ e do Enunciado nº 14 da Seção de Direito Privado deste E. TJSP. Tema 466 do STJ. Conduta dos recorridos determinante para gerar os danos verificados. Dever de ressarcimento reconhecido. Possibilidade de os bancos manejarem ação regressiva contra o protagonista do desfalque. Precedentes. Dano moral, entretanto, não configurado. O simples descumprimento do dever legal, ou contratual, desacompanhado de qualquer outro fator que o qualifique, não configura o dano moral indenizável. Sentença reformada parcialmente. Recurso parcialmente provido" (*TJSP* – Ap 1001086-33.2024.8.26.0459, 21-8-2025, Rel. Rodolfo Pellizari).

"Ação declaratória de inexistência de débito, cumulada com indenização por danos materiais e morais – Sentença de improcedência – Transações fraudulentas realizadas em conta corrente da autora a partir da instalação de aplicativo 'AnyDesk' (que possibilita acesso remoto a computadores pessoais e outros dispositivos), o que ocorreu por ter recebido ligação de suposto funcionário da instituição financeira – Inexistência de culpa da autora – Falha no sistema de proteção do banco evidenciada – Operações realizadas que se encontravam fora do perfil da consumidora – Responsabilidade da instituição financeira que é de caráter objetivo, nos termos do art. 14 do Código de Defesa do Consumidor e do **art. 927, parágrafo único, do Código Civil** – Ônus da prova que cabe, por isso, ao fornecedor de serviços – Prova de inexistência de defeito na prestação dos serviços não apresentada, nem produzida pelo banco – Responsabilidade da instituição financeira que deve ser reconhecida

de inspiração (art. 2.050), ao optar abertamente pela responsabilidade objetiva, e não por um sistema intermediário de presunção de culpa, como fizeram os estatutos italiano e português. O nosso legislador pretendeu apontar aquelas atividades que acarretam elevado risco ou perigo de dano, o que nem sempre será eficaz e justo no caso concreto.

Esse alargamento da noção de responsabilidade constitui, na verdade, a maior inovação do Código deste século em matéria de responsabilidade e requererá, sem dúvida, um cuidado extremo da nova jurisprudência.[6]

– Aplicabilidade da Teoria do risco da atividade – Condenação dos réus ao pagamento de indenização por danos morais à autora é medida de rigor – Dano moral, entretanto, não demonstrado – Sentença reformada para julgar a ação procedente em parte – Recurso da autora parcialmente provido" (TJSP – Ap 1024500-70.2023.8.26.0564, 12-9-2024, Rel. Thiago de Siqueira).

"Apelação – Ação de indenização por danos materiais e morais – Autor que buscou a instituição financeira para cancelamento e devolução do valor de empréstimo contratado, recebendo boleto para pagamento – Após quitar o boleto, constatou haver sido vítima de fraude – Banco não recebeu o montante – Constatação de que foi vítima do 'golpe do boleto falso' – Sentença de improcedência – Recurso do autor – Oposição ao julgamento virtual – Pedido tempestivo – Cabimento – Julgamento que seguirá na modalidade presencial. Danos materiais – Cabimento – Parte autora que entrou em contato com a instituição financeira através da ouvidoria – Fraudadores que detinham os dados da parte autora – Ré que deve oferecer ambiente seguro, para evitar a prática de fraude – Caracterizada falha na prestação dos serviços – Inocorrência de culpa exclusiva do consumidor ou de terceiros – Restituição devida – Recurso provido. Danos morais – Caracterizados – Situação que ultrapassa a esfera do mero aborrecimento – Serviço defeituoso – Autor comprovou ter recebido o boleto falso após ter realizado contato com a ouvidoria do banco – **Responsabilidade objetiva da instituição financeira** – Súmulas 297 e 459 ambas do STJ – Artigos 14 e 17 do CDC – Artigo 927, parágrafo único do Código Civil – Enunciado 12 da Seção de Direito Privado do TJSP – Dano moral configurado – Fixação do valor da indenização em R$ 10.000,00 – Sentença reformada – Recurso provido. Sucumbência – invertida. Dispositivo – Recurso provido" (*TJSP* – Ap 1001008-44.2022.8.26.0577, 22-8-2023, Rel. Achile Alesina).

"Apelação cível – Ação indenizatória – Sentença de improcedência – Insurgência que não prospera – Erro médico – Não configuração – Reação alérgica ocorrida após uso de medicamento – Requerente que omite em seu atendimento a condição de alérgica – Culpa exclusiva da vítima constatada – **Aplicação da teoria do risco integral** exacerbado – Impossibilidade – Prestação de serviços médicos que se trata de obrigação de meio e não de resultado – Responsabilidade do prestador de serviços médicos, ademais, que se apura mediante a averiguação de culpa – Laudo pericial peremptório a afirmar a ausência de culpa ou dolo dos Corréus no tratamento conferido a Apelante – Autora que não logrou êxito em comprovar os fatos e fundamentos constitutivos de seu Direito – Inteligência do artigo 373, inciso I do Código de Processo Civil – Sentença de Primeiro Grau mantida – Ratificação, nos termos do artigo 252, do Regimento Interno. Recurso não provido" (*TJSP* – AC 0024578-23.2012.8.26.0320, 12-4-2019, Rel. Penna Machado).

6 "**Responsabilidade civil objetiva** – Estado – Dano moral praticado por professora em escola estadual – Aluna maltratada pela professora na frente dos demais colegas – Comprovação através da prova documental, oral e técnica – Caso em que a aluna emagreceu, entrou em depressão e teve de se afastar da escola, terminando o ano letivo em casa – Requisitos preenchidos – Responsabilização devida – Dano moral bem fixado, de acordo com os objetivos da indenização – Juros e correção de acordo com o decidido nos Temas 810 do Supremo e 905 do STJ – Honorários fixados de acordo com a lei e os precedentes deste Tribunal – Recursos improvidos" (*TJSP* – AC 1026228-06.2017.8.26.0032, 8-8-2019, Rel. José Luiz Gavião de Almeida).

"Apelação – Ação declaratória de validade de negócio jurídico c.c. Indenização por danos materiais e morais – Aplicação do CDC – **Teoria do risco do empreendimento** – Celebração de cédula de crédito bancário visando a repactuação de dívidas de contratos bancários anteriores – Incontroversa novação das dívidas – Inexigibilidade da cobrança de parcelas referentes às avenças renegociadas – Falha na prestação de serviços evidenciada – Danos morais *in re ipsa*, evidenciados com o próprio fato ilícito da violação – Valor indenizatório a comportar redução – Valor que deve ser arbitrado em consonância aos critérios da razoabilidade e proporcionalidade, segundo a extensão do dano – Recurso do réu provido em parte. Repetição de indébito – Devolução em dobro – Cabimento – Má-fé do réu demonstrada, ao insistir na cobrança de dívidas não mais exigíveis, porque quitadas pela novação, não apresentando qualquer justificativa para isso. Recurso adesivo – Autora – Pretensão à sucumbência integral da ré – Descabimento – Sucumbência recíproca – Fixação da sucumbência bem equacionada na sentença, de acordo com o art. 86 do NCPC – Recurso negado. Recurso do réu provido em parte, negado o da autora" (*TJSP* – Ap 1005388-45.2016.8.26.0602, 6-6-2018, Rel. Francisco Giaquinto).

"Apelação – Indenização por danos materiais e morais – Ação ajuizada em face de construtora sob alegação de falha na colocação de fechaduras com travamento automático em sacadas do apartamento dos autores. Coautora que, por ter ficado presa na parte externa da sacada em razão do travamento automático da porta, se feriu ao

Parece-nos, contudo, que o dispositivo do art. 927, parágrafo único, não será usado com muita largueza, pois a maioria das atividades de risco em nosso ordenamento já é regulada pela responsabilidade objetiva.

Nesta nossa atualidade, os princípios da responsabilidade civil espraiam-se pelos vários ramos do direito civil, com seus laivos próprios, como no direito de família, nos direitos da personalidade e na responsabilidade de danos decorrentes do universo digital. Em toda a atividade humana pode-se buscar responsabilidades por condutas deslocadas, erradas, com desvios de finalidade e prejudiciais.

Destarte, a reparabilidade de danos no campo da responsabilidade civil atende a um reclamo universal do ser humano de não se conformar em assumir prejuízos injustos, de ordem material ou moral.

15.2 RESPONSABILIDADE OBJETIVA. RISCO

Ao se analisar a teoria do risco, mais exatamente do chamado risco criado, nesta fase de responsabilidade civil de pós-modernidade, o que se leva em conta é a potencialidade de ocasionar danos; a atividade ou conduta do agente que resulta por si só na *exposição a um perigo*, noção introduzida pelo Código Civil italiano de 1942 (art. 2.050). Leva-se em conta o perigo da atividade do causador do dano por sua natureza e pela natureza dos meios adotados. Nesse diapasão poderíamos exemplificar com uma empresa que se dedica a produzir e apresentar espetáculos com fogos de artifício. Ninguém duvida de que o trabalho com pólvora e com explosivos já representa um perigo em si mesmo, ainda que todas as medidas para evitar danos venham a ser adotadas. Outro exemplo que parece bem claro diz respeito a espetáculos populares, artísticos, esportivos etc. com grande afluxo de espectadores: é curial que qualquer acidente que venha a ocorrer em multidão terá natureza grave, por mais que se adotem modernas medidas de segurança. O organizador dessa atividade, independentemente de qualquer outro critério, expõe as pessoas presentes inelutavelmente a um perigo.[7]

---

quebrar o vidro com o pé. Improcedência, carreando aos autores os ônus da sucumbência. Apelo dos demandantes. Agravo retido interposto pela ré. Razões não reiteradas em contrarrazões de apelo. Agravo não conhecido. Consistência do inconformismo dos autores. Relação de consumo configurada. Responsabilidade objetiva da ré (arts. 12 e 14 do CDC). Condição de travamento automático das portas resultante, segundo a perícia, de falha de montagem cometida por ocasião da instalação dos fechos, quando foi inserido o sistema de mola para conversão do seu formato de operação (automático). Efetiva necessidade de quebrar o vidro. Situação que justifica o fato de haver a coautora utilizado o próprio pé para quebrar o vidro, considerando que não havia nenhum outro objeto em suas mãos para que pudesse utilizá-lo. Sentença reformada. Ação julgada procedente, para condenar a ré ao pagamento de indenização por dano material, no valor de R$ 352,12 e indenização por dano moral, no valor de R$ 10.000,00, carreando à demandada os ônus da sucumbência, fixados os honorários advocatícios em 20% do valor da condenação. Apelo provido" (*TJSP* – Ap 0036874-30.2012.8.26.0562, 6-3-2017, Relª Viviani Nicolau).

"Acidente de trânsito – Ação Indenizatória – Legitimidade *ad causam* passiva – Reconhecimento – **Danos morais configurados** – Sentença Mantida – Recurso do corréu não conhecido, improvido o da ré, rejeitadas as preliminares – No arbitramento dos danos morais há de ser levado em conta a capacidade econômico-financeira do ofensor, as circunstâncias concretas do dano e a sua extensão" (*TJSP* – Ap 0001859-63.2008.8.26.0360, 18-1-2016, Rel. Renato Sartorelli).

7 "Responsabilidade civil – Morte de detento em estabelecimento prisional – **Responsabilidade objetiva** – Ente público que não demonstrou o cumprimento de seu dever específico de proteção daquele que estava sob sua guarda. Aplicação da tese firmada pelo STF em sede de repercussão geral no julgamento do RE nº 841526/RS. Presunção de dano moral sofrido pelos descendentes. Indenização minorada para R$ 25.000,00. Precedentes. Pensão mensal de 2/3 do salário mínimo até os filhos completarem 25 anos. Consectários legais fixados nos termos dos Enunciados 43, 54 e 362 da Súmula do STJ. Recurso dos autores desprovido. Apelo do estado provido apenas para diminuir o *quantum* indenizatório, o que não implica redistribuição dos ônus sucumbenciais. Inteligência do Enunciado nº 326 da Súmula do STJ" (*TJSC* – AC 0501658-74.2011.8.24.0033, 9-7-2019, Rel. Des. Paulo Henrique Moritz Martins da Silva).

A legislação do consumidor é exemplo mais recente de responsabilidade objetiva no ordenamento. Podemos afirmar, como faz Sérgio Cavalieri Filho (2000:28), que o Código de Defesa do Consumidor (Lei nº 8.078/90) introduz uma nova área de responsabilidade no direito brasileiro, a responsabilidade nas relações de consumo, *"tão vasta que não haveria nenhum exagero em dizer estar hoje a responsabilidade civil dividida em duas partes: a responsabilidade tradicional e a responsabilidade nas relações de consumo"*. Pode-se mesmo dizer que o próprio direito contratual encontra um divisor de águas no Código de Defesa do Consumidor: após a edição dessa lei, a interpretação dos contratos, não importando se dentro ou fora do âmbito consumerista, sofre verdadeira revolução no direito brasileiro. A noção de parte vulnerável ou vulnerabilidade no contrato assume uma posição de destaque nos exames dos contratos em geral. Muitos dos novos princípios contratuais e de responsabilidade inseridos no Código de 2002 já figuravam como princípios expressos ou implícitos no Código de Defesa do Consumidor.

"**Responsabilidade civil objetiva** – Acidente que provocou a morte do companheiro, pai, filho e irmão dos autores, na qualidade de passageiro do trem de propriedade da empresa ré. Rejeição das arguições de ilegitimidade ativa da companheira e dos irmãos da vítima. Contrato de transporte. Cláusula de incolumidade. Ausência de prova cabal de culpa exclusiva da vítima. De culpa concorrente. Dever de indenizar configurado. Indenização do dano moral razoavelmente fixada em relação às três primeiras autoras, que eram, respectivamente, companheira, filha e mãe da vítima. Redução da verba indenizatória devida aos irmãos, que, já adultos, não integravam mais o mesmo núcleo familiar, para R$ 20.000,00. Juros moratórios devidos desde a citação, por versar a causa sobre responsabilidade civil contratual. Sucumbência mínima dos autores que atrai a aplicação do art. 86, parágrafo único, do CPC em vigor. Desprovimento do agravo retido contra a decisão que deferiu pedido de substituição de testemunha. Provimento parcial do apelo" (*TJRJ* – AC 0485704-25.2011.8.19.0001, 22-5-2018, Rel. André Gustavo Corrêa de Andrade).

"Acidente de trânsito – Ação de regresso da seguradora – Pedra que se desprendeu de obra no canteiro central da rodovia e atingiu o veículo da segurada – **Responsabilidade Objetiva** da concessionária de zelar pela segurança das estradas – falha no dever de fiscalização – danos materiais configurados – sentença mantida – apelação e agravo retido improvidos – A concessionária responsável pela conservação de estradas responde objetivamente pelos danos causados aos usuários, a teor do artigo 37, § 6º, da Constituição Federal" (*TJSP* – Ap 1007761-26.2014.8.26.0309, 15-5-2017, Rel. Renato Sartorelli).

"Civil – Ação de indenização por danos morais e materiais – Morte de detento sob a custódia do Estado – Homicídio praticado por outro preso – **Responsabilidade Objetiva** – Dever de zelar pela incolumidade física e moral do preso – Dever de indenizar – Configurado – Dano Material – Pensão Mensal – Dano Moral – Devido. Estado possui responsabilidade objetiva nos casos de morte de preso sob a sua custódia, independentemente da culpa dos agentes públicos. Precedentes do e. STF e do c. STJ. O sofrimento causado pela perda prematura de um ente querido gera dor irreparável aos familiares, além de causar profundo abalamento em seu íntimo, não existindo, por certo, meios de recompor a situação ao *status quo ante*, razão pela qual surge o dever de indenizar materialmente e moralmente. Apelos e remessa necessária conhecidos e desprovidos" (*TJDFT* – Ap-RN 20150110160097APO – (940833), 17-5-2016, Relª Ana Maria Duarte Amarante Brito).

"**Ação indenizatória por danos morais** – Falha no sistema de transferência de valores entre instituições financeiras diversas. Ilegitimidade passiva *ad causam* da corré Roadcard – A requerida integra a cadeia de fornecimento, em razão de parceria mantida com a instituição financeira para viabilizar a utilização de sua marca em cartões de crédito – Inteligência dos artigos 7º, par. Único; 14; 25; § 1º e 34, todos do Código de Defesa do Consumidor – Legitimidade passiva caracterizada – Preliminar repelida. Ação indenizatória por danos morais – Falha na transmissão de valores do cartão de crédito do autor para sua conta corrente em instituição financeira diversa – Aplicação da legislação consumerista (Súmula 297 do STJ) – Responsabilidade objetiva e solidária das corrés que integram a mesma cadeia de fornecimento – Aplicação da teoria do risco do negócio – Valores depositados em cartão de crédito criado pela Lei nº 12.249/10, como forma de viabilizar o pagamento direto aos transportadores autônomos de carga e também facilitar o pagamento de despesas profissionais durante as viagens, tornando mais seguro o exercício da profissão – Incontroversa a existência de atraso na transferência dos valores – Requeridas que não se desincumbiram do ônus de comprovar a ocorrência de culpa exclusiva da vítima – Fato que dificultou a realização de viagem profissional e ocasionou a devolução de diversos cheques pessoais do autor, por insuficiente provisão de fundos – Danos morais caracterizados – Valor da indenização, entretanto, reduzido, em consonância com os princípios da razoabilidade e proporcionalidade – Sentença reformada apenas no tocante ao *quantum* indenizatório – Honorários advocatícios mantidos decorrentes da derrota em consonância com o princípio da causalidade (art. 20 do CPC) – Recursos parcialmente providos" (*TJSP* – Ap 4013204-55.2013.8.26.0562, 29-6-2015, Rel. Francisco Giaquinto).

A teoria da responsabilidade objetiva bem demonstra o avanço da responsabilidade civil nos séculos XIX e XX. Foram repensados e reestruturados muitos dogmas, a partir da noção de que só havia responsabilidade com culpa.

No primeiro volume deste trabalho também expusemos acerca da responsabilidade objetiva do Estado, atualmente estampada no art. 37, § 6º, da Constituição de 1988.

Portanto, o âmbito da responsabilidade sem culpa aumenta significativamente em vários segmentos dos fatos sociais. Tanto assim é que culmina com a amplitude permitida pelo acima transcrito art. 927, parágrafo único. Nesse diapasão, acentuam-se, no direito ocidental, os aspectos de causalidade e reparação do dano, em detrimento da imputabilidade e culpabilidade de seu causador. Daí por que, por exemplo, o Código de 2002 estampa a responsabilidade do incapaz, a possibilidade de seu patrimônio responder por danos por ele causados, ainda que de forma mitigada (art. 928). A questão tem a ver com os princípios de dignidade humana do ofendido e da sociedade como um todo. Muito cedo se percebeu no curso da história que os princípios da responsabilidade com culpa eram insuficientes para muitas das situações de prejuízo, a começar pela dificuldade da prova da própria culpa.

Na responsabilidade objetiva, há, em princípio, pulverização do dever de indenizar entre um número amplo de pessoas. A tendência prevista é de que no contrato de seguro[8] se encontrará a solução para a amplitude de indenização que se almeja em prol da paz social. Quanto maior o número de atividades protegidas pelo seguro, menor será a possibilidade de situações de prejuízo restarem irressarcidas. Ocorre, porém, que o seguro será sempre limitado ou tarifado; optando-se por essa senda, indeniza-se sempre, mas certamente se indenizará menos. É o que ocorre, por exemplo, na indenização por acidentes do trabalho, nos acidentes aéreos e em várias outras situações. Como vimos, o presente Código apresenta norma aberta para a responsabilidade objetiva (art. 927, parágrafo único). Nas chamadas normas abertas realça-se a discricionariedade do juiz, pontilhada amplamente no Código de 2002.

Essa norma da lei mais recente transfere para a jurisprudência a conceituação de atividade de risco no caso concreto, o que talvez signifique perigoso alargamento da responsabilidade sem culpa. É discutível a conveniência, ao menos na atualidade, de uma norma genérica nesse sentido. Melhor seria que se mantivesse ainda nas rédeas do legislador com norma descritiva a definição das situações de aplicação da teoria do risco, embora, nesse campo, seja tempo de reformar, revolucionar, de superar limites (Hironaka, 2002:4).

Ainda, quanto à responsabilidade objetiva, é importante mencionar que os tribunais passaram a admitir o que a doutrina atualmente denomina *responsabilidade objetiva agravada*. Diz respeito a riscos específicos que merecem uma indenização mais ampla, de evidente cunho punitivo. Como regra, não existem princípios com específica referência a ela nos textos legais, sendo uma criação jurisprudencial, mormente no âmbito da responsabilidade da Administração. Fernando Noronha dá como exemplo dessa modalidade na lei a hipótese da responsabilidade do transportador por acidente com passageiro por culpa de terceiro, ainda que o transportador tenha ação regressiva (art. 735, que reproduziu Súmula do STF) (2002:488). Essa responsabilidade agravada representa mais um marco na evolução da história da responsabilidade civil, essencialmente dinâmica, como apontamos de início.

Desse modo, a tradicional responsabilidade extracontratual, extranegocial, também denominada tradicionalmente aquiliana, apresenta hodiernamente outros matizes, pois não

---

8 **Súmula 616 do STJ**: "A indenização securitária é devida quando ausente a comunicação prévia do segurado acerca do atraso no pagamento do prêmio, por constituir requisito essencial para a suspensão ou resolução do contrato de seguro".

coincide unicamente com o aspecto da reparação dos atos ilícitos. Há indenizações em sede de direitos difusos ou coletivos que extrapolam esse simples entendimento.

Reiteramos, contudo, que o princípio gravitador da responsabilidade extracontratual no Código Civil ainda é o da responsabilidade subjetiva, ou seja, responsabilidade com culpa, pois esta também é a regra geral traduzida no Código em vigor, no *caput* do art. 927. Não nos parece, como apregoam alguns, que o estatuto de 2002 fará desaparecer a responsabilidade com culpa em nosso sistema. A responsabilidade objetiva, ou responsabilidade sem culpa, somente pode ser aplicada quando existe lei expressa que a autorize ou no julgamento do caso concreto, na forma facultada pelo parágrafo único do art. 927. Portanto, na ausência de lei expressa, a responsabilidade pelo ato ilícito será subjetiva, pois esta é ainda a regra geral no direito brasileiro. Em casos excepcionais, levando em conta os aspectos da nova lei, o juiz poderá concluir pela responsabilidade objetiva no caso que examina. No entanto, advirta-se, o dispositivo questionado explicita que somente pode ser definida como objetiva a responsabilidade do causador do dano quando este decorrer de "*atividade normalmente desenvolvida*" por ele. O juiz deve avaliar, no caso concreto, a atividade costumeira do ofensor e não uma atividade esporádica ou eventual, qual seja, aquela que, por um momento ou por uma circunstância, possa ser um ato de risco. Não sendo levado em conta esse aspecto, poder-se-á transformar em regra o que o legislador colocou como exceção.

A teoria da responsabilidade objetiva não pode, portanto, ser admitida como regra geral, mas somente nos casos contemplados em lei ou sob o novo aspecto enfocado pelo Código de 2002. Levemos em conta, no entanto, que a responsabilidade civil é matéria viva e dinâmica na jurisprudência. A cada passo estão sendo criadas novas teses jurídicas como decorrência das necessidades sociais. Os novos trabalhos doutrinários da atual geração de juristas europeus são prova cabal dessa afirmação. A admissão expressa da indenização por dano moral na Constituição de 1988 é tema que alargou os decisórios, o que sobreleva a importância da constante consulta à jurisprudência nesse tema, sobretudo do Superior Tribunal de Justiça, encarregado de uniformizar a aplicação das leis.

Como já comentamos, o fundamento original da responsabilidade era exclusivamente subjetivo, fundado sobre o conceito da culpa. Essa posição foi adotada pela quase unanimidade dos códigos do passado. No entanto, a noção clássica de culpa foi sofrendo, no curso da História, constantes temperamentos em sua aplicação. Nesse sentido, as primeiras atenuações em relação ao sentido clássico de culpa traduziram-se nas "*presunções de culpa*" e em mitigações no rigor da apreciação da culpa em si. Os tribunais foram percebendo que a noção estrita de culpa, se aplicada rigorosamente, deixaria inúmeras situações de prejuízo sem ressarcimento. No decorrer de nossa exposição, são examinadas muitas dessas situações de culpa presumida, criações da jurisprudência. Não se confunde a presunção de culpa, em que a culpa deve existir, apenas se invertendo os ônus da prova, com a responsabilidade sem culpa ou objetiva, na qual se dispensa a culpa para o dever de indenizar. De qualquer forma, as presunções de culpa foram importante degrau para se chegar à responsabilidade objetiva em inúmeras situações.

Sob esse prisma, observa Martinho Garcez Neto (2000:91), após analisar o conceito clássico de culpa e responsabilidade subjetiva:

> *"O fundamento da responsabilidade civil que acaba de ser exposto é o que se encontra adotado pelos Códigos filiados ao Código de Napoleão. Não obstante, cumpre assinalar que, curiosamente, embora todos os textos desses Códigos tenham permanecido inalterados nas suas linhas mestras, o certo é que a moderna ciência do direito positivo, maneja um conceito*

> *totalmente distinto do clássico, ou, pelo menos, um conceito que apresenta muitas diferenças em relação ao conceito tradicional. Desse modo, foi-se produzindo um desequilíbrio entre o positivo (que permanece imutável) e as necessidades urgentes da vida, que exigiam uma responsabilidade cada vez mais ampla".*

Com isso, a jurisprudência, atendendo a necessidades prementes da vida social, ampliou o conceito de culpa. Daí ganhar espaço o conceito de responsabilidade sem culpa. As noções de risco e garantia ganham força para substituir a culpa. No final do século XIX, surgem as primeiras manifestações ordenadas da teoria objetiva ou teoria do risco. Sob esse prisma, quem, com sua atividade ou meios utilizados, cria um risco deve suportar o prejuízo que sua conduta acarreta, ainda porque essa atividade de risco lhe proporciona um benefício. Nesse aspecto, cuida-se do denominado *risco-proveito*. A dificuldade está em evidenciar o proveito decorrente da atividade, que nem sempre fica muito claro. Pode-se pensar nessa denominação para justificar a responsabilidade sem culpa, desde que não se onere a vítima a provar nada mais além do fato danoso e do nexo causal.

A teoria do risco aparece na história do Direito, portanto, com base no exercício de uma atividade, dentro da ideia de que quem exerce determinada atividade e tira proveito direto ou indireto dela responde pelos danos que ela causar, independentemente de culpa sua ou de prepostos. O princípio da responsabilidade sem culpa ancora-se em um princípio de equidade: quem aufere os cômodos de uma situação deve também suportar os incômodos. O exercício de uma atividade que possa representar um risco obriga por si só a indenizar os danos causados por ela. O Código Civil italiano atual, no mencionado art. 2.050, acentua esse aspecto relativo à atividade perigosa:

> *"Quem ocasiona dano a outros no desenvolvimento de uma atividade perigosa, por sua natureza ou pela natureza dos meios adotados, deve o ressarcimento se não provar haver adotado todas as medidas idôneas para evitar o dano".*

Nesse dispositivo, que não chega ao extremo de uma responsabilidade sem culpa, mas muito se aproxima, transfere-se o ônus da prova ao executor da atividade, encarregando-se a jurisprudência de fixar os limites do dispositivo. Várias legislações possuem dispositivos semelhantes ausentes em nosso ordenamento como princípio geral.

No direito mais recente, a teoria da responsabilidade objetiva é justificada tanto sob o prisma do *risco* como sob o do *dano*. Não se indenizará unicamente porque há um risco, mas porque há um dano e, neste último aspecto, em muitas ocasiões dispensa-se o exame do risco. Essa posição harmoniza-se com o que falamos de início quanto à amplitude cada vez maior do dever de indenizar. Nesse diapasão é colocado o decantado art. 927, parágrafo único, do Código Civil brasileiro de 2002:

> *"Haverá obrigação de reparar o dano, independentemente de culpa, nos casos especificados em lei, ou quando a atividade normalmente desenvolvida pelo autor do dano implicar, por sua natureza, risco para os direitos de outrem".*

Destarte, a responsabilidade objetiva entre nós decorre de norma legal expressa ou da análise da atividade pelo julgador. No sistema anterior, haveria sempre necessidade de uma lei determinando a responsabilidade sem culpa. Enfatize-se, porém, que a maioria das atividades sociais de risco já possuem normas especiais coroando a responsabilidade objetiva. Por isso, a nosso ver, pouca margem será dada ao julgador no caso concreto. De certa forma, porém, a solução adotada por nosso texto legal é mais rigorosa que a do Código italiano, embora se assemelhem os resultados.

A explicação dessa teoria objetiva justifica-se também sob o título *risco profissional*. O dever de indenizar decorre de uma atividade laborativa. É o rótulo que explica a responsabilidade objetiva nos acidentes do trabalho. Outros lembram do *risco excepcional*: o dever de indenizar surge de atividade que acarreta excepcional risco, como é o caso da transmissão de energia elétrica, exploração de energia nuclear, transporte de explosivos etc. Sob a denominação *risco criado*, o agente deve indenizar quando, em razão de sua atividade ou profissão, de seu risco proveito, cria um perigo. Esse, aliás, deve ser o denominador para o juiz definir a atividade de risco no caso concreto segundo o art. 927, parágrafo único, qual seja, a criação de um perigo específico para terceiros em geral.

Todas as teorias e adjetivações na responsabilidade objetiva decorrem da mesma ideia, como expusemos anteriormente ao presente tópico. Qualquer que seja a qualificação do risco, o que importa é sua essência: em todas as situações socialmente relevantes, quando a prova da culpa é um fardo pesado ou intransponível para a vítima, a lei opta por dispensá-la. O princípio do risco repousa na necessidade de segurança jurídica. Sob esse prisma, deve existir uma imputação ao agente, quer responda ele por culpa, na responsabilidade subjetiva, quer responda pelo risco de sua atividade, na responsabilidade objetiva. Sem imputação da responsabilidade não haverá indenização.

A doutrina refere-se também à teoria do *risco integral*, modalidade extremada que justifica o dever de indenizar até mesmo quando não existe nexo causal. O dever de indenizar estará presente tão só perante o dano, ainda que com culpa exclusiva da vítima, fato de terceiro, caso fortuito ou força maior. Trata-se de modalidade que não resiste a maiores investigações, embora seja defendida excepcionalmente para determinadas situações, como no direito ambiental.[9]

---

9 "Direito ambiental. Apelação. Danos ambientais. Recurso desprovido. I. Caso em Exame Ação civil pública proposta pelo Ministério Público do Estado de São Paulo contra a Municipalidade de Assis, visando à condenação por danos materiais e morais devido ao esvaziamento indevido da represa 'Água da Porca', resultando em mortandade de peixes e degradação ambiental. Sentença de primeira instância condenou a ré à limpeza do local e ao pagamento de indenizações. II. Tema em Discussão 2. A questão em discussão consiste em determinar se a recomposição ambiental realizada pela ré afasta a necessidade de indenização por danos materiais e morais, e se a cumulação de indenização pecuniária e obrigação de fazer é admissível. III. Razões de Decidir 3. A responsabilidade da ré é regida pela teoria do risco integral, que exige apenas a prova de nexo de causalidade entre o dano ambiental e a atividade realizada. 4. A sentença corretamente dimensionou os danos morais, considerando-os presumidos e não exigindo elementos materiais específicos para sua configuração. IV. Tese e dispositivo Tese de julgamento: 1. A responsabilidade ambiental é objetiva, baseada na **teoria do risco integral**. 2. Os danos morais coletivos são presumidos e não exigem comprovação específica. 5. Recurso desprovido. Legislação Citada: Não especificada no texto. Jurisprudência Citada: STJ, REsp 1.269.494-MG, Rel. Min. Eliana Calmon, julgado em 24/9/2013. STJ, REsp 1.940.030/SP, Rel. Min. Og Fernandes, *DJe* de 6/9/2022" (*TJSP* – Ap 1004158-76.2019.8.26.0047, 27-6-2025, Rel. Nogueira Diefenthaler).

"Apelação. Ação indenizatória. Fraude bancária. Irresignação do réu. Culpa concorrente das partes. Autora que foi lubridiada pelo fraudador. Negligência/imprudência da autora. Responsabilidade do banco que não fiscalizou de forma eficiente a atividade de estelionatários. Operações em sequência e com valores que destoam do padrão de consumo da autora. Ausência de glosa das operações. Entendimento doutrinário e jurisprudencial sobre responsabilidade civil das instituições financeiras. **Teoria do risco integral**. Precedentes. Incidência do art. 945, do Código Civil. Culpa concorrente. Sentença modificada para declarar a inexigibilidade da metade dos valores impugnados. Sentença reformada. Recurso parcialmente provido" (*TJSP* – Ap 1032420-48.2023.8.26.0224, 28-5-2024, Rel. Pedro Paulo Maillet Preuss).

"Apelação. Ação indenizatória. Incêndio em propriedade rural, dedicada ao cultivo de látex e exploração de gado bovino. Origem do fogo na fazenda da requerida, que cultiva cana-de-açúcar. Laudo pericial elaborado em ação de produção antecipada de prova. Sentença de procedência. Apelação manejada pela ré. EXAME: cerceamento de defesa. Inocorrência. Magistrado que não fica adstrito às conclusões do 'expert'. Todavia, no caso dos autos, o laudo pericial foi elaborado por perito de confiança do Juízo, sob o crivo do contraditório

Na responsabilidade objetiva, como regra geral, leva-se em conta o dano, em detrimento do dolo ou da culpa. Desse modo, para o dever de indenizar, bastam o dano e o nexo causal, prescindindo-se da prova da culpa. Em que pese a permanência da responsabilidade subjetiva como regra geral entre nós, por força do art. 186 do Código, é crescente, como examinamos, o número de fenômenos que são regulados sob a responsabilidade objetiva. O próprio Código Civil de 1916 adotara a responsabilidade objetiva em algumas situações, como a do art. 1.529 (atual, art. 938) (responsabilidade do habitante de casa por queda ou lançamento de coisas em lugar indevido). Tendo em vista a realidade da adoção crescente da responsabilidade objetiva pela legislação, torna-se desnecessária a discussão de sua conveniência no âmbito de nosso estudo e no atual estágio da ciência jurídica.

---

e da ampla defesa, não havendo elementos que o tornem imprestável à solução da controvérsia. Colheita de fotografias e depoimentos de testemunhas que é permitida para elaboração da análise pericial, conforme art. 473, §3º do CPC. Contagem das árvores danificadas que foi esclarecida pelo perito. Vegetação intacta ou que se mostrou imprestável para extração do látex que não foram computadas para fins de cálculo dos prejuízos. Sangria realizada isoladamente. Diagnóstico de Látex que é método utilizado para propósitos dissociados do objeto dos autos. Desnecessidade de inquirição de testemunhas para análise do dano extrapatrimonial. Evento danoso que, por si só, causa dissabores que fogem da normalidade. Notas fiscais relativas aos gastos com a reparação da propriedade rural dos autores que poderá ser juntada em fase de liquidação de sentença. Desnecessidade de dilação probatória, uma vez que não causaria alteração no resultado útil da demanda. Laudo pericial e Termo de Vistoria Ambiental que concluem que o incêndio teve início na propriedade da ré. Requerida que responde pelos danos independentemente de culpa, por força do art. 927, parágrafo único do Código Civil. **Teoria do Risco Integral**. Ausência de elementos que comprovem cabalmente a concorrência dos autores para o evento danoso. Condenação da ré ao pagamento de indenização pelos danos materiais de rigor. Dano moral indenizável. Pedido limitado aos autores, proprietários e pessoas físicas. Situação de desgaste emocional e perda de tempo útil com a solução de problema que os autores não deram causa. Indenização fixada em patamar razoável e proporcional à extensão do dano. Jurisprudência em caso semelhante. Manutenção da sentença. Majoração dos honorários sucumbenciais. Recurso improvido" (*TJSP* – Ap 1000649-77.2022.8.26.0615, 27-7-2023, Rel. Celina Dietrich Trigueiros).

"Apelações. Contratos bancários. Declaratória de inexistência de débito, cumulada com obrigação de fazer e ressarcimento de danos materiais e reparação de danos morais. Cerceamento de defesa. Não ocorrência. Responsabilidade objetiva da instituição financeira não afastada. Ausência de prova de quaisquer das excludentes enumeradas no § 3º do art. 14 do CDC. Falta de diligência no ato de contratação. Risco da atividade. Súmula nº 479 do C. Superior Tribunal de Justiça. Danos morais configurados. Fixação. Incidência do parágrafo único do artigo 927, do CC. Teoria do risco profissional. Falha da instituição financeira evidenciada. Dano material mantido. Dano moral 'in re ipsa' configurado. 'Quantum' indenizatório. Critérios de prudência e razoabilidade. Reconhecimento do direito ao recebimento de indenização por danos morais, fixados na quantia de R$10.000,00. Inversão total da sucumbência, com a majoração da verba nos termos do art. 85, §11 do CPC, em desfavor da ré. Recurso do autor provido em parte e recurso da ré improvido" (*TJSP* – Ap 1000350-43.2021.8.26.0322, 3-10-2022, Rel. Mauro Conti Machado).

"Apelação cível – Responsabilidade civil – Incêndio em CTG – **Responsabilidade objetiva** – Prestadora de serviço público de fornecimento de energia elétrica. Aplicação do disposto no art. 37, § 6º, da CF/88. Aplicação do art. 14 e 22 do CDC. Fato do serviço, exteriorizado através do defeito no fornecimento de energia elétrica. Queda de cabos do poste. Dever de Indenizar configurado. Resta incontroverso o nexo de causalidade entre os fatos narrados na inicial que ocasionou o incêndio no CTG, com os prejuízos materiais sofridos e a falha na prestação do serviço da ré. Culpa concorrente. Defeito no disjuntor da unidade consumidora que contribuiu para o agravamento dos prejuízos. Art. 945 do Código Civil. Danos materiais devidamente comprovados. *Quantum* mantido. Juros legais a partir da citação por se tratar de relação contratual. Deram parcial provimento ao apelo da ré e negaram provimento ao recurso adesivo do autor. Unânime" (*TJRS* – AC 70078928116, 28-3-2019, Rel. Des. Luís Augusto Coelho Braga).

"Prestação de serviços – Energia elétrica – Ação regressiva – Seguradora sub-rogada nos direitos de consumidores da concessionária – Oscilação na corrente e descarga atmosférica – Danos em aparelhos eletroeletrônicos – Cerceamento de defesa afastado – Incidência do CDC – **Responsabilidade objetiva** – **Teoria do risco da atividade** – Descarga elétrica atmosférica não configura caso fortuito ou força maior – Ausência de pedido administrativo não obsta a obrigação de ressarcir os prejuízos – Ré que não se desincumbiu de comprovar fato impeditivo, modificativo ou extintivo do direito da autora – Provas suficientes, aptas a demonstrar os prejuízos suportados – Pagamento direto à empresa credenciada que deve ser incluído no montante devido, no caso – Recurso da seguradora provido e improvido apelo da concessionária" (*TJSP* – Ap 1009034-09.2015.8.26.0114, 6-8-2018, Rel. Francisco Casconi).

> **Caso 9 – Responsabilidade civil quanto ao risco da atividade**
>
> Ao analisar a teoria do risco, mais exatamente do chamado risco criado, nesta fase de responsabilidade civil de pós-modernidade, o que se leva em conta é a potencialidade de ocasionar danos; a atividade ou conduta do agente que resulta por si só na *exposição a um perigo*, noção introduzida pelo Código Civil italiano de 1942 (art. 2.050). Leva-se em conta o perigo da atividade do causador do dano por sua natureza e pela natureza dos meios adotados.

15.3 LINEAMENTOS HISTÓRICOS

O direito moderno ainda usa, em parte, a terminologia romana em matéria de responsabilidade. Temos, porém, que atualizar sua compreensão. O decantado art. 186 surgiu como corolário de uma longa e lenta evolução histórica. O conceito de reparar o dano injustamente causado somente surge em época relativamente recente da história do Direito. O famoso princípio da Lei do Talião, da retribuição do mal pelo mal, "olho por olho", já denota uma forma de reparação do dano. Na verdade, o princípio é da natureza humana, qual seja, reagir a qualquer mal injusto perpetrado contra a pessoa, a família ou o grupo social. A sociedade primitiva reagia com a violência. O homem de todas as épocas também o faria, não fosse reprimido pelo ordenamento jurídico. "*O anseio de obrigar o agente, causador do dano, a repará-lo inspira-se no mais elementar sentimento de justiça*" (Cavalieri Filho, 2000:24).

De qualquer forma, a *Lex Aquilia* é o divisor de águas da responsabilidade civil. Esse diploma, de uso restrito a princípio, atinge dimensão ampla na época de Justiniano, como remédio jurídico de caráter geral; como considera o ato ilícito uma figura autônoma, surge, desse modo, a moderna concepção da responsabilidade extracontratual. O sistema romano de responsabilidade extrai da interpretação da *Lex Aquilia* o princípio pelo qual se pune a culpa por danos injustamente provocados, independentemente de relação obrigacional preexistente. Funda-se aí a origem da responsabilidade extracontratual fundada na culpa. Por essa razão, denomina-se também *responsabilidade aquiliana* essa modalidade, embora exista hoje um abismo considerável entre a compreensão dessa lei e a responsabilidade civil atual. A *Lex Aquilia* foi um plebiscito aprovado provavelmente em fins do século III ou início do século II a.C., que possibilitou atribuir ao titular de bens o direito de obter o pagamento de uma penalidade em dinheiro de quem tivesse destruído ou deteriorado seus bens. Como os escravos eram considerados coisas, a lei também se aplicava na hipótese de danos ou morte deles. Punia-se por uma conduta que viesse a ocasionar danos. A ideia de culpa é centralizadora nesse intuito de reparação. Em princípio, a culpa é punível, traduzida pela imprudência, negligência ou imperícia, ou pelo dolo. Mais modernamente a noção de culpa sofre profunda transformação e ampliação.

Observa Martinho Garcez Neto (2000:29) que coube à Escola do Direito Natural, no direito intermédio, ampliar o conceito da Lei Aquilia, até então casuística, a partir do século XVII. A teoria da reparação de danos somente começou a ser perfeitamente compreendida quando os juristas equacionaram que o fundamento da responsabilidade civil se situa na quebra do equilíbrio patrimonial provocado pelo dano. Nesse sentido, transferiu-se o enfoque da culpa, como fenômeno centralizador da indenização, para a noção de dano. O direito francês aperfeiçoou as ideias romanas, estabelecendo princípios gerais de responsabilidade civil.

O desenvolvimento tecnológico, econômico e industrial enfrentado pela cultura ocidental mormente, após a Segunda Grande Guerra, denominado por muitos como processo de *aceleração histórica*, trouxe importantes reflexos não só no universo dos contratos, mas principalmente nos princípios acerca do dever de indenizar. Nesse diapasão, há uma constante luta pelo aperfeiçoamento dos instrumentos jurídicos de molde a não deixar o Direito alheio à realidade social. As soluções indenizatórias, dentro ou fora do processo judicial, devem ser constantemente renovadas para estarem adequadas às necessidades práticas do homem contemporâneo. Por essas razões, é no campo da responsabilidade extranegocial no qual estão sempre a surgir tentativas de novas soluções, nem sempre arraigadas aos velhos conceitos da clássica responsabilidade aquiliana. Nesse sentido, observa Antônio Pinto Monteiro, "*só desta forma se evitará um divórcio entre o direito e a vida e se impedirá a "revolta dos fatos contra o código", e só assim, afinal, o direito ganhará sentido e razão de ser*" (2003:15). E conclui: "*o cumprimento dessa função dinamizadora e de modelação impõe que o direito se ofereça como sistema aberto e dinâmico, capaz de acompanhar e, ao mesmo tempo, orientar a evolução social, de que ele próprio é agente ativo*" (2003:16).

A história da responsabilidade civil na cultura ocidental é exemplo marcante dessa situação absolutamente dinâmica, desde a clássica ideia de culpa ao risco, das modalidades clássicas de indenização para as novas formas como a perda de uma chance e criação de fundos especiais para determinadas espécies de dano, como os danos ecológicos. Todas as novas conquistas jurídicas refletem um desejo permanente de adequação social.

15.4 RESPONSABILIDADE CIVIL E PENAL

A noção de responsabilidade, como gênero, implica sempre exame de conduta voluntária violadora de um dever jurídico. Sob tal premissa, a responsabilidade pode ser de várias naturezas, embora ontologicamente o conceito seja o mesmo.

De início há um divisor de águas entre a *responsabilidade penal* e a *civil*. A ilicitude pode ser civil ou penal. Como a descrição da conduta penal é sempre uma tipificação restrita, em princípio a responsabilidade penal ocasiona o dever de indenizar. Por essa razão, a sentença penal condenatória faz coisa julgada no cível quanto ao dever de indenizar o dano decorrente da conduta criminal, na forma dos arts. 91, I, do Código Penal e 63 do CPP. As jurisdições penal e civil em nosso país são independentes, mas há reflexos no juízo cível, não só sob o mencionado aspecto da sentença penal condenatória, como também porque não podemos discutir no cível a existência do fato e da autoria do ato ilícito, se essas questões foram decididas no juízo criminal e encontram-se sob o manto da coisa julgada (art. 64 do CPP, art. 935 do Código Civil). De outro modo, a sentença penal absolutória, por falta de provas quanto ao fato, quanto à autoria, ou a que reconhece uma dirimente ou justificativa, sem estabelecer a culpa, por exemplo, não tem influência na ação indenizatória que pode revolver autonomamente toda a matéria em seu bojo.

Como visto, o círculo dos atos ilícitos como fatos e atos humanos é muito mais amplo: o ilícito civil nem sempre configurará uma conduta punível, descrita pela lei penal. No entanto, a ideia de transgressão de um dever jurídico está presente em ambas as responsabilidades. Cabe ao legislador definir quando é oportuno e conveniente tornar a conduta criminalmente punível. Os ilícitos de maior gravidade social são reconhecidos pelo Direito Penal. O ilícito civil é considerado de menor gravidade e o interesse de reparação do dano é privado, embora com interesse social, não afetando, a princípio, a segurança pública. O conceito de ato ilícito, portanto, é um conceito aberto no campo civil, exposto ao exame do caso concreto e às noções referidas de dano, imputabilidade, culpa e nexo causal, as quais, também, e com maior razão, fazem parte do delito ou ilícito penal. Em qualquer dos campos, porém, existe infração à lei e a um dever de conduta. Quando esse dever de conduta parece à primeira vista diluído e não identificável na norma, sempre estará presente o princípio geral do *neminem laedere*; ou seja, a ninguém é dado prejudicar outrem. Quando a conduta é de relevância tal que exige punição pessoal do transgressor, o ordenamento descreve-a como conduta criminalmente punível.

Assim, o mesmo ato ou a mesma conduta pode caracterizar concomitantemente um crime e um ilícito civil.[10] As normas de direito penal são de direito público, interessam mais

---

10 "Responsabilidade civil – Acidente de trânsito – Atropelamento e morte de ciclista, filho da autora, causado por caminhão conduzido por um dos réus, empregado da empresa corré – Demanda ajuizada mais de 3 após o fato – Prescrição reconhecida em primeiro grau – Inconformismo – Acolhimento – PRESCRIÇÃO – Inocorrência – Inteligência do artigo 200 do Código Civil. Suspensão do prazo prescricional durante a apuração criminal, ainda que a autoria e a morte sejam inequívocas. Necessidade de se apurar as circunstâncias em que se deram os fatos e que influiriam na ação civil. Vítima ou seus sucessores que têm a prerrogativa de ajuizar a ação reparatória desde logo ou aguardar a conclusão da persecução penal, propondo ação civil *ex delicto*. Pretensão reparatória deduzida antes da conclusão do inquérito penal. Prescrição não verificada. Sentença reformada. (...) LIMITAÇÃO DA RESPONSABILIDADE. Motorista falecido, que foi sucedido por seus herdeiros. Responsabilidade limitada à herança recebida. Responsabilidade da empresa ré solidária e ilimitada, nos termos do artigo 942, parágrafo único, do CC. INDENIZAÇÃO. Pretensão restrita a danos materiais. DANOS EMERGENTES. Reembolso das despesas havidas com o funeral, com acréscimos legais. LUCROS CESSANTES. Vítima que contava à época com 20 anos de idade. Deixou de aferir salário e colaborar com as despesas mensais da residência da família. Indenização equivalente a 2/3 do salário mensal do *de cujus*, devida desde o acidente até a morte da genitora, autora desta demanda. Sucumbência carreada aos réus. Recurso provido. Pedidos iniciais parcialmente procedentes" (*TJSP* – ApCív 4005871-24.2013.8.26.0248, 25-9-2020, Rosangela Telles).

"**Ação civil *ex delito*** – Violência doméstica – Autora vítima de lesões corporais de natureza leve provocadas pelo réu. Sentença de procedência. Apela a autora alegando que a condenação ao pagamento de indenização por danos morais em valor inferior ao pretendido não configura sucumbência recíproca. Apela também o réu sustentando que faz jus aos benefícios da justiça gratuita, nulidade da decisão que rejeitou os embargos de declaração opostos contra a sentença, inépcia da inicial em decorrência da ausência de documentos que demonstrem a ocorrência e a extensão dos danos morais, os fatos narrados não caracterizam a ocorrência de danos morais, nulidade da sentença por cerceamento de defesa, inexistência de dano moral, por culpa concorrente da autora e, subsidiariamente, que a indenização deve ser reduzida. Cabimento do recurso da autora e descabimento do recurso do réu. Recurso da autora. Inteligência da Súmula 326 do STJ. Sucumbência integral do réu. Recurso do réu. Justiça gratuita indeferida. Não demonstrada a situação de carência. Pertinência da comprovação da vulnerabilidade econômica, nos termos do art. 5º, LXXIV, CF. O pagamento das custas processuais é ônus de demandar em juízo. Afastadas as preliminares de inépcia da inicial, cerceamento de defesa e nulidade da decisão que rejeitou os embargos de declaração opostos contra a sentença. Agressões físicas perpetradas pelo réu que causaram lesões corporais de natureza leve na autora. Danos morais configurados. Indenização fixada de forma adequada em R$ 15.000,00. Necessidade de atender ao escopo satisfatório e punitivo. Recurso da autora provido, improvido o do réu" (*TJSP* – AC 1100931-63.2015.8.26.0100, 9-5-2019, Rel. James Siano).

"Agravo de instrumento – **'Ação civil *ex delito*'** reparatória de danos morais – Gratuidade da justiça – Pessoa física – Decisão que indeferiu o pedido de concessão total dos benefícios da gratuidade judicial em prol do autor – Alegação do Agravante que não possui condição de arcar com as custas do processo sem prejuízo do seu próprio sustento. Autor que aufere renda inferior a três salários mínimos vigentes – Artigo 99, §§ 2º e 3º novo Código de Processo Civil – Pedido justificado diante dos elementos existentes nos autos – Questão que poderá ser apurada em caso de eventual impugnação pela parte agravada – Benefício concedido, ressalvado o direito da parte contrária de impugná-lo, na forma legal – Decisão reformada – Recurso provido" (*TJSP* – AI 2223448-91.2017.8.26.0000, 20-2-2018, Rel. Rodolfo Pellizari).

"**Ação civil *ex delicto*** – Pedido de fixação de danos materiais e morais – 1 – Cerceamento de defesa – Inocorrência – Nos termos do art. 330, I, do CPC, o julgamento antecipado pode ocorrer quando a lide for unicamente de direito, ou, em havendo questão fática, esta estiver suficientemente resolvida diante das provas juntadas nos autos. Pedido de perícia do veículo sinistrado. Desnecessidade. Veículo já periciado no curso da ação penal. Laudo trazido aos autos que comprava a perda total do bem. Pedido de expedição de ofício à SUSEP a fim de apurar recebimento de indenização por seguro voluntário não atendido. Regularidade. Prova que não dependia de determinação judicial, a cargo do requerido. Ônus probatório imposto nos termos do artigo 333, inciso II, do Código de Processo Civil. 2 – Indeferimento da denunciação da lide. Regularidade. A presente ação civil *ex delicto* tem por objeto a reparação por danos materiais e morais decorrentes de homicídio culposo praticado na direção de veículo automotor. O apelante foi condenado pelo Tribunal do Júri em 13/09/2010, tendo-o como incurso no artigo 302 do Código de Trânsito Brasileiro e a sentença transitou em julgado para o réu em 22/10/2010. Incabível admitir a denunciação da lide, eis que a culpa do autor já foi aferida pelo juízo criminal, não havendo que se considerar que terceiro possa vir a indenizar o réu em ação regressiva. Portanto, não há que se falar em denunciação da lide nos termos do artigo 70, inciso III, do Código de Processo Civil. 3 – Prova da propriedade do veículo sinistrado. Alegações trazidas somente nas razões de apelação e não podem ser apreciadas, a teor de

diretamente à sociedade do que exclusivamente ao indivíduo lesado, ao ofendido. No direito privado, o que se tem em mira é a reparação de dano em prol da vítima; no direito penal, como regra, busca-se a punição e a melhor adequação social em prol da sociedade. Quando coincidem as duas ações, haverá duas persecuções, uma em favor da sociedade e outra em favor dos direitos da vítima.

Para o crime ou delito, o ordenamento estrutura as modalidades de punição exclusivamente pessoais do delinquente; a mais grave delas, em nosso ordenamento é a pena privativa de liberdade. Para o ilícito civil, embora se possam equacionar modalidades de reparação em espécie, o denominador comum será sempre, a final, a indenização em dinheiro, como o lenitivo mais aproximado que existe no Direito para reparar ou minorar um mal causado, seja ele de índole patrimonial ou exclusivamente moral, como atualmente permite expressamente a Constituição. A responsabilidade civil leva em conta, primordialmente, o dano, o prejuízo, o desequilíbrio patrimonial, embora em sede de dano exclusivamente moral, o que se tem em mira é a dor psíquica ou o desconforto comportamental da vítima. No entanto, é básico que, se não houver dano ou prejuízo a ser ressarcido, não temos razão em falar em responsabilidade civil: simplesmente não há por que responder. A responsabilidade civil pressupõe um equilíbrio entre dois patrimônios que deve ser restabelecido.

15.5 RESPONSABILIDADE CONTRATUAL E EXTRACONTRATUAL (RESPONSABILIDADE NEGOCIAL E EXTRANEGOCIAL)

Em nossa obra de *contratos* (Capítulo 1), discorremos sobre essa distinção, para qual remetemos o leitor. A grande questão nessa matéria é saber se o ato danoso ocorreu em razão de uma obrigação preexistente, contrato ou negócio jurídico unilateral. Enfatizamos anteriormente que nem sempre resta muito clara a existência de um contrato ou de um negócio, porque tanto a responsabilidade contratual como a extracontratual com frequência se interpenetram e ontologicamente não são distintas: quem transgride um dever de conduta, com ou sem negócio jurídico, pode ser obrigado a ressarcir o dano. O dever violado será o ponto de partida, não importando se dentro ou fora de uma relação contratual. Advertimos, contudo, que, quando em doutrina é feita referência singela à responsabilidade civil, devemos entender que se trata da responsabilidade extracontratual. No Código Civil, muitos dos temas tratados quanto à forma de indenização referem-se à responsabilidade contratual ou negocial, como veremos.

---

vedação expressa do artigo 517 do Código de Processo Civil. 4 – Documentos apresentados juntos com as razões de apelação. Não conhecimento. Verifica-se que não se cuida de 'documentos novos', nos termos do art. 397 do Código de Processo Civil. Configurada a preclusão para a juntada aos autos. Não se conhece de documentos juntados em sede recursal, por não se tratar de documentos novos e também porque não demonstrado pelo interessado na juntada, que deixou de fazê-la por caso fortuito ou força maior. 5 – Dano material. Fixação com base na tabela FIPE. Admissibilidade. Correta a fixação do dano material atinente ao bem perdido na colisão causada pelo requerido com base na tabela FIPE, pois os autores devem ser indenizados em valor equivalente ao que o bem possuía no mercado, valor este bem representado na referida tabela. Precedente TJSP. 6 – Dano material. Quanto indenizatório majorado. Dano moral possui caráter personalíssimo devendo ser fixado individualmente para cada um do lesados. Majoração da indenização para R$ 150.000,00 (cento e cinquenta mil), correspondendo a R$ 50.000,00 (cinquenta mil) para cada um dos autores. Fixação realizada observando-se princípios de proporcionalidade e razoabilidade e os limites já delineados pelo Superior Tribunal de Justiça nos casos de vítima fatal. 7 – Dedução do valor recebido do seguro DPVAT. Admissibilidade. Observância das disposições da Súmula 246 do STJ. Juros de mora a incidir sobre o valor a indenização por danos morais e materiais. Termo inicial mantido (data do evento danoso), pois fixado nos termos do artigo 398 do Código Civil e da Súmula 54 do STJ. Recurso do réu parcialmente provido. Recurso dos autores provido" (*TJSP* – Ap 0916577-97.2012.8.26.0037, 3-3-2017, Relª Kenarik Boujikian).

A doutrina contemporânea, sob certos aspectos, aproxima as duas modalidades, pois a culpa vista de forma unitária é fundamento genérico da responsabilidade. Uma e outra fundam-se na culpa. Na culpa contratual, porém, examinamos o inadimplemento como seu fundamento e os termos e limites da obrigação. Na culpa aquiliana ou extranegocial, levamos em conta a conduta do agente e a culpa em sentido lato, conceito que veremos a seguir. Luiz Roldão de Freitas Gomes (2000:33) anota que a jurisprudência introduziu matizes na distinção, alargando a compreensão da culpa contratual:

> *"1º) quando um contratante comete uma falta dolosa na execução do contrato, pode-se considerar que ela faz desaparecer o contrato: aplicam-se as regras delituais;*
>
> *2º) verifica-se, nos últimos anos, uma extensão da responsabilidade contratual. Admite-se, com efeito, que os terceiros interessados no contrato possam agir e deviam agir sobre uma base contratual".*

Há tendência de ser estendida a responsabilidade contratual a terceiros atingidos por um negócio jurídico originário. Essa extensão possui evidentes reflexos no montante e nos limites da indenização, geralmente balizados pelo contrato. Nosso Código de 1916, fiel à tradição, tratou da responsabilidade contratual nos arts. 955 a 963 (atual, arts. 389 ss), 1.056 a 1.064; e da responsabilidade extracontratual nos arts. 159 e 160 (atual, arts. 186 a 188) e 1.518 ss (atual, arts. 927 ss). Como se percebe, a mesma sistemática é mantida no Código Civil de 2002, embora muitos dispositivos sejam alterados e outros acrescentados.

Por vezes, a existência de um contrato ou de um negócio unilateral não aflora de forma clara. Há situações dúbias nas quais a existência de uma obrigação negocial é questionada, como, por exemplo, no transporte gratuito ou no atendimento de urgência que um médico faz a um pedestre acidentado em via pública. Essa dúvida, porém, não é óbice para o dever de indenizar. O mesmo podemos dizer da responsabilização que surge de um contrato nulo.[11]

"Apelação – **Ação civil 'ex delicto'** – Responsabilidade – Culpa Concorrente – Ausência de absolvição própria na esfera criminal – Prejudicialidade Parcial – Responsabilidade – Condução Temerária – Dever de indenizar – Culpa 'in eligendo' – 'Quantum Debeatur' – Lucros cessantes e danos morais – Agravo retido improvido: Independência da responsabilidade civil em face da criminal (art. 935 do Código Civil). A decisão fundada na extinção da punibilidade não afeta a perquirição na esfera cível – Reconhecimento da culpa da vítima incapaz de elidir a responsabilidade civil do réu (art. 67, inciso II, do CPP) – Responsabilidade concorrente – Condução temerária de trator em rodovia de alta velocidade, sem acostamento apropriado e em horário com baixa visibilidade. Sinalização luminosa incapaz de permitir aos demais condutores compreender a dimensão do veículo – Dever de indenizar (arts. 186, 927 e 932, todos do Código Civil) fundada na culpa concorrente, relevante apenas para o 'quantum debeatur' – Culpa *in eligendo* (art. 932, do Código Civil) que dispensa a prova de relação empregatícia – Suficiente a tolerância da posse em favor de terceiro – A morte de filho autoriza a indenização por lucros cessantes, suficiente a prova da renda mensal (Súmula 491 do C. Superior Tribunal de Justiça). Valor calculado em METADE de 2/3 e 1/3 do salário mínimo (S. 490 do STJ), até a data em que o falecido completaria 25 e 72 anos, respectivamente – Redução com base na culpa concorrente – O óbito de filho constitui dano moral inequívoco, desnecessária a prova do sofrimento ou da dor, presumíveis, aferição simples dos fatos – *Quantum* arbitrado conforme precedente jurisprudencial e pedido inicial, ressalvada a culpa concorrente – R$46.000,00 (quarenta e seis mil reais). Agravo retido não provido e recurso de apelação parcialmente provido" (*TJSP* – Ap 0001301-19.2009.8.26.0696, 29-6-2016, Relª Maria Lúcia Pizzotti).

"**Ação civil 'ex delicto'** – Crime de calúnia – Condenação penal passada em julgado – Pedido de indenização por danos materiais e morais – Insurgência das partes quanto ao valor da indenização por danos morais fixado em sentença. 'Quantum' que se mostra adequado, dadas as circunstâncias da causa. Sentença de procedência parcial que se sustenta (RITJSP, art. 252) e é alterada apenas para elevação dos honorários advocatícios. Apelo do autor parcialmente provido. Apelo da ré desprovido" (*TJSP* – Ap 0006558-62.2011.8.26.0564, 7-5-2015, Rel. Cesar Ciampolini).

11 "Apelação. **Ação indenizatória**. Responsabilidade civil extracontratual. Agressão física. Sentença de improcedência. Inconformismo da parte autora. Agressão física praticada pelo réu contra o autor precedida de agressão verbal

Ressalte-se, no entanto, que não existe na realidade uma diferença ontológica, senão meramente didática, entre responsabilidade contratual e aquiliana. Essa dualidade é mais aparente do que real. O fato de existirem princípios próprios dos contratos e da responsabilidade fora deles não altera essa afirmação. Assim, é possível afirmar que existe um paradigma abstrato para o dever de indenizar. O que permite concluir por uma visão unitária acerca da responsabilidade civil (Visintini, 1999:197). Todas essas assertivas, porém, não impedem que se identifiquem claramente, na maioria dos casos concretos, a responsabilidade derivada de um contrato, de um inadimplemento ou mora, e aquela derivada de um dever de conduta, de uma transgressão de comportamento. Há, sem dúvida, como na maioria dos fenômenos jurídicos, uma zona limítrofe ou cinzenta na qual a existência de um contrato não fica muito clara, como, por exemplo, no transporte gratuito e em algumas situações de responsabilidade médica. O fundamental é ficar assente que o instituto da responsabilidade em geral compreende todas as regras com base nas quais o autor de um dano fica obrigado a indenizar.

---

realizada por este. Concorrência de culpas. Dano moral decorrente de agressão física dispensa prova porque in re ipsa, presumido como consequência da ilicitude do fato. Quantificação. Artigo 945 do Código Civil. Fixação da indenização em consonância com o grau de culpa do lesante e lesado. Funções compensatórias e, sobretudo, pedagógicas em obediência à proporcionalidade da conduta ilícita do ofensor e à intensidade do sofrimento experimentado pelas agressões sofridas. Indenização arbitrada em R$ 2.000,00 (dois mil reais). Sentença reformada. Recurso provido em parte" (*TJSP* – Ap 1018124-73.2021.8.26.0003, 4-10-2022, Rel. Rogério Murillo Pereira Cimino).

"Responsabilidade civil – Acidente de trânsito – **Ação indenizatória fundada em culpa aquiliana** – Procedência decretada – Apelação – Pretensão da reversão do julgado – Intempestividade – Apelação não conhecida, prejudicado o recurso adesivo" (*TJSP* – AC 1003040-78.2016.8.26.0400, 2-7-2019, Rel. Caio Marcelo Mendes de Oliveira).

"Processual civil – Civil – Apelação – Reparação de danos – Acidente de trânsito – Ressarcimento – Fato constitutivo do direito – Ônus da prova que pertence à parte autora – Não comprovação dos fatos – Improcedência do pedido de ressarcimento – Recurso desprovido – 1- Para se configurar a **responsabilidade civil extracontratual** (ou aquiliana), a qual enseja o dever de reparação, é necessária a presença dos seguintes requisitos: conduta, resultado danoso, nexo causal e culpa ou dolo do agente. 2- Uma vez que a parte autora não se desincumbiu do ônus probatório que lhe incumbia, pois não conseguiu provar a conduta culposa do Réu-Apelado, sem a qual não é possível imputar-lhe responsabilidade pelo evento danoso (art. 373, I, do CPC), imperativa a manutenção da improcedência do pedido. 3- Apelação desprovida" (*TJDFT* – Proc. 00267615020158070009 (1171285), 24-5-2019, Rel. Alfeu Machado).

"**Ação anulatória de contrato** – Realização de empréstimo consignado por terceira pessoa, com os documentos furtados da autora – Improcedência – Apelo da autora, insistindo na nulidade desse contrato, ressaltando a responsabilidade objetiva do banco ao contratar – Relação de consumo, cabendo ao requerido, à luz da inversão do ônus probatório, prevista no artigo 6º, inciso VIII, do CDC, trazer elementos impeditivos, extintivos ou modificativos, a fim de afastar a pretensão materializada na peça inicial – Responsabilidade objetiva da instituição financeira, nos termos do artigo 14 do CDC – Hipótese de aplicação da Súmula 479 do STJ, por ser risco da atividade bancária – Réu que deveria ter tido mais cuidado ao conceder empréstimo consignado de alto valor a pessoa diversa de seu cliente - Contrato declarado nulo – Devolução da quantia debitada do salário da autora, de forma simples, mas com correção monetária e juros de mora – Sentença invertida – Sucumbência carreada ao réu. Recurso provido" (*TJSP* – Ap 1013247-31.2017.8.26.0068, 3-9-2018, Rel. Ramon Mateo Júnior).

"Agravo de instrumento – Processo Civil – Inversão do ônus da prova. Decisão sucinta, porém fundamentada. Preliminar de nulidade afastada. Alegação de danos causados a imóvel situado no entorno de empreendimento imobiliário. Ausência de prévio vínculo jurídico entre as partes. Não enquadramento da autora aos conceitos de destinatária final e consumidora por equiparação. Demanda indenizatória fundada em **responsabilidade civil aquiliana**. Relação de consumo não caracterizada. Inversão do ônus da prova descabida. Recurso provido" (*TJRJ* – AI 0020980-70.2017.8.19.0000, 19-6-2017, Rel. Carlos Eduardo da Rosa da Fonseca Passos).

"Acidente de trânsito – Buraco na pista – Ausência de sinalização adequada – Responsabilidade civil do Estado – Culpa exclusiva da condutora do veículo não reconhecida – Danos Morais Configurados – Fixação satisfatória – Pensão mensal devida no importe de 50% do salário à época do acidente, acrescido também do 13º, até a vítima completar 70 anos – recursos oficial e da ré improvidos, acolhido em parte o apelo da autora – A falta no cumprimento do dever de zelar pela segurança dos munícipes e pela prevenção de acidentes caracteriza conduta negligente da Administração Pública e a torna responsável pelos danos que dessa omissão advenham. A pensão mensal decorrente do art. 950 do Código Civil deve alcançar também o 13º salário, porque ele integra os direitos do trabalhador na ativa ou na inatividade, nada havendo que justifique a sua exclusão" (*TJSP* – Ap 0010856-35.2011.8.26.0132, 21-6-2016, Rel. Renato Sartorelli).

Veja, a respeito, também o que discorremos acerca da responsabilidade precontratual e da responsabilidade poscontratual em nosso volume dedicado à *Teoria Geral dos Contratos*, questões que se ligam diretamente ao tema.

> **Caso 10 – Responsabilidade civil extracontratual**
>
> A grande questão nessa matéria é saber se o ato danoso ocorreu em razão de uma obrigação preexistente, contrato ou negócio jurídico unilateral. Enfatizamos anteriormente que nem sempre resta muito clara a existência de um contrato ou de um negócio, porque tanto a responsabilidade contratual como a extracontratual com frequência se interpenetram e ontologicamente não são distintas: quem transgride um dever de conduta, com ou sem negócio jurídico, pode ser obrigado a ressarcir o dano. O dever violado será o ponto de partida, não importando se dentro ou fora de uma relação contratual. Advertimos, contudo, que, quando em doutrina é feita referência singela à responsabilidade civil, devemos entender que se trata da responsabilidade extracontratual.

15.6 ATO ILÍCITO

Ao analisarmos, em *Direito civil: parte geral* (Capítulo 17), fatos, atos e negócios jurídicos, referimos que os atos ilícitos são os que emanam direta ou indiretamente da vontade e ocasionam efeitos jurídicos, mas contrários ao ordenamento. O ato voluntário é, portanto, o primeiro pressuposto da responsabilidade civil. Esse conceito prende-se ao de imputabilidade, porque a voluntariedade desaparece ou torna-se ineficaz quando o agente é juridicamente irresponsável. Como já apontamos, modernamente a imputabilidade cede importância ao ressarcimento, pois o Código Contemporâneo já permite uma responsabilidade mitigada dos incapazes (art. 928).

O ato de vontade, contudo, no campo da responsabilidade deve revestir-se de ilicitude. Melhor diremos que na ilicitude há, geralmente, uma cadeia ou sucessão de atos ilícitos, uma conduta culposa. Raramente, a ilicitude ocorrerá com um único ato. O ato ilícito traduz-se em um comportamento voluntário que transgride um dever. Como já analisamos, ontologicamente o ilícito civil não difere do ilícito penal; a principal diferença reside na tipificação estrita deste último.

Na responsabilidade subjetiva, o centro de exame é o ato ilícito. O dever de indenizar vai repousar justamente no exame de transgressão ao dever de conduta que constitui o ato ilícito. Como vimos, sua conceituação vem exposta no art. 186. Na responsabilidade objetiva, o ato ilícito mostra-se incompleto, pois é suprimido o substrato da culpa. No sistema da responsabilidade subjetiva, o elemento subjetivo do ato ilícito, que gera o dever de indenizar, está na imputabilidade da conduta do agente (Pereira, 1999:33).

15.7 CULPA

Já examinamos a problemática da culpa na introdução a nossos estudos (*Direito civil: parte geral*, Capítulo 30). A doutrina concorda que não é fácil estabelecer o conceito de culpa, embora não haja dificuldade de compreendê-la nas relações sociais e no caso concreto. O conceito jurídico de culpa sofreu inúmeras transformações nos dois últimos séculos.

Em sentido amplo, culpa é a inobservância de um dever que o agente devia conhecer e observar. Não podemos afastar a noção de culpa do conceito de dever. O grande mestre da tradicional responsabilidade civil entre nós, José de Aguiar Dias (1979; v. 1:136), após comentar a dificuldade de conceituá-la, não consegue fugir de definição prolixa:

> *"A culpa é falta de diligência na observância da norma de conduta, isto é, o desprezo, por parte do agente, do esforço necessário para observá-la, com resultado não objetivado, mas previsível, desde que o agente se detivesse na consideração das consequências eventuais de sua atitude".*

Conclui Rui Stoco (1999:66) que

> *"a culpa, genericamente entendida, é, pois, fundo animador do ato ilícito, da injúria, ofensa ou má conduta imputável. Nessa figura encontram-se dois elementos: o objetivo, expressado na iliciedade, e o subjetivo, do mau procedimento imputável".*

A noção de culpa foi perdendo paulatinamente a compreensão decorrente do *estado de ânimo do agente* para ser entendida como um *erro ou desvio de conduta*. Há, portanto, na atualidade, forte conceito objetivo na própria noção de culpa. O modelo a ser seguido ainda é o do homem médio, o *bonus pater famílias* do direito romano. Mesmo esse conceito sofre, evidentemente, gradações conforme a época. O exame desse desvio de conduta implica em verificar e comparar no caso concreto o comportamento que seria normal e aceitável pela sociedade. Não é diferente na área do *Common Law*, que busca o parâmetro do *reasonable man*. Com esse *standard*, evita-se tanto quanto possível o subjetivismo na aferição da culpa. Nesse sentido examinará o juiz se o agente agiu com imprudência ou negligência. Assim, evanesce enormemente a reprovabilidade da conduta sob o prisma moral. O agente não é culpado porque agiu desviando-se da moral, mas porque deixou de empregar a diligência social média. A desaprovação cumprirá, quanto muito, um papel secundário na tipificação da culpabilidade. A conclusão, contudo, de uma conduta razoável do bom pai de família flutua no tempo e no espaço e não pode assumir conclusões dogmáticas.

Quando é mencionada culpabilidade no campo civil, a noção abrange o dolo e a culpa. Giovanna Visintini (1999:39) aponta que esses dois aspectos, estruturalmente, não têm nada em comum. De fato, há uma longa distância no ato pelo qual o agente procura intencionalmente o resultado (dolo) e naquele que se dá por negligência, imprudência ou imperícia (culpa). Em sede de indenização, porém, as consequências são idênticas.

Sérgio Cavalieri Filho (2000:39), após discorrer sobre o dolo, sintetiza a noção de culpa em sentido estrito

> *"como conduta voluntária, contrária ao dever de cuidado imposto pelo Direito, com a produção de um evento danoso involuntário, porém previsto ou previsível".*

O art. 159 do Código de 1916 e o art. 186 do Código em vigor elegeram a culpa como o centro gravitador da responsabilidade subjetiva que norteia a responsabilidade civil no direito brasileiro, com a nova perspectiva já enfatizada, descrita no art. 927, parágrafo único. O projeto de reforma do Código Civil prefere falar em "*ilicitude civil decorrente de violação a direito*", no *caput* do art. 186, reportando-se à culpa (negligência, imprudência ou imperícia) no parágrafo único que acrescenta, o que, a nosso ver, vem a dar no mesmo, pois esses termos referem-se tradicionalmente à culpa.

A responsabilidade objetiva não era desconhecida pelo legislador de 1916, contudo, pois o Decreto Legislativo nº 2.681 de 1912, portanto anterior ao Código, já consagrava essa modalidade de responsabilidade no transporte ferroviário. O art. 186 do diploma consagram a responsabilidade dependente de culpa, *mas não estatuem que a indenização somente dependerá da culpa*. A noção de responsabilidade sem culpa não era, portanto, desconhecida do legislador do início do século XX, tanto que o próprio Código anterior, como observamos, em várias passagens, faz concessões à responsabilidade objetiva.

A culpa civil em sentido amplo abrange não somente o ato ou conduta intencional, o dolo (*delito*, na origem semântica e histórica romana), mas também os atos ou condutas eivados de negligência, imprudência ou imperícia, qual seja, a culpa em sentido estrito (*quase delito*). Essa distinção entre dolo e culpa ficou conhecida no Direito Romano, e assim foi mantida no Código francês e em muitos outros diplomas, como delitos e quase delitos. Essa distinção, modernamente, já não possui maior importância no campo da responsabilidade. Para fins de indenização, importa verificar se o agente agiu com culpa civil, em sentido lato, pois, como regra, a intensidade do dolo ou da culpa não deve graduar o montante da indenização, embora o presente Código apresente dispositivo nesse sentido (art. 944, parágrafo único). A indenização deve ser balizada pelo efetivo prejuízo.

No entanto, forma-se mais recentemente entendimento jurisprudencial, mormente em sede do dano moral, no sentido de que a indenização pecuniária não tem apenas cunho de reparação do prejuízo, mas tem também caráter *punitivo ou sancionatório, pedagógico, preventivo e repressor*: a indenização não apenas repara o dano, repondo o patrimônio abalado, mas também atua como forma educativa ou pedagógica para o ofensor e a sociedade e intimidativa para evitar perdas e danos futuros. Sem dúvida, essa posição, no direito de origem romano-germânica, é fortemente influenciada pelo direito anglo-saxão, no qual essa função é muito clara (*punitive damages*). Nesse caso, inelutavelmente, o juiz deixa-se levar pela intensidade da culpa para fixar a retribuição pecuniária. O aspecto aproxima-se da pena privada. A indenização passa a ter essa conotação. Geneviève Viney e Patrice Jourdain acentuam que a ideia de pena privada tem seduzido enormemente a jurisprudência francesa em sede de reparação de danos nas últimas décadas (1998:5). A responsabilidade civil no direito norte-americano (*tort law*) possui essas três funções que se mostram presentes nos precedentes: a compensação de perda ou dano derivado de uma conduta; a imputabilidade desse prejuízo a quem, por direito, o causou; e a prevenção contra futuras perdas ou danos (Kionka, 1999:5). Nesse sentido o que se denomina *punitive damages*. Há autores que denominam *desmotivação social da conduta lesiva* a essa função pedagógica (2003:23). Interessante é notar que toda indenização por dano moral gravita em torno dos direitos da personalidade exclusivamente, como sustenta boa parte da doutrina.

Em reforço ao aqui exposto, o extinto Projeto de Lei nº 6.960/2002, que pretendeu alterar inúmeros dispositivos no mais recente Código, acrescentava outro parágrafo ao art. 944 para incluir: *"a reparação do dano moral deve constituir-se em compensação ao lesado e adequado desestímulo ao lesante"*. Realçam-se nessa dicção os aspectos indenizatório e preventivo. Contudo, como lembra Fernando Noronha,

> *"não se deve exagerar na ideia de punição através da responsabilidade civil: a função dissuasória desta tem sempre um papel acessório; em princípio, a responsabilidade civil visa apenas reparar danos. Um sancionamento do ofensor só terá justificação quando haja dolo ou culpa; unicamente nestes casos a reparação civil do dano pode passar a ser uma pena privada. Mas mesmo nestas situações, parece que o agravamento da indenização só se justifica na medida em que a ideia de punição do responsável (através da imposição de pagar uma quantia) constitua ainda uma forma de satisfação proporcionada aos lesados, para de certo modo lhes 'aplacar' a ira"* (2003:440).

Para que o sentido de punição privada na responsabilidade civil possa ir além desse limite, haverá necessidade de reformulação legislativa. Não parece haver dúvida, contudo, de que esse será o caminho a ser apontado pelo legislador no futuro para determinadas categorias de danos. Nessa trilha já caminham as indenizações por danos ao meio ambiente, quando tem sido acentuada a necessidade de condenações em valores exemplares, dentro do que falamos acerca do aspecto preventivo ou dissuasório da indenização.[12] A lei que instituiu a ação civil pública (Lei nº 7.347/85) veio abrir campo para essa modalidade de indenização quando permite que os valores da condenação sejam revertidos para fundos de defesa de direitos difusos.

---

12 "Recurso de apelação em ação civil pública. **Meio ambiente**. 1. Condenação da empresa corré. Inexistência de documentos demonstrando que a empesa Melhoramentos Urbanizadora e Incorporadora Ltda. atual denominação Fortwood – Indústria e Comércio de Madeiras Ltda. tenha responsabilidade e participação nos danos ambientais. Manutenção da improcedência do pedido. 2. Recomposição do meio ambiente. De acordo com o constante nos autos, a área está inserida em área de proteção ambiental e zona de vida silvestre, mas os empreendimentos não foram implantados no local. Todavia, o Laudo Pericial constatou a ocorrência de danos ambientais consistentes em supressão de vegetação e movimentação de terra. Necessidade de cumprimento das obrigações determinadas na r. sentença. 3. Demolição das construções. Determinação de demolição que deve ser analisada pelos órgãos ambientais competentes. Medida extrema que deve ser sopesada a fim de efetivamente tutelar o meio ambiente. 4. Dano irrecuperável. Hipótese em que a indenização por eventuais danos ambientais tecnicamente irrecuperáveis se revela necessária a assegurar a efetiva tutela ambiental. Intervenção que pode ter causado danos ambientais irrecuperáveis passíveis de indenização. Questão que deve ser aferida no momento da execução do julgado. 5. Dano moral coletivo. Inexistência de ofensa ao sentimento coletivo da comunidade, interferindo no aspecto psicológico da população. No caso concreto, forçoso reconhecer que não houve abalo à coletividade configurando o dano moral coletivo com a supressão de vegetação e movimentação de terra. Ausente prova de impacto a comunicado local a determinar a ocorrência de dano moral coletivo passível de indenização. Sentença parcialmente reformada. Recurso parcialmente provido". (*TJSP* – Ap 1000151-79.2018.8.26.0563, 6-7-2022, Rel. Marcelo Berthe).

"Apelação – **Dano ambiental** – Intervenção em APP de nascente – Dano ambiental demonstrado – Recuperação da área – Necessidade – Ficando patente o fato de que os apelantes produziram intervenção irregular em área de preservação permanente de nascente, área que em seguida, sem regular autorização, foi queimada com a finalidade de produzir pastagem, não fica dúvida sobre a responsabilidade solidária e obtiva de todos os participantes pela recomposição. Não fosse a confissão dos apelantes pela intervenção, a recuperação de área degradada está submetida a aprovação de Plano de Recuperação de Área Degrada (PRAD), nos órgãos ambientais competentes, não sendo laudo técnico particular consistente com as medidas necessárias se não forem eles aprovados. Sentença confirmada, no reexame necessário, prejudicado o recurso voluntário" (*TJMG* – AC 1.0417.15.000572-2/001, 3-4-2019, Rel. Judimar Biber).

"**Dano ambiental** – Pesca sem permissão legal. Espécie *Umbrina canosai*. Popularmente conhecida como Castanha. Espécie sobreexplotada ou ameaçada de sobreexplotação. Multa. 1 – Os documentos anexados ao feito demonstram que o demandado pescou, aproximadamente, seis mil quilogramas de peixes diversos, predominantemente pertencentes à espécie *Umbrina canosai*, popularmente conhecida como Castanha (PROCADM2, Evento 1 e Anexo 3, Evento 10), sem possuir permissão legal para tanto. 2 – A aludida espécie de peixe consta no Anexo 2 da Instrução Normativa nº 5/2004, do Ministério do Meio Ambiente, como sobreexplotada ou ameaçada de sobreexplotação (Instnorm 2, Evento 64). Com efeito, consideram-se espécies sobreexplotadas aquelas cuja condição de captura de uma ou todas as classes de idade em uma população são tão elevadas que reduz a biomassa, o potencial de desova e as capturas no futuro, a níveis inferiores aos de segurança (Art. 2º, II, da IN nº 05/2004 – MMA). 3 – Não há falar em minoração da multa, a qual fora aplicada de forma proporcional ao dano causado, como forma pedagógica e repressiva, a fim de coibir a conduta ilícita ambiental e está de acordo com o disposto nos artigos 35, parágrafo único e 37, do Decreto nº 6.514/2008, vigente na data dos fatos. 4 – Apelação improvida" (*TRF-4ª* R. – AC 5007828-93.2013.4.04.7101, 20-3-2018, Relª Desª Fed. Marga Inge Barth Tessler).

"Apelação – **Ação de indenização** – Dano Ambiental – Expressão ambivalente – Dano ao patrimônio ambiental (coletivo) com possibilidade de reflexos na seara individual – Responsabilidade civil objetiva com adoção da teoria do risco integral – Apuração do dano e do nexo causal – Atividade econômica potencialmente poluidora – Desnecessária prova da ilicitude da conduta – Precedentes do STJ – Atenuação do relevo do nexo causal – Princípio da solidariedade aplicável à responsabilidade por dano ambiental – Dano individual não comprovado no caso dos autos – Indenizações afastadas – Decisão mantida – Recurso Improvido" (*TJSP* – Ap 1017192-04.2014.8.26.0562, 20-6-2016, Rel. Egidio Giacoia).

"**Agravo de instrumento**. Ação civil pública. **Ambiental**. Dano ambiental em área de preservação permanente. Alegação de responsabilidade da Municipalidade, que teria concedido licença urbanística. Insurgência contra a decisão monocrática que excluiu a Municipalidade do polo passivo da ação. Medida precipitada. Inteligência do art. 225 da CF. Apuração da responsabilidade do poder público que deve ser objeto da análise de mérito, após a produção de provas. Decisão reformada. Agravo provido" (*TJSP* – AI 2069187-76.2014.8.26.0000, 29-8-2014, Rel. Eutálio Porto).

Como descrevemos, há uma nova perspectiva em matéria de fixação da indenização. Como apontamos, o Código deste século inova nessa matéria. De fato, estabelece esse diploma, como regra geral, *"a indenização mede-se pela extensão do dano"*. No entanto, acrescentou o legislador no parágrafo único desse art. 944: *"Se houver excessiva desproporção entre a gravidade da culpa e o dano, poderá o juiz reduzir, equitativamente, a indenização"*. Portanto, nesse aspecto, a medida do prejuízo pode deixar de ser o valor da indenização. Nada vai impedir, por outro lado, que corrente jurisprudencial entenda por agravar a indenização quando a culpa for excessiva ou desmesurada, atendendo às novas correntes que justificam o dever de indenizar, mormente em sede de dano moral, como aponta a redação do projeto mencionado.

A doutrina tradicional triparte a culpa em três graus: *grave*, *leve* e *levíssima*. A culpa grave é a que se manifesta de forma grosseira e, como tal, se aproxima do dolo. Nesta se inclui também a chamada *culpa consciente*, quando o agente assume o risco de que o evento danoso e previsível não ocorrerá. A culpa leve é a que se caracteriza pela infração a um dever de conduta relativa ao homem médio, o bom pai de família. São situações nas quais, em tese, o homem comum não transgrediria o dever de conduta. A culpa levíssima é constatada pela falta de atenção extraordinária, que somente uma pessoa muito atenta ou muito perita, dotada de conhecimento especial para o caso concreto, poderia ter. Entende-se que, mesmo levíssima, a culpa obriga a indenizar. Como vimos, em regra, não é a intensidade da culpa que gradua o dano, mas o efetivo valor do prejuízo. Em determinadas situações, o ordenamento exige a culpa grave, equiparando-a ao dolo, para possibilitar a reparação. Interessante notar que está em tramitação Projeto de Lei que tem como objetivo mensurar e limitar a indenização por dano moral, estabelecendo três faixas indenizatórias em valores respectivos, e nessas faixas o juiz deverá estabelecer o grau de culpa, dentro da divisão tripartida, a fim de fixar a indenização. Nesses termos, volta-se no curso da História, para reviver conceitos de graduação de culpa para fins de indenização que eram tidos como superados. A revivescência de institutos jurídicos é fenômeno corrente no Direito. Em muitas situações, a doutrina e o legislador vão buscar nos escaninhos da História antigos institutos para resolver problemas atuais.

Tanto o Código Civil revogado como o atual não previram expressamente essa tripartição da culpa, cujas fortes raízes históricas exigem que seja conceituada. No entanto, o Código de 2002 acena com essa divisão, ao estipular no art. 944:

> *"Se houver excessiva desproporção entre a gravidade da culpa e o dano, poderá o juiz reduzir, equitativamente, a indenização".*

Nessa dicção fica claro que o julgador deve necessariamente debruçar-se sobre a problemática da gradação da culpa. Não é, porém, o único caso do ordenamento. A gradação da culpa continua irrelevante para o dever de indenizar, porém pode servir de base para o valor da indenização.

A culpa, sob os princípios consagrados da negligência, imprudência e imperícia, contém uma conduta voluntária, mas com resultado involuntário, a previsão ou a previsibilidade e a falta de cuidado devido, cautela ou atenção. A previsibilidade é aquela aferida no caso concreto, uma definição do previsível. Na negligência o agente não age com a atenção devida em determinada conduta; "*há um desajuste psíquico traduzido no procedimento antijurídico, ou uma omissão de certa atividade que teria evitado o resultado danoso*" (Stoco, 2004:136). Na imprudência o agente é intrépido, açodado, precipitado e age sem prever consequências nefastas ou prejudiciais. Na culpa sempre existe o aspecto do defeito da previsibilidade, assim como na imperícia, não trazida ao bojo do art. 186, mas certamente também integrante do conceito de culpa. É imperito aquele que demonstra inabilidade para seu ofício, profissão ou atividade.

É imperito o advogado que redige petição inepta e o médico que administra a droga errada e danosa ao paciente, por exemplo.

Não é possível estabelecer-se aprioristicamente um padrão de conduta. A culpa deve ser avaliada no caso concreto, geralmente levando-se em conta o homem médio ou *bonus pater familias*. A *obligatio diligentiam* é aferida pelo padrão médio de comportamento, um grau de diligência considerado normal, de acordo com a sensibilidade ético-social (Gonçalves, 2003:19).

Quando as consequências da conduta são imprevistas ou imprevisíveis, não há como configurar a culpa. A previsibilidade integra sempre a definição de culpa. Esse é o centro da atenção do julgador no caso concreto, nem sempre fácil de definir. O ato situa-se na esfera do caso fortuito ou força maior, quando foge à previsibilidade do agente. A falta de cautela, cuidado e atenção exteriorizam-se, de forma geral, pela imprudência, negligência ou imperícia. Esses três decantados aspectos da culpa são formas de exteriorização da conduta culposa. É imprudente, por exemplo, o motorista que atravessa cruzamento preferencial sem efetuar parada prévia em seu veículo ou ali imprime velocidade excessiva. É negligente o motorista que não mantém os freios do veículo em perfeito funcionamento. É imperito aquele que se arvora em dirigir veículo ou operar uma máquina sem os conhecimentos e a habilitação técnica para fazê-lo. Em muitas oportunidades, esses três aspectos interpenetram-se, pois a culpa deve ser vista unitariamente. Irrelevante a modalidade de culpa para a configuração do dever de indenizar.

Em qualquer situação, ao lado do aspecto da previsibilidade, leva-se sempre em conta a ideia de um dever violado. Por isso, também não diverge o conceito de culpa contratual do de culpa extracontratual. Ambos também se fundam na culpa. Sucede que, na responsabilidade contratual, a culpa surge de forma definida, mais clara, porque existe uma descrição de obrigação preexistente no negócio jurídico, que foi descumprida.

Quando se menciona a culpa, não se deve esquecer que o ato ilícito, na maioria das vezes, como já anotamos, corporifica-se por uma conduta culposa e não unicamente por um ato isolado. Desse modo, é sempre mais apropriada a referência à *conduta culposa*. Outras modalidades de culpa também devem ser lembradas.

Culpa *in eligendo* é a oriunda da má escolha do representante ou do preposto, como, por exemplo, contratar empregado inabilitado ou imperito.[13]

---

[13] "Apelação. Indenização por danos materiais. Cancela de estacionamento danificada por terceiro que conduzia veículo do réu. Proprietário que emprestou automóvel responde solidariamente pelos danos causados por seu uso. **Culpa *in eligendo*** configurada. Responsabilidade civil do proprietário mantida. Danos e valores suficientemente comprovados. Readequação dos honorários advocatícios. Tabela da OAB não vinculante. Recurso parcialmente provido" (*TJSP* – Ap 1033581-20.2022.8.26.0001, 18-8-2025, Rel. Lidia Conceição).

"Rescisão de contrato cumulada com restituição de valores e danos morais. Consórcio para compra de imóvel. Autora que diz ter sido induzida a adquirir cotas contempladas. Procedência. Insurgência da administradora do consórcio. Descabimento. Oferta de venda de cotas contempladas que partiu de sua representante, revel nos autos, responsável pela primeira fase da contratação, na qual se deu o preenchimento dos documentos e a orientação para que a autora omitisse a promessa de contemplação das cotas e ignorasse as ressalvas constantes nos documentos assinados, quando fosse contactada no pós-venda por telefone pela ora apelante. Áudio da conversa telefônica que sequer foi apresentado. Vício de vontade. Erro substancial. **Culpa *in eligendo***. Anulação do negócio jurídico e devolução integral e imediata do valor adiantado. Configuração de danos morais que não se discute. Recurso desprovido" (*TJSP* – Ap 1014572-55.2021.8.26.0309, 23-1-2024, Rel. Ramon Mateo Júnior).

"Acidente de trânsito – Ação de indenização por danos materiais – Demanda de possuidora de veículo abalroado por caminhão da ré, com lide denunciada à seguradora – Sentença de procedência da lide principal e de improcedência da lide secundária – Manutenção do julgado – Necessidade – Estado de embriaguez do preposto da ré que resta incontroverso, bem como que tal circunstância colaborou para o evento lesivo – Arguição da ré no sentido de que não agravou intencionalmente o risco previsto no contrato de seguro, vez que o seu preposto não estava embriagado ao momento em que o caminhão lhe foi entregue – Inconsistência – Empresa ré que tem o

Culpa *in vigilando* é a que se traduz na ausência de fiscalização do patrão ou comitente com relação a empregados ou terceiros sob seu comando. Culpa *in commitendo* ocorre quando o agente pratica ato positivo, geralmente caracterizado por imprudência e culpa *in omittendo* decorre de uma abstenção indevida, caracterizando negligência.[14] Deixar, por exemplo, o patrão que empregado sem condições técnicas opere máquina de alta periculosidade. Nesse diapasão, surge a distinção de culpa por fato próprio, fato de terceiro ou fato da coisa. A responsabilidade

---

dever de vigilância (**culpa *in vigilando***) e o dever de escolha adequada daquele a quem confia a prática do ato (**culpa *in eligendo***) – 'A configuração do risco agravado não se dá somente quando o próprio segurado se encontra alcoolizado na direção do veículo, mas abrange também os condutores principais (familiares, empregados e prepostos)' – Precedente jurisprudencial do STJ. Apelo da ré desprovido" (*TJSP* – Ap 0005550-04.2013.8.26.0007, 29-3-2017, Rel. Marcos Ramos).

14 "A 'configuração do risco agravado não se dá somente quando o próprio segurado se encontra alcoolizado na direção do veículo, mas abrange também os condutores principais (familiares, empregados e prepostos)', e o 'agravamento intencional de que trata o art. 768 do CC envolve tanto o dolo quanto a culpa grave do segurado, que tem o dever de vigilância (**culpa *in vigilando***) e o dever de escolha adequada daquele a quem confia a prática do ato (**culpa *in eligendo***)' – 2- Em face da embriaguez do filho da segurada e condutor do veículo no acidente, culpa grave, prima irmã do dolo, que se traduz em agravamento intencional do risco, ela não tem direito à cobertura" (*TJSP* – AC 1000295-61.2019.8.26.0549, 3-10-2019, Rel. Celso Pimentel).

"Acidente de trânsito – Ação de indenização – Empréstimo de motocicleta a pessoa não habilitada e que ingeriu bebida alcoólica – Morte do condutor – **Culpa *in vigilando e in eligendo*** do proprietário – Culpa concorrente da vítima também caracterizada – Danos morais configurados – *Quantum* bem fixado – Consectários legais – Arbitramento *ex officio* – Pensão mensal devida – Termo Final – Hipótese de julgamento *ultra petita* – Limitação da condenação conforme pleiteado na petição inicial – recurso parcialmente provido – A lide é limitada pelo pedido, o que significa dizer que o juiz não pode julgar fora (sentença *extra petita*), nem ficar aquém (sentença *citra petita*) ou além (sentença *ultra petita*) do que foi pedido. É o princípio da adstrição do juiz ao pedido da parte (art. 492 do CPC)" (*TJSP* – Ap 1001132-58.2015.8.26.0161, 28-5-2018, Rel. Renato Sartorelli).

"Acidente de trânsito – Ação de indenização por danos morais – Culpa exclusiva do motorista que invade pista contrária e atinge o veículo em que se encontrava a genitora dos autores – Legitimidade passiva *ad causam* da proprietária do veículo envolvido no acidente – Reconhecimento – Responsabilidade solidária com o condutor-falecido – Danos Morais – Cabimento – Valor que merece elevação – Em matéria de acidente automobilístico é manifesta a responsabilidade solidária do proprietário do veículo causador de acidente, assentando-se sobre a **culpa *in vigilando e in eligendo***. É devida a indenização a título de dano moral em decorrência de acidente de trânsito que vitimou ente querido da família, a qual deve ser arbitrada em consonância com os princípios da razoabilidade e proporcionalidade, sopesando as condições econômicas de cada parte. Valor arbitrado que merece elevação. Honorários advocatícios que devem ser majorados em razão do desprovimento do recurso da ré (artigo 85, § 11 do NCPC). Recurso da ré desprovido, acolhido em parte o dos autores, com observação" (*TJSP* – Ap 1017234-50.2015.8.26.0002, 18-4-2017, Rel. Gilberto Leme).

"Acidente de veículo – Ação Regressiva – Responsabilidade Civil – Danos Materiais – Ação proposta objetivando o ressarcimento de danos decorrentes de acidente de veículo – Ação regressiva – Ação julgada procedente – Colisão envolvendo 04 veículos em rodovia estadual, com danos em vários deles – Alegação do corréu Luiz de sua ilegitimidade de parte, porquanto apenas o dono, o proprietário do caminhão envolvido no acidente – Alegação de ausência de sua responsabilidade – Legitimidade evidente, porquanto proprietário, diante dos princípios da **culpa 'in vigilando e in eligendo'** – Precedentes – Preliminar afastada – Responsabilidade, no caso, objetiva – Alegação, ainda, por parte do corréu Deivid, de que o acidente teria ocorrido em decorrência de caso fortuito ou força maior, pois a pista estava molhada e, com a diminuição do fluxo de velocidade na rodovia, não conseguiu ele parar a tempo o caminhão – Alegação que não convence, pois a colisão foi na traseira de um dos veículos, que foi arremessado para a frente, vindo a atingir o veículo segurado que, por sua vez, atingiu o outro que estava à sua frente – Responsabilidade bem definida, assim como a culpa – Ausência de qualquer causa excludente de responsabilidade – Precedentes – Indenização bem fixada, diante das provas produzidas – Recursos improvidos" (*TJSP* – Ap 1019935-78.2015.8.26.0100, 3-6-2016, Rel. Carlos).

"**Acidente de veículo** – Responsabilidade civil – Ação proposta objetivando o ressarcimento de danos decorrentes de acidente de veículo. Ação regressiva. Interceptação de trajetória. Veículo de propriedade do corréu Jefferson, dirigido, na ocasião, pelo corréu André. Ação julgada improcedente em relação ao proprietário, vez que o mesmo não teria participado do evento. Alegação, por parte da autora, de que a responsabilidade do proprietário é amplamente reconhecida pela jurisprudência, em decorrência do princípio da culpa 'in elegendo' e 'in vigilando'. Alegação que convence, pois o proprietário é solidariamente responsável pelos fatos, na modalidade culpa 'in vigilando e in elegendo', conforme tem reconhecido a jurisprudência. Culpa bem definida, e sem recurso para qualquer análise quanto a esse fato. Recurso provido, para fins de reconhecimento da responsabilidade, solidária, do corréu Jefferson" (*TJSP* – Ap 0066944-21.2009.8.26.0114, 12-3-2015, Rel. Carlos Nunes).

por conduta culposa própria é da própria essência do instituto, e é a única modalidade aceita em Direito Penal. O ordenamento, porém, alarga o sentido de responsabilidade, determinando que o agente responda por ato de terceiro, a quem está ligado por um dever de guarda ou vigilância. Nesses termos, segundo o art. 932, os pais são responsáveis pelos atos dos filhos menores que estiverem sob seu poder e em sua companhia.

O agente pode ainda ser responsável por fato de animais ou coisas sob sua guarda, conforme previsto nos arts. 936 e 937, matéria a ser examinada. Nessa responsabilidade pela coisa e pelo animal, a responsabilidade é própria do agente.

A culpa *in comittendo*, como afirmamos, caracteriza-se por ato positivo do agente, enquanto a culpa *in omittendo* estampa-se no ato omissivo. O comportamento voluntário do agente caracteriza-se por uma ação ou omissão, que produz consequências jurídicas. A ação é a modalidade mais comum de exteriorização de conduta. Normalmente, na esfera extracontratual, há um dever geral de abstenção. O ato positivo é que deflagrará eventual ilicitude. A inatividade, quando do agente se exige uma ação, caracteriza a conduta omissiva. Normalmente, a omissão por si só é irrelevante para a esfera jurídica. Somente pode ser responsabilizado por omissão o agente que estiver em situação jurídica que o obrigue a agir, a impedir um resultado. Nesse sentido, o pai é responsável civil e criminalmente pela omissão de alimentar os filhos.

A doutrina também se refere à culpa *in concreto*, aquela examinada na conduta específica sob exame, e a culpa *in abstrato*, aquela conduta de transgressão avaliada pelo padrão do homem médio.

Em muitas hipóteses, como já alertamos, a jurisprudência considera a chamada *culpa presumida*. Em inúmeras situações concretas, de evidência patente, provar a culpa é totalmente despiciendo. Nesse sentido, por exemplo, em acidentes de veículos, presume-se a culpa de quem abalroa pela traseira. No mesmo sentido: "*Se o motorista sobe com o veículo na calçada e atropela transeunte, a culpa decorre do próprio fato; está* in re ipsa, *cabendo ao agente afastá-la provando caso fortuito ou força maior*" (Cavalieri Filho, 2000:43).[15]

---

15 "Apelação. Ação de indenização por ato ilícito. Acidente de trânsito. **Atropelamento de pedestre**. Morte da vítima, marido e pai dos autores. Sentença de parcial procedência, condenando a ré ao pagamento de danos morais de R$ 60.000,00 para cada autor. Recurso da ré que não merece prosperar. Conjunto probatório dos autos que evidenciam a culpa da condutora do veículo pelo atropelamento da vítima que foi a óbito no hospital no mesmo dia. O fato da ré não se recordar do acidente em razão do trauma não implica em ausência de culpa. Fotos das reportagens sobre o acidente que demonstram o veículo capotado em via pública, pouco a frente de faixa de pedestre e a vítima sendo socorrida na calçada. Testemunha que presenciou o acidente e afirmou que a vítima foi atropelada na calçada. Bombeiros que atenderam os fatos que narraram que a vítima estava sendo socorrida pelo SAMU na calçada. Testemunha da ré que afirmou ter visto vídeo do acidente em redes sociais e confirmando que o veículo subiu na calçada. Link de reportagem televisa que exibiu vídeo do acidente que demonstra que o veículo estacionado, ao invés de sair para o lado da via pública, sobre na guia, avança pela calçada, atinge uma pessoa, bate na parede e capota, parando sobre a via. Ré que afirmou que seu veículo é adaptado e o controle de aceleração e freio são alavancas na direção. Condutora que perde o controle do veículo, invade a calçada e atropela a vítima. Culpa da condutora do veículo. Infringência ao art. 28 do CTB. Danos morais in re ipsa. Perda de ente querido (marido e pai dos autores). Quantum fixado para cada autor que não comporta redução. Precedentes. Sentença mantida. Honorários majorados. Recurso desprovido" (*TJSP* – Ap 1001273-14.2019.8.26.0363, 31-5-2024, Rel. L. G. Costa Wagner).

"Responsabilidade civil – Indenização – Dano material e lucros cessantes – Ausência de qualquer prova, ônus que incumbia ao autor, a sustentar a tese referente à indenização material e lucros cessantes – Afronta, nesse sentido, ao comando do artigo 373, I, do CPC – Recurso, nesse sentido, desprovido. Responsabilidade civil – Indenização – Dano moral – Autor que imputa à requerida a responsabilidade pelo acidente sofrido (queda da bicicleta) por ausência da tampa do bueiro na calçada – Provas constantes dos autos que demonstram a inexistência da tampa bem como a ausência de qualquer sinalização nó local – Prova pericial médica produzida pelo IMESC que concluiu que as lesões 'estão em conformidade com os sintomas relatados e estabelecem nexo com o acidente narrado como causador do dano relatado' – Nexo causal demonstrado – **Culpa concorrente** – Caracterização – Autor que

Nas hipóteses de culpa presumida, carreadas pela jurisprudência, há inversão do ônus da prova: cabe ao réu provar que não agiu com culpa. A culpa presumida, contudo, não se confunde com a responsabilidade objetiva, que independe da culpa.

Por vezes a doutrina e os tribunais referem-se à *culpa contra a legalidade*. Essa modalidade refere-se à transgressão de um dever imposto por lei ou regulamento. As advertências "não pise a grama", "não fume", "utilize equipamentos de segurança", "entrada exclusiva para funcionários", "não pare na pista" são exemplos característicos. Assim, portanto, se colocam as condutas dos motoristas que violam as leis e regulamentos do trânsito. Nessas hipóteses, provadas a conduta violadora, o nexo causal e o evento danoso, a culpa decorre como consequência. Também não se trata de responsabilidade objetiva, embora dela se aproxime bastante.

Nos acidentes de trânsito, por exemplo, as regras do ordenamento se baseiam no que normalmente ocorre. Assim, se o motorista se envolve em acidente porque não respeitava regra, tão só por isso deveria ser responsabilizado. A regra não tem seduzido nossos tribunais, que continuam a preferir examinar a culpa em concreto. No caso do trânsito pode ter sido irrelevante para a apuração da culpa do outro motorista, por exemplo, estar o agente trafegando com luzes apagadas. Essas situações permitem concluir que na chamada culpa contra a legalidade existe uma presunção de culpa que, como tal, pode ser elidida. Inobstante, em sede de delitos de trânsito, algumas situações têm sido admitidas corriqueiramente como sendo de culpa presumida, como, por exemplo, daquele que abalroa pela traseira; do que transita na contramão; do que não atende à placa de "pare" etc. Todavia, como se trata de presunção, sempre há que se admitir a prova em contrário. Não há que se concluir, ademais, que somente porque o motorista seguiu as regras de trânsito não é culpado por um acidente.

---

trafegava com sua bicicleta sobre a calçada, afrontando assim o comando do art. 96, da Lei nº 9.503/97 c.c. art. 29, da Lei nº 9.507/97 – Indenização moral devida – Valor fixado em R$ 2.000,00 levando-se em consideração a culpa concorrente – Sucumbência recíproca – Sentença reformada para afastar o Decreto de Improcedência e Julgar parcialmente procedente a pretensão inicial – Recurso provido em parte" (*TJSP* – AC 0007275-34.2007.8.26.0655, 2-10-2019, Relª Ana Liarte).

"Responsabilidade civil – Acidente de trânsito – Colisão traseira – Presunção de culpa do motorista que colide por trás – Presunção relativa – Porém não elidida na espécie concreta – Aplicação da teoria do 'corpo neutro' – Não acolhimento – Eventual culpa de terceiro (não provada) que não afasta o dever indenizatório dos réus, ressalvado o regresso, se for o caso – Danos materiais corretamente definidos – Despesas com guincho – Reembolso reconhecido – Depreciação corretamente afastada à míngua de efetiva prova – Danos morais excluídos – Demora no conserto do veículo acarretada pela negativa da Seguradora durante análise do processo de regulação do sinistro – Mero aborrecimento que, a despeito de causar transtornos, não tem potencial para causar danos morais – Verba expungida da condenação – Ação julgada parcialmente procedente – Sentença reformada em parte – Recursos providos em parte" (*TJSP* – Ap0002577-25.2014.8.26.0045, 7-3-2018, Rel. Edgard Rosa).

"Agravo regimental no agravo em recurso especial – Ação de indenização por danos materiais e morais – Falecimento – Atropelamento em linha férrea – **Concorrência de culpa** – Dever de indenizar – Valor da indenização por danos morais – Manutenção – Família de baixa renda – Danos materiais presumidos – 3 – Constituição de capital – Necessidade – 4 – Termo inicial dos juros de mora – Data do evento danoso – 5 – Recurso provido. 1- Segundo a jurisprudência desta Corte, a concessionária de transporte ferroviário é civilmente responsável, por culpa concorrente, pela morte de vítima de atropelamento por trem em via férrea, porquanto lhe assiste o dever de cercar e fiscalizar os limites da linha férrea, principalmente em locais urbanos e populosos. 2 – A fixação do montante da indenização deve levar em conta a existência de culpa concorrente, situando-se no patamar de cerca de 50% do valor que seria devido na hipótese de culpa integral da concessionária de transportes. 3 – Dano moral fixado em razão da perda da genitora em valor condizente com a linha dos precedentes do STJ. 4 – Por questão de coerência jurídica, e em observância ao art. 945 do CC, a existência de culpa concorrente deve repercutir, também, no valor da indenização por danos materiais, na modalidade de pensão mensal, o que impõe, no presente caso, a sua redução também pela metade. 5 – Agravo regimental parcialmente provido" (*STJ* – AgRg-AG-REsp. 181.235 – (2012/0103970-0), 30-5-2016, Rel. Min. Luis Felipe Salomão).

15.7.1 Culpa Concorrente

Aspecto que interessa na fixação da indenização é a *culpa concorrente*. No Direito Penal, não existe compensação de culpas. Cada agente responde pessoalmente por sua conduta e por sua participação na conduta delituosa. A posição na responsabilidade civil, contratual ou aquiliana, é diversa: constatado que ambos partícipes agiram com culpa, ocorre a compensação.[16] Cuida-se, portanto, de imputação de culpa à vítima, que também concorre para o evento. Assim, se o grau de culpa é idêntico, a responsabilidade se compensa. Por isso, prefere-se denominar concorrência de responsabilidade ou de causas. Pode ocorrer que a intensidade de culpa de um supere a do outro: nesse caso, a indenização deve ser proporcional. Assim, nada impede que

---

[16] "Embargos de declaração. Alegação de obscuridade e contradição. Acolhimento parcial para esclarecer que as compensações (dos valores não transferidos e dos valores já estornados pelo banco) devem ocorrer após a divisão, na proporção de 50% entre as partes – devido à **culpa concorrente** –, da soma dos valores devidos à título de empréstimo com os valores pagos no cartão de crédito. Quanto à contradição, o material cognitivo foi devidamente analisado pelo acórdão. Mera irresignação quanto ao resultado do julgado. Embargos de declaração parcialmente acolhidos, sem efeitos infringentes" (*TJSP* – ED 1009265-59.2023.8.26.0048, 27-6-2025, Rel. José Paulo Camargo Magano).

"Compra e venda – Bem móvel – Veículo – Ação de reparação de danos materiais e morais – Transferência do bem junto ao DETRAN – Arts. 123, § 1º e 134 do CTB – Responsabilidade da vendedora e do comprador – Rateio das despesas referente à apreensão do bem – **Culpa concorrente** – Indenização por danos morais devida – Sentença reformada – Recurso parcialmente provido. I- Concorrendo a ré para a apreensão do veículo, posto que não cumpriu com as obrigações assumidas, relativas à transferência de titularidade do mesmo, por meses, deve arcar com metade dos valores comprovadamente desembolsados pelo autor para a regularização, exceto o valor do licenciamento; II- Considerando-se que o autor concorreu para os acontecimentos narrados nos autos, vez que sabia que o veículo ainda não estava regular, apresentando débitos pretéritos e ausência de transferência, há que se reconhecer a culpa concorrente, de sorte que, reconhecido o dano imaterial, tem ele influência no arbitramento da compensação devida; III- A quantificação da compensação pelo dano moral há que obedecer aos critérios da razoabilidade e proporcionalidade, aqui considerando-se a culpa recíproca, pelo que resta arbitrada em R$ 3.000,00" (*TJSP* – Ap 1015703-36.2023.8.26.0005, 9-5-2024, Rel. Paulo Ayrosa).

"Responsabilidade civil. Acidente de veículos. Ação de reparação de danos. Procedência parcial. Reconhecimento de culpa recíproca. Insurgência de ambas as partes. Colisão de veículos em cruzamento. Sinalização semafórica amarela e intermitente que exigia maior cautela de ambas as partes, não prevalecendo direito de preferência de passagem de qualquer delas. Ausência de cautela pelos dois condutores envolvidos. **Culpa concorrente caracterizada**, cabendo a cada uma das partes arcar com metade do prejuízo reclamado. Sentença mantida. Recursos desprovidos. O croqui reproduzido a fl. 04 dá conta de que o veículo da autora trafegava pela avenida de grande movimento enquanto o corréu provinha da via perpendicular secundária. O cruzamento é sinalizado com semáforo, contudo, na ocasião, a sinalização encontrava-se em amarelo intermitente, indicando necessidade de atenção redobrada de ambos os condutores. Nesse cenário, não prevalecia regra geral de preferência e a única conclusão possível é de que ambos os condutores deixaram de observar regra a cautela necessária à situação, pelo que se mostrou acertado o reconhecimento de concorrência de culpa entre eles" (*TJSP* – Ap 1023256-14.2020.8.26.0564, 15-3-2022, Rel. Kioitsi Chicuta).

"Apelação cível – Responsabilidade civil em acidente de trânsito – Ação de indenização – Danos morais – Culpa concorrente – Prequestionamento – Comprovado o dano, o nexo de causalidade e a culpa do motorista, deve ser reconhecido o dever de indenizar. O dono e o condutor do veículo respondem solidariamente pelos danos causados em acidente de trânsito. Ilegitimidade passiva rejeitada. No caso, os lucros cessantes se confundem com o pensionamento, nos termos da sentença. É devido o pagamento de pensão mensal àqueles que dependiam economicamente da vítima. Pensionamento em prol do filho menor deferido até completar 25 anos. Julgamento ultra petita. Nulidade rejeitada. Adequação aos limites do pedido. Termo final na data em que completar 18 anos. Em relação ao viúvo, a verba é devida até a data em que a vítima completaria 75 anos de idade. Atividade laborativa comprovada. Ganhos mensais arbitrados em 01 salário mínimo. Redução de 1/3 referente às despesas pessoais da vítima. Danos morais *in re ipsa*. *Quantum* mantido. Apelações dos réus parcialmente providas" (*TJRS* – AC 70080804818, 8-5-2019, Rel. Des. Bayard Ney de Freitas Barcellos).

"Agravo interno no agravo em recurso especial – Responsabilidade Civil – Indenização – Valor – **Culpa concorrente da vítima** – 1 – Recurso especial interposto contra acórdão publicado na vigência do Código de Processo Civil de 1973 (Enunciados Administrativos nºs 2 e 3/STJ). 2 – Na hipótese, para a fixação do valor da indenização, o tribunal de origem considerou o grau de culpa da vítima, ao contrário do afirmado pelo agravante. 3 – Agravo interno não provido" (*STJ* – AGInt-AG-REsp 1.024.735 – (2016/0314988-4), 13-8-2018, Rel. Min. Ricardo Villas Bôas Cueva).

um agente responda por 2/3 e outro por 1/3 da indenização em discussão. O Código em vigor traz dispositivo expresso a respeito, consagrando a jurisprudência, no art. 945: "*Se a vítima tiver concorrido culposamente para o evento danoso, a sua indenização será fixada, tendo-se em conta a gravidade de sua culpa em confronto com a do autor do dano*". O texto do projeto de reforma do Código Civil procura equacionar a participação de cada responsável no evento, acrescentando parágrafos no artigo, que não me parecem necessários. Nossos julgados têm resolvido corretamente a hipótese.

O Código de 1916 não previa a concorrência de culpas como forma de alterar o valor da indenização. Foi o longo trabalho jurisprudencial de muitas décadas que resultou no texto do art. 945. Assim, por exemplo, se dois motoristas ingressam, ao mesmo tempo, em velocidade incompatível em um cruzamento, acarretando um embate dos veículos, conclui-se pela culpa de ambos, cada um indenizando a metade dos danos ocasionados ao outro.

15.8 DANO E INDENIZAÇÃO. PERDA DE UMA CHANCE

Dano consiste no prejuízo sofrido pelo agente. Pode ser individual ou coletivo, moral ou material, ou melhor, econômico e não econômico. A noção de dano sempre foi objeto de muita controvérsia. Na noção de dano está sempre presente a noção de prejuízo. Nem sempre a transgressão de uma norma ocasiona dano. Somente haverá possibilidade de indenização, como regra, se o ato ilícito ocasionar dano. Cuida-se, portanto, do dano injusto, aplicação do princípio pelo qual a ninguém é dado prejudicar outrem (*neminem laedere*) (Baptista, 2003:47). Em concepção mais moderna, pode-se entender que a expressão *dano injusto* traduz a mesma noção de *lesão a um interesse*, expressão que se torna mais própria modernamente, tendo em vista o vulto que tomou a responsabilidade civil. Falamos anteriormente que, no dano moral, leva-se em conta a dor psíquica ou, mais propriamente, o desconforto comportamental. Trata-se, em última análise, de interesses que são atingidos injustamente. O dano ou interesse deve ser atual e certo; não sendo indenizáveis, a princípio, danos hipotéticos. Sem dano ou sem interesse violado, patrimonial ou moral, não se corporifica a indenização. A materialização do dano ocorre com a definição do efetivo prejuízo suportado pela vítima.

O prejudicado deve provar que sofreu um dano, sem necessariamente indicar o valor, pois este poderá depender de aspectos a serem provados em liquidação. A avaliação do dano moral modificou substancialmente a doutrina tradicional de avaliação dos danos, como examinaremos. De qualquer forma, como reiterado, o dano é essencial para que ocorra a indenização.

Sob esse aspecto, surge a problemática da *perda da chance*. Temos sempre que examinar, como regra, a certeza do dano. Alguém deixa de prestar exame vestibular, porque o sistema de transportes não funcionou a contento e o sujeito chegou atrasado, não podendo submeter-se à prova: pode ser responsabilizado o transportador pela impossibilidade de o agente cursar a universidade? O advogado deixa de recorrer ou de ingressar com determinada medida judicial: pode ser responsabilizado pela perda de um direito eventual de seu cliente? Essa, em tese, a problemática da perda da chance, cujo maior obstáculo repousa justamente na possibilidade de incerteza do dano. Há forte corrente doutrinária que coloca a perda de uma chance como um terceiro gênero de indenização, ao lado dos lucros cessantes e dos danos emergentes, pois o fenômeno não se amolda nem a um nem a outro segmento (Ghersi, 2000:63). Por isso, a probabilidade de perda de uma oportunidade não pode ser considerada em abstrato.[17]

[17] "Apelação cível. Ação indenizatória. Fornecimento de microgeração. Energia elétrica. Resolução normativa nº 482/2012, ANEEL. Parecer de acesso. Prazo normativo. Inobservância. Falha na prestação do serviço. Danos mate-

riais. Comprovação. Prejuízo. Perda de uma chance. Concreta/real. Cabimento. Compensação. Consumo medido. Devolução. Em dobro. Má-fé. Inexistência. 1. Enquanto vigente a Resolução Normativa nº 482/2012 da Aneel, para a solicitação de fornecimento de microgeração ou minigeração distribuída de energia elétrica, a distribuidora deveria observar os prazos estabelecidos na Seção 3.7 do Módulo 3 do Prodist para emitir parecer de acesso, o que regulariza o projeto e permite a compensação entre a energia gerada e a distribuída. 2. O parecer de acesso é documento formal obrigatório, devendo ser emitido pela distribuidora em 15, 30 ou 60 dias, a depender das circunstâncias, a partir da data de recebimento da solicitação de acesso (Seção 3.7 do Módulo 3 da Prodist). No caso, ante a necessidade de execução de obra de melhoria ou reforço no sistema de distribuição, a operadora tinha o prazo de 30 dias para emissão do parecer. 3. A demora injustificada de mais de 7 meses para aprovação do projeto de fornecimento de microgeração de energia elétrica – afinal regularizado sem a necessidade de qualquer modificação – em flagrante violação ao normativo até então vigente (Resolução nº 482/2012, Aneel, art. 4, § 5º; Módulo 3 do Prodist), constitui falha na prestação do serviço. 4. O dever de reparar danos exige a comprovação efetiva do prejuízo (CC, arts. 402 e 403. Precedentes. 5. Não é viável a condenação pela reparação da energia elétrica que o autor alega ter produzido se não há qualquer prova nesse sentido, relacionada ao período da falha na prestação do serviço até a efetiva regularização (CPC, art. 373, I). 6. Admite-se a aplicação da teoria da perda de uma chance aos casos de defeitos na prestação dos serviços, desde que se comprove que a chance era séria e que havia real possibilidade de obtenção do resultado favorável, frustrada em decorrência da ação/omissão da distribuidora de energia. 7. A teoria conhecida como perda de uma chance tem origem francesa e foi instituída para casos em que a demonstração do nexo de causalidade entre a conduta (ação/omissão) e o dano final é de difícil ou de impossível demonstração pela vítima, não sendo a única doutrina jurídica que procurou amenizar o rigor do sistema clássico do Direito Civil, conhecido como tudo ou nada, em que ou se prova o nexo causal ou não há hipótese de se atribuir o dever de indenizar. A teoria da perda de uma chance é uma via de mitigação da rigidez do conceito de prova diabólica e de outros standards estabelecidos nos sistemas jurídicos em geral. 8. Ainda que inexista a comprovação da energia gerada pelo sistema de placas fotovoltaicas instaladas na unidade consumidora do autor/apelado, resta claro que a conduta da operadora retirou sua chance/possibilidade real de obter a compensação integral da energia elétrica eventualmente produzida, consumida em sua residência, sendo cabível indenização pela perda da chance equivalente aos valores pagos pelo consumo, desde a falha na prestação do serviço até a regularização da compensação. 9. Não é cabível a devolução/pagamento em dobro, que exige a comprovação da cobrança indevida, do efetivo pagamento e da má-fé do credor, inexistente neste caso. 10. Recurso conhecido e parcialmente provido" (*TJDFT* – Ap 07033073420238070004, 18-6-2024, Rel. Diaulas Costa Ribeiro).

"Apelações cíveis – Ação de indenização por dano moral – Responsabilidade civil – **Teoria da perda de uma chance** – Óbito, em decorrência de broncopneumonia, de paciente internada na rede municipal de saúde, em estado grave, acometida de diabetes e Esclerose Lateral Amiotrófica – ELA, sem receber tratamento que poderia ter-lhe proporcionado sobrevida. Preliminar de. Ilegitimidade passiva afastada. Pertinência subjetiva da ré com o objeto da demanda. Mérito. Ação ajuizada pelo marido da falecida, visando receber indenização por danos morais. Sentença de procedência parcial do pedido, com arbitramento do dano moral em R$ 20.000,00. Hipótese na qual a paciente necessitava de aparelho de ventilação artificial, não fornecido pelo réu, e foi internada três vezes no Pronto Socorro Municipal, sem o devido atendimento. Laudo elaborado por médico legista atestando que, se tivessem sido ministrados à paciente, desde a sua primeira internação, medicação antibiótica intravenosa e outros tratamentos de suporte, seu quadro clínico poderia não ter se agravado. Aplicação da teoria da perda de uma chance, porque a paciente, embora acometida de doença gravíssima, poderia ter sobrevida, caso fosse devidamente atendida. Responsabilidade subjetiva do Município, decorrente de falha no serviço, não prestado a contento. Acervo probatório suficiente para comprovar o dano e o nexo de causalidade. Dano moral arbitrado na sentença em valor insuficiente. Em face das circunstâncias fáticas, cabível a majoração para R$ 40.000,00, quantia correspondente à perda da chance que a paciente teria de sobrevida. Na responsabilidade civil pela perda de uma chance, o valor da indenização não pode equivaler ao prejuízo final (no caso, o evento morte), mas deve ser obtido mediante valoração da chance perdida, como bem jurídico autônomo. Consectários legais – O termo inicial da correção monetária é a data do arbitramento da indenização (Súmula nº 362 do STJ). Tratando-se de responsabilidade extracontratual, os juros de mora incidem a partir do evento danoso (Súmula 54 do STJ). Os juros de mora devem observar os índices de remuneração da caderneta de poupança, nos termos do art. 1º-F da Lei 9.494/97, com a redação dada pela Lei nº 11.960/09, e a correção monetária será calculada de acordo com o decidido pelo Supremo Tribunal Federal nos autos do RE nº 870.947/SE, quando definitivamente julgado o Tema nº 810. Sentença reformada em parte, para majorar o valor da indenização por dano moral. Recurso do autor parcialmente provido e recurso da ré não provido" (*TJSP* – AC -1001690-60.2018.8.26.0602, 5-4-2019, Rel. Djalma Lofrano Filho).

"Apelação cível – Ação Indenizatória – **Teoria da perda de uma chance** – Pretendida a responsabilização do advogado demandado pelo insucesso de ação executiva de créditos trabalhistas. Sentença de procedência. Recurso do requerido. Pretendida a reforma da sentença ao argumento de não estarem preenchidos os pressupostos de caracterização da responsabilidade civil. Alegada inexistência de comprovação da conduta ilícita atribuída pelo demandante. Subsistência. Conjunto probatório insuficiente a evidenciar a alegada negligência do causídico requerido no curso da demanda trabalhista. Ônus probatório que incumbia ao requerente. Exegese do artigo 373,

Veja, como exemplo elucidativo de perda de chance, o fato ocorrido nas Olimpíadas de 2004, quando atleta brasileiro que liderava a prova da maratona foi obstado por um tresloucado espectador, que o empurrou, o retirou do curso e lhe suprimiu a concentração. Discutiu-se se nosso compatriota deveria receber a medalha de ouro, pois conseguiu a de bronze, tendo chegado em terceiro lugar na importante competição. Embora tivesse ele elevada probabilidade de ser o primeiro, nada poderia assegurar que, sem o incidente, seria ele o vencedor. Caso típico de perda de chance, chance de obter o primeiro lugar, mas sem garantia de obtê-lo. Um prêmio ou uma indenização, nesse caso, nunca poderia ser o equivalente ao primeiro lugar na prova, mas sim em razão da perda dessa chance. Tanto assim é que os organizadores da competição lhe acenaram com um prêmio alternativo, destinado a esportistas que se destacaram por feitos extraordinários, mas não lhe outorgaram a medalha de ouro.

Caio Mário da Silva Pereira (1999:45) observa:

> *"É claro, então, que, se a ação se fundar em mero dano hipotético, não cabe reparação. Mas esta será devida se se considerar, dentro na ideia de perda de uma oportunidade (perte d'une chance) e puder situar-se na certeza do dano".*

Quando vem à baila o conceito de chance, estamos em face de situações nas quais há um processo que propicia uma oportunidade de ganhos a uma pessoa no futuro. Na perda da chance ocorre a frustração na percepção desses ganhos. A indenização deverá fazer uma projeção dessas perdas, desde o momento do ato ou fato jurídico que lhe deu causa até um determinado tempo final, que pode ser uma certa idade para a vítima, um certo fato ou a data da morte. Nessas hipóteses, a perda da oportunidade constitui efetiva perda patrimonial e não mera expectativa. O grau de probabilidade é que fará concluir pelo montante da indenização (Noronha, 2003:666). Assim, por exemplo, como em caso concreto que julgamos, há efetiva perda de chance para engenheiro jovem que, vitimado por atropelamento, torna-se tetraplégico: evidente que no seu mercado de trabalho nunca obteria o mesmo salário de um engenheiro sadio. A matéria, oriunda de estudos na França, discutida largamente na Europa, ainda é nova no nosso país, mas os tribunais já estão a sufragá-la.

---

inciso I, do Código de Processo Civil. Ato ilícito não demonstrado. Responsabilidade civil não caracterizada. Dever de indenização inexistente. Inteligência dos artigos 186 e 927, ambos do Código Civil. Sentença reformada. Inversão do ônus sucumbencial. Condenação do autor ao pagamento das custas processuais e honorários advocatícios. Recurso conhecido e provido" (*TJSC* – AC 0302181-53.2015.8.24.0058, 22-5-2018, Relª Desª Denise Volpato).

"Recurso Especial – Civil e processual civil – Ação de indenização – Inexistência de violação aos arts. 165, 458, II, e 535 do CPC/73 – **Pretensão de aplicação da teoria da perda de uma chance** – Violação aos arts. 159 e 1.521, III, do CC/16 não configurada – Promovente que não demonstrou, minimamente, o suposto prejuízo decorrente da perda da chance. Impossibilidade de reconhecimento da responsabilidade civil. Dissídio jurisprudencial não comprovado. Recurso especial a que se nega provimento" (*STJ* – REsp 1.039.690 – (2008/0053789-6), 20-4-2017, Rel. Min. Raul Araújo).

"Agravo de instrumento – Ação indenizatória – Prestação de serviços advocatícios – Alegação de falha na qualidade dos serviços prestados pelo advogado réu – Ausência de prejudicialidade, no caso concreto, com a ação inicialmente patrocinada pelo réu, que ainda não terminou – Alegação de **perda de uma chance** que, neste caso, independe do resultado da outra demanda, pois fundada em fatos já marcados no tempo – Recurso provido" (*TJSP* – AI 2210107-66.2015.8.26.0000, 29-3-2016, Rel. Hugo Crepaldi).

"**Apelação** – danos morais – Contrato de autorização de uso de imagem – Prazo contratual descumprido – Violação a direito personalíssimo – Súmula 103 do STJ – *Quantum* estabelecido em consonância com o entendimento desta C. Câmara. **Perda de uma chance** – Necessidade de comprovação de que o ato ilícito causou a perda de potencial oportunidade. Plausibilidade não demonstrada. Honorários advocatícios – reconhecimento da sucumbência recíproca – *astreintes*. Valores ínfimos que comportam majoração em virtude das condições econômicas dos corréus. Recursos parcialmente providos" (*TJSP* – Ap 1009947-70.2014.8.26.0002, 6-2-2015, Relª Rosangela Telles).

> *"A perda de uma chance séria e real é hoje considerada uma lesão a uma legítima expectativa suscetível de ser indenizada da mesma forma que a lesão a outras espécies de bens ou qualquer outro direito subjetivo tutelado pelo ordenamento"* (Savi 2006:101). A esse tema ainda retornaremos neste volume (Cap. 24).

O texto do projeto de reforma do Código Civil, ao cuidar da perda da chance, prefere colocar que a perda da chance deve ser "séria e real" (art. 944-B, § 1º). Inútil, pois sabemos na doutrina que assim deve ser. Muitos textos do projeto procuram consolidar jurisprudência em texto legal. Não concordamos com essa linha, mas não é aqui local para maiores considerações.

Na ação de indenização decorrente de ato ilícito, o autor busca a reparação de um prejuízo e não a obtenção de uma vantagem. A quantificação do dano é dificuldade à parte no campo da responsabilidade civil, tanto no campo contratual como no extracontratual. Quando o dano decorre de um inadimplemento contratual, o próprio contrato balizará o ressarcimento. Os contratantes poderão, ademais, ter prefixado os danos em uma cláusula penal. Em sede de responsabilidade aquiliana, porém, a perda ou o prejuízo deverão ser avaliados no caso concreto. Nesse sentido se coloca o art. 946 do Código:

> *"Se a obrigação for indeterminada, e não houver na lei ou no contrato disposição fixando a indenização devida pelo inadimplente, apurar-se-á o valor das perdas e danos na forma que a lei processual determinar".*

Para que a ação não se converta em instrumento de enriquecimento injusto para a vítima, os limites da indenização estão estabelecidos no art. 402:

> *"Salvo as exceções previstas em lei as perdas e danos devidas ao credor abrangem, além do que ele efetivamente perdeu, o que razoavelmente deixou de lucrar".*

O dispositivo estabelece os limites dos *danos emergentes* e *dos lucros cessantes*. Quando a expressão do dano é exclusivamente moral, a discricionariedade do juiz, já ampla na responsabilidade aquiliana, avoluma-se consideravelmente. A jurisprudência fica, portanto, encarregada de estabelecer parâmetros para indenização, uma vez que é impossível ao legislador regular todas as hipóteses. Até a Constituição de 1988, na falta de texto expresso, muito se discutiu sobre a indenização de danos exclusivamente morais, hoje largamente disseminada.

O *dano patrimonial*, portanto, é aquele suscetível de avaliação pecuniária, podendo ser reparado por reposição em dinheiro, denominador comum da indenização.

O *dano emergente*, aquele que mais se realça à primeira vista, o chamado dano positivo, traduz uma diminuição de patrimônio, uma perda por parte da vítima: *aquilo que efetivamente perdeu*. Geralmente, na prática, é o dano mais facilmente avaliável, porque depende exclusivamente de dados concretos. Em um abalroamento de veículo, por exemplo, o valor do dano emergente é o custo para repor a coisa no estado anterior. Será o valor do veículo, se a perda for total.

O *lucro cessante* traduz-se na dicção legal, o que a vítima *razoavelmente* deixou de lucrar. Trata-se de uma projeção contábil nem sempre muito fácil de ser avaliada. Nessa hipótese, deve ser considerado o que a vítima teria recebido se não tivesse ocorrido o dano. O termo *razoavelmente* posto na lei lembra, mais uma vez, que a indenização não pode converter-se em um instrumento de lucro. Assim, no exemplo do veículo sinistrado, temos que calcular quanto seu proprietário deixou de receber com os dias em que não pôde utilizá-lo. Se o automóvel pertencia a um taxista, evidente que o lucro cessante será calculado de forma diversa do que para o proprietário de um veículo utilizado exclusivamente para lazer. Em ambas as hipóteses, porém, haverá prejuízo nesse nível a ser indenizado. O detentor de automóvel particular, por exemplo, pode ter sido obrigado a alugar um veículo no período para manter suas atividades habituais. Nem sempre, portanto, o termo *lucro* dará a noção correta dessa modalidade de reparação. Por vezes, o lucro esperável traduz-se também como prejuízo, mas, se for projetável para o futuro, será abrangido pela expressão da lei. Nesse sentido, a indenização por causa de morte é indenizada na jurisprudência com base nos ganhos do falecido e com a parcela que ordinariamente concorria para o sustento do lar. Nesses aspectos, tem aplicação o que expusemos acerca da perda de chance.

Quando o juiz decide matéria de responsabilidade civil, a tarefa mais árdua não é convencer-se da culpa, mas conferir à vítima a indenização mais adequada. Em indenizações complexas, a liquidação dos danos é, portanto, a questão mais sensível. A avaliação não pode partir de premissas abstratas. Demonstrando sua experiência de magistrado, comenta Sérgio Cavalieri Filho (2000:73):

> *"Não é fácil, como se vê, estabelecer até onde o fato danoso projeta sua repercussão negativa no patrimônio da vítima. Nessa tarefa penosa deve o juiz valer-se de um juízo de razoabilidade, de um juízo causal hipotético, que, segundo Larenz, seria o desenvolvimento normal dos acontecimentos, caso não tivesse ocorrido o fato ilícito gerador da responsabilidade civil. Deve o juiz mentalmente eliminar o ato ilícito e indagar se aquilo que está sendo pleiteado a título de lucro cessante seria a consequência do normal desenrolar dos fatos; se aquele lucro poderia ser razoavelmente esperado, caso não tivesse ocorrido o ato ilícito".*

Trata-se, em síntese, de aplicar a teoria da causalidade adequada, que é muito criticada na doutrina. O critério do lucro cessante deve lastrear-se em uma probabilidade objetiva. Nesse sentido, o art. 403 é expresso ao estabelecer que as perdas e danos só incluem os prejuízos efetivos e os lucros cessantes *por efeito direto e imediato.*

A doutrina mais recente menciona também a questão do *dano reflexo* ou *dano em ricochete.* Trata-se da situação de dano reflexo que sofre uma pessoa por um dano causado a outra. A questão é saber se o último prejudicado pode acionar diretamente o causador do dano.[18]

---

[18] "Direito civil e processual civil. Apelação cível. Ação indenizatória. **Dano moral por ricochete**. Morte de ente (filho e irmão) da parte autora. Relação de afeição entre eles (irmãos e genitora) Presunção de dor psíquica ('in re ipsa'). Reconhecimento do vínculo afetivo. Indenização fixada. Recurso provido em parte. I. Caso em exame 1. Ação indenizatória ajuizada pelos autores (genitora e irmãos) em face das rés (condutora e proprietária do veículo), pleiteando indenização por dano moral decorrente do falecimento da vítima. Sentença pela qual foi julgada improcedentes os pedidos, sob o fundamento de ausência de comprovação de vínculo afetivo excepcional entre os autores e a vítima. Apelação interposta pelos autores que busca a respectiva reforma. II. Questão em discussão 2. Há duas questões em discussão: (i) determinar se há legitimidade ativa dos autores para pleitear indenização por dano moral reflexo (ou em ricochete) decorrente do falecimento de parente próximo; (ii) verificar se há nos autos elementos suficientes para caracterização do vínculo afetivo e, consequentemente, do abalo psíquico indenizável. III. Razões de decidir 3. O dano moral por ricochete configura-se quando terceiros, ligados à vítima direta por laços afetivos ou familiares, experimentam dor ou abalo psíquico decorrente do evento danoso, sendo o direito à indenização por lesão própria, não derivado. 4. A jurisprudência reconhece a presunção de sofrimento psíquico em casos de morte de parentes próximos, como genitores e irmãos, dispensando a demonstração de convivência física cotidiana, desde que presente a verossimilhança do vínculo afetivo. 5. Os depoimentos dos irmãos demonstram relação contínua, ainda que à distância, marcada por visitas, contato virtual frequente e preocupação mútua, caracterizando laço afetivo legítimo. A ausência de convivência diária não afasta a legitimidade da dor vivenciada. 6. A não oitiva da genitora, embora relevante, não elide a presunção de sofrimento decorrente do vínculo materno-filial, cuja legitimidade é reconhecida pela doutrina e jurisprudência como presuntiva. 7. Reconhecida a legitimidade ativa e comprovado o vínculo afetivo entre os autores e a vítima, impõe-se o reconhecimento do dano moral por ricochete, sendo devida

a indenização, que deve observar os critérios da razoabilidade, proporcionalidade e função reparatória. IV. Dispositivo e tese 8. Recurso de apelação cível provido em parte para fixar indenização por danos morais em R$ 40.000 em prol da mãe e R$ 20.000 para cada um dos dois irmãos. Tese de julgamento: '1. O dano moral por ricochete é indenizável quando demonstrado o vínculo afetivo entre os autores e a vítima direta do evento danoso, sendo presumido o sofrimento psíquico em casos de parentesco próximo, como entre mãe e filhos ou entre irmãos. 2. A ausência de convivência física diária não afasta, por si só, a existência de laço afetivo apto a justificar o dano moral reflexo, devendo ser considerada a realidade social e a manifestação afetiva contemporânea. 3. A indenização por dano moral em ricochete possui natureza autônoma, fundada em direito próprio do familiar lesado, cuja prova pode se dar por meio de depoimentos e verossimilhança dos relatos'. Dispositivos relevantes citados: CF: art. 1º, III; CC, arts. 186 e 927; CPC, art. 85, § 11; Súmulas STJ nº 54 e 362" (*TJSP* – Ap 1001307-47.2020.8.26.0300, 6-8-2025, Rel. Adilson de Araujo).

"Responsabilidade civil. Erro de diagnóstico. Paciente, falecida, acometida por neoplasia maligna do esôfago, que não recebeu diagnóstico correto nos atendimentos médicos prestados pela ré. Erro de diagnóstico que causou agravamento do quadro oncológico. Laudo pericial que confirmou a inadequação da prática médica. Conquanto a patologia sofrida pela paciente fosse grave, retirou-se a chance de sobrevida e evolução bem-sucedida, com afastamento dos nefastos sintomas por ela sofridos durante o tratamento inadequado prestado pela ré. Aplicação ao caso da teoria da perda de uma chance. Reparação concedida não pela morte ocorrida, decorrente do quadro oncológico, mas sim pela falta de cuidado no diagnóstico, o que justifica a redução da indenização por danos morais de R$ 150.000,00 para R$ 75.000,00 a cada uma das autoras – filha e mãe da paciente falecida. **Dano moral indireto, reflexo ou em ricochete**. Admissão na doutrina e na jurisprudência. Erro de diagnóstico que determina o pagamento pela ré de reparação por danos morais em ricochete. Redução determinada do valor da pensão devida à coautora, filha da paciente falecida. Sentença parcialmente modificada para reduzir o valor das reparações por danos morais e materiais. Recurso da ré parcialmente provido" (*TJSP* – Ap 1001323-18.2017.8.26.0296, 21-8-2024, Rel. Alexandre Marcondes).

"Acidente de veículo – Responsabilidade civil – Ação movida contra a tomadora de serviços de transporte e contra a empresa de engenharia responsável pela obra na rodovia – Ação indenizatória julgada procedente em parte para condenar solidariamente as requeridas ao pagamento de indenização por dano moral no valor de R$ 50.000,00 para cada autora – Recurso da parte autora e das requeridas – Ilegitimidade ativa – Inocorrência – Autoras que eram irmãs da vítima – Presunção dos laços familiares e afetivos – Ilegitimidade passiva da tomadora de serviços se transporte não verificada – Terceirização de serviço que integra parte da sua cadeia de distribuição e produção – Atividade que beneficia a tomadora de serviços – Culpa *in eligendo* – Responsabilidade das requeridas bem reconhecida – Acidente que ocorreu por uma confluência de causas e fatores, inclusive pela falta de sinalização na via e pelo excesso de velocidade empregado pelos motoristas dos veículos envolvidos – Incidência de **dano moral por ricochete** – Quantum indenizatório adequadamente fixado em R$ 50.000,00 – Correção monetária que incide desde o arbitramento e juros de mora no percentual de 1% ao mês desde o evento danoso – Incidência das Súmulas 362 e 54 do C. STJ – Ônus da sucumbência fixado de forma adequada – Sentença mantida – Verba honorária majorada – Recursos não providos" (*TJSP* – Ap 0000997-54.2015.8.26.0067, 17-7-2023, Rel. José Augusto Genofre Martins).

"Responsabilidade civil – **Danos morais reflexos** – Agressão súbita que culminou em queda violenta e morte do filho dos autores – Agressão que foi causa preponderante para o evento morte – Dano moral in re ipsa – Indenização devida pelo réu aos pais da vítima – Verba indenizatória fixada em montante razoável e proporcional ao grau de culpa e as condições econômicas do agente – Montante arbitrado na sentença mantido – Ação procedente – Sentença mantida – Apelação e recurso adesivo improvidos" (*TJSP* – Ap 1017482-56.2015.8.26.0506, 8-6-2022, Rel. Luiz Antonio de Godoy).

"Civil e processual civil – **Dano moral indireto, reflexo ou por ricochete** – Autoras que pleiteiam dano moral em decorrência da morte do irmão falecido – Possibilidade, desde que comprovado o estreito vínculo afetivo – Dano moral que não necessita de dependência econômica para a sua configuração – Dano que não advém tão somente da relação de parentesco, sendo necessária a comprovação do vínculo afetivo próximo entre os parentes – Vínculo não comprovado – Sentença mantida – Recurso improvido" (*TJSP* – Ap 0208562-96.2009.8.26.0002, 4-2-2019, Rel. Luiz Antonio Costa).

"Recurso Especial – Civil e processual civil – Ação de indenização por dano moral puro – Divulgação de notícia em programa de televisão – Matéria jornalística de cunho ofensivo à vítima direta – **Dano Moral Reflexo** – Possibilidade – Recurso especial improvido – 1 – Conquanto a legitimidade para pleitear a reparação por danos morais seja, em princípio, do próprio ofendido, titular do bem jurídico tutelado diretamente atingido (CC/2002, art. 12; CC/1916, arts. 75 e 76), tanto a doutrina como a jurisprudência têm admitido, em certas situações, como colegitimadas também aquelas pessoas que, sendo muito próximas afetivamente ao ofendido, se sintam atingidas pelo evento danoso, reconhecendo-se, em tais casos, o chamado dano moral reflexo ou em ricochete. 2 – O dano moral indireto ou reflexo é aquele que, tendo-se originado de um ato lesivo ao direito personalíssimo de determinada pessoa (dano direto), não se esgota na ofensa à própria vítima direta, atingindo, de forma mediata, direito personalíssimo de terceiro, em razão de seu vínculo afetivo estreito com aquele diretamente atingido. 3 – Mesmo em se tratando de dano moral puro,

O problema surge, por exemplo, na perda da capacidade de trabalho ou morte de uma pessoa que reflete em prejuízo para seus dependentes diretos e indiretos. Os tribunais franceses, nessa situação, exigem um liame de direito direto entre a vítima inicial e a vítima por ricochete (Viney e Jourdain, 1998:139). A dificuldade é saber até que ponto é possível reclamar pelo reflexo de um dano. Até que grau de parentesco pode ser admitida essa responsabilidade? Ao que parece, a jurisprudência brasileira ainda não deu resposta clara a essa questão. Importa sempre, no caso concreto, verificar o nexo de causalidade. O ofensor deve reparar todo dano que causou segundo o nexo de causalidade. Em princípio, os danos causados reflexamente não devem ser indenizados. A única exceção aberta pela lei é a indenização decorrente de morte, admitindo-se que seja pleiteada por aqueles que viviam sob sua dependência econômica (art. 948, II). Caio Mário da Silva Pereira (1999:44) conclui:

> *"Em linhas gerais, pode-se concluir que é reparável o dano reflexo ou em ricochete, dês que seja certa a repercussão do dano principal, por atingir a pessoa que lhe sofra a repercussão, e esta seja devidamente comprovada".*

O avanço tecnológico, a chamada era tecnológica, não bastasse a teoria do risco, traz continuamente série enorme de novas questões para a responsabilidade civil e apuração de danos. Os chamados interesses difusos e os danos coletivos são campo importante que fica a meio caminho entre o direito público e o direito privado. O campo da informática, vasto e dinâmico, está a cada momento a aguçar o interesse dos juristas, trazendo novos problemas à responsabilidade, criando outra especialização no estudo jurídico. No campo do dano coletivo, a poluição ambiental, os danos ecológicos, a biotecnologia, os danos provocados pela energia atômica ocupam hoje compartimentos autônomos na responsabilidade civil, assim como o vasto campo dos danos contra o consumidor, todos regulados por legislação própria.

O desenvolvimento da energia atômica trouxe no século XX muitos e graves problemas que se refletiram em danos reais ou latentes. A dimensão dos acidentes nucleares atinge nível gravíssimo. O dano genético proveniente da herança tóxica pesa sobre muitos seres humanos que morreram e morrerão de câncer no futuro. As questões decorrentes dessa responsabilidade e dessa categoria de danos entrelaçam-se diretamente com a proteção ambiental. A Lei nº 6.453/77 dispõe sobre a responsabilidade civil por danos nucleares e a responsabilidade criminal correlata.

Ecologia é o estudo das relações entre os seres vivos e seu ambiente. A responsabilidade pelo meio ambiente, expressão pleonástica, mas consagrada, é de toda a sociedade. O objetivo na responsabilidade civil ecológica, o combate à poluição, a preservação das riquezas naturais, fauna e flora, não é obter indenização de uma pessoa em relação ao patrimônio de outra, mas a preservação da Natureza para o presente e para as futuras gerações. A postura da legislação e, consequentemente, do juiz nesse campo é voltada sempre para o interesse coletivo e nunca para o interesse individual. Para esse desiderato, há necessidade de uma política legislativa do meio ambiente que vem desenhando-se em nível internacional e nacional nas últimas décadas. A questão é muito ampla, transcende fronteiras políticas, e, como vemos, afeta a própria sobrevivência da Humanidade. A Lei nº 7.347/85 disciplina a ação civil pública de responsabilidade

---

sem nenhum reflexo de natureza patrimonial, é possível reconhecer que, no núcleo familiar formado por pai, mãe e filhos, o sentimento de unidade que permeia tais relações faz presumir que a agressão moral perpetrada diretamente contra um deles repercutirá intimamente nos demais, atingindo-os em sua própria esfera íntima ao provocar-lhes dor e angústia decorrentes da exposição negativa, humilhante e vexatória imposta, direta ou indiretamente, a todos. 4 – Recurso especial improvido" (*STJ* – REsp 1.119.632 – (2009/0112248-6), 12-9-2017, Rel. Min. Raul Araújo).

por danos causados ao meio ambiente, ao consumidor, a bens e direitos de valor artístico, estético, histórico, turístico e paisagístico.[19]

As redes internacionais e a dependência tecnológica absoluta da informática levam ao grande campo da ciência informática e, como tal, há necessidade de uma política sistematizadora e repressora de atos ilícitos por via do computador. Como percebemos, os grandes temas de responsabilidade coletiva transcendem as fronteiras e já não podem ficar dependentes unicamente da legislação autóctone.

Esses novos setores legislativos fazem surgir, na verdade, microssistemas jurídicos, com princípios próprios. Qualquer política legislativa e jurídica adotada, contudo, "*somente será válida, e valiosa, na medida em que tenha o Homem por núcleo e pivô; em que o sirva e seja útil para sua realização*" (Gutiérrez, 1989:253).

15.8.1 Dano Moral ou Extrapatrimonial

A reparação de danos morais, embora admitida pela doutrina majoritária anteriormente à Constituição de 1988 (art. 5º, X), ganhou enorme dimensão entre nós somente após o preceito constitucional. Com a Lei Maior expressa, superou-se a renitência empedernida de grande massa da jurisprudência, que rejeitava a reparação de danos exclusivamente morais. O fato é que em nosso ordenamento de 1916, o art. 159, astro-rei de nossa responsabilidade civil, nunca restringiu a indenização aos danos exclusivamente materiais.

Dano moral ou extrapatrimonial é o prejuízo que afeta o ânimo psíquico, moral e intelectual da vítima. Sua atuação é dentro dos direitos da personalidade. Nesse campo, o prejuízo transita pelo imponderável, daí por que aumentam as dificuldades de se estabelecer a justa recompensa pelo dano. Em muitas situações, cuida-se de indenizar o inefável. Não é também qualquer dissabor comezinho da vida que pode acarretar a indenização. Aqui, também é importante o critério objetivo do homem médio, o *bonus pater familias*: não se levará em conta o psiquismo do homem excessivamente sensível, que se aborrece com fatos diuturnos da vida, nem o homem de pouca ou nenhuma sensibilidade, capaz de resistir sempre às rudezas do destino. Nesse campo, não há fórmulas seguras para auxiliar o juiz ou árbitro. Cabe ao julgador sentir em cada caso o pulsar da sociedade que o cerca. O sofrimento como contraposição reflexa da alegria é uma constante do comportamento humano universal.

---

[19] "**Responsabilidade civil – Dano ambiental** – Mortandade de peixes ocorrida na Usina Hidrelétrica Engenheiro Souza Dias. Autora que é pescadora profissional e persegue a reparação de danos morais e materiais. Demonstração de que o dano foi constatado em 2009, ano em que se opera o termo inicial do prazo prescricional. Ação que foi proposta somente em 2018. Prescrição configurada. Inteligência do artigo 206, § 3º, do Código Civil. Autora que não comprovou que teve ciência do dano somente em 2016. Sentença que julgou os pedidos improcedentes. Manutenção. Recurso não provido" (*TJSP* – AC 1000072-21.2019.8.26.0481, 12-8-2019, Rel. Paulo Galizia).

"**Crime ambiental** – Supressão de mata secundária nativa e de árvores em área de preservação permanente – Comprovação por laudo – Autoria do réu confirmada pela prova oral colhida em juízo – Condenação mantida. Crime ambiental – Instalação de bomba d'água e reforma de açude sem licença ambiental – Art. 60 da Lei nº 9.605/98 – Falta de comprovação de poluição ambiental – Ausência de materialidade – Absolvição. Pena – Fixada no mínimo legal, em regime mais brando e substituída – Com o afastamento da condenação por um dos crimes, ajuste da substituição para apenas uma restritiva de direitos – Provimento parcial" (*TJSP* – Ap 0007929-75.2011.8.26.0624, 15-6-2018, Lauro Mens de Mello).

"Agravo de instrumento – Indenização por danos materiais – **Crime ambiental** supostamente praticado pelas rés. Incêndio que ocasionou a morte de peixes da região onde o autor exerce atividade de pesca. Antecipação dos efeitos da tutela. Não cabimento. Ausência dos requisitos que autorizam a concessão da liminar. Decisão mantida. Recurso improvido" (*TJSP* – AI 2250584-34.2015.8.26, 5-2-2016, Rel. Neves Amorim).

O protesto indevido de um cheque ou outro título de crédito, por exemplo, causará sensível dor moral a quem nunca sofreu essa experiência, mas será particularmente indiferente ao devedor contumaz. A dor psíquica, o vitupério da alma, o achincalhe social, tudo em torno dos direitos da personalidade, terão pesos e valores diversos, dependendo do tempo e do local em que os danos foram produzidos. Wilson Melo da Silva (1969:249) lembra que o dano moral é a dor, *"tomado o vocábulo em sua lata expressão. E a Fisiologia e a Psicologia não estabelecem diferenciações para ela, salvo no tocante às suas causas"*. O dano moral abrange também e principalmente os direitos da personalidade em geral, direito à imagem, ao nome, à privacidade, ao próprio corpo etc. Por essas premissas, não há que se identificar o dano moral exclusivamente com a dor física ou psíquica. Será moral o dano que ocasiona um distúrbio anormal na vida do indivíduo; uma inconveniência de comportamento ou, como definimos, um desconforto comportamental a ser examinado em cada caso. Ao se analisar o dano moral, o juiz se volta para a sintomatologia do sofrimento, a qual, se não pode ser valorada por terceiro, deve, no caso, ser quantificada economicamente.[20]

---

[20] "Ação de obrigação de fazer cumulada com pedidos de **indenização por danos materiais e morais** – Gestão de meios de pagamento – Sentença de improcedência – Irresignação da autora – preliminares – Preliminar de nulidade da sentença por falta de fundamentação – Não acolhimento – Sentença que se encontra adequadamente fundamentada, permitindo a compreensão da motivação e das razões de decidir adotadas pelo juízo *a quo* – inclusive, possibilitando à parte recorrer do *decisum* e expor as razões de seu inconformismo – Fundamentação sucinta, objetiva, não se confunde com a ausência de fundamentação, despida de qualquer motivação, não sendo este o caso dos autos – mérito – Recebíveis relativos a transações realizadas com cartões de crédito, através do sistema administrado pela ré Cielo, para conta a que a autora não possui acesso (conta de número "0") – Inaplicabilidade do Código de Defesa do Consumidor – Serviço que é utilizado como insumo na atividade econômica desenvolvida pela requerente – Retenção caracterizada – Ré que não logrou apontar qualquer justificativa para a retenção, amparada nos termos do contrato ou em conduta imputável à autora – Cabimento dos pedidos de condenação da ré na obrigação de abster-se de realizar novas retenções injustificadas nos recebíveis da autora, mediante repasse à denominada conta "0"; e de condenação da ré ao pagamento do montante de R$ 24.528,69, indevidamente retido – Repetição do indébito, todavia, que deve ocorrer na forma simples, pois não verificada má-fé da ré – Danos morais configurados, dadas as especiais circunstâncias do presente caso – A ausência de repasse de cerca de 50% das vendas à autora, sem justificativa da ré, influiu negativamente no pequeno negócio da autora (delivery de pizzas) e sua renda, prejudicando inclusive o pagamento de despesas ordinárias e de fornecedores – Circunstâncias que desbordam de mero inadimplemento contratual – Indenização arbitrada no valor de R$ 6.000,00 – Sentença parcialmente reformada – Recurso parcialmente provido" (*TJSP* – Ap 1008197-88.2021.8.26.0066, 29-9-2022, Rel. Marco Fábio Morsello).

"**Dano Moral** – Bloqueio de linha telefônica sob alegação de suspeita de fraude – Comunicação à consumidora e pronta solução – Inexistência – Serviço defeituoso – Transtornos sofridos pela consumidora que não se amoldam ao mero aborrecimento quotidiano – Indenização – Cabimento: – Constatado o defeito na prestação do serviço de telefonia, ante o bloqueio de linha telefônica, sob alegação de suspeita de fraude, sem comunicação à consumidora e pronta solução por parte da fornecedora, os transtornos sofridos não se amoldam ao mero aborrecimento quotidiano, comportando a fixação de indenização por abalo moral. Dano moral – Fixação que deve servir como repreensão do ato ilícito e reparação ao lesado – Enriquecimento sem causa do ofendido ou valor insuficiente à reparação do dano – Impossibilidade: – A fixação de indenização por danos morais deve servir como repreensão do ato ilícito e reparação ao lesado, sem gerar o enriquecimento sem causa do ofendido. Recurso parcialmente provido" (*TJSP* – AC 1011234-86.2015.8.26.0114, 14-6-2019, Rel. Nelson Jorge Júnior).

"Apelação – Ação de indenização por danos materiais – Pleito ajuizado por concessionária de serviço público, sob o fundamento de que os réus provocaram acidente aéreo, consubstanciado em colisão com cabo de linha de transmissão. Réus que apresentaram reconvenção, sob o fundamento de que o acidente ocorreu por culpa exclusiva da concessionária de serviço público, a qual não efetuou a devida e necessária sinalização do local. Pedido de indenização por **danos morais e materiais**. Lide que versa sobre hipótese de responsabilidade civil extracontratual de empresa concessionária de serviço público. Competência da Seção de Direito Público, nos termos do artigo 3º, I.7 da Resolução nº 623/2013, com redação dada pela Resolução nº 648/2014. Recurso não conhecido, com determinação de remessa dos autos para a seção de direito público" (*TJSP* – Ap 0001931-14.2012.8.26.0262, 6-6-2016, Relª Viviani Nicolau).

"**Civil e processual civil** – Ação de indenização por danos morais – **Acusação indevida de furto em supermercado** – Fixação da indenização pelo juízo *a quo* em patamar excessivo – Redução – 1 – O dano moral acarreta ao lesado dor, sofrimento, tristeza, vexame e humilhação. 2 – O tratamento dispensado à autora da ação, ora recorrente, pelo

Por tais razões, dada a amplitude do espectro casuístico e o relativo noviciado da matéria nos tribunais, os exemplos da jurisprudência variam da mesquinhez à prodigalidade.[21] Nem sempre o valor fixado na sentença revelará a justa recompensa ou o justo lenitivo para a dor ou para a perda psíquica. Por vezes, danos ínfimos são recompensados exageradamente ou vice-versa. A jurisprudência é rica de exemplos, nos quais ora o valor do dano moral guarda uma relatividade com o interesse em jogo, ora não guarda qualquer relação. Na verdade, a reparação do dano moral deve guiar-se especialmente pela índole dos sofrimentos ou mal-estar de quem os padece, não estando sujeita a padrões predeterminados ou matemáticos. Não é qualquer dissabor da vida quotidiana que pode ser considerado dano moral. Como apontamos, como reação a excessos que ocorreram em alguns julgados, há tentativa legislativa no sentido de serem fixados limites pecuniários para a indenização por dano moral dentro de três faixas de valores, conforme o grau da ofensa. Não é a melhor solução, mormente se a lei não permitir válvula ao julgador no sentido de ultrapassar o limite máximo, quando este se mostrar ineficaz ou inócuo para o caso concreto. Sobre esse projeto (Projeto de Lei do Senado nº 150/1999) nos referimos no Capítulo 24 deste volume.

Do ponto de vista estrito, o dano imaterial, isto é, não patrimonial, é irreparável, insusceptível de avaliação pecuniária porque incomensurável. A condenação em dinheiro é mero lenitivo para a dor, *sendo mais uma satisfação do que uma reparação* (Cavalieri Filho, 2000:75). Existe também cunho punitivo marcante nessa modalidade de indenização, mas que não constitui ainda, entre nós, o aspecto mais importante da indenização, embora seja altamente relevante. Nesse sentido, o extinto Projeto de Lei nº 6.960/2002 acrescentava no art. 944 do presente Código que *"a reparação do dano moral deve constituir-se em compensação ao lesado e adequado desestímulo ao lesante"*. Como afirmamos, se o julgador estiver aferrolhado a um limite indenizatório, a reparação poderá não cumprir essa finalidade reconhecida pelo próprio legislador.

---

preposto do réu, ora apelante, foi vexatório e degradante, acusada de furtar mercadorias pelas quais já havia pago. 3 – Nas causas referentes ao dano moral é necessário buscar um equilíbrio quanto à indenização: nem um valor muito alto, que seja discrepante com o dano efetivamente sofrido, gerando assim enriquecimento sem causa; Nem um valor insignificante, pois, do contrário, seria inútil o caráter pedagógico da condenação. 4 – Redução dos danos morais para R$ 10.000,00 (dez mil reais). Precedente do Superior Tribunal de Justiça. 5 – Apelação conhecida e parcialmente provida" (*TJCE* – Acórdão 0703422-97.2000.8.06.0001, 10-7-2012, Rel. Francisco Suenon Bastos Mota).

21 "**Dano moral** – Demora da instituição financeira em proceder à baixa de gravame sobre o veículo objeto do contrato – Transtorno que não se amolda ao mero aborrecimento quotidiano – Indenização – Cabimento: – O transtorno da parte que, em virtude de descumprimento de acordo celebrado em juízo, permanece com gravame injusto sobre seu veículo, não se amolda ao mero aborrecimento cotidiano, sendo passível de indenização por abalo moral. Dano moral – Fixação que deve servir como repreensão do ato ilícito e reparação ao lesado – Valor fixado de forma proporcional ao dano causado: – A fixação de indenização por danos morais deve servir como repreensão do ato ilícito e reparação ao lesado, mostrando-se adequado o arbitramento do valor de R$ 15.000,00, que se mostra proporcional ao dano causado. Recurso da requerida não provido e recurso adesivo do autor provido" (*TJSP* – Ap 4004827-45.2013.8.26.0223, 21-6-2018, Rel. Nelson Jorge Júnior).

"Apelação – **Ação de indenização por danos materiais e morais** – Roubo com emprego de arma de fogo em estacionamento de hipermercado. Sentença de procedência parcial, carreando à demandada os ônus da sucumbência. Apelo da ré. Inconsistência do inconformismo. Responsabilidade da ré configurada. Falha na prestação do serviço de segurança. Precedentes desta Câmara e do Colendo Superior Tribunal de Justiça no sentido de que os hipermercados são responsáveis civilmente pelos danos morais sofridos pelos consumidores em decorrência de roubo nas dependências do estabelecimento comercial. Dano moral configurado. Indenização arbitrada em R$ 7.880,00, com observância do princípio razoabilidade/proporcionalidade. Sentença confirmada. Negado provimento ao recurso" (*TJSP* – Ap 3007157-61.2013.8.26.0084, 15-8-2016, Relª Viviani Nicolau).

"**Apelação** – Ação de danos morais cumulada com declaração de inexistência de débito. Inscrição indevida do nome do autor em cadastro de inadimplentes. Sentença de parcial procedência, com afastamento do pedido de indenização por danos morais, à luz da Súmula 385 do Colendo Superior Tribunal de Justiça. Inconformismo do autor. Súmula 385 do STJ que não é aplicável ao caso em tela, haja vista que os demais apontamentos em nome do autor são objeto de discussão judicial. Dever do réu de pagar a indenização respectiva. Aplicação do Enunciado 24 desta Câmara. Quantia indenizatória fixada em R$ 10.000,00. Recurso provido" (v.18.742) (*TJSP* – Ap 1020093-97.2014.8.26.0576, São José do Rio Preto, 3ª CD. Priv., Relª Viviani Nicolau, *DJe* 24-3-2015, p. 1.615).

Há que se levar em conta, por outro lado, além da situação particular de nosso país de pobreza endêmica e má e injusta distribuição de renda, que a indenização não pode ser de tal monta que acarrete a penúria ou pobreza do causador do dano, pois, certamente, outro problema social seria criado. Os julgados devem buscar o justo equilíbrio no caso concreto. O dano moral, mormente o que traz reflexos psicológicos, pode ser maior do que a vítima supõe ou menor do que ela acredita. Se nem mesmo a própria vítima, frequentemente, tem condições de avaliar seu dano, o que se dirá de terceiros que a julgarão.

Acrescentemos que o dano psíquico é modalidade inserida na categoria de danos morais, para efeitos de indenização. O dano psicológico pressupõe modificação de personalidade, com sintomas palpáveis, inibições, depressões, síndromes, bloqueios etc. Evidente que esses danos podem decorrer de conduta praticada por terceiro, por dolo ou culpa. O dano moral, em sentido lato, abrange não somente os danos psicológicos; não se traduz unicamente por uma variação psíquica, mas também pela dor ou padecimento moral, que não aflora perceptivelmente em outro sintoma. A dor moral insere-se no amplo campo da teoria dos valores. Desse modo, o dano moral é indenizável, ainda que não resulte em alterações psíquicas. Como enfatizamos, o desconforto anormal decorrente de conduta do ofensor é indenizável.

A prova do dano moral, por se tratar de aspecto imaterial, deve lastrear-se em pressupostos diversos do dano material. Não há, como regra geral, avaliar por testemunhas ou mensurar em perícia a dor pela morte, pela agressão moral, pelo desconforto anormal ou pelo desprestígio social. Valer-se-á o juiz, sem dúvida, de máximas da experiência. Por vezes, todavia, situações particulares exigirão exame probatório das circunstâncias em torno da conduta do ofensor e da personalidade da vítima. A razão da indenização do dano moral reside no próprio ato ilícito. Deverá ser levada em conta também, para estabelecer o montante da indenização, a *condição social e econômica* dos envolvidos. O sentido indenizatório será mais amplamente alcançado à medida que economicamente fizer algum sentido tanto para o causador do dano como para a vítima. O montante da indenização não pode nem ser caracterizado como esmola ou donativo, nem como premiação. Ressalte-se que uma das objeções que se fazia no passado contra a reparação dos danos morais era justamente a dificuldade de sua mensuração. O fato de ser complexo o arbitramento do dano, porém, em qualquer campo, não é razão para repeli-lo.

Levando em consideração que o dano imaterial atinge o patrimônio moral, o complexo anímico ou o psiquismo da pessoa, é objeto de discussão também o fato de a *pessoa jurídica* poder ser vítima dessa modalidade de dano. Em princípio, toda ofensa ao nome ou renome de uma pessoa jurídica representa-lhe um abalo econômico. Não há como admitir dor psíquica da pessoa jurídica, senão abalo financeiro da entidade e moral dos membros que a compõem. Aqui, sobreleva o aspecto de distúrbio comportamental. Nem por isso, porém, deixará de ser reparado um dano de natureza moral contra a pessoa jurídica: apenas que, a nosso ver, esse dano moral sempre terá reflexo patrimonial. Será sempre economicamente apreciável, por exemplo, o abalo mercadológico que sofre uma empresa acusada injustamente, por exemplo, de vender produtos roubados ou falsificados. No campo da pessoa jurídica, o que levamos em conta no aspecto do dano moral é o ataque à honra objetiva, em síntese, a reputação e o renome. Evidente que não são aplicáveis à pessoa jurídica os princípios dos direitos personalíssimos. A jurisprudência já se tem mostrado simpática e abrangente à teoria da indenizabilidade do dano moral da pessoa jurídica.[22]

---

[22] "Apelação. Bloqueio de conta em marketplace. Mercado Livre. Ação cominatória c/c danos morais e tutela de urgência. Sentença de parcial procedência. Reforma. Necessidade. Aplicabilidade do CDC. Denúncias vazias de conteúdo, por meio do Brand Protection Program (BPP Programa de Proteção à Marca). Reativação da conta. Admissibilidade.

Como apontamos, ao Código Civil de 1916 não era completamente estranha a indenização por dano moral. O art. 949 referia-se ao dano estético. Além das despesas decorrentes com o tratamento e lucros cessantes decorrentes de ferimento ou outra ofensa à saúde, a lei antiga determinava que os valores fossem pagos em dobro quando do ferimento resultasse aleijão ou deformidade. Tratava-se de evidente compensação que superava a simples dor física, mas que buscava dar lenitivo ao dano moral do aleijão permanente. Esse mesmo dispositivo do Código de 1916 acrescentava que, se o aleijado ou deformado fosse mulher solteira ou viúva, ainda capaz de casar, a indenização consistiria em um dote, segundo as posses do ofensor, as circunstâncias do ofendido e a gravidade do defeito. Essa indenização sob o nome de dote consistia, evidentemente, em uma reparação de cunho moral pelo fato de o dano dificultar-lhe o matrimônio.

O dano estético, portanto, que afeta diretamente a personalidade, é modalidade de dano moral. Pode ser cumulado com danos patrimoniais, como, por exemplo, diminuição da capacidade de trabalho. No entanto, por ser modalidade de dano moral, não se cumula com este sob pena de ocorrer *bis in idem*.[23]

Danos morais. Ocorrência. Injusta privação da conta na plataforma que é bastante para abalar a credibilidade da empresa perante seus consumidores, em nítida afronta à honra objetiva. **A pessoa jurídica pode sofrer dano moral** (Súmula 227 do STJ). Quantia fixada em R$ 10.000,00 que se mostra suficiente para reparação do mal. Precedente. Recurso provido" (*TJSP* – Ap 1029360-43.2022.8.26.0405, 9-9-2024, Rel. João Baptista Galhardo Júnior).

"Responsabilidade civil. Ação declaratória de inexigibilidade de débito cumulada com indenização por danos morais. Alegação de cobrança de dívida e manutenção de indicação negativa após quitação de contrato em ação de busca e apreensão. Incontroversa a cobrança após o pagamento da dívida. Manutenção da negativação em nome da coautora pessoa jurídica comprovada. Confissão da parte ré de cumprimento da liminar, consistente na exclusão do apontamento. Negativação indevida do nome da coautora. Dano moral configurado. **Honra objetiva abalada**. Circunstância potencialmente lesiva à boa fama da autora (pessoa jurídica). Observância da súmula 227 do STJ. Indenização devida, arbitrada em r$ 10.000,00. Ônus sucumbenciais atribuídos integralmente ao réu-apelado. Sentença reformada. Recurso de apelação provido" (*TJSP* – Ap 1000657-32.2021.8.26.0084, 29-8-2023, Rel. Cristina Zucchi).

"Ação de indenização por danos morais. Autora que foi contratada para intermediar pacote de turismo envolvendo estadia em resort all inclusive. Serviços a serem prestados pela CVC e franqueada. Ausência de reserva de 20 dos 60 apartamentos contratados. Alegação de que a fato repercutiu em desprestígio perante terceiros e mácula da imagem da autora, agência de viagens, no meio comercial. Sentença de improcedência. Inconformismo recursal. Preliminar. Alegação de nulidade da sentença. Descabimento. Princípio da identidade física do Juiz que não foi adotado pelo CPC de 2015. Mérito. Autora que logrou demonstrar a repercussão negativa para sua imagem. Evento realizado com muitas pessoas em cidade pequena. Prova oral que corrobora o acolhimento do pedido. Participantes do evento que sabiam que a autora estava envolvida na contratação, embora a falha tenha decorrido de ato exclusivo da ré (CVC) e sua franqueada. Danos morais configurados. **Ofensa à honra objetiva da pessoa jurídica caracterizada.** Indenização fixada em R$40.000,00 considerando as peculiaridades do caso concreto e os princípios da proporcionalidade e razoabilidade. Ônus de sucumbência atribuídos às rés. Recurso provido parcialmente" (*TJSP* – Ap 1008296-34.2020.8.26.0344, 22-9-2022, Rel. Milton Carvalho).

"**Dano moral – Pessoa jurídica** – Dano moral que nesse caso não se configura *in re ipsa* – Execução e protesto de título devido por terceiros – Presunção de configuração de danos morais – Indenização devida – Precedentes do STJ. Honorários advocatícios fixados segundo o art. 85, § 3º, incisos I a V c/c o § 4º, inciso III e §§ 6º e 10º, do Novo Código de Processo Civil – Ausência de previsão legal para alteração de valor considerado excessivo ou irrisório – Valor mantido recurso não provido" (*TJSP* – AC 1035169-58.2015.8.26.0114, 28-2-2019, Rel. Fortes Muniz).

"**Dano moral – Pessoa jurídica** – Dano moral que nesse caso não se configura *in re ipsa* – Protesto de CDA por dívida quitada tempestivamente – Presunção de configuração de danos morais – Indenização devida – Precedentes do STJ. Recurso não provido" (*TJSP* – Ap 1032556-20.2016.8.26.0053, 11-6-2018, Rel. Fortes Muniz).

23 "Responsabilidade civil – Indenização – **Dano moral e estético** – Autor (menor) que brincava na calçada de sua casa quando foi atingido por corpo metálico (arame) que se instalou na articulação coxofemoral (na altura da pélvis) sendo que este se desprendeu de máquina (trator) utilizada por funcionário da Prefeitura que realizava limpeza de terreno sem a devida cautela – Responsabilidade da Municipalidade que deve ser enfrentada à luz da responsabilidade subjetiva – Administração Municipal, que ao afirmar que não teria dado causa ao acidente, atraiu para si o ônus de comprovar tal alegação, todavia, não há nos autos qualquer demonstração nesse sentido – Considerações genéricas que não se prestam a desconstituir o direito do autor – Afronta ao comando do artigo 373, II, do CPC – Prova pericial que confirmou a tese sustentada pelo autor, todavia, imputando dano moral e estético de natureza leve – Nexo causal demonstrado – Responsabilidade caracterizada – Indenização devida – Fixação –

Diga-se, a propósito, que são perfeitamente cumuláveis o dano material e o dano imaterial, provenientes do mesmo ato ilícito, inclusive como menciona expressamente o presente Código. A perda de um filho menor, por exemplo, além de poder ocasionar a supressão de uma força de trabalho no lar, representa inexorável perda moral de valor relevantíssimo, que atinge frontalmente a personalidade da vítima. Cumulam-se, assim, as indenizações.

O Professor argentino Carlos Alberto Ghersi (2000:14) traça importante evolução histórica acerca dos danos morais, que nos auxilia a compreensão do problema na atualidade.

Refere-se o autor aos direitos individuais da primeira geração, a partir da queda da monarquia em França em 1789 e da independência dos Estados Unidos. Nessa época histórica, os direitos individuais protegiam a propriedade e o proprietário, como um rompimento com o sistema reinol anterior. Surge, nessa época, a primeira geração de direitos individuais, o direito de o ser humano preservar-se perante o Estado para proteger seu patrimônio, este às vezes proveniente de uma época anterior e, às vezes, sem legitimidade. A ideia é, sem dúvida,

---

Valor fixado (R$ 20.000,00 dano moral e R$ 10.000,00 dano estético), que levando-se em conta o laudo pericial, se mostrou excessivo – Redução para R$ 15.000,00 (R$ 10.000,00 dano moral e R$ 5.000,00 dano estético) – Recurso, nesse sentido provido, apenas para reduzir o valor da indenização – Recursos parcialmente providos" (*TJSP* – AC 1001524-73.2017.8.26.0372, 29-5-2019, Relª Ana Liarte).

"**Ação indenizatória por dano material, moral e estético** – Autora que se desequilibrou de bicicleta e se chocou contra cerca que circundava o terreno de propriedade dos réus. Necessidade de intervenção cirúrgica. Ferimentos que deixaram cicatriz na face e no ombro. Ato ilícito dos requeridos consistente na colocação de arame farpado para delimitar o lote, em afronta à legislação municipal. Parcial procedência. Possibilidade de cumulação de danos estéticos e danos morais. Sobre as indenizações fixadas deverá incidir correção monetariamente da data do arbitramento (Súmula 362 do E. STJ) e juros de mora de 1% ao mês a contar do evento danoso (Súmula nº 54 do E. STJ). Sentença parcialmente reformada. Recurso dos réus parcialmente provido, desprovido o da autora" (*TJSP* – Ap 0002029-78.2011.8.26.0247, 14-2-2018, Rel. Paulo Alcides).

"Apelação Cível – Ação de indenização – Cirurgia Estética – **Responsabilidade Subjetiva** – Obrigação de resultado – Honorários Advocatícios – Redução – Nos casos de cirurgia estética, a responsabilidade civil é subjetiva com culpa presumida, uma vez que o médico assume obrigação de resultado. Quando do conjunto probatório dos autos, mormente o laudo pericial, observar-se que os procedimentos adotados pelo médico cirurgião não evidenciam erros, a alegada ocorrência de conduta culposa do médico no procedimento deve ser afastada. Considerando que o valor arbitrado a título de honorários se mostra justo e adequado a remunerar condignamente o patrono da parte vencedora, que sempre atendeu de forma diligente às determinações judiciais, não há que se falar em minoração da verba honorária de sucumbência. Recurso conhecido e não provido" (*TJDFT* – AC 20090310336349APC – (935857), 26-4-2016, Relª Desª Ana Maria Amarante).

"**Apelação** – Responsabilidade civil – Indenização por danos materiais, estéticos e morais – Cirurgia plástica – Implante de próteses mamárias – Improcedência – Apelo da demandante – Inconsistência do inconformismo – Obrigação de resultado – Laudo pericial, todavia, que constatou a regularidade técnica do procedimento cirúrgico. Complicações naturais do procedimento que não ensejam responsabilização do profissional médico cirurgião e, consequentemente, da clínica demandada. Riscos inerentes ao procedimento, dos quais a autora foi devidamente informada. Sentença ratificada nos moldes do art. 252 do RITJSP. Negado provimento ao recurso" (v. 18.488) (*TJSP* – Ap 0181468-10.2008.8.26.0100, 10-3-2015, Relª Viviani Nicolau).

"**Responsabilidade civil. Indenização por danos material, moral e estético.** Acidente automobilístico decorrente do choque de motocicleta pilotada pela autora com cabos de energia elétrica da ré que se achavam soltos a meia altura sobre a via, em razão de rompimento do poste que os sustentava. Lesões na clavícula e joelho da autora caracterizadas. Nexo causal configurado. Culpa exclusiva de terceiro não demonstrada. Responsabilidade civil objetiva da concessionária de energia elétrica caracterizada. Incidência do art. 37, § 6º, da Constituição Federal. Pedido procedente. Indenização fixada em R$ 8.000,00 a título de dano moral e R$ 8.000,00 por conta dos danos estéticos. Danos materiais consistentes em gastos com medicação e fisioterapia que deverão ser apurados mediante liquidação de sentença. Ré condenada no pagamento das custas, despesas processuais e honorários advocatícios de 20% sobre o valor da condenação. Seguradora litisdenunciada condenada a reembolsar à litisdenunciante segurada no valor da condenação nos limites da apólice, além das custas, despesas processuais e honorários advocatícios em favor do patrono da litisdenunciante de 15% sobre o valor da condenação. Incidência do artigo 76 do CPC. Sentença reformada. Recurso provido para julgar procedentes os pedidos da ação principal e o da lide secundária" (*TJSP* – Ap. 0004488-48.2009.8.26.0627, 7-5-2013, Rel. Mendes Pereira).

de proteção a uma sociedade burguesa. Fica claro nessa época que cabe ao Direito proteger os direitos de propriedade. Desse modo, como se percebe, esses direitos individuais distribuem-se muito desigualmente na sociedade. O nosso Código Civil de 1916, essencialmente individualista e patrimonialista, foi fruto dessa era.

Na segunda fase, há os chamados direitos sociais de segunda geração. As questões sociais surgem após a Primeira Guerra e se aguçam com a Segunda. Os governos, mormente os dos países emergentes, partem para o chamado nacionalismo e corporativismo das décadas de 40 e 50. Os sindicatos vão ganhando espaço por influência do próprio Estado. O peronismo, na Argentina, e o getulismo, no Brasil, são exemplos marcantes ligados a nós nessa época. Nesse período, são outorgados direitos aos trabalhadores. Iniciam-se as lutas pelo verdadeiro direito social. Muitos desses direitos contribuíram para a solidificação do trabalhismo. A Consolidação das Leis do Trabalho é exemplo marcante em nosso país. De qualquer forma, ainda não se consolidara, nessa época, no espírito jurídico, a possibilidade de o ser humano receber indenização por dano moral.

Nos chamados direitos personalíssimos de terceira geração, lembra Ghersi (2000:14) que foi necessária uma Segunda Guerra Mundial e numerosos campos de extermínio para a humanidade dar-se conta de que os direitos de primeira e segunda geração eram insuficientes. A agressão ao ser humano estava nas entranhas do sistema que somente visava ao lucro e ao poder, à destruição da família, à vida fácil e licenciosa. Sob esse prisma, nascem os direitos personalíssimos de terceira geração que visam assegurar um mínimo de dignidade ao homem: direito à integridade física, ao próprio corpo, ao nome, à privacidade, à vida íntima no casamento, à imagem etc. É impossível enumerar exaustivamente todos os direitos da personalidade.

Esse patamar é atingido entre nós com os princípios constitucionais de 1988. No dizer de Antonio Jeová dos Santos, ao comentar o aspecto constitucional, (2001:40)

> *"o direito deve colocar instrumentos à disposição de quem sofreu violação para não permitir nenhuma intromissão indevida ou injusta à pessoa. A consciência de cidadania e de dignidade pessoal conduzem a uma mais forte autoestima e preservação de valores que emergem do ser mesmo do homem".*

Ainda, o referido autor portenho menciona o limiar de uma *quarta geração* de direitos que a todo momento nos toca. Sãos os *direitos ambientais*. No final do século XX, a humanidade percebeu que deve proteger o meio ambiente e o sistema ecológico, sob pena de desaparecer e jogar por terra todas as conquistas tecnológicas. Os direitos ambientais, que ultrapassam as fronteiras dos danos simplesmente morais, assim como ultrapassam as fronteiras geográficas, são inalienáveis e irrenunciáveis. Buscam, em síntese, a sobrevivência e o bem-estar das futuras gerações.

Desse modo, sempre que se traçar um quadro ou um estudo dos direitos individuais, e a problemática dos danos morais faz parte deles, o jurista e o juiz devem transitar em torno desses direitos de terceira e quarta geração. O que o transcurso deste século XXI nos trará de novo, na chamada pós-modernidade, será, sem dúvida, variações mais ou menos amplas sobre esses temas.

No Capítulo 24 deste volume, referente ao dano e à reparação, voltamos ao tema sobre danos morais.

15.9 NEXO CAUSAL

O conceito de nexo causal, nexo etiológico ou relação de causalidade deriva das leis naturais. É o liame que une a conduta do agente ao dano. É por meio do exame da relação causal que se conclui quem foi o causador do dano. Trata-se de elemento indispensável. A responsabilidade objetiva dispensa a culpa, mas nunca dispensará o nexo causal. Se a vítima, que experimentou um dano, não identificar o nexo causal que leva o ato danoso ao responsável, não há como ser ressarcida. Nem sempre é fácil, no caso concreto, estabelecer a relação de causa e efeito.

O caso fortuito e a força maior são excludentes do nexo causal, porque o cerceiam, ou o interrompem. Na verdade, no caso fortuito e na força maior inexiste relação de causa e efeito entre a conduta do agente e o resultado danoso.

Se o dano ocorrer por culpa exclusiva da vítima, também não aflora o dever de indenizar, porque se rompe o nexo causal. A determinação do nexo causal é uma situação de fato a ser avaliada no caso concreto, não sendo proveitoso enunciar uma regra absoluta (Stoco, 2004:75).

Na identificação do nexo causal, há duas questões a serem analisadas. Primeiramente, existe a dificuldade em sua prova; a seguir, apresenta-se a problemática da identificação do fato que constitui a verdadeira causa do dano, principalmente quando este decorre de causas múltiplas. Nem sempre há condições de estabelecer a causa direta do fato, sua causa eficiente. Avulta a importância da definição do nexo causal em face da preponderância atual da responsabilidade objetiva. A ausência de nexo causal é, na verdade, nesse campo, a única defesa eficaz que tem o indigitado pela indenização.

Aponta-se a denominada teoria da *equivalência das condições* ao se cuidar do nexo causal. É aquela admitida pelo nosso Código Penal ainda em vigor, pela qual não se distingue causa, condição ou ocasião, de molde que tudo que concorrer para o evento deve ser apontado como nexo causal (Stoco, 2004:146). Essa teoria vem descrita no art. 13 do Código Penal: "*O resultado, de que depende a existência do crime, somente é imputável a quem lhe deu causa. Considera-se causa a ação ou omissão em a qual o resultado não teria ocorrido*". Sob esse prisma, para precisar se uma determinada "causa" concorreu para o evento, suprime-se esse fato mentalmente e imagina-se se teria ocorrido da mesma forma. Se assim for, não será causa. O inconveniente que se aponta para essa teoria é a possibilidade de inserir estranhos no curso do nexo causal, permitindo uma linha regressiva quase infinita.

De outro lado, menciona-se a teoria da causalidade adequada, ou seja, a causa predominante que deflagrou o dano. Causa, nesse caso, será só o antecedente necessário que ocasionou o dano. Assim, nem todos os antecedentes podem ser levados à conta do nexo causal, o que nem sempre satisfaz no caso concreto. Cabe ao juiz fazer um juízo de probabilidades, o que nem sempre dará um resultado satisfatório. Muitos entenderam que o Código de 1916 adotara essa postura no art. 1.060, reproduzido, com pequeno acréscimo, no art. 403:

> "*Ainda que a inexecução resulte de dolo do devedor, as perdas e danos só incluem os prejuízos efetivos e os lucros cessantes por efeito direto e imediato, sem prejuízo do disposto na lei processual*".

A expressão "*efeito direto e imediato*" permite sem dúvida essa conclusão, embora o dispositivo não diga respeito expressamente ao nexo causal. A questão continua em aberto, mas não prejudica as decisões nos casos concretos.

Aponta Caio Mário da Silva Pereira (1999:82), após informar sobre as várias doutrinas sobre o tema, que o que importa

> "*é estabelecer, em face do direito positivo, que houve uma violação de direito alheio e um dano, e que existe um nexo causal, ainda que presumido, entre uma e outro. Ao juiz cumpre decidir com base nas provas que ao demandante incumbe produzir*".

Conclui, na mesma linha, com perfeição, Rui Stoco:

> "*Enfim, independentemente da teoria que se adote, como a questão só se apresenta ao juiz, caberá a este, na análise do caso concreto, sopesar as provas, interpretá-las como conjunto e estabelecer se houve violação do direito alheio, cujo resultado seja danoso, e se existe um nexo causal entre esse comportamento do agente e o dano verificado*" (2004:147). Palavras apropriadas porque nossos tribunais têm posição eclética, não havendo uma corrente definida preponderante a respeito da teoria mais adotada a respeito do nexo causal.

15.10 EXCLUDENTES DA RESPONSABILIDADE. ROMPIMENTO DO NEXO CAUSAL. CULPA DA VÍTIMA

São excludentes de responsabilidade, que impedem que se concretize o nexo causal, a culpa exclusiva da vítima, o fato de terceiro, o caso fortuito e a força maior e, no campo contratual, a cláusula de não indenizar. São situações que a doutrina costuma denominar rompimento do nexo causal. A matéria já teve um primeiro enfoque em nossa obra *Direito civil: parte geral.*

Apontamos que a culpa *exclusiva* da vítima elide o dever de indenizar, porque impede o nexo causal. A hipótese não consta expressamente do Código Civil de 1916, mas a doutrina e a jurisprudência, em consonância com a legislação extravagante, consolidaram essa excludente de responsabilidade. Vimos que o Código em vigor menciona a culpa concorrente da vítima no art. 945. Com a culpa exclusiva da vítima, desaparece a relação de causa e efeito entre o dano e seu causador.[24]

---

[24] "Direito do consumidor. Recurso de apelação. Ação de indenização por danos materiais e morais. Golpe do falso funcionário. Relação de consumo. Fraude. **Culpa exclusiva da vítima**. Sentença de improcedência. Insurgência da requerente. Não provimento ao recurso do autor para manter a sentença recorrida por seus próprios fundamentos. Aplicação do artigo 252 do Regimento Interno do Tribunal de Justiça do Estado de São Paulo. Caso em exame. 1. Apelação da autora buscando a reforma do decisum, requerendo a total procedência dos pedidos. Questão em discussão. 2. A questão em análise consiste em determinar se houve nexo de causalidade entre o prejuízo experimentado pela autora, vítima de golpe, e a conduta do réu. III. Razões de decidir. 3. Desde a inicial, a autora admitiu que forneceu dados, como RG, CPF e senha da conta bancária, à suposta funcionária do banco sem se certificar de que o era de fato. A apelante fragilizou, de forma voluntária, os meios de segurança, promovendo condições para a ocorrência da alegada fraude. Bastava à autora o mínimo de precaução. Caracterizada a culpa exclusiva da vítima, hipótese de excludente de responsabilidade, não há que se falar na condenação do réu ao pagamento de indenização por danos materiais ou morais. IV. Dispositivo e tese. 4. Demanda improcedente. 5. Recurso não provido. Dispositivos relevantes citados: CDC, arts. 2º, 3º, 6º e 17. Jurisprudência relevante citada: STJ, Súmula nº 297" (*TJSP* – Ap 1000996-26.2024.8.26.0588, 24-8-2025, Rel. Hélio Marquez de Farias).

"Apelação. Ação de restituição de valor cumulada com indenização por danos morais. Apelante que teria adquirido veículo por meio de anúncio falso via 'internet'. Realização de transferência bancária via 'pix' no valor de R$ 13.500,00. Posterior identificação de golpe. Apelante que agiu sem a mínima cautela esperada ao não confirmar a veracidade do anúncio. Transferência realizada para terceiro desconhecido. Ausência de configuração de falha na prestação do serviço. **Culpa exclusiva da vítima e de terceiro**. Improcedência. Sentença mantida. Recurso não provido" (*TJSP* – Ap 1013505-78.2023.8.26.0020, 10-9-2024, Rel. Marcos de Lima Porta).

"Apelação – Ação de indenização por danos morais e materiais – Alegação da parte de que sofreu lesões no interior de ônibus de transporte coletivo de passageiros em decorrência de movimento brusco. Responsabilidade objetiva da Ré, prevista no art. 37, §6º da Constituição Federal, afastada pela comprovação de **culpa exclusiva da vítima**, conforme mídia contendo gravação do acidente e prova testemunhal – Excludente de responsabilidade – Art. 14, § 3º, II, do Código de Defesa do Consumidor. Manutenção da r. sentença, por seus próprios e jurídicos fundamentos, nos termos do art. 252, do Regimento Interno do Tribunal de Justiça. Negado provimento ao recurso". (*TJSP* – Ap 1002238-57.2021.8.26.0157, 6-9-2023, Rel. Simões de Almeida).

"Acidente de trânsito – **Indenização – Culpa exclusiva da vítima** – 1- Se a sentença está suficientemente motivada, de rigor a adoção integral dos fundamentos nela deduzidos. Inteligência do art. 252 do Regimento Interno do Tribunal de Justiça. 2- Caracterizada culpa exclusiva da vítima que por sua própria conduta imprudente deu

Quando há culpa concorrente da vítima e do agente causador do dano, a responsabilidade e, consequentemente, a indenização são repartidas, como já apontado, podendo as frações de responsabilidade ser desiguais, de acordo com a intensidade da culpa. Desse modo, a partilha dos prejuízos pode ser desigual. Caio Mário da Silva Pereira (1999:299) conclui que

> *"a solução ideal, portanto, é especificar matematicamente a contribuição da culpa da vítima para o efeito danoso".*

Nesse sentido, posta-se ao anteriormente transcrito art. 945 do Código.

A lei, por seu lado, pode mencionar expressamente que somente a culpa exclusiva da vítima inibe o dever de indenizar e não a culpa concorrente. É o que ocorre no Decreto nº 2.681/1912, que regula a responsabilidade das estradas de ferro e, por analogia, aplica-se a todos os meios de transporte para os quais não haja lei específica. O art. 15 dessa lei dispõe que é sempre presumida a culpa das ferrovias por acidentes ocorridos em suas linhas, dos quais resulte morte, ferimento ou lesão aos viajantes, assumindo que as ferrovias somente se exonerarão da responsabilidade se provarem caso fortuito ou força maior ou culpa exclusiva da vítima: *"culpa exclusiva do viajante, não concorrendo culpa da estrada"* (art. 17, II). Assim, se o passageiro se acidenta porque resolve viajar com o corpo fora da composição ferroviária ou dependurado no estribo, não haverá, em tese, culpa da ferrovia. Existe jurisprudência benévola que, forçando a culpa concorrente, entende que nesses casos a ferrovia falta com o dever de vigilância, impedindo que o viajante se coloque perigosamente na composição férrea, determinando, assim, a indenização. Essas decisões levam em conta a grande população dos centros urbanos, desprovida de recursos, que se utiliza diariamente de trens suburbanos, em situação precária e em péssimo estado de conservação.

O art. 6º da Lei nº 6.453/77, a qual cuida da responsabilidade por danos nucleares, também exclui a responsabilidade do denominado operador nuclear, *"uma vez provado haver o dano resultado exclusivamente de culpa da vítima, o operador será exonerado, apenas em relação a ela, da obrigação de indenizar"*. A energia nuclear e suas consequências são desconhecidas do homem médio. Recorde-se do acidente ocorrido em Goiânia, em passado recente, quando pessoas de pouca instrução foram contaminadas pelo césio, desatenciosamente colocado em lugar de fácil acesso.

Portanto, a culpa concorrente somente poderá compensar os danos, quando a lei não faz essa ressalva. Quando esta se faz presente, a responsabilidade do dano permanece integral, desde que haja mínima parcela de culpa do agente.

15.11 CASO FORTUITO E FORÇA MAIOR

Trata-se aqui de mais um grande tema em sede de responsabilidade contratual e extracontratual. José Aguiar Dias (1979, v. 2:361) reforça a ideia de que as expressões são sinônimas, e é inútil distingui-las. Na verdade, não são, mas atuam como tal no campo da responsabilidade civil. A doutrina, na realidade, não é concorde sobre sua definição e compreensão desses fenômenos, havendo certa divergência. O caso fortuito (*act of God*, ato de Deus no direito anglo-saxão) decorreria de forças da natureza, tais como o terremoto, a inundação,

causa ao evento, a ação improcede. 3- A verba honorária deve representar, de um lado, condigna remuneração do advogado da parte vencedora e, doutro, moderação frente à complexidade da demanda. Sentença mantida. Recurso desprovido, com majoração da verba honorária (art. 85, § 11, do CPC)" (*TJSP* – AC 1001004-28.2018.8.26.0001, 10-6-2019, Rel. Felipe Ferreira).

o incêndio não provocado, enquanto a força maior decorreria de atos humanos inelutáveis, tais como guerras, revoluções, greves e determinação de autoridades (fato do príncipe). A doutrina costuma apresentar as mais equívocas compreensões dos dois fenômenos. Ambas as figuras se equivalem, na prática, para afastar o nexo causal. Para alguns autores, caso fortuito se ligaria aos critérios de imprevisibilidade e irresistibilidade. Assim o caso fortuito seria aquela situação normalmente imprevisível, fato da natureza ou fato humano. A força maior seria caracterizada por algo também natural ou humano a que não se poderia resistir, ainda que possível prever sua ocorrência.

Qualquer critério que se adote, a distinção nunca terá consequências práticas: os autores são unânimes em frisar que juridicamente os efeitos são sempre os mesmos (Noronha, 2003: 631).

Essa equivalência foi admitida pelo Código Civil de 1916, que, no art. 1.058 (atual, art. 393), parágrafo único, adotou a noção objetiva desses fenômenos: *"O caso fortuito, ou de força maior, verifica-se no fato necessário, cujos efeitos* não era possível evitar, ou impedir". O Código de 2002, como se nota, manteve intacta a dicção, equiparando os efeitos de ambos os fenômenos. Fica afastada, entre nós, a teoria subjetiva, que procura identificar os fenômenos nas condições do agente e na ausência de culpa.

O conceito de ordem objetiva gira sempre em torno da imprevisibilidade ou inevitabilidade, aliado à ausência de culpa. A imprevisibilidade não é elemento especial a destacar: por vezes, o evento é previsível, mas são inevitáveis os danos, porque impossível resistir aos acontecimentos. Um tufão ou ciclone, por exemplo, pode ser previsto com dias de antecedência, mas seus efeitos são, em princípio, inevitáveis; da mesma forma que uma longa estiagem em determinada região; o avançar de um incêndio na mata etc. Nessas situações, nem sempre, apesar de toda tecnologia, os danos podem ser evitados.

De qualquer forma, o caso fortuito e a força maior devem partir de fatos estranhos à vontade do devedor ou do interessado. Se há culpa de alguém pelo evento, não ocorre o seccionamento ou rompimento do nexo causal. Desse modo, desaparecido o nexo causal, não há responsabilidade. A ideia é válida tanto na responsabilidade contratual como na aquiliana. Centra-se no fato de que o prejuízo não é causado pelo fato do agente, mas em razão de acontecimentos que escapam a seu poder.

Os exemplos da jurisprudência sobre caso fortuito e força maior são infinitos e sempre esclarecedores. É de recordar, a propósito, caso que julgamos, no qual o acidente de veículo foi causado porque a motorista teve seu veículo invadido por um enxame de abelhas. A consulta à jurisprudência, muito rica na matéria, sempre auxiliará o deslinde no caso concreto:

> *"O mal súbito que acomete motorista hígido, levando-o a perder o controle do veículo, equipara-se ao caso fortuito, o qual exclui a responsabilidade"* (*RT* 453/92).
>
> *"Não se considera caso fortuito o rompimento do 'burrinho' dos freios do veículo"* (*RT* 431/74).

Em sentido contrário:

> *"A ruptura da 'borrachinha' dos freios é totalmente imprevisível ao motorista, que só a constata quando da inoperância daqueles"* (*RT* 351/362).
>
> *"A morte de empregado rural vitimado por raio é acontecimento trágico, imprevisível e inevitável, puro evento de origem natural, caracterizando-se o caso fortuito ou força maior, assim excludente de encargo indenizatório"* (*JTJSP*, 145/103).
>
> *"O assalto constitui, a princípio, em relação à transportadora, força maior, que afasta a sua presumida responsabilidade"* (*RT* 582/208).

"Queda de árvore. Danos causados à rede de alta e baixa tensão. Fato decorrente de forte temporal. Caso fortuito. Indenização indevida" (*RT* 608/217).[25]

Em linhas gerais, a jurisprudência tem entendido que defeitos mecânicos em veículos são perfeitamente evitáveis, com a manutenção correta e periódica, e não excluem a responsabilidade. É grande a discricionariedade do julgador no acolhimento do caso fortuito e da força maior. Há sempre rigor excessivo dos tribunais para acolher essas excludentes. De qualquer modo, não se pode estabelecer *a priori* um critério para a caracterização do caso fortuito e da força maior. A propósito, vale sempre lembrar o que Sílvio Rodrigues (2000:177) expõe com clareza:[26]

---

25 "**Responsabilidade civil**. Ação de indenização por danos morais e materiais. Pleito fundado na assertiva da ocorrência de furto de bolsa, fato ocorrido durante a realização de compras no estabelecimento da ré. Ato praticado por terceiro. Caso fortuito, a afastar a responsabilidade da demandada. Improcedência mantida. Recurso improvido, com observação. 1. Embora o furto tenha ocorrido na loja da demandada, o fato foi causado exclusivamente por terceiro. Assim, o evento se enquadra no conceito de caso fortuito externo, fato atípico, imprevisível, inevitável e incontrolável, não se enquadrando nos riscos inerentes à atividade. A responsabilidade, portanto, não pode ser imputada à ré, que não contribuiu para que tal episódio ocorresse. Não há como afastar a inevitabilidade do evento descrito pelo ato de terceiro, o que determina o reconhecimento da improcedência do pedido de reparação. 2. Diante desse resultado, à luz do artigo 85, § 11 do CPC, impõe-se elevar a verba honorária sucumbencial a 15% sobre o valor atualizado da causa" (*TJSP* – Ap 1024212-55.2023.8.26.0554, 30-8-2024, Rel. Antonio Rigolin).

"Ação cominatória cumulada com pedido de indenização por danos materiais e compensação por danos morais – **Responsabilidade que decorre do risco do empreendimento** – Fortuito interno – Inteligência da Súmula nº 479 do c. STJ – Dano moral caracterizado – Dano moral – Valor – *Quantum* mantido – Adequação às peculiaridades do caso concreto, aos princípios da proporcionalidade-razoabilidade e da moderação. Montante da multa que não se revela excessivo, não havendo que se considerar a possibilidade de enriquecimento sem causa do apelado, porque o propósito não é o conteúdo financeiro em si, mas a condução do comportamento do agravante para o cumprimento da decisão judicial. Recurso improvido" (*TJSP* – AC 1082395-96.2018.8.26.0100, 16-7-2019, Rel. Alberto Gosson).

"Ação declaratória de inexistência de débito – Contrato bancário – Transação bancária realizada por terceiros, mediante fraude – **Responsabilidade que decorre do risco do empreendimento** – Fortuito interno – Inteligência da Súmula nº 479 do c. STJ – Dano moral caracterizado – Dano moral – Valor – *Quantum* mantido – Adequação às peculiaridades do caso concreto, aos princípios da proporcionalidade-razoabilidade e da moderação. Recursos não providos" (*TJSP* – Ap 1004881-70.2018.8.26.0002, 19-6-2018, Rel. Alberto Gosson).

"Agravo Interno – Agravo em recurso especial – Contrato de promessa de compra e venda de imóvel – Atraso na entrega – **Dano Moral** – Súmula 284/STF – Caso fortuito e força maior – Súmula 7 /STJ – Cláusula Penal – Abusividade – Súmulas 5 e 7 do STJ – Análise de dispositivos constitucionais – Impossibilidade – Violação ao art. 535 do CPC/1973 – Inovação Recursal – 1 – Não se conhece do recurso especial quando a deficiência de sua fundamentação impedir a exata compreensão da controvérsia (Súmula 284 do STF). 2 – Inviável o recurso especial cuja análise impõe reexame do contexto fático-probatório da lide (Súmula 7 do STJ). 3 – Aplicam-se as Súmulas 5 e 7/STJ na hipótese em que a tese versada no recurso reclama a análise de cláusulas contratuais e de elementos fático-probatórios colhidos ao longo da demanda. 4 – Não compete a esta Corte Superior a análise de suposta violação de dispositivos constitucionais, ainda que com o objetivo de prequestionamento, sob pena de usurpação da competência reservada ao Supremo Tribunal Federal. 5 – Não se admite a adição de teses não expostas no recurso especial em sede de agravo interno, por importar em inadmissível inovação recursal. 6 – Agravo interno a que se nega provimento" (*STJ* – AGInt-AG-REsp 977.709 – (2016/0233318-9), 2-6-2017, Relª Minª Maria Isabel Gallotti).

"**Contrato transporte aéreo**. Aplicação do CDC. Responsabilidade objetiva da empresa aérea. Hipótese em que os voos foram cancelados em razão das cinzas de um vulcão. Ausência da prestação de informações adequadas que gerou prejuízos à autora. Transtornos que superaram o mero aborrecimento. Dano moral 'in re ipsa'. R$ 10.000,00. Recurso nesta parte provido. Responsabilidade civil. Dano material. Pedido de restituição de valores referente à hospedagem, alimentação e nova passagem aérea. Reconhecimento em parte. Hospedagem e alimentação que tiveram como **causa o caso fortuito ou força maior**. Passagem aérea de retorno restituída. Causa eficiente da nova aquisição foi a falha na prestação dos serviços da ré. Recurso nesta parte parcialmente provido" (*TJSP* – Ap. 0005989-89.2011.8.26.0587, 15-3-2013, Rel. J. B. Franco de Godoi).

26 "Ação declaratória de inexigibilidade de débito c.c – Restituição de valores – Transações com cartão bancário da autora – Golpe do motoboy – Aplicação da legislação consumerista (Súmula 297 do STJ) – Responsabilidade objetiva da ré – Súmula 479 do STJ – **Aplicação da teoria do risco do empreendimento** – Matéria pacificada no julgamento do REsp 1.199.782/PR, com base no art. 543-C do CPC/73 – Incontroversa a utilização do cartão da autora para realização de transações financeiras por terceiros – Requerido não se desincumbiu do ônus de

> *"A excessiva severidade dos tribunais, na admissão do caso fortuito como exonerador da responsabilidade, principalmente em um país como nosso em que o seguro de responsabilidade é pouco difundido, pode aumentar enormemente o número de casos em que o agente, embora agindo sem culpa, causa dano a outrem e é obrigado a indenizar. Tal solução, como já foi apontado, em muitos casos apenas transferirá a desgraça da pessoa da vítima para a pessoa do agente, este também inocente e desmerecedor de tão pesada punição".*

Ganha repercussão mais recentemente a diferença entre o caso fortuito interno e o caso fortuito externo. O chamado fortuito interno tem sido considerado insuficiente para afastar a responsabilidade.[27] Como aduz Anderson Schreiber, "*aos tradicionais requisitos da imprevisibilidade e irresistibilidade do caso fortuito, tem-se acrescentado esta terceira exigência – a externalidade ou externidade do caso fortuito, sem o qual se conserva a responsabilidade*" (2007:64). E cita o exemplo de julgado que considerou como fortuito interno da atividade bancária o assalto com roubo de bens materiais mantidos em cofre alugado, ficando a instituição financeira condenada a ressarcir o consumidor-cliente. Há, portanto, uma relativização do caso fortuito e essa distinção é tormentosa na prática e visa, inelutavelmente, atingir uma decisão de equidade, embora os julgados não o digam e nem sempre esse desiderato é obtido. No mesmo sentido operam as decisões que são mais rigorosas para reconhecer a culpa exclusiva da vítima. Ao analisar essa gradual perda de rigor na apreciação do nexo causal, esse mesmo autor conclui:

---

comprovar a adoção de todas as cautelas para coibir a consumação de gastos incompatíveis com o padrão de consumo da autora (art. 6º, VIII, do CDC) – Inexigibilidade do débito bem reconhecida – Estorno das faturas de cartão de crédito e devolução dos valores indevidamente retirados da conta-corrente – Recurso negado. Multa cominatória fixada em sede de tutela provisória – Cabimento – Réu não comprovou o cumprimento da tutela de urgência deferida para determinar o estorno dos valores indevidamente debitados da conta-corrente – Multa devida – Recurso negado" (*TJSP* – AC 1009191-19.2018.8.26.0003, 1-3-2019, Rel. Francisco Giaquinto).

"Contrato bancário – Falha na prestação de serviços – Descontos indevidos realizados na conta corrente da empresa autora. Responsabilidade objetiva pelos danos materiais configurados. **Fortuito interno. Risco do empreendimento**. Inteligência da Súmula nº 479 do c. STJ. Recurso não provido" (*TJSP* – Ap 1072612-17.2017.8.26.0100, 24-5-2018, Rel. Alberto Gosson).

27 "**Responsabilidade civil – Fato do serviço** – Acidente de consumo – Autora que foi atingida por queda de telhado de quiosque na área de lazer da ré, acarretando-lhe ferimentos – Dano moral caracterizado – *Quantum* arbitrado com razoabilidade, não comportando majoração – Sentença mantida – Recurso desprovido" (*TJSP* – AC 1006382-20.2018.8.26.0597, 13-9-2019, Rel. Moreira Viegas).

"Consumidor – **Responsabilidade pelo fato do serviço** – Erro médico – Paciente internada em clínica psiquiátrica que veio a falecer por parada cardiorrespiratória decorrente de dificuldade de respiração que evoluiu para pneumonia – Ausência de nexo causal – Falta de evidência acerca de ato ou omissão que tenha sido responsável, ou que mesmo tenha contribuído para o agravamento do estado de saúde da paciente – Responsabilidade do hospital que, embora objetiva, necessita de demonstração do ato ilícito/negligência – Sentença mantida – Recurso improvido" (*TJSP* – Ap 1002915-57.2014.8.26.0699, 23-1-2018, Rel. Luiz Antonio Costa).

"**Responsabilidade civil** – Contratos fraudulentos – Cadastros restritivos de crédito – Dano moral – Anotações preexistentes – 1 – Configura-se a responsabilidade pelo fato do serviço quando este não fornecer a segurança que dele possa o consumidor esperar (§ 1º do art. 14 do CDC), incumbindo ao próprio fornecedor – *In casu*, a instituição financeira – Provar a inexistência do defeito no serviço prestado ou a culpa exclusiva do consumidor ou de terceiro (art. 14, § 3º, I e II, do CDC). 2 – No caso em tela, a autora sustenta que não requereu os cartões de crédito em questão, os quais foram requeridos de forma fraudulenta, pelo que não poderia ser responsável pelos débitos em aberto. Desse modo, caberia a CEF a comprovação de que a autora firmou os referidos contratos, ônus do qual não se desincumbiu. 3 – Não há culpa exclusiva de terceiro, pois a segurança deve pautar o funcionamento dos sistemas bancários. Nesta seara, a possibilidade de fraude configura verdadeiro fortuito interno, típico da atividade desenvolvida e abrangido pelo risco do empreendimento lançado no mercado de consumo. 4 – Em que pese o fato de a inscrição do nome da autora, pela CEF, se mostrar ilegítima, no presente caso, não há falar em indenização por danos morais, ante a existência de anotações preexistentes, a teor do verbete nº 385 da Súmula do Superior Tribunal de Justiça. 5 – Apelações desprovidas" (*TRF-2ª R.* – Acórdão 2011.51.01.001205-5 – (543217), 28-5-2012, Rel. Des. Fed. Luiz Paulo da Silva Araújo Filho).

"A ampla margem de discricionariedade na aferição da causalidade jurídica não apenas produz decisões incoerentes, mas também resulta, por toda parte, em certa insegurança no que concerne às próprias responsabilidades. Pior: a liberdade com que o Poder Judiciário trata a questão do nexo causal estimula pedidos de reparação, fundados mais na desgraça da vítima, que em uma possibilidade jurídica de imputação dos infortúnios ao sujeito que se considera responsável" (2007:74).

15.11.1 Estado de Necessidade. Legítima Defesa. Exercício Regular de Direito

Nosso Código fundamenta a responsabilidade civil, como vimos, no art. 186. O art. 188, porém, relaciona hipóteses em que, inobstante a ação voluntária do agente e a ocorrência de dano, não haverá necessariamente o dever de indenizar:

> *"Não constituem atos ilícitos:*
>
> *I – os praticados em legítima defesa ou no exercício regular de um direito reconhecido;*
>
> *II – a deterioração ou destruição da coisa alheia, ou a lesão a pessoa, a fim de remover perigo iminente.*
>
> *Parágrafo único. Neste último caso, o ato será legítimo, somente quando as circunstâncias o tornarem absolutamente necessário, não excedendo os limites do indispensável para a remoção do perigo".*

O presente Código, nessa redação, manteve-a idêntica ao diploma anterior, acrescentando a referência à lesão à pessoa.

A legítima defesa constitui justificativa para a conduta. O conceito é o mesmo do Direito Penal. A sociedade organizada não admite a justiça de mão própria, mas reconhece situações nas quais o indivíduo pode usar dos meios necessários para repelir agressão injusta, atual ou iminente, contra si ou contra as pessoas caras ou contra seus bens. A doutrina sempre enfatizou que os meios da repulsa devem ser moderados. Nessa premissa, quem age em legítima defesa não pratica ato ilícito, não havendo dever de indenizar, na forma do art. 188, I.

Nesse conceito de legítima defesa, não estão abrangidos unicamente os bens materiais, mas também valores da personalidade como a honra e boa fama.

Se o ato danoso foi praticado contra o próprio agressor, não há dever de indenizar. Se, porém, no ato de legítima defesa, o agente atinge terceiro ou os bens deste (*aberratio ictus*), deve reparar o dano, dispondo de ação regressiva contra o ofensor, para reembolso da indenização paga (art. 930).[28]

---

[28] "**Responsabilidade civil** – Indenização – Ato ilícito – Vítima de disparo de arma de fogo – Absolvição na esfera criminal pelo reconhecimento da legítima defesa putativa – Circunstância que não afasta o dever do réu de indenizar – Danos materiais e morais configurados – Obrigação de indenizar – Pensão vitalícia afastada – Ausência de comprovação relativa à perda da capacidade laborativa – Sentença reformada nessa parte – Recurso do réu parcialmente provido. Recurso do autor desprovido" (*TJSP* – Ap 0004426-48.2015.8.26.0481, 17-9-2018, Rel. Moreira Viegas).

"Apelação cível – **Ação de indenização por danos materiais e morais** em razão de disparo de arma de fogo – sentença de parcial procedência – recurso do demandado – Pleito de reforma da sentença para excluir a responsabilização civil e, consequentemente, dar provimento aos pedidos formulados em sede de reconvenção. Arguição de legítima defesa. Alegação de ter sido confirmada a excludente de ilicitude por meio da sentença proferida na esfera penal. Insubsistência. Sentença criminal que reconhece a excludente de legítima defesa putativa. Excludente de culpabilidade reconhecida que não afasta a responsabilidade civil do requerido. Alegação de resposta a agressão injusta não respaldada pelo conjunto probatório colacionado aos autos. Inexistência de real perigo iminente.

Quando, porém, se trata de exercício legal de um direito que atinge bem de terceiro, o agente estará obrigado a reparar o dano.

A legítima defesa putativa não inibe o dever de indenizar, porque exclui a culpabilidade, mas não a antijuridicidade (Gonçalves, 1994:484).[29]

Responde também o agente pelo excesso na legítima defesa, isto é, quando sua conduta ultrapassa os limites da ponderação. Deverá responsabilizar-se, proporcionalmente, pelo excesso cometido, pois subsiste a ilicitude em parte da conduta.

Ato praticado em afronta ao direito. Ofensa à integridade física do autor. Dever de indenizar mantido. Recurso do autor. Pleito de majoração do *quantum* indenizatório a título de danos morais. Insubsistência. Indenização fixada que atende aos princípios da proporcionalidade e razoabilidade. *Quantum* indenizatório mantido. Pleito de fixação de indenização por lucros cessantes. Alegação de incapacidade para o exercício de atividade laborativa pelo período de 8 (oito) meses. Insubsistência. Inexistência de comprovação de exercício de atividade laborativa. Carência de elemento que indique qual a renda auferida pelo autor na época. Não comprovação da necessidade de afastamento do trabalho pelo período alegado. Completa ausência de indícios de prova a corroborar a versão narrada na inicial. Inaplicabilidade da presunção de lucros cessantes. Sentença mantida. Pedido de majoração dos honorários advocatícios fixados em 10% (dez por cento) do valor da condenação. Impossibilidade. Pleito de complexidade moderada. Valor fixado dentro dos parâmetros estabelecidos pelo art. 20, § 3º, do Código de Processo Civil. Manutenção da sentença que se impõe. Sentença mantida. Recursos conhecidos e desprovidos" (*TJSC* – AC 2014.005529-7, 4-3-2016, Relª Desª Denise Volpato).

29 "Apelação cível – **Indenização** – **Responsabilidade civil** – Óbito causado por disparos de arma de fogo – Legítima defesa putativa – Tese não comprovada – Responsabilidade – Dano moral – *Quantum* – Dano material – Não comprovado – São elementos indispensáveis para configurar a responsabilidade e o consequente dever de indenizar: o dano causado a outrem; o nexo de causalidade; e a culpa – Alegada a legítima defesa putativa como fato extintivo do direito do autor, cabe ao réu comprovar que agiu em estrita defesa do bem jurídico ou no exercício regular de um direito reconhecido – Caracterizado o ilícito moral, a responsabilidade do agente pela recomposição dos danos evidencia medida escorreita – A reparação moral, na hipótese resultante de má conduta, deve ser fixada com coerência, preservando-se os princípios da proporcionalidade e razoabilidade – O dano material é aquele que atinge o patrimônio da parte, capaz de ser mensurado financeiramente e indenizado, desde que haja sua comprovação" (*TJMG* – AC 1.0074.11.003017-3/001, 30-8-2018, Rel. Alexandre Santiago).

"Apelação cível – **Responsabilidade Civil** – Disparo de arma de fogo – Absolvição na esfera criminal – Legítima defesa putativa – Danos materiais e morais – Indenização indevida – Não obstante reste comprovada a ocorrência do fato, a autoria e os danos decorrentes, houve absolvição do réu no juízo criminal. Acolhimento da tese de legítima defesa putativa pelo Tribunal. Excludente da culpabilidade. Inteligência do art. 188, I, do CCB. Sentença de improcedência mantida. Recurso desprovido" (*TJRS* – AC 70069201424, 29-6-2016, Relª Desª Isabel Dias Almeida).

"**Civil e processo civil** – Enquadramento jurídico dos fatos – Revisão pelo STJ – Possibilidade – **Legitima defesa putativa** – Dano – Indenização – Cabimento – Legítima defesa real – Requisitos – Culpa – Concorrência – Indenização da vítima – Proporção entre a culpa da vítima e a do autor do dano – 1 – O conhecimento do recurso especial como meio de revisão do enquadramento jurídico dos fatos realizado pelas instâncias ordinárias se mostra absolutamente viável. Sempre atento, porém, à necessidade de se admitirem esses fatos como traçados pelas instâncias ordinárias, tendo em vista o óbice contido no Enunciado nº 7 da Súmula/STJ. 2 – Não se admite como proporcional ao questionamento feito pelo autor, ainda que em tom sarcástico, no sentido de saber se o réu ainda estava falando mal dele, seguido do ato de segurar, de forma amistosa, o braço do seu interlocutor, a reação do réu, de imediatamente desferir no autor um golpe com a cabeça, com força tal que fraturou o nariz da vítima e cortou o supercílio do próprio agressor. Não se ignora que, antes desse fatídico dia, o autor havia sido descortês com o réu, mas sua atitude não passou de um comportamento reprovável do ponto de vista da etiqueta social, quando muito um ato injurioso, inexistindo nos autos registro de conduta pretérita que permitisse ao réu supor que o autor pudesse adotar qualquer atitude tendente à violência física. Não bastasse isso, as partes se encontravam no interior de um posto bancário, sendo certo que naquele momento estavam no local outras pessoas, ou seja, um ambiente tranquilo e cordial, nada ou pouco propício a levantar a suspeita de um possível ataque físico. 3 – Tendo o réu incorrido em equívoco na interpretação da realidade objetiva que o cercava, supondo existir uma situação de perigo que, aos olhos do homem-médio, se mostra totalmente descabida, sua conduta caracterizou legítima defesa putativa, a qual não exclui a responsabilidade civil decorrente do ato ilícito praticado. 4 – A legítima defesa real, prevista no art. 25 do CP, possui como pressupostos objetivos não apenas a existência de agressão injusta, mas moderação no uso dos meios necessários para afastá-la. 5 – Na concorrência de culpas, a indenização da vítima será fixada tendo-se em conta a gravidade de sua culpa, em confronto com a do autor do dano, nos termos do art. 945 do CC/02. 6 – Recurso especial provido" (*STJ* – Resp 1.119.886 – (2009/0015633-5), 28-2-2012, Rel. Min. Sidnei Beneti).

Assim como a legítima defesa, também não são passíveis de indenização os danos praticados no *exercício regular de um direito*. Na mesma dicção, deve estar subentendida outra excludente de índole criminal, *o estrito cumprimento do dever legal*, porque atua no exercício regular de um direito reconhecido quem pratica ato no estrito cumprimento do dever legal. A compreensão dessas excludentes pertence ao Direito Penal, que as estuda em profundidade. A regularidade do exercício do direito deve ser avaliada pelo juiz no caso concreto.

Recorde-se de que nos referimos à expressão *"exercício regular de um direito reconhecido"* do art. 160, II, do Código de 1916 quando estudamos a teoria do abuso de direito, matéria à qual remetemos o leitor nesta oportunidade (*Direito civil: parte geral*, Cap. 29). No exercício de um direito, o sujeito deve manter-se nos limites do razoável, sob pena de praticar ato ilícito. O mais recente Código é expresso em descrever o abuso de direito no art. 187, mencionando que o comete quem excede manifestamente os limites impostos para o fim econômico ou social, pela boa-fé ou pelos bons costumes relacionados ao direito em questão.

O estado de necessidade no campo da responsabilidade civil está delineado nos arts. 188, II, 929 e 930. O agente, por exemplo, para desviar-se de um precipício, na direção de veículo, lança-se sobre uma pessoa; para desviar-se de uma árvore que tomba a sua frente inopinadamente, invade e danifica a propriedade alheia. Encontra-se justificativa para o mal causado à vítima na remoção de mal iminente. O indivíduo, na iminência de ver atingido direito seu, ofende direito alheio. O ato, em sua essência, seria ilícito, mas a lei reconhece que há uma excludente. No entanto, a escusabilidade do estado de necessidade sofre os temperamentos dos arts. 929 e 930. O primeiro desses dispositivos assegura a indenização ao dono da coisa ofendida, se não for culpado pelo perigo, e o segundo dispositivo expressa que, se o perigo ocorrer por culpa de terceiro, contra este deverá ser movida ação regressiva pelo autor do dano, para haver a importância, que tiver ressarcido ao dono da coisa. A mesma ação competirá contra aquele em defesa de quem se causou o dano, na hipótese de legítima defesa. Como se conclui, é bastante restrita a possibilidade de o ofensor, em estado de necessidade, eximir-se da indenização. A situação do estado de necessidade não opera como na legítima defesa. No entanto,

> *"as ofensas físicas praticadas com o fito de remover perigo iminente não estão compreendidas na responsabilidade de seu autor que as praticou por culpa de terceiro. Essa responsabilidade, consagrada nos arts. 1.519 e 1.520 do Código Civil, refere-se tão somente à destruição das cousas alheias"* (*RT* 100/533).

Esse julgado reduz a restrição desses dispositivos.

A orientação sobre o estado de necessidade em sede de responsabilidade civil é evidente condescendência do Código Civil com a teoria do risco ou da responsabilidade objetiva. Aponta Carlos Roberto Gonçalves (1994:481) que a solução desses dois artigos está em contradição com o art. 188, II, porque, enquanto este considera lícito o ato, os citados dispositivos obrigam o agente a indenizar a destruição ou deterioração de coisa alheia para remover o perigo. Essa situação desestimula os atos de heroísmo e mesmo situações mais comezinhas de socorro ao próximo. Conclui o eminente autor e magistrado que melhor seria se ao juiz fosse permitido estabelecer uma indenização moderada, de acordo com o caso concreto. Essa solução, no entanto, não é permitida pela lei, não tendo sido alterada pelo Código de 2002:

> *"O estado de necessidade, reconhecido em processo-crime, não autoriza isentar o réu da responsabilidade de pagar a respectiva indenização"* (*RT* 491/74).

> *"O estado de necessidade não elide a responsabilidade civil, contrariamente ao que ocorre no criminal, autorizando o autor do dano apenas a exercitar seu direito de regresso contra o causador da situação de perigo"* (*RT* 477/104).

Desse modo, o dano causado em estado de necessidade não isenta seu causador, mesmo que tenha sido absolvido na esfera criminal (Stoco, 1999:91), embora parte da doutrina sustente que a legislação processual penal tenha alterado a norma civil. Não é o que sustenta a jurisprudência.

15.12 FATO DE TERCEIRO

Nesta seção, o problema é saber se o fato de terceiro pode exonerar o causador do dano do dever de indenizar. Entende-se por terceiro, nessa premissa, alguém mais, além da vítima e do causador do dano. Na relação negocial, é mais fácil a conceituação de terceiro, pois se trata de quem não participou do negócio jurídico. A lei, por vezes, refere-se a ele, como na hipótese de coação praticada por terceiro (art. 154) e na fraude contra credores. Na responsabilidade contratual, terceiro é, em síntese, alguém que ocasiona o dano com sua conduta, isentando a responsabilidade do agente indigitado pela vítima.

Nessa situação aqui tratada, não se cuida de pessoas que tenham ligação com o agente causador, tais como filhos, empregados e prepostos. Nessa hipótese, os atos desses terceiros inculpam os pais, patrões e preponentes.

A questão é tormentosa na jurisprudência, e o juiz, por vezes, vê-se perante uma questão de difícil solução. Não temos texto expresso de lei que nos conduza a um entendimento pacífico. Na maioria das vezes, os magistrados decidem por equidade, embora não o digam. Na premissa ora examinada, pode, por exemplo, o motorista que sobe na calçada e atropela o pedestre alegar que foi obrigado a fazê-lo por uma manobra brusca de outro veículo, cujo condutor se evadiu? A propensão dos julgados é não admitir a responsabilidade de terceiro como excludente. O assunto vem regulado de forma indireta pelos arts. 929 e 930, estabelecendo este último dispositivo a ação regressiva contra o terceiro que criou a situação de perigo, para haver a importância despendida no ressarcimento ao dono do bem. O projeto de reforma do Código Civil procura equacionar melhor essa problemática nesses artigos. Esses dispositivos não se referem expressamente à culpa exclusiva de terceiro, mas, indiretamente, admitem a possibilidade de reconhecimento de culpa e responsabilidade do terceiro. Frisamos que nada impede que a vítima ingresse com a ação diretamente contra o terceiro causador do dano. A dificuldade prática é que nem sempre esse terceiro pode ser identificado pela vítima.

No caso concreto, importa verificar se o terceiro foi o causador exclusivo do prejuízo ou se o agente indigitado também concorreu para o dano. Quando a culpa é exclusiva de terceiro, em princípio não haverá nexo causal. O fato de terceiro somente exclui a indenização quando realmente se constituir em causa estranha à conduta, que elimina o nexo causal. Cabe ao agente defender-se, provando que o fato era inevitável e imprevisível. Na questão do motorista a que nos referimos, o agente apenas se livrará da indenização de provar que dirigia com todas as cautelas possíveis e que a manobra do terceiro era totalmente imprevisível. O fato de terceiro deve equivaler à força maior. A tendência da jurisprudência é admitir apenas excepcionalmente o fato de terceiro como excludente de culpa. A esse propósito, lembre-se da Súmula 187 do Supremo Tribunal Federal: *"A responsabilidade contratual do transportador, pelo acidente com passageiro, não é ilidida por culpa de terceiro, contra o qual tenha ação regressiva"*. Essa posição jurisprudencial denota a tendência marcante de alargar a possibilidade de indenização sempre que possível.

Na situação específica, na maioria das vezes, em se tratando de fato de terceiro, para o qual há ação regressiva, raramente esta ocorre, porque geralmente esse terceiro não é identificado. De qualquer modo, é muito rara a admissão do fato de terceiro como excludente na jurisprudência nacional.

Destarte, se o agente não lograr provar cabalmente que o terceiro foi a causa exclusiva do evento, tendo também o indigitado réu concorrido com culpa, não elide o dever de indenizar. Recorde-se de que o art. 942 estabelece a responsabilidade solidária para todos os causadores do dano.[30]

---

[30] "Agravo de instrumento. Direito ambiental. Ação civil pública. Tutela de urgência. Agravo de instrumento interposto contra decisão que deferiu tutela de urgência em ação civil pública ambiental, determinando a nulidade de licenças e paralisação de atividades de empresas em área compartilhada, até cumprimento de requisitos ambientais. A questão em discussão consiste em verificar os requisitos para cassação da tutela de urgência deferida, considerando-se a probabilidade do direito e o perigo de dano ambiental. Recurso que não merece acolhida. 1. Há probabilidade do direito alegado e risco de dano ambiental irreparável ou de difícil reparação, bem concedida a medida de urgência pelo d. Juízo 'a quo', nos termos do artigo 300 do CPC/2015. 2. A responsabilidade solidária das empresas decorre do lançamento de poluentes na rede de esgoto, conforme inquérito civil e demais elementos de prova. Indícios de provável ilícito ambiental pelo lançamento de poluentes na rede coletora de esgoto, mediante atividade empresarial da ora recorrente e demais rés**. Incidência do art. 942, 'caput' do Código Civil** e dos princípios da prevenção, precaução e 'in dubio pro natura'. 3. A defesa do meio ambiente ecologicamente equilibrado depende de uma tutela jurisdicional abrangente, eficaz e eficiente. E não vinga a tese de que não compete ao Poder Judiciário exercer o controle do licenciamento ambiental, pois, ao contrário do sustentado pela agravante, não se trata de procedimento discricionário, visto que extensamente regulamentado pela legislação com requisitos e diretrizes de observância obrigatória. Aliás, mesmo em caso de atos discricionários, afigura-se possível a atuação jurisdicional quanto a aspectos de legalidade, respeitado o mérito do gestor, de modo a prevalecer a inafastabilidade do controle jurisdicional, com apoio no art. 5º, XXXV, da CF e no art. 3º do CPC. 4. Importante ressaltar que o presente agravo de instrumento não se destina ao julgamento exauriente do mérito da causa, o que acarretaria supressão de instância, de modo que deve se limitar ao exame da plausibilidade do direito invocado pelo autor/agravado e do risco de dano ambiental. Decisão agravada mantida. Recurso desprovido" (*TJSP* – AI 2264997-37.2024.8.26.0000, 12-6-2025, Rel. Isabel Cogan).

"Ato ilícito – Reconhecimento da existência da falha na prestação de serviço pela parte ré instituição financeira, consistente no descumprimento do devedor de resguardar a segurança dos dados da parte autora cliente contra a ação de fraudadores, falha de serviço esta que permitiu o acesso destes a informações da parte cliente protegidas pelo sigilo bancário, e, posteriormente, às quais foram utilizadas para ludibriar a parte autora a efetuar a transferência de valores aos estelionatários. Responsabilidade civil – Comprovado o ato ilícito e defeito de serviço, caracterizado pelo descumprimento da parte ré instituição financeira de resguardar a segurança dos dados da parte autora cliente contra a ação de fraudadores, falha de serviço esta que permitiu o acesso destes a informações da parte cliente protegidas pelo sigilo bancário, e, posteriormente, às quais foram utilizadas para ludibriar a parte autora a efetuar a transferência de valores aos estelionatários, e não configurada nenhuma excludente de responsabilidade, de rigor, o reconhecimento da responsabilidade das partes rés, solidariamente, na obrigação de indenizar a parte autora pelos danos decorrentes do ilícito em questão – Na hipótese de haver mais de um causador do dano, o art. 942, do CC/2002, prevê **a responsabilidade solidária de todos eles pelo ressarcimento integral dos danos**, de sorte, que o lesado tem a faculdade de optar contra quem irá litigar, cabendo ao causador do dano demandado, apenas e tão-somente, em ação própria exigir dos demais a cota parte. Dano moral – Reforma da r. sentença, para condenar as partes rés, solidariamente, ao pagamento de indenização por danos morais na quantia de R$6.600,00, com incidência de correção monetária a partir da data deste julgamento – O descumprimento do devedor de resguardar a segurança dos dados da parte autora cliente contra a ação de fraudadores, falha de serviço esta que permitiu o acesso destes a informações da parte cliente protegidas pelo sigilo bancário, e, posteriormente, às quais foram utilizadas para ludibriar a parte autora a efetuar a transferência de valores aos estelionatários, constitui fato suficiente para causar desequilíbrio do bem-estar e sofrimento psicológico relevante, e não mero aborrecimento, porque expõe a parte consumidora a situação de sentimentos de humilhação, desvalia e impotência. Dano material – Condenação das partes rés, solidariamente, na obrigação pecuniária de restituir à parte autora a integralidade dos valores pagos pela consumidora em razão do defeito de serviço, descontado o montante já devolvido, correspondente ao valor de R$22.249,66 (R$25.931,16 – R$3.681,50), com incidência de correção monetária a partir das datas dos pagamentos – Pagamentos indevidos realizados pela parte autora em razão de defeito de serviço dos réus, constituem fato gerador de dano material, porquanto implicaram diminuição do patrimônio da consumidora. Recurso provido, em parte". (*TJSP* – Ap 1026531-89.2022.8.26.0405, 21-8-2023, Rel. Rebello Pinho).

"Ação rescisória. Acórdão que manteve decisão de primeiro grau que, em cumprimento de sentença, determinou a inclusão dos demandantes no polo passivo e bloqueio on line na conta deles. Autores que haviam promovido

A posição do extinto Primeiro Tribunal de Alçada Civil de São Paulo, que tivemos a honra de integrar, foi sempre, com poucas exceções, de não admitir a excludente:

> *"O fato de terceiro não desobriga o causador do prejuízo da obrigação de reparar o dano, cabendo-lhe, quando muito, o direito de regresso, como deflui do disposto no art. 1.520 do CC"* (Rel. Bruno Neto, 2ª Câmara, *JTACSP* 109/226).

Não discrepa a jurisprudência do restante do país:

> *"Fato de terceiro não afasta a responsabilidade do causador do dano a veículo, por abalroamento"* (*RT* 437/127).

No tocante à responsabilidade contratual:

> *"Quem se obriga por fato de terceiro, se este não cumpre a obrigação, fica vinculado a ela e responde por perdas e danos daí decorrentes, nos termos do art. 929 do CC"* (*RT* 646/89).[31]

Quanto ao contrato de transporte, a jurisprudência é rigorosa em não admitir a responsabilidade de terceiro, coroando a responsabilidade objetiva do transportador (Decreto nº 2.681/12), na forma da Súmula 187 do Supremo Tribunal Federal supratranscrita. Desse modo,

---

ao levantamento de valor depositado pelo réu, na qualidade de advogados dos exequentes. Posterior apuração de excesso de execução. Depósito naqueles autos, pelos demandantes, da quantia relativa aos honorários advocatícios. Ausência de responsabilidade, contudo, de restituir a parte que cabia aos exequentes, já repassada a estes. Infringência ao artigo 32, do Estatuto da Advocacia. **Responsabilidade solidária**, com fundamento no artigo 942, do Código Civil, no caso inexistente. Desconstituição do acórdão. Procedência da ação rescisória" (*TJSP* – Ação Rescisória 2221160-68.2020.8.26.0000, 3-8-2022, Rel. Fernando Sastre Redondo).

"Apelação cível – Promessa de compra e venda – Ação indenizatória – Dano moral – Não configurado – Ausência de nexo causal – **Fato de terceiro** – Ausente o nexo causal, bem como a legitimidade para a condenação da ré ao pagamento de indenização em prol da autora, uma vez que se trata de fato de terceiro, eis que o réu não foi responsável pelo cadastro indevido nos órgãos de proteção de crédito, é mantida a improcedência de tal pedido. Apelo desprovido. Unânime" (*TJRS* – AC 70078305018, 30-8-2018, Rel. Des. Gelson Rolim Stocker).

"Apelação – **Responsabilidade Civil** – Indenização por danos materiais e morais – Alegação de que o autor, contratado para alienar imóvel de terceiro, sofreu prejuízos materiais e morais decorrentes do desfazimento do negócio em razão de a instituição financeira demandada não haver providenciado a documentação necessária para que o terceiro registrasse em seu nome aludido imóvel, adquirido em leilão. Improcedência, carreando ao autor os ônus da sucumbência. Apelo do demandante. Preliminar de cerceio de defesa ante o julgamento antecipado. Oitiva de testemunhas desnecessária. Preliminar rejeitada. Autor que, outrossim, prometeu vender o imóvel a terceiros, sem antes ter a documentação regularizada do imóvel. Fato que não permite ao demandante transferir os ônus da sucumbência de sua negociação frustrada ao réu. Nexo não configurado. Improcedência ratificada. Negado provimento ao recurso" (*TJSP* – Ap 0014982-75.2012.8.26.0009, 12-4-2016, Relª Viviani Nicolau).

31 "**Dano moral** – **Fato do serviço** – Interrupção indevida no fornecimento de serviços de acesso à telefonia e internet – Dano moral – 1 – A interrupção nos serviços de telefonia fixa e internet, sem justa causa, configura falhas na prestação de serviços, devendo o fornecedor responder objetivamente pelos danos causados ao consumidor (CDC, art. 14), inocorrentes as excludentes elencadas no § 3º, inciso II (culpa exclusiva da vítima ou de terceiro). 2 – Tendo o autor demonstrado que a interrupção dos serviços se estendeu por vários dias, apesar do pagamento da primeira parcela do acordo firmado entre as partes, deve ser indenizado pelos danos morais daí advindos. 3 – O arbitramento observou as circunstâncias da causa, a capacidade econômica das partes e as finalidades reparatória e pedagógica da condenação. 4 – Os honorários de sucumbência não comportam redução, pena de aviltamento do trabalho do profissional. 5 – Recurso não provido" (*TJSP* – Ap 1002352-51.2016.8.26.0066, 3-4-2018, Rel. Melo Colombi).

"**Agravo regimental no agravo de instrumento** – Civil e processo civil – Exame do mérito recursal pela presidência do tribunal de origem. Possibilidade. Responsabilidade civil. Fato de terceiro. Súmula 07/STJ. Valores indevidamente sacados de conta corrente, via internet, de forma fraudulenta por terceiro. Defeito na prestação de serviço. Falha na segurança legitimamente esperada pelo consumidor. Pretensão recursal que esbarra no óbice da Súmula 83/STJ. Acórdão recorrido em consonância com o entendimento desta corte superior. Agravo regimental desprovido" (*STJ* – AgRg-AI 1.430.753 – (2009/0086579-3), 11-5-2012, Rel. Min. Paulo de Tarso Sanseverino).

qualquer acidente ocorrido com passageiro deve ser indenizado. Há situações, contudo, nas quais os acidentes ocorrem por ato externo, não relacionado diretamente com o transporte, como, por exemplo, o disparo de arma de fogo contra o veículo ou o arremesso de pedras. Nesse caso, há equiparação ao caso fortuito, podendo o transportador eximir-se de responsabilidade. No entanto, tem sido entendido que o arremesso de objetos em trens, em áreas urbanas, por exemplo, é fato previsível e não elide a responsabilidade do transportador (Gonçalves, 1994:492).

O direito de regresso contra o terceiro pode ser efetivado no mesmo processo por meio da denunciação da lide (art. 125, II, do CPC), quando não houver restrição em outra norma, embora nem sempre a jurisprudência a admita, mormente quando o ingresso do terceiro amplia o âmbito da causa de pedir, dificulta e retarda o julgamento da ação principal. Ainda que não denunciada a lide ao terceiro responsável, sempre será possível a ação autônoma de regresso.

15.13 CLÁUSULA DE NÃO INDENIZAR. CLÁUSULA LIMITATIVA DE RESPONSABILIDADE

Essa questão diz respeito precipuamente à esfera contratual. As partes contratuais acordam em limitar o valor de eventual indenização ou mesmo excluir esse direito. Em sede de empresa e de responsabilidade contratual, há sempre uma noção de prevenção do risco e as consequências de um dano. Limitar ou excluir a responsabilidade prende-se exatamente a essa dinâmica contratual.[32]

Em monografia sobre o tema, afirma Wanderley Fernandes:

> "*Podemos partir do princípio de que toda empresa ou agente econômico busca adequar sua expectativa de retorno de seus empreendimentos em função dos riscos que assume*" (2013:55).

Acrescenta ainda o monografista:

> "*Como não é possível prever todas as hipóteses de danos, pois os contratos são incompletos, e não temos o controle sobre ocorrência de eventos futuros, resta-nos atuar sobre os seus efeitos, alocando entre as partes e definindo os danos ressarcíveis ou nao, bem como estabelecendo limites ou prefixando o valor da reparação*" (2013:98).

Trata-se, pois, da cláusula pela qual uma das partes contratantes declara que não será responsável por danos emergentes do contrato, seu inadimplemento total ou parcial. Essa cláusula tem por função alterar o sistema de riscos no contrato. Trata-se da exoneração convencional do dever de reparar o dano. Nessa situação, os riscos são contratualmente transferidos para a vítima. Sob o prisma do risco-proveito, o risco incorpora-se ao preço e essas cláusulas atuam em torno dessa problemática. A questão é mais ampla, pois liga-se ao chamado dano social, que exige a socialização do risco, em torno dos seguros e outras estratégias como a ora estudada.

Alguns autores distinguem a *cláusula de não indenizar* da *cláusula de irresponsabilidade*. A segunda exclui a responsabilidade, e a primeira, afasta apenas a indenização. Em princípio, somente a lei pode excluir a responsabilidade em determinadas situações. No campo negocial,

---

32 "**Plano de saúde**. Responsabilidade civil. Danos moral e material. Apelante que após realizar a cirurgia plástica estética, sabendo da exclusão da cobertura pelo plano de saúde, buscou cobertura em tratamento pós-operatório. Recusa na cobertura de internação devido a consequências de cirurgia plástica de lipoaspiração. Expressa e clara previsão contratual de exclusão. Cláusula limitativa de responsabilidade autorizada pelo CDC. Ausência de dificuldade para compreensão da cláusula de exclusão. Sentença mantida. Aplicação do art. 252 do RITJSP. Recurso não provido" (*TJSP* – Ap. 994.09.298565-6, 27-7-2012, Rel. Helio Faria).

melhor que se denomine o fenômeno de cláusula de não indenizar. Essa cláusula não suprime a responsabilidade, mas suprime a indenização.

Muito se discute a respeito da validade dessa cláusula. Muitos entendem que se trata de cláusula nula, porque imoral e contrária ao interesse social. No campo dos direitos do consumidor, essa cláusula é, em princípio, nula (art. 51, I). O Código de Defesa do Consumidor admite nesse mesmo artigo a limitação da responsabilidade indenizatória *"em situações justificáveis"*, quando o consumidor for pessoa jurídica. Em se tratando de consumidor, pessoa natural, não se admite qualquer cláusula que o restrinja ou exonere do dever de indenizar.

A verdade é que, por tradição, hoje um pouco enfraquecida em razão de influência de doutrinas estrangeiras, principalmente no direito norte-americano em que é largamente utilizada, essa cláusula é vista com certa antipatia pelo direito brasileiro. O Decreto nº 2.681, de 1912, que regula a responsabilidade das estradas de ferro, considera nula qualquer cláusula que tenha por objetivo diminuir a responsabilidade das ferrovias. Em matéria de transportes, é conhecida a Súmula 161 do Supremo Tribunal Federal: *"Em contrato de transporte, é inoperante a cláusula de não indenizar"*.

Com sua proibição nos contratos por adesão, protege-se a parte mais vulnerável na relação negocial. Há, porém, em princípio, que se admitir a cláusula em contratos de adesão se ela foi livremente discutida pelos interessados e constar em destaque. Também não se admite a cláusula quando se trata de crime ou ato lesivo doloso, pois, além de constituir condição meramente potestativa (art. 122), nesse caso haveria um salvo-conduto para o agente praticar ato contra o Direito ou contra o dever estabelecido. Também não pode ser admitida a cláusula de não indenizar em conflito com a ordem pública, matéria que não pode ser objeto de transação pela vontade individual. Em tese, pode essa cláusula ser admitida quando a tutela do interesse for meramente individual, desde que não esbarre em direitos do consumidor, como vimos.

Entende a doutrina que a cláusula deve ser admitida, com restrições, como decorrência da autonomia da vontade negocial. Muitos na doutrina superam a questão da vontade individual para analisar a natureza do contrato. O Código de 2002 não cuidou da matéria, perdendo excelente oportunidade de aclarar a questão.

No entanto, ainda que admitida, deve essa cláusula decorrer de contrato livremente negociado, sem a imposição do contrato por adesão, conforme aqui expusemos. Desse modo, porque não negociada, não é válida a cláusula normalmente aposta nos estacionamentos: *"Não nos responsabilizamos por furto e danos do veículo"*. Essa cláusula, imposta ao consumidor, hoje por expressa disposição de lei, é írrita. No mesmo sentido, é nula a cláusula unilateral do hoteleiro de não se responsabilizar por furtos das bagagens dos hóspedes de seu hotel. Essa imposição não conta com o assentimento do hóspede e contraria o art. 649 (Rodrigues, 2000:181).

Em monografia sobre o tema, o mestre lusitano Antônio Pinto Monteiro, pontua:

> *"As cláusulas limitativas e de exclusão exigem, numa palavra, que se encontre um ponto de equilíbrio entre a liberdade individual e as necessidades sociais de proteção do lesado, entre a autonomia privada e a ordem pública, pendendo o prato da balança (isto é, um regime de favor, ou, ao invés, de desconfiança), para um ou outro lado, consoante o momento histórico que se considere"*.

Ao destacar a posição dessas cláusulas em contrato de adesão, conclui o autor:

> *"As cláusulas de irresponsabilidade integram, com efeito, o conteúdo mais típico e relevante destes contratos, celebrados mediante 'adesão' do particular às 'condições gerais' predeter-*

minadas pela empresa, constituindo essas cláusulas, pode dizer-se, o conteúdo standard *dos contratos* standard" (2003:69).

Sintetizando o exposto, podemos concluir que a cláusula de não indenizar possui dois requisitos básicos: a bilateralidade do consentimento e a não colisão com preceito cogente de lei, ordem pública e bons costumes (Gonçalves, 1994:513). Acrescente-se, ainda, não poder ser admitida, em princípio, em contratos por adesão e no sistema do consumidor como anteriormente apontado.

José de Aguiar Dias (1979:247), em sua clássica monografia sobre a matéria, conclui:

> *"deve a cláusula de irresponsabilidade ser declarada válida, como contrapeso ao vulto excessivo que a vida moderna trouxe aos encargos da reparação do dano. Trata-se de um fator de equilíbrio, corretor da descompensação produzida pela agravação dos riscos"* (1979:247).

Sua admissão, em qualquer caso, dependerá da não infringência das exceções aqui enumeradas. Há outra observação a ser feita: essa cláusula não pode pretender nulificar a obrigação essencial do contrato, mas apenas elementos de cumprimento das obrigações em geral, que podem ser entendidas como acessórias. Por exemplo: em um contrato de locação, não pode o locador ficar dispensado de entregar a posse da coisa locada, nem pode o locatário ficar isento de devolvê-la ao final do contrato. Nesse sentido, Sérgio Cavalieri Filho (2000: 394) lembra de entendimento do Tribunal de Justiça do Rio de Janeiro que tem declarado a invalidade da cláusula de não indenizar constante de contrato de aluguel de cofre bancário, porque excludente da obrigação essencial do contrato (2000:394).[33]

---

[33] "Recurso Especial - Direito do consumidor - Direito processual civil - Art. 535 do CPC/1973 - Violação - Não ocorrência - Julgamento *extra petita* - Inexistência - **Contrato de locação de cofre** - **Cláusula limitativa de uso** - Abusividade - Inexistência - Assalto - Agência bancária - Arrombamento e esvaziamento do cofre - Falha na prestação do serviço - Limitação do dever de indenizar - Dano material - Conteúdo licitamente armazenado - Joias de família - Valor sentimental - Danos Morais - Configuração - 1 - Ação indenizatória promovida por consumidora para fins de reparação de danos decorrentes da perda da totalidade de joias de família armazenadas no interior de cofre locado em instituição financeira que foram subtraídas em assalto. 2 - Acórdão recorrido que, reconhecendo a abusividade de cláusula contratual limitativa de uso (que vedava o depósito no interior do cofre locado de bens que em seu conjunto superassem o valor de R$ 15.000,00 - quinze mil reais), condenou o banco locador do cofre a indenizar a autora pela totalidade dos prejuízos materiais por ela suportados (oriundos da perda de joias de família de valor total estimado em R$ 600.000,00 - seiscentos mil reais) bem como por danos morais no valor de R$ 30.000,00 (trinta mil reais). 3 - O contrato bancário de locação de cofre particular é espécie contratual mista que conjuga características tanto de um contrato de depósito quanto de um contrato de locação, qualificando-se, ainda, pela verdadeira prestação dos serviços de segurança e guarda oferecidos pela instituição financeira locadora, ficando o banco locador responsável pela guarda e vigilância do recipiente locado, respondendo por sua integridade e inviolabilidade. 4 - A prática de crimes por terceiros que importem no arrombamento do cofre locado (roubo/furto) constitui hipótese de fortuito interno, revelando grave defeito na prestação do serviço bancário contratado, provocando para a instituição financeira o dever de indenizar seus consumidores pelos prejuízos eventualmente suportados. 5 - Não se revela abusiva a cláusula meramente limitativa do uso do cofre locado, ou seja, aquela que apenas delimita quais são os objetos passíveis de serem depositados em seu interior pelo locatário e que, consequentemente, estariam resguardados pelas obrigações (indiretas) de guarda e proteção atribuídas ao banco locador. 6 - A não observância, pelo consumidor, de regra contratual limitativa que o impedia de, sem prévia comunicação e contratação de seguro específico, depositar no interior do cofre bens de valor superior ao expressamente fixado no contrato exime o banco locador do dever de reparação por prejuízos materiais diretos relativos à perda dos bens excedentes ali indevidamente armazenados. 7 - Na hipótese, a violação do cofre e a consequente perda da parte das joias de família da autora que estavam abrangidas pela proteção contratual e que foram reconhecidas pelas instâncias de primeiro grau como sendo dotadas de valor sentimental dão azo à indenização por danos morais. 8 - Recurso especial parcialmente provido para julgar improcedente apenas o pedido de indenização por danos materiais" (*STJ* - REsp 1.704.204 - (2017/0130703-8), 3-9-2018, Rel. Min. Ricardo Villas Bôas Cueva).

Nesse mesmo sentido julgado do Tribunal de Justiça de São Paulo:

> *"A cláusula contratual que exclua a responsabilidade do estacionamento por danos eventualmente ocorridos no bem ali depositado não pode prevalecer, pois contraria a essência e ao próprio objeto da convenção"* (*RT* 670/73).

Trata-se, portanto, de uma cláusula perplexa que não deve ser admitida como excludente, pois seu objetivo é excluir obrigação essencial do contrato, o que implicaria *"suprimir-se o próprio objeto do contrato"* (Monteiro, 2003:127).

Note, porém, que a cláusula excludente de responsabilidade não exime o devedor de cumprir o contrato. O credor mantém o direito de exigir seu cumprimento. A cláusula de irresponsabilidade deixa intactas as obrigações descritas no contrato.

Pode-se concluir que a tendência contemporânea *"é no sentido de restringir consideravelmente neste campo, a liberdade contratual, submetendo as cláusulas de irresponsabilidade a um apertado controle: proíbem-se, não só em caso de dolo mas também de culpa grave; subordinam-se à mesma disciplina, que se trate de atos próprios do devedor ou de atos dos seus auxiliares, atribuindo-se-lhes relevo especial ao fixar-se a disciplina legislativa de controle dos atos de adesão; por último, não se admitem pura e simplesmente, em certas áreas, por razões de ordem pública"* (Monteiro, 2003:76).

Interessante observar que, de certa forma, a problemática em torno da cláusula de não indenizar e das cláusulas limitativas da responsabilidade faz revolver os conceitos de culpa grave, por vezes tido como anacrônico no direito contemporâneo, é fato que essas cláusulas exonerativas, ainda que válidas em um contrato, serão ineficazes perante o dolo ou a culpa grave do agente. Nesses termos, mesmo com a existência da cláusula, provado o dolo ou culpa grave em sua conduta, o causador do dano deve indenizar. Leve-se em conta, também, que princípios de ordem pública podem levar à impossibilidade de imposição da cláusula.

Se, por um lado, a admissão da cláusula de não indenizar apresenta alguns desses entraves, menciona-se também a questão referente à cláusula limitativa da responsabilidade, com utilização análoga à cláusula de não indenizar. Aqui, as partes não excluem, mas limitam

---

"**Contrato bancário** – Locação de cofre de segurança – Relação de consumo – Defeito na prestação do serviço bancário – Danos materiais e morais – Furto de joias de família e de vinte e seis mil dólares americanos. Abusividade da cláusula de exclusão de responsabilidade do banco na hipótese de furto. Pedido inicial julgado procedente. Sentença mantida. Recurso improvido. Contrato bancário – Locação de cofre de segurança – relação de consumo – defeito na prestação do serviço bancário – danos materiais – Furto de joias de família e de vinte e seis mil dólares americanos. Apresentação de prova necessária à demonstração dos bens que eram guardados no compartimento de segurança. Verossimilhança da alegação da existência das joias e do numerário depositado no cofre, sopesado para tanto o vulto do patrimônio do autor. Dúvida acerca do efetivo valor das joias que será dirimida na fase de liquidação da sentença, por arbitramento. Sentença parcialmente reformada neste ponto. Recurso provido, em parte. Contrato bancário – locação de cofre de segurança – relação de consumo – defeito na prestação do serviço bancário – danos morais – Furto de joias de família e de vinte e seis mil dólares. Legitimidade do espólio para a propositura da ação. Sério constrangimento acarretado pela insegurança do serviço prestado pela instituição financeira. Configuração dos danos morais indenizáveis preservada. Redução da obrigação ressarcitória para o importe de trinta mil reais, que se afigura mais adequado à espécie. Sentença parcialmente reformada neste ponto. Recurso provido, em parte" (*TJSP* – Apelação Cível 990.09.352594-1, 16-4-2012, Rel. João Camillo de Almeida Prado Costa).

"**Indenização por danos materiais e morais** – Roubo ocorrido em instituição financeira – **Subtração de bens armazenados nos cofres do banco** – Previsão no contrato sobre a impossibilidade de guarda de joias e dinheiro nos cofres. Infração contratual pelos autores. Validade da cláusula limitativa de uso. O banco não pode ser compelido a responsabilizar-se por obrigação maior que a contratada – Recurso dos autores não provido. Honorários advocatícios. Fixação que remunerou de forma condigna o patrono da parte, não merecendo reparo – Recurso do réu não provido" (*TJSP* – Apelação Cível 991.03.019026-5, 25-5-2012, Rel. Renato Rangel Desinano).

a responsabilidade decorrente de um ato ilícito ou inadimplemento até determinado valor. Nessa cláusula, limita-se, antecipadamente, a soma que o devedor pagará a título de perdas e danos. Distingue-se da cláusula penal, porque na limitação estará ausente a noção de pena. Seu conteúdo é exclusivamente indenizatório. Trata-se, sem dúvida, de elemento dinamizador dos negócios. Pode, porém, servir de burla aos direitos do credor. Também somente poderá ser admitida se livremente pactuada e falece também perante a ocorrência de dolo ou culpa grave. Essas cláusulas não podem nunca servir de salvo-conduto para o mau contratante.

A modalidade mais usual das cláusulas limitativas é aquela que restringe a extensão da responsabilidade, mediante avença contratual, responsabilizando o devedor até determinado limite ou restringindo sua responsabilidade apenas a certos danos. São cláusulas cada vez mais frequentes no universo negocial. No entanto, é possível encontrar-se também cláusulas limitativas mais sofisticadas como aquelas que restringem prazos de prescrição ou caducidade ou limitam a garantia patrimonial, restringindo a possibilidade de excussão a apenas parte dos bens do devedor. Essas cláusulas devem ter sua validade e eficácia analisadas em concreto. Não se pode afirmar que, em princípio, sejam sistematicamente inválidas.

Em princípio, os mesmos óbices, com maior mitigação, apresentam-se na limitação: a cláusula de não indenizar não é válida contra a ordem pública, em caso de dolo, nas relações de consumo etc. Como regra geral, em contrato negociado, deve ser admitida. No entanto, há mais um aspecto aqui a ser examinado: se a limitação da responsabilidade for de tal monta que torne a indenização irrisória, equivale a uma cláusula de não indenizar. Se a cláusula de não indenizar é vedada, como no caso dos transportes, a limitação da indenização não passaria de mero subterfúgio para contornar a proibição. Se admitida como fraude ao direito do credor, nesse sentido, não pode ser considerada válida.

Observa, no entanto, José de Aguiar Dias (1979:130):

> *"A fixação arbitrária, entretanto, quando guarde justas proporções, é até louvável, porque assegura a solvabilidade do responsável perante os prejudicados, afastando a sobrecarga das indenizações amplas"* (1979:130).

Espera-se que o projeto de reforma do Código Civil consiga equacionar devidamente essa problemática.

15.14 IMPUTABILIDADE

A responsabilidade subjetiva, além de exigir uma conduta do agente e um ato lesivo, exige também a imputabilidade ou nexo de imputação. Imputar é atribuir a alguém a responsabilidade por algum fato ou ato. Desse modo, a imputabilidade é pressuposto não só da culpa, mas da própria responsabilidade. Como já vimos, pode ocorrer imputação pelo risco, sem que se avalie a culpa. Se o agente, quando da prática do ato ou da omissão, não tinha condições de entender o caráter ilícito da conduta, não pode, em princípio, ser responsabilizado. Nessa premissa, importa verificar o estado mental e a maturidade do agente. Para que o agente seja imputável, exige-se-lhe capacidade e discernimento. A imputabilidade retrata a culpabilidade. Não se atinge o patamar da culpa se o agente causador do dano for inimputável.

Como critério objetivo, o Código de 1916 instituiu que os menores de 16 anos eram inimputáveis, respondendo por eles os pais, se estivessem sob sua guarda. O menor entre 16 e 21 anos era equiparado ao maior no tocante às obrigações por ato ilícito em que fosse culpado (art. 156). Como sabemos, o presente Código reduziu a maioridade plena para os 18 anos, mantida a capacidade relativa aos 16.

Os que não possuem o devido discernimento, tratados como loucos de todo gênero pelo Código de 1916, também são inimputáveis. Por eles respondem os curadores (art. 932, II), semelhantemente aos pais. Há, no entanto, moderna tendência de fazer incidir sobre o patrimônio do amental a reparação do dano por ele causado, quando tenha ele bens suficientes e não tenha responsável, sob o prisma da proteção social ampla no tocante ao restabelecimento do prejuízo. Aponta com propriedade Sérgio Cavalieri Filho (2000:35) que essa solução somente seria possível no ordenamento brasileiro na presença de lei expressa, que criasse nova modalidade de responsabilidade objetiva. Não podendo os amentais responder por culpa, a eles não pode ser imputada a reparação. A nosso ver, no entanto, a matéria requer maior meditação. Pontilha Sílvio Rodrigues (2000:25) ao comentar essa problemática que

> *"muitos doutrinadores entendem que, em casos excepcionais e de* ***lege ferenda****, deve o juiz, por equidade, determinar que o patrimônio do amental responda pelo dano por ele causado a terceiro, quando, se isso não ocorresse, a vítima ficaria irressarcida".*

Como mencionamos, o Código contemporâneo, no art. 928, adota esse entendimento, procurando um justo equilíbrio entre o dano e a indenização:

> *"O incapaz responde pelos prejuízos que causar, se as pessoas por ele responsáveis não tiverem obrigação de fazê-lo ou não dispuserem de meios suficientes.*
>
> *Parágrafo único. A indenização prevista neste artigo, que deverá ser equitativa, não terá lugar privar do necessário o incapaz ou as pessoas que dele dependem".*

Somente uma jurisprudência inovadora, contudo, poderia ter adotado esse entendimento sob o ordenamento de 1916, embora os relativamente incapazes se equiparassem aos maiores para fins de ato ilícito. Note que esse artigo 928 se refere ao incapaz em geral e o ordenamento de 2002 não equipara os relativamente incapazes aos capazes para fins de indenização. Lembre-se, ademais de que o estado de incapacidade buscado ou procurado pelo agente que causa dano, o indivíduo que se droga ou se embriaga propositalmente, não elide seu dever próprio de indenizar.

Por outro lado, esse artigo é restritivo e faz concluir que dificilmente será aplicado, salvo se diferentemente de sua interpretação literal, quando se buscar o interesse social da norma. É difícil, por exemplo, imaginar situação prática na qual as pessoas responsáveis pelo incapaz não tenham obrigação de reparar os danos por ele praticados. Difícil também ocorrer que o incapaz tenha patrimônio e os seus responsáveis, não. Também é complexa a fixação da indenização por equidade, como determina o parágrafo. Como se conclui, o legislador ousou, mas não o suficiente.

Quanto à emancipação dos menores, se esta é voluntária por parte dos pais, não se liberam eles da responsabilidade por atos praticados pelos filhos. O mesmo não ocorre se a emancipação decorre de casamento ou de outras causas previstas no art. 5º, parágrafo único, do Código Civil.

15.15 DIREITO E RESPONSABILIDADE DO SUCESSOR HEREDITÁRIO

Lembre-se, ademais, de que o presente Código também estabeleceu, como regra geral, a transmissibilidade do dever de indenizar por sucessão hereditária, no art. 943: *"O direito de exigir reparação e a obrigação de prestá-la transmitem-se por herança"*. O Código de 1916 tinha a mesma redação, mas acrescentava, ao final, *"exceto nos casos que este Código excluir"*. O Código de 2002, de fato, a princípio, não exclui essa transmissibilidade.

Nunca houve dúvidas no sentido de que iniciada uma ação e morto o autor, pudessem os herdeiros substituí-lo no prosseguimento do processo. Também, ocorrido o ato ilícito e persistente o dano, esse aspecto patrimonial transmite-se tanto para os herdeiros do credor, como para os herdeiros do devedor. Trata-se de um valor ativo ou passivo do patrimônio, que se transmite também por herança. Ocorre que nem sempre, em alguns direitos da personalidade, haverá essa transmissão, ao menos como estabelecida em regra geral, o que deve ser examinado no caso concreto. Na ofensa à honra da pessoa morta, por exemplo, deve ser examinado se os herdeiros têm interesse em proteger a honra do morto. Veja o que expusemos a respeito dos direitos da personalidade no volume 1 desta obra, *Direito Civil: parte geral.*

15.16 PROJETO DE REFORMA DO CÓDIGO CIVIL. ADVERTÊNCIA

Em toda nossa obra temos perpassado e feito, por vezes, referência ao projeto de reforma do Código Civil, que aguarda veredito do Poder Legislativo, quando oportuno e necessário.

Há, contudo, dois compartimentos de nosso Código que sofrerão muitas alterações se a reforma for concretizada: dispositivos sobre família e sobre responsabilidade civil.

Na responsabilidade civil, os reformadores foram radicais, objetivando inserir no Código as mais recentes linhas da doutrina, mormente da doutrina francesa, sempre criativa nessa área. Também se buscou inserir as formas do direito anglo-saxão. Há realmente textos oportunos, ao lado de outros que a nosso ver se mostram supérfluos, prolixos, desnecessários ou inconvenientes. Enquanto não aprovadas as sugestões, e nem sabemos quais serão, não cabe fazer análise maior a nosso leitor, tendo em vista os objetivos eminentemente didáticos de todos os nossos volumes. Destarte, cabe-nos aguardar a manifestação do legislador, esperando que haja bom senso no sentido de alterar ou inovar naquilo que é necessário, sem levar em conta idiossincrasias pessoais. E isso vale para toda a reforma pretendida, e não apenas no âmbito da responsabilidade civil.

16

RESPONSABILIDADE POR FATO DE OUTREM

16.1 RESPONSABILIDADE DIRETA E INDIRETA

Em todos os sistemas jurídicos, mesmo naqueles marcados pelo individualismo, há casos de uma pessoa, natural ou jurídica, ser considerada civilmente responsável por danos praticados por terceiro. No entanto, a sistemática de responsabilização varia muito em cada sistema no direito comparado.

Cada vez mais, o direito positivo procura ampliar as possibilidades de reparação de prejuízos causados ao patrimônio de outrem. Na introdução desta matéria, apontamos que a primeira ideia de responsabilidade que aflora, dentro do conceito de equidade e justiça, é fazer com que o próprio causador do dano responda pela reparação do prejuízo. Essa noção é a mais restrita no exame da responsabilidade e coincide com a punição do Direito Penal, cuja pena tem sentido social e repreensivo. Trata-se da responsabilidade direta do causador do dano ou responsabilidade por fato próprio.

No entanto, se unicamente os causadores dos danos fossem responsáveis pela indenização, muitas situações de prejuízo ficariam irressarcidas. Por isso, de há muito, os ordenamentos admitem que, em situações descritas na lei, terceiros sejam responsabilizados pelo pagamento do prejuízo, embora não tenham concorrido diretamente pelo evento.

Vimos que não apenas essa situação é plenamente admitida pelas legislações, como também a admissão da teoria do risco ou da responsabilidade objetiva, responsabilidade sem culpa, vem ao encontro dessa ideia de possibilitar a indenização à vítima da forma mais ampla possível. O título *"responsabilidade por fato de outrem"* não expressa com exatidão o estudo do tema, pois se cuida de culpa presumida por fato de terceiro, como comenta Orlando Gomes (1984: 349), mas é expressão consagrada e conhecida. Para que outra pessoa possa ser responsabilizada, é necessário que algumas regras e alguns vínculos sejam estabelecidos, como é evidente.[1]

---

1 "Apelação. 'Golpe do leilão'. Ação de indenização por danos materiais e morais. Sentença de improcedência. Insurgência do autor. Pretensão de condenação da instituição financeira. Não acolhimento. Suposta arrematação de veículo em leilão eletrônico. Autor que transferiu valores para a conta-corrente de fraudador, mantida junto ao banco réu. Consumidor travou comunicação direta com os fraudadores, sendo induzido a transferir-lhes,

voluntariamente, os valores do lance falso, sendo tal comportamento predominante e suficientemente capaz de proporcionar as implicações geradas. A instituição financeira ré não concorreu para a fraude da qual o autor foi vítima. Inexistência de relação de causalidade direta entre a abertura da conta-corrente destinatária da quantia e os fatos narrados na petição inicial. O banco réu não foi responsável pelo leilão e sequer contribuiu para o início do contato entre o autor e o fraudador. Boa-fé do autor que não é suficiente para atribuir ao réu a responsabilidade pela fraude. Ausência de nexo causal entre a conduta do réu e o dano experimentado pelo autor. **Fato exclusivo de terceiro**. Sentença mantida. Recurso desprovido" (*TJSP* – Ap 1022704-92.2023.8.26.0451, 16-5-2025, Rel. José Marcelo Tossi Silva).

"Apelação cível – Ação declaratória de inexistência de relação jurídica c/c indenização por dano moral – Abertura de conta corrente – Fraude verificada – Dano moral caracterizado – Reparação devida – **Fato exclusivo de terceiro** – Ausência – *Quantum* indenizatório – Critérios. – O fato exclusivo de terceiro não tem aplicação no âmbito da atividade desenvolvida pelo credor, notadamente, porque este deve assumir os riscos do seu empreendimento, não podendo transferi-lo ao consumidor. – É certo que a negligência do Banco réu ao permitir abertura de conta corrente por terceiros em nome do autor, ultrapassa a barreira do mero aborrecimento porquanto o autor que não possuía nenhum relacionamento com o réu, teve seu nome utilizados por terceiros, o que, por simples maior cautela do réu poderia ter sido evitado – Inexistindo parâmetros objetivos para a fixação da indenização por danos morais, deve o julgador observar a razoabilidade e a proporcionalidade, atentando para o seu caráter punitivo-educativo, e também amenizador do infortúnio causado" (*TJMG* – ApCív 1.0000.19.152731-6/001, 4-3-2020, Shirley Fenzi Bertão).

"Dano moral – Prática de ato libidinoso contra passageira – Composição de trem do metrô paulista – Ausência de responsabilidade da transportadora – **Fato exclusivo de terceiro e estranho ao contrato de transporte** – Agravo interno no agravo em recurso especial. Direito civil. Ação de indenização por danos morais. Prática de ato libidinoso contra passageira no interior de uma composição de trem do metrô paulista. Ausência de responsabilidade da transportadora. Fato exclusivo de terceiro e estranho ao contrato de transporte. Agravo interno provido para conhecer do agravo e dar provimento ao recurso especial. 1. Nos termos da jurisprudência firmada nesta Corte Superior, a responsabilidade do transportador em relação aos passageiros é objetiva, somente podendo ser elidida por fortuito externo, força maior, fato exclusivo da vítima ou por fato doloso e exclusivo de terceiro – quando este não guardar conexidade com a atividade de transporte. 2. Na hipótese, afasta-se a responsabilidade da concessionária por prática de ato libidinoso, cometido por terceiro contra usuária do serviço de transporte, ocorrido no interior do metrô. 3. Agravo interno provido para conhecer do agravo e, em novo exame do feito, dar provimento ao recurso especial" (*STJ* – Ag Int-AREsp 1332491/SP, 1-7-2019, Rel. Min. Raul Araújo).

"Apelação – **Ação de indenização por danos morais** – Morte da vítima em razão da queda de um muro de propriedade da ré – Pretensão de condenação da ré no pagamento de prestação mensal de 2,3 do salário mínimo e indenização por dano moral – Sentença de parcial procedência – Inconformismo da ré, alegando, basicamente, a ausência de responsabilidade pelo fato narrado na inicial, pois sempre zelou pela manutenção do imóvel e que se houve alguma rachadura no muro não teve conhecimento, uma vez que o imóvel estava locado e a existência de caso fortuito ou força maior, pois era impossível aferir as condições de raízes das árvores ou chuvas que possam ter ocasionado a queda do muro. Alega, ainda, o excessivo valor da indenização fixada em 180 salários mínimos e a incidência dos juros e correção monetária a partir da sentença – Descabimento – Incontroversa a morte da vítima em razão da queda de um muro de propriedade da ré – O fato do imóvel ter sido alugado não afasta sua a responsabilidade – Artigo 937 do CC, responsabilidade do dono do edifício pelos danos causados a outrem – Indenização devida – Valor fixado adequadamente – Relação extracontratual – Juros de mora e correção monetária incidentes a partir do evento danoso – Súmula 54 do CSTJ – Recurso desprovido" (*TJSP* – Ap 1019030-33.2016.8.26.0005, 16-7-2018, Rel. José Aparício Coelho Prado Neto).

"Direito Civil – **Responsabilidade Civil por fato de outrem** – Pais pelos atos praticados pelos filhos menores – Ato ilícito cometido por menor – responsabilidade civil mitigada e subsidiária do incapaz pelos seus atos (CC, art. 928) – litisconsórcio necessário – inocorrência – 1 – A responsabilidade civil do incapaz pela reparação dos danos é subsidiária e mitigada (CC, art. 928). 2 – É subsidiária porque apenas ocorrerá quando os seus genitores não tiverem meios para ressarcir a vítima. É condicional e mitigada porque não poderá ultrapassar o limite humanitário do patrimônio mínimo do infante (CC, art. 928, par. único e En. 39/CJF); E deve ser equitativa, tendo em vista que a indenização deverá ser equânime, sem a privação do mínimo necessário para a sobrevivência digna do incapaz (CC, art. 928, par. único e En. 449/CJF). 3 – Não há litisconsórcio passivo necessário, pois não há obrigação – Nem legal, nem por força da relação jurídica (unitária) – Da vítima lesada em litigar contra o responsável e o incapaz. É possível, no entanto, que o autor, por sua opção e liberalidade, tendo em conta que os direitos ou obrigações derivem do mesmo fundamento de fato ou de direito (CPC/73, art. 46, II) intente ação contra ambos – Pai e filho –, formando-se um litisconsórcio facultativo e simples. 4 – O art. 932, I do CC ao se referir a autoridade e companhia dos pais em relação aos filhos, quis explicitar o poder familiar (a autoridade parental não se esgota na guarda), compreendendo um plexo de deveres como, proteção, cuidado, educação, informação, afeto, dentre outros, independentemente da vigilância investigativa e diária, sendo irrelevante a proximidade física no momento em que os menores venham a causar danos. 5 – Recurso especial não provido" (*STJ* – REsp 1.436.401 – (2013/0351714-7), 16-3-2017, Rel. Min. Luis Felipe Salomão).

Admite-se, em síntese, a noção de culpa *in vigilando* daquele que responde pelos danos. Uma pessoa, sem ter praticado o ato, responde pelos prejuízos causados por outrem que efetivamente o praticou; essa é a ideia básica. A vítima deve provar, como veremos, a culpa direta do agente causador do prejuízo. Consubstanciada esta, aflora automaticamente a culpa do responsável indicado na lei. Não se trata, pois, de responsabilidade sem culpa, embora a noção não fique muito distante. Trata-se, originalmente, de presunção relativa de culpa derivada da lei. Conclui Sérgio Cavalieri Filho:

> *"Em apertada síntese, a responsabilidade pelo fato de outrem constitui-se pela infração do dever de vigilância. Não se trata, em outras palavras, de responsabilidade por fato alheio, mas por fato próprio decorrente do dever de vigilância. Por isso, alguns autores preferem falar em* ***responsabilidade por infração dos deveres de vigilância****, em lugar de* ***responsabilidade pelo fato de outrem****"* (2004:187).

O Código Civil de 2002 estabelece que os pais, o tutor e curador, o empregador e comitente responderão pelos atos dos filhos, pupilos e empregados ou prepostos, *"ainda que não haja culpa de sua parte"* (art. 933).[2] Cria-se, portanto, uma responsabilidade objetiva, nesse liame

"Acidente de veículo – Ação regressiva – Responsabilidade civil – Danos materiais – Ação proposta objetivando o ressarcimento de danos decorrentes de acidente de veículo – Ação regressiva – Ação julgada procedente – Colisão envolvendo 04 veículos em rodovia estadual, com danos em vários deles – Alegação do corréu Luiz de sua ilegitimidade de parte, porquanto apenas o dono, o proprietário do caminhão envolvido no acidente – Alegação de ausência de sua responsabilidade – Legitimidade evidente, porquanto proprietário, diante dos princípios da culpa 'in vigilando e in eligendo' – Precedentes – Preliminar afastada – Responsabilidade, no caso, objetiva – Alegação, ainda, por parte do corréu Deivid, de que o acidente teria ocorrido em decorrência de caso fortuito ou força maior, pois a pista estava molhada e, com a diminuição do fluxo de velocidade na rodovia, não conseguiu ele parar a tempo o caminhão – Alegação que não convence, pois a colisão foi na traseira de um dos veículos, que foi arremessado para a frente, vindo a atingir o veículo segurado que, por sua vez, atingiu o outro que estava à sua frente – Responsabilidade bem definida, assim como a culpa – Ausência de qualquer causa excludente de responsabilidade – Precedentes – Indenização bem fixada, diante das provas produzidas – Recursos improvidos" (*TJSP* – Ap 1019935-78.2015.8.26.0100, 3-6-2016, Rel. Carlos Nunes).

"**Acidente de trânsito** – Rodovia estadual administrada por autarquia – Colisão de motocicleta com animal que se encontrava na pista – Morte do condutor do veículo – Ação de indenização por danos morais proposta pelos genitores da vítima – Sentença de procedência – Reexame necessário – Apelo de ambas as partes – Ilegitimidade passiva – Preliminar rejeitada – Fato de terceiro não caracterizado – Nexo causal comprovado – Responsabilidade objetiva – Indenização exigível e arbitrada em valores adequados – Atualização monetária e juros de mora nos termos do artigo 1º-F da Lei nº 9.494/97, com a redação da Lei nº 11.960/09 – Afastamento em cumprimento a decisão proferida pelo Supremo Tribunal Federal em ação direta de inconstitucionalidade – Aplicação do artigo 406 do Código Civil e da Súmula 54 do Superior Tribunal de Justiça – Honorários advocatícios de sucumbência arbitrados por equidade – Ratificação – Reexame necessário e apelação do réu desprovidos – Apelação dos autores acolhida em parte" (*TJSP* – Ap 0022391-67.2012.8.26.0053, 21-7-2015, Rel. Carlos Henrique Miguel Trevisan).

2 "Apelação. Responsabilidade civil. Ação de indenização por dano material. Uso da plataforma digital IFOOD para aquisição de mercadorias. Legitimidade passiva ad causam configurada. Empregador que deve reparar os danos causados por seus prepostos a terceiros, ainda que se trate de colaborador eventual (entregador). Inteligência dos arts. 932, III, e 933, do Código Civil. Danos causados à câmera de segurança. Prejuízo suportado pela autora que deve ser reparado. Sentença mantida. Recurso desprovido" (*TJSP* – Ap 1008622-97.2023.8.26.0405, 17-7-2024, Rel. Dimas Rubens Fonseca).

"Acidente de trânsito. Ação de indenização por danos material e moral. Acidente de trânsito ocorrido em cruzamento. Dinâmica do evento descrita pelo motorista do veículo, preposto da ré Ability, em seu desfavor, que torna certa a sua responsabilidade. Ademais, o motorista iniciou a travessia do cruzamento sem atentar para o veículo do autor, que tinha preferência por estar transitando a direita. Empregador que deve reparar os danos causados por seus prepostos a terceiros. Inteligência dos arts. 932, III, e 933 do Código Civil. Alegação de ilegitimidade passiva da ré Telefônica afastada. Acervo probatório que comprovou que o veículo envolvido no acidente estava prestando serviços às rés Telefônica e Ability. Nexo causal demonstrado. Dever de garantir a segurança do serviço prestado. Risco da atividade. Dever de responder pelos danos causados que se tem por inafastável. Autor, que era professor de dança, sofreu traumas graves, submetendo-se a diversas cirurgias que resultaram em lesão definitiva de seu tornozelo. Ofensa moral caracterizada. Verba indenizatória fixada em patamar abaixo do razoável, admitindo majoração. Recurso do autor provido. Recursos das rés desprovidos" (*TJSP* – Ap 1011764-20.2019.8.26.0577, 25-5-2022, Rel. Dimas Rubens Fonseca).

"Apelação cível – Ação indenizatória – Veículo clonado – **Fato de terceiro** – Exclusão do nexo de causalidade – Ausência de responsabilidade das autarquias demandadas – Dano moral não configurado – Recurso conhecido e desprovido – 1- O Código Civil em seu art. 186, c/c art. 927 estabelece que, aquele que por ação ou omissão violar direito ou causar dano a outrem, ainda que exclusivamente moral, comete ato ilícito, ficando obrigado a repará-lo. 2- Aduz a Constituição Federal, em seu art. 37, § 6º, que 'As pessoas jurídicas de direito público e as de direito privado prestadoras de serviços públicos responderão pelos danos que seus agentes, nessa qualidade, causarem a terceiros, assegurado o direito de regresso contra o responsável nos casos de dolo ou culpa.' 3- Entretanto, verificado que a clonagem do veículo do autor se deu por fato de terceiro, inexiste nexo de causalidade a ampara a condenação das rés ao pagamento de abalo extrapatrimonial. Precedentes. 4- Diante do arcabouço probatório que se apresente nestes autos, verifica-se que os dissabores experimentados pelo recorrente foram ocasionados exclusivamente por terceiro, sendo que as autarquias aqui demandadas tão somente agiram no estrito cumprimento do dever legal. 5- Recurso desprovido" (*TJES* – Ap 0004789-85.2015.8.08.0012, 29-3-2019, Rel. Des. Subst. Julio Cesar Costa de Oliveira).

"**Responsabilidade civil** – Tratamento dermatológico – Dano material, moral e estético – Configuração – Agravo interno no recurso especial. Anulatória. Responsabilidade civil. Tratamento dermatológico. *Peeling*. Estética. Responsabilidade objetiva. Dano material, moral e estético. Configuração. Matéria. Prova. Súmula nº 7/STJ. Omissão. Inexistência. Juntada posterior de documento. Art. 397 do CPC/1973. Possibilidade. Súmula nº 83/STJ. 1. Não há ofensa aos arts. 489 e 1.022 do CPC/2015 se o tribunal de origem se pronuncia fundamentadamente a respeito das questões postas a exame, dando suficiente solução à lide, sem incorrer em qualquer vício capaz de maculá-la. 2. Quando as conclusões da Corte de origem resultam da estrita análise das provas carreadas aos autos e das circunstâncias fáticas que permearam a demanda, não há como infirmar tal posicionamento em virtude da incidência da Súmula nº 7/STJ. 3. Nos termos da jurisprudência desta Corte, é possível a apresentação de prova documental em outra fase do processo, desde que respeitado o contraditório e não tenha ocorrido a má-fé. 4. Agravo interno não provido" (*STJ* – Ag Int-REsp 1.624.475 – (2016/0234649-5), 2-2-2018, Rel. Min. Ricardo Villas Bôas Cueva).

"Direito Civil – **Responsabilidade civil por fato de outrem** – Pais pelos atos praticados pelos filhos menores – Ato ilícito cometido por menor – Responsabilidade civil mitigada e subsidiária do incapaz pelos seus atos (CC, art. 928) – Litisconsórcio necessário – Inocorrência – 1 – A responsabilidade civil do incapaz pela reparação dos danos é subsidiária e mitigada (CC, art. 928). 2 – É subsidiária porque apenas ocorrerá quando os seus genitores não tiverem meios para ressarcir a vítima. É condicional e mitigada porque não poderá ultrapassar o limite humanitário do patrimônio mínimo do infante (CC, art. 928, par. único e En. 39/CJF); E deve ser equitativa, tendo em vista que a indenização deverá ser equânime, sem a privação do mínimo necessário para a sobrevivência digna do incapaz (CC, art. 928, par. único e En. 449/CJF). 3 – Não há litisconsórcio passivo necessário, pois não há obrigação – Nem legal, nem por força da relação jurídica (unitária) – Da vítima lesada em litigar contra o responsável e o incapaz. É possível, no entanto, que o autor, por sua opção e liberalidade, tendo em conta que os direitos ou obrigações derivem do mesmo fundamento de fato ou de direito (CPC/73, art. 46, II) intente ação contra ambos – Pai e filho –, formando-se um litisconsórcio facultativo e simples. 4 – O art. 932, I do CC ao se referir a autoridade e companhia dos pais em relação aos filhos, quis explicitar o poder familiar (a autoridade parental não se esgota na guarda), compreendendo um plexo de deveres como, proteção, cuidado, educação, informação, afeto, dentre outros, independentemente da vigilância investigativa e diária, sendo irrelevante a proximidade física no momento em que os menores venham a causar danos. 5 – Recurso especial não provido" (*STJ* – REsp 1.436.401 – (2013/0351714-7), 16-3-2017, Rel. Min. Luis Felipe Salomão).

"**Apelação** – Indenização – Dano moral – Cobrança – Alegação de inexistência de qualquer contratação – fraude constatada – pretendida exclusão de responsabilidade por fato de terceiro – vulnerabilidade reconhecida – relação de consumo – responsabilidade objetiva das requeridas reconhecida – negativação indevida – Inexistência de registro de inscrição anterior por outro credor – Inaplicabilidade da Súmula 385 do STJ – Dano moral configurado – *Quantum* indenizatório fixado em consonância com os princípios da proporcionalidade e razoabilidade – Sentença confirmada – Recursos desprovidos" (*TJSP* – Ap 0125375-85.2012.8.26.0100, 13-8-2015, Rel. Irineu Fava).

"**Acidente de trânsito – Responsabilidade civil solidária do proprietário do veículo** – Legitimidade passiva *ad causam* – Reconhecimento – Indenização por lucros cessantes – Cabimento – Dano moral – dignidade da pessoa – Indenização – Cabimento – *Quantum* indenizatório de acordo com o princípio da razoabilidade e da proporcionalidade – Honorários advocatícios – Ilegitimidade da parte para pleitear a majoração – 1 – Em matéria de acidente automobilístico, é manifesta a responsabilidade solidária do proprietário do veículo causador de acidente. A conclusão é que os princípios fundamentais reguladores da responsabilidade pelo fato de outrem são os mesmos que regem a responsabilidade indireta, sem culpa, do comitente, do patrão, do pai em relação aos filhos menores, com fundamento no risco. 2 – Se em virtude de acidente de trânsito, a vítima, comprovadamente, fica impossibilitada de exercer seu ofício por tempo determinado, tem o direito de ser indenizada, a título de lucros cessantes, pelo período de inatividade. 3 – É cabível a indenização a título de dano moral quando o ofendido é acometido de dores físicas provocadas pelos ferimentos do acidente de trânsito com repercussão na rotina diária.

de implicação e polaridade, afastada da ideia de culpa, situação do sistema revogado que hoje se apresenta, em princípio, unicamente com relação aos empregadores, por força da Súmula 341, como veremos.

De qualquer modo, a arquitetura das teorias jurídicas que procuram explicar a responsabilidade pelo fato de outrem é altamente complexa, cada autor engendrando uma teoria particular. O âmbito desta obra torna despiciendo discorrer sobre as inúmeras teorias sobre a responsabilidade pelo fato de terceiro, levando em consideração que a jurisprudência brasileira já secular permite hoje uma noção clara de sua compreensão, desvinculada da própria orientação e interpretação gramatical originária formulada pelo Código Civil de 1916. No estudo da responsabilidade por fato de outrem, é necessário partir de diferentes pressupostos, que não coincidem com os da responsabilidade por fato próprio. De qualquer modo, somente exsurge a responsabilidade de terceiro, de forma moralmente justificável, nas situações descritas em lei, embora exista quem sustente diferentemente. Observa Alvino Lima (2000:26), em clássica obra sobre a matéria:

> *"A responsabilidade extracontratual pelo fato de outrem, em sentido estrito, é regulada de modo específico, em dispositivos que abrem exceções, à cláusula geral de responsabilidade, por culpa, deixando de ser subordinada a fatores morais, para acomodar-se às exigências de uma evolução caracterizada pelos progressos maravilhosos da técnica industrial; surge, em regra, automaticamente, baseada no fato alheio e só indiretamente se pode dizer que repousa na culpa do civilmente responsável, ocorre a culpa do terceiro, como veremos, autor do ato lesivo, ou do interesse legítimo da vítima."*

Nessa síntese, o autor aponta com concisão o pressuposto principal da culpa pelo fato de terceiro: a culpa de um agente, objetiva ou subjetiva, faz nascer a responsabilidade de terceiro indigitado pela lei. A natureza jurídica desse liame entre o causador direto do dano e o terceiro responsável pela reparação é justamente o aspecto que faz emergir as dificuldades doutrinárias, embora não se duvide que busca o ideal de justiça e proteção à dignidade humana, como realçamos no capítulo inicial. A questão restringe-se à responsabilidade aquiliana, porque na responsabilidade contratual ou negocial o que se discute é a inexecução da obrigação acordada entre as partes contratantes ou participantes do negócio jurídico.

Não se esqueça que na responsabilidade por fato de outrem existem duas responsabilidades: a do causador direto do dano e a da pessoa também encarregada de indenizar. É necessário que o agente direto tenha agido com culpa ou, no caso de incapazes, que tenha ocorrido uma conduta contrária ao Direito, porque não se fala estritamente em culpa destes. Se o inimputável, menor ou outro incapaz, agiu de acordo com o Direito, em conduta que se fosse capaz não seria culposa, não há o que indenizar.

O Código de 1916 não trouxe uma norma geral sobre esse fenômeno. O art. 1.521, todavia, estabelecia as bases para a responsabilidade por fato de terceiro:

> *"São também responsáveis pela reparação civil:*
>
> *I – os pais, pelos filhos menores que estiverem sob seu poder e em sua companhia;*
>
> *II – o tutor e o curador, pelos pupilos e curatelados, que se acharem nas mesmas condições;*

---

4 – Por força do artigo 23 da Lei 8.906/94, os honorários advocatícios de sucumbência pertencem ao advogado, de sorte que a ele incumbe recorrer para majorar tal verba e não à parte. Recurso dos réus desprovido. Recurso do autor conhecido em parte e, na parte conhecida, parcialmente provido" (*TJSP* – Ap. 0001790-53.2008.8.26.0288, 15-1-2014, Rel. Gilberto Leme).

> *III – o patrão, amo ou comitente, por seus empregados, serviçais e prepostos, no exercício do trabalho que lhes competir, ou por ocasião dele;*
>
> *IV – os donos de hotéis, hospedarias, casas ou estabelecimentos, onde se albergue por dinheiro, mesmo para fins de educação, pelos seus hóspedes, moradores e educandos;*
>
> *V – os que gratuitamente houverem participado nos produtos do crime, até à concorrente quantia".*

A mesma disposição é mantida pelo art. 932 do Código em vigor, com modificação gramatical no inciso I. Substitui-se "poder" por "autoridade". E no inciso III, que substitui a palavra "ocasião" por "razão". Desse modo, o patrão, amo ou comitente é responsável pelos atos de seus empregados, no exercício do trabalho ou em *razão* dele, o que dá maior amplitude de interpretação. Quanto aos pais, faremos observações a seguir. Note-se, porém, que o art. 933 do diploma mais recente inova ao dizer que as pessoas indicadas nos incisos I a V responderão pelos atos dos terceiros indicados *"ainda que não haja culpa de sua parte"*. Como expusemos, a novel lei salta do campo da responsabilidade presumida, como passara a entender a jurisprudência a respeito do antigo Código, para o campo da responsabilidade objetiva, o que, na prática, já era fartamente admitido pela jurisprudência. Essa amplitude do dever de indenizar toca diretamente ao fulcro da responsabilidade civil pós-moderna, que mencionamos no Capítulo 1, aquela que procura indenizar o maior número possível de danos ou, pela outra face da problemática, aquela que procura sublimar a dignidade humana, impedindo, tanto quanto possível e dentro dos limites do equitativo, que prejuízos restem irressarcidos. O art. 932 do projeto apresentado de reforma do Código Civil alarga sobremaneira as respectivas hipóteses. Aguardemos as soluções.

O art. 1.522 do Código de 1916 estendera a responsabilidade com relação ao ato praticado pelo empregado para as pessoas jurídicas, fazendo referência anacrônica àquelas *"que exercerem exploração industrial"*. Os tribunais encarregaram-se prontamente de esclarecer que toda pessoa jurídica é responsável pelos atos danosos e ilícitos de seus empregados. Nunca se esqueça que o papel da jurisprudência é fundamental em sede de responsabilidade civil, mais do que no direito obrigacional tradicional, tendo em vista o dinamismo de resposta que os casos concretos exigem e que a sociedade espera.

Aplicada modernamente a teoria do órgão, a pessoa jurídica é responsável pelos danos praticados por seus empregados ou prepostos, independentemente de lei que defina sua responsabilidade.

A responsabilidade emerge com o ato danoso das pessoas enumeradas. No entanto, os terceiros somente podem, em princípio, ser responsabilizados se o ato foi praticado por culpa do autor material do dano ou autor direto, ao menos nas hipóteses que ora estamos tratando. Não se cuida, pois, de responsabilidade sem culpa. Havia uma presunção *juris tantum* da responsabilidade do terceiro estabelecida no sistema de 1916 e há uma modalidade de responsabilidade objetiva no presente Código.[3]

---

[3] "Apelação cível – Responsabilidade civil – Ação indenizatória por danos materiais – **Responsabilidade dos pais por ato de filho menor** – Dever de reparar configurado – Consoante dispõe o artigo 932, I, do Código Civil, os pais são responsáveis pela reparação civil dos atos praticados por seus filhos menores de idade, que estiverem sob sua autoridade e em sua companhia. Caso concreto em que restou demonstrada a prática de atos de vandalismo pelo filho do réu. Revelia decretada na origem a corroborar os fatos alegados pela parte autora, havendo elementos probatórios suficientes a ensejar a procedência do pedido. Danos materiais decorrentes das agressões realizadas consistentes na quebra de vidraça e danificação de pedra da recepção do nosocômio. Fixação do *quantum* indenizatório em patamar efetivamente comprovado como gasto. Indenização por danos

A situação justifica-se, pois imputa o dever de indenizar a quem exerce o poder diretivo ou de guarda sobre outra pessoa (Gomes, 1984:353). O terceiro responde, portanto, por essa modalidade de culpa, que muito se aproxima da teoria do risco, aliás explicação que parte da doutrina dá para a natureza jurídica dessa modalidade de responsabilidade, o que foi contemplado pelo Código de 2002. Nessa sistemática, se levado em consideração o princípio do Código antigo, há o concurso de duas modalidades distintas de culpa, a do agente diretamente causador do dano e a do responsável pela indenização. Dispunha o art. 1.523 do Código de 1916:

> *"Excetuadas as do art. 1.521, V, só serão responsáveis as pessoas enumeradas nesse item e no art. 1.522, provando-se que elas concorreram para o dano por culpa, ou negligência de sua parte".*

---

materiais devida ao apelante. Sentença reformada, sucumbência redimensionada. Apelação parcialmente provida" (*TJRS* – AC 70080917206, 24-4-2019, Rel. Des. Carlos Eduardo Richinitti).

"Ação indenizatória – **Danos materiais e morais** – Criança que adquiriu jogos pela internet utilizando cartões de crédito dos pais. Relação de consumo. Inexistência de defeito no serviço. Culpa exclusiva do consumidor ou de terceiro. Art. 14, § 3º, I e II, CDC – Responsabilidade dos pais pela fiscalização dos atos dos filhos menores. Desrespeito à restrição de idade para possuir conta Google. Acesso à internet e aos cartões de crédito permitido pelos pais. Ausência de responsabilidade da ré. Sentença mantida. Honorários advocatícios majorados. Recurso não provido, com observação" (*TJSP* – Ap 1016178-98.2017.8.26.0361, 19-6-2018, Relª Fernanda Gomes Camacho).

"Direito Civil – Responsabilidade civil por fato de outrem – **Pais pelos atos praticados pelos filhos menores** – Ato ilícito cometido por menor – Responsabilidade civil mitigada e subsidiária do incapaz pelos seus atos (CC, art. 928) – Litisconsórcio necessário – Inocorrência – 1 – A responsabilidade civil do incapaz pela reparação dos danos é subsidiária e mitigada (CC, art. 928). 2 – É subsidiária porque apenas ocorrerá quando os seus genitores não tiverem meios para ressarcir a vítima. É condicional e mitigada porque não poderá ultrapassar o limite humanitário do patrimônio mínimo do infante (CC, art. 928, par. único e En. 39/CJF); E deve ser equitativa, tendo em vista que a indenização deverá ser equânime, sem a privação do mínimo necessário para a sobrevivência digna do incapaz (CC, art. 928, par. único e En. 449/CJF). 3 – Não há litisconsórcio passivo necessário, pois não há obrigação – Nem legal, nem por força da relação jurídica (unitária) – Da vítima lesada em litigar contra o responsável e o incapaz. É possível, no entanto, que o autor, por sua opção e liberalidade, tendo em conta que os direitos ou obrigações derivem do mesmo fundamento de fato ou de direito (CPC/73, art. 46, II) intente ação contra ambos – Pai e filho –, formando-se um litisconsórcio facultativo e simples. 4 – O art. 932, I do CC ao se referir a autoridade e companhia dos pais em relação aos filhos, quis explicitar o poder familiar (a autoridade parental não se esgota na guarda), compreendendo um plexo de deveres como, proteção, cuidado, educação, informação, afeto, dentre outros, independentemente da vigilância investigativa e diária, sendo irrelevante a proximidade física no momento em que os menores venham a causar danos. 5 – Recurso especial não provido" (*STJ* – REsp 1.436.401 – (2013/0351714-7), 16-3-2017, Rel. Min. Luis Felipe Salomão).

"Apelação – Danos morais – Publicação de fotomontagem ofensiva da autora em redes sociais. Conjunto probatório que demonstrou que a ré divulgou a imagem a terceiros. Irrelevância de que não tenha sido a criadora da fotomontagem. Constrangimento e danos à imagem comprovados. Repercussão social demonstrada. Responsabilidade objetiva dos pais configurada (CC, art. 932, I). Danos morais caracterizados. Indenização reduzida (R$ 7.000,00). Sucumbência mantida. Recurso parcialmente provido" (*TJSP* – Ap 1003435-92.2014.8.26.0286, 19-4-2016, Rel. Hamid Bdine).

"**Processual civil** – Agravo regimental no agravo em recurso especial – Ação de indenização – Responsabilidade civil – Morte por eletroplessão – Excludente de responsabilidade – Fato de terceiro – impossibilidade – Súmula 7/STJ – análise de contrariedade a dispositivos constitucionais – inviabilidade – agravo improvido – 1 – No que se refere à responsabilidade da agravante concessionária de serviço público, responde objetivamente pelos danos causados a terceiros decorrentes de falha na prestação do serviço. Precedentes. 2 – A convicção a que chegou o acórdão, quanto à ausência de culpa exclusiva de terceiro, decorreu da análise do quadro fático-probatório, assim sendo, o acolhimento da pretensão recursal demandaria o reexame do mencionado suporte, obstando a admissibilidade do especial à luz da Súmula 7 desta Corte. 3 – É cediço que a análise de matéria constitucional não é de competência desta Corte, mas, sim, do Supremo Tribunal Federal, por expressa determinação da Carta Magna. Inviável, assim, o exame de ofensa a dispositivos e princípios constitucionais em recurso especial, ainda que para fins de prequestionamento, sob pena de usurpação da competência reservada à Corte Suprema. 4 – Agravo regimental a que se nega provimento" (*STJ* – AgRg-AG-REsp. 664.637 – (2015/0036887-1), 1-6-2015, Rel. Min. Marco Aurélio Bellizze).

Como vimos, essa óptica é alterada pelo Código de 2002. Em que pese a redação aparentemente restritiva da culpabilidade, a responsabilidade do terceiro aflora com a culpa civil, *lato sensu*, do causador direto do dano. Incumbe ao terceiro, quando demandado, provar que o causador não agiu com culpa. O artigo excepcionava o inciso V, pois nessa hipótese basta provar que o terceiro se locupletou gratuitamente de produto de crime, estando aí já ínsita sua culpa.

Não está, porém, a vítima obrigada a acionar o responsável pela vigilância. A lei estabelece uma faculdade a seu favor. Nada impede que se volte diretamente contra o agente causador material do dano, se isto lhe for oportuno e conveniente: o motorista do veículo, o filho menor, o empregado etc. Ocorre que, na prática, na maioria das vezes, esses agentes não possuem patrimônio suficiente para responder pelo prejuízo.

Sob o amplo espectro da teoria do enriquecimento sem causa, o terceiro, que arca com o pagamento da indenização, tem ação regressiva, *cum granum salis*, contra o causador direto do dano, para haver a importância que pagou, como estatui do art. 934:

> *"Aquele que ressarcir o dano causado por outrem pode reaver o que houver pago daquele por quem pagou, salvo se o causador do dano for descendente seu, absoluta ou relativamente incapaz".*

Essa ação regressiva apenas não está disponível para o ascendente que paga por ato de descendente, absoluta ou relativamente incapaz, pois essa responsabilidade pertence ao rol dos deveres do poder familiar. Nesse caso, a obrigação fica restrita ao plano moral e constitui, sem dúvida, obrigação natural, desde sua origem romana, com todas as características desta. Não se trata de posicionamento justo do legislador, pois, no caso concreto, o patrimônio do descendente pode ser muito superior ao do ascendente.

Lembre-se, contudo, como acentuamos, que o atual ordenamento, sob certas e restritas condições, permite a indenização pelo patrimônio do próprio incapaz (art. 928).[4]

---

[4] "Direito civil. Apelação. Ilegitimidade passiva. Extinção do processo sem resolução do mérito. Recurso desprovido. I. Caso em Exame. 1. Recurso de apelação interposto contra sentença que extinguiu a ação de indenização por danos morais, sem resolução do mérito, por ilegitimidade passiva, visto que a autora não incluiu os responsáveis legais das menores no polo passivo da demanda. A autora, professora, alegou ofensas à sua honra por ex-alunas menores, postadas no Twitter, e pleiteou indenização de R$ 40.000,00. II. Questão em Discussão. 2. A questão em discussão consiste em determinar a legitimidade passiva das menores para responder pela ação de indenização por danos morais, considerando a responsabilidade subsidiária dos incapazes e a necessidade de inclusão dos responsáveis legais no polo passivo. III. Razões de Decidir. 3. **A responsabilidade civil dos incapazes é subsidiária**, devendo os pais ou responsáveis legais figurar no polo passivo da demanda, conforme artigos 928 e 932 do Código Civil. 4. A autora não comprovou alteração de sua capacidade econômica para concessão da justiça gratuita, limitando-se a alegar os descontos obrigatórios dos rendimentos líquidos e despesas com a família, sem comprovação. IV. Dispositivo e Tese. 5. Recurso desprovido. Tese de julgamento: 1. A ilegitimidade passiva dos incapazes determina a extinção do processo sem resolução do mérito. 2. A responsabilidade civil dos pais é legal e deve ser considerada no ajuizamento da demanda. Legislação Citada: CC, artigos 928 e 932; CPC, art. 85, § 11; art. 98. Jurisprudência Citada: TJSP, Agravo Interno Cível 1012482-84.2015.8.26.0309, Rel. Augusto Rezende, 1ª Câmara de Direito Privado, j. 11/03/2021. TJSP, Agravo de Instrumento 2073288-44.2023.8.26.0000, Rel. Luiz Antonio de Godoy, 1ª Câmara de Direito Privado, j. 10/04/2023. TJSP, Apelação Cível 1008291-17.2023.8.26.0664, Rel. Hertha Helena de Oliveira, 2ª Câmara de Direito Privado, j. 02/12/2024" (*TJSP* – Ap 1003773-61.2023.8.26.0218, 7-5-2025, Rel. Mônica de Carvalho).

"Mandato. Ação indenizatória. Danos morais. Autora que pretendem a condenação da ré ao pagamento de indenização por danos morais, em razão de graves ofensas proferidas. Sentença de procedência. Apelo da ré. Danos morais. Ocorrência. Requerida que proferiu diversas ofensas pessoais e realizou grave acusação de apropriação indébita para os clientes da autora no exercício de sua atividade, afetando sua imagem profissional. Situação que

Nem sempre fica muito clara, na prática, a noção de preposto. *Preposto* é quem desempenha alguma atividade ou atua às ordens de outro, ainda que de forma eventual. Cuida-se de vínculo mais tênue daquele que une patrão e empregado, embora essa relação, por ser mais ampla, também abrange, em princípio, as relações de preposição. É importante estabelecer no caso concreto essa relação de dependência, sem a qual desaparece o vínculo que permite imputar o dever de indenizar ao indigitado preponente. A tendência jurisprudencial, no vezo de tornar sempre ampliativa a possibilidade de indenização, tem alargado sobremaneira o conceito de *preposição*. Assim, por exemplo, quem dirige veículo pertencente a outrem, com autorização ou desídia deste, assume posição de preposto.

O mecanismo da indenização pelo fato de terceiro no direito público e no direito privado é fundamentalmente o mesmo. O sistema de avaliação da culpa, para as pessoas de direito público, porém, possui sistemática diversa, respondendo o ente público pela teoria do risco administrativo, e o servidor, causador do dano, por culpa, na ação regressiva contra ele movida pela Administração. Sobre a *responsabilidade da Administração*, ver o que expusemos na obra *Direito civil: parte geral*, Capítulo 14.

> **Caso 11 – Responsabilidade civil por fato de outrem**
>
> Em apertada síntese, a responsabilidade pelo fato de outrem constitui-se pela infração do dever de vigilância. Não se trata, em outras palavras, de responsabilidade por fato alheio, mas por fato próprio decorrente do dever de vigilância. Por isso, alguns autores preferem falar em responsabilidade por infração dos deveres de vigilância, em lugar de responsabilidade pelo fato de outrem.

16.2 RESPONSABILIDADE DOS PAIS PELOS FILHOS MENORES

Segundo os dispositivos transcritos, os pais são responsáveis pela reparação civil decorrente de atos ilícitos praticados pelos filhos menores que estiverem sob seu poder e em sua companhia. O presente Código menciona os filhos que estiverem sob a *"autoridade"* dos pais, o que não muda o sentido da dicção legal anterior, dando-lhe melhor compreensão. Não se trata de aquilatar se os filhos estavam sob a guarda ou poder material e direto dos pais, mas sob sua autoridade, o que nem sempre implica proximidade física. Essa responsabilidade tem como base o exercício do poder familiar que impõe aos pais um feixe enorme de deveres.

---

extrapolou o mero aborrecimento cotidiano, configurando lesão à esfera íntima da requerente. Incapacidade da ré que não constitui causa excludente de responsabilidade civil. Legislação expressa em relação à obrigação dos incapazes de reparar os danos causados à terceiros. Art. 928 do Código Civil**. Indenização moral devida**. Quantum indenizatório fixado em patamares razoáveis, não comportando redução. Sentença mantida. Recurso não provido". (*TJSP* – Ap 1000478-89.2021.8.26.0572, 24-4-2023, Rel. Mary Grün).

"Agravo de instrumento – **Ação de indenização por danos morais e materiais** – Suposto ato ilícito praticado por menores – Responsabilidade dos genitores – Alcance da maioridade civil no curso do processo – Irrelevância – Princípio *tempus regit actum* – Recurso provido – 1- Os pais são civilmente responsáveis pelos atos dos seus filhos menores em virtude do poder familiar, sendo que, nessa qualidade, a culpa *in vigilando* é presumida (artigos 932, I e 933 do CC). 2- Em sendo o suposto ato ilícito praticado pelos agentes enquanto menores, o simples fato de atingirem a maioridade civil no curso do processo não altera a responsabilidade legal dos genitores, sob pena de violação ao princípio *tempus regit actum*, não havendo que se falar na alteração do polo passivo da relação processual instaurada. Agravo de instrumento – Ação de indenização por danos morais e materiais – Reconhecimento da ilegitimidade passiva dos pais do suposto autor da agressão – Aquisição da maioridade civil – Exclusão dos réus – Decisão de primeiro grau confirmada – Recurso não provido" (*TJMG* – AI-Cv 1.0342.13.014589-5/001, 6-9-2019, Rel. Audebert Delage).

Trata-se de aspecto complementar do dever de educar os filhos e sobre eles manter vigilância. Essa responsabilidade, como vimos, sustenta-se em uma presunção relativa, ou, como acentuamos, numa modalidade de responsabilidade objetiva, no Código deste século, o que vem a dar quase no mesmo. Há dois fatores que se conjugam nessa modalidade de responsabilidade: a menoridade e o fato de os filhos estarem sob o poder ou autoridade e companhia dos pais.

O antigo Código de Menores de 1927, no art. 68, § 4º, complementava esse dispositivo, responsabilizando os pais ou a pessoa a quem incumbia legalmente a vigilância, salvo se provassem que, de sua parte, não tivesse havido culpa ou negligência. O Código de Menores de 1979 (Lei nº 6.697/79) revogou esse diploma anterior, não contendo dispositivo idêntico ao do art. 68. O Estatuto da Criança e do Adolescente, ora vigente, não trouxe disposição nesse aspecto. O antigo Código de Menores apenas explicitara o dispositivo do Código Civil. A farta jurisprudência sobre o tema, sob a égide do antigo Código Civil, espancou qualquer dúvida quanto à responsabilidade paterna presumida. Desse modo, será negligente o pai que permitir que o filho menor dirija veículo sem a devida habilitação. Assim também o pai que não exerça sobre ele a vigilância, permitindo que venha furtar ou roubar. Somente estará isento do dever de indenizar se provar rigorosamente que não agiu com culpa, ou melhor, a nosso ver, provando que não há nexo algum de causalidade. A jurisprudência é rigorosa na inculpação dos pais. Segundo ficou totalmente assente pelos tribunais, há inversão de prova: incumbia ao pai, ao ser demandado, provar que não agiu com culpa no sistema de 1916. O sistema persistirá. No entanto, a liberalização dos costumes e o fato social de os filhos cada vez mais se distanciarem dos olhos e da guarda dos pais nas últimas décadas devem permitir um abrandamento da jurisprudência.

Carlos Roberto Gonçalves (1994:98) aduz que é muito comum que as crianças vivam hoje grande parte de seu tempo em escolas, clubes e associações, sob a vigilância de outras pessoas que não os pais. Desse modo, temos de verificar no caso concreto, no momento do dano, de quem era efetivamente o dever de vigilância. Por outro lado, há que se levar em conta a posição da vítima, o prejuízo a ser reparado e que raramente os menores terão patrimônio próprio para responder. Desse modo, a regra geral será a responsabilização dos pais pelos atos danosos dos filhos menores de qualquer idade; sua isenção deve ser vista como exceção. Nesse diapasão, deixa de ser relevante o exame da vontade do incapaz: se um menor de 3 anos ou de 17 anos de idade danifica o patrimônio alheio, o pai será o responsável, salvo, em síntese, se provar caso fortuito ou força maior. A responsabilidade dos pais não pode ser afastada porque o menor ainda não tem capacidade de discernimento. Mais rigorosa deve ser a vigilância dos pais, quando os filhos não possuem ainda o mínimo discernimento.[5]

---

5 "Apelação. Ação de indenização por danos morais. Procedência. Apelação interposta pela parte requerida. Desacolhimento. Prescrição. Não ocorrência. Demora na efetivação do ato citatório não imputável à autora. Ilícito incontroverso. Agressões físicas praticadas por incapaz contra a autora. **Responsabilidade do curador** (genitor do autor das agressões). Incidência dos artigos 928 e 933 do CC. Danos morais in re ipsa, diante das lesões corporais e do constrangimento sofridos pela ré. Valor que bem atende as funções intimidativa e compensatória da indenização. Sentença mantida. Recurso desprovido" (*TJSP* – Ap 1007593-62.2015.8.26.0576, 5-6-2024, Rel. Costa Netto).

"Apelação cível da autora – **Ação de reparação de danos materiais** – Acidente causado por menor – Emancipação não reconhecida – A demonstração tão somente do vínculo empregatício insuficiente para tal fim – Legitimidade da genitora mantida – Recurso parcialmente provido – I- A emancipação voluntária, diversamente da operada por força de lei, não exclui a responsabilidade civil dos pais pelos atos praticados por seus filhos menores, ademais se não plenamente demonstrada a suposta causa da emancipação, *in casu*, a economia própria advinda de vínculo empregatício (artigo 5º, parágrafo único, V, do Código Civil). Precedentes STJ. Genitora que se qualifica como parte legítima para figurar no polo passivo de ação de reparação de danos por acidente de trânsito causado por menor. II- Recurso conhecido e parcialmente provido. Apelação cível da requerida – Fixação dos honorários sucumbenciais – Recurso prejudicado" (*TJMS* – AC 0029054-57.2007.8.12.0001, 17-6-2019, Rel. Des. Dorival Renato Pavan).

Desse modo, menor que se utiliza arma de fogo e fere ou mata responsabilizará os pais pela indenização. Tratando-se de dever de vigilância, a culpa do genitor será, ao mesmo tempo, *in vigilando* e *in omittendo*. O juiz observará a conduta sob a forma objetiva, e não sob o aspecto da culpa dos menores, e decidirá se, no caso, pode ser excluída a responsabilidade dos pais, reconhecendo, então, o caso fortuito ou força maior. No sistema do Código, mercê do disposto no art. 933, pelo qual o pai responde ainda que não haja culpa, deve ele provar que o filho não praticou ato danoso injusto, o que suprimiria a culpa em tese do agente, ou, que não há nexo de causalidade. Nesta última hipótese, por exemplo, não pode ser inculpado o pai por ato do filho que reside só, em local diverso do pai, sem conhecimento deste e longe de sua companhia por motivos alheios a sua vontade. No caso de separação de direito e de fato dos cônjuges, há que se verificar a situação fática, muito mais do que a jurídica. Embora a guarda possa ter sido atribuída à mãe, pode ocorrer que o filho menor ainda se submeta à autoridade do pai. O caso concreto definirá a responsabilidade que, na dúvida, dentro do espírito da lei, responsabilizará ambos os progenitores.

Atualmente, portanto, nessa relação de responsabilidade envolvendo pais e filhos, prepondera a teoria do risco, que atende melhor aos interesses de justiça e de proteção à dignidade da pessoa. Não se esqueça também que o parágrafo único do art. 942 estabelece a solidariedade entre as pessoas descritas no art. 932.

Como os menores entre 16 e 21 anos, no sistema revogado, eram considerados capazes para fins de responsabilidade civil (art. 156 do Código de 1916), os pais eram solidariamente responsáveis com eles, nessa idade. Veja agora o art. 928 do presente Código Civil, que estabelece a responsabilidade do próprio incapaz. No sistema anterior, aplicava-se o art. 1.518, parágrafo único, que estatuía a solidariedade para as pessoas relacionadas no art. 1.521. Veja igualmente os arts. 932 e 933 do Código Civil Contemporâneo. Quando os menores faltosos têm menos de 16 anos, somente os pais ou os demais responsáveis apontados seriam responsabilizados, no sistema de 1916. O art. 928 do atual Código aponta um novo rumo a esse respeito. Veja a jurisprudência sob o prisma do antigo Código:

> *"O fato de o agente de o ato ilícito ser menor inimputável não retira seu caráter de ilicitude. Na órbita civil, havendo culpa dos pais por omissão, estes respondem solidariamente pela reparação do dano causado pelo filho em detrimento de outrem. A solidariedade passiva na reparação do prejuízo tem fundamento no próprio texto do art. 1.521 do CC"* (*RT* 641/132).
>
> *"Não obstante os termos do art. 156 do CC, a doutrina e a jurisprudência entendem que subsiste a responsabilidade solidária dos pais do menor entre 16 e 21 anos de idade, por obrigação resultante de ato ilícito"* (*RT* 566/104).

O Supremo Tribunal Federal já se manifestou no sentido de que a emancipação do menor não elide a responsabilidade dos pais (*RTJ* 62/108). A emancipação é ato voluntário em benefício do menor; não tem o condão de obliterar a responsabilidade dos pais. Nesse sentido:

"**Apelação cível** – Ação indenizatória – Ciclista, transitando na ciclovia, que foi atropelado por viatura da Polícia Militar em alta velocidade – Dever de indenizar, independentemente de culpa – Responsabilidade objetiva do Estado – Art. 37, § 6º, CF – Ausência de prova de qualquer caso de excludente de responsabilidade – Vítima jovem, que trabalhava como segurança e pai de crianças de tenra idade – Sequelas irreversíveis, que ocasionaram a perda completa da visão (cegueira intratável e irreversível) – Descabe reduzir o valor dos danos morais – Adequação dos índices de correção monetária e juros ao previsto na Lei nº 9.494/97 – Precedentes jurisprudenciais – Sentença pontual e minimamente reformada – Recurso parcialmente provido" (*TJSP* – Ap 0119158-46.2007.8.26.0053, 29-3-2016, Relª Ana Catarina Strauch).

> *"Responsabilidade civil – Colisão de veículos – Motorista menor emancipado – Irrelevância – Pai corresponsável – Ação procedente. O fato de o motorista culpado ser menor emancipado não afasta a responsabilidade do pai, a quem pertence o veículo causador do dano"* (*RT* 494/92).

Na doutrina, existem, porém, manifestações frontalmente contrárias a esse entendimento. A nosso ver, como aponta Carlos Roberto Gonçalves (1994:103), desaparece a responsabilidade dos pais quando a emancipação decorre de outras causas relacionadas no art. 5º, parágrafo único, que não da iniciativa do pai ou tutor, como casamento, por exemplo. Anota Caio Mário da Silva Pereira (1999:92), reforçando esse entendimento, que a emancipação voluntária não exonera os pais, *"porque um ato de vontade não elimina a responsabilidade que provém da lei"*. Nesse caso estabelece-se, sem dúvida, uma responsabilidade solidária entre o menor e seus pais.[6]

---

[6] "A 'configuração do risco agravado não se dá somente quando o próprio segurado se encontra alcoolizado na direção do veículo, mas abrange também os condutores principais (familiares, empregados e prepostos)', e o 'agravamento intencional de que trata o art. 768 do CC envolve tanto o dolo quanto a culpa grave do segurado, que tem o dever de vigilância (**culpa *in vigilando***) e o dever de escolha adequada daquele a quem confia a prática do ato (**culpa *in eligendo***)' – 2- Em face da embriaguez do filho da segurada e condutor do veículo no acidente, culpa grave, prima irmã do dolo, que se traduz em agravamento intencional do risco, ela não tem direito à cobertura" (*TJSP* – AC 1000295-61.2019.8.26.0549, 3-10-2019, Rel. Celso Pimentel).

"**Responsabilidade Civil** – Indenização – Danos materiais e morais – Disparo de arma de fogo efetuado por segurança no interior de estabelecimento comercial que acarretou a morte do pai do autor, recém-nascido à época – Parcial procedência – Legitimidade de parte para figurar no polo passivo da demanda – Inocorrência de cerceamento de defesa, em virtude do julgamento antecipado da lide – Preliminares afastadas – Responsabilidade da ré pela escolha da empresa responsável pela segurança de seu patrimônio – Inteligência dos artigos 927, 932 e 933 do Código Civil – Caracterização da **culpa *in eligendo* e *in vigilando*** – Ademais, ocorrência de fortuito interno, aplicável às atividades regularmente desenvolvidas pelo estabelecimento comercial, que criam o risco de lesionar direitos de terceiros – Relação de consumo em que se considera a vítima consumidor equiparado – Aplicabilidade do Código de Defesa do Consumidor – Danos morais configurados – Indenização bem fixada – Observância aos princípios da razoabilidade e da proporcionalidade – Danos materiais – Rendimentos do falecido devidamente comprovados – Sentença mantida – Recursos desprovidos" (*TJSP* – Ap 0134680-64.2010.8.26.0100, 18-6-2018, Rel. Moreira Viegas).

"Acidente de trânsito – Atropelamento da autora durante travessia pela faixa de pedestres – Ausência de sinalização adequada – **Responsabilidade civil do Estado** – Ilegitimidade passiva *ad causam* da litisdenunciada – Reconhecimento – Cooperativa que não era permissionária de serviço público – Culpa exclusiva da vítima não configurada – danos morais evidenciados – *Quantum* Reduzido – Recurso da ré parcialmente provido, preliminar suscitada pela litisdenunciada acolhida – A falta no cumprimento do dever de zelar pela segurança dos munícipes e pela prevenção de acidentes caracteriza conduta negligente da Administração Pública e a torna responsável pelos danos que dessa omissão advenham" (*TJSP* – Ap 0014735-12.2008.8.26.0114, 4-7-2017, Rel. Renato Sartorelli).

"Apelação e reexame necessário – Ação de indenização – **Responsabilidade Civil** – Danos material e moral – Pretensão de recebimento de indenização por danos materiais e morais sofridos em razão da morte de pai ocorrida no interior de presídio – Responsabilidade objetiva do Estado configurada, nos termos do disposto no art. 37, § 6º, da CF – Indenização pelos danos materiais afastada – Reparação pelos danos morais mantida no *quantum* arbitrado (R$ 50.000,00), pois fixada em termos razoáveis, não caracterizando enriquecimento indevido – Observância aos princípios da razoabilidade e proporcionalidade – Sentença de parcial procedência mantida – Recursos oficial e voluntário improvidos" (*TJSP* – Ap 0920839-41.2012.8.26.0506, 16-5-2016, Rel. Marcelo L. Theodósio).

"**Responsabilidade civil da administração** – Danos morais e materiais – Explosão de bomba em escola – Culpa 'in vigilando' – Ação objetivando ressarcimento por danos, materiais e morais, causados pelo estouro de uma bomba dentro de uma sala de aula, enquanto a autora circulava pelo corredor da Escola Estadual onde lecionava como professora, ocasionando sequelas auditivas de natureza grave, de caráter irreversível, dentre outros transtornos, e o afastamento de suas atividades laborais – Pedido julgado parcialmente procedente – Omissão do Estado em prover a segurança dos alunos e professores – Culpa 'in vigilando' – Transtorno intenso que não pode ser tido como mero aborrecimento – 'Quantum' corretamente arbitrado em primeiro grau, com observância dos critérios de razoabilidade e proporcionalidade ao evento danoso, não comportando, portanto, majoração ou redução – Caracterizada a sucumbência recíproca das partes – Negado provimento aos recursos das partes" (*TJSP* – Ap 0003561-02.2010.8.26.0125, 29-7-2015, Rel. Ponte Neto).

A lei de 1916 mencionava, também, que a responsabilidade era dos pais com relação aos filhos que estivessem em seu poder e em sua companhia. Os termos não podiam e não podem ser entendidos em sentido absoluto, sob pena de restringir demasiadamente o dever de indenizar. Ainda que materialmente afastados, os filhos que vivem em outra localidade, mas sob as expensas dos pais, estão sob seu poder.

Desse modo, o simples afastamento da casa paterna não elide a responsabilidade dos genitores:

> *"Se o menor deixa a casa paterna, sem qualquer motivo, descura o pai de seu dever de guarda e vigilância, sendo responsável pelo ilícito civil praticado por aquele"* (*RT* 590/154).

Por essa razão, como apontamos, o Código em vigor menciona, no art. 932, que os menores devem estar sob a *autoridade* dos pais.

Entretanto, se sob a guarda exclusiva de um dos cônjuges se encontra o menor por força de separação, divórcio ou regulamentação de guarda, responderá apenas o pai ou a mãe que tem o filho em sua companhia. A regra, porém, não é inexorável e admite, como vimos, o detido exame do caso concreto: o menor pode ter cometido o ato ilícito, por exemplo, quando na companhia do genitor, em dia regulamentado de visita. A responsabilidade dos pais deriva, em princípio, da guarda do menor e não exatamente do poder familiar. Quando, porém, o menor é empregado de outrem, e pratica o ato ilícito em razão do emprego, a responsabilidade é do empregador. Da mesma forma, se o filho está internado em estabelecimento de ensino, este será o responsável, por força do art. 932, IV.

Como vimos quando examinamos a adoção no direito de família, os pais adotivos são detentores do poder familiar e como tal deles será a responsabilidade pelos atos dos filhos adotivos. A simples guarda, deferida nos termos do Código da Infância e da Juventude, também transfere o dever de vigilância ao guardião.

Para que se suprima a responsabilidade, os pais devem demonstrar, portanto, que o menor não se encontrava sob seu poder e autoridade ou em sua companhia.

Os pais e demais ascendentes, por exceção, como apontamos, não têm ação regressiva pelo que pagarem contra os filhos (art. 934), estabelecida essa regra em decorrência de princípios morais e de organização da família. Nem sempre, enfatizamos, será a solução mais justa.

Nesse campo da responsabilidade do menor, é importante que se acentue a guinada de posição tomada pelo Código de 2002, pois em seu art. 928 dispõe que *o incapaz responde pelos prejuízos que causar, se as pessoas por ele responsáveis não tiverem obrigação de o fazer ou não dispuserem de meios suficientes*. Desse modo, na lei nova não mais se aplica o princípio do art. 156 do Código antigo. Os pais respondem primeiramente com seu patrimônio; se não tiverem patrimônio suficiente, poderá ser atingido o patrimônio do menor. Entretanto, a nova lei menciona que nesse caso a indenização será equitativa e não terá lugar se privar do necessário o incapaz ou as pessoas que dele dependem (art. 928, parágrafo único). No entanto, a redação deveria ser mais clara a esse respeito. O Código de 2002 relega para o juiz o exame da conveniência da condenação e o montante desta. O princípio pode jogar por terra toda a construção jurisprudencial anterior e, a nosso ver, deve ser repensado, pois o risco de situações sem ressarcimento será grande.

Ao mesmo tempo em que permite a redução ou exclusão da indenização nessa situação, o Código em vigor introduz a responsabilidade objetiva dos pais, tutores e curadores e empregadores, fazendo cessar, portanto, as tergiversações doutrinárias sobre a natureza da culpa dos terceiros sob a lei atual. A tendência segue a linha pela qual a teoria do risco é a que mais se aproxima da realidade nessa modalidade de responsabilidade:

> *"Se o pai põe os filhos no mundo, se o patrão se utiliza do empregado, ambos correm risco de que da atividade daqueles surja dano para terceiro. É razoável que, se tal dano advier, por ele respondam, solidariamente com os seus causadores diretos, aqueles sob cuja dependência estes se achavam"* (Rodrigues, 2000:61).

No Código em vigor, a solidariedade de todos os autores do dano está descrita no art. 942.

16.3 RESPONSABILIDADE DE TUTORES E CURADORES

Tutor é o representante legal do menor cujos pais faleceram, foram declarados ausentes ou perderam o poder familiar (art. 1.728). O curador será também representante do incapaz maior, quando este não possui o devido discernimento ou é considerado pródigo, o que também é uma falha mental.

A responsabilidade dos tutores e curadores pelos atos do pupilo assenta-se sobre os mesmos princípios da responsabilidade dos pais. Não é muito justo que assim seja. Como estudamos nos capítulos respectivos sobre o direito de família, a tutela e a curatela são, de per si, pesado encargo ou múnus público. A responsabilidade pelos atos do tutelado e curatelado agrava ainda mais esse fardo. Por isso, a doutrina manifesta-se no sentido de que essa responsabilidade deve ser abrandada com relação a eles, mas sobre isso nada dispõe a lei (Gomes, 1984:357). Única válvula permitida é a ação regressiva do tutor ou curador em relação ao pupilo, pelo que pagou em decorrência da prática desse ato ilícito. Anota Sílvio Rodrigues (2000:69):

> *"ser altamente recomendável que o juiz, ao analisar a hipótese de dano causado por menor sob tutela, deve ser muito mais benigno ao examinar a posição do tutor do que seria em relação ao pai, cumprindo-lhe exonerar aquele cada vez que não haja manifesta negligência de sua parte".*

O mesmo se diga a respeito do curador.

No Capítulo 1, já nos manifestamos a respeito da responsabilização e imputabilidade do amental, quanto à responsabilização de seu próprio patrimônio, para o qual remetemos o leitor. Anteriormente, falamos do mesmo dispositivo, que é genérico com relação a todos os incapazes (art. 928). Acrescentemos, contudo, que, assim como aos menores impúberes, aos que falta o devido discernimento não cabe questionar aspectos de culpa, porque são inimputáveis. No entanto, cabe ao juiz verificar a falta e os fatos de forma objetiva, isto é, a injustiça do ato danoso, levando em consideração a conduta do homem médio. Se, razoavelmente, no fato concreto, o evento danoso seria injusto e culpável, aflora a responsabilidade do tutor ou curador.

Imaginemos, por exemplo, hipótese de menor ou amental que se lança à frente de veículo em movimento, inopinadamente, em via de trânsito rápido, procurando o suicídio: a situação deve ser equiparada ao caso fortuito ou à força maior, sob pena de o sistema albergar iniquidade.

A situação não se aplica a todas as situações de curatela, pois o pródigo, por exemplo, responde subjetivamente por seus atos. Como vimos, o novel Código estabelece a responsabilidade do incapaz pelos prejuízos, de forma equitativa, se o responsável não dispuser de meios para com eles arcar. Trata-se de um avanço em prol do ressarcimento, mas a redação merece ser aprimorada.

16.4 RESPONSABILIDADE DO EMPREGADOR E ASSEMELHADO

A responsabilidade do patrão, amo ou comitente decorre do poder hierárquico ou diretivo dessas pessoas com relação aos empregados, serviçais e comitidos ou prepostos. A lei açambarca qualquer situação de direção, com subordinação hierárquica ou não. Desse modo, irrelevante que na relação jurídica entre o autor material e o responsável exista um vínculo trabalhista ou de hierarquia. Aquele que desempenha uma função eventual para outrem também responsabiliza o terceiro. Importa verificar, na situação concreta, se o agente praticou a conduta no exercício do trabalho ou por ocasião dele, como reforça a mais recente lei, o que nem sempre é fácil no campo probatório. O Código mais recente é mais claro, pois absorve os fatos praticados pelo terceiro em razão do exercício do trabalho (art. 932, III). Na dúvida, os julgados propendem pela responsabilização do terceiro. Reporta a esse respeito Alvino Lima (2000:66):

> *"Há, geralmente, uma dependência ou sujeição do preposto ao comitente, decorrente da autoridade deste, ou seja, o direito de dar ordens e instruções sobre o modo de cumprir as funções que são atribuídas ao preposto, assim como o direito de fiscalizar e até intervir no trabalho".*

Temos de estabelecer, no caso concreto, o laço de submissão ou dependência ou o nexo de relação eventual quando do ato culposo. No desempenho da atividade e das funções atribuídas ao preposto deve ser analisada a conduta culposa. O fato danoso deve ter ocorrido como decorrência da relação entre o terceiro e o causador do dano ou em razão dessa relação. Ademais, há princípios de aparência que devem ser levados em conta, bem como a amplitude que concedeu mais modernamente o Código de Defesa do Consumidor na conceituação de fornecedor de produtos ou serviços. Assim, por exemplo, mesmo em feriado, se um veículo com o logotipo e as cores de uma empresa ocasiona danos, tudo é no sentido de que a atividade do causador do dano está relacionada com o emprego ou situação assemelhada, devendo assumir a responsabilidade a pessoa jurídica decantada e divulgada no veículo causador do dano. Ainda que somente o registro do veículo esteja em nome de terceiro, a situação em princípio se aplica, permitindo, porém, maior âmbito de prova em contrário. Essa situação é muito comum na prática: de nada adianta a pessoa jurídica defender-se para alegar que o motorista estava de folga e se dirigia a um jogo de futebol, por exemplo. O fato de o empregado ou preposto dirigir veículo de terceiro inculpa a este último, em sistema que utiliza, em síntese, a teoria do risco. Daí então o mais recente Código enfatizar que o empregador ou comitente responde pelos atos danosos de seus empregados ou prepostos não só no exercício do trabalho que lhes competir, mas também *em razão dele*. Essa aliás vinha sendo a posição dos tribunais, mesmo no ordenamento revogado. Em última razão, a aplicação é da teoria da causa adequada: se o motorista não estivesse autorizado a dirigir o veículo em razão do emprego ou prestação de serviços, o acidente em tese não teria ocorrido.

Nesse campo, presente o pressuposto do poder de direção, o Supremo Tribunal Federal posicionou-se no sentido da presunção absoluta nessa culpa: *"É presumida a culpa do patrão ou comitente pelo ato culposo do empregado ou preposto"* (Súmula 341). Essa conclusão sumular, já antiga, decorre da margem de dúvida que colocava o antigo Código com relação à natureza dessa responsabilidade, que proclamava a culpa *in eligendo*. Hoje, é mais apropriado referirmo-nos à responsabilidade da empresa da qual o empregado é um de seus elementos ou órgãos. A responsabilidade do patrão é melhor justificada em sede da teoria do risco, daí por que se consolidou a jurisprudência no sentido dessa presunção de culpa estabelecida na súmula, uma vez que a culpa presumida fica a um passo da responsabilidade objetiva. Nos mais modernos julgados, geralmente nem mais se discutia a natureza desse vínculo entre o causador e o patrão ou comitente. A sociedade aceita esse vínculo sem rebuços, tanto que hoje se encara essa responsabilidade como objetiva, o que foi consagrado pelo art. 933 do presente Código. Restará ao empregador provar que o causador do dano não é seu empregado ou preposto ou que o dano não foi causado no exercício do trabalho ou em razão dele.

Provados o nexo causal e a autoria, surgirá o dever de indenizar desses terceiros. É claro que também poderá ser provado que a conduta do empregado não configurou um ato ilícito, isto é, que não houve culpa por parte do ofensor material. Não se discute também se o empregado abusou ou não de sua função.

Como anota Sérgio Cavalieri Filho (2004:196), a teoria mais eficaz que explicava essa modalidade de responsabilidade era a *da substituição*. O patrão, ao se valer de um preposto ou de um empregado, está, na verdade, prolongando sua própria atividade. Ainda, o patrão ou preponente assume a posição de garante da indenização perante o terceiro ofendido porque, na maioria das vezes, o empregado ou preposto não terá meios de reparar o dano. Eram tantas as dificuldades para justificar essa posição, que as legislações modernas partiram para a responsabilidade objetiva nessa situação, como faz nosso Código Contemporâneo. A responsabilidade indireta do patrão foi perdendo força à medida que ganhavam espaço as teorias do risco para o empregador.

Advirta-se, porém, a respeito, que o Código de Defesa do Consumidor instituiu a responsabilidade objetiva do fornecedor de produtos ou serviços. Dessa forma, no largo espectro atingido pelas relações de consumo, qualquer discussão de culpa é despicienda. Derrogou-se, nesse âmbito, o dispositivo do Código Civil. O fornecedor e o fabricante respondem pelos danos de seus empregados e prepostos causados ao consumidor, independentemente de culpa. Fora do campo do consumidor, ainda se exige a culpa do preposto.

Se, por um lado, a noção de empregado é perfeitamente definida, não o é a de preposição. Nesse termo, inserem-se todas as figuras intermediárias nas quais surge nebulosa a ideia de poder diretivo. Nessas hipóteses, o vínculo de subordinação é mais tênue. Não é necessário que essa relação tenha caráter oneroso: aquele que dirige veículo a pedido de outrem, ainda que de favor, tipifica a noção de preposto. A responsabilidade surge, como mera explicação, porque se escolheu mal o preposto, culpa *in eligendo*, ou não foram dadas a ele as instruções devidas, culpa *in instruendo*, ou porque não houve a devida vigilância sobre a conduta do agente, culpa *in vigilando* (Cavalieri Filho, 2000:118). Essa culpa, *lato sensu*, era presumida e hoje é objetiva (art. 933): não incumbe à vítima prová-la. Deve provar o evento danoso e a culpa do preposto, que é indispensável. O preponente somente se exonerará da indenização se provar caso fortuito ou força maior ou que o evento se deu sem nexo de causalidade com relação a ele, ou seja, que a conduta foi praticada fora dos limites da preposição e nem mesmo em razão dela.[7]

---

[7] "Indenização. Agressão física por segurança de artista. Relação de consumo. Preposição. **Responsabilidade do preponente pelos danos causados pelo preposto**. Dano moral mantido, assim como o valor do ressarcimento fixado. Atualização monetária do evento. Recurso não provido. Indenizatória. Agressão física provocada por segurança de artista. Relação de consumo. Prescrição afastada. Preposição. Responsabilidade do preponente pelos danos causados pelo preposto. Dano moral mantido, assim como o valor do ressarcimento, não impugnados no apelo. Atualização monetária do evento danoso. Recurso não provido" (*TJSP* – Ap 1002384-12.2018.8.26.0058, 21-3-2023, Rel. J.B. Paula Lima).

"Acidente de trânsito – Reparação de danos materiais e morais – Lesões e incapacidade temporária decorrentes de atropelamento por culpa do motorista que não guardou distância segura do veículo da frente e invadiu o acostamento, atropelando o autor, policial militar que atendia a ocorrência de outro acidente. Alegação de ilegitimidade passiva afastada. Presunção de **culpa 'in vigilando' e/ou 'in eligendo'** não elidida. Dano moral 'in re ipsa' configurado. Lucros cessantes comprovados. Valores reduzidos. 'Quantum' da indenização por dano extrapatrimonial que deve ser fixado com base na razoabilidade e compatível com a intensidade do sofrimento da vítima, observando-se as peculiaridades do caso concreto, bem como a condição econômica das partes. Recursos

Desse modo, empregado que, trajando o uniforme respectivo de sua prestação de serviço, causar dano a outrem ao chegar em sua moradia, em razão de altercações com seu vizinho, não pode responsabilizar o comitente. São muitos, contudo, os casos que se apresentam em zona cinzenta, que a prova do processo deve dirimir.

No campo dos danos relativos ao automóvel, já se decidiu que o dono do veículo não é responsável pelo dano praticado pelo titular de oficina mecânica a quem a coisa foi entregue para reparos. Na mesma situação se encontra quem confia veículo a manobrista de estabelecimento comercial ou de posto de serviços para lavagem e lubrificação.

Nesse aspecto, foi surpreendente a Súmula 492 do Supremo Tribunal Federal, que estabeleceu a responsabilidade solidária da empresa locadora de veículos com o locatário pelos danos por este causados a terceiros. Fundamenta-se a decisão na culpa direta do locador, pelo fato de não ter destinado verba para suportar esses danos, ainda porque desempenha atividade de lucro. O que, na verdade, a súmula faz é transformar a empresa locadora de veículos em segurador do locatário, obrigando-a a responder pelo evento danoso unicamente por ser dono da coisa. Essa súmula é exemplo patente dos inconvenientes da súmula vinculante, que se tenta introduzir no ordenamento, mormente porque, principalmente em sede de responsabilidade civil, mais do que em outros ramos, as modificações sociais são constantes e avassaladoras.

> *"A Súmula é insustentável mesmo após a vigência do Código de Defesa do Consumidor, que estabeleceu a responsabilidade objetiva para o fornecedor de produtos e serviços, porque não há relação de consumo entre o locador e a eventual vítima do acidente"* (Cavalieri Filho, 2000:121).

Sílvio Rodrigues (2000:76) também asseverava que essa súmula não se sustentava nos arestos que a fundamentam. A solução para a questão está no campo do seguro. No entanto, o mesmo mestre Sérgio Cavalieri Filho, que em edição anterior sustentou a crítica acima, em edição mais recente de sua magnífica obra modifica transcendentemente sua opinião:

> *"O entendimento da Súmula tornou-se mais sustentável após a vigência do Código do Consumidor, tendo em vista que seu art. 14 estabeleceu para o fornecedor responsabilidade objetiva pelo fato do serviço e seu art. 17 equiparou ao consumidor todas as vítimas de acidente de consumo. O atropelamento de alguém causado por um veículo alugado pode ser considerado um acidente de consumo; e a vítima, em tal caso, é consumidor por equiparação – o que faz a empresa locadora do veículo responder pelo fato do serviço independentemente de culpa".*

---

do autor e do corréu não providos e provido em parte o apelo da corré" (*TJSP* – Ap 1004923-55.2015.8.26.0510, 28-1-2019, Rel. Alfredo Attié).

"Apelação – **Responsabilidade civil** do município e do médico, seu preposto – Indenização por danos morais, reportada a ocorrência de grave erro de diagnóstico. Pretensão voltada contra o município que também ocupa o polo passivo da relação processual. Provas periciais que apontam adequação da conduta médica adotada e concluíram pela ausência de nexo causal decorrente do procedimento – Pretensão indenizatória descabida – Sentença de improcedência mantida. Recurso desprovido" (*TJSP* – Ap 0017433-43.2009.8.26.0344, 14-2-2018, Rel. Amorim Cantuária).

"Responsabilidade civil – Acidente de trânsito – **Culpa do preposto da ré caracterizada** – Danos morais e estéticos configurados – Fixação satisfatória – Denunciação da lide julgada procedente – Sentença mantida – Recurso improvido – Se a prova produzida fornecer os elementos de convicção necessários para sinalizar a culpa do causador do dano, imperiosa se faz a reparação dos prejuízos causados. A teor da Súmula nº 387 do E. Superior Tribunal de Justiça, é cabível a cumulação das indenizações por danos estéticos e morais" (*TJSP* – Ap 0000794-12.2011.8.26.0333, 9-5-2016, Rel. Renato Sartorelli).

E ainda prossegue o autor:

> *"Pelo novo Código Civil a responsabilidade das locadoras de veículos enquadra-se com justeza no parágrafo único do seu art. 927. Inquestionavelmente, desenvolvem atividade de risco, prestam serviço perigoso – serviço, este, que não pode ter defeito. Se violarem o correspondente dever de segurança, estarão obrigadas a reparar o dano, independentemente de culpa"* (2004:202).

Acrescente-se que o Superior Tribunal de Justiça firmou-se na orientação da citada Súmula do Supremo Tribunal, quando deste era a competência pela matéria.

Como se nota, no Direito não podem ser sustentadas afirmações peremptórias. Só não muda quem não evolui. No campo da responsabilidade civil as transformações têm sido radicais nas últimas décadas. Mais uma vez a jurisprudência ratifica a afirmação de que a voz dos tribunais é a voz do Direito.

No arrendamento mercantil (*leasing*), também não se divisa a responsabilidade da empresa de *leasing* ou arrendante, porque a posse direta do veículo define a culpa do arrendatário. O liame entre as partes é muito mais do que a simples locação de veículo. Responde unicamente o arrendatário (*JTACSP* 127/158, *RT* 535/188, 574/216; *STF-RTJ* 125/894; *RSTJ* 17/482).

A responsabilidade ora tratada também permite que o responsável pelo pagamento ingresse com ação regressiva contra o causador do dano. Como expusemos, trata-se de responsabilidade solidária, de modo que pode a vítima, se desejar, acionar diretamente o causador do dano.

16.5 RESPONSABILIDADE DOS DONOS DE HOTÉIS E SIMILARES

O art. 932, IV, do Código erige a responsabilidade de hotéis, hospedarias, casas ou estabelecimentos de albergue e de educação com relação a atos praticados por hóspedes, moradores e educandos.[8]

---

[8] "Apelação. *Responsabilidade civil. Atropelamento em hotel.* Ação de indenização por danos materiais, morais e estéticos, julgada procedente. Recurso da ré. Ausência de contestação. Revelia decretada e aplicação de seus efeitos, nos termos do art. 344 do CPC, ausentes as exceções previstas no artigo de lei seguinte. Ilegitimidade passiva. Questão de ordem pública. Conhecimento e não acolhimento. Legitimidade da parte aferida em abstrato, à luz das afirmações contidas na petição inicial – aplicada a teoria da asserção. Consumidora atropelada por veículo conduzido por preposta da ré e nas suas dependências, causando-lhe lesões físicas. **Responsabilidade objetiva da empregadora**. Inteligência dos arts. 932, IV e 933, ambos do CC. Pretensão a inclusão no polo passivo da causadora direta do atropelamento e de sua seguradora. Não cabimento. É o consumidor quem possui o direito de eleger contra quem deseja litigar, seja o fornecedor de serviços, o agente causador direto do dano e seu segurador ou contra todos, mormente por não se tratar de litisconsórcio passivo necessário. Legitimidade da ré corretamente reconhecida. Preliminar rejeitada. Mérito. Rediscussão da dinâmica do atropelamento impossibilitada diante da presunção da veracidade da matéria fática, efeito da revelia da ré. Responsabilidade do fornecedor de serviços pelos danos causados à consumidora bem configurada. Indenizações por danos materiais, morais e estéticos. Valores condenatórios compatíveis com a extensão dos danos, ausente exagero ou impugnação objetiva, devendo ser mantidos. Sentença mantida. RECURSO DESPROVIDO, majorados os honorários advocatícios devidos pela ré, nos termos do art. 85, § 11, do CPC" (*TJSP* – Ap 1004374-14.2022.8.26.0344, 29-6-2023, Rel. Sergio Alfieri).

"Responsabilidade civil. Indenização por danos materiais, morais e estéticos. Cerceamento de defesa. Inocorrência. Prova oral desnecessária. Criança mordida por cão em instalações de hotel. Relação de consumo evidenciada. Incidência do código de defesa do consumidor. Chamamento ao processo. Descabimento. Falha na prestação de serviços caracterizada. Responsabilidade civil objetiva. Inteligência do art. 932, IV, do CC e art. 14, do CDC. A legislação consumerista consagra a responsabilidade civil objetiva, fundada na teoria do risco da atividade. Conjunto probatório produzido insuficiente a comprovar a inexistência de defeito na prestação dos serviços. Excludente não comprovada. Existência de nexo causal entre o acidente sofrido nas dependências do hotel e os danos suportados pelo autor. Dano moral caracterizado, indenização devida e bem dosada monocraticamente.

Sentença mantida. Majoração da verba honorária. Cabimento (art. 85, § 11, do CPC). Apelação improvida" (*TJSP* – Ap 1002982-44.2020.8.26.0462, 7-4-2022, Rel. Cristina Zucchi).

"Ação indenizatória – **Contratação de diárias de hotel** – Legitimidade passiva da intermediadora – Responsabilidade solidária – Hipótese em que os autores, ao realizar o 'check out' do hotel, foram informados que a ré não havia repassado o valor da hospedagem, sendo compelidos a pagar a quantia novamente. Devolução da quantia paga. Dano moral configurado. Manutenção da sentença. Regimento interno, artigo 252. Recursos desprovidos" (*TJSP* – AC 1003238-91.2016.8.26.0408, 23-8-2019, Rel. Luis Carlos de Barros).

"Apelação – Responsabilidade Civil – Ação de obrigação de fazer cumulada com indenizatória por danos morais – Improcedência – **Categoria de hospedagem no hotel** contratado que não condiz com a propaganda publicitária – Fotografias que demonstram os problemas existentes no quarto – Prova documental com confissão do hotel em relação à constatação em relação às reclamações da hóspede – Falha na prestação dos serviços evidenciada – Responsabilidade das corrés que deve reconhecida, nos termos do Código de Defesa do Consumidor, arts. 14, 7º, § único e 25, § 1º – Ocorrência de dano moral configurada – Demandante que faz jus à respectiva reparação – Dano material também caracterizado – Ressarcimento de parte do valor cobrado pela má qualidade na prestação dos serviços turísticos – Ação que deve ser julgada procedente – Recurso da autora provido" (*TJSP* – Ap 0014341-87.2006.8.26.0562, 23-1-2017, Rel. Thiago de Siqueira).

"Apelação Cível – Ação de responsabilidade civil – Trata-se de ação na qual alega a autora que se hospedou em um dos hotéis administrados pelo 1º réu, durante o feriado da Semana Santa (abril de 2006) e que no dia 13/04, após assistir a uma apresentação de teatro, dirigiu-se até a rampa de acesso ao lado externo do salão do hotel e, ao descê-la, sofreu violenta queda, lhe ocasionando graves lesões. Afirma que a rampa mede cerca de 1,5 metro de altura e não possuía qualquer tipo de proteção lateral. Sustenta que foi atendida pela equipe médica do hotel e foi encaminhada ao hospital mais próximo da região, onde foi diagnosticada com fratura de cotovelo/tornozelo, tendo que ser submetida a procedimento cirúrgico. Relata que ficou internada durante 21 dias e que, após a alta hospitalar, precisou de avaliações médicas periódicas, inclusive com sessões de fisioterapia. Informa ainda que, após 06 meses do acidente, foi constatada também uma lesão no ombro direito, decorrente da queda sofrida, e precisou novamente se submeter a procedimento cirúrgico. Na presente hipótese o réu/apelante 2 alega culpa exclusiva da vítima. No entanto, não há comprovação nos autos de tal condição, não sendo crível admitir-se que a culpa pela queda seria da autora pelo simples fato de a mesma ter se utilizado da rampa de acesso para cadeirantes, e não das escadas. Ademais, de acordo com as fotografias de fls. 190/192 verifica-se sequer a existência de corrimões nas escadas do hotel. Ausência de danos estéticos. Danos morais configurados que merecem majoração para R$ 30.000,00. Em relação ao recurso de apelação interposto pela seguradora/denunciada, entende esta Relatora que assiste razão em parte. Em primeiro lugar, no que se refere a cobertura pelos danos morais, o entendimento é no sentido de que os mesmos são decorrentes do acidente de consumo em si e de toda a dor física causada pelas lesões, ou seja, os danos morais são oriundos do dano corporal. Portanto, cabível a condenação da denunciada, desde que respeitados os limites previstos na apólice. Ademais, na presente hipótese não visualizo a mencionada exclusão contratual no que diz respeito aos danos morais (fls. 265). Ausência de resistência pela denunciada. Recurso de apelação interposto pela autora conhecido e provido parcialmente. Negado provimento ao recurso de apelação interposto pelo réu. Recurso de apelação interposto pela denunciada provido parcialmente. Parcial provimento ao recurso da Autora e da Denunciada e negou-se provimento ao recurso do 1º réu, nos termos do voto do relator" (*TJRJ* – Ap 0105149-36.2007.8.19.00010, 12-2-2016, Relª Desª Isabela Pessanha Chagas).

"**Apelação** – Indenização – Danos materiais – Viagem – Pacote turístico – Passeio – Acidente envolvendo animal em hotel fazenda – Responsabilidade objetiva solidária entre a empresa que comercializou o passeio e hotel fazenda – Danos morais – Responsabilidade da empresa de turismo – afastada – I – Pacote turístico adquirido pelo representante legal do autor. No local do destino (cidade de Natal/RN) foi adquirido passeio não previsto no pacote original, ocorrendo acidente envolvendo um cavalo que atacou o autor (à época com 4 anos) atingindo sua região facial; II – Danos materiais e morais configurados. Estabelecendo-se a responsabilidade objetiva e solidária entre a empresa Wheltour que comercializou o passeio e o Hotel Fazenda estabelecimento onde ocorreu o acidente; III – Empresa Expandir. Exclusão da lide. Responsabilidade afastada. Ainda que o Código de Defesa do Consumidor preceitue que o fornecedor de serviços tem responsabilidade independente de culpa, pelos serviços que coloca à disposição do consumidor, respondendo, ainda, solidariamente, por atos de seus prepostos e representante autônomos, responderá, porém, nos limites do exercício do trabalho que lhes competir, por força da execução do programa turístico operado pela agência. Como o passeio turístico, durante o qual ocorreu o fatídico evento NÃO foi fornecido pela corré Expandir, não tendo esta qualquer participação na contratação desse serviço não pode ser responsabilizada, nem mesmo por solidariedade; IV – Para a fixação dos danos morais, além do dano, também se deve levar em conta a situação econômica das partes, a fim de não dar causa ao enriquecimento ilícito, mas gerar um efeito preventivo, com o condão de evitar que novas situações desse tipo ocorram, e também considerando o porte financeiro daquele que indenizará, não se podendo fixar o valor de indenização em quantia irrisória, sob pena de não vir a surtir o efeito repressivo que se pretende, qual seja, fazer com que o agente perceba, eficazmente, as consequências de seu ato ilícito. Valor mantido R$ 20.000,00. Recurso da corré. Expandir provido. Recurso da corré Wheltour não provido" (*TJSP* – Ap 0018478-52.2011.8.26.0008, 17-6-2015, Relª Maria Lúcia Pizzotti).

A origem histórica da responsabilidade hoteleira é romana, da época em que se impunha a obrigação ao capitão do navio, dono de hospedaria ou estábulo a indenizar pelos danos e furtos praticados por seus prepostos em detrimento de seus clientes (Alves, 1983; v. 2:284).

A relação é contratual ou envolve relações contratuais entre o hóspede e o hospedeiro. Não opera a culpa presumida quando a hospedagem é gratuita. Não são válidos, nesse aspecto, os avisos colocados nos hotéis pelos quais o estabelecimento não se responsabiliza por danos ou furtos ocorridos em pertences dos hóspedes. Essa cláusula de não indenizar somente será válida se livremente negociada, como vimos no Capítulo 1. Em sede de direitos do consumidor, é ineficaz. Como pontua Sílvio Rodrigues (2000:78), a empresa hoteleira assume obrigação de garantia com relação aos hóspedes, seus pertences e bagagens. Essa obrigação cessa para os hospedeiros na hipótese descrita no art. 650, que se situa no capítulo legal acerca do depósito necessário: se os hospedeiros provarem que os fatos prejudiciais aos viajantes ou hóspedes não podiam ser evitados. O roubo à mão armada, por exemplo, deve ser examinado no caso concreto. Em princípio, o hospedeiro tem o dever de evitá-lo em tempos atuais. O art. 650 do diploma civil vigente suprime essa hipótese excludente de responsabilidade que era expressa no antigo art. 1.285, II. Não provadas essas excludentes que reafirmam o cunho contratual da relação, o hospedeiro deverá indenizar.

O Código de Defesa do Consumidor abrange toda essa responsabilidade de hoteleiros com relação aos hóspedes, que são consumidores. Lembre-se, ainda, que o parágrafo único do art. 927 estabeleceu a possibilidade de responsabilidade objetiva direta para todos os que desempenham atividade de risco. O que se examina é a atividade da empresa como um todo, com relação ao serviço que presta, sendo irrelevante a atividade do preposto com relação à vítima.

Quanto à responsabilidade pelos atos praticados pelos hóspedes com relação a terceiros, deve ser provada a culpa do agente causador do dano.

Outra questão pertinente diz respeito aos cofres de segurança presentes nos hotéis. A situação assemelha-se à dos cofres de bancos. Em princípio, o hoteleiro não responde pelo conteúdo, mas pode ser obrigado a indenizar, se provada sua culpa no dever de vigilância e guarda do estabelecimento (Pereira, 1999:98).

16.6 RESPONSABILIDADE DOS ESTABELECIMENTOS DE ENSINO

A responsabilidade dos estabelecimentos de educação está fixada de forma não muito clara no mesmo dispositivo que cuida dos donos de hotéis. O art. 932, IV, estatui que a hospedagem para fins de educação faz com que o hospedeiro responda pelos atos do educando.

Em princípio, deve ser alargado o dispositivo. Não se deve restringir o alcance apenas aos estabelecimentos que albergam os alunos sob a forma de internato ou semi-internato, hoje quase inexistente no país. Enquanto o aluno se encontra no estabelecimento de ensino e sob sua responsabilidade, este é responsável não somente pela incolumidade física do educando, como também pelos atos ilícitos praticados por este a terceiros ou a outro educando. Há um dever basilar de vigilância e incolumidade inerente ao estabelecimento de educação que, modernamente, decorre da responsabilidade objetiva do Código de Defesa do Consumidor.

O aluno é consumidor do fornecedor de serviços, que é a instituição educacional. Se o agente sofre prejuízo físico ou moral decorrente da atividade no interior do estabelecimento ou em razão dele, este é responsável. Responde, portanto, a escola, se o aluno vem a ser agredido por colega em seu interior ou vem a acidentar-se em seu interior. Pode até mesmo ser firmada a responsabilidade, ainda que o educando se encontre fora das dependências do estabelecimento: imaginemos a hipótese de danos praticados por aluno em excursão ou visita organizada, orientada ou patrocinada pela escola. Nesse caso, o dever de vigilância dos professores e educadores é ambulatório, isto é, acompanha os alunos. Esse dever de vigilância é, desse modo, tanto no tocante a atos praticados contra terceiros como contra os próprios alunos e empregados do estabelecimento. É pressuposto, contudo, da indenização, que o educando esteja sob vigilância do estabelecimento quando do ato danoso.[9]

Essa responsabilidade também terá o mesmo alcance no tocante a clubes esportivos, com relação aos participantes de eventos dentro e fora do estabelecimento a que estão ligados. Giovanna Visintini (1999:55) menciona *leading case* da jurisprudência italiana, cujos princípios

---

9 "Civil. Processo civil. Administrativo. Apelação cível. Ação de indenização por danos materiais e morais. Queda de aluno sob a guarda de escola pública. Lesão em membro superior. Necessidade de cirurgia e de tratamento pós-operatório. Professoras presentes no momento do incidente. Acolhimento e socorro imediatos. Inexistência de falha na prestação do serviço público. Omissão estatal não demonstrada. **Responsabilidade civil do estado**. Pressupostos ausentes. Apelação desprovida. Sentença mantida. 1. A teoria do risco administrativo constitui fundamento do regramento inserto no art. 37, § 6º, da CF – reforçado pelos arts. 43, 186 e 927 do CC -, que disciplina a responsabilidade civil objetiva do Poder Público pelos danos que seus agentes, nessa qualidade, causarem a terceiros, ressalvado o direito de regresso contra os causadores do dano, se houver, por parte destes, culpa ou dolo. 2. Nos casos em que o dano decorre de uma omissão administrativa, a responsabilidade civil do Estado é subjetiva, fundada na teoria da "falta de serviço", impondo à parte ofendida a demonstração de que o dano é consequência direta da culpa no mau funcionamento ou inexistência de um. 3. Tratando-se de conduta omissiva imputada ao Estado, para fins de responsabilização do Distrito Federal, é necessário demonstrar a falha de serviço de prestação educacional (instalações físicas e dever de guarda e vigilância) e a relação de causalidade entre a alegada irregularidade e o resultado lesivo. 4. Na hipótese, o filho da parte autora sofreu uma queda enquanto brincava no escorregador do parque externo da instituição de ensino público em que é matriculado. Em razão do acidente, fraturou a extremidade inferior do úmero, necessitou de correção ortopédica cirúrgica e de tratamento medicamentoso e fisioterapêutico para controle das dores e fortalecimento do membro lesionado. 4.1. Apesar do acidente decorrente de atividade recreativa e corporal infantil no âmbito escolar, os elementos de prova produzidos nos autos indicam a inexistência de circunstância caracterizada como inoperância estatal como sendo decisiva para o resultado danoso. A criança não estava desassistida da vigilância de adultos membros da comunidade escolar e recebeu socorro imediatamente. 4.2. A alegada omissão das professoras que o supervisionavam, no momento de recreação no parque da escola, ou a inadequação da estrutura física do local não foram comprovadas, assim como a relação de causalidade entre a aventada negligência e os danos descritos na petição inicial 5. Não havendo omissão estatal, falha na prestação do serviço público educacional ou nexo de causalidade entre a conduta imputada ao ente público e o prejuízo descrito, não há que se falar em responsabilidade civil e, via de consequência, em dever de indenizar. 6. Apelação cível desprovida. Sentença mantida" (*TJDFT*– Ap 07120875220228070018, 10-5-2023, Rel. Alfeu Machado).

"Apelação cível – Responsabilidade civil – Escola de aviação – Acidente fatal – Presidente e diretores do aeroclube – Ilegitimidade passiva *ad causam* – Configuração – Apelação cível – **Responsabilidade civil – Escola de aviação** – Queda de aeronave durante um voo de instrução que acarretou a morte do filho dos requerentes – Responsabilidade civil objetiva – Instrutora que, a despeito de estar ciente das condições climáticas desfavoráveis no destino, assumiu o risco ao decolar e causou o óbito do aluno – Danos materiais e morais devidos. Apelação Cível – Multa por litigância de má-fé – Cabimento – Aeroclube requerido que juntou documento falso – Falsidade confirmada por meio de prova pericial. Recurso parcialmente provido" (*TJSP* – AC 1009395-40.2015.8.26.0562, 12-9-2019, Rel. José Roberto Furquim Cabella).

"Apelação – **Ação de indenização por danos materiais e morais** – Morte da filha da autora enquanto permanecia na escola. 1 – Filha da autora que fora encontrada asfixiada em tecido acrobático no interior de escola municipal. Autora que se atrasou para buscar a filha e quando chegou à escola a encontrou pendurada com o pescoço e axilas presas por tecido acrobático. Omissão caracterizada. Dever de guarda e vigilância por parte do Município, titular da unidade educacional. Conjunto probatório conclusivo acerca da responsabilidade do requerido no evento danoso. 2 – Legitimidade passiva do Município reconhecida. Município que não pode se desincumbir de seu dever de responsabilidade quanto à guarda de crianças quando na instituição de ensino. Falha configurada. 3 – Indenização devida. Danos materiais e morais devidos e mantidos porquanto fixados de acordo com os critérios de moderação e razoabilidade, especialmente considerado o caráter pedagógico e preventivo da condenação. Honorários advocatícios mantidos. 4 – Recurso Adesivo da Autora. Alteração do 'termo a quo' de incidência dos juros de mora quanto à fixação dos danos morais. Intelecção das Súmulas 54 e 362 do STJ. Juros devidos a contar da data do evento danoso e atualização monetária que deve se dar desde o arbitramento da indenização. Honorários advocatícios mantidos. Lei nº 11.960/09. Afastamento. Incidência da norma contida no art. 406 do Código Civil. Negado provimento ao recurso voluntário do Município e dado parcial provimento aos recursos adesivo da autora e o oficial" (*TJSP* – Ap 1004051-62.2014.8.26.0126, 25-4-2017, Rel. Oswaldo Luiz Palu).

legais também são restritivos, no qual a Corte de Cassação estabeleceu que a responsabilidade do estabelecimento se estende desde o momento do ingresso dos alunos na instituição até o momento da saída e, portanto, compreende o período destinado à recreação, ao intervalo entre uma aula e outra, e se exige a efetiva presença de professores ou educadores onde se desenvolve a atividade esportiva. Incumbe à escola eximir-se da responsabilidade apenas se provar cabalmente que o fato ocorreria inevitavelmente, isto é, caso fortuito ou força maior. A jurisprudência italiana abranda esse rigor apenas no tocante aos cursos superiores, em razão do maior desenvolvimento e maturidade dos alunos. Nossa jurisprudência tem admitido a culpa presumida do estabelecimento de ensino por acidente sofrido por aluno (*RT* 597/173; *JTJSP* 160/42).[10]

O Código Civil de 1916 não estabelecera essa responsabilidade de forma clara, nem o fez o atual, como no estatuto francês e italiano, mas mesmo antes do Código de Defesa do Consumidor a jurisprudência já se encarregara de alargar o princípio. Observa José de Aguiar Dias (1979, v. 2:200) que nosso ordenamento civil não se preocupou em disciplinar expressamente a responsabilidade de professores e mestres, mas nem por isso se pode defender que suas responsabilidades sejam de nível diverso da dos pais e tutores:

> *"a ideia da vigilância é mais ampla do que a de educação, devendo entender-se que essas pessoas respondem pelos atos dos alunos e aprendizes durante o tempo em que sobre eles exercem vigilância e autoridade. Os danos por que respondem são, ordinariamente, os sofridos por terceiros, o que não quer dizer que os danos sofridos pelo próprio aluno ou aprendiz não possam acarretar a responsabilidade do mestre ou diretor do estabelecimento".*

---

10 "Responsabilidade civil. **Ação de indenização por danos materiais e moral.** Briga entre alunos nas dependências da escola. Lesões físicas no autor resultantes da agressão que, aliadas à repercussão social do caso, causaram-lhe dano moral. Responsabilidade da instituição de ensino pelo evento danoso que decorre de culpa in vigilando. Indenização devida, que deve ser mantida na quantia de R$30.000,00, por ser compatível com as circunstâncias do caso em exame, sem impor gravame excessivo aos agentes ou gerar vantagem desproporcional à vítima. Incabível a aplicação de penalidade por litigância de má-fé, se não ocorreu nenhuma das hipóteses previstas no art. 80 do CPC. Recursos improvidos" (*TJSP* – Ap 0068079-68.2009.8.26.0114, 16-3-2022, Rel. Gomes Varjão).

"**Responsabilidade civil – Escola infantil** – Comunicação às autoridades de suspeita de abandono de menor – Estrito cumprimento de dever legal – Dano moral inexistente – É preponderante o resguardo ao direito da criança e do adolescente. Não deve ser imposta a obrigação de indenizar se a escola praticou a conduta em consonância com o sistema jurídico (art. 188, I, do CC) e de maneira não abusiva. Presença de estrito cumprimento de dever legal. Ausentes o ato ilícito, o abuso de direito ou a falha de serviço com pertinência ao tratamento dispensado à paciente. Sentença de improcedência. Apelo não provido" (*TJRS* – AC 70080528086, 30-5-2019, Rel. Des. Marcelo Cezar Müller).

"Apelação – **Responsabilidade Civil** – Indenização por dano moral – Queda de criança em balanço, nas dependências de escola municipal, após ser puxada por um colega, vindo a sofrer fratura no fêmur da perna esquerda, com encurtamento de cerca de 2 centímetros. Preliminares. Cerceamento de defesa. Inocorrência. Os documentos anexados à inicial e demais peças processuais são suficientes ao deslinde da controvérsia. Admissível o julgamento antecipado da lide. Prescrição. Inocorrência. Não corre prescrição contra a autora, por ser absolutamente incapaz. Inteligência do art. 198, I, do CC Mérito – Responsabilidade objetiva da escola pública municipal, nos termos do artigo 37, § 6º, da Constituição da República. Aplicação da teoria do risco administrativo. Hipótese, ademais, na qual houve deficiência do serviço e negligência do estabelecimento de ensino, ante a ausência de vigilância adequada, fator decisivo para que ocorresse o acidente. Dano moral arbitrado em R$ 30.000,00, com observância dos princípios da proporcionalidade e razoabilidade. Juros moratórios de 1% ao mês, a partir do evento danoso, nos termos da Súmula 54 do STJ, e correção monetária desde a data do arbitramento, nos termos da Súmula 362 do STJ. Incidência das Leis 9.494/97, 11.960/2009 e 12.703/2012, conforme orientação do STF sobre a matéria. Sentença reformada, para julgar a ação procedente, nos termos do art. 487, I, do CPC/15. Recurso de apelação provido" (*TJSP* – Ap 0003328-10.2014.8.26.0369, 12-4-2017, Rel. Djalma Lofrano Filho).

Alarga-se atualmente o conceito de mestre para o de fornecedor de serviços de ensino, desaguando na responsabilidade objetiva do estabelecimento. Não há que se distinguir também, como entendemos, contrariamente à grande maioria da doutrina tradicional, que a responsabilidade dos estabelecimentos de ensino se debruce unicamente sobre pupilos menores. Essa posição dizia respeito ao passado. Não é feita essa distinção na lei e mesmo um estabelecimento de ensino de nível universitário, que abriga a maior parte de alunos maiores e capazes, submete-se à mesma diretriz. Ainda que, por hipótese, se entendesse que o Código Civil não permite esse alargamento, os princípios do Código de Defesa do Consumidor não deixam a menor margem de dúvidas. Os que defendem a ideia de que os educandos maiores e capazes estão fora do sistema protetivo da responsabilidade dos educadores se prendem a premissas hoje superadas no campo da responsabilidade civil, mormente, mas não unicamente, após o Código de Defesa do Consumidor. Não se trata mais de imputar dever de vigilância ao *professor universitário*, como sustenta a maioria da doutrina (Gonçalves: 2003), que lastreia sua opinião em inúmeros doutos autores, mas sim de atribuir um dever de segurança e incolumidade aos estabelecimentos de ensino, não importando o nível, da pré-escola ao ensino superior. Trata-se da teoria do risco em última análise que foi adotada pelo Código de 2002, em prol da amplitude de reparação de danos e da dignidade humana e cujos dispositivos não fizeram a distinção mantida pela doutrina tradicional e repetida, sem maiores meditações, por autores mais contemporâneos, nos arts. 932, IV, e 933. Desse modo, não há distinção ontológica entre um menor de 17 anos ou um maior de 18 anos que agride e ocasiona danos a alguém que visita, transita ou se aproxima do estabelecimento de ensino do agressor, seja este de nível fundamental, médio ou de nível superior. Responderá sem dúvida pelos danos a pessoa jurídica que mantém a escola. Como enfatizamos, ainda que não fosse em razão da hermenêutica, se o legislador não distingue não é dado ao intérprete fazê-lo, mas a distinção seria plausível com base no ordenamento consumerista, que espanca qualquer dúvida a esse respeito. De fato, alarga-se o conceito da responsabilidade social, sendo este, a nosso ver, mais um patente exemplo da evolução que sofreram, em pouco tempo, os princípios de responsabilidade civil.

16.7 RESPONSABILIDADE PELO PROVEITO DO CRIME

O art. 932, V, trata da responsabilidade dos que houverem gratuitamente participado nos produtos de crime. Respondem solidariamente pela quantia concorrente com a qual obtiveram proveito. O princípio estaria presente ainda que não expresso em lei. Cuida-se de aplicação do princípio do injusto enriquecimento. A ação é, portanto, de enriquecimento ilícito, *actio in rem verso*. Essa ação objetiva reequilibrar um patrimônio. Sua origem remonta ao Direito Romano (*conditio indebiti*), que concedia ação aos que tivessem obtido vantagem patrimonial originada de causas ilícitas. Ver o que dissemos a respeito no Capítulo 9 deste volume.

Cavalieri Filho faz uma importante distinção entre partição dos produtos do crime e o proveito que esses produtos podem oferecer. Assim, as joias furtadas que se encontram ainda com a família do ladrão são produto do crime; não o serão se transformadas em dinheiro para sustento dessa família. Neste último caso, não contemplado pela lei, não será possível a responsabilização (2004:205). De qualquer forma, sem prejuízo da opinião do ilustre autor, quer nos parecer que mesmo nessa última hipótese há um injusto enriquecimento, cujos princípios gerais devem ser aplicados.

A disposição não se confunde com a do art. 942, parágrafo único, na qual se contempla a coautoria de delito, caso em que o coautor responde solidariamente pela reparação dos danos.

16.8 RESPONSABILIDADE DAS PESSOAS JURÍDICAS DE DIREITO PÚBLICO E DE DIREITO PRIVADO. RESPONSABILIDADE DO ESTADO E DO MAGISTRADO. RESPONSABILIDADE PELA DEFICIENTE. PRESTAÇÃO JURISDICIONAL. RESPONSABILIDADE POR ATOS LEGISLATIVOS

Sobre a responsabilidade das *pessoas jurídicas de direito público*, da Administração em geral, estudamos a evolução histórica até o conceito constitucional atual (art. 37, § 6º, da Constituição de 1988) e a adoção da teoria do risco administrativo. Ver, a respeito, o que dissemos em nosso *Direito civil: parte geral* (Capítulo 14). Em síntese, como regra geral, a responsabilidade civil das pessoas jurídicas de direito público não depende da prova de culpa, exigindo apenas a realidade do prejuízo, a autoria e o nexo causal. Resta em aberto a discussão se a regra constitucional da responsabilidade objetiva se aplica unicamente aos atos comissivos da Administração, pois há corrente que sustenta que os atos omissivos do Estado e seus agentes ficam, em princípio, no campo da responsabilidade subjetiva.

Há, de fato, atos decorrentes na esfera do Estado que efetivamente ficam à margem da responsabilidade objetiva como aponta ponderável doutrina, como veremos. Fica assente, contudo, que qualquer ato ilícito praticado pelo Estado, por meio de seus órgãos e agentes, implica responsabilidade e reparação de dano, ainda que sob o prisma da responsabilidade subjetiva.

Quanto aos *atos do Poder Judiciário*, prevaleceu durante muito tempo a opinião mais tradicional pela qual o Estado não é responsável pelos atos jurisdicionais, sob a égide da independência dos Poderes, posição que hoje se acha superada por várias vozes que se levantam contra essa posição dogmática. Essa orientação baseava-se no fato de que, se o Executivo não pode interferir nas decisões judiciais, não pode também responder por tais atos. Essa irresponsabilidade resultaria do fato de se tratar o Judiciário de um poder soberano. No entanto, o Estado deve ser responsabilizado pela falha dos serviços judiciários, por aplicação da teoria da falta do serviço, de origem francesa. Se o Estado falha em não fornecer Justiça, retardando ou suprimindo as decisões por desídia de servidores em geral, juízes inclusive, greves ou mazelas do aparelhamento, aplica-se a responsabilidade do Estado em sentido lato. Além do fato de o termo *soberania* ser equívoco, sem exata precisão em qualquer contexto, o Judiciário não pode ser considerado um superpoder, colocado sobre os outros.

Quanto à responsabilidade do Estado por erro judiciário, a previsão expressa consta da Constituição Federal, art. 5º, LXXV: "*O Estado indenizará o condenado por erro* judiciário, *assim como o que ficar preso além do tempo fixado na sentença*". Esse dispositivo se refere à esfera penal. A reparação por erro judiciário, nesse caso, uma das mais graves ofensas que o Estado pode perpetrar contra o cidadão, deverá ser a mais ampla possível, abrangendo tanto os prejuízos materiais como os imateriais ou morais. Note que o dispositivo constitucional contempla duas hipóteses: aquele que foi condenado sendo inocente e aquele que ficou preso por tempo superior ao estabelecido em decisão judicial. O estudo dessa matéria requer um capítulo à parte, no Direito Penal, que necessita que se traga à colação princípios de direito constitucional e processual.

No entanto, é importante que se assente que essa hipótese do art. 5º, LXXV, da Magna Carta é a única que admite responsabilidade por ato judicial típico, qual seja a decisão judicial, sentença ou acórdão. No mais, o sistema indenizatório não poderá interferir no sistema jurisdicional e no mérito das decisões, e por consequência na coisa julgada. Para isso há todo um sistema recursal no ordenamento. Doutra forma, estaria subvertida e instável toda garantia representada pelo justo processo. A sentença ou acórdão só podem ser rescindidos nos termos da lei. Esses princípios não podem ser ampliados. Daí por que somente se entenderá que essa hipótese de *erro judiciário* se refere mesmo a julgamento errôneo, decisão equivocada. O dispositivo deve ser visto como uma exceção ao princípio da responsabilidade objetiva, descrita no art. 37, § 6º.

Efeitos materiais das decisões judiciais ou suas omissões, contudo, podem ocasionar danos concretos como, por exemplo, excesso de prazo na prisão; prisão de pessoa errada; medida cautelar que não pode ser cumprida por falta de aparato do Estado; medida cautelar cassada da qual resultou prejuízo etc.

Sob outra esfera, o juiz pode responder pessoal, civil e criminalmente por dolo ou fraude, ou quando omite, retarda ou recusa, injustificadamente, providências que deva ordenar de ofício ou a requerimento da parte (art. 143 do CPC). Ora e vez, na legislação, pontilham-se dispositivos que induzem responsabilidade do juiz, sem uma sistematização, como, por exemplo, a responsabilidade subsidiária no caso de tutela, quando o tutor se tornar insolvente e o juiz não tiver exigido garantia legal (art. 1.744, II). Como regra geral, todavia, a independência funcional e a liberdade de julgar, que deságuam na própria liberdade do cidadão, estariam sumamente prejudicadas com um juiz amedrontado e sob a permanente espada da responsabilização. Há todo um sistema recursal, aliás criticado por ser excessivo, que visa minimizar os eventuais danos injustos da sentença judicial. Nas hipóteses de dolo ou fraude do juiz, contudo, sustenta-se por tradição que não há responsabilidade do Estado, o que não é real. Sempre é possível e muito mais conveniente que o Estado seja acionado e este, se for o caso, acionará regressivamente o magistrado.

Desenha-se, assim, na doutrina e na jurisprudência opinião em sentido contrário, assinalada por Sérgio Cavalieri Filho (2000:188). Se o Estado pode ser responsabilizado por falha na estrutura judiciária, não há razão para que deixe de ser responsável em situações mais graves, em que um órgão seu agiu com dolo ou fraude:

> *"Se o Estado responde, como já sustentado, pela simples negligência ou desídia do juiz, por mais forte razão deve também responder quando ele age dolosamente. Em ambos os casos o juiz atua como órgão estatal, exercendo função pública. Entendo que, no último caso, poderá o lesado optar entre acionar o Estado ou diretamente o juiz, ou, ainda, os dois, porquanto haverá aí, uma solidariedade estabelecida pelo ato ilícito. Nesse sentido já começa a se inclinar a jurisprudência* (*RTJ* 105/225-234)".

Contudo, mais do que apontar opiniões sobre a conduta funcional do juiz, importa atualmente rever as posições dogmáticas relativas não só ao Poder Judiciário, como ao próprio Poder Legislativo. Dúvidas não existem acerca da responsabilidade objetiva do Estado no tocante ao Poder Executivo, por força do coroamento da regra constitucional do art. 37, § 6º. Contudo, a posição do Estado contemporâneo, com o assoberbamento de suas funções com relação ao administrado, exige novas reflexões.

Por outro lado, há que se compatibilizar os princípios da responsabilidade civil e os paradigmas contemporâneos de ampla indenização a todos os danos também com a atuação do Poder Judiciário em sentido amplo, algo que permaneceu fechado e segregado, como cápsula protetora de proteção à atividade isenta do magistrado em prol do jurisdicionado durante praticamente todo o século XX. O cuidado, por isso mesmo, deve ser extremo, para que não seja prejudicada a tranquilidade e isenção dos juízes no exercício de sua função e, ao mesmo tempo, para que essa tranquilidade não se traduza em desmazelo e descuido na aplicação da Justiça.

O retardamento ou negação da prestação jurisdicional, fator que não se liga exclusivamente à atividade do juiz néscio, inoperoso ou inconsequente, mas decorre de todo um sistema burocrático, empedernido e historicamente cartorial, é, certamente, a maior aflição de nossa sociedade. Esse aspecto é o que mais se presta às constantes críticas de setores, por maioria das vezes desinformados.

Por isso, de qualquer premissa que se parta para essa análise, há que se examinar os princípios da jurisdição. Há que se distinguir que mesmo o Poder Judiciário pratica atos administrativos materiais, da mesma forma que o Executivo e também o Legislativo. Para esses não há dúvida de que se aplica o princípio da responsabilidade objetiva constitucional.

A questão maior como é evidente, reside nos atos plenos de jurisdição, neles se incluindo, por extensão, a denominada *"jurisdição voluntária"*, a qual, segundo a consagrada afirmação do saudoso Frederico Marques, nem é jurisdição nem é voluntária. Cuida, a última, de tutela de interesses privados, que, por opção do legislador, são decididos com o crivo do Judiciário. A tendência é que paulatinamente esses atos de jurisdição graciosa sejam efetivamente relegados a órgãos administrativos, deixando ao Judiciário o que lhe é essencial, ou seja, a solução de lides. De qualquer forma, presentes na atividade regular de jurisdição, pelos princípios dirigidos pelo atual estatuto processual e leis esparsas, ingressam no tema da responsabilidade do Judiciário e do juiz.

Há que se afirmar, qualquer que seja a senda escolhida, que

> *"a responsabilidade do Estado pela deficiente prestação jurisdicional exige um adequado equacionamento dos deveres essenciais dos magistrados. Demanda a identificação das funções jurisdicionais, bem como em que consistem os deveres inerentes à função jurisdicional. A quebra por parte do magistrado de seus deveres essenciais pode, em tese, acarretar o dever de indenização pelo Estado e supletivamente, em casos especiais, pelo próprio magistrado"* (Kraemer, 2004:55).

O Judiciário é visto nesta época pós-moderna não mais como um mero garantidor da aplicação da lei, mas passou a exercer um papel importante nas conquistas sociais e nos direitos individuais. A função jurisdicional alargou-se socialmente. Por tudo isso, é Eduardo Kraemer que afirma que a responsabilização do Estado por atos do Judiciário e do juiz por infração a seus deveres, portanto, por atos ilícitos, não deve ser fonte de medo ou pavor. *"As teses sobre a responsabilidade relativamente aos atos jurisdicionais devem ser fonte de qualificação da jurisdição e não mordaça ou atenuação da independência dos magistrados"* (2004:58).

Sem sombra de dúvida, a maior questão em jogo é, de um lado, reparar os prejuízos que a má atividade jurisdicional, material ou formal ocasiona ao jurisdicionado e à população em geral; e de outro, equacionar a enorme dificuldade de conciliar a independência da magistratura, necessária e obrigatória, com os eventuais excessos e erros crassos. É necessário harmonizar essas duas balizas, importando confessar que o estágio atual de nossa doutrina e jurisprudência ainda não lograram fazê-lo de forma homogênea e aceitável. De qualquer forma, há uma sentida preocupação com o tema, o que fará que em breve tempo pisemos em terreno mais sólido. É, porém, essencial que não fiquemos presos a dogmas do passado que não mais atendem a nossas necessidades sociais, em todos os campos do Direito.

Desse modo, nunca se deve afastar a ideia de que o juiz e sua função jurisdicional são essenciais à concepção da Justiça e que esse aspecto não pode ser levado a ponto de se entender que há uma total irresponsabilidade do Estado por atos do Judiciário e dos seus juízes. Nesse tema, há maior tensão e preocupação porque o Poder Judiciário é o único que pode julgar a si próprio. No entanto, é importante entender que a responsabilidade do Estado pela deficiente prestação jurisdicional, longe de ser unicamente uma forma de reparação do patrimônio diminuído injustamente, é importante mecanismo de controle do próprio Judiciário. Volta-se, destarte, à repisada afirmação segundo a qual garantias e prerrogativas exigem responsabilização no mesmo nível.

Enquanto não obtivermos outros meios de composição das lides, o Judiciário é o repositório de nossas quesilhas, das mais complexas causas às mais simples questiunculas. Por essa razão, reveste-se de função primordial à jurisdição, que é unitária entre nós. Nesse sentido, a responsabilidade por atos jurisdicionais são somente aqueles praticados em processos. Os demais, como já afirmamos, possuem característica de ato administrativo típico e devem ser tratados pela vala comum da responsabilidade objetiva do Estado, quando ocasionarem dano.

Aponta Kraemer, em sua monografia sobre o tema, que a atividade tipicamente jurisdicional que pode produzir danos ao jurisdicionado pode ser de três naturezas (2004:69):

a) erro na condução do processo ou no próprio julgamento, englobando as hipóteses de sentenças criminais e não criminais;
b) culpa ou dolo do magistrado;
c) excessivo tempo para a prestação jurisdicional.

Cada um desses aspectos possui características que exigem cuidados próprios numa eventual indenização. Em qualquer caso, porém, ainda que exista dicção expressa no Código de Processo Civil (art. 133), a solução que se preconiza é sempre responsabilizar o Estado, o qual acionará regressivamente o magistrado, se for o caso.

Nunca se deve esquecer que cada vez que se amplia a responsabilidade do Estado, quanto mais o Estado tiver que indenizar, mais se onera a própria sociedade que sustenta a Administração com impostos cada vez mais extorsivos. Daí por que é dever do Estado buscar sempre a excelência dos seus serviços em todos os setores. Nem sempre isto é algo que fica muito claro no pensamento de legisladores.

A tendência da doutrina é admitir somente a responsabilidade subjetiva para as reparações de danos envolvendo a atividade jurisdicional, pois esta se mostra absolutamente incompatível com a responsabilidade objetiva. Há outras situações que não se amoldam à responsabilidade objetiva da Administração, como os acidentes de trânsito. Não pode o Estado ser obrigado a reparar nos acidentes de veículos, se não há culpa por parte de seu motorista. Portanto, o conceito genérico de responsabilidade objetiva consagrado na Constituição deve ter exceções.

Como ponderado, Sérgio Cavalieri anota que a *responsabilidade subjetiva do Estado* não foi totalmente suprimida no nosso ordenamento:

> *"A regra é a responsabilidade objetiva, fundada na* **teoria do risco administrativo**, *sempre que o dano for causado por agentes do Estado, nessa qualidade; sempre que houver direta relação de causa e efeito entre a atividade administrativa e o dano. Resta, ainda, espaço, todavia, para a responsabilidade subjetiva (...) – fatos de terceiros e fenômenos da natureza – determinando-se, então, a responsabilidade da Administração, com base na* **culpa anônima** *ou* ***falta de serviço***, *seja porque não funcionou, quando deveria normalmente funcionar, seja porque funcionou mal ou funcionou tardiamente"* (2004:259).

O Supremo Tribunal Federal já reconheceu expressamente essa responsabilidade subjetiva do Estado, por ato judicial, ao reconhecer erro *in judicando* do juiz (RE 32.519-RS; RE 69.568-SP, in Stoco, 2004:968).

A justiça muito rápida corre o risco de ser injusta; mas a justiça tardia é *sempre* injusta: o devedor e seus bens desaparece; a parte chega à velhice sem o reconhecimento definitivo de seu direito; desaparecem os vestígios do processo; a população descrê da justiça e do magistrado. Não é justa a decisão que tarda de oito a doze anos para atingir uma decisão final, da qual não caiba mais recurso, como ocorre com processos no Estado de São Paulo, não sendo muito diferente em outras regiões do País. Não se nega que existe gravame, inclusive elevado dano moral nesse retardamento da Justiça que por muitas vezes equivale à sua própria negação. Não é crível que a própria estrutura da União e da Justiça federal impeça que julgamentos importantes, de cunho alimentar previdenciário, dormitem por tantos anos nos escaninhos do Poder Judiciário, aguardando quiçá a morte dos interessados. A prestação jurisdicional tardia é instrumento dos maus pagadores, escudo de sua conduta ímproba.

> *"Ora, já ficou assentado que o arcabouço da responsabilidade estatal está estruturado sobre o princípio da organização e do funcionamento do serviço público. E sendo a prestação da justiça um serviço público essencial, tal como outros prestados pelo Poder executivo, não há como e nem por que escusar o Estado de responder pelos danos decorrentes da negligência judiciária, ou do mau funcionamento da Justiça, sem que isto moleste a soberania do Judiciário ou afronte o princípio da autoridade da coisa julgada"* (Cavalieri Filho, 2004:266).

A ideia central, quanto à responsabilidade do Estado por *atos legislativos*, é no sentido de que não pode ocorrer a responsabilização pelo ato típico, a lei, formal e abstrata e de sentido geral. Essa a orientação tradicional da doutrina. Eventual dano somente ocorrerá pela aplicação dessa lei, estabelecendo o Estado os meios próprios e o Poder Judiciário, para que assim não ocorra. Essa situação não se aplica, porém, nas leis e decretos de efeitos imediatos, que atingem direta e imediatamente o patrimônio das pessoas. Trata-se das chamadas normas com efeitos concretos. Essas normas, embora denominadas leis, possuem conteúdo de atos administrativos, e sob esse prisma responde a Administração porque o dano pode ocorrer de imediato. Em qualquer hipótese, seja por inconstitucionalidade, seja por outro vício, há que se estabelecer entre a lei e o prejuízo o nexo causal. Em um exemplo extremado, uma lei que determinasse que com sua vigência deixaria de existir a propriedade privada, dentro do nosso sistema constitucional, seria norma com efeitos concretos diretos e que acarretaria gravames imediatos. No caso concreto, como se nota, a maior dificuldade é avaliar quando o ato legislativo ocasiona dano passível de reparação. Em linha geral, a expedição da lei por si só não causa dano. Sustenta-se que as normas que se afinam com o texto constitucional não são passíveis de reparabilidade, embora exista quem sustente exceções a essa regra quando a lei produza efeitos anormais. A norma fundamental, em síntese, tal como conceituada por Kelsen, consiste na própria estrutura que permite a convivência. As disposições inconstitucionais seriam então passíveis de dano.

De qualquer forma, a estrutura do Estado moderno permite concluir que sua responsabilidade é possível em face de qualquer ato lesivo praticado, pouco importando sua origem, desde que seja de agentes do Estado, no exercício de sua função ou em razão dela. A responsabilidade do Estado decorre, portanto, de qualquer nível de atuação, por emanações do Executivo, bem como do Legislativo e do Judiciário.

Quanto à responsabilidade das *pessoas jurídicas de direito privado*, o art. 1.522 do Código de 1916, como vimos, estabelecia que as empresas que exercessem exploração industrial estariam equiparadas aos patrões, amos e comitentes. Na verdade, a evolução jurisprudencial levou a admitir, e não poderia ser de outra forma, que todas as pessoas jurídicas respondem pelos atos de seus empregados ou prepostos. Nos termos da Súmula 341 do Supremo Tribunal Federal, aplicou-se a presunção de culpa. Não mais se aplica a posição doutrinária defendida no passado, segundo a qual apenas as pessoas jurídicas com finalidades lucrativas poderiam ser responsabilizadas. As necessidades sociais e os princípios de proteção à dignidade da pessoa não mais permitem esse entendimento.

As pessoas jurídicas de direito privado respondem pelos atos culposos de seus empregados e prepostos, bem como de seus órgãos, diretores, conselheiros, administradores etc. Subsiste a responsabilidade solidária: a vítima pode acionar a pessoa jurídica ou o empregado.

No campo dos direitos do consumidor, a pessoa jurídica responde de forma objetiva, independentemente da culpa de seus empregados.

A responsabilidade aquiliana da pessoa jurídica é consequência lógica de sua capacidade real e ampla de agir no mundo jurídico, por intermédio de seus órgãos, representantes, empregados e prepostos. Ver estudo a respeito da matéria em nosso *Direito civil: parte geral* (Capítulo 14). Discutimos se essa responsabilidade é direta ou indireta. Na verdade, a pessoa jurídica age por meio de seus órgãos. Os atos dos representantes são atos da própria pessoa jurídica. Discutível, no entanto, essa posição no tocante a empregados ou prepostos. Há, pois, ponderáveis argumentos para os que defendem também a responsabilidade indireta. No estágio atual de nossa sociedade, parece-nos irrelevante a essa altura discutir esse aspecto, pois a responsabilidade dessas entidades jurídicas é aceita sem divergência. O Código de 2002 não consagrou dispositivo nos termos do art. 1.522 anterior, de modo que a responsabilidade das pessoas jurídicas será considerada direta, na teoria organicista, e decorrerá da regra geral, que não distingue pessoa natural e pessoa jurídica.

16.9 AÇÃO REGRESSIVA

O terceiro que suporta a indenização pode voltar-se contra o causador do dano para receber o que pagou. Busca-se restabelecer o equilíbrio patrimonial. Sabemos que na prática nem sempre esse ressarcimento é possível, mormente por ausência de patrimônio ou condições financeiras do ofensor. Trata-se, porém, de direito inafastável do que indenizou, como assegura o art. 934:

> *"Aquele que ressarcir o dano causado por outrem pode reaver o que houver pago daquele por quem pagou, salvo se o causador do dano for descendente seu, absoluta ou relativamente incapaz".*

Esse direito regressivo, estampado de forma genérica pela *actio in rem verso*, é de justiça cristalina. Trata-se de regra genericamente aceita pelas legislações.

Como já enfatizamos, esse dispositivo apenas excepciona quando o causador do dano for descendente do indenizador, absoluta ou relativamente incapaz, porque nesse caso a lei entende que o pagamento se insere dentro dos ônus e deveres do poder familiar; por decorrência moral e da manutenção da ordem interna familiar. Na verdade, nessa hipótese, o pai solve dívida própria.

Interessante notar que o ordenamento não excepcionou os tutores e curadores com relação à indenização que tenham pago em razão de atos dos pupilos e curatelados. Todavia, a doutrina entende que também eles não têm direito de regresso pelo valor que indenizaram porque também pagam dívida própria, em razão do múnus que assumiram e do dever de vigilância que detêm (Lopes, 1962:285). Se o menor, autor do dano, contar com mais de 16 anos e o tutor houver pago a totalidade do prejuízo, estabelece-se a solidariedade entre ambos. Temos, porém, assomadas dúvidas, pois para que isto ocorresse deveria o legislador do Código de 2002 ter sido expresso, como em relação aos descendentes, e não foi. Ademais, são tantos os encargos sobre a tutela e curatela que atribuir mais este fardo poderia inviabilizá-las. Creio que é tempo de repensar sobre o que afirma a esse respeito a doutrina tradicional, a exemplo de tantos outros temas repensados e com nova roupagem.

Quanto ao direito de regresso dos empregadores com relação aos empregados que ocasionarem prejuízo ao empregador por atos danosos, o art. 462, § 1º, da CLT permite o desconto de salário somente quando for acordado pelas partes ou no caso de culpa grave ou dolo, impedindo na hipótese de culpa leve ou levíssima, se não houver acordo prévio. Esse artigo da legislação trabalhista opera, a nosso ver, unicamente nessa esfera e diz respeito exclusivamente ao desconto em salário. Em contrário também à opinião majoritária, nada impede a nosso entender a ação regressiva sob o prisma geral, mormente quando desfeita a relação de trabalho. Essa ação não tem cunho trabalhista. Ainda que não se veja nessa ação uma regressão típica conforme estamos tratando, é perfeitamente aplicável o princípio da *actio in rem verso* do enriquecimento sem causa contra o empregado causador do dano, presente esse instituto no Código de 2002. É de direito comum. Veja o que falamos a respeito do enriquecimento sem causa no Capítulo 9 deste volume. Trata-se de mais uma hipótese para a qual convido o leitor a refletir.

Na realidade, devemos atualmente encarar a responsabilidade civil como um todo harmônico, sempre na proteção à dignidade da pessoa. Essas exceções de exceções engendradas pela doutrina do passado não se adaptam mais às modernas necessidades da responsabilidade civil. Temos uma novel legislação civil, com novo espírito, embora muitos dispositivos sejam aparentemente idênticos, o que nos obriga agora a remeditar sobre o que vinha sendo decidido, talvez por amor à inércia, nesses anos do passado.

O fato é que com relação ao art. 934, se mantidas as premissas da doutrina tradicional,

> *"excluída ficaria, pois, a possibilidade de haver ação regressiva dos pais contra os filhos menores, dos tutores contra os tutelados menores de 16 anos, dos curadores contra os curatelados, dos patrões em casos de culpa leve ou levíssima do empregado"* (Gonçalves, 2002).

Esse dispositivo, na realidade, estaria no ordenamento de forma quase inútil. Não foi essa certamente a intenção do legislador nem essa posição atende aos princípios de boa-fé objetiva estampados no novel ordenamento.

17

RESPONSABILIDADE PELO FATO DAS COISAS E PELA GUARDA OU FATO DE ANIMAIS

17.1 INTRODUÇÃO E COMPREENSÃO. O FATO DA COISA

Os objetos, máquinas e aparelhos, as coisas em geral quase sempre estão ligadas a uma pessoa que é seu titular ou possuidor. Esses objetos podem servir de instrumento causador de danos a terceiros: o veículo mal estacionado em uma esquina propicia um abalroamento; o compressor com defeito explode e atinge transeunte em via pública; uma carga mal colocada em um caminhão desprende-se, cai sobre a pista de rolamento e provoca acidente em rodovia. A mesma situação se aplica ao dono ou possuidor de cão feroz, que fere ou mata quem dele se aproxima. Nesses exemplos, há um dever inerente do guarda da coisa ou do animal em impedir que esses eventos ocorram. A jurisprudência moderna não tem dúvidas em responsabilizá-lo; a questão, hoje de maior valor teórico do que prático, é saber qual a natureza dessa responsabilidade. Temos de examinar a relação de causa e efeito entre esses atos e a imputabilidade.

A evolução sobre o tema foi longa no curso da história. O Direito Romano não disciplinou ordenadamente a matéria, embora contemplasse algumas situações de responsabilidade pelo fato da coisa. Segundo a Lei das XII Tábuas, os animais e as coisas inanimadas deviam responder pelos danos. O direito antigo não possuía a noção das presunções gerais de culpa.

Aponta-se o art. 1.384 do Código francês como paradigma no tema:

> *"é responsável pelo dano não somente quem lhe deu causa por fato próprio, mas ainda aquele que o causou pelo fato de pessoas por quem deve responder ou* ***pelas coisas que tem sob sua guarda****".*

A referência à guarda das coisas era na época inovação de grande alcance. Procurou-se inculpar o patrão pelos danos causados por suas máquinas, os acidentes de trabalho. Passou-se a entender que o guardião das máquinas era o patrão e não os empregados. Colocava-se essa responsabilidade, em última análise, no campo da teoria do risco.

De fato, a teoria da responsabilidade pela guarda da coisa representa um avanço em torno do princípio da responsabilidade objetiva. Presume-se a responsabilidade do dono da coisa pelos danos por ela ocasionados a terceiros. Somente se elide essa responsabilidade provando-se culpa exclusiva da vítima ou caso fortuito. Essa posição, no curso da história da responsabilidade civil, representa, sem dúvida, palpável avanço em relação à responsabilidade com culpa. O fato é que a responsabilidade pelo fato da coisa, quer vista sob o prisma da culpa presumida do guardião, quer vista sob o prisma da teoria do risco, representa considerável avanço em relação às teorias anteriores, vigentes no século XIX.

Importa sempre definir, no caso concreto, quem é o guarda ou guardião pela coisa, o responsável pela reparação do dano causado pela coisa ou pelo animal. Mais do que a mera detenção, na maioria das vezes exige-se que esse agente tenha poder de comando sobre a coisa (Cavalieri Filho, 2004:209).

Guardar a coisa, em sede de convivência social, é impedir que ela ocasione danos a outrem. Nem sempre será exclusivamente o proprietário o guarda, podendo ser o possuidor mercê de um contrato de locação, comodato ou depósito, por exemplo. Se o titular não pode exercer o poder de guarda, porque a coisa lhe foi surrupiada, sem culpa sua, não pode ser considerado responsável.

Nosso Código de 1916, assim como o de 2002, não possui uma dicção genérica sobre a responsabilidade pelas coisas, embora Teixeira de Freitas, em seu Esboço de 1865, já fizesse referência à responsabilidade do dono pelas coisas inanimadas. Estava muito avançado para sua época. Essa concepção, portanto, não foi aproveitada pelo Código Civil, que apenas cuidou e cuida de alguns casos específicos. O Código italiano vigente trata dessa responsabilidade sob a modalidade objetiva: "*A pessoa é responsável pelo dano ocasionado pelas coisas que tem sob custódia, salvo se provar caso fortuito*" (art. 2.051).

A jurisprudência pátria, todavia, encarregou-se de definir, ainda que gradual e lentamente, de forma clara a responsabilidade do guarda ou guardião pelo fato da coisa, de modo que, na prática, a falta de disposição expressa no ordenamento não é obstáculo para o ressarcimento do prejuízo. Carlos Roberto Gonçalves lembra casos jurisprudenciais em torno da problemática: rompimento de fio elétrico de alta tensão, estouro de caldeira, queda de placa de propaganda, rompimento de rede de alta tensão, entre outros (2003:233).

Reclame-se, de plano, que não há que confundir a responsabilidade por fato próprio com a do fato da coisa. O motorista que, na direção de veículo, atropela outrem ou causa dano ao patrimônio alheio responde por fato próprio, pois o veículo é mero instrumento de sua conduta, está à sua mão, como o está a arma para o homicida. Diversa é a situação do veículo abandonado na via pública, em local perigoso, sem a devida sinalização, que é abalroado por outro. Nessa hipótese, a coisa ocasiona o evento danoso de per si, embora haja nítido liame causal com o seu guarda, que ali a deixou inadvertidamente, sem tomar os cuidados necessários. A responsabilidade pela guarda da coisa somente emerge quando não há participação direta do guarda ou guardião no evento. Entretanto, como ilustrado no evento, por trás do fato da coisa inanimada deverá haver sempre um fato do homem. Por essa razão a doutrina objeta quanto à denominação dada ao presente título, porque a coisa não é capaz de fato (Dias, 1979, v. 2:30). Com frequência, porém, os julgados tratam dos danos ocasionados por veículos como fato da coisa.

Nesse diapasão, entende-se, não sem um vacilo inicial, que o proprietário não é responsável por dano ocasionado por veículo que lhe foi furtado ou roubado. A jurisprudência apenas admite sua responsabilidade quando se houve com negligência, não tomando os cuidados necessários exigíveis para que a coisa não saísse de seu poder. Assim, persiste a responsabilidade do dono, possuidor ou detentor de veículo, que o deixa em via pública, com portas destravadas e chave de ignição no contato, por exemplo. Da mesma forma, embora a doutrina entenda que o simples fato de emprestar veículo a terceiro não torna o dono do veículo responsável pelos danos; porém, se empresta a pessoa conhecidamente inabilitada ou imprudente, persiste sua responsabilidade; a jurisprudência se divide nessa modalidade, contudo, com tendência ampliativa, como se nota nos julgados colacionados.[1]

A propósito, deve ser lembrada a Súmula 489 do STF: "*A compra e venda de automóvel não prevalece contra terceiros de boa-fé, se o contrato não foi transcrito no registro de Títulos e Documentos*". Sob a estrita interpretação de seus termos, essa orientação é absurda, desvinculada do que comumente acontece e não pode prevalecer. Na alienação de veículos, a responsabilidade

---

1 "Acidente de trânsito – Ação regressiva – Procedência parcial da pretensão – Ilegitimidade passiva – Inocorrência – **Responsabilidade solidária do proprietário** do veículo, a quem cabe a guarda jurídica da coisa, arcando ele pelos ilícitos praticados por terceiros a quem confiada a direção – Culpa concorrente pelo acidente – De acordo com os elementos de prova constantes dos autos, culpa atribuível ao segundo réu condutor do veículo de propriedade do primeiro e do condutor do veículo da autora ao deixar de exigir e verificar se o passageiro utilizava cinto de segurança – Rejeição da pretensão à quantia relativa a ressarcimento de honorários contratuais – Ação regressiva julgada parcialmente procedente – Honorários advocatícios redimensionados – Sentença alterada em parte – Improvido o recurso da autora e provido em parte o recurso dos réus" (*TJSP* – Ap 1018831-57.2014.8.26.0562, 24-7-2022, Rel. Mário Daccache).

"Acidente de trânsito. Ação de indenização por danos materiais e morais. Acidente causado pela presença de cavalos na estrada vicinal existente na localidade. Responsabilidade civil configurada. Responsabilidade do proprietário dos animais. Art. 936 do Código Civil. Fato da coisa. Excludentes não comprovadas pelo réu (culpa exclusiva da vítima, força maior ou caso fortuito). Precedentes. Danos materiais. Perda do veículo do autor Guilherme devidamente indenizada. Lucros cessantes e ressarcimento de despesas médicas pretendidos pelo autor Caique desacolhidos. Documentos pós juntados, em grau de recurso, que não são novos, inexistindo justificativa plausível para a juntada em momento indevido, restando inadmissível o respectivo exame. Danos morais evidenciados. Coautor Guilherme que faz jus à indenização, pois conduzia o veículo no momento da colisão, sendo evidente o abalo moral. Indenização arbitrada em R$ 5.000,00 para cada um dos autores, considerando a capacidade econômica das partes, bem como as circunstâncias do caso e, ainda, os princípios da proporcionalidade e razoabilidade. Recurso dos autores provido em parte e recurso do réu desacolhido" (*TJSP* – Ap 1000082-22.2021.8.26.0311, 6-6-2022, Rel. Milton Carvalho).

"Apelação cível – Ação regressiva – Incêndio espontâneo de veículo – Direito indenizatório – Responsabilidade pelo fato da coisa – Teoria da causalidade adequada – Inexistência de nexo causal – Improcedência do pedido – Reforma da sentença – Provimento do recurso. – Controverso o nexo causal, cabe à seguradora comprovar a existência da responsabilidade do proprietário do veículo por fato da coisa, pena de improcedência da pretensão de regresso" (*TJMG* – ApCív 1.0000.19.091576-9/001, José Marcos Vieira).

"Agravo de instrumento – Ação de reparação de danos – Acidente de veículo – **Responsabilidade pelo fato da coisa** – Responsabilidade civil objetiva do proprietário do veículo automotor. Existência. Ato de entrega voluntária da posse do bem a terceiro. Responsabilidade civil pelo fato da coisa. Violação do dever de vigilância do bem por parte do proprietário. Precedentes deste E. Tribunal de Justiça. Manutenção da r. decisão. Recurso do réu não provido" (*TJSP* – AI 2079196-24.2019.8.26.0000, 30-5-2019, Relª Berenice Marcondes Cesar).

"Acidente de trânsito – Dinâmica do acidente – Culpa comprovada – **Responsabilidade solidária do proprietário do veículo** – Regime objetivo que não está ligado à conduta da própria pessoa – Teoria da guarda – Responsabilidade do tomador de serviços por ato de seus prepostos – Art. 932, III, do Código de Processo Civil – Danos materiais demonstrados – Danos morais caracterizados – Indenização fixada – Ação parcialmente procedente. Apelação provida" (*TJSP* – Ap 1005190-10.2017.8.26.0590, 20-4-2018, Rel. Sá Moreira de Oliveira).

"Acidente de veículo – Ação regressiva – Responsabilidade solidária da proprietária do veículo reconhecida – **Teoria da responsabilidade pelo fato da coisa** – Alienação do veículo, à época do acidente, não comprovada – Recurso desprovido" (*TJSP* – Ap 0834730-69.1998.8.26.0100, 20-8-2015, Rel. Milton Carvalho).

"**Direito de vizinhança**. Ação de indenização por danos materiais. A ausência de intimação da ré quanto à realização da prova técnica, no presente caso, não configurou cerceamento de defesa. Prejuízos não comprovados. Matéria que, aliás, encontra-se preclusa diante de anterior recurso interposto pelo apelante. – 2 – Direito de vizinhança. Ação de indenização por danos materiais. Não cumprimento do disposto no art. 514, II, do Código de Processo Civil. A responsabilidade pela guarda de animais é de seu dono ou detentor, o qual ressarcirá o prejuízo por este causado. 'Cabe ao proprietário ou detentor dos animais cercar devidamente a propriedade em que se encontram para evitar o seu ingresso no terreno alheio, sob pena de arcarem com o pagamento de todos os prejuízos causados pelos animais no imóvel contíguo, a menos que haja alguma das excludentes de responsabilidade'. Culpa exclusiva da vítima. Inocorrência. Redução do valor arbitrado a título de honorários sucumbenciais admissibilidade (aplicação do art. 252 do regimento interno do Tribunal de Justiça de São Paulo). Recurso conhecido em parte e parcialmente provido" (*TJSP* – Ap 0004125-69.2010.8.26.0128, 10-6-2014, Rel. Francisco Thomaz).

pela regularização do documento é do comprador, que deverá providenciar novo registro no Detran. Atualmente a legislação já trouxe instrumentos para facilitar e obviar a regularização administrativa dos veículos.

De qualquer forma, se o ex-proprietário provar a tradição do veículo, não pode ser responsabilizado. A compra e venda de coisas móveis comprova-se pela tradição. Em milhares de alienações de veículos feitas diariamente no Brasil, somente por absoluta exceção alguém a registrará em Cartório de Títulos e Documentos. Por essa razão, nos julgados dessa natureza, sempre defendemos essa posição, com respaldo dos tribunais superiores. Bem observa Sílvio Rodrigues (2000:118) que a súmula não tem a extensão que sua leitura propõe. A simples menção a terceiro de boa-fé denota que se refere à responsabilidade contratual e não aquiliana. Os julgados que a embasam não permitem a solução peremptória que o texto expressa. Desse modo, provadas por todos os meios admitidos a venda e a transferência da posse, não pode o ex-proprietário do veículo ser responsabilizado pelo evento danoso em decorrência de conduta do adquirente. Nesse sentido, colocou-se o Superior Tribunal de Justiça: "*A ausência de registro da transferência não implica a responsabilidade do antigo proprietário por dano resultante do acidente que envolva veículo alienado*" (Súmula 132).[2]

Quando o dano causado pela coisa deriva das forças da natureza, não há dever de indenizar, porque se adentra o âmbito do caso fortuito, como já estudamos. Lembre-se de que a culpa exclusiva da vítima inibe o dever de indenizar. Se houver culpa concorrente desta, haverá uma responsabilização proporcional, como já vimos nos capítulos anteriores.

A ideia é de que o possuidor ou detentor de uma coisa assume tanto os cômodos como os incômodos que ela proporciona. Desse modo, se o bem vier a ocasionar prejuízo, cumpre ao guardião indenizá-lo. A problemática traz a ideia de custódia da coisa. Levemos em conta, também, que há coisas mais perigosas que outras. O dever de vigilância deve ser tanto mais rigoroso, quanto maior perigo deflagrar a coisa. O princípio é o mesmo da teoria do risco, que muitos admitem como justificação para a natureza jurídica dessa responsabilidade. Desse modo, quem manipula e detém material explosivo, por exemplo, deve ter maior cuidado. A diligência a ser investigada no caso concreto é a requerida para o material envolvido. A obrigação de guardar

---

2 "Acidente de veículo – Ação de reparação de danos materiais e morais – Desatenção do condutor do veículo que, ao realizar mudança de faixa, intercepta a motocicleta em que estava o autor, que trafegava na mesma via – Ausência de impugnação da parte ré – Responsabilidade do antigo proprietário do veículo – Impertinência – Veículo comprovadamente alienado em data anterior ao acidente – Reconhecimento da responsabilidade apenas da atual proprietária – Afastamento da condenação da autora ao pagamento dos ônus sucumbenciais em relação ao corréu ante a aplicação do princípio da causalidade – Lesão grave no autor – Indenização por danos morais devida – Compensação por dano moral elevada para R$ 10.000,00 – Recurso parcialmente provido. I- Age culposamente o motorista de veículo que, ao efetuar manobra de alteração de faixa, não adota os cuidados devidos para tanto, vindo a interceptar a trajetória de motocicleta que à direita trafegava, provocando a colisão, exsurgindo o dever de indenizar da atual proprietária do veículo; II – **A ausência de registro da transferência do automóvel junto à repartição de trânsito não implica na responsabilidade do antigo proprietário pelos danos causados pelo adquirente (Súmula 132 do E. STJ),** além do fato de que a transferência do bem móvel se opera pela simples tradição, todavia, ante a omissão de notificação do órgão de trânsito, nos termos do art. 134, do CTB, indevida a condenação da autora ao pagamento dos ônus de sucumbência em relação ao corréu, ante a aplicação do princípio da causalidade; II- Bem caracterizados os danos morais, em obediência aos princípios da razoabilidade e proporcionalidade, pertinente a elevação da quantia fixada para R$ 10.000,00, com juros de mora devidos a partir da data do sinistro (Súmula nº 54 do STJ) e correção a contar da publicação deste Acórdão, nos termos da Súmula 362 do C. STJ" (*TJSP* – Ap 1031270-30.2021.8.26.0506, 17-2-2023, Rel. Paulo Ayrosa).

"Apelação – Ação de indenização – Acidente de trânsito – **Responsabilidade civil** – Solidariedade entre o condutor e o proprietário – O proprietário do veículo, na qualidade de dono e responsável pelo bem, deve por ele, assim como pelo seu uso, responder, não podendo se eximir da responsabilidade solidária (com aquele que o conduz) por quaisquer danos causados a terceiros" (*TJMG* – AC 1.0338.12.007742-9/001, 22-2-2019, Relª Cláudia Maia).

a coisa, no sentido técnico, é impedir que ela escape do controle e acarrete danos a terceiros. Importa, a cada caso, fixar o liame de causalidade que une a coisa ao guarda. Inexistirá nexo causal quando se trata de *res nullius*, sem ninguém que detenha reconhecidamente sua posse ou detenção. Já afirmamos que guarda é aquele que tem *poder de direção* sobre a coisa, embora essa noção nem sempre se apresente de forma cristalina.

Nossos Códigos, ao tratarem da ruína de edifícios e de danos causados por animais, demonstram não desconhecer o problema. Nesse diapasão, como aponta José de Aguiar Dias (1979, v. 2:32), a jurisprudência tem-se comportado de *forma razoável* ao decidir a matéria. Segundo o mesmo doutrinador, há uma presunção de causalidade nessa responsabilidade. Em face dessa presunção, ao dono da coisa incumbe, *"ocorrido o dano, suportar os encargos dele decorrentes, restituindo o ofendido ao* status quo *ideal, por meio da reparação"* (1979:35). Desse modo, no âmbito de nosso estudo e no estágio de nossa jurisprudência, torna-se despiciendo analisar as inúmeras teorias que procuram justificar a natureza dessa presunção de culpa. Essa presunção não é absoluta, mas cabe ao guarda da coisa provar que ela não opera, no caso concreto. Para muitos, sem dúvida, a explicação está na teoria da responsabilidade objetiva. Para outros, na ausência de dispositivo expresso entre nós, há culpa presumida. Como vimos, muitos são os pontos de contato entre a culpa presumida e a responsabilidade objetiva.

A dinâmica da jurisprudência é por si só esclarecedora: *presume-se a culpa do guarda pelos danos causados por explosão de caldeira* (*RT* 703/70).[3]

---

[3] "Apelação civil – Dano material – **Acidente de trânsito – Dano e nexo de causalidade**, comprovados – Veículo conduzido por terceira pessoa – Proprietário do veículo – Responsabilidade objetiva – Legitimidade passiva, configurada – Apelação provida – 1 – Cinge-se a controvérsia em apurar se a ré, na condição de proprietária do veículo, deve responder pelos danos causados por terceiro que o conduzia no momento do abalroamento. 2 – É pacífico o entendimento que tanto o condutor quanto o proprietário do veículo podem figurar no polo passivo da ação de reparação de danos decorrentes de acidente de trânsito. 3 – Em que pese a conclusão a que chegou o Laudo Pericial, no sentido de que a culpa foi da condutora do veículo, o proprietário que o cedeu, ainda que a título de empréstimo gratuito, responde objetivamente pelo dano causado, independentemente da comprovação da culpa, basta a demonstração de que o dano realmente ocorreu e a sua relação de causalidade com o acidente que, como já dito, ficaram claramente comprovados nos autos. 4 – Este E. Tribunal Regional, em perfeita sintonia com a jurisprudência consolidada no C. STJ tem reconhecido a responsabilidade objetiva e solidária do proprietário do veículo, nas hipóteses de acidente de trânsito causado por terceiro condutor. 5 – O benefício da justiça gratuita influi apenas na forma de execução da sentença, no que se refere ao pagamento das verbas referentes à condenação em honorários advocatícios, ao tempo em que o seu cumprimento fica suspenso até que cessem as condições que autorizaram a sua concessão, limitada essa suspensão ao prazo de 5 (cinco) anos" (*TRF-3ª R.* – AC 0005598-45.2006.4.03.6000/MS, 29-6-2018, Relª Desª Fed. Diva Malerbi).

"Apelação – Ação de indenização por danos materiais e morais – Direito de vizinhança – Prova pericial que é conclusiva no sentido de que as obras realizadas no terreno do requerido causaram o deslizamento de terras que danificou o imóvel da autora – Obrigação *propter rem* que persegue a coisa e não o autor do fato – Responsabilidade do proprietário de imóvel em nível inferior – Inteligência do art. 1.311 do CC – Dano material comprovado – Danos morais configurados – Indenizações devidas – Sentença reformada – Recurso parcialmente provido para julgar parcialmente procedente a ação" (*TJSP* – Ap 0001519-20.2011.8.26.0068, Barueri, 8-7-2016, Rel. Cesar Luiz de Almeida).

"**Apelação** – Acidente de veículo – Legitimidade passiva do condutor e do proprietário do veículo causador do dano – Recurso improvido – O proprietário de veículo envolvido no acidente tem legitimidade para a demanda, pois responde pelo fato da coisa. Assim, é de rigor o reconhecimento da responsabilidade solidária do proprietário e do condutor do veículo, pois o proprietário do veículo responde pelos danos causados em acidente, mesmo que não tenha sido o condutor. Apelação. Acidente de veículo – indenização. Fato de terceiro – prevalecimento da responsabilidade do causador imediato do dano – direito de regresso assegurado – recurso improvido – Até pode ser que o acidente narrado na petição inicial tenha sido desencadeado por fato de terceiro, mas esta circunstância não tem o condão de liberar o causador direto do dano do dever de reparar. O Código Civil de 1916, em seu artigo 1.520 (atual artigo 930), outorga a possibilidade de manejo de ação regressiva, em favor do autor do prejuízo, contra o terceiro que criou a situação de perigo para haver a importância despendida no ressarcimento ao dono da coisa" (*TJSP* – Ap 4000022-44.2013.8.26.0451, 11-5-2015, Rel. Adilson de Araújo).

Lembre-se, como se fez nos capítulos anteriores, de que, se o dano provier de uma atividade de consumo, aplica-se o Código de Defesa do Consumidor. Desse modo, se o consumidor se acidenta em um elevador ou escada rolante de estabelecimento comercial, por exemplo, a culpa submete-se aos princípios da responsabilidade objetiva daquele ordenamento.

17.2 RESPONSABILIDADE PELA RUÍNA DE EDIFÍCIO

A esse respeito, estatui o art. 937:

> *"O dono de edifício ou construção responde pelos danos que resultarem de sua ruína, se esta provier de falta de reparos, cuja necessidade fosse manifesta".*

Presume-se a culpa do dono do edifício ou da construção se esta ou parte desta desabar em prédios próximos ou sobre pessoas que por ali transitam.[4]

A situação ampara-se, é verdade, segundo alguns, na responsabilidade objetiva, aproximada neste tópico, pelo Código Civil. A vítima terá apenas que provar o dano e a relação de

---

[4] "**Ação indenizatória**. Danos morais. Pensão mensal. Descarga elétrica. Indenização por danos morais e materiais, e pensão mensal, em razão de óbito do cônjuge da autora por descarga elétrica após contato com a rede de distribuição, enquanto prestava serviços em telhado de imóvel. Responsabilidade civil do Estado (art. 37, § 6º, CF). Construção do imóvel, após reforma recente, que não obedeceu a distância mínima de afastamento da rede elétrica. Instalação da rede de distribuição de energia elétrica, anterior à construção do imóvel, que atende às normas técnicas. Responsabilização da concessionária de serviço público afastada. Falha do Município no dever de fiscalizar a observância das posturas municipais. Culpa caracterizada. Responsabilidade solidária dos proprietários do imóvel, ainda que a obra tenha sido realizada por locatário. Culpa in vigilando. Art. 937 do CC. Culpa concorrente da vítima configurada, por não uso de EPIs e por se aproximar imprudentemente da rede elétrica. Acesso ao telhado do imóvel e equipamento que estavam a uma distância segura da rede elétrica. Impossibilidade de redução da indenização, ante as circunstâncias do caso. Ônus da sucumbência. Condenação exclusiva dos réus. Impossibilidade. Sucumbência recíproca caracterizada, não pela condenação em quantia inferior à postulada na inicial, mas pelo não acolhimento de todas as pretensões. Inexistência de "compensação de honorários", vedada expressamente no art. 85, § 14, do CPC. Remessa necessária e recurso do município desprovidos. Recurso da autora provido em parte". (*TJSP* – Ap 1000355-44.2020.8.26.0696, 17-4-2023, Rel. Alves Braga Junior).

"Apelação cível – **Ação indenizatória** – Desabamento – Parede de imóvel adquirido junto à construtora ré – Responsabilidade – Aplicação do CDC – Inversão do ônus da prova – Inversão *ope legis* – Verossimilhança ou hipossuficiência existentes – Inversão autorizada – Presunção de higidez da construção – Verificação da ruína – Vícios ocultos – Danos materiais – Configurado – Lucros cessantes – Configurado – Dever de indenizar – Dano moral – Caracterização – Fixação do *quantum* indenizatório – Razoabilidade e proporcionalidade – Circunstâncias do caso em concreto – Para fins de aplicação do CDC a uma relação jurídica, necessariamente, devem estar presentes as figuras do consumidor final e fornecedor. A inversão do ônus probatório não se opera automaticamente às relações de consumo, se não for *ope legis*. A indenização por danos materiais visa à recomposição patrimonial, devendo respeitar os limites dos danos efetivamente causados pelo ato lesivo. Caracteriza dano de cunho moral o desabamento da construção do imóvel adquirido junto à construtora. A fixação do *quantum* a ser solvido a tal título deve ser feita com lastro nas circunstâncias do caso em concreto e em observância aos princípios da razoabilidade e proporcionalidade" (*TJMG* – AC 1.0024.12.148057-8/002, 9-7-2019, Rel. Amauri Pinto Ferreira).

"Processo civil e civil – Recurso adesivo – Correlação temática com o recurso principal – Desnecessidade – **Responsabilidade civil** – **Queda de marquise** – Força maior – Não comprovada – Dano moral – *Quantum* – Dano estético – I – A matéria objeto do recurso adesivo não precisa guardar correlação temática com a do principal. II – O dono de edifício ou construção responde pelos danos que resultarem de sua ruína, se esta provier de falta de reparos, cuja necessidade fosse manifesta (art. 937, CC). III – Não comprovada a ocorrência de fenômeno natural de ordem e intensidade tal que suplantou os limites normais de segurança a caracterizar força maior. IV – O valor a ser fixado pelos danos morais deve ser informado por critérios de proporcionalidade e razoabilidade, observando-se as condições econômicas das partes envolvidas, a natureza e a extensão do dano. V – Cicatrizes que não suscitam sensação de repulsa não geram dano estético. VI – Negou-se provimento ao recurso dos autores e deu-se parcial provimento ao recurso da ré" (*TJDFT* – Proc. 20120710226759APC – (1070890), 6-2-2018, Rel. José Divino).

causalidade. Em sua defesa, o dono da coisa deve provar que mantinha a coisa com a devida manutenção. A lei fala em necessidade *manifesta* de reparos, o que deve ser apurado caso por caso. Essa palavra, *manifesta*, afasta, segundo alguns, a aplicação pura da responsabilidade objetiva nessa hipótese. Carlos Roberto Gonçalves critica a manutenção da mesma redação no Código de 2002, mantendo esse termo, pois continua a se permitir ao proprietário que se exima da responsabilidade provando que a necessidade de reparos no edifício não era manifesta. E conclui:

> *"Tal orientação destoa da tendência hodierna do direito de proporcionar às vítimas dos sinistros maiores facilidades para obtenção de indenização pelos danos sofridos"* (2003:240).

O que é manifesto para um técnico pode não ser manifesto para um leigo. A aplicação estrita do texto legal não deve ser de molde que prejudique a vítima. A doutrina entende, a propósito, que a simples ruína da construção já demonstra a falta de manutenção e obriga a indenização sob fundamento de que será muito rara a ruína de um edifício que não necessite de reparos (Dias, 1979, v. 2:176; Gonçalves, 1994:175). De qualquer modo, elidem o dever de indenizar o caso fortuito ou força maior e a culpa exclusiva da vítima. Assim, por exemplo, age com culpa a vítima que transitar por local em que podem cair materiais de construção, se há suficientes avisos e proteções materiais para que não adentre no local. Contudo, há que se examinar as circunstâncias do caso concreto.

Ressalte-se que, no caso de ruína, arcando o dono do edifício ou construção com a indenização, este terá ação regressiva contra o construtor.

Sob outro aspecto, não podemos, no entanto, em face da dicção legal, afastar a possibilidade de o proprietário da obra provar que efetuou todos os reparos e manutenção necessária, e que o evento se deu por caso fortuito, embora essa prova não seja muito fácil. Não é aceitável simplesmente ignorar o termo *manifesta* presente no artigo de lei. A solução do legislador, ao permitir essa válvula de defesa ao réu, não é digna de elogios, porque restringe o direito da vítima, em atividade positivamente de risco (Rodrigues, 2000:128).

De qualquer modo, o dispositivo cria uma presunção de culpa em favor da vítima, caso contrário, nessa hipótese, seu ônus probatório dificultaria a possibilidade de ressarcimento do prejuízo. O réu deverá provar que tomou todas as medidas que o caso requeria. A perícia técnica de engenharia será, portanto, de vital importância nessa matéria. Por outro lado, será colocado no polo passivo dessa ação o dono da obra ou da construção. Assim, a vítima não terá que identificar, em cada caso, o empreiteiro ou profissional responsável pelo dano.

Procedente o pedido, o dono da coisa poderá ingressar com ação regressiva contra o culpado. Admite-se a denunciação da lide contra o responsável, com o ingresso do terceiro no processo, desde que não dificulte ou retarde a prestação jurisdicional para a vítima. Lembre-se de que sempre terá o réu possibilidade de recorrer à ação autônoma de regresso. Essa matéria é largamente estudada pelos doutos da ciência processual. Sempre defendemos e decidimos que, quando o ingresso de terceiro no processo, pelo instituto da denunciação, dificultar ou retardar a obtenção do direito colimado pelo autor, deve ser repelido. Como aponta Sílvio Rodrigues (2000:125),

> *"o proprietário é sempre responsável pela reparação do dano causado a terceiro pela ruína do edifício ou construção de seu domínio, sendo indiferente saber se a culpa pelo ocorrido é do seu antecessor na propriedade, do construtor do prédio ou do inquilino que o habitava. Ele é réu na ação de ressarcimento".*

Ressalte-se que, como faz Sérgio Cavalieri Filho (2000:138), os julgados têm atribuído a devida elasticidade ao termo *ruína*, entendendo como tal o desprendimento de telhas, revestimentos e qualquer parte do edifício que se solta e vem a ocasionar dano.

O Código contemporâneo, como já nos referimos nos capítulos anteriores, estabelece um dispositivo geral de responsabilidade objetiva, portanto independente de culpa, nos casos especificados em lei ou *"quando a atividade normalmente desenvolvida pelo autor do dano implicar, por sua natureza, riscos para os direitos de outrem"* (art. 927). Caberá à jurisprudência fixar os casos de atividade perigosa ou de risco. Certamente, a área da construção civil, por sua própria natureza, será abrangida por esse entendimento. Nesse campo, a obrigação de reparar o dano emerge tão só da atividade desempenhada pelo agente. Trata-se de evolução contemporânea e universal sentida na responsabilidade civil aquiliana.

17.3 RESPONSABILIDADE POR COISAS CAÍDAS DE EDIFÍCIOS

Dispõe o art. 938:

> *"Aquele que habitar prédio, ou parte dele, responde pelo dano proveniente das coisas que dele caírem ou forem lançadas em lugar indevido".*

Trata-se da responsabilidade tradicionalmente reconhecida no Direito Romano pela *actio de effusis et dejectis*, que já se destinava a definir a responsabilidade pelo dano causado por coisa arremessada do interior de habitação para o exterior. Também no direito antigo não se indagava sobre a culpa. O legislador de 1916, seguido pelo Código de 2002, adotou nesse caso a responsabilidade puramente objetiva, levando em conta o perigo que representam coisas sólidas (*dejectum*) ou líquidas (*effusum*) que caem de edifícios. Como recorda Carlos Roberto Gonçalves (2003:242), o art. 938 representa o exemplo mais flagrante da *presunção de responsabilidade* no direito brasileiro. Defende-se, na realidade, que nessa hipótese há responsabilidade objetiva. A lei toma em consideração o fato danoso que ocasiona o dano em si. Não se indaga quem deixou cair ou arremessou o líquido ao solo, nem se o fato foi intencional. Responde pelo dano o habitador.

Evidente que o termo *casa*, constante da redação do antigo Código, devia ser entendido com a devida elasticidade, pois abrange qualquer edifício, utilizado para fins residenciais ou não. Nesse sentido, o presente Código mantém a redação no art. 938, substituindo a palavra *casa* por *prédio*. Certamente, no início do século XX não havia ainda a problemática dos edifícios em planos horizontais, mas o dispositivo a eles aplica-se hoje com maior frequência. Os exemplos da jurisprudência inculpam o condomínio quando o objeto provém de edifício condominial e não se pode identificar o responsável.[5]

---

[5] "Apelação. Ação de obrigação de fazer c.c. indenização por danos materiais e morais. Direito de vizinhança. Pretensão condenatória. Objetos lançados dos apartamentos situados em andares superiores na área descoberta do imóvel dos autores, localizado no mesmo condomínio, no térreo. Ação julgada parcialmente procedente. Condomínio condenado a construir cobertura sobre a área denominada 'garden' da unidade dos demandantes. Indenização por danos morais fixada em R$ 5.000,00. Insurgência do réu. Ilegitimidade passiva. Inocorrência. Teoria da asserção. Autores apontam que o condomínio foi omisso em identificar os responsáveis pelos atos ilícitos. Legitimidade passiva configurada. Responsabilidade civil. O **art. 938 do Código Civil** atribui àquele que habita o prédio responsabilidade pelo dano proveniente das coisas que dele caírem ou forem lançadas em local indevido. Não sendo possível identificar o(s) causador(es) do dano, a responsabilidade deve ser atribuída ao condomínio. No caso, o réu narra ter tomado diversas providências para tentar identificar os responsáveis pelos ilícitos, todas malsucedidas. A medida determinada na r. sentença (construção de cobertura sobre o 'quintal'), apesar de custosa,

> "*O edifício de apartamentos em condomínio é responsável pelos danos ocasionados por queda ou arremesso de objetos dele provenientes, quando não se pode identificar o autor*" (*RT* 530/212; 714/153; *JTACSP* 87/138; *RJTJESP* 89/173).

Toda a comunidade condominial responde pelo dano, podendo o condomínio ingressar com ação regressiva contra o causador direto. Lembre o que falamos a respeito da personalidade anômala do condomínio, nessa situação (*Direito civil: parte geral*, Cap. 14). Ao habitar um condomínio, o morador assume o risco de conviver nessa comunhão. Trata-se de mais um encargo da vida contemporânea. Ademais, essa solução encontrada pela jurisprudência atende à tendência moderna de pulverizar a responsabilidade no seio da sociedade para número amplo de pessoas, a fim de permitir sempre que possível a reparação do prejuízo.

Giovanna Visintini (1999:692) aponta que essa solução também é dada pela jurisprudência italiana. Essa mesma responsabilidade aplica-se à Administração, quando proprietária, possuidora ou detentora de prédio, harmonizando-se com a responsabilidade civil do Estado. Recorde

---

justifica-se, pois o próprio réu afirmou não ter sido capaz de solucionar a questão de outras formas. Dano moral. Ocorrência. Objetos e detritos absolutamente desagradáveis (tufos de cabelos, preservativos, fezes etc.) lançados sobre o imóvel dos autores. Risco à segurança, ao sossego e à saúde dos moradores, que podem ser atingidos por objetos, inclusive pontiagudos. Quantum indenizatório fixado em patamar razoável e proporcional (R$ 5.000,00). Sentença mantida. Honorários. Verba originalmente fixada no percentual máximo do § 2º do art. 85 do CPC. Sem espaço para majoração. Recurso não provido" (*TJSP* – Ap 1050918-95.2023.8.26.0224, 24-4-2025, Rel. Rosangela Telles).

"Condomínio – Responsabilidade Civil – Queda de objeto (parafuso) de unidade superior no telhado da sacada do apartamento da autora, casando danos ao vidro – Fato incontroverso – Responsabilidade objetiva do condomínio, dado que não identificada a unidade de onde caiu o objeto – **Artigo 938, do Código Civil** – Sentença mantida – Apelação conhecida e não provida" (*TJSP* – Ap 1023362-05.2023.8.26.0100, 24-8-2024, Rel. Sá Duarte).

"Ação de reparação de danos – Responsabilidade civil *effusis et dejectis* – Autor que teve seu veículo danificado na garagem do condomínio onde reside, em razão do lançamento de objetos das janelas dos demais apartamentos do condomínio – Autor do ilícito não identificado. Responsabilidade do condomínio – Dano material reconhecido. Danos Morais não configurados – Mero aborrecimento que não caracteriza dano moral – Recurso parcialmente provido" (*TJSP* – Ap 0014166-17.2012.8.26.0002, 8-8-2017, Rel. Marcus Vinicius Rios Gonçalves).

"Civil e processo civil – Responsabilidade civil objetiva – Reparação integral do dano – Cacos de vidros e pedaços de ferro – Queda de unidade habitacional – Lesões corporais em terceiros – Legitimidade passiva do condomínio – Morador de veraneio – Ocupação Esporádica – Dever de zelar do condomínio – 1. O art. 938 do Código Civil assim determina que aquele que habitar prédio, ou parte dele, responde pelo dano proveniente das coisas que dele caírem ou forem lançadas em lugar indevido. Trata-se de preceito de responsabilidade objetiva, lastreada na Teoria do Risco, e assentada no dever de segurança, que deve respaldar a guarda do que guarnece a habitação. 2. Em homenagem à reparação integral do dano, viável mitigar a regra da não responsabilização do condomínio diante da identificação da unidade autônoma de onde partiram os objetos que lesionaram as vítimas. 3. Pode o condomínio ocupar o polo passivo da demanda, rechaçando-se preliminar de ilegitimidade passiva, mesmo com a indicação da unidade condominial de onde partiram os cacos de vidro e os pedaços de ferro que atingiram as vítimas, seja porque há a possibilidade de o condomínio responder diretamente perante a vítima, e os demais condôminos, posteriormente, excluírem suas responsabilidades perante o próprio condomínio; seja porque caberia ao condomínio zelar pela segurança da fachada da unidade de onde partiram os objetos que atingiram os autores, diante da ocupação esporádica do morador que nela habita em época de veraneio. 4. Deu-se provimento aos embargos infringentes" (*TJDFT* – Proc. 20110610027513EIC – (948687), 21-6-2016, Rel. Flavio Renato Jaquet Rostirola).

"**Apelação cível** – ação ordinária de indenização por danos morais e materiais – preliminar de nulidade da sentença – rejeitar – objeto lançado do condomínio réu que atingiu o veículo do autor – danos do veículo demonstrados – responsabilidade do condomínio pelo prejuízo – lucros cessantes – ausência de provas – Para uma apreciação perfeita e justa da questão que lhe foi posta não necessariamente deve o julgador citar em sua decisão todas as provas que foram por ele analisadas – Demonstrado que o objeto lançado surgiu do Edifício réu, deve o condomínio responder pelos danos sofridos pelo autor quando não identificado o andar específico de onde o objeto foi arremessado – O autor demonstrou através de orçamentos que sofreu prejuízo financeiro com as avarias sofridas em seu veículo – Quanto aos alegados lucros cessantes, o autor (apelado) não se desincumbiu do ônus probatório, motivo pelo qual, a improcedência deste pedido é medida que se impõe" (*TJMG* – AC 1.0024.10.148523-3/001, 5-3-2015 Rel. Pedro Aleixo).

que, em qualquer situação em que o ocupante do imóvel se vê obrigado a reparar o dano, pode ingressar com ação regressiva contra o causador material. A esse propósito, recordamos de notícia da imprensa, de algum tempo atrás, que relatava o fato de um transeunte, por rua do centro de São Paulo, ter sido atingido fatalmente por pedra de gelo proveniente de um edifício, durante os festejos de último dia do ano, quando normalmente há chuva de papéis picados. Não se identificando o causador do dano ou a unidade da qual proveio o projétil, o condomínio deverá, em princípio, nesse caso, responder pela indenização, ao menos os condôminos que tiverem janela ou sacada para aquela via pública. A jurisprudência, no entanto, ainda é titubeante, propugnando alguns, sem razão, a nosso ver, que a indenização deve atingir apenas os titulares ou seus substitutos da unidade condominial de onde proveio o dano. A ideia, nessas hipóteses, leva em conta que quem reside ou utiliza edifício de apartamentos ou assemelhados assume uma série de riscos de convivência. Aponta Rui Stoco a esse respeito que, embora de forma mitigada e contida, o dever de indenizar vem-se aproximando cada vez mais da teoria da repartição ou socialização dos encargos, afastando-se da teoria pura da culpa (1999:731). Assim, quando o dano é praticado por um membro não identificado de um grupo, todos os seus integrantes devem ser chamados para a reparação. Trata-se da tendência pós-moderna de pulverização dos danos na sociedade.

De outro lado, todo ocupante responde pelo dano, podendo ser o proprietário, locatário ou possuidor a qualquer título. Pelo lado da vítima, basta que prove o nexo causal e o dano. O termo adequado do dispositivo permite que o réu prove que a coisa foi lançada em local próprio, como para lixo, por exemplo, e que a vítima lá não deveria estar.

Em síntese, para que ocorra a responsabilidade do art. 938, são requisitos: (a) que o prédio seja habitado ou utilizado, no todo ou em parte; (b) que alguma coisa caia ou seja lançada dele; (c) que se produza dano; e (d) que o lugar em que caia a coisa seja indevido (Miranda, 1972, v. 53:412).

17.4 RESPONSABILIDADE POR FATO OU GUARDA DE ANIMAIS

A responsabilidade por fato de animais era regulada pelo art. 1.527 do Código de 1916:

> *"O dono, ou detentor, do animal ressarcirá o dano por este causado, se não provar:*
>
> *I – Que o guardava e vigiava com cuidado preciso;*
>
> *II – Que o animal foi provocado por outro;*
>
> *III – Que houve imprudência do ofendido;*
>
> *IV – Que o fato resultou de caso fortuito, ou força maior".*

Os danos causados por animais têm cunho relevante. Com frequência, a imprensa noticia casos de cães ferozes, de raças agressivas, que ocasionam danos graves e até a morte das vítimas. É com a mesma frequência que cabeças de gado invadem as rodovias de nosso país, ocasionando acidentes com veículos, danos de alta monta, inclusive a perda de vidas. Ora e vez se sabe de um enxame de abelhas que ataca pessoas.

Os danos causados pelo fato de animais receberam tratamento de presunção de culpa no Código de 1916. O dono ou detentor do animal somente exonerar-se-ia da responsabilidade se provasse um dos fatos descritos na lei. O dispositivo induzia inversão ou reversão do ônus da prova, que não caberia à vítima, nesse caso, mas ao réu. Na pretensão, bastava que a vítima provasse o dano e o nexo causal.[6]

Interessante observar que, como a experiência demonstra, a maior dificuldade para a vítima, mormente em colisão com animais em rodovias, é apontar o nexo causal, ou seja, o dono do animal. Quando o animal está vivo e sadio, sempre haverá alguém a reclamá-lo; ninguém, como regra, surge para arrogar-se dono de animal abatido por um choque com veículo.

---

[6] "Responsabilidade civil – **Guarda de animal** – Ação de indenização – Sentença de improcedência – Insurgência da autora – O cachorro da ré, que estava no quintal, atacou o cachorro da autora, com os portões fechados. Autora deixou precluir seu direito de produção de provas e, sua afirmação de que o ataque ocorreu por buraco existente no muro da residência da ré restou isolada nos autos. Ausência de prova acerca de falha no dever de guarda de animal. Sentença mantida. Recurso não provido" (*TJSP* – AC 1021393-05.2016.8.26.0001, 12-8-2019, Rel. Benedito Antonio Okuno).

"**Responsabilidade civil** – **Dano material e moral** – Autora que passeava com seu casal de cachorros quando foi atacada pelo cão do réu – Culpa concorrente da vítima não verificada – Imagens de vídeo impressas quadro a quadro que instruem a inicial não impugnadas pelo réu que são suficientes para solução da controvérsia – Julgamento antecipado da lide autorizado – Cerceamento de defesa – Inocorrência – Cão do réu que escapou e veio a causar lesões no macho, sendo tais lesões a causa da morte do animal – Falha no dever de guarda do animal – Culpa do réu verificada – Responsabilidade deste quanto aos danos sofridos pelos animais e sua tutora – Valores apresentados pelo réu para aquisição de um animal da mesma raça que não podem ser acolhidos diante da ausência de prova inequívoca de que se tratam de animais com *pedigree*, como o que foi morto – Danos morais verificados – Fatos que ultrapassam o mero aborrecimento – Ação procedente em parte – Decisão mantida por seus próprios fundamentos, nos termos do art. 252 do Regimento Interno deste Tribunal – Recurso desprovido" (*TJSP* – Ap 1006374-89.2017.8.26.0011, 23-1-2018, Rel. Rui Cascaldi).

"Apelação – Ação de indenização por danos materiais e morais – Pleito fundado em ataque de cachorros contra o autor e seus dois cães. Autor ferido, sendo seu cão morto no ataque. Sentença de parcial procedência, com condenação da requerida ao pagamento de indenização por danos morais no valor de R$ 12.000,00. Afastamento do pedido de indenização por danos materiais. Inconformismo de ambas as partes. Não acolhimento. Inexistência de cerceamento de defesa. Responsabilidade civil da dona do animal, por inequívoca omissão e negligência na guarda respectiva. Elementos coligidos nos autos suficientes a tal conclusão. Desnecessidade de produção de outras provas. Ausência, outrossim, de culpa exclusiva da vítima para afastar o liame causal. Danos materiais, no entanto, que não foram demonstrados. 'Quantum' indenizatório arbitrado para os danos morais adequado, considerando-se as peculiaridades do caso concreto. Sentença que não comporta alterações. Negado provimento aos recursos" (*TJSP* – Ap 1014659-27.2016.8.26.0037, 7-7-2017, Relª Viviani Nicolau)

"**Apelação** – Indenização (danos materiais, morais e estéticos) – autora atacada por cães (perda da falange da mão direita) – autora que é jornalista, com prejuízo na digitação de textos – ação julgada improcedente – Prova inequívoca de que os cachorros de propriedade da ré escaparam pelo portão aberto pela empregada e investiram em direção ao cachorro da autora. Autora que se limitou a levantar seu cachorro para não ser atacado e sofreu uma mordida no dedo da mão. Responsabilidade do dono do animal (artigo 936 do Código Civil). Demonstrada a propriedade e o ataque, cumpria à proprietária do animal provar que o fato aconteceu por caso fortuito ou de força maior. Além disso, existe prova da negligência da empregada ao abrir o portão e permitir que os cães saíssem à rua. Sentença reformada para julgar a ação procedente, para condenar a ré ao pagamento de danos morais no importe de R$ 10.000,00, e danos materiais desde que efetivamente comprovados. Sucumbência que passa a ser ônus da ré. Recurso provido" (*TJSP* – Ap 0009847-76.2012.8.26.0011, 5-3-2015, Rel. Silvério da Silva).

"**Agravo regimental em agravo em recurso especial**. Decisão que se mantém por seus próprios fundamentos. Inexistência de violação dos arts. 1.583 e 1.584 do Código Civil. Julgamento *extra petita*. Não ocorrência. Reparação de danos estéticos e morais. Ataque de animal. Responsabilidade do dono ou detentor. Súmulas nºs 7 e 83/STJ. *Quantum* indenizatório. Divergência jurisprudencial. Bases fáticas distintas. Recurso manifestamente improcedente. Aplicação de multa. Art. 557, § 2º, CPC. 1 – O divórcio, por si só, não é capaz de alterar a guarda de menor reconhecida por decisão judicial. 2 – Não há julgamento *extra petita* quando são apreciadas especificamente as questões objeto da lide. 3 – Incide a Súmula nº 7 do STJ na hipótese em que a tese versada no recurso especial reclama a análise dos elementos probatórios produzidos ao longo da demanda. 4 – É cabível a cumulação de danos morais com danos estéticos, ainda que decorrentes do mesmo fato, quando são passíveis de identificação em separado. 5 – Não há como conhecer de recurso especial fundado em dissídio jurisprudencial ante a ausência de demonstração de similitude fática e jurídica entre os julgados. 6 – Aplica-se a multa prevista no art. 557, § 2º, do CPC, na hipótese de agravo regimental manifestamente improcedente, ficando condicionada a interposição de qualquer outro apelo ao depósito do respectivo valor. 7 – Agravo regimental desprovido. Aplicação de multa de 1% sobre o valor corrigido da causa" (*STJ* – AgRg-AG-REsp. 201.456 – (2012/0143198-6), 18-6-2013, Rel. Min. João Otávio de Noronha).

Por várias vezes enfrentamos esse problema em casos concretos. A jurisprudência admite, igualmente, que o administrador ou concessionário da rodovia também responda por danos causados por animais na estrada, pois é seu o dever de vigilância do leito carroçável (*RT* 523/96), assegurando-lhe ação regressiva contra o dono do animal (*JTACSP* 76/153).[7]

---

[7] "Direito civil. Apelação cível. **Responsabilidade objetiva**. Recurso desprovido. I. Caso em Exame. Ação Regressiva de Danos Materiais promovida pela seguradora Porto Seguro contra a concessionária Eixo SP, visando o ressarcimento por reparos em veículo segurado, danificado em sinistro causado por animal na rodovia sob concessão da ré. II. Questão em Discussão. 2. A questão em discussão consiste em (i) a responsabilidade da concessionária pelo acidente ocorrido devido a presença de animal na pista e (ii) a possibilidade de ressarcimento por parte da seguradora. III. Razões de Decidir. 3. A responsabilidade da concessionária é objetiva, conforme o art. 37, § 6º da Constituição Federal, caracterizando-se como risco administrativo. 4. O nexo de causalidade entre a conduta da ré e os danos ao veículo foi comprovado nos autos. A falta de prova por parte da ré que desqualifique as alegações autorais afasta a possibilidade de excludente de responsabilidade. IV. Dispositivo e Tese. 5. Negado provimento ao Recurso de Apelação, mantendo-se a sentença que condenou a ré ao pagamento dos valores pleiteados" (*TJSP* – Ap 1000619-34.2023.8.26.0283, 6-8-2025, Rel. Paulo Cícero Augusto Pereira).

"Responsabilidade civil – Acidente de trânsito – Ressarcimento por danos materiais – Sinistro causado por colisão de veículo com bovino na pista – Obrigação de fiscalização e proteção da via pela concessionária de serviço público – Teoria do risco administrativo – Concorrência de culpa do Município – Animal evadido de matadouro municipal, lindeiro à rodovia – **Responsabilidade objetiva do detentor pelo fato do animal** – Inteligência do art. 936 do Código Civil – Nexo de causalidade e dano evidenciados – Dever reparatório reconhecido, de modo solidário, entre a concessionária de serviço público e a municipalidade – Lide secundária (denunciação da seguradora) – Cobertura de prejuízos que se limita ao contratualmente previsto pela apólice securitária – Sentença mantida – Adequação dos consectários de atualização para resguardar a aplicação da SELIC após a vigência da EC nº 113/2021 – Reexame necessário parcialmente provido – Recursos desprovidos" (*TJSP* – Ap 0006212-35.2011.8.26.0363, 12-6-2024, Rel. Souza Meirelles).

"**Responsabilidade civil** – Insurgência contra a parcial procedência de ação indenizatória proposta em decorrência de ataque de animal pertencente ao réu – Responsabilidade objetiva com base no art. 936 do Código Civil, não constando qualquer excludente – Conjunto probatório suficiente a demonstrar o dano e o nexo causal – Não configuração de cerceamento de defesa pelo indeferimento de oitiva de duas testemunhas apresentadas pelo réu, porquanto o conteúdo dos autos já logrou demonstrar a ocorrência do ataque, as suas consequências e o enquadramento na responsabilidade objetiva – Ataque do cachorro, gerando lesões na demandante e em seu cão, que se mostrou incontroverso – Inadmissibilidade da alegação de imprudência ou colocação em perigo por parte da autora por ter passado na calçada – Narrativa e documentação que demonstra que o portão da casa não teria sido trancado pelo filho do demandado – Falta do devido cuidado e vigilância do animal por parte de seu responsável – Recurso improvido" (*TJSP* – Ap 1007792-19.2022.8.26.0292, 30-8-2023, Rel. Alvaro Passos).

"Civil – Processual civil – Apelação – Reparação por danos materiais e morais – **Responsabilidade civil – Ataque de cão feroz** – Morte de animal de estimação – Danos materiais – Configuração – Danos morais – Configuração – *Quantum* compensatório mantido – Honorários de sucumbência – 1- O Código Civil adota a responsabilidade civil objetiva do dono do cão quanto aos atos cometidos pelo animal, ainda que não haja culpa, salvo se provar culpa da vítima ou força maior (art. 936 do CC). 2- Está afeto ao proprietário do animal, mormente se dotado de atributos de ferocidade, o dever de guardá-lo e vigiá-lo adequadamente. Incorrendo em desídia quanto a essa incumbência, permitindo reiteradas vezes que cão de grande porte e de sua propriedade destrua cerca na divisa de terrenos e, através de aberturas empreenda ataques a pessoas ou outros animais da vizinhança que transitem livremente pela via pública ou mesmo por terreno de quintal alheio, torna-se obrigado a reparar os danos que seus animais causarem a terceiros. 3- Configura dano moral o sofrimento experimentado por vizinho que teve o filho adolescente ferido, dois cachorros de estimação injustamente atacados; Um ferido e outro morto, por animal de propriedade do vizinho que foi omisso no dever de guarda. 4- O *quantum* fixado na origem atende os critérios da razoabilidade e proporcionalidade, as condições das partes e não resvala para o enriquecimento indevido. Reforça-se o caráter pedagógico da sanção, sobretudo ante a circunstância de haver reiteração ou omissão indolente e prolongada no tempo e na pluralidade de ataques perpetrados por cães ferozes, sem medidas de contenção apresentadas pelo responsável no período. 5- Recurso conhecido e desprovido" (*TJDFT* – Proc. 07012312220188070001 – (1199088), 19-9-2019, Rel. Carlos Rodrigues).

"**Responsabilidade civil** – Ataque por cão da raça dálmata, pertencente ao corréu José, ao cão da raça maltesa, de propriedade dos autores, na dependência do condomínio do apelante. Embora não se desconheça jurisprudência deste E. Tribunal de Justiça acerca da vedação da aplicação de regras condominiais que proíbam animais ou façam restrições a seu porte, a mitigação não afasta a obrigação de cuidados necessários para evitar danos aos demais condôminos. Obrigação do condomínio de alertar os proprietários para que animais de médio e grande porte sejam mantidos na coleira e, em caso de agressividade, façam o uso de focinheira. Caso concreto em que, diante

Quando ocorre o dano pelo fato de animais, segundo o Código de 1916, seu dono ou detentor deveria provar:

> *"I – que o guardava e vigiava com cuidado preciso. Em se tratando de cão feroz, por exemplo, deveria o guarda zelar para que ficasse preso ou restrito a espaço que não colocasse em risco terceiros. Se o cão salta com facilidade muro ou cerca e ataca transeunte, não pode seu guarda safar-se da indenização. Note-se que os danos promovidos por animais podem ser de cunho exclusivamente material: gado que, por má conservação de cerca, invade lavoura de vizinho e a destrói obriga o dono ou detentor a reparar o dano. O cuidado e a diligência devem ser apurados no caso concreto. De qualquer modo, há que se levar em conta que cada animal requer um tipo de cuidado, ou o cuidado preciso de que fala a lei. Por exemplo: a diligência com guarda de animais no meio rural não é do mesmo grau da exigida nos centros urbanos; um cão de pequeno porte requer menores cuidados do que um de grande porte e assim por diante. Se há dano causado pelo animal porque o dono não tomou os cuidados que o animal exigia, não se livra da indenização. Nesse sentido:*
>
> *'O cão 'Doberman', usado na guarda de residências, é reconhecidamente perigoso. Se alguém assume o risco de possuir animal com essa característica, assume todos. Levando-o a passear em lugar inadequado, seu proprietário só pode ser considerado imprudente, respondendo pelos danos provocados'* (RT 589/109).
>
> *II – que o animal foi provocado por outro. Nesse ponto, o entendimento não deixava de apresentar certa complexidade. Se o animal do guarda foi provocado por animal da vítima, presente estaria a excludente. No entanto, se a provocação fora de outro animal do guarda, evidente que se manteria a responsabilidade, pois falhara ele no dever de vigilância de seus semoventes. Se, por outro lado, o animal fora provocado por outro pertencente a terceiro, configurava-se culpa de terceiro que, em tese, não elide o dever de indenizar, como estudamos nos capítulos anteriores. Cabia ao guarda do animal, de qualquer modo, provar, em síntese, que o acidente era inevitável e imprevisível.*
>
> *III – que houve imprudência do ofendido. Essa situação era de culpa da vítima, a qual devia ser provada pelo guarda do animal. Note que a lei se referia à imprudência do ofendido e não a sua culpa: portanto, não se exoneraria o ofensor se tivesse havido negligência do ofendido, devendo ser provada sua imprudência. Se a vítima ingressasse em recinto no qual se guardava animal feroz, apesar de avisos de advertência e obstáculos a serem ultrapassados, configurava-se, em princípio, sua imprudência. Se se tratasse de analfabeto, menor de idade ou pessoa sem o devido discernimento, por exemplo, pessoas que não poderiam verificar o perigo, cumpria que se examinasse detidamente o caso concreto, para eximir-se a culpa.*
>
> *IV – que o caso resultou de caso fortuito ou força maior. As situações de caso fortuito e força maior não podem ser estabelecidas a priori. Em qualquer situação de responsabilidade civil, essas excludentes afastam o dever de indenizar."*

---

do histórico de tentativa de agressão do animal pertencente ao corréu José Manuel a outros cães, evidenciado pelo documento de fls. 112, é patente a responsabilidade do condomínio ao não exigir o uso de focinheira ou outro artefato que minimizasse o risco de ataque. Valor dos danos morais bem arbitrados. Recurso principal e adesivo improvidos" (*TJSP* – Ap 1017793-07.2015.8.26.0002, 7-3-2018, Rel. Maia da Cunha).

"Apelação – Ação de reparação de danos – Acidente de trânsito em rodovia – Atropelamento de animal equino – Sentença de procedência – **Responsabilidade do proprietário dos animais** – Inteligência do artigo 936 Do Código Civil – Responsabilidade objetiva da concessionária – Indenização por danos materiais, morais e estéticos bem fixada – Sentença mantida – Recursos desprovidos" (*TJSP* – Ap 0006767-37.2012.8.26.0292, 24-3-2017, Rel. Cesar Luiz de Almeida).

O Código revogado apontava como responsável, no artigo sob exame, o proprietário ou detentor do animal e não dispensava a culpa, ainda que presumida. Cuida-se daquele que tem o poder de direção. Alguns pretendem ver nessa responsabilidade uma aplicação da teoria do risco. No entanto, trata-se, à evidência, de presunção de culpa (*RT* 535/111). O mero detentor situa-se em plano inferior ao do possuidor. A lei é rigorosa nesse sentido, não exigindo que se qualifique a posse do animal. Basta a mera relação de fato com o animal, a simples detenção. Nessa posição, coloca-se aquele que loca o animal de montaria para cavalgar ou para serviço rural assim como aquele que é contratado apenas para passear com cães ferozes.

Seciona-se o nexo causal, se o animal foi furtado, o mesmo que se disse a respeito do automóvel, provando-se que o dono ou detentor tomou todos os cuidados possíveis para que furto ou roubo não ocorresse. Também não há responsabilidade se os animais são selvagens ou sem dono. O dispositivo refere-se a animais domésticos ou mantidos em cativeiro. Pontes de Miranda aponta que o texto se refere a todos os animais suscetíveis de direito de propriedade, isto é,

> *"os animais domésticos, os semisselvagens, os ferozes capturados para domesticação ou luxo, ou curiosidade, ou outro motivo. Incluem-se: os touros e outros animais criados em liberdade para serem aproveitados nos grandes latifúndios brasileiros; os cavalos soltos, nas granjas sem divisão por meio de cercas, ou quaisquer outros tapumes; as abelhas, nos sítios em que se cultivem, pois, para os proprietários que não colhem o mel, as abelhas não são úteis".*

Os animais selvagens e que vivem nesse estado na natureza não possuem um "guarda", isto é, um responsável por eles e não geram, em princípio, dever de indenizar. Assim, será diferente o tratamento de danos ocasionados por um enxame de abelhas originadas de um apicultor de um ataque de abelhas selvagens, que formaram sua colmeia de modo natural, sem intervenção humana. Se há culpa do apicultor, que não impediu devidamente o ataque de suas abelhas, haverá dever de indenizar. O texto do grande Pontes de Miranda é absolutamente elucidativo. Sempre o caso concreto definirá se existe um responsável pelo animal causador do dano. Um cão abandonado sem dono ou guarda, que cause dano, não permite, por exemplo, estabelecer autoria e nexo de causalidade.

Assim, fica por conta do fortuito o acidente causado por uma ave em estado natural que se choca com um veículo em movimento e ocasiona acidente. A situação é particular no tocante a aeronaves, o que já ocasionou acidentes graves próximos a aeroportos.

Se, por exemplo, o motorista tem que desviar abruptamente de um animal selvagem que aparece à sua frente e com isso atinge outro veículo, a situação é de estado de necessidade que na esfera civil não inibe o dever de indenizar.

A essa altura também é importante ressaltar que, se o fato do animal decorrer de relação de consumo, aplicam-se os princípios da responsabilidade objetiva do fornecedor de produtos ou serviços. A imprensa noticiou recentemente trágica ocorrência em circo: criança foi atacada por leão no curso do espetáculo e veio a falecer. Configura-se inelutavelmente a responsabilidade da empresa circense, que somente se escusaria de indenizar se provasse caso fortuito ou força maior ou culpa exclusiva da vítima. Não bastassem os princípios do Código de Defesa do Consumidor, os responsáveis por espetáculos públicos assumem também obrigação inerente de incolumidade com relação a seus espectadores.

O Código de 2002, assumindo nova postura, cuida da matéria em dispositivo mais sintético, adotando a teoria objetiva ou de presunção de culpa, segundo alguns, presumindo da mesma forma a culpa do guarda:

> *"O dono, ou detentor, do animal ressarcirá o dano por este causado, se não provar culpa da vítima, ou força maior" (art. 936).*

Parece que estamos diante de outra cláusula aberta no presente ordenamento, ainda que sob o império da responsabilidade objetiva. Abandonado o casuísmo do Código de 1916, como afirma Rui Stoco, o legislador de 2002 tomou posição firme, sem tergiversar (2004:951). Há, no entanto, os que entendem que o presente artigo estatui não propriamente uma responsabilidade objetiva, mas uma presunção de culpa. Sob essa nova dicção, que não guarda nem mesmo relação conceitual com a lei antiga, os aspectos do antigo Código podem somente ser referendados no caso concreto como substrato histórico e adminículo probatório para lastrear a culpa exclusiva da vítima ou a força maior, e podem, de fato, sustentar decisões, não mais, porém, de forma inflexível. Ao analisar a culpa exclusiva da vítima ou a força maior na hipótese de dano ocasionado por animal, certamente o magistrado analisará se o dono ou detentor o guardava e vigiava com o preciso cuidado; se o animal foi provocado por outro da própria vítima, o que lhe imputa a responsabilidade; se houve culpa, em sentido amplo por parte da vítima e não só imprudência, como menciona o art. 1.527. Contudo, toda essa análise pertencerá ao raciocínio normal do magistrado para chegar à conclusão sobre a procedência ou não do pedido. Lembre-se de que, de qualquer modo, assim como no Código anterior, todo o ônus probatório para evidenciar culpa da vítima ou caso fortuito é do ofensor, que se não se desincumbir a contento nesse encargo, indenizará a vítima. Se o dono do animal o entrega a pessoa que não toma os devidos cuidados, estará consubstanciado o nexo causal a determinar que ambos respondam solidariamente pelo fato pelo nexo da coautoria. Assim, a jurisprudência lastreada no Código anterior deve ser vista com cuidado e para efeito ilustrativo. O projeto de reforma do Código Civil procura destacar a isenção de responsabilidade do dono do animal, quando há culpa exclusiva da vítima ou de terceiro.

Sobre esse aspecto da responsabilidade, anota Caio Mário (1999:111):

> *"Quando, porém, o animal se encontra na detenção de outrem que não o seu dono, mas fora de uma relação de preposição, cabe então determinar se e até onde vai a responsabilidade do dono, ou quando se exime este, e ela se desloca para aquele que o detém".*

Como se percebe, o vínculo psicológico que desaba no nexo causal dependerá do exame do caso concreto.

De acordo com o novel art. 936, o dono ou o detentor do animal somente se exonerará da indenização se provar culpa da vítima ou força maior. Somente o caso concreto poderá definir a culpa da vítima. É claro que será a vítima culpada se advertida expressamente de que no local há cão bravio e mesmo assim adentra no recinto.

Sérgio Cavalieri Filho é peremptório ao afirmar que:

> *"o art. 936 não mais admite ao dono ou detentor do animal afastar sua responsabilidade provando que o guardava e vigiava com cuidado preciso, ou seja, provando que não teve culpa. Agora a responsabilidade só poderá ser afastada se o dono ou detentor do animal provar fato exclusivo da vítima ou força maior. Temos, destarte, uma responsabilidade objetiva tão forte que ultrapassa os limites da teoria do risco criado ou do risco-proveito.*

> *Tanto é assim que nem todas as causas de exclusão do nexo causal, como o caso fortuito e o fato de terceiro, afastarão a responsabilidade do dono ou detentor do animal. A vítima só terá que provar o dano, e que este foi causado por determinado animal. A defesa do réu estará restrita às causas especificadas na lei, e o ônus da prova será seu".*

Assim, na maioria das vezes a defesa do réu se restringirá a provar que o animal não é seu ou que não detinha sua guarda. A jurisprudência, é verdade, mesmo sob o antigo Código, assim já se posicionava com relação a animais atingidos em rodovias. Não é outra também a postura dos julgamentos para os ataques de cães que, com frequência, são noticiados pela imprensa.

18

RESPONSABILIDADE PROFISSIONAL: RESPONSABILIDADE MÉDICA E ODONTOLÓGICA

18.1 O MÉDICO E AS RELAÇÕES DE CONSUMO

As preocupações com a saúde remontam à Antiguidade. Contudo, durante muito tempo imperou o empirismo em torno da dor e das moléstias. Era o mago ou o sacerdote que se encarregava dos doentes. Muito demorou na História para que o médico assumisse definitivamente seu papel.

Assim como o Direito, a Medicina é uma arte. O advogado de hoje não guarda muita semelhança com seu colega de passado recente, que atuava geralmente só, ou quiçá em sociedade de poucos profissionais; possuía clientela quase cativa até mesmo por tradição familiar; exercia seu mister indistintamente em todos os ramos do Direito. Hoje, o advogado integra-se em grande escritório e especializa-se, quando não se emprega em empresa com dedicação plena. A sociedade atual não lhe permite outra escolha.

Da mesma forma na Medicina, e sob influência de idênticas pressões sociais, o médico de família, o experiente clínico geral, amigo e conselheiro, desapareceu. Hoje, o médico, mesmo em pequenas comunidades, deve participar de clínica, hospital, entidade associativa pública ou privada, convênio; na maioria das vezes, em múltiplas atividades concomitantemente. Poucos são os profissionais que se mantêm apenas com atividade individual.

Nessas últimas décadas, a Medicina socializou-se e despersonalizou-se. A necessidade premente de especialização faz com que a relação médico-paciente seja quase exclusivamente profissional. Continua a Medicina a ser uma arte, mas sob contexto diverso. O paciente, nessas premissas, raramente terá condições de ponderar e escolher o profissional e o tratamento adequado para seu mal.

O médico, em sua arte, deve ser conhecedor da ciência para dar segurança ao paciente. A mesma situação se dá com o advogado em relação a seu constituinte. Assim como a obrigação assumida pelo advogado no patrocínio da causa, como regra geral, é de meio e não de resultado, também a contraída pelo médico em relação à terapia e tratamento do enfermo.[1]

---

1 "Responsabilidade civil – Município, oftalmologista e Instituto Brasileiro da Visão – Médica que agiu de forma adequada, realizando as cirurgias indicadas, de acordo com o que conclui o perito do juízo – Ausência de falha na

prestação do serviço – **Erro médico não demonstrado** – Obrigação que é de meio e não de resultado – Ausência de nexo causal entre a conduta da médica e o fato danoso – Recurso improvido" (*TJSP* – Ap 1012428-17.2016.8.26.0590, 1-9-2023, Re. José Luiz Gavião de Almeida).

"**Responsabilidade civil – Erro médico** – Ação de indenização por danos morais, materiais e estéticos. Sentença de improcedência. Irresignação da autora. Pedido de indenização material julgado inepto. Ausência de interposição do recurso cabível. Preclusão. Autora que apresentou sintomas sugestivos de gravidez ectópica. Exame de ultrassonografia que reforçou o suposto diagnóstico. Prova pericial que afasta a ocorrência de erro médico e confirma o acerto da cirurgia por videolaparoscopia, tida como 'padrão ouro de diagnóstico na suspeita de gestação ectópica' e que ainda 'permite, no caso de confirmação, o tratamento cirúrgico no mesmo tempo'. Ausência de evidências que indiquem ter a autora apresentado convulsão nervosa seguida de parada cardiorrespiratória durante o procedimento cirúrgico. Autora que confessa ter sido alertada de que seria submetida à cirurgia. Inexistência de obrigação de indenizar. Ação improcedente. Sentença mantida. Recurso desprovido" (*TJSP* – AC 1010427-68.2015.8.26.0566, 4-4-2019, Rel. Alexandre Marcondes).

"Apelação – **Responsabilidade civil** – **Erro médico** – Alegação de falha em procedimento cirúrgico de histerectomia, que culminou com a perfuração da bexiga da autora – Tipo de lesão que se constitui como complicação cirúrgica normal, que pode acontecer em decorrência desse tipo de cirurgia – Laudo pericial que concluiu pela boa prática médica com utilização das medidas necessárias para o restabelecimento da paciente – Tratamentos e exames realizados que se mostraram adequados – Inocorrência de erro médico – Não comprovada a responsabilidade dos médicos, inexiste o dever em indenizar – Aplicabilidade do art. 14, parágrafo 4º do Código de Defesa do Consumidor. Apelação – Responsabilidade civil – Erro médico – Responsabilidade civil do hospital que é solidária, portanto se os profissionais não atuaram com culpa, inexiste culpa do hospital – Sentença mantida – Recurso desprovido" (*TJSP* – Ap 0010443-74.2012.8.26.0168, 3-8-2018, Rel. Rodolfo Pellizari).

"Administrativo e processual civil – Agravo interno no recurso especial – Responsabilidade civil do Estado – **Erro Médico** – **Sequelas** – Danos morais e estéticos – Alegada violação ao art. 535 do CPC/73 – Deficiência da fundamentação – Súmula 284/STF – Razões de recurso que não impugnam, especificamente, os fundamentos da decisão agravada – Súmula 182/STJ – Acórdão de origem que, à luz das provas dos autos, concluiu pela presença do nexo de causalidade – *Quantum* Indenizatório – Revisão – Impossibilidade – Súmula 7/STJ – Agravo interno parcialmente conhecido, e, nessa extensão, improvido – I – Agravo interno interposto contra decisão publicada em 12/08/2016, que, por sua vez, julgara recurso aviado contra *decisum* publicado na vigência do CPC/73. II – Na origem, trata-se de ação de indenização por danos morais e materiais, ajuizada pela parte ora recorrida em desfavor da Universidade Federal do Rio Grande do Norte e de Iaperi Araújo, em razão de erro médico. III – Interposto Agravo interno com razões que não impugnam, especificamente, os fundamentos da decisão agravada, mormente quanto à incidência da Súmula 284/STF, aplicada relativamente à alegação de violação ao art. 535 do CPC/73, não prospera o inconformismo, em face da Súmula 182 desta Corte. IV – O Tribunal de origem, à luz do contexto fático-probatório dos autos, notadamente do laudo pericial, reconheceu a responsabilidade civil da recorrente, entendendo que 'não há como deixar de concluir pela presença do nexo causal que deu origem aos transtornos sofridos pela autora, visto que a fragilidade em seu órgão intestinal se deu depois de procedimento cirúrgico de histerectomia, fato que ao meu sentir se apresenta incontroverso (...). Dessa forma, vislumbrando que o problema de saúde que aflige a autora desta ação ter como consequência ato de agente público ou de funcionamento de hospital mantido pelas rés, resta por reconhecer a responsabilidade do Estado a dar ensejo ao reconhecimento do pedido para condenação de pagamento de dano moral'. Assim sendo, considerando a fundamentação adotada na origem, o acolhimento das alegações da parte recorrente, de modo a afastar a sua responsabilidade civil, ensejaria, necessariamente, o reexame dos aspectos concretos da causa, o que é vedado, no âmbito do Recurso Especial, pela Súmula 7 desta Corte. V – A Corte de origem fixou a indenização por danos moral e estético em R$ 100.000,00 (cem mil reais), concluindo que tal valor 'se mostra adequado para bem reparar os danos sofridos, além de não acarretar o vedado enriquecimento sem causa', em observância aos princípios da proporcionalidade e razoabilidade, não se mostrando ele exorbitante, ante o quadro fático delineado no acórdão de origem. VI – Agravo interno parcialmente conhecido e, nessa extensão, improvido" (*STJ* – AGInt-REsp 1.613.364 – (2016/0182582-0), 8-3-2017, Relª Minª Assusete Magalhães).

"Administrativo e processual civil – Ação ordinária de reparação por danos morais – **Erro médico** ocorrido em hospital público que resultou em sofrimento e morte do pai do autor – Dano moral caracterizado – Dever de indenizar – *Quantum* indenizatório (R$ 80.000,00) que se mostra compatível com precedentes do STJ – AGRG no ARESP 598.315/PE, Rel. Min. Assusete Magalhães, *DJe* 4-9-2015 e AGRG no ARESP 570.832/GO, Rel. Min. Mauro Campbell Marques, *DJe* 28-10-2014 – Inexistência de exorbitância – Agravo regimental a que se nega provimento – 1- O valor arbitrado a título de danos morais fora estipulado em razão das peculiaridades do caso concreto, levando em consideração o grau da lesividade da conduta ofensiva e a capacidade econômica da parte pagadora, a fim de cumprir dupla finalidade: ressarcimento do prejuízo imposto ao ora Agravado e punição do causador do dano, evitando-se novas ocorrências. 2- Discute-se nos autos o valor fixado a título de danos morais, decorrente de erro médico, firmados na instância ordinária no *quantum* de R$ 80.000,00, que se mostra compatível com precedentes do STJ: AgRg no AREsp. 598.315/PE, Rel. Min. Assusete Magalhães,

O médico obriga-se a empregar toda a técnica, diligência e perícia, seus conhecimentos, da melhor forma, com honradez e perspicácia, na tentativa da cura, lenitivo ou minoração dos males do paciente. Não pode garantir a cura, mesmo porque vida e morte são valores que pertencem a esferas espirituais. Esses valores estão todos descritos com amplitude no Código de Ética Médica. Vezes haverá, no entanto, em que a obrigação médica ou paramédica será de resultado, como na cirurgia plástica e em procedimentos técnicos de exame laboratorial e outros, tais como radiografias, tomografias, ressonâncias magnéticas etc.

Desse modo, como em toda responsabilidade profissional que representa risco, a responsabilidade do médico será, em regra, aferida mediante o cauteloso exame dos meios por ele empregados em cada caso. Em Medicina, como em Direito, há casos semelhantes, mas não idênticos. Mesmo porque não existem pessoas iguais, embora a ciência já admita produzir clones.

As várias teorias científicas, a variada metodologia, a diversidade de escolas e correntes médicas formam um complexo de difícil deslinde no âmbito da responsabilidade médica. Tudo isso deve ser levado em consideração pelo julgador ao analisar a responsabilidade médica. Há procedimentos médicos perfeitamente conhecidos e testados, aprovados pelos organismos internacionais. Quando o médico deles afasta-se, sua desídia acentua-se e é mais facilmente apurada. Todavia, a ciência, com o constante desenvolvimento, está a criar novas técnicas a cada dia. Há muito de criação, inventividade, intuição e perspicácia na conduta do médico. Com frequência, o profissional deve agir com coragem e rapidez, a fim de salvar uma vida. Outras situações recomendam prudência e ponderação.

Há um dever na Medicina que deve ser obedecido pelo médico. Tem ele o dever de informar o paciente, ou sua família, de seu estado, da metodologia e técnica a serem utilizadas, dos riscos e possibilidades de cura. Esse é o sentido do texto do Código de Ética Médica no art. 22. O médico não pode deixar "de obter consentimento do paciente ou de seu representante legal após esclarecê-lo sobre o procedimento a ser realizado, salvo em caso de risco iminente de morte".

DJe 4-9-2015 e AgRg no AREsp. 570.832/GO, Rel. Min. Mauro Campbell Marques, *DJe* 28-10-2014. 3- A revisão do *quantum* a ser indenizado somente é possível quando exorbitante ou irrisória a importância arbitrada, em violação dos princípios da razoabilidade e da proporcionalidade, o que não se observa *in casu*. 4- Agravo Regimental a que se nega provimento" (*STJ* – AgRg-AG-REsp. 755.535 – (2015/0188924-0), 1-4-2016, Rel. Min. Napoleão Nunes Maia Filho).

"**Apelação**. Responsabilidade civil. **Erro médico**. Ação de indenização por danos materiais e morais. Autor ferido por projétil de arma de fogo no lado superior direito da face. Ação proposta contra a operadora do plano de saúde, sob o argumento de que não forneceu material suficiente para a realização da cirurgia reparadora, ocasionando sequelas. Cirurgia que somente foi realizada após a concessão da liminar requerida em ação cautelar apensada aos autos. Autor que não corria risco de vida ou dano irreparável à sua integridade física. Sentença de improcedência. Inconformismo do autor. Não acolhimento. Responsabilidade da operadora de plano de saúde que emerge apenas na hipótese de mau funcionamento do serviço. Inteligência do artigo 14, § 1º do Código de Defesa do Consumidor. Declaração do cirurgião no sentido de que os materiais solicitados e necessários para a realização do procedimento foram disponibilizados pela empresa de saúde. Laudo pericial odontológico que conclui sobre a impossibilidade de se estabelecer nexo causal por falta de elementos. Laudo pericial oftalmológico que concluiu que a sequela facial tem nexo causal com o ferimento por projétil de arma de fogo, inexistindo incapacidade laborativa. Laudos não impugnados pelo autor. Inexistência de responsabilidade de indenizar. Sentença mantida. Negado provimento ao recurso" (v. 16.082) (*TJSP* – Ap. 0021109-21.2008.8.26.0348, 8-7-2014, Relª Viviani Nicolau).

"**Ação de indenização**. Falecimento da genitora dos apelados em decorrência de erro médico. Art. 37, § 6º da Constituição Federal. Perícia conclusiva quanto ao nexo de causalidade. Responsabilidade civil configurada. Dever de indenizar. Reforma da r. Sentença apenas para que os honorários advocatícios sejam arbitrados em valor fixo, nos termos do art. 20, § 4º do Código de Processo Civil. Sentença reformada e recurso parcialmente provido" (*TJSP* – Ap. 0011855-67.2010.8.26.0602, 9-9-2014, Rel. Moreira de Carvalho).

Com a multifacetização das especialidades médicas, com frequência o paciente é examinado por muitos profissionais sem que seja levado em consideração como pessoa humana. Nesse aspecto, sente-se a falta do clínico experiente, que com seu diagnóstico preciso, independentemente de exames laboratoriais, encaminhava o paciente para o tratamento correto ou para o especialista apropriado.

O tratamento médico é, atualmente, alcançado pelos princípios do Código de Defesa do Consumidor, embora a relação médica não possa ser caracterizada como relação tipicamente de consumo.[2]

---

[2] "Responsabilidade civil – Alegação de erro médico – Paciente submetida a cirurgia de varizes – Alegação de lesão ao nervo tibial da perna esquerda – Constatação da perda da força motora na perna, mas sem constatação da lesão – Ausência de nexo causal – Laudo médico que apontou a correção dos procedimentos realizados – Ausência do dever de indenizar – Sentença mantida – Recurso não provido" (*TJSP* – ApCív 1003857-16.2017.8.26.0269, 1-10-2020, Mônica de Carvalho).

"Responsabilidade civil – Erro médico – Autora ajuizou a presente demanda visando o recebimento de indenizações pelos danos materiais e morais que alega ter sofrido em razão de falha no atendimento prestado pelo réu. Sentença de improcedência. Apelo da autora. Cerceamento de defesa caracterizado. Perícia inconclusiva em razão da falta de análise integral dos documentos acostados aos autos. Necessidade de nova perícia especificamente acerca de todos os pontos controvertidos, analisando-se os documentos relativos aos atendimentos médicos prestados à autora desde o início do seu quadro de febres de repetição. Sentença anulada, com determinação. Recurso provido" (*TJSP* – AC 1005531-39.2017.8.26.0007, 19-6-2019, Relª Mary Grün).

"**Responsabilidade civil** – **Erro médico** – Criança que sofreu acidente doméstico causado por queimaduras e foi internado nas dependências da recorrente onde permaneceu em local inapropriado, com condições precárias de higiene e juntamente a adultos queimados – Agravamento do quadro diante de várias paradas cardiorrespiratórias derivadas de septicemia, restando caracterizada a infecção hospitalar, o que acabou por gerar sequelas irreversíveis para o autor, que se tornou um adulto totalmente dependente dos cuidados de seus pais – Quadro infeccioso que teve origem quando da permanência do menor no nosocômio – Hospital que responde objetivamente pela infecção hospitalar, que decorre do fato da internação e não da atividade médica – Aplicabilidade do artigo 14, *caput*, do CDC – Recurso desprovido. Responsabilidade civil – Erro médico – Arbitramento do *quantum* indenizatório para o dano moral (750 salários-mínimos) que se mostra exagerado (em que pese as graves consequências enfrentadas pelos autores), comportando sensível redução (para 200) – Sentença reformada no ponto – Apelo provido em parte" (*TJSP* – Ap 0061531-79.2003.8.26.0100, 22-1-2018, Rel. Percival Nogueira).

"Agravo Interno – Agravo em recurso especial – Responsabilidade Civil Objetiva – **Erro Médico** – Corpo estranho – Esquecimento – Prestação de serviço – Falha – Ato Ilícito – Reconhecimento – Matéria Fática – Reexame – Impossibilidade – Súmula nº 7 /STJ – Dano Moral – Valor – Redução – Proporcionalidade e razoabilidade – Manutenção – Juros de mora – Termo Inicial – Citação – Responsabilidade Contratual – Precedentes do STJ – 1 – Não cabe, em recurso especial, reexaminar matéria fático-probatória (Súmula nº 7/STJ). 2 – O valor do dano moral estabelecido na instância ordinária atende às circunstâncias de fato da causa, demonstrando-se condizente com os princípios da proporcionalidade e razoabilidade, de forma que não merece revisão. 3 – O termo inicial dos juros de mora, em casos de responsabilidade contratual, é a citação, conforme a jurisprudência assente desta Corte. 4 – Agravo interno a que se nega provimento" (*STJ* – AGInt-AG-REsp 955.609 – (2016/0192690-1), 21-8-2017, Relª Minª Maria Isabel Gallotti).

"Agravo inominado em apelação cível – Relação de consumo – **Erro Médico** – Prescrição de medicação – Reação Alérgica – Sentença de procedência – Monocrática que provê parcialmente o recurso dos réus, reconhece a sucumbência recíproca e reduz o *quantum* compensatório. Agravantes que repisam argumentos no sentido de que inexistiu conduta ilícita indenizável. Concorrência de culpas. Existência de alergia não questionada pelo médico assistente e não informada pela genitora pretensão indenizatória da representante legal afastada. *Quantum* compensatório reduzido. Agravo que nada veicula de novo, seja no plano dos fatos, seja na dimensão jurídica, de modo que não se presta a embasar a reforma de monocrática isenta de *error in judicando*. Inominado conhecido e desprovido" (*TJRJ* – Ap 0004067-15.2010.8.19.0208, 11-2-2016, Relª Tula Correa de Mello Barbosa).

"**Agravo de instrumento. Erro médico**. Decisão agravada que determinou a aplicação do Código de Defesa do Consumidor e inverteu o ônus da prova, para carrear à ré, Associação Paulista para o Desenvolvimento da Medicina Hospital São Paulo, a responsabilidade pelo pagamento da prova pericial. Inconformismo da ré. Acolhimento parcial. Entidade médica que prestou atendimento ao agravado pelo Sistema Único de Saúde. Prestadores de serviços, ainda que remunerados indiretamente, via tributação, ou mesmo os hospitais, cuja natureza jurídica caracteriza-se como sem finalidade lucrativa, subsumem-se às normas do CDC. Precedentes do STJ. Mantida a inversão do ônus da prova. A inversão, contudo, não tem o efeito de obrigar a parte contrária a arcar com as despesas da prova requerida pelo consumidor. No entanto, sofre ela as consequências processuais advindas de sua não produção. Recurso parcialmente provido" (*TJSP* – AI 0056299-46.2013.8.26.0000, 18-7-2013, Relª Viviani Nicolau).

O paciente coloca-se na posição de consumidor nos termos do art. 2º da Lei nº 8.078/1990. O médico ou a pessoa jurídica que presta o serviço coloca-se como fornecedor de serviços, de acordo com o art. 3º. O § 2º deste último artigo não deixa dúvidas a respeito, pois apenas os serviços decorrentes de relação trabalhista estarão fora do Código de Defesa do Consumidor: serviço é qualquer atividade de consumo, mediante remuneração. Contudo, a responsabilidade do médico continua a ser subjetiva nos termos do CDC.

O dever de informação, não fosse por si só inerente à atividade médica, é um dos direitos básicos do consumidor: informação adequada e clara sobre os diferentes produtos e serviços, com especificação correta de quantidade, características, composição, qualidade e preço, bem como os riscos que apresentem (art. 6º, III). Com o devido temperamento, a norma aplica-se inelutavelmente à conduta e tratamento ministrados pelos médicos, odontólogos e profissionais afins. Essa aplicação do Código de Defesa do Consumidor à atividade médica independe do exame da natureza da responsabilidade, que é questão a ser examinada *a posteriori*, no caso concreto, tendo em vista ser ela subjetiva, quando se tratar de profissional liberal (art. 14, § 4º), como veremos a seguir.

Como bem observa Jorge Mosset Iturraspe (1979:29), há um descompasso na ciência médica entre seu avanço tecnológico e o humanismo, isto é, o respeito pela pessoa humana. Mais e mais sofremos os seres humanos dessa despersonalização, todos nós, pacientes reais e potenciais de um médico ou de uma prestadora de serviços dessa natureza. À medida que a Medicina se vale progressivamente de aparelhos cada vez mais sofisticados e não da intuição do médico, a pessoa humana passa a ser objeto de uma ciência e não mais personagem de uma arte.

Cabe ao Direito, hoje tendo em seu bojo o poderoso instrumento da lei do consumidor, colocar nos devidos extremos a responsabilidade civil do médico. Deve ser entendida como responsabilidade médica não somente a responsabilidade individual do profissional, mas também a dos estabelecimentos hospitalares, casas de saúde, clínicas, associações e sociedades de assistência, pessoas jurídicas, enfim, que, agindo por prepostos em atividade cientemente diluída, procuram amiúde fugir de seus deveres sociais, morais e jurídicos. O defeito ou falha da pessoa jurídica na prestação de serviços médicos independe de culpa, nos termos do art. 14 do Código de Defesa do Consumidor. Apenas a responsabilidade do médico, enquanto profissional liberal individual, continua no campo subjetivo (art. 14, § 4º), avaliada de acordo com o art. 186 do Código Civil e seus princípios tradicionais.[3]

---

[3] "Direito civil. Apelação. Indenização por danos morais e estéticos. Recursos desprovidos. I. Caso em Exame 1. Ação de indenização por danos morais e estéticos decorrente de erro médico em procedimentos cirúrgicos realizados após queda de cavalo. O autor sofreu limitação funcional e dores devido a falhas nas cirurgias realizadas pelo médico requerido, necessitando de uma terceira intervenção para correção. II. Questão em Discussão 2. A questão em discussão consiste em (i) verificar a existência de erro médico e a responsabilidade dos réus pelos danos causados ao autor; (ii) avaliar a adequação do quantum indenizatório fixado na sentença. III. Razões de Decidir 3. A **responsabilidade civil dos médicos é subjetiva, exigindo a demonstração de culpa e nexo causal, conforme o artigo 14, § 4º, do Código de Defesa do Consumidor**. 4. O laudo pericial indicou imperícia nas cirurgias anteriores, justificando a condenação dos réus. A indenização por danos morais e estéticos foi considerada adequada, sem caracterizar enriquecimento ilícito. IV. Dispositivo e Tese 5. Recursos desprovidos. Tese de julgamento: 1. A responsabilidade civil dos médicos é subjetiva, exigindo prova de culpa. 2. A indenização por danos morais e estéticos deve ser proporcional ao dano, sem enriquecimento ilícito. Legislação Citada: Código de Defesa do Consumidor, art. 14, § 4º. Código Civil, art. 406. CPC, art. 85, § 11. Jurisprudência Citada: TJSP, Apelação Cível 1019202-07.2014.8.26.0405, Rel. Luiz Antonio de Godoy, 1ª Câmara de Direito Privado, j. 20.02.2024. TJSP, Apelação Cível 1000544-45.2019.8.26.0441, Rel. Francisco Loureiro, 1ª Câmara de Direito Privado, j. 30.01.2024" (*TJSP* – Ap 1000645-34.2022.8.26.0326, 20-8-2025, Rel. Moreira Viegas).

"Apelação cível. Ação indenizatória por erro médico. Sentença que condenou o réu à indenização moral. Irresignação do réu. Acolhimento. Irrelevância do atendimento ter sido prestado mediante convênio com o SUS. Aplicabilidade do CDC. **Responsabilidade civil subjetiva nos termos do art. 14, § 4º do Código de Defesa do Consumidor**.

Sendo o Direito instrumento de adequação social, deve-se adequar aos novos rumos da ciência médica. Cabe ao juiz, sentindo o pulso da sociedade, situar corretamente a responsabilidade médica. Cumpre também aos médicos e à sociedade conscientizarem-se de seus direitos e deveres, hoje com matizes muito diversos dos do início do século XX, nos primórdios da responsabilidade civil moderna.

Atualmente, os problemas são reflexos de uma medicina de massa. Cuida-se da sociedade invadida por princípios econômicos. Nesse contexto, não há como pretender que os médicos fiquem fora dela. Com isso, porém, não se afirme que a medicina deixou de ser exercida como um sacerdócio por muitos profissionais. No entanto, com frequência valores de sobrevivência falam mais alto. A situação do médico em nosso país, como reflexo global de nossos problemas, muito longe está do aceitável. A massa da população vê-se lançada a um sistema de medicina social absolutamente ineficiente.

Laudo pericial e conjunto probatório não demonstraram nexo de causalidade e culpa da equipe médica. Recurso provido" (*TJSP* – Ap 1003444-45.2020.8.26.0609, 30-8-2024, Rel. Débora Brandão).

"Apelação. Ação indenizatória. Erro médico. Perfuração no intestino em colonoscopia. Sentença de improcedência. Insurgência do autor. Justifica que a responsabilidade dos requeridos é objetiva, bem como que houve conduta culposa do profissional. Julgamento. **Responsabilidade dos profissionais liberais é subjetiva**, nos termos do art. 14, § 4º, CDC. Prova pericial que não indicou imperícia, imprudência ou negligência dos profissionais responsáveis pelo ato médico. Perfuração intestinal que, segundo a literatura médica, é possível complicação do procedimento realizado. Sentença mantida por seus próprios e bem deduzidos fundamentos (RITJSP, art. 252). Recurso desprovido. Honorários de sucumbência majorados" (*TJSP* – Ap 1004517-48.2021.8.26.0114, 30-8-2023, Rel. Pastorelo Kfouri).

"Ação de indenização por danos morais – Alegação de Erro médico na realização de parto do coautor que teria provocado sequelas ao neonato – Sentença de improcedência – **Responsabilidade objetiva de clínicas e hospitais** – Artigo 14 do Código de Defesa do Consumidor – Prova pericial que afasta a caracterização de erro médico no atendimento prestado aos autores – Evento relacionado ao risco inerente às próprias circunstâncias do caso concreto – Sentença mantida – Recurso não provido. Nega-se provimento ao recurso" (*TJSP* – Ap 1003359-17.2019.8.26.0020, 20-9-2022, Rel. Marcia Dalla Déa Barone).

"**Responsabilidade civil – Erro médico** – Infecção hospitalar relacionada a instalação de cateter central por período de dez dias – Risco de infecção entre 5% a 10% que não tinha como ser mitigado pelo Hospital requerido, que deu adequado tratamento ao quadro infeccioso – É inequívoca a relação de consumo, mas a responsabilidade pessoal dos profissionais liberais deve ser apurada mediante a verificação de culpa (art. 14, § 4º, Lei nº 8.078/90), cuidando-se de hipótese de culpa subjetiva – Sem que fique comprovada a culpa do médico ou do corpo clínico e o nexo causal entre o dano e a conduta omissiva ou comissiva, não há a responsabilidade do hospital – Improcedência da ação – Recurso desprovido" (*TJSP* – AC 0042770-70.2008.8.26.0602, 27-2-2019, Rel. Alcides Leopoldo).

"**Responsabilidade civil – Erro médico** – Paciente submetido a procedimento cirúrgico no ombro direito (luxação da articulação acromioclavicular – CID 10 S431). Intercorrências e evolução clínica com danos sequelares (neurológicos). Tese de que as complicações pós-cirúrgicas decorrem da má atuação técnica do nosocômio e de seus prepostos. Sentença de improcedência. Inconformismo. Desacolhimento. Má prestação de serviços médicos e hospitalares não evidenciada. Prova pericial que não atesta imperícia, imprudência ou negligência dos responsáveis pelo atendimento e tratamento do autor. Técnica anestésica adequada. Procedimentos de bloqueio do plexo braquial que apresentam riscos de complicações inerentes ao método, incluindo repercussões neurológicas. Cirurgia ortopédica. Trabalho técnico que crava que os atos do médico cirurgião mostram-se corretos, tendo seguido a boa prática da medicina, com a adoção de todas as medidas pertinentes ao caso. Nexo de causalidade entre os eventos sequelares e a conduta dos prepostos do hospital. Inexistência. Trabalho técnico realizado por profissional especializado, imparcial e detentor de conhecimentos específicos. Conclusão não afastada por outros elementos probatórios seguros e coesos. Ausência de evidências em sentido diverso. Ação improcedente. Sentença mantida. Recurso desprovido" (*TJSP* – Ap 1100575-34.2016.8.26.0100, 31-1-2019, Rel. Rômolo Russo).

"**Responsabilidade civil – Erro médico** – Lesão de plexo braquial direito no momento do parto. Responsabilidade objetiva do hospital e da operadora do plano de saúde pelas condutas culposas de profissionais integrantes de seu quadro ou de sua rede credenciada. Laudo pericial que não evidenciou a ocorrência de culpa médica. Ausência de indicação de parto cirúrgico. Parto natural. Dificuldade de saída biacromial ocasionada por distócia de ombro. Impossibilidade de diagnóstico prévio. Realização das manobras necessárias e adequadas à atual prática médica. Culpa do profissional afastada. Ação improcedente. Sentença mantida. Recurso desprovido" (*TJSP* – Ap 1062567-90.2013.8.26.0100, 7-3-2018, Relª Mary Grün).

Proliferam as sociedades prestadoras de serviços ou de seguros médicos. O atendimento autônomo e individual fica fora da grande maioria da população. Nada se diga, porém, contra a medicina brasileira, cujos integrantes honram a cultura nacional, em que pesem as dificuldades enfrentadas.

Nesse quadro sucintamente traçado procuraremos fixar os princípios da responsabilidade médica.

18.2 NATUREZA DA RESPONSABILIDADE MÉDICA

O Código Civil de 1916 colocou a responsabilidade dos médicos, cirurgiões, farmacêuticos, parteiras e dentistas dentro dos atos ilícitos, nos limites do art. 1.545:

> *"Os médicos, cirurgiões, farmacêuticos, parteiras e dentistas são obrigados a satisfazer o dano, sempre que da imprudência, negligência, ou imperícia, em atos profissionais, resultar morte, inabilitação de servir, ou ferimento".*

O Código de 2002 dispõe a respeito dessa modalidade de responsabilidade no art. 951:

> *"O disposto nos arts. 948, 949 e 950 aplica-se ainda no caso de indenização devida por aquele que, no exercício de atividade profissional, por negligência, imprudência ou imperícia, causar a morte do paciente, agravar-lhe o mal, causar-lhe lesão, ou inabilitá-lo para o trabalho".*

O art. 948 trata do homicídio, o art. 949, de lesão ou ofensa à saúde, e o art. 950 trata de defeito na pessoa que a impeça de exercer seu ofício ou profissão, ou diminua sua capacidade de trabalho.

O vigente diploma assume as modalidades de indenização por responsabilidade médica, na forma como a jurisprudência já adotara há décadas. A responsabilidade do médico ou outro profissional da saúde é subjetiva, dependente de culpa, e assim foi mantida pelo CDC. O mesmo não ocorre com hospitais, clínicas e assemelhados que se colocam na posição de fornecedores de serviços, sob a teoria do risco.

Note que o prazo para a propositura de ação por responsabilidade civil no Código Civil vigente é de três anos (art. 206, § 3º, V). No entanto, o Código de Defesa do Consumidor estabelece a prescrição em cinco anos para a pretensão à reparação pelos danos causados por fato do produto ou do serviço (art. 27). Isso permite concluir que se o médico ou assemelhado é acionado com base no CDC, mormente por falha no serviço prestado, será esse o prazo para a propositura da ação. Há muita inconveniência nessa dualidade de prazos e a jurisprudência ainda vacila.

Observe que o estatuto do consumidor manteve a responsabilidade subjetiva dos profissionais liberais, aquela dependente da apuração de culpa, entre os quais se incluem os médicos e odontólogos (art. 14, § 4º). Os enfermeiros também se incluirão no dispositivo dependendo da relação existente com o paciente no caso concreto. Esse texto legal enfatiza quanto à "*responsabilidade pessoal dos profissionais liberais*". Assim, quando se trata de responsabilidade de pessoas jurídicas ligadas à área médica, não importando o seu porte, o dispositivo não se aplica, embora falar-se de responsabilidade objetiva em obrigações de meio, como é o grande caudal da atividade médica, seja algo complexo e nem sempre aplicável.

O médico assume a responsabilidade desde o diagnóstico clínico ou laboratorial, pois de início decorrerão consequências para o paciente. A identificação errada da moléstia ou a medicação inadequada pode causar danos irreversíveis. Os deveres do médico não se resumem ao diagnóstico e a prescrição de medicamentos, mas estende-se mesmo depois da cura do paciente, quando este necessitar de monitoramento.

A doutrina tradicional discute o caráter contratual dessa responsabilidade, procurando afastá-la da responsabilidade aquiliana. Como já assentamos, inexiste diferença ontológica entre as duas modalidades de responsabilidade, contratual e extracontratual. Sob qualquer prisma, ocorrendo culpa, aflora o dever de indenizar. Contudo, existindo contrato, é no âmbito de seus limites que será apurado o inadimplemento total ou descumprimento, ou o inadimplemento parcial ou mora. Se não há contrato e a culpa emerge de um dever de conduta, é nessa ação do agente que a culpa deve ser aferida. No entanto, em toda responsabilidade profissional, ainda que exista contrato, há sempre um campo de conduta profissional a ser examinado, inerente à profissão e independente da existência de contrato. Destarte, a responsabilidade contratual e a extracontratual surgem quase sempre concomitantemente.

Também na atividade médica, a exemplo de outras profissões liberais, pode haver nitidamente um contrato, ainda que tácito. Será, principalmente, um contrato de prestação de serviços, embora possa caracterizar-se como empreitada ou como de outra natureza, dependendo da hipótese em concreto. O contrato entre médico e paciente é singular, pois exige a colaboração direta ou indireta do paciente para que ocorra. O paciente é copartícipe do sucesso ou insucesso da atividade médica. Esse contrato será *intuitu personae* na maioria das vezes, bilateral, de trato sucessivo, oneroso.

José de Aguiar Dias (1979, v. 1:282) entende que a responsabilidade médica é de natureza contratual, sem qualquer dúvida, mas acaba por concluir que as duas ações, contratual e extracontratual, conduzem ao mesmo resultado; a confusão entre as duas espécies do mesmo gênero é falta meramente venial. Ora, se é escusável a confusão entre as duas modalidades de responsabilidade no tocante aos médicos, venial como diz o autor, é porque tal responsabilidade situa-se ora num campo ora noutro.

Resulta que nas hipóteses nas quais a existência do contrato entre médico e paciente não fica muito clara, como quando um médico assiste transeunte em via pública, ou socorre um vizinho acometido de mal súbito, torna-se muito difícil aferir a falta do médico sob o prisma contratual. Tanto assim é que a doutrina tem dificuldade em classificar o contrato, quando não como locação de serviços (e assim o é quando o contrato entre médico e paciente surge de forma clara), como um contrato *sui generis*. Deve ser afastada qualquer classificação ímpar na teoria dos contratos. Dizer que o contrato é *sui generis* nada esclarece.

Daí percebemos que, quando o paciente contrata com o médico uma consulta, tratamento, terapia ou cirurgia, o negócio jurídico é nitidamente contratual, oneroso e comutativo. Não se tratando de cirurgia plástica estética, como veremos, a obrigação contraída pelo médico, quer no contrato, quer fora dele, é de meio e não de resultado. Quando a iniciativa do médico é unilateral, quando passa a tratar de pessoa, ainda que contra a vontade dela, a responsabilidade profissional emerge da conduta e não do contrato.

Ressalte-se, todavia, que essa não é a opinião dominante na doutrina e contraria os juristas franceses tradicionais. René Savatier (1951, v. 2:376) afirma, com seus conterrâneos, peremptoriamente, a contratualidade dessa responsabilidade. No entanto, a reiteração dogmática dessa doutrina não satisfaz à problemática atual. A relação médico-paciente pode até mesmo ser de natureza estatutária, se o profissional for de hospital pertencente ao Estado. O médico que atua como funcionário público, causando dano a paciente, deve ser absorvido pela responsabilidade objetiva do art. 37, § 6º, da Constituição.[4]

---

[4] "Processual civil – Reparação de danos – Erro médico demonstrado – Descrição de contexto fático diverso do acontecido – Súmula 284/STF – Ausência de prequestionamento – Súmula 211 do STJ – Impossibilidade de reexame de provas – Súmula 7 do STJ – 1- Cuida-se, na origem, de Ação de Indenização por danos morais proposta por Elza de Oliveira Matos contra a Prefeitura Municipal de São Bernardo do Campo e Ghelfond Diagnóstico Médico Ltda., sob o fundamento de que foi vítima de erro médico, caracterizado pelo diagnóstico tardio de câncer de mama na recorrida. 2- O Município de São Bernardo do Campo, ao expor os fatos em suas razões recursais, pugna pela inexistência de nexo causal entre a queda da árvore e os danos ocasionados ao veículo estacionado na via pública. 3- O STJ entende ser inviável o Recurso Especial fundado na alínea 'a' do permissivo constitucional que descreve contexto fático diverso do ocorrido, como no caso sob exame, em que a Municipalidade narrou em sua peça recursal os danos ocasionados a automóvel estacionado em via pública, em vez de descrever a ausência de nexo de causalidade entre os atendimentos médicos e os danos sofridos pela paciente. Incide, na espécie, por analogia, o princípio contido na Súmula 284 /STF: 'É inadmissível o recurso extraordinário, quando a deficiência na sua fundamentação não permitir a exata compreensão da controvérsia'. 4- Não se pode conhecer da insurgência contra a ofensa aos arts. 20 e 21 do CPC, pois os referidos dispositivos legais não foram analisados pela instância de origem. Dessa forma, não se pode alegar que houve presquestionamento nem ao menos implícito da questão. Ausente, portanto, esse indispensável requisito, o que atrai, por analogia, o óbice da Súmula 282/STF: 'É inadmissível o recurso extraordinário, quando não ventilada, na decisão recorrida, a questão federal suscitada.' 5- O Tribunal bandeirante consignou: 'Em nenhum momento foi feita, por parte da equipe médica, a palpação das mamas da autora e, mesmo diante das nítidas observações feitas nas mamografias no sentido de que em mamas densas este exame teria pouca efetividade, os médicos optaram por lhe dar a notícia mais fácil, sem considerar o conjunto de suas queixas.' Para alterar tal conclusão a que chegou a Corte a quo sobre a existência de responsabilidade da municipalidade seria necessário o reexame de provas, o que é impossível ante o óbice da Súmula 7 do Superior Tribunal de Justiça. 6- Recurso Especial não conhecido" (*STJ* – REsp 1788606/SP, 22-5-2019, Rel. Min. Herman Benjamin).

"Constitucional e administrativo – Responsabilidade civil do Estado – Intervenção cirúrgica – **Erro médico** – Não ocorrência – Obrigação de meio – Indenização – Descabimento – 1 – As pessoas jurídicas de direito público e as de direito privado prestadoras de serviços públicos respondem pelos danos que seus agentes, nessa qualidade, causarem a terceiros, assegurado o direito de regresso contra o responsável nos casos de dolo ou culpa (art. 37, § 6º, CF). 2 – Procedimento de alta complexidade realizado com diligência, de acordo com técnicas consagradas. Resultado insatisfatório que não depende necessariamente da qualidade do trabalho da equipe médica. Ausência de falha do serviço. Dever de indenizar inexistente. Pedido improcedente. Sentença mantida. Recurso desprovido" (*TJSP* – Ap 4001295-93.2013.8.26.0019, 22-1-2018, Rel. Décio Notarangeli).

"Consumidor e processual civil – Procedimento Cirúrgico – **Erro Médico** – Comprovação – Ausência – Prova pericial apta – **Obrigação de meio** – Nexo causal não configurado – Reparação de danos – Indeferimento – Honorários Advocatícios – Fixação – Requisitos Legais – Observância – Sentença Mantida – 1 – Cabe à parte interessada arguir o impedimento ou a suspeição do perito em petição fundamentada e devidamente instruída, na primeira oportunidade em que lhe couber falar nos autos. Todavia, mero descontentamento com as conclusões lançadas no laudo não o invalida nem autoriza a realização de nova perícia, especialmente quando o perito respondeu, de forma clara e contundente, aos quesitos apresentados. 2 – Para a caracterização do erro médico, é imprescindível a prova de que o médico utilizou de técnica inadequada para a cura da patologia, com isso, agravando o quadro clínico do paciente e gerando danos a sua integridade. 3 – A relação entre médico e paciente é contratual e encerra, em regra, obrigação de meio e não de resultado, relativamente à terapia do enfermo. Daí que, se o médico emprega a técnica e os procedimentos adequados, não pode ser responsabilizado quando o resultado esperado não foi alcançado. Logo, o hospital para o qual trabalha o médico também não pode ser responsabilizado, vez que a solidariedade não transmuda a natureza da obrigação do médico, cuja responsabilidade é aferida segundo sua culpa no evento e respectivo nexo de causalidade. 4 – Inviável a pretensão reparatória de danos se a prova pericial médica conclui pela inexistência de erro médico, bem como pela ausência do nexo de causalidade entre as complicações do quadro clínico da paciente e o serviço prestado. 5 – O valor dos honorários advocatícios deve ser mantido, se foram observados no arbitramento os ditames legais vigentes. 6 – Apelação conhecida e não provida" (*TJDFT* – Proc. 20120410113503APC – (993861), 16-2-2017, Rel. Fábio Eduardo Marques).

"Apelação cível – Ação de reparação de danos materiais e morais por erro médico – Alegada produção de dano (amputação de membro) ocasionada por identificação tardia de osteossarcoma. Magistrado *a quo* que julga improcedentes os pedidos marcados na petição inicial. Inconformismo dos requerentes. Relação de consumo estabelecida entre as partes. Incidência das regras encartadas no Código de Defesa do Consumidor. Responsabilidade civil objetiva do nosocômio e subjetiva do médico. Art. 14, *caput* e § 4º, do diploma protetivo, associados ao comando preceituado nos arts. 186, 187, 927 e 951, todos da legislação civil. Responsabilização que, em relação ao hospital, imprescinde da demonstração do dano e do nexo de causalidade apenas, e, no que tange ao médico, depende também da demonstração de conduta culposa, porquanto sua obrigação é de meio e não de fim. Caso concreto em que o autor paciente fraturou o fêmur e buscou tratamento para a consolidação do osso. Demandante que,

O Estado terá regresso contra o médico se este tiver agido com culpa. Na responsabilidade civil do Estado, em matéria de atendimento médico, o que está em jogo é a chamada falta do serviço público causadora de dano ao particular, e não a responsabilidade de um agente público em particular.

Comunga, em síntese, de nossa opinião, o autor espanhol Jaime Santos Briz (1986:759). Diz que, em princípio, a responsabilidade pelos danos derivados de um tratamento médico defeituoso, se previamente existiu contrato de serviços entre o médico e o enfermo, há de ser dirigida pelos princípios de direito contratual. No entanto, conclui, como afirmamos:

> *"porém, a diversidade de pressupostos de fato em que se pode dar aquele tratamento obriga distinguir e esclarecer porque, todavia, os danos derivados dessas situações são, em geral, considerados como de relações extracontratuais, ainda que sem negar sua origem em muitos casos contratual".*

Como percebemos, a atividade múltipla do médico não pode ficar presa exclusivamente ao plano contratual.

Por outro lado, considera-se na responsabilidade médica a responsabilidade por fato próprio e por fato de terceiro. Os médicos também agem como empregados ou prepostos de hospitais, clínicas, casas de saúde e associações ou nos chamados convênios. Essas entidades prestadoras de serviços se qualificam como fornecedor, na dicção do art. 3º do Código de Defesa do Consumidor. No âmbito do Código Civil, essas pessoas, ainda que com personificação incompleta ou anômala, são também responsáveis por ato de seus prepostos, nos termos do art. 932, III. Amplia-se, no entanto, essa responsabilidade com a lei do consumidor.

No atendimento hospitalar, como regra, haverá um contrato de prestação de serviços, de conteúdo complexo, pois serão muitos os profissionais da medicina envolvidos. No caso de dano provocado à saúde, e se o paciente houvesse que identificar e determinar a culpa de um profissional, inviabilizar-se-ia inexoravelmente a reparação do prejuízo. A esse respeito, na verdade, não discrepa o Código de Defesa do Consumidor da orientação do Código Civil. A lei de consumo torna, no entanto, mais nítida e cristalina essa responsabilização (Sebastião, 2001:89):

> *"Em relação ao paciente, todos os membros da equipe médica (normalmente cirúrgica) são igualmente responsáveis pelo erro médico que possa acontecer".*

Há, todavia, situações particulares que na prática podem dificultar a pretensão indenizatória. Ocorre com frequência que médicos se utilizam de nosocômio sem manter vínculo com o estabelecimento. A situação é de preposição que não afasta a responsabilidade da pessoa

---

conforme relatado no prontuário médico, não apresentava sintomas que implicassem a constatação, de imediato, da doença maligna. Diagnóstico da patologia que depende de exames específicos. Inviabilidade, segundo a prova pericial, de desconfiança sobre a ocorrência de tal moléstia por mero exame de raio-x, o qual é recomendado para a verificação da fratura apresentada pelo infante. Verificação posterior de evolução do quadro clínico diversa daquela esperada para a hipótese de mera ruptura óssea. Investigação que culminou na constatação de modalidade de câncer, em tempo inferior ao prazo médio de constatação. Amputação de membro que, ademais, não seria evitada pelo diagnóstico de pronto. Inexistência de elementos que demonstrem a atuação culposa do médico. Art. 333, inciso I, do Código Buzaid. Sentença de improcedência mantida. Recurso desprovido" (*TJSC* – AC 2012.066799-3, 3-3-2016, Relª Desª Rosane Portella Wolff).

"**Apelação cível. Responsabilidade civil do Estado**. Gravidez após a realização de laqueadura tubária. Indenização material e moral. Impossibilidade, método sujeito a índice de insucesso, ao qual a autora foi devidamente cientificada. Prova pericial produzida. Erro médico não caracterizado. Sentença mantida. Recurso improvido" (*TJSP* – Ap. 0118696-26.2006.8.26.0053, 11-1-2013, Rel. Marrey Uint).

jurídica, salvo se formalizado contrato nesse sentido com o paciente ou seu representante, com ressalva expressa. Nessa hipótese, pode ser admitido o desdobramento ou bipartição da responsabilidade. Recorde-se de que quando o paciente é atendido por um convênio ou uma entidade de assistência médica, respondem essas pessoas jurídicas objetivamente pelos danos sofridos pelo mau atendimento prestado, independentemente de o lesado provar culpa, nos termos da lei protetiva do consumidor. Desse modo, sempre será mais conveniente ao ofendido acionar diretamente essas empresas de medicina pré-paga. No dizer de Marilise Kostelnaki Baú (1999:79).

> *"O convênio mantém para com o paciente uma obrigação de resultados no tocante ao bom atendimento médico que oferece, através do contrato ou através de qualquer propaganda veiculada pela imprensa".*

De tudo concluímos que na atividade médica existe ou pode existir responsabilidade contratual; mas existe também, como em qualquer outra profissão-arte, uma obrigação genérica de não causar dano por negligência, imperícia ou imprudência.

No campo da responsabilidade extracontratual, é de ser considerado o dever do médico de prestar assistência nos casos urgentes e graves quando instado (Briz, 1986:763). Esse dever faz parte da ética profissional. Poderá responder pelo crime de omissão de socorro na esfera penal. Entende-se também que se trata de crime comissivo-omissivo, ou omissivo impróprio – art. 13, § 2º, do CP –, em que o agente tem o dever jurídico de agir, não se tratando, portanto, de simples crime de omissão de socorro. Quando a atividade de um estabelecimento absorve a do médico, terá a instituição ação regressiva contra ele, se agente causador do dano, provando-se sua culpa de acordo com o Código de Defesa do Consumidor.

No tocante à reparação dos danos, não olvidemos que, na grande maioria das hipóteses decorrentes da atividade médica, por sua natureza, sobressairão os danos morais que se cumularão aos danos materiais. Veja o que falamos a respeito da liquidação de danos neste volume.

O sistema protetivo do consumidor supera essa aparente diferença entre responsabilidade contratual e aquiliana, isso porque o fundamento da responsabilidade civil do fornecedor deixa de ser a relação contratual ou o fato ilícito para materializar-se em função de outro tipo de vínculo: a relação de consumo, contratual ou não (Oliveira, 1991:44). Essa dicotomia entre as duas formas de responsabilidade já se atenuava e esmaecia na doutrina mais recente. Agora, na letra do Código de Defesa do Consumidor, o caminho é mais seguro para o intérprete. Contudo, como afirmamos, a existência de um contrato, ainda que se examine a responsabilidade sob o prisma unitário, sem dúvida influenciará na interpretação e no exame da conduta médica.

Costuma-se fazer uma distinção na doutrina tradicional entre erro profissional e culpa, tratando-os como coisas distintas. O erro profissional ocorre quando a conduta médica é correta, mas a técnica empregada é incorreta. Haverá imperícia, ensejadora da culpa, quando a conduta médica é incorreta. Sustenta a doutrina mais antiga que o julgador não pode adentrar no exame da técnica do profissional, mas essa não pode ser uma regra inflexível. Será negligente e imperito o médico que utilizar técnica ultrapassada, assim reconhecida pela comunidade da profissão.

18.3 RELAÇÃO MÉDICO-PACIENTE

Não se tratando de cirurgia estético-embelezadora ou de exames clínicos, radiológicos e assemelhados, a obrigação médica é de meio. Não pode o médico assegurar a cura, o resultado. Deve aplicar, no entanto, toda diligência de sua técnica para atingi-lo. Na grande maioria das atuações, portanto, a obrigação do médico é de meio; por vezes será de resultado, como se afirma na cirurgia plástica meramente estética e em exames laboratoriais, hoje cada vez mais sofisticados.

Ressaltamos, de início, o dever de informação ao paciente. Cumpre ao médico explicar a natureza da moléstia e os riscos do tratamento ou terapia. Deve aclarar sobre as consequências normais de determinada conduta. Cuida-se da situação do *bonus pater familias* aplicada à atividade médica. Essa informação não deve ser de molde a desencorajar ou desesperar o paciente. Deve haver uma perspicácia e muito humanismo na conduta do médico. Nem sempre o paciente pode ser informado diretamente sobre a gravidade de seu estado, o que deve ser feito aos parentes ou pessoas próximas.

Não se defenda, ademais, que deva o profissional, nessa informação, descer a minúcias técnicas incompreensíveis para o leigo. O paciente, ou alguém validamente por ele, deve concordar com o procedimento sugerido pelo médico. Nas hipóteses nas quais esse consentimento inexiste, ressalta-se a natureza extracontratual derivada da conduta. Gustavo Tepedino ressalta que

> *"a necessidade de conciliar o dever de informação acerca do estado de saúde com a preservação da moral e do equilíbrio psíquico do doente é objeto do art. 59 do Código de Ética Médica (Resolução do Conselho Federal de Medicina 1.246), segundo o qual é vedado ao médico deixar de informar ao paciente o diagnóstico, o prognóstico, os riscos e os objetivos do tratamento, salvo quando a comunicação direta ao mesmo possa provocar-lhe dano, devendo, nesse caso, a comunicação ser feita ao seu responsável legal"* (in Arruda Alvim et al., 2003:295).

A omissão na informação correta ao paciente pode acarretar responsabilidade profissional. As situações de emergência devem ser devidamente sopesadas. As informações somente podem ser suprimidas quando efetivamente não puderem ser prestadas. O princípio a ser levado em conta é que, quanto mais arriscada a intervenção do profissional, seja com tratamento, seja com cirurgia, tanto mais necessárias tornam-se a advertência e a informação ao paciente.

É delicada a situação do paciente que se recusa a receber transfusão de sangue por convicção religiosa. O médico deve pedir, se possível, autorização judicial ou respeitar a vontade do paciente e seus familiares, se não houver risco iminente. Deverá efetuar imediatamente a transfusão se houver real perigo de morte para o paciente, independentemente de autorização judicial ou dos responsáveis. Essa é a posição dos tribunais que se harmoniza com o Código de Ética (Tepedino, in Alvim et al.; 2003:296). Quando exercíamos a judicatura em comarcas do interior, tomamos sempre o cuidado de orientar os médicos locais e sempre autorizamos a transfusão nos riscos efetivos de periclitação de vida, mormente em crianças, inclusive com nossa presença física no hospital, em companhia do representante do Ministério Público, se possível assumindo a responsabilidade pelo Estado, pois o fardo é muito grande para a decisão dos médicos. Não há valor maior do que a preservação da vida humana, não importando credo, crença ou religião. No entanto, mais recentemente há uma guinada em contrário por parte dos julgados. Preferimos não entrar mais profundamente na celeuma religiosa.

Do lado oposto se sustenta que esse dever de informação surge bastante atenuado nos procedimentos e tratamentos de rotina, que não implicam maiores riscos à saúde (Represas, 1987:92). Por outro lado, advertido o paciente das cautelas, precauções e procedimentos que deve tomar pessoalmente, de acordo com o ministrado pelo médico, afastando-se dessa conduta e ocorrendo dano, tal poderá excluir ou fazer concorrer culpas na avaliação da responsabilidade.

Na caracterização da relação contratual, como em qualquer pacto, mostra-se essencial o acordo de vontades, tácito ou expresso. O consentimento do paciente torna-se, portanto, essencial. Nos casos de atuação do médico em situações de urgência, com iminente perigo de vida, quando o médico age em atenção a seu dever inarredável de auxiliar o próximo, não temos de falar em consentimento. Não se estabelece contrato.

Nessas situações de premência, quando ocorre prestação de serviços médicos, o exame da culpa deve ser diverso. Na exiguidade temporal, quiçá com utilização de recursos técnicos inadequados, a cautela do juiz ao examinar a conduta deve ser mais rigorosa para a inculpação, diversamente das situações nas quais o médico atua em hospital, com todo aparato técnico e humano. Evidentemente, a culpa deve ser aferida de forma mais rigorosa nessa última hipótese.

Sob qualquer premissa, examina-se a possibilidade de o paciente ter consentido na atividade do médico. No curso de um procedimento cirúrgico, todavia, toda decisão é do médico. Não temos de falar em consentimento. Essa é uma das razões pelas quais não podemos tratar essa responsabilidade no plano exclusivamente contratual.

Sob esse mesmo prisma, uma técnica ou terapia experimental, ainda não aprovada pela classe médica, não pode ser utilizada sem o consentimento do paciente ou de sua família. Não temos de exigir, por outro lado, o consentimento do paciente quando, pelas circunstâncias, é impossível de ser obtido.

18.4 ÉTICA MÉDICA E RESPONSABILIDADE. SIGILO PROFISSIONAL

A regra ética é um dom do mundo da cultura. A regra jurídica é uma norma ética. Ética significa conduta. Conduta conforme princípios socialmente aceitos. Trata-se da ciência da conduta humana perante o ser e seus semelhantes. Quando se analisa uma conduta no mundo cultural e no mundo dos valores, não há determinismo. Analisam-se as ações humanas. Reagimos perante impulso de valores, porque o Homem é ser axiológico.

A Ética, como ciência, trata da moral e dos costumes, do mundo do dever-ser. Cuida do modo de proceder da pessoa dentro do grupo social. Daí existir uma ética profissional e, por conseguinte, a ética médica. Toda classe profissional necessita de instrumentos reguladores de suas atividades. *Ética profissional é o conjunto de princípios que regem a conduta funcional em determinada profissão.* A Ética agrupa conceitos que devem ser seguidos por determinado grupo social em determinado momento histórico. Esse compartimento da ciência social abrange conceitos sociológicos, psicológicos, econômicos e morais que devem orientar cada membro de um segmento social.

Um Código de Ética deve consistir em um corpo de regras de conduta que traduzam a aspiração da sociedade sobre o que seja um médico, um engenheiro, um advogado, um economista consciencioso, capaz de exercer a profissão com dignidade e com respeito aos colegas e às pessoas que atende (Vasconcelos, 2002:104).

À medida que cada órgão de classe de profissionais liberais, no Brasil, possui lei reguladora, o Código de Ética deve ser observado não somente *interna corporis*, isto é, dentro do órgão disciplinador da classe profissional, no caso dos médicos, o Conselho Federal e os Conselhos Regionais de Medicina, como também sob a forma de subsídio ao julgador para exame da conduta profissional, que o auxiliará a concluir por má prática médica e, portanto, pela responsabilidade civil. Cabe a esses Conselhos zelar pela ética médica. A norma fundamental do Código de Ética Médica anterior estava estampada em seu art. 1º:

> *"A medicina é uma profissão que tem por fim cuidar da saúde do homem, sem preocupações de ordem religiosa, racial, política ou social, e colaborar para a prevenção da doença, o aperfeiçoamento da espécie, a melhoria dos padrões de saúde e de vida da coletividade".*

Ou como está no exórdio do Código de Ética atual: "*A Medicina é uma profissão a serviço da saúde do ser humano e da coletividade e será exercida sem discriminação de nenhuma natureza*".

Médico algum pode esquecer esse mandamento, que nada mais é do que aplicação do juramento de seu grau. Impõe-se também ao julgador ter em conta essa orientação ao julgar a responsabilidade médica.

O Código de Ética estatui que o médico colabore com a Justiça sempre que nomeado perito, esclarecendo-a em assuntos de sua competência. Aí está um dos pontos cardeais em matéria de responsabilidade médica. O perito médico não deve, sob o falso manto do espírito de classe, enublar a verdade. Não está o médico nem mesmo preso ao sigilo profissional na perícia. O perito são os olhos e o conhecimento técnico do juiz. Percebemos, destarte, sua vasta responsabilidade. O médico que tenha receio de desagradar seus pares deve abster-se de assumir a função de perito. O mesmo se aplica à Odontologia e atividades afins. Reside justamente na prova pericial o grande entrave para a reparação dos danos na responsabilidade médica e afins.

Dentro desses postulados, não pairam dúvidas de que o exame da ética médica será subsidiário na avaliação de sua responsabilidade, bem como para conceituação de serviço médico defeituoso, nos termos do art. 14 e seus parágrafos do Código de Defesa do Consumidor.

A responsabilidade da obrigação de meio está estampada na introdução do Código de Ética:

> *"O alvo de toda a atenção do médico é a saúde do ser humano, em benefício da qual deverá agir com o máximo de zelo e o melhor de sua capacidade profissional".*

O dever de informação ao paciente, sublinhado como princípio geral da lei do consumidor, como vimos, está presente com destaque no Código de Ética.

Outro ponto que deve ser destacado é o fato de que a Medicina gratuita não exclui ou diminui a responsabilidade do médico ou do profissional de saúde em geral.

Paralelamente à ética de qualquer profissional, surge a problemática do sigilo profissional, que no caso do médico é sublimado. Não só o atuar do médico de forma negligente, imprudente ou imperita gera sua responsabilização; a quebra do segredo profissional também pode fazê-lo. O médico tem princípios acerca do sigilo profissional basicamente em três diplomas legais: Código Civil, Código de Processo Penal e Código de Ética Médica.

Assim, de acordo com o art. 229 do Código Civil em vigor, ninguém pode ser obrigado a depor sobre fatos a cujo respeito, por estado ou profissão, deva guardar segredo. O art. 207 do Código de Processo Penal estatui que são proibidas de depor as pessoas que, em razão de função, ministério, ofício ou profissão devam guardar segredo, salvo se desobrigadas pela parte interessada e se desejarem prestar seu testemunho. O Código de Ética Médica possui vários dispositivos sobre o dever de sigilo do médico. Esse sigilo, porém, não é absoluto. Desse modo, não está obrigado o médico a guardar segredo se atuar como perito médico auxiliar da Justiça. Como a própria lei especifica, o paciente pode liberar o profissional desse sigilo, autorizando a divulgação de detalhes de sua moléstia. Ainda, é importante que o médico tenha consciência de que pode e deve revelar questões sigilosas quando estas tenham possibilidade de proteger o próprio doente e a sociedade. Grácia do Rosário lembra da hipótese de o médico municiar a nubente ou seus pais, por exemplo, que o noivo é portador de moléstia transmissível à prole (2004:53).

Há novos campos da Medicina que ainda não foram tratados de forma legislativa, como o da fertilização assistida. O Brasil sofre dessa lacuna, pois nada regula toda essa atividade, cuja técnica está avançadíssima em nosso país. Assim, enquanto se omite grosseiramente o legislador, toda a atividade relativa a embriões, inseminações artificiais, úteros sub-rogados etc. e suas consequências jurídicas ficam sob orientação da Ética e da Bioética, decorrendo um risco maior e insegurança para a sociedade.

18.5 CIRURGIA PLÁSTICA COMO OBRIGAÇÃO DE RESULTADO

A cirurgia estética ganhou enorme desenvolvimento especialmente em nosso país. Dispunha o art. 51 do Código de Ética anterior:

> *"São lícitas as intervenções cirúrgicas com finalidade estética, desde que necessárias ou quando o defeito a ser removido ou atenuado seja fator de desajuste psíquico".*

O texto de ética atual preferiu deixar a matéria sob os princípios gerais, no que andou bem. O desajuste psíquico é conceito dúctil. O médico deve ser convenientemente responsável no aconselhar ou desaconselhar cirurgia plástica estética. Um aleijão no rosto de uma jovem causa evidente problema psíquico. Uma cicatriz em musculoso lutador de boxe poderá não sê-lo. O caso concreto dará a solução.

Dizem a doutrina e a jurisprudência que a cirurgia plástica constitui obrigação de resultado.[5]

---

[5] "Ação de indenização por danos morais e estéticos. Erro médico. Cirurgia plástica. Sentença de parcial procedência para condenar o réu ao pagamento de danos morais no importe de R$ 25.000,00, mais R$ 25.000,00 a título de danos estéticos. Apela a autora sustentando que os danos materiais foram comprovados; o réu sequer impugnou o dano material; pugna pela restituição do valor pago pelo procedimento de abdominoplastia, Apela o réu alegando inexistência de conduta culposa; as cicatrizes decorreram da complicação no pós-operatório; além do laudo pericial não concluir que a complicação tenha decorrido de culpa do apelante e sequer indicou qual foi o fator causador da deiscência instalada; pelo afastamento da verba indenizatória ou seja minorada. Cabimento do apelo da autora e descabimento do recurso do réu. Danos morais e estéticos. Procedimento de cirurgia plástica. Obrigação de resultado. Prova pericial que concluiu pela existência de resultado insatisfatório, acarretando sequelas. Malograram os réus em seu ônus processual de se isentar da culpa. Inteligência do art. 6º, VIII, e 14, *caput* e § 4º, do CDC. Obrigação de indenizar. Dano moral. Caracterização. Mantida a verba indenizatória porquanto fixada com equidade e moderação. Dos danos materiais. A autora comprovou por extrato bancário a realização de TED em favor do réu Alexandre Augusto Prieto Luna, no valor correspondente ao procedimento de abdominoplastia. O pagamento foi bem comprovado deve ser restituído a título de danos materiais. Recurso da autora provido e improvido o do réu" (*TJSP* – Ap 1001590-48.2019.8.26.0157, 31-1-2024, Rel. James Siano).

"Apelação – Responsabilidade civil – Erro médico – Cirurgia plástica de lipoaspiração e abdominoplastia – Sentença de improcedência – Inconformismo – Acolhimento parcial – Cirurgia plástica estética – **Obrigação de resultado** – Responsabilidade subjetiva – Ônus do médico de provar a ocorrência de excludente de responsabilidade – Prova pericial no sentido de não se poder discorrer sobre eventual falha médica com base nos documentos disponíveis nos autos – Laudo pericial que revela a ausência de indicação da quantidade de lindocaína e adrenalina efetivamente aplicada na paciente – Informação importante para a averiguação da boa condução do procedimento – Caso em que a médica que atendeu a autora para o tratamento das complicações pós-operatórias atestou a overdose de medicação vasopressora – Boa conduta médica não demonstrada – Indevida a tentativa de imputar a responsabilidade ao anestesista quando o perito judicial afirma que a medicação prescrita pelo profissional foi pequena e não suficiente para provocar vasoconstrição – Erro médico configurado – Danos estéticos, morais e materiais comprovados – Sofrimento inquestionável decorrente do resultado mal sucedido de cirurgia plástica embelezadora, com deformidades estéticas bem piores daquelas que levaram à procura dos serviços do réu – Danos estéticos de

Deve o profissional, em princípio, garantir o resultado almejado. *"Há, indiscutivelmente, na cirurgia estética, tendência generalizada a se presumir a culpa pela não obtenção do resultado. Isso diferencia a cirurgia estética da cirurgia geral"* (Kfouri Neto, 1998:165). Não resta dúvida de que a cirurgia estética ou meramente embelezadora trará em seu bojo uma relação contratual. Como nesse caso, na maioria das vezes, o paciente não sofre de moléstia nenhuma e a finalidade procurada é obter unicamente um resultado estético favorável, entendemos que se trata de obrigação de resultado. Nessa premissa, se não fosse assegurado um resultado favorável pelo cirurgião, certamente não haveria consentimento do paciente:

> *"O profissional que se propõe a realizar cirurgia visando melhorar a aparência física do paciente, assume o compromisso de que, no mínimo, não lhe resultarão danos estéticos, cabendo ao cirurgião a avaliação dos riscos. Responderá por tais danos, salvo culpa do paciente ou a intervenção de fator imprevisível, o que lhe cabe provar"* (DTJ – Ag. Reg. no Agr. de Instr. 37.060-9-RS, 3ª T., Rel. Min. Eduardo Ribeiro).
>
> *"Contratada a realização de cirurgia estética embelezadora, o cirurgião assume a obrigação de resultado, sendo obrigado a indenizar pelo não cumprimento da finalidade, tanto pelo dano material, como pelo dano moral, decorrente de deformidades, salvo prova de força maior ou caso fortuito"* (STJ – RE 10.536/Rio de Janeiro, Rel. Min. Dias Trindade).

Advirta-se, porém, como examinamos, que do prisma do Código de Defesa do Consumidor, o caso fortuito e a força maior não têm dimensão ampla.

---

grau sete – Sentença reformada – Deram parcial provimento ao recurso" (*TJSP* – Ap 1039706-66.2020.8.26.0100, 24-5-2023, Rel. Alexandre Coelho).

"Indenização por danos materiais, morais e estéticos. Cirurgia plástica que não atingiu o resultado esperado (blefaroplastia). Laudo pericial que aponta o nexo de causalidade, além de indicar a necessidade de nova intervenção cirúrgica. **Obrigação de resultado.** Procedimento que resultou quadro de frustração e insatisfação no Autor. Dano moral configurado e arbitrado em R$ 8.000,00, ora majorado para R$ 25.000,00. Caracterizado o dano estético a ser reparado pelo Réu pelo valor de R$ 8.000,00. Dano material afastado. Sentença de parcial procedência reformada em parte. Sucumbência mantida como anteriormente estabelecida, sem majoração da verba honorária. Recurso parcialmente provido" (*TJSP* – Ap 1003135-28.2022.8.26.0003, 29-9-2022, Rel. João Pazine Neto).

"Apelação – Responsabilidade civil – Erro médico – Cirurgia estética – Mentoplastia – **Obrigação de resultado** – Formação de cicatrizes hipertróficas que não pôde ser atribuída à conduta do profissional médico – Excludente de responsabilidade verificada – Risco relativo à formação de cicatrizes que constou expressamente de termo de consentimento subscrito pela paciente – Impossibilidade de responsabilização – Improcedência dos pleitos de restituição do valor pago e indenização correspondente ao valor da nova cirurgia, bem como indenização por danos morais decorrentes do dano estético – Paralisação temporária do lábio inferior – Risco de não constou do termo de consentimento informado – Possibilidade de responsabilização do profissional médico – Precedente desta Câmara – Paciente que exercia mandato de vereadora – Prejuízo à imagem atestado por testemunhas – Dano moral caracterizado – Redução de R$ 18.000,00 (para o dano estético e moral) a R$ 12.000,00 – Recurso provido em parte" (*TJSP* – AC 0016731-36.2008.8.26.0602, 13-9-2019, Rel. Manoel Ribeiro).

"Apelação cível – Ação indenizatória – Danos morais e materiais – **Erro médico** – Cirurgia estética e funcional – **Obrigação de resultado** – Prova pericial – Laudo conclusivo – Ato ilícito afastado – Responsabilidade civil não configurada – A jurisprudência do Superior Tribunal de Justiça é pacífica no sentido de que a as profissões/especialidades ligadas às intervenções eminentemente estéticas atrelam-se à obrigação de resultado e, nesse contexto, encontram-se os médicos cirurgiões plásticos e os dentistas – Em se tratando de obrigação de resultado, a responsabilidade do profissional é presumida, recaindo sobre ele o ônus de demonstrar que os danos suportados pelo paciente decorreram de fatores externos e alheios à sua atuação. – Em se tratando de responsabilidade civil, a obrigação de indenizar pressupõe três requisitos: a) comprovação da culpa (comissiva ou omissiva); b) do dano; e c) do nexo causal entre a conduta antijurídica e o dano. Ausente qualquer desses elementos, não há se cogitar do dever indenizatório" (*TJMG* – AC 1.0145.13.008108-9/002, 20-3-2018, Rel. Evandro Lopes da Costa Teixeira).

Essa orientação não pode ser peremptória. Há cirurgias estéticas que não podem ser consideradas obrigações de resultado: figure-se a hipótese de médico que é obrigado a realizar essa cirurgia em pronto-socorro, em pessoa acidentada, com urgência, a fim de evitar danos irreversíveis. Cabe ao juiz avaliar o caso concreto.

Também o dano estético decorrente do mau resultado em uma cirurgia deve ser avaliado no caso concreto, sempre levando em conta que essa modalidade de dano atinge diretamente a personalidade e admite indenização por dano moral.

No entanto, pela regra geral, quando se estabelece vínculo contratual com o cirurgião plástico para obtenção de novo formato de nariz, cova no queixo, lipoaspiração etc., a obrigação será de resultado. A cirurgia plástica populariza-se. Homens e mulheres a ela recorrem com frequência, elas compreensivelmente mais do que eles. A facilidade de acesso a essa intervenção exige cuidado especial do julgador quando da aferição da responsabilidade, no sentido de evitar abusos. O ponto de vista no exame deve ser subjetivo (Dias, 1979, v. 1:309).

Qualquer dano estético configura profunda dor moral, e como tal deve ser indenizado. Como em qualquer cirurgia, na plástica também podem surgir complicações pré e pós-operatórias. Há, porém, tendência de se tratar com maior rigor o cirurgião plástico, não somente porque essa intervenção não tem o cunho de essencialidade para a saúde do paciente, como também porque é conceituada como obrigação de resultado. Miguel Kfouri Neto (1998:151) lembra o que chama de regra de ouro a ser respeitada em matéria de cirurgia estética, abeberando-se na doutrina francesa: todas as vezes que a saúde e a integridade física do paciente são colocadas em risco, o médico deve renunciar ao objetivo estético, independentemente da vontade do próprio interessado.

18.6 RESPONSABILIDADE PELA ANESTESIA

Ao lado da cirurgia plástica, outro campo que merece menção destacada é a anestesiologia. Esse ramo da Medicina é reconhecido como importante especialidade médica e não mais se admite que cirurgias sejam realizadas sem esse especialista. As falhas na anestesia podem ocasionar danos irreparáveis e irreversíveis. Até meados do século XX a anestesia nem mesmo constituía especialidade; o próprio cirurgião a aplicava. José de Aguiar Dias (1979, v. 1:295), em sua obra escrita já há algumas décadas, apontou que o risco da anestesia jamais poderia ser superior ao risco da cirurgia; que não se deve aplicar anestesia sem consentimento do paciente; que a anestesia requer testemunhas; que sempre deve haver exame prévio das condições do paciente.

O desenvolvimento da anestesia já não mais permite essas observações. A anestesia, no atual estágio da Medicina, possui um procedimento próprio e destacado, o que faz também por destacar, em princípio, a responsabilidade do anestesista e seus auxiliares, de forma independente da atividade do cirurgião. Existem três etapas nítidas na atividade do anestesista: uma fase preparatória, na qual o profissional avalia o estado do paciente e escolhe a melhor técnica, tendo em vista seu estado; o trabalho durante a ministração das drogas e o monitoramento do paciente durante a cirurgia e, no final, a atividade de recobro do paciente à consciência e o monitoramento dos efeitos da anestesia após o procedimento cirúrgico. A responsabilidade do anestesista persiste nessas três fases. Não se afaste, contudo, sistematicamente o cirurgião condutor da cirurgia de total responsabilidade, ou seja, de responsabilidade solidária com o anestesista, se escolheu mal o profissional, por exemplo. Ainda, há que se examinar o nexo causal que permite a ação reparatória, pois pode ser múltiplo.

Note-se, em se tratando de operação de urgência, não há como obter o consentimento do paciente, ficando também sumamente prejudicada a fase inicial do trabalho do profissional. Ademais, o paciente, ao autorizar a cirurgia, já autoriza todos os procedimentos correlatos, e a anestesia é um deles. Ainda, há situações nas quais a anestesia apresenta riscos maiores do que a própria cirurgia. Se esta for necessária em um cardiopata, por exemplo, apresentará maior risco.

Como enfatizamos, a atividade do anestesiologista inicia-se antes mesmo da cirurgia, pois se impõe que se faça a anamnese do paciente, ou seja, pesquisa prévia de suas condições de saúde para que se evitem surpresas durante o ato cirúrgico. O corpo humano, porém, tem razões imponderáveis que refogem ao controle dos médicos. Nesse diapasão, a avaliação antecedente à anestesia tem papel primordial na análise de eventual conduta culposa do profissional. No procedimento anestésico propriamente dito há necessidade de constante monitoramento. Pode ocorrer rejeição ao medicamento empregado por ser excessivo ou por choque anafilático, cujo maior problema jurídico é avaliar a diligência devida e a previsibilidade do médico.[6]

---

[6] "Direito civil. Apelação. Responsabilidade civil. **Erro médico**. Indenização por danos materiais e morais. Improcedência. Recurso desprovido. 1.- Ação julgada improcedente, com recurso da autora, que alega falha na prestação de serviço médico que resultou no falecimento de seu companheiro após choque anafilático durante exame de ressonância magnética com contraste. 2.- A questão em discussão consiste em determinar se houve erro médico na realização do exame de ressonância magnética que justificasse a indenização por danos materiais e morais. 3.- A responsabilidade civil dos hospitais e laboratórios é objetiva, mas a dos médicos é subjetiva, exigindo prova de culpa (art. 14 do CDC). 4.- O laudo pericial concluiu que não houve erro médico, mas sim uma reação adversa rara e inerente ao procedimento (iatrogenia), com abordagem médica adequada. 5.- Recurso desprovido" (*TJSP* – Ap 1054132-52.2021.8.26.0002, 11-2-2025, Rel. Alexandre Marcondes).

"Apelação cível – ação de indenização por danos materiais, morais e estéticos por **erro médico** – autora diagnosticada com plexopatia braquial do tipo axonal, depois de realizar procedimento cirúrgico com bloqueio do plexo braquial – sentença de parcial procedência – recurso do hospital/réu e da autora – (1) alegação pelo hospital/réu de que o médico/réu não compõe seu corpo clínico – inovação recursal configurada – não conhecimento – (2) autora que, em reiteração da tese trazida após a realização da perícia judicial, defende a responsabilização solidária do médico/réu (anestesista) por ofensa ao dever de informação, ante a inexistência de termo de consentimento dando conta dos riscos do procedimento – impossibilidade de alteração da causa de pedir no curso do processo, sob pena de violação aos princípios do contraditório, do devido processo legal e da estabilização da demanda – exegese do art. 329 do CPC – não conhecimento da tese recursal, cujas razões estão dissociadas daquelas deduzidas na exordial – (3) responsabilidade subjetiva do médico/réu, anestesista, com obrigação de meio – responsabilidade do hospital/réu pelos serviços médicos sujeita à comprovação da conduta culposa do preposto – autora que sequer alegou falha nos serviços hospitalares – perícia médica que atestou a ausência de negligência, imprudência ou imperícia do médico/réu, o que decorre na inexistência de dever de indenizar pelo hospital/réu – sentença reformada para julgar improcedente a demanda, com a inversão do ônus de sucumbência. Apelação 1, interposta pelo Hospital/réu, conhecida em parte e provida. Apelação 2, interposta pela Autora, conhecida em parte e desprovida" (*TJPR* – Ap 0015453-75.2014.8.16.0017, 3-7-2023, Rel. Elizabeth Maria de Franca Rocha).

"Apelações cíveis – Indenização por danos materiais e morais – **Erro médico** – Sentença de parcial procedência – Agravos retidos não conhecidos – Incidência do Código de Defesa do Consumidor – I – Realização de procedimento cirúrgico de adenoamigdalectomia – Pré-operatório. Administração de anestesia geral que resultou no falecimento da criança. Precariedade do prontuário médico corroborada pela perícia. Omissão de procedimentos realizados. Ausência de termo de consentimento informado aos pais acerca dos riscos da administração da anestesia geral na criança, com cinco anos de idade à época dos fatos. Documento solene. Violação à Resolução nº 1.638/02 do CFM. Perícia que reconhece a falta de avaliação pré-anestésica. Ausência de prova idônea acerca da realização do ato. Falecimento ocasionado pelo uso de substância anestésica. Quadro de hipertermia maligna. Protocolo de tratamento à base de dantroleno sódico. Medicamento antagonista de constância obrigatória no estabelecimento. Exigência do Conselho Federal de Medicina. Medicação ausente no hospital, sem UTI. Divisão das responsabilidades. Nexo de causalidade. Médico cirurgião que não influiu no quadro clínico. Morte ocasionada pela administração de anestesia geral sem observância das exigências médicas. Procedimento de risco sem termo de consentimento. Responsabilidade do médico cirurgião afastada. Subsistência da culpa do anestesista e do hospital. Responsabilidade do segundo nosocômio. Inexistência de prova da influência no quadro clínico. II – Danos morais. Autores que perderam o filho. Abalo extrapatrimonial incomensurável. Valor, contudo, reduzido. III – Pensionamento devido. Presunção de dependência dos familiares em relação ao filho a partir dos 14 anos até 25 anos à razão de

Outra questão que sempre aflora quando há danos decorrentes de atividade cirúrgica é saber se há um único responsável ou se os vários médicos que atuaram serão responsáveis solidariamente. Na verdade, a concepção unitária da cirurgia é atualmente conceito ultrapassado.

Discute-se, também, se a anestesia encerra uma obrigação de resultado.

Cuida-se de obrigação de meio, no entanto. Trata-se, todavia, de uma atividade-meio, pois possibilita a intervenção cirúrgica (Sebastião, 2001:90):

> *"Não obstante vozes abalizadas de que a atividade do médico anestesiologista envolve contrato de resultado – caso contrário não seria necessário o ato médico, e ainda, porque esse especialista age com arbitrariedade –, entendemos que a natureza jurídica dessa atividade continua sendo apenas de meios, ou seja, de cautelas e de empenho quantos necessários, em cada caso de fato e de acordo com os avanços desse ramo da Ciência Médica, no tempo. A natureza reserva segredos que ainda se conservam fora do alcance da medicina".*

O anestesista deve permanecer no monitoramento do paciente durante todo o período da operação, bem como no início do processo e no final, até seu retorno completo à consciência. Lembra Miguel Kfouri Neto (1998:148) que os próprios médicos comparam a anestesia ao leite posto a ferver: *"basta um instante de desatenção e o líquido derrama"*.

Quando da ocorrência de dano, temos de examinar se houve culpa concorrente do anestesista e do cirurgião. Na dúvida, devem todos os que participaram da operação responder solidariamente, mormente dentro dos princípios do Código de Defesa do Consumidor. Igualmente deve ser levado em conta se a anestesia foi programada, com tempo suficiente para o profissional avaliar a situação a ser enfrentada, ou se houve anestesia de urgência, sem tempo para tal. Evidente que haverá uma diversa avaliação da prova, dependendo do caso concreto.

18.7 COMPLEXIDADE DA PROVA DA CULPA. A RESPONSABILIDADE MÉDICA NO CÓDIGO DE DEFESA DO CONSUMIDOR

A prova da culpa, pelo sistema tradicional do Código Civil, assim como o nexo causal entre a conduta e o dano, incumbe à vítima, ao paciente e a seus herdeiros, tanto na relação contratual, como na relação extracontratual. Será sempre menos custosa a prova da culpa quando existe contrato, quando se examina o inadimplemento. De qualquer modo, a prova da culpa médica ficará sujeita às intempéries da prova no processo. A culpa deve ser avaliada pelo juiz dentro dos princípios da obrigação de meio, salvo a cirurgia plástica exclusivamente estética e os exames técnicos, como já exposto. Com razão José de Aguiar Dias (1979, v. 1:295), quando afirma que a responsabilidade médica se resolve de maneira eminentemente casuística. Como já enfrentamos, a culpa objetiva na obrigação de meio, quando se tratar de aplicação do CDC, tem conotação restrita. O prudente e perspicaz exame da prova deve dar a solução. Por vezes, a inculpação apontará para o chefe da equipe médica, quando este assume para si a responsabilidade de uma cirurgia, por exemplo, embora esta possa ter ação regressiva contra os demais participantes do ato. Em outro enfoque, a culpa pode partir do profissional que fez diagnóstico falho, de onde partiram todas as vicissitudes do paciente.

2/3 do salário mínimo e a partir de então, em 1/3. Entendimento do STJ. Constituição de capital. Agravos retidos não conhecidos. Apelação 1 e 2 parcialmente providas. Apelação 3 provida. Apelação 4 não provida" (*TJPR* – AC 1607551-3, 19-6-2018, Rel. Des. Clayton de Albuquerque Maranhão).

Na sistemática do consumidor, a novel orientação legal, mantendo a responsabilidade subjetiva do profissional liberal, mas admitindo a responsabilidade objetiva para o fornecedor de serviços, nem sempre apresentar-se-á na prática isenta de dúvidas. O balizamento da responsabilidade objetiva da obrigação de meio é tarefa de maior complexidade. Presente essa responsabilidade objetiva, ao tutor da conduta cabe unicamente isentar-se da indenização, se provar que a diligência foi empregada, não existindo defeito na prestação do serviço, ou culpa exclusiva da vítima ou de terceiro (art. 14, § 3º). A alegação de caso fortuito ou força maior deve levar em conta essas disposições. Na sistemática do consumidor, o paciente assume a posição de consumidor dos serviços médicos. Mantém-se, em princípio, a responsabilidade individual do profissional liberal. Apenas os profissionais liberais, como enfatizado, terão suas condutas apuradas segundo os princípios da culpa no CDC (art. 14, § 4º).

O Código de Defesa do Consumidor fornece parâmetros para avaliação do que deve ser entendido como serviço defeituoso:

> *"O serviço é defeituoso quando não fornece a segurança que o consumidor dele pode esperar, levando-se em consideração as circunstâncias relevantes, entre as quais:*
>
> *I – o modo de seu fornecimento;*
>
> *II – o resultado e os riscos que razoavelmente dele se esperam;*
>
> *III – a época em que foi fornecido" (art. 14, § 1º).*

O § 2º do mesmo artigo acrescenta que o serviço não é considerado defeituoso pela adoção de novas técnicas. Nesse último aspecto, quanto à responsabilidade médica, como asseveramos, qualquer nova técnica deve ser previamente aprovada pelo paciente, na hipótese de não ser ainda aceita pela comunidade médica mundial. Por outro lado, devemos acrescentar que, se o médico opta por técnica a qual ainda não domina, não é perito, assume o risco do insucesso, podendo esse procedimento tipificar ou agravar sua culpa.

No campo dessa responsabilidade, o defeito na prestação de serviço médico no sistema do consumidor não difere, em tese, do defeito por fato do produto ou dos serviços em geral. Em todas as situações, são analisados danos ocasionados na esfera do interesse do consumidor. No tocante aos serviços, mormente os de Medicina, temos de atender às devidas peculiaridades. Segundo a dicção legal, responsabilizam-se solidariamente, independentemente da apuração de culpa, todos os fornecedores participantes da cadeia de fornecimento de serviços: "*Seguro de saúde. Atendimento de segurado por estagiário. Lesão permanente. Redução da capacidade laborativa. Indenização pelo estabelecimento hospitalar*" (*RT* 559:193). O estabelecimento hospitalar e os prestadores de serviços médicos podem ser considerados responsáveis.[7]

---

7 "Ação de indenização por danos morais – Erro médico – Autora que alega ter ocorrido negligência médica na cirurgia realizada pelos réus, na qual foi deixado um corpo estranho (gaze) em cavidade abdominal ocasionando atrasos e dificuldades em tratamento oncológico – Sentença de procedência para condenar os requeridos, solidariamente, ao pagamento de indenização por danos morais no valor de R$ 50.000,00, e o reembolso dos valores pagos pela autora com exames, cirurgias e medicamentos – Irresignação dos réus – Não acolhimento – Incontroversa realização de cirurgia com esquecimento de gaze na cavidade abdominal da requerida – Circunstância que implica em negligência médica e, portanto, falha no serviço prestado – Ato cirúrgico que é de responsabilidade do cirurgião enquanto chefe da equipe – Nexo de causalidade bem evidenciado – Culpa do profissional corréu caracterizada – **Responsabilidade civil do médico e do nosocômio configurada** – Dano moral que deve ser reduzido para R$ 25.000,00 – Precedentes desta E. Corte – Recursos parcialmente provido" (*TJSP* – Ap 1088575-94.2019.8.26.0100, 12-9-2024, Rel. Marcus Vinicius Rios Gonçalves).

"Responsabilidade civil – **Erro médico** – Resultado indesejado atribuído à imperfeição da arte médica. Descumprimento do ônus da prova. Sentença de improcedência. Recurso improvido" (*TJSP* – AC 1004774-68.2013.8.26.0271, 3-9-2019, Rel. Luis Fernando Camargo de Barros Vidal).

Nesse plano se inserem também os chamados planos de saúde e seguros médicos, que atuam por profissionais, laboratórios e outras entidades credenciadas.

O caso concreto deve fazer concluir pela existência do nexo causal dentro da teoria clássica de nosso sistema de responsabilidade. Como regra geral no sistema do consumidor, cabe a este, ou a seu representante, como destinatário do serviço médico, produzir a prova do defeito, o dano e o nexo de causalidade. Todavia, o juiz poderá determinar a inversão do ônus da prova, se verossímeis as alegações do consumidor ou quando este for hipossuficiente. Analisará então o julgador uma dessas condições: verossimilhança das alegações ou hipossuficiência. A prova, por parte do autor dessas demandas, pode ser mesmo um fardo intransponível, daí a posição legal. A hipossuficiência não deve ser vista sob o ângulo exclusivamente econômico, o que se examina é uma debilidade técnica ou jurídica perante a outra parte. Entre os direitos básicos do consumidor, elencados no art. 6º, VIII, o legislador incluiu:

> *"a facilitação da defesa de seus direitos, inclusive com a inversão do ônus da prova, a seu favor, no processo civil, quando, a critério do juiz, for verossímil a alegação ou quando for ele hipossuficiente, segundo as regras ordinárias de experiências".*

Trata-se de corolário do princípio da vulnerabilidade, possibilitando mais essa modalidade de proteção ao consumidor no bojo do processo. Essa inversão do ônus probatório independe da posição do consumidor, quer no polo ativo, quer no polo passivo da lide consumerista. Na esfera da responsabilidade médica, a inversão do ônus mais se justifica, porque mais difícil para o destinatário final do serviço médico a prova do defeito em seu fornecimento.[8]

Essa inversão disciplinada pelo art. 6º é faculdade do juiz, independentemente de pedido expresso da parte. Há que ser decidida pelo condutor do processo antes do início da instrução para que o onerado, ou seja, o fornecedor de serviços, não seja tomado de surpresa, sem possibilidade de adequar-se. Há no art. 38 uma hipótese de inversão obrigatória, com inteira aplicação na publicidade de serviços médicos:

> *"O ônus da prova da veracidade e correção da informação ou comunicação publicitária cabe a quem as patrocina".*

"Apelação – Erro médico – Responsabilidade subjetiva – Serviço de meio e não de resultado, ainda quando prestado pelo Estado. Ausência de perícia técnica. Sentença anulada. Recurso provido com determinação de remessa dos autos à primeira instância" (*TJSP* – Ap 1036898-06.2018.8.26.0053, 21-1-2019, Rel. Fernão Borba Franco).

"Agravo de instrumento – **Ação de indenização por dano moral decorrente de erro médico**. Insurgência do nosocômio réu. Pleito de denunciação da lide ao médico que realizou a cirurgia na autora. Descabimento ante a expressa vedação contida no artigo 88 do Código de Defesa do Consumidor. Decisão mantida. Recurso a que se nega provimento" (*TJSP* – AI 2255937-21.2016.8.26.0000, 7-7-2017, Rel. José Rubens Queiroz Gomes).

8 "Agravo de instrumento – Ação de reparação de danos materiais, morais e estéticos decorrente de erro médico – Cirurgia estética – Relação de consumo – Insurgência acerca da decisão que determinou a produção de prova pericial requerida pelo réu (médico), ficando sob sua responsabilidade o adiantamento dos honorários do perito – **Inversão do ônus da prova** – Cabimento – Exegese do disposto no Artigo 6º, VIII, do Código de Defesa do Consumidor- Hipossuficiência técnica da agravada/autora – Recurso desprovido" (*TJSP* – AI 2207613-19.2024.8.26.0000, 3-9-2024, Rel. Ramon Mateo Júnior).

"Agravo de instrumento. Ação de indenização por danos materiais, morais e estéticos por **erro médico**. Insurgência contra decisão que fixou os pontos controvertidos da demanda. Relação de consumo. Hipossuficiência técnica do agravado em face da operadora do plano de saúde. Caberá ao fornecedor o ônus de provar a efetividade técnica dos serviços fornecidos. Inversão do ônus pertinente. Medida que se impõe e aqui se ratifica. Decisão mantida. Adoção do art. 252 do RITJ. Recurso desprovido" (*TJSP* – AI 2130463-93.2023.8.26.0000, 21-8-2023, Rel. Jair de Souza).

Como ressaltado, embora o Código de Defesa do Consumidor estabeleça a responsabilidade subjetiva dos profissionais liberais, tais como médicos, engenheiros, advogados, administradores, consultores, economistas, a eles serão empregados sem dúvida os demais princípios da lei do consumidor: "*não se excepciona a aplicação dos demais princípios do Código com relação a esta categoria, como por exemplo a inversão do ônus da prova, a proteção contratual etc.*" (Alvim et al., 1995:139). Como ressaltamos, as empresas de prestação de serviços médicos respondem segundo a responsabilidade objetiva.

A lei do consumidor veio, portanto, facilitar sobremaneira os reclamos de maus serviços médicos, matéria que ainda não ganhou a dimensão esperada nos julgados justamente porque o acesso à Justiça era sumamente dificultado pela manutenção dos princípios tradicionais da responsabilidade civil subjetiva.

Cabe aos juristas assimilar os novos fenômenos decorrentes do avanço tecnológico da Medicina. Há questões atuais de profundo conteúdo religioso, moral e ético, cujo exame escapa ao âmbito de nosso estudo, que devem ser avaliadas pela doutrina e pelos tribunais, em novos desafios, tais como métodos de controle da natalidade, esterilização, fertilização assistida, inseminações artificiais, transplantes, cirurgias transexuais etc. Nesse campo, também não temos de deixar de lado as enfermidades mentais, os atendimentos médico-psiquiátricos, bem como psicológicos de intrincada compreensão no que tange primordialmente aos danos morais.

Poucas atividades possuem carga tão elevada de emotividade e preocupação como o campo da Medicina. Vive o médico sob constante exigência e pressão da sociedade. Não é absolutamente regra geral que a morte e a doença lhe sejam indiferentes. Mais do que em outras profissões, assaltam-lhe dúvidas, sobressaltos e aflições perante a possibilidade de cometer erro e em face de eventuais insucessos. O profissional da Medicina em nosso país luta com permanente falta de recursos para atendimento à grande população. Ao mesmo tempo em que se procura proteger o paciente da má prática, incumbe que não se olvide do lado humano do médico. Uma condenação por má prática, por si mesma, deteriora não somente a imagem do médico perante a sociedade, senão o próprio médico, em sua personalidade, ou uma decisão desfavorável é, na maioria das vezes, o fim de sua vida profissional.

Há um aspecto que toca diretamente à responsabilidade médica e diz respeito ao denominado *risco pelo desenvolvimento*. A questão, na verdade, espraia-se por todas as atividades profissionais científicas. O médico deve saber utilizar hoje a melhor técnica, recomendar os melhores tratamentos, os medicamentos presentes no mercado. Não pode ser responsabilizado, porque não há culpa, se depois de seu atendimento ao paciente são desenvolvidos produtos e técnicas que melhor atenderiam a moléstia. Não temos, contudo, norma específica para essa situação que obste ou exclua o dever de indenizar, como ocorre na União Europeia. Por isso, socorre-nos a responsabilidade objetiva dos prestadores de serviço. Ao analisar esse tema, pontua Gustavo Tepedino:

> *"No sistema da responsabilidade objetiva, o dever de reparar decorre da qualidade inerente à atividade, consubstanciada no risco que lhe é próprio. Daqui por diante as excludentes, como forma de temperar o risco do negócio, assumido, por força de lei, pelo empresário, ou defluem do sistema, ontológica ou logicamente vinculadas à própria existência do nexo causal; ou deverão ser previstas em lei. Do contrário se estará reintroduzindo o elemento subjetivo (qualidade do agente, o seu conhecimento técnico, contraposto à imperícia, à imprudência), na formulação da responsabilidade civil, o que se mostra inaceitável. Por isso mesmo apresentam-se inadequadas as soluções que acabam por perquirir a existência*

– ou ausência – de culpa do empresário, na hipótese de risco do desenvolvimento" (Alvim et al., 2003:310).

Antigos ou novos temas, o que há de perene na ciência do Direito deverá ser sempre aplicado. Por isso se espera do juiz que seja homem de sua época, ciente e consciente do pulsar dos problemas sociais e dos avanços tecnológicos.

18.8 RESPONSABILIDADE DO ODONTÓLOGO

O exercício da Odontologia é regulado entre nós pela Lei nº 5.081, de 24-8-66. A Odontologia tem autonomia própria, não sendo considerada como parte da Medicina, como ocorre em outros países. A responsabilidade dos dentistas situa-se, contudo, no mesmo plano e sob as mesmas perspectivas da responsabilidade médica, valendo o que aqui foi afirmado. O art. 1.545 do Código Civil de 1916 colocava-os juntamente com os médicos, cirurgiões e farmacêuticos. O art. 951 do presente Código os coloca também em nível de igualdade. A responsabilidade do dentista, contudo, ao lado de ser eminentemente contratual, traduz mais acentuadamente uma obrigação de resultado, mormente nos tratamentos de rotina como obturações e profilaxias. Observe, no entanto, que a responsabilidade do dentista geralmente é contratual, por sua própria natureza. Com frequência, o dentista assegura um resultado ao paciente. Sempre que o profissional assegurar o resultado e este não for atingido, responderá objetivamente pelos danos causados ao paciente. No entanto, nem sempre a obrigação do odontólogo será de resultado.[9]

---

[9] "Apelação cível – erro médico – Ação julgada parcialmente procedente – Cerceamento de defesa não configurado – Decadência já afastada na oportunidade da decisão saneadora – **Erro médico do cirurgião dentista** devidamente comprovado – Laudo pericial conclusivo no que tange ao nexo causal entre a conduta do cirurgião-dentista e as intervenções cirúrgicas malsucedidas – Obrigação de resultado – Valor da indenização fixado com equilíbrio – Sentença mantida – Recurso desprovido" (*TJSP* – Ap 1002816-73.2021.8.26.0010, 16-5-2023, Rel. José Carlos Ferreira Alves).

"**Erro odontológico** – Impugnação à perícia realizada por dentista não especializado em ortodontia – Não acolhimento – Estudo pericial embasado em literatura especializada, não havendo o recorrente logrado infirmar as conclusões do laudo – Obrigação de Resultado – Ortodontia – Mesmo na obrigação de resultado, a responsabilidade pessoal dos profissionais liberais será apurada mediante a verificação de culpa (art. 14, § 4º, Lei n. 8.078/90), tratando-se, portanto, de hipótese de culpa subjetiva, mas há a inversão ope legis (arts. 12, § 3º, e art. 14, § 3º, do CDC) do ônus da prova – Prontuário médico incompleto – A prestadora dos serviço não pode beneficiar-se pelas omissões no prontuário clínico, que seria um dos meios hábeis para a prova da realização dos serviços com observância das boas práticas odontológicas – Tratamento de longa duração que não trouxe os benefícios esperados à paciente Prova pericial que atestou a ocorrência de falha no tratamento – Dano moral caracterizado – Responsabilidade solidária da Clínica pelo defeito na prestação dos serviços pelo profissional vinculado – Indenização mantida em R$ 6.000,00 em atenção as circunstâncias do caso concreto – Recursos desprovidos" (*TJSP* – Ap 1002287-06.2018.8.26.0642, 3-10-2022, Rel. Alcides Leopoldo).

"Apelação cível – Ação de danos materiais, danos morais c/c obrigação de fazer – Realização de cirurgia dentária – **Cirurgiã Dentista – Responsabilidade subjetiva** – Inteligência do art. 14, § 4º, do CDC – Não comprovação de culpa, negligência, imperícia ou imprudência – Dever de indenizar inexistente – O contrato de prestação de serviços odontológicos é realizado por profissional liberal, de modo que incide sobre o caso o disposto no art. 14, § 4º, do Código de Defesa do Consumidor. Não restando comprovado no caderno processual, em especial por perícia judicial, falha na prestação de serviços por profissional odontólogo, ausente o dever de indenizar" (*TJMG* – AC 1.0707.14.029099-0/001, 14-8-2019, Rel. José Augusto Lourenço dos Santos).

"**Responsabilidade civil – Dentista** – Falha de serviço – Indenização – A perícia elaborada por perito especialista esclareceu as circunstâncias relevantes para ser concedida a solução justa e segura para o litígio. Se a matéria técnica está bem esclarecida, pode ser negado o pedido para realização de nova perícia. CPC/73, artigos 130 e 437 (vigente à época). Cerceamento de defesa não caracterizado. O serviço deve ser prestado dentro dos padrões da técnica. Necessária a presença de culpa do profissional ou falha no serviço prestado pelo fornecedor. Incidência do art. 14, § 4º, do CDC. Na espécie, a prova dos autos não constatou qualquer falha no procedimento adotado.

A responsabilidade odontológica, a exemplo da responsabilidade médica, poderá ser eventualmente não contratual, quando o odontólogo faz tratamento de emergência, sem a existência de um negócio jurídico prévio, até mesmo sem consentimento do paciente ou seu responsável.

Nas últimas décadas, os equipamentos e recursos odontológicos desenvolveram-se expressivamente. Há, no presente, várias especialidades da odontologia. Há especialidades que se constituem claramente obrigações de resultado, como a restauração de dentes, a odontologia preventiva, a prótese dental e a radiologia. Outras situações, a exemplo da atividade médica, não admitem que se assegure um resultado, constituindo-se geralmente obrigação de meio, como a traumatologia buco-maxilo-facial, a endodontia, a periodontia, a odontopediatria, a ortodontia, entre outras, que merecem exame casuístico (Kfouri Neto, 1998:211). Os dentistas apenas podem realizar em seus consultórios ou em ambulatórios cirurgias passíveis de serem realizadas com anestesia local. Cabe à jurisprudência definir os contornos da atuação culposa do dentista.

Somente pode-se qualificar como "especialista" quem estiver devidamente qualificado, segundo normas do Conselho Federal de Odontologia.

Acrescente-se, porém, que ao lado da Odontologia propriamente dita, atualmente, há inúmeros profissionais que auxiliam o odontólogo e cuja responsabilidade também pode aflorar e deve ser devidamente avaliada. São atividades acessórias de que dependem o dentista para seu exercício. Embora o produto final de seu trabalho seja aplicado no paciente, é ao dentista que se destina sua atividade. Assim se colocam os técnicos em prótese dentária e o técnico de higiene bucal. Como a responsabilidade final é do dentista, sempre que houver responsabilidade desses profissionais, responderão eles, quanto muito, solidariamente com o profissional principal. Eventualmente, pode aflorar a responsabilidade regressiva do dentista contra esses auxiliares.

A perícia realizada não indicou a existência de erro e de nexo de causalidade. Ainda referiu que o proceder do dentista não se afastou de técnica reconhecida. Sentença improcedente. Apelação não provida" (*TJRS* – AC 70075856021, 1-3-2018, Rel. Des. Marcelo Cezar Müller).

"Apelação Cível – **Responsabilidade Civil** – Ação de indenização por danos materiais e morais – Tratamento Odontológico – Próteses Dentárias – Ausência de provas dos fatos constitutivos do direito da autora. Não comprovação de que o tratamento perdurou por mais tempo do que o acordado ou de que foi aplicado método diverso daquele indicado para o caso da autora. Orçamento de outra profissional que apenas demonstra que o tratamento poderia ter sido feito de outro modo, sem desabonar o já realizado. Imperícia não demonstrada. Ausência de comprovação do estado anterior da arcada dentária da autora ou de que não foi atingido o resultado proposto pelo odontólogo. Sentença mantida. Apelação desprovida" (*TJPR* – AC 1604328-2, 6-4-2017, Relª Desª Vilma Régia Ramos de Rezende).

19

RESPONSABILIDADE CIVIL NOS TRANSPORTES

19.1 INTRODUÇÃO

O Ser Humano, desde a Antiguidade, sempre teve necessidade de deslocar-se, bem como de deslocar suas coisas. A invenção da roda abriu novo horizonte para os transportes, antes feito apenas com força própria ou auxílio de animais. Os barcos a vela, os motores a vapor, a revolução industrial, as estradas, as aeronaves, tudo foi-se juntando à perspectiva dos transportes e hoje o ser humano e as mercadorias deslocam-se complexamente pelo globo terrestre por terra, mar e ar. Há dois segmentos que se completam e se unem nesse estágio da civilização: os transportes e as telecomunicações. Embora as comunicações estejam hoje amplamente facilitadas pelos meios de telefonia e informática, o ser humano, por trabalho, necessidade ou lazer não prescinde de se deslocar para estar presente em outros locais, distantes de seu domicílio, seu centro de negócios.

Por outro lado, a necessidade constante e premente dos povos de comercializar, importar e exportar exige a presença e eficiência constantes dos meios de transporte desde as civilizações mais antigas. Portanto, o que a telefonia e a informática atualmente traduzem em comunicação, os transportes devem fazer no mundo material, deslocando coisas e pessoas. Evidente que o transporte apresenta maiores problemas, porque depende do mundo material: rodovias, ferrovias, navios, aeronaves, além de condições logísticas, climáticas, de segurança etc. Assim, no contrato de transporte, pelo qual alguém se compromete a levar pessoa ou coisa a um destino, por terra, mar ou ar, reside a problemática da responsabilidade civil nos transportes.

O provecto Código Comercial, no art. 102, dispunha que durante o transporte corria por conta do dono o risco que as fazendas sofressem, proveniente de vício próprio, caso fortuito ou força maior. A prova de qualquer dos referidos sinistros incumbia ao condutor, ou comissário de transportes. Já nesse dispositivo estavam enumerados os únicos casos nos quais o transportador se exoneraria de responsabilidade: vício próprio da coisa ou a parêmia caso fortuito ou força maior. O estatuto mercantil não disciplinou o transporte de pessoas, mas a doutrina e jurisprudência se encarregaram de estender o princípio a elas.

Apontava-se, desde o antigo estatuto mercantil, a responsabilidade objetiva do transportador. O contrato de transporte contém obrigação típica e emblemática de resultado; incumbe ao transportador levar a coisa, ou pessoa, incólumes, até o destino programado. A regra, que já era tradicional no século XIX, decorrente da longa experiência de vários séculos no transporte marítimo, difundiu-se para toda classe de transportes. Além da incolumidade, o contrato de transporte traz como consequência em seu bojo a obrigação de custódia ou dever de segurança.

Muitas das bases do sistema de responsabilidade civil decorrem, sem dúvida, do contrato de transporte. Veja o que comentamos a respeito do contrato de transporte no Capítulo 33 do Volume 3 – Direito Civil: Contratos. Com relação ao passageiro e ao frete, a responsabilidade será contratual. Com relação a terceiros, a responsabilidade do transportador é aquiliana. Acrescentemos, a tudo que se diga a respeito de transportes, que o Código de Defesa do Consumidor estabeleceu a responsabilidade objetiva do fornecedor de serviços, com isso absorvendo toda a relação passageiro-transportador, com temperamentos a que nos referiremos a seguir. Note que o art. 17 do Código de Defesa do Consumidor equipara ao consumidor todas as vítimas do evento, isto é, embora quem não tenha relação direta com o transportador, mas seja atingido por um meio de transporte, terá legitimidade de postular indenização como acidente de consumo. No sistema consumerista, já não há necessidade de recorrer à explicação do fato de terceiro para a responsabilidade do transportador, pois responde ele por fato próprio, pelo defeito do serviço. Por outro lado, conforme anota Sérgio Cavalieri Filho (2000:211), como a responsabilidade de consumo equiparou a consumidor todos os que sofrem um dano relativo à atividade do fornecedor de produtos ou serviços, fica superada a dicotomia entre responsabilidade contratual e extracontratual. A responsabilidade, desse prisma, fica subordinada unicamente ao conceito de defeito do produto ou do serviço.

Sempre que analisamos o transporte de coisas ou pessoas, há de se levar em conta a *cláusula de incolumidade* que está implícita no contrato de transporte. Trata-se de consequência da obrigação de resultado. O transportador assume a obrigação de levar a pessoa ou coisa incólumes, em perfeitas condições de segurança, até seu destino final. Uma vez descumprida essa cláusula, ocorre o inadimplemento, aflora o dever de indenizar. Não basta a coisa ou a pessoa chegar a seu destino; deve chegar sã e salva.[1]

---

[1] "Responsabilidade civil – Ação indenizatória – **Contrato de transporte de passageiros** – Acidente envolvendo a filha dos autores (passageira) – Fato incontroverso – Inexistência de prova a eximir a responsabilidade da transportadora ré – Inteligência do art. 37, § 6º, da CF, do art. 734 do CC e do art. 14 do CDC – Contrato de transporte traz implícito em seu conteúdo a chamada cláusula de incolumidade, pela qual o passageiro tem o direito de ser conduzido, são e salvo, com os seus pertences, ao local de destino – A não obtenção desse resultado importa no inadimplemento das obrigações assumidas e responsabilidade pelo dano ocasionado – Responsabilidade objetiva configurada – Cabimento da indenização pelo dano moral reflexo – Acidente sofrido pela filha dos autores – Sofrimento também foi vivenciado pelos genitores, que tiveram sua rotina alterada, com a dedicação integral da genitora nos cuidados da filha, além de compartilhar o sofrimento físico dela, constituindo fato ensejador de dano moral reflexo, porquanto com gravidade suficiente para causar desequilíbrio do bem-estar e sofrimento psicológico relevante – Indenização por dano moral reflexo aos genitores da passageira acidentada de R$ 7.000,00 a cada um dos autores – Correção monetária a partir da data deste acórdão e juros de mora da citação – Procedência parcial da ação – Redistribuídos os encargos sucumbenciais, conforme súmula 326 do STJ – Recurso provido em parte" (*TJSP* – Ap 1049919-47.2014.8.26.0002, 4-9-2024, Rel. Álvaro Torres Júnior).

"**Ação indenizatória por danos materiais e morais** – Responsabilidade civil por acidente em contrato de transporte terrestre de passageiro – Ação julgada parcialmente procedente, condenando os réus ao pagamento de danos materiais e morais. Recursos interpostos por ambas as partes. Indenizatória por danos materiais e morais – Responsabilidade civil por acidente em contrato de transporte de passageiro – Ônibus trafegando em alta velocidade, ao passar por lombada, arremessou a passageira ao teto, causando-lhe fratura na coluna – Responsabilidade objetiva e solidária do permissionário do serviço público de transporte coletivo por danos decorrentes de acidentes de veículo de propriedade de seus consorciados (art. 37, § 6º, da CF/88, Art. 14 do CDC e 734 do CC) – Contrato de transporte traz implícito em seu conteúdo a chamada cláusula de incolumidade, pela qual o passageiro deve ser conduzido, são e salvo, com os seus pertences, ao local de destino (art. 14 CDC) – Falha na prestação do serviço – Dever de indenizar – Danos materiais – Autora comprovou gastos com aquisição de colete ortopédico e medicamentos utilizados no tratamento – Recurso dos réus negados. Danos morais – Acidente de transporte terrestre de passageiros – Ocorrência – Dano moral presumível (*damnum in re ipsa*) – Valor da indenização arbitrada em consonância com os critérios da razoabilidade e proporcionalidade, não comportando alteração – Recurso dos réus e adesivo da autora negados. Honorários advocatícios – Verba honorária fixada em patamar condizente com o art. 85, §2º, do CPC, de forma a remunerar condignamente o advogado, não comportando redução – Recurso adesivo da autora negado. Recursos negados." (*TJSP* – Ap 1031780-79.2016.8.26.0001, 20-7-2023, Rel. Francisco Giaquinto).

"Apelação – **Ação indenizatória de danos morais. Transporte coletivo de pessoas**. Queda ao descer do veículo no terminal. Decisão de improcedência. Recurso da Autora – Prova de que o veículo estava no parado no terminal no momento da queda. Inexistência de nexo causal e de obrigação de indenizar. Sentença deve ser mantida e confirmada, por seus próprios fundamentos, nos termos do art. 252 do RITJSP. Recurso desprovido. Recurso da Ré (Vip Transportes) – Ônus sucumbencial da lide secundária. Cabimento já que não obrigatória a denunciação. Descabimento de redução diante do novo CPC. Sentença deve ser mantida e confirmada, por seus próprios fundamentos, nos termos do art. 252 do RITJSP. Recurso da autora e da ré desprovidos" (*TJSP* – ApCív 1021422-09.2017.8.26.0005, 30-9-2020, Rel. Flávio Cunha da Silva).

"**Responsabilidade civil – Transporte coletivo** – Alegado cerceamento de defesa em razão da não produção da prova requerida – Inocorrência – Hipótese em que os documentos juntados foram suficientes para viabilizar o julgamento – Ausência de ofensa aos princípios da ampla defesa e do contraditório – Preliminar repelida. Responsabilidade civil – Transporte coletivo – Assédio sexual praticado dentro do vagão do Metrô – Improcedência – Ausência de prova de falha na prestação dos serviços – Na hipótese, não havia superlotação nas dependências da Ré ou na plataforma de embarque, que pudesse facilitar o assédio – Os seguranças da Ré agiram prontamente ao tomar conhecimento do ocorrido, conduzindo o molestador à Delegacia de Polícia – Danos morais não caracterizados – Sentença mantida – Recurso não provido" (*TJSP* – AC 1134626-71.2016.8.26.0100, 18-6-2019, Rel. Mario de Oliveira).

"**Responsabilidade civil – Transporte rodoviário** – Acidente que ocasionou o tombamento do veículo transportador e a perda parcial da carga segurada – Ação regressiva da seguradora – Cabimento – Cláusula DDR (Dispensa de Direito de Regresso) inaplicável na hipótese, diante da caracterização de uma de suas excludentes – Dever de indenizar da transportadora indeclinável – Pedido inicial julgado improcedente – Sentença reformada – Recurso provido, com fixação de honorários recursais, tal como prevê o art. 85, §§ 1º e 11, do CPC" (*TJSP* – Ap 1002261-80.2016.8.26.0576, 23-3-2018, Rel. Paulo Pastore Filho).

"Agravo interno no recurso especial – Civil e processual civil – **Responsabilidade Civil – Transporte de pessoas** – Tombamento de ônibus – Clausula de incolumidade – Dano Moral *in re ipsa* – Restabelecimento da sentença – A alegação de fato exclusivo de terceiro afastada pelo acórdão recorrido, sem interposição de recurso pelo agravante. Matéria preclusa novamente vertida no agravo interno. Súmula 07/STJ. Agravo interno desprovido" (*STJ* – AGInt-REsp 1.459.856 – (2014/0142621-8), 3-8-2017, Rel. Min. Paulo de Tarso Sanseverino).

"Responsabilidade Civil – **Acidente ferroviário** – Vítima que estava deitada sobre os trilhos em estado de embriaguez – Culpa Exclusiva – Reconhecimento – Recurso da ré acolhido, prejudicado o da autora – O estado de embriaguez da vítima como causa única e adequada do acidente afasta a hipótese de culpa concorrente da concessionária de transporte ferroviário. Denota, pelo contrário, culpa exclusiva da vítima na medida em que a sua imprudência foi motivo determinante para a ocorrência do infortúnio" (*TJSP* – Ap 0003774-06.2011.8.26.0082, 8-3-2016, Rel. Renato Sartorelli).

"**Agravo retido** – Interposição contra decisão saneadora que declarou inválido o acordo extrajudicial firmado entre as partes – Ajuste que se mostrou mesmo leonino e que autorizava a ingerência do judiciário em benefício do hipossuficiente, garantindo o direito de acesso à jurisdição – Agravo retido desprovido. Cerceamento de defesa – responsabilidade civil – acidente rodoviário – Arguição de que o laudo do assistente técnico foi desconsiderado, sendo necessário complemento e esclarecimentos da perícia – Descabimento – Perícia realizada pelo IMESC, órgão totalmente imparcial e que foi contundente, com base na prova produzida e no exame do autor, em comprovar o nexo de causalidade entre o fato e o dano – Questionamentos realizados, ademais, que se referiam ao mérito da demanda – Conclusão diversa da pretendida pela parte que não pode ser interpretada como afronta a princípio informador do processo civil – Preliminar repelida. Responsabilidade civil – acidente rodoviário – dano material, estético e moral – Acidente com o autor quando se encontrava em ônibus da ré na qualidade de passageiro – Freagem brusca que ocasionou sua queda e quebradura de três ossos da perna esquerda, que após cirurgia e fisioterapia por um ano, resultou em encurtamento do membro em três centímetros, seguido de cicatriz e vinte e oito centímetros – Responsabilidade da empresa configurada, já que objetiva, com ínsita cláusula de garantia de incolumidade do passageiro – Indenização por dano estético, arbitrada em R$ 15.000,00 e indenização por dano moral, arbitrada em R$ 10.000,00, que cabem ser conservadas – Dano material, reativo aos lucros cessantes de R$ 25,00 por dia de trabalho perdido, que merecem redução, abarcando apenas o período entre a data do fato e a efetiva alta hospitalar, afastada a obrigação de a ré providenciar a reabilitação, já que não houve invalidez total ou perda integral da capacidade laborativa, mas apenas para aquelas funções que requerem grande esforço físico – Seguradora litisdenunciada que deverá ressarcir as despesas que a ré tiver de suportar com os danos materiais (lucros cessantes) e estéticos (danos corpóreos), afastada a indenização por dano moral por não compreendida no seguro contratado – Valores percebidos pelo autor a título de indenização extrajudicial e despesas com transporte e medicamentos que deverão ser abatidos do montante final, sob pena de *bis in idem* – Pretensão à majoração das indenizações e dos honorários que ficam rechaçadas, ante a conclusão *supra* – Sentença parcialmente reformada – Agravo retido e recurso de apelação do autor desprovidos e parcialmente providos os das rés, nos termos do acórdão" (*TJSP* – Ap 0002323-94.2010.8.26.0238, 12-8-2015, Rel. Jacob Valente).

A responsabilidade do transportador triparte-se, na verdade. Deve ser vista sob o prisma da responsabilidade quanto ao passageiro ou mercadoria transportada; com relação a terceiros e com relação aos seus empregados. Com relação a terceiros, a responsabilidade é extracontratual, como no caso de atropelamentos e acidentes de trânsito. Com relação a empregados, há todo um sistema de acidentes do trabalho a ser examinado. Aqui nossa maior preocupação será no tocante à responsabilidade do transportador com relação aos passageiros e à carga, que é contratual, sem, porém, descuidar da questão envolvendo prejuízos a terceiros.

O contrato de transporte contém obrigação típica e emblemática de resultado; incumbe ao transportador levar a coisa, ou pessoa, incólume, até o destino programado. A regra, que já era tradicional no século XIX, decorrente da longa experiência de vários séculos no transporte marítimo, difundiu-se para toda classe de transportes. Além da incolumidade, o contrato de transporte traz como consequência em seu bojo a obrigação de custódia.

19.2 RESPONSABILIDADE DAS ESTRADAS DE FERRO. EXTENSÃO DE APLICAÇÃO DESSA LEI. CÓDIGO DE DEFESA DO CONSUMIDOR NOS TRANSPORTES

O Decreto nº 2.681, de 7 de dezembro de 1912, anterior portanto ao Código Civil de 1916, adotou a mesma linha do Código mercantil, estatuindo o que denominou *"culpa presumida"*. Dispôs no art. 1º:

> *"As estradas de ferro serão responsáveis pela perda total ou parcial, furto ou avaria das mercadorias que receberem para transportar.*
>
> *Será sempre presumida a culpa e contra esta presunção só se admitirá alguma das seguintes provas:*
>
> *1ª) caso fortuito ou força maior;*
>
> *2ª) que a perda ou avaria se deu por vício intrínseco da mercadoria ou causas inerentes à sua natureza;*
>
> *3ª) tratando-se de animais vivos, que a morte ou avaria foi consequência de risco que tal espécie de transporte faz naturalmente correr;*

"Acidente sofrido durante a vigência de contrato de transporte coletivo. **Responsabilidade objetiva**. Lesões de natureza leve. Majoração da indenização. Honorários advocatícios. Obediência aos parâmetros do arts. 20, § 3º e 4º, do Código de Processo Civil – Recurso provido, em parte" (*TJSP* – Ap 0011003-60.2010.8.26.0564, 27-5-2014, Rel. César Peixoto).

"**Agravo retido** – Interposição fora do decêndio legal (art. 522, CPC) – Recurso não conhecido – Responsabilidade civil – Contrato de transporte – Veículo terrestre – Legitimidade das partes configurada – Van contratada pelo coautor para condução de sua mãe, também autora, de Ribeirão Preto a casa de familiares em Carapicuíba. Obrigação de resultado. Inadimplemento absoluto, eis que a demandante, idosa, com problemas de saúde e analfabeta, foi deixada à mercê da própria sorte, inexplicavelmente, na periferia de Osasco, tendo até mesmo sido submetida ao vexame de fazer necessidades fisiológicas na própria roupa. Danos materiais e morais configurados e plenamente comprovados. É obrigação do transportador garantir a incolumidade dos transportados e tomar todas as cautelas, bem como arcar com prejuízos oriundos da incúria de terceiros (no caso, motorista 'free-lancer' arregimentado pelos réus para manejar a van), porque tais eventos não são alheios à organização de seu empreendimento. Danos morais configurados, e por ambos os autores, à luz do substrato probatório. *Quantum* indenitário moral rearbitrado em R$ 1.500,00 para o filho e R$ 5.000,00 para a mãe (afora juros de mora, a contar da citação, à base de 0,5 e 1% ao mês, e atualização monetária pela tabela prática do TJSP, a partir da publicação da sentença), observados os vetores que orientam a matéria. Verba honorária arbitrada com base no art. 20, § 3º, CPC (20% do valor total da condenação). Condenação a ser suportada solidariamente por ambos os demandados. Apelações parcialmente providas" (*TJSP* – Ap 9083626-80.2008.8.26.0000, 4-9-2014, Rel. Fernandes Lobo).

> *4ª) que a perda ou avaria foi devida ao mal acondicionamento da mercadoria ou a ter sido entregue para transportar sem estar encaixotada, enfardada, ou protegida por qualquer outra espécie de envoltório;*
>
> *5ª) que foi devido a ter sido transportada em vagões descobertos, em consequência de ajuste ou expressa determinação do regulamento;*
>
> *6ª) que o carregamento e descarregamento foram feitos pelo remetente ou pelo destinatário ou pelos seus agentes e disto proveio a perda ou avaria;*
>
> *7ª) que a mercadoria foi transportada em vagão ou plataforma especialmente fretada pelo remetente, sob a sua custódia e vigilância, e que a perda ou avaria foi consequência do risco que essa vigilância devia remover."*

No tocante aos danos pessoais aos passageiros, estabeleceu o art. 17:

> *"As estradas de ferro responderão pelos desastres que nas suas linhas sucederem aos viajantes e de que resulte a morte, ferimento ou lesão corpórea.*
>
> *A culpa será sempre presumida, só se admitindo em contrário alguma das seguintes provas:*
>
> *I – caso fortuito ou força maior;*
>
> *II – culpa do viajante, não concorrendo culpa da estrada".*

Esse diploma legal se referiu expressamente ao ônus da prova e à culpa presumida da estrada, mas, como ficou assente posteriormente na doutrina e na jurisprudência, estatuiu, na verdade, a responsabilidade objetiva das estradas de ferro. Houve, na realidade, defeito terminológico na lei ao se referir à culpa presumida.

Essa mesma Lei trouxe outro princípio fundamental no art. 26:

> *"As estradas de ferro responderão por todos os danos que a exploração de suas linhas causar aos proprietários marginais. Cessará, porém, a responsabilidade, se o fato danoso for consequência direta da infração, por parte do proprietário, de alguma disposição legal ou regulamentar relativa a edificações, plantações, escavações, depósito de materiais ou guarda de gado à beira das estradas de ferro".*

Nos primeiros tempos das ferrovias, as maiores preocupações diziam respeito a incêndios que ocorriam com frequência nas propriedades marginais. O diploma previu, portanto, os danos aos passageiros e às coisas transportadas, bem como aos terceiros proprietários vicinais da estrada.

Em síntese, tanto com relação às mercadorias, quanto aos passageiros e proprietários lindeiros, foi estabelecida a responsabilidade objetiva da estrada, somente elidida se provada a culpa exclusiva da vítima, bem como caso fortuito ou força maior. No tocante aos passageiros e às mercadorias, a responsabilidade é de índole contratual. Recebendo o passageiro e sua bagagem e coisas para transportar, o transportador assume a obrigação de levá-los a seu destino com incolumidade, respondendo pelos danos que vierem a ocorrer. Com relação aos terceiros, proprietários marginais, a responsabilidade é extracontratual, respondendo a estrada pelos atos de seus empregados e prepostos. Com relação aos danos praticados a outros terceiros pela estrada de ferro, seus empregados e prepostos, que não passageiros ou proprietários lindeiros, a responsabilidade rege-se pelos princípios gerais do art. 186 ou na forma do art. 17 do Código de Defesa do Consumidor). A mesma situação se aplica em relação às ferrovias utilizadas exclusivamente para transporte urbano, como era com os bondes elétricos no passado e como é atualmente com o metrô. A doutrina e a jurisprudência evoluíram muito cedo para concluir pela responsabilidade objetiva do transportador, fundada na teoria do risco.

Essa lei manteve-se sempre rejuvenescida pela jurisprudência, que por analogia estendeu largamente sua aplicação. Em linhas gerais, assim como para o transporte coletivo de ônibus e veículos que lhes fazem as vezes, os princípios do velho Decreto nº 2.681/12 continuam aplicáveis a toda modalidade de transporte terrestre, inclusive táxis. Só não tem muito sentido estender a aplicação dessa lei para danos ocasionados por elevadores e escadas rolantes (Cavalieri Filho, 2004:296).[2]

Não se excluem da aplicação dos princípios gerais que norteiam o transporte também os chamados "transportes alternativos" ou não regulamentados, cuja compreensão é alcançada pelo art. 730 do Código Civil de 2002. Os novos serviços de táxi são exemplos também alcançados pelos princípios gerais do transporte. Ainda porque o art. 731 é expresso ao se referir ao transporte exercido em virtude de autorização, permissão ou concessão, cujas normas regulamentares se aplicam. Assim, esses famigerados transportes alternativos, criados pela conivência e incúria do Estado, que pululam nas nossas médias e grandes cidades, como peruas, *vans* e outros veículos, submetem-se à responsabilidade objetiva, ainda que não fosse pelos princípios exclusivamente de direito civil, pelos termos peremptórios do Código de Defesa do Consumidor. Ademais, como esses transportadores não possuem geralmente patrimônio para responder pelos danos que causam, como sua atividade necessariamente deveria ser regulada pelo Estado, não se afasta a responsabilidade deste pelo ato omissivo em não supervisionar devidamente esse transporte.

Os arts. 1º e 17 falam, como se nota, em culpa presumida. De início, com base na literalidade do texto, entendeu-se que a responsabilidade do transportador era subjetiva, dentro

---

[2] "Apelações – Ação de indenização por danos morais – **Responsabilidade civil – Transporte de passageiros** – Autor que é passageiro da empresa ré e que, por ser deficiente físico necessitando de locomoção por meio de cadeira de rodas, sofreu danos morais em razão do mau serviço prestado pela requerida. Narrou o autor que, por diversas vezes, o elevador do coletivo estava quebrado, que não recebeu auxílio adequado e que foi obrigado a se arrastar pelo assoalho do veículo. Sentença que julgou parcialmente procedente o pedido. Indenização por dano moral arbitrada em R$ 23.850,00. Empresa demandada condenada a arcar com as custas, despesas processuais e honorários advocatícios, estes fixados em 20% sobre o valor atualizado da condenação. Apelo do autor pugnando pela majoração do *quantum* indenizatório para R$ 56.220,00. Apelo da empresa ré. Pleiteando a reforma total da r. sentença para julgar improcedente o pleito indenizatório. Ambos sem razão. Responsabilidade objetiva da prestadora do serviço de transporte configurada. Dever de conduzir o passageiro incólume até o destino. Aplicação dos artigos 734, *caput*, 735, 932, III, e 933 do Código Civil e 14, *caput*, do Código de Defesa do Consumidor. Empresa requerida que não produziu nenhuma prova que infirmasse as produzidas pelo autor. Prejuízo moral *in re ipsa*. Humilhação do passageiro, deficiente físico, que teve de rastejar pelo assoalho do veículo. Mantida a quantia estabelecida em primeiro grau. Verba honorária fixada de modo adequado. Honorários recursais não arbitrados, pois já fixados em percentual máximo. Apelos desprovidos" (*TJSP* – AC 1006847-65.2017.8.26.0176, 14-8-2019, Rel. Roberto Maia).

"Apelação cível – **Ação de indenização por danos morais** – Pane em elevador – Ocupantes presos por mais de quatro horas – Responsabilidade solidária do condomínio e da empresa de manutenção de elevadores configurada – Danos morais comprovados – *Quantum* indenizatório – Fixação em valor razoável – Majoração – Cabimento – Comprovada a responsabilidade de ambos os réus pelo evento descrito nos autos, sendo a do condomínio requerido pela culpa *in elegendo* e pela negligência na fiscalização tanto dos trabalhos executados pela sua contratada como também da utilização do transporte pelo seu público e, a da empresa ré, pela negligência e imprudência na realização da manutenção do elevador, devem responder de forma solidária pelos danos suportados pelos consumidores. A permanência em confinamento por mais de quatro horas em razão de pane ocorrida no elevador de shopping supera, em muito, a categoria de mero aborrecimento e dá causa, sem dúvida, a um legítimo abalo de ordem moral. A indenização a título de danos morais deve ser fixada segundo critérios de razoabilidade e proporcionalidade e com a observância das circunstâncias peculiares do caso, sendo cabível a sua majoração na hipótese, porquanto arbitrada em valor insuficiente para surtir os efeitos esperados, quais sejam, reparar os prejuízos suportados pelo consumidor, punir a parte ré pela conduta já adotada e inibi-la na adoção de novas práticas lesivas, comportando majoração quando não fixada em montante compatível com tais parâmetros" (*TJMG* – AC 1.0313.15.017482-6/001, 15-2-2019, Rel. Arnaldo Maciel).

da modalidade da culpa presumida. Essa não foi, no entanto, a exegese que vingou, mas a de que a lei das estradas de ferro adotou a teoria objetiva ou teoria do risco. Quando se trata de culpa presumida, há apenas inversão do ônus da prova, carreando-se ao causador do dano o encargo de provar que não agiu com culpa. Uma vez provado que não agiu com culpa, elide-se a presunção e safa-se do dever de indenizar. Na responsabilidade objetiva, não há que se cuidar da culpa: o autor da conduta, o causador do dano, somente se exonera do dever de indenizar se provar a ocorrência de uma das causas excludentes do nexo causal, em síntese, caso fortuito ou força maior, bem como culpa ou fato imputável exclusivamente à vítima. Note, a propósito do transporte de mercadorias, que todas as excludentes descritas no art. 1º transcrito giram em torno desses conceitos.

Desse modo, na provecta lei em tela não se admite que o transportador faça prova de que não agiu com culpa, somente se admitindo a prova da ocorrência dos fatos excludentes, como, principalmente, culpa exclusiva da vítima. Destarte, embora tenha sido feita referência à culpa presumida no diploma legal, a doutrina de há muito sempre se posicionou que se trata de admissão de responsabilidade do transportador independente de culpa. A jurisprudência, de seu lado, encarregou-se de alargar a aplicação dessa lei a todas modalidades de transportes terrestres. Foi nesse estágio do direito brasileiro que entrou em vigor o Código de Defesa do Consumidor, que evidentemente também se aplica aos transportes, e o entendimento da responsabilidade objetiva do fornecedor nele presente serviu para unificar o conceito de responsabilidade contratual e extracontratual sob o manto do defeito do serviço. A responsabilidade no sistema consumerista é objetiva, não mais com base em um ato ou em uma conduta do agente, mas porque houve defeito do serviço: o fornecedor de produto ou serviço é responsável, desde que se demonstre nexo causal e defeito de seu produto ou serviço ou acidente de consumo.[3]

---

3 "Direito civil. **Responsabilidade civil**. Contrato de transporte. Ação de reparação de danos materiais e morais. Queda de passageira em ônibus. Responsabilidade objetiva da transportadora. Excludentes não comprovadas. Nexo de causalidade comprovado por prova documental e pericial indireta. Redução do quantum indenizatório. Termo inicial dos juros de mora. Recurso adesivo da autora desprovido. Recurso da ré parcialmente provido. I. Caso em exame Apelação interposta por Vip Transportes Urbanos Ltda. e recurso adesivo de apelação interposto por Vera Helena Salles Freua contra sentença que julgou procedente ação de reparação de danos materiais e morais ajuizada por esta última em razão de queda sofrida dentro de ônibus da ré, ocasionada por freada brusca, resultando em lesões graves. A sentença condenou a ré ao pagamento de R$ 50.000,00 a título de danos morais, além da responsabilização da seguradora denunciada à lide. II. Questão em discussão Há quatro questões em discussão: (i) verificar se a ausência de comprovação do óbito da autora justifica a suspensão do processo para habilitação de herdeiros; (ii) definir se houve cerceamento de defesa pela não realização de prova oral requerida pela ré; (iii) estabelecer se a empresa transportadora deve ser responsabilizada pelo acidente ocorrido dentro do ônibus; (iv) determinar se o valor da indenização por danos morais deve ser mantido, majorado ou reduzido. III. Razões de decidir Preliminares. O pedido de suspensão do processo por suposto óbito da autora não pode ser acolhido, pois não houve comprovação documental do falecimento e a autora conferiu procuração válida a seu advogado, permitindo a continuidade do feito. O cerceamento de defesa não se configura, pois o juiz é o destinatário da prova e pode indeferir diligências desnecessárias. O acervo probatório existente (boletim de ocorrência, prontuário médico e prova pericial) já era suficiente para a formação do juízo de convencimento. Mérito. A empresa de transporte responde objetivamente pelos danos causados a seus passageiros, nos termos do art. 37, § 6º, da CF, arts. 734 e 735 do CC e art. 14 do Código de Defesa do Consumidor. O boletim de ocorrência e os depoimentos do motorista e do cobrador confirmam a ocorrência do acidente e o nexo de causalidade entre a queda da autora e a freada brusca. A perícia indireta constatou a existência do dano e sua conexão com o acidente, reforçando a responsabilidade da transportadora. A indenização por danos morais deve corresponder à intensidade e extensão do dano, devendo ser reduzido o valor da indenização para R$ 25.000,00. Precedentes desta C. Câmara. O termo inicial dos juros de mora deve ser mantido na data da citação, pois a responsabilidade decorre de contrato de transporte. Sentença parcialmente reformada. IV. Dispositivo e tese Recurso adesivo da autora desprovido. Recurso da ré parcialmente provido para reduzir o valor da indenização por danos morais para R$ 25.000,00. Tese de julgamento: '1. A transportadora responde objetivamente pelos danos causados aos passageiros, salvo comprovação de excludente de responsabilidade. 2. O nexo causal entre o acidente e as lesões pode ser demonstrado por prova

O caso fortuito e a força maior, de cuja compreensão nos ocupamos no primeiro capítulo desta matéria, terão um entendimento que dependerá do exame do caso concreto nas condições específicas do transporte.[4]

---

documental e pericial indireta. 3. O valor da indenização deve corresponder à intensidade e extensão do dano experimentado. 4. O termo inicial dos juros de mora, em caso de responsabilidade contratual, é a data da citação'. Legislação e Jurisprudência relevantes citadas. Legislação: CF/1988, art. 37, § 6º; CC, arts. 405, 734 e 735; CDC, art. 14; CPC. Jurisprudência: STJ, AgInt no AREsp 873822/SP, Rel. Min. Marco Aurélio Bellizze, 3ª Turma, j. 16.06.2016; STJ, REsp 879.677/DF, Rel. Min. Luis Felipe Salomão, 4ª Turma, j. 11.10.2011" (*TJSP* – Ap 1003182-66.2017.8.26.0006, 26-3-2025, Rel. Lidia Regina Rodrigues Monteiro Cabrini).

"**Responsabilidade civil – Transporte metroviário** – Queda de passageiro no vão entre a plataforma da estação e o vagão do trem, ocasionada por empurrão sofrido – Responsabilidade objetiva da ré, somente afastada por fortuito externo, força maior, fato exclusivo da vítima ou fato de terceiro (que não guarda relação com a atividade de transporte) – Inexistência de elementos caracterizadores das excludentes de responsabilidade – Súmula 187 do c. STJ, arts. 734 e 735 do CC e art. 14, § 2º, II, do CDC – Dever de indenizar configurado – Danos morais caracterizados – Dor e sofrimento que decorrem do fato da violação – Quantia arbitrada em R$ 8.000,00 que atende aos parâmetros da jurisprudência e à finalidade de oferecer certo conforto ao lesado, sem favorecer seu enriquecimento ilícito – Recurso improvido" (*TJSP* – Ap 0214744-32.2008.8.26.0100, 12-2-2019, Rel. Paulo Roberto de Santana).

"**Responsabilidade civil – Transporte marítimo** – Pacote turístico de quatro dias e três noites, com eventos temáticos – Incontroverso o extravio temporário da mala do autor por cerca de dois dias – Mala do autor que foi entregue, por negligência da corré 'MSC', na cabine de outro hóspede – Autor que permaneceu sem os seus pertences, dentre os quais roupas e acessórios que seriam utilizados nos eventos temáticos realizados na viagem – Não caracterizada culpa exclusiva de terceiro, que não devolveu, prontamente, a mala pertencente ao autor – Responsabilidade solidária das rés reconhecida. Responsabilidade civil – Dano moral – Transporte marítimo nacional – Extravio temporário de bagagem – Danos morais suportados pelo autor que ficaram configurados – Situação vivenciada pelo autor que lhe acarretou transtornos, sério aborrecimento e desgaste emocional – Indenização por danos morais devida. Dano moral – *Quantum* – Critério de prudência e razoabilidade que há de ser observado – Mantido o valor indenizatório de R$ 10.000,00, correspondente a, aproximadamente, dez salários mínimos atuais (R$ 954,00) – Autor que ficou sem a sua mala por dois dias no total de três noites – Procedência parcial da ação que há de persistir – Apelo da corré 'MSC' desprovido" (*TJSP* – Ap 1016571-70.2016.8.26.0001, 1-8-2018, Rel. José Marcos Marrone).

"Acidente de trânsito – Ação indenizatória – Pretensão deduzida pela esposa da vítima fatal em face da empresa de ônibus. **Responsabilidade objetiva** das concessionárias de transporte público pelos danos causados a usuários e não usuários do serviço. Precedente do Supremo Tribunal Federal. Inteligência do art. 37, § 6º, da Constituição Federal. Ausência de culpa exclusiva ou concorrente da vítima. Estado de necessidade configurado que, todavia, não afasta o dever de reparar o dano, pois a vítima não foi a causadora do perigo. Inteligência do art. 929 do CC. Dever de indenizar reconhecido. Dano moral caracterizado. Valor a ser arbitrado com atenção aos princípios da razoabilidade e proporcionalidade. Recurso parcialmente provido" (*TJSP* – Ap 0010550-05.2010.8.26.0002, 5-2-2016, Rel. Gilson Delgado Miranda).

"**Apelação ação indenizatória de perdas e danos c.c. com danos morais** – transporte de pessoas – dever de incolumidade – responsabilidade objetiva – danos morais reconhecidos – denunciação à lide da seguradora – Decisão de procedência parcial quanto ao pedido do autor e procedência quanto à denunciação à lide. Recurso da litisdenunciada. Justiça gratuita não deferida por ausência de comprovação de incapacidade para arcar com as despesas. Não incidência de juros por estar em liquidação extrajudicial. Sentença mantida. Recurso do autor Majoração da verba indenizatória por dano moral e dos honorários sucumbenciais. Adequação aos critérios de razoabilidade e proporcionalidade. Sentença mantida. Recursos desprovidos" (*TJSP* – Ap 0002050-63.2008.8.26.0084, Rel. Flávio Cunha da Silva, 24-4-2015).

4 "Ação indenizatória por danos materiais e morais – Transporte aéreo internacional – Voo de São Paulo a Miami – Cancelamento do voo contratado, realocando-se o autor em voo partindo no dia seguinte chegando ao destino com aproximadamente 13 horas de atraso, ocasionando a perda de compromisso profissional previamente agendado – **Aplicação do Código de Defesa do Consumidor** – Prestação de serviços inadequada importando em responsabilidade objetiva da ré (art. 14 do CDC) – Falha na prestação de serviço evidenciada – Cancelamento do voo contratado devido à reestruturação de malha aérea destituída de indício mínimo de prova a respeito, além de fato inerente ao próprio risco da atividade empresarial do transporte aéreo, não caracterizando caso fortuito ou força maior – Fortuito interno caracterizado – Danos materiais comprovados – Remarcação do voo para o dia seguinte, arcando o autor com despesas de locomoção (UBER) de sua residência ao aeroporto – Danos morais evidenciados – Damnum in re ipsa, evidenciado com o próprio ato ilícito – Recurso da ré negado. Juros moratórios – Danos morais – Termo inicial – Culpa contratual – Juros de mora da citação – Precedentes do STJ – Recurso do réu negado. Danos morais – Verba indenizatória – Majoração – Possibilidade – Danos morais majorados em consonância com os critérios da razoabilidade e proporcionalidade, segundo a extensão do dano (art. 944 do CC) – Recurso do autor provido, negado o recurso da ré.* Recurso do autor provido, negado o recurso da requerida" (*TJSP* – Ap 1003896-35.2022.8.26.0011, 4-10-2022, Rel. Francisco Giaquinto).

Assim também deve ser vista a culpa exclusiva do passageiro. Passageiro que viaja sobre vagão da composição ferroviária, no chamado surfe ferroviário, assume totalmente o risco pelo acidente. No entanto, há decisões elásticas, que levam em conta que quando o passageiro ingressa no recinto da estação ferroviária destinado aos passageiros, inicia-se a obrigação de incolumidade da ferrovia, terminando apenas com sua saída na estação de destino. Não se esqueça que o metrô, existente em várias metrópoles do País, é também uma ferrovia.

O fato de ter sido paga a passagem é irrelevante, pois este é aspecto que afeta a execução do contrato. Cabe à ferrovia, por meio de seus agentes de segurança, zelar para que o passageiro não se coloque em situação de risco, viajando sobre o trem, dependurado nas portas ou sobre estribos etc. Nessas situações, alarga-se desmedidamente a responsabilidade da ferrovia, adotando-se o risco integral. Na verdade, nem sempre o relato de uma ementa jurisprudencial dá bem a noção do fato que foi julgado. Com muita frequência, a deficiência do serviço de transporte em nosso país, ferroviário ou rodoviário, permite que os veículos transitem com superlotação, com portas abertas e defeituosas, apinhados de passageiros, dependurados em locais de alto risco. Acidentes ocorridos nessas condições evidenciam um defeito do serviço e como tal responsabilizam o transportador, ainda que, por vezes, se admita culpa concorrente da vítima. Nesse sentido se posicionam julgados do Superior Tribunal de Justiça: a ferrovia não

---

"**Responsabilidade civil – Transporte coletivo** – Alegado cerceamento de defesa em razão da não produção da prova requerida – Ocorrência – Hipótese dos autos que não permitia o julgamento antecipado da lide – Relevância da dilação probatória com prévia definição do ônus de cada parte – Sentença anulada – Recurso provido" (*TJSP* – AC 1030480-08.2018.8.26.0100, 29-8-2019, Rel. Mario de Oliveira).

"Responsabilidade civil – Ação indenizatória – Transporte – **Transporte de passageiros** – Passageira que teve a sua mão lesionada quando do fechamento das portas automáticas de trem – Fato incontroverso – Inversão do ônus da prova – Admissibilidade – Ônus da prova da transportadora-Ré – Inteligência do art. 6º, VIII, do CDC – Inexistência de prova a eximir a responsabilidade da transportadora-Ré – Responsabilidade objetiva da transportadora – Inteligência do art. 37, § 6º, da CF/88, do art. 734 do Código Civil e do art. 14, do CDC – Contrato de transporte que traz implícito em seu conteúdo a cláusula de incolumidade, pela qual o passageiro tem o direito de ser conduzido, são e salvo, com os seus pertences, ao local de destino – A não obtenção desse resultado importa no inadimplemento das obrigações assumidas e a responsabilidade pelo dano ocasionado – Indenização por danos morais fixada em R$ 8.000,00 – Cabimento – Ação procedente – Sentença confirmada pelos seus próprios fundamentos, inteiramente adotados como razão de decidir, nos termos do art. 252 do Regimento Interno deste Egrégio Tribunal de Justiça – Honorários advocatícios majorados de 15% para 20% do valor final da condenação, em observância ao disposto no art. 85, § 11, do CPC/2015 – Recurso desprovido, com observação" (*TJSP* – Ap 1002650-70.2016.8.26.0348, 16-3-2018, Rel. Álvaro Torres Júnior).

"**Acidente de trânsito** – Transporte de caçamba – Ação de indenização por danos materiais e morais – Caçamba que se desprende do caminhão e vitima fatalmente o pai dos autores. Caso fortuito não verificado. Caçamba que era inadequada ao caminhão que a transportava. Caminhão que invadiu a contramão. Outrossim, o transportador responde objetivamente em relação às vítimas do acidente, que são equiparadas aos consumidores. Art. 17, CDC. Soltura da caçamba que é fato inerente à atividade empresarial exercida pela ré. Fortuito interno que não exclui a responsabilidade da transportadora. Danos morais configurados. Morte do genitor dos autores que gera sofrimento e abalo psicológico que ultrapassa o mero aborrecimento, ainda que somente um autor residisse com o pai. Quantia fixada em 200 salários mínimos a ser dividida pelos cinco filhos, que se mostra adequada e dentro dos parâmetros estabelecidos pelo STJ. Pensão mensal devida ao filho interditado no valor de 2/3 do salário do pai falecido, nos termos da inicial. Indevido o abatimento da pensão fixada judicialmente com a pensão previdenciária. Natureza jurídica distinta. Ausência de *bis in idem*. Motocicleta que sofreu danos de grande monta, devendo ser indenizada integralmente. Constituição de capital que objetiva assegurar o pagamento do valor da pensão mensal. Art. 475-Q, CPC. Apelante que não traz subsídios para o indeferimento da constituição de capital. Sentença mantida. Apelo improvido" (*TJSP* – Ap 0007485-86.2011.8.26.0286, 15-2-2016, Rel. Ruy Coppola).

"**Acidente ferroviário**. Atropelamento. Responsabilidade objetiva da ré. Ausência de culpa exclusiva da vítima. Dano moral bem fixado. Danos materiais a serem acrescidos ao cônjuge supérstite, perdurando até a idade presumida de 70 anos da vítima. Apelo da ré improvido, parcialmente provido o dos autores" (*TJSP* – Ap. 0145599-49.2009.8.26.0100, 6-9-2013, Rel. Soares Levada).

se exime de responsabilidade quando acidente vitima pingente, porque não presta serviço em condições (RE 13.681, Rel. Min. Dias Trindade; RE 25.533-1, Rel. Fontes de Alencar).[5]

[5] "**Transporte ferroviário** – Ação de indenização – Danos materiais e lucros cessantes – Ausência de comprovação acerca de danos emergentes e lucros cessantes – Laudo médico que concluiu não ter havido sequelas funcionais ou incapacitantes – Danos morais – Contrato de transporte de passageiros – Acidente no embarque – Autora que alega ter sido empurrada, ficando com a mão presa na porta do trem – Obrigação da transportadora de resultado, de conduzir os passageiros incólumes a seu destino – Responsabilidade objetiva – Culpa exclusiva da vítima não comprovada – Hipótese em que sofreu a requerente danos físicos momentâneos (sem sequelas) e dano moral decorrente do evento – Reparação por danos morais devida – Valor que deve ser suficiente a reparar os danos sofridos e desestimular a infratora à reiteração da prática do ilícito – Fixação em R$ 10.000,00 – Correção monetária a partir da publicação do acórdão e juros de mora de 1% ao mês a partir da citação – Inversão dos ônus sucumbenciais – Recurso parcialmente provido" (*TJSP* – AC 0012452-67.2012.8.26.0278, 16-8-2019, Rel. Spencer Almeida Ferreira).

"Apelações cíveis – **Direito do consumidor** – Autor que fora lançado para fora da composição de trem que trafegava com as portas abertas. Acidente que ensejou a amputação do terço distal da perna esquerda do demandante, além de sequelas psicológicas oriundas de forte impacto em sua cabeça. Sentença que condenou a Ré ao pagamento da verba de R$ 30.000,00 (trinta mil reais) a título compensatório por danos morais e R$ 30.000,00 (trinta mil reais) por danos estéticos. Tese de culpa exclusiva da vítima. Impossibilidade. Ré que não cumpriu com seu dever de cuidado e segurança ao permitir que suas composições trafegassem com as portas abertas. Culpa concorrente. Há culpa concorrente entre a concessionária do transporte ferroviário e a vítima, seja pelo atropelamento desta por composição ferroviária, hipótese em que a primeira tem o dever de cercar e fiscalizar os limites da linha férrea, mormente em locais de adensamento populacional, seja pela queda da vítima que, adotando um comportamento de elevado risco, viaja como 'pingente'. Em ambas as circunstâncias, concomitantemente à conduta imprudente da vítima, está presente a negligência da concessionária de transporte ferroviário, que não se cerca das práticas de cuidado necessário para evitar a ocorrência de sinistros (REsp 1.034.302/RS, Rel. Ministra Nancy Andrighi, Terceira Turma, julgado em 12/04/2011, *DJe* 27/04/2011). Autor que deambulava no interior da composição da Ré em atividade de mercancia, o que, evidentemente, diminuía sua capacidade de segurar-se. Pensionamento. Possibilidade. As sequelas advindas do acidente 'o aleijão e problemas psicológicos' impossibilitaram que o demandante exerça atividade laborativa. Fixação de um salário mínimo por mês desde a data do acidente até a morte do Autor, fato ocorrido em 26/03/2011. Danos emergentes. Não comprovação de despesas hospitalares, ou com tratamentos psicológicos, ou mesmo com a aquisição de prótese. Juros de mora sobre a verba reparatória que deve incidir a partir da citação, na forma do artigo 405 do Código Civil. Observância da proporção de 0,5% ao mês com relação ao período em que vigia o Código Civil de 1916, passando para a proporção de 1% (um por cento) a partir da égide do Código Civil de 2002. Recursos conhecidos e parcialmente providos" (*TJRJ* – Ap 0165022-79.1998.8.19.0001, 15-12-2018, Rel. Murilo André Kieling Cardona Pereira).

"Apelação – **Responsabilidade Civil** – Ação de reparação de danos morais e materiais julgada parcialmente procedente. Contrato de transporte rodoviário. Colisão de veículos (ônibus *x* caminhão). Lesão física ocorrida em passageira. Nexo causal evidenciado. Responsabilidade objetiva do prestador de serviços. Passageira que não utilizava cinto de segurança. Irrelevância. Medida que não se presta a afastar a responsabilidade objetiva da transportadora. Aplicação da teoria da causalidade adequada. Acidente de grandes proporções, em rodovia interestadual, com inúmeras vítimas e dois óbitos. Situação que ultrapassa o mero aborrecimento. Dano moral configurado. *Quantum* indenizatório bem fixado. Dano material. Bagagem. Extravio. Relação existente entre o passageiro e a empresa de transporte encontra-se albergada pela Lei 8.078/90, não se sujeitando à taxação prevista na Convenção de Montreal ou de Varsóvia. Ausência de termo de vistoria e discriminação de conteúdo. Importância pleiteada proporcional e compatível com o valor da mala e dos pertences daquele que provém de outro Estado. Passagem. Restituição do valor pago que se dará de forma simples. Inaplicável o disposto no art. 42 do CDC, pois não houve cobrança indevida, mas por descumprimento contratual. Sentença reformada neste ponto. DPVAT. Ausente prova de recebimento do aludido montante pela vítima do sinistro. Impossibilidade de compensação de valores. Recurso parcialmente provido" (*TJSP* – Ap 0110535-81.2009.8.26.0001, 14-9-2017, Rel. Silveira Paulilo).

"Acidente de trânsito – **Transporte de passageiros** – Indenização por danos morais – Acidente ocasionado por batida de veículo – Lesões comprovadas – Incidência dos arts. 734 e 735 do Código Civil – Responsabilidade civil reconhecida – Lesão extrapatrimonial configurada – Razoabilidade do valor da compensação arbitrado – Recurso ao qual se nega provimento" (*TJSP* – Ap 0031903-13.2011.8.26.0602, 24-5-2016, Rel. Alberto Gosson).

"**Ação de indenização por danos materiais e morais**. Procedência parcial dos pedidos. Insurgência da ré. Contrato de transporte de pessoas. Lesões sofridas pelo autor decorrentes de acidente com o veículo de transporte coletivo da ré. Responsabilidade objetiva do transportador. Cláusula de incolumidade. Aplicação dos artigos 734 do Código Civil, 6º, inciso x do Código de Defesa do Consumidor e 37, § 6º da Constituição Federal. Dever de segurança. Danos morais 'in re ipsa'. Valor fixado que se mostra excessivo para compensar o sofrimento experimentado pelo autor. Possibilidade de redução. Atendimento aos princípios da proporcionalidade e razoabilidade. Consectários legais. Responsabilidade contratual. Juros de mora computados a partir da citação da ré. Incidência de correção

No transporte rodoviário, como as estações não pertencem, em princípio, ao transportador, sua responsabilidade inicia-se com o ingresso do passageiro no veículo. Também não se leva em conta o pagamento da passagem, ainda porque este com frequência se dá no interior do veículo. Desse modo, se ao tentar adentrar veículo, o motorista arranca repentinamente e ocasiona o acidente, o transportador será responsável.

Sob o mesmo diapasão, em princípio o transportador também não se libera da indenização por fato de terceiro. Nesse sentido a Súmula 187 do Supremo Tribunal Federal: *"A responsabilidade contratual do transportador, pelo acidente com passageiro, não é elidida por culpa de terceiro contra o qual tem ação regressiva"*.

Desse modo, não se exime o transportador rodoviário da obrigação de indenizar, se outro veículo inadvertidamente obstou seu curso e o ônibus precipitou-se em ribanceira, vitimando passageiros. Ressaltamos, nessa hipótese, que o fato de terceiro ingressa no âmbito da cláusula de incolumidade do transportador e faz parte do risco do negócio.[6] Constitui o que a doutrina

---

monetária desde a data do arbitramento. Súmula nº 362 do Superior Tribunal de Justiça. Honorários de sucumbência. Pagamento imputado à ré em atenção ao princípio da causalidade. Montante adequado respeitados os parâmetros impostos pelo artigo 20, § 3º, do Código de Processo Civil. Recurso provido em parte" (*TJSP* – Ap 0010347-42.2003.8.26.0114, 18-2-2015, Relª Marcia Dalla Déa Barone).

6 "Ação indenizatória por danos morais – Ação julgada improcedente – **Transporte ferroviário de passageiro** – Petição inicial narrando a autora, no momento do embarque em trem do réu, teve sua mão esmagada pela porta da composição, sofrendo lesões físicas e morais – Réu sustenta inexistir falha na prestação do serviço de transporte, por se tratar de acidente por culpa exclusiva da vítima – Julgamento antecipado da lide – Descabimento – Matéria debatida tem natureza fática e controvertida, tornando imprescindível a dilação probatória, com produção das provas pleiteadas pela requerente – Cerceamento de defesa caracterizado – Precedentes – Sentença anulada – Recurso provido" (*TJSP* – AC 1098455-47.2018.8.26.0100, 7-10-2019, Rel. Francisco Giaquinto).

"**Contrato de transporte** – **Responsabilidade objetiva** – Inexistência de prova do nexo da causalidade entre o dano e o acidente. Ônus da autora. Artigo 373, inciso I, do Código de Processo Civil. Recurso não provido" (*TJSP* – Ap 1008472-79.2014.8.26.0002, 8-3-2018, Rel. Silveira Paulilo).

"Apelação Cível – Ação de indenização – **Danos Morais** – **Transporte rodoviário** de passageiros – Queda do interior do veículo – Acidente provocado por ato do preposto da ré – Responsabilidade objetiva do transportador – sentença de parcial procedência – Condenação das rés ao pagamento de indenização por dano moral de R$ 6.000,00. Processual civil – Suspensão da ação – Cabimento – Decreto de liquidação extrajudicial – Suspensão determinada pela Lei nº 6.024/74, artigo 18 – A decretação da liquidação extrajudicial produzirá, de imediato a suspensão das ações e execuções iniciadas sobre direitos e interesses relativos ao acervo da entidade liquidanda. Mérito. Transporte coletivo de passageiros. Falha no sistema conhecido como "anjo da guarda". Partida do ônibus antes da descida da passageira. Queda da autora. Lesão no pé esquerdo. Danos Morais – Caracterização – Manutenção da indenização no montante fixado em primeiro grau, em observância aos princípios da razoabilidade e proporcionalidade. Juros e correção monetária – Pedido de suspensão da incidência de juros – Acolhimento – Não fluência de juros, mesmo que estipulados, contra a massa, enquanto não integralmente pago o passivo. Lei Federal nº 6.024/74, artigo 18 – Correção monetária. Incidência. O fato da embargante encontrar-se em liquidação extrajudicial não exclui a contagem de correção monetária. Mera recomposição do valor nominal da moeda. Sucumbência. Aplicação dos §§ 2º e 11, do artigo 85, CPC/2015. Atribuição à ré, com exclusividade, dos ônus decorrentes da sucumbência. Honorários fixados em 15% sobre o valor da condenação. Denunciação à lide. Verba honorária indevida na lide secundária. Ausência de resistência da litisdenunciada. Ônus da sucumbência impostos somente na lide principal. Recurso da autora e da seguradora litisdenunciada parcialmente providos, não provido o apelo da ré transportadora" (*TJSP* – Ap 1005646-80.2014.8.26.0002, 22-3-2017, Rel. Edson Luiz de Queiroz).

"Acidente de veículo – **Condução e transporte** – Responsabilidade civil – Ação que envolve responsabilidade civil decorrente de acidente de veículo, envolvendo um coletivo – Autora que, ao tentar descer do coletivo, teria se machucado – Ação envolvendo condução e transporte, porquanto a vítima era passageira do coletivo acidentado – Competência de uma das câmaras da 11ª a 24ª Câmara de Direito Privado, nos termos da Resolução nº 623/2013 – Recurso não conhecido, declinando-se da competência" (*TJSP* – Ap 0036901-30.2011.8.26.0309, 7-3-2016, Rel. Carlos Nunes).

"**Prescrição. Responsabilidade civil.** Inocorrência. Contrato de transporte de pessoas. Responsabilidade objetiva do transportador. Prazo quinquenal não ultrapassado. Art. 27 do Código de Defesa do Consumidor. Arguição afastada. Responsabilidade civil. Contrato de transporte de pessoas. Acidente fatal. Responsabilidade objetiva do transportador. Culpa exclusiva da vítima ou força maior não alegadas. Danos materiais. Ressarcimento de despesas de funeral e prestação de pensão. Descabimento. Ausência de prova de dependência econômica e de atividade profissional

denomina fortuito interno, fenômeno previsível porque inerente ao negócio. Anota-se, porém, que a súmula faz menção à culpa do terceiro. Desse modo, posicionou-se parte da jurisprudência no sentido de que o transportador não se responsabiliza pelo dolo de terceiro, este sim aspecto alheio aos riscos normais do transporte, que deve ser considerado fortuito externo.[7] Observa Sérgio Cavalieri Filho (2000:221), quanto ao fato doloso de terceiro:

---

remunerada da vítima, bem como do *quantum* mensal de seus rendimentos. Dano moral. Falecimento da filha. Demonstração do evento e do nexo causal. Dever de indenizar caracterizado. Valor. Arbitramento. Observância das características da empresa e a possibilidade de trazer algum conforto ao familiar da vítima, sem enriquecimento. Ação parcialmente procedente. Apelação provida, por maioria" (*TJSP* – Ap. 0014069-91.2008.8.26.0152, 4-10-2013, Rel. José Reynaldo).

7 "Direito Civil e do Consumidor. Apelação. Transporte público ferroviário. Furto de celular dentro do trem. **Responsabilidade objetiva da transportadora**. Caso fortuito externo. Inexistência de nexo causal. Recurso desprovido. i. Caso em exame Apelação cível interposta por Anderson Modesto Franco contra sentença que, nos autos de ação de indenização por danos materiais c.c. danos morais movido em face da Companhia Paulista de Trens Metropolitanos – CPTM, julgou improcedente o pedido com base no art. 487, I, do CPC. O autor sustentou que teve seu celular furtado dentro do trem e pleiteou reparação pelos danos sofridos. A sentença entendeu configurado caso fortuito externo, afastando o dever de indenizar da empresa de transporte. ii. Questão em discussão Há duas questões em discussão: (i) definir se há responsabilidade objetiva da transportadora por furto ocorrido dentro do trem, praticado por terceiro; (ii) analisar se houve cerceamento de defesa diante do indeferimento da produção de prova pericial mediante exibição de imagens de câmeras de segurança. iii. Razões de decidir A responsabilidade da transportadora de passageiros é objetiva, conforme o art. 37, § 6º, da CF e art. 734 do CC, sendo necessária a presença de dano e nexo causal entre o serviço prestado e o prejuízo alegado. O furto praticado por terceiro dentro do trem configura fortuito externo, por não possuir relação direta com a prestação do serviço de transporte, e afasta a responsabilidade da transportadora por romper o nexo causal. A empresa requerida adotou providências imediatas, acionando seus funcionários e realizando busca no suspeito, o que reforça a inexistência de omissão culposa. O indeferimento da produção de prova consistente na exibição de imagens das câmeras não configura cerceamento de defesa, visto que não havia indícios de que tais provas alterariam o desfecho do julgamento, considerando a ausência de vínculo entre o ilícito e falha na prestação do serviço. A jurisprudência dominante reconhece que furtos praticados por terceiros, mesmo dentro das instalações do transporte público, não geram dever de indenizar quando não demonstrada falha direta na atividade da transportadora. iv. Dispositivo e tese Recurso desprovido. Tese de julgamento: '1. O furto de celular praticado por terceiro no interior do trem configura fortuito externo, excludente da responsabilidade objetiva da empresa de transporte. 2. A ausência de nexo causal entre o serviço de transporte e o dano sofrido pelo passageiro afasta o dever de indenizar. 3. O indeferimento da exibição de imagens de câmeras de segurança não caracteriza cerceamento de defesa quando a prova é irrelevante para o deslinde da controvérsia. 4. A subordinação da responsabilidade objetiva ao risco do empreendimento não alcança danos decorrentes de atos ilícitos autônomos praticados por terceiros estranhos à relação contratual'. Dispositivos relevantes citados: CF/1988, art. 37, § 6º; CDC, art. 14; CC, art. 734; CPC, arts. 487, I; 1.012; 85, § 11; 1.026, § 2º. Jurisprudência Citada: TJSP, Ap. Cív. 1030337-49.2023.8.26.0001, Rel. Des. Roberto Maia, j. 29.08.2024; TJSP, Ap. Cív. 1003825-41.2024.8.26.0115, Rel. Des. Hélio Marquez de Farias, j. 13.05.2025; TJSP, Ap. Cív. 1017864-59.2022.8.26.0100, Rel. Des. Sidney Braga, j. 17.10.2024" (*TJSP* – Ap 1002011-03.2022.8.26.0361, 24-6-2025, Rel. Lidia Regina Rodrigues Monteiro Cabrini).

"Responsabilidade civil – acidente em linha férrea – queda de passageiro no vagão de trem – Usuário de serviço público empurrado no momento do desembarque, na Estação Pirituba da CPTM, em horário de pico – Fratura no punho e afastamento do serviço por 3 (três) meses – Responsabilidade objetiva da concessionária – Não comprovação – **Culpa exclusiva de terceiros** – Acidente causado pelo comportamento de usuários ao desembarcarem do vagão – Situação não abrangida pelo curso regular da execução dos serviços de transporte – Fortuito externo – Conduta da ré que não foi determinante para o evento danoso – Ausência de nexo causal – Precedentes do C. STJ – Avisos de cuidados emitidos pela CPTM – Deveres de segurança e preservação da incolumidade física dos passageiros observados – Vítima que foi socorrida pelos agentes da concessionária e encaminhada à pronto socorro próximo – Sentença de improcedência mantida, embora por fundamento diverso. Apelo improvido". (*TJSP* – Ap 1001797-11.2016.8.26.0106, 21-8-2023, Rel. Maria Fernanda de Toledo Rodovalho).

"Apelação cível – **Ação de cobrança de seguro** – Acidente com veículo de transporte rodoviário – Perda de carga de terceiro – Improcedência – Recurso do autor (I) alegação de que ao caso se aplica o Código de Defesa do Consumidor. Impossibilidade. Transportadora que não é a destinatária final do serviço contratado com a empresa de seguros. Exegese do art. 2º do CDC. Precedentes. Tese rechaçada (II) alegação de que a velocidade alta, por si, não ocasiona a perda do direito securitário, tampouco demonstra dolo ou má-fé do condutor do veículo. Insubsistência. Tacógrafo do caminhão que aponta que no momento do acidente o motorista estava em velocidade duas vezes superior à permitida para o local. Trecho com curvas, sentido decrescente, em bom estado de conservação, pavimentado (asfalto) e ausentes restrições de visibilidade. Na hipótese, excesso de velocidade que foi fator determinante para

"a melhor doutrina caracteriza o fato doloso de terceiro, vale dizer, o fato exclusivo de terceiro, como fortuito externo, com o que estamos de pleno acordo. Ele exclui o próprio nexo casual, equiparável à força maior, e, por via de consequência, exonera de responsabilidade o transportador. O transporte, em casos tais é a causa do evento; é apenas a sua ocasião. E mais: após a vigência do Código do Consumidor, esse entendimento passou a ter base legal, porquanto, entre as causas exonerativas da responsabilidade do prestador de serviços, o 3º, II do art. 14 daquele Código inclui o fato exclusivo de terceiro" (2000:221).

Desse modo, após uma vacilação inicial, a jurisprudência majoritária firmou-se no sentido de que ato exclusivo de terceiro, mormente o doloso, não inculpa o transportador, por ser fortuito externo, que não diz respeito exclusivamente ao transporte, como ocorre com roubo à mão armada. Assim não será, porém, quando o roubo ocorre com a conivência de seus prepostos. Toda essa matéria, no entanto, continua em constante ebulição, como os próprios meios de transporte em nosso país.

Assim, em princípio, o transportador não é responsável por acidente com passageiro de coletivo que é alvejado por projétil ou pedra disparados da via pública. De qualquer forma, essa posição não é homogênea nem na doutrina nem na jurisprudência, pois muitos entendem que a Súmula 187 se refere à culpa *lato sensu*, incluindo também os casos de dolo. Assim, passageiro de trem ou ônibus, que é alvejado por pedra lançada da margem da ferrovia ou rodovia poderia

---

o sinistro, porquanto ausente comprovação de que a perda do controle do condutor do caminhão, que levou ao tombamento, tenha causa diversa e independente da velocidade empregada na via. Não comprovada qualquer influência externa. Ônus da parte autora (art. 373, I, do CPC). Imprudência do motorista verificada. Agravamento intencional do risco comprovado. Inteligência do art. 768 do CC. Dever de indenizar afastado. Sentença mantida. Honorários recursais, de ofício. Inteligência do art. 85, § 11, do CPC. Recurso desprovido" (*TJSC* – AC 0300552-87.2015.8.24.0076, 28-5-2019, Rel. Des. André Luiz Dacol).

"**Transporte aéreo internacional** – Por força do deliberado no RE 636331 e no ARE 766.618, em julgados do Eg. STF, sob a sistemática da repercussão geral, de rigor, a aplicação das Convenções de Varsóvia e/ou Montreal, que regulam regras de unificação de transporte aéreo internacional e têm prevalência em relação ao Código de Defesa de Consumidor, em ações objetivando indenização por danos materiais e/ou morais em transporte aéreo internacional, dentre as quais se enquadra a presente ação promovida por passageiros, por transporte aéreo internacional, realizado na vigência DF 5.910/2012, que promulgou a Convenção de Montreal, de 28.05.1999 – A prática de *overbooking* configura defeito de serviço e inadimplemento contratual e não causa excludente de responsabilidade da transportadora. Transporte aéreo internacional – Restou incontroverso, uma vez que admitido pela parte ré, que a parte autora passageira foi reacomodada em voo no dia seguinte ao do bilhete adquirido, sendo inclusive oferecido *voucher* indenizatório no valor de US$ 1.500,00 à mesma – O oferecimento de *voucher* indenizatório, o qual só poderia ser utilizado para aquisição de nova passagem aérea junto à companhia, não tem o condão de afastar a responsabilidade da parte ré pelos prejuízos materiais com reserva de hotel decorrentes do atraso da viagem à autora. Responsabilidade civil – Configurado o atraso no voo de ida, por *overbooking*, fato gerador da indenização do art. 22.1., da Convenção de Montreal, promulgada pelo DF 5.910/2006, e não caracterizada nenhuma excludente de responsabilidade, de rigor o reconhecimento da responsabilidade e a condenação da ré transportadora na obrigação de indenizar a autora passageira pelos danos decorrentes do ilícito em questão. Indenização – Reforma da r. sentença para majorar a indenização do art. 22.1., da Convenção de Montreal, promulgada pelo DF 5.910/2006, fixando-a em 1.800 Direitos Especiais de Saque, na cotação definida pelo Fundo Monetário Internacional na data deste julgamento, com incidência, a partir daí, de correção monetária até o efetivo pagamento, com base nos índices da Tabela Prática do Tribunal de Justiça – Como a espécie trata de transporte aéreo internacional de pessoas, a indenização decorrente de atraso no transporte de passageiros, que abarca qualquer dano pessoal sofrido, inclusive danos morais e materiais, deve ser arbitrada em conformidade com o art. 22.1, da Convenção de Montreal, de 28.05.1999, promulgada pelo DF 5.910/2012. Recurso provido, em parte" (*TJSP* – Ap 1003394-72.2017.8.26.0011, 23-2-2018, Rel. Rebello Pinho).

"Indenização de danos materiais e morais – **Transporte Aéreo Internacional** – Atraso e cancelamento de voo – 2 – Sentença de procedência parcial – Decisão mantida, à luz dos elementos dos autos – 3 – Não configuração de hipótese excludente do dever de indenizar. 4 – Montante da indenização que não deve se submeter ao limite tarifado, por se tratar de hipótese de culpa grave da transportadora. Danos material e extrapatrimonial configurados. Razoabilidade no arbitramento. Lucros cessantes não demonstrados. 5- Recursos desprovidos" (*TJSP* – Ap 1000847-12.2015.8.26.0114, 24-5-2017, Rel. Campos Mello).

responsabilizar o transportador, porque não foi cumprida a cláusula de incolumidade. No entanto, a jurisprudência mais recente posicionou-se pelo caso fortuito externo nessas hipóteses, nas quais se incluem também os assaltos armados a ônibus, trens e caminhões, que infelizmente se tornaram frequentes em nosso meio. Todavia, ainda a matéria não é pacífica na jurisprudência. A excludente aplica-se tanto ao passageiro, quanto à carga. Não se espera que os transportadores transformem seus veículos em tanques à prova de bala, com segurança armada. Daí por que o roubo à mão armada inibe, em princípio, o dever de indenizar. Equipara-se o assalto ao caso fortuito. A situação muda de figura, no entanto, quando se prova que o assalto se deu por quebra de segurança dentro da própria empresa transportadora e que o evento ocorreu com a conivência de seus empregados ou prepostos. Nesse caso, estabelece-se inafastavelmente o nexo causal. Veja a esse respeito:

> *"O roubo caracteriza força maior e, portanto, é excludente da responsabilidade da transportadora, exceto se esta se expôs negligentemente ao perigo deixando de empregar as diligências e precauções necessárias"* (1º TACSP, RT 598/138).
>
> *"O roubo da mercadoria em trânsito, uma vez comprovado que o transportador não se desviou das cautelas e precauções a que está obrigado, configura força maior, suscetível, portanto, de excluir a responsabilidade, nos termos da regra jurídica acima referida"* (STJ, RT 709/210).
>
> *"Considera-se causa estranha ao transporte, equiparável ao caso fortuito, assalto praticado dentro do ônibus durante a viagem, quando tal incidente não for frequente, o que exime a empresa transportadora do pagamento da indenização para ressarcimento de prejuízos sofridos pelos passageiros"* (*JTJSP*, 190/96).

O fato é que atividade dos transportes é aquela na qual mais se faz sentir a necessidade de cobertura securitária. Tendo em vista sua importante função social, o seguro deve resguardar todas as modalidades de transporte e cobrir todas as graduações de risco. Quanto mais se segurar, mais custoso ficará o transporte. Nesse seguro mais amplo, como percebe, há um custo atuarial que onera, em tese, toda sociedade.

O Código de Defesa do Consumidor veio alargar a responsabilidade objetiva do transportador, aplicando-se ao transporte coletivo de passageiros e ao transporte de carga por envolver relação de consumo. Observa Sérgio Cavalieri Filho a esse respeito:

> *"Além da abrangência do conceito de serviço adotado em seu art. 3º, § 2º, o Código do Consumidor tem regra específica no art. 22 e parágrafo único. Ficou ali estabelecido que os órgãos públicos, por si ou suas empresas, concessionárias, permissionárias ou sob qualquer outra forma de empreendimento, além de serem obrigados a fornecer serviços adequados, eficientes e seguros, respondem pelos danos que causarem aos usuários, na forma prevista no Código de Defesa do Consumidor. Não há como e nem porque contestar, portanto, a incidência do Código de Defesa do Consumidor nos casos de acidentes ocorridos por ocasião do transporte de passageiros por se tratar de serviços públicos"* (2004:298).

Antes de encerrarmos este tópico, é importante que mais uma vez se recorde da cláusula de não indenizar, por nós examinada na seção 1.13. A Súmula 161 do Supremo Tribunal Federal assentou: *"Em contrato de transporte, é inoperante a cláusula de não indenizar"*. Admite-se, porém, a limitação da responsabilidade, desde que seu montante não seja irrisório a ponto de equivaler a uma cláusula de não indenizar. Já se decidiu que a limitação é válida quando estabelecida em caráter facultativo e com correspondência na redução do valor da tarifa

(*RT* 543/89). Em linhas gerais, a jurisprudência tem admitido essa limitação a qual, no entanto, não é aplicável nos casos de culpa grave ou dolo do transportador (*JTACSP*, 108/144).

19.3 TRANSPORTE GRATUITO

Pessoas e coisas podem ser transportadas gratuitamente. Alguém transporta outrem ou algo em seu veículo por mero favor. A óptica dessa discussão que preocupa a doutrina é fixar a natureza jurídica desse transporte, tanto de pessoas como de coisas, se contratual ou extracontratual. Dessa definição, partirá a premissa sobre o dever de indenizar quando ocorre um acidente: a mercadoria transportada gratuitamente se perde ou é avariada; o passageiro de favor morre ou sofre lesão.

A matéria acarreta profundas dissensões na doutrina. O aspecto objetivo da relação jurídica permite concluir que se trata de um acordo de vontades, cabendo ao titular do meio de transporte definir se irá ou não proceder ao transporte benéfico. A se admitir que a relação do carona é negocial, como entende parte da doutrina e da jurisprudência, ao transporte gratuito se aplicaria o art. 392:

> *"Nos contratos benéficos, responde por simples culpa o contraente, a quem o contrato aproveite, e só por dolo, aquele a quem não favoreça. Nos contratos bilaterais, responde cada uma das partes por culpa, salvo as exceções previstas em lei".*

O Código de 1916 referia-se aos contratos unilaterais, que são os contratos benéficos ou gratuitos, nos quais não há contraprestação. Apenas um dos contratantes é onerado. Na hipótese de transporte gratuito, não há vantagem para o transportador. Desse modo, aplicar-se-ia a dicção do artigo transcrito, só respondendo ele por dolo, ou culpa grave que ao dolo se equipara, ficando exonerado do dever de indenizar quando ocorresse culpa leve ou levíssima. A matéria passaria para o exame do caso concreto. Se o motorista que concede carona imprime velocidade excessiva ao veículo e assume o risco pelo dano ou joga o auto propositalmente contra outro, aflora o dever de indenizar. Acidentes de trânsito comezinhos nos quais não se nota exacerbaçao de culpa implicam exoneração do dever de indenizar. Às mercadorias transportadas gratuitamente aplicam-se os mesmos princípios.

A ideia do transporte gratuito como contrato encontrou respaldo na jurisprudência mais antiga, mas enfrenta mais recentemente substanciosos argumentos e julgados em contrário.[8]

---

[8] "Apelação cível – Acidente de trânsito – Inocorrência – Desconsideração da personalidade jurídica – Ausência de prova – **Transporte gratuito – Responsabilidade objetiva** afastada – Ônus da prova. No transporte gracioso a responsabilização da empresa proprietária do caminhão ocorreria caso comprovada a culpa grave ou dolo, o que não ocorreu na hipótese. Não foi atestado, de forma suficiente, que o comprometimento do controle direcional se deu em razão de imperícia e, ou, imprudência do condutor do caminhão de propriedade da ré, aquele também faleceu no fatídico acidente. Quando há ônus não há imposição, nem exigência de que a parte faça determinada prova. Há um encargo, uma recomendação à parte, sob pena de, não o fazendo, poder vir a sofrer as consequências da sua inércia" (*TJMG* – AC 1.0672.10.020621-4/001, 28-3-2019, Rel. Rogério Medeiros).

"Civil e processual civil – Apelação cível – **Responsabilidade civil** – Dano material e moral – Morte decorrente de incêndio ocorrido durante a entrega de combustível a posto de abastecimento através de veículo destinado a tal fim, pertencente a um dos apelados. Inexistência de relação laboral entre vítima e recorridos. Transporte de simples cortesia ou benévolo. Responsabilidade subjetiva. Aplicação da Súmula 145 do Superior Tribunal de Justiça. Não configuração de dolo ou culpa. Ausência de comprovação do nexo causal. Indenização indevida. Manutenção da sentença que se impõe. Recurso conhecido e improvido" (*TJRN* – AC 2013.003618-4, 7-7-2017, Relª Desª Judite Nunes).

Há, sem dúvida, ponderáveis argumentos em favor dos que entendem que o transporte gratuito gera responsabilidade aquiliana, desvinculada do contrato. Carlos Roberto Gonçalves (1994:234) aponta que, após meditação, mudou sua opinião expressada em edições anteriores de sua obra, nas quais adotava a solução contratualista. Em idêntica situação se coloca Sérgio Cavalieri Filho (2000:229). Interessante observar que esses autores são dois desembargadores de vasta experiência em São Paulo e no Rio de Janeiro, respectivamente, o que denota mudança ponderável no entendimento doutrinário e jurisprudencial sobre o tema. Inobstante, a Súmula 145 do Superior Tribunal de Justiça afirma:

> *"No transporte desinteressado, de simples cortesia, o transportador só será civilmente responsável por danos causados ao transportado quando incorrer em dolo ou culpa grave".*

Carlos Roberto Gonçalves (1994:235) diz que não é verdadeira a assertiva pela qual, sob o contrato, a situação da vítima estaria facilitada porque simples ocorrência do dano faria emergir o inadimplemento. No entanto, o dever de incolumidade, custódia e garantia apenas existe nos contratos onerosos, traduzindo a contraprestação do preço pago. No contrato benéfico, incumbe que a vítima prove a culpa grave ou dolo.

> *"Portanto, a tese contratualista com responsabilidade atenuada pelo art. 1.057 do Código Civil não oferece nenhuma vantagem para a vítima, pois a obriga a provar culpa grave*

"Apelação cível – Acidente de trânsito – **Transporte benévolo** – Lesões na passageira – Súmula nº 145 do Superior Tribunal De Justiça – Dolo ou culpa grave não verificados – Excesso de velocidade que não restou demonstrado – Condutora que teve um mal súbito – Fator que afasta a culpa grave – Sentença reformada – Recursos de apelação providos – Em se tratando de transporte benévolo, por amizade, necessária a prova do dolo ou culpa grave do condutor do veículo, para que este possa ser responsabilizado pelos danos causados ao transportado, nos termos da Súmula nº 145 do Superior Tribunal de Justiça. Circunstâncias que evidenciam a culpa da condutora falecida pelo acidente, vez que perdeu o controle do conduzido, por conta de um mal súbito que lhe acometeu, mas não em sua modalidade grave, circunstância que afasta o dever de indenizar" (*TJPR* – AC 1460107-1, 18-5-2016, Rel. Des. Luiz Lopes).

"**Apelação cível** – Acidente de trânsito – **Transporte benévolo** – Morte do carona – Culpa grave do caminhoneiro reconhecida pela sentença – Questão que não é objeto do presente recurso – Responsabilidade objetiva do empregador – Inteligência dos artigos 932, inciso III e 933 do Código Civil – Ato praticado pelo preposto que se relaciona funcionalmente com o trabalho desempenhado responsabilidade da ré, ademais, na qualidade de proprietária do bem – culpa concorrente da vítima – ciência acerca do estado de embriaguez do motorista – indenizações reduzidas pela metade – pensão mensal devida – família de baixa renda – presunção de dependência financeira da viúva com relação ao marido (vítima) – danos morais verificados – *quantum* indenizatório mantido – recurso de apelação parcialmente provido – 1 – Nos termos dos artigos 932, inciso III, e 933, do Código Civil, responde o empregador pelo ato ilícito do preposto se este, embora estivesse fora do horário de trabalho, vale-se das circunstâncias propiciadas pelo trabalho para agir. No caso, o preposto teve acesso ao caminhão e ao local do acidente, em razão da função de motorista que desempenhava, ficando evidenciado, assim, o liame funcional entre o ilícito e o serviço prestado. Ademais, a jurisprudência está consolidada no sentido de que o proprietário de veículo automotor é civilmente responsável pelos danos gerados por quem lhe tomou de forma consentida. 2 – Da análise dos autos, possível inferir que a vítima aceitou carona de caminhoneiro que sabia que estava embriagado, donde possível inferir que tal circunstância contribuiu para o acidente e para o resultado, restando configurada a culpa concorrente, o que autoriza a redução dos valores da condenação, no caso, pela metade. 3 – Comprovado que à época do evento danoso o falecido exercia atividade remunerada, somado às peculiaridades do caso concreto, possível presumir que auxiliava no sustento do lar, notadamente em se tratando de família de parcos recursos econômicos, fazendo jus a viúva ao recebimento de pensão mensal. 4 – Pacífico o cabimento de indenização por danos morais, e seu reconhecimento, *in casu*, não demanda comprovação, já que presumidos, traduzindo-se no enorme sofrimento a que foram submetidas as autoras pela perda prematura do marido e genitor. 5 – A fixação do montante devido a título de dano moral fica ao prudente arbítrio do Juiz, devendo pesar, nestas circunstâncias, a gravidade e duração da lesão, a possibilidade de quem deve reparar o dano, e as condições do ofendido, cumprindo levar em conta que a reparação não deve gerar o enriquecimento ilícito, constituindo, ainda, sanção apta a coibir atos da mesma espécie" (*TJPR* – AC 1368057-6, 10ª C.Cív., 3-8-2015, Rel. Des. Luiz Lopes).

ou dolo do transportador e não lhe confere direito à indenização em caso de culpa leve ou levíssima" (1994:235).

Os argumentos que vicejam em favor dessa tese apresentam outro fato concreto, como faz Caio Mário da Silva Pereira (1999:215):

"*não obstante a acolhida pretoriana, a mim pessoalmente me parece que a assimilação absoluta ofende senso de justiça. Não me parece de boa fundamentação jurídica que o motorista que faz um obséquio sem auferir qualquer proveito e muitas vezes por puro altruísmo (como no caso de conduzir um ferido ou doente apanhado na rua e levado a um hospital) possa ser questionado pelo que venha a ocorrer com a pessoa transportada, e compelido a indenizar pelo dano sofrido pelo passageiro durante o trajeto*".

Assim conclui o doutrinador que deve ser modificado o conceito admitido pela jurisprudência e transferida a óptica do transporte gratuito para a seara do art. 186. Nesse diapasão, caberá ao ofendido provar que o transportador agiu com culpa, excluindo-se o campo da presunção de culpa no contrato de transporte. Doutro lado, podemos ainda acrescentar que atos de cortesia não podem ser admitidos como vontade contratual, como regra. Nem todo acordo de vontades é negocial e busca a conclusão de um contrato. Essa é a índole do transporte totalmente desinteressado. Parte da jurisprudência também adota esse entendimento, ainda que minoritária.[9]

---

9 "Apelação. Ação indenizatória. Acidente de veículo em **transporte cortesia** (carona). Tanto pela norma expressa do art. 736, "caput", CC, quanto pelo teor da súmula nº 145, do C. STJ, tem-se que o transporte gratuito de cortesia (carona) não se submete às mesmas regras do contato de transporte comum de pessoas, devendo-se comprovar cabalmente culpa grave do condutor do veículo. Alegação recursal de que as testemunhas ouvidas em Juízo comprovaram a ingestão de bebida alcoólica pelo condutor do veículo no qual se encontrava o Autor que não comprova culpa grave, já que não há prova técnica da quantidade ingerida, do teor alcoólico no sangue do condutor, nem que a ingestão de bebida foi fator determinante para a ocorrência do acidente. Descumprimento do ônus de prova dos fatos constitutivos do direito do Autor, mesmo após ampla instrução processual. Recurso de apelação do autor não provido" (*TJSP* – Ap 1007456-94.2016.8.26.0269, 26-4-2022, Rel. Berenice Marcondes Cesar).

"Apelação cível – Responsabilidade civil em acidente de trânsito – Ação condenatória por danos morais e materiais – **Transporte gratuito ou de cortesia** – Regime de responsabilidade civil aplicável – Responsabilidade do transportador a título gratuito – Súmula nº 145/STJ – Sentença de improcedência dos pedidos que se mantém porque, nos termos da Súmula nº 145/STJ, editada ainda sob a vigência do Código Civil de 1916, aplicável ao presente caso, o transportador somente é civilmente responsável nas hipóteses de comprovação do seu dolo ou da sua culpa grave, quando se tratar de transporte gratuito. Caso concreto em que o exame das provas trazidas aos autos não revela elementos no sentido de dolo ou culpa grave do condutor do veículo, cuja demonstração, a propósito, incumbia à autora seja nos termos do art. 373 I, do Novo CPC, por tratar-se de fato constitutivo do direito pleiteado pela requerente. Apelação desprovida" (*TJRS* – AC 70079884953, 23-5-2019, Rel. Des. Umberto Guaspari Sudbrack).

"**Apelação cível** – Acidente de trânsito – **Transporte benévolo**, por amizade morte do carona – culpa do condutor do veículo de propriedade dos requeridos configurada – responsabilidade reconhecida pela sentença – questão que não é questionada nos apelos dever de indenizar – pensão mensal devida – família de baixa renda – prova de que o falecido auxiliava no sustento do lar – danos morais – *quantum* indenizatório mantido – lide secundária – autores que se enquadram no conceito de 'terceiro' e, portanto, se encaixam na modalidade responsabilidade civil facultativa – apólice que prevê a cobertura dos danos corporais – danos morais abrangidos – ressarcimento devido – responsabilização solidária da seguradora denunciada, limitada aos termos da apólice – possibilidade – incidência de juros de mora sobre o valor nominal da apólice – impossibilidade – honorários advocatícios – percentual estabelecido na sentença que deve incidir sobre a soma da indenização por danos morais, das prestações vencidas, e mais doze das vincendas – assistência judiciária gratuita – indeferimento – réus que litigam ao longo do processo sem a benesse, não se manifestando quanto à omissão do juízo *a quo* – recurso de apelação nº 01 (dos réus) parcialmente provido – recurso de apelação nº 02 (dos autores) provido – recurso de apelação nº 03 (da denunciada) parcialmente provido – 1 – Restan-

Coroando esse pensamento, o atual Código Civil, ao definir o contrato de transporte, é expresso no sentido de que este se perfaz *"mediante retribuição"*, acentuando seu caráter exclusivamente oneroso (art. 730). E mais, o art. 736 do Código de 2002 é expresso: *"Não se subordina às normas do contrato de transporte o feito gratuitamente, por amizade ou cortesia"*. Desse modo, a responsabilidade extracontratual é a que melhor se amolda ao transporte gratuito.

Assentada a discussão sobre sua natureza jurídica, muitas vezes, no caso concreto, surge a celeuma da gratuidade do transporte. Há situações nas quais apenas aparentemente a relação jurídica é gratuita. Assim, por exemplo, não pode ser considerado gratuito o transporte de clientes realizado por estabelecimento comercial para fomentar seus negócios; não é gratuito o transporte de passageiros feito por empresa de transporte aéreo para o aeroporto e vice-versa etc. Nesses casos, o intuito de lucro é evidente, e o transporte integra o negócio da empresa. Ademais, a situação é absorvida pelo Código de Defesa do Consumidor. Nesse sentido, observa Carlos Roberto Gonçalves (1994:239):

> *"Não se pode, pois, afirmar que o transporte é totalmente gratuito quando o transportador, embora nada cobrando, tem algum interesse no transporte de passageiro. É o que acontece,* verbi gratia, *com o vendedor de automóveis, que conduz o comprador para lhe mostrar as qualidades do veículo; com o corretor de imóveis, que leva o interessado a visitar diversas casas e terrenos à venda; com o transportado que paga uma parte do combustível; com o amigo, que é conduzido para fazer companhia ao motorista e conversar durante a viagem, afastando o sono etc."*.

O transporte gratuito é aquele mencionado no *Código Civil em vigor, por amizade ou cortesia*. Da mesma forma, também não pode ser considerado gratuito o transporte quando o caronista paga pelo combustível ou parte dele, porque nesse caso caracteriza-se modalidade de contraprestação. Afastada a gratuidade do transporte, o negócio é considerado oneroso, e como tal vigora a culpa objetiva do transportador, na forma do Decreto nº 2.681 de 1912. Sérgio

---

do demonstrado que à época do evento danoso a vítima exercia atividade remunerada, e que auxiliava no sustento da família, os suplicantes fazem jus ao recebimento de pensão mensal. 2 – A fixação do montante devido a título de dano moral e estético fica ao prudente arbítrio do Julgador, devendo pesar nestas circunstâncias, a gravidade da culpa, a extensão do dano, a possibilidade de quem deve repará-lo, e as condições do ofendido, cumprindo levar em conta, que a reparação não deve gerar o enriquecimento ilícito, constituindo, ainda, sanção apta a coibir atos da mesma espécie. 3 – Considerando que os autores, pais do falecido, se enquadram no conceito de 'terceiro', já que foram prejudicados pelo acidente causado pelo condutor do veículo segurado, é evidente que a seguradora responde nos limites contratados sob a rubrica danos corporais e materiais causados a terceiros. 4 – O contrato de seguro por danos pessoais compreende danos morais, salvo cláusula expressa de exclusão, *ex vi* da Súmula 402, do STJ. No caso, se não consta qualquer ressalva na apólice securitária firmada entre as partes, diga-se, que prevê cobertura para danos materiais e corporais causados a terceiros, nestes incluem-se os danos morais, vez que consubstanciados em todo e qualquer dano causado ao corpo humano. 5 – Sobre o valor nominal representado na apólice deverá incidir tão somente atualização monetária, não sendo possível compeli-la ao pagamento de juros de mora em benefícios dos demandantes que, com ela, nada contrataram. 6 – 'Em demanda onde se busca a indenização de danos materiais, aceitando o litisdenunciado a denunciação feita pelo réu, inclusive contestando o mérito da causa, exsurge a figura do litisconsórcio anômalo, prosseguindo o processo entre o autor de um lado e, de outro, como litisconsortes, o denunciado e o denunciante, que poderão vir a ser condenados, direta e solidariamente, ao pagamento da indenização. [...]' (REsp 686.762, Rel. Min. Castro Filho, D.J.: 18/12/2006). 7 – O percentual fixado a título de honorários advocatícios deve incidir sobre a soma entre a indenização por danos morais, sobre as parcelas vencidas da pensão, e mais doze das vincendas. 8 – Embora os réus tenham requerido a concessão da assistência judiciária gratuita na contestação, litigaram ao longo do processo sem necessitar de tal benesse, não se insurgindo quanto à omissão do Juízo *a quo* em qualquer petitório, devendo ser indeferido o benefício da gratuidade processual" (*TJPR* – AC 1315142-3, 14-7-2015, Rel. Des. Luiz Lopes).

Cavalieri Filho (2000:227) lembra que também não é gratuito o transporte de maiores de 65 anos, assegurado pelo art. 230, § 2º, da Constituição. Esse transporte não é gratuito porque tem seu custo incluído no valor da tarifa, sendo repassado aos demais usuários do transporte coletivo.

Não se confundem, por outro lado, transporte gratuito e transporte clandestino. No transporte clandestino, o transportador não tem conhecimento de que está levando alguém ou alguma mercadoria. Lembre-se da hipótese de clandestinos que viajam em compartimento de carga não pressurizado de aeronaves e vêm a falecer, assim como clandestinos em trens, ônibus, caminhões e navios. Provada a clandestinidade, não há responsabilidade do transportador nem do prisma da responsabilidade contratual, nem do da responsabilidade aquiliana.

19.4 TRANSPORTE AÉREO E APLICAÇÃO DO CÓDIGO DE DEFESA DO CONSUMIDOR

Questão das mais complexas a ser enfrentada é a harmonização da aplicação dos princípios do Código de Defesa do Consumidor ao sistema legal abrangente do transporte aéreo.

A legislação aplicável divide-se em duas vertentes.

Para o transporte aéreo internacional, o diploma regulador é a Convenção de Varsóvia, de 12-10-29, ratificada por mais de 100 países, recebida por nosso ordenamento pelo Decreto nº 20.704, de 24-11-31.[10] A Convenção sofreu emendas pelo Protocolo de Haia, de 28-9-55; Protocolo de Montreal de 1998. Certamente outros diplomas se seguirão. Na época em que foi editada, a Convenção de Varsóvia atendeu aos interesses preponderantes dos Estados, então proprietários das nascentes companhias aéreas. Sob a alegação de fomento ao transporte aéreo e levando-se em conta o elevado capital necessário para o transporte aéreo, esse diploma limita, de forma geral, o valor das indenizações. Já tem decidido o STF que as convenções internacionais prevalecem sobre legislação brasileira no transporte aéreo de carga.

O transporte aéreo nacional é regulado pelo Código Brasileiro de Aeronáutica, Lei nº 7.565/86, alterada pela Lei 14.368/22, que substituiu e revogou o Código Brasileiro do Ar. Esses diplomas também adotaram a limitação tarifária.

Pelo art. 1º da Convenção, considera-se transporte internacional aquele que tem como ponto de partida e ponto de destino, haja ou não interrupção de transporte, ou baldeação, dois pontos de destino de países diversos, ou mesmo o de um só deles, havendo escala em outro país (*"território sujeito à soberania, suserania, mandato ou autoridade de outro Estado, seja ou não Contratante"*). Para a caracterização como voo internacional é irrelevante ser a transportadora aérea nacional ou estrangeira; o que define o transporte internacional são os pontos de partida e destino ou eventual escala em outro país. O transporte doméstico, entre pontos dentro do território nacional, é regulado pelo Código Brasileiro de Aeronáutica. Assim, pode ocorrer que na mesma aeronave, no mesmo voo, estejam presentes passageiros em rota internacional e outros em rota doméstica, dependendo das escalas. Por outro lado, não se considera internacional o transporte tendo como ponto de partida ou destino local de país que não tenha aderido ao sistema de Varsóvia. *"No entanto, tratando-se,* e. g., *de transporte* round trip *(viagem ida e volta), o ponto de partida é, outrossim, o ponto de destino, razão pela qual, num voo Paris-Bancoc-Paris, trata-se de transporte internacional, nos termos do art. 1º da mencionada Convenção"* (2006:07). A Tailândia não ratificou os tratados internacionais.

---

[10] STF confirma prevalência de convenções internacionais sobre transporte aéreo de cargas e mercadorias. Disponível em: https://noticias.stf.jus.br/postsnoticias/stf-confirma-prevalencia-de-convencoes-internacionais-sobre-transporte-aereo-de-cargas-e-mercadorias/. Acesso em: 12 set. 2025.

Com relação ao passageiro, a convenção internacional, no art. 17, dispõe que o transportador responde

> *"pelo dano ocasionado por morte, ferimento ou qualquer outra lesão corpórea sofrida pelo viajante, desde que o acidente, que causou o dano, haja ocorrido a bordo da aeronave, ou no curso de quaisquer operações de embarque ou desembarque".*

O art. 18 responsabiliza o transportador pela destruição, perda ou avaria de bagagem despachada, ou mercadorias, desde que o fato tenha ocorrido durante o transporte aéreo. A responsabilidade da empresa aérea é, contudo, de índole subjetiva, pois o art. 20 estipula que não será responsável

> *"se provar que tomou, e tomaram seus prepostos, todas as medidas necessárias para que se não produzisse o dano, ou que lhes não foi possível tomá-las".*

Desse modo, inverte-se o ônus da prova, há culpa presumida, mas, de tudo, pode o transportador provar que não agiu com culpa, elidindo o dever de indenizar. O art. 21 admite a possibilidade de culpa concorrente da vítima, para atenuar ou excluir a indenização.

Por seu lado, o Código Brasileiro de Aeronáutica não traz dispositivo semelhante, apontando para a teoria do risco, afirmando no art. 256 que o transportador responde pelo dano da morte ou lesão de passageiro, causada por acidente ocorrido durante a execução do contrato de transporte, a bordo da aeronave ou durante o embarque ou desembarque, bem como por atraso no transporte, eximindo-se da obrigação de indenizar apenas no caso de o evento ter sido ocasionado pelo estado de saúde do passageiro ou por sua culpa exclusiva. Na hipótese de atraso, o transportador não indenizará, se comprovado o motivo de força maior ou determinação de autoridade. Desse modo, nem mesmo o caso fortuito ou força maior podem ser alegados em defesa do transportador, pois, nesse caso, levam-se em conta a natureza do transporte aéreo e seus riscos intrínsecos. Desse prisma, portanto, a lei internacional se mostra anacrônica, porque envelhecida pelos princípios da teoria do risco que se adota em todas as modalidades de transportes.

A responsabilidade do transportador aéreo estende-se também aos passageiros gratuitos, que viajarem por cortesia, e aos tripulantes, diretores e empregados que viajarem na aeronave acidentada, sem prejuízo de eventual indenização por acidente de trabalho (art. 256, § 2º, *a* e *b*, do Código de Aeronáutica).

Tanto na legislação interna, como na internacional, é peculiar no transporte aéreo a limitação da indenização. Essa limitação, adotada originalmente como forma de viabilizar os transportes aéreos e repartir os custos com os usuários, deixa de existir, regendo-se pelo direito comum, se houver culpa grave ou dolo do transportador e seus prepostos (art. 25, I, da Convenção e art. 240 do CBA).

O transportador aéreo poderá se eximir da indenização se provar que tomou todas as providências necessárias para evitar o dano ou mediante culpa exclusiva da vítima conforme decorre dos arts. 20 e 21 da Convenção de Varsóvia. A culpa grave ou dolo do transportador afasta a limitação indenizatória.

A grande questão é saber se o sistema do Código de Defesa do Consumidor se aplica ao transporte aéreo e, em caso positivo, em que extensão. A matéria não é de resposta simples, e bem poderia ter o legislador sido expresso a esse respeito. Se aplicável o Código de Defesa do Consumidor pelo defeito do serviço, a indenização será integral, não admitindo limitação.

O Código de Defesa do Consumidor é lei posterior tanto à Convenção, quanto ao Código Brasileiro do Ar, daí, em tese, seu poder revogador dos diplomas anteriores, se houver conflito de normas. Há ponderáveis razões que sustentam posições antagônicas. Como consequência, a jurisprudência também é vacilante, embora a tendência majoritária seja admitir a indenização tarifada da legislação aeronáutica (*RT* 727/200).[11] Há, no entanto, substanciosa corrente mais recente que admite a aplicação do Código de Defesa do Consumidor (*TJRS*, 5ª Câm., Ap. 597.187.277, Rel. Araken de Assis).[12]

---

11 "Apelação – **Consumidor – Transporte aéreo de passageiros** – Passageira que foi impedida de embarcar, ao argumento de que não havia tempo hábil para realização do *check in* – Chegada ao aeroporto com mais de uma hora de antecedência, sem bagagem a despachar – Inexistência de obrigatoriedade de comparecimento com antecedência maior – Devolução dos valores despendidos com as passagens que é de rigor – Fato que ocorreu quando voltavam do funeral do pai da autora, situação ensejadora de danos morais – Arbitramento da indenização em R$ 8.000,00 – Sentença reformada. Recurso provido" (*TJSP* – Ap 1002348-32.2018.8.26.0005, 20-2-2019, Rel. Edgard Rosa).

"**Transporte aéreo internacional** – Por força do deliberado no RE 636331 e no ARE 766.618, em julgados do Eg. STF, sob a sistemática da repercussão geral, de rigor, a aplicação das Convenções de Varsóvia e/ou Montreal, que regulam regras de unificação de transporte aéreo internacional e têm prevalência em relação ao Código de Defesa de Consumidor, em ações objetivando indenização por danos materiais e/ou morais em transporte aéreo internacional, dentre as quais se enquadra a presente ação promovida por passageira, por transporte aéreo internacional, realizado na vigência do DF 5.910/2012, que promulgou a Convenção de Montreal, de 28.05.1999. Transporte aéreo internacional – Restou configurado o inadimplemento contratual e o defeito do serviço prestado pela transportadora consistente no extravio temporário da bagagem da parte autora, durante viagem internacional, com restituição apenas após o retorno da passageira ao Brasil, fato gerador da indenização do art. 22.2., da Convenção de Montreal, promulgada pelo DF 5.910/2006, que abarca os danos morais e materiais, porque configurada a responsabilidade da ré transportadora prevista no art. 19 da mesma convenção, uma vez que não provada a excludente de responsabilidade ali estabelecida, consistente na adoção de todas as medidas que eram razoavelmente necessárias para evitar o dano ou na impossibilidade de empregá-las, porquanto não demonstrada sua alegação da existência de culpa exclusiva de terceiro. Responsabilidade Civil – Configurado o extravio temporário da bagagem da parte autora, durante viagem internacional, fato gerador da indenização do art. 22.2., da Convenção de Montreal, promulgada pelo DF 5.910/2006, de rigor o reconhecimento da responsabilidade e a condenação da ré transportadora na obrigação de indenizar a autora passageira pelos danos decorrentes do ilícito em questão. Indenização – Extravio de bagagem constitui, por si só, fato ensejador de dano moral – O prejuízo suportado pela parte autora, em razão da inacessibilidade de sua bagagem quando chegou a seu destino, tornando necessária a aquisição de novos bens para a estadia, é fato gerador de danos materiais emergentes, porquanto implicou diminuição de seu patrimônio – Reforma da r. sentença, para condenar a parte ré ao pagamento de indenização, que abarca os danos morais e materiais sofridos pela passageira, fixando-a em 1.000 Direitos Especiais de Saque, na cotação definida pelo Fundo Monetário Internacional na data deste julgamento, com incidência, a partir daí, de correção monetária até o efetivo pagamento, com base nos índices da Tabela Prática do Tribunal de Justiça. Recurso provido, em parte" (*TJSP* – Ap 1038648-33.2017.8.26.0100, 1-3-2018, Rel. Rebello Pinho).

"Apelação – Ação de indenização – **Contrato de transporte aéreo – Cancelamento injustificado** de voo por parte da empresa operadora – Abuso na prestação dos serviços reconhecido – Dano de natureza moral configurado – Recurso Provido – Sentença Reformada" (*TJSP* – Ap 1009835-44.2014.8.26.0506, 12-4-2017, Rel. Irineu Fava).

"**Apelação. Transporte aéreo.** Cancelamento de voo. Pleito indenizatório por danos morais. Sentença de procedência. 1. Transporte aéreo. Falha de serviço. Evidenciada a relação de consumo, aplica-se o Código de Defesa do Consumidor. Inversão do ônus da prova. Necessidade da companhia aérea comprovar que não ocorreu o cancelamento. Precedentes. 2. Cancelamento de voo. Caso fortuito não caracterizado. Problemas técnicos e aeroportuários são de notório conhecimento dos operadores do ramo. Risco da atividade. Excludente de responsabilidade afastada. Precedentes. 3. Danos morais. Abalo moral passível de compensação. Transtornos causados pelo cancelamento do voo que impediram a fruição do objetivo principal da viagem e causaram desgastes ao autor. Precedentes. 5. Montante indenizatório. Danos morais. Manutenção da importância de R$ 12.400,00, quantia que não destoa da que comumente aplica este eg. Tribunal de Justiça. Precedentes. 6. Publicidade da sentença. Descabimento. Os danos causados ao autor não escaparam de sua esfera pessoal. Ausência de repercussão pública. Sentença mantida. Recurso do réu desprovido. Recurso do autor desprovido" (*TJSP* – AC 2068709320088260100, 20-6-2013, Rel. Des. Sergio Gomes).

12 "Ação de indenização. **Transporte aéreo internacional**. Cancelamento de voo. Realocação em outro voo, chegando ao destino com onze horas de atraso. Perda de compromisso. Danos morais. Sentença de parcial procedência. Pretensão da ré de reforma. Descabimento. Relação de consumo. Aplicação do Código de Defesa do Consumidor. Falha na prestação do serviço. Cancelamento do voo contratado. Comprovação da perda de compromisso. Danos morais configurados e que devem ser reparados pela ré. Pretensão da autora de majoração do valor da indenização.

Inadmissibilidade. Valor bem fixado na primeira instância. Sentença mantida. Recursos desprovidos" (*TJSP* – Ap 1111739-18.2024.8.26.0002, 15-8-2025, Rel. Simões de Almeida).

"Ação de indenização por danos morais. Transporte aéreo nacional. Sentença de improcedência. Apelo da autora. Atraso de voo. **Aplicação do Código de Defesa do Consumidor**. Falha na prestação do serviço incontroversa. Responsabilidade civil objetiva que emerge o dever de indenizar ou compensar desde que provados a conduta, o dano e o nexo causal. Danos morais. Inocorrentes. Companhia aérea que logrou êxito em comprovar a prévia comunicação à autora e a devida assistência ao realocá-la no próximo voo disponível, ocasionando atraso de 3h50min para chegada ao destino. Período de atraso que deve ser considerado tolerável, haja vista a solução prontamente fornecida pela empresa aérea. Mudança de entendimento do STJ, no sentido de que o prejuízo extrapatrimonial em casos de atraso de voo deve ser comprovado. Inocorrência na espécie de dano moral. Mero aborrecimento não indenizável. Sentença mantida, majorados os honorários advocatícios para 15% do valor da causa. Recurso não provido" (TJSP – Ap 1002171-63.2024.8.26.0068, 28-8-2024, Rel. Marcelo Ielo Amaro).

"Ação indenizatória por danos materiais e morais – **Transporte aéreo internacional** – Voo de São Paulo a Miami – Cancelamento do voo contratado, realocando-se o autor em voo partindo no dia seguinte chegando ao destino com aproximadamente 13 horas de atraso, ocasionando a perda de compromisso profissional previamente agendado – Aplicação do Código de Defesa do Consumidor – Prestação de serviços inadequada importando em responsabilidade objetiva da ré (art. 14 do CDC) – Falha na prestação de serviço evidenciada – Cancelamento do voo contratado devido à reestruturação de malha aérea destituída de indício mínimo de prova a respeito, além de fato inerente ao próprio risco da atividade empresarial do transporte aéreo, não caracterizando caso fortuito ou força maior – Fortuito interno caracterizado – Danos materiais comprovados – Remarcação do voo para o dia seguinte, arcando o autor com despesas de locomoção (UBER) de sua residência ao aeroporto – Danos morais evidenciados – *Damnum in re ipsa*, evidenciado com o próprio ato ilícito – Recurso da ré negado. Juros moratórios – Danos morais – Termo inicial – Culpa contratual – Juros de mora da citação – Precedentes do STJ – Recurso do réu negado. Danos morais – Verba indenizatória – Majoração – Possibilidade – Danos morais majorados em consonância com os critérios da razoabilidade e proporcionalidade, segundo a extensão do dano (art. 944 do CC) – Recurso do autor provido, negado o recurso da ré. Recurso do autor provido, negado o recurso da requerida" (*TJSP* – Ap 1003896-35.2022.8.26.0011, 4-10-2022, Rel. Francisco Giaquinto).

"**Transporte aéreo** – Ação de indenização por danos morais em razão de atraso de entrega de bagagem em viagem internacional, por 04 dias. Sentença de procedência, condenando a requerida ao pagamento de indenização por danos morais, no valor de R$ 10.000,00. Irresignação da requerida. Descabimento. Responsabilidade civil por dano moral não regulamentada nas Convenções de Varsóvia e Montreal. Incidência do Código de Defesa do Consumidor quanto ao tema. Incontroversa a ocorrência de extravio e atraso de quatro dias na entrega da bagagem à consumidora. Relação de consumo. Responsabilidade objetiva. Dano moral 'in re ipsa'. *Quantum* indenizatório que não comporta redução, estando em consonância com os princípios da proporcionalidade e razoabilidade, bem como com as peculiaridades do caso. Honorários advocatícios fixados majorados para o importe de 15% do valor da condenação. Incidência da norma prevista no artigo 85, § 11, do CPC/15. Recurso não provido" (*TJSP* – Ap 1014341-78.2018.8.26.0100, 7-2-2019, Rel. Walter Barone).

"Recurso inominado – Ação indenizatória – **Consumidor** – **Transporte aéreo** – Extravio temporário de bagagem pelo prazo de 10 dias, no início de viagem internacional. Falha na prestação do serviço evidenciada. Responsabilidade objetiva da empresa aérea. Incidência do art. 14 do CDC. Dever de ressarcimento das despesas materiais comprovadas nos autos. Danos morais configurados. *Quantum* arbitrado em R$ 2.000,00 que comporta majoração para R$ 5.000,00, observados os transtornos verificados. Passageiro que, ao invés de passear, se viu obrigado a buscar itens fundamentais para sua estadia. Valor que deve ser definido pelas variáveis próprias de cada caso. Recurso parcialmente provido" (*JERS* – RIN 71007862030, 24-8-2018, Rel. Luis Antonio Behrensdorf Gomes da Silva).

"Apelação – Ação Indenizatória – **Transporte aéreo internacional de passageiros** – Cancelamento de voo – Atraso na decolagem superior a 12 horas – Pedidos Parcialmente Procedentes – Companhia aérea condenada ao pagamento do valor de R$ 10.000,00, para cada autor, a título de danos morais, além do ressarcimento dos danos materiais – Pleito de reforma da r. decisão – Impossibilidade – Relação entre as partes inserida no âmbito das relações de consumo – Prevalência do Código de Defesa do Consumidor em face da Convenção de Montreal – Precedentes Jurisprudenciais – Responsabilidade objetiva da empresa requerida – Alegação de força maior – Mau tempo – Fato não provado – Falha na prestação do serviço – Danos materiais demonstrados e oriundos da própria assistência deficitária da companhia – Danos morais configurados – Inquestionável a frustração com o incidente, que ultrapassa o mero dissabor – Atraso superior a 12 horas – Extravio temporário de bagagem – Assistência deficitária – *Quantum* indenizatório fixado de forma razoável e proporcional – Apreciação equitativa, levando-se em conta a extensão do dano, o grau de culpabilidade do ofensor e a situação econômica das partes, de modo a reparar o abalo sofrido, bem como, inibir a repetição da conduta – Circunstâncias fáticas, que, *in casu*, autorizam a manutenção da verba indenizatória – Precedentes desta C. Câmara – Recurso improvido. Quanto ao montante indenizatório, cediço que, à míngua de critérios objetivos para a fixação de indenização por dano moral, cabível ao magistrado valer-se de apreciação equitativa, levando em conta a extensão do dano, o grau de culpabilidade

No entanto, notamos que os julgados, com frequência, forçam o reconhecimento da culpa grave ou dolo do transportador, para possibilitar a indenização total, ou então reconhecem que os fatos não se deram diretamente em razão do transporte, daí por que aplicável a indenização de direito comum. Há corrente jurisprudencial, a propósito, que entende o extravio de bagagens do passageiro não diretamente relacionado com o transporte e, portanto, não se restringe à indenização tarifada.[13] Tem-se entendido majoritariamente que no tocante a extravio de bagagem aérea, se aplica a Convenção de Montreal.

---

do ofensor e a situação econômica das partes, de modo a reparar o abalo sofrido, bem como, inibir a repetição da conduta. Ademais, inafastável a cautela de evitar 'o arbitramento que importe em uma indenização irrisória, de pouco significado para o ofendido, nem uma indenização excessiva, de gravame demasiado ao ofensor' (STJ, AgRg no REsp nº 38.21- SC, Terceira Turma, Min. Sidnei Beneti, j. 06/08/2013). Oportuna a menção às considerações bem lançadas pelo e. Des. Enio Zuliani, ao enfrentar a questão no julgamento do recurso de apelação nº 015631-21.201.8.26.0100: "Para chegar a um valor adequado cabe observar as funções básicas do dano moral. No objetivo de ressarcir, olha-se para a vítima, para a gravidade objetiva do dano que ela padeceu (Antônio Jeová dos Santos, Dano Moral Indenizável, Lejus Editora, 1.97, p. 62) e visando reprovar mira-se o lesante, de tal modo que a indenização represente advertência, sinal de que a sociedade não aceita seu comportamento (Carlos Alberto Bittar, Reparação Civil por Danos Morais, ps. 20/22; Sérgio Severo, Os Danos Extrapatrimoniais, ps. 186/190). Conjugando-se as duas funções é que se extrai o valor da reparação" (*TJSP* – Ap 1028285-95.2014.8.26.0001, 8-5-2017, Relª Cláudia Grieco Tabosa Pessoa).

13 "**Transporte aéreo de pessoas** – Extravio de bagagem – Ação para condenar ao pagamento de indenização por danos morais. Procedência em primeiro grau. Pretensão recursal exclusiva de elevação do 'quantum' fixado a título de danos morais. Inviabilidade. Quantia que atente aos princípios da razoabilidade e proporcionalidade e está dentro dos parâmetros adotados por esta c. Câmara. Sentença mantida. Recurso não provido" (*TJSP* – Ap 1028385-29.2017.8.26.0071, 22-1-2019, Rel. Sebastião Flávio).

"Regressiva – **Transporte aéreo internacional** – Extravio de bagagem – Prescrição – Aplicabilidade do prazo de três anos previsto no art. 206, § 3º, inciso V, do Código Civil. Contrato de transporte aéreo. Sub-rogação da seguradora nos direitos do segurado. Extravio de bagagem no desembarque em país estrangeiro. Falha na prestação do serviço configurada. Responsabilidade objetiva da transportadora. Reparação dos danos devida. Recurso desprovido" (*TJSP* – AC 1105482-81.2018.8.26.0100, 15-5-2019, Rel. Afonso Bráz).

"Transporte aéreo internacional – **Extravio de bagagem** – Danos morais – Aplicação do artigo do Código de Defesa do Consumidor, com inversão do ônus da prova. Inaplicáveis os entendimentos fixados pelo C. STF em Recurso Repetitivo (RE 636.331/RJ e ARE 762.184). Dano moral. Reconhecimento. Falha na prestação de serviços. Transtornos e aflições decorrentes do fato. Danos morais devidos. Sentença mantida. *Quantum* indenizatório. Redução e limitação. Inadmissibilidade. Observância aos princípios da razoabilidade e proporcionalidade. Sentença mantida. Recurso não provido" (*TJSP* – Ap 1013865-74.2017.8.26.0003, 1-2-2019, Rel. Fernando Sastre Redondo).

"**Transporte aéreo de pessoas** – **Extravio de bagagem** – Ação para condenar ao pagamento de indenização por danos materiais e morais. Parcial procedência. Extravio de mala incontroverso. Caracterização de danos sofridos pelos autores. Dano moral evidenciado. Majoração do valor fixado a título de indenização. Inviabilidade. Quantia que atente aos princípios da razoabilidade e proporcionalidade e está dentro dos parâmetros adotados por esta c. Câmara. Sucumbência integralmente carreada à ré, que decaiu de maior parte do pedido. Sentença modificada em parte. Recurso parcialmente provido" (*TJSP* – Ap 1059016-63.2017.8.26.0100, 8-6-2018, Rel. Sebastião Flávio).

"Apelação – Ação de indenização por danos materiais e morais – **Transporte Aéreo Internacional** – Indenização – Extravio de bagagem – Prova acostada nos autos que não é apta a comprovar o conteúdo das malas, devendo prevalecer a indenização tarifada prescrita pela Convenção de Varsóvia. Autores que não comprovaram a apresentação da documentação necessária para pagamento da indenização perante a seguradora. Honorários em relação à corre Assist Card fixados com base no valor da causa, nos termos do art. 85, do §§ 2º e 8º, do CPC/2015. Sentença mantida. Recurso improvido" (*TJSP* – Ap 1041057-16.2016.8.26.0100, 12-7-2017, Rel. Pedro Kodama).

"**Apelação cível** – Direito do consumidor – Falha na prestação do serviço aéreo – Inaplicabilidade do Código Brasileiro de Aeronáutica e Convenções de Varsóvia e Montreal – Extravio de cadeira de rodas – Dano moral configurado – Circunstâncias devidamente sopesadas – Razoabilidade e proporcionalidade reconhecidas – 1 – A jurisprudência pátria vem decidindo pela inaplicabilidade do Código Brasileiro de Aeronáutica e Convenções de Varsóvia e de Montreal, no que diz respeito à indenização tarifada, quando constatado que o dano causado à bagagem não está ligado aos riscos próprios do transporte aéreo, mas às falhas do sistema de transporte. 2 – Ademais, segundo precedentes do Supremo Tribunal Federal, os limites impostos por aqueles diplomas dizem respeito ao dano material, vigorando quanto aos danos morais o princípio constitucional da indenizabilidade irrestrita. 3 – Não configura mero dissabor o extravio de cadeira de rodas utilizada como meio de locomoção de criança portadora de câncer em fase terminal. 4 – Indenização arbitrada em R$ 25.000,00 (vinte e cinco mil reais) que se apresenta

O âmbito de nosso estudo não autoriza que aprofundemos exame sobre aplicação dos tratados internacionais e das leis internas. Lembre-se, porém, de que, aderindo o Brasil ao tratado ou convenção internacional, impõe-se que se torne lei interna com aprovação do Congresso Nacional e promulgação pelo Presidente da República, como ocorreu com a Convenção de Varsóvia. A doutrina divide-se, ora entendendo que prevalece o tratado sobre a lei interna, ora entendendo que a supremacia é da lei interna ou, em posição mista, colocando o tratado aprovado por lei e a lei interna ambos em pé de igualdade.

Rui Stoco (1999:214), em sua alentada e conhecida obra sobre responsabilidade civil, entende que no transporte aéreo vigoram a indenização tarifada e os princípios da convenção internacional. Isso porque a convenção e o Código Brasileiro de Aeronáutica se destinam à regulamentação específica do transporte aéreo, enquanto o sistema do consumidor é lei genérica:

> *"Sendo a Convenção de Varsóvia lei interna específica sobre transporte aéreo e dispondo o Código de Defesa do Consumidor genericamente sobre as relações de consumo e serviços, não regulamentando inteiramente a matéria de que trata aquela, subsume-se à perfeição ao disposto no § 1º do art. 2º da Lei de Introdução do Código Civil (DL 4.657/42), atual Lei de Introdução às normas do Direito Brasileiro, Lei 12.376 de 30.12.2010, de modo que a lei posterior só revoga a anterior quando expressamente o declare ou quando regulamente inteiramente a matéria de que tratava a lei anterior."*

Desse modo, seguindo esse raciocínio sufragado por parcela considerável da jurisprudência, como não houve revogação expressa e como o Código de Defesa do Consumidor é norma geral, permanecem em vigor a Convenção e o Código Aeronáutico, que são leis especiais. Ainda, argumenta-se que o Estado brasileiro se comprometeu a honrar os compromissos e tratados internacionais firmados. Os argumentos são sedutores e encontram respaldo em parte da jurisprudência (*STJ*, RE 58.736-MG, Rel. Eduardo Ribeiro, *RSTJ* 83/175).

A situação é, porém, de maior complexidade. Procuramos ensaiar aqui uma opinião, mas sabemos que ainda longe estamos de uma unanimidade na doutrina e na jurisprudência.

Dúvidas não há que a Convenção e o Código Aeronáutico persistem em vigor em tudo que diz respeito ao transporte aéreo internacional e nacional, sua estrutura, organização, serviços aéreos, segurança, aeronaves etc. A questão é efetivamente saber se a indenização tarifada dos dois diplomas se aplica ao consumidor. E, nesse aspecto, nossa conclusão tende pela negativa.

A indenização na área internacional baseia-se nos direitos especiais de saque, critério que substituiu os francos-ouro Poincaré presentes originalmente na Convenção. Como observa Marco Fábio Morsello,

> *"na seara do transporte internacional de passageiros, com o advento da Convenção de Montreal, editada em 1999, atendeu-se parcialmente ao reclamo dos passageiros, em determinadas circunstâncias, no que concerne à ilimitação da responsabilidade, nas hipóteses de*

---

razoável e proporcional, máxime quando devidamente sopesadas as circunstâncias do caso. 5 – Apelo desprovido" (*TJAC* – Ap 0005868-69.2011.8.01.0001 – (2.251), 14-9-2015, Rel. Des. Roberto Barros).

"**Apelação. Ação de indenização por danos materiais e morais**. Contrato de transporte aéreo. Extravio de bagagem. Aplicação do Código de Defesa do Consumidor, em detrimento da Convenção de Montreal (antiga Convenção de Varsóvia) ou do Código Brasileiro da Aeronáutica. Elevação do valor fixado a título de danos materiais. Dano moral caracterizado. Recurso parcialmente provido" (*TJSP* – Ap. 0025639-31.2011.8.26.0003, 30-4-2013, Rel. Pedro Kodama).

dano-evento morte e por ferimentos. Apesar disso, subsistem ainda limitações específicas, máxime em matéria de transporte de bagagens e mercadorias" (2006:50).

Os montantes indenizatórios originalmente presentes no ordenamento internacional tornaram-se pronunciadamente insuficientes no curso do tempo.

Em primeiro lugar, ressaltamos que os danos indenizados tarifadamente se referem a danos materiais. Os danos morais não encontram lugar nas legislações do transporte aéreo, mesmo porque a Constituição de 1988, que expressamente os admitiu, é posterior a esses diplomas. Desse modo, parece-nos extreme de dúvidas que os danos morais não se submetem ao tarifamento nem nele estão incluídos, matéria que já foi assim decidida pelo Supremo Tribunal Federal:

> *"O fato de a Convenção de Varsóvia revelar, como regra, a indenização tarifada por danos materiais não exclui a relativa aos danos morais. Configurados esses pelo sentimento de desconforto, de constrangimento, aborrecimento e humilhação decorrentes de extravio de mala, cumpre observar a carta Política da República – incisos V e X do art. 52 no que se sobrepõe a tratados e convenções ratificados pelo Brasil"* (*STF*, 2ª T., Rel. Marco Aurélio, *RT* 740/205).

Nessas hipóteses, os danos morais não estão subordinados aos limites tarifários, sendo fixados de acordo com o direito comum, ainda que se aceite a indenização tarifada para os danos materiais.[14]

Quanto aos danos essencialmente materiais, lembre-se de julgado marcante do Supremo Tribunal Federal, de 1975/77, que firmou entendimento no sentido de que a Convenção, embora tenha aplicabilidade no direito interno brasileiro, não se sobrepõe às leis do país. Desse modo, no conflito entre ambos os diplomas, sendo a lei posterior, prevalece esta última, embora o descumprimento no plano internacional possa trazer consequências (*RTJ* 83/809). Até o presente, ao que se saiba, não houve alteração nesse entendimento do Superior Tribunal Federal.

Especificamente, para o transporte aéreo, a Lei nº 14.034/2020 trouxe alterações que dizem respeito às indenizações. O art. 251-A, introduzido na Lei nº 7.565/1986, Código Aeronáutico, dispôs:

---

[14] "Ação de indenização por danos materiais e morais – **Extravio de bagagem em voo internacional** – Aplicação da Convenção de Montreal aos danos materiais e do Código do Consumidor aos danos morais – Dever do réu de demonstrar que houve a entrega da bagagem ao passageiro – Impossibilidade do autor de produzir prova negativa – Telas sistêmicas juntadas insuficientes para comprovar que houve a retirada da mala da esteira – Irrelevância do fato de que o autor já formulou em outras ocasiões o mesmo tipo de reclamação – Extravio incontroverso – Responsabilidade da transportadora pelos danos causados – Inexistência de prova das excludentes previstas nos arts. 17 e 19 da Convenção de Montreal – Ausência de declaração especial de valor da bagagem – Itens elencados no formulário que são condizentes com o perfil do autor e com a viagem realizada – Pedido que observou a limitação prevista no art. 22.2 do aludido diploma – Presunção de boa-fé do passageiro – Prejuízos extrapatrimoniais caracterizados diante dos transtornos suportados – Art. 14 do Código do Consumidor – Manutenção do arbitramento em quantia suficiente, proporcional e razoável com as circunstâncias e peculiaridades da hipótese fática – Responsabilidade contratual – Incidência de juros a partir da citação – Precedentes do Superior Tribunal de Justiça – Pedido de alteração do valor dos danos materiais em contrarrazões – Resposta recursal que configura meio inadequado para a reforma do julgado – Recurso não provido" (*TJSP* – AC 1008779-64.2018.8.26.0011, 30-4-2019, Rel. César Peixoto).

"Responsabilidade civil – Indenização por danos materiais e morais – Transporte aéreo – Voo internacional – **Extravio definitivo de bagagem** – Comprovação de assistência deficiente prestada pela companhia aérea – Prestação de serviço inadequada – Responsabilidade da requerida – Danos materiais devidos – Limitação pela Convenção de Montreal – Valor fixado em R$ 4.703,90, limitado a 1.000 Direitos Especiais de Saques (DES), a serem convertidos na data da liquidação – Indenização por danos devida – Aplicação do Código de Defesa do Consumidor – Indenização não tarifada – Abalo que se mostra suficiente para gerar o direito à indenização pretendida – Manutenção do montante indenizatório – Recurso não provido" (*TJSP* – Ap 1003869-17.2018.8.26.0068, 21-1-2019, Rel. Mario de Oliveira).

"A indenização por dano extrapatrimonial em decorrência de falha na execução do contrato de transporte fica condicionada à demonstração da efetiva ocorrência do prejuízo e da sua extensão pelo passageiro ou pelo expedidor ou destinatário de carga".[15]

---

[15] "Direito do consumidor. Apelação cível. Indenização por danos morais. Recurso parcialmente provido I. Caso em Exame Gabriela Azevedo Nicodemos da Cruz e Vinícius Lemos Bento ajuizaram ação de indenização por danos materiais e morais contra a Latam Airlines Group S/A devido ao cancelamento de voos, resultando em atraso de 14 horas na chegada ao destino. Pleitearam indenização por danos materiais de R$ 77,48 e morais de R$ 7.000,00 para cada autor. II. Questão em Discussão 2. A questão em discussão consiste na pretensão dos autores de obterem indenização por danos morais devido ao atraso e cancelamento de voos. III. Razões de Decidir 3. A responsabilidade civil decorrente de relação de consumo é objetiva, não dependendo de culpa, bastando a comprovação de dano, prestação de serviço defeituoso e nexo de causalidade. 4. Não foi demonstrado que o cancelamento do voo ocorreu devido a condições climáticas adversas. O prejuízo moral foi comprovado apenas pelo autor Vinicius, que perdeu compromisso profissional. **Inteligência do art. 251-A do CBA**. 4. Dispositivo e Tese 5. Dá-se provimento ao recurso para julgar parcialmente o procedimento a ação, condenando a ré a pagar R$ 5.000,00 ao autor Vinicius por danos morais. Tese de julgamento: Necessidade de comprovação de prejuízo efetivo para indenização por danos morais em caso de cancelamento ou atraso de voo nacional, conforme estabelece o art. 251-A, do CBA. Legislação Citada: Código de Defesa do Consumidor, art. 14. Código Brasileiro de Aeronáutica, art. 251-A. Código de Processo Civil, art. 85, §§ 8º e 11. Jurisprudência Citada: TJSP, Apelação Cível 1003165-86.2024.8.26.0296, Rel. Matheus Fontes, 22ª Câmara de Direito Privado, j. 02.07.2025. TJSP, Apelação Cível 1024330-35.2023.8.26.0003, Rel. Campos Mello, 22ª Câmara de Direito Privado, j. 30.06.2025. TJSP, Apelação Cível 1136975-66.2024.8.26.0100, Rel. Roberto Mac Cracken, 22ª Câmara de Direito Privado, j. 27.06.2025" (*TJSP* – Ap 1027961-84.2023.8.26.0003, 24-8-2025, Rel. Nuncio Theophilo Neto).

"Apelação – Transporte aéreo nacional – Danos morais – Cancelamento de voo e reacomodação – Condições climáticas adversas – Sentença de procedência – Recurso da companhia aérea – Argumentos que convencem – Voo cancelado devido ao mau tempo – Comprovação documental suficiente – Fenômeno natural e inevitável – Situação que configura força maior e, portanto, se trata de fortuito externo à atividade da companhia aérea – Fornecedora que também teve de se adaptar a uma realidade à qual não deu causa e, em cumprimento à legislação específica, providenciou a realocação da passageira em voo no dia seguinte – Alteração que decorreu do dever da transportadora de garantir a incolumidade dos passageiros – Adoção do entendimento firmado pelo Superior Tribunal de Justiça no REsp 1.584.465/MG e do disposto no **artigo 251-A do Código Brasileiro de Aviação**, consolidando que o dano moral não é presumível ('in re ipsa') em casos tais – Dano moral – Ausência de falha na prestação do serviço e de nexo causal – Inexistência de alegação, pela autora, de falta de suporte, nem comprovação de qualquer percalço específico em razão do ocorrido – Dever de indenizar não caracterizado – Excludente de responsabilidade – Precedentes – Demanda improcedente – Recurso provido" (*TJSP* – Ap 1027927-12.2023.8.26.0003, 10-9-2024, Rel. Sergio Gomes).

"Apelação Cível. Ação de reparação de danos Sentença de procedência do pedido. Inconformismo da autora com relação ao valor dos danos morais. Transporte aéreo internacional de passageiros, com conexão. Alegação de contratação de voo com uma escala, havendo atraso no voo inicial e realocação em outro, com chegada ao destino com 24 horas de atraso. Companhia aérea que reconheceu em contestação o cancelamento do primeiro voo contratado pela requerente, mas argumentou que esse fato se deu em decorrência do grande fluxo de pessoas na data do voo, de modo que algumas de suas equipes de tripulantes atingiram o limite de horas de jornada de trabalho e ficaram impossibilitadas de seguir viagem. Organização interna de suas equipes que é de responsabilidade da ré e, portanto, insuficiente para eximi-la de sua eventual responsabilidade. Porém, mudança na interpretação do Colendo Superior Tribunal de Justiça para casos de atrasos de voo, e no sentido de que o dano moral, agora, deve estar demonstrado nos autos. No mesmo sentido, o artigo 251-A da Lei nº 7.565/1986 (Código Brasileiro de Aeronáutica), incluído pela Lei nº 14.034/2020. Situação dos autos em que não houve prova da ocorrência de dano moral. Hipótese em que não houve insurgência da ré, além de ser impossível a *reformatio in pejus*. Sentença mantida. Recurso não provido" (*TJSP* – Ap 1015393-70.2022.8.26.0003, 6-5-2023, Rel. Hélio Nogueira).

"Apelação Cível. Ação de Indenização por Danos Materiais e Morais. Sentença de parcial procedência do pedido. Inconformismo da ré. Transporte aéreo nacional de passageiros. Alegação de contratação de voo nacional, que, por condições climáticas desfavoráveis, não decolou no dia e horário. Recolocação em outro voo, com chegada ao destino com mais de 18 horas de atraso. Companhia aérea que reconheceu em contestação o cancelamento do primeiro voo contratado pela requerente, mas afirmou ter prestado aos recorrentes todo apoio necessário. Condição insuficiente para eximir a companhia aérea de sua eventual responsabilidade. Porém, mudança na interpretação do Colendo Superior Tribunal de Justiça para casos de atrasos de voo, e no sentido de que o dano moral, agora, deve estar demonstrado nos autos. No mesmo sentido, o artigo 251-A da Lei nº 7.565/1986 (Código Brasileiro de Aeronáutica), incluído pela Lei nº 14.034/2020. Hipótese dos autos em que não houve prova da ocorrência de dano moral. Dano material indenizável. Sentença mantida. Recurso não provido" (*TJSP* – Ap 1023229-94.2022.8.26.0003, 3-4-2023, Rel. Hélio Nogueira).

O texto apresenta, a nosso entender, verdadeira "*contradictio in terminis*". Se há um prejuízo que pode ser provado, deixa de ser extrapatrimonial. Dano moral com reflexos patrimoniais deixa de ser dano extrapatrimonial. É elementar. Como se avalia a morte de um filho ou a perda de uma bagagem, dois exemplos em paradigmas bem distantes. Cuidam-se de sofrimentos da alma, interiores, íntimos que a vida prática, os fatos e a sensibilidade do juiz farão a devida avaliação, com discernimento.

Se é demonstrado que numa bagagem extraviada havia determinados valores, com sua prova, o dano deixa de ser moral ou extrapatrimonial. Por outro lado. como se prova o prejuízo de quem espera muitas horas pelo atraso de um voo? Esse incômodo isolado necessita ser provado? Cada sujeito reagirá de uma forma. Claudicou, sem dúvida, o legislador, esquecendo-se de princípio comezinho dos danos morais ou extrapatrimoniais!

Esse mesmo artigo incluiu o § 3º ao art. 256, no qual o legislador se arvorou em definir o que se entende por caso fortuito ou força maior no transporte aéreo, certamente motivado por pletora de julgados estapafúrdios, deslocados e exagerados. Essa disposição busca, sem dúvida, coibir essas decisões em torno da responsabilidade do transportador aéreo. Assim se coloca o texto:

> "*Constitui caso fortuito ou força maior, para fins do inciso II do § 1º deste artigo, a ocorrência de 1 (um) ou mais dos seguintes eventos, desde que supervenientes, imprevisíveis e inevitáveis:*
>
> *I – restrições ao pouso ou à decolagem decorrentes de condições meteorológicas adversas impostas por órgão do sistema de controle do espaço aéreo:*
>
> *II – restrições ao pouso ou à decolagem decorrentes de indisponibilidade de infraestrutura portuária;*
>
> *III – restrições ao voo, ao pouso ou à decolagem decorrentes de determinações da autoridade ou órgão da Administração Pública, que será responsabilizada;*
>
> IV – decretação de pandemia ou publicação de atos de Governo que dela decorram, com vistas a impedir ou a restringir o transporte aéreo ou as atividades aeroportuárias."[16]

---

[16] "Direito civil. Apelação. Indenização por danos morais e materiais. Recurso parcialmente provido. I. Caso em Exame. 1. Ação com pedidos de indenização por dano moral e material. Autores adquiriram passagens aéreas para a realização de trajeto em território nacional, mas, em função de atrasos no voo, sua chegada ao destino planejado foi postergada em 10 (dez) horas. Companhia ré apela contra r. sentença de procedência. II. Questão em Discussão. 2. Analisar (i) a responsabilidade civil da companhia área; (ii) a caracterização dos danos morais e a adequação do valor de indenização fixado pela r. sentença; (iii) o cabimento dos danos materiais. III. Razões de Decidir. 3. A responsabilidade civil das companhias aéreas é regida pelo Código de Defesa do Consumidor, que prevê responsabilidade objetiva em casos de má prestação de serviços. A ré não demonstrou que o atraso teria sido provocado por caso fortuito ou força maior, segundo a definição trazida pelo art. 256, § 3º, incisos I a IV, do Código Brasileiro de Aeronáutica. 4. Os danos morais estão configurados, pois o atraso no voo foi relevante (10 horas) e houve deficiência na prestação de assistência material aos passageiros, na forma da Resolução ANAC n. 400/2016. Porém, o valor de indenização fixado pela r. sentença (R$ 16.000,00) se mostra excessivo, devendo ser reduzido ao patamar de R$ 4.500,00 para cada autor, considerando sobretudo que não houve comprovação de consequências mais graves advindas do atraso, como a perda de algum compromisso inadiável ou o desperdício de especial oportunidade. 5. Cabível, ainda, a reparação de danos materiais, tendo em vista a realização de despesas adicionais com alimentação e contratação de transporte, nos termos da r. sentença. IV. Dispositivo e Tese. 6. Recurso parcialmente provido. Tese de julgamento: 1. A responsabilidade civil das companhias aéreas por atraso de voo é objetiva, conforme o Código de Defesa do Consumidor. 2. A duração do atraso e a deficiência na assistência material dão ensejo à configuração do dano moral, bem como obrigam ao ressarcimento das despesas extraordinárias. 3. A indenização por dano moral deve ser fixada em termos razoáveis. Legislação Citada: Código de Defesa do Consumidor, Lei nº 8.078/1990, art. 14. Código Brasileiro de Aeronáutica, Lei nº 7.565/1986, art. 256, § 3º. Resolução ANAC nº 400/2016, art. 27. Jurisprudência Citada: STJ, AgRg no AREsp 141.630/RN, Rel. Ministro Raul Araújo, Quarta Turma, julgado em 18/12/2012, *DJe* 08/02/2013. STJ, REsp n. 1.796.716/MG, Rel. Ministra Nancy Andrighi, Terceira Turma, julgado em 27/08/2019. TJSP, Apelação Cível n. 1031395-81.2023.8.26.0003, Rel. Francisco

Primeiramente, acentue-se, que essa enunciação não esgota as possibilidades de fortuito ou força maior, como é evidente. Não se pode descrever, aprioristicamente, as hipóteses desses fenômenos. Secundariamente, há de se lembrar que o legislador resolveu disciplinar esses fortuitos específicos, tendo em vista inúmeros julgados totalmente distantes da lógica e equidade, que prejudicavam sobremaneira o transportador aéreo, transformando-o em único vilão das mazelas do setor. Na verdade, não haveria necessidade desse texto legal se os tribunais se ativessem aos postulados de compreensão e extensão do caso fortuito e da força maior. Aguardemos a nova jurisprudência.

Doutro lado, tendo em vista o espírito do Código de Defesa do Consumidor, é perfeitamente defensável que o passageiro das empresas aéreas seja protegido por esse estatuto. O Código de Defesa do Consumidor trouxe uma modificação radical na responsabilidade civil e na própria estrutura comercial e industrial no Brasil, que teve que se adaptar à norma. Trata-se de uma lei social, de ordem pública, cujos princípios são todos eles dirigidos à parte vulnerável na relação de consumo, o consumidor. A doutrina conceitua-o como um microssistema jurídico. A atividade do transportador aéreo pressupõe inexoravelmente relação de consumo com relação ao passageiro e ao comitente de mercadorias no transporte aéreo.

> *"A atividade de prestar serviços de transporte, inclusive o transporte aéreo, inclui-se facilmente no campo de aplicação ideal do CDC, uma vez que este corpo de normas pretende aplicar-se a todas relações, contratuais ou extracontratuais, desenvolvidas no mercado brasileiro, que envolvam um consumidor e um fornecedor, refiram-se a serviços ou produtos, excluindo somente os de caráter trabalhista"* (Marques, *Revista de Direito do Consumidor*, v. 3, p. 159).

Como se percebe, entre as leis que disciplinam o transporte aéreo e o Código de Defesa do Consumidor há um conflito de normas no que diz respeito à indenização, embora existam coincidências em muitos pontos desses diplomas. Enfatizamos, porém, que o Código de Defesa do Consumidor é lei especial com conotação ampla, aplicável a todas as relações de consumo, pois o legislador não fez qualquer restrição, nem mesmo para as relações de direito público. Não podemos admitir o Código de Defesa do Consumidor como uma lei geral, a qual, no caso, não poderia revogar as leis de direito aeronáutico, que são especiais. Esse aspecto, como aponta Cláudia Lima Marques, é apenas um enfoque superficial do fenômeno (ob. cit. p. 163).

Observe, também, que a legislação sobre acidentes aéreos cuida tanto da responsabilidade por danos sofridos pelos passageiros, como por danos sofridos por pessoas localizadas na superfície. Lembre-se de que o art. 17 estende a compreensão da responsabilidade do fornecedor de produtos e serviços: para efeitos da responsabilidade pelo fato do produto e do serviço, equiparam-se aos consumidores todas as vítimas do evento. Desse modo, se aplicável a indenização ampla do Código de Defesa do Consumidor às vítimas de aeronave, estas serão não apenas os passageiros, como também aqueles que são atingidos, de qualquer forma, na superfície, sofrendo danos pessoais ou materiais. Ademais, lembremos, a responsabilidade da Convenção de Varsóvia ainda é subjetiva, o que vem em total detrimento dos princípios do Código de Defesa do Consumidor, não protegendo a vulnerabilidade que este almeja. Não bastasse tudo isso, o tarifamento mínimo estabelecido em lei é insatisfatório

---

Giaquinto, 13ª Câmara de Direito Privado, julgado em 28/07/2025. TJSP, Apelação Cível n. 1000369-93.2025.8.26.0068, Rel.ª Ana de Lourdes Coutinho Silva da Fonseca, 13ª Câmara de Direito Privado, julgado em 28/07/2025" (*TJSP* – Ap 1021513-46.2024.8.26.0008, 19-8-2025, Rel. Ana de Lourdes Coutinho Silva da Fonseca).

para indenizar a morte, havendo dificuldade de estabelecer o montante no transporte aéreo internacional, tendo em vista a referência ao franco-poincaré, que não existe mais, substituídos mais recentemente pelos chamados direitos especiais de saque. Sob tais argumentos e sob pressão da jurisprudência e da opinião pública, os EUA denunciaram o tratado internacional de Varsóvia, em 1965. Há outros países que resistem à aplicação dessa lei, o que, por si só, demonstra seu anacronismo. Cláudia Lima Marques aponta que em 1983 o Tribunal Federal da Alemanha declarou seis cláusulas do contrato oferecido pela Lufthansa para voos internacionais como abusivas, e, portanto, proibidas. No direito comparado, destarte, não há unanimidade na aplicação da Convenção.

De outra parte, a legislação de proteção ao consumidor entre nós é fruto de determinação constitucional, que ordena sua proteção. O Código de Defesa do Consumidor, por sua vez, não é lei exclusiva de proteção, pois o art. 7º desse diploma estatui que os direitos previstos nesse Código não excluem outros decorrentes de tratados ou convenções internacionais de que o Brasil seja signatário e de outras normas. Portanto, o Código de Defesa do Consumidor admite que outras normas completem o microssistema, desde que em proteção ao consumidor. Desse modo, se, por um lado, admitem-se outras normas protetoras, é discutível que possam conviver com o microssistema normas que restrinjam os direitos do consumidor, mormente se editadas anteriormente, como ocorre com a indenização tarifada do direito aeronáutico. Desse modo, é perfeitamente aplicável ao passageiro de empresa aérea o art. 14 do Código de Defesa do Consumidor que estipula a responsabilidade objetiva do fornecedor de produtos e serviços pelos danos causados por defeitos relativos à prestação dos serviços, bem como por informações insuficientes e inadequadas sobre a fruição e riscos. A ideia central, na lei do consumidor, é no sentido de que o fornecedor tem o dever de prestar um serviço com a segurança que dele se espera.

Se houve defeito no serviço, o objetivo não foi atingido, sem necessidade de avaliar culpa de prepostos, ou caso fortuito interno. O fortuito externo continua aplicável. Nesse aspecto, a responsabilidade coincide com o Código Brasileiro de Aeronáutica. Segundo o art. 14, § 3º, do Código de Defesa do Consumidor, o fornecedor apenas se exonera do dever de indenizar quando conseguir provar:

> *"I – que, tendo prestado o serviço, o defeito inexiste;*
>
> *II – a culpa exclusiva do consumidor ou de terceiro".*

O estatuto do consumidor não limita a responsabilidade, adotando o princípio da indenização integral, inclusive no tocante aos danos morais.

No que toca aos danos ocasionados a terceiros, decorrentes do transporte aéreo, o Código Brasileiro de Aeronáutica, no art. 269, estabelece os limites para indenização a terceiros na superfície. Sérgio Cavalieri Filho (2000:239) observa que esse preceito já fora revogado pelo art. 37, § 6º, da Constituição Federal. De fato, esse dispositivo estabeleceu o risco administrativo, responsabilidade objetiva, às pessoas jurídicas de direito privado, prestadoras de serviços públicos, de forma idêntica às entidades da administração direta, com relação aos danos causados a terceiros.

A Constituição não estabeleceu, portanto, qualquer limite para a indenização por responsabilidade da administração. Como as empresas aéreas são concessionárias de serviço público, estão sujeitas à regra desse dispositivo constitucional. O mesmo raciocínio se aplica à responsabilidade por danos ao passageiro ou a terceiros nos aeroportos ou em serviços de infraestrutura aeroportuária. O art. 38 do Código Brasileiro de Aeronáutica disciplina que os aeroportos constituem universalidades equiparadas a *bens públicos federais*, enquanto mantida a destinação específica, embora não tenha a União a propriedade de todos os imóveis em que se situam. O art. 280, II, do Código de Aeronáutica estabelecera também a responsabilidade limitada nesse caso. Aplica-se, por idênticas razões, o preceito do art. 37, § 6º, da Carta Magna, pois este texto se mostra incompatível com a norma do Código de Aeronáutica.

De qualquer modo, persiste a polêmica, e os tribunais deverão, por fim, estabelecer a corrente majoritária, se não intervier antes o legislador.

20

SENTENÇA CRIMINAL E RESPONSABILIDADE CIVIL

20.1 INTRODUÇÃO

O mesmo ato ou a mesma conduta pode constituir crime e ato ilícito passível de indenização. Desse modo, para o mesmo fato ou ato, ou série de atos, podem ocorrer concomitantemente à persecução criminal e a ação de ressarcimento. Homicídio, lesões corporais, delitos de automóvel, crimes de colarinho branco com frequência trazem repercussões simultâneas, tanto para o direito de punir do Estado, como para o interesse de ressarcimento da vítima. A questão poderia ser figurada como dois círculos concêntricos, sendo a esfera do processo criminal um círculo menor, de menor raio, porque a culpa criminal é aferida de forma mais restrita e rigorosa, tendo em vista a natureza da punição e ainda porque, para o crime, a pena não pode ir além do autor da conduta.

A esfera da ação civil de indenização é mais ampla porque a aferição de culpa é mais aberta, admitindo-se a culpa grave, leve e levíssima, todas acarretando como regra o dever de indenizar e ainda porque, como já examinamos, há terceiros que podem responder patrimonialmente pela conduta de outrem. Há, como percebemos, fatos que não são considerados crimes, mas acarretam o dever de indenizar, pois ingressam na categoria de atos ilícitos *lato sensu*, cujo âmbito é estritamente a responsabilidade civil.

A questão importante é analisar a repercussão das decisões do juízo criminal no juízo cível. Em princípio, o decidido no âmbito civil não deve repercutir na esfera criminal, embora possam ocorrer algumas situações pontuais, como, por exemplo, quando se decide no cível a respeito da bigamia. A decisão criminal pode ficar na dependência da anulação do primeiro ou do segundo casamento. São as chamadas questões prejudiciais que no processo penal devem ou podem aguardar a solução na esfera cível para tipificar certos delitos, ou influir nas qualificadoras ou causas de aumento ou diminuição de pena, como a existência de casamento já mencionada, a paternidade, a posse, a propriedade, a condição de funcionário público etc. Nesses casos, é prudente que o juiz criminal aguarde a decisão civil.

A harmonização das decisões criminais e civis sobre o mesmo fato não é tarefa fácil. Há sistemas que optam pela total independência de ambas jurisdições, sem influência nenhuma da sentença criminal sobre o juízo cível; há os que estatuem que a sentença criminal faz coisa julgada no cível e há ainda sistemas que procuram harmonizar as decisões, para evitar contradições, nesse caso servindo o mesmo processo para as duas ações (Dias, 1979, v. 2:522). Nosso ordenamento adota a independência de jurisdições, com a ação civil e a ação penal autônomas, com certa mitigação, porque subsiste relacionamento entre ambas as esferas, em determinadas situações. A jurisdição, como função decorrente da soberania, é uma só. A divisão em justiça civil e penal dá-se mais por facilidade de organização, para tornar mais simples o seu exercício. Sob o prisma da soberania, a jurisdição é una e indivisível. Desse modo, como a ação civil e a ação penal julgam, em síntese, o mesmo fato, o ordenamento deve buscar decisões homogêneas, não contraditórias. Nesse diapasão, fica na berlinda a própria credibilidade do Estado. Por isso mesmo, a interpenetração da jurisdição civil e da jurisdição penal causa, por vezes, situações complexas.

A administração da justiça e a jurisdição do Estado entre nós são unas, decorrentes da soberania e exercício do poder. Como regra, a administração da justiça deve zelar para que não coexistam decisões contraditórias ou antagônicas. Nada impediria, em tese, que, no mesmo processo, o juiz aferisse a culpa do réu, condenando-o às penas privativas de liberdade e outras admitidas pelo sistema penal, e, ao mesmo tempo, estabelecesse o valor da reparação de danos. Esse sistema não é desconhecido no direito comparado. Um processo único, para ambas finalidades, esbarraria em obstáculos difíceis de serem transpostos, mormente no tocante à prova e aos prazos de prescrição em Direito Penal, exíguos se comparados aos prazos das ações civis. No entanto, é solução que se afigura possível para os delitos de pequeno valor ofensivo que causam danos materiais ou morais, mormente levando-se em conta os juizados especiais criminais, que admitem certa informalidade. Aliás, o art. 74, parágrafo único, da Lei nº 9.099/95, dispõe expressamente que a reparação dos danos civis importa na renúncia ao direito de queixa e de representação, nas ações penais privadas e públicas condicionais à representação. Existe, porém, possibilidade restrita de ocorrer reparação de dano na esfera penal, uma vez que o Código de Processo Penal prevê a possibilidade de o ofendido ter a restituição das coisas apreendidas no juízo criminal, bem como na fase investigatória (arts. 118 a 120).

Em sentido amplo, porém, a jurisdição civil independe da jurisdição penal, mas, evidentemente, há reflexos desta última em relação à primeira, que não podem ser ignorados, a fim de tornar homogêneo o sistema. Interessam diretamente à matéria o art. 935 do Código Civil, art. 91, I, do Código Penal, os arts. 63 a 68 do CPP e, por fim, o art. 515, VI, do CPC. Lembre-se, também, de que pode ocorrer composição de danos civis na esfera dos juizados especiais criminais (Lei nº 9.099/95, art. 74). Passemos às respectivas redações, para facilitar nossa compreensão.

Dizia o art. 1.525 do Código Civil de 1916:

> *"A responsabilidade civil é independente da criminal; não se poderá, porém, questionar mais sobre a existência do fato, ou quem seja o seu autor, quando estas questões se acharem decididas no crime".*

O art. 935 no Código Civil de 2002 mantém essa mesma redação, substituindo, contudo, a palavra final "crime" pela expressão "juízo criminal", de compreensão mais técnica.

O art. 91, I, do Código Penal, considera como um dos efeitos da condenação criminal o de *"tornar certa a obrigação de indenizar o dano causado pelo crime"*. No dizer de Julio Fabbrini Mirabete (2000:481), *"a sentença penal condenatória transitada em julgado é um título executório incompleto por depender de liquidação para apuração do* quantum *devido"*. Essa noção é completada pelo art. 515, VI, do CPC, que coloca a sentença penal condenatória transitada em julgado no rol dos títulos executivos judiciais. Desse modo, havendo condenação criminal, no juízo civil apenas se apurará o *quantum debeatur*, como enfocaremos a seguir, porque o dever de indenizar já está estabelecido.

A concepção desse artigo decorre da unidade da jurisdição. Em princípio, não pode o juízo civil discutir o que ficou assente no juízo criminal, no tocante à existência do fato ou quem seja seu autor. Assim, se a sentença criminal definiu que o fato não existiu ou que fulano não é autor da conduta, essas questões não podem ser resolvidas no juízo indenizatório. Desse modo, se a indenização dependia dessas premissas, não há como ser concedida.

Por sua vez, o CPP, sob o Título IV, *Da Ação Civil*, dispõe:

> *"Art. 63. Transitada em julgado a sentença condenatória, poderão promover-lhe a execução, no juízo cível, para efeito da reparação do dano, o ofendido, seu representante legal ou seus herdeiros.*
>
> *Parágrafo único. Transitada em julgado a sentença condenatória, a execução poderá ser efetuada pelo valor fixado nos termos do inciso iv do caput do art. 387 deste Código sem prejuízo da liquidação para a apuração do dano efetivamente sofrido. (Incluído pela Lei nº 11.719, de 2008).*
>
> *Art. 64. Sem prejuízo do disposto no artigo anterior, a ação para ressarcimento do dano poderá ser proposta no juízo cível, contra o autor do crime e, se for o caso, contra o responsável civil.*
>
> *Parágrafo único. Intentada a ação penal, o juiz da ação civil poderá suspender o curso desta, até o julgamento definitivo daquela.*
>
> *Art. 65. Faz coisa julgada no cível a sentença penal que reconhecer ter sido o ato praticado em estado de necessidade, em legítima defesa, em estrito cumprimento de dever legal ou no exercício regular de direito.*
>
> *Art. 66. Não obstante a sentença absolutória no juízo criminal, a ação civil poderá ser proposta quando não tiver sido, categoricamente, reconhecida a inexistência material do fato.*
>
> *Art. 67. Não impedirão, igualmente a propositura da ação civil:*
>
> *I – o despacho de arquivamento do inquérito ou das peças de informação;*
>
> *II – a decisão que julgar extinta a punibilidade;*
>
> *III – a sentença absolutória que decidir que o fato imputado não constitui crime.*
>
> *Art. 68. Quando o titular do direito à reparação do dano for pobre (art. 32, §§ 1º e 2º), a execução da sentença condenatória (art. 63) ou a ação civil (art. 64) será promovida, a seu requerimento, pelo Ministério Público".*

Pela dicção do art. 66 do CPP ficava claro que somente não se discutiria no cível a sentença criminal que tivesse, categoricamente, reconhecido a inexistência material do fato. Essa dicção preponderaria sobre o texto do art. 1.525 do revogado Código Civil, derrogando-o ao menos em parte, porque o CPP era lei posterior. Como o Código de 2002 reproduziu na íntegra o antigo art. 1.525 no art. 935, o entendimento deve ser no sentido de que não se pode mais questionar sobre a existência do fato, ou sobre quem seja o autor, quando essas situações se acharem decididas no juízo criminal (Stoco, 2004:262).

Prepondera a dicção do Código de 2002, lei agora mais recente. Voltou-se, portanto, ao sistema originário de 1916, no qual existem amarras mais fortes entre as duas jurisdições, o que não deixa de ser um retrocesso.

Conforme mencionamos, o art. 74 da lei que regula os juizados especiais relaciona-se com a matéria, ao dispor:

> *"A composição dos danos civis, reduzida a escrito e homologada pelo Juiz mediante sentença irrecorrível, terá eficácia de título a ser executado no juízo civil competente".*

O Juizado Especial Criminal tem competência para a conciliação, o julgamento e a execução das infrações penais de menor poder ofensivo (art. 60 da Lei nº 9.099/95). Embora as regras gerais sejam de fácil entendimento, há problemas complexos que podem advir da aplicação dessas normas. O intuito das disposições é evitar julgamentos discrepantes.

20.2 EXECUÇÃO DA SENTENÇA PENAL CONDENATÓRIA

A condenação criminal com o trânsito em julgado estabelece o dever de indenizar a vítima. O Código de Processo Civil de 1939 nada dispunha sobre a matéria, mas a sentença penal condenatória podia ser executada por força do art. 63 do CPP. O art. 475-N, II, do estatuto processual civil vigente reforçou esse entendimento, declarando expressamente que a sentença penal condenatória é título executivo judicial. Como se trata de título ilíquido, o *quantum debeatur* deve ser apurado no juízo de execução, por arbitramento ou por artigos. Há que se promover a liquidação pelo procedimento comum quando há necessidade de provar fato novo (art. 509, II do CPC). É o que ordinariamente ocorre na liquidação de danos decorrente de ato ilícito: na indenização por morte de um arrimo de família, por exemplo, devem-se estabelecer, entre outros elementos, a relação de dependência dos beneficiários e o montante com o qual ele concorria para o sustento do lar. O prejuízo deve ser demonstrado, pois não há indenização sem dano.[1]

---

1 "**Ação civil 'ex delicto'** – Ação movida pelos filhos e cônjuge de vítima de crime de homicídio – Reparação civil – Dano moral e material – Sentença de procedência que condenou o réu na indenização pelos danos morais devidos aos 3 filhos e à viúva e na pensão mensal aos filhos – Insurgência do réu – Inocorrência de cerceamento de defesa diante da emenda da inicial, em que incluídos no polo ativo os demais filhos e a viúva – Ausência de prejuízo – Homicídio doloso praticado pelo réu contra o pai e cônjuge dos autores – Danos morais configurados – Inegável sofrimento e abalo psíquico sofrido pelos autores em decorrência da conduta do réu – Indenização a título de danos morais fixada em R$60.000,00 para cada um dos 3 filhos e em R$40.000,00 para a viúva, em observância aos princípios da razoabilidade e da proporcionalidade – Manutenção do 'quantum' fixado – Pensão mensal arbitrada em favor dos filhos – Presunção de dependência econômica e contribuição do falecido com o sustento do lar – Fixação da pensão em 2/3 dos rendimentos do 'de cujus', destinado aos filhos até que completem 25 anos, a ser dividido de forma igualitária, reduzindo-a para 1/3 após atingirem 25 anos – Afastamento da condenação da pensão após os filhos atingirem 25 anos – Sentença parcialmente reformada – Recurso parcialmente provido". (*TJSP* – Ap 1004526-87.2020.8.26.0229, 7-8-2023, Rel. Marcia Dalla Déa Barone).

"**Ação civil 'ex delicto'** – Ressarcimento de danos pela morte da esposa e genitora dos autores, decorrente de homicídio culposo praticado pelo réu. Condenação criminal transitada em julgado. Ação julgada parcialmente procedente. Recursos de ambas as partes. Danos morais. Insurgência quanto ao montante fixado, que totaliza R$ 30.000,00 para cada autor. Ausência de fundamentos para tanto, aplicados os critérios da razoabilidade e da proporcionalidade, observada, ainda, a capacidade econômica do ofensor. Danos materiais não comprovados. Verba indevida. Juros de mora que devem incidir a partir do evento danoso, por se tratar de danos oriundos de responsabilidade extracontratual. Recurso dos autores provido em parte, desprovido aquele ofertado pelo réu. Salta óbvio que a morte da esposa e genitora dos autores provocou sentimento de perda e tristeza, causando reflexos psicológicos consideráveis. Contudo, a quantificação dos danos morais observa o princípio da lógica do razoável. Deve a indenização ser proporcional aos danos e compatível com transtornos experimentados pela vítima, a capacidade econômica do causador e as condições sociais dos ofendidos. A fixação arbitrada no total de R$ 30.000,00 pela r. sentença mostra-se razoável e proporcional, não comportando alteração, por se revelar condizente com tais parâmetros. Não se há falar em ressarcimento por danos materiais consubstanciados em providências realizadas pelos autores antes mesmo do ajuizamento da ação, decorrentes de mera liberalidade, mesmo porque as despesas reclamadas sequer se encontram comprovadas em sua integralidade, razão pela qual não podem ser imputadas à parte adversa. Ainda, para que não haja enriquecimento ilícito, os juros de mora referentes à indenização por danos morais e materiais incidem desde a data do acidente (Súmula 54 STJ), haja vista que a indenização é decorrência do reconhecimento de responsabilidade extracontratual" (*TJSP* – AC 1000536-07.2018.8.26.0311, 26-9-2019, Rel. Kioitsi Chicuta).

"Apelação – **Ação civil *ex delicto*** – Sentença penal condenatória transitada em julgado que reconheceu a prática do crime de estupro, pelo apelante. Descabimento de rediscussão dos fatos. Inteligência do artigo 935 do Código Civil. Dano moral – Ocorrência – Pleito indenizatório que se justifica diante da conduta criminosa capaz de macular de modo permanente a honra subjetiva e objetiva da vítima, além de causar-lhe intenso abalo psicológico. *Quantum* indenizatório mantido, em atenção ao critério da proporcionalidade e ao fato de que o valor da reparação será apenas simbólico, ante a gravidade da conduta lesiva. Sentença mantida. Sucumbência. Fixação de honorários recursais, segundo disposições do art. 85, § 11, CPC/2015. Recursos não providos" (*TJSP* – Ap 0001869-72.2006.8.26.0459, 29-1-2019, Relª Rosangela Telles).

"**Ação civil *ex delicto*** – Ilegitimidade passiva – Denunciação da lide – Decisão que indeferiu os pedidos de reconhecimento de ilegitimidade passiva e de denunciação da lide a um terceiro. Pedido de exclusão de litisconsorte. Recurso não conhecido nesta parte. Decisão de manutenção de litisconsorte que não se enquadra nas hipóteses do rol taxativo do art. 1.015 do CPC. Denunciação da lide. Intervenção de terceiro, no caso, descabida. Inteligência do art. 125, II, do CPC. Responsabilidade solidária entre educando e colégio (art. 932, IV, CC). Hipótese em que não há suposto direito de regresso do agressor em face do estabelecimento de ensino (art. 934, CC). Caso, ademais, em que o corréu agressor não estava no colégio na condição de educando, o que afastaria a responsabilidade deste. Denunciação da lide afastada. Recurso não conhecido em parte e, na parte conhecida, desprovido" (*TJSP* – AI 2130752-02.2018.8.26.0000, 24-8-2018, Rel. Carlos Alberto de Salles).

"Apelação – **Ação civil *ex delicto*** – Acidente de trânsito – Óbito – Prescrição Afastada – Responsabilidade inconteste – Danos morais e materiais – Para reparação de dano em ação civil *ex delicto* o termo inicial da prescrição é com o trânsito em julgado da decisão condenatória – Afastada a prescrição no caso – Diante do trânsito em julgado da decisão condenatória na seara criminal, aplica-se o art. 935 do Código Civil, que prescreve que 'a responsabilidade civil é independente da criminal, não se podendo questionar mais sobre a existência do fato, ou sobre quem seja o seu autor, quando estas questões se acharem decididas no juízo criminal.' – Dano moral que deve ser reconhecido e mantido, diante da morte do pai e marido dos autores em decorrência de acidente de trânsito causado pelo réu – Dano moral fixado em R$ 100.000,00 (cem mil reais). Recurso improvido" (*TJSP* – Ap 0001265-89.2013.8.26.0484, 20-9-2017, Relª Maria Lúcia Pizzotti).

"Indenização – **Ação civil *ex delicto*** – lesão corporal grave – dano material – pensão mensal – salário mínimo – dano moral – valoração – I- É devida pensão mensal vitalícia ao autor, desde o evento danoso, pois demonstrado que as lesões decorrentes das queimaduras de que foi vítima diminuíram sua capacidade de trabalho, art. 950, *caput*, do CC. II- Quando não comprovada a atividade laborativa, a pensão deve ser fixada tomando-se por base o salário mínimo. III- A valoração da compensação moral deve observar o princípio da razoabilidade, a gravidade e a repercussão dos fatos, a intensidade e os efeitos da lesão. A sanção, por sua vez, deve observar a finalidade didático-pedagógica, evitar valor excessivo ou ínfimo, e objetivar sempre o desestímulo à conduta lesiva. Mantido o valor fixado pela r. sentença. IV- Apelação parcialmente provida" (*TJDFT* – Proc. 20160110107252APC – (929146), 29-3-2016, Relª Desª Vera Andrighi).

"Acidente de trânsito – Bem público – Danos – Culpa atribuída ao condutor – Ação indenizatória – 1 – Para estadear a responsabilidade civil do agente, impõe-se a comprovação do dano, do ato ilícito e do nexo de causalidade. Inteligência dos artigos 186 e 1.927 do Código Civil. 2 – O fato de trafegar o réu indevidamente pela faixa exclusiva de ônibus, por si só, não é suficiente para delinear o nexo de causalidade entre tal infração e o atropelamento. 3 – A única testemunha da dinâmica do acidente corrobora a versão da parte ré, que afirma culpa exclusiva da vítima, ao proceder à travessia contrariando o sinal semafórico. 4 – A indigitada alta velocidade praticada pelo réu não veio devidamente comprovada, diante da falta de informação acerca da velocidade máxima permitida no local, na data dos fatos. 5 – Negaram provimento ao recurso" (*TJSP* – Ap 0027626-59.2005.8.26.0053, 26-8-2015, Rel. Vanderci Álvares).

"**Apelação** – Responsabilidade civil – Indenização por danos morais – Injúria discriminatória por conter elemento referente a cor da pessoa atingida (artigo 140, § 3º do CP). Sentença de procedência carreando ao demandado os ônus da sucumbência. Apelo do réu pugnando pela improcedência por já ter sido condenado a indenizar o autor em sede de ação criminal e aduzindo, no mais, excessiva a indenização arbitrada. Inconsistência. Sentença penal condenatória, já transitada em julgado, que faz coisa julgada também no Juízo Cível (artigo 63, do CPP). Pena corporal substituída no Juízo criminal pela de prestação de serviços à comunidade, bem como por prestação pecuniária à vítima em cinco salários mínimos. Prestação pecuniária fixada na esfera criminal que ostenta natureza de sanção penal alternativa, não se confundindo com a pretensão de reparação civil decorrente da prática de ato ilícito. Danos morais inquestionáveis diante da natureza do crime contra a honra cometido pelo réu. Indenização arbitrada em R$ 15.000,00 que bem compõe a lesão experimentada, servindo de punição adequada ao ofensor. Determinação do Magistrado de que, desse valor arbitrado, seja descontado eventual valor pago no Juízo criminal, a título de prestação pecuniária. Sentença mantida. Negado provimento ao recurso" (*TJSP* – Ap. 0002614-53.2009.8.26.0360, 15-5-2014, Relª Viviani Nicolau).

Uma questão que o legislador não contemplou diz respeito à execução de sentença penal contra o patrão ou comitente e outras hipóteses de responsabilidade por fato de terceiro já estudadas. A sentença penal condenatória atinge unicamente o réu, autor da conduta, e não poderia ser de outra forma. Desse modo, perguntamos, motorista de empresa de transportes ou mesmo motorista particular que venha a ser condenado por delito de automóvel, a execução pode ser promovida contra o patrão? Ora, do prisma dos efeitos da coisa julgada, a resposta é negativa, embora existam opiniões em contrário com vários matizes.

Como regra, excluindo-se apenas, a princípio, os casos de legitimação extraordinária – substituição processual, a sentença apenas gera efeitos em face de quem foi produzida, a parte, que no processo penal é o réu. O patrão ou comitente não participa do feito criminal, não acompanha a prova; o processo criminal é-lhe totalmente estranho, assim como a sentença. Desse modo, não bastassem os argumentos decorrentes da ciência processual atinentes aos efeitos da sentença e da coisa julgada, devemos lembrar que ninguém pode ser condenado sem o devido processo legal, no qual se propicia ampla defesa. Assim, o título executivo constituído pela sentença penal condenatória somente terá eficácia contra o réu condenado.

Para que terceiros sejam chamados a reparar o dano, deve ser promovida ação de conhecimento, a denominada *actio civilis ex delicto*, sendo-lhes estranha a matéria decidida no juízo criminal, abrindo-se, assim, ampla discussão sobre o fato e o dano no juízo cível. Destarte, nesse aspecto, o ordenamento não consegue evitar decisões que podem não ser harmoniosas. Única forma de fazer com que o responsável pelo terceiro se submetesse à coisa julgada condenatória criminal seria fazê-lo participar do juízo penal, o que é inviável em nosso sistema. Essa opinião, contudo, não é unânime: há os que entendem que, uma vez condenado o empregado, emerge *juris et de jure* a responsabilidade do patrão. Não é entendimento que tem prevalecido e contraria fundamentalmente o direito constitucional de ampla defesa, não fossem suficientes os argumentos de índole processual. Nesse sentido:

> *"Execução – Ajuizamento com base em sentença penal condenatória contra empregador do preposto condenado – Inadmissibilidade, posto responder apenas o patrimônio do condenado – Recurso provido, para decretar inépcia da inicial"* (*JTACSP*, 91/118).
>
> *"Coisa julgada – Condenação criminal – reflexos na esfera cível – Inocorrência – Empregador que não foi parte no processo-crime e, portanto, não é atingido pela coisa julgada penal – Plena possibilidade de apreciação de culpa concorrente"* (*RT* 647:129).

Se, por um lado, a corrente majoritária adota esse entendimento, sob a óptica da rediscussão da ilicitude da conduta e da autoria a matéria é mais controvertida. Do nosso prisma, e com fundamento nos efeitos da sentença, em homenagem ao amplo direito de defesa, não temos dúvida de que no processo indenizatório movido contra o patrão todos os fatos relativos ao ato ilícito podem ser revolvidos. É claro que o juiz dará o devido valor à prova emprestada do crime, mas não se converterá em prova peremptória, mesmo porque não submetida ao princípio do contraditório com relação ao patrão. Os que entendem o contrário sustentam que o legislador adotou exceção à regra geral, estendendo os efeitos de sentença a terceiros. Essa tese esbarra no direito fundamental de ampla defesa e no direito ao contraditório, respaldados constitucionalmente. Carlos Roberto Gonçalves (1994:342), com respaldo no ensinamento de Ada Pellegrini Grinover que cita, aduz que o civilmente responsável não pode ser atingido pela sentença condenatória penal: a coisa julgada só pode atingir o réu do processo penal; não o responsável civil, alcançado apenas pela eficácia natural da sentença:

> *"Donde a conclusão inarredável de que, proposta a ação civil de reparação do dano contra o civilmente responsável (jamais a execução, como se disse), poderá ele discutir não apenas a sua responsabilidade civil, como também voltar, se quiser, a suscitar as questões atinentes ao fato e à autoria, questões essas que se revestem da autoridade da coisa julgada, por força do disposto no art. 74, I, do Código Penal (de 1940; art. 91, I, do atual), mas só com relação a quem foi parte no processo penal. Entendimento diverso contraria, também, o disposto no art. 472, (atual 506) do Código de Processo Civil, que textualmente prescreve que a sentença faz coisa julgada às partes entre as quais é dada, não beneficiando, nem prejudicando terceiros".*

Ademais, o art. 935 não impõe a indiscutibilidade do fato ou da autoria reconhecida na esfera criminal, contra terceiros. No mesmo diapasão, deve ser entendido o art. 66 do CPP. Segundo esse dispositivo, *a contrario sensu*, se tiver sido categoricamente reconhecida a inexistência do fato no juízo criminal, tal apenas se aplica ao réu no processo criminal, não podendo alcançar terceiro, estranho a esse processo. Por outro lado, quando se trata de ressarcimento dirigido contra o próprio réu condenado no crime, o título executório definido por lei tem plena eficácia.

Não é necessário, no entanto, que a vítima aguarde o desfecho do processo criminal para ingressar com ação civil, ainda porque poderá nem mesmo haver processo criminal. O art. 64, parágrafo único, do CPP estabelece, contudo, a faculdade ao juiz de suspender o processo se o conhecimento da lide depender necessariamente da verificação da existência de fato delituoso.

Essa suspensão, porém, é facultativa, subordinada ao prudente critério do juiz, quando este divisa a possibilidade de ocorrerem decisões contraditórias (*RSTJ* 71/343; *RSTJ* 78/268). Daí concluímos que a suspensão do processo civil, nessa situação, é vista como exceção e não como regra geral.

Quando existe sentença penal condenatória e a execução é promovida contra o réu condenado, nada mais se discute acerca de sua culpa, daí por que a lei dispõe que essa sentença faz coisa julgada no cível. Para que surta esse efeito, a sentença condenatória deve ter transitado em julgado. As sentenças de pronúncia ou impronúncia não têm qualquer efeito no cível, porque são decisões interlocutórias. Por outro lado, não há necessidade de que o juiz criminal tenha feito qualquer menção à reparação civil, pois isso comumente não ocorre. O efeito no juízo civil decorre tão somente do comando condenatório da sentença. Entende-se, também, que a sentença absolutória do júri sobre a questão do fato e da autoria, porque não é fundamentada, não tem influência no juízo cível (Cavalieri, 2004:528).[2]

---

[2] "Responsabilidade civil – Ação indenizatória por danos materiais e morais – **Ação civil *ex delicto*** – Sentença condenatória proferida em ação penal transitado em julgado – Crime de injúria – Ofensa à honra – Danos morais configurados – Redução do *quantum* fixado em sentença – Análise das peculiaridades do caso concreto – Atenção aos princípios da razoabilidade e da proporcionalidade – Fixação da indenização em R$ 10.000,00 (dez mil reais) – Sentença reformada – Recurso parcialmente provido" (*TJSP* – AC 1002622-49.2016.8.26.0495, 14-3-2019, Rel. Luiz Antonio Costa).

"Apelação cível – Responsabilidade civil – Agressão física – Violência doméstica – **Ação civil *ex delicto*** – Danos morais – *Quantum* indenizatório – Critérios – Majoração – A matéria devolvida à apreciação restringe-se ao valor da indenização por danos morais a que restou condenado o demandado a pagar em favor da parte autora. Caso dos autos em que o demandado foi condenado pelo crime de lesões corporais leves em razão de agressão física perpetrada contra a autora, sua ex-companheira, tendo lhe desferido um tapa no rosto, fazendo com que caísse e rolasse pela escadaria da casa noturna em que estavam. Comporta majoração o valor da indenização, fixado pela sentença em R$ 3.500,00 (três mil reais, para a quantia de R$ 7.000,00 (sete mil reais), de acordo com as peculiaridades do caso concreto e a gravidade da conduta do demandado, bem como observada a natureza jurídica da condenação e os princípios da proporcionalidade e razoabilidade. Recurso provido" (*TJRS* – AC 70081604738, 12-6-2019, Rel. Des. Tasso Caubi Soares Delabary).

"Apelação cível – **Ação civil *ex delicto*** – Sentença de parcial procedência – Recurso do réu condenação criminal por lesões corporais graves. Pleito de minoração do *quantum* compensatório. Impossibilidade. Valor arbitrado em observância aos critérios da proporcionalidade e razoabilidade e da condição econômica das partes. Ademais, ausência de demonstração da situação financeira do réu. Honorários recursais. Presença dos pressupostos processuais. Cabimento. Recurso conhecido e desprovido" (*TJSC* – AC 0001070-71.2014.8.24.0049, 3-4-2018, Relª Desª Cláudia Lambert de Faria).

"Apelação – Direito de vizinhança – Ação indenizatória – A natureza jurídica da tutela jurisdicional não está vinculada à nominação (*nomen iuris*) dada pelo autor à ação, e sim ao pedido e à causa de pedir – Autor que, não obstante tenha nomeado a demanda como 'ação civil *ex delicto*', pleiteou reparação de danos, nos termos dos arts. 927 e 186, CC – **Responsabilidade civil que é independente da criminal** – Adequação do nome jurídico que não prejudica a defesa, que deve afastar os fatos nos quais o pedido se fundamenta – Indeferimento da inicial afastada – Julgamento de mérito nos termos do art. 1.013, § 3º, inc. I, do CPC – Requerido que reconheceu ter derrubado a cerca construída pelo autor, dizendo que a construção estava em área arrendada por ele – Exercício arbitrário das próprias razões – Conduta ilícita, pois, para o exercício de um direito, a parte deve se valer do Judiciário, sendo vedada, em geral, a autotutela – Valor dos danos materiais pleiteados não impugnado pelo réu – Inversão do ônus da sucumbência – Recurso provido" (*TJSP* – Ap 0003934-91.2012.8.26.0083, 22-2-2017, Rel. Hugo Crepaldi).

"Civil e processual civil – Ação de indenização de danos materiais e morais – Acidente automobilístico – Colisão – Resultado – Óbito do provedor da entidade familiar – Esposo e genitor – Filhos maior e menor – Efeitos do fato lesivo – Ilícito penal – Apuração – Condenação criminal – trânsito em julgado – **Ação civil *ex delicto*** – culpa e responsabilidade – debate – impossibilidade – efeitos materiais – delimitação – pensionamento mensal – Possibilidade – Dano moral – Compensação pecuniária dos lesados – gravidade do fato – observância dos princípios da proporcionalidade e da razoabilidade – adequação – incompetência territorial – alegação – exceção – necessidade – inércia e desídia da parte – preclusão – aperfeiçoamento – competência – prorrogação – cerceamento de defesa – inexistência – audiência de conciliação – Realização – Prescindibilidade – Omissão – Nulidade – Inexistência – Preliminares afastadas – sentença mantida – 1 – Consubstancia verdadeiro truísmo que a incompetência relativa deve ser suscitada através de exceção no prazo de 15 quinze dias, contado do fato que a ocasionara, resultando que, não agitado tempestiva e adequadamente o incidente apropriado na forma como preceituada pela Lei Adjetiva Civil, a faculdade assegurada à parte é alcançada pela preclusão consumativa, determinando a prorrogação da competência do Juízo ao qual fora originalmente distribuída a ação por ser de natureza relativa (CPC, arts. 112, 114 e 305). 2 – A realização de audiência de conciliação destinada à aproximação das partes com o escopo de ser tentada a resolução suasória do conflito que as enlaça consubstancia simples faculdade discricionária resguardada ao juiz da causa quando divisa a possibilidade de composição (CPC, art. 125, IV), não transubstanciando imperativo legal nem pressuposto de eficácia da sentença, pois não encartada a solenidade como pressuposto processual, notadamente quando vislumbrado a ausência de real interesse da parte na composição do litígio e quando observado que a ação indenizatória, decorrente de infração penal já resolvida no âmbito criminal, dispensara incursão probatória, merecendo ser resolvida antecipadamente. 3 – Consubstancia verdadeiro truísmo que as responsabilidades civil e penal são independentes, não se afigurando possível, contudo, questionar mais sobre a existência do fato ou de quem seja seu autor quando estas questões já se acharem decididas definitivamente no juízo criminal, conforme dispõe o art. 935 do Código Civil, resultando dessa regulação que, sobejando condenação originária do ilícito – Homicídio culposo na direção de veículo automotor –, a jurisdição penal subordina a cível, tornando inviável se questionar novamente a subsistência do ilícito, sua autoria, os efeitos que irradiara e a culpa em que incidira seu protagonista, determinando que seja responsabilizado civilmente pelos danos advindos do ilícito em que incidira como forma de definição e materialização dos efeitos que irradiara. 4 – O óbito de ente provedor da entidade familiar, provocado por acidente automobilístico, irradia o direito de a companheira supérstite e filhos que deixara serem indenizados quanto aos danos materiais que lhes advieram do sinistro fatal sob a forma de pensão mensal, como forma de se assegurar a manutenção da subsistência da família, afigurando-se desnecessária a comprovação até mesmo de que o falecido exercia atividade remunerada ante o fato de que o alcançava a obrigação de necessariamente concorrer para a satisfação das obrigações materiais dos entes familiares, revestindo-se, inclusive, de presunção a relação de dependência econômica dos filhos para com os pai até o momento em que presumivelmente alcançarão condições de se manter por desforço próprio. 5 – A mensuração da compensação pecuniária a ser deferida ao atingido por ofensas de natureza moral deve ser efetivada de forma parcimoniosa e em conformação com os princípios da proporcionalidade, atentando-se para a gravidade dos danos havidos e para o comportamento do ofensor e do próprio lesado em face do ilícito que o vitimara, e da razoabilidade, que recomenda que o importe fixado não seja tão excessivo a ponto de ensejar alteração na situação financeira dos envolvidos, nem tão inexpressivo que redunde em uma nova ofensa ao vitimado, devendo ser preservado o importe arbitrado quando consoante com esses parâmetros e com os efeitos germinados do havido. 6 – A morte prematura e brutal do provedor familiar irradia à esposa e aos filhos imensurável perda sentimental, afetando inexoravelmente sua existência, pois os deixa desprovidos para o sempre do companheirismo, segurança, presença paterna e de tudo

Se a pretensão civil for julgada improcedente, com trânsito em julgado, essa decisão é inatacável se o juízo criminal concluir posteriormente pela condenação. Se não mais for possível a propositura da ação rescisória, trata-se de coisa soberanamente julgada. Por outro lado, a absolvição obtida por força de revisão criminal não altera a situação da ação civil.

> *"Incabível ação rescisória, visto não ter sido contemplada no rol dos motivos para a rescisão dos julgados (CPC, art. 485) (atual art. 966) a hipótese de, pronunciada e transitada em julgado uma primeira sentença, esta servir de base a uma segunda sentença, mas que logicamente depende da decisão contida na primeira, e, passada em julgado a segunda sentença, surgirem depois elementos para impugnar a primeira sentença"* (Gonçalves, 1994:361).

Para promover a execução da sentença penal condenatória, basta juntar certidão da decisão com prova do trânsito em julgado. Enquanto não houver trânsito em julgado e durante o curso de processo de conhecimento para indenização, o juiz, de ofício, ou por iniciativa das partes, poderá juntar peças do processo criminal, cujo valor será sopesado no conjunto probatório. Se, no curso do processo de conhecimento, advier o trânsito em julgado da condenação, extingue-se esse processo, sem julgamento do mérito, devendo ser proposta a ação de execução, que exige a liquidação preliminar.

A prescrição da pretensão executória da condenação penal, que somente ocorre após o trânsito em julgado da sentença, não lhe retira a força executiva no âmbito cível. A condenação penal persiste com seus efeitos civis. Da mesma forma, para o juízo civil é irrelevante o cumprimento ou não da pena. Também a decretação da prescrição retroativa não suprime os efeitos executórios (Gonçalves, 1994:350). Assim não era perante o revogado Código Penal. No estatuto penal atual, porém, subsistem os efeitos secundários da condenação penal irrecorrível, ainda que ocorra decreto de prescrição retroativa.

Lembre-se de que o arquivamento de inquérito policial ou sindicância não obsta a ação penal, porque não se reveste de situação definitiva, pois a investigação pode sempre ser reaberta. Se até mesmo a sentença absolutória, dependendo de seu fundamento, não impede a ação reparatória, com muito maior razão a situação se aplica ao arquivamento de inquérito.

Como mencionamos, a Lei nº 9.099, de 16 9 95, que dispõe sobre Juizados Especiais Cíveis e Criminais, trouxe importante inovação ao sistema penal em dispositivo que interessa diretamente ao presente tema. Esse Juizado, como mencionado, tem por competência o julgamento e a execução de infrações penais de menor poder ofensivo. A Lei considera de menor poder ofensivo as contravenções penais e os crimes a que se comine pena máxima não superior a dois anos. De

---

mais o que lhes poderia irradiar à guisa de conforto sentimental e material e contribuição para sua formação moral e psicológica, consubstanciando fato gerador do dano moral quando derivada de ato ilícito, legitimando que sejam compensados com importe que, se não remunera ou ilide a dor, seja apto a lhes conferir um mínimo de compensação material decorrente da perda que sofreram. 7 – Apelação conhecida desprovida. Preliminares rejeitadas. Sentença mantida. Unânime" (*TJDFT* – PC 20090610146404 – (891694), 11-9-2015, Rel. Des. Teófilo Caetano).

"**Acidente de veículo**. Ação de indenização. Culpa do réu reconhecida em processo criminal. Exegese do artigo 935 do Código Civil. Indenização devida. De acordo com o artigo 935 do Código Civil, '**a responsabilidade civil é independente da criminal**, não se podendo questionar mais sobre a existência do fato, ou sobre quem seja o seu autor, quando estas questões se acharem decididas no juízo criminal'. Na hipótese dos autos, sendo a materialidade do fato imputado ao demandado incontroversa e não mais comportando discussão a autoria, a jurisdição criminal repercute de modo absoluto na jurisdição cível. Indenização. Dano moral. Quantificação. O valor do dano moral deve ser arbitrado com moderação e dentro dos padrões de razoabilidade, tendo em vista o grau de culpa, a realidade da hipótese e suas peculiaridades. Recurso improvido" (*TJSP* – Ap. 0047296-32.2006.8.26.0576, 28-8-2013, Rel. Orlando Pistoresi).

acordo com o art. 72, na audiência preliminar designada, presentes o autor do ilícito e a vítima, o juiz esclarecerá sobre a possibilidade de composição que, aceita, reduzida a termo (art. 73) e homologada, constituirá título executivo civil. O dispositivo esclarece que essa decisão sobre os danos civis é irrecorrível. Tratando-se de ação penal de iniciativa privada, ou de ação pública condicionada à representação do ofendido, o acordo homologado acarreta renúncia ao direito de queixa ou representação (art. 74, parágrafo único, da Lei nº 9.099/95). Desse modo, a transação concluída no juízo criminal dessa forma extinguirá a ação penal e estabelecerá a responsabilidade civil, a ser exigida no juízo cível.

No entanto, esse mesmo diploma permite que o réu, na ação penal pública incondicionada, aceite a pena restritiva de direito ou multa, proposta pelo Ministério Público, extinguindo-se a ação penal. Trata-se de verdadeira transação penal, assimilada do direito comparado. Uma vez homologada pelo juiz, essa modalidade de sanção, de acordo com o art. 76, § 6º, da Lei nº 9.099/95, *"não terá efeitos civis, cabendo aos interessados propor ação cabível no juízo cível"*. A multa a que se refere a lei é de índole estritamente penal e não tem relação com a reparação de danos. Nesse caso, há, de fato, um retrocesso em matéria de responsabilidade civil, porque o ofensor, de qualquer forma, reconhece a culpa no juízo criminal. Portanto, essa disposição apresenta exceção ao efeito disciplinado pelos arts. 63 do CPP e 515, VI, do CPC. Essa transação terá esse efeito seja qual for a natureza da ação penal, pública ou privada, levando a vítima a ajuizar a ação indenizatória civil.

Não foi a melhor solução. O legislador perdeu preciosa oportunidade de definir nesse procedimento ambas as pretensões, civil e criminal, evitando, de um lado, que toda a discussão sobre o fato seja reaberta no juízo cível, diminuindo a pletora de feitos e, por outro lado, incutindo na vítima um sentimento de perplexidade, pois aquele que se definiu culpado no juízo criminal poderá não ser responsabilizado no cível. A nosso ver, essa atitude do réu deverá ser rigorosamente sopesada pelo juiz no conjunto probatório da ação indenizatória a fim de concluir pela culpa do ofensor. Podemos, inclusive, vaticinar que, na prática, na jurisprudência, a transação penal poderá acarretar presunção de culpa do réu no juízo civil, com inversão do ônus da prova.

A história e a tradição da responsabilidade civil aquiliana brasileira permitem essa conclusão.

De tudo que se falou, exceções à parte, se a infração penal acarretou dano, a sentença condenatória terá o efeito de tornar certa a obrigação de indenizar, devendo ser trazidos à colação os dispositivos legais antes mencionados, esparsos pelo Código Civil, Código de Processo Civil, Código Penal e Código de Processo Penal. É claro que se a infração penal não gerou danos não há o que indenizar. Nos termos do art. 935 do Código Civil, não podem mais ser discutidas a existência do fato e sua autoria. O art. 63 do CPP complementa que

> *"transitada em julgado a sentença condenatória, poderão promover-lhe a execução, no juízo cível, para o efeito da reparação do dano, o ofendido, seu representante legal ou seus herdeiros".*

O art. 515, VI, do CPC capitula a sentença penal condenatória transitada em julgado como título executivo extrajudicial. Não há necessidade de que a sentença penal mencione a existência de dano uma vez que o ressarcimento cível é consequência direta da indenização. O direito de o prejudicado cobrar a indenização no cível independe de ter o juízo criminal reconhecido ou não a existência de prejuízo. Essa é característica de nosso sistema pelo qual a responsabilidade civil não depende da criminal, havendo entre elas apenas pontos de contato.

Como no juízo criminal não se estabelece o valor do dano, este será apurado no processo civil, isto é, na esfera civil será feita a liquidação dos danos com base em princípios de direito material e processual, conforme estudaremos no Capítulo 10. No âmbito processual a liquidação poderá ser feita por arbitramento ou por artigos, neste último caso quando houver fatos a serem provados.

20.3 SENTENÇA PENAL ABSOLUTÓRIA

Em sede de reflexos da sentença penal no juízo civil, temos que ter em mente que, em síntese, o fato que não foi categoricamente afirmado ou negado no juízo criminal não foi julgado e pode, portanto, ser reexaminado na esfera indenizatória. Desse modo, ao contrário do que ocorre com a sentença penal condenatória, a sentença absolutória nem sempre fará coisa julgada para o juízo cível. A questão é técnica e gera um cuidado especial do intérprete, mormente para evitar proferir decisões contraditórias.

Quando absolver o réu, o juiz criminal deverá necessariamente mencionar a causa na parte dispositiva da sentença, como determina o art. 386 do CPP, desde que reconheça:

> *"I - estar provada a inexistência do fato;*
>
> *II - não haver prova da existência do fato;*
>
> *III - não constituir o fato infração penal;*
>
> *IV - estar provado que o réu não concorreu para a infração penal;*
>
> *V - não existir prova de ter o réu concorrido para a infração penal;*
>
> *VI - existirem circunstâncias que excluam o crime ou isentem o réu de pena (arts. 20, 21, 22, 23, 26 e § 1º do art. 28, todos do Código Penal), ou mesmo se houver fundada dúvida sobre sua existência;*
> *VII - não existir prova suficiente para a condenação."*

A estatística, bem como nossa expediência na judicatura demonstram que a maior porcentagem das absolvições criminais dá-se com base no item VII, isto é, porque não se lograram provas suficientes no processo para lastrear a condenação. Em se tratando de processo penal, pairando a menor dúvida no magistrado sobre a culpabilidade e aspectos do fato e da conduta, deve decretar a absolvição. A absolvição sob esse fundamento não obsta que os fatos sejam rediscutidos no juízo cível, em situação totalmente independente da esfera criminal.[3]

---

[3] "Apelação. Ação indenizatória, fundada em acidente de trânsito. Responsabilidade civil. Pretensões originalmente deduzidas pela avó materna da vítima fatal. Falecimento da autora no curso da demanda. Sentença que julgou parcialmente procedentes os pedidos na lide principal, para condenar os réus ao pagamento de indenização por danos morais (R$ 80.000,00) e ao reembolso das despesas com o funeral da vítima, e procedentes os da lide acessória. Legitimidade ativa. Existência. Verificação in status assertionis. Admitida a possibilidade de lesão extrapatrimonial infligida à avó materna da vítima fatal de acidente de trânsito alegadamente provocado por conduta ilícita. Trata-se do chamado dano moral indireto, reflexo ou por ricochete. A existência ou não de parentesco afetivo entre a autora e a vítima fatal não serve para verificação das condições da ação, repercutindo no julgamento do mérito. Circunstância de outro ente da vítima ter ingressado com ação autônoma congênere que não macula a presente postulação; a uma, porque precedente àquela; a duas, porque não se vislumbra que a coexistência enseje extrapolação dos efeitos razoavelmente imputáveis à conduta do agente. Ademais, o direito à indenização por danos morais sofridos pela falecida avó em vida é transmissível aos herdeiros e pode ser pleiteado pelo espólio (Súmula 642 do STJ). Culpa. A **absolvição na esfera criminal não vincula a cognição exercida nesta instância cível**, visto que não fundamentada na inexistência do fato ou na negativa de autoria. Inteligência dos artigos 935 do CC e 66 do CPP. Da prova produzida sobressai que conduta culposa do preposto da apelante foi determinante para a ocorrência do acidente. Relatos testemunhais de que, dirigindo imprudentemente, atropelou a vítima e se evadiu do local

A prova pode não ser suficiente para consubstanciar a culpa penal, mas pode eficazmente configurar culpa civil:

> *"A deficiência de provas, para a condenação criminal, não impede o reexame da culpa e sua demonstração para fins de responsabilidade civil, conforme tranquila jurisprudência"* (*STF*, RE nº 82.925, Rel. Cordeiro Guerra).

A mesma situação ocorre quando é decretada a absolvição por não haver prova da existência do fato (inciso II), pois o fato pode ser provado na ação civil, bem como quando a sentença penal entende que o fato não constitui infração penal: o ato ilícito que acarreta dano pode ser irrelevante para o Direito Penal, mas implica o dever de indenizar. No mesmo sentido, coloca-se a conclusão penal de que não existe prova de ter o réu concorrido para a infração penal (inciso IV). Se não for conclusão peremptória, a autoria pode ser reexaminada pelo juiz do cível.

Quando a absolvição ocorre porque o fato não constitui infração penal (inciso III), a matéria pode ser reaberta no juízo cível, pois o ato ilícito civil tem maior amplitude:

> *"A absolvição, por não constituir crime o fato imputado ao réu, não exclui a responsabilidade civil, pois o fato poderá ser civilmente ilícito"* (*STF*, RT 464/265).

Em crimes de maior sofisticação na conduta, como, por exemplo, no estelionato e na apropriação indébita, com frequência o juízo criminal entende que o fato escapa à tipologia penal, sendo restrito à discussão na esfera civil.

---

sem prestar socorro. Dano moral. Configurada a presença de relação socioafetiva relevante, sobressai inequívoco o intenso sofrimento experimentado pela perda precoce e trágica do ente querido. Quantum indenizatório. O valor arbitrado em primeiro grau representa justa indenização do abalo sofrido, sem causar enriquecimento indevido. Sentença mantida. Sucumbência. Majoração da verba honorária sucumbencial, segundo as disposições do art. 85, § 11, do CPC. Recurso não provido" (*TJSP* – Ap 0002993-71.2011.8.26.0538, 29-7-2025, Rel. Rosangela Telles).

"Apelação – dano moral – mensagem ofensiva em rede social – sentença de improcedência – inconformismo – rejeição – Embora a absolvição na esfera criminal por ausência de provas quanto à autoria não vincule a esfera civil, os elementos probatórios constante dos autos são insuficientes para se firmar um juízo de convicção seguro acerca de que foi a ré a responsável pela mensagem – Envio de modo privado pelo aplicativo Messenger (inbox) – Destinatário que afirma desconhecer os fatos e acreditar que possa ter ocorrido uma montagem, além de ter conhecido a ré somente após a data da conversa – Responsabilidade civil não configurada – Sentença mantida – negaram provimento ao recurso" (*TJSP* – Ap 1010722-91.2017.8.26.0451, 30-3-2022, Rel. Alexandre Coelho).

"Apelação cível – Ação de indenização por danos morais – Acidente de trânsito envolvendo caminhão e ônibus – **Absolvição na esfera criminal** – Possibilidade de discussão na esfera cível – Ausência de prova da culpa do motorista do caminhão – Responsabilidade civil afastada – Tendo o processo penal sido extinto com fundamento em insuficiência de prova para a condenação (CPP, art. 386, VII), não há interferência na jurisdição cível, uma vez que a responsabilidade civil é independente da criminal. Precedentes (AgInt no REsp 1450560/SP, Rel. Ministra Maria Isabel Gallotti, Quarta Turma, julgado em 01/09/2016, *DJe* 08/09/2016) – Antes de realizar manobra de conversão à esquerda o condutor, além de empregar a sinalização adequada e verificar a viabilidade da manobra conforme as características da via, deve adotar as demais cautelas previstas no Código de Trânsito Brasileiro, notadamente a de observância da desocupação da pista ou faixa a ser invadida" (*TJMG* – AC 1.0132.06.004121-8/001, 3-5-2019, Rel. Vasconcelos Lins).

"**Responsabilidade civil** – Ação de indenização por danos morais e materiais – Autor custodiado cautelarmente – Posterior absolvição – Suposto erro na persecução criminal – Inocorrência – A prisão cautelar e consequente transcurso de processo-crime, embora tenha ocorrido posterior absolvição, por ausência de provas, não gera ao Estado a obrigação de indenizar, quando inexistente dolo, fraude ou culpa dos agentes estatais – Necessidade da prisão caracterizada – Respeito ao devido processo legal – Ausência de comprovação de ilegalidade – Valoração de provas – Exercício do livre convencimento do órgão julgador, sob o crivo do contraditório e da ampla defesa, durante o devido processo legal – Ausência de comprovação de ilegalidade – Inteligência do artigo 373, I, do CPC/2015 – Precedentes – Sentença de improcedência mantida. Apelo desprovido" (*TJSP* – Ap 1004337-74.2016.8.26.0286, 10-9-2018, Rel. Spoladore Dominguez).

De qualquer modo, a absolvição do réu cria uma presunção de inocência em seu favor, que deverá ser elidida pelo autor da ação civil com novas provas.

> *"Em suma, a absolvição criminal, quer por falta de prova, quer por ausência de culpa, não impede a ação de indenização, mas obriga o seu autor a produzir novas provas (do fato, da autoria ou da culpa), sob pena de prevalecer a sentença penal"* (Cavalieri Filho, 2000:407).

O inciso I, porém, contém afirmação categórica: a sentença criminal reconhece que o fato não existiu. Nessa hipótese, o juízo civil já não pode rediscutir a existência do fato, obstando-se a ação indenizatória. O fato narrado na denúncia, todavia, deve ser interpretado de forma restrita: pode ocorrer que a conduta no ilícito civil seja mais ampla do que aquela examinada no juízo criminal. Nesse caso, o que não foi objeto de decisão categórica no crime pode ser revisto na ação civil.

O inciso V cuida da absolvição com base em justificativas e dirimentes. Recorde-se de que o art. 65 do CPP menciona que faz coisa julgada no cível a sentença que reconhecer ter sido o ato praticado em legítima defesa, estado de necessidade, estrito cumprimento do dever legal, ou no exercício regular de direito. A razão básica do dispositivo reside no fato de que essas excludentes possuem a mesma natureza tanto no campo civil como no campo penal.

O fato, porém, de fazer coisa julgada no civil nada significa quanto ao dever de indenizar no tocante ao estado de necessidade. Lembre-se do que falamos a esse respeito: o estado de necessidade não elide o dever de indenizar do causador do dano, que fica com direito regressivo contra o terceiro que motivou o perigo (art. 930):

> *"O causador do dano, que age em estado de necessidade, responde perante a vítima inocente, ficando com ação regressiva contra terceiro que causou o perigo"* (*RT* 509/69).

Reportemos também ao que dissemos sobre a legítima defesa, o estrito cumprimento do dever legal e o exercício regular de um direito, no Capítulo 1. O art. 188 do Código Civil proclama que não constituem atos ilícitos os praticados em legítima defesa, estado de necessidade, ou no exercício regular de um direito. Vimos que o cumprimento do dever legal está implicitamente contido nesse dispositivo. Decidida a absolvição sob esses fundamentos, transfere-se o aspecto da indenização para os princípios civis, não se admitindo mais que o juízo civil discuta esses fenômenos. Em princípio, como afirmado, apenas o reconhecimento do estado de necessidade não obstará a indenização. A legítima defesa, com exceção daquela com *aberratio ictus*, e o estado de necessidade agressivo, em que terceiro sofre danos, e as demais excludentes elidem a responsabilidade civil:

> *"A absolvição baseada no requisito da legítima defesa vincula o juízo cível, pois o ato praticado em legítima defesa é também considerado lícito na esfera civil (art. 160, inc. I, do CC). Reconhecida a legítima defesa própria pela decisão que transitou em julgado, não é possível reabrir a discussão sobre essa excludente de criminalidade, na jurisdição civil"* (*STF, RTJ* 83/649).

Há julgado esclarecedor que admitiu a oposição da sentença criminal que reconheceu a legítima defesa em embargos à execução:

> *"A absolvição criminal, com base em legítima defesa, exclui a* actio civilis ex delito, *fazendo coisa julgada no cível. A absolvição no juízo criminal, pelo motivo acima apontado, pos-*

terior à sentença da ação civil reparatória por ato ilícito, importa em causa superveniente extintiva da obrigação, por isso que pode ser versada nos embargos à execução, fundada em título judicial, na previsão do art. 741, VI, do CPC" (*STJ*, RE nº 118.449/0, 4ª T., Rel. Asfor Rocha).

Por outro lado, a menoridade do agente ou as demais hipóteses de inimputabilidade penal em geral não serão óbice à responsabilidade civil, pois os pais, tutores e curadores podem responder pelos respectivos danos.

Acrescente-se, ademais, que o Código de Processo Penal, no art. 67, estabelece que "*não impedirão igualmente a propositura da ação civil: I – o despacho de arquivamento do inquérito ou das peças de informação; II – a decisão que julgar extinta a punibilidade; III – a sentença absolutória que decidir que o fato imputado não constitui crime*".

O simples fato de as peças investigatórias, inquérito ou equivalente, terem sido arquivadas não inibe em absoluto a ação indenizatória, pois juízo de valor algum foi feito pelo Judiciário nessa hipótese. As causas de extinção da punibilidade penal, em princípio, da mesma forma, não interferem na ação de ressarcimento: nada tem a ver, por exemplo, o reconhecimento da prescrição do crime para a ação civil. E, por fim, como acentuamos, o fato pode não ser crime, mas pode gerar o dever de indenizar, pois o conceito de ilícito civil é muito mais amplo.

21

RESPONSABILIDADE POR DANO AMBIENTAL

21.1 INTRODUÇÃO

Não faz muito tempo que o ser humano passou a se preocupar efetivamente com os recursos naturais. Em passado não muito remoto, vigorava a noção de que os recursos naturais eram ilimitados. O fato é que o homem tem necessidades ilimitadas, enquanto os recursos da natureza são limitados. Nessa simples equação, residem os grandes problemas da civilização. As guerras, os conflitos sociais e as revoluções podem ter outro pano de fundo, mas, no âmago, procuram sempre o poder para usufruir de bens. Por outro lado, a manutenção da natureza, plantas e animais é questão de vida ou de morte, ou melhor, é questão de sobrevivência da civilização neste planeta. Aos poucos, os governos foram sendo conscientizados da necessidade de proteção da Terra. Nas diversas áreas de atuação e de conhecimento, desenvolvem-se esforços para obtenção de métodos a fim de compatibilizar o crescimento com a preservação dos recursos naturais. Nesse prisma, o direito desempenha papel importante juntamente com outras ciências sociais.

Por outro lado, o progresso e as necessidades da vida não permitem que a natureza seja considerada um santuário. A grande questão em matéria de direito ambiental é equacionar o ponto de equilíbrio que permita gerar bens para o Homem e, ao mesmo tempo, preservar os recursos naturais para as futuras gerações. O desenvolvimento a qualquer preço pode custar muito caro para a sobrevivência da humanidade. A grande busca gira em torno do que atualmente se denomina desenvolvimento sustentável. Nesse sentido, Edis Milaré, em sua excelente obra *Direito do ambiente* (2000:37), afirma que

> *"viver de forma sustentável implica aceitação do dever da busca de harmonia com as outras pessoas e com a natureza, no contexto do Direito Natural e do Direito Positivo".*

O autor expõe que uma sociedade sustentável deve-se assentar numa estratégia mundial, por meio de princípios estabelecidos pela União Internacional para a Conservação da Natureza (UICN), Programa das Nações Unidas para o Meio Ambiente (PNUMA) e Fundo Mundial para a Natureza (WWF), de 1991: (a) respeitar e cuidar da comunidade dos seres vivos; (b) melhorar a qualidade da vida humana; (c) conservar a vitalidade e a diversidade do planeta

Terra; (d) minimizar o esgotamento de recursos não renováveis; (e) permanecer nos limites da capacidade de suporte do planeta Terra; (f) modificar atitudes e práticas pessoais; (g) permitir que as comunidades cuidem de seu próprio meio ambiente; (h) gerar uma estrutura nacional para a integração de desenvolvimento e conservação; e (i) constituir uma aliança global.

Nosso planeta se mostra atualmente exaurido sob vários aspectos. Há o fenômeno da abertura da camada de ozônio na atmosfera e o aquecimento global, decorrente da atuação predatória do homem por séculos. Com isso, cada vez mais a Terra sofre de fenômenos atmosféricos e naturais cada vez mais violentos e que atingem indistintamente qualquer ponto do planeta. Os furacões, ciclones, *tsunamis* e terremotos têm nos afetado de forma tão violenta que a Organização das Nações Unidas prevê que em torno de 50 milhões de pessoas neste século serão consideradas refugiados ambientais, obrigados que serão a deslocar-se dos locais onde vivem.

Hoje, *meio ambiente* e *ecologia* são expressões correntias. Seu conteúdo nem sempre é muito claro. Ecologia é a ciência que estuda as relações dos seres vivos entre si e em seu meio. *Meio ambiente* é expressão repetitiva. O termo *ambiente* já expressa o meio. Trata-se do cenário natural no qual os seres vivos desenvolvem-se, principalmente solo, relevo, recursos hídricos, ar e clima. Daí por que ser preferível a expressão *direito ambiental*. O conceito de ambiente está conjugado com o de recursos ambientais, água, ar, mar etc.

Cabe a cada país, a cada povo e a cada cidadão zelar por esses princípios de forma a permitir progresso responsável. É lamentável que grande parte de nossos dirigentes façam ouvidos moucos aos desesperados pedidos de socorro da natureza. Nesse diapasão, a humanidade, e particularmente nosso País, enfrenta problemas gravíssimos de poluição de águas, de exaurimento de florestas, de contaminação do ar, de excesso de sons e ruídos etc. O chamado desenvolvimento sustentável deve preservar os valores básicos de existência do ser humano no planeta.

Quase todos os problemas ambientais estão relacionados com a apropriação e utilização de bens, portanto com a sociedade de consumo. Nesse *prisma*, grande é a luta contra a devastação das florestas e a preservação da água doce, que se torna cada vez mais um bem precioso.

Quase todos os danos ao ambiente são essencialmente difusos, atingindo um número mais ou menos amplo de pessoas, nem sempre facilmente identificável. Sempre haverá um enfoque coletivo nessa classe de danos. Nessa categoria de danos, na maioria das vezes, há previsibilidade de danos futuros que podem ser evitados ou previamente restritos. Há tendência de se alargar a compreensão do nexo causal nessa classe de danos, tocando a responsabilidade coletiva. De certa forma, cada cidadão, cada pessoa tem sua parcela de responsabilidade pela manutenção do meio ambiente íntegro.

A Constituição brasileira de 1988 deu um grande passo nesse campo ao dedicar o Capítulo VI do Título VIII ao meio ambiente, estabelecendo no *caput* do art. 225 os princípios fundamentais:[1]

> *"Todos têm direito ao meio ambiente ecologicamente equilibrado, bem de uso comum do povo e essencial à sadia qualidade de vida, impondo-se ao Poder Público e à coletividade o dever de defendê-lo e preservá-lo para as presentes e futuras gerações."*

1 Consultar a Lei nº 15.190/2025, que dispõe sobre o licenciamento ambiental; regulamenta o inciso IV do § 1º do art. 225 da Constituição Federal; altera as Leis nº 9.605, de 12 de fevereiro de 1998 (Lei dos Crimes Ambientais), 9.985, de 18 de julho de 2000, e 6.938, de 31 de agosto de 1981; revoga dispositivos das Leis nº 7.661, de 16 de maio de 1988, e 11.428, de 22 de dezembro de 2006; e dá outras providências.

Como as atividades de consumo estão intimamente ligadas à proteção ambiental, o maior impacto legislativo deu-se com o Código de Defesa do Consumidor.

Cuidando-se de matéria de estudo relativamente nova, ainda não há unidade de conceitos: direito ambiental, direito do meio ambiente, direito ecológico. O art. 3º, I, da Lei nº 6.938/81, que dispõe sobre a Política Nacional do Meio Ambiente, adotou a seguinte definição:

> *"meio ambiente: o conjunto de condições, leis, influências e interações de ordem física, química e biológica, que permite, abriga e rege a vida em todas as formas".*

O desenvolvimento tecnológico sempre propiciou altos investimentos no intuito de obtenção de lucro, sem a equivalente contrapartida para possibilitar proteção ambiental.

O patrimônio ambiental constitui bem de toda coletividade. Possui a natureza de um direito coletivo. Justamente por ser coletivo, importando a toda a coletividade, qualquer membro dessa coletividade deve estar legitimado a protegê-lo.

21.2 DANO AMBIENTAL

O dano ao ambiente apresenta relação estreita com a noção de abuso de direito, conforme os princípios por nós estudados em *Direito civil: parte geral* (Capítulo 29). Em princípio, deve ser considerada abusiva qualquer conduta que extrapole os limites do razoável e ocasione danos ao ambiente e desequilíbrio ecológico. A noção desse abuso não é de índole individualista, como enunciado nos princípios do Código Civil, mas deve ter em vista a coletividade. Em princípio, toda atitude individual que cause dano efetivo ou potencial à coletividade deve ser reprimida.[2]

---

[2] "Apelação cível – Ação civil pública – Anulação de ato administrativo e obrigação de fazer. 1. prescrição – Em se tratando de matéria envolvendo meio ambiente cultural, a providência postulada pelo Ministério Público é imprescritível. 2. MARQUISE DO PARQUE DO IBIRAPUERA – Bem tombado que permanece inacabado desde a sua construção, na década de 1950 – Pelos estudos originais, ela deveria unir todos os prédios projetados por Oscar Niemeyer – Como, à época, todos foram construídos, exceto o auditório, ela terminou em ponta, sem a devida união – Aproximadamente cinquenta anos depois, houve a construção do auditório, mas a marquise permaneceu como estava, sem uni-lo (e também a OCA) aos demais equipamentos – Revisão do projeto pelo autor, a fim de se concluir a marquise, mas, para isso, era necessária a demolição de 40m2 para a implantação de duas alças de ligação à OCA e ao auditório – Bem tombado na década de 1990 nas três esferas (federal, estadual e municipal) – Necessidade de aprovação pelos órgãos de proteção ao patrimônio histórico e cultural – Aprovação na esfera federal (pelo IPHAN) e na esfera estadual (pelo CONDEPHAAT) e rejeição na esfera municipal (pelo CONPRESP) – (...) Reforma da sentença apenas para se afastarem os ônus da sucumbência – Recurso provido em parte" (*TJSP* – ApCív 0056447-29.2012.8.26.0053, 30-9-2020, Osvaldo de Oliveira).

"Dragagem – Atividade portuária – Ambiental – **Responsabilidade civil objetiva** – Compensação ambiental – Administrativo. Ambiental. Responsabilidade civil objetiva. Atividade portuária. Dragagem. Compensação ambiental. Os portos nacionais são de importância inafastável à população brasileira, e sua utilização e expansão devem ser compatibilizadas com a preservação do meio ambiente, constitucionalmente protegido pelo art. 225 da CRFB/88. A APSDS e a TESC operam portos localizados em São Francisco do Sul, cujas atividades contam com licenciamento do IBAMA e da FATMA para, dentre outras atuações, providenciar a dragagem do canal de acesso. As operações portuárias influenciam a situação originária do meio ambiente onde operam, exigindo não apenas o licenciamento mas o acompanhamento regular da atividade, mediante apresentação de relatórios, por parte dos respectivos operadores. A responsabilidade pelo dano ambiental é objetiva, tendo como pressuposto a existência de uma atividade que implique riscos, seja à saúde humana, seja para o meio ambiente, consoante disciplinado no art. 225, parágrafo 3º, da CRFB/88 e art. 14, parágrafo 1º, da Lei nº 6.938/81. Durante o processo produtivo, é imperativo que se acrescente os custos relativos às medidas preventivas e precaucionais destinadas a evitar a produção do resultado proibido ou não pretendido tratando-se no caso dos autos, inclusive, de itens exigidos no momento do licenciamento, devendo aqueles fatos que ocorrerem apesar da atuação preventiva da pessoa jurídica, no caso o Porto, e acarrretarem dano ambiental, serem objeto de indenização já que, conforme fundamentação supra, resta tecnicamente demonstrado o nexo de causalidade. Comprovada por perícia técnica a ocorrência de assoreamento, dano ambiental atribuível em pequena parcela à atividade portuária, devem os réus providenciar a recuperação e subsequente manutenção ambiental

Sob esse aspecto, no exame do dano ambiental, deve ser levado em conta o aspecto da *anormalidade*. Segundo Fábio Dutra Lucarelli (*RT* 700/10),

> *"a anormalidade se verifica quando há uma modificação das propriedades físicas e químicas dos elementos naturais de tal grandeza que estes percam, parcial ou totalmente, sua propriedade de uso. Esta anormalidade está intimamente ligada à gravidade do dano, ou seja, uma decorre da outra, já que o prejuízo verificado deve ser grave e, por ser grave, é anormal".*

---

em área diversa como forma de compensação pela atividade executada" (*TRF-4ª R.* – AC 5012317-96.2015.4.04.7201, 5-6-2019, Relª Desª Fed. Vânia Hack de Almeida).

"**Ação civil pública ambiental** – Dano ambiental – Supressão de vegetação nativa em área de preservação permanente (APP) – Descabimento de suspensão do feito em decorrência das ADINs 3.346 e 4.495 – Ilegitimidade passiva não verificada – Dever do réu, proprietário do imóvel, de proceder à recuperação da área degradada, independentemente das condições em que o bem se encontrava quando da aquisição, configurado – Obrigação de caráter *propter rem* – Ausência de impedimento de fruição da propriedade – Código Florestal que traz equilíbrio entre os constitucionais direitos de propriedade e ao meio ambiente saudável Incidência do novo Código Florestal – Aplicabilidade do § 1º do art. 61-A do novo Código Florestal – Imóvel que se configura como rural – Circunstância a ser considerada pelo órgão ambiental competente – Réu que já integrou PRA (Plano de Recuperação Ambiental) – Não verificação de impossibilidade jurídica do pedido – Multa cominatória cabível – Meio de coerção legal – Incidência dos arts. 497, 536 e 537 do CPC/2015 – Valor adequado à atividade econômica e porte do imóvel do réu – Recurso improvido" (*TJSP* – Ap 0001358-45.2014.8.26.0572, 23-7-2018, Rel. Miguel Petroni Neto).

"Administrativo e processo civil – Agravo interno no agravo em recurso especial – **Ação Civil Pública** – Loteamento Irregular – Violação do art. 935 do Código Civil – Ausência de prequestionamento – Ausência de responsabilidade solidária – Súmula 83/STJ – 1 – Relativamente ao art. 935 do Código Civil, não se pode conhecer do recurso especial. Da análise do voto condutor do acórdão, observa-se que o referido preceito normativo e a tese a ele vinculada não foram objeto de debate e deliberação pela Corte de origem, mesmo com a oposição dos embargos de declaração, o que redunda em ausência de prequestionamento da matéria, aplicando-se ao caso a orientação firmada na Súmula 211/STJ. 2 – Ressalte-se, inclusive, que o mencionado dispositivo somente foi suscitado em sede de embargos de declaração, configurando, pois, inovação recursal, o que é rechaçado pelo ordenamento jurídico. 3 – No tocante à ausência de responsabilidade solidária pelos danos ambientais, é pacificada nesta Corte a orientação de que a responsabilidade ambiental é objetiva e solidária de todos os agentes que obtiveram proveito da atividade que resultou no dano ambiental não com fundamento no Código de Defesa do Consumidor, mas pela aplicação da teoria do risco integral ao poluidor/pagador prevista pela legislação ambiental (art. 14, § 1º, da Lei nº 6.938/81), combinado com o art. 942 do Código Civil . Precedentes. 4 – Agravo interno a que se nega provimento" (*STJ* – AGInt-AG-REsp 277.167 – (2012/0273746-1), 20-3-2017, Rel. Min. Og Fernandes).

"Agravo de instrumento – Ação civil pública – **Dano ambiental** – Aterro sanitário – Pretensão de denunciação à lide da União e do Estado – Indeferimento – Litisconsórcio facultativo – Decisão mantida – Recurso não provido" (*TJSP* – AI 2084359-87.2016.8.26.0000, 20-6-2016, Rel. Moreira Viegas).

"Agravo de instrumento – Irresignação contra decisão que afastou as preliminares de ilegitimidade do Ministério Público, denunciação da lide ao Estado de São Paulo e aos terceiros adquirentes e saneou o feito, deferindo a produção de prova pericial, com o fim de avaliar a ocorrência de eventuais danos ambientais e urbanísticos em decorrência da implantação do loteamento. Empreendimento que se encontra em área de mananciais. Responsabilidade legal do Estado pelo zelo e proteção de tais áreas. Necessidade de inclusão da Fazenda Pública Estadual no polo passivo da ação. Litisconsórcio passivo necessário, dada a natureza da relação jurídica ora analisada, nos termos do art. 47 do CPC. Reforma da decisão recorrida. Recurso conhecido e provido" (*TJSP* – AI 2070663-18.2015.8.26.0000, Santa Branca, 2ª C.Res.MA, Relª Vera Angrisani, *DJe* 31-8-2015).

"**Agravo de instrumento – Ação civil pública ambiental** – Decisão que indeferiu o chamamento ao processo dos coobrigados pelo uso ilegal de áreas de preservação permanente. Decisão acertada. Responsabilidade referente a danos que possam ter ocorrido nos limites da propriedade da agravante. Obrigação ambiental de natureza solidária e *propter rem*. Litisconsórcio facultativo entre poluidores. Decisão mantida. Recurso desprovido" (*TJSP* – AI 2010021-50.2013.8.26.0000, 12-3-2014, Rel. Paulo Alcides).

"**Ação civil pública**. Meio ambiente. Intervenção em área de proteção permanente e de conservação integral (mata atlântica), sem licença ambiental. Danos ambientais devidamente demonstrados nos autos. Responsabilidade objetiva e *propter rem* do degradador. Condenação do réu a se abster de realizar novas intervenções na área, bem como reparar os danos causados. Sentença mantida. Recurso desprovido" (*TJSP* – Ap. 0002754-44.2010.8.26.0266, 7-5-2013, Rel. Paulo Alcides).

Esse dano anormal pode decorrer de um único ato, como, por exemplo, o rompimento do tanque de um navio petroleiro que derrama petróleo no mar, como de uma conduta periódica, como a emissão de gases poluentes de forma contínua das chaminés de uma fábrica ou o despejo de dejetos em uma nascente.

O conceito de poluição vem definido na Lei nº 6.938/81, como sendo a degradação da qualidade ambiental resultante de atividades que direta ou indiretamente prejudiquem a saúde, a segurança e o bem-estar da população, ou criem condições adversas às atividades sociais ou econômicas ou que afetem as condições vitais, estéticas ou sanitárias do meio ambiente, ou, finalmente, lancem matérias ou energia em desacordo com os padrões ambientais estabelecidos (Stoco, 2004:839).

Ideia que vigorou no direito clássico diz respeito à *anterioridade da atividade*. O fato de alguém ter-se estabelecido há mais tempo em determinado local não pode legitimar a ausência de limites de agir. Unidade industrial que se estabeleceu em local muito antes das moradias vizinhas não lhe dá salvo-conduto para agredir a natureza e prejudicar a vizinhança. O interesse passa a ser coletivo ou metaindividual, como se denomina mais recentemente, e não mais individual. Toda a matéria relaciona-se com o uso normal da propriedade. O uso anormal, que afete a vizinhança e o ambiente, deve ser coibido.

Por sua natureza, o dano ecológico depende de perícias de custosa operação, pois muitas vezes esses danos são invisíveis e não facilmente identificáveis. Por outro lado, temos que levar em conta a disparidade econômica entre o agressor e o agredido. Geralmente, o agressor à natureza é conglomerado econômico poderoso. Por essa razão, tendo em vista a vulnerabilidade da vítima e sua hipossuficiência, o ordenamento deve municiá-la com instrumentos eficazes de direito material e direito processual. Vigoram os mesmos princípios que protegem o consumidor porque os atos danosos em ambos os sistemas são muito próximos e, com frequência, interpenetram-se.

Há outro aspecto ponderável em matéria de indenização por dano ambiental que modifica princípio tradicional da responsabilidade civil. Em sede de reparação de danos em geral, o prejuízo a ser indenizado deve ser atual, isto é, já deve ter ocorrido. A responsabilidade civil por dano ecológico vai mais além: todo prejuízo potencial, que pode advir no futuro, pode e deve ser coibido. Portanto, nesse diapasão, é aberta toda uma problemática a respeito de dano futuro, do impacto ecológico que uma atividade possa vir a causar. Em razão desse aspecto, bem como dos interesses coletivos envolvidos, diminui-se a exigência de comprovação do nexo causal.

> *"Em se tratando de prejuízo causado à natureza, há uma minoração acentuada dessa noção, sendo imperioso apenas que haja uma potencialidade de dar causa ao prejuízo na atividade do agente que se pretende responsabilizar, estabelecendo-se, então uma presunção, que se deve, sobretudo, à inspiração romana de equidade, pela qual aquele que lucra com uma atividade deve responder pelo risco ou pelas desvantagens dela resultantes, evitando-se a chamada* ***socialização do prejuízo****"* (Lucarelli, *RT* 700/12).

Trata-se do princípio conhecido no direito ambiental do agente *poluidor-pagador*. Os custos sociais do sistema produtivo e distributivo devem ser repartidos entre os que assumem o risco da produção. Esse princípio não almeja tolerar o prejuízo mediante uma indenização, mas justamente evitar que o prejuízo ao ambiente venha a ocorrer. Quem polui deve pagar pelos danos e pelo restabelecimento das condições anteriores. Nesse sentido, a Constituição Federal (art. 225, § 3º) encampou essa ideia estabelecendo que

> *"as condutas e atividades consideradas lesivas ao meio ambiente sujeitarão os infratores, pessoas físicas ou jurídicas, a sanções penais e administrativas, independentemente da obrigação de reparar os danos causados".*

Nesse dispositivo, está consagrada a responsabilidade objetiva. Em tal quadro, o juiz passa a ser parte integrante dessa proteção. O juiz em questões ambientais deve ser visto sob nova perspectiva. Por isso que se afirma que o juiz, nas últimas décadas, assumiu função social relevante, que não se resume à de simples julgador de casos. Tanto é assim que não mais se trata de interesses individuais em jogo, mas de relevantes interesses difusos. Surge, destarte, a figura do juiz interessado:

> *"As novas questões não permitem que o juiz seja imparcial. Teremos que criar um nível distinto de consideração do problema, um conjunto de valores nos quais o 'juiz é parte', porque lhe interessa que a água que bebe continue sendo fresca, cristalina, pura; porque lhe interessa que o ar que respira mantenha essa condição, porque lhe interessa que determinada floresta não seja afetada"* (Pigretti in *Los nuevos daños*, 1995:207).

É preciso fazer com que o Poder Judiciário *"faça do meio ambiente ecologicamente equilibrado coisa também sua"* (Milaré, 2000:256).

Sob essa dimensão, a responsabilidade individual firmada no Código Civil cede espaço à responsabilidade coletiva. A responsabilidade pelo ambiente é de todos. O objetivo não mais é obter uma indenização proveniente do patrimônio de uma pessoa em favor de outra, mas preservar a Natureza. A condenação e eventual indenização deverão ser aplicadas não em benefício particular, mas no restabelecimento da natureza ferida. Em tal plano é que se moverá o jurista, que deve, antes de tudo, nesse campo, ser um planificador social e não mero advogado de interesses individuais.

Nesse sentido, os grandes problemas e soluções que afetam nosso planeta e nossas vidas, a diminuição da camada de ozônio, a desertificação, a perda das florestas, a poluição das águas e do ar dependem tanto da tecnologia como do Direito, ciências que devem caminhar juntas. Grande parcela de responsabilidade pela manutenção da vida cabe também, portanto, ao Direito. Na realidade, é papel para uma nova noção de Direito. Levemos em consideração também que nada pode ser feito apoiado unicamente na legislação interna; o movimento é global e transnacional: somente tratados e acordos internacionais poderão preservar o planeta, pois os problemas não dependem de fronteiras políticas. Há uma ética internacional no campo ambiental, a chamada *ética de sobrevivência*, que ainda não apresenta contornos claros.

Aponta Enrique Carlos Müller (In: Alterini et al., 1995:438) que o dano ambiental pode ser considerado em três modalidades:

a) destruição ou deterioração de fatores físico-naturais de uma espécie, por meio de processos mecânicos utilizados para substituir condições naturais, como supressão de vegetação, invasão do solo, destruição do *habitat* natural de determinadas espécies;

b) degradação ou contaminação dos elementos biológicos de ecossistemas naturais, pela introdução de substâncias tóxicas ou materiais sintéticos resultantes de processos industriais. É o que denominamos poluição ou contaminação;

c) degradação do espaço social, urbano e rural, pela acumulação de lixo e dejetos não biodegradáveis; pela produção descontrolada de ruídos e vibrações que, por sua intensidade, alteram o ritmo normal da vida social.

Desse modo, fácil concluir que a poluição ambiental, em todas as modalidades, se trata de fenômeno de natureza econômica, política e social, porém essencialmente um problema técnico-jurídico.

Há muitas leis que, no Brasil, dizem respeito ao ambiente. Podemos lembrar, entre outras, o velho Código Florestal de 1943, depois substituído por outro; o Código de Águas, Decreto nº 24.643/34; o Código de Pesca de 1938, substituído pelo Decreto nº 221/67; e o próprio Código Penal. Mais recentemente, outras normas vieram-se juntar, já com cunho declaradamente social, como o Estatuto da Terra, Lei nº 4.504/64; o Decreto-lei nº 1.413/75, dedicado ao controle da poluição do meio ambiente provocada por atividades industriais; a Lei nº 6.453/77, de Responsabilidade civil e criminal por danos nucleares etc. No entanto, como observa Edis Milaré (2000:81), somente a partir de 1980 a legislação apresenta-se francamente com preocupação precípua de preservação do ambiente:

> *"É que o conjunto das leis até então não se preocupava em proteger o meio ambiente de forma específica e global, dele cuidando de maneira diluída, e mesmo casual, e na exata medida de atender sua exploração pelo homem".*

Sob essa argumentação, o ambientalista move-se no meio de um cipoal de leis, decretos e regulamentos, fazendo-se sentir a necessidade de uma consolidação ou codificação sobre a matéria, cujos princípios e autonomia já autorizam a elaboração de um *Código Ambiental Brasileiro.*

Nesse quadro do direito ambiental, despontam os chamados *direitos difusos*, porque a proteção não cabe a um titular exclusivo nem em um interesse individual, mas se estende difusamente sobre a coletividade e cada um de seus integrantes. Assim, o direito ambiental não cabe na divisão entre direito público e privado. Trata-se de um terceiro gênero que a doutrina denomina *direito social*, como ocorre com o direito de proteção ao consumidor.

21.3 REPARAÇÃO DO DANO AMBIENTAL. RESPONSABILIDADE OBJETIVA

A decisão de incluir capítulo sobre a proteção ambiental na Constituição de 1988 é de grande alcance. Portanto, qualquer afronta a seu texto pode ser arguida de inconstitucional, o que concede largo espectro à proteção ecológica.

Por outro lado, ainda em relação com o aspecto constitucional, a garantia do direito adquirido deve ser vista com reservas em matéria de proteção ao meio ambiente. Não pode prevalecer direito adquirido que coloque em risco o direito à vida e à saúde de número indeterminado de pessoas.

Sempre que o interesse individual ou a utilização da propriedade conflitem com o interesse coletivo, devem ser coibidos. A Constituição admitiu vários instrumentos processuais que podem ser utilizados para a proteção ambiental: ação direta de inconstitucionalidade, ação civil pública, ação popular constitucional, mandado de segurança e mandado de injunção.

Ao Ministério Público foi atribuído papel importante nesse campo. A Lei nº 6.938/81 modifica o quadro da responsabilidade ao estabelecer a responsabilidade objetiva do poluidor e ao atribuir ao Ministério Público a faculdade de propor ações judiciais de natureza civil para reparar ou evitar danos ao ambiente.

A Lei nº 7.347/85 disciplinou a ação civil pública de responsabilidade por danos causados ao meio ambiente, ao consumidor, a bens e direitos de valor artístico, estético, histórico, turístico e paisagístico. Com essa lei efetiva-se a possibilidade de intervenção do Ministério Público Federal e Estadual na matéria, com a instauração do procedimento administrativo, inquérito civil, com a finalidade de apurar os fatos, estabelecer ajustes de conduta e preparar a ação judicial. Da mesma forma, o Ministério Público pode celebrar acordos extrajudiciais em matéria ambiental, com força de título executivo, os chamados compromissos de ajustamento de conduta. Nessa sistemática, a sociedade já vê o Promotor de Justiça como um interlocutor em matéria de direito ambiental e do consumidor. A Lei nº 7.347/85 permite que associações que tenham por finalidade a proteção do ambiente também possam agir judicialmente, além dos demais legitimados, elencados no art. 5º com a nova redação da Lei nº 11.448, de 2007, deste diploma legal.

Como vimos, no direito ambiental há vasto campo de direito preventivo, medidas inibitórias que objetivam evitar que o dano ocorra. A transgressão de normas ambientais, todavia, pode acarretar reprimendas de ordem penal, administrativa e civil.

No tocante à responsabilidade civil, por tudo que a problemática envolve, mostra-se evidente que a responsabilidade aquiliana tradicional, subjetiva, baseada na culpa, é insuficiente para a proteção do ambiente.[3]

---

[3] "Apelação. Ação civil pública. Preliminar Legitimidade ativa do Ministério Público. Cabimento. Função institucional ao Parquet no que toca à defesa de interesses difusos, coletivos e individuais indisponíveis, nos termos dos arts. 127 e 129, III, da CF/88. Preliminar afastada. Poluição sonora. Dano moral coletivo. Imóvel utilizado para exploração de eventos/festas sem autorização formal. Violação das normas urbanísticas. Perturbação do sossego e da ordem pública. Irregularidades comprovadas por fiscalização administrativa. Sentença de improcedência. Descabimento. Há plena caracterização de responsabilidade, na ação civil pública, de particulares, de maneira solidária, em caso de irregularidade nas condutas praticadas, corroborando, inclusive, com possível reconhecimento de indenização. O alvará de licença de localização e funcionamento de casa de eventos deve obrigatoriamente preceder a atividade lucrativa, constituindo tal exigência norma cogente de caráter geral, aplicável a todos os estabelecimentos no âmbito do Município. Ofende a ordem urbanística a permanência de casa de eventos sem o atestado de localização (Alvará de Localização e Funcionamento). A falta dessa autorização, aliada à grave perturbação do sossego causada pelo empreendimento, torna imperiosa a necessidade de interdição, consequentemente, com indenização pelos danos causados. Ordem urbanística e coletividade ameaçadas. Desrespeito inaceitável. Procedência da ação nessa parte e condenação dos réus ao pagamento de indenização pelos danos causados (dano moral coletivo), em benefício do Fundo Especial de Reparação dos Direitos Difusos Lesados. Teoria de desestímulo, a qual confere à indenização, por abalo moral ambiental, caráter punitivo, devendo ser destinado aos cofres públicos, garantidores da fiscalização ambiental, e não ao particular. Recurso provido, em partes" (*TJSP* – Ap 1010852-76.2022.8.26.0590, 16-2-2025, Rel. Paulo Cícero Augusto Pereira).

"Administrativo e ambiental – Responsabilidade civil – Supressão de Mata Atlântica. Inexistência de licença ambiental – Recuperação – Indenização pecuniária suplementar – 1- A responsabilidade civil por danos ao meio ambiente é de natureza objetiva e encontra respaldo no art. 225, § 3º da Constituição Federal, no art. 14, § 1º, da Lei nº 6.938/1981, no art. 7º da Lei nº 7.661/1988, no art. 2º, § 1º, do Código Florestal, e nos princípios do poluidor-pagador, da prevenção e da precaução. 2- A preservação do meio ambiente e o combate à degradação e à poluição em qualquer de suas formas são atribuições constitucionais comuns a todos os entes federativos (art. 23, incisos VI e VII, da CRFB), o que confere legitimidade ao exercício de poder de polícia (fiscalização e sancionamento de condutas irregulares) pelo órgão federal tanto na área urbana como na rural. 3- Comprovada a ocorrência de dano ambiental decorrente de supressão de floresta nativa de Mata Atlântica em estágio avançado de regeneração, sem autorização ou licença da autoridade competente, é devida a reparação integral da lesão causada ao ecossistema local, cumulada com obrigações de fazer, de não fazer e de indenizar, que têm natureza *propter rem*. A despeito da existência de residências no entorno e de sua localização em perímetro urbano consolidado, o imóvel não era área antropizada, antes da intervenção não autorizada, já que nela existia vegetação totalmente íntegra. 4- Além de a legislação ambiental ser aplicável tanto à área urbana como à rural, a supressão de vegetação, sem autorização do órgão ambiental competente, afetou área de grande valor ambiental, por consistir em espaço verde em perímetro urbano consolidado, que proporcionava um mínimo equilíbrio térmico e ecológico ao ecossistema local, além de servir como importante refúgio de espécies da fauna silvestre. 5- O que qualifica um determinado espaço geográfico como área de preservação ambiental ou proteção especial não é a averbação/registro de tal especificidade no álbum imobiliário, mas, sim, seus atributos naturais, decorrendo sua instituição de expressa disposição legal. 6- Não há direito adquirido à manutenção de situação fática que gere prejuízo ao meio ambiente, nem se aplica a teoria do fato consumado para eximir o proprietário da área degradada de sua responsabilidade ambiental (Súmula nº 613 do STJ). 7- A divulgação do conteúdo da sentença em jornal de circulação municipal constitui providência desnecessária para assegurar o resultado útil do processo, uma vez que a conscientização ambiental e a inibição de novas condutas infracionais podem ser alcançadas pela publicidade inerente ao julgado" (*TRF-4ª R.* – AC 5006450-17.2014.4.04.7215, 27-3-2019, Relª Desª Fed. Vivian Josete Pantaleão Caminha).

"Apelação – **Dano ambiental** – Área de preservação permanente – Inconformismo manifestado em face da r. sentença pela qual o D. Magistrado em Ação Civil Pública ambiental julgou procedentes os pedidos da ação ajuizada pelo Ministério Público, para condenar os acionados nas obrigações de fazer e não fazer, decorrente de construção e manutenção de edificação em APP. Descabimento. Degradação ambiental verificada pela ocorrência de supressão de vegetação nativa por ocasião da realização das obras e de impedimento de recuperação da área degradada pela manutenção das edificações irregulares. Inocorrência de ofensa ao direito à moradia e direito adquirido da requerida. Sentença mantida. Recurso desprovido" (*TJSP* – Ap 0010270-26.2005.8.26.0126, 24-5-2018, Caraguatatuba, 1ª C.Res.MA, Rel. Nogueira Diefenthaler).

"Constitucional – **Dano Ambiental – Responsabilidade Objetiva** – *Propter Rem* – Imprescritibilidade da pretensão reparatória de dano ambiental – Reposição Florestal – Prequestionamento – Inexistência – Súmulas 211/STJ e 282/STF – Necessidade de cotejo analítico – Análise de lei local – Súmula 280/STF – inexistência de ofensa ao art. 535 do CPC – Óbice das Súmulas 284/STF e 182/STJ – impossibilidade de análise do conteúdo fático-probatório – Incidência da Súmula 7/STJ – inadmissibilidade do recurso – 1 – Trata-se, na origem, de Mandado de Segurança impetrado pela ora recorrente para esquivar-se de reparar dano ambiental advindo de obrigação *propter rem*. Aduz prescrição para retirar a averbação da obrigação ambiental do registro de imóveis antes de proceder ao reflorestamento. O recurso visa à anulação do acórdão a quo, alegando a necessidade de enfrentamento de questão que não teria sido julgada. 2 – Corretamente, o Tribunal de origem afirma que a jurisprudência do STJ primeiro reconhece a imprescritibilidade da pretensão reparatória de dano ao meio ambiente, e, segundo, atribui, sob o influxo da teoria do risco integral, natureza objetiva, solidária e *propter rem* à responsabilidade civil ambiental, considerando irrelevante, portanto, qualquer indagação acerca de caso fortuito ou força maior, assim como sobre a boa ou a má-fé do titular atual do bem imóvel ou móvel em que recaiu a degradação. 3 – Afasta-se a ofensa ao art. 535 do Código de Processo Civil. O Superior Tribunal de Justiça entende ser inviável o conhecimento do Recurso Especial quando os artigos tidos por violados não foram apreciados pelo Tribunal a quo, a despeito da oposição de Embargos de Declaração, haja vista a ausência do requisito do prequestionamento. Incide, na espécie, a Súmula 211/STJ. 4 – O inconformismo, manifestado em recurso carente de fundamentos relevantes que demonstrem como o v. acórdão recorrido teria ofendido o dispositivo alegadamente violado e que nada acrescente à compreensão e ao desate da quaestio iuris, não atende aos pressupostos de regularidade formal dos recursos de natureza excepcional. Assim, é inviável o conhecimento do Recurso Especial nesse ponto, ante o óbice das Súmulas 284/STF e 182/STJ. 5 – Analisar a existência de fato extintivo do direito do recorrido, bem como do pagamento das parcelas pleiteadas, implica, na hipótese dos autos e considerando as circunstâncias que lhe são peculiares, o revolvimento do conteúdo fático-probatório da lide, o que é vedado nesta estreita via, ante a incidência da Súmula 7 do STJ. 6 – Recurso Especial não conhecido" (*STJ* – REsp 1.644.195 – (2016/0326203-1), 8-5-2017, Rel. Min. Herman Benjamin).

"Agravo de instrumento – Ação de indenização por danos materiais e morais c.c. – Obrigação de Fazer – Tutela antecipada – Antecipação de tutela concedida para o fim de determinar que a Ré suspenda o vazamento de poluentes em propriedade rural vizinha – Possibilidade – Preenchimento dos requisitos legais previstos no art. 273 do CPC – Verossimilhança das alegações iniciais, fundada em acervo probatório documental, a demonstrar a existência de despejo de dejetos de animais em açude de propriedade do Autor, ocasionando a poluição da água e a morte dos peixes existentes no local – Evidente 'periculum in mora', consubstanciado no prejuízo econômico do Autor, além dos danos ambientais causados no bem imóvel rural – R. decisão mantida. Recurso da ré não provido" (*TJSP* – AI 2063910-45.2015.8.26.0000, 18-1-2016, Relª Berenice Marcondes Cesar).

"Agravo de instrumento – Indenização por danos decorrentes de plantio de eucaliptos, ocasionando alteração do ecossistema afetando as águas de rios e fonte existentes na propriedade do agravante. Competência. Questão que não se insere na competência específica da Câmara Ambiental. Resolução TJ/SP nº 240/2005. Ausência de discussão acerca de direitos difusos. Agravo não conhecido. Suscitado conflito negativo de competência" (*TJSP* – AI 2128862-67.2014.8.26.0000, 27-8-2015, Rel. Ruy Alberto Leme Cavalheiro).

"**Apelação cível** – Ação civil pública – Danos ambientais – 1 – Supressão de vegetação nativa de 0,94 ha, sendo 0,04 em área de preservação permanente e desvio de curso d'água sem autorização dos órgãos competentes. Irregularidade comprovada. Alvarás e Habite-se que não afastam a responsabilidade pela reparação do dano ambiental. 2 – Alegação de efemeridade do córrego não comprovada. Documentos dos autos que dizem que se trata de curso d'água intermitente. 3 – Alegada perda da função ambiental da área de preservação permanente com a urbanização do entorno da área que não afasta a responsabilidade dos réus pela reparação dos danos. 4 – Pretendida recomposição de apenas 15 metros de vegetação às margens do rio em área urbana consolidada. Inadmissibilidade. Art. 65 do Novo Código Florestal, que se refere à regularização fundiária de interesse específico dos assentamentos inseridos em área urbana consolidada. 5 – Alegada possibilidade de intervenção ou supressão de vegetação nativa em APP no caso de utilidade pública. Inadmissibilidade. Art. 8º da Lei 12.651/2012 que tem projeção para o futuro, não se referindo aos danos já ocorridos. 6 – Supressão de vegetação nativa e desvio do curso d'água sem licença dos órgãos ambientais competentes. Dano ambiental configurado. Necessidade de reparação. Inteligência dos arts. 4º, VII, e 14, § 1º, da Lei 6.938/1981. 7 – Alegada impossibilidade de recuperação da área. Questão que deve ser apurada na fase de execução de sentença. Possibilidade de condenação, simultânea e cumulativa, em obrigação de fazer, não fazer e indenizar, na eventual possibilidade de que a restauração

O dano ambiental caracteriza-se pela pulverização das vítimas, daí por que ser tratado como direito de tutela a interesses difusos. Os danos são de ordem coletiva e apenas reflexamente se traduzem em dano individual. Da mesma forma, os danos são de difícil reparação. O simples pagamento de uma soma em dinheiro mostra-se insuficiente nesse campo. Cuida-se aí de mais uma subversão à verdade tradicional segundo a qual toda obrigação não cumprida se traduz, em última análise, em um substitutivo em dinheiro.

A reconstituição do meio ambiente e o retorno ao equilíbrio ecológico afetado são fatores que mais importam neste tema. De tal modo, o dano ambiental é de difícil valoração material: quanto custa, por exemplo, o derrame de óleo na Baía de Guanabara? A mortandade de peixes em um rio? O incêndio de uma floresta? Não bastasse isso, como avaliar o dano moral que pode ser cumulado nesse caso?

Assim, a reparação de danos ambientais deve circular em torno desses dois polos, o retorno ao estado anterior e uma condenação em dinheiro, uma não excluindo a outra. A primeira modalidade de reparação de danos que deve ser procurada é a reconstituição ou recuperação do ambiente natural ferido porque não basta simplesmente indenizar: há que ser recuperado o ambiente do mal sofrido. Apenas quando essa recuperação mostrar-se inviável é que se deve recorrer exclusivamente à indenização. Em ambas as situações, porém, o que é necessário impor ao poluidor é um custo por sua atividade. A sentença deve ter também inegável cunho pedagógico e punitivo, seguindo, inclusive, a moderna tendência no campo da responsabilidade civil.

A responsabilidade objetiva em sede de transgressão ambiental foi consagrada pela Constituição de 1988 (art. 225, § 3º):

> *"As condutas e atividades consideradas lesivas ao meio ambiente sujeitarão os infratores, pessoas físicas ou jurídicas, a sanções penais e administrativas, independentemente da obrigação de reparar os danos causados".*

Basta, portanto, que o autor demonstre o dano e o nexo causal descrito pela conduta e atividade do agente. Desse modo, não se discute se a atividade do poluidor é lícita ou não, se o ato é legal ou ilegal: no campo ambiental, o que interessa reparar é o dano. A noção de ato ilícito passa, então, a ser secundária. Verifica-se, portanto, que, em matéria de dano ambiental, foi adotada a teoria da responsabilidade objetiva sob a modalidade do *risco integral*.[4]

---

in natura não se mostre suficiente à recomposição integral do dano causado. 8 – Pretendida celebração de TAC com o Ministério Público. Questão que não diz respeito a este juízo. Natureza de transação que impede o Poder Judiciário de obrigar o Ministério Público a celebrá-lo. Sentença mantida. Recurso improvido" (*TJSP* – Ap. 0003454-66.2004.8.26.0642, 4-9-2014, Rel. Eutálio Porto).

4 "Direito ambiental. Apelação. Responsabilidade civil ambiental. Recurso desprovido. I. Caso em Exame 1. Ação civil pública ambiental proposta em decorrência de danos ambientais causados pela destruição de vegetação nativa de Mata Atlântica em área de preservação permanente, sem autorização. A sentença julgou parcialmente procedente, impondo obrigações de fazer e não fazer aos requeridos. II. Questão em Discussão 2. A questão em discussão consiste em determinar a responsabilidade do Município por danos ambientais causados por munícipes e a extensão dessa responsabilidade, considerando as medidas de contenção adotadas após a constatação do dano. III. Razões de Decidir 3. As pessoas jurídicas de direito público interno podem ser responsabilizadas por lesões ao meio ambiente, conforme interpretação do art. 225 da Constituição Federal. 4. A responsabilidade civil objetiva por dano ambiental é consagrada pela Lei nº 6.938/1981, baseada na **teoria do risco integral**, independente de culpa. IV. Dispositivo e Tese 5. Recurso desprovido. Tese de julgamento: 1. A responsabilidade solidária do ente público por danos ambientais é aplicável quando há omissão no dever de fiscalização. 2. A atuação do Município deve ser eficiente e preventiva para evitar degradação ambiental. Legislação Citada: CF/1988, art. 225, § 3º; Lei n.º 6.938/1981, art. 14, § 1º" (*TJSP* – Ap 1003004-47.2022.8.26.0587, 26-6-2025, Rel. Miguel Petroni Neto).

Desse modo, até mesmo a ocorrência de caso fortuito e força maior é irrelevante. A responsabilidade é lastreada tão só no fato de existir atividade da qual adveio o prejuízo.

> *"Ora, verificado o acidente ecológico, seja por falha humana ou técnica, seja por obra do acaso ou por força da natureza, deve o empreendedor responder pelos danos causados, podendo, quando possível, voltar-se contra o verdadeiro causador, pelo direito de regresso, quando se tratar de fato de terceiro. É essa interpretação que deve ser dada à Lei 6.938/81, que delimita a Política Nacional do Meio Ambiente, onde o legislador, claramente, disse menos do que queria dizer, ao estabelecer a responsabilidade objetiva"* (Milaré, 2000:340).

"Apelação – Ação Civil Pública – Meio Ambiente – Danos ambientais causados por construções irregulares em zona de amortecimento de unidade de conservação ambiental – Supressão de vegetação nativa da Mata Atlântica – Preliminar de ilegitimidade passiva afastada – Responsabilidade civil objetiva baseada na **Teoria do Risco Integral** – Natureza 'propter rem' das obrigações voltadas à recuperação dos danos ambientais – Responsabilidade solidária do Município de Caraguatatuba, subsidiária na execução – Ausência de fiscalização suficiente e adequada da área em que ocorreu o dano ambiental – Inteligência do disposto no artigo 191 da Constituição do Estado de São Paulo e nos artigos 23, inciso VI, 30, incisos V e VIII, e 225, § 1º, inciso V, todos da Constituição Federal – Sentença mantida – Recursos não providos" (*TJSP* – Ap 1000055-41.2023.8.26.0126, 23-7-2024, Rel. Aliende Ribeiro).

"Recurso de apelação em ação civil pública. Meio ambiente. Obrigação de fazer. Recuperação de área atingida por incêndio. Incêndio ocorrido em canavial que se propagou para área de vegetação nativa. Responsabilidade civil ambiental que não se confunde com responsabilidade administrativa. Responsabilidade civil ambiental que é objetiva e solidária, adotada a **Teoria do Risco Integral**. Risco ambiental inerente à atividade de exploração agrícola. Incontroverso o dano ambiental e sua extensão. Obrigação da arrendatária na recuperação ambiental da área atingida pelo incêndio. Sentença de parcial procedência mantida. Recurso desprovido" (*TJSP* – Ap 1000335-30.2021.8.26.0466, 26-4-2023, Rel. Marcelo Berthe).

"Ambiental. Ação civil pública. Degradação ambiental. Cerceamento de defesa. Não ocorrência. Provas constantes dos autos suficientes ao deslinde da causa. Área de preservação permanente. Restinga. Incidência da Resolução CONAMA 303/202, que complementa o Novo Código Florestal no que às restingas, conforme entendimento do C. STF e C. STJ. Dano ambiental bem delimitado. Obrigação de recuperação ambiental estabelecida no art. 225, §3º da CF e no art. 7°, § 1°, da Lei n° 12.651/12. **Teoria do Risco integral**. Na preservação do meio ambiente não basta não degradar, é necessário regenerar e, ainda, reparar integralmente, sendo, portanto, devidas, no caso, as reparações por danos intercorrentes, bem como por danos morais coletivos. Sentença mantida. Recurso a que se nega provimento" (*TJSP* – Ap 1000392-73.2019.8.26.0642, 23-6-2022, Rel. Mauro Conti Machado).

"Apelação e reexame necessário – Administrativo – Responsabilidade civil por dano ambiental – **Teoria do risco integral** – Reparação integral do dano – Inexistência de dano moral coletivo – 1- A responsabilidade civil por dano ambiental é objetiva, informada pela teoria do risco integral, bastando para a sua configuração a comprovação do dano e do nexo causal. 2- A reparação integral do dano causado ao meio ambiente, com a restauração natural da área degradada, torna despropositada a imposição de indenização pecuniária reparatória. 3- O dano extrapatrimonial ambiental somente será passível de indenização, em sendo comprovado o prejuízo coletivo resultante da degradação ambiental irreparável ou de difícil reparação" (*TJMG* – AC 1.0084.15.002416-8/001, 19-7-2019, Rel. Carlos Henrique Perpétuo Braga).

"**Dano ambiental** – Lucros cessantes – Responsabilidade objetiva integral – Inversão do ônus da prova – Cabimento – Direito ambiental e processual civil. Dano ambiental. Lucros cessantes ambiental. Responsabilidade objetiva integral. Dilação probatória. Inversão do ônus probatório. Cabimento. 1. A legislação de regência e os princípios jurídicos que devem nortear o raciocínio jurídico do julgador para a solução da lide encontram-se insculpidos não no códice civilista brasileiro, mas sim no art. 225, § 3º, da CF e na Lei nº 6.938/1981, art. 14, § 1º, que adotou a teoria do risco integral, impondo ao poluidor ambiental responsabilidade objetiva integral. Isso implica o dever de reparar independentemente de a poluição causada ter-se dado em decorrência de ato ilícito ou não, não incidindo, nessa situação, nenhuma excludente de responsabilidade. Precedentes. 2. Demandas ambientais, tendo em vista respeitarem bem público de titularidade difusa, cujo direito ao meio ambiente ecologicamente equilibrado é de natureza indisponível, com incidência de responsabilidade civil integral objetiva, implicam uma atuação jurisdicional de extrema complexidade. 3. O Tribunal local, em face da complexidade probatória que envolve demanda ambiental, como é o caso, e diante da hipossuficiência técnica e financeira do autor, entendeu pela inversão do ônus da prova. Cabimento. 4. A agravante, em seu arrazoado, não deduz argumentação jurídica nova alguma capaz de modificar a decisão ora agravada, que se mantém, na íntegra, por seus próprios fundamentos. 5. Agravo regimental não provido" (*STJ* – AgRg-REsp 1.412.664 – (2011/0305364-9), 11-3-2014, Rel. Min. Raul Araújo).

Todos que participaram da conduta danosa ao meio ambiente devem ser responsabilizados solidariamente.[5]

---

[5] "**Direito ambiental**. Apelação. Ação civil pública. Procedência do pedido inicial. I. Caso em Exame 1. Ação Civil Pública Ambiental visando a paralisação de atividades degradadoras do meio ambiente e a reparação dos danos causados, incluindo desfazimento de construção irregular e plantio de mudas nativas. II. Questão em Discussão 2. A questão em discussão consiste na responsabilidade solidária, de execução subsidiária, do Município de Ubatuba por degradação ambiental decorrente de sua omissão no exercício de seu poder-dever de fiscalização. III. Razões de Decidir 3. Demonstrada a falha na fiscalização ambiental pelo Município de Ubatuba, que é responsável solidário pelos danos ambientais, com execução subsidiária. 4. A responsabilidade do Município é fundamentada na Constituição Federal e na Constituição do Estado de São Paulo, além de precedentes do STJ que estabelecem a responsabilidade solidária e subsidiária em casos de omissão no dever de fiscalização. IV. Dispositivo e Tese 5. Recurso desprovido. Tese de julgamento: 1. O Município é solidariamente responsável por omissão no dever de fiscalização ambiental. Legislação Citada: CF/1988, art. 23, VI; art. 225, § 1º, V. Constituição do Estado de São Paulo, art. 191. Lei Complementar nº 140/2011, art. 9º, XIII, XIV, XV. Jurisprudência Citada: STJ, Súmula nº 652. STJ, precedentes sobre responsabilidade ambiental solidária e subsidiária. TJSP – Apelação Cível nº 1003646-20.2022.8.26.0587, Des. Rel. Marcelo Martins Berthe, j. 17/02/2024" (*TJSP* – Ap 1003344-88.2020.8.26.0642, 14-7-2025, Rel. Aliende Ribeiro).

"Ação civil pública **– Danos ambientais** decorrentes de obras de implantação e operação de gasoduto denominado GASAN II no Município de Santo André – Alegação de ilegitimidade passiva da Petrobrás – Empresa TAG responsável pela implantação dos dutos que é subsidiária integral da Gaspetro, que, por sua vez, é subsidiária da Petrobrás – Apelante que será diretamente beneficiada com a obra e esteve presente em todas as etapas de deliberações e negociações do empreendimento GASAN II – Incidência da responsabilidade solidária das empresas participantes em relação aos danos ambientais causados pelo empreendimento e objetiva entre todos os causadores diretos e indiretos do dano. Ingerência do Poder Judiciário na esfera administrativa – Não ocorrência – Ausência de discussão sobre a validade ou não das licenças obtidas, mas sim a ocorrência de danos ambientais não mitigáveis que ultrapassam os impactos considerados nelas – Incidência do princípio da inafastabilidade da jurisdição – Responsabilidade da apelante de reparar os danos ambientais constatados pela perícia judicial e pelo COMUGESAN. Nexo de causalidade – Configuração entre a atividade exercida pela apelante e os danos apurados pela perícia judicial e pelo COMUGESAN. Obrigação de desativação dos dutos antigos – Compromisso assumido para obtenção das licenças – Manutenção que representa risco em área densamente povoada. Obrigação de reparar os danos ambientais – Impactos apontados no laudo pericial que transcendem os previstos no EIA/RIMA e pelo PBA, pois estes planos não se apresentaram efetivos na recomposição da cobertura vegetal nativa – Na impossibilidade da reparação, deve haver a compensação pecuniária, de acordo com o método DEPRN, que atenta para a realidade nacional e busca a melhor proteção ao meio ambiente. Dano moral coletivo – Para a configuração é necessário que haja efetiva percepção do dano, causando sensação de perda no âmbito coletivo – Área afetada que faz parte do bioma da Mata Atlântica e da Zona de Amortecimento do PESM, estando dentro da APRM-B, além de possuir diversas APP – População andreense que foi diretamente atingida pelos danos em razão da supressão de vegetação, dos impactos em detrimento da fauna e flora e dos prejuízos à área histórico-turística – Represa Billings que fornece água para diversas regiões – Verba indenizatória fixada em primeiro grau condizente com o binômio reparação/reprimenda – Destinação ao Município de Santo André que não desnatura a natureza de indenização por danos morais, mormente porque o artigo 13 da Lei 7.347/85 determina que os recursos obtidos em condenação pecuniária sejam destinados à reconstituição dos bens lesados – Termo inicial dos juros de mora que é do evento danoso, nos termos do verbete nº 54 das Súmulas do STJ. Astreinte – A fixação de multa diária tem por escopo assegurar a eficácia das decisões judiciais, de modo que a parte a quem destinada a obrigação prefira cumpri-la na forma específica ao pagamento da multa – Valor alto que deve ter a potencialidade de dissuadir o devedor de descumprir a ordem Multa que pode ser reavaliada a qualquer tempo, pois a decisão que comina astreintes não preclui ou faz coisa julgada – Análise do inadimplemento do devedor no cumprimento das obrigações, se o caso, deve ser realizada na fase de execução Recurso não provido" (*TJSP* – Ap 4002062-78.2013.8.26.0554, 17-8-2023, Rel. Miguel Petroni Neto).

"Apelação cível – Direito Civil – **Desastre ambiental** – Interrupção ilegal no fornecimento de água potável – Serviço essencial – Dano moral *in re ipsa* – Sentença de improcedência reformada – Recurso provido – 1- A interrupção no fornecimento de água e a poluição do Rio Doce, ocasionadas pelo rompimento da barragem em Mariana, MG, podem ensejar tanto danos metaindividuais (difusos, coletivos, individuais homogêneos), quanto danos meramente individuais (puros). Todavia, a legitimidade do particular para pleitear individualmente a indenização por danos sofridos em razão do desastre ambiental decorre, necessariamente, da demonstração de que esse desastre lhe ocasionou prejuízo direto e específico, o que não restou provado nos autos. 2- Por outro lado, a interrupção do fornecimento de água, por si só, configura o dano moral (*in re ipsa*), recaindo as provas apenas e tão somente na comprovação de residência no local da interrupção, o que não foi objeto de questionamento pelas requeridas, bem

Nesses termos, a Lei nº 6.938/81 conceitua como poluidor a pessoa física ou jurídica, de direito público ou privado, responsável, direta ou indiretamente, por atividade causadora da degradação ambiental (art. 3º, IV). Ainda que assim não fosse, o princípio da solidariedade decorre das regras gerais da responsabilidade aquiliana. Também o Estado, por meio de seus organismos diretos e indiretos, como percebemos, pode ser responsabilizado. Em última análise, responsabilizando-se o Estado, responderá toda a sociedade com o ônus que isso acarreta. Desse modo, a responsabilidade do Estado deve ser buscada unicamente quando não se identifica pessoa de direito privado responsável pelo dano.

Atento a esse problema e atendendo a reclamos da doutrina, o legislador determinou que, quando a decisão impuser condenação em dinheiro, por multa diária ou condenação final, a indenização reverterá para um fundo gerido pelo Conselho Federal ou por Conselhos Estaduais de que participarão necessariamente o Ministério Público e representantes da comunidade, e seus recursos serão destinados à reconstituição dos bens lesados (Lei nº 7.347/85, art. 13). Também reverterá para esse fundo o produto de multa ou indenização resultante de execução de acordo de ajuste de conduta não cumprido (art. 5º, § 6º, da Lei nº 7.347/85).

A legislação e a punição do poluidor devem ser rigorosas nos três níveis: administrativo, penal e civil. Talvez tenhamos acordado tarde demais para proteger o meio em que vivemos. Que consigamos, ao menos, preservar o que temos. A luta, no entanto, apenas começou e deve ser contínua, para que as futuras gerações também possam fazer parte da História.

21.4 RESPONSABILIDADE POR ATIVIDADES NUCLEARES

Sob o mesmo prisma ora em exame, devem ser vistos os danos ocasionados pela energia nuclear, que também têm diretamente a ver com o meio ambiente.

As atividades nucleares, por sua natureza, geram princípios de responsabilidade civil próprios, que se afastam dos modelos tradicionais. Submetem-se a tratados e convenções internacionais e por leis internas próprias, que devem ser rigorosas. O perigo representado pelas atividades nucleares exigiu que o conceito de culpa fosse totalmente abandonado, não se admitindo nem mesmo a excludente de força maior. O art. 21, XXIII, letra *c*, da Constituição

---

como a realização de captação de água do Rio Doce naquela residência, o que no caso vertente restou demonstrado. 3- Diante das peculiaridades do caso e sem descurar a capacidade econômica de grande monta da Samarco, uma das maiores mineradoras do país, e das condições de vida da apelante, adequado o *quantum* indenizatório a título de danos morais no valor de R$ 1.000,00 (mil reais). 4- Dispõe o art. 265 do Código Civil que 'a solidariedade não se presume; Resulta da lei ou da vontade das partes.' Nesse tocante, a responsabilidade solidária à indenização por danos de origem ambiental encontra respaldo nos arts. 3º, IV e 14, § 1º, da Lei nº 6.938/81. 5- Ainda que se admita a responsabilidade solidária em casos tais, é necessária a comprovação do nexo de causalidade entre o dano e a conduta imputada ao suposto poluidor indireto (no caso, a Vale S/A), o que não está evidenciada no caso em apreço, tendo em vista que a gestão sobre a barragem rompida era de atribuição exclusiva da Samarco Mineração S/A. 6- Recurso conhecido e provido para reformar a sentença, julgando parcialmente procedente o pedido indenizatório em face da Samarco S/A e improcedência quanto à Vale S/A" (*TJES* – Ap 0039706-90.2016.8.08.0014, 6-9-2019, Rel. Des. Ewerton Schwab Pinto Junior).

"Remessa necessária de ofício – Apelação cível – Ação civil pública – **Indenização por dano ambiental** – **Solidariedade** – 1 – É obrigatório o reexame necessário das ações civis públicas julgadas improcedentes ou extintas por carência de ação, por aplicação analógica da Lei de ação popular. 2 – A responsabilidade pela recomposição de danos ambientais é solidária. 3 – Destarte, qualquer dos 'poluidor, a pessoa física ou jurídica, de direito público ou privado, responsável, direta ou indiretamente, por atividade causadora de degradação ambiental' (art. 3º, IV da Lei nº 6.938/1981) podem ser condenados ao pagamento da indenização, de forma solidária. 4 – Havendo condenação solidária, o credor pode exigir de qualquer dos devedores a obrigação. 5 – O devedor que satisfaz a dívida por inteiro tem o direito de exigir dos demais codevedores a sua parte" (*TJMG* – AC 1.0338.12.006607-5/001, 18-5-2018, Rel. Oliveira Firmo).

de 1988 estabeleceu expressamente que "*a responsabilidade civil por danos nucleares independe de culpa*". A Lei nº 6.453/77 estabeleceu a responsabilidade civil e criminal por danos nucleares. Aplica-se a *teoria do risco nuclear*, com dimensão diversa da própria teoria tradicional do risco. Predomina a ideia de socialização dos riscos, com decisiva participação do Estado.

Os princípios, enunciados na Convenção de Paris de 1960, são os seguintes: (a) princípio da canalização da responsabilidade; (b) princípio da limitação da responsabilidade; (c) da responsabilidade pelo exercício da atividade; (d) da fundamentação no risco; (e) da obrigatoriedade de garantia prévia; (f) da vinculação direta ou subsidiária do Estado ao pagamento da indenização.

Pelo princípio da *canalização ou concentração*, concentra-se a responsabilidade civil em uma só pessoa, qual seja, o explorador da atividade nuclear, que terá a obrigação de indenizar independentemente de culpa e até mesmo de nexo causal. O perigo monstruoso e amedrontador que representa a energia nuclear para a humanidade não poderia fazer com que a responsabilidade civil ficasse presa a parâmetros tradicionais.

O princípio da *limitação* faz com que a indenização sofra limitação no tempo, no valor e na própria atividade exercida. Não só a atividade nuclear pode ser tolhida ou limitada, como também a indenização, que se pretende cabal, mas será limitada a parâmetros, devendo sofrer um limite temporal.

Sob o prisma da garantia prévia, exige-se que o explorador de atividade nuclear apresente cobertura securitária ampla, sem prejuízo de outras garantias especificadas na legislação e no caso concreto, em relação a riscos de acidentes.

O princípio da vinculação do Estado ao sistema significa que a Administração se torna também responsável pelas indenizações de forma direta ou subsidiária, conforme a hipótese negocial, não importando que não explore diretamente as atividades nucleares. O perigo que representam essas atividades coloca em risco todo o planeta e não podem os Estados furtarem-se a essa responsabilidade.

Desse modo, em sede de responsabilidade decorrente de atividades nucleares não há como se apontar uma responsabilidade individual; esta sempre será abrangente e global. A forma de indenização é diversa da responsabilidade civil, em geral não só pela necessária participação securitária, como também pela necessária participação do Estado. Disso se conclui que existe uma limitação da responsabilidade, o que não ocorre nos princípios gerais de responsabilidade civil. Pelo princípio, somente os danos previstos podem ser indenizados; há um valor-limite para a indenização. Esta última particularidade serve de equilíbrio ao fato de nem sempre estar presente o nexo causal ou a culpa; nem sempre estará presente a noção de ato ilícito. O próprio princípio constitucional enuncia que a responsabilidade é objetiva. Como se nota, a responsabilidade por danos nucleares é objetiva, com matizes próprios.

Tanto a reparação dos danos ao meio ambiente por fatores ordinários, como os danos extraordinários que podem causar a atividade nuclear, como se percebe, estão a exigir do jurista novos paradigmas de responsabilidade, que não podem ficar mais presos ao sistema tradicional. Ocorre o que a doutrina houve por denominar "déficit adaptativo" nos sistemas de direito clássico. Trata-se de um desafio que particularmente o século XXI deverá enfrentar. Veja, por exemplo, que a própria noção de caso fortuito ou força maior nesse campo deve ser repensada, mas não se deve chegar a ponto de afirmar que ficam afastados como excludente do dever de indenizar nessa modalidade de danos (Stoco, 2004:441).

22

RESPONSABILIDADE CIVIL NO CÓDIGO DE DEFESA DO CONSUMIDOR

22.1 INTRODUÇÃO. O ATUAL DIREITO

Por inúmeras e repetidas vezes, neste nosso estudo da responsabilidade civil, referimo-nos ao Código de Defesa do Consumidor, Lei nº 8.078, de 11-9-90 (CDC). De fato, a promulgação dessa lei representa não só uma revolução na responsabilidade civil, mas também um divisor de águas do próprio direito brasileiro. Podemos afirmar que há um direito anterior e um direito posterior à lei do consumidor no ordenamento brasileiro. O CDC estabeleceu o que a doutrina consagrou como um microssistema jurídico que se imiscui em praticamente todas as atividades negociais. O direito do consumidor exige um estudo autônomo. Somente o capítulo sobre a responsabilidade civil nas relações de consumo merece obra monográfica, a exemplo de tantos estudos já feitos sobre o tema. Feita essa advertência, examinemos aqui apenas os princípios gerais sobre a matéria.

Os direitos do consumidor fazem parte da categoria que se pode denominar *novos direitos*, surgidos todos no curso do século XX, frutos das transformações sociais e tecnológicas, e que colocaram em berlinda o aspecto de abrangência dos grandes Códigos. De fato, o século passado viu surgir vários segmentos jurídicos que exigem especialização, como os direitos da energia, do petróleo, das telecomunicações, dos esportes, das agências reguladoras e tantos outros que continuam a nascer. A sociedade de consumo, o mundo globalizado colocou o direito do consumidor como um dos principais matizes desses novos segmentos, em todas as nações ocidentais.

O Código de Defesa do Consumidor foi promulgado com lastro nos termos do art. 5º, inciso XXXII; art. 170, inciso V, da Constituição de 1988, bem como no art. 48 de suas disposições transitórias. Segundo a nova ordem constitucional, a defesa do consumidor é um dos ditames básicos da ordem econômica. Trata-se de codificação moderna, na qual muitos de seus princípios são inovadores, mesmo se comparados com a ordem internacional. Os direitos do consumidor surgem como forma de proteção do indivíduo perante o desenvolvimento que as sociedades de consumo atingiram. A vulnerabilidade do consumidor é sua própria essência.

O largo espectro de aplicação dessa lei notamos já na conceituação de consumidor e fornecedor. A aplicação do CDC se espraia e se sobrepõe por praticamente todos os campos sociais. Poucos ficarão fora de sua abrangência. O Código do Consumidor deve ser entendido então como uma *sobre-estrutura jurídica*, uma legislação que pertence ao chamado *direito social*. Toda a legislação do direito privado, e também em parte do direito público, deve ser harmonizada com os princípios consumeristas sempre que estivermos perante uma relação de consumo. Relação de consumo "*é a relação jurídica contratual ou extracontratual*, que tem numa ponta o fornecedor de produtos e serviços e na outra o consumidor; é aquela realizada entre o fornecedor e o consumidor tendo por objeto a circulação de produtos e serviços" (Cavalieri Filho, 2004:468).

➤ Caso 12 – Responsabilidade civil nas relações de consumo

O Código do Consumidor deve ser entendido então como uma *sobre-estrutura jurídica*, uma legislação que pertence ao chamado *direito social*. Toda a legislação do direito privado, e também em parte do direito público, deve ser harmonizada com os princípios consumeristas sempre que estivermos perante uma relação de consumo. Relação de consumo "*é a relação jurídica contratual ou extracontratual*, que tem numa ponta o fornecedor de produtos e serviços e na outra o consumidor; é aquela realizada entre o fornecedor e o consumidor tendo por objeto a circulação de produtos e serviços".

Até a promulgação dessa lei, não havia proteção eficiente ao consumidor. Estava este subordinado aos princípios ortodoxos da responsabilidade civil e se submetia à ditadura do capitalismo selvagem.

O legislador pátrio preferiu definições objetivas desses dois partícipes da relação de consumo, fugindo dos conceitos imprecisos da legislação estrangeira, principalmente dos países europeus. Segundo o art. 2º, "*consumidor é toda pessoa física ou jurídica que adquire ou utiliza produto ou serviço como destinatário final*". Notamos, nessa definição, que tanto a pessoa natural como a pessoa jurídica são consideradas consumidores, quando destinatários finais, posição inovadora só admitida posteriormente, com restrições, por algumas legislações. Não somente as pessoas jurídicas devem ser incluídas nesse conceito, mas também as entidades com personificação anômala, que muitos preferem denominar entes despersonalizados, como o condomínio, a massa falida e o espólio.

Será atingido pela proteção de consumo não apenas o típico consumidor final, mas também o que *utiliza* o produto ou serviço como destinatário final. Assim, por exemplo, produto adquirido por alguém e emprestado ou cedido a terceiro, este também recebe a proteção da lei do consumidor.

Em princípio, não poderiam ser considerados consumidores os intermediários, que, mesmo tendo adquirido produtos, não o fazem como consumidores ou usuários finais, mas para revendê-los. Desse modo, estariam esses revendedores obstados de reclamarem pelo fato dos produtos e dos serviços na forma prevista pelo Código. Arruda Alvim (1995:26) entende, no entanto, que o art. 17 soluciona essa aparente injustiça ao equacionar que, para os efeitos de responsabilidade pelo fato do produto e do serviço, equiparam-se aos consumidores todas as vítimas do evento. Em se tratando de vício do produto, no entanto, não há dispositivo que autoriza o intermediário, que não seja destinatário final, a agir com base no Código de Defesa do Consumidor, diferentemente do que ocorre com danos decorrentes de fato do produto.

A opção da lei brasileira incluindo a pessoa jurídica no contexto dos direitos do consumidor é inovadora. A legislação europeia unificada apenas admitiu, em princípio, a pessoa natural abrangida pela lei protetiva. Não existe no direito europeu noção tão abrangente. Digna de elogio é a posição do Código de Defesa do Consumidor, pois as pessoas jurídicas colocam-se na mesma posição e contexto de vulnerabilidade nas relações de consumo. Desse modo, a pessoa jurídica que adquire produtos para seu uso, não o incorporando em outro ou o revendendo, é também considerada consumidor.

A vulnerabilidade do consumidor prende-se indelevelmente ao contexto das relações de consumo, tal como figura na lei, e independe do grau econômico ou cultural da pessoa envolvida, não admitindo prova em contrário. Não se trata de presunção, mas de substrato estrutural da norma.

Do outro lado da relação jurídica coloca-se o *fornecedor*, definido no art. 3º:

> *"Fornecedor é toda pessoa física ou jurídica, pública ou privada, nacional ou estrangeira, bem como os entes despersonalizados, que desenvolvem atividades de produção, montagem, criação, construção, transformação, importação, exportação, distribuição ou comercialização de produtos ou prestação de serviços".*

Essa definição é abrangente, alcançando todos os que participam da produção e distribuição de bens ou serviços. Quanto à responsabilidade pelo fato do produto, o art. 12 é mais restritivo, referindo-se ao fabricante, produtor, construtor e importador. O comerciante está, em princípio, fora do ciclo dessa responsabilidade porque não tem controle sobre a eficácia e segurança dos produtos que vende, não controla a produção. Há outras situações no CDC, porém, em que o comerciante é chamado à responsabilização, como mencionaremos.

> *"O fabricante ou produtor é o sujeito mais importante das relações de consumo. É ele que domina o processo de produção e introduz coisa perigosa no mercado. Através dele os produtos chegam às mãos dos distribuidores já preparados, embalados etc. para o consumo"* (Cavalieri Filho, 2004:480).[1]

---

[1] "Apelação cível – Ação indenizatória – Código de Defesa do Consumidor – Aplicação – Responsabilidade objetiva e solidária dos fornecedores – Veículo – Vício de qualidade – Comprovação – Substituição do motor – Direito do consumidor. – A responsabilidade dos fornecedores, segundo o CDC (art. 14), é objetiva. Portanto, independentemente da culpa dos fornecedores, eles respondem pelos danos causados aos consumidores, em razão de defeitos nos serviços que prestam. – Os fornecedores de produtos respondem solidariamente e objetivamente pelos vícios de qualidade ou quantidade que os tornem impróprios ou inadequados ao consumo a que se destinam ou lhes diminuam o valor (CDC, art. 18). – Nas relações de consumo, a parte adquirente de produto que apresenta defeito não sanado em 30 dias, tem direito, alternativamente e a sua escolha: (i) à substituição do produto por outro da mesma espécie, em perfeitas condições de uso; (ii) à restituição imediata da quantia (iii); ou ao abatimento proporcional do preço" (CDC, art. 18, § 1º)" (*TJMG* – ApCív 1.0112.15.008851-9/001, 26-8-2020, Ramom Tácio).

"Civil – Processo civil – **Consumidor – Responsabilidade civil** – Ação de reparação por danos morais corte no fornecimento de energia elétrica ocorrido quando a conta cobrada já estava paga. Interrupção indevida. Danos morais configurados. Hipótese de dano moral 'in re ipsa'. Fixação de montante condizente a reparar o dano e punir o infrator. Conhecimento e provimento do recurso. Precedentes" (*TJRN* – AC 2017.013648-6, 28-3-2019, Rel. Des. Vivaldo Pinheiro).

"**Responsabilidade civil e consumidor** – Ação declaratória de inexistência de débito c/c indenização por dano moral. Sentença de parcial procedência. Inscrição indevida em cadastro de órgão de proteção ao crédito. Inexistência de relação contratual entre as partes. Danos morais presumidos. *Quantum* indenizatório fixado em R$ 10.000,00 (dez mil reais). Recurso da parte autora tão somente quanto aos juros e à verba honorária. Data inicial dos moratórios. Incidência desde o evento danoso. Exegese do Enunciado nº 54 da Súmula do STJ. Honorários de sucumbência fixados em 10% (dez por cento) sobre o valor da condenação. Pedido de majoração. Cabimento. Elevação para 15% (quinze por cento) desse parâmetro. Observância aos critérios do art. 85, § 2º, do NCPC. Fixação de honorários recursais. Sentença reformada. Recurso provido" (*TJSC* – AC 0310314-03.2014.8.24.0064, 23-7-2019, Rel. Des. Marcus Tulio Sartorato).

"Apelação cível – Responsabilidade civil – **Ação indenizatória** – Aquisição de motocicleta com defeito de fabricação, não sanado pelo fabricante e pelo revendedor – Preliminar de decadência e prescrição rejeitada. Em se tratando de pedido de indenização por danos materiais e morais (fato do produto), aplicável o prazo prescricional previsto no art. 27 do CDC e não o prazo decadencial previsto no art. 26 do mesmo diploma legal (vício do produto). Demonstrados nos autos os defeitos do serviço prestado pela concessionária ré no automóvel zero quilômetro adquirido pela autora, diante da necessidade de encaminhamento diversas vezes para conserto, cuja solução só ocorreu na filial da demandada em outra cidade. Danos morais caracterizados tanto pela frustração experimentada, tratando-se de carro novo, quanto pelos transtornos suportados pela excessiva demora no reparo. Apelo parcialmente provido apenas para reduzir o montante dos danos. Danos materiais comprovados pelo valor desembolsado pelo autor para o conserto da motocicleta. Apelação parcialmente provida" (*TJRS* – AC 70076000157, 21-3-2018, Rel. Des. Eugênio Facchini Neto).

"Agravo Interno – Agravo em recurso especial – Violação ao art. 535 do CPC/1973 – Alegações Genéricas – Súmula 284 do STF – arts. 3º e 4º da Lei 6.729/1979 – Falta de prequestionamento – Súmula 211 do STJ – Automóvel Seminovo – Teoria da aparência – Publicidade Enganosa – Uso da marca – Legítima expectativa do consumidor – **Responsabilidade objetiva da fabricante** – Súmula 83 do STJ – 1 – O recurso não demonstra qual seria o ponto omisso, contraditório ou obscuro do acórdão recorrido, não se conhecendo da alegada violação do artigo 535 do Código de Processo Civil. Incidência, por analogia, do entendimento da Súmula 284 do Supremo Tribunal Federal. 2 – A ausência de enfrentamento da questão objeto da controvérsia pelo Tribunal de origem, não obstante a oposição de embargos de declaração, impede o acesso à instância especial, porquanto não preenchido o requisito constitucional do prequestionamento, nos termos da Súmula 211 do STJ. 3 – O Tribunal de origem julgou nos moldes da jurisprudência pacífica desta Corte, no sentido de que o fornecedor de serviços e produtos também se responsabiliza pelas expectativas que a publicidade venha a despertar no consumidor. Incidente, portanto, o Enunciado 83, da Súmula do STJ. 4 – Agravo interno a que se nega provimento" (*STJ* – AGInt-AG-REsp 378.169 – (2013/0248327-0), 27-6-2017, Relª Minª Maria Isabel Gallotti).

"Agravo regimental – Agravo em recurso especial – **Responsabilidade civil** – Roubo em estacionamento de supermercado – Fortuito externo – Não configuração – Entendimento adotado nesta Corte – Verbete 83 da Súmula do STJ – Inovação – Inadmissibilidade – Ausência de impugnação específica a fundamento da decisão agravada – Súmula 182/STJ – Não provimento 1- 'A empresa que fornece estacionamento aos veículos de seus clientes responde objetivamente pelos furtos, roubos e latrocínios ocorridos no seu interior, uma vez que, em troca dos benefícios financeiros indiretos decorrentes desse acréscimo de conforto aos consumidores, o estabelecimento assume o dever – implícito em qualquer relação contratual – de lealdade e segurança, como aplicação concreta do princípio da confiança. Inteligência da Súmula 130 do STJ' (REsp 1269691/PB, Rel. Ministra Maria Isabel Gallotti, Rel. p/ Acórdão Ministro Luis Felipe Salomão, Quarta Turma, julgado em 21/11/2013, *DJe* 5/3/2014). 2- O Tribunal de origem julgou nos moldes da jurisprudência desta Corte. Incidente, portanto, o Enunciado 83 da Súmula do STJ. 3- Não cabe a adição de teses não expostas no recurso especial em sede de agravo regimental. Precedente. 4- 'É inviável o agravo do art. 545 do CPC que deixa de atacar especificamente os fundamentos da decisão agravada' (Enunciado 182 da Súmula do STJ). 5- Agravo regimental a que se nega provimento" (*STJ* – AgRg-AG-REsp. 386.277 – (2013/0268300-8), 21-3-2016, Relª Minª Maria Isabel Gallotti).

"Apelação – compra e venda de bem imóvel – Indenização por danos materiais e morais decorrentes de atraso na entrega da obra. Sentença de parcial procedência do pedido. Inconformismo das partes. Não acolhimento. 1 – Prescrição. A discussão de restituição dos valores indevidamente pagos se funda em violação de dispositivos do Código de Defesa do Consumidor, sendo aplicável, diante da ausência de regra específica, o prazo geral de 10 anos, previsto no artigo 205 do Código Civil. 2 – Legitimidade de parte da vendedora. Configurada a legitimidade da ré, uma vez que tem responsabilidade por todos os pagamentos efetuados pelo adquirente. 3 – Preliminares de nulidade da sentença e inépcia da inicial afastadas. Inicial que descreve satisfatoriamente os fatos e fundamentos jurídicos do pedido. 4 – Prazo de entrega da obra. Prazo de tolerância reconhecido como válido pelo Juízo de primeiro grau. Validade desse reconhecimento que não foi objeto de recurso por parte dos autores. Mora que não cessa com a expedição do termo de conclusão de obra e do habite-se. Período de mora contado a partir de 1.5.2011 a 6.11.2012. Aplicação da multa contratual convencionada entre as partes. 5 – Taxa de corretagem. Inadmissibilidade da cobrança de comissão de corretagem. Comprador que procurou o estande de vendas da empreendedora e se deparou com profissionais contratados e treinados para vender o produto. 6 – Taxa de serviços de consultoria e de assessoria imobiliária. Indevidos os pagamentos pelos serviços de assessoria, uma vez que não há prova mínima de que os mesmos tenham sido prestados. Ausência de informação adequada. Imposição de contratação de serviços de consultoria e assessoria imobiliária que retira do adquirente do imóvel a opção de recusar esses serviços, gerando uma oferta de consumo casada de venda com prestação de serviços, da qual o autor não pode se desvencilhar. Inteligência dos artigos 6º, inciso II, 30 e 31 do Código de Defesa do Consumidor. 7 – Despesas condominiais pagas pelo autor antes de sua imissão na posse que, de igual forma, devem ser devolvidas. Orientação do Superior Tribunal de Justiça neste sentido. 8 – Danos morais. Não preenchimento, na espécie, dos requisitos necessários para a configuração dos danos morais. 9 – Litigância de má-fé não caracterizada. Sentença mantida. Negado provimento aos recursos" (*TJSP* – Ap 0194212-95.2012.8.26.0100, 24-4-2015, Relª Viviani Nicolau).

"**Agravo de instrumento** – Ação de indenização por danos morais – Responsabilidade civil – Erro médico – Ilegitimidade passiva – Denunciação da lide – Ausência de enquadramento legal – Exclusão de responsabilidade do réu

O comerciante tem nesse diapasão apenas responsabilidade subsidiária, de acordo com o art. 13, podendo ser responsabilizado quando o produtor ou o importador não puderem ser identificados; quando o produto for fornecido sem a devida identificação do seu fabricante, produtor, construtor ou importador ou quando não conservar devidamente os produtos perecíveis, como ocorre com frequência. Assim, se há defeito em um automóvel, por exemplo, responsável será o fabricante, ou montadora, como costumeiramente se denomina, e não o comerciante ou concessionária que comercializou o veículo. O comerciante será, porém, o responsável principal e não secundário se atuou sobre o produto de forma a torná-lo impróprio para o uso.

Em matéria de transgressão aos direitos do consumidor, sendo mais de um o autor da ofensa, todos respondem solidariamente pela reparação dos danos previstos nas normas de consumo (art. 7º, parágrafo único).

O fornecedor pode ser pessoa natural ou pessoa jurídica, pública ou privada, nacional ou estrangeira, bem como entidades com personificação anômala, como mencionamos, espólio, massa falida, herança jacente, condomínio, entre outros. A definição é abrangente e não pode ser vista como taxativa: outras entidades podem ser conceituadas como fornecedor, desde que pratiquem as atividades de fornecimento e consumo. Note que não somente é amplo o conceito de produto, como também a compreensão de *serviço* é vastíssima:

> *"Art. 3º, § 2º Serviço é qualquer atividade fornecida no mercado de consumo, mediante remuneração, inclusive as de natureza bancária, financeira, de crédito e securitária salvo as decorrentes das relações de caráter trabalhista."*

Apesar dos já muitos anos de vigência do Código de Defesa do Consumidor, há ainda instituições bancárias e financeiras que postulam sua exclusão dessa relação de consumo, contra texto expresso de lei e contra a mais remansosa jurisprudência. Sob esse aspecto, comenta Arruda Alvim (1995:40):

> *"Tal opção de política legislativa revela a preocupação de não dar azo a divergente exegese, que pudesse vir a excluir do conceito geral atividades de grande movimentação de consumo, como as relacionadas, notadamente os bancos e as seguradoras, sejam públicos ou privados."*

– Vedação contida no art. 88 do Código de Defesa do Consumidor – Impossibilidade – 1 – Recurso interposto contra decisão que indeferiu o requerimento de denunciação da lide, bem como afastou a preliminar de ilegitimidade passiva do hospital. 2 – Pedido de denunciação da lide ao médico, verdadeiro responsável pelo dano causado ao paciente. Pretensão da ré de excluir sua responsabilidade. Indeferimento mantido. Precedentes. 3 – Questão a ser resolvida com a análise da ocorrência ou não de ilegitimidade passiva. 4 – Tratando-se de relação jurídica regulada pelas regras contidas no CDC, seu art. 88 veda expressamente a possibilidade de denunciação da lide. Precedentes. 5 – Agravo de instrumento não provido" (*TJSP* – AI 2038599-23.2013.8.26.0000, 13-2-2014, Rel. Alexandre Lazzarini).

"**Apelação cível. Plano de saúde**. Ação cominatória cumulada com danos materiais e morais. Pretensão de obrigar a ré a disponibilizar atendimento médico especializado, além de condená-la ao pagamento dos valores despendidos com consulta particular e danos morais. Sentença de parcial procedência. Inconformismo da ré. Não acolhimento. Fatos narrados que não evidenciam ocorrência de caso fortuito a afastar a responsabilidade da ré. A operadora de planos de saúde tem o dever de bem estruturar sua rede de atendimento, para que os consumidores não fiquem sem o atendimento pelo qual pagam, no momento em que mais necessitam. Reembolso pela consulta realizada em caráter particular devido a excessiva demora no cadastramento de outro especialista, para atendimento de beneficiário portador de séria patologia, é situação que dá ensejo à indenização a título de dano moral. Indenização fixada em 25 salários mínimos, equivalentes na data da sentença a R$ 15.550,00. Valor fixado com razoabilidade que não comporta redução. Valor da indenização por dano moral, de R$ 15.550,00, que será corrigido monetariamente a partir da data da sentença, com base na Tabela Prática deste Tribunal. Súmula 362 do STJ. Sentença reformada apenas neste aspecto. Recurso parcialmente provido" (*TJSP* – Ap. 0021124-56.2010.8.26.0562, 26-4-2013, Relª Viviani Nicolau).

Na conjugação dessas duas figuras legais, consumidor e fornecedor, decorre que poucas relações jurídicas de compra e venda e prestação de serviços, fornecimento e atividades assemelhadas ficarão fora da abrangência do Código de Defesa do Consumidor.

Ainda, como vaticinávamos quando da entrada em vigor dessa lei, há tendência dos tribunais em aplicar seus princípios em outras relações jurídicas, por analogia, sempre que o magistrado divisar presentes um dos elementos norteadores da relação de consumo, como a vulnerabilidade e a hipossuficiência de uma das partes. Ao lado dessa previsão, dizíamos em congressos e palestras sobre o tema, no período logo após a promulgação dessa norma, que a tendência dos tribunais, como sói acontecer com leis de amplo efeito social, seria aplicar seus princípios de maneira rigorosa, o que despontava como uma verdadeira "ditadura do consumidor".

Passados já muitos anos da promulgação dessa lei, refreado o novel entusiasmo da proteção sistemática do consumidor por parte dos tribunais e dos Ministérios Públicos estaduais, que nesse campo desempenham papel fundamental, sua aplicação vai encontrando o justo ponto de equilíbrio, qual seja: proteger o consumidor violado em seus direitos, a parte vulnerável da relação, sem inibir, desestimular ou dificultar a produção, a atividade econômica e a livre iniciativa, também princípios constitucionais. A propósito, esse desiderato consta do próprio Código de Defesa do Consumidor (art. 4º, III), que menciona a harmonização e compatibilização das relações de consumo

> *"de modo a viabilizar os princípios nos quais se funda a ordem econômica (art. 170, da Constituição Federal), sempre com base na boa-fé e equilíbrio nas relações entre consumidores e fornecedores".*

Pouca margem de dúvida é deixada quanto ao campo de aplicação do Código de Defesa do Consumidor. Complementando o conceito de fornecedor, o § 1º do art. 3º define produto como *"qualquer bem, móvel ou imóvel, material ou imaterial"*. E o § 2º define serviço como

> *"qualquer atividade fornecida no mercado de consumo, mediante remuneração, inclusive as de natureza bancária, financeira, de crédito e securitária, salvo as decorrentes das relações de caráter trabalhista".*

Desse modo, é ampla a abrangência do Código, incluindo também todas as formas de comércio eletrônico informatizado, que se desenvolvem celeremente. Há, de fato, uma nova responsabilidade civil na era tecnológica.

O Código de Defesa do Consumidor procurou municiar o consumidor, vulnerável na relação de consumo, com instrumentos eficazes, outorgando-lhe superioridade jurídica em relação ao fornecedor que, em tese, possui supremacia econômica.

Na aplicação da lei ao caso concreto, o juiz deverá ter sempre em mira o que foi estabelecido como Política Nacional das Relações de Consumo. Entre os princípios programáticos estabelecidos no art. 4º, há o reconhecimento da referida vulnerabilidade do consumidor no mercado de consumo (inciso I) e a coibição e repressão eficientes de todos os abusos praticados no mercado de consumo (inciso VI). Na busca de implantação dessa Política Nacional, foram instituídas as Promotorias de Justiça de Defesa do Consumidor, no âmbito do Ministério Público, a quem foi atribuído papel preponderante nesse campo, ao lado de delegacias de polícia especializadas no atendimento a vítimas das relações de consumo (art. 5º). É oportuno lembrar que o art. 931 do Código Civil de 2002 traça um plano abrangente no tocante à responsabilidade pelo produto:

> *"Ressalvados outros casos previstos em lei especial, os empresários individuais e as empresas respondem independentemente de culpa pelos danos causados pelos produtos postos em circulação".*

Nesses termos, a responsabilidade objetiva pelo produto transcende a própria relação de consumo, que passa a ser irrelevante, porque está presente em lei de aplicação geral, como é o Código Civil. Essa responsabilidade existirá independentemente da existência de relação de consumo. Desse modo, esse dispositivo deve ser visto e interpretado conforme os princípios estabelecidos no CDC no tocante à responsabilidade pelo fato e pelo vício do produto. No dizer de Carlos Roberto Gonçalves, "*o dispositivo em questão terá sua aplicação restrita aos pouquíssimos casos em que a atividade empresarial não configurar relação de consumo*" (2003:421). O autor está certo, mas esse dispositivo vem a confirmar nossa ideia primeira no sentido de que os princípios de defesa do consumidor sempre serão aplicados como regra geral, ainda que não exista uma relação típica de consumo, mormente quando estiver presente a hipossuficiência de uma das partes.

No mesmo diapasão, o art. 6º define o que a lei entende como direitos básicos do consumidor. Aí estão presentes o direito à proteção da vida e à saúde, direito à informação sobre produtos e serviços, proteção contra publicidade enganosa etc. Entre os direitos expressos, interessam diretamente à responsabilidade civil o que está expresso no inciso VI: "*a efetiva prevenção e reparação de danos patrimoniais e morais, individuais, coletivos e difusos*". No mesmo diapasão, é fundamental o inciso VIII:

> *"A facilitação da defesa de seus direitos, inclusive com a inversão do ônus da prova, a seu favor, no processo civil, quando, a critério do juiz, for verossímil a alegação ou quando for ele hipossuficiente, segundo as regras ordinárias de experiência".*

Verificamos, desse modo, que, para a inversão da prova, no caso concreto, o magistrado levará em conta a hipossuficiência do consumidor ou a verossimilhança de suas alegações. A matéria já foi vista quando tratamos da responsabilidade dos médicos e voltaremos a ela nas outras responsabilidades profissionais. Vimos que o consumidor se coloca em extrema inferioridade quando deve produzir prova técnica, daí uma das possibilidades de inversão, reconhecida a hipossuficiência.[2]

---

[2] "Apelação cível. Ação de indenização por danos materiais e morais. Queima de equipamento eletrônico. Descarga elétrica. Sentença de parcial procedência. Manutenção. **Inversão do ônus da prova** corretamente aplicada, diante da verossimilhança das alegações e da hipossuficiência técnica do consumidor. Responsabilidade objetiva da concessionária de energia reconhecida. Art. 37, § 6º, da CF e art. 14 do CDC. Documentação apresentada pelo autor suficiente para comprovação do dano e do nexo de causalidade. Ausência de prova eficaz pela ré para afastar sua responsabilidade. Fortuito interno. Danos morais indevidos. Equipamento não essencial e ausência de repercussão relevante na esfera íntima do consumidor. Situação que não extrapola o mero aborrecimento. Sentença mantida por seus próprios fundamentos, nos termos do art. 252 do RITJSP. Honorários recursais majorados. Recursos não providos" (*TJSP* – Ap 1002121-62.2024.8.26.0189, 25-8-2025, Rel. José Augusto Genofre Martins).

"Apelação. Ação declaratória de inexistência de débito c.c. indenização por danos morais decorrente do protesto indevido de título. Sentença de improcedência. Inconformismo do requerente. Insubsistência. Sentença mantida. 1. Pretensão de reconhecimento de inexigibilidade de título levado a protesto cumulada como indenização por danos morais, julgada procedente. 2. Caracterizada a relação de consumo, inequívoca a responsabilidade advinda das regras estatuídas no CDC, o que não significa acolher a pretensão do consumidor, pois a inversão do 'onus probandi' só pode ser adotada quando há verossimilhança de um fato ou hipossuficiência da parte para prová-lo. A mera previsão legal da **inversão do ônus da prova**, insculpida no inciso VIII, do art. 6º do CDC, não a libera desse ônus. 3. Demandante que não logrou se desincumbir do ônus da prova que lhe competia (CPC, art. 373, I), quanto aos fatos constitutivos de seu direito, notadamente quanto a não contratação. Exercício regular do direito de protesto do título. 4. Recurso desprovido. Ônus de sucumbência carreado à parte recorrente, com honorários arbitrados elevados, considerando a fase recursal" (*TJSP* – Ap 1000899-78.2022.8.26.0464, 11-9-2024, Rel. Celso Alves de Rezende).

"Apelação cível – Serviços bancários – Ação declaratória cumulada com obrigação de fazer e indenização por danos morais – Sentença de improcedência – Inconformismo do autor – 1. Preliminar de ilegitimidade passiva arguida pela instituição de pagamentos ré. Rejeição. Teoria da asserção. Atribuição à empresa ré de responsabilidade pelos fatos narrados na inicial – 2. Pretensão voltada a excluir encargos moratórios incidentes a partir da fatura com vencimento previsto para julho/2021, além do desfazimento do parcelamento da fatura do cartão de crédito – Aplicação do Código de Defesa do Consumidor e da Súmula nº 297, do C. Superior Tribunal de Justiça. **Inversão do ônus da prova**, segundo o artigo 6º, inciso VIII, do Código de Defesa do Consumidor – Prova dos autos a revelar que, embora incontroverso o inadimplemento das faturas a partir do mês de março/2021, a empresa ré passou enviar faturas sem código de barras do mês de julho/2021 em diante. Caso dos autos em que a ré foi instada pelo autor, em diversos canais de atendimento, para emitir o boleto, mas não conseguiu viabilizar o pagamento da fatura. Negligência da empresa ré evidenciada, que não viabilizou qualquer forma de pagamento da fatura do referido cartão de crédito – Necessidade, portanto, de determinar a exclusão dos encargos moratórios incidentes após o vencimento da fatura do mês de julho/2021 – 3. Parcelamento da fatura sem prévia solicitação do consumidor. Adesão ao programa de parcelamento condicionada ao pagamento da primeira parcela do ajuste, o que não ocorreu – Desfazimento do parcelamento que se impõe – 4. Dano moral caracterizado. Aplicação da teoria do desvio produtivo. Necessidade de ajuizamento de ação para resolução de problema ao qual não deu causa – Indenização arbitrada por esta d. Turma Julgadora no valor de R$ 3.000,00 (três mil reais), em vista das particularidades do caso concreto, sobretudo a especial circunstância de o autor já se encontrar inadimplente desde março/2021 – Sentença reformada com inversão do ônus sucumbencial – Recurso parcialmente provido" (*TJSP* – Ap 1052756-83.2021.8.26.0114, 4-9-2023, Rel. Daniela Menegatti Milano).

"Ação declaratória com danos morais – Sentença de parcial procedência – Recurso dos réus – Preliminar de ilegitimidade passiva – Não acolhimento – Cartão de credito oferecido pela ré C&A – Legitimidade passiva da loja que oferece produtos e serviços colocados à disposição do consumidor – Legitimidade passiva do réu Banco Bradescard vez que comprovado que faz parte da cadeia de consumo – Apontamento da dívida realizado pelo Banco Bradesco – Solidariedade com a loja vendedora – Responsabilidade solidária, conforme art. 7º, parágrafo único, do CDC – Preliminar rejeitada – No mérito alegam impossibilidade de inversão do ônus probatório – Impossibilidade – Relação de consumo, sendo o autor parte hipossuficiente, sendo constata fraude realizada em seu cartão de crédito, devendo haver a inversão do ônus probatório, com aplicação do artigo 6º, VIII do CDC – Réus que não apresentaram comprovação da relação jurídica firmada entre as partes – Origem da dívida não comprovada, ônus que os réus não se desincumbiram – Ocorrência de fraude configurada – Responsabilidade objetiva dos réus caracterizada – Súmula 479 do STJ – Falha na prestação de serviço – Como se não bastasse, resta comprovada que a dívida encontra-se prescrita – Declaração de inexigibilidade mantida – Honorários recursais – Sentença mantida – Recurso não provido". (*TJSP* – Ap 1006800-86.2020.8.26.0564, 1-7-2022, Rel. Achile Alesina).

"Ação indenizatória – Relação de consumo – Pleito de reparação por danos morais decorrentes da aquisição e ingestão de produto alimentício com prazo de validade vencido – Defeito no produto e nexo de causalidade com a lesão extrapatrimonial experimentada pelo consumidor – Ausência de comprovação – Ônus da prova – Fato constitutivo do direito do autor – Inteligência do art. 373, inciso I, do Código de Processo Civil – Inversão do ônus probatório – Questão atingida pela preclusão. – É imprescindível, para o acolhimento de pretensão indenizatória fundada no artigo 12 do Código de Proteção e Defesa do Consumidor, a demonstração da efetiva ocorrência de defeito no produto, dos danos sofridos pelo consumidor, bem como do nexo de causalidade entre um e outro. – Não é possível presumir a ocorrência de dano moral pela simples aquisição do produto com prazo de validade vencido, sendo imprescindível a demonstração de situação geradora de efetiva lesão extrapatrimonial. (...) Encerrada a fase de instrução processual sem apreciação de pedido de inversão do ônus da prova e sem irresignação da parte interessada em face da omissão, impõe-se o julgamento da lide com base na regra geral de distribuição do ônus probatório, questão que, caso não suscitada em preliminar de apelação ou nas contrarrazões (art. 1.009, § 1º, do CPC), se torna preclusa, não podendo ser reavivada pelo Tribunal" (*TJMG* – ApCív 1.0210.16.002636-0/001, 11-8-2020, Luiz Artur Hilário).

"Apelação cível – Ação regressiva – Produto defeituoso – **Responsabilidade do fabricante** – O fornecedor que indenizar o consumidor pelos prejuízos sofridos, tem o direito de exigir do fabricante o ressarcimento dos valores pagos, desde que comprovada que a responsabilidade dos defeitos do produto é exclusiva deste" (*TJMG* – AC 1.0701.16.004611-9/001, 10-9-2019, Rel. Evandro Lopes da Costa Teixeira).

"Apelação cível. **Direito do consumidor. Fato do produto**. Produto estragado. Responsabilidade do fabricante. Ilegitimidade passiva do fornecedor dano moral não cabimento. Recurso conhecido e improvido. 1- Subsumindo o contexto fático às previsões legais expostas, *in casu*, o produtor é a parte legítima para assumir a responsabilidade sobre a qualidade do produto. 2- Torna-se, portanto, imperiosa a segura demonstração do nexo de causalidade entre a conduta ilícita praticada pelo ofensor e os danos sofridos pela vítima, sob pena de caracterização de locupletamento ilícito" (*TJSE* – AC 201900808916 (10454/2019), 3-2-2019, Rel. Des. Alberto Romeu Gouveia Leite).

A lei não menciona, nesse tópico, a vulnerabilidade, conceito estrutural do consumidor, como citamos. O princípio da boa-fé nas relações de consumo também se acha presente em inúmeros dispositivos, e deve orientar o juiz nas decisões. Outro importante aspecto realçado pela lei do consumidor é o dever de informação inerente a todas as relações de consumo.

Outro aspecto que deve ser delineado é que a legislação de proteção ao consumidor é decorrência do desenvolvimento da sociedade principalmente no último quartel do século XX e atributo da chamada pós-modernidade. Mercê do amplo e rápido desenvolvimento das comunicações, atualmente as leis de consumo possuem um sentido transnacional ou de regionalização das economias. Assim, não se pode falar em consumidor brasileiro ou argentino sem que se atente para os produtos e serviços importados de outros países do Mercosul ou de regiões mais distantes. Hoje, por meio da Internet, o consumidor tem acesso a produtos de todas as partes do mundo. Há uma globalização de consumo que exige também uma legislação internacional sobre a matéria, que já tarda, aliás.

Sob todas essas premissas, o direito contratual, sob o prisma consumerista, ainda que guarde os fundamentos do direito clássico, ganha novos contornos, os quais, aliás, foram assimilados pelo Código Civil de 2002, quando se reporta à boa-fé objetiva, interesse social do contrato, contratos por adesão, desconsideração da pessoa jurídica. O Código de Defesa do Consumidor, como norma geral e ampliativa, decorrente da Constituição, se sobrepõe a vários diplomas legais, inclusive o Código Civil, quando com ele não se harmoniza, mercê de sua natureza. Seu espectro de atuação é amplo.

22.2 RELAÇÃO DE CONSUMO E RESPONSABILIDADE CIVIL

Antes do advento da lei de defesa do consumidor, a responsabilidade do fabricante, produtor (também importador e construtor) ou comerciante era regida pelo art. 186 do Código Civil. Impunha-se ao consumidor o ônus de provar a culpa subjetiva do demandado. Não bastasse isso, o comprador de produtos ficava sujeito ao exíguo prazo dos vícios redibitórios, de 15 dias a contar da tradição para as coisas móveis (arts. 441 ss). Ainda, seguindo as regras ordinárias de processo, a vítima deveria mover a ação contra o fabricante no local de sua sede, na maioria das vezes em local distante de seu domicílio, neste país de dimensões continentais. Muitas vezes, a responsabilidade por um produto defeituoso era diluída ou não identificável: quem deveria ser acionado? O fabricante nacional ou estrangeiro, o importador, o comerciante? Todas essas questões colocavam o consumidor em posição de extrema inferioridade, como verdadeiro títere do poder econômico. A nova era tecnológica não permitia mais a manutenção dessa situação e o ordenamento internacional movimentava-se para modificar a ordem jurídica tradicional.

Também, havia necessidade de ser criado instrumento processual que protegesse uma classe inteira de consumidores lesados ou prejudicados por determinado produto ou serviço. Nesse desiderato, a Constituição Federal de 1988 criou a base do atual direito do consumidor. No dizer de Maria Antonieta Zanardo Donato (1994:29),

> *"urgia a implementação da reformulação e a reestruturação do sistema de direito positivo para que fosse garantida a tutela daqueles interesses e conflitos que transcendiam o individualismo e que, por essa razão em especial, não mais se adequavam ao conceito tradicional – acolhedor tão somente dos interesses intersubjetivos".*

O Código de Defesa do Consumidor foi concebido dentro dessa filosofia. Seu caráter é interdisciplinar, daí por que se diz que criou um microssistema jurídico. Nele, há normas de direito civil, direito comercial, direito administrativo, direito processual, direito penal. Seus princípios abarcam o direito privado e o direito público, formando um terceiro gênero que a doutrina denomina *direito* social.

Nas últimas décadas, nos ordenamentos em geral, o direito regulando a responsabilidade pelo produto defeituoso sofreu mudanças radicais. Aponta Edward J. Kionka (1999:245), ao analisar o direito norte-americano, que a responsabilidade pelo produto partiu dos simples efeitos da compra e venda até a total responsabilidade do fabricante em poucas décadas.

Nesse quadro, em nosso sistema, a responsabilidade do fabricante, independentemente de culpa, surge expressa no art. 12:[3]

---

[3] "Apelação cível. Ação de indenização por danos materiais e morais. Acidente com garrafa de refrigerante. Perda da visão de um olho. Vício do produto. Responsabilidade objetiva do fornecedor (**art. 12, CDC**). Dano moral fixado em R$ 50.000,00. Pensão vitalícia devida. Art. 950, CC. Juros moratórios da indenização por danos morais incidentes desde o evento danoso. Inversão da sucumbência. Reforma parcial da sentença. 1. Reconhecida a responsabilidade objetiva do fornecedor pelo acidente decorrente da ejeção espontânea da tampa da garrafa, caracterizando vício do produto (art. 12 do Código de Defesa do Consumidor). Ausente prova inequívoca de culpa exclusiva da vítima ou de terceiros. 2. Danos morais arbitrados em R$ 50.000,00, mantidos por estarem em consonância com os princípios da razoabilidade e proporcionalidade e com a jurisprudência consolidada. 3. Cabível a concessão de pensão vitalícia em razão da incapacidade parcial e permanente para o trabalho, com base no art. 950 do Código Civil, fixada em 30% da remuneração à época do acidente, com pagamento em parcela única, a ser apurada em fase de liquidação de sentença. 4. Juros moratórios incidentes sobre os danos morais desde a data do evento danoso, nos termos da Súmula 54 do STJ. 5. Afastada a sucumbência recíproca, considerando a Súmula 326 do STJ, inverte-se a sucumbência da ação, com condenação das rés ao pagamento integral das custas processuais e de honorários advocatícios fixados em 10% sobre o valor da condenação, a ser igualmente apurado em liquidação de sentença. Recurso da ré spal desprovido. Recurso do autor parcialmente provido" (*TJSP* – Ap 3000124-59.2013.8.26.0168, 30-6-2025, Rel. Flavia Beatriz Goncalez da Silva).

"**Responsabilidade civil**. Aquisição de produto. Ação de indenização por danos material e moral. Procedência do pedido. Recursos de apelação interpostos por ambas as partes. Ré apelante que desistira da realização de perícia técnica. Documentos apresentados nos autos que são suficientes para o equacionamento da lide. Julgamento no estado que atendeu ao preceito contido no art. 355, I, do Código de Processo Civil. Cerceamento de defesa não configurado. Legitimidade passiva da ré corporificada, por ser a fabricante do produto tido por defeituoso. Reconhecimento. Demonstração, quantum satis, de que as telhas galvanizadas, fabricadas pela ré e adquiridas pela autora, apresentaram deterioração que geraram vazamentos na moradia da consumidora cerca de um ano após a instalação. Relação de consumo caracterizada. Responsabilidade da fabricante pelo vício do produto. Dicção do art. 12 do Código de Defesa do Consumidor, máxime porque não evidenciada a culpa da consumidora pelas anomalias havidas no produto. Valor do dano material que deve ser dimensionado com base nos prejuízos efetivamente comprovados. Necessidade de readequação. Dano moral que se faz presente, diante dos percalços vivenciados pela autora, eis que houve deterioração da sua moradia em razão de vazamentos do telhado, causado por defeito do material utilizado, situação que perdurou por vários meses, sem que houvesse solução pela fabricante. Recursos providos em parte" (*TJSP* – Ap 1008132-73.2021.8.26.0008, 10-11-2022, Rel. Dimas Rubens Fonseca).

"Apelação cível – **Vício do produto** – Veículo zero km – Responsabilidade solidária da revendedora e da fabricante – Art. 18 do CDC – Preliminar de ilegitimidade passiva da concessionária de veículos afastada. Cuidando-se de vício do produto, a responsabilidade do revendedor e do fabricante é solidária, podendo ser elidida apenas se comprovado que a inadequação do bem de consumo decorreu de atividade estranha à cadeia de produção, o que inocorreu na hipótese. Exegese dos arts. 7º, parágrafo único e 18 do CDC. Demonstrado o vício de qualidade do produto, bem como a negativa das demandadas em reparar o dano no prazo de garantia, incumbe-lhes indenizar o autor pelos danos materiais e morais experimentados. Entendimento doutrinário e jurisprudencial de que os prazos de garantia legal e contratual são complementares, porém não sobrepostos, de modo que aquela terá início somente depois de finda essa. Intelecção do art. 50 do CDC. Valor da indenização reduzido de acordo com o parâmetro adotado por esta Câmara em casos análogos. Apelos providos em parte. Unânime" (*TJRS* – AC 70081640740, 12-6-2019, Rel. Des. Dilso Domingos Pereira).

"Responsabilidade civil – Danos morais – **Responsabilidade pelo fato do produto** – Medicamento com falta de informação na bula sobre os riscos cardiovasculares causados – Isquemia que acometeu o autor após o uso do remédio – Relação jurídica estabelecida entre as partes regulada pelo Código de Defesa do Consumidor – Responsabilidade objetiva do fabricante, pelo fornecimento de produto impróprio para o consumo – Inteligência do artigo 12, do CDC – Dever de informar não observado – Hipótese em que assegurada ao consumidor a obtenção de informações suficientes e adequadas sobre a fruição e riscos do serviço a ser prestado – Laudo

"O fabricante, o produtor, o construtor, nacional ou estrangeiro, e o importador respondem, independentemente da existência de culpa, pela reparação dos danos causados aos consumidores por defeitos decorrentes de projeto, fabricação, construção, montagem, fórmulas, manipulação, apresentação ou acondicionamento de seus produtos, bem como por informações insuficientes ou inadequadas sobre sua utilização e riscos".

Conforme o § 3º desse artigo, o fabricante, o construtor ou o importador só não será responsabilizado quando provar:

"I – que não colocou o produto no mercado;

II – que, embora haja colocado o produto no mercado, o defeito inexiste;

III – a culpa exclusiva do consumidor ou de terceiro".

Desse modo, o fornecedor apenas se exonera do dever de reparar pelo fato do produto ou do serviço se provar, em síntese, ausência de nexo causal ou culpa exclusiva da vítima. Pode parecer inócua a afirmação do inciso I, mas pode ocorrer que terceiros, à revelia do fabricante, tenham colocado o produto no mercado.[4]

---

pericial que atesta a contribuição do medicamento na doença sofrida pelo requerente – Falta de informação que acarreta o dever de indenizar – Indenização que deve ser fixada com razoabilidade, afigurando-se excessivo o valor pretendido – Danos materiais afastados – Juros de mora corretamente arbitrados – Sucumbência alterada – Sentença reformada – Recurso parcialmente provido" (*TJSP* – Ap 0001129-53.2011.8.26.0358, 5-3-2018, Rel. Moreira Viegas).

"Agravo interno – Agravo em recurso especial – Civil – Reparo de veículo – Demora anormal e injustificada – Dano Moral – **Vício do produto – Fornecedor e fabricante** – Responsabilidade Solidária – Fundamentação deficiente – Súmula nº 284/STF – 1 – O atraso injustificado na reparação de veículo pode caracterizar dano moral decorrente da má prestação do serviço ao consumidor. Precedentes. 2 – A jurisprudência do STJ se firmou no sentido de que são solidariamente responsáveis o fabricante e o comerciante que aliena o veículo automotor, e a demanda pode ser direcionada contra qualquer dos coobrigados. 3 – Não se conhece do recurso especial quando a deficiência de sua fundamentação impedir a exata compreensão da controvérsia (Súmula 284 do STF). 4 – Agravo interno a que se nega provimento" (*STJ* – AGInt-AG-REsp 490.543 – (2014/0061905-8), 18-4-2017, Relª Minª Maria Isabel Gallotti).

"Agravo Regimental – Recurso Especial – **Código de Defesa do Consumidor – Responsabilidade Civil** – Presença de corpo estranho em alimento – Exposição do consumidor a risco de lesão à sua saúde e segurança – Dano Moral existente – 1- A disponibilização de produto considerado impróprio para consumo em virtude da presença de objeto estranho no seu interior afeta a segurança que rege as relações consumeristas na medida que expõe o consumidor a risco de lesão à sua saúde e segurança e, portanto, dá direito à compensação por dano moral. 2- Agravo regimental provido" (*STJ* – AgRg-REsp 1.380.274 – (2013/0126521-2), 19-5-2016, Rel. Min. João Otávio de Noronha).

"Compra e venda – Cão da raça labrador – Vício redibitório – Descoberta posterior de o animal ser de raça diversa – Alegação de decadência afastada – Danos material e moral configurados – Recurso improvido – Em se tratando de pedido de indenização, fundado em vício oculto de semovente, deve ser observado o prazo de 90 (noventa) dias previsto no art. 26, inciso II, do Código de Defesa do Consumidor, iniciando-se sua contagem a partir do momento em que ficar evidenciado o defeito (art. 26, § 3º, do CDC)" (*TJSP* – Ap 0023772-67.2009.8.26.0554, 22-6-2015, Rel. Renato Sartorelli).

4 "**Responsabilidade civil** – Produto alimentício – Ingestão – Vício de qualidade do produto – Ingestão – Corpo estranho – Dano moral – A responsabilidade do fornecedor não depende de comprovação de culpa, a teor do CDC, arts. 12, 14 e. 18 – O consumidor, como regra, deve demonstrar o nexo de causalidade e o dano. No caso, a autora encontrou corpo estranho no alimento, após a ingestão. Caso em que configurado o acidente de consumo em decorrência de vício de qualidade. O ato praticado contra a dignidade da pessoa deve ser reparado. O dano moral deve ser estabelecido com razoabilidade, de modo a servir de lenitivo ao sofrimento da vítima. Importância reduzida. Apelação parcialmente provida" (*TJRS* – AC 70080323710, 21-2-2019, Rel. Des. Marcelo Cezar Müller).

"Bem móvel – **Responsabilidade por vício do produto** – Veículo zero quilômetro que apresenta reiterados problemas em curto espaço de tempo. Condenação à restituição do valor do bem, observada a Tabela Fipe. Quebra

Em sede de relações de consumo também não se admite na doutrina, como regra geral e segundo corrente majoritária, a *culpa concorrente* do consumidor. Sustenta-se que se não há culpa, em princípio, não pode haver concorrência dela. Sempre que um produto é lançado no mercado há um risco por infortúnios que o fabricante leva na conta dos riscos do negócio. Há autores, porém, que sustentam a possibilidade de reconhecimento de culpa da vítima como uma forma de minorar a indenização, diferente da culpa exclusiva, que exclui a responsabilidade do fornecedor de produtos ou serviços. Sérgio Cavalieri Filho menciona julgado do STJ no qual foi reconhecida a culpa concorrente, permitindo a redução da indenização (RE 287.849-SP, Rel. Min. Ruy Rosado de Aguiar), concluindo esse renomado magistrado e autor:

> *"De nossa parte, temos sustentado que a concorrência de culpas pode ter lugar na responsabilidade objetiva disciplinada pelo Código do Consumidor desde que o defeito do produto ou serviço não tenha sido a causa preponderante do acidente de consumo" (2004:486).*

De fato, a culpa da vítima, no caso concreto, pode ter sido irrelevante para a ocorrência do dano.

O fato exclusivo de terceiro, por outro lado, impede que se conclua pela existência de nexo causal. Se houver culpa concorrente, persiste, em princípio, sua obrigação. Muitos entendem que, na prática, é muito difícil que se reconheça culpa concorrente da vítima, tendo em vista o dever de segurança que é inerente a todo produto posto no mercado. Sérgio Cavalieri Filho (2000:374) opina ainda com acuidade:

---

da expectativa em relação ao produto. Dano moral configurado. Manutenção do *quantum* indenizatório. Recurso parcialmente provido" (*TJSP* – Ap 1010693-29.2014.8.26.0004, 2-4-2018, Rel. Walter Cesar Exner).

"Apelação – Ação de reparação de danos – Compra e venda de automóvel – Intermediação da comercialização do automóvel pela revendedora de veículos – **Responsabilidade objetiva** – Dever de indenizar – Sentença mantida – 1- Aferido o nexo causal e a falha na prestação de serviço, o dano experimentado pelo autor está atrelado à teoria da lesão *in re ipsa*, a qual independe de comprovação da culpa, conforme se abstrai na responsabilidade objetiva, de modo que compete ao consumidor comprovar tão somente o defeito do serviço, o evento danoso e o nexo de causalidade entre o ato do fornecedor e o dano. 2- Se a transação foi realizada com a participação da ré que confirmou a quitação do veículo e a realização da venda, de forma imprudente e negligente, não se certificando da autenticidade do pagamento realizado por terceiro, esta deve arcar com o dano causado, uma vez que deveria ter agido de forma mais diligente na realização do negócio jurídico, haja vista que o risco de negócios dessa natureza encerra-se na esfera própria da atividade empresarial (fortuito interno). 3. Recurso conhecido e improvido" (*TJDFT* – AC 20100111859795APC – (913317), 22-1-2016, Relª Leila Arlanch).

"Ação de indenização – **Danos decorrentes do uso de creme para cabelos** (Seda liso perfeito) – Utilização do produto que provocou uma compactação dos cabelos da autora (nó), obrigando-a a cortá-los. Produto, no entanto, considerado 'satisfatório' pelo Instituto Adolfo Lutz. Perícia do IMESC, ao seu lado, que não estabeleceu nexo causal entre o uso do produto e o dano reclamado, informando que o 'nó' pode ter sido causado pela condição pessoal da apelante (cabelos bem longos). Ausência, outrossim, de lesões no couro cabeludo da apelante, denotando-se que a química do produto não produziu qualquer efeito. Inobservância do dever de informação, no caso, irrelevante, à vista de que o dano ocorreu em razão da condição pessoal da consumidora. Sentença de improcedência preservada. Apelo improvido" (*TJSP* – Ap 0102193-72.2009.8.26.0004, 8-6-2015, Rel. Donegá Morandini).

"**Agravo de instrumento. Ação de indenização por danos morais e materiais**. Molho de tomate com corpo estranho. Pedido de denunciação da lide ao fabricante do produto. Indeferimento. Ausência de enquadramento legal. Exclusão de responsabilidade do réu. Impossibilidade – 1 – Recurso interposto contra decisão que indeferiu a denunciação da lide da empresa Dez Indústria e Comércio de Conservas Alimentícias Ltda., em razão da existência de relação de consumo entre as partes. 2 – Pedido de denunciação da lide ao fabricante, verdadeiro responsável pelo vício do produto. Pretensão da ré de excluir sua responsabilidade. Indeferimento mantido. Precedentes. 3 – Questão a ser resolvida com a análise da ocorrência ou não de ilegitimidade passiva do réu. 4 – Inadmissível denunciação da lide na ação de indenização movida pelo consumidor contra o fornecedor. Vedação expressa. 5 – Negado provimento ao recurso" (*TJSP* – AI 0204148-56.2012.8.26.0000, 23-1-2013, Rel. Alexandre Lazzarini).

> *"Se, embora culposo, o fato da vítima é inócuo para a produção do resultado, não pode ela atuar como minorante da responsabilidade do fornecedor. A culpa do consumidor perde toda a expressão desde que demonstrado que sem o defeito do produto ou serviço o dano não teria ocorrido, como no caso do motorista que, por descuido, bate com o carro num poste. A colisão em si não lhe acarreta nenhuma lesão, mas os estilhaços do para-brisa acabam por cegá-lo. Provado o defeito do para-brisa, o dever de indenizar a cegueira será exclusivo do fabricante".*

Em síntese, a culpa exclusiva do consumidor ou de terceiro desvia a óptica da problemática para a inexistência de defeito e, portanto, para a ausência de nexo causal.

Em acréscimo ao conforto que a lei outorga ao consumidor para acionar o responsável, o comerciante será responsabilizado quando o fabricante ou assemelhado não puder ser identificado; quando o produto for fornecido sem a devida identificação do fabricante ou assemelhado (importador, produtor) ou quando não conservar adequadamente os produtos perecíveis. Verificamos, portanto, que muitas são as possibilidades de o consumidor acionar responsável pelo defeito. Nesse aspecto, surge a responsabilidade do *fornecedor aparente*, aquele que se apresenta como tal, colocando seu nome, marca ou sinal distintivo, embora não seja o fabricante. Perante o Código de Defesa do Consumidor, esse fornecedor também é incluído na definição legal.[5]

---

[5] "Ação indenizatória por danos morais e materiais – Transporte aéreo de passageiros. Sentença de procedência que condenou a ré ao pagamento da quantia de R$ 2.601,05, a título de danos materiais, e R$ 5.000,00, a cada um dos autores, a título de danos morais. Pretensão de reforma por parte da corré Aerovias Delcontinente Americano S.A (Avianca). Inadmissibilidade: Cancelamento de voo sem aviso prévio e falta de assistência adequada aos passageiros. Legitimidade passiva da ré confirmada pelo uso da marca Avianca nas passagens, configurando-se como fornecedor aparente. Aplicação do art. 3º do Código de Defesa do Consumidor. Responsabilidade solidária na cadeia de fornecimento. Danos morais configurados pela falha na prestação de serviços. Indenizações mantidas por estarem adequadamente fixadas, considerando-se os princípios da razoabilidade e da proporcionalidade. Recurso adesivo dos autores – danos morais. Pretensão dos autores de majoração da indenização. Inadmissibilidade: Valor da indenização bem fixado pelo Juízo, que atende aos princípios da razoabilidade e da proporcionalidade. Não foram demonstrados danos excepcionais a justificar a majoração pretendida. Sentença mantida. Recursos desprovidos" (*TJSP* – Ap 1001330-30.2020.8.26.0417, 30-4-2024, Rel. Israel Góes dos Anjos).

"Agravo de instrumento – objeção de pré-executividade – multa administrativa aplicada à agravante por supostas infringências ao CDC, em razão de não haver sanado vício de qualidade de produtos adquiridos por consumidores – arguição de ilegitimidade passiva – empresa que licenciou sua marca a outras empresas, que efetivamente produzem e comercializam os produtos que apresentaram defeitos – consagração da teoria do fornecedor aparente – **responsabilidade inexcusável da empresa** que, embora não participe da produção, apresenta-se como tal ao consumidor diante da utilização de seu nome no produto – responsabilidade solidária – legitimidade passiva para a ação executiva – decisão mantida – recurso desprovido" (*TJSP* – AI 2289009-23.2021.8.26.0000, 9-6-2022, Rel. Souza Meirelles).

"Apelação – Ação indenizatória – **Responsabilidade civil – Vício do produto** – Lesões cutâneas causadas na face da consumidora por suposto respingo de produto de limpeza fabricado pela ré. Pretensão de indenização por danos estéticos e morais. Improcedência. Insurgência pela autora, com pedido de reforma ou anulação para produção de provas. Cabimento. Sentença que fundamentou a rejeição da pretensão indenizatória na conclusão de culpa exclusiva da consumidora decorrente de uso inadequado do produto, pela não observância às especificações de uso rótulo. Hipótese não verificada. Trata-se de produto não perigoso, de uso regular e doméstico (limpeza), para o qual se recomenda evitar o contato direto com a pele e olhos pelos riscos de irritação, e como medida preventiva, recomenda-se seu uso com luvas, e em caso de exposição, a imediata lavagem da área afetada com água. Elementos dos autos que apontam a ocorrência de mais do que mera irritação, mas lesão com aparência de queimadura, a que se descreve causada pelo produto. Contato direto da pele com o produto que, embora não desejado, é evento possível e até mesmo esperado pelo uso cotidiano do produto na vida doméstica, de modo que a ocorrência de um dano que supere a mera irritação da pele, não se cuida de risco que razoavelmente se espere do produto, na forma do artigo 8º do CDC. Conclusão que afasta, segundo a prova documental constante nos autos, única produzida pelo julgamento antecipado da lide, a possibilidade de acolhimento da causa excludente da responsabilidade estabelecida pelo inciso III, do § 3º do art. 12 do CDC. Necessidade de dilação probatória. Ocorrência de vício do produto que deve ser objeto de prova, requerida pela própria fabricante, que recolheu o produto junto à consumidora, assim como o nexo causal do dano com a exposição ao produto, bem como sua extensão. Recurso

O fato de o caso fortuito ou a força maior não terem sido expressamente colocados como excludentes da responsabilidade, no rol do § 3º aqui transcrito, pode levar à apressada conclusão de que não exoneram a indenização. A questão não pode, porém, ser levada a esse extremo, sob pena de admitirmos o risco integral do fornecedor, que não foi intenção do legislador. Os fatos imprevisíveis obstam que se conclua pela existência de nexo causal. Essa matéria não apenas é de Lógica, mas decorre do sistema de responsabilidade civil. Impõe-se, pois, que o juiz avalie no caso concreto se os danos ocorreram, ainda que parcialmente, em razão de defeito ou vício do produto ou do serviço. Se o produto, por exemplo, não funciona porque depende de energia elétrica e esta inexiste no local, é evidente que a força maior ocorre, ou melhor, não há nexo causal. Se o fato é externo e não guarda relação alguma com o produto, não pode haver responsabilidade do fornecedor. Trata-se do chamado *fortuito externo*. O caso *fortuito interno*, aquele que atinge o produto durante sua fabricação, como, por exemplo, queda de material estranho no interior de motor, caracteriza-se como defeito do produto e não exonera a indenização.[6]

---

provido para anular a sentença, com abertura da fase instrutória" (*TJSP* – Ap 1001118-69.2014.8.26.0562, 18-2-2019, Relª Mariella Ferraz de Arruda Pollice Nogueira).

"**Responsabilidade civil** – Aquisição de purificador de água – Produto defeituoso – Ampla desídia de vendedora e de empresa, a quem delega serviços de suporte técnico. Abordagem reparatória. Juízo de improcedência. Apelo do autor. Provimento" (*TJSP* – Ap 0002164-90.2011.8.26.0538, 13-6-2018, Rel. Carlos Russo).

"Agravo regimental no recurso extraordinário com agravo – **Consumidor** – Compra e venda – Aparelho televisor – Defeito de fabricação – Dano moral – Agravo regimental que não ataca os fundamentos da decisão agravada – Súmula nº 283/STF – Incidência – 1 – 'É inadmissível o recurso extraordinário, quando a decisão recorrida assenta em mais de um fundamento suficiente e o recurso não abrange todos eles'. (Súmula nº 283/STF). Precedente: RE 505.028-AgR, Rel. Min. Ricardo Lewandowski, Primeira Turma, *DJe* de 12/9/2008. 2 – *In casu*, o acórdão recorrido assentou: 'A recorrente integra a cadeia de fornecimento do produto, sendo sua responsabilidade solidária aos demais fornecedores. Assim, deve reparar os danos sofridos pelo consumidor, inclusive os morais, cuja indenização foi arbitrada em valor razoável'. 3 – Agravo regimental desprovido" (*STF* – AgRg-RE-AG 842.621, 10-2-2016, Rel. Min. Luiz Fux).

"Ação de indenização – danos morais – violação de bagagem por ocasião de viagem internacional – procedência – apelação – Responsabilidade objetiva da companhia aérea pela violação de bagagem. Autor que comprovou através de notas fiscais os bens que se encontravam na bagagem. Incidência do Código de Defesa do Consumidor. Precedentes. Dano moral. Abalo que se mostra suficiente para gerar lesão a direito da personalidade. Dano moral 'in re ipsa'. Valor corretamente auferido. Precedentes da E. Corte Bandeirante e do STJ. Juros de mora e correção monetária corretos. Sentença mantida. Recurso desprovido" (*TJSP* – Ap 1054982-84.2013.8.26.0100, 17-4-2015, Rel. Virgilio de Oliveira Junior).

6 "Ação declaratória cumulada com indenização por danos materiais e moral. Sentença de parcial procedência. Recurso do réu. Transação realizada após recebimento de e-mail disparado da conta todomundo@nubank.com.br, canal oficial do banco réu, seguido de ligação telefônica de suposto preposto do banco. Funcionário que detinha dados pessoais e bancários do autor. Má prestação dos serviços bancários. **Responsabilidade objetiva do réu**. Inteligência dos artigos 186, do Código Civil, e 14, do Código de Defesa do Consumidor e, ainda, da Súmula nº 479 do C. Superior Tribunal de Justiça. Risco inerente à atividade do réu. Fortuito interno. Inexistência de excludente de responsabilidade por culpa exclusiva de terceiro ou da parte autora. Restituição do valor que se mostra devida. Dano moral. Configuração. Redução. Descabimento. Sentença mantida. Recurso não provido" (*TJSP* – Ap 1002978-50.2025.8.26.0100, 23-8-2025, Rel. Jairo Brazil).

"**Dano moral** – **Responsabilidade civil** – Legitimidade passiva *ad causam* – Relação de consumo – Consumidor *bystander* – Aplicam-se as disposições do CDC por força do art. 17, do que resulta a responsabilidade objetiva das corrés pelo fato do serviço (art. 14 da Lei nº 8.078/90), estando ambas na mesma cadeia de fornecimento, respondendo solidariamente pelo resultado danoso (art. 7º, parágrafo único e 34 do CDC) – Negativação indevida da autora em decorrência de débito por empréstimo não contratado – Valor da indenização por dano moral – Redução – Honorários advocatícios – Manutenção – Recurso dos requeridos provido em parte e apelação da autora desprovida" (*TJSP* – Ap 0006984-68.2013.8.26.0220, 2-5-2018, Rel. Alcides Leopoldo e Silva Júnior).

"Recurso Especial – Assalto contra carro-forte que transportava malotes do supermercado instalado dentro do *shopping center* – **Responsabilidade Civil Objetiva** – Art. 14 do CDC – Responsabilidade solidária de todos da cadeia de prestação do serviço – Consumidor *bystander* – Art. 17 do CDC – 1 – O Código de Defesa do Consumidor, em seu artigo 14, referindo-se ao fornecedor de serviços em sentido amplo, estatui a responsabilidade objetiva

O § 1º do art. 12 define que o produto deve ser considerado defeituoso quando não oferece a segurança que dele legitimamente é esperada, levando-se em consideração as circunstâncias relevantes, entre as quais:

> *"I – sua apresentação;*
>
> *II – o uso e os riscos que razoavelmente dele se esperam;*
>
> *III – a época em que foi colocado em circulação".*

Desse modo, não há como reclamar de produto se a tecnologia futura o modificou e o aprimorou. O defeito deve ser avaliado segundo a técnica existente no momento da comercialização e utilização do produto ou serviço. Pela dicção legal, verificamos que o Código de Defesa do Consumidor não admitiu a *teoria do risco do desenvolvimento*. A base dessa teoria repousa no fato de que um produto é posto no mercado com toda a tecnologia conhecida no momento, mas demonstra possuir um defeito que somente técnica descoberta posteriormente consegue corrigir. Pelo que consta do Código de Defesa do Consumidor, a nosso ver, o fornecedor pode se valer dessa teoria para eximir-se do dever de reparar o dano. No entanto, a matéria suscita acaloradas dúvidas nos casos concretos e encontra defensores em contrário. Imagine, por exemplo, que um automóvel venha a causar danos pelo funcionamento inadequado dos freios: o fabricante pode provar que, quando o produto foi lançado, a melhor técnica tinha sido utilizada em sua fabricação e que apenas posteriormente foi inventada nova tecnologia para impedir acidentes semelhantes. No caso sob exame, deve o juiz verificar se o fornecedor não assumiu o risco de colocar no mercado produto sem a devida experimentação e sem as devidas cautelas sobre sua nocividade. Devemos ter em mira a segurança legitimamente esperada para a época em que o produto foi colocado no mercado. O risco do desenvolvimento tem a ver com a concepção do produto ou do serviço, que, em princípio, não se confunde com *produto de melhor qualidade*, conforme a situação descrita no art. 12, § 2º. Não é pelo fato de o produtor possuir tecnologia antiga que deve ser considerado defeituoso.

Essa questão avulta de importância quando se trata de medicamentos e produtos alimentícios, requerendo um rigoroso exame de prova. Pairando dúvida, a solução deverá beneficiar o consumidor, a parte vulnerável. No entanto, embora existam opiniões em contrário, entendendo que esse é risco inerente ao negócio, não há como penalizar o fornecedor se, tempos após o

---

deste na hipótese de defeito na prestação do serviço, atribuindo-lhe o dever reparatório, desde que demonstrado o nexo causal entre o defeito do serviço e o acidente de consumo (fato do serviço), do qual somente é passível de isenção quando houver culpa exclusiva do consumidor ou uma das causas excludentes de responsabilidade genérica – Força maior ou caso fortuito externo. 2 – Nesse contexto consumerista, o campo de incidência da responsabilidade civil ampliou-se, pois passou a atingir não apenas o fornecedor diretamente ligado ao evento danoso, mas toda a cadeia de produção envolvida na atividade de risco prestada. 3 – Ademais, a responsabilidade civil objetiva, por acidente de consumo, não alcança apenas o consumidor, previsto no artigo 2º do CDC, mas também, e principalmente, aqueles elencados no art. 17 do mesmo diploma legal. 4 – Assim, é também responsável o Supermercado, instalado dentro de *shopping center*, em caso de assalto à transportadora de valores que retirava malotes de dinheiro daquele estabelecimento pela lesão provocada ao consumidor *bystander*, ocasionada por disparo de arma de fogo. 5 – Recurso especial a que se nega provimento" (*STJ* – REsp 1.327.778 – (2011/0193579-7), 23-8-2017, Rel. Min. Luis Felipe Salomão).

"Bem Móvel – Aquisição de refrigerador – **Defeito do produto** – Responsabilidade solidária da fornecedora e da fabricante – Problema não solucionado – Restituição do valor pago – Inteligência do art. 18, § 1º, inciso II, do Código de Defesa do Consumidor – Danos morais configurados – Sentença Mantida – Preliminar rejeitada e recurso improvido – O fornecedor que disponibiliza o produto no mercado está obrigado a manter assistência técnica e peças de reposição, viabilizando a prestação dos serviços de reparo em prazo aceitável, além da eficiência no atendimento aos clientes" (*TJSP* – Ap 0003310-98.2013.8.26.0344, 2-5-2016, Rel. Renato Sartorelli).

lançamento de seu produto com a melhor técnica da época, foi obtido produto com técnica superior. Conclui, nesse mesmo sentido, James Marins (1993:136):

> *"Se se levar em conta a época em que o produto foi colocado no mercado de consumo – circunstância obrigatoriamente relevante – não pode haver legítima expectativa de segurança que vá além da ciência existente. Isto é, qualquer expectativa de segurança somente é legítima se não pretender que o produto possa superar o próprio grau de conhecimento científico existente quando de sua introdução no mercado. Com isto se quer dizer que o limite da previsibilidade exclui a obrigação de reparar aqueles eventos danosos que no momento da comercialização do produto não houveram podido ser previstos de acordo com o nível de conhecimentos científicos e técnicos existentes nesse momento, chegando mesmo a possibilitar que se afirme tratar de hipótese de 'caso fortuito', liberador da responsabilidade".*

Essa matéria levanta outra que diz respeito ao decurso do tempo na utilização dos produtos: não havemos de esperar que um eletrodoméstico, uma ferramenta ou um automóvel tenha o mesmo desempenho após 10 anos de uso, por exemplo. Nesse caso, o exame pericial transfere-se para a avaliação da vida útil do produto. A lei não regula esse aspecto, no que andou bem, pois é imensa a diversidade de produtos. Em cada caso, será avaliada a situação, mormente com base nas próprias informações do fabricante e em produtos semelhantes. Nem sempre será uma situação fácil, porém. Imagine a hipótese de estouro de pneu, que já tenha sido utilizado por muito tempo. A solução é saber se o acidente ocorreu pela ação deletéria do tempo e do uso normal ou se decorreu de utilização anormal ou de defeito congênito de fabricação. Somente a prova pericial poderá elucidar a questão.

Por sua vez, a responsabilidade do fornecedor de serviço é descrita no art. 14:

> *"O fornecedor de serviços responde, independentemente da existência de culpa, pela reparação dos danos causados aos consumidores por defeitos relativos à prestação dos serviços, bem como por informações insuficientes ou inadequadas sobre sua fruição e riscos".*

Assim como em relação ao produto, o serviço defeituoso deve ser examinado no momento em que é prestado. O serviço é defeituoso quando não fornece segurança para o consumidor. Os defeitos de serviço podem decorrer de concepção ou de execução indevidas. Seu campo de atuação é muito amplo, do serviço mais simples de um encanador ou eletricista ao mais complexo serviço proporcionado por clínicas e hospitais e pelas instituições financeiras e administradoras de cartão de crédito. Também os serviços públicos são abrangidos largamente pelo estatuto do consumidor:

> *"Os órgãos, por si ou suas empresas, concessionárias, permissionárias ou sob qualquer outra forma de empreendimento, são obrigados a fornecer serviços adequados, eficientes, seguros e, quanto aos essenciais, contínuos".*

Técnicas mais modernas que são utilizadas posteriormente, como vimos, não tornam defeituoso o serviço anteriormente prestado (art. 14, § 2º). A técnica razoável do serviço é a atual, ou seja, a utilizada no momento da prestação. Da mesma forma que para o produto, o fornecedor de serviços somente será exonerado da responsabilidade quando provar:

> *"I – que, tendo prestado o serviço, o defeito inexiste;*
>
> *II – a culpa exclusiva do consumidor ou de terceiro" (art. 14, § 3º).*

No tocante aos profissionais liberais, como já apontamos ao tratar da responsabilidade médica, o Código de Defesa do Consumidor houve por bem manter sua responsabilidade dependente da verificação de culpa (art. 14, § 4º). No entanto, em que pese a responsabilidade ser nesse caso subjetiva, a relação existente com esses profissionais não deixa de ser considerada de consumo, aplicando-se os princípios gerais, como informação, boa-fé, inversão de ônus da prova etc. Veja o que anotamos a respeito no Capítulo à responsabilidade dos médicos.

Desse modo, aplicam-se os demais princípios da lei do consumidor, como, por exemplo, a faculdade, várias vezes já por nós mencionada, de o juiz inverter o ônus da prova em favor do consumidor, quando for verossímil a alegação ou quando for ele hipossuficiente (art. 6º, VIII).

Outra disposição importante estabelecida no Código de Defesa do Consumidor é a que reconhece o *acidente de consumo*, à qual já nos referimos quando tratamos do transporte aéreo e das vítimas atingidas na superfície: "*Para os efeitos desta Seção, equiparam-se aos consumidores todas as vítimas do evento*" (art. 17).

Cuida-se, como se percebe, de um conceito de consumidor por equiparação. Assim, há uma universalidade de pessoas que podem ser atingidas pelo defeito do produto e do serviço e, portanto, estão legitimadas para ingressar com pedido de reparação. Desse modo, não apenas quem adquiriu o produto deteriorado é parte legítima, mas todos os que foram prejudicados e atingidos pelo respectivo produto.[7]

---

[7] "Apelação cível. Direito civil. Direito do consumidor. **Responsabilidade civil**. Queda em estabelecimento comercial. Risco da atividade. Danos morais. Cabimento. Danos emergentes. Lucros cessantes. Ausência de comprovação. 1 – Responsabilidade civil. Queda em estabelecimento comercial. Risco da atividade. Na forma do art. 14, caput, e § 3º do Código de Defesa do Consumidor, o fornecedor de serviços responde pela reparação dos danos causados aos consumidores por defeitos relativos à prestação de serviços, salvo quando comprovar culpa exclusiva do consumidor ou de terceiro. A rampa de acesso ao estabelecimento da ré, sem corrimão ou aderência suficiente para proteger pedestres quando molhada, representa risco de queda por ocasião de chuvas ou outro incidente que potencialize o aspecto escorregadio do piso, tal como ocorreu com a autora. Há, pois, evidência de risco pelo qual responde o fornecedor, na forma do **art. 17 do CDC**, ainda que não tenha havido relação de consumo. 2 – Danos emergentes. Gastos com tratamento e medicação. A indenização por danos materiais exige demonstração de efetivo decréscimo patrimonial decorrente do fato (art. 403 do CC), que não ocorreu no caso em exame. Descabe, portanto, a indenização. 3 – Lucros cessantes. Os lucros cessantes recaem em bem ou interesse futuro ainda não inserido na esfera patrimonial da parte lesada e consiste na perda do ganho esperável. Ainda que inconteste o incidente e o período de convalescência da autora, não há demonstração nem da atividade profissional desempenhada pela autora, nem do valor que deixou de auferir. Assim, não se acolhe o pedido de lucros cessantes, os quais não podem ser presumidos. 4 – Danos morais. A reparação por danos morais é devida quando há violação de direitos da personalidade. A integridade física compõe os direitos da personalidade do indivíduo, pelo que sua violação, quando da queda no estabelecimento da ré, enseja a reparação por danos morais. Fixa-se, pois, o valor da compensação em R$ 10.000,00, monta que se mostra razoável e proporcional. 5 – Recurso conhecido e provido em parte" (*TJDFT* – Ap 07142097720228070005, 4-7-2024, Rel. Aiston Henrique de Sousa).

"Apelação Cível – Direito de vizinhança – Ação de obrigação de fazer cumulada com pedido de reparação por perdas e danos e tutela provisória de urgência – Execução de terraplanagem em terreno vizinho que causou severos danos ao imóvel de propriedade da autora – Tutela de urgência concedida – Comparecimento da ré à lide, após prazo de defesa, alegando nulidade do processo por ausência da certidão de juntada do mandado citatório – Revelia da requerida decretada – Sentença de total procedência – Insurgência – Alegação de preliminares de nulidade do processo por ausência da certidão de juntada do mandado, de modo que não se poderia aferir o início do prazo, falta de litisconsórcio passivo necessário e ilegitimidade de parte que foram rejeitados pois, inocorrentes – Alegação de ausência de responsabilidade por não ter executado a obra – Não comprovação do alegado – Aplicação do CDC – **Consumidora por equiparação nos termos do art. 17 do CDC** – Responsabilidade solidária – Cadeia de consumo – Danos materiais e morais não impugnados – Ônus da impugnação específica que recaía sobre a apelante – Sentença mantida – Recurso desprovido, com observações ao dispositivo da sentença" (*TJSP* – Ap 1008026-94.2020.8.26.0704, 4-9-2023, Rel. João Antunes).

"Apelação. **Responsabilidade civil.** Gravame de veículo realizado erroneamente pelo réu. Recurso do Banco que enfrenta o dano moral e seu montante, e não a falha do serviço. Instituição que admite erro. Danos morais. Responsabilidade objetiva da empresa decorrente da falha que limitou a fruição do bem pelo autor sem qualquer relação

Cuida-se da proteção ao denominado *bystander*, ou seja, as pessoas, naturais ou jurídicas, que, mesmo sem serem participantes diretas da relação de consumo, foram atingidas em sua saúde ou segurança em virtude do fato do produto ou do serviço. A extensão justifica-se pela potencial gravidade que pode assumir a difusão de um produto ou serviço no mercado. Protege-se, assim, o consumidor direto e o indireto ou por equiparação. Com isso, é adotado um tratamento unitário com relação às vítimas de consumo, superando-se a dicotomia entre responsabilidade contratual e extracontratual. Se, por exemplo, um aparelho eletrônico ou motor explode por defeito do produto e atinge não somente o consumidor que o adquiriu, mas também outras pessoas que estavam próximas, todos estão legitimados a pedir a reparação do dano.

22.3 REPARAÇÃO DE DANOS

Os danos projetados nos consumidores, decorrentes da atividade do fornecedor de produtos e serviços, devem ser cabalmente indenizados. No nosso sistema foi adotada a responsabilidade objetiva no campo do consumidor, sem que haja limites para a indenização. Ao contrário do que ocorre em outros setores, no campo da indenização aos consumidores não existe limitação tarifada.[8]

---

jurídica com o réu. Consumidor equiparado. Art. 17 do CDC. Manutenção dos danos morais. Recurso desprovido" (*TJSP* – Ap 1003669-47.2019.8.26.0400, 11-7-2022, Rel. Lidia Conceição).

"Processual civil e consumidor – Recurso especial – Ação de indenização de danos materiais e compensação de danos morais – Omissão, contradição ou obscuridade – Não existência – **Fato do produto ou do serviço** – Consumidor por equiparação – *Bystander* – Aplicação – CDC – Possibilidade – Distribuição – Solidariedade – 1 – Ação ajuizada em 02/08/2010 – Recurso especial interposto em 29/08/2014 e atribuído a este Gabinete em 25/08/2016. 2 – O propósito recursal consiste em determinar: (i) se é correta a aplicação da legislação consumerista à hipótese dos autos, em que o recorrido foi lesionado por garrafas quebradas de cerveja deixadas em via pública; E (ii) se é possível a solidariedade entre a recorrente, fabricante de cervejas, e a interessada, então sua distribuidora, responsável por deixar as garrafas quebradas em calçada pública. 3 – A ausência de expressa indicação de obscuridade, omissão ou contradição nas razões recursais enseja a não violação ao disposto no art. 535 do CPC/73. 4 – Para fins de tutela contra acidente de consumo, o CDC amplia o conceito de consumidor para abranger qualquer vítima, mesmo que nunca tenha contratado ou mantido qualquer relação com o fornecedor. 5 – Na hipótese dos autos, exsurge a figura da cadeia de fornecimento, cuja composição não necessita ser exclusivamente de produto ou de serviços, podendo ser verificada uma composição mista de ambos, dentro de uma mesma atividade econômica. 6 – Conforme jurisprudência deste Tribunal, a responsabilidade de todos os integrantes da cadeia de fornecimento é objetiva e solidária, nos termos dos arts. 7º, parágrafo único, 20 e 25 do CDC. 7 – No recurso em julgamento, por sua vez, verifica-se uma cadeia de fornecimento e, assim, impossível de afastar a legislação consumerista e a correta equiparação do recorrido a consumidor, nos termos do art. 17 do CDC, conforme julgado pelo Tribunal de origem. 8 – Recurso especial conhecido e não provido" (*STJ* – REsp 1.574.784 – (2014/0337394-6), 25-6-2018, Relª Minª Nancy Andrighi).

8 "Apelação cível – **Dano moral** – Arbitramento – O arbitramento do dano moral deve atender às circunstâncias da causa. Apelação desprovida" (*TJRS* – AC 70074509084, 12-6-2019, Rel. Des. Carlos Cini Marchionatti).

"Agravo interno no recurso especial – Seguro saúde – Ação de indenização – Tratamento consistente em sessões de fonoaudiologia para recuperar a capacidade de mastigação e deglutição – Recusa indevida – Dano moral *in re ipsa* – Ocorrência – **Indenização** – **Arbitramento** – **Método bifásico** – Recurso não provido – 1 – O Superior Tribunal de Justiça perfilha o entendimento de que 'conquanto geralmente nos contratos o mero inadimplemento não seja causa para ocorrência de danos morais, a jurisprudência desta Corte vem reconhecendo o direito ao ressarcimento dos danos morais advindos da injusta recusa de cobertura de seguro saúde, pois tal fato agrava a situação de aflição psicológica e de angústia no espírito do segurado, uma vez que, ao pedir a autorização da seguradora, já se encontra em condição de dor, de abalo psicológico e com a saúde debilitada' (REsp 735.168/RJ, Rel. Ministra Nancy Andrighi, Terceira Turma, julgado em 11/03/2008, *DJe* 26/03/2008). 2 – A fixação do valor devido a título de indenização por danos morais, segundo a jurisprudência do Superior Tribunal de Justiça, deve considerar o método bifásico, sendo este o que melhor atende às exigências de um arbitramento equitativo da indenização por danos extrapatrimoniais, uma vez que minimiza eventual arbitrariedade ao se adotar critérios unicamente subjetivos do julgador, além de afastar eventual tarifação do dano. Nesse sentido, em uma primeira etapa deve-se estabelecer um valor básico para a indenização, considerando o interesse jurídico lesado, com base em grupo de precedentes jurisprudenciais que apreciaram casos semelhantes. Após, em um segundo momento, devem ser consideradas as circunstâncias do caso, para a fixação definitiva do valor da indenização, atendendo a determinação legal de arbitramento equitativo pelo juiz. 3 – Para fixação do *quantum* indenizatório, tendo em mira os interesses jurídicos lesados (direito à vida e direito à saúde), tenho por razoável que a condenação deve ter como valor básico R$ 15.000,00 (quinze mil reais), não destoando da proporcionalidade, tampouco dos critérios adotados pela jurisprudência desta Corte. 4 – No que tange à segunda fase do método bifásico, para a fixação definitiva da indenização, partindo do valor básico anteriormente determinado, ajustando-se às circunstâncias particulares do caso, devem ser consideradas as seguintes circunstâncias: a) trata-se de caso envolvendo consumidor hipossuficiente litigando contra sociedade empresária de grande porte; b) o ato ilícito praticado pela ora recorrida e que deu ensejo aos danos morais suportados pela recorrente relaciona-se a graves problemas de saúde decorrentes de acidente automobilístico, demandando a recorrente de tratamento fonoaudiólogo de urgência para a recuperação da capacidade de mastigação e deglutição; c) a recusa à cobertura das despesas relacionadas às sessões de fonoaudiologia inviabilizaria o próprio tratamento médico, impedindo, a rigor, a utilização de meio hábil à cura e inviabilizando a própria concretização do objeto do contrato. 5 – Indenização definitiva fixada em R$ 20.000,00 (vinte mil reais). 6- Agravo interno não provido" (*STJ* – AGInt-REsp 1.719.756 – (2018/0014623-6), 21-5-2018, Rel. Min. Luis Felipe Salomão).

"Direito Empresarial – Importação – Transporte aéreo internacional – Mercadorias Avariadas – Fatos ocorridos na vigência do CC/1916 – Não incidência do CC/2002 – Seguradora – Ressarcimento – Sub-rogação – Ação Regressiva – **Ausência de relação de consumo – Convenção de Varsóvia – Indenização Tarifada** – Ação cautelar de protesto – Interrupção do prazo prescricional – 1 – A expressão "destinatário final" contida no art. 2º, *caput*, do CDC deve ser interpretada à luz da razão pela qual foi editado o referido diploma, qual seja, proteger o consumidor porque reconhecida sua vulnerabilidade frente ao mercado de consumo. Assim, considera-se consumidor aquele que retira o produto do mercado e o utiliza em proveito próprio. Sob esse enfoque, como regra, não se pode considerar destinatário final para efeito da lei protetiva aquele que, de alguma forma, adquire o produto ou serviço com intuito profissional, com a finalidade de integrá-lo no processo de produção, transformação ou comercialização. 2 – As normas do CDC não são aplicáveis à aquisição e à importação de sistema de discos magnéticos e de software por empresa, não hipossuficiente nem vulnerável, no intuito de incrementar sua atividade industrial, ampliar a gama de produtos e aumentar os lucros. Igualmente, não se aplica o referido diploma ao transporte aéreo internacional dos referidos bens, por representar mera etapa do ato complexo de importar. 3 – Afastado o CDC no caso concreto e ocorridos os fatos na vigência do CC/1916, incide a Convenção de Varsóvia e seus aditivos ao transporte aéreo internacional para efeito de indenização tarifada. 4 – A jurisprudência do STJ confere à seguradora sub-rogada os mesmos direitos, ações e privilégios do segurado a quem indenizou, nos termos do art. 988 do CC/1916. Concretamente, portanto, o direito da seguradora sub-rogada restringe-se à indenização tarifada disciplinada na Convenção de Varsóvia e seus aditivos. 5 – O princípio constitucional da reparação integral, fundamentado no art. 5º, V e X, da CF/1988, não pode ser adotado no âmbito de Turma deste Tribunal Superior para efeito de afastar a aplicação da Convenção de Varsóvia, diploma específico que foi incorporado no ordenamento jurídico interno 'nos mesmos planos de validade, de eficácia e de autoridade em que se posicionam as leis ordinárias, havendo, em consequência, entre estas e os atos de direito internacional público, mera relação de paridade normativa' (ADI/MC nº 1.480-3- DF, STF, Rel. Ministro Celso de Mello, Tribunal Pleno, *DJ* de 18.5.2001). Incide, no caso, a vedação contida na Súmula Vinculante nº 10, do STF, segundo a qual 'viola a cláusula de reserva de plenário (CF, artigo 97) a decisão de órgão fracionário de tribunal que, embora não declare expressamente a inconstitucionalidade de lei ou ato normativo do poder público, afasta sua incidência, no todo ou em parte'. 6- Ressaltando-se que o Tribunal de origem aplicou a Convenção de Varsóvia quanto à indenização tarifada e que a ora recorrente nem mesmo cuidou de interpor recurso extraordinário para, eventualmente, discutir a inconstitucionalidade de tal limitação, incabível arguir a inconstitucionalidade perante a Corte Especial deste Tribunal, tendo em vista que tal iniciativa representaria uma forma de contornar a distribuição da competência nas instâncias superiores, feita pela Constituição Federal, que remete ao STF as discussões acerca da violação de dispositivos constitucionais. Nesse sentido: AI no REsp nº 1.135.354/PB, Rel. Originário Ministro Luis Felipe Salomão, Rel. para acórdão Ministro Teori Albino Zavascki, Corte Especial, *DJe* de 28.2.2013. 7 – O prazo de 2 (dois) anos para propor ação de responsabilidade civil disciplinado no art. 29 da Convenção de Varsóvia tem natureza prescricional, não decadencial, daí estar sujeita às causas interruptivas, entre elas o protesto judicial deferido. 8 – O entendimento do Tribunal estadual de que os motivos que justificariam a cautelar de protesto não poderiam ser afastados na presente ação ordinária foi impugnado no recurso especial mediante indicação de dispositivos legais inadequados para tal fim, que não alcançam o tema. 9 – Hipótese em que a Corte local, fundamentada no art. 173 do CC/1916, em vigor na época dos fatos, decidiu que a interrupção do prazo prescricional perdurou até a conclusão do processo cautelar de protesto. Os arts. 219, § 1º, e 263 do CPC/1973, entretanto, indicados pela recorrente como contrariados, dizem respeito, apenas, ao momento inicial da interrupção, não cuidando do seu período de duração, isto é, se o prazo prescricional volta a correr no dia seguinte ao da prática do respectivo ato ou se permanece interrompido, no presente caso, até o final da cautelar de protesto. 10 – Quanto ao art. 202, parágrafo único, do CC/2002, igualmente colacionado no

Desse modo, por exemplo, medicamento que ocasiona prejuízo à saúde do consumidor ou de grupos de consumidores deve ser cabalmente indenizado, no âmbito da responsabilidade objetiva, abrangendo tanto os danos morais como os danos materiais.

Quando se tratar, porém, de vício do produto ou do serviço, nem sempre a reparação será uma soma em dinheiro, pois o Código de Defesa do Consumidor estabelece alternativas no sentido de permitir a substituição do produto ou o refazimento do serviço defeituoso.

A responsabilidade por *vício do produto e do serviço* está estabelecida nos arts. 18 a 20 do CDC, não se confundindo com a responsabilidade pelo fato do produto ou do serviço. Os defeitos aqui são intrínsecos aos produtos e não se cuida dos danos causados por eles, como já visto. Os artigos tratam do defeito do produto por vícios de qualidade ou quantidade, impropriedade ou inadequação para a respectiva finalidade. Trata-se do quilo que tem apenas 900 gramas; do limpador que não limpa; do rádio que não capta devidamente as estações na frequência anunciada. O § 1º do art. 18 estatui que, se o vício não for sanado no prazo máximo de 30 dias, pode o consumidor exigir, alternativamente, a sua escolha:[9]

> *"I – a substituição do produto por outro da mesma espécie, em perfeitas condições de uso;*
>
> *II – a restituição imediata da quantia paga, monetariamente atualizada, sem prejuízo de eventuais perdas e danos;*
>
> *III – o abatimento proporcional do preço".*[10]

---

recurso, embora discipline o tema pertinente ao período de interrupção do prazo prescricional, não se aplica à hipótese dos autos. A cautelar de protesto foi autuada e distribuída em 15.7.2002, o Juiz deferiu a notificação respectiva em 18.7.2002, o mandado de notificação foi cumprido em 8.8.2002, e o despacho liberando o processo para ser entregue ao requerente foi publicado em 23.8.2002. Em tal contexto, qualquer que seja o ato processual a ser considerado, a interrupção do prazo se deu na vigência do sistema legal disciplinado no CC/1916, razão pela qual o Tribunal de origem invocou, tão somente, o art. 173 do referido diploma, nem mesmo enfrentado expressamente pela recorrente. 11 – O fato de o art. 202, parágrafo único, do CC/2002 – Impropriamente referido na peça recursal – Corresponder, com alguns ajustes, ao art. 173 do CC/1916 é irrelevante para o conhecimento do recurso. Por se tratar de dever da parte mencionar as normas federais violadas, é vedado a este colegiado indicar a norma correta em substituição àquela mencionada pela recorrente, sob pena de ferir, também, o princípio processual da isonomia, disciplinado nos arts. 125, I, do CPC/1973 e 139, I, do CPC/2015. Caso em que não se está diante de mero equívoco material sanável. Precedente. 12 – O art. 26, 1, da Convenção de Varsóvia disciplina a presunção relativa quanto ao bom estado das mercadorias entregues, permitindo prova em contrário na hipótese de o recebimento ocorrer sem nenhuma ressalva. Além disso, não especifica quais serão as provas válidas, admitindo-se, portanto, amplo suporte probatório. No presente caso, o Tribunal de origem afastou tal presunção considerando incontroversas as avarias, constatadas no dia seguinte ao do desembarque, confirmadas por vistoria posterior e aceitas pela própria transportadora. Em tal circunstância, a reforma do acórdão recorrido, nesse ponto, esbarra na vedação contida na Súmula nº 7 do STJ, que impede o simples reexame de provas na instância especial. 13 – Recursos especiais conhecidos em parte e desprovidos" (*STJ* – REsp 1.156.735 – (2009/0175755-2), 24-3-2017, Rel. Min. Antonio Carlos Ferreira).

9 Prazo de 30 dias para reparo de produto defeituoso não afeta direito ao ressarcimento integral de danos materiais. Disponível em: https://www.stj.jus.br/sites/portalp/Paginas/Comunicacao/Noticias/2025/27052025-Prazo-de-30--dias-para-reparo-de-produto-defeituoso-nao-afeta-direito-ao-ressarcimento-integral-de-danos-materiais.aspx. Acesso em: 12 set. 2025.

10 "Apelação. **Vício do produto**. Ação de indenização por danos materiais e morais. Sentença de improcedência. Recurso da autora. Descabimento. Suposto vício no aparelho celular. Mau uso do produto como causa de sua má-funcionalidade. Culpa exclusiva da consumidora a afastar a responsabilidade da ré (fabricante) pelo reparo ou substituição do produto, ou a restituição da quantia paga. Art. 18, § 1º, do CDC. Sentença mantida. Recurso não provido" (*TJSP* – Ap 1015796-24.2023.8.26.0320, 31-7-2024, Relª Lidia Conceição).

"Consumidor. Prestação de serviços. Incontroversa falha na instalação de piscina. Pretensão de ver substituído o produto, danificado pelo serviço falho. Identificado o vício, cabe exclusivamente ao polo consumidor escolher uma das opções inscritas no **art. 18, § 1º, do CDC**, quadro a chancelar a substituição pretendida. Trata-se de direito potestativo e formativo do consumidor, exercitável livre de quaisquer amarras, na exata medida da sua conveniência, desinfluente a eventual desproporção entre o vício não sanado e o valor do produto adquirido. Relevância e

Portanto, de plano, a primeira obrigação do fornecedor do produto é reparar o vício em 30 dias. Não o fazendo ou não o fazendo convenientemente, abre-se a tríplice alternativa para o consumidor. Na verdade, como veremos a seguir, essa facultatividade para o fornecedor do produto é mais aparente do que real, pois, em regra, poderá sempre o consumidor optar imediatamente pela ação de reparação. Trata-se, como percebemos, de ação redibitória ou *quanti minoris*, adaptada à lei consumerista. Esse trintídio estabelecido na lei pode ser modificado pelas partes, desde que não seja prazo inferior a sete dias, nem superior a 180 (art. 18, § 4º). Há produtos que são de elevado grau de sofisticação e não permitem prazo exíguo de substituição ou reparo. Outros são por demais singelos e o prazo de sete dias é suficiente para a reparação.

A lei também permite que o consumidor faça uso imediato da tríplice alternativa para a ação de reparação, *"sempre que, em razão da extensão do vício, a substituição das partes viciadas puder comprometer a qualidade ou características do produto, diminuir-lhe o valor ou se tratar de produto essencial"* (art. 18, § 3º). Na prática, optando por essa medida, dificilmente o tribunal entenderá cabível o reparo do produto.

Se o consumidor optar pela substituição do produto (inciso I do § 1º), não sendo possível pelo mesmo bem, poderá haver substituição por outro de espécie, marca ou modelo diversos, mediante complementação ou restituição de eventual diferença de preço, sem prejuízo das outras duas alternativas presentes no § 1º. Assim, se o consumidor não concordar com a troca por modelo diverso, ainda que mais valioso, persiste a possibilidade da restituição imediata da quantia paga ou o abatimento proporcional do preço.

O § 5º do art. 18 dispõe que, tratando-se de produtos *in natura*, será responsável perante o consumidor o fornecedor imediato, exceto quando identificado claramente seu produtor. Desse modo, o posto de serviços será responsável pelo fornecimento de combustível adulterado; o varejista, por cereais deteriorados etc.

O § 6º desse mesmo artigo descreve objetivamente o que o legislador considera produtos impróprios para uso e consumo:

---

gravidade do problema que ganham destaque apenas para aquilatar a possível grande extensão liberatória do prazo previsto na lei. Inteligência dos arts. 18, §§ 3º e 4º, e 21 do CDC. Reparos que, na forma do laudo técnico, podem deixar o produto apenas semelhante a um novo. Princípio da reparação integral. Responsabilidade da corré pelo episódio que não foi sequer acenado no recurso, insuficiente ser ela a fabricante do produto, que não apresentava vícios. Vínculo estabelecido exclusivamente com a empresa instaladora. Recurso provido em parte" (*TJSP* – Ap 1000695-05.2021.8.26.0291, 15-5-2023, Rel. Ferreira da Cruz).

"Responsabilidade civil – **Vício de qualidade do produto** – Corpo estranho (lesma) em molho de tomate – Danos morais – A responsabilidade do fornecedor não depende de comprovação de culpa, a teor do CDC, arts. 12, 14 e. 18- O consumidor, como regra, deve demonstrar o nexo de causalidade e o dano. Caso em que o produto contendo corpo estranho não foi ingerido pela parte autora. Além disso, a prova dos autos indicou que o sachê de molho de tomate estava aberto e guardado na geladeira há 2, 3 dias, fato de rompe o nexo de causalidade, pois não se sabe se houve falha no processo produtivo ou acondicionamento inapropriado do produto. O mero dissabor ocorrido na vida cotidiana não deve fundamentar indenização por dano moral. A ofensa deve apresentar certa magnitude, com a finalidade de ser reconhecida a violação a direito da personalidade ou da dignidade da pessoa. Apelação não provida" (*TJRS* – AC 70080412158, 30-5-2019, Rel. Des. Marcelo Cezar Müller).

"Responsabilidade civil – Espumante – Ingestão – **Vício de qualidade do produto** – Ingestão – Corpo estranho – Dano moral – A responsabilidade do fornecedor não depende de comprovação de culpa, a teor do CDC, arts. 12, 14 e. 18 – O consumidor, como regra, deve demonstrar o nexo de causalidade e o dano. No caso, os autores encontraram corpo estranho no alimento, após a ingestão. Caso em que configurado o acidente de consumo em decorrência de vício de qualidade. O ato praticado contra a dignidade da pessoa deve ser reparado. O dano moral deve ser estabelecido com razoabilidade, de modo a servir de lenitivo ao sofrimento da vítima. Mantido o valor estabelecido na sentença. Apelação não provida" (*TJRS* – AC 70076521400, 22-3-2018, Rel. Des. Marcelo Cezar Müller).

> *"I – os produtos cujos prazos de validade estejam vencidos;*
>
> *II – os produtos deteriorados, alterados, adulterados, avariados, falsificados, corrompidos, fraudados, nocivos à vida ou à saúde, perigosos, ou, ainda, aqueles em desacordo com as normas regulamentares de fabricação, distribuição ou apresentação;*
>
> *III – os produtos que, por qualquer motivo, se revelam inadequados ao fim a que se destinam".*

Nessas situações de responsabilidade por vício do produto e do serviço a responsabilidade é mais ampla. Além de ser solidária entre todos os fornecedores, também abrange o comerciante, podendo o consumidor escolher contra quem dirigir sua pretensão. Abre-se exceção no art. 18, § 5º, quando se tratar de fornecimento de produtos *in natura*, quando será responsável o fornecedor imediato, exceto quando identificado claramente seu produtor. Também há outra exceção no art. 19, § 2º, no tocante aos vícios de quantidade, quando o fornecedor imediato fizer a pesagem ou medição e o instrumento utilizado não estiver aferido segundo os padrões oficiais. Nesse sentido ficam abrangidas todas as vendas de produtos que são comercializados dessa forma, como nos mercados e nas tradicionais feiras livres.

Pela vasta abrangência da matéria envolvida, percebemos que a Administração dos três níveis, federal, estadual e municipal, devem participar da fiscalização. Essa, aliás, é a noção presente no capítulo reservado às "Sanções administrativas" do Código de Defesa do Consumidor, arts. 55 ss. O art. 19 disciplina a responsabilidade solidária dos fornecedores por vícios de quantidade dos produtos, respeitadas as variações decorrentes de sua natureza. O produto deve conter, em princípio, exatamente o que demonstra a embalagem, a rotulagem e a mensagem publicitária. Em caso de falta, caberá ao consumidor optar pelo abatimento proporcional do preço, pela complementação do peso ou da medida; pela substituição por outro produto ou restituição imediata da quantia paga, com correção monetária, sem prejuízo de perdas e danos.

Lembre-se de que o fornecedor, nessas situações, além de estar obrigado a reparar o dano sob uma das formas eleitas, também se sujeitará a reprimendas administrativas e penais.

Quanto ao vício pelos serviços, estabelece o art. 20:

> *"O fornecedor de serviços responde pelos vícios de qualidade que os tornem impróprios ao consumo ou lhe diminuam o valor, assim como por aqueles decorrentes da disparidade com as indicações constantes da oferta ou mensagem publicitária, podendo o consumidor exigir, alternativamente e à sua escolha:*
>
> *I – a reexecução dos serviços, sem custo adicional e quando cabível;*
>
> *II – a restituição imediata da quantia paga, monetariamente atualizada, sem prejuízo de eventuais perdas e danos;*
>
> *III – o abatimento proporcional do preço".*

A *restitutio in integrum* é, portanto, autorizada tanto no defeito (vício) do produto quanto no defeito (vício) do serviço. Cuidando-se de obrigação de fazer, o consumidor pode-se utilizar do procedimento próprio, inclusive pedindo a cominação de multa diária para que seja cumprido o preceito. O § 1º do art. 20 permite a reexecução dos serviços por terceiros, por conta e risco do fornecedor. Nem sempre a execução será a melhor solução, pois sempre se poderá voltar ao tema, em juízo, no sentido de que os serviços não foram realizados satisfatoriamente. Quando ocorrer essa premissa, a melhor solução sempre será a indenização pecuniária, como denominador comum do prejuízo.

Obrigação complementar do fornecedor de serviço é utilizar componentes originais de reposição, adequados e novos, ou que mantenham as especificações técnicas do fabricante, salvo quando houver autorização expressa em contrário do consumidor (art. 21), sob pena de caracterização do crime previsto no artigo 70 da Lei Consumerista.

Não cabe ao fornecedor, porém, alegar em sua defesa o desconhecimento ou ignorância dos vícios de qualidade dos produtos e serviços (art. 23). O que é levado em conta é unicamente o vício intrínseco no produto ou no serviço e seu respectivo responsável. Quem os fornece assume o risco de incolumidade e perfeição perante o consumidor, podendo voltar-se regressivamente contra o responsável pelo defeito na coisa. Não é levado em conta o erro do fornecedor, nem sua escusabilidade. Lembre-se, no entanto, de que ação de regresso, em sede de direitos do consumidor, deve ser autônoma, porque o art. 88 do Código de Defesa do Consumidor veda a denunciação da lide.

A obrigação legal de garantia pela adequação do produto e do serviço decorre do ordenamento, independentemente de ser expressa (art. 24). A cláusula de não indenizar é ineficaz no campo dos direitos do consumidor, bem como qualquer cláusula que exonere ou atenue a obrigação de indenizar prevista no Código de Defesa do Consumidor (art. 25). É discutido, porém, em se tratando de produtos ou serviços de alta complexidade e de elevado valor, se pode ser limitada a responsabilidade – a implantação de maquinaria de complexa tecnologia, ou de sistema de processamento de dados, por exemplo. Nesse caso, propendemos pela afirmativa: muitos desses negócios apenas se tornam viáveis se o adquirente também assumir parte do risco, daí por que é admitida a limitação da responsabilidade até determinado valor, em cláusula bilateral no contrato, que não tenha sido imposta em contrato de adesão. Na maioria dessas situações, também, não estará presente ou estará atenuada a vulnerabilidade e a hipossuficiência do consumidor. Não pode, no entanto, a limitação de responsabilidade ser estabelecida a ponto de nulificar ou tornar ineficiente a proteção ao consumidor.

Os arts. 26 e 27 dispõem de forma não muito clara sobre a decadência e a prescrição, contrariando posições doutrinárias anteriores.

O art. 26 estabelece os prazos decadenciais para o direito de reclamar pelos vícios nos produtos ou serviços, modificando o superado sistema dos vícios redibitórios do Código Civil. Assim,

> *"o direito de reclamar pelos vícios aparentes ou de fácil constatação caduca em:*
>
> *I – trinta dias, tratando-se de fornecimento de serviço e de produtos não duráveis;*
>
> *II – noventa dias, tratando-se de fornecimento de serviço e de produto duráveis".*

De acordo com o § 1º do art. 26, esses prazos decadenciais iniciam-se a partir da entrega efetiva do produto ou do término da execução dos serviços. Tais prazos, porém, são obstados ou impedidos de correr, na forma como estatui o § 2º:

> *"Obstam a decadência:*
>
> *I – a reclamação comprovadamente formulada pelo consumidor perante o fornecedor de produtos e serviços até a resposta negativa correspondente, que deve ser transmitida de forma inequívoca;*
>
> *II – (Vetado);*
>
> *III – a instauração de inquérito civil, até seu encerramento".*

Essas hipóteses são causas impeditivas da decadência, quando formalizadas nos respectivos prazos, reiniciando-se eles após a resposta inequívoca ou encerramento do inquérito, se for o caso. Deve ser comprovada a entrega da notificação ao fornecedor por qualquer meio hábil:

protocolo, Aviso de Recebimento, notificação judicial ou extrajudicial. Também deve ser levada em conta a possibilidade de notificação por correio eletrônico ou fac-símile, mas nesses casos é conveniente que se remeta correspondência confirmatória. O mesmo se aplica à resposta do fornecedor, que deve ser dada de forma inequívoca.[11]

Quando se tratar de *vício oculto*, o prazo decadencial inicia-se do momento em que ficar evidenciado o defeito (art. 26, § 3º). Trata-se aqui de aplicação da tradicional teoria dos vícios redibitórios. Muito se discutiu, anteriormente à lei, se, esgotado o prazo legal, algum tempo após a entrega do produto poderia haver reclamação, pois muitos defeitos não se "evidenciam" para o leigo de plano ou *ictu oculi*. Peça defeituosa em equipamento pode se tornar evidente muito tempo após o recebimento da coisa e seu funcionamento. A questão passa a ser de prova, cujo ônus será, como regra, do fornecedor. A propósito, a mesma orientação está presente no atual Código Civil:

> *"Quando o vício, por sua natureza, só puder ser conhecido mais tarde, o prazo contar-se-á do momento em que dele se tiver ciência, até o prazo máximo de seis meses em se tratando de bens móveis, e de um ano para os imóveis" (art. 445, § 1º).*

Esses prazos decadenciais referem-se ao direito de reclamar pelos vícios do produto ou do serviço, a fim de obter a substituição, reparação do bem ou refazimento do serviço ou

---

[11] "Agravo de instrumento. Ação de restituição de valores cumulada com indenização por danos materiais e morais. Decadência. Inocorrência. Direito de reclamação por vício do serviço que deve ser exercido pelo consumidor em 90 dias a partir do término da execução. Hipótese em que evidenciada a reclamação, seguida de tratativas entre as partes. Prazo obstado até resposta negativa expressa e inequívoca por parte da fornecedora. **Art. 26, § 2º, II, do CDC**. Resposta negativa não verificada nos autos. Fornecedora que não pode se beneficiar da própria inércia. Decadência afastada. Pretensão de reparação de danos, ademais, que se submete ao prazo prescricional do artigo 27, CDC. Decisão mantida. Recurso não provido" (*TJSP* – AI 2196726-73.2024.8.26.0000, 12-7-2024, Relª Ana Lucia Romanhole Martucci).

"Apelação cível – Ação civil pública – **Vício de qualidade do produto** – CDC – Lotes de água mineral expostos à venda – Danos coletivos – Direitos difusos e individuais homogêneos – 1- Legitimidade do Ministério Público para o ajuizamento de Ação Civil Pública na defesa de direitos difusos e individuais homogêneos disponíveis em que se verifique relevância social. 2- Caso concreto em que o vício de qualidade do produto está suficientemente caracterizado, na medida em que as garrafas d'água periciadas mostraram-se impróprias para o consumo. E sem embargo do esforço envidado pela parte demandada na tentativa de eximir-se da culpa, ao congratular-se dos padrões de qualidade que observa no seu processo produtivo, impende destacar que a responsabilidade por vício do produto, nos termos do artigo 18 do Código de Defesa do Consumidor, é objetiva e solidária, não tendo a parte recorrida logrado comprovar qualquer razão excludente. 3- Dano a direito difuso. A mera colocação de um bem de consumo impróprio à comercialização é suficiente para violar, pela via da potencialidade, o direito básico dos consumidores à incolumidade da saúde e da segurança contra riscos do fornecimento de produtos (art. 6º, I, do CDC). No caso, o dano é presumido, haja vista residir no risco em potencial gerado contra a saúde da coletividade. Precedente do STJ. 4- Danos a direitos individuais homogêneos. Relativamente aos direitos individuais homogêneos, não é menos evidente a lesão causada, já que os 07 (sete) lotes de água imprópria para o consumo foram expostos à venda e comercializados. Ao menos do contrário não há comprovação, ônus que incumbia à parte demandada, nos termos da decisão de fl. 156, que redistribuiu a carga probatória, com amparo do artigo 6º, VIII, do Código de Defesa do Consumidor. 5- De ser rechaçada a indigitada repercussão pontual do caso como fator desautorizador da tutela coletiva, a uma, porque a lei não exige um número mínimo de lesados e, a duas, porque o caso concreto efetivamente revela a causação potencial de dano de origem comum a número plural de consumidores, nos exatos termos do artigo 81, III, do CDC. 6- Sentença reformada para julgar-se procedente o pedido formulado na inicial, condenando-se genericamente a parte demandada a indenizar os consumidores e consumidores equiparados pelos danos morais e materiais que venham a ser aferidos em futura liquidação, bem como ao pagamento de R$ 10.000,00 (dez mil reais) em benefício do Fundo Municipal de Defesa do Consumidor, a título de indenização pelos danos coletivos causados. Recurso provido" (*TJRS* – AC 70069660645, 14-3-2019, Relª Marlene Marlei de Souza).

"Responsabilidade civil – **Vício do produto** – Tintura de cabelo – Reação alérgica manifestada pela consumidora – Indicação na bula do produto da necessidade da realização do teste de toque. Informação suficiente para a comercialização do produto. Sentença de procedência da demanda reformada. Apelação provida" (*TJPR* – AC 1631358-7, 26-1-2018, Rel. Des. Albino Jacomel Guerios).

diminuição de preço, vícios de qualidade ou quantidade (arts. 18 a 22). A reclamação não é meio idôneo para pedir indenização por danos materiais ou morais.

A ação de indenização pelos danos materiais e morais, decorrentes de acidente de consumo, danos causados pelo (fato do) produto ou pelo (do) serviço (arts. 12 a 14), *prescreve* em cinco anos, "*iniciando-se a contagem do prazo a partir do conhecimento do dano e de sua autoria*" (art. 27). Nessa hipótese, cuida-se de prescrição da ação, obedecendo-se ao princípio da *actio nata*.

Já nos referimos por várias vezes à possibilidade de inversão do ônus da prova pelo juiz. Como vimos, trata-se de poder discricionário do magistrado, que avaliará a verossimilhança das alegações ou a hipossuficiência do autor (art. 6º, VIII). Se, porém, o alegado defeito estiver relacionado com as informações ou mensagem publicitária, o ônus da prova da veracidade e correção da informação caberá ao patrocinador (art. 38). De qualquer modo, essa inversão do ônus da prova dependerá de expressa determinação do juiz, em momento processual oportuno, matéria que refoge ao âmbito de nosso estudo. Assim, a regra geral continua aplicável às ações de consumo, devendo o autor comprovar o dano e o nexo causal, dispensada a prova de culpa do fornecedor, por se tratar de responsabilidade objetiva.

Encerramos esta seção com menção ao importante conteúdo do art. 28, que trata da *desconsideração da pessoa jurídica*. Do tema já tratamos em nosso *Direito civil: parte geral* (Capítulo 14), para o qual remetemos o leitor. Em linhas gerais, a pessoa jurídica será desconsiderada sempre que for um obstáculo à satisfação dos direitos do consumidor:

> "*O juiz poderá desconsiderar a personalidade jurídica da sociedade quando, em detrimento do consumidor, houver abuso de direito, excesso de poder, infração da lei, fato ou ato ilícito ou violação dos estatutos ou contrato social. A desconsideração também será efetivada quando houver falência, estado de insolvência, encerramento ou inatividade da pessoa jurídica provocados por má administração*".

Complementamos a ideia com o § 5º:

> "*Também poderá ser desconsiderada a pessoa jurídica sempre que sua personalidade for, de alguma forma, obstáculo ao ressarcimento de prejuízos causados aos consumidores*".

Amplo é, portanto, o poder do juiz ou árbitro para desconsiderar a pessoa jurídica em benefício do consumidor, atingindo bens particulares dos sócios, pessoas físicas ou jurídicas. A incidência desse artigo, como notamos, pressupõe primeiramente a ocorrência de prejuízo do consumidor; em segundo lugar, que a pessoa jurídica responsável obste, por qualquer estratagema, a indenização, sob o escudo de sua própria existência, com evidente abuso de direito. É relevante também que a desconsideração se aplica nos casos de falência, insolvência, encerramento ou inatividade provocados por má administração.

23

OUTRAS MODALIDADES DE RESPONSABILIDADE

23.1 RESPONSABILIDADE CIVIL DOS ADVOGADOS

A responsabilidade civil possui um vasto campo de estudo, com vários compartimentos, cada um deles merecendo um exame monográfico. Faremos menção aqui de alguns temas para iniciação de estudo.

Já nos ocupamos da responsabilidade médica. A responsabilidade profissional é um dos capítulos da responsabilidade civil em geral, preponderantemente contratual. Quem exerce certa profissão deve-se comportar – de certos parâmetros exigidos para o ofício. O desvio desses parâmetros, ao ocasionar danos, interessa ao dever de indenizar. A presunção a ser seguida é que qualquer pessoa que exerça uma profissão deve conhecer os meandros necessários para fazê-lo a contento.

Anota Augusto Roberto Sobrino (*in* Ghersi, 2000: 357, v. 1) que, quando se fala de responsabilidade profissional, muitos, especialmente os médicos, afirmam que atualmente existe uma verdadeira caça às bruxas. Aduz que, se por um lado é certo que ultimamente tem aumentado o número de processos por mau desempenho ou má prática funcional, durante muito tempo esses profissionais, mercê da época em que viveram, médicos, advogados, engenheiros e outros técnicos, estiveram à margem das ações indenizatórias, como que protegidos por uma aura de privilégios ou imunidades. Mudaram as épocas, modificaram-se os exercícios dessas profissões e mudou a forma de a sociedade encarar esses profissionais que, no passado, ao contrário do presente, representavam uma elite muito mais restrita.

No tocante à responsabilidade do advogado, entre nós ela é contratual, na grande maioria das oportunidades, decorrendo especificamente do mandato. Geralmente há, portanto, um acordo prévio entre o advogado e seu cliente. Veja o que estudamos a respeito do contrato de mandato, em especial quanto ao mandato judicial, no Capítulo 29 do volume 3. Há também possibilidade de que a relação advogado-cliente seja extranegocial ou até mesmo estatutária, como acontece, por exemplo, com defensores oficiais e defensores nomeados pelo juiz.

As obrigações do advogado consistem em defender a parte em juízo, bem como dar-lhe opiniões técnicas e conselhos profissionais. O Estatuto da Advocacia (Lei nº 8.906/94), alterada pela Lei nº 14.365/2022, estabelece como atividades exclusivas dos advogados os serviços de consultoria, assessoria, direção jurídica e a postulação perante qualquer órgão do Poder Judiciário. O art. 31 deste Estatuto dispõe que "*o advogado deve proceder de forma que o torne merecedor de respeito e que contribua para o prestígio da classe e da advocacia*", devendo, portanto, obedecer às disposições do Código de Ética e Disciplina específico. A responsabilidade do advogado, na área litigiosa, é de uma obrigação de meio. Nesse diapasão, assemelha-se à responsabilidade do médico em geral, conforme estudamos. O advogado está obrigado a usar de sua diligência e capacidade profissional na defesa da causa, mas não se obriga pelo resultado, que sempre é falível e sujeito às vicissitudes intrínsecas ao processo. Sua negligência ou imperícia pode traduzir-se de várias formas. A ineficiência de sua atuação deve ser apurada no caso concreto. O que se repreende é o erro grosseiro, inescusável no profissional. Isto se aplica a qualquer ramo profissional.

A conduta do advogado gravita em torno do mandato, mas apresenta características próprias da prestação de serviços e da empreitada, contratos que são próximos.

No entanto, existem áreas de atuação da advocacia que, em princípio, são caracterizadas como obrigações de resultado, característica de sua atuação extrajudicial. Na elaboração de um contrato ou de uma escritura, o advogado compromete-se, em tese, a ultimar o resultado. A matéria, porém, suscita dúvidas e o caso concreto definirá eventual falha funcional do advogado que resulte em dever de indenizar. Em síntese, o advogado deve responder por erros de fato e de direito cometidos no desempenho do mandato. O exame da gravidade dependerá do caso sob exame. Erros crassos, como perda de prazo para contestar ou recorrer, são evidenciáveis objetivamente. Há condutas do advogado, no entanto, que merecem exame acurado. Não devemos esquecer que o advogado é o primeiro juiz da causa e intérprete da norma. Deve responder, em princípio, se ingressa com remédio processual inadequado ou se postula frontalmente contra a letra da lei. No entanto, na dialética do direito, toda essa discussão será profundamente casuística. É fora de dúvida, porém, que a inabilidade profissional evidente e patente que ocasiona prejuízos ao cliente gera dever de indenizar. O erro do advogado que dá margem à indenização é aquele injustificável, elementar para o advogado médio, tomado aqui também como padrão por analogia ao *bonus pater familias*. No exame da conduta do advogado, deve ser aferido se ele agiu com *diligência* e *prudência* no caso que aceitou patrocinar.

É dever do advogado encontrar soluções adequadas para as questões que se lhe apresentam. Quanto ao dever de indenizar, cumpre que no caso concreto se examine se o prejuízo causado pela conduta omissiva ou comissiva do advogado é certo, isto é, se, com sua atividade, o cliente sofreu um prejuízo que não ocorreria com a atuação da generalidade de profissionais da área.[1]

---

1 "Apelação cível. Direito civil. **Contrato de prestação de serviços de advogado**. Negligência. Desídia do profissional. Não demonstrada. Danos materiais. Danos morais. Inexistência. Responsabilidade do advogado. Obrigação de meio. Sentença mantida. Honorários majorados. 1. Para a reparação civil por danos é necessária a apresentação cumulada dos seus requisitos, a saber: ato ilícito, dano e nexo causal entre a conduta e o dano. 1.1. Para a responsabilização do advogado, deve-se examinar se existe dolo ou culpa na conduta do agente, pois trata-se de responsabilidade subjetiva.1.2. A análise da atuação do advogado é obrigação de meio e não de resultado. Precedentes TJDFT 2. No caso em exame, para os processos foram extintos sem resolução do mérito e não foi demonstrado qualquer prejuízo pelo Autor decorrente disso, quer de natureza processual (preclusão, prescrição, decadência etc.), quer patrimonial, já que bastaria apenas entrar com nova ação, o que afasta por si só a possibilidade de responsabilização civil, uma vez que não estão presentes seus requisitos de forma cumulada 3. O Apelante pretende a responsabilização do Advogado, por sua atuação em terceiro processo, por ter perdido prazo para a interposição do recurso e por não ter sido informado sobre o cumprimento da sentença e a intimação para pagamento do ônus sucumbencial, a fim de impedir a incidência dos encargos moratórios. 3.1. Não há prejuízo na perda de prazo para interposição do recurso uma vez que o Autor deixou de quitar o contrato, impedindo a procedência da ação de adjudicação, cujo pedido estava adstrito a condenar a CODHAB a promover a adjudicação compulsória do imóvel. (...) A Apelante não obteve êxito em demonstrar quer os elementos objetivos, que os subjetivos para a responsabilização civil

Outro aspecto inerente à profissão do advogado é o dever de informar, realçado pelo Código de Defesa do Consumidor. O advogado deve informar o cliente de todos os percalços e possibilidades que a causa traz e das conveniências e inconveniências das medidas judiciais a serem propostas. Essa informação deve ser progressiva, à medida que o caso se desenvolve. Ou seja, em cada situação, ainda que não entre em detalhes técnicos, o advogado deve dar noção das perspectivas que envolvem o direito do cliente e as mudanças de rumo que a hipótese sugere. Cuida-se de informação da mesma natureza que o médico deve ao paciente. Nesse aspecto,

---

do Apelado, nos termos dos arts. 186 e art. 927, do Código Civil. 5. Apelo conhecido e não provido. Honorários majorados" (*TJDFT* – Ap 07281662620238070001, 27-6-2024, Rel. Roberto Freitas Filho).

"Apelação cível – **Contrato de prestação de serviços advocatícios** – Valores levantados pelo advogado via alvará – Ausência de repasse ao autor – Ilegalidade – Restituição devida – Litigância de má-fé – Não configurada. A **responsabilidade civil do advogado** é classificada como responsabilidade de meio e não de resultado, impondo ao profissional que atue com diligência e zelo, empregando todos os recursos necessários e adequados à defesa dos interesses de seu cliente, somente se responsabilizando civilmente, caso fique demonstrado que agiu com dolo ou culpa. Havendo levantamento de alvará de quantias pertencentes ao autor, que não lhe foram repassadas, deve ser mantida a procedência do pedido de restituição dos valores devidamente atualizados. Cabe ao autor, o ônus da prova quanto ao fato constitutivo de seu direito e ao réu comprovar fato impeditivo, modificativo ou extintivo do direito do autor (art. 373, I e II, do CPC). (...) A penalidade de litigância de má-fé, apenas incide quando a parte pratica as condutas constantes do art. 17, do CPC, agindo, comprovadamente, com dolo ou culpa em sentido processual" (*TJMG* – ApCív 1.0000.20.049165-2/001, 2-7-2020, Rel. Marco Aurelio Ferenzini).

"**Responsabilidade civil**. Atividade de advogado. Suposto gerenciamento impróprio de crédito de constituinte, com inadequado repasse de valores. Cobrança em procedimento monitório. Embargos julgados procedentes. Recurso do réu, embargante. Desprovimento. (TJSP – AC 1014458-63.2018.8.26.0005, 10-9-2019, Rel. Carlos Russo). Indenização – Advogado – Obrigação – Responsabilidade – Não caracterização – 1- A atividade do advogado quando patrocina demanda judicial é de meio. Inexistência de quaisquer documentos que pudessem evidenciar ter existido promessa do advogado de sucesso na demanda. 2- Ausente a percepção de valores pela parte em face do reconhecimento da prescrição, afasta-se o dever de indenização. 3- Afastado o nexo de causalidade entre a percepção e a conduta do advogado não se pode cogitar em dever de indenização. Negado provimento ao apelo" (*TJRS* – AC 70076954825, 28-2-2019, Rel. Des. Eduardo Kraemer).

"Agravo de instrumento – **Ação de indenização proposta por cliente contra seu advogado**, que deixou de propor ação cabível a seu favor – Sentença que condenou o advogado ao pagamento de indenização por danos morais, fixados em 50 salários mínimos vigentes à época do pagamento – Impossibilidade de incidência de correção monetária, sob pena de dupla atualização da moeda – Juros de mora que devem incidir desde a data do evento danoso, por se tratar de responsabilidade extracontratual – Decisão alterada em parte – Agravo de instrumento parcialmente provido" (*TJSP* – AI 2030955-24.2016.8.26.0000, 10-5-2016, Rel. Jayme Queiroz Lopes).

"Agravo de instrumento – Indicação, na peça de interposição, do nome de antigo procurador de um dos interessados, que já constituíra novo advogado – Defeito, contudo, que não causou qualquer dano ao interesse da parte, que pode responder ao recurso, a tempo e a hora – Preliminar rejeitada. Cumprimento de sentença – ação promovida a condomínio garagem – Extensão da execução ao condomínio anexo, de escritório e lojas – Extensão consolidada por decisão anterior, afirmativa de se cuidar de um único condomínio, separadas a administração de cada qual por conveniência dos condôminos – Legitimidade configurada – Alegação improcedente. Cumprimento de sentença – Impugnação especificada dos valores exigidos inicialmente e acrescidos no curso do cumprimento da sentença, que se prolonga há vários anos – Alegação de que incluídas despesas indevidas, por não contidas no comando judicial, ou exigidas desacompanhadas de comprovantes, ou em duplicidade, falta de explicação ou justificativa para o aumento da pensão, em grande salto, etc. – Insuficiência de verificação pelo contador judicial, porque não se trata de mera atualização do débito, mas de exame da documentação apresentada – Necessidade de realização de perícia para o exame da liquidação – Decisão reformada para esse fim. Litigância de má-fé – não configuração – Recorrente que age no estrito direito de recorrer, tendo razão – Ausência de intuito protelatório – Rejeição desse pedido, formulado pelos agravados. Responsabilidade civil – indenização – Formação de capital para assegurar pagamento de prestações futuras da verba alimentar – Falecimento do beneficiário no curso do feito – Desnecessidade de constituição. Agravo provido" (*TJSP* – AI 2144776-74.2014.8.26.0000, 30-7-2015, Rel. João Carlos Saletti).

"**Apelação** – Processual civil – Responsabilidade civil – Ação de indenização – Recurso – Renúncia do mandato pelos advogados, devidamente comunicada à apelante – Ausência de constituição de novo causídico – Falta de capacidade postulatória superveniente – Não conhecimento do recurso – Deixando a apelante de constituir novo mandatário, no prazo respectivo após a renúncia do anterior advogado, propiciou superveniente vício de capacidade postulatória, a ensejar o não conhecimento do recurso, por falta de regularidade formal" (*TJSP* – Ap. 0021639-28.2012.8.26.0625, 18-3-2014, Rel. Adilson de Araujo).

são levados em conta os pressupostos que foram fornecidos pelo cliente: o advogado não pode ser responsabilizado se recebeu dados falsos ou incompletos do cliente, como por vezes ocorre.

O advogado, ao aceitar a causa, assume também a responsabilidade pelas providências preliminares, inclusive preservação de direitos para evitar a prescrição:

> *"O advogado que, por comprovada negligência, não cumpre as obrigações assumidas em contrato de mandato judicial, deixando prescrever o direito de seu constituinte a perceber prestações devidas, tem o dever de indenizar o dano causado em face de sua conduta culposa"* (*RT* 749/267).

Questão complexa é saber se o advogado responde pelo sucesso da causa nos pareceres e opiniões legais. A nosso ver, seu exame deve seguir a regra geral: o advogado deve responder quando comete erro crasso e injustificável, portanto com culpa. Não é necessário que se prove o dolo, como sustentam alguns. Nesse sentido, aponta Aguiar Dias (1979, v. 1:332):

> *"Não vemos como, só por faltar a prova do dolo, que como é claro, não se pode presumir, deixar de responsabilizar o advogado que induz o cliente a demanda positivamente temerária ou destinada ao insucesso fatal, como, por exemplo, por estar prescrita a ação, desde que o profissional tenha meios de saber que o resultado seria aquele, matéria que deve ser apreciada de acordo com as circunstâncias".*

O art. 32 do Estatuto da Advocacia dispõe que o advogado é responsável por dolo ou culpa no exercício profissional. A questão é sempre verificar se a conduta do advogado foi negligente ou se houve manifesta intenção de prejudicar seu constituinte. O advogado responde, em princípio, por erro de fato no desempenho de seu mister e por erro de direito quando ocorrer culpa. Para que ocorra o dever de indenizar, o erro cometido deve ser grave, inescusável e lesivo. Há que se entender por inescusável o erro grosseiro, palmar, inaceitável para um profissional médio. O Código de Processo Civil apresenta alguns parâmetros nessa seara (arts. 45, 267, I a III, 295, I e II), mas que nada têm de exaustivos. O Estatuto da Advocacia descreve uma série de faltas que podem responsabilizar o profissional (art. 34).

Não olvidemos, portanto, que o advogado, tal como os demais profissionais liberais, sujeita-se ao crivo disciplinar de sua corporação, à Ordem dos Advogados do Brasil, ao Estatuto da Advocacia (Lei nº 8.906/94) e ao respectivo Código de Ética.

Recorde-se, igualmente, que a responsabilidade pessoal dos advogados é dependente de prova de culpa, conforme posição adotada pelo Código de Defesa do Consumidor, que manteve a responsabilidade subjetiva para os profissionais liberais.

Na esfera da responsabilidade do advogado, em muitas oportunidades vem à baila sua desídia ou retardamento na propositura de uma ação judicial; perda do prazo de contestar ou recorrer etc. Nesse campo, tem aplicação o que falamos neste volume acerca da denominada perda de chance.[2]

---

2 "Apelação. Ação de indenização por danos materiais e morais. Serviços advocatícios. Responsabilidade civil. Autor representado em demanda coletiva pelo departamento jurídico do sindicato réu. Alegada falha na prestação dos serviços, porquanto o advogado contratado pelo sindicato deixou de interpor recurso contra r. decisão contrária a entendimento sumulado do E. Tribunal Regional Federal da 2ª Região. Sentença de parcial procedência, acolhido o pedido de indenização por danos materiais e afastado o pedido de indenização por danos morais. Inconformismo do réu. Dever de indenizar. Perda de uma chance. Responsabilização que demanda a prática de ato ilícito que impeça a parte de obter benefício futuro. Chance que deve ser provável. Responsabilidade pela **perda da chance**

caracterizada. Reclamantes na mesma demanda que, representados por patrono diverso, o qual interpôs recurso adequado, obtiveram sucesso no recebimento de saldo remanescente. Tentativa de pleitear as diferenças reconhecidas que se deu somente quando já preclusa a questão. Desídia do réu que causou efetivo prejuízo ao autor, tendo sido demonstrada a possibilidade real e efetiva de obter o proveito econômico almejado. Precedentes deste E. Tribunal em casos semelhantes. Sentença mantida. Sucumbência. Majoração. Recurso não provido" (*TJSP* – Ap 1022685-10.2024.8.26.0562, 12-6-2025, Rel. Rosangela Telles).

"Ação de indenização por danos materiais e morais. Responsabilidade civil. Prestação de serviços advocatícios. Cliente demandante que alega ter sofrido prejuízos material e moral causados pelo Advogado demandado, em razão da **perda de uma chance** pelo transcurso decadencial sem a apresentação de queixa-crime combinada, bem ainda em razão de conduta inadequada do Patrono, configuradora de assédio moral. Sentença de improcedência. Apelação da autora, que visa à anulação da sentença por cerceamento de defesa, insistindo no mérito pelo acolhimento do pedido inicial. Exame: cerceamento de defesa não configurado. Partes que, embora intimadas para indicação do respectivo 'e-mail' atualizado, assim como dos Advogados e de suas testemunhas, deixaram o prazo fluir sem a providência. Preclusão configurada. Advogado que assume obrigação de meio na prestação dos serviços jurídicos, e não de resultado. Responsabilidade civil do Advogado no exercício de sua atividade profissional que tem natureza subjetiva e depende da comprovação de culpa ou dolo na conduta do mandatário, além do nexo de causalidade entre essa conduta e os alegados danos, 'ex vi' do artigo 32, 'caput', da Lei nº 8.906/94. Falha na prestação do serviço advocatício em causa que restou incontroversa. Ausência de elementos indicativos, contudo, de que a autora teria obtido indenização cível com a apresentação da mencionada queixa-crime. Demandante que, não bastasse, poderia ter ajuizado Ação Indenizatória no Juízo Cível para exercício de sua pretensão, mesmo porque não prescrita a pretensão de reparação civil em relação à terceira acusada dos crimes indicados quando do ajuizamento da presente demanda, 'ex vi' do artigo 206, §3º, inciso V, do Código de Processo Civil. Prejuízo moral indenizável, no entanto, que restou bem demonstrado, já que, além da falha na prestação dos serviços, com a prestação de informações falsas à cliente, o Advogado requerido adotou conduta inadequada ao longo das conversas através do aplicativo 'WhatsApp'. Cogitado assédio sexual que não restou demonstrado. Indenização moral que comporta arbitramento em R$ 2.000,00, devendo ser paga com correção monetária a contar do arbitramento, 'ex vi' da Súmula 362 do Superior Tribunal de Justiça. Juros de mora que devem ter incidência a contar da citação, 'ex vi' da Súmula 54 do Superior Tribunal de Justiça. Sentença parcialmente reformada. Recurso parcialmente provido" (*TJSP* – Ap 1000669-06.2019.8.26.0120, 31-7-2023, Rel. Daise Fajardo Nogueira Jacot).

"Ação de responsabilidade civil por perda de uma chance. Cliente demandante que reclama prejuízo material decorrente de falha na prestação do serviço profissional por parte do Advogado demandado, que deixou de comparecer à audiência designada. Sentença de improcedência. Apelação da autora, que pugna pela inversão do julgado, ante a comprovação de que o requerido atuou de forma desidiosa no processo trabalhista para o qual ele foi contratado. Exame: **Responsabilidade civil do Advogado** no exercício de sua atividade profissional que tem natureza subjetiva e depende da comprovação de culpa ou dolo na conduta do mandatário, além do nexo de causalidade entre essa conduta e os alegados danos, "ex vi" do artigo 32, "caput", da Lei nº 8.906/94. Configuração do dever de indenizar com fundamento na "teoria da perda de uma chance", que exige a ocorrência de ato ilícito e a existência da possibilidade de êxito efetivo e real da oportunidade perdida, conforme entendimento doutrinário e jurisprudencial a propósito. Ausência de comprovação da chance real e efetiva de êxito. Sentença mantida. Recurso não provido" (*TJSP* – Ap 1013941-12.2020.8.26.0224, 28-9-2022, Rel. Daise Fajardo Nogueira Jacot).

"Agravo de instrumento – **Responsabilidade civil do advogado** – Recorrente que, juntamente com seu ex-sócio, figura como réu em ação indenizatória movida pelos agravados, em razão de suposto prejuízo causado quando da representação processual em ação de indenização por danos morais e materiais insurgência contra a decisão que acolheu o pedido de desistência apresentado em relação a um dos réus, defendendo tratar-se de hipótese de litisconsórcio passivo necessário tese que não merece prosperar – Conforme dispõe o art. 17, do EOAB, todos os sócios serão responsabilizados de forma subsidiária e ilimitada – Participando da sociedade à época dos fatos, responde o ora agravante pelos eventuais danos causados, podendo o mesmo ingressar, posterior e regressivamente em face do suposto autor do prejuízo original, que responderá subjetivamente, conforme determina o art. 32, do EOAB agravo conhecido e desprovido, à unanimidade de votos" (*TJSE* – AI 201800822122 (32236/2018), 7-1-2019, Rel. Des. Ricardo Múcio Santana de A. Lima).

"**Responsabilidade civil** – **Mandato** – Ação de reparação de dano material – Ajuizamento por ex-cliente contra advogado – Aplicação do prazo prescricional de dez anos, previsto no art. 205 do Código Civil. Precedentes. Prescrição não verificada. Atuação falha do causídico em ação de execução de alimentos – Perda de prazos para impugnações e apresentação de recursos. Reconhecimento. Cálculo dos alimentos conferido por contador judicial. Apelante que não comprovou que havia probabilidade real de redução do valor dos alimentos fixados naquela demanda. Ônus da prova não superado. Dicção do art. 373, I, do CPC/2015. Indenização por dano material que se tem por incabível. Recurso desprovido" (*TJSP* – Ap 0010385-50.2011.8.26.0445, 21-8-2018, Rel. Dimas Rubens Fonseca).

"Apelação – Ação de indenização – **Mandato – Responsabilidade civil** – Falha na prestação de serviço advocatício – Contrato de prestação de serviços advocatícios celebrado entre as partes – Dever de o patrono desenvolver seu mister com a diligência exigida pela sua profissão – Incontroverso nos autos que o réu não

Sob esse prisma, deve haver cuidado ao se propiciar a indenização ao cliente ou mandante judicial. Nesse sentido:

> *"Contrato – rescisão – honorários de advogado – excessiva demora da mandatária na propositura da demanda trabalhista para a qual fora contratada, não obstante a fluência do prazo prescricional – arquivamento determinado – negligência da ré configurada – artigo 87, XVIII, da Lei 4.215/63 – indenização devida pela* ***perda da chance*** *do autor de ver seu pleito analisado – rescisão do contrato determinada, condenando-se a vencida ao pagamento de 50 salários mínimos mais despesas processuais e honorários de advogado arbitrados em 15% sobre o valor atualizado da condenação – recurso parcialmente provido"* (1º TACSP, Ap. 680655-1, 8ª Câmara, Rel. Costa Telles, v. u., j. 23-10-1996).

O julgado coloca-se corretamente, porque, na perda da chance por culpa do advogado, o que se indeniza é a negativa de possibilidade de o constituinte ter seu processo apreciado pelo Judiciário, e não o valor que eventualmente esse processo poderia propiciar-lhe no final. O mesmo se diga quando a parte se vê obstada de seu processo ser revisto em segundo grau, porque o advogado deixa de interpor recurso:

> *"O prejuízo da parte consiste na perda da possibilidade de ver apreciado o mérito da causa na instância superior. Não se configurando qualquer causa de exclusão de responsabilidade civil do advogado, impõe-se a procedência do pedido indenizatório, com fixação da indenização através de arbitramento em liquidação de sentença, levando-se em conta que o dano corresponde apenas a perda de uma chance"* (*TJPR*, Ap. 833, Rel. Des. Carlos Hoffmann, 5ª Câmara Cível, publ. 22-4-1996).

Embora o aspecto da perda da chance não seja ainda muito esmiuçado na doutrina brasileira, nota-se que os tribunais têm dado pronta resposta à tese, quando ela se faz necessária no caso concreto. Importa examinar no caso concreto quais as chances que efetivamente foram perdidas e que poderiam beneficiar a vítima. Quando há perda de chance, o que se indeniza é a potencialidade da perda e não se leva em conta a perda efetiva. Assim, opera-se um limite indenizatório, como atesta o julgado que aqui citamos. Pode ocorrer que a atividade danosa do advogado também ocasione danos morais, cuja parcela é autônoma e não se confunde com a perda de chance ou danos materiais efetivos. O dano patrimonial, para possibilitar indenização, deve ser atual e certo, possibilitando cálculo de valores de forma concreta. A perda de uma chance é utilizada para calcular indenização quando há um dano atual, porém, ainda incerto na sua valorarão, ou seja, a potencialidade de uma perda.

---

ajuizou a reclamação trabalhista em favor do autor – Alegação de que o autor não apresentou a documentação faltante (laudo médico e exames) e não compareceu para assinar a procuração a ser outorgada ao patrono – Descabida a afirmação de impossibilidade de propositura da reclamação trabalhista por responsabilidade do autor – Ausente procuração firmada pela parte, é possível ao advogado intentar ação, a fim de evitar a prescrição, se obrigando a exibir o instrumento de mandato no prazo de 15 dias, prorrogável por igual prazo – Aplicação do art. 37, '*caput*', do CPC/73, vigente à época dos fatos narrados, com aplicação subsidiária ao direito processual do trabalho (art. 769 da CLT) – Autor que entregou ao patrono atestado médico informando a 'incapacidade definitiva para atividade laboral', o que já possibilitava a propositura da ação trabalhista, com elaboração de laudo pericial no curso da demanda, durante a fase probatória – Patrono que deixou, ainda, transcorrer o lapso prescricional de dois anos – Dever de informar ao seu cliente a iminência de ocorrer a prescrição, notificando-o para entregar a documentação que entendia importante – Caracterizada a conduta desidiosa do réu na condução do mandato judicial – Indenização Devida – Danos morais caracterizados – Razoabilidade e proporcionalidade atendidos – Manutenção do valor de R$ 6.000,00 fixada pelo juízo 'a quo' Recurso improvido" (*TJSP* – Ap 0017797-93.2009.8.26.0609, 4-5-2016, Rel. Luis Fernando Nishi).

De qualquer modo, no âmbito da responsabilidade do advogado, é imperativo que o cliente comprove que tenha sofrido um prejuízo certo e não meramente hipotético, ainda que dentro dos pressupostos da perda da chance. Pelo mau conselho avulta de importância a possibilidade de dano moral. O dano pode ocorrer, aliás, até mesmo fora da esfera judicial, por um mau aconselhamento, por exemplo. Uma orientação errônea do advogado pode levar o cliente a consequências desastrosas. Uma vez estabelecido que houve conduta culposa do advogado e que ocorreu dano, a óptica se transfere para a avaliação da indenização, sempre uma questão sensível nos tribunais brasileiros, nem sempre deslindada a contento. Nunca há de se levar em conta do prejuízo, contudo, as dificuldades normais do processo, em particular a morosidade do Judiciário pátrio. Ou, em outras palavras: fatores externos à conduta do advogado não podem ser levados em conta nessa matéria.

Quando são vários os advogados que atuam em prol de um cliente, geralmente estabelece-se a responsabilidade conjunta ou solidária segundo os termos do mandato, salvo quando ficar absolutamente claro que um determinado advogado atuou sozinho. É certo que hoje tende a desaparecer a figura do advogado isolado, estando a atividade da advocacia entregue a grandes escritórios com inúmeros profissionais. Constituída em sociedade de advogados, como pessoa jurídica responderá ela por prática indevida, negligente ou imprudente.

O segredo profissional é outra imposição ao advogado, como em outras profissões liberais. Assim, responde perante o cliente se divulgar fatos que soube em razão da profissão e, dessa forma, acarretar prejuízos à parte. Nesse sentido, é direito do advogado recusar-se a depor como testemunha em processo no qual funcionou ou deva funcionar, ou sobre fato relacionado com pessoa de quem seja ou foi advogado, mesmo quando autorizado ou solicitado pelo constituinte, bem como sobre fato que constitua sigilo profissional (art. 7º, XIX, da Lei nº 8.906/94).

23.2 RESPONSABILIDADE CIVIL DOS BANCOS E DEMAIS INSTITUIÇÕES FINANCEIRAS

A responsabilidade dos bancos e instituições financeiras é outro ramo importante da responsabilidade civil. Os bancos prestam, atualmente, uma multiplicidade de serviços à população que não mais se restringe a suas origens, ligada ao fornecimento de crédito. A sofisticação dos serviços por meio da informática amplia os problemas e exige soluções jurídicas.

Por outro lado, não somente a lei, mas também os tribunais assumem posição rigorosa no tocante às instituições financeiras, mormente porque suas atividades dizem respeito aos recursos financeiros de toda a população e do país. Ainda, pelo fato de serem os bancos repositórios da confiança de seus depositantes, é justo que deles esperemos o mais elevado serviço e correição.

As atividades bancárias caracterizam-se por contratos de massa, contratos de adesão, na grande maioria. Os bancos praticam, como apontamos, atividades essenciais e específicas do ramo financeiro, como depósitos, empréstimos, descontos etc. e atividades secundárias que modernamente complementam seus serviços, tendo em vista o mercado e a concorrência, como fornecimento de informações, recebimento de contas, serviços de caixas eletrônicos, comunicação por correio eletrônico etc.

Nessa gama de atividades, a responsabilidade dos bancos pode ser contratual ou aquiliana. Sob o manto dos princípios do Código de Defesa do Consumidor, como apontamos no Capítulo 8, ultrapassa-se essa dicotomia: a responsabilidade decorre tão só da prestação de serviços ao consumidor. Por outro lado, como ali enfatizamos, *toda* atividade dos bancos e das instituições financeiras é atingida pelos princípios do Código de Defesa do Consumidor, se mais não fora pelos princípios gerais dessa lei, por disposição expressa (art. 3º, § 2º). Despiciendo se torna analisar as opiniões em contrário, ligadas exclusivamente a pareceres de encomenda. A jurisprudência do país não diverge sobre o tema. O Supremo Tribunal Federal já tomou também essa posição, após ingente e demorada decisão.

Há questões específicas em matéria de responsabilidade de bancos que preocupam a doutrina e a jurisprudência. Muito é discutido, por exemplo, a respeito de pagamento pela instituição financeira de cheque falso. O problema é, evidentemente, de aspecto contratual, mas os julgados com frequência referem-se à culpa aquiliana. O fato é que, com base nos princípios da lei do consumidor, o banco assume o risco por pagar cheque falso. Somente se isentará de indenizar seu correntista se provar sua culpa exclusiva. Carlos Roberto Gonçalves (1994:240) argumenta:

> *"Quando nem o banco nem o cliente têm culpa, a responsabilidade é do primeiro. Esta ainda é evidenciada se houve culpa de sua parte, quando, por exemplo, a falsificação é grosseira e facilmente perceptível. A responsabilidade do banco pode ser diminuída, em caso de culpa concorrente do cliente, ou excluída, se a culpa for exclusivamente da vítima"* (1994:240).

Nesse sentido se coloca a antiga Súmula 28 do Supremo Tribunal Federal:

> *"O estabelecimento bancário é responsável pelo pagamento de cheque falso, ressalvadas as hipóteses de culpa exclusiva ou concorrente do correntista".*

A nosso ver, como acenamos, é irrelevante definir se essa culpa é contratual ou não, pois a responsabilidade é objetiva e situa-se em sede de prestação de serviços do fornecedor. Lembre-se, ademais, de que, com a vigência do Código de Defesa do Consumidor, os bancos, como fornecedores de serviços, passaram a responder pelo pagamento de cheque adulterado mesmo no caso de culpa concorrente da vítima, pois essa lei somente exclui a responsabilidade no caso de *culpa exclusiva do consumidor ou de terceiro* (art. 14, § 3º).

A instituição financeira também será responsável pelo envio e protesto indevido de título. Essa responsabilidade será evidentemente do credor, que não a instituição financeira, quando ele for o responsável pelo protesto. Nas hipóteses de endosso-mandato, muito comum no meio financeiro, a responsabilidade será do mandante: *"a jurisprudência dominante é no sentido de reconhecer a ilegitimidade do banco em casos de endosso-mandato, já que neles o mandante é o único responsável pelos atos praticados pelo mandatário,* máxime in casu *onde não se vislumbra excesso aos limites do mandato"* (*TAPR* – Acórdão 0282514-5, Rel. Des. Luiz Lopes, *DJPR* 8-4-2005).[3]

---

[3] "Ação declaratória de inexistência de débito. Sentença de parcial procedência. Recurso da autora e da corré providos. Honorários sucumbenciais. Aplicação do princípio da causalidade. Parte corré que não deu causa ao ajuizamento da ação. Condenação afastada. Dado o princípio da causalidade, o pagamento de honorários sucumbenciais deve ser imposto a quem deu causa à demanda. Prova constante dos autos que permite concluir que a corré apelante não deu causa ao ajuizamento da ação. Aliás, se a constituição da corré mandante foi fraudada, sequer havia que se falar na existência de personalidade jurídica. Própria autora que, em sinal de boa-fé, requereu fosse a contestação ofertada pela representante da corré acolhida, requerendo apenas o afastamento de seu dever de pagar honorários sucumbenciais. Manutenção da procedência da ação, quanto à corré apelante, que se dá por uma questão de preservação do princípio da boa-fé. E até porque o recurso se voltou apenas à questão das verbas sucumbenciais. Condenação ao pagamento de verbas de sucumbência pela corré apelante afastada. Duplicata. Protesto indevido. Endosso mandato. **Responsabilidade do banco por ato culposo próprio**. Ação declaratória de inexistência de débito. Sentença que reconheceu a ilegitimidade passiva do banco mandatário. Recurso da autora. Caso peculiar. Embora o banco corréu tenha atuado na condição de mandatário da sociedade empresária

Muito semelhante à problemática do cheque falso é a relativa ao uso de cartão de crédito furtado, roubado ou clonado. Nesse caso, provado que o titular do cartão tomou as cautelas devidas de guarda e que comunicou oportunamente o desapossamento injusto, não pode ser responsabilizado pelos gastos indevidos. Nessa situação, transfere-se a responsabilidade para o administrador do cartão, que pode se voltar regressivamente contra o vendedor que aceitou o cartão sem as devidas cautelas, verificando a justa posse e assinatura do portador.[4]

---

constituída mediante fraude, a autora com ele manteve efetivo contato para evitar que maiores danos lhe fossem causados. Comprovação de existência de pelo menos quatro boletos em aberto, sendo informado à autora que a gerente do banco réu já havia, inclusive, pedido a baixa de um deles (fls. 29/30). Diante dos relevantes indícios de fraude, cabia ao banco réu ter agido com zelo e, ao menos, verificado a higidez do título enviados para protesto, bem como a própria regularidade de constituição da sociedade empresária mandante. Daí a conduta causadora do dano sofrido pela autora a justificar sua inclusão no polo passivo da ação. Legitimidade do banco réu reconhecida, com inversão dos ônus sucumbenciais. Precedentes deste E. Tribunal de Justiça. Sentença reformada. Recursos providos" (*TJSP* – Ap 1027334-23.2022.8.26.0001, 21-5-2025, Rel. Alexandre David Malfatti).

"Duplicata mercantil – Ação declaratória de inexigibilidade de título c.c. indenizatória por danos morais – Preliminar de ilegitimidade passiva, que se confunde com o mérito, rejeitada – Duplicata sem lastro, transferida por endosso translativo – Inexistência de comprovante de entrega de mercadoria ou de serviço prestado – Emissão sem causa subjacente – Responsabilidade do banco corréu, que atuou de maneira culposa, deixando de conferir a higidez da cártula – Súmula nº 475, do C. STJ – Protesto indevido de títulos, ante a ausência de comprovação da origem da dívida – Precedentes desta C. Câmara – Dano moral *in re ipsa* – Aplicação do entendimento consolidado pelo C. STJ no REsp n. 2.117.949/SP – *Quantum* indenizatório compatível com os princípios da proporcionalidade e razoabilidade (R$ 5.000,00) – Alteração, de ofício, do termo inicial dos juros moratórios – Responsabilidade civil extracontratual (Súmula 54, do C. STJ) – Sentença mantida – Recurso desprovido, com observação" (*TJSP* – Ap 1010119-53.2023.8.26.00485-9-2024, Rel. Fábio Podestá).

"**Responsabilidade civil – Banco** – Manutenção de anotação do nome do autor no SCR SISBACEN (Sistema de Informações de Crédito do Banco Central) por dívida inexistente – Ausência de prova do fato constitutivo do direito do recorrente – Sentença de improcedência mantida – Honorários advocatícios majorados de R$ 1.000,00 para R$ 1.500,00, nos termos do art. 85, § 11, do CPC/2015 – Recurso desprovido, com observação" (*TJSP* – AC 1010582-38.2017.8.26.0037, 1-3-2019, Rel. Álvaro Torres Júnior).

"**Responsabilidade civil do banco** – Saques e empréstimos na conta do autor, que alega desconhecer – Defeito do serviço – Inocorrência – Operações realizadas mediante uso de cartão e senha – Ausência de indício de que o autor foi vítima de fraude – Inteligência do artigo 373, inciso I, do Código de Processo Civil – Sentença improcedente – Negado provimento ao recurso" (*TJSP* – Ap 1001195-04.2017.8.26.0003, 2-3-2018, Relª Lucila Toledo).

"Apelação – Ação indenizatória – Saque indevido em conta corrente – Sentença de parcial procedência, que determinou à instituição financeira a devolução do montante indevidamente sacado da conta corrente, afastando, todavia, o pedido de indenização por danos morais – Pleito de reforma – Admissibilidade – Relação entre as partes inserida no âmbito das relações de consumo – **Responsabilidade objetiva do banco** requerido – Inteligência do art. 14, do Código de Defesa do Consumidor – Situação que ultrapassa o mero aborrecimento – *Quantum* indenizatório a ser fixado atendendo aos critérios da razoabilidade e da proporcionalidade – Valor de R$ 8.000,00 que se revela suficiente para reparar o dano moral suportado – Sentença reformada – Recurso provido. Oportuna a menção às considerações bem lançadas pelo e. Des. Enio Zuliani, ao enfrentar a questão no julgamento do recurso de apelação nº 015631-21.201.8.26.0100: 'Para chegar a um valor adequado cabe observar as funções básicas do dano moral. No objetivo de ressarcir, olha-se para a vítima, para a gravidade objetiva do dano que ela padeceu (Antônio Jeová dos Santos, Dano Moral Indenizável, Lejus Editora, 1.97, p. 62) e visando reprovar mira-se o lesante, de tal modo que a indenização represente advertência, sinal de que a sociedade não aceita seu comportamento (Carlos Alberto Bittar, Reparação Civil por Danos Morais, ps. 20/22; Sérgio Severo, Os Danos Extrapatrimoniais, ps. 186/190). Conjugando-se as duas funções é que se extrai o valor da reparação" (*TJSP* – Ap 1011544-29.2014.8.26.0405, 29-1-2016, Relª Cláudia Grieco Tabosa Pessoa).

4 "Regressiva – Ressarcimento do valor pago após homologação de acordo em processo manejado para a declaração de inexigibilidade de dívida oriunda de compra efetuada com cartão de crédito que foi objeto de 'troca' em golpe perpetrado contra o titular – Contestação da empresa intermediadora alegando ser parte ilegítima na demanda, por não haver nexo causal dos seus serviços com o evento lesivo, que decorreu exclusivamente da falha da própria instituição autora – Pretensão julgada parcialmente procedente em primeiro grau de jurisdição, diante do convencimento de falha dos serviços de ambas as partes, caracterizando culpa concorrente, de modo a repartir do prejuízo suportado pelo titular do cartão – Irresignação recursal de ambas as partes, buscando a responsabilização exclusiva do outro – Prestação de serviços – Empresa ré que atua no segmento de instituidora de 'arranjo de pagamentos', intermediando a relação entre seus clientes cadastrados e as pessoas com as quais

Outra questão que aflora no tocante à responsabilidade dos bancos diz respeito ao roubo de bens depositados em seus cofres de aluguel. Nessa hipótese, estabelece-se uma relação contratual entre o fornecedor de serviços e o consumidor, e é inafastável que existe um dever de guarda e custódia oferecido pelo banco. Há um contrato atípico, misto, que utiliza princípios do depósito, da locação e da prestação de serviços. Quem se utiliza desse serviço busca

---

esses negociam – Previsão no artigo 7º da Lei 12.865/13, que estabelece princípios e obrigações a esse tipo de intermediação, da exigência de serviço seguro, confiável, com sigilo de dados e transparência, para evitar golpes no mercado – Circunstância em que o estelionatário usando cartão furtado da vítima compareceu em um dos lojistas credenciados da empresa ré e ali fez compra, pagando com o uso da 'maquineta' por ela disponibilizada ao mesmo, sem que seu sistema de segurança fizesse qualquer alerta ou bloqueasse a operação sob suspeita de fraude em função da compra estar fora do perfil habitual do titular do cartão e da própria atividade mercantil daquele lojista – Idêntica falha na prestação dos serviços de segurança da administradora do cartão, que apesar de bloquear outras transações, deixou aquela passar sem qualquer suspeita, que veio a ser impugnada e acionado o mecanismo do 'chargeback' – Responsabilidade objetiva de ambas as empresas, pelo fortuito externo, ensejando culpa concorrente em relação aos danos suportados pela vítima diante a solidariedade passiva oriunda da cadeia de consumo (artigo 25, § 1º, do C.D.C.) – Pretensão inicial parcialmente acolhida para autorizar o ressarcimento de 50% do quanto dispendido pela instituição autora no ressarcimento do dano da vítima – Sentença mantida – Apelações não providas" (*TJSP* – Ap 1004023-36.2023.8.26.0011, 20-2-2024, Rel. Jacob Valente).

"Inexigibilidade de débitos e indenização por danos morais. Autor que não reconhece lançamentos efetuados em seu cartão de crédito após furto do plástico por vendedor ambulante. Relação de consumo. Incidência do CDC. Discussão acerca da segurança do chip e da senha do cartão. Irrelevante. Ponto nodal é a falha na prestação do serviço decorrente da liberação de compras fora do perfil de consumo do autor e permitidas mesmo após diligências reiteradas junto ao Banco imediatamente após o ocorrido. Arcabouço probatório que comprova que as operações impugnadas estão completamente fora do perfil de consumo. Demandante que teve a cautela de registrar ocorrência e comunicou imediatamente o apelante, que não tomou qualquer providência a fim de evitar os prejuízos sofridos. **Falha na prestação do serviço.** Caracterizada. Inexistência de exclusão da responsabilidade. Dicção do art. 14, *caput* CDC. Precedentes. Sentença mantida. Recurso desprovido" (*TJSP* – Ap 1007664-87.2022.8.26.0004, 5-9-2023, Re. Anna Paula Dias da Costa).

"Apelação. Ação regressiva de ressarcimento de dano material. Sentença de improcedência. Recurso da parte autora. 1. Cerceamento de defesa não configurado. Adequado julgamento antecipado (art. 355, inc. I, do CPC). Questão controvertida esclarecida nos autos. 2. Contrato de credenciamento ao recebimento de pagamentos por meio de cartões magnéticos. Clonagem de cartão de crédito. Responsabilidade da ré quanto ao reembolso do valor pago pelo lojista ao usuário do cartão, em razão de venda ocorrida no seu estabelecimento comercial, sendo utilizado como meio de pagamento o cartão magnético clonado. A **responsabilidade da administradora e da instituição financeira credenciadora** é objetiva, decorrente da teoria do risco do negócio (artigo 927, parágrafo único, do Código Civil). Ao oferecer meios para o comerciante efetuar a venda pelo cartão de crédito ou débito, a parte ré assumiu o risco inerente à sua atividade empresarial, que é justamente a de prestação desse tipo de serviço oferecido aos estabelecimentos comerciais, para que possam expandir seus negócios. 3. Sentença reformada. Ação julgada procedente para que a ré seja condenada ao ressarcimento do valor despendido pelo lojista, para o pagamento de indenização pela utilização indevida do cartão perante o seu estabelecimento comercial. Sucumbência invertida. Recurso provido" (*TJSP* – Ap 1000879-12.2021.8.26.0565, 21-6-2022, Rel. Elói Estevão Troly).

"Apelação – **Responsabilidade civil – Banco** – Ação de indenização por danos materiais e morais c.c. Restituição do indébito – Procedência – Contratação de consórcio, seguros e títulos de capitalização não realizados pela autora – Responsabilidade do banco que é de caráter objetivo – Ônus probatório que impunha ao réu demonstrar a regularidade e legitimidade destas transações – Réu, porém, que não apresentou prova alguma neste sentido – Responsabilidade do banco corretamente reconhecida – Demandante que faz jus à reparação dos danos materiais sofridos com o débito indevido em sua conta – Cabível, ainda, a restituição, em dobro, nos termos do art. 42, § único, do CDC, dos valores indevidamente cobrados – Dano moral também caracterizado e que independe de comprovação – Montante arbitrado pelo douto Magistrado que merece ser mantido – Sentença mantida – Recurso improvido" (*TJSP* – Ap 1025762-71.2017.8.26.0562, 12-2-2019, Rel. Thiago de Siqueira).

"**Responsabilidade civil** – **Banco** – Indenização – Valor depositado pelo Autor em envelope colocado em caixa eletrônico do banco-Réu e creditado a menor em sua conta-corrente – Falha na prestação de serviços – Configuração – Defeito do serviço, consistente em creditar a menor valor depositado em terminal de autoatendimento, seguido da recusa do banco-Réu de promover o depósito, impedindo o Autor de usufruir de próprio dinheiro, além de causar transtornos para a tentativa de solução da controvérsia – Dano moral – Ocorrência – Prova – Desnecessidade – Dano *in re ipsa* – Pretensão à fixação de indenização por danos morais em R$ 20.000,00 – Descabimento – Pretensão exagerada – Indenização fixada em R$ 10.000,00 – Atualização monetária a partir da data deste acórdão – Juros de mora de 1% ao mês desde a citação – Recurso parcialmente provido" (*TJSP* – Ap 1000684-71.2016.8.26.0219, 23-8-2018, Rel. Álvaro Torres Júnior).

colocar objetos de valor em segurança, não os guardando em sua moradia. O banco, ao prestar esse serviço, assume o dever de vigilância e custódia e, portanto, deve ser responsabilizado no caso de roubo ou furto. O banco somente se exime dessa responsabilidade pelo caso fortuito ou força maior de natureza externa, como apontamos ao tratar dessas excludentes no aspecto consumerista. Desse modo, como fator inerente ao dever de vigilância e custódia, o banco é responsável mesmo no caso de roubo, pois se presume que uma instituição financeira deva tomar as devidas cautelas para que tal não ocorra. Desse modo, somente o fortuito externo, como, por exemplo, um terremoto ou uma inundação, poderia eximir o dever de indenizar. No dizer de Carlos Roberto Gonçalves (1994:246),

> *"a natureza dos serviços de segurança oferecidos e da obrigação assumida exigem que faça a prova da absoluta inevitabilidade ou irresistibilidade do desfalque do patrimônio colocado sob sua custódia, devendo-se considerar, por exemplo, que o furto ou o roubo, como fatos previsíveis, não podem conduzir à aceitação do caso fortuito, mas, sim, ao reconhecimento de que terá falhado o esquema de segurança e vigilância prestado pelo banco".*

Aplica-se, à espécie, como de ordinário na responsabilidade dos bancos, a responsabilidade objetiva do Código de Defesa do Consumidor.

A questão da apuração dos danos, nessa hipótese de cofres, desloca-se para a prova. Como o depositário não toma conhecimento do que é ali colocado, caberá ao interessado provar o conteúdo e o valor dos bens que mantinha em custódia. Não é justificável a comum alegação dos bancos de que essa prova é impossível. Como já enfatizamos, a dificuldade de prova não é óbice para o dever de indenizar. Todas as provas permitidas serão admitidas e, com isso, o juiz poderá chegar a uma estimativa do valor dos danos. Tivemos oportunidade de decidir caso no qual a parte, vítima dessa modalidade de roubo, tivera o cuidado de fotografar e documentar todas as joias que colocara no cofre, o que facilitou a apuração do valor do prejuízo.

Há de se admitir, porém, que esse contrato pode-se tornar gravoso para ambas as partes. A solução será um seguro que limite o valor da indenização e que se mostre perfeitamente adaptável ao caso. A mesma solução aplica-se em cofres de hotéis, postos à disposição de hóspedes. Admitimos, como consequência, a cláusula limitativa da responsabilidade nessa modalidade contratual, pois, com isso, saberá o depositante previamente qual a soma-limite pela qual o banco ou o hotel assume o risco. Será ineficaz, porém, a cláusula de não indenizar porque conflita com a obrigação de custódia, guarda e segurança assumida pelo depositário. Nesse sentido:

> *"Subtração de valores sob sua guarda – Caso fortuito ou força maior – Inocorrência – fato perfeitamente previsível ante a habitualidade do crime – Negligência configurada – Prova da existência e propriedade dos bens subtraídos, tendo as joias sido vistas no cofre e fora dele por terceiros e algumas delas sido apreendidas pela polícia – Cláusula excludente de responsabilidade constante do contrato considerada não escrita, por frustrar os objetivos da avença, pois o banco vende segurança"* (RJTJSP, 125/216).[5]

---

[5] "**Responsabilidade civil – Banco** – Roubo de dinheiro do autor em estacionamento de agência bancária, após efetuar o saque de valores – Responsabilidade do Banco-réu – Configuração – Dever da entidade financeira em garantir a segurança de seus clientes em qualquer local de suas dependências – Banco-réu responde objetivamente pelos prejuízos sofridos pelo autor, a par da sua responsabilidade também resultar do risco integral de sua atividade econômica – Precedentes do Colendo STJ – Dano moral – Ocorrência – Prova – Desnecessidade – Dano 'in re ipsa' – Manutenção da indenização fixada na sentença recorrida em R$ 8.000,00 – Sentença confirmada pelos

Problemática cada vez mais incidente diz respeito a danos causados a consumidores no interior de agências decorrentes de assaltos, em que pese toda a parafernália técnica utilizada para evitá-los. Em princípio, como se posiciona a jurisprudência, a responsabilidade será do banco, que como prestador de serviços deve garantir a incolumidade de todas as pessoas que se servem do local. Há julgados que deslocam a discussão da responsabilidade para o nível de segurança oferecido pelo local. Por igual, também haverá responsabilidade das instituições em assaltos, furtos ou roubos ocorridos nos caixas eletrônicos que são, na verdade, uma extensão do estabelecimento financeiro. Assim, tem-se sustentado que há responsabilidade em assaltos ocorridos em terminais da própria agência, fora do horário bancário, bem como em terminais localizados em vias públicas, embora neste último caso há quem defenda a responsabilidade civil do Estado. Melhor solução é relegar a responsabilidade nesses assaltos em terminais em locais públicos aos bancos, sem prejuízo de ação regressiva contra a Administração. O mesmo se aplica, em princípio, nas hipóteses de furtos no interior da agência ou nos terminais.

Outra questão que deve ser lembrada refere-se à responsabilidade das instituições financeiras por abertura de contas a estelionatários, que passam a causar danos vultosos à sociedade, com fraudes de várias modalidades. Não resta dúvida que a responsabilidade é, em linha geral, do banco, que tem o dever e a responsabilidade de averiguar a autenticidade dos documentos que são apresentados para a abertura de contas correntes.

A respeito da responsabilidade dos bancos e instituições financeiras, é oportuno mencionar a Súmula 638 do STJ estatuindo que "É abusiva a cláusula contratual que restringe a

---

seus próprios fundamentos, inteiramente adotados como razão de decidir, nos termos do art. 252 do Regimento Interno deste Egrégio Tribunal de Justiça – Honorários advocatícios majorados de 10% para 15% sobre o valor da condenação, em observância ao disposto no art. 85, § 11, do CPC/2015 – Recurso desprovido, com observação" (*TJSP* – AC 1011715-57.2016.8.26.0100, 14-5-2019, Rel. Álvaro Torres Júnior).

"Apelação – **Responsabilidade civil – Banco** – Procedência – Encerramento unilateral de contas-correntes sem prévia comunicação do correntista, com o consequente cancelamento de investimentos e aplicações – Hipótese de prática abusiva configurada – Incidência no caso do Código de Defesa do Consumidor – Medida concedida para determinar o restabelecimento das contas-correntes do autor – Alegação de prazo exíguo para cumprimento da obrigação de fazer imposta – Prazo para cumprimento da determinação mantido – Reestabelecimento das contas que é inerente ao desempenho das atividades do banco Apelante – Fixação de multa diária em razão do descumprimento da obrigação de fazer imposta à instituição bancária – Multa estabelecida para o caso de descumprimento da medida judicial, cabível nos termos do art. 519, combinado com os arts. 536, § 1º e 537, todos do NCPC – Fixação no importe de R$ 50.000,00 por dia – Montante que comporta ser reduzido, atento às peculiaridades do presente caso, atento ao § 6º, do artigo 461, CPC – Demandante que faz jus à indenização por danos morais, nos termos do art. 5º, incisos V e X, da Constituição Federal, art. 6º, inc. VI, do CDC e art. 186 do Código Civil – Prejuízos materiais sofridos em decorrência do encerramento irregular das contas-correntes que comportam ressarcimento, eis que impossibilitou o autor de auferir os rendimentos de suas aplicações e seus investimentos – Recurso parcialmente provido" (*TJSP* – Ap 1019990-58.2017.8.26.0100, 14-3-2018, Rel. Thiago de Siqueira).

"Apelação – **Responsabilidade Civil – Banco** – Declaratória de inexistência de débito cumulada com pedido de tutela antecipada e indenização por danos morais – Improcedência – Inscrição do nome do demandante nos órgãos de proteção ao crédito após depósito feito pelo autor para encerramento de conta corrente, que permaneceu inativa a partir daí – Aplicabilidade, no caso, do Código de Defesa do Consumidor – Súmula nº 297 do E. Superior Tribunal de Justiça – Cobrança de débitos referentes a tarifas e encargos de manutenção da conta – Abusividade evidenciada – Hipótese de anotação indevida configurada – Responsabilidade da instituição bancária, quanto aos danos decorrentes desta anotação indevida, que deve ser reconhecida – Ocorrência de dano moral configurada, com reconhecimento da inexigibilidade do débito anotado – Demandante que faz jus à reparação dos danos morais nos termos do art. 5º, incisos V e X, da Constituição Federal, e do art. 6º, inc. VI, do CDC – Ação que deve ser julgada procedente – Recurso do autor provido" (*TJSP* – Ap 0000957-40.2015.8.26.0498, 1-8-2016, Rel. Thiago de Siqueira).

"Agravo de instrumento – **Ação indenizatória** fundada na alegação de falsidade de assinaturas apostas às cédulas de crédito industrial – Decisão que determina ao banco réu o custeio da perícia grafotécnica – Pleito de reforma – Possibilidade – Prova requerida pela agravada – Ônus da prova que não se confunde com a responsabilidade pelo custeio de sua produção – Ausência de elementos aptos a excluir a regra geral – Decisão reformada – Recurso provido" (*TJSP* – AI 2170401-13.2014.8.26.0000, 7-8-2015, Relª Cláudia Grieco Tabosa Pessoa).

responsabilidade de instituição financeira pelos danos decorrentes de roubo, furto ou extravio de bem entregue em garantia no âmbito de contrato de penhor civil".

23.3 RESPONSABILIDADE DOS NOTÁRIOS

Os tabeliães, notários, registradores em geral desempenham, sem dúvida, atividade delegada pelo Poder Público. As situações que ocorrem com mais frequência em matéria de responsabilidade civil, nesse campo, relacionam-se com cartório de notas, embora prejuízos possam ser ocasionados por outros ramos do notariado.

Discute-se se há uma relação contratual nessa prestação de serviços, o que passa a ser irrelevante quanto ao conceito de responsabilidade. Há que se falar em responsabilidade geral, que engloba o cartorário de qualquer natureza, registro civil, notas, protestos, imóveis e serventias judiciais. Desse modo, embora existam vozes em contrário, a responsabilidade dos notários insere-se na responsabilidade objetiva do Estado, com possibilidade de ação regressiva se houver culpa do servidor.[6]

---

[6] "Apelação. Remessa Necessária. **Responsabilidade civil. Tabelião de Notas**. Falha na prestação de serviço notarial. Danos morais e materiais. Parcial procedência na origem. Pretensão de reforma afastada. Responsabilidade objetiva do Estado pelos atos dos tabeliães e registradores oficiais que, no exercício de suas funções, causem dano a terceiros. Entendimento firmado pelo STF em repercussão geral. Tema nº 777. Nexo causal configurado. Comprovação de que a documentação utilizada na prática da fraude não foi objeto de verificação pelo Tabelião de Notas. Sentença mantida. Recursos improvidos" (*TJSP* – Ap 0024108-31.2023.8.26.0053, 3-5-2024, Relª Paola Lorena).

"Apelação – **Responsabilidade civil** – Negligência do tabelião verificada, consistente em escritura de inventário lavrada em duplicidade – Configuração de conduta ilícita – Inobservância às normas de regência – Indenização por danos materiais, todavia, indevida, ante a falta de interesse de agir, por decorrência de indenização equivalente já colhida em outro feito – Afastada a responsabilidade solidária com a favorecida do ato notarial irregular, ademais, por ausência de conluio (dolo) do notário na fraude praticada – Dano moral, contudo, devido pelo tabelião em montante bem arbitrado, com razoabilidade e proporcionalidade, na sentença – recurso desprovido" (*TJSP* – Ap 1019917-53.2020.8.26.0562, 30-8-2023, Rel. Vicente de Abreu Amadei).

"Ação de indenização, calcada em **responsabilidade civil de tabelião**. Lavratura de escritura mediante documentação falsa. Pleito de reparação por danos materiais e morais julgado parcialmente procedente. Legitimidade passiva do tabelião que se mostra indubitável, no presente caso. Precedentes. Arguição de prescrição. Inocorrência. Surgimento da pretensão ressarcitória/indenizatória com o reconhecimento judicial do vício que inquinava a escritura, dotada de fé pública e presunção de validade. Prazo prescricional que passou a fluir a partir do trânsito em julgado da ação anulatória da escritura pública. Precedentes. Responsabilidade direta e pessoal do notário, nos termos do artigo 22 da Lei nº 8.935/94. Inaplicabilidade do parágrafo único do artigo 22 desse diploma legal, com a redação dada pela Lei nº 13.286/16, pois o ato viciado foi praticado em 2014, anteriormente à vigência dessa novel legislação, que alterou referido dispositivo legal. Danos morais comprovados diante dos transtornos e insegurança causados. Indenização fixada em R$ 30.000,00, apta a compensar a vítima, sem constituir fonte de enriquecimento sem causa, observados, ainda, os princípios da proporcionalidade e da razoabilidade. Sentença mantida recurso desprovido" (*TJSP* – Ap 1025938-02.2018.8.26.0405, 5-7-2022, Rel. Márcio Boscaro).

"Direito administrativo. **Recurso extraordinário. Repercussão geral**. Dano material. Atos e omissões danosas de notários e registradores. Tema 777. Atividade delegada. Responsabilidade civil do delegatário e do estado em decorrência de danos causados a terceiros por tabeliães e oficiais de registro no exercício de suas funções. Serventias extrajudiciais. Art. 236, § 1º, da Constituição da República. Responsabilidade objetiva do estado pelos atos de tabeliães e registradores oficiais que, no exercício de suas funções, causem danos a terceiros, assegurado o direito de regresso contra o responsável nos casos de dolo ou culpa. Possibilidade. 1. Os serviços notariais e de registro são exercidos em caráter privado, por delegação do Poder Público. Tabeliães e registradores oficiais são particulares em colaboração com o poder público que exercem suas atividades *in nomine* do Estado, com lastro em delegação prescrita expressamente no tecido constitucional (art. 236, CRFB/88). 2. Os tabeliães e registradores oficiais exercem função munida de fé pública, que destina-se a conferir autenticidade, publicidade, segurança e eficácia às declarações de vontade. 3. O ingresso na atividade notarial e de registro depende de concurso público e os atos de seus agentes estão sujeitos à fiscalização do Poder Judiciário, consoante expressa determinação constitucional (art. 236, CRFB/88). Por exercerem um feixe de competências estatais, os titulares de serventias extrajudiciais qualificam-se como agentes públicos. 4. O Estado responde, objetivamente, pelos atos dos tabeliães e registradores oficiais que, no exercício de suas funções, causem dano a terceiros, assentado o dever de regresso contra o responsável, nos casos de dolo ou culpa, sob pena de improbidade administrativa. Precedentes: RE

Segundo o art. 236 da Constituição, os serviços notariais e de registro são exercidos em caráter privado, por delegação do Poder Público. Essa delegação prende-se indelevelmente à responsabilidade objetiva do Estado, estampada no art. 37, § 6º, da Constituição. Como afirma Rui Stoco, o fato de o § 1º do art. 236 dessa Carta afirmar que a lei regulará a responsabilidade civil e criminal dos notários, oficiais de registro e seus prepostos não conflita com a afirmação inicial, pois esse dispositivo reporta-se à responsabilidade pessoal dos serventuários, enquanto a regra geral que impõe a responsabilidade objetiva do Estado diz respeito aos notários como servidores em geral, que são agentes do Estado (1999:531). Como menciona o renomado autor, que cita dezenas de julgados e profusa doutrina no mesmo sentido, há décadas o Supremo Tribunal Federal entende que os tabeliães, oficiais de registro e notários, ainda que extrajudiciais, são funcionários públicos, ou servidores em sentido lato (Ag. 134.067-3, despacho do Min. Sepúlveda Pertence).[7]

209.354 AgR, Rel. Min. Carlos Velloso, Segunda Turma, *DJe* de 16/4/1999; RE 518.894 AgR, Rel. Min. Ayres Britto, Segunda Turma, *DJe* de 22/9/2011; RE 551.156 AgR, Rel. Min. Ellen Gracie, Segunda Turma, *DJe* de 10/3/2009; AI 846.317 AgR, Relª Minª Cármen Lúcia, Segunda Turma, *DJe* de 28/11/2013 e RE 788.009 AgR, Rel. Min. Dias Toffoli, Primeira Turma, julgado em 19/08/2014, *DJe* 13/10/2014. 5. Os serviços notariais e de registro, mercê de exercidos em caráter privado, por delegação do Poder Público (art. 236, CF/88), não se submetem à disciplina que rege as pessoas jurídicas de direito privado prestadoras de serviços públicos. É que esta alternativa interpretativa, além de inobservar a sistemática da aplicabilidade das normas constitucionais, contraria a literalidade do texto da Carta da República, conforme a dicção do art. 37, § 6º, que se refere a 'pessoas jurídicas' prestadoras de serviços públicos, ao passo que notários e tabeliães respondem civilmente enquanto pessoas naturais delegatárias de serviço público, consoante disposto no art. 22 da Lei nº 8.935/94. 6. A própria constituição determina que 'lei regulará as atividades, disciplinará a responsabilidade civil e criminal dos notários, dos oficiais de registro e de seus prepostos, e definirá a fiscalização de seus atos pelo Poder Judiciário' (art. 236, CRFB/88), não competindo a esta Corte realizar uma interpretação analógica e extensiva, a fim de equiparar o regime jurídico da responsabilidade civil de notários e registradores oficiais ao das pessoas jurídicas de direito privado prestadoras de serviços públicos (art. 37, § 6º, CRFB/88). 7. A responsabilização objetiva depende de expressa previsão normativa e não admite interpretação extensiva ou ampliativa, posto regra excepcional, impassível de presunção. 8. A Lei 8.935/94 regulamenta o art. 236 da Constituição Federal e fixa o estatuto dos serviços notariais e de registro, predicando no seu art. 22 que 'os notários e oficiais de registro são civilmente responsáveis por todos os prejuízos que causarem a terceiros, por culpa ou dolo, pessoalmente, pelos substitutos que designarem ou escreventes que autorizarem, assegurado o direito de regresso. (Redação dada pela Lei nº 13.286, de 2016)', o que configura inequívoca responsabilidade civil subjetiva dos notários e oficiais de registro, legalmente assentada. 9. O art. 28 da Lei de Registros Públicos (Lei 6.015/1973) contém comando expresso quanto à responsabilidade subjetiva de oficiais de registro, bem como o art. 38 da Lei 9.492/97, que fixa a responsabilidade subjetiva dos Tabeliães de Protesto de Títulos por seus próprios atos e os de seus prepostos. 10. Deveras, a atividade dos registradores de protesto é análoga à dos notários e demais registradores, inexistindo discrímen que autorize tratamento diferenciado para somente uma determinada atividade da classe notarial. 11. Repercussão geral constitucional que assenta a tese objetiva de que: o Estado responde, objetivamente, pelos atos dos tabeliães e registradores oficiais que, no exercício de suas funções, causem dano a terceiros, assentado o dever de regresso contra o responsável, nos casos de dolo ou culpa, sob pena de improbidade administrativa. 12. *In casu*, tratando-se de dano causado por registrador oficial no exercício de sua função, incide a responsabilidade objetiva do Estado de Santa Catarina, assentado o dever de regresso contra o responsável, nos casos de dolo ou culpa, sob pena de improbidade administrativa. 13. Recurso extraordinário conhecido e desprovido para reconhecer que o Estado responde, objetivamente, pelos atos dos tabeliães e registradores oficiais que, no exercício de suas funções, causem dano a terceiros, assentado o dever de regresso contra o responsável, nos casos de dolo ou culpa, sob pena de improbidade administrativa. Tese: 'O Estado responde, objetivamente, pelos atos dos tabeliães e registradores oficiais que, no exercício de suas funções, causem dano a terceiros, assentado o dever de regresso contra o responsável, nos casos de dolo ou culpa, sob pena de improbidade administrativa'" (*STF* – RE 842846/SC, 27-02-2019, Rel. Min. Luiz Fux).

7 "Apelação cível – Administrativo – Escritura dúplice lavrada em cartório – **Responsabilidade civil objetiva do notário** – Precedente STJ – Sentença mantida – Recurso desprovido – Merece ser desprovido o presente apelo, tendo em vista que a jurisprudência do Superior Tribunal de Justiça tem assentado que o exercício de atividade notarial delegada (art. 236, § 1º, da CF/88) deve se dar por conta e risco do delegatário, de modo que é do notário a responsabilidade objetiva por danos resultantes dessa atividade delegada (art. 22 da Lei 8.935/1994) (AgRg no AREsp 474.524/PE, Rel. Ministro Herman Benjamin, Segunda Turma, *DJe* 18/06/2014) – Recurso conhecido e desprovido" (*TJAM* – Ap 0617960-75.2013.8.04.0001, 26-2-2019, Rel. Ari Jorge Moutinho da Costa).

"Civil e processual civil – Agravo interno no agravo em recurso especial – **Responsabilidade objetiva dos notários e oficiais de registro** – Erro na emissão de certidão de habilitação para casamento – Reexame do conjunto fático-

Destarte, não há que se entender que a atual Constituição tenha modificado essa óptica, por força do art. 236 citado.

Novas perspectivas se abrirão com o "e-notariado", com a possibilidade de serem os cartórios utilizados, de forma quase plena, a distância, pelos meios informatizados.

Embora o notário exerça serviço de natureza especial e os serviços notariais apontados sejam desempenhados em caráter privado, cuidam-se de serviços públicos delegados, como tantos outros existentes. Os cartorários são detentores de cargos públicos e, portanto, funcionários em sentido amplo. Nesse prisma, o Estado responde objetivamente pelo dano causado por esses serviços como, por exemplo, reconhecimento falso de firma, procuração ou escritura falsa. A responsabilidade emergirá quando o notário causar um dano a seus clientes, quando o fim colimado pelo serviço não for devidamente atingido ou quando houver vício. Leva-se em conta, em princípio, a falha no serviço público. Nesse sentido, é ampla a responsabilidade do notário, cuja repercussão deve ser analisada no caso concreto. Em princípio a ação indenizatória deve ser dirigida contra o Estado, embora entenda parte da doutrina que a ação pode também ser direcionada diretamente contra o notário, hipótese em que o autor deve provar culpa ou dolo, porque a responsabilidade objetiva é somente do Estado nessa hipótese.

23.4 RESPONSABILIDADE POR FURTO DE VEÍCULOS EM ESTABELECIMENTOS COMERCIAIS E ASSEMELHADOS

Sobre o contrato de garagem fizemos referência no Capítulo 28, no volume 3. Aí, enfatizamos que não existe contrato de garagem autônomo quando o posicionamento do veículo em determinado espaço decorre de outro contrato, do qual o estacionamento é parte integrante.

-probatório dos autos – Inadmissibilidade – Incidência da Súmula nº 7 do STJ – Dano moral e material – Decisão mantida – 1 – O recurso especial não comporta exame de questões que impliquem revolvimento do contexto fático-probatório dos autos, a teor do que dispõe a Súmula nº 7 do STJ. 2 – No caso dos autos, a modificação do entendimento do acórdão recorrido, a respeito do erro na emissão prematura de certidão, antes de concluído o processo de habilitação para o casamento, demandaria novo exame dos documentos e das certidões emitidas. 3 – Agravo interno a que se nega provimento" (*STJ* – AGInt-AG-REsp 986.103 – (2016/0247480-4), 23-5-2018, Rel. Min. Antonio Carlos Ferreira).

"Agravo de instrumento – Ação de reparação de danos materiais cumulada com lucros cessantes e danos morais. Insurgência contra decisão que afastou a preliminar de ilegitimidade de parte. Alegação de que o titular do cartório age como delegado do Estado, por força do art. 37, § 6º, da Constituição Federal. Desacolhimento. Reconhecida a **responsabilidade objetiva dos notários e oficiais de registro**, consoante estabelece o art. 22 da Lei nº 8.935/94, pelos atos que são próprios da serventia (art. 236 da CF/88). Decisão mantida. Recurso desprovido" (*TJSP* – AI 2203608-66.2015.8.26.0000, 19-5-2016, Rel. Costa Netto).

"Ação de indenização – Fraude em compra e venda de imóvel – Falsidade de instrumento de procuração outorgado ao suposto representante do proprietário da área. Escritura de venda e compra, lavrada em Tabelionato de Comarca diversa daquela em que outorgada a procuração, sem a observância das devidas cautelas. Ação julgada parcialmente procedente em primeiro grau. Apelo do Tabelião. Negligência dos Tabeliães responsáveis pela lavratura da falsa procuração pública e da escritura de compra e venda do imóvel caracterizada. Desnecessidade, a rigor, de comprovação de culpa, à vista da responsabilidade objetiva dos notários (*STJ*, REsp 1.163.352, Herman Benjamin). Decisão de primeiro grau que se confirma, também na forma do art. 252 do RITJSP. Apelação desprovida" (*TJSP* – Ap 0159675-88.2003.8.26.0100, 16-7-2015, Rel. Cesar Ciampolini).

"**Responsabilidade civil. Danos materiais e morais. Serviços notariais**. Afastamento da preliminar de ilegitimidade passiva no mérito, os serviços notarial e de registro público são exercidos em caráter privado, por delegação do poder público. Art. 236 da CF. Responsabilidade objetiva dos notários e registradores pelos danos causados a terceiros. Art. 22 da Lei nº 8.935/94. Evidenciado o nexo causal entre o ato notarial e o evento danoso. Danos materiais e morais caracterizados. Razoabilidade do valor arbitrado a título de danos morais, no montante de R$ 6.000,00. Também é devida a devolução do valor pago, com exceção da quantia referente ao tributo recolhido, tal como determinado na sentença. Pequena reforma na sentença, apenas para afastar a imposição de penalidade por litigância de má-fé, uma vez que o réu se limitou a exercer seu direito de defesa. Apelo do réu provido em parte e improvido o dos autores" (*TJSP* – Ap. 0024875-66.2012.8.26.0405, 10-9-2013, Rel. Paulo Eduardo Razuk).

Assim ocorre quando o estabelecimento comercial oferece estacionamento a seus clientes. Nesse caso, o estacionamento do veículo faz parte inarredável do negócio do fornecedor e a responsabilidade por danos ou furto no veículo é objetiva, de acordo com o Código de Defesa do Consumidor. Na terminologia mercantil, podemos dizer que o estacionamento em estabelecimentos comerciais integra seu aviamento, fazendo parte do negócio. Pouco importa, nessa hipótese, seja oneroso ou gratuito. Esse contrato de garagem é, pois, de natureza mista. Aplicam-se as regras do contrato principal, utilizando-se dos princípios do contrato de garagem apenas subsidiariamente. Assim, já foi decidido:

> *"O fato de ser gratuito o estacionamento de automóveis em 'shopping center' não significa que não se esteja obtendo lucro com este, não se eximindo a administradora e a locatária da área destinada ao estacionamento da indenização devida pela subtração de veículo"* (*RT* 600/79).

Como reportamos no capítulo mencionado, embora existam características do contrato de depósito no de garagem, não há plena identificação entre ambos os negócios jurídicos. Não é considerado o garagista um depositário típico, sujeito às rígidas regras desse negócio. Trata-se, porém, de contrato real no qual fica realçado o dever de guarda da coisa. Características principais do contrato de garagem, portanto, são a guarda do veículo e o espaço a ele destinado, com ou sem manobrista, com ou sem pagamento direto.

Se o estabelecimento oferece apenas serviço de manobrista, sem oferecer espaço próprio para o estacionamento, o qual ocorre em via pública, não há contrato de garagem, mas o fornecedor de serviços assume a responsabilidade pelos riscos de perda ou deterioração da coisa, nos termos do Código de Defesa do Consumidor. Deverá também responder perante o proprietário ou possuidor não só por danos a terceiros que venha a causar quando exerce a detenção do veículo, como também por eventuais multas de trânsito a que der causa. Irrelevante também que esse sistema de manobrista seja prestado por terceiros em favor do estabelecimento comercial: nos termos da lei consumerista, tanto o dono do estabelecimento como o manobrista podem ser responsabilizados.[8]

---

8 "Apelação. Ação de indenização por danos materiais e morais. Guarda de veículo. Furto de veículo em estacionamento. A subtração se deu enquanto o manobrista conduzia o veículo a outro pátio, sob a justificativa de que aquele onde foi recepcionado se encontrava em obras. Pretensão à indenização por danos materiais e morais. Parcial procedência da demanda. Inconformismo da Corré Separk Estética Automotiva Ltda. Ilegitimidade passiva. Não reconhecimento. Adotada a teoria da asserção, as condições da ação devem ser aferidas de acordo com as afirmações trazidas na petição inicial. O autor alegou que confiou o seu carro ao estacionamento das corrés que, segundo ele, integram o mesmo grupo econômico. Pertinência subjetiva. Efetiva responsabilidade que deve ser enfrentada como questão de mérito. Responsabilidade civil. Dever de indenizar. Confissão da apelante de que cedeu aos donos da Corré RV Estacionamento Ltda. A placa com o seu sinal distintivo contendo os preços cobrados para cada período de permanência. Conforme bem reconhecimento pelo i. Magistrado, para o consumidor, era legítimo acreditar que o estacionamento era explorado pela Ré Separk. Dever de indenizar reconhecido, resguardado eventual direito de regresso. Sucumbência. Majoração da verba honorária sucumbencial, somente para a apelante, segundo as disposições do art. 85, § 11, do CPC/15. Recurso não provido" (*TJSP* – Ap 1075494-05.2024.8.26.0100, 13-3-2025, Rel. Rosangela Telles).

"Consumidor e processual. **Responsabilidade civil.** Ação de reparação de danos materiais e morais. Sentença de parcial procedência da ação e de procedência da lide secundária. Pretensão à reforma manifestada pela seguradora e pela corré Infinity. Recurso da corré Infinity. Roubo de veículo entregue ao manobrista. Fortuito interno. Risco da atividade. Não configuração das excludentes de responsabilidade. Inteligência da Súmula n. 130 do C. Superior Tribunal de Justiça e do artigo 14, do Código de Defesa do Consumidor. Valores relativos às multas e IPVA corretamente considerados na sentença. Recurso da seguradora. Direito à sub-rogação. Transferência dos salvados. Recurso da corré infinity desprovido e da seguradora provido" (*TJSP* – Ap 1006502-41.2019.8.26.0011, 31-5-2023, Rel. Mourão Neto).

Como apontamos no Capítulo 43 (volume 3), a responsabilidade do garagista é a de depositário, sem os rigores da prisão civil, devendo restituir a coisa quando solicitado. Responsabiliza-se, portanto, pelos danos e perda do automotor, salvo se provar caso fortuito ou força maior (art. 642). O Código de Defesa do Consumidor não aponta, como vimos, o caso fortuito e a força maior como excludentes. Nem por isso, deixa de ser aplicada a regra geral, tradicional em nosso sistema de responsabilidade. É possível, como vimos, que se trate de caso fortuito externo. Os casos fortuitos internos, que dizem respeito ao próprio risco do negócio, não inibem o dever de indenizar. Veja o que examinamos no Capítulo 8 deste livro.

No contrato de garagem, seja ele apêndice de outro negócio ou autônomo, a obrigação é de resultado. Se não é devolvida a coisa tal como foi entregue, surge o dever de indenizar do garagista. Desse modo, responde por furto, mas não responderá por roubo armado, se provar que tomou todas as providências para que o evento não ocorresse. A situação é idêntica para os postos de serviço de combustíveis, garagens e oficinas mecânicas. Respondem estes também por atos de prepostos, inclusive por acidentes que venham com os veículos ocasionar a terceiros: no momento em que o veículo é entregue ao posto ou oficina, a responsabilidade pela coisa é do detentor ou possuidor precário.

"Responsabilidade civil – Morte de detento em estabelecimento prisional – **Responsabilidade objetiva** – Ente público que não demonstrou o cumprimento de seu dever específico de proteção daquele que estava sob sua guarda. Aplicação da tese firmada pelo STF em sede de repercussão geral no julgamento do RE nº 841526/RS. Presunção de dano moral sofrido pelos descendentes. Indenização minorada para R$ 25.000,00. Precedentes. Pensão mensal de 2/3 do salário mínimo até os filhos completarem 25 anos. Consectários legais fixados nos termos dos Enunciados 43, 54 e 362 da Súmula do STJ. Recurso dos autores desprovido. Apelo do estado provido apenas para diminuir o *quantum* indenizatório, o que não implica redistribuição dos ônus sucumbenciais. Inteligência do Enunciado nº 326 da Súmula do STJ" (*TJSC* – AC 0501658-74.2011.8.24.0033, 9-7-2019, Rel. Des. Paulo Henrique Moritz Martins da Silva).

"Responsabilidade civil – Roubo de celular em estacionamento de supermercado – Relação jurídica marcada pela aplicabilidade da legislação de consumo. Verossimilhança das alegações autorais. Comprovação de comparecimento ao estabelecimento comercial na data dos fatos e reclamo, por escrito, solicitando providências a respeito do furto. Inversão do ônus da prova (art. 6º, VIII do CDC). Corrés que não se desincumbiram de comprovar inocorrência dos fatos alegados (art. 373, II, CPC/2015). **Responsabilidade objetiva do estabelecimento pelo fato do serviço** (art. 14, § 1º do CDC). Dever de segurança. Fortuito interno. Não comprovada excludente de responsabilidade civil (§ 3º do art. 14 do CDC). Danos materiais comprovados. Danos morais devidos. *Quantum* indenizatório (R$ 8.000,00). Quantia adequada aos parâmetros jurisprudenciais. Valor que se mostra proporcional e compatível com a extensão do dano (art. 944 do Cód. Civil). Correção monetária que, sobre os danos morais, incide a partir do arbitramento (Súmula nº 362 do STJ). Sentença mantida. Recurso desprovido" (*TJSP* – Ap 0023521-64.2005.8.26.0562, 18-9-2018, Rel. Rômolo Russo).

"Apelação – **Ação de indenização por danos materiais e morais** – Furto de veículo em estacionamento de hipermercado – Sentença de procedência, carreando à demandada os ônus da sucumbência. Apelo da ré. Inconsistência do inconformismo. Responsabilidade objetiva da ré configurada. Falha na prestação do serviço de segurança. Precedentes desta Câmara e do Colendo Superior Tribunal de Justiça no sentido de que os hipermercados são responsáveis civilmente pelos danos materiais e morais sofridos pelos consumidores em decorrência de furto nas dependências do estabelecimento comercial. Dano moral configurado. Indenização arbitrada em R$ 5.000,00, com observância do princípio razoabilidade/proporcionalidade. Sentença confirmada. Negado provimento ao recurso" (*TJSP* – Ap 1013612-45.2015.8.26.0007, 7-8-2017, Relª Viviani Nicolau).

"Apelação – **Ação de indenização por danos materiais e morais** – Roubo com emprego de arma de fogo em estacionamento de hipermercado. Sentença de procedência parcial, carreando à demandada os ônus da sucumbência. Apelo da ré. Inconsistência do inconformismo. Responsabilidade da ré configurada. Falha na prestação do serviço de segurança. Precedentes desta Câmara e do Colendo Superior Tribunal de Justiça no sentido de que os hipermercados são responsáveis civilmente pelos danos morais sofridos pelos consumidores em decorrência de roubo nas dependências do estabelecimento comercial. Dano moral configurado. Indenização arbitrada em R$ 7.880,00, com observância do princípio razoabilidade/proporcionalidade. Sentença confirmada. Negado provimento ao recurso" (*TJSP* – Ap 3007157-61.2013.8.26.0084, 15-8-2016, Relª Viviani Nicolau).

No sentido do que afirmamos:

> *"Não se configura negligência se o carro guardado em estacionamento foi roubado em um assalto a mão armada" (RT 512/299); "O roubo à mão armada supera qualquer previsão que é lícito exigir-se de quem, vigilante e prudente, guarda coisas em depósito, seja gratuita, seja onerosamente"* (*RJTJSP* 98/159).

No entanto, incumbe ao dono do estabelecimento provar que tomou todas as providências cabíveis para que o evento não ocorresse: se deixou, por exemplo, o local abandonado à noite, sem a devida vigilância, incorre na responsabilidade (Gonçalves, 1994:298).

No tocante à garagem de condomínios, a convenção condominial pode ressalvar a não responsabilidade do condomínio para os casos de furto ou dano. Há julgados entendendo que a exclusão deve constar na convenção, não sendo suficiente o regulamento. Outros julgados entendem que basta a decisão de assembleia para estipular a exclusão de responsabilidade. Nesse caso, obedecendo à convenção ou à decisão da assembleia, não responde o condomínio, salvo provando dolo ou culpa grave. Há, no entanto, jurisprudência em contrário. A matéria ainda é polêmica.

Também é restrito o alcance das cláusulas de não indenizar ou limitativas de responsabilidade na hipótese de estacionamentos. Como já apontamos no Capítulo 43 (volume 3) sobre o contrato de garagem, é nula a cláusula de não indenizar nesses estacionamentos porque aposta unilateralmente em contrato de adesão, afrontando também os princípios do Código de Defesa do Consumidor (art. 51, I e II do Código de Defesa do Consumidor) (*RT* 655/78).

Veja, a respeito, a síntese que faz a Súmula nº 130 do STJ, no sentido do que foi explanado: *"A empresa responde, perante o cliente, pela reparação de dano ou furto de veículo ocorridos em seu estacionamento"*.

23.5 RESPONSABILIDADE DE EMPREITEIROS E CONSTRUTORES

A responsabilidade dos arquitetos, engenheiros, empreiteiros e construtores em geral guarda certas particularidades em relação aos demais profissionais liberais. Essa responsabilidade pode ser contratual e extracontratual; pode ser do construtor em relação ao dono da obra ou em relação a danos causados a terceiros. Quanto a terceiros, a matéria segue as regras gerais, além dos dispositivos específicos relativos à ruína do edifício (art. 937 do Código Civil) e queda de objetos (art. 938), já examinados (Capítulo 17).

Quanto à responsabilidade do construtor com relação ao dono da obra, chamamos à colação o que foi dito a respeito do contrato de empreitada, no volume 3.

A questão maior que expomos diz respeito ao alcance do art. 618, pelo qual o empreiteiro de materiais e execução responde, durante cinco anos, pela solidez e segurança do trabalho, em obras consideráveis, pelos materiais e pelo solo, exceto quanto a este, se, não o achando firme, preveniu em tempo o dono da obra.

Conforme comentamos neste livro, há franco alargamento do alcance aparentemente restrito do dispositivo. Assim, o construtor, seja ele empreiteiro ou de qualquer outra qualificação, terá sempre a responsabilidade pela solidez da obra e não apenas por construções consideráveis. Essa responsabilidade deve ser vista em consonância com a responsabilidade profissional de engenheiros e arquitetos. O Código Civil de 1916 preocupou-se unicamente com o contrato de empreitada em época na qual as outras modalidades de negócios, envolvendo a construção civil, ainda não estavam desenvolvidas. Na verdade, todo defeito que compromete a destinação normal do edifício inclui-se na garantia de cinco anos. O mesmo se aplica quanto a defeitos no solo. Ademais, como engenheiro e arquiteto são técnicos, irrelevante a autorização do proprietário citada no art. 1.245, se alertaram sobre a falta de solidez do solo e mesmo assim prosseguiram na edificação: seu mister profissional impede que construam edifícios sabidamente instáveis (Cavalieri Filho, 2000:260). Também nesses casos, os construtores respondem objetivamente pelos danos, mormente levando-se em consideração a lei consumerista.[9]

Desse modo, aplica-se o dispositivo não somente a qualquer tipo de empreitada, mas também a outros contratos nos quais esses profissionais, engenheiros e arquitetos, pessoas naturais ou jurídicas, surgem como responsáveis técnicos. Em toda construção, é sempre esse profissional técnico que dá a última palavra quanto ao material e a solidez do prédio.

Mencionamos, também no estudo do contrato de empreitada, para onde remetemos o leitor, que esse prazo quinquenal é de decadência, segundo a jurisprudência e doutrina majoritárias, e tecemos considerações sobre os vícios redibitórios e aplicação do Código de Defesa do Consumidor. A jurisprudência e doutrina dominantes entendem que, manifestado o defeito

---

[9] "Apelação. Vícios construtivos. Ação indenizatória proposta por condomínio em face da construtora responsável pela obra. Sentença de parcial procedência. Prazo de garantia quinquenal (art. 618, 'caput', do Código Civil). Escoado o prazo de garantia, se a demanda for ajuizada em face do empreiteiro, aplica-se o prazo prescricional de 10 anos. Inteligência do art. 205 do Código Civil. Prejudicial de mérito afastada. Mérito. Construtora/incorporadora que não se exonera de responsabilidade civil após a entrega da obra. Falha de construção que deflagrou danos no edifício. Responsabilidade configurada. Anomalias decorrentes dos serviços prestados pela construtora. Condenação da ré ao pagamento de indenização por danos materiais. Laudo pericial elaborado por profissional imparcial e equidistante das partes, que concluiu pela existência de danos relativos à entrega de vagas de garagem em desconformidade ao projeto inicial, além de vícios de origem endógena, fruto da utilização de materiais e técnicas construtivas inadequadas, ausente causalidade atribuível a mau uso ou reformas realizadas pelo adquirente. Sentença mantida. Honorários advocatícios devidos pela empresa ré majorados. Recurso desprovido, com observação" (*TJSP* – Ap 1007760-29.2018.8.26.0009, 11-6-2024, Rel. Coelho Mendes).

"Apelação cível – Responsabilidade civil – **Vícios construtivos** – Suspeição do perito – Preclusão – Não tendo a parte ré alegado a suspeição do perito na primeira oportunidade que lhe cabia, mostra-se inviável o acolhimento do pedido de anulação da sentença para a realização de nova prova técnica. Preclusão. Inteligência do artigo 138, § 1º, do CPC vigente à época. Responsabilidade do construtor – Caráter objetivo – Má execução da obra – Dever de indenizar – Em se tratando de vício do serviço, que não apresentou a qualidade que dele legitimamente se esperava, o requerido responde objetivamente, *ex vi* do art. 20 do Código de Defesa do Consumidor. Hipótese em que a presença dos defeitos restou evidenciada por meio de perícia, que apontou a inobservância da técnica adequada na construção do imóvel. Dever de indenizar configurado. Sentença mantida. Dano moral – Configuração – A presença de vícios construtivos em imóvel destinado à residência configura dano moral passível de reparação. Frustração das expectativas da casa própria que não podem ser alocados à seara do mero aborrecimento, configurando verdadeiro dano moral passível de reparação. Precedentes desta Corte. Apelação desprovida" (*TJRS* – AC 70080718406, 28-3-2019, Rel. Des. Paulo Roberto Lessa Franz).

"Agravo de instrumento – **Ação de indenização** – Supostos vícios construtivos no imóvel adquirido – Demanda ajuizada em face do vendedor do bem denunciação da lide ao arquiteto – Profissional que firmou projeto e execução da obra – Responsabilidade pelos serviços técnicos executados – Possibilidade de demanda regressiva pelo contratante (recorrente) – Artigo 125, inciso II do NCPC possibilidade da sua agravo de instrumento nº 1.678.246-2 2 inclusão ao polo passivo – Decisão reformada – Recurso conhecido e provido" (*TJPR* – AI 1678246-2, 30-08-2017, Rel. Des. Domingos José Perfetto).

"**Direito de vizinhança** – Ação de nunciação de obra nova – Construção que ocasionou rachaduras em imóvel lindeiro – Nexo de causalidade evidenciado – Recurso improvido, com observação – O proprietário pode levantar em seu terreno qualquer construção, mas ocorrendo o dano e derivando este da obra limítrofe nasce a obrigação de indenizar; Vale dizer, a responsabilidade é objetiva, bastando a prova da existência do dano e sua relação de causalidade com a obra levada a efeito na propriedade limítrofe, não se cogitando do fator culpa" (*TJSP* – Ap 0004710-46.2010.8.26.0541, 2-5-2016, Rel. Renato Sartorelli).

"Indenização – Defeitos na construção – **Responsabilidade do arquiteto confirmada** – Valor da indenização por danos morais, porém, comporta modificação por ter sido fixado com base no salário mínimo, violando o art. 7º, IV, da CF. Reparação pelos prejuízos materiais confirmados, assim como percentual dos honorários advocatícios. Recurso do autor desprovido e parcialmente provido o do réu" (*TJSP* – Ap 0002943-10.2001.8.26.0663, 19-1-2015, Rel. Paulo Alcides).

da obra dentro desse prazo de garantia, inicia-se o prazo prescricional das ações pessoais, vinte anos para o Código Civil de 1916 e dez no Código de 2002, para a propositura da ação:

> *"O prazo de cinco anos estabelecido no art. 1.245 do Código Civil não é para o exercício da ação, mas sim, de garantia. Verificada a existência de defeitos na construção, começa a correr o prazo de prescrição, que é comum aos direitos pessoais"* (*RT* 575/90; no mesmo sentido, *RT* 532/80, 569/90, 572/181, 627/123).

Acrescentemos, ainda, que, com o Código de Defesa do Consumidor, houve profunda alteração em todos os ramos de atividade e o construtor passou a responder objetivamente pelos danos causados, como fornecedor de serviços.

23.6 DANO NO UNIVERSO DIGITAL

A nova sociedade, neste alvorecer do século XXI, lastreia seu poder na informação. Trata-se da era do computador e da informática. A cada dia, no sentido literal do termo, novos implementos e atualizações ocorrem nesse campo. O ser humano, com isso, perde sua privacidade. Onde quer que se encontre, não somente em seu local de trabalho, mas em seu lar e nas horas de lazer, é atingido pelas informações em equipamentos cada vez mais portáteis e eficientes. Cada vez mais a vida privada é ameaçada. Os direitos fundamentais podem ser seriamente ameaçados pela computação, principalmente os direitos da personalidade.

A lei deve assegurar e preservar, a qualquer preço, como direito fundamental, o mínimo de privacidade a cada um. Já contamos com uma lei de proteção de dados, cuja eficiência deve ser avaliada ainda (Lei nº 13.709/2018). Busca-se garantir, tanto quanto possível, os direitos de proteção a dados pessoais sensíveis e relevantes. Essa lei certamente gerará muitos efeitos e estudos.

A tecnologia, portanto, que deveria propiciar maior conforto ao ser humano, transformou esse desiderato em permanentes exigências que a cada momento pipocam na tela de seu computador ou tilintam em seu telefone celular. Exigem-se respostas imediatas porque imediatos são os contatos do mundo virtual que se entrecruzam permanentemente. No acionar de uma tecla, o ser humano deste século tem a informação universal da rede internacional diante de si e todo um inacreditável comércio virtual. Desse modo, podemos afirmar que, atualmente, viver de maneira efetiva significa possuir a informação adequada (Gutiérrez, 1989:121). O ser humano, em qualquer local do planeta, está apto a receber todas as informações do conhecimento humano. Cada vez mais a universalização do conhecimento torna-se realidade. Nem sempre, porém, esses avanços refletem-se unicamente em vantagens.

O desenvolvimento da informática, com o que hoje se denomina inteligência artificial, não se deteve unicamente no processamento de dados, pois os computadores, cada vez mais, possuem capacidade para deduzir, inferir, associar ideias, tomar decisões e assumir um destino próprio, independentemente das vontades humanas que o criaram. A ficção muito recente já foi sobrepujada pela realidade.

Podemos definir informática como a ciência que tem por objeto o conjunto de conhecimentos da informação por meio de sistemas de computação. O sistema de computação apresenta três fases: primeiramente, a introdução de dados na máquina (*input*), os quais, por meios técnicos, permitem sua divulgação ou demonstração (*output*). Esses dados, na terceira fase, ficam armazenados no que se convencionou denominar *memória*, à disposição dos interessados, livremente ou sob certas condições.

Nesse universo, há, portanto, um novo campo jurídico em fase de desenvolvimento, o *direito informático* ou *direito digital*. É missão desse novo ramo jurídico adaptar os institutos tradicionais para criar outros ligados às novas conquistas eletrônicas. Futuro breve definirá, sem dúvida, a autonomia desse novo ramo jurídico. Apesar de já termos normas e legislação específica, o que já se desenha no direito comparado, bem como no direito interno, cabe ao jurista enfrentar os novos problemas, que na verdade são velhos temas com novas roupagens, mormente no tocante à responsabilidade civil, com o Código Civil e legislação complementar. A problemática toca diretamente à necessidade de termos tratados internacionais de molde a permitir a identificação e a responsabilidade do causador do dano em qualquer local do planeta. Esse talvez seja um dos grandes desafios deste século.

O Código de Defesa do Consumidor, lei moderna e avançada, já traça as diretrizes básicas, no direito pátrio, quanto ao comércio eletrônico. A internacionalização dos temas, porém, comércio envolvendo na linha das comunicações mais de um país, como a sede dos provedores de dados, validade de assinaturas eletrônicas etc., é questão que deve ser definida por normas supranacionais. Sobre a formação dos contratos na era da informática, já nos manifestamos em nosso *Direito civil: contratos* (Capítulo 12).

Qualquer que seja o caminho a ser seguido, não se foge dos princípios tradicionais da responsabilidade: ato culposo, nexo causal e dano. O Código de Defesa do Consumidor estabeleceu a culpa objetiva do fornecedor de produtos com largo espectro, com plena aplicação no comércio eletrônico. As nuanças dos problemas, trazidas pela informática, ficarão a cargo do legislador. A resposta do Estado-legislador deve ser rápida. Muito mais do que as modalidades de reparação dos danos por via informática, a legislação deve-se preocupar com a prevenção desses danos, que podem atingir repercussões muito graves.[10]

---

[10] "Direito civil e do consumidor. Apelação. Ação de obrigação de fazer cumulada com indenização por dano moral. Invasão de conta em rede social e uso indevido do perfil por terceiro. Falha na prestação de serviço. Responsabilidade objetiva. Dano moral configurado. Recurso desprovido. I. Caso em exame 1. Apelação interposta pela parte ré contra sentença pela qual foram julgados procedentes os pedidos em ação indenizatória, proposta por usuária da rede Facebook e Instagram, em razão de invasão das suas contas por hackers e publicações indevidas envolvendo sua imagem. Pela sentença, a ré foi condenada em obrigação de fazer consistente na recuperação das contas e ao pagamento de indenização por dano moral no valor de R$ 5mil e ao pagamento das custas e honorários. II. Questão em exame 2. São duas questões em discussão: (i) saber se a invasão de conta por terceiro, com uso indevido da imagem da autora, caracteriza falha na prestação de serviço por parte da plataforma digital; e (ii) saber se há responsabilidade civil da ré e cabimento de indenização por dano moral. III. Razões de decidir 3. A falha na prestação de serviço é configurada pela incapacidade do réu em adotar mecanismos eficazes para coibir a invasão da conta da parte autora e permitir sua pronta recuperação, mesmo após comunicação e ajuizamento da ação. Tal ineficácia resultou na permanência do perfil em posse de terceiros por longo período, facilitando a prática de fraudes e causando abalo emocional ao autor. 4. Com base na teoria do risco da atividade, prevista no art. 14 do Código de Defesa do Consumidor (CDC), a responsabilidade da ré é objetiva, sendo irrelevante a comprovação de culpa, bastando o nexo causal entre a falha no serviço e o dano sofrido. 5. O nexo de causalidade entre a falha no serviço e o abalo moral sofrido pela autora é demonstrado pela utilização indevida do seu perfil para fins fraudulentos, afetando sua imagem e interação social. 6. O valor de R$ 5 mil é adequado à extensão do dano, às condições das partes e às funções satisfativa e pedagógica da indenização, em consonância com precedentes em casos análogos. IV. Dispositivo e tese 7. Recurso desprovido. Teses de julgamento: '1. A falha na prestação de serviço de plataforma digital que não impede nem repara de forma eficaz a invasão de perfil de usuário por terceiro caracteriza responsabilidade objetiva do fornecedor. 2. O uso indevido da imagem e da identidade digital do consumidor em rede social configura ofensa a direito da personalidade e enseja indenização por dano moral'. Dispositivos relevantes citados: CDC, arts. 6º, VI, e 14; CC, arts. 927 e 944. Jurisprudência relevante citada: TJSP, Apelação Cível 1053043-83.2024.8.26.0100, Rel. Des. Adilson de Araujo, 31ª Câmara de Direito Privado, j. 18.06.2024" (*TJSP* – Ap 1080829-05.2024.8.26.0100, 20-8-2025, Rel. Adilson de Araujo).

"Apelação. Prestação de serviços. **Plataforma de comércio eletrônico 'Shopee'**. Suspensão de conta de vendedor. Ação de obrigação de fazer cumulada com reparação de danos materiais e morais. Respeitável sentença de procedência em parte. Inconformismo da requerida. Invoca preliminar de incompetência da justiça comum em razão da existência de cláusula de eleição de arbitragem. Busca a improcedência da ação. Ineficácia da cláusula compromissória de arbitragem em contrato de adesão sem assinatura ou visto destinados especialmente a tal disposição pela parte aderente. Inteligência do artigo 4º, § 2º, da Lei de Arbitragem. Relação de consumo configurada sob a aplicação da teoria finalista mitigada. Existência de vulnerabilidade técnica e fática da autora diante da requerida. Incidência do Código de Defesa do Consumidor. Descumprimento da obrigação de coleta de produtos e suspensão de acesso à conta de usuário na plataforma sem motivo justo e sem demonstração de irregularidade a justificar a suspensão. Conduta abusiva da apelante. Falha na prestação de serviços caracterizada. Responsabilidade objetiva. Inteligência dos artigos 14 do Código de Defesa do Consumidor. Ausência de prova de excludentes de responsabilidade da requerida. Danos materiais caracterizados. Prova documental suficiente para a demonstração dos danos alegados, inexistindo provas em sentido contrário capaz de infirmar as alegações e provas da autora. Indenização por lucros cessantes que é devida e deverá ser apurada em fase de liquidação conforme parâmetros da sentença. Ausência de prova de fato impeditivo, modificativo ou extintivo do direito da autora (artigo 373, II, do Código de Processo Civil). Recurso desprovido" (*TJSP* – Ap 1121014-56.2022.8.26.0100, 31-7-2024, Rel. Dario Gayoso).

"Apelação – Ação de obrigação de fazer c/c indenização por dano moral – Compra e venda – Bem Móvel – **Comércio Eletrônico** – Compra realizada pela internet, diretamente pelo 'site' da ré – Alegação de ilegitimidade e responsabilidade de terceiro em razão de a venda ter sido efetuada pelo terceiro no sistema de 'marketplace' – Descabimento – Responsabilidade da ré, que expõe à venda mercadorias de terceiros, colocando o produto no mercado de consumo e oferecendo seu prestígio no mercado como forma de impulsionar vendas e trazer lucros a ela e ao vendedor – Participação na cadeia de consumo que faz incidir a responsabilidade solidária da ré, à luz do CDC – Danos morais – Ocorrência – Demora de mais de 06 (seis) meses para entrega do produto ao consumidor extrapola o mero aborrecimento, dando causa ao pagamento de indenização por danos morais – Pretensão de indenização no valor de R$ 3.000,00 a título de dano moral que atende aos requisitos da razoabilidade e proporcionalidade – Precedentes deste Egrégio Tribunal de Justiça e desta E. 28ª Câmara de Direito Privado – Sentença de improcedência reformada – Recurso provido para julgar procedente a ação" (*TJSP* – Ap 1066192-57.2021.8.26.0002, 24-8-2022, Rel. Marcelo L Theodósio).

"**Dano moral – Internet** – Publicação de mensagens de caráter ofensivo em rede social – 'facebook'. Conjunto probatório dos autos que não permitem afirmar que as ofensas foram direcionadas à autora. Danos morais não caracterizados. Sentença mantida. Recurso desprovido" (*TJSP* – AC 1004079-86.2017.8.26.0526, 24-9-2019, Rel. Coelho Mendes).

"Responsabilidade civil – Danos morais – **Matéria jornalística publicada na internet** – Ré que noticiou o assassinato do marido da autora pela ex-companheira, vinculando de forma errônea a sua foto à matéria e não da criminosa. Ofensa à imagem e honra da autora. Imagem da autora vinculada à notícia que fez os leitores acreditarem ser ela a mandante do crime. Publicação que ficou exposta por dois anos. Dano moral configurado. Valor reduzido para R$ 30.000,00. Sentença reformada parcialmente. Recurso parcialmente provido" (*TJSP* – Ap 1006593-45.2017.8.26.0127, 15-3-2018, Relª Fernanda Gomes Camacho).

"Responsabilidade civil – **Ação indenizatória** – Uso indevido de fotografia da autora como ilustração de texto veiculado em endereço eletrônico dos réus – Incontroversa ausência de autorização da autora, que é a pessoa retratada na imagem – Inobservância do disposto no art. 5º, X, da Constituição Federal e do art. 20 do Código Civil – Dano moral – Configuração – Desnecessidade de demonstração de efetivo prejuízo, pois o dano se apresenta 'in re ipsa' – Precedente do Superior Tribunal de Justiça – Dano material por violação de direito autoral – Descabimento – Postulação estranha à inicial – 'Quantum' indenizatório referente aos danos imateriais fixado pelo juízo de primeiro grau que é razoável e proporcional às circunstâncias da situação concreta – Ônus sucumbencial – Imperiosa sua redistribuição nos termos do art. 21, '*caput*' do Código de Processo Civil, tendo em vista a sucumbência recíproca – Recurso da autora desprovido e recurso dos réus parcialmente provido" (*TJSP* – Ap 0015847-92.2012.8.26.0011, 3-2-2016, Rel. Rui Cascaldi).

"Agravo de instrumento – Ação de obrigação de fazer – Depósito de informações sobre dados e registro eletrônicos de usuários da plataforma Twitter – Os direitos e garantias individuais não podem servir de escudo de proteção para a prática de atividades ilícitas, tampouco como fundamento para afastar a responsabilidade civil ou penal, sob pena de consagração do desrespeito ao Estado Democrático de Direito. Conflito entre direitos fundamentais que deve ser resolvido pelo método da ponderação. Direito fundamental de inviolabilidade de sigilo de dados e da vida privada, devidamente tutelados e preservados pelo MM. Juízo *a quo*, à medida que não permitirá, nem mesmo ao agravado, o acesso à documentação apresentada pelo agravante, que ficará lacrada, até o sentenciamento do feito. Observância do artigo art. 23, da Lei nº 12.965/2014 (Marco Civil na Internet). Violação ao artigo 22 da Lei 12.965/2014 (Marco Civil na Internet). Inocorrência. A existência ou não de fundados indícios de ilicitude será objeto de discussão nos autos da demanda originária. Sigilo de dados e registro eletrônicos que não pode ser oponível ao Poder Judiciário, ao qual compete a busca da verdade dos fatos em situações de excepcional necessidade, como é o caso dos autos. Requisitos do art. 22, § único, da Lei do Marco Civil preenchidos. Negado provimento ao agravo" (*TJSP* – AI 2155931-74.2014.8.26.0000, 20-1-2015, Rel. Fábio Podestá).

23.7 RESPONSABILIDADE POR DEMANDA ANTECIPADA DE DÍVIDA OU DE DÍVIDA JÁ PAGA

Essas duas hipóteses são contempladas em ambos os Códigos, com a redação quase idêntica. No tocante à demanda antecipada, assim dispõe o art. 939:

> *"O credor que demandar o devedor antes de vencida a dívida, fora dos casos em que a lei o permita, ficará obrigado a esperar o tempo que faltava para o vencimento, a descontar os juros correspondentes, embora estipulados, e a pagar as custas em dobro".*

Como se sabe, a possibilidade de ser cobrada uma dívida antes do vencimento é exceção no ordenamento, como no caso de falência do devedor, por exemplo. O dispositivo estampa uma pena civil imposta ao credor, que ajuíza demanda antes de exercitável seu direito, isto é, antes da *actio nata*. No caso concreto, há que se verificar o aspecto do vencimento ou exigibilidade da obrigação, que pode ser discutível. A dívida em prestações periódicas pode ser considerada toda vencida, se as partes convencionaram que o inadimplemento de uma das parcelas induz a exigibilidade de toda a dívida. Se a dívida se vence no curso dos procedimentos prévios de ajuizamento da ação, geralmente demorados, de molde que já esteja vencida quando da citação do devedor, não se mostra cabível ou justa a imposição da pena. Se há necessidade de constituição prévia em mora do devedor, a matéria é de exame prévio no processo e não tipifica a cobrança antecipada, cujo dispositivo não admite extensão interpretativa por ser de natureza punitiva.

Dentro do mesmo princípio, estampa o art. 940 a respeito de ajuizamento de demanda por:

> *"Aquele que demandar por dívida já paga, no todo ou em parte, sem ressalvar as quantias recebidas, ou pedir mais do que for devido, ficará obrigado a pagar ao devedor, no primeiro caso, o dobro do que houver cobrado e, no segundo, o equivalente do que dele exigir, salvo se houver prescrição".*

Nesse caso, a pena é imposta ao credor que cobra o que já recebeu, no todo ou em parte, ou que pede mais do que tem direito. Esta última hipótese é mais sensível. Não é em qualquer situação em que se cobra a mais que a pena pode ser imposta, caso contrário em toda ação de cobrança parcialmente procedente o dispositivo teria aplicação. Não se subsume ao texto legal, por exemplo, acréscimos discutíveis em juízo, como taxas de juros e correção monetária, discussão acerca de inadimplemento de cláusula contratual etc. O que a lei pretende é que essa pena aplique-se ao que, conscientemente, pede mais do que lhe é devido, deixando, inclusive, de ressalvar valores que recebeu por conta. Exige-se, a princípio, portanto, culpa do agente, não só nesta última situação, como nas demais de ambos os artigos.

Parte da doutrina e da jurisprudência entendeu que no caso era necessária a configuração de culpa grave ou dolo para a imposição da pena. De qualquer forma, se vista a situação sob o prisma do Código de Defesa do Consumidor, aplica-se a responsabilidade objetiva, sendo irrelevante, a nosso ver, o grau de culpa. Neste último caso, somente será exonerado da indenização o fornecedor de produtos ou serviços se provar caso fortuito ou força maior. No campo do direito em geral, também há julgados que entendem que a simples culpa é suficiente, em qualquer hipótese:

> *"Cobrança de dívida já paga – Dever de indenizar que se insere no capítulo das obrigações por atos ilícitos – Desnecessária a presença do dolo ou má-fé, bastando, como em qualquer outro, a existência de culpa – Indenização fixada no dobro do valor do título discutido em juízo – Art. 1.531 do CC – Recurso improvido".* Primeiro Tribunal de Alçada Civil de São Paulo, Proc. 0757501-9, apel., 11ª Câm., j. 14-12-98, Rel. Maia da Cunha.

Lembre-se, contudo, de que existe a Súmula 159 do STF a respeito da matéria:

> *"Cobrança excessiva, mas de boa-fé, não dá lugar às sanções do art. 1.531 do Código Civil".*

Nesse sentido, tem sido o caudal da jurisprudência.[11]

---

[11] "Apelação – Ação monitória – Embargos monitórios e reconvenção – Cobrança indevida – Má-fé – Cobrança indevida – Sanção do art. 940 do CC – Cabimento – Súmula 159 do Supremo Tribunal Federal – Má-fé evidenciada pelo fato de a autora ter reconhecido que as notas fiscais cobradas haviam sido quitadas antes da propositura da ação: – De rigor a condenação da autora à restituição em dobro do valor indevidamente cobrado, tendo em vista que reconheceu a quitação das notas fiscais que fundamentaram a ação monitória – Alegação da existência de outros débitos – Apresentação de notas fiscais em réplica – Inadmissibilidade – Emissão dos documentos após o ajuizamento da ação – Má-fé caracterizada. Litigância de má-fe – Pretensão de cobrança de débito incontroversamente quitado – Emissão de notas fiscais após o ajuizamento do processo – Incidência dos incisos I, II e V do art. 80 do CPC – Ocorrência – Condenação – Possibilidade: – É cabível a condenação por litigância de má-fé quando restar configurado que a parte autora incidiu nas hipóteses dos incisos I, II e V do art. 80 do CPC, ao deduzir pretensão contra fato incontroverso, alterar a verdade dos fatos e proceder de modo temerário. Recurso não provido" (*TJSP* – Ap 1004778-42.2022.8.26.0481, 30-4-2024, Rel. Nelson Jorge Júnior).

"Reparação por danos materiais e morais – **Cobrança de dívida já paga** – Desistência da ação executória que se deu tão logo o pagamento fora noticiado – Pretensão de devolução em dobro dos valores indevidamente cobrados – Impossibilidade – Ausência de demonstração de má-fé – Documentos para ajuizamento da ação que já se encontravam com os advogados do banco para propor a demanda – Presunção de boa-fé – Dano moral – Ajuizamento de ação de execução por dívida já paga – Execução proposta oito dias após o pagamento da dívida que remontava dois anos de inadimplemento – Dano moral não configurado sentença parcialmente procedente – Dado provimento ao recurso para julgar improcedente o pedido" (*TJSP* – Ap 1003051-03.2017.8.26.0003, 30-1-2019, Relª Lucila Toledo).

"Ação monitória – Plano de saúde – **Cobrança de dívida já paga** – Erro inescusável – Recibo de quitação emitido seis meses antes do ajuizamento da monitória e subscrito pelo mesmo causídico que aforou a demanda. Penalidade prevista no art. 940, CC. Cabimento. Incidência da multa prevista no art. 702, § 10, do CPC/2015. Dano moral. Inocorrência. Ausência de demonstração de abalo ao nome da reconvinte. Apelo parcialmente provido, em maior extensão" (*TJSP* – Ap 1030016-55.2016.8.26.0196, 2-2-2018, Rel. Fábio Podestá).

"Apelação – **Ação de indenização por danos morais** – Inscrição do nome da autora em órgão de proteção ao crédito – Por dívida já paga através de acordo – Crédito cedido – Sentença de procedência – Recurso – Lastro da cobrança não comprovado – Restrição irregular – Dano moral *in re ipsa* – Valor indenizatório bem arbitrado – Princípios da razoabilidade e da proporcionalidade – Prequestionamento – Ausente – Sentença mantida – Recurso desprovido" (*TJSP* – Ap 1001739-66.2015.8.26.0001, 26-6-2017, Rel. Carlos Abrão).

"Ação de inexigibilidade de cobrança c.c. – **Indenização por danos morais** – Alegação de cobrança de dívida já paga com restrição ao crédito do autor. Sentença de procedência para declarar a inexigibilidade da parcela vencida no dia 15 de outubro de 2014, já paga em demanda diversa, e ainda para condenar as rés, de forma solidária, a pagar para o autor indenização moral de R$ 10.000,00, com correção monetária a contar da sentença e juros de mora a contar de 01 de dezembro de 2014. Apelação apenas da corré Sageo, que visa à reforma da sentença para afastar a condenação, sob a alegação de que os danos sofridos pelo autor foram causados pela corré Aymoré, pugnando subsidiariamente pela redução da indenização moral. Rejeição. Legitimidade da corré Sageo bem configurada, ante a responsabilidade solidária dos Fornecedores que compõem a cadeia de consumo, prevista no artigo 7º, parágrafo único, do CDC. Incontroversa cobrança de dívida já quitada, com restrição de crédito contra o autor. Dano moral indenizável configurado 'in re ipsa'. Indenização moral arbitrada em consonância com os princípios da razoabilidade e da proporcionalidade, além das circunstâncias do caso concreto. Superveniência de acordo entre o autor e a corré Aymoré, com pedido de homologação. Homologação do acordo, com determinação de baixa dos autos à Vara de origem para as providências cabíveis. Sentença mantida. Recurso não provido. Acordo homologado" (*TJSP* – Ap 1000286-30.2015.8.26.0100, 17-8-2016, Relª Daise Fajardo Nogueira Jacot).

"**Ação de indenização por danos morais** julgada procedente – inscrição indevida nos órgãos de proteção ao crédito – dívida já paga – circunstância que faz surgir dano de ordem moral – hipótese de responsabilidade objetiva – dano *in re ipsa* – situação que extrapola o mero aborrecimento e ingressa no campo do dano moral. Valor da indenização – indenização fixada em 5 salários mínimos – vedação constitucional (art. 7º, IV, *fine* da CF) – utilização do salário mínimo só pode se dar como referência – Observação no sentido de que a conversão da indenização para a moeda corrente deve se dar na data da prolação da sentença – Indenização fixada em R$ 3.620,00 que deve ser majorada não para o valor pleiteado pela autora, mas para R$ 10.000,00 (dez mil reais) – Prejudicado o conhecimento do apelo da ré na parte em que pediu a diminuição da verba – Valor alterado que se apresenta como adequado às circunstâncias do fato, proporcional ao dano e com observância ao caráter educativo-punitivo que compõe a indenização na hipótese – Recurso da autora parcialmente provido, desprovido o recurso da ré, quanto à parte conhecida" (*TJSP* – Ap 1004215-35.2014.8.26.0576, 27-8-2015, Rel. Castro Figliolia).

Em sede de relações de consumo, podemos concluir que essa boa-fé referida na súmula equivalerá ao caso fortuito ou força maior.

Já, a lei estatui que essas penas somente podem ser impostas se houver demanda, isto é, ação judicial para cobrança, pedindo o pagamento indevido. A simples notificação judicial ou extrajudicial não se qualifica como demanda ensejadora das penas ora tratadas.

Tratando as hipóteses de pena civil, tal independe de prova de prejuízo por parte do ofendido. A esse propósito, o art. 941 dispõe que não se aplicarão as penas dos dois artigos quando o autor desistir da ação antes de contestada a lide. Desse modo, com essa desistência, desapareceria qualquer base para a indenização. Assim, desistindo o autor da demanda antes da contestação, mostrará que agiu de boa-fé, arrependeu-se ou ao menos reconheceu seu erro.

O art. 941 do Código de 2002, contudo, acertadamente, acrescentou o seguinte texto ao dispositivo: *"salvo ao réu o direito de haver indenização por algum prejuízo que prove ter sofrido"*.

Nessa dicção, fica bem claro que as imposições dos artigos precedentes têm o caráter de pena e independem da prova de prejuízo. Se, no entanto, o credor desistir da ação antes de contestada a lide, ainda assim poderão remanescer prejuízos ao réu, decorrentes, por exemplo, da simples distribuição da ação. Nesse caso, abre-se a oportunidade geral de indenização com base no art. 186. A jurisprudência sempre resistira a esse entendimento, que é, aliás, absolutamente lógico e conforme os princípios gerais. Aliás, esta última situação poderá ocorrer ainda que a ação seja plenamente ajuizada e o réu entender que as penas descritas nos dois artigos citados sejam insuficientes para compor seu prejuízo. Assim ocorrendo, deve provar o efetivo prejuízo, dentro da regra geral. Em qualquer situação, porém, o prejudicado deve ingressar com ação própria, podendo ser por reconvenção, se o permitir o procedimento.

23.8 RESPONSABILIDADE NO ÂMBITO DA FAMÍLIA

O pensamento jurídico tradicional do passado sempre entendeu que os princípios gerais da responsabilidade civil aquiliana são suficientes para socorrer as hipóteses de dolo ou culpa no âmbito da família. Mais que isso, apenas recentemente a doutrina preocupou-se com situações específicas que podem gerar dever de indenizar entre membros da família, cônjuges, conviventes, pais e filhos. Quando determinada área do direito atinge certo patamar de sofisticação e passa a gozar de princípios próprios, é natural que seja cercada de especificidade para as soluções do dever de indenizar. É o que ocorre com o direito de família.

Em sede da família, em síntese, busca-se a tutela da personalidade e, consequentemente, da dignidade humana. Os valores da família, mais acentuadamente que outros quadrantes do Direito, são dinâmicos e mutantes por essência. Porém, nestas últimas décadas sofreram modificações mais sensíveis. Hoje fala-se de um direito geral da personalidade, de molde a garantir o respeito mútuo e recíproco em sociedade: desse modo, impõe-se que seja reconhecido um feixe de direitos que proteja esses aspectos e reprima as distorções. É fato que a responsabilidade aquiliana, e especificamente o dever de indenizar no direito contemporâneo, deixou de representar apenas uma reposição patrimonial de prejuízo ou uma jurisprudência dirigida a esse sentido, deslocando-se para um campo cada vez mais axiológico ou de valores existenciais que se traduzem, no seu cerne, na possibilidade de indenização do dano exclusivamente moral. Para esse quadro concorre definitivamente a Constituição de 1988, um

---

"A manutenção do nome do autor nos órgãos de proteção ao crédito referente **a dívida já paga**, mostra-se ilegal. Indenização devida. Sentença mantida. Recurso improvido" (*TJSP* – Ap. 9191450-64.2009.8.26.0000, 17-4-2013, Rel. S. Oscar Feltrin).

marco e divisor de águas no direito privado brasileiro. É indubitável que a responsabilidade civil em sede de direito de família decorre de toda essa posição porque, em última análise, ao se protegerem abusos dos pais em relação aos filhos, ou vice-versa, de um cônjuge ou companheiro em relação ao outro, o que se protege, enfim, são os direitos da personalidade e a dignidade do ser humano.

No curso da convivência de homem e mulher, ou em uniões homoafetivas, ligadas ou não pelo vínculo do casamento, podem ser praticados atos que extrapolam os limites do normal e aceitável e tragam ao outro cônjuge ou companheiro prejuízos materiais e imateriais. Com o rompimento do casamento pelo divórcio ou desfazimento da união de fato podem ser trazidas à baila condutas que mereçam a reprimenda indenizatória por danos materiais e imateriais. Em princípio, toda responsabilidade civil decorre do art. 186: injúria, calúnia, sevícia, adultério ou qualquer outra infração que traduza um ato danoso na relação entre o homem e a mulher seguem a regra geral de responsabilidade civil. Ocorrendo dano, surge o dever de indenizar. A nosso ver, não há um direito específico indenizatório dentro do casamento. Não é essa, porém, a tendência de parte da doutrina, que já vê no tema um capítulo específico da responsabilidade civil, entendendo que simples ruptura da vida conjugal gera dever de indenizar.

O casamento apresenta por si só uma série de vicissitudes que não exigem que mais uma seja criada, ou seja, um dever de indenizar somente pela ruptura do vínculo. Nessa hipótese, estar-se-ia introduzindo a responsabilidade objetiva nas relações conjugais. É claro que se com essa ruptura houver fatos ou atos graves e desabonadores praticados por um cônjuge contra o outro, aplicam-se os princípios gerais do dever de indenizar. É curial que, ocorrendo a separação ou divórcio, o caso concreto e o bom senso do magistrado darão a definição e os limites da indenização. O mesmo se diga a respeito do desfazimento da união estável. Veja o que dissemos em nossa obra de Direito de Família sob as modalidades de divórcio-sanção e divórcio-remédio e outras nuanças (Capítulo 10). De qualquer forma, a matéria tem que ser vista sob o prisma do direito de família, quando se trata de direito e perda a alimentos; separação de patrimônios com a partilha etc.

Há direitos patrimoniais que decorrem da lei na separação e no divórcio: pensão alimentícia e reversão ao cônjuge demandado dos remanescentes dos bens levados ao casamento na separação judicial ruptura ou remédio. Os temas dizem também respeito especificamente ao direito de família e também deles tratamos no livro específico. Não tendo o direito brasileiro norma específica sobre indenização decorrente do desfazimento matrimonial, aplica-se a regra geral, presente hoje no art. 186.

Por outro lado, para os autores que, como nós, entendem o casamento como negócio jurídico de direito de família, deve seu desfazimento ter consequências da resilição contratual. Alarga-se o conceito de culpa para impor-se ao cônjuge culpado o dever de indenizar. Assim, provando-se infringência aos deveres do casamento, surge o dever de indenizar, mormente por danos morais. Mostra-se nesse sentido a atual tendência doutrinária. No entanto, a nosso ver, um alargamento em excesso desse conceito pode trazer mais um elemento a dificultar o casamento, essa instituição por si só problemática e cada vez menos emblemática na sociedade. A sentença de uma separação ou divórcio litigioso por si só já é uma tragédia. Como se nota, resta dificultoso nessa matéria identificar quais os danos que devem efetivamente ser indenizados, os quais somente o caso concreto, os princípios gerais da responsabilidade civil e, principalmente, o bom senso do magistrado poderão definir, tanto no casamento como na união estável.

Em toda essa problemática, a indenização que se busca tem a ver com transgressão a direitos subjetivos. É fato, como apontamos, que nem todo desfazimento de casamento ou união estável, pela separação ou divórcio, ocasiona dever de indenizar. Deve ficar claro que o direito à indenização surge em situações patológicas. Quando duas pessoas resolvem não mais conviver, respeitando suas individualidades e dignidade, bem como a dignidade dos filhos menores, não há dano a ser indenizado. A separação por si só não gera indenização, como pretendem alguns. Nada no Direito é peremptório. Trata-se de um exagero doutrinário que não pode ser aceito. Pode ocorrer ruptura da sociedade, porém, na qual a personalidade de um ou de ambos os sujeitos seja violentada. Nisso, o caso concreto deve ser analisado com percuciência. O que se deve buscar reparar é o exagero da conduta do agente que gera distúrbio moral no âmbito familiar.

O direito pátrio, ao contrário de alguns ordenamentos estrangeiros, não dispõe de norma específica sobre a possibilidade de indenização em decorrência da ruptura da vida em comum, mas também não proíbe. Destarte, cumpre que se façam atuar os princípios gerais da responsabilidade subjetiva. É certo que essa possibilidade de indenização emerge cristalina em casos extremos como sevícia, injúria grave, difamação, abandono injustificado do lar conjugal etc. Será tanto mais difícil definir um prejuízo quanto mais complexa a relação de ordem moral e psicológica. As relações de família são peculiares e devem ser vistas sob esse prisma. Nesse aspecto deve ser respondida a questão se há dano indenizável e qual a consequente mensuração econômica. Sabido é que uma separação pode ser mais ou menos dolorosa e afeta de forma diferente os membros de um casal. Eventuais transgressões de direitos dos cônjuges ou conviventes atuam diferentemente em cada pessoa. Por essas razões, não há que se estabelecer uma regra geral de indenizabilidade como pretende parte da doutrina. Como estamos em sede de responsabilidade subjetiva, há que se avaliar em concreto o dolo ou a culpa.

A matéria fica ainda mais delicada quando se trata de proteção ao direito e à personalidade de filhos menores. Assim, sustenta-se modernamente, com razão, que ofende a dignidade do filho não só a ausência de socorro material, como a omissão no apoio moral e psicológico. O abandono intelectual do progenitor com relação a filho menor gera, sem dúvida, traumas que deságuam no dano moral. Nesse diapasão, a afetividade liga-se inexoravelmente à dignidade do ser humano. É evidente que uma indenização nessa seara nunca restabelecerá ou fará nascer o amor e o afeto. Cuida-se, como enfatizamos, de mero lenitivo, com as conotações que implicam uma indenização por dano moral.

É fundamental a presença positiva dos pais na educação e formação dos filhos. Essa formação fica capenga e perniciosa perante a omissão do pai ou da mãe, ou de ambos. A questão de estudo mais profundo desloca-se para a Psicologia e Sociologia, ciências auxiliares do Direito. O caso concreto orientará a decisão em torno dos aspectos que caracterizam o abandono psicológico do filho, questão mais árdua e subjetiva posta em exame, pois o abandono econômico se comprova mais facilmente. Desse modo, em princípio, falta com o dever de pai ou mãe quem, podendo, descumpre o dever de convivência familiar. A família, com ou sem casamento, cumpre o elo de afeto, respeito e auxílio recíproco de ordem moral e material. Trata-se de ponto fundamental na formação do ser humano. A ligação simplesmente biológica ou genética não sustenta por si só a família. Como se enfatiza, toda problemática da família gravita em torno da proteção à dignidade humana. Assim, por exemplo, na teoria tradicional há um direito de visitas do progenitor separado, mas não há obrigação de visitas. A recusa ou omissão nas visitas, mais modernamente, é aspecto que pode gerar indenização. Essas e outras questões estão em aberto em nossos tribunais e somente recentemente passam a ser enfrentadas. Todo exagero, porém, quer por parte do legislador, quer por parte dos tribunais, deve ser coartado, sob pena de simples questiúnculas serem galgadas como lastro de uma indenização.

24

DANO E REPARAÇÃO

24.1 DANO EMERGENTE E LUCRO CESSANTE. PERDA DA CHANCE

Dano pode ser compreendido como toda ofensa e diminuição de patrimônio. Não há como darmos um conceito unitário de dano, tendo em vista os inúmeros matizes que o vocábulo abrange. O dano que interessa à responsabilidade civil é o indenizável, que se traduz em prejuízo, em diminuição de um patrimônio. Todo prejuízo resultante da perda, deterioração ou depreciação de um bem é, em princípio, indenizável. Nesse sentido, não há diferença entre dano contratual e extracontratual. A questão do dano moral ou extrapatrimonial poderá ter outra conotação e dimensão.

Para que ocorra o dever de indenizar não bastam, portanto, um ato ou conduta ilícita e o nexo causal; é necessário que tenha havido decorrente repercussão patrimonial negativa material ou imaterial no acervo de bens, no patrimônio, de quem reclama. A culpa pode ser dispensada nos casos em que se admite a responsabilidade objetiva, como estudamos. A imputabilidade, isto é, ter alguém apto para responder pela indenização, é outro aspecto importante.

O dano negocial e o extranegocial possuem a mesma natureza. Ocorre que, na maioria das vezes, é mais fácil avaliar o dano emergente de um contrato porque as próprias partes delimitam o valor do prejuízo com a cláusula penal, além de descreverem ordinariamente a conduta negocial desejada de cada um. Ainda que assim não seja, os danos têm como base, em linhas gerais, o próprio valor do negócio envolvido. No dano extracontratual ou extranegocial, não há uma obrigação preexistente que lhe sirva de base. De outro lado, há situações no ato ilícito nas quais não fica muito claro se existe relação contratual preexistente, como, por exemplo, nas discutidas hipóteses de atendimento médico e de transporte gratuito.

Reparar o dano, qualquer que seja sua natureza, significa indenizar, *tornar indene* o prejuízo. *Indene* é o que se mostra íntegro, perfeito, incólume. O ideal de justiça é que a reparação de dano seja feita de molde que a situação anterior seja reconstituída: quem derrubou o muro do vizinho deve refazê-lo; quem abalroou veículo de outrem por culpa deve repará-lo; dono de gado que invadiu terreno vizinho, danificando pomar, deve replantá-lo e assim por diante. Vimos que essa solução é a mais adequada em determinadas classes de danos, como, por exemplo, nos danos ecológicos. Não é, porém, o que na prática se mostra possível ou aceitável no direito eminentemente privado, mormente porque há danos que são irreparáveis *in natura*, como a morte.

O art. 402 do Código Civil estabelece que *"as perdas e danos devidos ao credor abrangem, além do que ele efetivamente perdeu, o que razoavelmente deixou de lucrar"*. *Perdas* e *danos* são expressões redundantes, pois significam a mesma coisa, qual seja, *o dano emergente* (*o que efetivamente a vítima perdeu*). *O lucro cessante* (*o que razoavelmente deixou de ganhar*) não está abrangido por essa terminologia. Vimos, no capítulo inicial deste volume, que a denominada "perda de chance" pode ser considerada uma terceira modalidade nesse patamar, a meio caminho entre o dano emergente e o lucro cessante. Não há dúvida de que, de futuro, o legislador irá preocupar-se com o tema, que começa a fluir com maior frequência também em nossos tribunais. Veja o que mencionamos a respeito, no capítulo anterior, sobre a responsabilidade dos advogados.

Desse modo, nos danos patrimoniais, devem ser computados não somente a diminuição no patrimônio da vítima, mas também o possível aumento patrimonial que teria havido se o evento não tivesse ocorrido. A origem dessa parelha, dano emergente e lucro cessante, remonta ao Direito Romano, que a transmitiu para os códigos modernos (Briz, 1986:266).

Assim, por exemplo, se a vítima teve seu veículo abalroado por culpa, deve ser indenizada pelo dano efetivo: valor dos reparos e eventual porcentagem de desvalorização da coisa pelo acidente. Deverá receber também o equivalente que a supressão desse bem representou de prejuízo, durante certo período, em seu patrimônio. Trata-se do lucro cessante. Destarte, se utilizava o veículo para trabalho, deverá receber o valor do aluguel de outro veículo representativo do período no qual a coisa ficou sem poder ser utilizada. Se, por exemplo, tratava-se de um taxista, deve ser avaliada a féria média representativa dos dias em que o veículo ficou sem utilização. Se o veículo era utilizado para o lazer e para as atividades diárias, nem por isso deixa de haver direito ao lucro cessante, representado pelo valor que teve de ser despendido pela vítima para manter suas atividades normais sem a utilização do bem avariado. Nesse sentido, deve ser entendida a expressão legal quanto ao dano (*o que efetivamente perdeu*) e ao lucro cessante (*o que razoavelmente deixou de ganhar*).

O Código francês usa a expressão *danos e interesses* para representar essa parelha, que se adapta melhor ao que pretendemos significar.

Como é lógico, o ideal é indenizar exatamente o valor da perda, o que, todavia, nem sempre é possível. Ao mesmo tempo em que não podemos converter a indenização em instrumento de lucro ou enriquecimento injusto, de nada adianta indenizar de forma insignificante ou incompleta. Uma vez ocorrido o dano, os transtornos à vítima são inevitáveis, ainda que obtenha indenização *in natura* ou *in pecunia*. A sentença e a liquidação dos danos funcionam, na maioria das vezes, como mero lenitivo para o dano, mormente quando o valor em dinheiro é substitutivo da coisa. A indenização em dinheiro é *indenização postiça*, como afirma Sílvio Rodrigues (2000:186). Mero lenitivo, dizemos nós. As dificuldades da correta avaliação da indenização avultam quando se trata de danos morais, como apontaremos.

Também, como anota a doutrina com insistência, o dano deve ser *real*, *atual* e *certo*. Não se indeniza, como regra, por dano hipotético ou incerto. A afirmação deve ser vista hoje *cum granum salis*, pois, ao se deferir uma indenização por perda de uma chance, o que se analisa, basicamente, é a potencialidade de uma perda, o prognóstico do dano certo, embora os lucros cessantes não fujam muito dessa perspectiva. No entanto, essa assertiva, tida como inafastável em sede de indenização, deve ser entendida em seu contexto. Os julgados demonstram que, quando é estabelecida indenização por lucro cessante, em várias oportunidades a construção é feita sob hipóteses mais ou menos prováveis. Na verdade, quando se concede *lucro cessante*, há um *juízo de probabilidade*, que desemboca na perda de chance ou de oportunidade.[1]

---

[1] "Ação rescisória. Pretensão de desconstituição de v. decisão colegiada que confirmou r. decisão de primeiro grau a qual acolheu a impugnação ao cumprimento de sentença apresentada pelo devedor, ora réu, e determinou a exclusão de parcela do crédito concernente aos lucros cessantes da indenização, cujo direito já havia sido reconhecido em favor do autor. Nulidade. Reconhecida a nulidade da citação, o julgamento anterior foi anulado, tornando os autos conclusos após apresentação de defesa e réplica. Gratuidade. Impugnação rejeitada. O autor é motorista profissional, possui vínculo de emprego e, em 2021, quando ajuizou a ação, recebia pouco mais de 1 (um) salário mínimo, estando dispensado da obrigação de apresentar declaração de renda à Receita Federal. Extratos bancários que revelam transações módicas e que vão ao encontro da alegada hipossuficiência. Benefício mantido. Juízo rescindendo. Em que pese o esforço argumentativo do réu, a defesa apresenta não alterou o cenário fático jurídico. Manifesta violação de norma jurídica. Reconhecimento. Infringência ao art. 402 do Código Civil. Perdas e danos que abrangem danos emergentes e lucros cessantes. Em caso de conversão de obrigação de dar em perdas e danos, a inclusão de lucros cessantes no valor da indenização não implica violação ao princípio da congruência. Violação de normas relativas à preclusão. Ampla dilação probatória tendente a apurar o valor dos lucros cessantes. Preclusão *pro judicato*. Princípio da boa-fé processual que deve ser observado por todos aqueles que participam da relação processual, inclusive pelo Estado-Juiz. Exclusão dos lucros cessantes, após anos de tramitação, que implica violação de justa expectativa. Tutela da confiança. Erro de fato. Exclusão dos lucros cessantes por carência probatória, uma vez que o credor não demonstrara que possuía outro veículo no qual poderia instalar os equipamentos, cuja devolução fora determinada. V. Decisão que se embasou em erro de fato que pode ser reconhecido mediante simples análise dos autos. Autor que demonstrou, ab initio, ter adquirido outro veículo para transportar passageiros. Fato não impugnado e desconsiderado na apreciação da questão. Acórdão desconstituído. Juízo rescidendo procedente. Juízo rescisório. Indenização que deve abranger os lucros cessantes. Reparação devida desde a aquisição do veículo até o mês anterior à extinção da licença para realização do transporte de passageiros, ressalvado o período que o credor desempenhou atividade remunerada diversa. Refazimento dos cálculos, considerando os parâmetros adotados pelo autor. Sucumbência. Decaimento da parte ré. Honorários arbitrados em 20% do valor da causa. Pedido rescindendo procedente. Pretensão rescisória procedente em parte" (*TJSP* – Ação Rescisória 2295608-75.2021.8.26.0000, 8-8-2024, Relª Rosangela Telles).

"**Indenização por lucros cessantes** – Caminhão das rés que colidiu contra a parte da frente da residência do autor – Imóvel que era utilizado para locação – Sentença de parcial procedência – Admissibilidade – Lucros cessantes e danos emergentes devidos – Danos morais configurados – *Quantum* indenizatório que deve ser mantido – Razoabilidade e proporcionalidade – Decisão mantida – Apelo desprovido" (*TJSP* – AC 1002492-80.2016.8.26.0003, 19-6-2019, Rel. Claudio Hamilton).

"Acidente de veículos – **Reparação de danos emergentes e lucros cessantes** – Veículo da ré que colidiu na parte traseira do caminhão pertencente à autora, que havia parado na rodovia em razão de outro acidente ocorrido mais adiante. Conjunto probatório que permite concluir que o motorista da ré foi o responsável pelo acidente, posto que conduzia o veículo sem guardar distância segura ou velocidade compatível com as condições do tráfego. Danos emergentes devidamente comprovados, cujo valor não foi impugnado pela ré. Ausência, no entanto, de comprovação adequada dos lucros cessantes. Ação procedente em parte. Recurso parcialmente provido" (*TJSP* – Ap 0000800-66.2015.8.26.0272, 11-4-2018, Rel. Ruy Coppola).

"Acidente de trânsito – Colisões múltiplas – Primeira colisão – Presunção relativa de culpa do condutor que atingiu a traseira do veículo que seguia a frente não ilidida. Baixa visibilidade. Incontrovérsia quanto à neblina na rodovia, durante a madrugada, por ocasião do sinistro, a exigir medida de contenção na direção do veículo. Condução do veículo pelo réu em velocidade incompatível com as condições climáticas presentes no momento do acidente e sem a manutenção de distância segura. Imprudência caracterizada. Segunda colisão. Engavetamento inexistente, por dissolução de continuidade entre as colisões. Transcurso de tempo e ocorrência de fatos entre a primeira e a segunda colisão que afastam a presunção de culpa integral do primeiro colidente. Responsabilidades distintas. 2- Apuração de 'quantum' indenizatório, porém, com base nos princípios de proporcionalidade e de razoabilidade, ante a inviabilização de sua aferição por perícia técnica, no caso, em decorrência de perda total do veículo. Condenação do réu ao pagamento de 50% dos danos emergentes (R$ 4.078,00) e de 50% dos lucros cessantes (R$ 2.400,00), acrescidos dos consectários legais. 3- Condenação sucumbencial da seguradora denunciada afastada, porque não oferecida resistência à lide secundária, não conhecido o pedido com relação à sucumbência quanto à lide principal, por ausência de interesse recursal. Apelos providos em parte" (*TJSP* – Ap 0118750-11.2007.8.26.0003, 16-2-2016, Rel. Soares Levada).

"Apelação cível – Ação de indenização por danos morais e materiais – **Emergentes e lucros cessantes** – Interrupção no fornecimento de energia elétrica ao depois de fortes chuvas. Responsabilidade objetiva da concessionária de serviços públicos – Art. 14 da Lei nº 8.078/90. Danos materiais comprovados. Descumprimento contratual que, por si, não enseja a condenação em danos morais – Ausente ofensa à honra objetiva. Sentença reformada. Recurso parcialmente provido" (*TJSP* – Ap 4009157-32.2013.8.26.0564, 8-7-2015, Rel. Tercio Pires).

É preciso prever, nesse campo, o curso normal dos acontecimentos. Por esse prisma, as hipóteses devem ficar sempre nos limites do razoável e no que pode ser materialmente demonstrado. Os danos futuros devem ser razoavelmente avaliados quando consequência de um dano presente. Não podemos, em exemplo extremo, admitir que a indenização pela morte de um cavalo de corrida chegue ao ponto de indenizar por prêmio integral de sua vitória no próximo grande prêmio, mas podemos avaliar a média de prêmios que presumivelmente o animal conseguiria em sua vida útil. No mesmo diapasão, podemos colocar a hipótese de um advogado que perde o prazo para interpor recurso, como vimos no Capítulo 9. Nada aponta que o recurso teria absoluto sucesso, mas há efetiva perda de chance por parte do cliente, que se traduz na impossibilidade de revisão da decisão judicial por outro grau de jurisdição. Nesses aspectos, estaremos avaliando a perda de uma chance. Como notamos, a certeza do dano, em se tratando de avaliação futura, guarda certa relatividade, mas não pode ser meramente hipotética. Como afirma Jaime Santos Briz (1986:269),

> *"entre um extremo e outro cabe uma graduação que haverá de se fazer, em cada caso, com critério equitativo distinguindo a mera 'possibilidade' da 'probabilidade', e tendo em conta que talvez em algum caso seja indenizável a mera 'possibilidade', se bem que em menor quantidade do que a 'probabilidade', base dos lucros cessantes propriamente ditos".*

Em muitas situações, ao ser concedida a indenização por lucros cessantes, os tribunais indenizam, ainda que em nosso país não se refiram ordinariamente à expressão, à *perda de oportunidade* ou *perda de chance*, frequentemente citada na doutrina estrangeira: atleta profissional, por exemplo, que se torna incapacitado para o esporte por ato culposo, deve ser indenizado pelo que presumivelmente ganharia na continuidade de sua carreira. *Chance* é termo admitido em nosso idioma, embora possamos nos referir a esse instituto, muito explorado pelos juristas franceses, como *perda de oportunidade ou de expectativa*. No exame dessa perspectiva, a doutrina aconselha efetuar um balanço das perspectivas contra e a favor da situação do ofendido. Da conclusão resultará a proporção do ressarcimento. Trata-se então do prognóstico que se colocará na decisão. Na mesma senda do que temos afirmado, não se deve admitir a concessão de indenizações por prejuízos hipotéticos, vagos ou muito gerais.

"**Responsabilidade civil** – Indenização – Utilização não autorizada de imagem da seleção brasileira de futebol – Negativa de prestação jurisdicional afastada. Intuito exclusivamente infringente dos embargos de declaração. Lucros cessantes. Contratos firmados com patrocinadores oficiais. Mero parâmetro para a liquidação por arbitramento. Antecipação do exame de matérias relativas à liquidação do julgado. Impossibilidade. 1. A fundamentação levantada na prefacial confunde-se com a linha argumentativa que desafia o mérito do acórdão recorrido, motivo pelo qual, ausentes os pressupostos de cabimentos dos embargos de declaração, se afasta a negativa de prestação jurisdicional alegada. 2. Tendo o Tribunal de origem fixado a responsabilidade, reconhecido o dever de indenizar, e determinado a liquidação, por arbitramento, do valor da indenização, as indagações da agravante revelam-se prematuras, porque afetas à fase de liquidação da sentença. 3. O acórdão recorrido é claro o bastante para propiciar a regular liquidação do julgado, sendo inegável a possibilidade de a recorrente, oportunamente, acessar os documentos que servirão de base de cálculo da indenização, bem como de impugnar as conclusões do laudo pericial que deverá ser apresentado (art. 475-D, parágrafo único, do CPC). Sob essa perspectiva, não se justifica a reabertura da instrução processual para a juntada dos contratos de patrocínio firmados pela CBF e a polemização prévia a respeito desses documentos. 4. Não trata o caso da apropriação da camisa e da bandeira nacional, mas da sua utilização dentro de um contexto que remete, de forma inequívoca, ao escrete canarinho, cuja titularidade dos direitos de imagem são pertencentes à CBF. 5. Também não cuida a hipótese de mera presunção de lucros cessantes, circunstância que a jurisprudência consolidada nesta Corte Superior repudia, mas de evidente prejuízo, pois, segundo a prática comercial usual, somente patrocinadores oficiais obtêm autorização para a utilização da imagem da seleção brasileira de futebol. 6. A apreciação do quantitativo em que autor e réu saíram vencidos na demanda, bem como a verificação da existência de sucumbência mínima ou recíproca, encontram inequívoco óbice na Súmula nº 7/STJ, por revolver matéria eminentemente fática. Precedentes. 7. Recurso especial não provido" (*STJ* – REsp 1.335.624 – (2012/0049591-4), 18-3-2014, Rel. Min. Ricardo Villas Bôas Cueva).

"A indenização deverá ser da 'chance' e não do ganho perdido. Não se identifica com que se deixou de receber; a medida desse dano deve ser apreciada judicialmente segundo o maior ou menor grau de probabilidade de converter-se em certeza e sem que deva se assimilar com o eventual benefício perdido" (Tanzi in: Alterini e Cabana, 1995:330).

Se a possibilidade frustrada é vaga ou meramente hipotética, a conclusão será pela inexistência de perda de oportunidade. A "chance" deve ser devidamente avaliada quando existe certo grau de probabilidade, *um prognóstico de certeza*, segundo avaliamos. Por exemplo, a probabilidade de o cavalo obter vitórias e de o recurso não interposto ser bem-sucedido, nas hipóteses levantadas anteriormente. Ou a probabilidade de o corredor maratonista vencer, estando em primeiro lugar da prova, tendo sido obstado por um espectador. O julgador deverá estabelecer se a possibilidade perdida constituiu uma probabilidade concreta, mas essa apreciação não se funda no ganho ou na perda porque a frustração é aspecto próprio e caracterizador da "chance".[2]

---

2 "Apelação – Seguro – **Indenização por lucros cessantes** – Ação indenizatória julgada procedente em parte para condenar a requerida ao pagamento de R$ 27.048,00, montante corrigido monetariamente desde a data do sinistro e acrescido de juros legais desde a citação – Recurso da requerida buscando a reforma do julgado, sob a alegação de que a indenização deve ser reduzida à metade, por tratar-se de um único veículo, postulando, alternativamente, o abatimento de despesas indicadas na peça recursal – Veículo que ficou parado por 49 dias – Cálculo em dobro dos lucros cessantes indevido – Compartilhamento de um veículo por dois motoristas para o exercício da profissão de taxista que não tem o condão de duplicar o ganho líquido diário – Sentença neste ponto reformada – Pleito de desconto de 40% do faturamento a título de despesas e tributos que constitui inovação em sede recursal e não encontra elementos nos autos a permitir o abatimento – Correção monetária que deve ser aplicada desde o mês em que os autores deixaram de auferir lucro – Medida que visa apenas proteger o poder aquisitivo da moeda – Juros de mora que deve ser contados desde o evento danoso – Questões que se conhecem de ofício em razão da natureza de ordem pública – Recurso provido em parte" (*TJSP* – AC 1004793-06.2016.8.26.0001, 30-8-2019, Rel. José Augusto Genofre Martins).

"Apelação – '**Ação de indenização por danos materiais e morais c/c lucros cessantes e danos emergentes**'. Aplicação do Código de Defesa do Consumidor – Relação de consumo evidenciada – Responsabilidade objetiva da concessionária de serviços públicos, nos termos do artigo 37, § 6º da magna carta. Rompimento da tubulação da requerida. Fissuras e rachaduras no imóvel dos autores. Nexo de causalidade verificado. Falha na prestação do serviço. Dano material evidenciado. Dever de indenizar. Danos morais configurados. *Quantum* fixado de acordo com os princípios da proporcionalidade e razoabilidade. Manutenção. Redistribuição e redução da verba honorária. Fixação de honorários recursais, nos termos do artigo 85, § 11 do Código de Processo Civil. Recurso conhecido e parcialmente provido" (*TJPR* – AC 1716243-7, 26-1-2018, Relª Desª Ângela Khury).

"Acidente de trânsito – Responsabilidade – Indenização por danos materiais – **Danos emergentes** – Lucros cessantes – Não há como afastar a responsabilidade da ré pela composição dos danos materiais suportados pelo autor, na medida em que foi ela a responsável pela colisão na parte traseira do veículo do demandante, por ter calculado mal a possibilidade de ingresso na via em que este trafegava – Mantém-se a condenação relativa ao montante desembolsado para o conserto do veículo, o qual foi fixado levando em consideração o menor preço – Suficientes para o acolhimento do pleito formulado a título de lucros cessantes os extratos bancários acostados ao processo, vez que apesar destes se referirem a apenas dois meses, representavam a integralidade da vigência do contrato de trabalho na época do acidente (contrato firmado em dezembro de 2012, acidente ocorrido em fevereiro de 2013), já que demonstram a real situação em que o autor se encontrava no momento dos fatos, ou seja, no início de suas atividades de vendedor, começando a conquistar sua clientela. Recurso da ré improvido. Recurso adesivo do autor provido" (*TJSP* – Ap 1001366-63.2014.8.26.0003, 18-5-2016, Relª Maria Lúcia Pizzotti).

"Apelações – Responsabilidade civil – Indenização por danos morais, materiais e perda de chance – Pretensão decorrente do desabamento de camarote durante o evento denominado 'São José Folia' ou 'Micareta do Vale'. Procedência, carreando às demandadas os ônus da sucumbência. Apelo das rés. Consistência parcial. Relação de consumo configurada. Legitimidade passiva não apenas da organizadora do evento como também das empresas que figuraram como patrocinadoras e realizadoras do evento. Denunciação da lide descabida. Art. 88 do CDC. Ruína da arquibancada imputada em sede de perícia criminal à falha da empresa contratada para erguer as estruturas metálicas. Responsabilidade objetiva das demandadas configurada. Lesões à integridade física comprovadas a contento. Desnecessidade de prova pericial. Dano moral *in re ipsa*. Excesso, no entanto, do arbitramento pelos danos morais no valor de R$ 200.000,00. Redução para R$ 60.000,00 em atenção ao princípio da proporcionalidade/razoabilidade. Correção monetária pelos índices da Tabela Prática a partir do acórdão (Súmula 326 do STJ) e incidência de juros a partir do evento lesivo (Súmula 54 do STJ). Danos materiais não comprovados na sua totalidade. Verba que arbitrada R$ 25.5000,00 fica reduzida para R$ 929,21, a ser corrigida monetariamente a partir do respectivo

A oportunidade, como elemento indenizável, implica a perda ou frustração de uma expectativa ou probabilidade. Quando nossos tribunais indenizam a morte de filho menor com pensão para os pais até quando este atingiria 25 anos de idade, por exemplo, é porque presumem que nessa idade se casaria, constituiria família própria e deixaria a casa paterna, não mais concorrendo para as despesas do lar. Essa modalidade de reparação de dano é aplicação da teoria da perda da chance. Sempre que se adota um raciocínio desse nível, há elementos de certeza e elementos de probabilidade no julgamento.

No dizer de Sérgio Savi,

> *"a chance implica necessariamente em uma incógnita – um determinado evento poderia se produzir (as vitórias na corrida de cavalos e na ação judicial, por exemplo), mas a sua ocorrência não é passível de demonstração. Um determinado fato interrompeu o curso normal dos eventos que poderiam dar origem a uma fonte de lucro, de tal modo que não é mais possível descobrir se o resultado útil esperado teria ou não se realizado"* (2006:101).

Talvez a ideia de "lucro" não seja a mais apropriada para o fenômeno da perda da chance. Nessas hipóteses ocorre a perda de possibilidade de um aumento patrimonial, o que nem sempre será sinônimo de lucro.

Não existe matéria mais rica de casos e julgados no Direito do que a responsabilidade civil. No exame dessa jurisprudência, é notória a transformação de orientação dos tribunais que acompanha, é evidente, a transformação da própria sociedade. Vimos, ao tratar do Código de Defesa do Consumidor, que essa lei representou uma revolução no direito pátrio, mormente no tocante à responsabilidade civil do fornecedor de produtos e serviços. No entanto, em matéria de valor e limites indenizatórios, qualquer que seja a situação, as questões são casuísticas e a doutrina apenas pode apontar parâmetros, sem estabelecer limites. Não convém que, para a responsabilidade em geral, o legislador estabeleça critérios tarifados, como fez na responsabilidade aeronáutica, por exemplo. O tarifamento da indenização somente será possível em estágio social no qual, segundo defendem muitos, toda pessoa estará garantida contra todos os riscos por um seguro universal.

Sem dúvida, uma das questões mais complexas da atividade do magistrado é, além do estabelecimento das formas de indenização, a fixação do *quantum* indenizatório. Há larga faixa de discricionariedade para o juiz nesse campo, muito criticada e nem sempre entendida pelo leigo. Na verdade, a discricionariedade não é do juiz, mas do Poder Judiciário, pois as decisões estarão sujeitas ao crivo dos tribunais de apelação e a experiência demonstra que todos os julgados acompanham a tendência social da época.

---

desembolso. Indenização pela perda de chance de contratação descabida. Prova insuficiente de que contratação de trabalho não se efetivou em decorrência do acidente. Sentença parcialmente reformada. Ação parcialmente procedente, com o reconhecimento da sucumbência recíproca. Apelos parcialmente providos" (*TJSP* – Ap 0058881-39.2010.8.26.0577, 2-7-2015, Relª Viviani Nicolau).

"**Apelação.** Ação de indenização por danos materiais e morais julgada parcialmente procedente. Inexistência de **lucros cessantes** (por falta de comprovação dos rendimentos do autor). Alegação não formulada em contestação. Impossibilidade de inovação em sede recursal, sob pena de ferir o duplo grau de jurisdição. Dano moral existente. Acidente que ocasionou lesão considerável no autor. Art. 252 do regimento interno. Sentença de parcial procedência mantida. Recurso improvido. Apelação. Ação de indenização por danos materiais e morais julgada parcialmente procedente. Inexistência de lucros cessantes (por falta de comprovação dos rendimentos do autor e do afastamento do trabalho). Alegação não formulada em contestação. Impossibilidade de inovação em sede recursal, sob pena de ferir o duplo grau de jurisdição. Contrato de seguro por danos pessoais compreende os danos morais. Art. 252 do Regimento Interno. Sentença de parcial procedência mantida. Recurso improvido. Recurso adesivo. Ação de indenização por danos materiais e morais julgada parcialmente procedente. Indenização por danos morais adequadamente fixada. Art. 252 do Regimento Interno. Sentença de parcial procedência mantida. Recurso improvido" (*TJSP* – Ap. 9159236-54.2008.8.26.0000, 10-5-2013, Rel. José Joaquim dos Santos).

Um dos pontos que o estabelecimento da indenização deve levar em conta, e que não está expresso na lei, é sem dúvida o nível econômico das partes envolvidas. Não é porque o ofensor é empresa economicamente forte que a indenização deverá ser sistematicamente vultosa em favor de quem, por exemplo, sempre sobreviveu com salário mínimo. O bom senso deve reger as decisões, sob pena de gerar enriquecimento ilícito, o que é vedado pelo ordenamento jurídico pátrio.

Por outro lado, não se pode apenar o ofensor a tal ponto de, com a satisfação da indenização, levá-lo a penúria, criando mais um problema social para o Estado. Assim, embora as decisões, como regra, nada mencionem a esse respeito, há elevado grau de equidade na fixação da indenização. Lembre-se, a propósito, de que o juiz apenas pode decidir por equidade quando autorizado por lei, daí por que há rebuços nas decisões desse jaez. Assim, a indenização, mormente a por dano moral, não pode ser insignificante a ponto de se tornar inócua, nem pode ser de vulto tal que enriqueça indevidamente o ofendido.

Nesse diapasão, o grau de culpa, em tese, não deve influir nos limites da indenização. A culpa levíssima obrigará a indenizar por vezes prejuízos vultosos. A regra tradicional é de que a indenização se mede pelo dano e não pelo grau de culpa. O Código Civil de 2002, como já apontamos, no art. 944, parágrafo único, atento a essa problemática, expressa:

> *"Se houver excessiva desproporção entre a gravidade da culpa e o dano, poderá o juiz reduzir, equitativamente, a indenização."*

Há, portanto, uma evidência nas situações de responsabilidade civil que não foi ignorada nem mesmo pelo legislador de 2002. Como também afirmamos, há o outro lado do fenômeno: nada está a impedir que a indenização seja imperceptivelmente exacerbada quando há elevado grau de culpa ou dolo. Haverá, sem dúvida, jurisprudência que será carreada para esse lado.

> **➤ Caso 13 – Responsabilidade civil e indenização, o dano indenizável**
>
> Dano pode ser compreendido como toda ofensa e diminuição de patrimônio. Não há como darmos um conceito unitário de dano, tendo em vista os inúmeros matizes que o vocábulo abrange. O dano que interessa à responsabilidade civil é o indenizável, que se traduz em prejuízo, em diminuição de um patrimônio. Todo prejuízo resultante da perda, deterioração ou depreciação de um bem é, em princípio, indenizável.

24.2 DANOS MATERIAIS E DANOS IMATERIAIS. DANOS MORAIS. DANO EXTRAPATRIMONIAL OU MORAL À PESSOA JURÍDICA. AVALIAÇÃO DOS DANOS MORAIS

Esta é uma das mais importantes classificações e que mais atenção tem recebido da doutrina. Veja o que expusemos no Capítulo 15 deste volume. A ressarcibilidade do dano moral entre nós foi definitivamente admitida pelo texto expresso da Constituição de 1988 (art. 5º, V e X), embora já existissem textos legais, como o próprio Código Civil, que direta ou indiretamente a admitiam.

O Código Civil no art. 186 reportara-se ao dano de forma genérica e não vedou, de forma alguma, a indenização por dano moral. Alguns autores apontam que não existe perfeita identidade entre o dano imaterial e o dano moral, contudo, embora a afirmação esteja correta, vem-se consagrando a sinonímia.

Há dispositivos no Código ultrapassado que admitiram expressamente o dano moral, como no caso de lesão corporal que acarretasse aleijão ou deformidade ou quando atingisse mulher solteira ou viúva, capaz de casar (art. 1.538); na hipótese de ofensa à honra da mulher por defloramento, promessa de casamento ou rapto (art. 1.548); na ofensa à liberdade pessoal (art. 1.550); nas hipóteses de calúnia, difamação ou injúria (art. 1.547). Nesses casos, a indenização era autorizada com base na multa criminal para as hipóteses. Embora à época não se utilizasse a expressão, nessas hipóteses a indenização tinha por objeto danos a direitos da personalidade. Os danos morais têm em mira justamente indenizar por ofensas aos direitos da personalidade.

A indenização em geral, por danos materiais ou não, possui em si própria um conteúdo que extrapola, ou mais propriamente, se desloca da simples reparação de um dano. Costumamos afirmar que a indenização, qualquer que seja sua natureza, nunca representará a recomposição efetiva de algo que se perdeu, mas mero lenitivo (substitutivo, diriam os mais tradicionalistas) para a perda, seja esta de cunho material ou não. Desse modo, sob certos prismas, a indenização pode representar mais ou menos o que se perdeu, mas nunca exatamente aquilo que se perdeu. O ideal da chamada justa indenização é sempre buscado, mas mui raramente ou quiçá nunca atingido. Por isso que se trata mesmo de um ideal. Veja, por exemplo, no campo da responsabilidade negocial, a indenização por um contrato não cumprido: o valor em dinheiro que se recebe pelo inadimplemento nunca representará o conteúdo do contrato cumprido, qual seja, o bem de vida que o ofendido procurava e que não mais lhe será satisfeito. O sentido axiológico da indenização será mais ou menos amplo se mais ou menos amplo for o aspecto moral envolvido. Assim, por exemplo, quando há indenização por esponsais, porque o noivo ou a noiva desiste do casamento momentos antes da cerimônia, é claro que na reparação de danos que aí ocorre, ainda que de sentido material como os aprestos para o casamento, estará essa indenização carregada de efeitos morais ou axiológicos muito mais profundos do que, por exemplo, o pagamento de uma indenização pelo descumprimento de um contrato de compra e venda. Assim sendo, em algo que a doutrina clássica do passado não atentava, a indenização não cumpre somente a finalidade de tentar restabelecer simplesmente o patrimônio da vítima, mas busca uma função reparadora no plano dos valores não patrimoniais ou axiológicos.

Nesse sentido, a indenização pelo dano exclusivamente moral não possui o acanhado aspecto de reparar unicamente o *pretium doloris*, mas busca restaurar a dignidade do ofendido. Por isso, não há que se dizer que a indenização por dano moral é um preço que se paga pela dor sofrida. É claro que é isso e muito mais. Indeniza-se pela dor da morte de alguém querido, mas indeniza-se também quando a dignidade do ser humano é aviltada com incômodos anormais na vida em sociedade. Assim, exemplifica-se, é incômodo perfeitamente tolerável aguardar alguns minutos em uma fila para obter um serviço público ou privado; é incômodo intolerável e atenta contra a dignidade da pessoa ficar numa fila mais de 24 horas para se obter vaga para o filho em escola pública ou para ser atendido pelo sistema oficial de saúde, como noticiam com frequência os órgãos da imprensa. Em cada caso específico, cumpre ao intérprete que dê a correta resposta a incômodos anormais que atentem contra a personalidade como privacidade, valores éticos, religião, vida social. A ilicitude não reside apenas na violação de uma norma ou do ordenamento em geral, mas principalmente na ofensa ao direito de outrem, em desacordo com a regra geral pela qual ninguém deve prejudicar o próximo (*neminem laedere*). Nesse diapasão, alarga-se o conceito de culpa, de molde a não se amoldar à clássica trilogia imprudência, negligência ou imperícia, conteúdos da ilicitude que passam a ser secundários: desse modo, não cabe discutir se aquele que desrespeita aviso de "não fumar", "não pisar a grama", "proibida a entrada de pessoas estranhas" agiu com culpa ou não, em situações as quais a doutrina denomina de "*culpa contra a legalidade*", hipóteses que implicitamente hoje se estendem a inúmeras transgressões de conduta ou incômodos que atentam contra a dignidade do ser humano. Desse modo, ousa-se afirmar que em vasto campo da responsabilidade extranegocial transitamos no campo da culpa implícita ou evidente. Caberá ao julgador, em última análise, compreender o sentido valorativo das regras de conduta no meio social. A falta na conduta é o desvio social que autorizará, dentre outros fatores, a indenização. Aponta Clayton Reis que *"o desvio do comportamento decorre da irresponsabilidade e do despreparo cultural e intelectual das pessoas no meio social. O homem educado corresponde àquela pessoa que possui consciência da sua responsabilidade social"* (2000:101). Esse mesmo autor aponta:

> *"há componentes de natureza axiológica, se atentarmos para o fato de que o ato de reparar ou refazer o patrimônio do ofendido não representa apenas um dever funcional da responsabilidade civil, especialmente no plano das indenizações situadas na esfera dos danos não patrimoniais. Aqui, o que se repara é a dignidade da pessoa ofendida. Nesse caso, a indenização assume uma importante função em defesa de novos valores"* (2003:71).

Se, até 1988, quando da vigente Constituição, a discussão era indenizar ou não o dano moral, a partir de então a óptica desloca-se para os limites e formas de indenização, problemática que passou a preocupar a doutrina e a jurisprudência. Sem dúvida, a Constituição de 1988 abriu as comportas de demandas represadas por tantas décadas no meio jurídico brasileiro, referentes ao dano moral. Porém, em espectro mais amplo, a promulgação dessa Carta coincide com rumos absolutamente novos que a responsabilidade civil tomou no final do século XX.

Durante muito tempo, discutiu-se se o dano exclusivamente moral, isto é, aquele sem repercussão patrimonial, deveria ser indenizado. Nessa questão, havia um aspecto interessante: a doutrina nacional majoritária, acompanhando o direito comparado, defendia a indenização do dano moral, com inúmeros e respeitáveis seguidores, enquanto a jurisprudência, em descompasso, liderada pelo Supremo Tribunal Federal, negava essa possibilidade. De uma postura que negava peremptoriamente a possibilidade de indenização por danos morais, inicialmente adotada pelo Supremo Tribunal Federal, esse Pretório passou a admitir danos morais que tivessem repercussão patrimonial até a promulgação da Constituição de 1988, que finalmente estabeleceu o texto legal que os tribunais e a maioria da doutrina reclamavam.

Dano moral consiste em lesão ao patrimônio psíquico ou ideal da pessoa, à sua dignidade enfim, que se traduz nos modernos direitos da personalidade. Somente a pessoa natural pode ser atingida nesse patrimônio. Contudo, avoluma-se em nossa jurisprudência a admissão do *dano moral à pessoa jurídica*, por extensão do conceito às pessoas naturais que dela participam. Os entes personalizados têm direito à proteção de seu nome. Geneviève Viney e Patrice Jourdain (1998:36), ao analisarem a possibilidade de danos morais às pessoas jurídicas, concluem:

> *"graças ao desenvolvimento constante dessa categoria de danos morais, a responsabilidade civil tornou-se assim um instrumento cada vez mais adaptado para a proteção dos direitos da personalidade".*

Durante muito tempo a doutrina mais antiga, com base na ofensa dos direitos personalíssimos, refutou a ideia de possibilidade de dano moral à pessoa jurídica. Em princípio, todo dano que possa sofrer a pessoa jurídica terá um reflexo patrimonial.

Em se tratando de pessoa jurídica, o dano moral de que é vítima atinge seu nome e tradição de mercado e terá sempre repercussão econômica, ainda que indireta. De qualquer forma, a reparabilidade do dano moral causado à pessoa jurídica ainda sofre certas restrições na doutrina e na jurisprudência, principalmente por parte dos que defendem que a personalidade é bem personalíssimo, exclusivo da pessoa natural. Para essa posição, seus defensores levam em consideração que dano moral denota dor e sofrimento, que são exclusivos do Homem. Não é, entretanto, somente dor e sofrimento que traduzem o dano moral, mas, de forma ampla, um desconforto extraordinário na conduta do ofendido e, sob esse aspecto, a vítima pode ser tanto a pessoa natural como a pessoa jurídica. De qualquer forma, dentro dos princípios tradicionais, é, de fato, difícil entender que a pessoa jurídica possa sofrer danos morais, mas há que se acompanhar a evolução.

Sérgio Cavalieri Filho (2000:83) recorda que a honra possui um aspecto interno ou subjetivo e um aspecto externo ou objetivo. A honra subjetiva, que diz respeito à conduta humana, sua autoestima, é própria da pessoa natural; já a honra externa ou objetiva reflete-se na reputação, no renome e na imagem social. Essa honra objetiva alcança tanto a pessoa natural como a pessoa jurídica. Uma notícia difamatória pode afetar o bom nome de ambas. Desse modo, toda empresa deve zelar pelo bom nome, em prol de seus negócios. Nesse diapasão, a pessoa jurídica é passível de ser vítima de dano moral. Essa orientação vem sendo admitida em julgados do país.[3]

---

[3] "Apelação. **Ação Declaratória de Repetição de Indébito c.c indenização por danos morais**. Sentença de parcial procedência. Insurgência da parte requerida, empresa de telefonia. A responsabilidade da ré decorre de relação de consumo, sendo objetiva nos termos do art. 14 do CDC, e, portanto, prescinde da demonstração de culpa, bastando a comprovação da falha na prestação do serviço e do nexo causal com os danos alegados. A autora comprovou a interrupção das linhas telefônicas contratadas, o que comprometeu a comunicação do escritório de advocacia com seus clientes. A tentativa de solução administrativa restou infrutífera, e houve, inclusive, indução à contratação de novo plano (hipótese de venda casada), sem retorno funcional do serviço. As telas sistêmicas apresentadas pela ré configuram documentos unilaterais e desprovidos de fé pública, sendo insuficientes para afastar a prova documental trazida pela autora quanto às cobranças indevidas e falha na prestação do serviço - Os valores cobrados e pagos indevidamente pela autora (R$ 753,30), diante da ausência de contraprestação e da boa-fé da ré, devem ser restituídos na forma simples, nos termos da Súmula 159 do STF. A pessoa jurídica, ainda que não sujeita ao dano moral in re ipsa, pode ter sua honra objetiva lesada. No caso, a interrupção reiterada e prolongada das linhas fixas de escritório de advocacia compromete sua credibilidade e comunicação profissional, justificando o reconhecimento do dano moral. O valor inicialmente fixado em R$ 20.000,00 se mostra excessivo à luz dos princípios da razoabilidade e proporcionalidade. Considerando a extensão do dano, o porte da ré e a jurisprudência predominante, é cabível a redução para R$ 10.000,00, montante que cumpre a função compensatória e pedagógica da indenização. Precedentes deste E. Tribunal. A redução do valor da indenização por danos morais não acarreta sucumbência recíproca, nos termos da Súmula 326 do STJ. Sentença parcialmente reformada. Apelo parcialmente provido" (*TJSP* – Ap 1055944-04.2023.8.26.0506, 20-8-2025, Rel. Marcello do Amaral Perino).

"Apelação. **Ação de indenização por danos morais**. Negativação do nome da requerente por dívida já paga. Improcedência da ação. Apelação manejada pela autora. Exame: comprovante de pagamento de dívida de R$ 119,87 pela autora após o vencimento. Negativação do nome da requerente, posteriormente ao pagamento, por dívida de R$ 79,91. Faturas que não comprovam a origem do débito de R$79,91. Telas do sistema interno da requerida que não contém qualquer informação sobre débito de R$79,91 originado em nome da requerente. Negativação indevida. Dano moral 'in re ipsa'. Abalo à honra objetiva e imagem da pessoa jurídica. Negativa de concessão de financiamento comprovada. Indenização fixada em R$5.000,00, ante as peculiaridades do caso concreto e os critérios de razoabilidade e proporcionalidade. Procedência da ação. Inversão do ônus sucumbencial. Recurso provido" (*TJSP* – Ap 1033610-78.2020.8.26.0506, 31-8-2023, Rel. Celina Dietrich Trigueiros).

"Apelação – **ação de indenização por danos morais** – inscrição de débito indevido no sistema de informação de crédito do banco central – SCR – danos morais – pessoa jurídica – quantum indenizatório – I – Sentença de parcial procedência – Apelo do réu – II – Incontroversa a indevida inscrição do nome da autora no SCR-SISBACEN – SCR-SISBACEN que possui natureza de cadastro restritivo de crédito – III – **Pessoa jurídica passível de sofrer danos morais**, vez que possui honra objetiva – Ato ilícito caracterizador da responsabilidade civil, por abalo extrapatrimonial causado à pessoa jurídica, que é aquele cuja repercussão atinge o conceito e a credibilidade de que goza a empresa no meio social – Súmula nº 227 do STJ – Dano moral caracterizado – Ainda que não haja prova do prejuízo, o dano moral puro é presumível – Indenização devida, devendo ser fixada com base em critérios legais e doutrinários – Indenização mantida, ante as peculiaridades do caso, em R$10.000,00, quantia suficiente para indenizar a autora e, ao mesmo tempo, coibir o réu de atitudes semelhantes – Precedentes deste E. TJ – Decisão mantida – Aplicação do art. 252 do Regimento Interno do TJSP – Apelo improvido. Ônus – sucumbência – Tendo em vista o trabalho adicional desenvolvido, em sede recursal, pela recorrida, majoram-se os honorários advocatícios

Assim conclui o referido autor e magistrado (2000:85):

> *"Sendo assim, deixar o causador do dano moral sem punição, a pretexto de não ser a pessoa jurídica passível de reparação, parece, data venia, equívoco tão grave quanto aquele que se cometia ao tempo em que não se admitia a reparação do dano moral nem mesmo em relação à pessoa física. Isso só estimula a irresponsabilidade e a impunidade. Induvidoso, portanto, que a pessoa jurídica é titular de honra objetiva, fazendo jus à indenização por dano moral sempre que o seu bom nome, credibilidade ou imagem forem atingidos por algum ato ilícito".*

Danos não patrimoniais, que nem todos admitem como sinônimo de danos morais, são, portanto, aqueles cuja valoração não tem uma base de equivalência que caracteriza os danos patrimoniais. Por isso mesmo, são danos de difícil avaliação pecuniária. Por sua própria natureza, os danos psíquicos, da alma, de afeição, da personalidade são heterogêneos e não podem ser generalizados. Em princípio, o dano moral só atinge direitos da personalidade. Trata-se do que foi convencionado denominar de *pretium doloris*:

> *"É inquestionável que os padecimentos de natureza moral, como, por exemplo, a dor, a angústia, a aflição física ou espiritual, a humilhação, e de forma ampla, os padecimentos resultantes em situações análogas, constituem evento de natureza danosa, ou seja, danos extrapatrimoniais"* (Reis, 2000:15).

Contudo, como já acentuado, não se dá exatamente um preço exclusivamente à dor, pois o dano patrimonial se materializa de várias formas de insatisfação, não chegando sempre ao valor extremo da dor da alma. De qualquer modo, deve ser levada em conta a essência da questão: dano, ainda que moral, implica alguma parcela de perda e, por isso, deve ser indenizado.[4]

---

de 10% para 15% sobre o valor da condenação, nos termos do art. 85, §11, do NCPC – Apelo improvido" (*TJSP* – Ap 1026261-78.2020.8.26.0100, 30-9-2022, Rel. Salles Vieira).

"**Indenizatória** – Danos materiais e morais – Pessoa jurídica – Contratante de máquinas para operação de compra e venda através de cartões. Cobranças em duplicidade. Taxas. Não comprovação. Ônus da parte autora, nos termos do art. 373, I, do CPC. Perícia que ao contrário do alegado não era despicienda. Preclusão. Ausência de ato ilícito como elemento ensejador do dever de indenizar. A configuração de danos morais à pessoa jurídica requer ademais a demonstração de que a sua honra objetiva tenha sido de alguma forma afetada, o que não se verifica. Sentença de improcedência. Manutenção. Apelo desprovido" (*TJSP* – AC 1014711-27.2017.8.26.0477, 5-4-2019, Rel. Ramon Mateo Júnior).

"**Dano moral – Pessoa jurídica** – Possibilidade – Comprovação – Não há dúvida de que a pessoa jurídica é passível de sofrer dano moral, por abalo à sua honra objetiva. Nesse sentido, a Súmula 227 do c. STJ: 'A pessoa jurídica pode sofrer dano moral.' Por outro lado, para que se reconheça a ocorrência desse dano moral, deve haver prova robusta de ofensa ao patrimônio imaterial da empresa, especialmente no que diz respeito à sua marca, à sua reputação e à sua imagem perante o público externo" (*TRT-03ª R.* – RO 0003312-62.2012.5.03.0031, 12-3-2018, Relª Camilla G. Pereira Zeidler).

"Agravo interno no agravo em Recurso Especial – **Danos Morais** – Pessoa Jurídica – 1 – Ofensa ao art. 535, II, do CPC/1973 – Não Ocorrência – 2 – Ato ilícito não configurado – Alteração – Impossibilidade – Súmula nº 7 do STJ – 3 – Agravo Interno Improvido – 1 – Não viola o art. 535 do Código de Processo Civil de 1973 o acórdão que rejeita os embargos declaratórios por inexistir omissão, contradição ou obscuridade no acórdão embargado. 2 – As instâncias ordinárias, soberanas na análise do acervo probatório dos autos, consignaram não ter havido prova da **violação à honra objetiva** da agravante suficiente a ensejar a condenação à reparação civil. Infirmar tais conclusões demandaria o reexame de provas, atraindo a aplicação da Súmula 7 do STJ. 3 – Agravo interno improvido" (*STJ* – AGInt-AG-REsp 972.549 – (2016/0223910-7), 2-2-2017, Rel. Min. Marco Aurélio Bellizze).

4 "Apelação cível – **Ação de indenização por danos materiais e morais** – Pessoa jurídica – Contrato de credenciamento a sistema de cartão de crédito administrado pela demandada. Suposta falha quanto ao repasse de valores. Quantia sonegada depositada em favor da requerente durante a instrução. Dano patrimonial que deixou de subsistir. Prosseguimento quanto ao abalo à honra objetiva da autora. Improcedência. Recurso da autora. Dano

Ainda que essa perda não decorra de outro nível, há uma perda que representa um aviltamento da dignidade do ofendido.

Há, pois, danos imateriais ou morais que se apresentam totalmente desvinculados de um dano patrimonial, como a injúria, e os que decorrem e sobrevivem paralelamente a dano patrimonial, como a morte de pessoa ou parente próximo. De acordo com a natureza do direito lesado, os danos morais podem se revestir de diversas formas e efeitos. Por essa razão, não há como enumerá-los previamente, embora todos se situem, em princípio, no campo dos direitos da personalidade. Jaime Santos Briz (1986:154) elenca, todavia, cinco categorias de danos morais, com base na doutrina e na jurisprudência espanhola: (a) danos causados ao crédito de uma pessoa ou sua capacidade aquisitiva, decorrentes de ataques a sua honra mercantil ou civil; (b) danos infligidos à honra da mulher; (c) danos derivados da infração de normas protetoras da moral ou bons costumes; (d) danos ao relacionamento social; (e) dano estético. Como percebemos, porém, qualquer classificação que se faça no campo dos danos morais não será exaustiva. Como apontamos, o dano moral não se caracteriza unicamente por um conceito de dor psíquica, mas por um desconforto comportamental na pessoa, que extrapola os limites do aceitável.

Muitas foram as críticas dos que, no passado, opunham-se à indenização dos danos morais. Dizia-se que havia falta de permanência em seus efeitos, dificuldade de identificação da vítima, dificuldade de avaliação do prejuízo e poder ilimitado do juiz nessa avaliação.

---

moral. Alegada inscrição indevida no rol de maus pagadores por culpa do atraso nos repasses. Pessoa jurídica. Dano imaterial que se caracteriza com o abalo ao crédito e ao nome da empresa (honra objetiva). Prova nos autos de inadimplemento contratual por parte da apelada que, por si, não acarreta dano moral. Inexistência de prova do nexo de causalidade entre a ausência de repasse tempestivo e o inadimplemento das dívidas apontadas por terceiros. Ônus que incumbia à recorrente (art. 373, I, do CPC). Pretensão afastada. Sentença mantida. Honorários recursais, de ofício. Inteligência do art. 85, § 11, do CPC/15. Recurso desprovido" (*TJSC* – AC 0314935-35.2015.8.24.0023, 26-3-2019, Rel. Des. André Luiz Dacol).

"Apelação Cível – **Pessoa Jurídica – Dano Moral** – Requisito – Afronta à honra objetiva – A pessoa jurídica, por não ter capacidade de sofrer emoção, é desprovida de honra subjetiva, podendo ser indenizada por dano moral apenas se for, por ato ilícito, afrontada em sua honra objetiva, que diz respeito ao seu bom nome, credibilidade e imagem" (*TJMG* – AC 1.0701.09.274754-5/001,6-9-2018, Rel. Maurílio Gabriel).

"Acórdão – Apelação Cível – Telefonia Móvel – **Negativação Indevida – Pessoa Jurídica** – Sentença de procedência para confirmar a decisão de antecipação dos efeitos da tutela que determinou a exclusão do nome da empresa autora dos cadastros restritivos de crédito, além de cancelar o débito e condenar a ré ao pagamento de R$ 15.000,00 a título de indenização por danos morais. Recurso exclusivo da parte ré. Ainda que consideradas as telas do sistema informatizado da ré como prova da contratação do serviço, não restou demonstrada a utilização do serviço telefônico. Ausente qualquer discriminação de ligações nas faturas. Não demonstrada a legitimidade da cobrança. Negativação indevida. Responsabilidade objetiva. Não comprovado excludente de responsabilidade. Mantida a condenação ao cancelamento do débito e à exclusão do nome da empresa autora do cadastro de inadimplentes. Dano moral configurado. Súmula 89 TJRJ. Abalo na honra objetiva da pessoa jurídica. Reforma parcial da sentença para reduzir o valor da indenização para R$ 5.000,00. Provimento parcial do recurso" (*TJRJ* – Ap 0002719-51.2014.8.19.0036, 26-5-2017, Relª Sônia de Fátima Dias).

"Apelação – Compromisso de compra e venda de bem imóvel – Ação declaratória de abusividade de cláusula contratual c.c. indenização por danos materiais, morais e lucros cessantes. Atraso na entrega do imóvel – Ocorrência – Obra não concluída no prazo contratual – Inadmissibilidade de cláusula que condiciona data da entrega do imóvel à assinatura de financiamento, tornando o prazo indeterminado. Lucros Cessantes – Descumprido o prazo para a entrega do imóvel objeto do compromisso de venda e compra, é cabível a condenação da vendedora por lucros cessantes, havendo a presunção de prejuízo do adquirente, ainda que não demonstrada a finalidade negocial da transação. Aplicação do Enunciado 38-5 desta Câmara. Precedentes do STJ. Valor da indenização mantido, conforme fixado na sentença recorrida. Aplicação de multa contratual – Multa estabelecida para o caso de mora dos compradores, porém, que não pode ser estendida para o caso de mora das vendedoras. Aplicação do Enunciado 38-6 desta Câmara. Dano moral – Devida indenização pelos danos morais sofridos, diante das peculiaridades do caso concreto. Valor arbitrado em R$ 10.000,00, que se harmoniza com o entendimento que vem prevalecendo nesta Câmara. Sucumbência maior da ré. Recurso parcialmente provido" (*TJSP* – Ap 1016878-44.2014.8.26.0114, 15-2-2016, Relª Viviani Nicolau).

Atualmente, as objeções encontram-se superadas: a dificuldade de avaliação, em qualquer situação, não pode ser obstáculo à indenização. Não há necessidade de que o dano seja permanente para que seja indenizável. Como vimos, a discricionariedade do juiz é de todo Poder Judiciário e da sociedade. A dificuldade de identificar a vítima é matéria meramente probatória.

Quanto à indenização, aponta o saudoso Sílvio Rodrigues (2000:191):

> *"O dinheiro provocará na vítima uma sensação de prazer, de desafogo, que visa compensar a dor, provocada pelo ato ilícito. Isso ainda é mais verdadeiro quando se tem em conta que esse dinheiro, provindo do agente causador do dano, que dele fica privado, incentiva aquele sentimento de vingança que, quer se queira, quer não, ainda remanesce no coração dos homens".*

De qualquer modo, é evidente que nunca atingiremos a perfeita equivalência entre a lesão e a indenização, por mais apurada e justa que seja a avaliação do magistrado, não importando também que existam ou não artigos de lei apontando parâmetros. Em cada caso, deve ser aferido o conceito de razoabilidade. Sempre que possível, o critério do juiz para estabelecer o *quantum debeatur* deverá basear-se em critérios objetivos, evitando valores aleatórios. A criação de parâmetros jurisprudenciais já vem sendo admitida no país, exercendo a jurisprudência, nesse campo, importante papel de fonte formal do direito.

Em princípio, os precedentes jurisprudenciais devem fornecer caminho seguro para a avaliação do dano moral. Somente quando o caso concreto foge totalmente aos padrões deverá ser admitido o critério exclusivamente subjetivo do juiz. Anota, com propriedade, Clayton Reis (2000:69):

> *"a atividade judicante do magistrado há de ser a de um escultor, preocupado em dar contornos à sua obra jurídica, de forma a amoldar-se às exigências da sociedade e sobretudo da sua consciência".*

É inafastável, também, como enfatizado, que a indenização pelo dano moral possui cunho compensatório antes do reparatório somado a relevante aspecto punitivo e pedagógico que não pode ser marginalizado. Nesse sentido, o Projeto de Lei nº 6.960/2002, que pretendeu alterar vários dispositivos do Código de 2002, acrescentava parágrafo ao art. 944: *"A reparação do dano moral deve constituir-se em compensação ao lesado e adequado desestímulo ao lesante".*

Há função de *pena privada*, mais ou menos acentuada, na indenização por dano moral, como reconhece o direito comparado tradicional. Não se trata, portanto, de mero ressarcimento de danos, como ocorre na esfera dos danos materiais. Esse aspecto punitivo da verba indenizatória é acentuado em muitas normas de índole civil e administrativa. Aliás, tal função de reprimenda é acentuada nos países do *common law*. Há um duplo sentido na indenização por dano moral: ressarcimento e prevenção. Acrescente-se ainda o cunho educativo, didático ou pedagógico que essas indenizações apresentam para a sociedade. Quem, por exemplo, foi condenado por vultosa quantia porque indevidamente remeteu título a protesto; ou porque ofendeu a honra ou imagem de outrem, pensará muito em fazê-lo novamente. Grande parte da doutrina, porém, ainda não aceita essa função pedagógica na indenização. Trata-se de mais uma mutação conceitual que a responsabilidade civil aquiliana vem sofrendo ultimamente. O direito da responsabilidade civil é essencialmente mutante.

Inafastável, contudo, que a condenação pelo dano moral exerce igualmente importante papel pedagógico ou dissuasório no princípio geral do *neminem laedere*. Como aponta Suzanne Carval (1995:1), na abertura de sua obra específica sobre o tema, *La responsabilité civile dans as fonction de peine privée*, "*não há dúvida que, para o homem da rua, a responsabilidade civil é bem outra coisa do que um simples instrumento de reparação de danos*". Ser responsável, para a maioria dos cidadãos, não é somente responder por uma soma em dinheiro, mas também por uma contribuição ou garantia social. Aponta a autora, ainda, que essa noção do homem comum também é compartilhada pela ciência jurídica. Em muitas oportunidades, o ordenamento declara essa finalidade; as modalidades de indenização no Código de Defesa do Consumidor são exemplos característicos.

> "*Não resta dúvida que a função de dissuasão é importante, enquanto seja capaz de produzir efeitos no espírito do lesionador, uma vez que concorre para a mudança do seu comportamento ofensivo no que tange à prática de novos atos antijurídicos. Assim, tendo conhecimento antecipado das consequências que o seu ato danoso será capaz de produzir, bem como dos inevitáveis resultados sobre a sua pessoa e patrimônio, o agente lesionador avaliará o seu comportamento antissocial de forma a refreá-lo, evitando novos agravos a outrem*" (Clayton Reis, 2003:161).

É evidente, contudo, que esse aspecto dissuasório ou pedagógico, embora muito importante em alguns segmentos sociais, não é o principal quanto à natureza da indenização.

Não se identifica, em princípio, esse aspecto dissuasório, com o aspecto didático ou pedagógico. A condenação por dano imaterial pode incutir no sentimento social o caráter de ilicitude em determinada conduta, mormente quando esse aspecto não é muito conhecido no meio social. Para que essa finalidade pudesse ser atingida plenamente, há necessidade de que, *de lege ferenda*, permita-se ao julgador determinar a publicação da sentença em veículos que atinjam determinados segmentos mais ou menos amplos da sociedade, como consectário da condenação. Nem sempre a imprensa noticia decisões importantes e, quando o faz, peca com frequência por não informar corretamente.

No tocante à fixação de um valor pelo dano moral, os tribunais utilizaram-se no passado, por analogia, do Código Brasileiro de Telecomunicações (Lei nº 4.117/62) e da Lei de Imprensa (nº 2.250/69), únicos diplomas que apontaram parâmetros para a satisfação de danos morais, no passado. No Código Brasileiro de Telecomunicações, os valores oscilavam de 5 a 100 salários mínimos, enquanto na Lei de Imprensa, de 5 a 200 salários mínimos.[5]

---

[5] "Ação indenizatória – ***Overbooking*** – Situação que ocasionou abalo moral à autora, a qual também sofreu prejuízos quando do voo de retorno. Dano moral configurado. Valor da indenização majorado. Recurso da ré desprovido, e parcialmente provido o recurso da autora" (*TJSP* – AC 1004995-41.2018.8.26.0347, 19-6-2019, Rel. Luis Carlos de Barros).

"Apelação – '**Overbooking**' – Transporte Aéreo Internacional – Aplicação do Código de Defesa do Consumidor para o pleito de reparação por dano moral. Realocação em outro voo. Atraso de mais de 8 horas. Demora na prestação de informações. Problemas com devolução de mala e acomodação em hotel. Conduta abusiva. Dano moral configurado. Valor da indenização arbitrado em R$ 10.000,00. Recurso provido" (*TJSP* – AC 1013369-74.2019.8.26.0100, 9-10-2019, Rel. Roberto Mac Cracken).

"Dano moral – Contrato – Transporte rodoviário – **Overbooking** – 1- Há defeito na prestação de serviços quando a empresa de transporte rodoviário vende mais passagens do que comporta seu ônibus, obrigando passageiros que tinham justa expectativa de viajar sentado (passagens com número de assento) a viajar em pé. 2- O valor indenizatório, porém, deve ser comedido, diante da ausência de dano mais grave. Além disso, a condenação não decorreu da prova cabal dos fatos alegados na inicial, mas da inversão do ônus da prova. Deve-se coibir, ainda, o uso abusivo de ações indenizatórios. 3- Recurso provido" (*TJSP* – AC 1003427-47.2018.8.26.0037, 27-3-2019, Rel. Melo Colombi).

"Contrato de transporte aéreo internacional – ***Overbooking*** – Responsabilidade solidária da ré intermediadora de venda das passagens e da companhia aérea pelo excesso de reservas – Inteligência do art. 41, da Convenção de Montreal – Hipótese em que a empresa de transporte aéreo emitiu o cartão de embarque e, posteriormente,

Não se tratava, no entanto, de aplicação inflexível, mas de mera base de raciocínio do juiz, que não está adstrito a qualquer regra nesse campo, pois, com frequência, há necessidade de serem fixados valores muito acima do máximo estabelecido nessa legislação. Devem ser sempre sopesadas as situações do caso concreto. O juiz ou árbitro avaliará a magnitude da lesão sofrida pela vítima, utilizando-se da prova, da realidade que o cerca e das máximas da experiência. Ademais, em se tratando de dano moral, a mesma situação pode atingir de forma diversa cada pessoa.

Levemos em consideração, também, que o art. 948 do Código de 1916 dispunha: "*Nas indenizações por fato ilícito prevalecerá o valor mais favorável ao lesado.*" Desse modo, não atenderá a esse ditame a indenização irrisória, que não traduza ressarcimento para a vítima ou punição para o ofensor. Da mesma forma, não pode ser admitida indenização exagerada que se converta em enriquecimento injusto em prol da vítima.

A falta de legislação específica nessa problemática tem gerado, todavia, decisões díspares e incongruentes. De qualquer modo, em princípio, a tarifação ou qualquer estudo matemático não é critério adequado para danos morais em geral, porque amordaça a distribuição da Justiça: como é ainda nova a disseminação dessa modalidade de indenização em nossos tribunais, chegar-se-á, certamente, em breve tempo, a balizamento razoável imposto pela própria jurisprudência. Há determinados danos que podem ficar sob o jugo de uma tarifação, como, por exemplo, o dano corporal fisiológico, como já ocorre com os acidentes do trabalho, mas há outros de impossível delimitação.

No entanto, no intuito principal de evitar abusos ocorridos na jurisprudência do país, houve Projeto de Lei (Projeto de Lei do Senado nº 150/1999) que pretendia limitar os valores indenizatórios

---

impossibilitou a entrada na aeronave pelos autores – Danos materiais configurados – Despesas realizadas para a viagem e perda dos voos seguintes – Danos morais – Ocorrência – Permanência por uma noite em país estrangeiro, sem que as requeridas tivessem prestado auxílio para alimentação e hospedagem dos autores – Pretensão de redução da indenização por danos morais – Descabimento – Valor fixado em R$ 10.000,00, para cada autor que se demonstra razoável e adequado aos fins colimados – Precedentes do E. TJSP – Sentença mantida – Recurso não provido" (*TJSP* – Ap 1008084-71.2017.8.26.0003, 17-7-2018, Rel. Renato Rangel Desinano).

"Apelação – Ação de indenização por danos morais e materiais – Transporte Aéreo – ***Overbooking*** e extravio de bagagens – Sentença de procedência – Recurso – Atraso na entrega de bagagem – Autoras desprovidas de remédio e itens de necessidade básica durante viagem à Europa – Bagagem restituída no penúltimo dia – Compras causadas por falha na prestação do serviço – Dano material presente – Responsabilidade objetiva – Arts. 734 do CC e 14 do CDC – Ocorrência de dano moral – Aborrecimentos que desbordam os dissabores da vida cotidiana – Valor atribuído condizente com os princípios da proporcionalidade e razoabilidade – Sentença mantida – Recurso desprovido" (*TJSP* – Ap 1112687-69.2015.8.26.0100, 11-7-2016, Rel. Carlos Abrão).

"Apelação digital – Indenização por danos morais – Transporte aéreo internacional – Relação que envolve as partes é de consumo – incidência do Código de Defesa do Consumidor – viagem de negócios a Orlando (EUA) – Cancelamento do voo que ocasionou o retardo na chegada do Autor ao Brasil em dois dias. Alegação de problemas técnicos com a aeronave. Caso fortuito interno (inerente à atividade de transporte). Ausência de causas excludentes da responsabilidade objetiva do transportador. Transtornos como atraso de voo, 'overbooking', extravio de bagagem, cancelamento de compromissos de trabalho, que superam o mero aborrecimento. Falha na prestação do serviço configurada. Dano moral que se verifica 'in re ipsa'. Valor da indenização arbitrado em R$ 20.000,00 que se mostra razoável. Sentença de procedência mantida. Recurso não provido" (*TJSP* – Ap 1013034-30.2014.8.26.0068, 9-9-2015, Rel. João Pazine Neto).

"**Apelação**. Transporte aéreo internacional. Extravio de bagagem. Pleitos indenizatórios por danos materiais e morais. Sentença de parcial procedência. 1. Extravio de bagagem. Danos materiais. Vigente a relação de consumo, na hipótese de indenização por extravio de bagagem, aplica-se a legislação consumerista em detrimento da Convenção de Montreal, em caso de conflito. Precedentes do STJ e desta casa. 2. Indenização por danos materiais. **Não tarifação da indenização**. Na ausência de comprovação dos bens perdidos com a bagagem, o critério para aferição do montante indenizatório é o da verossimilhança das alegações do autor. Montante fixado adequadamente. 3. Extravio de bagagem. Danos morais. É presumível o abalo moral do autor que perdeu seus bens em decorrência da falha de serviço da ré. Desnecessária a comprovação do dano moral. Precedentes do STJ e desta casa. 4. Indenização por danos morais. Considerando-se as particularidades do caso concreto, a indenização deve ser reduzida para o montante de R$ 10.000,00. Precedentes. Apelo provido em parte. Sentença reformada" (*TJSP* – AC 00535452320118260576, 4-4-2013, Rel. Des. Sergio Gomes).

por dano moral, dentro de determinadas faixas. Por esse projeto, o juiz fixaria a indenização a ser paga por danos morais de acordo com a natureza da ofensa. Para ofensa leve, até vinte mil reais; para ofensa de natureza média, de vinte mil a noventa mil reais; e para ofensa de natureza grave, de noventa mil a cento e oitenta mil reais. Não é a melhor solução, como já apontamos. Ainda porque a moeda se desvaloriza. Não fosse pela inconveniência de atribuir ao juiz mais uma tarefa, qual seja, a de definir a gravidade da ofensa moral, a solução poderá ser ineficaz se os valores envolvidos entre as partes forem vultosos, de milhões de reais, e o valor legal máximo passa a ser irrisório.

Apontava ainda esse projeto que o juiz, ao apreciar o pedido, consideraria o teor do bem jurídico tutelado, os reflexos pessoais e sociais da ação ou omissão, a possibilidade de superação física ou psicológica, assim como a extensão e duração dos efeitos da ofensa. Mais uma razão para que não se aferrolhe o nível máximo de indenização. Em abono ao afirmado, em outro dispositivo, essa lei projetada estatuía que, na fixação do valor da indenização, o juiz levaria em conta, ainda, a situação social, política e econômica das pessoas envolvidas, as condições em que ocorreu a ofensa ou o prejuízo moral, a intensidade do sofrimento ou humilhação, o grau de dolo ou culpa, a existência de retratação espontânea, o esforço efetivo para minimizar a ofensa ou lesão e o perdão, tácito ou expresso. Sempre que se tarifa o valor de um dano, corre-se o risco de o próprio legislador conceder um salvo-conduto ao ofensor para transgredir a norma. Felizmente o projeto foi esquecido.

Até recentemente, o Supremo Tribunal Federal repelia a cumulatividade dos danos morais com os danos materiais. No entanto, o Superior Tribunal de Justiça já consolidou entendimento em sentido contrário, culminando com a Súmula 37: "*São cumuláveis as indenizações por dano material e dano moral oriundos do mesmo fato.*" Lembre-se, ainda, de que o Código de Defesa do Consumidor admitiu expressamente essa cumulação (art. 6º, VI).

Carlos Alberto Ghersi (2000:110) sintetiza, com absoluta propriedade, os seguintes critérios para avaliação de danos morais:

> *"a) os danos morais não devem necessariamente guardar proporção com outros danos indenizáveis, os quais, inclusive, podem inexistir;*
>
> *b) o dano moral não está sujeito a cânones estritos;*
>
> *c) não se deve recorrer a cálculos puramente matemáticos;*
>
> *d) devem ser levados em conta as condições pessoais de quem será indenizado, os padecimentos causados, as circunstâncias traumáticas da conduta do ofensor e as sequelas que afetam a vítima e, finalmente;*
>
> *e) deve ser considerada a idade da vítima".*

Este último aspecto da idade da vítima é fator importante a ser considerado, pois uma indenização muito vultosa a quem já tem idade provecta poderá beneficiar, em tese, seus herdeiros, não atingindo a finalidade; por outro lado, indenização ínfima a jovem, que se vê traumatizado por intenso dano moral, também se mostrará deslocada. Mais uma vez imperará, espera-se, a sensibilidade do julgador. As condições pessoais do indenizado também são importantes: não se pode proporcionar, por exemplo, alojamento em hotel cinco estrelas a quem sempre se utilizou de morada rústica e vice-versa.

Antonio Jeová Santos (2001: 218), autor de obra monográfica sobre o tema, conclui, sem disparidade com o mestre argentino e com o que aqui expusemos, que em matéria de dano moral:

> *"a) não se deve aceitar uma indenização meramente simbólica;*
>
> *b) deve ser evitado o enriquecimento injusto;*

c) os danos morais não se amoldam a uma tarifação;

d) não deve haver paralelismo ou relação na indenização por dano moral com o dano patrimonial;

e) não é suficiente a referência ao mero prudente arbítrio do juiz;

f) há que se levar em consideração a gravidade do caso bem como as peculiaridades da vítima de seu ofensor;

g) os casos semelhantes podem servir de parâmetro para as indenizações;

h) a indenização deve atender ao chamado prazer compensatório, que nós preferimos chamar de lenitivo e, finalmente;

i) há que se levar em conta o contexto econômico do país".

Sempre será portentosa e sublime a atividade do juiz ou árbitro na fixação dos danos imateriais, mormente porque, na maioria das vezes, os danos dessa categoria não necessitam de prova. É importante que o magistrado tenha consciência dessa importância e possua formação cultural, lastro social e preparo técnico suficiente para dar uma resposta justa à sociedade. Isso somente é possível ao magistrado que exerce a judicatura por fé e não como atividade ideológica ou de mera subsistência. Embora possam ser estabelecidos padrões ou faixas indenizatórias para algumas classes de danos, a indenização por dano moral representa um estudo particular de cada vítima e de cada ofensor envolvidos, estados sociais, emocionais, culturais, psicológicos, comportamentais, traduzidos por vivências as mais diversas. Os valores arbitrados deverão ser então individuais, não podendo ser admitidos padrões de comportamento em pessoas diferentes, pois cada ser humano é um universo único. Nesse sentido, é importante que o juiz conheça o perfil cultural e social da vítima para que possa avaliar corretamente a extensão do dano. Sem o conhecimento da estrutura psicológica dos agentes envolvidos, o simples conhecimento do fato motivador da indenização dará um parâmetro incorreto ao julgador e agravará o risco de uma sentença injusta. Nesse diapasão podem ser dados exemplos os mais comezinhos: o protesto indevido de um cheque para quem nunca teve em décadas um título protestado atingirá diferentemente sua dignidade, em comparação com aquele que costumeiramente tem títulos protestados; a palavra de baixo calão em meio social popular tem sentido diverso daquela proferida em meio a reunião formal de pessoas de nível cultural elevado; a perda ou extravio de bagagem no transporte aéreo afetará menos aquele que não necessita de roupas formais no seu destino do que aquele que trazia um traje de gala para evento de que iria participar no local de destino, e assim por diante.

De qualquer modo, em sede de indenização por danos imateriais há que se apreciar sempre a conjugação dos três fatores ora mencionados: compensação, dissuasão e punição. Dependendo do caso concreto, ora preponderará um, ora outro, mas os três devem ser levados em consideração. Como se nota, os novos paradigmas da responsabilidade civil exigem que hoje os julgados se voltem para novos valores que muito pouco têm a ver com o sentido histórico da responsabilidade aquiliana.

24.3 LIQUIDAÇÃO DO DANO. PENSÃO PERIÓDICA E PAGAMENTO INTEGRAL ÚNICO

A liquidação é o ponto culminante da ação indenizatória, na fase de execução, qual seja, tornar real e efetiva a reparação para a vítima, nos parâmetros estabelecidos pelo art. 402.

Destarte, têm que ser avaliados os danos materiais e danos morais, conforme os princípios que vimos anteriormente. Há particularidades, no entanto, que a lei cuida de forma especial.

Para que essa indenização não se torne inócua, é necessário que, no caso de prestações periódicas ou firmadas para o futuro, sejam protegidas pela correção monetária, matéria que muito nos afligiu no passado, mas que nunca perderá atualidade. Não se esqueça, também, que, atendendo ao que se solicitava na prática, o Código de 2002 permite que a indenização por danos pessoais seja paga de uma só vez, se preferir e assim exigir o prejudicado (art. 950, parágrafo único). Desse modo, se for feito pedido nesse sentido, afasta-se a possibilidade de pagamento de pensão periódica e a problemática que a acompanha. Em se tratando de incapazes, verificará o Ministério Público qual a melhor conveniência na forma de pagamento.

Outra questão que afeta as prestações periódicas refere-se à garantia do pagamento. Nesse sentido, o art. 533 do CPC de 2015, que trata da indenização por prestação alimentícia. O juiz poderá ordenar, a pedido do credor, a constituição de capital cuja renda assegure a prestação periódica. Quando possível, o juiz poderá incluir a prestação para pagamento em folha de pessoa jurídica de notória capacidade ou o estabelecimento de fiança bancária ou garantia real. Há detalhes nesse dispositivo legal que devem ser consultados nessa hipótese.

Nada obsta, contudo, que a vítima faça o pedido de um valor indenizatório determinado, ainda que cabível a pensão periódica. Em se tratando de incapazes, porém, como regra, em prol de sua proteção, somente a pensão periódica assegurará o correto ressarcimento. Nesse aspecto, é importante o papel da curadoria de incapazes.

Essa garantia, mencionada pela lei processual, tem sido dispensada quando o devedor é pessoa jurídica de direito público. Embora tenha havido tentativas nesse sentido, em se tratando de pessoas jurídicas privadas, por maior que seja sua grandeza econômica, a garantia de capital não pode ser dispensada, sob pena de tornar-se instável o direito do beneficiário. Esses alimentos, citados no dispositivo, referem-se aos atos ilícitos, hipóteses de homicídio e lesões corporais que acarretam redução e incapacidade laborativa, não se aplicando aos alimentos de direito de família. Desse modo, não cabe a prisão do devedor nessa modalidade de pensão.

Esse capital constitui a garantia para o adimplemento das prestações. Enquanto estiverem sendo pagas, não se toca no capital, que será devolvido ao devedor quando encerrar a obrigação. Os bens dados em caução, seja real, seja fidejussória, terão a mesma finalidade.

Seguindo a regra geral da prestação alimentícia, permite-se que a respectiva prestação seja alterada; se ocorrer modificação nas condições econômicas, a parte pode pedir redução ou aumento do encargo. Esse aspecto, todavia, não deve ser entendido no sentido de que possa ser admitida ação revisional de alimentos decorrente de ato ilícito. A situação a ser considerada é aumento ou diminuição do capital e sua rentabilidade. Não se pode alterar o que ficou estabelecido na sentença. O espírito não é o mesmo da pensão alimentícia no direito de família.

Alguns autores, porém, entendem que esse dispositivo permite a revisão da pensão livremente. Esse raciocínio traria instabilidade à coisa julgada, que não se identifica com o alimento de direito de família, e levaria à consequência absurda de que, se o ofendido fosse abastado, nenhuma indenização deveria ser paga pelo ofensor. O que pode ser admitido é a alteração de pensão, decorrente de lesão corporal, se essa lesão se agravou ou reduziu, assim também se fará com o montante da pensão. Nesse sentido: *"Acidente de trânsito – Pretensão à ampliação da condenação pela superveniência de incapacidade total. Art. 471, I, do CPC – Admissibilidade – Inexistência de ofensa à coisa julgada"* (*JTACSP* 111/222).

24.4 INDENIZAÇÃO EM CASO DE HOMICÍDIO

O Código de 1916 dispunha no art. 1.537:

> *"A indenização, no caso de homicídio, consiste:*
>
> *I – no pagamento das despesas com o tratamento da vítima, seu funeral e o luto da família;*
>
> *II – na prestação de alimentos às pessoas a quem o defunto os devia".*

Durante muito tempo, esse artigo do Código anterior fundamentou corrente jurisprudencial que sustentava incabível a concessão de indenização por dano moral, entendendo-se que o elenco no artigo era restritivo. No entanto, de há muito, mormente após a Constituição de 1988, evoluiu-se no sentido de que o pagamento dessas verbas não impede a cumulação de outra soma pela dor da perda. Ainda, definiu-se também que a enumeração dessas verbas não é exaustiva, como assinala a redação do diploma em vigor, e que a interpretação em matéria de liquidação de danos por ato ilícito não pode ser restritiva.

As despesas de tratamento incluem tudo o que for comprovado no processo em matéria de gasto hospitalar, medicamentos, transportes para consulta e hospitais, inclusive tratamento psicológico etc. Nas despesas de funeral, estão incluídas as de sepultura (danos emergentes). Não se logrando provar as despesas de funeral, a jurisprudência tem propendido a fixá-la em cinco salários mínimos, por se tratar de gasto inevitável e que afeta a todos indiscriminadamente.

O termo *luto* permite perfeitamente o entendimento de que não se restringe apenas ao pagamento pelas vestes fúnebres, atualmente em desuso em nossa sociedade, ou pelos serviços religiosos, aquisição de espaço em cemitério etc., mas também à indenização pelo sentimento de tristeza pela perda de pessoa querida. Desse modo, nessa expressão se abre ensancha à indenização por dano moral.

Matéria importante nessa modalidade de indenização é o montante e a duração da pensão devida (lucro cessante). A jurisprudência encarregou-se de estabelecer certos parâmetros. A pensão deve ser estabelecida com base nos proventos da vítima e sua provável expectativa de vida. A pensão deve ser reajustada sempre que houver alteração do salário mínimo (Súmula 490 do STF), ou de salários da categoria profissional da vítima. O 13º salário, ou gratificação natalina, também deve integrar a indenização, dentro do princípio de que a indenização deve ser ampla, sendo ordinariamente concedida pela jurisprudência.

Assim, por exemplo, entende-se que o valor da pensão deve ser fixado em 2/3 dos ganhos da vítima, porque, presumivelmente, 1/3 era destinado à própria manutenção do falecido. Se vários são os beneficiários, vários irmãos por exemplo, os julgados têm admitido o direito de acrescer entre eles, de molde que a pensão se mantenha íntegra quando se extingue em relação a uns que atingem a maioridade, acrescendo o montante dos remanescentes.

Quando a vítima não era assalariada, nem sempre será fácil a comprovação de seus ganhos. Como regra, deve ser levada em conta a média de seus proventos no último ano.

Quanto à duração da pensão, leva-se em consideração a vida presumível do morto. A jurisprudência tem entendido que esse limite é a idade presumida de 65/70 anos. Há tendência de que essa expectativa de vida em nosso país seja mais elevada, o que deverá majorar essa probabilidade. A pensão é devida aos filhos menores até que estes atinjam a maioridade, ou até os 24/25 anos, quando presumivelmente se casam ou concluem curso universitário e estabelecem-se fora do lar.

Quando se trata de morte de filho menor ou viúva que não exercem atividade lucrativa, a pensão, em regra, não seria devida, pois essas pessoas não contribuíam para a manutenção do lar. Não se exclui, entretanto, a indenização por dano moral. No tocante ao filho menor, a jurisprudência evoluiu no sentido de que iria ele, no futuro, contribuir para a mantença comum, sendo devida a pensão até os 24/25 anos, quando presumivelmente se casaria e deixaria o lar paterno. No mesmo sentido, tem sido concedida pensão pela morte da mulher do lar, pelo período de sua vida presumida, levando-se em conta que ela contribui com serviços domésticos. Havia, portanto, nítida orientação jurisprudencial para alargar o alcance do art. 1.537. Com isso, concluía-se que as verbas descritas nesse dispositivo são apenas enunciativas:

> *"Assim, se o cônjuge e os parentes em linha reta da vítima lograrem provar que do homicídio lhes resultaram outros prejuízos, além dos enumerados no inciso em exame, tais prejuízos deverão ser reparados, porque a ideia inspiradora de toda teoria da responsabilidade civil é a que a indenização deve ser a mais completa possível"* (Rodrigues, 2000:218).[6]

A problemática atinente à indenização por morte é, como podemos perceber, toda ela casuística; os julgados apontam contornos gerais que não podem ser inflexíveis. Com muita frequência, o juiz defronta-se com caso que não possui precedentes. Não se esqueça, igualmente, de que a morte do companheiro ou companheira também representa perda indenizável, mormente após o conceito de união estável presente na Constituição de 1988.

Nessa proficuidade de casos, podemos citar, para ilustração, o fato de o filho menor estar desempregado quando da morte não impede a indenização, pois não se exclui sua potencial capacidade de trabalho até os presumíveis 25 anos (*RT* 664/172); morte de filho menor sem

---

6 "**Responsabilidade civil.** Atropelamento. Morte. Conduta dolosa do condutor do veículo devidamente comprovada. Ausência de elementos de convicção a prestigiarem a tese de excludente da ilicitude. Responsabilidade solidária da proprietária do veículo decorrente de lei. Dano moral configurado em razão da perda trágica de filho menor. Valor da indenização do dano extrapatrimonial fixado em conformidade com a orientação jurisprudencial prevalente. Pensão mensal 'ex delicto'. Inteligência do artigo 948, inciso II, do Código Civil. Dependência econômica dos pais de vítima menor presumida, conforme jurisprudência do Superior Tribunal de Justiça. Valor e duração da pensão alterados em função de precedentes deste Tribunal de Justiça de São Paulo. Recurso parcialmente provido" (*TJSP* – Ap 1002520-66.2019.8.26.0642, 17-6-2025, Rel. Pedro Ferronato).

"Acidente de trânsito – **Reparação de Danos** – Atropelamento – Responsabilidade do motorista pela segurança do pedestre – Presunção de culpa – Motorista que não elidiu a presunção – Culpa comprovada – Responsabilidade civil configurada – Dano moral caracterizado – Indenização fixada em valor razoável – Morte da vítima – Obrigação de prestar alimentos – Família de baixa renda – Presunção de auxílio mútuo entre seus componentes - Pensão em valor correspondente a 2/3 do salário mínimo – Admissibilidade – Pensão fixada tendo por termo final a duração provável da vida da vítima – Inteligência do artigo 948, inciso II, do Código Civil – Limitação à maioridade do autor, em relação ao filho menor – Sentença mantida. Apelação não provida" (*TJSP* – Ap 1061141-36.2019.8.26.0002, 22-5-2024, Rel. Sá Moreira de Oliveira).

"Apelação. **Indenização.** Acidente de trânsito com vítima fatal. Motocicleta abalroada na traseira pelo veículo dos réus. Alegação de culpa exclusiva da vítima afastada em esfera criminal com condenação do réu pelo crime de homicídio culposo. Questão transitada em julgado. Inteligência do art. 935 do CC. Dano moral in re ipsa. Manutenção do quantum estabelecido em R$ 100.000,00. Necessidade. Valor que atende aos critérios da razoabilidade e proporcionalidade. Recursos improvidos" (*TJSP* – Ap 9000004-58.2011.8.26.0466, 5-7-2022, Rel. Walter Exner).

"Apelação cível – **Indenização – Homicídio – Danos morais** – Valor – Fixação – Parâmetros – 1- A condenação civil é independente da criminal, conforme o art. 935 do Código Civil. 2- A perda do marido e pai dos autores, ente próximo e querido, por si só, acarreta danos morais, a serem reparados. 3- O valor da indenização por dano moral deve ser fixado examinando-se as peculiaridades de cada caso e, em especial, a gravidade da lesão, a intensidade da culpa do agente, a condição socioeconômica das partes e a participação de cada um nos fatos que originaram o dano a ser ressarcido, de tal forma que assegure ao ofendido satisfação adequada ao seu sofrimento, sem o seu enriquecimento imotivado, e cause no agente impacto suficiente para evitar novo e igual atentado" (*TJMG* – AC 1.0421.14.001144-4/001, 20-9-2019, Rel. Maurílio Gabriel).

capacidade laborativa – pensão concedida, no entanto, desde a data do evento por aplicação da Súmula 491 do Supremo Tribunal Federal.

> *"Ilegitimidade* ad causam *– Morte de filho menor que vivia com a mãe divorciada, não prestando qualquer auxílio material ao pai – Ajuizamento de indenizatória pelo pai da vítima – Ilegitimidade ativa reconhecida – Carência decretada"* (*JTACSP*, 112/150).

Como se percebe, o sintetismo do art. 1.537 do Código Civil antigo nunca impediu que as indenizações por homicídio nos tribunais fossem as mais amplas possíveis. Por essa razão, o art. 948 do Código nada mais faz do que trazer para lei o que a jurisprudência já admitira solidamente de forma muito ampla:

> *"No caso de homicídio, a indenização consiste, sem excluir outras reparações:*
>
> *I – no pagamento das despesas com o tratamento da vítima, seu funeral e luto da família;*
>
> *II – na prestação de alimentos às pessoas a quem o morto os devia, levando-se em conta a duração provável da vida da vítima".*

24.5 INDENIZAÇÃO NA LESÃO CORPORAL

Os arts. 1.538 e 1.539 do Código de 1916 cuidavam da indenização nas hipóteses de lesão corporal:

> *"Art. 1.538. No caso de ferimento ou outra ofensa à saúde, o ofensor indenizará o ofendido das despesas de tratamento e dos lucros cessantes até o fim da convalescença, além de lhe pagar a importância da multa no grau médio da pena criminal correspondente.*
>
> *§ 1º Esta soma será duplicada, se do ferimento resultar aleijão ou deformidade.*
>
> *§ 2º Se o ofendido, aleijado ou deformado, for mulher solteira ou viúva, ainda capaz de casar, a indenizaçao consistirá em dotá-la, segundo as posses do ofensor, as circunstâncias do ofendido e a gravidade do defeito.*
>
> *Art. 1.539. Se da ofensa resultar defeito pelo qual o ofendido não possa exercer o seu ofício ou profissão, ou se lhe diminua o valor do trabalho, a indenização, além das despesas do tratamento e lucros cessantes até ao fim da convalescença, incluirá uma pensão correspondente à importância do trabalho, para que se inabilitou, ou da depreciação que ele sofreu".*

Esses dois dispositivos permitiam uma série de reflexões de interesse prático.

Todos os danos emergentes deverão ser ressarcidos até a convalescença: despesas com hospitalização, tratamento, medicamentos, próteses, transporte para consultas, contratação de enfermeiros ou fisioterapeutas etc.

Quando a vítima sofre ofensa em sua incolumidade física, em sede de indenização pelo ato ilícito, deve ser avaliado o grau de incapacidade que essa agressão ocasionou. Nesse diapasão, a perícia deverá avaliar o grau de incapacidade, devendo o juiz levar em conta a diminuição de ganho que esse percentual representa para as atividades ou ocupação habitual da vítima. Aqui, leva-se em conta a tão mencionada perda de chance que já fizemos nesta obra. Nesse sentido, a pensão deverá ser estabelecida de molde a compensar a perda de proventos que a vítima sofreu. Deve ser entendido que o dano psicológico, que não deixa marcas evidentes, mas diminui a capacidade, também deve ser compreendido nessa modalidade de indenização.

Quando a lesão é passageira e há recuperação da vítima, o termo final da indenização coincidirá com sua recuperação e final da convalescença. Nesse sentido, deverá ser feito exame complementar, se a vítima não tomar a iniciativa de comunicar a cura, prosseguindo-se o processo de execução, se for o caso. Assim, cessará ou não a obrigação de pagamento de pensão periódica. Por outro lado, como apontamos, pode ocorrer agravamento das condições físicas da vítima: incapacidade parcial pode converter-se em incapacidade total para as atividades habituais. Nesse caso, o exame complementar autorizará a majoração da pensão, exigindo, como vimos, reforço das garantias.

Quanto à pensão, aplicam-se os mesmos princípios gerais que a norteiam no caso de homicídio. No tocante à pena de multa criminal, citada pelo dispositivo, tratava-se de disposição que a doutrina tradicional entendia vazia, porque o Código Penal do passado e do presente não estabelecem multa para o crime de lesão corporal. A índole dessa indenização é de inescondível reparação de dano moral. Todavia, o art. 49 do Código Penal disciplina a multa penal em geral fixada em dias-multa, para todos os crimes em que é cominada essa modalidade de pena, no mínimo de 10 e no máximo de 360 dias-multa. Esse dispositivo poderia ser levado em consideração para a indenização civil, sempre que o Código Civil se referir a essa modalidade de reprimenda penal. O valor do dia-multa, de acordo com o § 1º do art. 49, será fixado pelo juiz, não podendo ser inferior a um trigésimo do maior salário mínimo mensal vigente ao tempo do fato, nem superior a cinco vezes esse salário. No caso de lesões corporais leves, ademais, o juiz penal pode substituir a pena de detenção pela de multa (art. 129, § 5º do Código Penal). Dessa forma, havia lastro para que o juiz cível, no caso em exame, estabelecesse o valor da indenização com base nos limites de dias-multa do estatuto penal, o qual apresenta confortável mobilidade de valor para se adequar à indenização civil.

Entretanto, nada obsta que, além do pagamento pelos danos emergentes e pelos lucros cessantes, conforme estabelecido, o tribunal também concedesse quantia a título de reparação de danos morais pela lesão corporal, substituindo a parcela referida da multa penal.

Nesse diapasão, a ofensa física da qual resulte aleijão ou deformidade, conforme menção no dispositivo, trata do chamado dano estético. A multa criminal, se entendermos que por impropriedade técnica não podia ser aplicada, poderia ser substituída por indenização de evidente índole moral. Havia claro intuito na lei de agravar a condenação quando ocorresse a deformidade ou aleijão. Como a indenização nesse aspecto possui evidente cunho moral, não há que se acrescer outra parcela a esse título, evitando, assim, a duplicidade de condenações sob o mesmo fundamento. É evidente que quem tem seu rosto deformado sofre profunda dor moral, ou, segundo preferimos denominar, um desconforto extraordinário. Essa decorrência pode até não ter afetado sua capacidade laboral. Se o aleijão ou deformidade implicar diminuição da capacidade de trabalho, como no caso de ator ou atriz, por exemplo, tal deverá ser levado em conta como dano material. Quanto à deformidade ou aleijão em si, indeniza-se o *pretium doloris*. Essa modalidade de indenização é aplicável a qualquer vítima, independentemente de idade ou sexo. Quanto ao valor da indenização, a óptica transfere-se para o que expusemos acerca do dano moral. O valor pago deve servir de lenitivo o mais adequado possível para diminuir o sofrimento da vítima. Na presente conjuntura de nosso direito e em face da possibilidade ampla de indenização por danos morais, parece-nos despiciendo discutir, como muito fez a doutrina, o que o Código teve em mira ao determinar para o aleijão ou deformidade, o que entende por duplicação da multa penal, a qual, aliás, como vimos, pode ser perfeitamente aplicada.

O presente Código pretendeu terminar com a celeuma ao estabelecer no art. 951:

> *"No caso de lesão ou ofensa à saúde, o ofensor indenizará o ofendido das despesas do tratamento e dos lucros cessantes até o fim da convalescença, além de algum outro prejuízo que prove haver sofrido".*

Pode o leitor notar pela exposição que fizemos neste tópico e no anterior que a jurisprudência, de há muito, se encarregara de definir, nos casos concretos, e com homogeneidade, quais os prejuízos que podem ser indenizados na lesão ou ofensa à saúde. Na mais recente dicção, portanto, não há inovação, mas, como em tantas outras disposições do Código de 2002, uma recepção legal da jurisprudência. No mesmo sentido posiciona-se o art. 950 do vigente diploma:

> *"Se da ofensa resultar defeito pelo qual o ofendido não possa exercer o seu ofício ou profissão, ou se lhe diminua a capacidade de trabalho, a indenização, além das despesas de tratamento e lucros cessantes até o fim da convalescença, incluirá pensão correspondente do trabalho para que se inabilitou, ou da depreciação que ele sofreu.*
>
> *Parágrafo único. O prejudicado, se preferir, poderá exigir que a indenização seja arbitrada e paga de uma só vez".*

O estatuto de 2002 deixa claro, portanto, o que já admitíamos nos julgados, que a indenização possa ser paga de uma única vez. Essa indenização una apresenta-se como a mais conveniente em inúmeras oportunidades, mormente nos casos em que o ofensor não tem como constituir o capital e nas situações de transação. Veja o que falamos na seção 24.4 sobre esse tema.

Também são variadas as soluções apresentadas pela jurisprudência quanto ao ressarcimento por lesões corporais, ora entendendo que os danos morais se cumulam com os danos materiais, ora entendendo que na indenização concedida já está incluída a parcela referente ao dano moral. A nosso ver, o dano estético, justificador da dor psíquica e íntima ou desconforto extraordinário, independentemente de qualquer digressão, deve ser indenizado com parcela autônoma, livre das despesas e da pensão periódica por diminuição da capacidade de trabalho.

24.6 LEGÍTIMA DEFESA DO CAUSADOR DO DANO

A legítima defesa e o estado de necessidade são justificativas que excluem a ilicitude. O art. 1.540 do Código de 1916 referia-se ao crime praticado pelo ofensor em repulsa à agressão do ofendido, caso em que se exclui a responsabilidade do ato praticado em legítima defesa. A interpretação do dispositivo devia ser vista em consonância com os arts. 1.519 e 1520: o ato praticado em estado de necessidade não exclui o dever de indenizar; o ato praticado em legítima defesa faz desaparecer esse dever. A regra do art. 1.540 parece ser supérflua porque a matéria já fora tratada anteriormente. Se, no exercício da legítima defesa, o agente causar dano a terceiro (*aberratio ictus*), que não é o responsável pela agressão injusta, permanece seu dever de reparar o dano. No Código em vigor, aplicam-se os princípios gerais dessas justificativas, tal como descritos no art. 188. Veja o que falamos a respeito neste volume.

24.7 INDENIZAÇÃO POR INJÚRIA, DIFAMAÇÃO E CALÚNIA. INDENIZAÇÃO POR OFENSA À LIBERDADE PESSOAL

Embora a honra insira-se atualmente entre os direitos da personalidade, o Código anterior já traçava preceitos que se referiam a sua proteção. A honra e sua proteção na esfera civil têm, contudo, o mais amplo espectro, não se limitando a um "*numerus clausus*", nem no Código de 1916, nem no Código de 2002, o qual, apesar de ter um capítulo relativo aos direitos da personalidade (arts. 11 a 21), não é, nem tem como ser, exauriente. Veja o que expusemos a respeito desses direitos no volume 1 desta obra, *Direito civil: parte geral*.

Acrescente-se e enfatize-se que, entre as características dos direitos da personalidade, realça-se sua extrapatrimonialidade. "*O interesse na preservação da honra é de conteúdo moral, por isso ninguém pode dispor de sua honra, como de sua vida, de sua liberdade...*" (Amarante, 2001:183). Realça-se, portanto, que na grande maioria dos casos concretos, o que caracteriza o prejuízo nas ofensas à honra é muito mais amplamente o dano moral e não o dano material, que pode ocorrer, mas não é essencial no caso concreto.

Quanto à injúria e calúnia, o art. 953 dispõe que o ressarcimento consistirá na reparação do dano e, se o ofendido não puder provar prejuízo material, caberá ao juiz fixar, equitativamente, o valor da indenização, na conformidade das circunstâncias do caso. No Código de 1916, nesta última hipótese, o ofensor pagaria o dobro da multa no grau máximo da pena criminal respectiva. Tratava-se de outra evidente admissão pelo Código anterior de modalidade de indenização por dano moral. Quanto ao fato de a pena de multa criminal servir de base para a indenização, veja o que expusemos no Capítulo 6 sobre a possibilidade de aplicação do art. 49 do Código Penal como fundamento. No caso de injúria (art. 140 do Código Penal) e calúnia (art. 138 do Código Penal), os crimes respectivos são apenados com pena de multa, além de detenção, não havendo óbice, portanto, para a indenização do dano moral sob esse prisma, no antigo diploma. Modernamente, não pode ser admitida a ideia primeira do Código antigo, pela qual somente seria admitida a indenização por dano moral, se não lograsse o ofendido provar os prejuízos materiais. Essa ideia, injustificadamente repetida pelo presente Código, contraria os princípios gerais da responsabilidade civil, o preceito do art. 186 do Código de 2002 e a dicção constitucional que expressamente admite os danos de natureza exclusivamente moral.

O Código de 1916 dedicava dois artigos à indenização por ofensa à liberdade pessoal. No art. 1.550 estipulava que essa indenização consistiria no pagamento das perdas e danos e no de uma soma calculada na forma preconizada para a injúria ou calúnia. Tratava-se, portanto, também, de dupla indenização, por dano material e por dano moral. Quanto à fixação do valor do dano moral e a indenização ter como parâmetro a multa penal, veja o que comentamos neste capítulo.

O art. 1.551, por sua vez, considerava como ofensivos da liberdade pessoal: I – o cárcere privado; II – a prisão por queixa ou denúncia falsa ou má-fé; III – a prisão ilegal. O art. 1.552 esclarecia que somente a autoridade que ordenara a prisão, no caso do inciso III, era obrigada a ressarcir o dano.

Esses dispositivos foram de pouco alcance e não são muitos os julgados. Em qualquer dessas situações, a vítima deveria provar o dano. Por vezes, como já enfatizamos, o dano moral emerge *de per si*.

A responsabilidade do funcionário público que ordenou a prisão ilegal não era direta, pois a responsabilidade é do Estado, nos termos do art. 37, § 6º, da Constituição Federal. Uma vez condenada, a Administração deve voltar-se regressivamente contra o servidor. Essa enumeração do art. 1.551 era meramente exemplificativa: sempre que algum ato atente contra o direito pessoal de outrem, surgirá o dever de indenizar com base nos princípios gerais, igualmente no plano do dano moral, como apontamos anteriormente. Atentemos que o chamado "erro judiciário" no campo penal encontra solução no CPP (art. 630), no capítulo da revisão criminal, que determina a justa indenização pelo Estado.

No corrente Código, esses preceitos vêm disciplinados nos arts. 953 e 954, cuja compreensão e finalidades são análogas.

> *"Art. 953. A indenização por injúria, difamação ou calúnia consistirá na reparação do dano que delas resulte ao ofendido.*
>
> *Parágrafo único. Se o ofendido não puder provar o prejuízo material, caberá ao juiz fixar, equitativamente, o valor da indenização, de conformidade com as circunstâncias do caso."*

O dispositivo acrescenta a difamação, que sempre se entendeu como possibilitadora de indenização, completando a trilogia referente aos clássicos crimes contra a honra. Sob o aspecto criminal, que define essas três condutas puníveis, caluniar alguém é imputar-lhe falsamente fato definido como crime (art. 138 do CP). A difamação é a imputação de fato ofensivo à reputação da vítima (art. 139 do CP). Esse fato desonroso pode ser verdadeiro ou não, bastando a intenção de difamar. Ao contrário da calúnia, não se exige que o ofensor tenha consciência de eventual falsidade da imputação. A injúria, de acordo com o art. 140 do Código Penal, é a ofensa à dignidade ou decoro. Nesta última, o agente ofende a honra subjetiva do ofendido, atingindo seus atributos morais, sua dignidade, ou físicos, intelectuais ou sociais, seu decoro. Na injúria, ao contrário das demais condutas mencionadas, não existe a menção de fatos precisos ou determinados. Para que ocorra a injúria, é suficiente, por exemplo, que alguém seja tachado de "vagabundo". No campo da responsabilidade civil, existe maior elasticidade do que na esfera criminal na apuração da conduta punível. É claro que se o agente já foi condenado definitivamente no juízo criminal, a questão desloca-se exclusivamente para o valor a ser indenizado. Não há necessidade, porém, da sentença criminal para que se pleiteie a indenização por essas ofensas.

Quanto à possibilidade de a pessoa jurídica ser passível de ofensa a sua honra objetiva, já nos manifestamos anteriormente.

O legislador do vigente Código afasta-se do princípio estabelecido no antigo Código que se referia à multa criminal, quando não pudesse ser provado o prejuízo material.

A lei mais nova poderia, no entanto, ter-se afastado simplesmente desse esquema vetusto, pois qualquer ofensa à honra do indivíduo pode ocasionar tanto prejuízos materiais como morais, podendo ambos ser cumulados pela regra geral, como fartamente exposto anteriormente. Desse modo, bastaria que se suprimisse o parágrafo único, pois o dispositivo dá, a nosso entender, ideia a princípio falsa, de que, se houver prejuízos materiais comprovados, apenas estes podem ser indenizados. Da mesma forma, se suprimido todo o artigo, não haveria qualquer omissão do legislador, pois haveria de se recorrer às regras gerais. Não se justifica, portanto, nesse caso, o apego à redação anterior. Não nos parece duvidoso, destarte, que podem ser requeridas a indenização cumulativa por dano moral e dano material derivada dessas ofensas à honra. Se houver unicamente dano moral, nos termos da lei, o valor indenizatório será fixado equitativamente. Aqui, como alhures em sede de responsabilidade civil, o poder discricionário do juiz é amplo, ao avaliar as "circunstâncias do caso". Por outro lado, não haveria o menor sentido em restringir o alcance da indenização para essas condutas contra a honra e permitir ampla indenização para as outras ofensas, como contra a privacidade, a imagem, o nome, a honra dos mortos etc., pois são todos direitos da personalidade de idêntica natureza.

Quanto à liberdade pessoal, dispõe o art. 954 do presente Código, em paralelo aos arts. 1.550 e 1.551 antigos:

> *"A indenização por ofensa à liberdade pessoal consistirá no pagamento das perdas e danos que sobrevierem ao ofendido, e se este não puder provar prejuízo, tem aplicação o disposto no parágrafo único do artigo antecedente.*
>
> *Parágrafo único. Consideram-se ofensivos da liberdade pessoal:*
>
> *I – o cárcere privado;*
>
> *II – a prisão por queixa ou denúncia falsa e de má-fé;*
>
> *III – a prisão ilegal".*

O mesmo se diga a respeito desse artigo no tocante à possibilidade de cumulação de danos morais com danos materiais. Imagine-se, por exemplo, alguém que, em face de prisão ilegal ou prisão derivada de denúncia falsa, perde o emprego e entra em depressão psicológica. É evidente que haverá danos morais e materiais a indenizar. Da mesma forma, a respeito do artigo anterior, se essa situação resulta de difamação, injúria ou calúnia. Se as condutas forem praticadas por agentes públicos, a responsabilidade será da Administração, de natureza objetiva, nos termos do preceito constitucional, como apontamos anteriormente.

24.8 RESPONSABILIDADE POR USURPAÇÃO E ESBULHO

Esbulho possessório ocorre quando alguém, por meios violentos ou clandestinos, se vê desapossado de coisa móvel ou imóvel. Como remédio processual, tem a sua disposição os interditos possessórios para recuperar a posse ou impedir que o esbulho seja consumado. O art. 1.541 do Código de 1916 estabelecia que, no caso de usurpação ou esbulho, a indenização consistiria em restituir a coisa, pagando pelas deteriorações ou o valor equivalente, se o bem não puder ser restituído. A mesma noção é mantida pelo art. 952 do Código em vigor.

As ações possessórias, para cujo estudo remetemos o leitor (*Direito Civil*: *direitos reais*, Capítulo 7), permitem que o pedido de reintegração ou manutenção de posse venham cumulados com o de indenização por perdas e danos. Também os lucros cessantes pelo desapossamento da coisa podem ser estimados.

O art. 1.542 especificava que, se o bem estivesse em poder de terceiro, este seria obrigado a entregar a coisa, correndo a indenização por conta dos bens do delinquente. Esse dispositivo, deslocado no antigo Código, não é repetido pelo estatuto civil deste século. As coisas indevidamente em poder de terceiros possuem regime específico nas ações possessórias e reivindicatórias.

O art. 1.543 do Código antigo acrescentou que, quando a coisa não existisse para ser devolvida, o equivalente estimar-se-ia por seu preço ordinário e de afeição, *"contanto que este não se avantaje àquele"*. A dicção não é clara. Concluía-se que o valor é um só, porém, se a coisa perdida tivesse um valor de afeição para a vítima, estimar-se-ia este como um *plus* ao valor real. De outro modo, a disposição não faria sentido. O Código mais recente poderia ter esclarecido a dúvida e não o fez, pois repete a mesma dicção no art. 952, parágrafo único. Assim:

> *"Contrato de penhor. Venda de joias antes do vencimento do prazo do contrato. Ação de indenização. Procedência. Condenação da ré ao pagamento do preço das joias, de acordo com o laudo pericial, acrescido de 20% pelo valor de afeição, estimado pela autora"* (julgado do TFR, citado por Carlos Roberto Gonçalves, 1994:477).

De lege ferenda, melhor que o dispositivo apegue-se preferencialmente ao valor de afeição quando esta existir e, caso contrário, subsidiariamente, pelo valor material da coisa desaparecida.

Nesse mesmo sentido, se o ofensor se apossa de cão de estimação que não mais possa ser devolvido em razão de sua morte ou fuga, o valor afetivo deverá ser devidamente estimado e, certamente, será superior ao valor de cão como espécime, ainda que de raça e com *pedigree*. O *plus* que se acrescenta ao valor da coisa a título de afeição é indenização por dano moral, aliás, uma das poucas hipóteses em que o Código Civil de 1916 o contempla expressamente.

O art. 952, *caput,* do Código menciona e esclarece que, além das deteriorações no caso de usurpação ou esbulho, o ofensor pagará também o devido a título de lucros cessantes. No sistema anterior, embora não mencionados, decorriam eles da regra geral.

Essa matéria no projeto de reforma do Código Civil, a partir do art. 944, recebe inúmeras inovações e acréscimos. Não é ainda aqui o momento de comentarmos. Tudo deve ser bem examinado, em prol do melhor texto. Aguardemos.

BIBLIOGRAFIA

ABERKANE, Hassen. *Essai d'une théorie générale de l'obligation propter rem en droit positif français*. Paris: Librairie Générale du Droit et de la Jurisprudence, 1957.

ACHAVAL, Alfredo. *Responsabilidad civil del médico*. Buenos Aires: Abeledo-Perrot, 1983.

ALEU, Amadeu Soler. *Transporte terrestre*. Buenos Aires: Astrea, 1980.

ALMEIDA, Lacerda de. *Dos efeitos das obrigações*. Rio de Janeiro: Freitas Bastos, 1934.

ALTAMIRA, Pedro Guillermo. *Curso de derecho administrativo*. Buenos Aires: Depalma, 1971.

ALTERINI, Atilio Aníbal; CABANA, Roberto M. López (Coord.). *La responsabilidad*. Buenos Aires: Abeledo-Perrot, 1995.

ALVES, José Carlos Moreira. Do enriquecimento sem causa. *RT*, São Paulo, nº 259, s.d.

ALVES, José Carlos Moreira. *Da inexecução das obrigações e suas consequências*. 4. ed. São Paulo: Saraiva, 1972*b*.

ALVES, José Carlos Moreira. *Direito romano*. 3. ed. Rio de Janeiro: Forense, 1980.

ALVES, José Carlos Moreira. *Direito romano*. 5. ed. Rio de Janeiro: Forense, 1983. 2 v.

ALVES, José Carlos Moreira. *Direito romano*. Rio de Janeiro: Forense, 1972. v. 1 e 2.

ALVIM, Agostinho. *Da doação*. 2. ed. São Paulo: Saraiva, 1972*a*.

ALVIM, Arruda; ALVIM, Thereza; ALVIM, Eduardo Arruda; MARTINS, James. *Código de defesa do consumidor comentado*. 2. ed. São Paulo: Revista dos Tribunais, 1995.

ALVIM, Arruda; CÉSAR, Joaquim Portes de Cerqueira; ROSAS, Roberto (Coord.). *Aspectos controvertidos do novo Código Civil*. São Paulo: Revista dos Tribunais, 2003.

ALVIM, Pedro. *O contrato de seguro*. Rio de Janeiro: Forense, 1983.

AMARANTE, Aparecida. *Responsabilidade civil por dano à honra*. 5. ed. Belo Horizonte: Del Rey, 2001.

ANDRADE, Manuel A. Domingues de. *Teoria da relação jurídica*. Coimbra: Almedina, 1974. 2 v.

ANDREOLLI, M. *La cesión del contrato*. Madri: Revista de Derecho Privado, 1956.

ANNONNI, Danielle. *A responsabilidade do Estado pela demora na prestação jurisdicional*. Rio de Janeiro: Forense, 2003.

ARANGIO-RUIZ, Vicenzo. *Instituciones de derecho romano*. Buenos Aires: Depalma, 1973.

AZEVEDO, Álvaro Villaça. *Teoria geral dos contratos típicos e atípicos*. São Paulo: Atlas, 2002.

AZEVEDO, Álvaro Villaça. *Teoria geral das obrigações e responsabilidade civil*. 10. ed. São Paulo: Atlas, 2004.

AZEVEDO, Álvaro Villaça. *Teoria geral das obrigações*. 9. ed. São Paulo: Revista dos Tribunais, 2001.

AZEVEDO, Antônio Junqueira de. *Negócio jurídico*. São Paulo: Saraiva, 1974.

AZEVEDO JÚNIOR, José Osório de. *Compromisso de compra e venda*. São Paulo: Saraiva, 1979.

AZULAY, Fortunato. *Do inadimplemento antecipado do contrato*. Rio de Janeiro: Editora Brasília: Editora Rio, 1977.

BALBI, Giovanni. Verbete "Obbligazione reale". *Novissimo Digesto Italiano*. Turim: Unione Tipografico, 1965. v. 11.

BARBERO, Domenico. *Sistema del derecho privado*: obligaciones. Buenos Aires: Ediciones Jurídicas Europa América, 1967. v. 3.

BARBOSA, Carlos Cezar. *A responsabilidade civil do Estado e das instituições privadas nas relações de ensino*. Rio de Janeiro: Forense Universitária, 2004.

BARRETO FILHO, Oscar. *Teoria do estabelecimento comercial*. São Paulo: Max Limonad, 1969.

BARROS, Hamilton de Moraes e. *Comentários ao Código de Processo Civil*. Rio de Janeiro: Forense, s.d. v. 9.

BASTOS, Jacinto Fernandes Rodrigues. *Das obrigações em geral, segundo o Código Civil de 1966*. Lisboa: Livraria Petrony, 1977. v. 1.

BASTOS, Jacinto Fernandes Rodrigues. *Das obrigações em geral, segundo o Código Civil de 1966*. Lisboa: Livraria Petrony, 1972. v. 2 e 3.

BASTOS, Jacinto Fernandes Rodrigues. *Das obrigações em geral, segundo o Código Civil de 1966*. Lisboa: Livraria Petrony, 1973. v. 4, 5 e 6.

BAÚ, Marilise Kostelnaki. *O contrato de assistência médica e a responsabilidade civil*. Rio de Janeiro: Forense, 1999.

BENDERSKY, Mario J. *El concepto de fungibilidad y el negocio jurídico incumplido*. Buenos Aires: Abeledo-Perrot, 1961.

BESSONE, Darcy. *Da compra e venda*. 3. ed. São Paulo: Saraiva, 1988.

BESSONE, Darcy. *Do contrato*: teoria geral. 3. ed. Rio de Janeiro: Forense, 1987.

BETTI, Emílio. *Teoria geral do negócio jurídico*. Tradução de Fernando de Miranda. Coimbra: Coimbra Editora, 1969. 2 v.

BEVILÁQUA, Clóvis. *Código Civil comentado*. 4. ed. Rio de Janeiro: Francisco Alves, 1939. v. 5.

BEVILÁQUA, Clóvis. *Código Civil comentado*. Rio de Janeiro: Francisco Alves, 1916. v. 1.

BEVILÁQUA, Clóvis. *Código Civil dos Estados Unidos do Brasil comentado*. Rio de Janeiro: Francisco Alves, 1934. v. 4.

BEVILÁQUA, Clóvis. *Direito das obrigações*. Edição histórica. Rio de Janeiro: Editora Rio, 1977.

BLOISE, Walter. *A responsabilidade civil e o dano médico*. 2. ed. Rio de Janeiro: Forense, 1997.

BONAZZOLA, Julio Cesar. *Fuentes de las obligaciones, el empobrecimiento sin causa, la voluntad jurigena*. Buenos Aires: Abeledo-Perrot, 1955.

BORDA, Guillermo A. *Manual de contratos*. 14. ed. Buenos Aires: Abeledo-Perrot, 1989.

BORDA, Guillermo A. *Manual de obligaciones*. Buenos Aires: Abeledo-Perrot, 1981.

BORGES, João Eunápio. *Títulos de crédito*. Rio de Janeiro: Forense, 1971.

BOSSO, Carlos Mario. *La responsabilidad civil en el deporte y en el espectáculo deportivo*. Buenos Aires: Nemesis, 1984.

BREBBIA, Roberto H. *La responsabilidad en los accidentes deportivos*. Buenos Aires: Abeledo--Perrot, 1962.

BRIZ, Jaime Santos. *La responsabilidad civil*. 4. ed. Madri: Montecorvo, 1986.

BUERES, Alberto J. (Dir.). *Responsabilidad por daños*. Buenos Aires: Abeledo-Perrot, 1997.

CABRAL, Antônio da Silva. *Cessão de contrato*. São Paulo: Saraiva, 1987.

CAETANO, Marcelo. *Manual de direito administrativo*. Rio de Janeiro: Forense, 1970.

CAHALI, Yussef Said. *Dano e indenização*. São Paulo: Revista dos Tribunais, 1980.

CAMPOS, Diogo José Paredes Leite. *A indemnização do dano da morte*. Coimbra: Boletim da Faculdade de Direito (separata v. 1), 1974.

CAMPOS FILHO, Paulo Barbosa de. *Obrigações de pagamento em dinheiro, aspectos da correçao monetária*. Rio de Janeiro; São Paulo: Editora Jurídica Universitária, 1971.

CARESSI, Franco. Verbete "Cessione del contrato". *Novissimo Digesto Italiano*. Turim: Torinese, 1967. v. 3.

CARNELUTTI, Francesco. *Diritto e processo*. Nápoles: Morano, 1958.

CARVAL, Suzanne. *La responsabilité civile dans sa fonction de peine privée*. Paris: LGDJ, 1995.

CARVALHO, Francisco Pereira de Bulhões. *Sistema de nulidades dos atos jurídicos*. 2. ed. Rio de Janeiro: Forense, 1981.

CATALAN, Marcos Jorge. *Descumprimento contratual*. Curitiba: Juruá, 2005.

CAVALCANTI, José Paulo. *Direito civil*: escritos diversos. Rio de Janeiro: Forense, 1983.

CAVALIERI FILHO, Sérgio. *Programa de responsabilidade civil*. 2. ed. São Paulo: Malheiros, 2000.

CAVALIERI FILHO, Sérgio. *Programa de responsabilidade civil*. 5. ed. São Paulo: Malheiros, 2004.

CESAR, Dimas de Oliveira. *Estudo sobre a cessão do contrato*. São Paulo: Revista dos Tribunais, 1954.

CHAMOUN, Ebert. *Instituições de direito romano*. 6. ed. Rio de Janeiro: Editora Rio, 1977.

CHAVES, Antônio. *Direito à vida e ao próprio corpo*. São Paulo: Revista dos Tribunais, 1986.

CHAVES, Antônio. *Lições de direito civil*: direito das obrigações. São Paulo: José Bushatsky: Edusp, 1973.

CHAVES, Antônio. *Responsabilidade pré-contratual*. Rio de Janeiro: Forense, 1959.

CHAVES, Antônio. *Tratado de direito civil*. São Paulo: Revista dos Tribunais, 1985.

CHAVES, Antônio. *Tratado de direito civil*: obrigações. São Paulo: Revista dos Tribunais, 1984. v. 2, t. 1 e 2.

CHAVES, Antônio. *Tratado de direito civil*: parte geral. São Paulo: Revista dos Tribunais, 1982. v. 1, t. 1 e 2.

CICALA, Rafaele. Verbete "Cessione del contrato". *Enciclopedia del Diritto*. Itália: Giuffrè, 1966. v. 6.

COLIN, Ambroise; CAPITANT, H. *Cours éleméntaire de droit civil français*. 8. ed. Paris: Dalloz, 1934. 3 v.

COMPARATO, Fábio Konder. Verbete "Obrigações de meios, de resultado e de garantia". In: *Enciclopédia Saraiva de Direito*. São Paulo: Saraiva, 1977. v. 55.

CORDOBA, Alberto Brenes. *Tratado de las obligaciones*. San José, Costa Rica: Editorial Juricentro, 1977.

CORREIA, Alexandre; SCIASCIA, Gaetano. *Manual de direito romano*. 2. ed. São Paulo: Saraiva, 1953. v. 1.

COSTA, Mário Júlio de Almeida. *Direito das obrigações*. 4. ed. Coimbra: Coimbra Editora, 1984.

COUTINHO, Léo Meyer. *Código de Ética Médica comentado*. São Paulo: Saraiva, 1989.

COVELLO, Sérgio Carlos. *Contratos bancários*. São Paulo: Saraiva, 1981.

CRETELLA JR., J. Da arbitragem e seu conceito categorial. *Revista de Informação Legislativa*, Senado Federal, nº 98.

CUQ, Édouard. *Manuel des institucions juridiques des romains*. 2. ed. Paris: Librairie Générale du Droit et de la Jurisprudence, 1928.

D'VANZO, Walter. Verbete "Caparra". *Novissimo Digesto Italiano*. Turim: Unione Tipografico-Editrice Torinese, 1957.

DAIUTO, Reynaldo Ribeiro. *Introdução ao estudo do contrato*. São Paulo: Atlas, 1995.

DI PIETRO, Maria Sylvia Zanella. *Direito administrativo*. São Paulo: Atlas, 1990.

DI PIETRO, Maria Sylvia Zanella. *Do direito privado na administração pública*. São Paulo: Atlas, 1989.

DIAS, José de Aguiar. *Cláusula de não indenizar*. Rio de Janeiro: Forense, 1980.

DIAS, José de Aguiar. *Da responsabilidade civil*. 6. ed. Rio de Janeiro: Forense, 1979. 2 v.

DINIZ, Maria Helena. *Curso de direito civil brasileiro*: teoria das obrigações contratuais e extracontratuais. São Paulo: Saraiva, 1984. v. 3.

DINIZ, Maria Helena. *Curso de direito civil brasileiro*: teoria geral do direito civil. São Paulo: Saraiva, 1982. v. 1.

DINIZ, Maria Helena. *Curso de direito civil brasileiro*: teoria geral das obrigações. São Paulo: Saraiva, 1983. v. 2.

DONATO, Maria Antonieta Zanardo. *Proteção ao consumidor*. São Paulo: Revista dos Tribunais, 1994.

ENNECCERUS, Ludwig; KIPP, Theodor; WOLFF, Martin. Derecho de obligaciones. In: *Tratado de derecho civil*. Barcelona: Bosch Casa Editorial, 1947. v. 1, t. 2.

FABRICIO, Androaldo Furtado. *Comentários ao Código de Processo Civil*. Rio de Janeiro: Forense, 1980. v. 8, t. 3.

FARIA, Werter R. *Mora do devedor*. Porto Alegre: Sergio Antonio Fabris Editor, 1981.

FERNANDES, Wanderley. *Cláusula de exoneração e de limitação de responsabilidade*. São Paulo: Saraiva, 2013.

FERREIRA, Aurélio Buarque de Holanda. *Novo dicionário da língua portuguesa*. Rio de Janeiro: Nova Fronteira, 1975.

FERREIRA, José G. do Valle. *Enriquecimento sem causa*. Belo Horizonte: Bernardo Álvares, s.d.

FILOMENO, José Geraldo Brito. *Manual de direitos do consumidor*. 2. ed. São Paulo: Atlas, 1991.

FLAH, Lily R.; SMAYEVSKY, Miriam. *Teoria de la imprevisión*. Buenos Aires: Depalma, 1989.

FOIGNET, M. René. *Le droit romain des obligacions*. Paris: Librairie Arthur Rousseau, 1934.

FONSECA, Arnoldo Medeiros da. *Caso fortuito e teoria da imprevisão*. 3. ed. Rio de Janeiro: Forense, 1958.

FONSECA, Arnoldo Medeiros da. *Prefácio* do livro *Enriquecimento sem causa*, de José G. do Valle Ferreira.

FRAGA, Gabino. *Derecho administrativo*. 13. ed. México: Porrúa, 1969.

FRANÇA, R. Limongi. *Instituições de direito civil*. São Paulo: Saraiva, 1988.

FRANÇA, R. Limongi. *Manual de direito civil*. São Paulo: Revista dos Tribunais, 1976. v. 4, t. 1.

FRIGERI, Márcia Regina. *Responsabilidade civil dos estabelecimentos bancários*. Rio de Janeiro: Forense, 1998.

GAGLIANO, Pablo Stolze; PAMPLONA FILHO, Rodolfo. *Novo curso de direito civil*: obrigações. São Paulo: Saraiva, 2002.

GANDOLFI, Giuseppe. Verbete "Onere reali". *Enciclopedia del Diritto*. Milão: Giuffrè, 1980, t. 30.

GARCEZ NETO, Martinho. Verbete "Ônus real". *Repertório Enciclopédico do Direito Brasileiro*. Rio de Janeiro: Borsoi, s.d., v. 35.

GARCEZ NETO, Martinho. *Prática da responsabilidade civil*. 2. ed. São Paulo: Jurídica e Universitária, 1972.

GARCEZ NETO, Martinho. *Responsabilidade civil no direito comparado*. Rio de Janeiro: Renovar, 2000.

GARRIDO, Roque Fortunato; ZAGO, Jorge Alberto. *Contratos civis y comerciales*. Buenos Aires: Universidad, 1989.

GEROTA, Démetre D. *La théorie de l'enrichissement sans cause dans le code civil allemand*. Paris: Librairie de Jurisprudence Ancienne et Moderne Edouard Duckemin, 1923.

GHERSI, Carlos A. (Coord.). *Los nuevos daños*. 2. ed. Buenos Aires: Hammurabi, 1995.

GHERSI, Carlos A. *Responsabilidad por prestación médico asistencial*. Buenos Aires: Hammurabi, 1987.

GHERSI, Carlos A. *Valuación económica del daño moral y psicológico*. Buenos Aires: Astrea, 2000.

GIFFARD, A. E.; VILLERS, Robert. *Droit romain et ancien droit français*: les obligacions. 4. ed. Paris: Dalloz, 1876.

GIOSTRI, Hildegard Taggesell. *Erro médico à luz da jurisprudência comentada*. 2. ed. Curitiba: Juruá, 2005.

GIOSTRI, Hildegard Taggesell. *Responsabilidade médica*. Curitiba: Juruá, 2004.

GIRARD, Paul Fréderic. *Manuel élémentaire de droit romain*. 5. ed. Paris: Arthur Rousseau, 1911.

GOMES, Luiz Roldão de Freitas. *Elementos de responsabilidade civil*. Rio de Janeiro: Renovar, 2000.

GOMES, Luiz Roldão de Freitas. *Contratos de adesão*. São Paulo: Revista dos Tribunais, 1972.

GOMES, Luiz Roldão de Freitas. *Contratos*. 9. ed. Rio de Janeiro: Forense, 1983*a*.

GOMES, Luiz Roldão de Freitas. *Introdução ao direito civil*. 7. ed. Rio de Janeiro: Forense, 1983*b*.

GOMES, Luiz Roldão de Freitas. *Novos temas de direito civil*. Rio de Janeiro: Forense, 1983*c*.

GOMES, Luiz Roldão de Freitas. *Obrigações*. 5. ed. Rio de Janeiro: Forense, 1978.

GOMES, Luiz Roldão de Freitas. *Obrigações*. 7. ed. Rio de Janeiro: Forense, 1984.

GOMES, Luiz Roldão de Freitas. *Transformações gerais do direito das obrigações*. 2. ed. São Paulo: Revista dos Tribunais, 1980.

GOMES, Rogério Zuel. *Teoria contratual contemporânea*. Rio de Janeiro: Forense, 2004.

GONÇALVES, Carlos Roberto. *Comentários do Código Civil*. São Paulo: Saraiva, 2003. v. 11.

GONÇALVES, Carlos Roberto. *Responsabilidade civil*. 5. ed. São Paulo: Saraiva, 1994.

GONÇALVES, Luiz da Cunha. *Princípios de direito civil luso-brasileiro*. São Paulo: Max Limonad, 1951. 3 v.

GONÇALVES, Vitor Fernandes. *Responsabilidade civil por quebra da promessa*. Brasília: Brasília Jurídica, 1997.

GONÇALVES, Vitor Fernandes. *Responsabilidade civil por quebra de promessa*. 2. ed. Brasília: Brasília Jurídica, 2005.

GRINOVER, Ada Pellegrini. *Eficácia e autoridade da sentença penal*. São Paulo: Revista dos Tribunais, 1978.

GUERREIRO, José Alexandre Tavares. *Fundamentos da arbitragem do comércio internacional*. São Paulo: Saraiva, 1993.

GUTIÉRREZ, Graciela Nora Messina de Estrella. *La responsabilidad civil en la era tecnológica*. Buenos Aires: Abeledo-Perrot, 1989.

HIRONAKA, Maria Fernandes Novaes. *Responsabilidade pressuposta*. São Paulo: Faculdade de Direito da USP, 2002.

ITURRASPE, Jorge Mosset. *Contratos*. Buenos Aires: Ediar, 1988.

ITURRASPE, Jorge Mosset. *Responsabilidade civil del médico*. Buenos Aires: Astrea, 1979.

JORGE JÚNIOR. *Cláusulas gerais no novo Código Civil*. São Paulo: Saraiva, 2004.

JOURDAIN. Patrice. *Les principes de la responsabilité civile*. 4. ed. Paris: Dalloz, 1998.

KFOURI NETO, Miguel. *Responsabilidade civil do médico*. 3. ed. São Paulo: Revista dos Tribunais, 1998.

KHOURI, Paulo R. Roque. *A revisão judicial nos contratos no novo Código Civil, Código do Consumidor e Lei nº 8.666/93*. São Paulo: Atlas, 2006.

KIONKA, Edward J. *Torts*. St. Paul, Minn.: West Group, 1999.

KRAEMER, Eduardo. *A responsabilidade do Estado e do magistrado em decorrência da deficiente prestação jurisdicional*. Porto Alegre: Livraria do Advogado, 2004.

KRAUT, Alfredo Jorge. *Responsabilidad profesional de los psiquiatras*. Buenos Aires: La Rocca, 1991.

LARENZ, Karl. *Derecho de obligaciones*. Madri: Revista de Derecho Privado, 1958. v. 1.

LEÃES, Luiz Gastão Paes de Barros. Verbete "Arbitragem, arbitragem comercial internacional". *Enciclopédia Saraiva de Direito*. São Paulo: Saraiva, 1996.

LEAL, Pérez de. *Responsabilidad civil del médico*. Buenos Aires: Universidad, 1995.

LIMA, Alvino. *A responsabilidade civil pelo fato de outrem*. 2. ed. São Paulo: Revista dos Tribunais, 2000.

LIMA, Alvino. *Culpa e risco*. 2. ed. São Paulo: Revista dos Tribunais, 1999.

LIMA, João Franzen de. *Curso de direito civil brasileiro*. 3. ed. Rio de Janeiro: Forense 1979*b*. v. 2: Direito das obrigações, t. 1: Teoria geral das obrigações.

LIMA, João Franzen de. *Curso de direito civil brasileiro*. 3. ed. Rio de Janeiro: Forense, 1979*a*. v. 2: Direito das obrigações, t. 2: Dos contratos e das obrigações por declaração unilateral da vontade.

LIMA, João Franzen de. *Curso de direito civil brasileiro*. 7. ed. Rio de Janeiro: Forense, 1984. v. 1: Introdução e parte geral.

LIMA, João Franzen de. *Curso de direito civil brasileiro*. Rio de Janeiro: Forense, 1979. v. 2, t. 1.

LÔBO, Paulo Luiz Neto. *Condições gerais dos contratos e cláusulas abusivas*. São Paulo: Saraiva, 1991.

LOPES, Miguel Maria de Serpa. *Curso de direito civil*. 2. ed. Rio de Janeiro: Freitas Bastos, 1962. v. 5.

LOPES, Miguel Maria de Serpa. *Curso de direito civil*: fontes contratuais das obrigações: responsabilidade civil. 2. ed. Rio de Janeiro: Freitas Bastos, 1962*b*. v. 5.

LOPES, Miguel Maria de Serpa. *Curso de direito civil*: fontes das obrigações. 4. ed. Rio de Janeiro: Freitas Bastos, 1964. v. 3.

LOPES, Miguel Maria de Serpa. *Curso de direito civil*: introdução, parte geral e teoria dos negócios jurídicos. 4. ed. Rio de Janeiro: Freitas Bastos, 1962*a*. v. 1.

LOPES, Miguel Maria de Serpa. *Curso de direito civil*: introdução, parte geral e teoria dos negócios jurídicos. 4. ed. Rio de Janeiro: Freitas Bastos, 1966. v. 2.

LOPES, Miguel Maria de Serpa. *O silêncio como manifestação da vontade*. 3. ed. Rio de Janeiro: Freitas Bastos, 1961.

LORENZETTI, Ricardo L. *Comércio eletrônico*. São Paulo: Revista dos Tribunais, 2004.

LORENZETTI, Ricardo L. *Responsabilidad profisional*. Buenos Aires: Abeledo-Perrot, 1995.

LUCARELLI, Fábio Dutra. *Responsabilidade civil por dano ecológico*. São Paulo: Revista dos Tribunais, 700/7.

LUCENA, Delfim Maya. *Danos não patrimoniais*. Coimbra: Almedina, 1985.

LUZZATTO, Ruggero. *Le obligazioni nel diritto italiano*. Turim: Giappichelli, 1950.

MACHADO, Paulo Affonso Leme. *Direito ambiental brasileiro*. 2. ed. São Paulo: Revista dos Tribunais, 1989.

MAGALHÃES, José Carlos de. A cláusula arbitral nos contratos internacionais. *Revista de Direito Mercantil*, nº 43.

MAGALHÃES, Ruggero; BAPTISTA, Luiz Olavo. *Arbitragem comercial*. Rio de Janeiro: Freitas Bastos, 1986.

MAGALHÃES, Teresa Ancona Lopez. *O dano estético*. São Paulo: Revista dos Tribunais, 1980.

MAIA, Paulo Carneiro. Verbete "Obrigação propter rem". *Enciclopédia Saraiva de Direito*. São Paulo: Saraiva, 1980. v. 55.

MAIORCA, Sergio. *Il contrato*. Turim: Giappichelli, 1981.

MALUF, Carlos Alberto Dabus. *A transação no direito civil*. São Paulo: Saraiva, 1985.

MANCUSO, Rodolfo de Camargo. *Apontamentos sobre o contrato de* leasing. São Paulo: Revista dos Tribunais, 1978.

MARINS, James. *Responsabilidade da empresa pelo fato do produto*. São Paulo: Revista dos Tribunais, 1993.

MARQUES, Cláudia Lima. A responsabilidade do transportador aéreo pelo fato do serviço e o Código de Defesa do Consumidor. In: *Direito do Consumidor*, São Paulo: Revista dos Tribunais, nº 3, 1992.

MARQUES, Cláudia Lima. *Contratos no Código de Defesa do Consumidor*. 2. ed. São Paulo: Revista dos Tribunais, 1995.

MARTINS-COSTA, Judith. *Comentários ao novo Código Civil*. Rio de Janeiro: Forense, 2003. v. V, t. I e II.

MASNATTA, Héctor. *El subcontrato*. Buenos Aires: Abeledo-Perrot, 1966.

MAY, Gaston. *Éléments de droit romain*. 18. ed. Paris: Recueil Sirey, 1932.

MAYNS, Charles. *Cours de droit romain*. 4. ed. Bruxelas: Boulant Christophe, 1889. v. 2.

MEIRA, Sílvio Augusto de Bastos. *Instituições de direito romano*. 4. ed. São Paulo: Max Limonad, 1971. v. 2.

MEIRELLES, Hely Lopes. *Direito administrativo brasileiro*. 27. ed. São Paulo: Malheiros, 2003.

MEIRELLES, Hely Lopes. *Licitação e contrato administrativo*. São Paulo: Revista dos Tribunais, 1973.

MELLO, Celso Antônio Bandeira de. *Elementos de direito administrativo*. São Paulo: Revista dos Tribunais, 1980.

MESSINEO, Francesco. *Contrato*. Milão: Giuffrè, 1979.

MESSINEO, Francesco. *Dottrina generale del contrato*. Milão: Giuffrè, 1948.

MESSINEO, Francesco. Il contrato in genere. In: *Trattato di diritto civile e commerciale*. Milão: Giuffrè, 1973. v. 21, t. 1.

MIGUEL, Juan Luis. *Resolución de los contratos por incumplimiento*. 2. ed. Buenos Aires: Depalma, 1986.

MILARÉ, Edis. *Direito do ambiente*. São Paulo: Revista dos Tribunais, 2000.

MIRABETE, Julio Fabbrini. *Código Penal interpretado*. São Paulo: Atlas, 2000.

MIRANDA, Custódio da Piedade Ubaldino. *Interpretação e integração dos negócios jurídicos*. São Paulo: Revista dos Tribunais, 1989.

MIRANDA, Custódio da Piedade Ubaldino. *Teoria geral do negócio jurídico*. São Paulo: Atlas, 1991.

MIRANDA, Pontes de. *Tratado de direito privado*. 3. ed. Rio de Janeiro: Borsoi, 1971. v. 22, 23, 26, 28, 38.

MIRANDA, Pontes de. *Tratado de direito privado*. Rio de Janeiro: Borsoi, 1972. v. 53.

MONTEIRO, António Pinto. *Cláusulas limitativas e de exclusão de responsabilidade civil*. Lisboa: Almedina, 2003.

MONTEIRO, Washington de Barros. *Curso de direito civil*: direito das obrigações. 15. ed. São Paulo: Saraiva, 1979. v. 4, 1ª parte.

MONTEIRO, Washington de Barros. *Curso de direito civil*: direito das obrigações. 15. ed. São Paulo: Saraiva, 1980. v. 5, 2ª parte.

MONTEIRO, Washington de Barros. *Curso de direito civil*: parte geral. 16. ed. São Paulo: Saraiva, 1977. v. 1.

MORAES, Irany Novah. *Erro médico e a lei*. 3. ed. São Paulo: Revista dos Tribunais, 1991.

MORSELLO, Marco Fábio. *Responsabilidade civil no transporte aéreo*. São Paulo: Atlas, 2006.

MOURA, Geraldo Bezerra. *Transporte aéreo e responsabilidade civil*. São Paulo: Aduaneiras, 1992.

MOZOS, D. José Luis de los. Verbete "Obligación real". *Nueva Enciclopedia Jurídica*. Barcelona: Francisco Seix, 1982. v. 17.

NADER, Paulo. *Curso de direito civil*. Rio de Janeiro: Forense, 2005.

NALIN, Paulo Roberto Ribeiro. *Responsabilidade civil*. Curitiba: Juruá, 1996.

NANNI, Giovanni Ettore. *A responsabilidade civil do juiz*. São Paulo: Max Limonad, 1999.

NÓBREGA, Vandick L. da. *Compêndio de direito romano*. 8. ed. Rio de Janeiro: Freitas Bastos, 1975. v. 2.

NOGUEIRA, Rodrigo. *Estudio de las obligaciones naturales*. Bogotá: Temis Librería, 1980.

NONATO, Orosimbo. *Curso de obrigações*. Rio de Janeiro: Forense, 1959*a*. v. 1 e 2.

NONATO, Orosimbo. *Curso de obrigações*. Rio de Janeiro: Forense, 1959*b*. v. 2, 1ª parte.

NONATO, Orosimbo. *Curso de obrigações*. Rio de Janeiro: Forense, 1960*a*. v. 2, 2ª parte.

NONATO, Orosimbo. *Curso de obrigações*. Rio de Janeiro; São Paulo: Editora Jurídica e Universitária, 1971*a*, 3ª parte.

NONATO, Orosimbo. *Curso de obrigações*: segunda parte. Rio de Janeiro: Forense, 1960*b*. v. 1 e 2.

NONATO, Orosimbo. *Curso de obrigações*: terceira parte. São Paulo: Editora Jurídica e Universitária, 1971*b*.

NORONHA, Fernando. *Direito das obrigações*. São Paulo: Saraiva, 2003.

OLIVEIRA, Juarez de (Coord.). *Comentários ao Código de proteção do consumidor*. São Paulo: Saraiva, 1991.

OLIVEIRA, Marcelo Leal de Lima. *Responsabilidade civil odontológica*. Belo Horizonte: Del Rey, 2000.

PACHECO, José da Silva. *Comentários ao Código Brasileiro de Aeronáutica*. Rio de Janeiro: Forense, 1990.

PANASCO, Wanderby Lacerda. *A responsabilidade civil, penal e ética dos médicos*. Rio de Janeiro: Forense, 1984.

PARELLADA, Carlos Alberto. *Daños en la actividad judicial e informática desde la responsabilidad profesional*. Buenos Aires: Astrea, 1990.

PEREIRA, Caio Mário da Silva. *Instituições de direito civil*. 7. ed. Rio de Janeiro: Forense, 1986. v. 3: Fontes das obrigações.

PEREIRA, Caio Mário da Silva. *Instituições de direito civil*. 8. ed. Rio de Janeiro: Forense, 1984*a*, v. 1: Introdução ao direito civil: teoria geral de direito civil.

PEREIRA, Caio Mário da Silva. *Instituições de direito civil*. 8 ed. Rio de Janeiro: Forense, 1984*b*. v. 2: Teoria geral das obrigações.

PEREIRA, Caio Mário da Silva. *Instituições de direito civil*. Rio de Janeiro: Forense, 1972. v. 2.

PEREIRA, Caio Mário da Silva. *Responsabilidade civil*. 9. ed. Rio de Janeiro: Forense, 1999.

PEREIRA, Luís César Ramos. A arbitragem comercial nos contratos internacionais. *RT*, v. 572, 1986.

PETIT, Eugene. *Tratado elemental de derecho romano*. Buenos Aires: Editorial Albatros, s.d.

PFEIFFER, Roberto A. A.; PASQUALOTTO, Adalberto (Coord.). *Código de Defesa do Consumidor*: convergências e assimetrias. São Paulo: Revista dos Tribunais, 2005.

PINTO, Carlos Alberto da Mota. *Cessão da posição contratual*. Coimbra: Atlântica Editora, 1980.

PINTO, Carlos Alberto da Mota. *Cessão de contrato*. São Paulo: Saraiva, 1985.

PLANIOL, Marcel; RIPERT, Georges. *Traité élémentaire de droit civil*. Paris: Librairie Générale du Droit et de la Jurisprudence, 1937. v. 2.

PONSANELLI, Giulio. *La responsabilità civile*. Bolonha: Il Mulino, 1992.

PORTO, Mário Moacyr. *Ação de responsabilidade civil e outros estudos*. São Paulo: Revista dos Tribunais, 1966.

POTHIER. *Tratado das obrigações pessoaes e recíprocas*. Tradução de José Homem Correa Telles. Lisboa: Typographia de Antônio José da Rocha, 1889.

RÁO, Vicente. *Ato jurídico*. Rio de Janeiro: Max Limonad, 1961.

REALE, Miguel. *O Estado de S. Paulo*, 5 out. 1996.

REIS, Clayton. *Avaliação do dano moral.* 3. ed. Rio de Janeiro: Forense, 2000.

REPRESAS, Felix A. Trigo. *El seguro contra la responsabilidad civil profesional del médico.* Buenos Aires: Astrea, 1983.

REPRESAS, Felix A. Trigo. *Responsabilidad civil de los profisionales.* Buenos Aires: Astrea, 1987.

REPRESAS, Felix A. Trigo.; STINGLITZ, Rubén S. (Org.). *Contratos.* Buenos Aires: La Rocca, 1989.

RESCIGNO, Pietro. Verbete "Ripetizione dell'indebito". *Novissimo Digesto Italiano.* Milão: Vinione, 1957.

REZZÓNICO, Juan Carlos. *Contratos con cláusulas predispuestas.* Buenos Aires: Astrea, 1987.

RIPERT, Georges. *La règle morale dans les obligations civiles.* 4. ed. Paris: Librairie Générale du Droit et de la Jurisprudence, 1949.

RIZZARDO, Arnaldo. *Contratos.* Rio de Janeiro: Aide, 1988. 3 v.

ROCHA, Sílvio Luís Ferreira da. *Responsabilidade civil do fornecedor pelo fato do produto no direito brasileiro.* São Paulo: Revista dos Tribunais, 1992.

RODRIGUES JÚNIOR, Otavio Luiz. *Revisão judicial dos contratos*: autonomia da vontade e teoria da imprevisão. São Paulo: Atlas, 2002.

RODRIGUES, Sílvio. *Direito civil*: direito das obrigações. 12. ed. São Paulo: Saraiva, 1981*a*. v. 2.

RODRIGUES, Sílvio. *Direito civil*: dos contratos e das declarações unilaterais de vontade. 11. ed. São Paulo: Saraiva, 1981*b*. v. 3.

RODRIGUES, Sílvio. *Direito civil*: parte geral. 12. ed. São Paulo: Saraiva, 1981*c*. v. 1.

RODRIGUES, Sílvio. *Responsabilidade civil.* 18. ed. São Paulo: Saraiva, 2000.

ROPPO, Enzo. *O contrato.* Tradução de Ana Coimbra e M. Januário C. Gomer. Coimbra: Almedina, 1988.

ROSÁRIO, Grácia Cristina Moreira do. *Responsabilidade civil na cirurgia plástica.* Rio de Janeiro: Lumen Juris, 2004.

RUGGIERO, Roberto de. *Instituições de direito civil.* 3. ed. Tradução de Ary dos Santos. São Paulo: Saraiva, 1973, v. 3.

SAMPAIO, Francisco José Marques. O dano ambiental e a responsabilidade. *Revista Forense*, 317/115.

SAMTLEBEN, Jurgen. Questões atuais da arbitragem no Brasil. *RT*, v. 712.

SANTOS, Antonio Jeová. *Dano moral.* 3. ed. São Paulo: Método, 2001.

SANTOS, Nilton Ramos Dantas. *Responsabilidade civil na defesa dos direitos individuais do consumidor*. Rio de Janeiro: Forense, 1999.

SAVATIER, René. *Traité de la responsabilité civil en droit français.* 10. ed. Paris: LGDJ, 1951. 2 v.

SAVI, Sérgio. *Responsabilidade civil por perda de uma chance*. São Paulo: Atlas, 2006.

SCHIMIEDEL, Raquel Campani. *Negócio jurídico, nulidades e medidas sanatórias*. São Paulo: Saraiva, 1981.

SCHLESINGER, Patsy. Responsabilidade civil do estado por ato do juiz. *Revista Forense*, Rio de Janeiro, 1999.

SCHREIBER, Anderson. *A proibição de comportamento creditório*. Rio de Janeiro: Renovar, 2005.

SCHREIBER, Anderson. *Novos paradigmas da responsabilidade civil*. São Paulo: Atlas, 2007.

SEBASTIÃO, Jurandir. *Responsabilidade médica civil, criminal e ética*. 2. ed. Belo Horizonte: Del Rey, 2001.

SIDOU, J. M. Othon. *A revisão judicial dos contratos*. 2. ed. Rio de Janeiro: Forense, 1984.

SILVA, Agathe Elsa Schimidt da. *Compromisso de compra e venda no direito brasileiro*. São Paulo: Saraiva, 1983.

SILVA, Eva Sónia Moreira da. *Da responsabilidade pré-contratual por violação dos deveres de informação*. Lisboa: Almedina, 2003.

SILVA, Wilson Melo da. *Da responsabilidade civil automobilística*. 3. ed. São Paulo: Saraiva, 1980.

SILVA, Wilson Melo da. O dano moral e sua reparação. 2. ed. Rio de Janeiro: Forense, 1969.

SILVA, Wilson Melo da. *Responsabilidade sem culpa*. 2. ed. São Paulo: Saraiva, 1974.

SIMÃO, José Fernando. *Vícios do produto no novo Código Civil e no Código de Defesa do Consumidor*. São Paulo: Atlas, 2003.

SOARES, Guido Fernando Silva. Verbete "Arbitragem internacional". *Enciclopédia Saraiva de Direito*. São Paulo: Saraiva, 1996.

STIGLITZ, Rubén S. *Caracteres jurídicos del contrato de seguro*. Buenos Aires: Astrea, 1987.

STIGLITZ, Rubén S. *Contrato*: teoria geral. Buenos Aires: Depalma, 1990.

STOCO, Rui. *Responsabilidade civil e sua interpretação jurisprudencial*. São Paulo: Revista dos Tribunais, 1999.

STOCO, Rui. *Tratado de responsabilidade civil*. 6. ed. São Paulo: Revista dos Tribunais, 2004.

TALLON, Denis; HARRIS, Donald (Dir.). *Le contrat aujourd'hui*: comparaisons franco-anglaises. Paris: Librairie Générale du Droit et de la Jurisprudence, 1987.

TARTUCE, Flávio. *A função social do contrato*. São Paulo: Método, 2005.

TARTUCE, Flávio. *O novo CPC e o direito civil*. São Paulo: Método, 2015.

TELLES, Inocêncio Galvão. *Direito das obrigações*. Coimbra: Coimbra Editora, 1982.

TRABUCCHI, Alberto. *Istituzioni di diritto civile*. 33. ed. Pádua: Cedam, 1992.

TRIFONE, Romualdo. Verbete "Onere reali: diritto vigente". *Novissimo Digesto Italiano*. Turim: Unione Tipografico, 1965. v. 11.

TRINCAVELLI, Nélida E. *La compraventa en Roma*. Buenos Aires: Lerner, 1970.

TUNC, André. *La responsabilité civile*. 2. ed. Paris: Economica, 1989.

VARELLA, Antunes. *Direito das obrigações*. Rio de Janeiro: Forense, 1977.

VENOSA, Sílvio de Salvo. *Direito civil*: Parte Geral. 17. ed. São Paulo: Atlas, 2017. v. 1.

VENOSA, Sílvio de Salvo. *Direito civil*: Obrigações e Responsabilidade Civil. 17. ed. São Paulo: Atlas, 2017. v. 2.

VENOSA, Sílvio de Salvo. *Direito civil*: Contratos. 17. ed. São Paulo: Atlas, 2017. v. 3.

VENOSA, Sílvio de Salvo. *Direito civil*: Reais. 17. ed. São Paulo: Atlas, 2017. v. 4.

VENOSA, Sílvio de Salvo. *Direito civil*: Família. 17. ed. São Paulo: Atlas, 2017. v. 5.

VENOSA, Sílvio de Salvo. *Direito civil*: Sucessões. 17. ed. São Paulo: Atlas, 2017. v. 6.

VENOSA, Sílvio de Salvo. *Direito Empresarial*. 7. ed. São Paulo: Atlas, 2017.

VENOSA, Sílvio de Salvo. *Lei do inquilinato comentada*. 11. ed. São Paulo: Atlas, 2012.

VIANA, Marco Aurélio S. *Contrato de construção e responsabilidade civil*. 2. ed. São Paulo: Saraiva, 1992.

VINEY, Geneviève; JOURDAIN, Patrice. *La responsabilité:* effets. Paris: LGDJ, 1988.

VINEY, Geneviève; JOURDAIN, Patrice. *Les conditions de la responsabilité.* 2. ed. Paris: LGDJ, 1998.

VISINTINI, Giovanna. *Trattato breve della responsabilità civile.* 2. ed. Milão: Cedam, 1999.

VON TUHR, A. *Tratado de las obligaciones.* Tradução de W. Roces. Madri: Reus, 1934.

WALD, Arnoldo. *Obrigações e contratos.* 5. ed. São Paulo: Revista dos Tribunais, 1979.

WEILL, Alex; TERRÉ, François. *Droit civil, les obligations.* 2. ed. Paris: Dalloz, 1975.

WEILL, Alex; TERRÉ, François. *Droit civil*: les obligations. 10. ed. Paris: Dalloz, 1975.

WESTERMANN, Harm Peter. *Código Civil alemão*: direito das obrigações. Tradução de Armindo Edgar Laux. Porto Alegre: Sergio Antonio Fabris Editor, 1983*a*.

ZANETTI, Cristiano de Souza. *Responsabilidade pela ruptura das negociações.* São Paulo: Juarez Oliveira, 2005.

ZULUETA, F. de. *The roman law of sale.* Oxford Press: Clarendon, 1945.

ÍNDICE REMISSIVO

A

B

C

D

E

P

Q

R

10 1 2 3 4 5 6 7 8 9
2026